L'Égypte

sur les traces de la civilisation pharaonique

L'Égypte
sur les traces de la civilisation pharaonique

Édité par
Regine Schulz et Matthias Seidel

Avec des contributions de
Hartwig Altenmüller, Dorothea Arnold, Edith Bernhauer, Günter Burkard,
Albrecht Endruweit, Rita E. Freed, Renate Germer, Manfred Görg, Manfred Gutgesell,
Friederike Kampp-Seyfried, Dieter Kessler, Rosemarie Klemm, Dieter Kurth, Ulrich Luft,
Eva Pardey, Daniel Polz, Wafaa el Saddik, Helmut Satzinger, Thomas Schneider,
Marcel Schoch, Regine Schulz, Matthias Seidel, Stephan Seidlmayer,
Abdel Ghaffar Shedid, Elisabeth Siebert, Hourig Sourouzian, Rainer Stadelmann,
Christine Strauß-Seeber, Martina Ullmann, Ursula Verhoeven,
Gabriele Wenzel, Joachim Willeitner, Stefan Wimmer, Susanne Wohlfarth

KÖNEMANN

Sommaire

Préface
    Dorothea Arnold   6

Avant-propos
    Regine Schulz et Matthias Seidel   7

Préhistoire
    Les sources de la civilisation pharaonique   8
    Stephan Seidlmayer

Époque thinite
    Les dynasties thinites : la naissance de l'histoire   24
    Stephan Seidlmayer

Ancien Empire
    L'histoire politique de la IIIe à la VIIIe dynastie   40
    Dieter Kessler

    La tombe royale au temps des pyramides   46
    Rainer Stadelmann

    La vie quotidienne dans l'au-delà :   78
    mastabas et hypogées de l'Ancien Empire
    Hartwig Altenmüller

    Des portraits doués de vie :   94
    la statuaire des particuliers
    Helmut Satzinger

Moyen Empire
    Histoire politique de la IXe à la XVIIe dynastie   104
    Dieter Kessler

    La tombe royale sous le Moyen Empire :   108
    tradition et innovation
    Rainer Stadelmann

    La demeure d'éternité :   118
    les tombes des nomarques et des fonctionnaires
    Abdel Ghaffar Shedid

    Entre le ciel et la terre : les temples divins   132
    sous le Moyen Empire
    Regine Schulz

Nouvel Empire
    Histoire politique de la XVIIIe à la XXe dynastie   142
    Dieter Kessler

    Les temples : dieux souverains   152
    et rois divins
    Regine Schulz et Hourig Sourouzian

    La Vallée des Rois   216
    Matthias Seidel

    La Vallée des Reines   244
    Friederike Kampp-Seyfried

    Vaincre la mort :   248
    les tombeaux thébains privés
    Friederike Kampp-Seyfried

    Les tombes oubliées de Memphis   264
    Matthias Seidel

Basse Époque
    Tanis et Thèbes : histoire politique   270
    de la XXIe à la XXXe dynastie
    Dieter Kessler

    L'art de la Basse Époque   276
    Elisabeth Siebert

Époque ptolémaïque et romaine

Histoire politique des Lagides et domination romaine sur l'Égypte — 290
Dieter Kessler

Microcosme en pierres : — 296
Les temples de l'époque ptolémaïque et romaine
Dieter Kurth

Les pratiques funéraires et les rites d'inhumation — 312
après Alexandre le Grand
Joachim Willeitner

L'État et la société

La royauté sacrée — 322
Thomas Schneider

Beauté et perfection : — 330
l'art pharaonique
Rita E. Freed

Les hiéroglyphes : écriture et écrits — 342
Stefan Wimmer

L'organisation de l'administration royale — 356
Eva Pardey

L'armée — 364
Manfred Gutgesell

Économie et commerce — 370
Manfred Gutgesell

Le Nil généreux : l'agriculture d'une oasis — 376
Christine Strauß-Seeber

Maisons, villes et palais : l'habitat — 386
Albrecht Endruweit

La vie quotidienne : — 398
le foyer dans l'Égypte ancienne
Gabriele Wenzel

Roches et carrières — 410
Rosemarie Klemm

Culte divin et culte funéraire

Les dieux et les hommes — 416
Ulrich Luft

Les dieux et les divinités — 432
Manfred Görg

La vision du cosmos : — 444
l'univers de l'Ancienne Égypte
Günter Burkard

Les fêtes royales et religieuses — 450
Joachim Willeitner

La momification — 458
Renate Germer

L'inhumation — 470
Wafaa el-Saddik

Le culte funéraire — 480
Ursula Verhoeven

Savants d'hier et d'aujourd'hui

Chroniqueurs, voyageurs et érudits : — 490
l'image de l'Égypte au travers des millénaires
Regine Schulz

Missions archéologiques : les fouilles récentes — 498
Daniel Polz

Annexes — 511

Glossaire *Martina Ullmann*
Les dieux de l'Égypte ancienne *Regine Schulz*
Sites principaux de l'Égypte ancienne *Susanne Wohlfarth*
Musées et collections *Edith Bernhauer*
Les souverains de l'Égypte ancienne – Chronologie –
Tableau synchronique *Marcel Schoch*
Bibliographie *Martina Ullmann/Véronique Berteaux*
Auteurs
Index
Crédits photographiques

Préface

L'art égyptien aujourd'hui

« J'aimerais d'abord voir l'art égyptien ! » Tels sont les mots que l'auteur de ces lignes entend régulièrement de la bouche des visiteurs qui pénètrent pour la première fois dans le Metropolitan Museum of Art de New York. De fait, les œuvres égyptiennes sont – après celles des célèbres impressionnistes – les plus appréciées du musée. Ceci n'est pas le cas uniquement à New York, mais dans tous les musées du monde, et ce déjà depuis plusieurs décennies.

En notre ère de l'ordinateur, qu'est-ce qui attire aussi irrésistiblement les hommes vers ces sculptures, bas-reliefs, peintures et arts mineurs millénaires provenant de la vallée du Nil, au nord-est de l'Afrique ? Cyril Aldred, le grand historien de l'art égyptien, a réuni toutes les réponses possibles à un commun dénominateur simple, mais évident : « L'impression prépondérante (que procure l'art égyptien) est celle de son humanité. » En dépit de tous les temples monumentaux et sculptures gigantesques qui, certes, existent en effet, la plupart des œuvres d'art de l'Égypte ancienne sont à dimension humaine par leurs proportions et directement intelligibles quant à leur contenu. Hommes, femmes et enfants nous font face dans des vêtements simples, pourvus d'un petit nombre d'attributs faciles à interpréter. Leur regard le plus souvent ouvert sur le monde est dirigé droit devant eux, et leur attitude ainsi que leurs gestes témoignent d'une certaine confiance en soi. L'individualité ne s'exprime pas dans la reproduction mimétique de particularités physiques, mais dans le classement au sein de catégories humaines générales telles que « la femme accomplie », « le vieil homme », « le dignitaire dans l'embonpoint », « le père de beaux enfants », « le lettré », « le fonctionnaire expérimenté et responsable », et ainsi de suite.

La conscience des liens qui les unissent caractérise tous les hommes ainsi que leurs actes. Dans les œuvres sculptées dans la pierre, cela s'exprime à travers les témoins rappelant la forme cubique du bloc de pierre primitif : les plaques et les piliers dorsaux devant lesquels se dressent les effigies, ainsi que les parties non évidées entre la jambe d'appui et la jambe avancée, entre la jambe et le pilier dorsal, entre le torse, les bras et les mains. Ancrée dans la pierre, la figure humaine est tout à la fois confortée et portée par la pierre. Le fait que les statues en bois et en métal ne présentent pas ces caractéristiques, mais disposent librement dans l'espace les membres du corps humain, ne doit pas être imputé à des circonstances techniques, mais souligne lui aussi avec insistance la relation particulière que la civilisation de l'Égypte ancienne entretenait avec la pierre en tant que matériau le plus noble et garante d'éternité.

Qu'il y ait eu, à côté de celles liées à la pierre, des statues en bois et en métal sculptées plus librement, voilà un indice significatif de la créativité expérimentale des artistes égyptiens, conçue par les anciens Égyptiens – d'après une autre formule mémorable de Cyril Aldred – comme reliée à la puissance créatrice des dieux.

Les figures des peintures et bas-reliefs égyptiens sont également toutes reliées à un ordre porteur de permanence. La structure ordonnée de l'univers s'y exprime dans le système de quadrillage qui organise la surface de tous les murs. Les lignes directrices de chaque rectangle du réseau doivent être comprises comme des lignes directrices dans toute la force du terme, sur lesquelles se tiennent et agissent les hommes et les animaux. Les figures placées librement dans l'espace sont presque toujours le signe d'une désagrégation de l'ordre établi dans l'État égyptien. Dès la préhistoire, l'agencement des animaux et des hommes en registres est au contraire un acte de mise en ordre de première importance, grâce auquel le chaos primordial se métamorphose en monde civilisé intelligible et maîtrisable.

C'est au sein du système ordonné conquis sur le chaos que le monde riche en vie de l'oasis des bords du Nil peut ensuite s'épanouir librement et se voir concrétisé dans la représentation artistique. On ne se contente pas de labourer, semer, moissonner, comptabiliser, entreposer et distribuer ; on confectionne aussi des bateaux, des meubles et d'autres biens destinés à l'usage quotidien. Les hommes font la fête en société et en famille, dansent, jouent de la musique et veillent au bien-être des défunts dans leurs tombeaux. En tant que prêtre, Pharaon représente l'humanité auprès des dieux ; en tant que combattant, il s'oppose à la menace perpétuelle du chaos.

L'ordre vécu en ce monde a également un effet bénéfique sur les peurs liées à la mort, car le soleil – considéré par les Égyptiens comme la principale manifestation du dieu créateur – visite la nuit le monde souterrain, selon un rythme dispensateur de vie. C'est aussi le soleil qui engendre et entretient la vie en ce monde-ci. Sa lumière permet à l'artiste d'observer et de représenter à la surface de ses œuvres, avec une fidélité inégalée, les nuances les plus subtiles sur les visages et sur les corps des hommes et des animaux, sans pour autant délaisser le cadre immuable du système organisé de l'art égyptien. L'alliance de ce système organisé et de l'observation, minutieuse à l'extrême, de la nature, a permis aux anciens Égyptiens de devenir les inventeurs de « signes » sans doute les plus créatifs de tous les temps, car les scribes de l'Égypte ancienne ont su trouver puis perfectionner des milliers de signes d'écriture. Dans l'écriture hiéroglyphique, le mot et l'image ont toujours constitué une unité ; quant à l'art figuratif, il était à la fois écriture et signe.

Malgré les multiples forces d'attraction que les œuvres d'art égyptiennes exercent sur les hommes de notre temps, il est remarquable qu'il existe aussi peu de livres précisément consacrés à cet aspect de la civilisation de la vallée du Nil. Le présent volume représente à cet égard une exception qui mérite d'être saluée.

Dorothea Arnold

Avant-propos

Empereurs romains, érudits arabes, voyageurs dans l'Antiquité et, de nos jours, des millions de touristes ont succombé et succombent chaque année à la puissance d'attraction exceptionnelle de la grandiose civilisation égyptienne. Les pyramides de Giza, les temples de Karnak ou la Vallée des Rois où se trouve la tombe de Toutânkhamon sont les valeurs de référence, uniques en leur genre, d'une production culturelle qui devait affirmer durablement sa place dans l'histoire de l'humanité. Elle se distingue par de nombreuses singularités qui parurent souvent énigmatiques aux hommes issus d'autres aires culturelles. Aujourd'hui encore, nombre de ses mystères réels ou supposés demeurent au centre d'un intérêt constant.

La quête d'une sagesse ancestrale, d'expériences mystiques et de trésors cachés est le motif qui pousse de nombreux passionnés de l'Égypte à s'occuper sans discontinuer de thèmes immuables tels que le Sphinx et la pyramide de Chéops, les momies et la malédiction des pharaons, les symboles et rituels supposés « opérants ». La raison en est sans doute avant tout la taille impressionnante et la qualité de nombreux monuments pharaoniques, ainsi que leur longévité qui semble nier le temps et contraste de manière impressionnante avec la fébrilité du monde où vit l'homme moderne.

Comme ce genre de visions imprégnées d'imaginaire revient régulièrement sur le devant de la scène, les véritables sensations de l'Égypte ne sont bien souvent pas appréciées à leur juste valeur. En font partie non seulement ses étonnantes performances techniques et administratives, le niveau d'exigence élevé de l'écriture et de la littérature, de l'architecture et des arts plastiques, mais aussi une conception globalisante du monde fondée sur une observation extrêmement précise de la nature, dans laquelle science et religion formaient un tout indissociable. À dire vrai, cette conception du monde n'incite que trop aisément à considérer la société égyptienne et sa pensée comme statiques de part en part, et à envisager ainsi les choses d'une manière bien trop superficielle. Mais, à la lumière des innombrables monuments, de la multitude d'inscriptions et de l'abondance presque impossible à maîtriser des découvertes archéologiques quotidiennement mises au jour et étudiées par des milliers de scientifiques, c'est une image constamment renouvelée de l'Égypte ancienne qui se forme, dont on ne peut rendre compte que par des problématiques extrêmement diversifiées.

C'est pourquoi le présent volume se veut de donner de l'Égypte une image certes suffisamment différenciée pour exposer la multiplicité de ses évolutions internes, mais ne renonçant pas pour autant à un propos général destiné à mettre en lumière les caractéristiques de cette civilisation. Le mélange de connu et de nouveau, d'informations de base et de détail ainsi qu'une présentation circonstanciée de chaque situation historique, de l'arrière-plan social et des impulsions religieuses, le définissent tant dans sa conception que dans sa tentative de restituer dans sa totalité la pensée des anciens Égyptiens.

Nous tenons à remercier ici le Seminar für Ägyptologie de l'Université de Cologne, l'Institut für Ägyptologie de l'Université de Munich et le Pelizaeus-Museum de Hildesheim pour le soutien efficace apporté aux travaux figurant dans cette publication, ainsi que pour la mise à disposition de leurs équipements respectifs.

En outre, notre reconnaissance s'adresse tout particulièrement à tous les auteurs et collègues qui ont collaboré à ce projet malgré leurs nombreux autres engagements et qui ont, de plus, contribué de bonne grâce à résoudre les difficultés imprévues. Nos remerciements vont aussi, enfin, à l'équipe rédactionnelle qui a rendu possible, par son engagement sans faille et dans des conditions souvent difficiles, la réalisation de ce volume déjà exceptionnel par ses dimensions et l'abondance de son illustration.

Regine Schulz
Matthias Seidel

Les sources de la civilisation pharaonique

Stephan Seidlmayer

L'environnement naturel

L'Égypte montre de manière exemplaire combien l'évolution des hommes est liée aux conditions géographiques et climatiques de leur environnement. La vallée du Nil apparaît comme une oasis fluviale enserrée par les déserts : à l'ouest s'étend le vaste Sahara, à l'est s'étirent les chaînes montagneuses escarpées qui séparent l'Égypte de la mer Rouge. Seul un étroit passage au nord-est, au niveau de la côte septentrionale du Sinaï, permet l'accès à la Palestine et au Proche-Orient. Clairement délimitée et protégée, la vallée fluviale elle-même devient, à partir de la Première Cataracte, près d'Assouan, une plaine alluviale, qui s'élargit progressivement vers le nord jusqu'à former, au nord du Caire, le large éventail du Delta. Pays sec, l'Égypte devait autrefois sa richesse agricole à la montée des eaux du Nil, survenant chaque année à la fin de l'été. Ces conditions écologiques ont toujours été considérées, à juste titre, comme le fondement de la civilisation pharaonique, facteur déterminant de sa profonde originalité.

Pourtant, les conditions n'ont pas toujours été les mêmes. L'étude des sources de la civilisation égyptienne doit aussi tenir compte des profonds changements intervenus dans les conditions géographiques et climatiques. Ces changements procèdent de deux éléments essentiels : les précipitations et la crue du Nil. Cette dernière détermine les conditions de vie dans la vallée fluviale, quand les précipitations influent sur l'habitabilité des zones désertiques limitrophes, et par là même sur les liens entre la vallée du Nil et ses alentours, entre ses habitants et les peuples du désert.

Les origines

La découverte d'outils en pierre dans la vallée du Nil situe les premières traces de peuplement humain au début du paléolithique. À cette époque, l'Égypte ne présente pas encore les traits d'une culture singulière ; il faut attendre le paléolithique final, entre 25000 et 10000 av. J.-C. pour en trouver les premiers témoignages. Une période d'extrême sécheresse conduit alors les chasseurs-cueilleurs qui arpentaient les savanes du Sahara à rejoindre le cours du fleuve, au débit encore faible et irrégulier, pour y trouver leur subsistance. Outils en pierre et restes d'aliments révèlent que

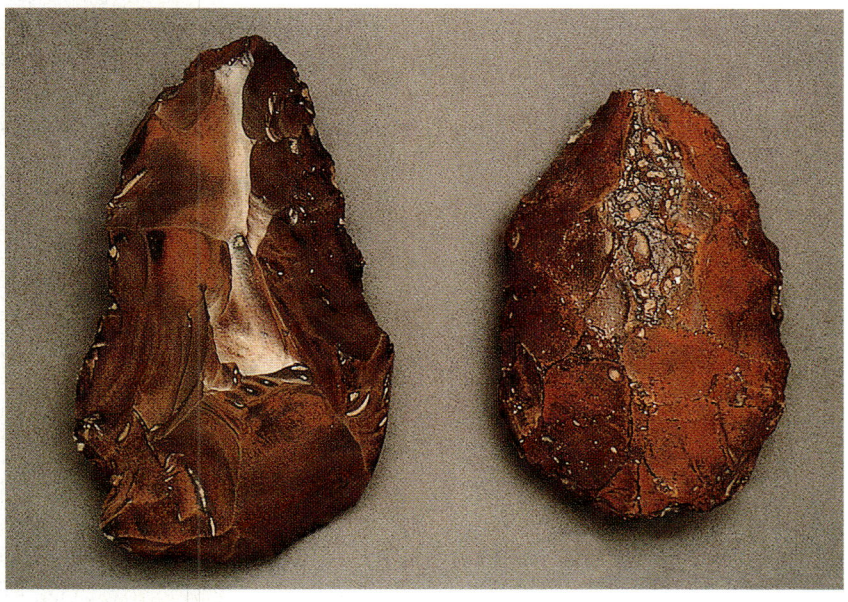

1. Tête d'idole
Mérimdé, dernière phase d'occupation ; vers le milieu du Ve millénaire av. J.-C. ; terre cuite ; haut. : 11 cm ; Le Caire, Musée égyptien, JE 97472.
Les trous répartis sur la tête et le visage servaient initialement à la fixation des cheveux et de la barbe. Une perforation cylindrique aménagée sous la tête permettait de la monter sur une hampe.

2. Coup-de-poing
Région thébaine ; paléolithique ancien, avant 100000 av. J.-C. ; silex ; haut. : 16 cm ; Londres, British Museum, EA 41496-7.
Les lourds bifaces taillés dans des débris de silex constituent un outil universel, caractéristique du paléolithique.
On les trouve en grand nombre sur les terrasses de la vallée du Nil, formées par les alluvions du fleuve.

3. Céramique polie à motif incisé en arêtes de poisson
Mérimdé, première couche d'occupation ; vers la fin du VIe ou le début du Ve millénaire av. J.-C. ; Le Caire, Musée égyptien.
La céramique de la plus ancienne couche d'occupation du site de Mérimdé présente une qualité toute particulière. Coupes et bols profonds en poterie fine sont lissés à l'extérieur, et parfois aussi à l'intérieur, à l'aide d'un objet dur qui confère à la surface une teinte rouge sombre à violet. Certaines pièces comportent, entre le bord et l'épaulement, une bande décorative à motif incisé en arêtes de poisson.

PRÉHISTOIRE 9

Le Néolithique

Vers 10000 av. J.-C. intervient un profond changement climatique, qui s'accompagne d'une augmentation générale de l'humidité, provoquant de très fortes montées des eaux du Nil et des précipitations importantes qui transforment les régions désertiques voisines en zones habitables, et parsèment les savanes d'oasis et de points d'eau. Le Sahara accueille à nouveau des peuplements humains, et devient le cadre d'innovations décisives au cours des VIIIe et VIIe millénaires av. J.-C. Avec les premières céramiques et les haches de pierre polie s'ébauchent les caractéristiques technologiques du néolithique. Chasseurs semi-nomades, les hommes ne cultivent pas encore la terre, mais récoltent les graines d'herbes sauvages ; il semble pourtant qu'ils aient domestiqué le bœuf. Dans le même temps – dès le VIIIe millénaire av. J.-C. –, le Proche-Orient, le Levant et la Palestine voient l'apparition de sites fortifiés, les débuts de l'agriculture et la domestication du mouton et de la chèvre. Toutes ces caractéristiques techniques, économiques et sociales, appelées à définir une nouvelle période de l'histoire de l'humanité, vont naître des influences réciproques au sein de la vaste zone géographique englobant le nord-est de l'Afrique et le Proche-Orient.

Au début, l'Égypte et la vallée du Nil ne semblent jouer aucun rôle dans ce processus. Les vestiges archéologiques sont rares. Peut-être plusieurs crues successives et particulièrement violentes ont-elles détruit systématiquement des sites entiers. Les quelques vestiges découverts à Elkab, dans le Fayoum, et à Héloun montrent que l'Égypte a conservé jusqu'au VIe millénaire av. J.-C. le mode d'existence élaboré au paléolithique final en s'adaptant au contexte nilotique. La richesse exceptionnelle du milieu a permis la persistance de formes de vie primitive. Cet équilibre ne sera bouleversé qu'aux VIIe et VIe millénaires av. J.-C., lorsqu'une nouvelle vague de sécheresse forcera les habitants des zones limitrophes à rejoindre à nouveau la vallée du Nil. C'est donc à la fin du VIe et au Ve millénaire av. J.-C. qu'apparaissent en Égypte les premiers groupes néolithiques. Les vestiges archéologiques ne nous permettent pas de connaître la fusion entre les traditions épipaléolithiques de la vallée du Nil et la culture développée par les nouveaux arrivants. Pourtant, seule cette fusion explique le caractère hétérogène des débuts du Néolithique égyptien.

Un assèchement du climat, qui devait conduire au milieu du IIIe millénaire av. J.-C. à la situation que nous connaissons actuellement, transforma progressivement la vallée du Nil en un espace vital clairement délimité. Le processus de colonisation interne et de fusion de diverses composantes culturelles donna naissance à une civilisation indépendante et proprement égyptienne. Née tardivement par rapport aux pays voisins, elle connut au IVe millénaire av. J.-C. un développement d'autant plus rapide, qui devait conduire, au seuil du IIIe millénaire av. J.-C., à la formation du royaume pharaonique et de la grande civilisation égyptienne.

Les cultures préhistoriques de Basse-Égypte

Le plus ancien site néolithique d'Égypte est sans doute celui de Mérimdé Béni-Salamé, en Basse-Égypte, à la lisière occidentale de la pointe du Delta, à quelque cinquante kilomètres au nord-ouest du Caire. Des fouilles récentes ont permis d'identifier cinq couches archéologiques, dont la plus ancienne remonte probablement au VIe millénaire av. J.-C., alors que les plus récentes couvrent la majeure partie du Ve millénaire av. J.-C.

L'occupation la plus ancienne de Mérimdé présente des caractéristiques clairement différenciées. Assiettes, coupes et bols profonds, exécutés dans une belle céramique fine, lissée ou polie, trahiraient, par leur décor incisé en arêtes de poisson, des contacts avec le Proche-Orient, que confirment aussi les pointes de flèche. La seconde couche, en revanche, a

4. Le Sahara oriental
Jusqu'au début de l'époque historique, le climat du nord-est de l'Afrique fut soumis à des variations importantes. La ceinture végétale se déplaçait en conséquence, comme l'illustre ce schéma de la situation au début du Ve millénaire av. J.-C. On distingue plusieurs zones : 1. désertique, 2. désertique à végétation tributaire de la pluie, 3. semi-désertique, 4. savane épineuse, 5. savane boisée.
(d'après K. Naumann).

de nombreux petits groupes humains se sont adaptés aux conditions particulières de cette situation. Plutôt que de parcourir de longues distances, ils vont d'un emplacement saisonnier à un autre, exploitant, selon la période de l'année, les ressources offertes par la nature. Outre la chasse et la cueillette, la pêche joue un rôle déterminant dans l'économie de cette population.

Ce cadre de vie apporte des innovations décisives. L'outillage de pierre – essentiellement des petites lames et des éclats géométriques – n'apparaît guère spectaculaire au premier abord. Pourtant, il s'agit de lames et de pointes destinées à des outils composites, tels couteaux, flèches, javelots, hameçons et harpons, qui témoignent en réalité d'un progrès technique considérable. Les résidus alimentaires révèlent quant à eux que l'on sèche et conserve déjà la nourriture (comme le poisson) pour faire face aux mois de disette. Un premier pas a donc été franchi vers l'économie de prévoyance avec le stockage des excédents. Le nombre croissant des sites au fil du temps traduit par ailleurs un accroissement de la population, rendu possible par un mode de vie désormais semi-sédentaire.

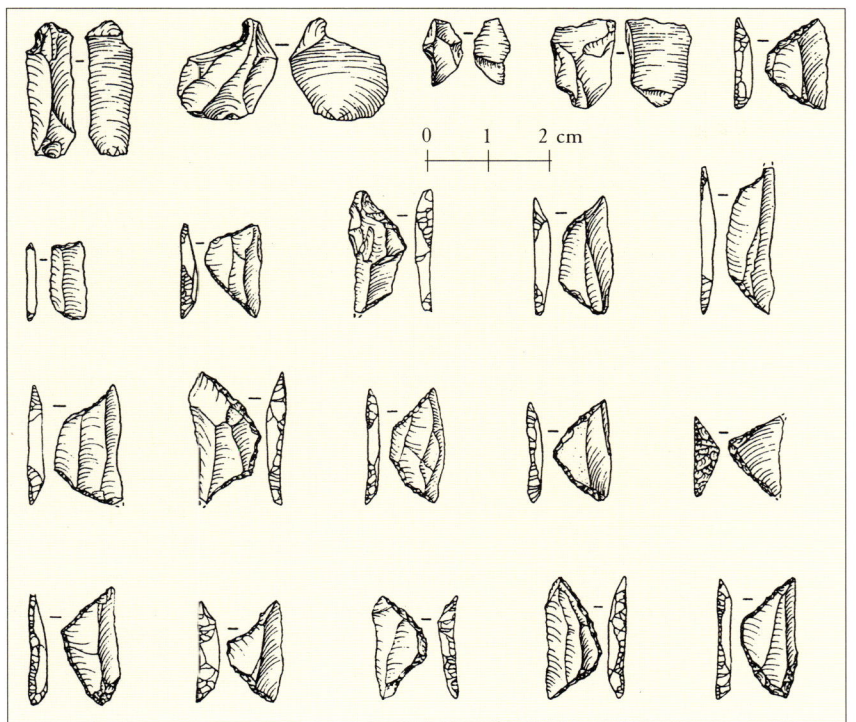

5. Outillage microlithique
Région d'Esna ; paléolithique final, vers 11000 av. J.-C. ; silex.
On appelle microlithes les éclats de silex géométriques – souvent pas plus grands qu'un ongle – et les petites lames qui étaient fixés sur des outils en bois, en roseau ou en os et servaient de tranchants ou de pointes. Ces éclats permettaient la fabrication d'outils de chasse ou de pêche, légers et variés, mais aussi la réalisation d'armes dont la fonctionnalité dépassait largement celle des lourds outils de pierre. La réalisation d'instruments si complexes, réunissant divers matériaux, représentait un progrès intellectuel considérable.

6. Céramiques du mésolithique de Khartoum
Vers le VIIe millénaire av. J.-C.
Les fouilles récentes ont révélé le Soudan central comme le berceau d'une évolution culturelle dynamique. Dès le paléolithique final (ou mésolithique) apparaît ici une céramique abondamment décorée de lignes ondulées, peignées ou imprimées. On suit aujourd'hui la production céramique soudanaise jusqu'au IXe millénaire av. J.-C.

livré des harpons en os et des haches taillées dans une pierre nubienne, qui témoignent de contacts avec le Sud et mettent en garde ceux qui voudraient chercher exclusivement au Proche-Orient les origines des cultures préhistoriques du Delta.

De l'habitat subsistent des vestiges de huttes ovales, bâties à plat dans le sol et protégées du vent par des écrans de roseaux. De grandes corbeilles enfoncées dans le sol servaient de silos pour le grain et autres denrées analogues. On élevait des moutons, des chèvres et des porcs. La céramique plus récente est, dans sa fabrication, fortement appauvrie par de la paille hachée. Ce procédé, qui confère à la poterie un aspect plus grossier, permettait de réaliser des récipients plus grands et, outre des coupes et des jattes, d'obtenir des formes fermées tels les pots et les bouteilles. L'outillage lithique jouait manifestement un rôle essentiel sur le site de Mérimdé. Les rognons de silex se trouvaient en abondance en bordure du désert, et offraient même une première occasion de troc avec les populations du centre du Delta, qui n'avaient pas accès à cette matière première. Le site a livré en outre des figurines de taureaux en terre cuite, ainsi qu'une saisissante tête humaine, témoins intéressants d'un début d'activité artistique.

Plusieurs sépultures ont également été mises au jour dans la zone d'occupation du site. Les morts étaient inhumés sur le côté, en position recroquevillée, dans des tombes peu profondes. Les objets qui les accompagnent restent rares et ne révèlent aucune discrimination sociale entre les individus. On croyait autrefois que les morts avaient été enterrés à l'intérieur du site des habitats. Or les dernières découvertes archéologiques montrent que les zones habitées se sont déplacées au fil du temps, les plus récentes venant recouvrir les sépultures antérieures. D'autres sites à peu près contemporains de celui de Mérimdé sont connus, notamment dans la dépression du Fayoum et à el-Omari, près d'Hélouan, au sud-est du Caire. L'étape la plus récente de la culture préhistorique de Basse-Égypte, qui correspond aux deux premiers tiers du IVe millénaire av. J.-C., est représentée par le site de Maadi, qui se trouve également au sud-est du Caire. Son vaste habitat et ses deux cimetières offrent un large aperçu de la réalité culturelle de cette période. La céramique présente un aspect caractéristique, mais on retiendra surtout les outils en cuivre – épingles, hameçons et haches en grand nombre –, qui commencent désormais à remplacer les objets correspondants en os ou en pierre. On a également retrouvé à Maadi du minerai de cuivre, sans doute utilisé comme colorant dans la fabrication des fards.

Ce matériel suppose des contacts et d'intenses relations commerciales avec le sud de la Palestine et le Proche-Orient ; mais aussi des rapports avec les cultures contemporaines de Haute-Égypte, comme l'attestent la céramique importée et copiée localement, ainsi que les palettes de schiste. À travers l'ensemble des objets exhumés, le site de Maadi apparaît comme une base de commerce entre le Proche-Orient et la vallée du Nil, lien qui permit aussi aux premières civilisations de Haute-Égypte d'avoir accès à cette zone géographique. Des fouilles archéologiques conduites récemment à Bouto, dans le nord-ouest du Delta, ont mis au jour un site correspondant à la culture de Maadi, apportant ainsi la preuve de sa large diffusion géographique. D'importants éléments révèlent ici encore des contacts avec le Proche-Orient. On a découvert notamment des bâtonnets de terre cuite ressemblant aux clous d'argile utilisés en Mésopotamie, à l'époque d'Ourouk, pour décorer les temples.

Plusieurs cimetières témoignent, comme à Mérimdé, de rites funéraires modestes. Placés dans des tombes ovales et de faible profondeur, les morts étaient enveloppés dans des nattes et accompagnés de quelques objets – des récipients en terre cuite, et parfois des coquillages – comparables à ceux découverts dans les sépultures de la culture de Mérimdé. Les autres objets, comme les peignes ou les épingles à cheveux, restent rares. Tant le répertoire formel des objets exhumés que les coutumes et les structures sociales reflétées à travers eux, révèlent de profondes différences entre les cultures de Basse et de Haute-Égypte au IVe millénaire av. J.-C.

Si les dernières recherches menées sur le terrain ont fourni de nouvelles bases à notre connaissance des cultures préhistoriques du Delta, elles n'ont pas pour autant supprimé les problèmes qui se posent. La première cause est la situation géographique. Contrairement à la Haute-Égypte, bordée d'une longue frange désertique, le Delta se trouve directement subordonné aux caprices du fleuve. Nombre de ses sites sont aujourd'hui ensevelis sous d'épaisses couches de sédiments.

Des questions décisives demeurent ainsi sans réponse. Traditionnellement, les villes du Delta comme Bouto et Saïs jouent dans l'Égypte pharaonique un rôle important à côté des grandes villes royales de Haute-Égypte. Sur quelle réalité préhistorique repose cette tradition ? Existait-il dans le Delta, comme on l'a supposé, de riches cités commerçantes entretenant par voie maritime des contacts avec le Proche-Orient ? Les édifices de ces cités, leurs temples ou leurs palais, contenaient-ils vraiment en germe les formes architecturales – comme les façades à redans, d'inspiration proche-orientale – dont le caractère achevé nous frappe dans les constructions funéraires des premières dynasties ? Et comment l'organisation sociale et politique du Delta était-elle structurée au IVe millénaire av. J.-C. ? Existait-il des principautés, ou un royaume étendu ? Autant de questions d'une importance capitale pour la compréhension de la genèse du royaume pharaonique.

Les cultures préhistoriques de Haute-Égypte

Le nord de la Moyenne-Égypte est également pauvre en sites archéologiques. Les découvertes faites aux deux extrémités de cette partie de la vallée, à proximité du Fayoum et près de Deir Tasa, au sud d'Assiout, révèlent que des groupes humains originaires de Basse-Égypte se sont avancés loin vers le sud, au-delà de la zone du Delta. On ne pénètre en terrain archéologique sûr qu'au sud de la Moyenne-Égypte et dans la partie de la vallée du Nil constituant la Haute-Égypte. Le pays a connu ici, au IVe millénaire av. J.-C., un peuplement important, qui nous a laissé un abondant matériel archéologique. C'est avant tout à partir des traditions de la Haute-Égypte que s'est développée la civilisation pharaonique ; ce sont elles aussi qui forment la base chronologique de toute la préhistoire égyptienne.

Le plus ancien peuplement purement néolithique de Haute-Égypte est connu par une série d'habitats et de nécropoles répartis sur la rive orientale du Nil, près du village de Badari, au sud d'Assiout. Chronologiquement, les premiers témoignages de la culture de Badari datent d'environ 4400 av. J.-C., c'est-à-dire de la fin de la culture de Mérimdé en Basse-Égypte ; elle s'éteint au début du IVe millénaire, vers 3800 av. J.-C., pour céder la place à la culture nagadienne.

Les traces d'habitat indiquent l'existence de petits villages implantés sur la bande de plateau désertique bordant les terres cultivables. Les vestiges de cabanes, de silos enfoncés dans le sol et de récipients de stockage, ainsi que les couches de déchets, reflètent une activité économique

7. *Sépulture de la culture de Maadi*
Nécropole de Ouadi Digla ; IVe millénaire av. J.-C.
Le défunt est couché sur le côté droit, en position recroquevillée, les mains devant le visage. La tête était sans doute posée à l'origine sur une pierre servant de chevet. Derrière le dos du mort se trouvent trois vases globulaires, caractéristiques de la culture de Maadi. Ces vases constituent le seul mobilier funéraire.

8. *Récipient à pied conique*
Près d'Héliopolis, nécropole de la culture de Maadi ; IVe millénaire av. J.-C. ; céramique ; haut. : 18 cm ; Le Caire, Musée égyptien.
La production céramique de la culture de Maadi se caractérise par des vases globulaires, à un pied, et se rétrécissant vers le haut en une ouverture aux lèvres légèrement évasées. Certains exemplaires, comme celui présenté ici, possèdent un pied conique. On rencontre également des vases sphériques à col court et des vases-bouteilles ovoïdes.

9. Coupe striée et polie
Région de Matmar ; culture de Badari, fin du Ve millénaire av. J.-C. ; céramique ; diam. : 21 cm ; Berlin, SMPK, Ägyptisches Museum, 23668.
Les céramiques de la culture de Badari présentent une surface striée et polie, caractéristique d'une technique également utilisée par plusieurs groupes humains des régions nubienne et soudanaise. Le recours à ce procédé, et la prédilection pour les formes à fond bombé, indiquent l'existence de contacts avec le sud. Ces deux aspects distinguent la culture de Badari tardive de celle de la première période de Nagada, qui coexistèrent partiellement en Haute-Égypte.

variée, fondée sur l'agriculture, l'élevage, la chasse et la pêche. Le passage aux premières formes d'exploitation de la terre se trouva facilité par un phénomène naturel : en effet, le fleuve formait dans la vallée un réseau de digues et de bassins naturels, préfiguration du principe de l'irrigation, qui sera perfectionné plus tard au moyen de digues et de canaux artificiels et deviendra le fondement même de l'agriculture égyptienne.

Les morts étaient enterrés dans de petits cimetières en bordure des villages, couchés sur le côté gauche, dans des tombes ovales, en position recroquevillée et le regard tourné vers l'ouest. Ils étaient en général enveloppés dans des nattes et accompagnés d'un riche mobilier funéraire. Alors que dans les zones d'habitat, les grands récipients en poterie grossière prédominent, on trouve dans les tombes une céramique fine d'une grande beauté. Assiettes, coupes et plats sont généralement réalisés dans une terre cuite polie de couleur rouge ou brune. Ils présentent une large bordure noire caractéristique, obtenue par une technique de cuisson particulière. La surface est souvent « peignée » avant le polissage, procédé qui confère au récipient un superbe décor strié. Les tombes renferment en outre un large éventail d'objets, en rapport surtout avec les cosmétiques et la parure. Os et ivoires gravés, objets utilitaires souvent ornés de décors figurés, palettes à fard en pierre, cuillères à onguent sculptées, épingles à cheveux, peignes décoratifs, bracelets en os ou en ivoire, colliers de perles en turquoise, en stéatite glacée, en coquillage ou autres pierres décoratives, tels sont les objets recueillis dans les sépultures. À ces derniers s'ajoutent déjà quelques aiguilles et perles en cuivre.

Les tombes badariennes témoignent pour la première fois sur le sol égyptien du culte funéraire, déjà très développé, qui marquera si profondément les époques postérieures de la civilisation de l'Ancienne Égypte. En inhumant leurs morts avec leur parure personnelle et leurs biens les plus familiers, les Égyptiens se donnèrent un instrument de prestige et de représentation sociale, un moyen d'exprimer les différences existant au sein de leur société. Les caractéristiques du matériel archéologique mis au jour nous informent sur l'origine et les relations extérieures de la culture badarienne. La technique de la céramique trahit l'influence de la

10. Pot à onguent en forme d'hippopotame
Mostagedda ; culture de Badari, fin du Ve millénaire av. J.-C. ; ivoire ; haut. : 6,3 cm ; Londres, British Museum, EA 63057.
Les arts plastiques ont trouvé leur première expression dans la conception d'objets utilitaires. Certains d'entre eux, particulièrement précieux, se distinguent en effet de la masse des produits ordinaires par leur peinture, leurs applications figuratives, ou encore leur forme spécifique, telle cette pièce inhabituelle. La préhistoire et le début de l'époque dynastique sont riches en solutions formelles aussi inattendues qu'originales. Avec le développement de la peinture murale et de la statuaire monumentale à l'époque historique, les objets utilitaires perdront progressivement leur rôle de support de l'expression artistique.

PRÉHISTOIRE

Nubie, tandis que l'utilisation de perles émaillées, de turquoises et de cuivre, ainsi que la domestication de certaines espèces animales, portent la marque du Proche-Orient.

La culture amratienne : Nagada I

À la culture de Badari succéda celle de Nagada, la plus importante culture préhistorique de Haute-Égypte, dont il est possible de suivre l'évolution de manière continue jusqu'à la fondation du royaume d'Égypte. Divisée en trois phases principales (Nagada I à III), elles-mêmes subdivisées en phases secondaires, elle offre une illustration exemplaire des progrès technologiques, sociaux et politiques de la période prédynastique.

La phase la plus ancienne – Nagada I ou Amratien – coexista tout d'abord, au début du IVe millénaire av. J.-C., avec la culture badarienne, géographiquement proche, avant de la remplacer par un processus de superposition. Le berceau de la culture de Nagada se situe au sud de la zone de diffusion de la culture de Badari, dans la région comprise entre Louqsor et Abydos. C'est dans cette partie de la vallée du Nil que les grandes voies de communication est-ouest, entre la mer Rouge et les oasis, croisent le cours du fleuve.

Par ses rapports avec le milieu naturel, sa technologie et l'aspect général de son matériel, la première phase de Nagada ressemble à la culture de Badari. La typologie des objets, découverts essentiellement dans les tombes, révèle pourtant une originalité indéniable. La céramique fine de cette culture est dominée par des vases de terre cuite polie rouge, avec ou sans bord noir. Outre des assiettes et des coupes, elle comprend également une majorité de hauts récipients coniques à fond plat. Le col se rétrécira progressivement pour donner naissance à des bouteilles et des vases pansus.

La première céramique amratienne se caractérise par des récipients à surface rouge polie, ornée de décors linéaires de couleur crème. Les motifs géométriques, évoquant parfois des formes végétales stylisées, s'enrichiront à la fin de cette époque de décors figurés. Les animaux, notamment les hippopotames et les crocodiles de la vallée du Nil, jouent ici un rôle particulier. On rencontre aussi par endroits des scènes animées de personnages : scènes de chasse, mais peut-être aussi scènes de culte ou de combats. Les premières représentations de barques apparaissent. Des figurines modelées en ronde bosse sur le bord des récipients complètent le décor peint. Parallèlement, le nombre de représentations humaines ne cesse d'augmenter : les idoles féminines, dont la culture de Badari n'a livré que trois exemplaires, abondent désormais. Des figurines d'hommes barbus ornent pendentifs (amulettes ?) et défenses d'ivoire (ou « ivoires magiques »). On ne peut émettre que des hypothèses quant à la fonction et à la signification de tels objets. Il paraît néanmoins évident qu'ils relèvent non pas d'une réalité pratique, mais d'un domaine symbolique et imaginaire.

11. Idole féminine
Badari ; culture de Badari, fin du Ve millénaire av. J.-C. ; ivoire ; haut. : 14,3 cm ; Londres, British Museum, EA 58648.
Trois idoles féminines ont été retrouvées, vestiges de la culture de Badari. Elles se situent à l'origine d'un genre qui connaîtra peu après un plein épanouissement et sera encore largement représenté à l'époque pharaonique. Il nous manque malheureusement les éléments permettant d'établir avec certitude la signification symbolique de ces objets.

12. Haut vase à décor figuré
Nagada I, première moitié du IVᵉ millénaire av. J.-C. ; céramique ; haut. : 28,6 cm ; Bruxelles, musées royaux d'Art et d'Histoire, E 3002.
Les scènes figurées sont encore rares à l'époque amratienne, et leur interprétation souvent incertaine en raison de leur forte schématisation. Autour de la panse étroite de ce vase apparaissent deux grandes figures masculines avec étui phallique, bras levés et ramages dans les cheveux, ainsi qu'un motif végétal difficilement identifiable. Dans chacun des interstices se dressent deux hommes plus petits, deux de ces paires étant liées par le cou. Tout porte à croire qu'il s'agit là d'une scène festive ou rituelle.

La culture amratienne présente d'autres formes caractéristiques, comme les palettes de schiste rhomboïdales et les têtes de massue discoïdes en pierre. Placées dans les tombes des hommes de haut rang, ces dernières perdront à l'époque historique leur rôle d'armes pour devenir un élément de parure du pharaon.

Cette culture se démarque aussi par son dynamisme géographique : née dans la boucle formée par le Nil au niveau de Qena, elle s'étend dès sa première phase vers le nord, jusqu'à la région d'Assiout (et peut-être jusqu'à la zone, pauvre en vestiges archéologiques, située entre Assiout et le Fayoum), et vers le sud au-delà de la Première Cataracte. Cette progression ne peut s'expliquer uniquement par la colonisation de régions inhabitées. Il faut aussi imaginer parallèlement une adaptation culturelle de groupes humains qui habitaient déjà ces zones géographiques, mais dont l'activité, encore centrée sur la chasse, la cueillette et la pêche, a laissé des traces archéologiques difficilement discernables.

Quoi qu'il en soit, il faut se garder d'identifier trop rapidement l'expansion d'une culture archéologique avec l'expansion d'un peuple, ou même d'une formation politique. La diffusion de la culture de Nagada montre surtout comment un nouveau mode d'existence, une nouvelle stratégie économique, un nouvel ensemble de connaissances technologiques et une nouvelle forme d'organisation sociale ont pu largement s'imposer en Égypte.

La culture gerzéenne : Nagada II

Les découvertes archéologiques reflètent le développement des outils de la culture nagadienne. Un ensemble de caractéristiques permet de distinguer vers le milieu du IVᵉ millénaire av. J.-C. une seconde grande période de Nagada (Nagada II), ou Gerzéen.

La céramique à bord noir, qui prédominait à l'époque précédente, cède peu à peu la place à deux innovations techniques, qui acquerront une importance croissante. La première concerne des récipients réalisés en limon du Nil mélangé à de la paille hachée. Si ce type de poterie était déjà utilisé auparavant pour les silos et autres récipients massifs, il apparaît désormais dans un large éventail de céramiques utilitaires de bonne facture.

La seconde innovation, plus importante encore, est certainement l'introduction d'une céramique fabriquée avec des argiles fines de prove-

13. Coupe ornée de deux crocodiles et de motifs végétaux
Nagada I, première moitié du IVᵉ millénaire av. J.-C. ; céramique ; diam. : 20 cm ; Lyon, musée Guimet, 90000045.
Le répertoire iconographique de l'époque amratienne puise surtout ses motifs dans la faune qui peuple la vallée du Nil, montrant ainsi combien la vie et la mentalité des hommes étaient liées au contexte géographique.
Ainsi cette coupe montre-t-elle deux crocodiles environnés de plantes caractéristiques de leur milieu naturel. Le décor quadrillé, volontiers utilisé à l'époque, traduit parfaitement les écailles de la peau des crocodiles ; les palmes végétales s'affranchissent déjà du mode de représentation géométrique.

14. Céramiques à bordure noire
Nagada I ; première moitié du IVᵉ millénaire av. J.-C. ; hauteur du récipient le plus grand : 13,2 cm ; Le Caire, Musée égyptien, JE 41247, JE 26530 (CG 2008), JE 41251.
La céramique amratienne se caractérise essentiellement par des poteries rouges polies à bord noir. Les premiers gobelets coniques à fond plat donneront peu à peu naissance à des vases globulaires à épaulement large, puis à un grand nombre d'autres formes couvrant un large éventail d'utilisations. Il n'est pas rare qu'apparaissent aussi des vases aux formes complexes, comme les vases à double embouchure cylindrique. Modelées à la main, sans l'aide du tour, toutes ces pièces sont pourtant généralement plus belles et plus régulières que les productions de l'Ancien Empire.

PRÉHISTOIRE 15

15. Idole féminine
Fin de la période amratienne, milieu du IVᵉ millénaire av. J.-C. ; argile crue ; haut. : 25 cm ; Turin, Museo Egizio, Suppl. 1146.
Les idoles féminines comptent parmi les thèmes les plus anciens et les plus répandus de la sculpture figurative archaïque ; elles seront encore fabriquées en grand nombre à l'époque pharaonique, en marge des canons officiels. La figurine présentée ici est l'une des plus saisissantes de ce type. Les formes corporelles sont réduites à des lignes d'une grande puissance expressive. Les yeux sont soulignés par des traits de fard vert, alors que le corps présente des tatouages et – sur sa partie dorsale – des motifs zoomorphes et végétaux.

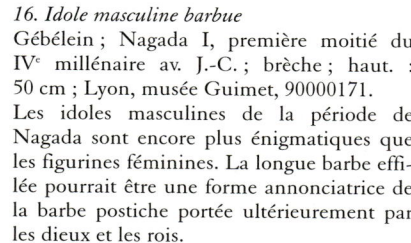

16. Idole masculine barbue
Gébélein ; Nagada I, première moitié du IVᵉ millénaire av. J.-C. ; brèche ; haut. : 50 cm ; Lyon, musée Guimet, 90000171.
Les idoles masculines de la période de Nagada sont encore plus énigmatiques que les figurines féminines. La longue barbe effilée pourrait être une forme annonciatrice de la barbe postiche portée ultérieurement par les dieux et les rois.

17. Vase à anses tubulaires et pied conique
Nagada ; Nagada I, première moitié du IVᵉ millénaire av. J.-C. ; basalte ; haut. : 24,5 cm ; Berlin, SMPK, Ägyptisches Museum, 12928.
Les vases de ce type sont fréquents dans le mobilier funéraire des tombes de la première période de Nagada ; pourtant, leur forme les distingue fondamentalement des autres productions céramiques de cette culture. Leur silhouette élancée, comme leur pied conique, correspond aux formes couramment utilisées dans la culture de Maadi de Basse-Égypte. C'est pourquoi ces vases seraient des pièces d'importation, témoignant d'échanges, dont la réciprocité est notamment illustrée à Maadi par des palettes à fard provenant de Haute-Égypte.

nance géologique différente, présentes à l'état de gisement dans les formations calcaires des collines environnantes. Ces argiles fossiles, plus difficiles à travailler, fournissent une céramique de qualité, solide et imperméable, qui se prête parfaitement au stockage prolongé des liquides, des produits laitiers, du miel et autres denrées de même nature.

Cette céramique en argile fossile permit l'avènement d'un nouveau type de récipients décorés, qui se substituèrent aux vases à peinture blanche de la période amratienne. Il s'agit essentiellement de récipients petits ou moyens, globulaires ou sphériques, et souvent dotés d'anses tubulaires. Exécuté en peinture rouge-violet sur fond crème, le décor est réduit sur certains objets à des formes géométriques, des taches et des spirales. Ces motifs correspondent manifestement à une imitation des veines colorées parcourant les vases en pierre, dont les céramiques reproduisent aussi les formes. Les vases en pierre, essentiellement des pots à onguents taillés avec une habileté admirable dans de précieuses brèches

16 PRÉHISTOIRE

18. Céramiques en argile fine à décor peint
Nagada II, seconde moitié du IVe millénaire av. J.-C. ; haut. : 12,3 cm, 15,4 cm, 19 cm ; Turin, Museo Egizio, Suppl. 4689, Suppl. 413, Suppl. 383.
Les vases sphériques et globulaires, à anses tubulaires perforées, imitent les précieux récipients en pierre dure bigarrée dont les veinures sont ici rendues en peinture par des spirales et des motifs tachetés. La barque représentée sur le vase médian relève du répertoire formel de la peinture figurative de la seconde période de Nagada, telle qu'elle apparaît sur les grandes jarres à provisions.

19. Vases en pierre zoomorphes
Nagada II, seconde moitié du IVe millénaire av. J.-C. ; brèche et grauwacke rouges ; hauteur du vase en forme d'ibis : 13 cm ; Berlin, SMPK, Ägyptisches Museum, 24100 (ibis), 19738 (tortue), 16025 (poisson).
Ces vases en forme d'ibis, de poisson et de tortue témoignent de l'imagination et de la perfection technique des tailleurs de pierre. Les effets colorés de la brèche étaient particulièrement appréciés. Ces récipients servaient à contenir fards et huiles cosmétiques ; on remarquera d'ailleurs leur analogie formelle avec les palettes à fard zoomorphes de la même époque.

et pierres dures de couleur, connurent à cette époque un développement fulgurant, qui devait en faire l'un des domaines privilégiés de l'artisanat artistique de la civilisation pharaonique.

D'autres récipients portent quant à eux un décor figuré. Le répertoire formel, très limité, est décliné en frises qui épousent le galbe du récipient. Des chaînes de collines schématisées en triangles, et des vagues évoquées par des lignes brisées, illustrent la réalité du paysage nilotique. À ces motifs simples s'ajoutent des représentations d'animaux, d'oiseaux ressemblant à des flamants roses, de gazelles et d'éléments végétaux. Au cœur de ce répertoire s'inscrivent aussi les grandes barques à la courbe très prononcée, munies d'une cabine en joncs tressés et d'un grand nombre de rames. Dans les barques se dressent des enseignes qui évoquent les futurs étendards divins.

L'interprétation de ces bateaux, et des scènes figurées en général, relève encore du domaine des hypothèses. Le bateau sera plus tard un élément clé de la culture pharaonique : on le rencontrera dans les rites funéraires, mais aussi dans le culte divin et les représentations du pharaon.

L'expansion géographique, le commerce et les contacts extérieurs apparaissent comme autant de facteurs ayant déterminé la physionomie de la période de Nagada. Signe de mobilité, le bateau traduit précisément cette réalité, une réalité qui pourrait l'avoir conduit à devenir le symbole de puissance et de domination que nous connaissons dans les époques ultérieures. Les figures humaines ne sont qu'accessoires ; il s'agit surtout de femmes aux hanches larges et aux bras levés, idoles féminines également représentées en ronde bosse.

La céramique en argile fossile comprend une autre grande famille de récipients : pansus à fond plat ou allongés à épaulement haut, ils sont garnis d'un bourrelet de préhension ondoyant qui leur a valu le nom de « vases à oreilles ondulées ». Ils s'inspirent directement de modèles palestiniens, dont on a retrouvé des pièces d'importation. Dans le contexte égyptien, où les anses étaient inhabituelles, ce schéma formel connut un

PRÉHISTOIRE 17

processus de dégénérescence qui allait conduire aux vases cylindriques étroits du début de l'époque dynastique, ornés d'un simple liseré décoratif. Cette évolution morphologique a joué un grand rôle sur le plan scientifique. L'Anglais W. M. Flinders Petrie, initiateur de l'archéologie scientifique en Égypte, pensa pouvoir fonder la chronologie relative de la préhistoire égyptienne sur cette seule évolution. Reposant sur un principe exact, cette démarche ne peut plus être défendue aujourd'hui dans son exclusivité en raison de la variété du matériel archéologique collecté.

La céramique n'est pas le seul domaine qui connut avec la deuxième phase de Nagada des formes nouvelles. On soulignera notamment la variété des palettes zoomorphes utilisées pour broyer le fard. Les palettes scutiformes (en forme de bouclier), dont l'extrémité supérieure est flanquée de deux têtes d'oiseaux, apparaissent comme les prototypes des palettes monumentales décorées, du début de l'époque dynastique.

De grands couteaux en silex, retouchés sur leurs deux faces, et des couteaux bifides exécutés dans la même technique (cette forme en « queue de poisson » sera conservée pour les couteaux rituels de l'époque pharaonique) témoignent d'une industrie lithique florissante dont le répertoire formel traduit indéniablement l'influence du travail du cuivre. La métallurgie connaît en effet à cette époque une importance grandissante.

Aiguilles ornementales et peignes gravés, amulettes, perles taillées dans les matières les plus diverses, les objets appartenant au domaine de la parure se multiplient, déclinés dans un large éventail de formes.

Une culture dynamique

L'évolution de l'inventaire matériel gerzéen traduit un bouleversement culturel fulgurant. La maîtrise des différentes argiles et de leur cuisson, le polissage et le forage des vases en pierre, la confection d'élégants couteaux de silex, sans parler bien sûr du travail du métal et de la réalisation de glaçures : toutes ces techniques nécessitaient un savoir-faire, une expérience et un outillage qui dépassaient largement le niveau d'une simple production domestique. Nous voyons ici des réalisations de spécialistes et d'ateliers qui pouvaient entièrement – ou principalement – se consacrer à leur tâche.

Ce développement de l'artisanat nécessitait une évolution parallèle de la production agricole. Les excédents, destinés initialement à pallier les risques des années de disette, devaient faire l'objet désormais d'une gestion systématique. Malheureusement, le matériel archéologique disponible n'en apporte pas de preuve directe. Plusieurs sites révèlent

20. Palettes à fard zoomorphes
Nagada II, seconde moitié du IVe millénaire av. J.-C. ; grauwacke ; longueur de la pièce la plus grande : 20,5 cm ; Berlin, SMPK, Ägyptisches Museum, 14423 (éléphant), 11341 (hippopotame), 10595 (tortue).
Les palettes à fard connaissent leur apogée à l'époque gerzéenne. Après les simples formes rhomboïdales apparaissent des palettes à silhouette zoomorphe : si les poissons et les oiseaux sont particulièrement fréquents, on rencontre aussi des éléphants, des hippopotames, des béliers, des tortues et beaucoup d'autres espèces animales. La ligne extérieure est parfois complétée par des détails intérieurs, lignes, reliefs ou incrustations, notamment pour les yeux.

21. Vase en argile fine à décor peint
Nagada II, seconde moitié du IVe millénaire av. J.-C. ; haut. : 24 cm ; Berlin, SMPK, Ägyptisches Museum, 20304.
Les motifs peints de ce vase ovoïde sont caractéristiques de l'époque gerzéenne. L'encolure est ornée d'une frise de triangles évoquant probablement les montagnes désertiques bordant la vallée du Nil, alors que la panse est occupée par une grande barque à la courbe accentuée, munie de rames et de deux cabines. Au centre de la barque se dresse un étendard à deux banderoles, portant un emblème à double flèche qui rappelle celui du dieu Min. La proue est décorée de deux branches de palmier. Au-dessus du bateau figurent des animaux – un oiseau et plusieurs gazelles –, un motif végétal et une femme aux bras levés.

22. Couteau retouché sur ses deux faces
Nagada II, seconde moitié du IVe millénaire av. J.-C. ; silex ; long. : 26,6 cm ; Bruxelles, musées royaux d'Art et d'Histoire, E 1236.
Des couteaux aussi précieux que celui-ci ne se trouvent que dans un nombre restreint de tombes. Pourtant, on ne peut déterminer avec précision quels personnages étaient ainsi honorés par ce type de présent, qui ne relevaient pas d'un usage ordinaire.

23. Idole féminine
Mamariya ; Nagada II, seconde moitié du IVe millénaire av. J.-C. ; terre cuite ; haut. : 33,8 cm ; New York, Brooklyn Museum, 07.447.502.
Cette idole féminine à la tête évoquant celle d'un oiseau, aux hanches larges et bras levés, correspond à une transposition plastique de schémas iconographiques fréquents dans la peinture de la seconde période de Nagada.

24. Défense sculptée d'une tête d'homme barbu
Nagada II, seconde moitié du IVe millénaire av. J.-C. ; ivoire ; haut. : 24 cm ; Turin, Museo Egizio, 1068.
Sculptée à son extrémité d'une tête d'homme barbu, cette défense d'ivoire est évidée et présente une cannelure parcourant toute sa partie inférieure, détail laissant penser qu'il s'agissait d'un étui qui pouvait se fermer. Différent des objets ordinaires par sa tête sculptée, cet objet était probablement destiné à recevoir des ustensiles rituels.

néanmoins que l'habitat s'est progressivement déplacé des zones situées en bordure du désert vers la plaine fluviale. Ce phénomène traduit le rôle dominant d'une agriculture tirant parti des crues du Nil, au détriment d'une exploitation du biotope désertique soumise aux aléas d'un assèchement progressif du climat. Techniquement, il s'agissait d'optimiser les données naturelles du fleuve, par l'aménagement à petite échelle de digues et de canaux améliorant le remplissage et l'écoulement des bassins dessinés par la nature. Un système d'irrigation plus ample n'était encore ni nécessaire ni souhaitable, car il ne répondait à aucun besoin d'extension des surfaces cultivées. Soumise à une montée et un retrait des eaux du fleuve, indépendants de toute intervention humaine, la distribution de l'eau ne pouvait pas servir à l'exercice d'un quelconque pouvoir social. Il serait donc erroné d'attribuer au système d'irrigation un rôle de premier plan dans la mise en place des structures politiques de l'Égypte.

L'évolution accomplie pendant la seconde période de Nagada s'explique surtout par son dynamisme territorial et ses relations extérieures. L'apparition en Égypte de vases à oreilles ondulées apporte déjà la preuve de contacts commerciaux intensifs avec la Palestine, où furent également retrouvés des produits d'importation égyptienne témoignant de la réciprocité de ces échanges. Par ailleurs, on suit aisément les relations entre la culture nagadienne et la Nubie, au sud. Dans la partie nubienne du Nil vivait une culture néolithique locale, dénommée groupe A, dont les habitats sont littéralement inondés de produits d'importation égyptienne. Il s'agit essentiellement de céramiques, dans lesquelles les Égyptiens plaçaient les produits agricoles exportés dans ce pays aux maigres ressources ; d'une grande qualité, ces contenants furent réutilisés ensuite par la population indigène. La céramique nubienne, en revanche, reste rare en Égypte. Il faut en déduire que le pays importait des matières premières, tels l'ivoire, le cuivre, les pierres précieuses, les bois nobles et les peaux, qui provenaient de Basse-Nubie, ou étaient acheminés vers le nord depuis l'Afrique centrale.

C'est dans ce contexte qu'il faut replacer l'extension de la culture nagadienne sur le sol égyptien. Des cimetières de la deuxième phase ont été retrouvés jusqu'en lisière du Fayoum, région constituant certainement la frontière septentrionale d'une zone d'occupation continue. Des fouilles récentes entreprises dans le Delta ont cependant établi la preuve que la culture nagadienne s'est aussi manifestée ici en des points isolés dès la fin de sa seconde phase. Ce processus, comme la disparition parallèle de la culture de Bouto-Maadi en Basse-Égypte, nécessite encore des éclaircissements, que seule l'archéologie de terrain est susceptible d'apporter.

Les données archéologiques montrent toutefois que l'extension de la culture de Nagada dans le Delta, et la fusion des traditions de la Haute et de la Basse-Égypte en une culture homogène, ne sont pas le résultat de l'unification politique du pays, mais plutôt son fondement. Le commerce

25/26. Paroi peinte de la tombe 100 d'Hiéraconpolis
Nagada IIc, vers 3300 av. J.-C. ; peinture sur enduit d'argile ; long. : 497 cm.
Les tombes nagadiennes n'ont livré qu'un seul exemple de peinture murale. On connaît toutefois des tissus peints contemporains ; peut-être s'agit-il ici de la transposition sur le mur lui-même d'une tenture dont les motifs se seraient ainsi conservés jusqu'à nos jours. Il devait certainement exister un support artistique qui assura le développement et la transmission du répertoire iconographique attesté par cette paroi peinte.

n'implique pas uniquement un échange de biens matériels. Des relations commerciales intensives unissent les partenaires dans un réseau d'interactions qui, s'il n'est pas représenté par une institution centrale, ne signifie pas moins une entente sur des notions de valeur, une harmonisation des structures sociales et logistiques, une coopération et une concurrence.

L'apparition de centres proto-urbains

L'élaboration d'un modèle de peuplement différencié constitue l'un des traits essentiels du développement social de l'époque prédynastique. À côté de régions rurales parsemées de villages se formèrent des habitats centralisés, premières cellules urbaines. Un site permet d'illustrer cette évolution : Hiéraconpolis, ville située au sud de Louqsor, sur la rive occidentale du Nil, qui sera considérée à l'époque pharaonique, par son culte d'Horus, comme l'un des berceaux de la royauté. Les récentes recherches sur le terrain ont livré de nombreux témoignages qui permettent de reconstituer assez bien son passé préhistorique.

Au début de l'époque de Nagada, l'implantation s'étend sur le plateau désertique, en bordure des terres cultivables, sur une longueur de trois kilomètres et une largeur d'environ quatre cents mètres. Ce premier site s'enfonce en outre sur deux kilomètres dans un vaste ouadi qui débouche dans la vallée du Nil à la hauteur d'Hiéraconpolis. Naturellement, il ne faut pas imaginer cette vaste zone couverte d'un réseau serré de constructions. Il s'agit plutôt d'une concentration de villages et de fermes, accompagnés de leurs cimetières, qui témoigne d'un rassemblement de population. Dès la première phase de Nagada apparaissent ici des maisons rectangulaires qui contrastent avec les simples huttes circulaires connues partout ailleurs.

De l'époque gerzéenne au début de l'époque historique, la population se concentre dans la zone urbaine proprement dite, qui occupe un terrain sédimentaire surélevé et fertile à l'entrée du ouadi. Dès les temps dynastiques sont attestés un temple et des fortifications. On trouve par ailleurs, dans la zone de peuplement étendue, plusieurs traces d'artisanat spécialisé.

L'aménagement des fours témoigne d'une grande ingéniosité : en effet, ils sont construits sur les côtés du ouadi et tirent parti des courants naturels des vents, obtenant ainsi les températures de cuisson élevées

27. Plan des fouilles des zones palatiale et rituelle du site d'Hiéraconpolis (Nagada II)
On reconnaît, au centre, le plan d'une cour ovale. Des trous de poteaux disséminés tout autour indiquent la présence d'anciens édifices. La dimension de ces poteaux, parfois des troncs entiers, laisse deviner le caractère monumental des installations.

28. Reconstitution hypothétique du site
Les architectures faites de bois et de nattes ne permettent qu'une reconstitution hypothétique fondée sur les trous de poteaux découverts lors des fouilles archéologiques. Les traces de quatre immenses poteaux en bordure sud de la cour ovale pourraient correspondre à la façade d'un édifice monumental. Sur le côté opposé, deux grands poteaux marquent l'emplacement d'une entrée, flanquée de part et d'autre d'un alignement de petites constructions rectangulaires. Les caractéristiques fournies par les données archéologiques permettent une comparaison avec le complexe funéraire de la pyramide de Djéser. C'est là en effet que ces édifices en bois et nattes de roseaux furent transposés pour la première fois en une architecture de pierre qui en conserva les formes.

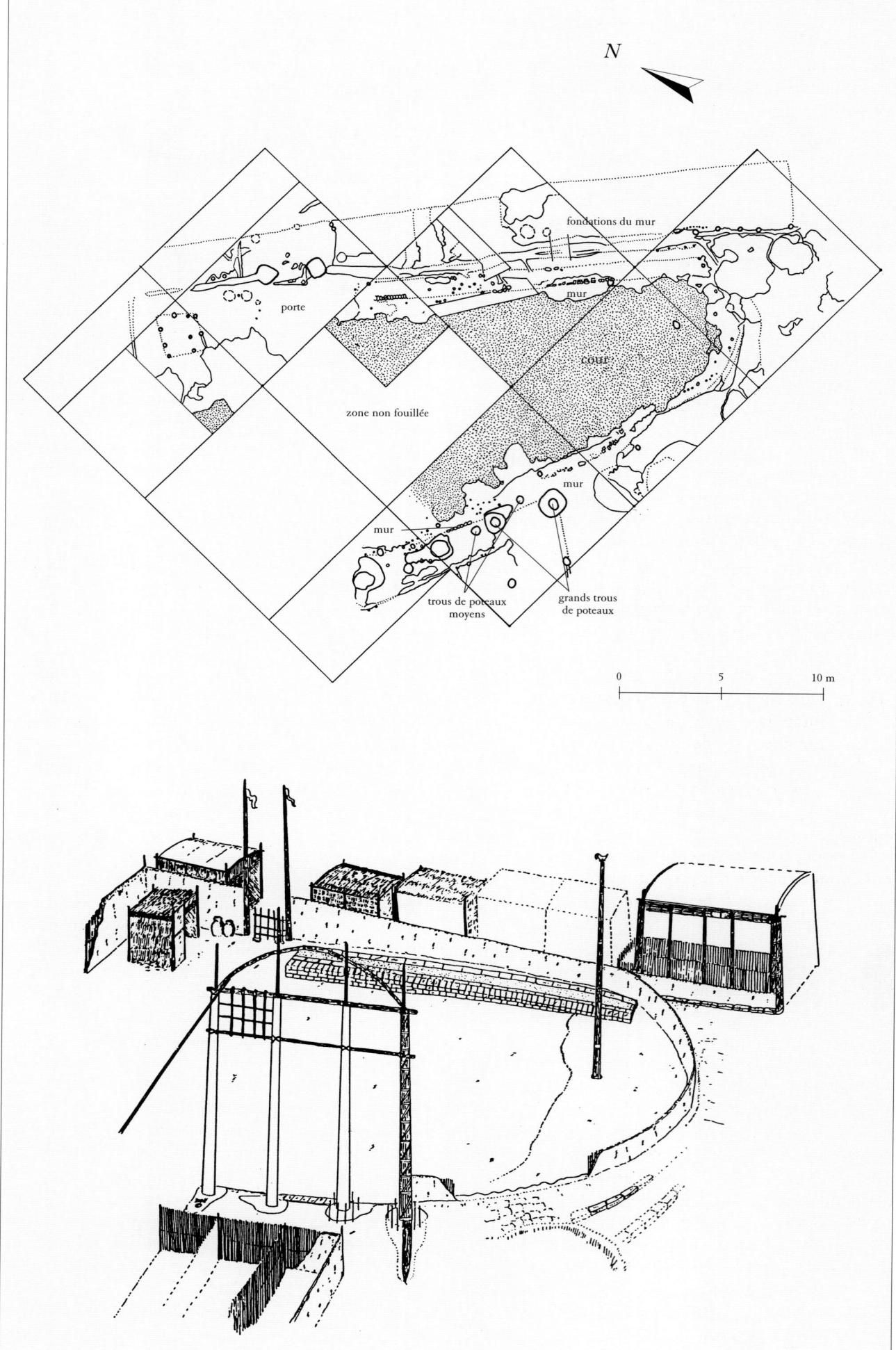

PRÉHISTOIRE

nécessaires à la fabrication de céramiques de grande qualité. Ont également été découverts des ateliers de forage et de polissage de vases en pierre, des ateliers de taille des silex et de confection des perles perforées. Enfin, des installations de séchage pour le grain apportent un indice précieux quant à l'évolution des techniques de conservation pour le stockage des produits alimentaires.

Ces découvertes mettent en évidence la fonction essentielle de ces centres proto-urbains. Lieux de concentration de l'artisanat spécialisé, ils constituaient la plaque tournante des échanges entre les productions artisanales et agricoles, tout en formant le lien entre économie locale et commerce suprarégional. La rencontre de l'offre et de la demande, l'alliance entre savoir-faire et organisation pratique, le flot d'informations, toutes les possibilités classiques offertes par une ville en tant que modèle de peuplement et de vie se trouvaient au cœur de l'activité de ces premières cités. Il ne s'agissait pas de principautés, mais de villes appelées à jouer un rôle déterminant dans la naissance du royaume d'Égypte.

On assiste parallèlement à l'émergence d'une élite sociale et à l'établissement d'une autorité institutionnelle, phénomène qui transparaît surtout dans les cimetières accompagnant les sites d'habitat. Le culte funéraire, dont les premiers principes ont été établis en Haute-Égypte dès la préhistoire, connaît un développement spectaculaire. Les tombes deviennent plus vastes et de forme rectangulaire ; leurs murs sont partiellement maçonnés ou consolidés par des planches de bois, et on commence à aménager des chambres secondaires pour le dépôt des offrandes. Le mobilier funéraire s'enrichit et rassemble les objets les plus beaux, qui contrastent avec les ustensiles de la vie quotidienne. Toutes les tombes, bien sûr, ne participent pas à cette évolution ; au contraire, l'éventail de plus en plus large des offrandes déposées commence à traduire des écarts croissants au sein de la hiérarchie sociale.

Les tombes les plus importantes se situent de préférence dans des nécropoles indépendantes, et le cimetière d'élite apparaît. Hiéraconpolis possède deux sites de ce type, occupés successivement de la fin de la période amratienne au début de la période historique. La concentration de riches tombeaux sur des sites restreints et réservés, occupés durant une large période, montre que ce phénomène ne concerne pas quelques individus isolés de haut rang, mais plutôt une certaine couche sociale, un cercle choisi de personnes soucieuses de se distinguer du reste de la population.

Les dépenses engagées dans l'aménagement de ces tombes traduisent l'importance du rôle économique que dut jouer cette élite au sein des nouvelles structures urbaines. On peut tout à fait imaginer ces grandes cours élitaires comme les centres névralgiques de l'économie artisanale et agricole, comme les liens entre le commerce suprarégional et l'activité locale, comme la préfiguration de l'économie du palais des cours royales du début de l'Ancien Empire.

Une découverte fortuite, la fameuse tombe peinte d'Hiéraconpolis, nous fournit des informations plus précises quant au rôle de cette élite prédynastique. Située au sud de la zone d'habitation, elle faisait sans doute partie d'un cimetière d'élite de la période gerzéenne, qui n'a malheureusement jamais été fouillé de manière systématique. En dépit de ses dimensions exceptionnelles, la tombe présente une architecture conventionnelle : il s'agit d'un caveau rectangulaire de cinq mètres de long sur deux mètres de large et environ un mètre cinquante de profondeur. Les murs sont maçonnés, et la chambre sépulcrale séparée d'une chambre secondaire destinée au mobilier funéraire par un muret. Les vestiges permettent une datation certaine dans la seconde moitié du Nagada II (phase IIc). Toute l'originalité et la singularité de cette tombe résident dans ses parois peintes.

La composition principale se présente sous la forme d'une grande frise couvrant trois parois contiguës. Les motifs sont disposés librement sur le fond. Six barques en dessinent les lignes principales : cinq, de couleur blanche, affectent une forme courbe très accentuée, alors que la sixième est noire et caractérisée par sa proue dressée. Autour des barques, sont présentées des scènes cynégétiques : ici ce sont des chasseurs et des chiens qui poursuivent des gazelles et des bouquetins, là des animaux pris dans des pièges. Mais ces scènes ne sont pas ancrées dans cette réalité quotidienne : un héros brandissant sa massue affronte deux lions, alors qu'il apparaît ailleurs comme le « maître des animaux » maîtrisant deux félins. On identifie enfin des scènes de bataille, et une vignette dessinée furtivement montrant le vainqueur sur le point de briser le crâne à trois ennemis fermement attachés. Ce motif, le « massacre des ennemis », deviendra l'emblème de la puissance du pharaon et sera inlassablement reproduit sous des formes diverses jusqu'à la fin de la civilisation pharaonique. Une découverte récente permet de franchir un pas supplémentaire. En bordure du désert, à proximité du site d'Hiéraconpolis, furent exhumés les vestiges d'un palais et d'un complexe rituel de la même époque. D'après les reconstitutions des archéologues, une grande cour ovale était entourée de bâtiments de prestige construits en pieux de bois et nattes de roseaux. L'aménagement et le style de ces constructions annoncent incontestablement les complexes rituels royaux des débuts de l'époque historique, et plus particulièrement les cours de fête-*sed* du complexe funéraire de Djéser à Saqqara.

À la veille de l'unification du royaume

Avec l'élite de la culture évoluée de la période gerzéenne apparaissent les prémisses de la royauté égyptienne. La répartition chronologique et géographique des vestiges conservés permet de retracer la genèse du royaume égyptien.

On trouve les premiers cimetières d'élite à Hiéraconpolis, mais aussi à Nagada, peut-être à Diospolis parva, dans le méandre de Qena, où l'on connaît au moins une grande tombe appartenant à l'élite locale, et surtout dans la ville de This (ou Thinis) et dans sa nécropole d'Abydos, dont l'histoire ancienne n'a été révélée que par les fouilles de ces dernières années. La culture nubienne voisine sera également emportée dans l'élan égyptien, mais un peu plus tard : des cimetières d'élite ont été retrouvés à Sayala, dans la boucle de Korosko, et à Qoustoul, près de la Deuxième Cataracte.

Cette répartition des premières nécropoles élitaires révèle aussi que la culture de Nagada, dans sa deuxième phase, ne représentait pas une structure politique homogène. Dans le sud de la Haute-Égypte, bien exploré par les archéologues, existaient au moins trois, et peut-être quatre, centres d'égale importance. Ces centres étaient les noyaux de « chefferies » ou de « proto-royaumes » qui coexistèrent avant de fusionner pour donner naissance au royaume pharaonique des premières dynasties.

L'aspect territorial de ce processus se lit également dans la répartition des cimetières élitaires. Dès la troisième phase de la culture nagadienne, dans le contexte de l'unification du royaume, on ne trouve plus de tombes princières qu'en deux endroits : Hiéraconpolis et Abydos. Et c'est seulement à Abydos que la longue suite des « tombes de chefs », commencée à l'époque amratienne, se prolonge sans interruption jusqu'à celle des tombeaux des premiers rois qui régnèrent sur l'Égypte unifiée.

Les dynasties thinites : la naissance de l'histoire

Stephan Seidlmayer

Les débuts de l'histoire

Si les découvertes archéologiques permettent de suivre la genèse de la royauté pharaonique jusqu'à la préhistoire, l'Ancienne Égypte était elle-même déjà consciente de plonger ses racines dans la nuit des temps. Dans les *Annales* de l'Ancien Empire, les rois de l'époque historique sont précédés d'une longue liste de noms de souverains prédynastiques. Fondée sur une tradition orale, cette liste pourrait en effet correspondre à des chefs de tribus et des princes de la préhistoire égyptienne, mais plus rien ne permet aujourd'hui de le vérifier. En revanche, c'est dans le domaine mythique que la tradition historique ultérieure, telle qu'elle nous est transmise par les documents du Nouvel Empire, transpose l'origine des dynasties pharaoniques. La domination des rois sur l'Égypte serait une émanation du pouvoir exercé par le dieu solaire sur sa Création. Ce n'est qu'après des générations de dieux et d'esprits ancestraux que ce pouvoir aurait été transmis au premier pharaon. Le souverain qui aurait inauguré la longue lignée des pharaons est mentionné dans les listes royales sous le nom de Ménès. Son image apparaît dans un bas-relief ornant le temple funéraire de Ramsès II ; dans la procession des statues des ancêtres royaux, il figure derrière Mentouhotep II et Ahmosis, pharaons qui fondent respectivement le Moyen et le Nouvel Empire. Les auteurs de l'Antiquité classique, et surtout Hérodote, s'appuyèrent sur cette même tradition. Ils firent du premier roi de la première dynastie le fondateur et initiateur de la civilisation pharaonique.

Ce roi Ménès, auquel la tradition accorde une telle importance, s'avère étonnamment difficile à cerner dans les sources contemporaines de l'époque archaïque. À en juger par sa forme, le nom Ménès est le nom de naissance du roi. Pourtant, les plus anciens monuments mentionnent les souverains exclusivement par leur nom d'Horus, nom qu'ils recevaient lors de leur intronisation et qu'ils intégraient dans leur protocole royal. C'est donc uniquement par déduction, à partir de différents indices (dont l'un est sûr), que nous pensons pouvoir identifier ce roi Ménès à l'« Horus Aha » – « le combattant » – dont la tombe se trouve dans la nécropole des rois de la Ire dynastie à Abydos, et qui est mentionné dans de nombreuses sources contemporaines.

Pourquoi l'historiographie de l'Ancienne Égypte a-t-elle associé à ce roi un changement si radical ? La recherche moderne, qui se plaît à dégager des phénomènes continus, de lentes évolutions dont elle analyse les finesses, se trouve désemparée face à cette césure historique. Est-elle seulement le fruit du hasard, la simple répercussion d'une évolution du système de comptabilisation bureaucratique – ou même pure fiction ? Ou bien ce tournant revêt-il une signification précise qu'il nous appartient de déceler ?

29. La pierre de Palerme
Ancien Empire, V[e] dynastie, vers 2470 av. J.-C. ; basalte ; haut. : 43 cm, larg. : 25 cm ; Palerme, Museo Archeologico, sans numéro.
Il s'agit ici du fragment le mieux conservé d'une grande dalle rectangulaire, dont les faces antérieure et postérieure portent les *Annales royales* depuis les premiers rois égyptiens jusqu'à la Ve dynastie. La première ligne, lacunaire, nous procure une partie de la liste des souverains prédynastiques qui sont uniquement nommés. Les lignes suivantes évoquent les rois qui régnèrent à partir de la Ire dynastie, ainsi que les données spécifiques de chaque année de règne. Le nom des rois est inscrit dans les étroites bandes horizontales, tandis que la dénomination de chaque année – d'après des événements importants et généralement rituels – figure dans les vignettes rectangulaires occupant les bandes plus larges. En dessous, enfin, est consignée la hauteur de la crue du Nil.

30. Les grands fondateurs du royaume
Thèbes, temple funéraire de Ramsès II ; Nouvel Empire, XIXe dynastie, vers 1250 av. J.-C.
Dans le temple funéraire de Ramsès II, sur la rive occidentale de Thèbes, est représentée la procession organisée en l'honneur du dieu Min. De cet ensemble relève un bas-relief représentant un cortège de statues royales portées par des prêtres. Le défilé des prédécesseurs et ancêtres de Ramsès II commence à gauche avec les fondateurs des trois grandes phases de l'histoire égyptienne – l'Ancien, le Moyen et le Nouvel Empire – sur lesquelles se fonde encore aujourd'hui la chronologie du pays : Ménès (1), Mentouhotep II (2) et Ahmosis (3). Viennent ensuite les différents rois du Nouvel Empire, prédécesseurs directs de Ramsès II.

31. Le manche du couteau du Gébel el-Arak
Fin de l'époque prédynastique, vers 3150 av. J.-C. ; ivoire d'hippopotame ; haut. : 9,5 cm, larg. : 4,2 cm ; Paris, musée du Louvre, E 11517.
On reconnaît en haut sur le verso du manche le motif du « Maître des animaux », tel qu'il apparaît déjà dans la tombe peinte d'Hiéraconpolis. On remarquera ici le costume mésopotamien du personnage qui maîtrise les deux lions. Le registre inférieur est animé de scènes de chasse. Au recto sont représentés deux rangées de lutteurs et, au-dessous, des bateaux entre lesquels dérivent des cadavres.

32. Peigne
Fin de l'époque prédynastique, vers 3150 av. J.-C. ; ivoire ; haut. : 5,7 cm, larg. : 4,0 cm ; New York, Metropolitan Museum of Art, 30.8.224.
Les frises d'animaux sont un motif fréquent dans les bas-reliefs pré- et protodynastiques. Pourtant, on reste surpris par la composition insolite de certains groupes qui réapparaissent de surcroît sur plusieurs exemplaires.

L'unification du royaume

Toute analyse de cette question doit être centrée sur la notion d'« unification du royaume », concept primordial de la civilisation de l'Ancienne Égypte. Le pays était conçu comme l'union de deux moitiés – la Haute et la Basse-Égypte –, sur lesquelles le pharaon exerçait son autorité en une double royauté. Lors de son intronisation, chaque souverain devait procéder rituellement à l'« Unification des Deux-Terres ». Ce dualisme géographique imprègne toute la pensée égyptienne. À chacune des Deux-Terres étaient attribuées une couronne, des formes architecturales, une plante héraldique et des divinités spécifiques. Le fait que la couronne rouge, couronne par excellence de la Basse-Égypte, ait été représentée pour la première fois – et ce dès le IVe millénaire av. J.-C. – à Nagada, au plus profond de la Haute-Égypte, et qui par conséquent ne peut pas être originaire de la Basse-Égypte, ne change en rien cet état des choses. Il révèle seulement l'aspect problématique de ce schématisme, tant au niveau des conventions que de l'histoire. Seule une étude impartiale des vestiges antérieurs à la Ire dynastie est donc susceptible de montrer dans quelle mesure ces derniers peuvent nous livrer la clef permettant de comprendre la fondation du royaume égyptien. Au niveau archéologique, la naissance de la royauté se lit dans le développement des cimetières d'élite et des tombes de chefs, jusqu'à la veille de la Ire dynastie (= époque prédynastique de Nagada III).

Un exemplaire exceptionnel de ce type a été découvert lors de fouilles récentes menées dans le cimetière d'élite – et future nécropole royale – d'Abydos. L'ensemble de la sépulture, construite en brique dans une fosse oblongue, témoigne d'une architecture étonnamment diversifiée. Contre la chambre sépulcrale, contenant un grand cercueil en bois dans lequel fut inhumé le propriétaire du tombeau, s'articule un complexe de plusieurs chambres qui reproduisait probablement une construction relevant de

l'architecture palatiale ou rituelle. Des circonstances heureuses ont permis la conservation d'une grande partie du mobilier funéraire, dont plusieurs centaines de céramiques importées du monde palestinien (qui renfermaient vraisemblablement du vin), ainsi que des étiquettes de jarres et des notices inscrites à l'encre sur divers objets qui témoignent d'un système de marquage administratif perfectionné. Un tel matériel permet d'imaginer la splendeur et les moyens politiques et économiques des cours de l'époque prédynastique.

Quelques générations de souverains avant Ménès apparaissent les premières graphies de noms de rois dans le style des futures titulatures royales. Elles montrent le *serekh*, une façade de palais stylisée surmontée du faucon d'Horus dans laquelle est inscrit le nom du roi. On a pris l'habitude de désigner les souverains ainsi mentionnés sous le nom de dynastie 0. Il est difficile de déterminer dans le détail le rôle et la zone d'action de ces souverains, souvent attestés uniquement au niveau local. Il semble donc raisonnable d'imaginer une situation complexe, et de ne pas avancer à la hâte l'hypothèse d'une évolution linéaire. Seul le dernier roi de ce groupe est attesté dans tout le pays, depuis Hiéraconpolis au sud jusqu'au nord-est du Delta : il s'agit de Narmer, prédécesseur et (si notre interprétation des témoignages est exacte) père de l'Horus Aha/Ménès ; c'est au plus tard avec lui que l'unité politique du pays se trouve définitivement scellée.

Une série d'objets décorés en relief, comprenant surtout des palettes à fard, des manches de couteaux en ivoire et des têtes de massue, nous fournit une source d'information importante sur cette époque, sa culture et sur la réalité des processus historiques. Pour la première fois l'art égyptien s'épanouit ici dans de grandes compositions d'un haut niveau esthétique. Le style et l'iconographie trahissent une influence mésopotamienne indéniable ; elle est parfois si manifeste, comme dans le cas du

33. Tombe princière
Abydos, cimetière d'élite de la fin de l'époque prédynastique ; Nagada III, vers 3200 av. J.-C.
La chambre sépulcrale de cette tombe complexe (U-j) apparaît en haut à droite de la photo. Sur son long côté s'étend un regroupement de neuf pièces qui communiquent entre elles et avec le caveau par des fentes symbolisant des portes. Le long de ce complexe furent ajoutés ultérieurement deux magasins oblongs.

34. Palette d'apparat
Hiéraconpolis ; fin de l'époque prédynastique, vers 3150 av. J.-C. ; grauwacke ; haut. : 42 cm, larg. : 22 cm ; Oxford, Ashmolean Museum, E 3924.
Les palettes décorées de la fin de l'époque prédynastique dérivent d'un modèle de palettes scutiformes élaboré dès l'époque gerzéenne, dont les deux extrémités supérieures étaient déjà marquées par des têtes d'oiseaux, puis d'animaux. La silhouette de la présente pièce, qui provient d'un dépôt d'offrandes du temple d'Hiéraconpolis, est délimitée par deux chiens qui ressemblent à des hyènes. Les palettes comportent habituellement, au centre de l'une de leurs faces, un godet circulaire pour la préparation du fard. Si ces palettes monumentales n'étaient pas uniquement exposées comme des objets d'apparat, elles peuvent avoir servi dans les cérémonies rituelles pour l'onction des statues des dieux.

ÉPOQUE THINITE   27

35/36. La palette dite « des villes »
Fin de l'époque prédynastique, vers 3150 av. J.-C. ; grauwacke ; haut. : 19 cm, larg. : 22 cm ; Le Caire, Musée égyptien, JE 27434 (CG 14238).
Le fragment conservé correspond uniquement au tiers inférieur d'une palette à la composition très proche de celle de Narmer. Sur l'une des faces, des puissances animales détruisent des villes représentées par des enceintes carrées munies de bastions. Un hiéroglyphe inscrit à l'intérieur donne le nom de ces localités. Du registre supérieur subsistent les pieds de personnages qui devaient appartenir à une scène guerrière. Les défilés d'animaux figurant sur l'autre face évoquent les décors emblématiques des ivoires gravés antérieurs, même si des animaux domestiques ont ici remplacé les défilés de bêtes sauvages.

couteau du Gébel el-Arak, qu'il faut même envisager pour cet objet sans conteste égyptien une exécution du décor par un artiste mésopotamien installé en Égypte qui aurait travaillé pour un commanditaire égyptien. Les représentations d'animaux occupent une place privilégiée dans cet art qui les décline en frises, mais surtout en scènes de combats qui montrent des chiens ou des félins s'attaquant à des antilopes. Quelques animaux fantastiques, tels griffons et panthères à cou de serpent, révèlent aussi l'intervention du monde imaginaire. La chasse, et surtout la guerre, constituent d'autres thèmes fort appréciés de cet art. Ainsi reconnaît-on sur une palette des étendards personnifiés par des bras (analogues à ceux qui accompagnent le pharaon), qui conduisent des ennemis ligotés, tandis que les morts sont déchiquetés par des rapaces sur le champ de bataille. Dans ce contexte apparaît souvent l'image d'un lion ou d'un taureau piétinant un adversaire humain. Ces animaux sont des représentations sublimées du pharaon qui resteront aux époques ultérieures parmi les symboles privilégiés du roi. Ce type de scène comporte donc une dimension politique évidente, qui sera plus tard encore renforcée par les inscriptions. Une palette conservée à l'état fragmentaire montre ainsi sur l'une de ses faces la destruction de cités fortifiées par des animaux représentant les puissances protectrices du roi. Sur l'autre face figurent sans doute les prises de guerre : trois rangées de bêtes de troupeaux au-dessus d'un verger accompagné du signe « Libye ». Il apparaît nettement ici que les combats illustrés par les reliefs se déployèrent au-delà du territoire égyptien. En revanche, c'est sans doute à l'unification politique du pays que fait allusion la palette du roi Narmer, la plus célèbre des palettes d'apparat. Au verso, le pharaon debout, massacre un ennemi dont le nom (ou celui du territoire qu'il représente) figure à droite de sa tête. Au-dessus se répète la même information dans une alliance du signe et de l'image : le faucon tient par un lien un pays personnifié par un ovale à tête humaine, d'où jaillit des tiges de papyrus. Au registre supérieur du recto, le pharaon et sa suite inspectent deux rangées d'ennemis décapités. Ces scènes ont toujours été rapprochées de la conquête d'un territoire de Basse-Égypte, interprétation que confirme une étiquette de l'époque de Narmer récemment découverte à Abydos, qui porte pour date l'année du « combat » contre un pays symbolisé par des papyrus. Au registre médian, la représentation de deux panthères, qui délimitent le godet de leurs cous entrelacés, a été comparée à l'évocation symbolique de l'« Unification des Deux-Terres », qui sera représentée plus tard dans une composition analogue sur un axe de symétrie des deux plantes héraldiques de la Haute et de la Basse-Égypte. Sans pouvoir retracer, même approximativement, les événements historiques qui sous-tendent son iconographie, on peut néanmoins considérer la palette de Narmer comme le témoin de la dernière étape de l'unification politique du pays.

Par sa composition claire, et presque rigide, cette palette comporte déjà les traits essentiels des conventions de l'art pharaonique. En comparaison avec les mises en scènes animées des pièces antérieures, celle-ci tend indéniablement à se rigidifier et à devenir schéma emblématique. Le point de vue glisse donc de la représentation de l'action à celle de son concept ; de la violence et de la guerre en tant qu'événement à l'ordre obtenu par leur intermédiaire. C'est ainsi que l'image du roi massacrant l'ennemi représente, au-delà de l'action ponctuelle et isolée, la volonté de domination du royaume, sa revendication d'un pouvoir exclusif.

Dans la plupart des cas, les circonstances de découverte des objets restent inconnues. On sait toutefois que la palette de Narmer et plusieurs têtes de massue décorées proviennent du temple d'Hiéraconpolis où elles furent dédiées au dieu Horus. Ce contexte explique leur format inhabituel : plus de deux fois plus grandes que les objets utilitaires dont s'inspire leur forme, elles apparaissent non seulement comme des chefs-d'œuvre de l'art égyptien, mais aussi comme les premiers témoins d'un art aspirant à la monumentalité. Le temple de la ville de Coptos, légèrement au nord de

37. La palette dite « du champ de bataille »
Fin de l'époque prédynastique, vers 3150 av. J.-C. ; grauwacke ; hauteur du fragment principal : 32,8 cm ; Londres, British Museum, EA 20791.
Les palettes d'apparat se révèlent être des documents précieux, notamment par les scènes politiques et historiques qui les décorent. La composition associe des motifs réalistes à des signes et éléments graphiques qui leur confèrent une signification accrue. C'est du domaine symbolique que relèvent ici le lion, incarnation du pharaon, ainsi que les étendards surmontés de faucons. Personnifiés par des bras, ces derniers conduisent des ennemis enchaînés qui traduisent la dimension guerrière de la scène. L'autre face de la palette (qui n'est pas reproduite ici) montre en revanche une scène purement emblématique difficile à interpréter : deux girafes disposées symétriquement de part et d'autre d'une palme.

38/39. La palette de Narmer
Hiéraconpolis, dynastie 0, vers 3100 av. J.-C. ; grauwacke ; haut. : 64 cm, larg. : 42 cm ; Le Caire, Musée égyptien, JE 32169 (CG 14716).
Cette palette intégralement conservée représente à la fois l'apogée et la fin de l'art des palettes monumentales décorées. La partie supérieure est occupée par deux têtes de vache aux traits humains, effigies de la déesse Hathor, qui encadrent le nom du roi inscrit dans le *serekh*. La composition principale est elle-même divisée en plusieurs registres ornés de scènes évoquant la victoire remportée sur un territoire de Basse-Égypte. Comme sur la palette dite « du champ de bataille » apparaît en bas de la face comportant le godet un animal symbole du pharaon, ici un taureau qui détruit une forteresse et piétine un ennemi.

ÉPOQUE THINITE 29

40. Statue du dieu Min
Coptos ; fin de l'époque prédynastique, vers 3150 av. J.-C. ; calcaire ; haut. : 177 cm ; Oxford, Ashmolean Museum, 1894.105e.
Ce fragment de statue colossale provient du temple du dieu Min de Coptos, où elle se dressait au côté d'au moins deux statues du même type. Ces premiers exemples de statues monumentales de temples montrent déjà le dieu de la fécondité avec le phallus en érection, tel qu'il sera représenté selon le canon iconographique ultérieur.

Thèbes sur la rive orientale du Nil en face de Nagada, a également livré les vestiges d'un décor monumental. Les témoignages les plus spectaculaires sont les torses d'au moins trois statues du dieu Min qui devaient autrefois mesurer près de quatre mètres de hauteur. Ces découvertes illustrent l'importance et la grandeur des temples divins dans les centres proto-urbains de Haute-Égypte. Elles révèlent aussi le rôle que dut jouer le culte, en tant que théâtre de la représentation de soi-même, pour les souverains qui vécurent les premiers temps de la royauté.

Considérée dans son ensemble, l'époque de l'unification du pays apparaît comme une période profondément originale, et le processus historique lui-même comme une lente évolution plutôt qu'un événement soudain. C'est donc moins le créateur de l'unité politique du pays qu'il faut reconnaître dans le roi Ménès, que l'héritier du processus d'unification – différence qui apparaît presque négligeable. Ce qui était autrefois contesté est désormais conforté : un système politique homogène qui englobe sans concurrence l'ensemble du territoire égyptien dans ses frontières naturelles, un État d'une telle dimension que le monde n'en connaissait pas jusqu'alors. Tirer les conséquences de cette situation nouvelle occupera toute l'histoire de l'époque archaïque.

La nécropole royale d'Abydos

Avec la fondation de l'État égyptien, le rôle socio-politique de la royauté acquit une dimension et une qualité nouvelles. La plus parfaite illustration en est l'architecture funéraire royale dont on peut suivre l'évolution à Abydos jusqu'à la fin de la Ire dynastie. La nécropole est située sur le plateau désertique, à environ un kilomètre et demi des terres fertiles. Les tombes sont composées de chambres oblongues creusées dans le sol, dont les parois extérieures sont étayées par des murs de brique. Une première évolution s'accomplit sous le règne de l'Horus Aha : alors que trois tombes de ses prédécesseurs de la dynastie 0 se composaient de deux chambres juxtaposées, son tombeau comprend désormais trois chambres sensiblement plus grandes. Il témoigne en outre d'une coutume, qui connut une brève période de gloire avant de s'éteindre dès la fin de la Ire dynastie, qui consistait à enterrer simultanément l'entourage du roi dans des tombes secondaires. En effet, l'ensemble des découvertes confirme à l'évidence que les personnes enterrées ici ont été sacrifiées lors des funérailles royales. Les stèles qui identifient ces tombes nomment des serviteurs royaux, parmi lesquels des hommes de petite taille (« nains »), qui étaient très appréciés à la cour, ainsi que des femmes et des chiens. La sépulture d'Aha comprend trente-six tombes secondaires disposées en trois rangées parallèles. L'analyse des squelettes, négligés par les archéologues antérieurs, a fourni récemment un résultat aussi surprenant qu'instructif. Avec le roi Aha avait été inhumé un groupe de jeunes lions, symboles de sa royauté. D'après l'état de leur squelette, ces animaux vivaient en captivité ; ils étaient probablement nés à la cour royale, preuve que l'on y élevait des lions. Le complexe funéraire suivant, celui du roi Djer, atteste déjà une innovation structurelle décisive qui constituera la base des développements ultérieurs. Aux multiples petites chambres se substitue dorénavant une seule chambre funéraire oblongue nettement plus grande, aménagée dans une fosse profonde creusée dans le sol désertique. Des traces révèlent qu'elle contenait, dressé contre son mur postérieur, un grand cercueil de bois dans lequel était inhumé le roi. La chambre funéraire était fermée par un plafond massif à solives de bois, recouvert d'un faible tumulus de sable et délimité par des murs de brique. L'aspect extérieur de ce type de tombe reste largement incertain en dépit des dernières recherches archéologiques effectuées. L'absence de vestiges architecturaux, ainsi que la nature des fondations, éliminent toute idée d'une superstructure monumentale. L'hypothèse la plus probable serait celle d'un simple tertre de sable délimité par un mur de brique. Les paires de stèles (partiellement conser-

41. La tombe du roi Qaâ
Abydos, nécropole royale ; Ire dynastie, vers 2870 av. J.-C.
La chambre sépulcrale du souverain, qui comportait encore des restes d'un grand cercueil en bois, apparaît au centre, entourée de magasins et de tombes secondaires. Un escalier permettait d'avoir accès au caveau après l'achèvement de l'ensemble de la sépulture. Après l'inhumation, le passage était obturé par une herse de pierre que la photo montre en place.

42. Plan de la nécropole royale d'Abydos
On reconnaît à droite les tombes à chambre double, relativement petites, des rois de la dynastie 0 ; puis l'ensemble funéraire de Aha, comportant trois grandes chambres suivies d'un alignement de tombes secondaires disposées sur trois rangées parallèles. Vers la gauche se succèdent les tombes des rois de la Ire dynastie, chacune entourée de sépultures secondaires. À l'extrémité gauche apparaît la tombe à galerie de Khâsekhemoui datant de la fin de la IIe dynastie.

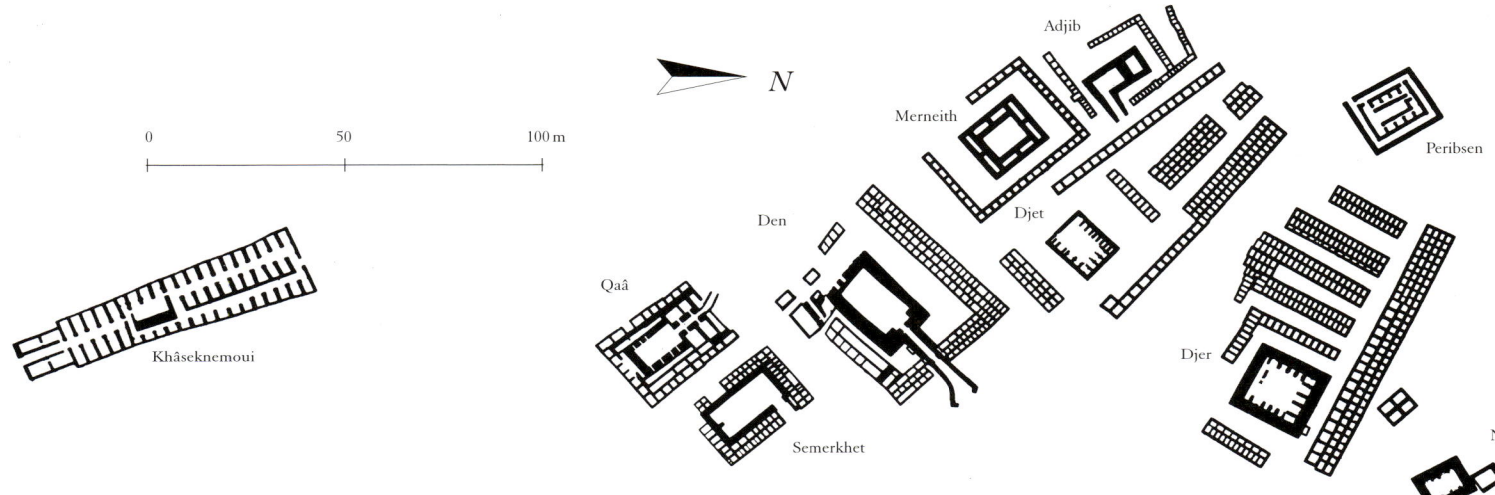

vées) qui furent exhumées sur le site devaient être dressées sur le lieu de culte précédant la sépulture ; portant le nom du roi, elles permettaient d'identifier le propriétaire de la tombe.

Dans cette première phase, la fermeture de la fosse funéraire et l'entassement du sable ne pouvaient avoir lieu qu'après l'achèvement complet des funérailles ; ce n'est qu'au milieu de la Ire dynastie que le roi Den introduisit le principe d'un escalier d'accès à la chambre funéraire, obturé ensuite par des herses de pierre.

Les tombes secondaires, dont le nombre d'abord très important se réduisit rapidement, furent désormais disposées autour des sépultures royales. Un accès était en général aménagé au sud-ouest. Ainsi, dans la tombe du roi Den, un escalier extérieur conduisait à une chapelle souterraine attenante à la chambre sépulcrale, chapelle abritant une statue royale où les vivants pouvaient rituellement s'adresser au roi et où le roi pouvait symboliquement sortir de sa tombe.

Les tombes royales de la Ire dynastie ont donc acquis une nouvelle complexité ; elles sont riches en références symboliques, mais on peut encore difficilement les qualifier de monumentales, même dans le contexte des autres constructions contemporaines. Au plus tard avec le roi Djer, les complexes funéraires royaux s'enrichirent pourtant d'une nouvelle composante. À environ un kilomètre et demi au nord de la nécro-

43. Stèle funéraire de la reine Merneith
Abydos, nécropole royale ; Ire dynastie, vers 2940 av. J.-C. ; calcaire ; haut. : 157 cm ; Le Caire, Musée égyptien, JE 34550.
Outre les tombeaux des rois de la Ire dynastie, la nécropole d'Abydos abritait aussi la sépulture d'une femme, Merneith, la mère du roi Den, qui assura probablement la régence de son jeune fils. Sa tombe correspond typiquement à celle des rois ; elle était flanquée elle aussi de deux stèles.

ÉPOQUE THINITE 31

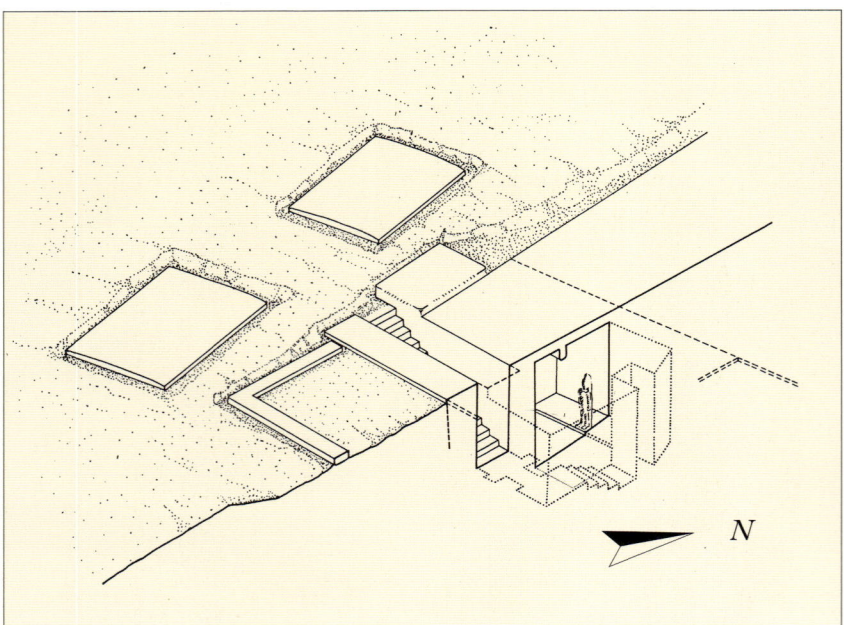

44/45. La chapelle de la tombe du roi Den ; reconstitution (ci-dessus)
Abydos, nécropole royale ; Ire dynastie, vers 2910 av. J.-C.
L'escalier conduit à une chapelle couverte, dans laquelle se trouve un socle de calcaire placé au milieu du mur arrière. Celui-ci devait probablement porter une statue qui a malheureusement aujourd'hui disparu.

pole d'Abydos, en bordure des terres fertiles près de la ville et du temple du dieu local Khentamentiou, subsistent en effet les vestiges d'immenses complexes rectangulaires. Celui de Djer est formé d'une surface de cent mètres sur cinquante-cinq, cerné par un mur de brique de plus de trois mètres de large, qui devait mesurer autrefois environ huit mètres de haut, et qui était décoré à l'extérieur d'un motif régulier de redans. Ce complexe était accessible aux angles sud-est et nord-est par des portes monumentales. L'aménagement de la surface intérieure n'a pas encore été totalement élucidé de nos jours. Les complexes de ce type construits postérieurement ont livré plusieurs vestiges d'édifices, mais on peut aussi imaginer que se dressaient ici, uniquement lors de cérémonies rituelles particulières, des constructions en matériaux légers (bois et nattes) dont il ne resterait aucune trace. Ces complexes sont eux aussi entourés de rangées de tombes secondaires. Leur lien avec la nécropole royale ne fait aucun doute. Leur forme conduit en ligne directe au complexe de la pyramide du roi Djéser, du début de la IIIe dynastie. Ce rapprochement permet de conclure avec une grande probabilité que ces complexes aménagés dans la vallée, non loin d'Abydos, accueillaient de grandes cérémonies rituelles au cours desquelles était célébré le rôle sacré de la royauté, à l'occasion des funérailles du roi et du renouvellement éternel de sa souveraineté dans l'au-delà.

Memphis

En se faisant enterrer dans le cimetière séculaire d'Abydos, sur le territoire de la ville de This dont ils étaient originaires (d'où le nom « thinite » donné par la tradition antique aux deux premières dynasties), les rois de la Ire dynastie choisirent de donner au passé et à la tradition une priorité absolue. Pourtant, depuis quelque temps déjà le véritable pôle culturel du pays tendait à se déplacer de plus en plus vers le nord, dans la région située entre l'entrée du Fayoum et la pointe du Delta. On se trouvait ici dans une position centrale, entre les vastes zones cultivées de la Moyenne-Égypte et celles du Delta, plus près des voies de communication si importantes avec le Proche-Orient.

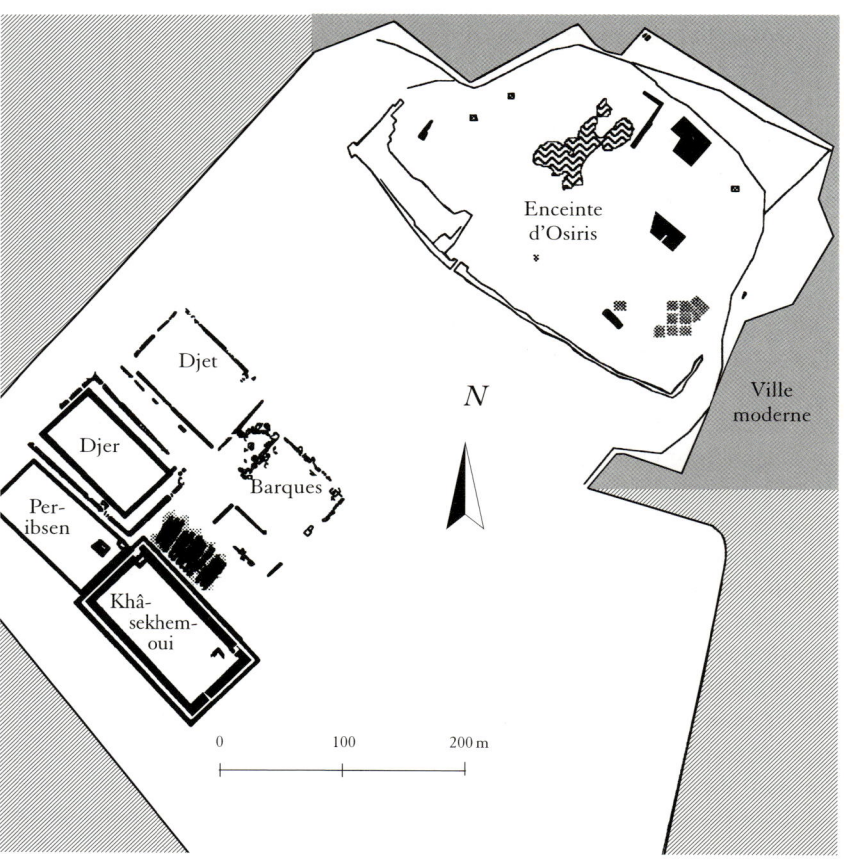

46. Les complexes rituels d'Abydos
En bordure des terres fertiles, non loin de la ville et du temple d'Abydos, sont concentrés les complexes rituels des rois des deux premières dynasties.
Sous la Ire dynastie, les grands monuments oblongs cernés de murs étaient entourés, comme les tombes royales elles-mêmes, de rangées de tombes secondaires. Des fouilles archéologiques ont récemment mis au jour une série de fosses abritant des barques qui rappellent celles qui ont été dégagées près des pyramides de l'Ancien Empire. Actuellement, on hésite encore à dater cette découverte spectaculaire de la Ire dynastie, ou de la fin de la IIe dynastie.

32 ÉPOQUE THINITE

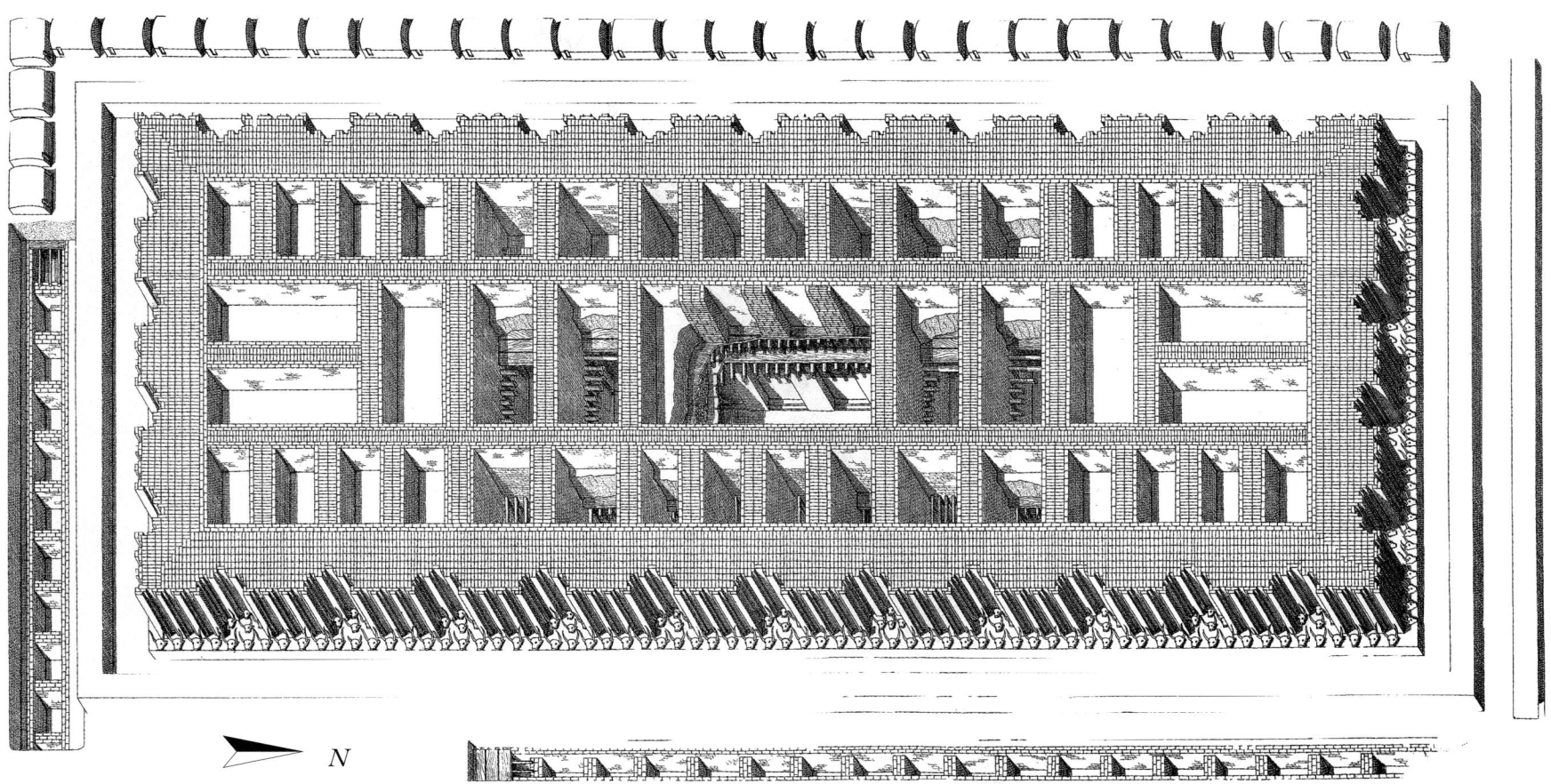

Avec l'achèvement de l'unification du royaume, Memphis devint la nouvelle capitale et résidence royale, et les vestiges archéologiques viennent désormais confirmer la tradition antique tardive qui nommait le roi Ménès comme son fondateur. La cité primitive n'a été découverte que récemment sous les couches de sédiments postérieurs. Ce sont une fois encore les cimetières, celui d'Hélouan et celui de l'élite du royaume à Saqqara, qui nous fournissent la preuve du rôle joué par cette cité dès la Ire dynastie.

Les grands mastabas à redans de Saqqara

Les tombes qui s'alignaient sur le plateau désertique surplombant l'ancienne cité présentent, pour les plus grandes d'entre elles, des dimensions véritablement royales, et des formes très différentes de celles qui caractérisaient les sépultures d'Abydos. Il s'agit ici de mastabas, constructions rectangulaires massives dont les faces extérieures étaient décorées d'un motif complexe de niches et redans, initialement rehaussé de peintures apposées sur un enduit. Ces mastabas se rencontrent à Saqqara, mais aussi dans quelques nécropoles situées entre Tarkhan au nord du Fayoum, et Abou Roash à la pointe du Delta. On ne connaît en Haute-Égypte qu'un exemplaire de ce type, qui est d'ailleurs l'un des plus anciens.

Apparues soudainement durant le règne du roi Aha, ces constructions présentent une telle complexité qu'elles semblent inconcevables sans modèles. On s'attend à les trouver en Égypte, dans l'architecture des temples et des palais citadins, et en effet on en trouve un exemple dans la ville archaïque d'Hiéraconpolis, mais la fonction du bâtiment en question reste incertaine. La piste conduit plutôt vers le Proche-Orient, où l'on peut suivre pas à pas l'évolution de l'architecture à redans, depuis les murs à piliers répondant à une fonction statique, jusqu'au système de décor complexe des monuments officiels analogue à celui que nous rencontrons en Égypte. Les façades à redans des tombes de Saqqara reposent généralement sur un socle bas sur lequel étaient souvent disposées des têtes de taureaux modelées dans l'argile. On a retrouvé, devant le renfoncement

47. Reconstitution isométrique d'un grand mastaba à redans
Saqqara-Nord, tombe 3504, Ire dynastie, vers 3000 av. J.-C.
Le massif rectangulaire du mastaba est orné sur son pourtour d'un décor complexe de redans, et délimité par une enceinte et une série de tombes secondaires. La chambre sépulcrale souterraine, située au centre de l'infrastructure, est fermée par un plafond à solives et un tumulus masqué par le corps du mastaba.

situé à l'extrémité sud du mur oriental du mastaba, une dalle funéraire représentant le défunt assis accompagné de sa titulature. Sans doute cette dalle était-elle initialement insérée dans le mur postérieur du redans, selon un principe qui se répandra plus tard dans les stèles fausses-portes du début de l'Ancien Empire.

À l'intérieur des tombes, les chambres étaient excavées dans le sol du désert et fermées, comme à Abydos, par un plafond à solives et un tumulus masqué par la superstructure. Un couloir d'accès sera aussi aménagé dans le courant de la Ire dynastie, afin de porter la dernière main à la construction du tombeau avant les funérailles proprement dites.

Depuis la découverte des grands mastabas à redans de Saqqara, on se demande si ces derniers n'étaient pas les véritables tombeaux des rois de la Ire dynastie, et si les sépultures d'Abydos ne correspondaient pas seulement à des cénotaphes perpétuant une tradition ancestrale. Le nombre des tombes de Saqqara, qui dépasse celui des rois de la Ire dynastie, montre à l'évidence que seules les plus grandes pouvaient être des tombes royales. Il serait néanmoins étonnant que les tombes des rois et des fonctionnaires aient été ainsi mélangées, et différenciées seulement par leurs dimensions. Aux époques ultérieures, la tombe royale présentera toujours un aspect caractéristique la distinguant de celle des plus hauts fonctionnaires, répondant ainsi à la nature même du pharaon, qui n'était pas le premier parmi ses pairs, mais plus proche par sa fonction du dieu créateur que des hommes.

Quelle que soit la réponse apportée à cette question délicate, il ne faut pas négliger – en dépit de leurs différences – l'étroit rapport unissant les grands mastabas à redans et les tombes royales d'Abydos. Ils ont en commun l'évolution formelle de la chambre sépulcrale et le tumulus

ÉPOQUE THINITE 33

48. Têtes de taureaux ornant le socle de la façade d'un grand mastaba à redans de Saqqara
Saqqara ; Ire dynastie, vers 3000 av. J.-C.
Les têtes de taureaux elles-mêmes sont modelées en limon du Nil, alors que leurs cornes proviennent de taureaux sacrifiés. La multitude des têtes qui entourent les quatre côtés du mastaba témoigne de l'ampleur des cérémonies organisées lors des funérailles.

49. Récipient en pierre en forme de panier
Saqqara-Nord ; Ire dynastie, vers 2900 av. J.-C. ; grauwacke ; long. : 22,7 cm, larg. : 13,8 cm ; Le Caire, Musée égyptien, JE 71298.
Les tailleurs de vases en pierre montraient une prédilection pour les formes les plus insolites. Ils imitaient souvent des récipients en matériaux organiques souples, telle la vannerie de cette corbeille minutieusement rendue. On trouve également des récipients en forme de feuille, de palme etc. L'architecture des premiers temps dénote une tendance analogue lorsqu'elle transpose dans la pierre, avec tous leurs détails spécifiques, les constructions en bois et nattes de roseau.

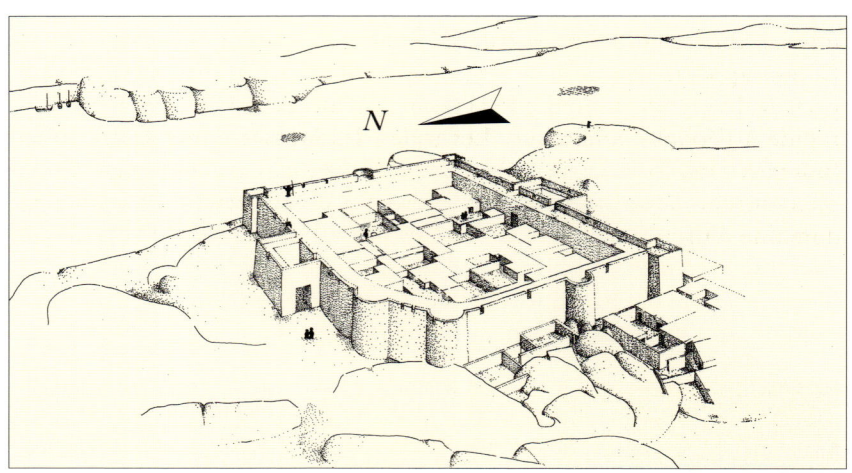

50. Étiquette de l'époque du roi Den
Abydos ; Ire dynastie, vers 2900 av. J.-C. ; ivoire ; haut. : 4,5 cm ; Londres, British Museum, EA 55586.
Cette plaquette rectangulaire comporte dans son angle supérieur droit un trou qui permettait de la fixer par un lien sur l'objet concerné. Les signes figurant sur la face antérieure désignent l'année comme étant celle de la « Première fois à battre l'Est ». Cet événement est illustré par la scène emblématique du « massacre de l'ennemi ».

51. Forteresse de la Ire dynastie
Éléphantine ; vers 3000 av. J.-C.
Ce dessin montre une reconstitution de la forteresse d'Éléphantine : présentant un plan carré d'environ 50 m de côté, elle était située au sommet de l'île d'Éléphantine afin de contrôler le trafic du fleuve. L'enceinte était construite en maçonnerie et renforcée par des tours régulièrement espacées.

couvrant leur partie supérieure. À Saqqara, ce dernier présente parfois des marches extérieures qui ne sont pas sans évoquer les futures pyramides à degrés. On trouve également à Saqqara des tombes secondaires entourant la sépulture principale. Par ailleurs, les grands mastabas à redans comportent déjà des éléments qui annoncent l'architecture funéraire royale des époques ultérieures.

L'illustration la plus manifeste en est un mastaba dont le flanc nord se prolonge par un véritable temple funéraire, qui évoque tout à fait le futur complexe funéraire du roi Djéser construit au début de la IIIe dynastie. Il ne s'agit pas d'un cas isolé. Dans l'un des mastabas les plus anciens se trouvait déjà au nord de la sépulture un complexe de cours fermées comprenant des bancs maçonnés, sans doute destinés à des cérémonies sacrificielles. Un lieu de culte, au nord de la tombe, n'était donc pas exceptionnel pour ce type de constructions. C'est également dans le contexte des grands mastabas à redans de la Ire dynastie que semble apparaître pour la première fois l'usage d'enterrer des barques à proximité des tombes royales tel qu'on le connaît dans les complexes funéraires de l'Ancien Empire.

L'architecture funéraire royale de l'Ancien Empire s'appuie donc à l'évidence sur une synthèse d'éléments puisés dans les diverses formes architecturales des tombes de l'élite à l'époque archaïque. Ceci ne doit d'ailleurs pas surprendre. Si les rois tenaient à l'exclusivité d'un point de vue idéologique, ils étaient sociologiquement parlant des membres de l'élite du royaume. Leurs proches parents et les plus hauts fonctionnaires de la cour doivent donc être cherchés dans l'ensemble des mastabas à redans, y compris dans les autres nécropoles.

Ces mastabas nous permettent, à partir du début de la Ire dynastie, de reconnaître pour la première fois à côté des rois une classe dirigeante, groupe sociologique clairement défini qui se concentrait autour de la résidence. C'est là sans doute que se situe le contraste le plus frappant avec la réalité culturelle de l'époque de l'unification du royaume et de la période prédynastique.

La culture de la classe dirigeante

L'incroyable richesse du mobilier funéraire conservé à Saqqara jette une lumière sur le mode de vie de ce groupe qui se démarquait très nettement de la majorité de la population égyptienne. Les meubles et les objets utilitaires en ivoire ou en bois précieux sont finement ornés de reliefs, alors que les vases en pierre aux formes complexes sont parfois formés d'un délicat assemblage de roches diverses. Le nombre considérable des céramiques destinées aux produits alimentaires témoigne d'une vie opulente. Ces objets nous permettent pour la première fois de saisir le mode de vie d'une élite, qui donnera naissance à la culture de l'Ancien Empire.

C'est aussi dans le contexte de l'architecture funéraire que se lit, d'une manière peut-être plus conséquente encore, l'évolution progressive du « grand » art. Schémas thématiques et conventions iconographiques avaient déjà été largement esquissés au temps de l'unification du royaume.

Comme à l'époque préhistorique, les supports de l'expression artistique étaient alors encore des objets fonctionnels, même s'ils étaient parfois sublimés en des formes monumentales. Avec les statues du temple de Coptos apparaissent déjà les premières tendances qui détermineront l'aspect de la grande statuaire égyptienne. Cette évolution suivit un cours rapide à l'époque archaïque. Les stèles, les fausses-portes et les statues funéraires marquèrent l'établissement des principaux domaines de l'art pharaonique, alors que se trouvaient déjà définis leur fonction et leur domaine d'utilisation.

L'organisation interne du royaume

Les structures sociales de l'époque archaïque, telles qu'elles transparaissent dans les tombes de l'élite, ainsi que la culture de celle-ci qui s'exprime à travers elles, reposent sur une organisation élaborée du royaume, principalement perceptible dans les témoins laissés par l'activité administrative du pays.

La naissance de l'écriture hiéroglyphique joua ici un rôle de premier plan. On sait désormais que les étiquettes de jarres munies d'inscriptions gravées ou écrites à l'encre remontent au moins à l'époque de Nagada III, et que des systèmes de marquage analogues s'imposeront encore à l'époque dynastique parallèlement à l'écriture hiéroglyphique évoluée. Originale par ses racines, ses caractères et son principe, l'écriture hiéroglyphique doit être considérée comme une création indépendante des autres systèmes d'écriture primitifs. Son domaine d'utilisation le plus ancien fut l'administration. L'écriture permettait d'identifier les marchandises, de fournir des indications de qualité, de mesure et de quantité, de désigner des institutions, d'indiquer le nom et le titre des fonctionnaires, etc., précieuses informations qui nous renseignent sur la réalité économique et institutionnelle de l'époque. Avec ce nouveau moyen de communication permettant de stocker et de transmettre des informations, les transactions économiques n'étaient plus tributaires des limites imposées par la mémoire individuelle et la communication directe.

52. Pions de jeux en forme de lions
Abou Roash, tombe M. VIII ; Ier dynastie, vers 3000 av. J.-C. ; ivoire ; haut. : 3,5 cm, larg. : 6,5 cm ; Le Caire, Musée égyptien, JE 44918 A-F.
Les tombes privées de l'élite renferment des objets de luxe d'une exécution remarquable. La sculpture du bois, de l'os et de l'ivoire, art dont les racines remontent au plus profond de la préhistoire, connut ici son apogée. Les objets de la vie quotidienne se métamorphosèrent en pièces somptueuses reflétant le mode de vie raffiné de l'élite du nouveau royaume égyptien.

ÉPOQUE THINITE

53. Relief rupestre du Gébel Sheikh Suleiman
Ire dynastie, vers 3000 av. J.-C. ; grés ; Khartoum, Musée national.
Ce relief montre un bateau, des ennemis entravés et des cadavres qui dérivent dans l'eau. À gauche apparaît une façade de palais stylisée, surmontée d'un faucon selon le schéma utilisé pour le nom d'Horus des pharaons égyptiens. Comme dans certaines étiquettes de jarres, on constate ici que le nom du roi lui-même n'a pas été inscrit.

Presque simultanément, les possibilités de l'écriture furent aussi exploitées dans l'art. Il s'agissait ici d'identifier des personnes, des lieux ou des situations, généralement évoqués par des substantifs isolés, et surtout des noms : les textes suivis, relatant des faits ou des affaires complexes, n'apparaîtront qu'à partir de l'Ancien Empire.

Le plus ancien rouleau de papyrus date de la Ire dynastie, ce qui montre que rien n'entravait alors la rédaction de longs documents. Malheureusement ce papyrus est resté vierge. Seuls les renseignements administratifs figurant sur les objets eux-mêmes – par l'intermédiaire des étiquettes, des inscriptions et des empreintes de sceaux – sont parvenus jusqu'à nous. L'étiquetage des produits alimentaires en particulier ne se contentait pas d'indiquer la nature et l'origine du produit : il devait aussi mentionner l'année. Ces premières mentions d'années de règne ne s'appuyait pas encore sur un véritable décompte des ans ; il s'agissait plutôt d'une désignation de chaque année prise séparément, en fonction d'événements marquants comme des fêtes ou des cérémonies rituelles.

Parmi ces dernières, la procession des suivants d'Horus, qui se déroulait régulièrement tous les deux ans, occupait une place particulière, car elle fut très tôt accompagnée d'un recensement. L'objet de ce type d'inventaire est parfois précisé : il est question notamment du « recensement de l'or et des champs », du « recensement des bœufs et du petit bétail ». On pense qu'il s'agissait là de vastes investigations menées dans tout le pays, afin de fixer le montant de l'imposition. La numérotation de ces périodes d'inventaire recommençait à chaque changement de souverain. C'est sur ce principe que se développera, dans le courant de l'Ancien Empire, le système de datation basé sur les années de règne des pharaons. Les empreintes de sceaux sur les cachets d'argile scellant récipients, coffrets ou portes constituent une autre source d'information importante quant à l'organisation de cette première forme d'économie étatique. Elles comportent les noms des institutions participant à l'activité économique, comme le domaine royal central, ses différents domaines provinciaux, ses magasins, ses ateliers et ses administrateurs spécialisés. Ces informations permettent de reconstituer la physionomie d'une économie palatiale élaborée autour de la cour royale, et responsable de l'agriculture, de l'artisanat et du commerce. Une administration couvrant l'ensemble du pays ne semblait pas encore exister.

S'il est difficile de définir le profil de l'administration de l'époque, les témoignages dont nous disposons révèlent que les plus hauts fonctionnaires exerçaient effectivement leur influence au sein de l'organisation palatiale.

La politique extérieure

Les relations extérieures de l'Égypte apportent sans doute l'illustration la plus manifeste du tournant opéré sous la Ire dynastie. Des rapports intenses avec les pays voisins, surtout la Nubie et la Palestine, existaient depuis la préhistoire. Des zones de contact et donc des sites s'étaient formés dans les territoires frontaliers, où se mêlaient Égyptiens et non Égyptiens. L'étude de la répartition des biens d'exportation et d'importation dans l'aire nubienne révèle l'organisation ouverte de ce commerce primitif.

Sous la Ire dynastie intervient un changement capital. Les vestiges de l'époque de l'unification du royaume font état de conflits guerriers avec les peuples limitrophes. Les désignations des années de la Ire dynastie, consignées dans les annales et les étiquettes de jarres, font maintes fois référence à ces conflits. Un relief rupestre datant de la Ire dynastie, découvert loin vers le sud au niveau de la Deuxième Cataracte, prouve qu'il ne s'agissait pas seulement de frictions aux frontières. Il n'était pas question de conquérir les territoires étrangers, mais bien davantage d'imposer les intérêts économiques de l'Égypte, de favoriser son commerce et d'exploiter les ressources des pays voisins.

Avec la formation du royaume, l'Égypte s'ouvrit de nouvelles perspectives tout en élargissant son rayon d'action politique. Il lui était désormais possible d'organiser des expéditions de grande envergure, d'éviter de coûteux intermédiaires commerciaux, de se servir elle-même dans un vaste périmètre géographique. Elle pouvait se défendre par les armes contre les attaques de groupes locaux. De plus, la politique égyptienne émanait d'un territoire aux frontières maintenant clairement délimitées. L'île d'Éléphantine, près d'Assouan au niveau de la Première Cataracte, reçut des fortifications qui firent de la cité la ville-frontière méridionale de l'Égypte.

Cette évolution entraîna des conséquences amères pour les pays voisins. En Basse-Nubie, les échanges avec l'Égypte avaient joué un rôle essentiel sur le plan culturel. Avec l'avènement de la Ire dynastie, le système de peuplement indigène s'effondra, et la population locale se trouva réduite à une existence nomade. La formation de chefferies nubiennes, qui s'était amorcée parallèlement à la naissance du royaume égyptien, fut étouffée dans l'œuf.

Émergeant du cercle des peuples environnants, l'Égypte s'était dotée d'une situation de prédominance sans égal. Grande puissance entourée de tribus, elle put dès lors affirmer aisément sa domination absolue durant toute sa phase d'élaboration, et c'est là indubitablement que réside l'une des clefs de l'assurance tranquille de la civilisation pharaonique.

La IIe dynastie

La Ire dynastie dura environ 175 ans. Près de 150 ans allaient encore s'écouler jusqu'au début de l'Ancien Empire. C'est dans cette période occupée par la IIe dynastie que s'effectua la transition décisive entre la plus ancienne forme d'état archaïque et les structures caractéristiques de la première période de gloire de l'Égypte pharaonique. Malheureusement, les détails de ce processus nous échappent encore.

Les trois premiers rois de la IIe dynastie édifièrent leurs tombes à Saqqara. Le premier souverain, Hotepsekhemoui, y aménagea une nécropole royale au sud du futur complexe de la pyramide de Djéser, et donc bien au sud des grandes tombes à redans de la Ire dynastie. C'est déjà le manque de place qui le contraignit à ce choix.

Du complexe funéraire d'Hotepsekhemoui, seule la partie souterraine est conservée, mais celle-ci est déjà très impressionnante. Un long corridor central conduisait à la chambre sépulcrale ; accessible au nord par une rampe, il fut obturé après l'inhumation par plusieurs herses de blocage. Sur ce couloir se greffait un grand nombre de galeries destinées à abriter des magasins. Cette innovation architecturale était destinée à ménager une place suffisante pour l'abondant mobilier funéraire : meubles, vaisselle, provisions alimentaires, c'est-à-dire tout ce dont le mort aurait besoin dans sa vie posthume. Jamais l'idée ancestrale de concevoir la tombe comme la demeure du défunt n'a été concrétisée aussi littéralement. On trouve un écho de cette conception, mais à moindre échelle, dans les tombes de la classe supérieure ; cette tendance s'estompera néanmoins dès la IIIe dynastie. On ignore la forme de la superstructure recouvrant ce réseau de galeries, mais tout porte à croire qu'il s'agissait d'un immense mastaba éventuellement décoré de redans. Le successeur de ce roi a laissé une stèle nominative comparable à celles qui se dressaient aux portes des tombes royales d'Abydos. Le tombeau devant lequel cette stèle avait dû être érigée n'a pas encore été découvert ; en revanche, on connaît la sépulture du souverain suivant, Ninetjer, qui se présente à nouveau comme une tombe à galeries située juste à côté de celle d'Hotepsekhemoui.

Les rois du début de la IIe dynastie avaient donc abandonné la nécropole d'Abydos, signe révélateur montrant qu'ils se sentaient intégrés à la classe dominante de la capitale, et qu'ils accordaient moins d'importance au berceau de la royauté, cette lointaine Haute-Égypte qui sombrait progressivement dans le provincialisme. Par la suite cependant, deux souverains, Peribsen et Khâsekhemoui, allaient à nouveau privilégier les anciens sites de Haute-Égypte. Le roi Peribsen remplaça en outre dans sa titulature le faucon Horus perché sur le *serekh*, par l'animal du dieu Seth dont le culte était célébré à Ombos (= Nagada), centre proto-urbain de la Haute-Égypte préhistorique. On ne connaît des autres rois que leur nom, inscrit sur des vases de pierre découverts en Basse-Égypte ou mentionné dans les listes royales ultérieures. Ici se pose naturellement le délicat problème de l'attribution exacte des différents noms constituant la titulature royale des souverains de l'Ancienne Égypte. L'ensemble des documents archéologiques laisse penser que la Haute et la Basse-Égypte se séparèrent à nouveau dans la seconde moitié de la IIe dynastie. Cette hypothèse est plausible, mais il faut avouer que les circonstances politiques de cette situation restent totalement inconnues.

Les deux rois Peribsen et Khâsekhemoui firent à nouveau édifier leurs tombes à Abydos. En les aménageant dans l'ancienne nécropole de la Ire dynastie, tout en élevant en bordure des terres fertiles d'imposants complexes rituels cernés de murs (« complexes de la Vallée » ou, en raison de leur apparence massive que l'on peut aujourd'hui encore observer, parfois improprement qualifiés de « forts »), ils renouèrent directement avec les traditions du site.

Le plan de ces tombes trahit pourtant l'influence manifeste des tombes à galeries de Saqqara. Comme dans ces derniers, la chambre sépulcrale royale est entourée de magasins greffés sur un corridor ; toutefois, alors qu'à Saqqara corridors et galeries sont directement taillés dans la roche, toute la sépulture dut être ici construite en briques à

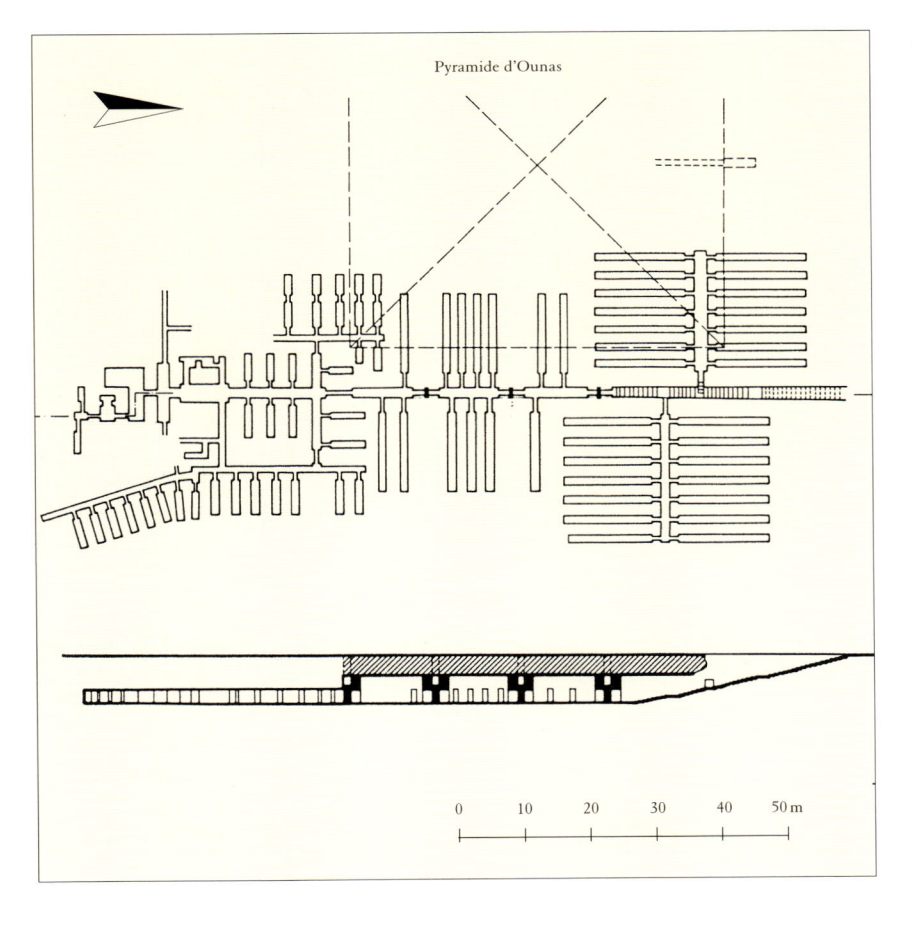

54. La tombe du roi Hotepsekhemoui
Saqqara ; début de la IIe dynastie, vers 2825 av. J.-C. ; plan et coupe.
Les tombes royales du début de la IIe dynastie utilisèrent les possibilités techniques offertes par le rocher tendre de Saqqara pour donner une nouvelle structure architectonique aux vastes ensembles de magasins, qui entouraient déjà les tombes de la Ire dynastie. Les couloirs, d'où partaient les magasins à la manière des dents d'un peigne, offraient une capacité de stockage considérable. Malheureusement, ces remarquables installations sont encore imparfaitement explorées, et le plan proposé ici est sans doute fortement idéalisé.

55. Stèle de la tombe du roi Nebrê
Saqqara ; début de la IIe dynastie, vers 2810 av. J.-C. ; granit rose ; haut. : 99 cm, larg. : 41 cm ; New York, Metropolitan Museum of Art, 60.144.
Cet objet montre que les tombes royales de la IIe dynastie, à Saqqara, possédaient aussi des stèles nominatives telles qu'on les connaît à Abydos pour les tombes royales de la Ire dynastie. Comme dans ces dernières, le relief ne représente ici que le nom d'Horus du souverain. Ces stèles étaient sans doute dressées elles aussi sur le lieu de culte de la tombe afin d'identifier le défunt.

ÉPOQUE THINITE 37

56. Complexe rituel de Khâsekhemoui
Hiéraconpolis ; fin de la IIᵉ dynastie, vers 2720 av. J.-C.
Ce complexe se présente comme un espace rectangulaire ceint d'un haut mur à redans percé d'une porte monumentale. À l'intérieur ont été découverts les restes d'une construction qui n'a pas encore été entièrement dégagée. Le site d'Hiéraconpolis n'ayant livré aucun élément correspondant à un éventuel tombeau de Khâsekhemoui, il semble que l'on soit plutôt en présence ici d'un complexe rituel sans rôle funéraire direct.

57. Le roi Khâsekhemoui
Hiéraconpolis, complexe rituel du roi ; fin de la IIᵉ dynastie, vers 2720 av. J.-C. ; granodiorite ; haut. : 130 cm, larg. : 135 cm ; Le Caire, Musée égyptien, JE 33896.
Ce bloc, qui faisait partie du décor d'une porte monumentale du temple d'Horus à Hiéraconpolis, était orné de bas-reliefs. Martelées lors d'un réemploi ultérieur, les scènes ont désormais perdu leur netteté. On reconnaît néanmoins dans la scène principale le roi et la déesse Séshat procédant aux rites de fondation d'un temple.

58. Statue de Khâsekhemoui
Hiéraconpolis ; fin de la IIᵉ dynastie, vers 2720 av. J.-C. ; calcaire, haut. : 62 cm ; Oxford, Ashmolean Museum, E. 517.
Cette statue montre le roi assis sur un siège cubique à dossier court ; il est vêtu d'un étroit manteau descendant jusqu'aux mollets, et coiffé de la couronne blanche de Haute-Égypte. Sur la face antérieure du socle figure une personnification de la Basse-Égypte, ligotée et terrassée d'un coup de flèche. Sur tout le pourtour du socle s'alignent les corps déformés des cadavres dont le nombre total s'élevant à 47 209 est inscrit à l'avant du socle.

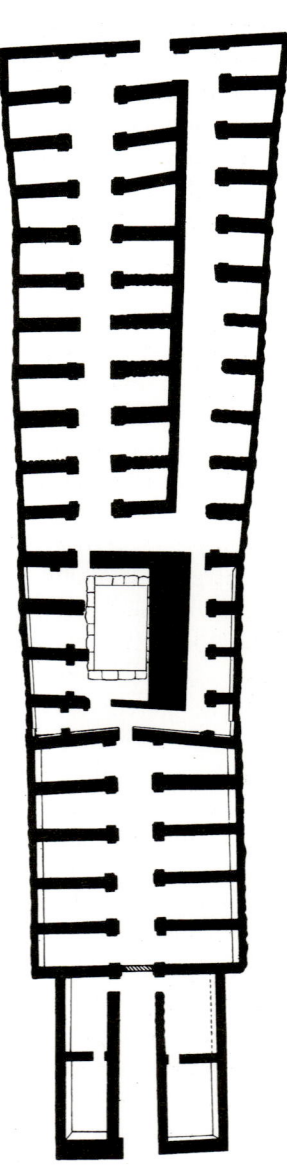

59. Plan de la tombe de Khâsekhemoui
Abydos, nécropole royale ; fin de la IIᵉ dynastie, vers 2710 av. J.-C. ; longueur totale : 70 m env.
Les murs de la tombe sont construits en brique crue, seul le caveau, au centre du complexe, est revêtu de dalles de calcaire. Le plan cherche un compromis entre la structure des tombes à galeries de Saqqara et les limites techniques imposées par le sol désertique d'Abydos.

60. Le repas funéraire
Saqqara (archives non ouvert au public) ; IIe dynastie, vers 2720 av. J.-C. ; calcaire ; haut. : 36 cm.
Autrefois intégrée dans la fausse-porte de la tombe, cette stèle reproduit une scène essentielle du culte funéraire égyptien. La défunte est assise devant une table d'offrande sur laquelle sont posées des tranches de pain. Les autres offrandes sont évoquées par des signes hiéroglyphiques, ou représentées de façon réaliste tout autour.

l'intérieur d'une fosse unique creusée dans le sol meuble du désert. Il est important de noter à propos de cette dépendance formelle que les rois « de la Haute-Égypte » de la IIe dynastie étaient également issus de la haute société memphite, et qu'ils ne représentaient en aucun cas la renaissance d'une tradition thinite ancrée localement. Khâsekhemoui a également laissé son empreinte à Hiéraconpolis. Il a ainsi élevé à l'intérieur du temple d'Horus des constructions monumentales dont subsiste un encadrement de porte, partiellement conservé, qui présente des décors en relief déjà tout à fait dans la ligne des canons esthétiques de l'Ancien Empire. Plusieurs offrandes votives d'une grande qualité témoignent aussi de l'importance accordée au sanctuaire par ce roi, qui porta au début le nom de Khâsekhem. Khâsekhemoui a fait aménager en outre, à l'extérieur de la ville d'Hiéraconpolis, un autre complexe rituel dans le style de ceux d'Abydos qui comporte aussi des éléments architectoniques en pierre décorés de bas-reliefs. Les monuments de ce roi ne sont pas les seuls de la IIe dynastie à porter déjà en soi les grandes lignes de l'art de l'Ancien Empire. Deux bas-reliefs du temple d'Hathor à Gébélein (entre Hiéraconpolis et Thèbes) sont aussi de remarquables témoins de l'art de ce temps qui resteront longtemps sans équivalent en Haute-Égypte. Dans les cimetières de la classe supérieure de la région memphite apparaissent pour la première fois des reliefs représentant le défunt devant la table d'offrande. Ces dalles étaient insérées dans les stèles fausses-portes en brique, lieux de culte des tombes, et servaient à la fois à identifier le propriétaire du tombeau par ses nom et titres, et à définir le contexte rituel rattaché à la tombe. Elles formèrent le noyau à partir duquel allait se déployer la décoration foisonnante des sépultures des grands de l'Ancien Empire.

Les rapports entre la Haute et la Basse-Égypte dans la seconde moitié de la IIe dynastie restent mal connus. Nous savons que le roi Peribsen fit aussi l'objet d'un culte funéraire à Saqqara (mais nous ignorons à quel moment il fut établi) ; cette nécropole abriterait également une tombe de Khâsekhemoui. C'est au plus tard durant son règne que les relations entre les deux parties du pays se trouvent assombries par des conflits qui s'achèvent par une guerre. Parmi ses offrandes votives découvertes dans le temple d'Hiéraconpolis se trouvent de grands vases en pierre, dont les inscriptions citent une année dont le nom s'intitule « combattre et vaincre la Basse-Égypte », accompagnée du signe hiéroglyphique de l'« union de la Haute et de la Basse-Égypte ». Les statues de Khâsekhemoui provenant du même temple sont plus explicites encore. Les frises de leur socle relatent la victoire de la Haute-Égypte sur ses ennemis de Basse-Égypte, victoire qui marqua paradoxalement la fin irrémédiable de la phase de domination de la Haute-Égypte. La nécropole royale d'Abydos fut abandonnée ; délaissée par les rois, This, la ville de leurs ancêtres, devint pour la Haute-Égypte un centre administratif qui bénéficiera d'une position particulière durant tout l'Ancien Empire. Si la Haute-Égypte fournit l'impulsion qui allait favoriser la fondation d'un royaume égyptien unifié – comme ce fut le cas pour la Ire dynastie, et comme cela se reproduira maintes fois encore – c'est pourtant toujours le Nord qui restera vainqueur sur le plan structurel. Autant c'est dans la politique des dynasties thinites que le royaume égyptien plonge ses racines, autant il est indéniable que son évolution ultérieure et son épanouissement porteront la marque memphite.

61. Bas-relief représentant le pharaon
Gébélein, temple d'Hathor ; fin de la IIe dynastie, vers 2720 av. J.-C. ; calcaire ; haut. : 87 cm, larg. : 50 cm ; Turin, Museo Egizio, Suppl. 12341.
Ce bas-relief exceptionnel devait s'intégrer dans le mur d'un temple construit en brique. Le registre supérieur montre le roi accomplissant un rite de fondation ; seuls ses jambes et son pagne sont conservés. On distingue au registre inférieur les restes d'une représentation de bateau.

ÉPOQUE THINITE

1. Le roi Snéfrou massacre un ennemi
Ouadi Maghara (Sinaï) ; IVe dynastie, vers 2620 av. J.-C. ; grès rouge ; haut. : 112,5 cm, larg. : 133 cm ; Le Caire, Musée égyptien, JE 38568.

Le roi Snéfrou, « conquérant des terres étrangères », abat d'un coup de massue un Asiatique reconnaissable à sa barbe. Sous le règne de Snéfrou, demeuré dans les temps ultérieurs l'objet d'un culte divin dans le Sinaï, se développe l'extraction du cuivre et de la turquoise dans cette région. Le bas-relief ne fait référence à aucune bataille particulière et souligne surtout la présence politique et religieuse de la personne royale protégeant les Égyptiens effectuant ici leurs travaux.

ANCIEN EMPIRE

L'histoire politique de la IIIe à la VIIIe dynastie

Dieter Kessler

À la fin de l'époque thinite (Ire et IIe dynasties), qui marque l'achèvement d'une époque archaïque, l'Égypte avait définitivement installé sa puissance politique et économique dans la région de Memphis. L'Ancien Empire (IIIe à VIe dynastie) est marqué par la construction des grandes pyramides, tombeaux monumentaux de ses rois, qui défient le temps et la décrépitude. Il est donc légitime de définir l'Ancien Empire comme le temps des pyramides. Or ces gigantesques monuments, qui évoquent une toute-puissance émanant uniquement de la personne royale, expriment en fait le désir de toute une élite rassemblée autour du pharaon. Les pyramides, ainsi que les nécropoles et les villes associées à ces édifices sont également l'illustration de l'organisation économique sur laquelle repose l'Ancien Empire. Pour accéder à l'autre vie, dans l'au-delà, il faut s'appuyer sur un système de prise en charge de tous les membres du royaume, tant dans notre monde que dans l'autre, système dont le centre est incarné par le roi. Il dispose en maître de l'ensemble du pays, de ses habitants et de ses ressources, pouvoir qu'il délègue à ses fonctionnaires, lesquels répondent des biens et des gens qui leurs sont assignés. Ces attributions, les « fondations funéraires », servent à pourvoir à la survie du fonctionnaire défunt et à la vie matérielle des personnes chargées de son culte funéraire. En même temps, au travers du culte funéraire royal, tous les sujets sont intégrés au système assurant la vie matérielle. Au fur et à mesure qu'augmentait le nombre des cultes officiels institués à travers le pays, le culte royal, d'abord inscrit dans les limites de la résidence du souverain, finit par toucher les habitants de provinces de plus en plus lointaines. Les variations de l'ampleur des travaux de construction, les changements intervenus soit dans le plan, soit dans le lieu d'implantation des pyramides de l'Ancien Empire sont les indices de grandes évolutions d'ordre économique et religieux.

La personne du Pharaon sous l'Ancien Empire

Les sources écrites dont nous disposons sur l'Ancien Empire sont trop rares pour permettre d'individualiser les traits des différents rois. La postérité a attribué, sans réel fondement, à certains pharaons comme Snéfrou, l'image traditionnelle d'un « bon » roi, à certains autres tel Chéops, l'image de rois cruels et tyranniques. Quant aux reines, au début, elles-mêmes étaient issues de la maison royale. C'est à la fin de l'Ancien Empire que le pharaon commença à choisir ses épouses dans la caste des fonctionnaires. Certaines reines accédèrent au pouvoir, assurant la régence d'un pharaon trop jeune.

La politique intérieure sous l'Ancien Empire

La construction du tombeau royal amène les fonctionnaires à se concentrer autour du roi. Les chefs coutumiers des provinces sont peu à peu écartés au profit d'une caste de fonctionnaires, mis en place et contrôlés depuis la cour royale.

Dans les provinces sont créés les domaines royaux, petites unités économiques telles qu'entreprises artisanales, implantations agraires et villages de pêcheurs, qui livrent directement leurs produits à la cour. Le système des circonscriptions administratives (nomes) se renforce. Les nouveaux

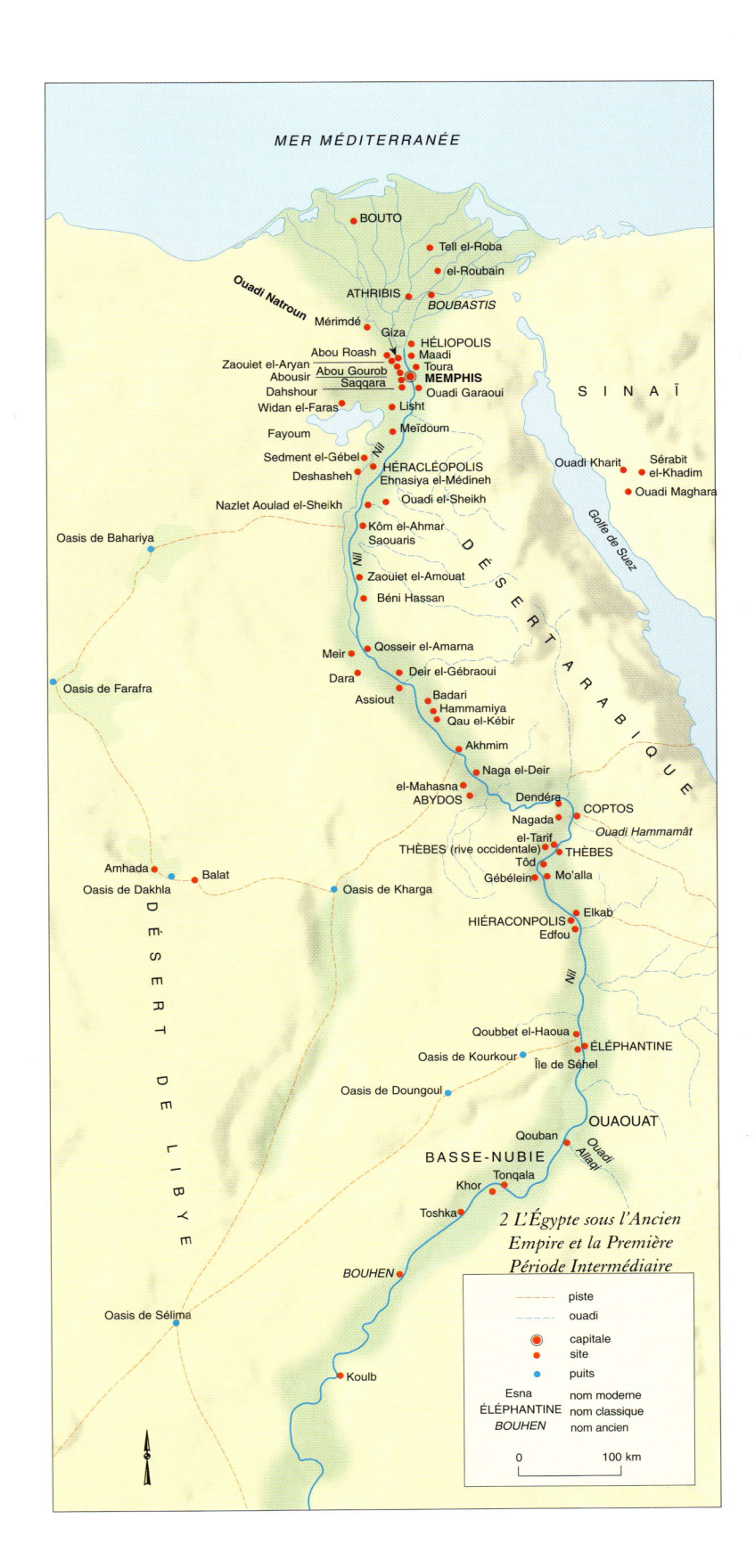

2 *L'Égypte sous l'Ancien Empire et la Première Période Intermédiaire*

3. Tête d'une statue de Mykérinos
Giza, temple de la vallée de Mykérinos ; IVe dynastie, vers 2520 av. J.-C. ; calcite-albâtre ; haut. : 28,5 cm ; Boston, Museum of Fine Arts, 09.203.
On ne connaît aucun des événements qui marquèrent le règne de ce roi, fils de Chéphren et de la reine Khamerernebti. Selon une inscription figurant à l'entrée, sa pyramide fut restaurée sous le Nouvel Empire. À l'époque saïte, son corps fut transféré dans un sarcophage de bois. Le sarcophage d'origine, en pierre, se perdit en mer au large des côtes lors de son transport en Angleterre.

domaines royaux entraînent l'érection de petites pyramides cultuelles sans chambre funéraire, qui se répandent partout à travers le pays à partir de la fin de la IIIe dynastie, sous le règne de Houni, jusqu'au début de la IVe dynastie, sous le règne de Snéfrou. Le culte de Pharaon s'étend ainsi aux provinces. C'est sous Mykérinos qu'on cite les premiers temples érigés dans les provinces et qu'on voit se répandre les fondations royales assurant le culte local.

Sous la IVe dynastie, les princes royaux qui avaient le titre de chef des armées, dirigeaient les expéditions pour la mainmise sur les carrières et surveillaient les garnisons du sud (Éléphantine) et de l'est (Héliopolis, Boubastis). Au début, le prince remplissait aussi la fonction de vizir, à qui, à cette époque, il incombait, entre autres, de rendre la justice. Les rois de la Ve dynastie, lignée originaire d'une localité située au nord de Giza, privilégièrent, dans un premier temps, le culte solaire, comme en témoignent leurs monuments. L'ampleur de leurs temples funéraires, à Abousir, diminue sensiblement. Économiquement, ceux-ci sont désormais tributaires des temples solaires. Puis s'amorce une décentralisation de l'administration, qui s'accentue au point que les vizirs eux-mêmes ne sont plus nécessairement recrutés parmi les princes. Avec le pharaon Ounas (vers 2360 av. J.-C.), une nouvelle famille, peut-être originaire du Delta, accède au pouvoir dans des circonstances inconnues. Aussitôt, le temple solaire est abandonné et le site d'Abousir déserté au profit de Saqqara. La religion osirienne s'affirme avec Osiris, dieu funéraire par excellence, garant de la survie spirituelle et matérielle dans l'au-delà, et permet désormais à un fonctionnaire d'être inhumé dans sa province et non plus obligatoirement à la cour. Les centres administratifs provinciaux s'épanouissent. Abydos, centre du culte d'Osiris, devient la résidence du gouverneur de la Haute-Égypte ; des décrets royaux confortent le statut du temple d'Osiris-Khentamentiou.

Pépi II connut un règne interminable au cours duquel il entreprit de grandes réformes administratives. Le gouverneur de Haute-Égypte changea à plusieurs reprises de capitale. Coptos gagna en importance avec le temple de Min, tandis que Thèbes, au sud, se distingue comme centre administratif. Des rivalités de palais et l'assassinat du roi portèrent sur le trône Nitocris, une sœur de Pépi II (2218 av. J.-C.) qui eut un règne bref, et entraînèrent la ruine des infrastructures et du réseau d'approvisionnement du pays. Les pharaons qui se succédèrent à un rythme accéléré à Memphis ne purent faire face au chaos où sombra la Haute-Égypte. La région se disloqua en

4. Tête d'une statue d'Ouserkaf
Saqqara, temple funéraire d'Ouserkaf ; V^e dynastie, vers 2500 av. J.-C. ; granit rose ; haut. : 75 cm ; Le Caire, Musée égyptien, CG 52501.
Si la généalogie du fondateur de la Ve dynastie est encore débattue parmi les chercheurs, le roi lui-même est bien connu grâce à ses nombreuses fondations et à son œuvre de bâtisseur à Éléphantine, Bouto, Tôd et Bouhen, dont témoignent de nombreux fragments architecturaux et inscriptions d'annales.

5. Visage fragmentaire d'une statue de Chéphren
Giza, temple de la vallée de Chéphren ; IVe dynastie, vers 2550 av. J.-C. ; calcite-albâtre ; haut. : 20,5 cm ; Boston, Museum of Fine Arts, 21.351.
La tête du roi, dont la barbe est cassée, a été trouvée sur le site de sa pyramide parmi de nombreux fragments. Les multiples statues et le nom donné à sa pyramide, « La pyramide de Chéphren est la plus grande », sont éloquents quant à l'ambitieuse fonction du monument. Plus de cinquante domaines royaux furent créés pour être affectés à son culte funéraire.

petites principautés, en guerre les unes contre les autres. Enfin, après bien des difficultés, Memphis parvint à rétablir un ordre et des structures administratives acceptables pour tous. Cela n'empêcha pas des princes d'Héracléopolis, aux portes du Fayoum, de renverser peu après le roi memphite.

La politique extérieure sous l'Ancien Empire

Sous l'Ancien Empire, l'Égypte n'avait nulle menace extérieure à redouter. Pour autant, on y tenait le registre précis des princes des régions sud-palestiniennes et nubiennes, dont on observait attentivement les faits et gestes. Une cérémonie donnait chaque année au pharaon l'occasion de perpétuer rituellement sa victoire sur ses ennemis des quatre coins du monde, affirmant ainsi symboliquement la supériorité des habitants de la vallée du Nil. Le bris rituel de figurines magiques en argile représentant les ennemis assurait l'anéantissement symbolique de tout ennemi potentiel. La politique extérieure de l'Égypte visait à faciliter l'importation des matières premières nécessaires et à lui assurer ses voies commerciales. Les grands travaux des rois accrurent les besoins en matériaux et la nécessité d'exploiter intensivement les ressources intérieures et extérieures. Ainsi s'amplifia l'exploitation des carrières de calcite-albâtre, en Moyenne-Égypte, de grauwacke dans le désert oriental, autour du Ouadi Hammamât, ou de basalte au Gébel el-Qatrani, au nord du lac Qaroun, dans le Fayoum.

Au début de l'Ancien Empire, probablement sous Djéser, fut relancée l'activité des mines de cuivre, dans le Ouadi Maghara, au Sinaï, suivie sans doute peu après par l'exploitation d'un sous-produit de ce minerai, la turquoise, à Sérabit el-Khadim. Cette activité accrue supposait que le contrôle des bédouins du Sinaï était assuré par la pression militaire.

Traditionnellement, l'Égypte s'approvisionnait en bois de construction dans les ports du Levant, entre autres à Byblos. Les annales égyptiennes font plusieurs fois mention de la construction des navires nécessaires à ce transport. Témoignage de ces relations d'un commerce pacifique avec Byblos, on trouve de nombreux objets égyptiens marqués au nom du roi ou de la reine, offrandes déposées dans le temple de Byblos consacré à Baalat, déesse du Proche-Orient qu'on assimilait ici à Hathor, déesse égyptienne. Également à Ebla (Tell-Mardikh), centre de commerce près d'Alep, en Syrie, les fouilles

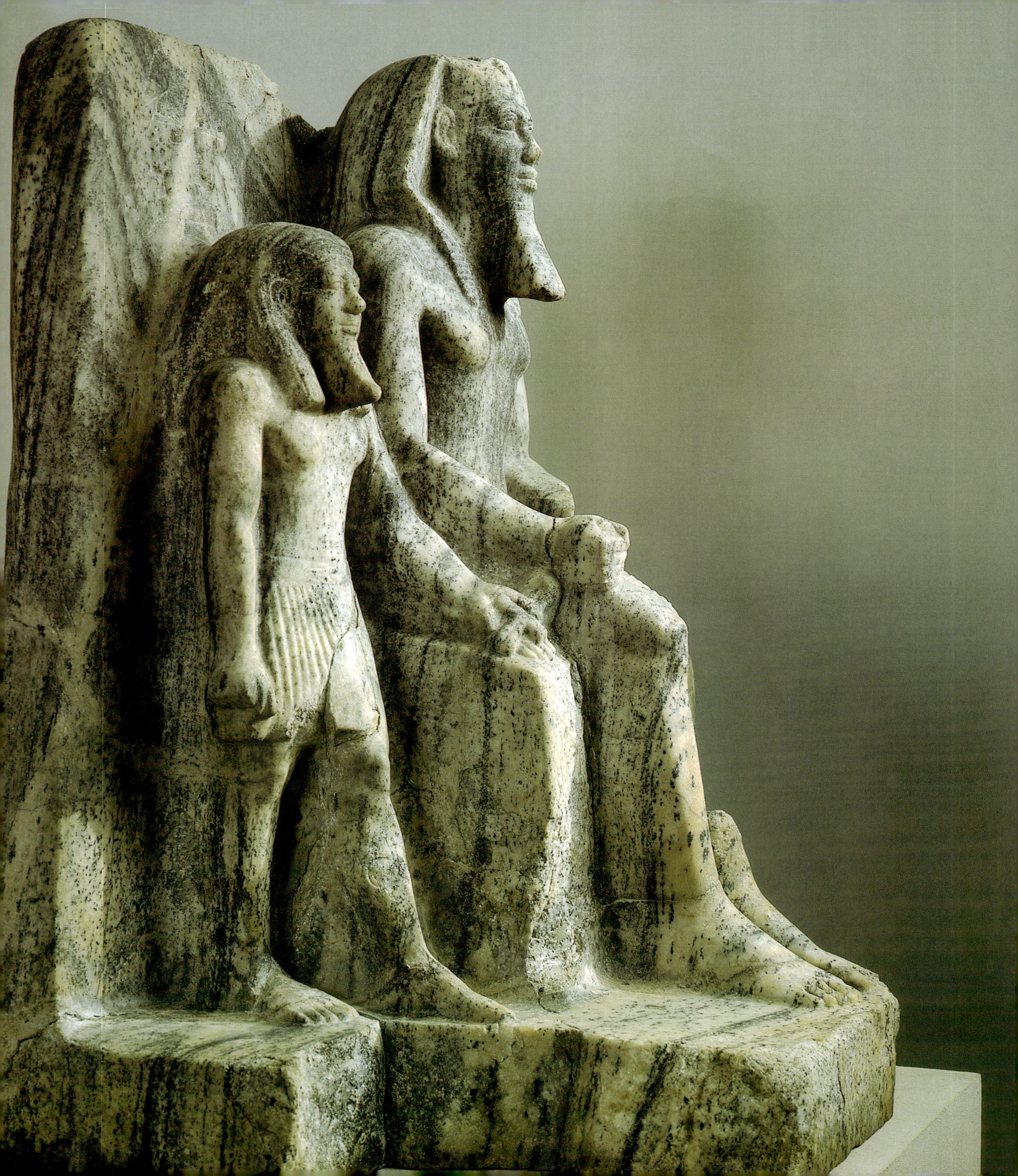

ont livré des antiquités égyptiennes. Inversement, des représentations du cerf et de l'ours dans des temples funéraires royaux de la Ve dynastie renvoient à des offrandes d'origine étrangère. Sous Sahourê (vers 2490 av. J.-C.), on trouve la première mention d'une livraison d'encens en provenance de Pount, située dans les actuelles Somalie ou Érythrée. Dans la plupart des cas, des campagnes militaires servaient à soutenir les intérêts commerciaux.

Vers la fin de la Ve dynastie apparaissent dans la décoration des tombes les thèmes de la conquête d'une ville asiatique, des navires de haute mer avec des équipages asiatiques et des nomades épuisés de faim. On a du mal à les mettre en rapport avec des événements concrets, telles des batailles en Palestine méridionale, tout en sachant que Pépi Ier, sous la VIe dynastie, a tenté de prendre le contrôle de cette région. À plusieurs reprises, des armées égyptiennes se lancèrent contre les bédouins du désert, les « habitants du sable », poussant jusqu'au mont « Nez-de-Gazelle », un nom qui désignait peut-être le mont Carmel en Palestine.

Une opération militaire contre des ethnies libyennes, qui aboutit à la prise de mille cent captifs, est déjà attestée sous Snéfrou (vers 2620 av. J.-C.). Environ quatre siècles plus tard, les raids guerriers des Libyens mirent à nouveau en péril la sécurité des voies commerciales du sud et des oasis occidentales. Ceci explique la mise en place à Dakhla d'un fonctionnaire égyptien « gouverneur des oasis ». On connaît également, toujours sous Snéfrou, au début de la IVe dynastie, des campagnes égyptiennes dans les territoires du sud. Vingt mille soldats entrèrent en Basse-Nubie, emportèrent le bétail et soi-disant dix-sept mille captifs, auxquels se seraient ajoutés sept mille autres lors d'un raid ultérieur ; ces captifs furent occupés aux lourds travaux ou comme auxiliaires dans des tâches de police. Mais le grand nombre de soldats envoyés dans ces expéditions révèle un autre but : entretenir des garnisons permanentes dans le sud en bâtissant des places fortes comme Bouhen. C'est ainsi que fut assuré le contrôle des voies commerciales, des carrières et des gisements aurifères du Ouadi Allaqi dans le désert oriental, ainsi que des carrières de roches dures à l'ouest.

On trouve mention sous le pharaon Isési de la première expédition qui poussa plus avant vers le sud. C'est probablement du pays de Iam, dans la cuvette de Dongola, dans l'actuel Soudan, que proviennent des marchandises obtenues par le troc, tels les fourrures, l'ivoire et l'encens, sans oublier un nain pour danser à la cour de Pharaon. C'est le chef caravanier d'Éléphantine qui, accompagné de bédouins autochtones, d'interprètes et de soldats, fut chargé des dangereuses expéditions dans le désert. La route, praticable à dos d'âne, était ce qu'on appelle la « route des Oasis ». Elle passait par Bahariya, Dakhla, et les petites oasis de Kourkour, Sélima et Doungoul, dans la région située au sud de la Troisième Cataracte. Les princes de Basse-Nubie, menacés par les incursions des bédouins, accordèrent leur soutien massif à l'Égypte. Au début de la VIe dynastie, ils fournirent même des contingents militaires pour assurer les campagnes d'Asie.

C'est vers la fin de la VIe dynastie que s'accrut le danger pesant sur les voies commerciales. Sous Pépi II, il fallut combattre l'invasion étrangère en Basse-Nubie et entreprendre trois expéditions en pays de Iam. Des rapports illustrent clairement toute une série d'incidents. On possède ainsi l'exemple d'un chef d'expédition qui dut ramener à Éléphantine le corps de son père, mort au sud de l'Égypte. On connaît aussi le cas d'un chef d'expédition chargé de travaux de construction navale, tué par les bédouins au bord de la mer Rouge. Ces incidents eurent bientôt pour conséquence l'interruption totale du commerce avec l'intérieur de l'Afrique.

---

6. *Groupe de Sahourê et de la personnification du nome de Coptos*
V^e dynastie, vers 2490 av. J.-C. ; anorthosite ; haut. : 63,5 cm ; New York, Metropolitan Museum of Arts, Rogers Fund, 1918, 18.2.4.
La pyramide de Sahourê se trouve à Abousir, son temple solaire n'a pas encore été découvert. Le dieu qui l'accompagne ici porte l'emblème territorial de Coptos, composé de deux faucons. Déjà sous la IVe dynastie, nous sont parvenus des groupes semblables constitués du roi et de la personnification d'un nome.

7. *Statue de la reine Ankhnèsmerirê II assise avec son fils Pépi II sur les genoux*
Probablement Saqqara ; VIe dynastie, vers 2270 av. J.-C. ; calcite-albâtre ; haut. : 39,2 cm ; New York, Brooklyn Museum, Charles Edwin Wilbour Fund, 39.119.
La reine, issue d'une famille de nomarques d'Abydos, assura d'abord la régence, son fils étant mineur. Le stéréotype du groupe mère-enfant – encore que le pharaon Pépi II soit représenté sous les traits d'un adulte – fait donc référence ici à une réalité.

ANCIEN EMPIRE

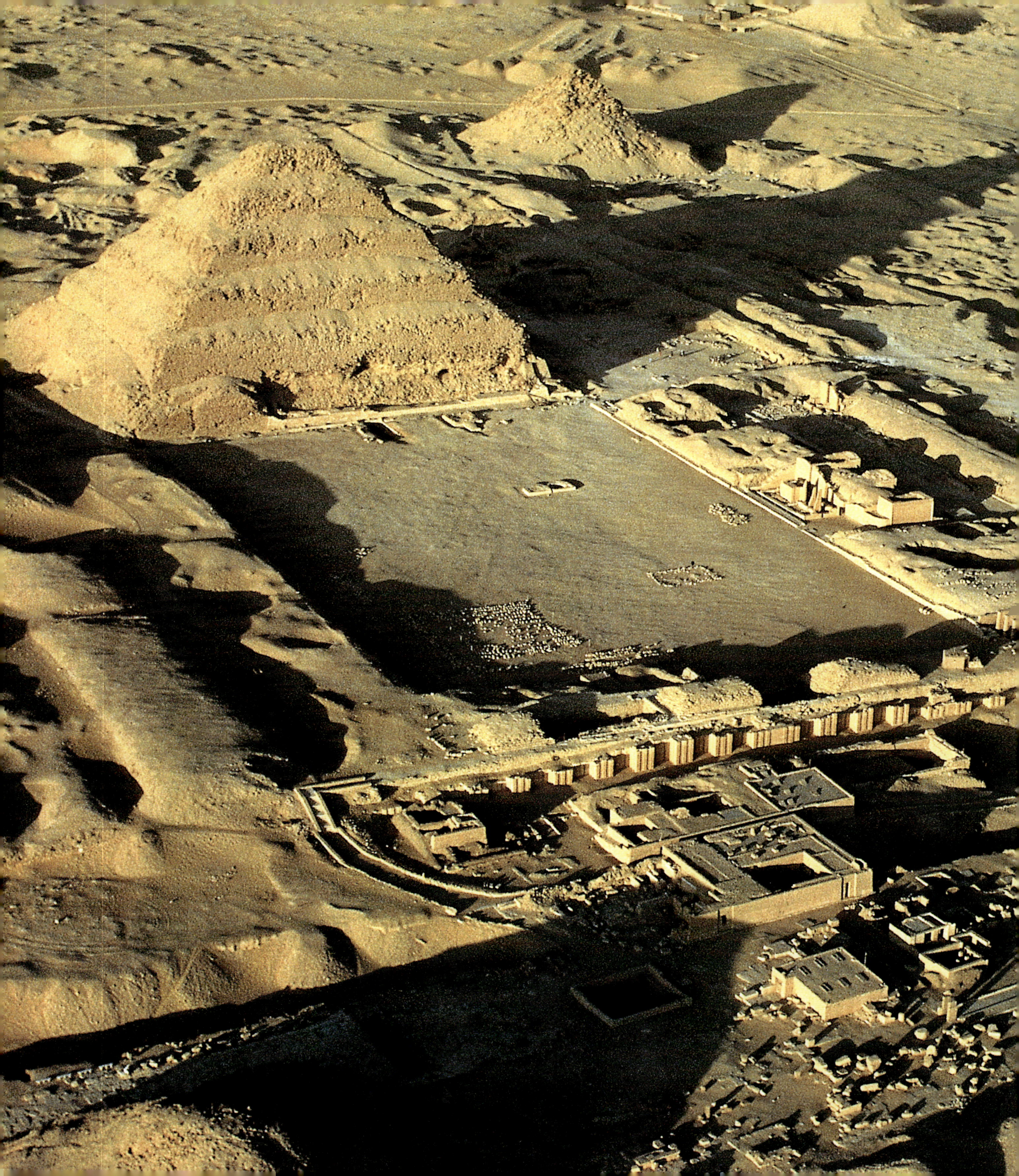

La tombe royale au temps des pyramides

Rainer Stadelmannn

Le passage de l'époque thinite à l'Ancien Empire ne semble pas avoir été marqué par de graves tensions politiques et un changement culturel, comme on le pensait encore récemment. Les dernières études menées sur les monuments funéraires des nécropoles d'Abydos et de Saqqara ont démontré que cette période n'a connu de rupture ni politique ni culturelle. Des sceaux-cylindres attestent que Djéser, le premier roi de la IIIe dynastie, a pourvu d'offrandes funéraires la tombe de Khâsekhemoui, le dernier roi de la IIe dynastie, à Abydos, et scellé sa porte. Plusieurs rois du début de la IIe dynastie avaient déjà bâti leur sépulture – de vastes tombes à galeries avec d'imposantes superstructures – dans le secteur central de Saqqara, la nécropole royale de la IIIe dynastie. Khâsekhemoui – père ou beau-père de Djéser – possédait, semble-t-il, à la fois un vaste tombeau à Abydos, et une immense tombe à galeries, édifiée sur le modèle des monuments de Bouto, à Saqqara. Il arrive qu'un roi possède deux tombes, voire plus, ce fait déconcertant se reproduit plusieurs fois dans l'histoire de l'Égypte. L'appellation usuelle : « cénotaphe » ou « tombe factice » ne rend pas exactement compte de la réalité.

Pour les anciens Égyptiens, la conservation d'un corps intact constituait sans aucun doute une condition essentielle, indispensable, à la survie dans l'au-delà. Mais très tôt apparurent également d'autres formes du maintien de la présence physique et spirituelle de la personne du roi défunt, en particulier la statue « réanimée », la stèle, mais aussi la tombe. Ces diverses formes de la manifestation tangible du roi défunt – momie, statue, stèle, pyramide, caveau –, trouvèrent dans le complexe funéraire de Djéser, vers 2680 av. J.-C., leur première expression unifiée dans une architecture monumentale, à l'instar du palais royal.

En ce sens, le règne de Djéser marque un tournant important, le début d'une nouvelle période où l'Égypte, sortant des limbes de son histoire archaïque, entre dans la brillante époque des pyramides : l'Ancien Empire.

Les anciens Égyptiens eux-mêmes ne s'y sont pas trompés, reconnaissant dans le règne de Djéser un véritable commencement, un tournant, malgré leur conception cyclique de l'univers et une vision non historique du monde qui, comme la nature, était soumis à leurs yeux aux lois d'un éternel renouvellement, organisé en une succession de fêtes rythmées par la nature et les cérémonies jubilaires royales.

Le nom de Djéser, dans l'un des rares documents pseudohistoriques de l'Ancienne Égypte, désigné sous le nom de *Papyrus Royal de Turin* et daté du début de la XIXe dynastie – une liste des rois et de la durée de leurs règnes – est le seul à être inscrit à l'encre rouge. Cette marque d'estime et de vénération à l'égard de Djéser, maintenue pendant des millénaires, ne faisait référence ni à ses mérites pour l'unification et la pacification du pays, ni à ses exploits guerriers, mais à sa seule renommée d'inventeur de l'architecture monumentale de pierre, mérite qu'il partage aux yeux de l'histoire avec son fils, le grand architecte Imhotep.

Si, à l'occasion, des blocs de pierre avaient déjà été intégrés aux monuments funéraires à l'époque archaïque, Djéser et Imhotep ont découvert, les premiers, la pierre de taille comme matériau de construction et sont par conséquent considérés comme les créateurs de l'architecture monumentale. Les monuments ainsi édifiés scellent d'une manière formelle et symbolique la monarchie égyptienne et ses structures. Dans les monuments et les cours construits en pierre, et par là même « éternels », le roi divinisé se veut et se doit de sanctifier la mission essentielle qui lui a été conférée de son vivant, lors de son intronisation, à savoir le maintien, grâce aux cultes et aux rites, de l'ordre universel instauré par les dieux. Sa déification au travers de la mort lui vaut cette charge éternelle. Cela explique pourquoi chaque pharaon est tenu d'édifier son propre complexe funéraire et sa propre pyramide, modèle de la capitale et de l'Égypte éternelle de l'au-delà.

Cette représentation singulière de l'État, instituée dans la pierre, ne surgit pas soudain du néant. À l'époque de Djéser, l'Égypte était un royaume unifié depuis plusieurs siècles. Cette unification est le fruit d'une fusion entre l'ancienne culture nomade, celle du clan régnant en Haute-Égypte sous la Ire dynastie, et les traditions de la population du Delta, de culture majoritairement paysanne ou urbaine.

Les différences de culture et de traditions ainsi que la diversité des paysages géographiques du pays se reflètent dans l'architecture funéraire. Dans la vallée du Nil relativement étroite en Haute-Égypte, les tombes étaient situées pour la plupart sur les hauteurs désertiques de chaque rive du fleuve, hors d'atteinte des crues annuelles. Il s'agit, au début, de tombes de faible profondeur dont la fosse est surmontée d'un tertre de sable s'élevant à peine au-dessus du niveau du sol. En revanche, les chefs de Basse-

8. Le complexe funéraire de Djéser
Saqqara ; IIIe dynastie, vers 2680 av. J.-C.
Cet immense complexe funéraire de 540 m de long et 278 m de large est la construction monumentale la plus ancienne du monde, entièrement bâtie en pierre de taille. Le monument funéraire royal, une pyramide à degrés, entouré de chapelles, d'édifices de culte et de cours de procession, tous en pierre, était une scène de théâtre cultuelle, éternelle, créée pour le roi, pour lui permettre de tenir son rôle de médiateur entre le monde des hommes et le monde des dieux. Édifié en matériau impérissable, il est l'image éternelle de l'Égypte et de sa société. La pyramide à degrés, au centre du complexe, n'est pas seulement la tombe du roi, mais aussi son palais d'éternité ; les degrés de la pyramide symbolisent la société égyptienne avec, au sommet, son roi, puis sa cour, ses fonctionnaires, son administration, les artisans et la population rurale.

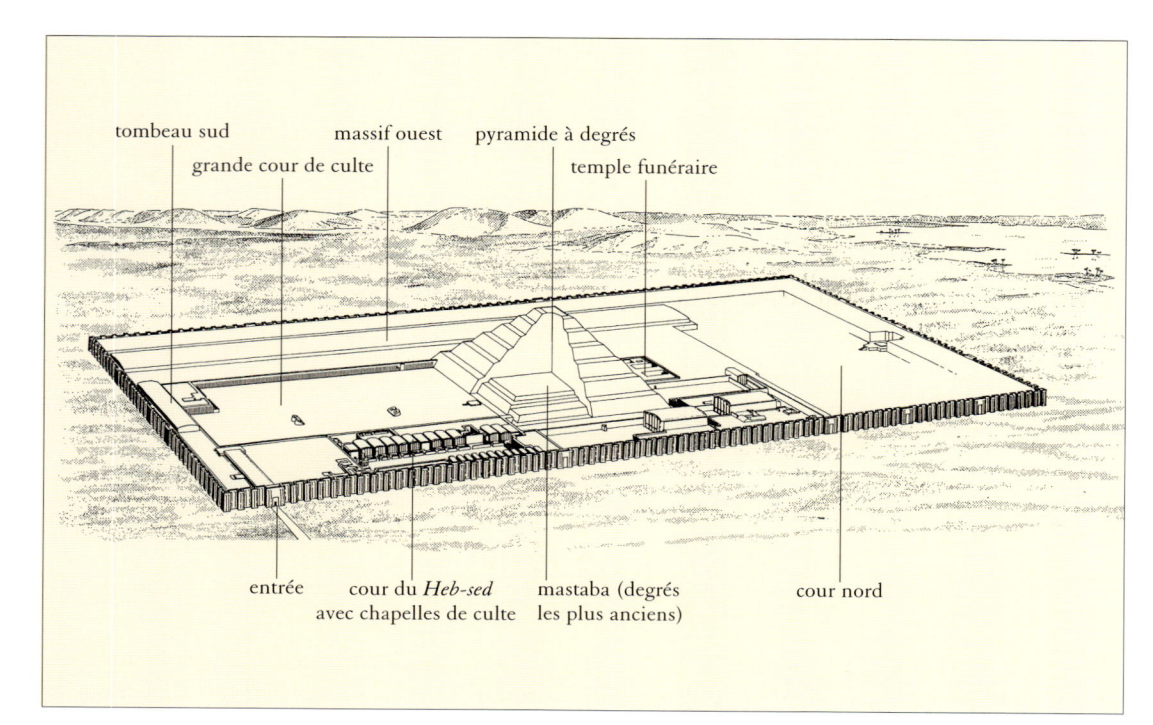

9. Reconstitution du complexe funéraire de Djéser
L'évolution de ce complexe monumental en pierre se reflète surtout dans la pyramide à degrés. Au milieu d'un complexe plus restreint, se dressait initialement un mastaba à trois degrés, qui, lors d'une deuxième phase de travaux, fut d'abord inclus dans une pyramide à quatre degrés, pour ensuite prendre sa forme finale à six degrés. La surélévation de la pyramide conduisit à agrandir le périmètre du complexe funéraire vers le nord et vers l'ouest.

10. La face méridionale de la pyramide à degrés
Saqqara, complexe funéraire de Djéser ; IIIe dynastie, vers 2680 av. J.-C.
Sous le revêtement effondré de la pyramide, on distingue le mastaba à degrés de la première phase de construction. Le passage de la première à la deuxième phase porte la marque des progrès réalisés dans les techniques de construction. Le mastaba fut bâti avec des pierres assez petites, maniables – presque de la taille de briques – disposées en couches horizontales. Pour l'édification de la pyramide, ils utilisèrent des blocs d'un module supérieur. D'autre part, au cours des dix premières années de l'architecture en pierre, les techniques évoluèrent, en particulier la technique de la maçonnerie. Les lits inclinés présentaient un fruit interne de 18 à 20°, ce qui permettait d'obtenir automatiquement une inclinaison de la surface externe de 70-72°. Cette technique facilitait la construction, la pose du revêtement et le maintien de l'angle d'inclinaison.

11. Statuette de la personnification d'un nome
Probablement de Saqqara, complexe funéraire de Djéser ; IIIe dynastie, vers 2680 av. J.-C. ; anorthosite ; haut. : 21,4, larg. : 9,7 cm ; New York, Brooklyn Museum, Charles Edwin Wilbour Fund, 58.192.
La divinité se tient debout, adossée à une plaque dorsale, entièrement nue à l'exception d'un étui phallique maintenu par une ceinture ; elle porte une perruque bombée, qui ressemble à un casque et tient un couteau de pierre dans la main droite. Les détails iconographiques permettent une interprétation de la figurine comme étant la personnification d'un nome. La technique d'exécution permet de la dater de la IIIe dynastie. Deux statuettes de ce type, exemplaires uniques, qui peut-être appartenaient à un groupe de statuettes semblables, nous sont connues. Elles se trouvaient vraisemblablement dans les petites niches des chapelles de la cour de la fête-*sed*, à l'intérieur du complexe funéraire de Djéser. Sans en avoir la preuve, on peut supposer que, réunies au complet, elles représentaient chaque nome du pays, assurant, par leurs contributions, la survie du roi défunt.

ANCIEN EMPIRE

12. *Les chapelles de la cour de la fête-sed*
Saqqara, complexe funéraire de Djéser ; IIIe dynastie, vers 2680 av. J.-C.
Les massifs pleins bordant les côtés occidental et oriental de la cour ont pu, par la décoration de leurs façades, être interprétés comme des chapelles divines. Celles-ci forment un décor grandiose où se jouent éternellement les scènes de la fête-*sed*, les rites de l'enterrement et du culte funéraire.

13. *Le tombeau sud et sa chapelle funéraire*
Saqqara, complexe funéraire de Djéser ; IIIe dynastie, vers 2680 av. J.-C.
La chapelle funéraire du tombeau sud présente, sur le côté cour, une façade composée de redans surmontés d'une frise de cobras. Un couloir mène, au centre du monument, à une salle exiguë destinée à abriter une statue de culte du roi.

Égypte devaient construire leurs tombes près des sites d'habitations, sur les bancs de sable aptes à les recevoir, sans pouvoir creuser de puits en raison de la proximité de la nappe phréatique. La protection de la tombe résidait dans sa superstructure, d'où dériva la forme de la « tombe-maison » aux murs extérieurs ornés de redans, sur le modèle de Bouto. Celle-ci est attestée à Nagada dans la tombe d'un prince et à Saqqara dans les grands mastabas à redans du début de la Ire dynastie, probablement à partir du règne de l'Horus Aha. Ces « tombes-maisons » de Basse-Égypte sont des monuments funéraires de conception très évoluée, aux superstructures massives, en quelque sorte tassées, mesurant jusqu'à cent coudées égyptiennes de long (cinquante mètres), trente à quarante coudées de large (quinze à vingt mètres) et plus de dix coudées de haut (cinq mètres). Leurs façades de crépi blanc, ornées de redans s'élevaient au-dessus du plateau rocheux au nord de Saqqara et constituaient une somptueuse démonstration de la présence royale. Ces monuments étaient, sinon les tombes ou les cénotaphes de rois, pour le moins ceux de reines et de princes du plus haut rang, des monuments qui prouvaient la puissance de la dynastie régnante.

Le complexe funéraire de Djéser

Djéser, par son œuvre, a réussi à abolir les distances entre la tombe royale d'Abydos, en Haute-Égypte et la nécropole de la capitale en Basse-Égypte. Il a réuni, avec harmonie et en un même complexe, les diverses formes issues de paysages et de traditions différentes. Extérieurement les formes et l'organisation du palais funéraire de l'archétype de Bouto dominent. Jusqu'ici, on a cherché les origines du complexe funéraire de Djéser à partir d'un modèle de pensée extrêmement abstrait, qui se fonde sur le groupement concret des prototypes d'Abydos, les complexes de la Vallée et les tombes supposées à tumulus, élevés côte à côte pendant des générations. Depuis la découverte que les tombes royales d'Abydos présentaient non pas de hauts tumulus, mais un tertre de sable insignifiant, se démarquant à peine du niveau du sol, ce modèle de pensée a perdu sa pertinence. Avec bien plus de vraisemblance, ce sont les monuments funéraires antérieurs de la nécropole royale de Saqqara, les mastabas des Ire et IIe dynasties, édifiés d'après l'archétype de Bouto, qui servirent de modèle à la construction du complexe funéraire de Djéser. Peu de sources nous renseignent sur la personne de Djéser – son architecture, sa statuaire, ses bas-reliefs sont les seuls témoignages dignes de foi le concernant – on peut supposer qu'il fut lui-même à l'origine de la nouvelle conception du palais royal funéraire, s'appuyant en cela sur son génial architecte Imhotep.

De nouvelles recherches sur les plans reconstitués du monument ont montré qu'il n'avait pas été prévu dès l'origine de donner une si grande ampleur au complexe funéraire. Celui-ci n'a pris ces dimensions qu'au cours de plusieurs étapes de travaux, échelonnées sur plus de deux décennies, après plusieurs modifications de plans. Initialement, l'aire de construction, aujourd'hui de trois cents mètres du nord au sud et cent treize mètres d'est en ouest, devait être deux fois moins étendue mais pour l'essentiel, les éléments architecturaux avaient déjà été conçus et partiellement réalisés. La première phase de travaux comprenait le mur d'enceinte à redans, construit en pierre et d'une hauteur de dix mètres cinquante, le tombeau royal au nord duquel se dressait le temple funéraire, le tombeau sud, adossé au mur d'enceinte, avec une chapelle dont la façade se distingue par une frise de cobras (ou *uraei*), séparant la grande cour, destinée au culte, de la cour de *heb-sed*, dans la partie orientale de l'ensemble. Une importante innovation, par rapport aux sépultures royales plus anciennes, est la précision de l'orientation du complexe par rapport aux quatre points cardinaux ; la déviation angulaire n'est que de trois degrés par rapport à l'orientation nord-sud de l'époque. De hautes stèles portant le nom de Djéser et de ses épouses royales, placés sous la protection d'Anubis, le dieu funéraire, délimitent l'ensemble. À l'origine, la superstructure de la sépulture royale était un mastaba à trois

ANCIEN EMPIRE   49

degrés, orienté, de même que le tombeau sud, dans un axe est-ouest. La grande cour des fêtes était ainsi délimitée au nord et au sud par les deux monuments funéraires. Lors de la deuxième phase de travaux, la superstructure du mastaba fut transformée en pyramide à degrés, à un moment où la sépulture royale, ainsi que le tombeau sud étaient pratiquement terminés. Le premier projet la prévoyait à quatre degrés. Ce projet ne fut pas poursuivi au-delà des deux premiers degrés du mastaba comme on peut l'observer sur la face orientale découverte. Il fut abandonné au profit d'une plus vaste pyramide à six degrés de soixante-deux mètres cinquante de haut.

En surélevant le mastaba à degrés pour en faire une pyramide à degrés, l'architecte donnait une signification prédominante à la sépulture royale au sein de l'ensemble funéraire. En revanche, le tombeau sud resta un mastaba oblong, orienté dans un axe est-ouest, dont la hauteur n'excédait que faiblement celle du mur d'enceinte méridional. L'existence, au sein d'un complexe funéraire, de deux tombes dont, de surcroît, les aménagements souterrains sont identiques, est l'une des énigmes du complexe de Djéser. Il ne suffit pas de constater que ce dualisme a perduré dans les pyramides satellites des complexes funéraires royaux au cours des époques ultérieures pour en comprendre les raisons. Les deux chambres funéraires ont été revêtues de gros blocs de granit au fond d'un puits de vingt-huit mètres. Seule la chambre de la pyramide a des dimensions lui permettant d'avoir abrité le corps du roi. C'est dans cette chambre de granit qu'au siècle dernier on a retrouvé parmi d'autres objets la boîte crânienne dorée de Djéser. La chambre funéraire du tombeau sud était trop exiguë ; elle était vide et ne révélait aucune trace d'inhumation. Cette chambre renfermait vraisemblablement une statue en bois doré à laquelle on accordait la même valeur qu'au corps du roi. Toutefois, le tombeau sud avait été fermé avec le même soin que le caveau situé sous la pyramide, dans lequel avait été enterré le corps du roi. Une ouverture circulaire donnait accès aux chambres de granit, qui dans les deux cas, s'obturait par le haut au moyen d'un bouchon de granit de plusieurs tonnes resté suspendu dans l'antichambre jusqu'à l'inhumation. Chacune des deux chambres funéraires est entourée d'un réseau de galeries souterraines servant à entreposer, en énormes quantités, le mobilier funéraire destiné à l'au-delà. À l'est du puits, dans l'une et l'autre tombe, un autre réseau de galeries, dont les parois étaient décorées de carreaux de faïence bleue, se démarque à angle droit autour d'un massif rocheux.

Sur la face orientale du mastaba à degrés, une série de onze puits communiquaient à trente mètres de profondeur avec les galeries pratiquées sous la tombe royale. Ces puits étaient destinés à l'inhumation de la famille du roi. Cependant, seules les cinq galeries situées au nord présentaient un revêtement de pierre ou de bois. On y a retrouvé plusieurs sarcophages d'albâtre contenant un enfant, mais pas de reine. Les six galeries au sud, en

14. Le mur d'enceinte et l'entrée
Saqqara, complexe funéraire de Djéser ; IIIᵉ dynastie, vers 2680 av. J.-C.
Le mur d'enceinte à redans comportait quinze portes dont quatorze étaient factices. Seule la porte bâtie dans l'angle sud-est conduisait à l'intérieur du vaste complexe funéraire. Après la restauration minutieuse de cette partie du mur, on reconnaît la filiation avec les techniques précoces de la construction en briques.

15. Le portique d'entrée
Saqqara, complexe funéraire de Djéser ; IIIᵉ dynastie, vers 2680 av. J.-C.
L'entrée du complexe funéraire se prolonge par un portique de cinquante-quatre mètres de long, dont la couverture était portée par des colonnes à demi-engagées, appelées colonnes fasciculées, qui évoquent, par leur forme stylisée, des gerbes de roseaux.

16-18. Les « chambres bleues »
Saqqara, complexe funéraire de Djéser ; III⁰ dynastie, vers 2680 av. J.-C.
Sous la pyramide, de même que sous le tombeau sud, à près de 30 m de profondeur, sont aménagés des salles et des couloirs dont les différentes sections, par leur architecture et leur mobilier, imitent le palais du roi, lieu de son séjour dans l'au-delà. On remarque en particulier le revêtement, sur de vastes surfaces murales, composé de petits carreaux de faïence bleue, qui sont censés évoquer les nattes murales du palais royal et qui ont donné son nom à cet ensemble de salles. Sur les photographies ici présentées, on observe une section murale où s'ordonnent des stèles fausses-portes, surmontées de chaque coté d'une fenêtre. Un panneau reconstitué dans son état d'origine (Le Caire, Musée égyptien, JE 68921 ; haut. : 181 cm, larg. : 203 cm) illustre l'ancien faste de ces salles situées dans le tombeau nord (sous la pyramide) dont la surface est surmontée d'un cintre formé de piliers, dits piliers-*djed*, symboles de pérennité.

19. Le roi Djéser dans la course rituelle
Saqqara, complexe funéraire de Djéser, tombeau sud ; III⁰ dynastie, vers 2680 av. J.-C. ; calcaire ; hauteur du panneau : env. 110 cm.
Sous le tombeau sud s'étend un système de galeries dont le décor figure le palais du roi dans l'au-delà. La décoration des fausses-portes, finement travaillées en relief, présente le roi Djéser dans des scènes rituelles. Il effectue ici la course rituelle dans la « cour sud de l'occident », coiffé de la couronne de la Haute-Égypte.

ANCIEN EMPIRE

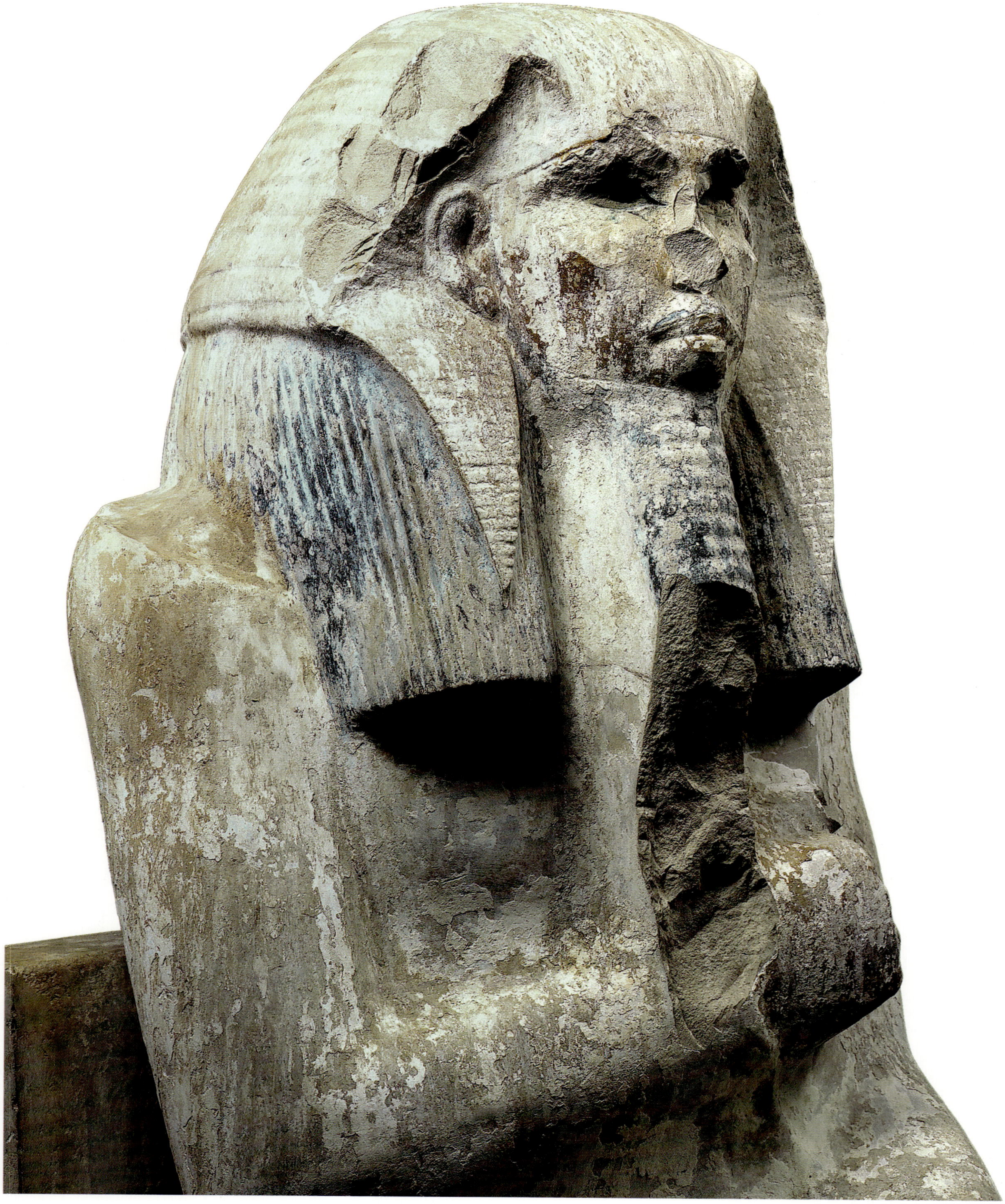

21. Le serdab
Saqqara, complexe funéraire de Djéser ; IIIᵉ dynastie, vers 2680 av. J.-C.
Cette chapelle située à l'angle nord-est de la pyramide, à l'entrée du temple funéraire abritait la statue de Djéser. Les deux ouvertures originales situées à la hauteur des yeux permettait à la statue de suivre le culte qui se déroulait dans l'avant-cour du temple funéraire.

20. (Page ci-contre) Statue du roi Djéser assis
Saqqara, complexe funéraire de Djéser ; IIIᵉ dynastie, vers 2680 av. J.-C. ; calcaire peint ; haut. : 142, larg. : 45,3 cm ; Le Caire, Musée égyptien, JE 49158.
La statue de Djéser assis est la première sculpture en ronde bosse représentant un souverain égyptien grandeur nature, qui nous soit parvenue. Le nom de Djéser, Netjerikhet, est mentionné sur le devant du trône. Cette statue se trouvait, inaccessible, dans le *serdab*, une petite chapelle, située devant la face nord de la pyramide à degrés, où elle ne fut découverte qu'en 1924-1925.

20a. (Illustration pages suivantes)
Le mur d'enceinte et l'entrée
Saqqara, complexe funéraire de Djéser ; IIIᵉ dynastie, vers 2680 av. J.-C.
De part et d'autre de l'entrée du complexe funéraire de Djéser, le mur d'enceinte en pierre a pu être reconstruit dans un matériau antique sur dix mètres cinquante, sa hauteur d'origine.

revanche, étaient remplies d'un nombre incroyable – quarante mille environ – de récipients de toutes formes et des matières les plus variées, dont de nombreux vases aux noms de rois des Iʳᵉ et IIᵉ dynasties.

Le développement, en hauteur et en largeur, du mastaba d'origine en une pyramide à six degrés a conduit à bâtir sur le temple funéraire, au nord de la pyramide et sur l'accès de la tombe. Pour reconstruire le temple funéraire dans des proportions adéquates, il fallut agrandir le complexe vers le nord et aménager une cour, destinée à recevoir les animaux et les denrées alimentaires nécessaires au culte. Un autel monumental où étaient consacrées les offrandes quotidiennes domine la nouvelle cour nord. Une petite chapelle, le *serdab,* accotée à la face nord de la pyramide, protège l'accès au temple funéraire et aux champs d'offrandes. Dans cet édifice a été retrouvée la seule statue conservée de Djéser, presque grandeur nature, image impressionnante de la dignité divine, inaccessible, du roi dans l'au-delà.

L'extension du complexe funéraire vers l'ouest annexait un massif oblong qu'on avait jusqu'ici pris pour un magasin ; il s'agit en fait très vraisemblablement du monument funéraire de Basse-Égypte de Khâsekhemoui, le dernier roi de la IIᵉ dynastie. L'intégration de cet édifice au complexe nous éclaire sur l'ambition singulière du projet architectural de Djéser et d'Imhotep. Le complexe funéraire de Djéser n'est pas seulement un modèle exemplaire de résidence royale, comme on le croyait jusqu'ici : il exprime dans la pierre ce qu'était, pour ses bâtisseurs, l'Égypte de l'au-delà. Tombeau sud et tombeau nord symbolisent la nécropole d'Abydos et celle de la capitale de Basse-Égypte. Ils sont les hauts lieux sacrés du culte royal. La grande cour sud qu'ils délimitent au nord et au sud, ainsi que les chapelles de la petite cour de *heb-sed*, dans la partie orientale du complexe, sont la figuration de la terre d'Égypte, avec ses sanctuaires, le monde des vivants, le théâtre des actes sacrés et éternels du roi. La grande cour nord symbolise les riches territoires du Delta, qui, au sens figuré, sont les champs d'offrandes du ciel septentrional, le secteur ouest, avec le vaste tombeau à redans, correspond au « pays sacré », le monde des morts. Cet ordre désormais éternel, pétrifié, de l'Égypte de l'au-delà, est entouré d'un haut mur composé de redans qui le protège du désordre du monde chaotique extérieur. Ce mur d'enceinte possède quinze portes dont une seule remplissait réellement son rôle d'accès. Ce vaste complexe, que le bâtisseur a pris soin d'orienter vers le nord, dans le sens du cours du Nil, est assujetti à l'axe du monde, dont le pôle est la pyramide surmontant la sépulture royale, le palais de l'éternité.

Cette conception grandiose d'une Égypte éternelle de l'au-delà s'est développée progressivement au cours de la longue période de construction. Le *Papyrus Royal de Turin* indique que le règne de Djéser a duré dix-neuf ans. A-t-il pu couvrir la durée des travaux ? Ne faut-il pas plutôt admettre qu'il a été deux fois plus long, ce qui n'est pas exclu, eu égard à la façon de compter en usage sous l'Ancien Empire ? La question, à ce jour, reste sans réponse.

Les successeurs de Djéser

Aucun des successeurs de Djéser, sous la IIIᵉ dynastie, n'a achevé son tombeau. Cependant ces monuments présentent certains progrès techniques ainsi qu'une meilleure articulation des magasins souterrains. La surface des cours diminue, contrairement aux pyramides qui tendent à être de plus en plus hautes.

Le complexe funéraire du fils ou petit-fils de Djéser, Sekhemkhet a été découvert, dans les années cinquante, à Saqqara, au sud-ouest du complexe de Djéser. La chambre sépulcrale abritait un sarcophage apparemment encore scellé qui pourtant était vide, sans doute pillé dans l'Antiquité. Une autre pyramide à degrés très érodée, de la IIIᵉ dynastie, s'élève à dix kilomètres au nord, à Zaouiet el-Aryan. Le dernier roi de la dynastie, Houni, a édifié une série de petites pyramides à degrés, d'Éléphantine, dans le sud, à Athribis dans le Delta. Ce ne sont pas là des pyramides funéraires mais des monuments royaux, des sortes de tours, qui marquent ses résidences. Sa pyramide funéraire n'a, jusqu'à présent, pas été retrouvée. Certains chercheurs affirment que l'édification de la pyramide de

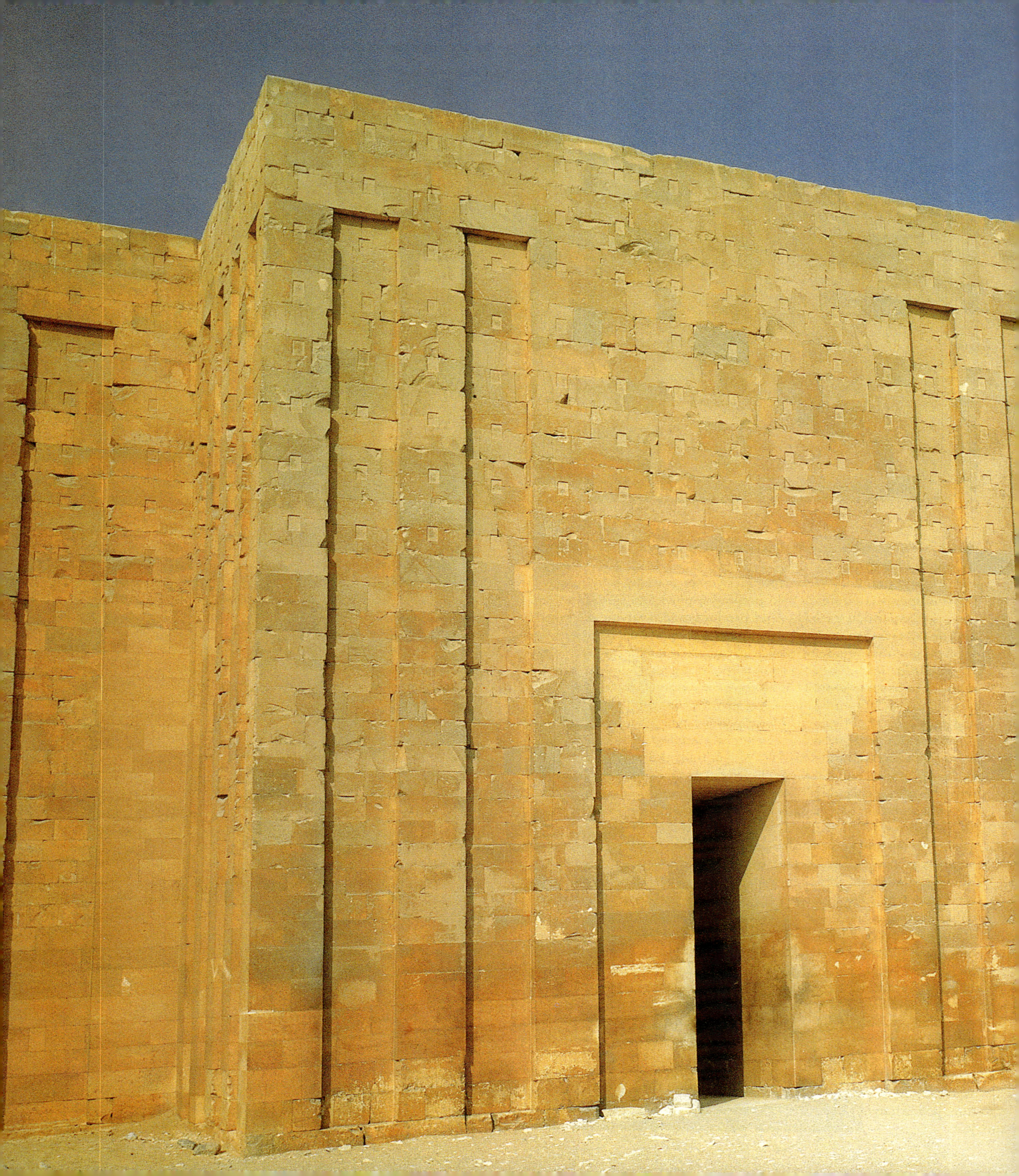

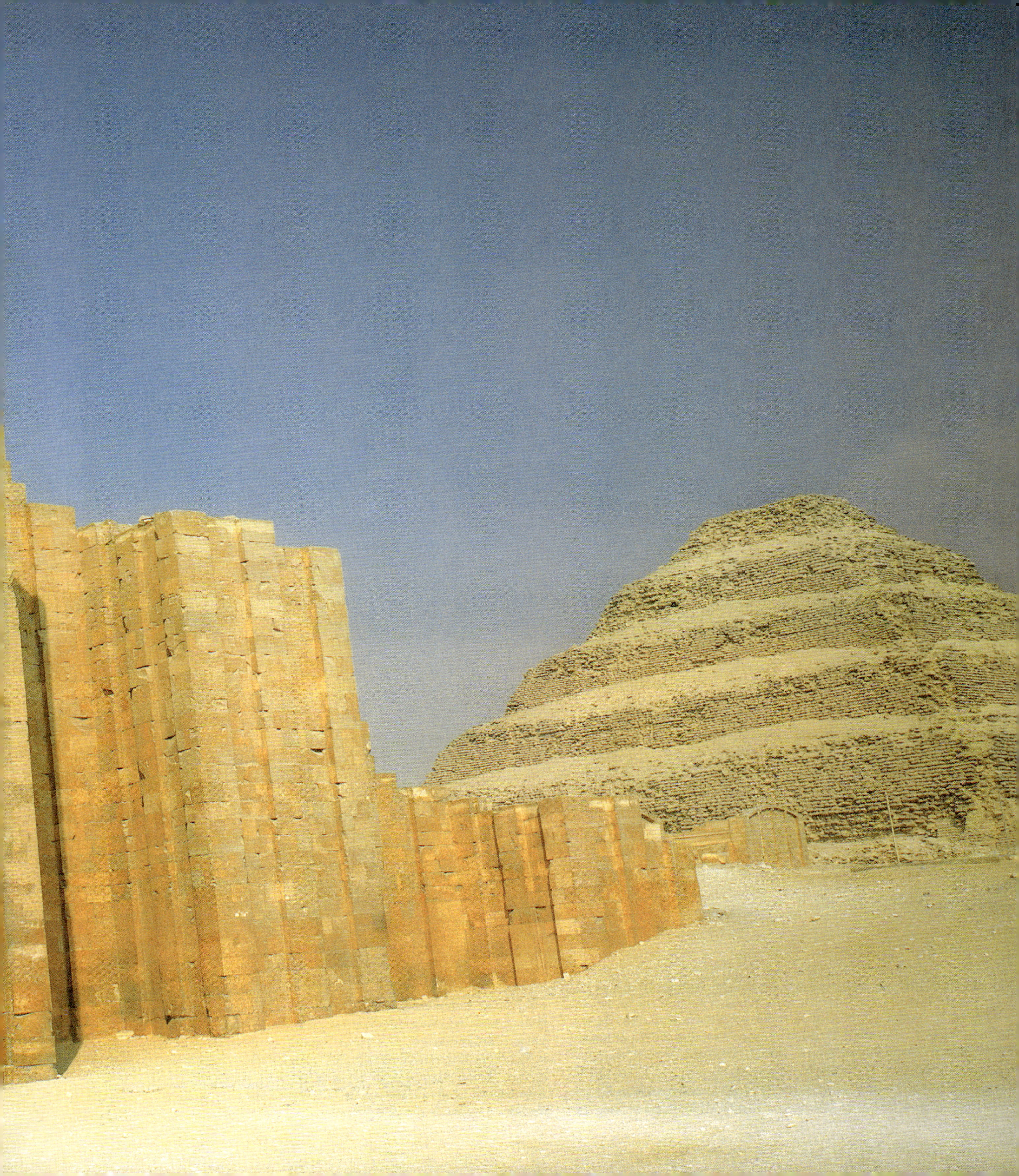

Meïdoum a été entreprise par Houni et que Snéfrou, le premier roi de la IVe dynastie, l'aurait terminée à sa place. Cependant cette thèse n'est pas défendable. Rien n'atteste à Meïdoum la présence de Houni ; la localisation de sa tombe dans la nécropole de Saqqara, où sont ensevelis les hauts fonctionnaires de son époque, est bien plus vraisemblable. En outre, on sait maintenant par des graffiti et des inscriptions que pendant tout l'Ancien et le Moyen Empire, aucun des rois n'a terminé ou emprunté la pyramide funéraire de son prédécesseur.

Le règne de Snéfrou

Le temps des pyramides, l'époque la plus brillante et la plus créatrice de la civilisation égyptienne, commence vers 2640 av. J.-C. avec le long règne de Snéfrou, le premier roi de la IVe dynastie. L'architecture, mais aussi l'art du relief et de la peinture atteignent alors leur apogée. Dans le domaine de la médecine et des sciences techniques, se créent les bases d'un savoir théorique et pratique dont le bien-fondé s'impose pendant des siècles, jusqu'à l'ère hellénistique. Le culte solaire du dieu Rê, créateur de l'univers, structure la religion et la morale, l'État et la société, lesquels s'ouvrent sans obstacle pour les hommes valeureux associés aux grandes entreprises. Ces hommes constituent la nouvelle caste des scribes, formés de par leurs compétences et leurs talents pour servir l'État. À cette caste appartiennent aussi bien des princes que des hommes sortis du rang grâce à leurs mérites. Rê, le dieu solaire, confie au roi la mission de garantir cet ordre universel, le roi lui-même n'étant pas dieu en soi, mais divin par son rôle royal. Il est le « dieu accompli », le dieu de la nécropole qu'il a pour tâche d'édifier. Le nom de Horus de Snéfrou signifie « Maître de l'ordre universel », nom qui, par la suite, revient seul au dieu Rê. Son fils Chéops s'identifia tellement au dieu solaire, au sein de son complexe funéraire et de sa tombe, que ses fils et successeurs s'attribuèrent un nouveau titre royal, celui de « Fils de Rê ». Les sources ne donnent que de rares indices sur les origines et la personne de Snéfrou. Sa mère Meresânkh était sans doute une épouse secondaire d'Houni, le dernier roi de la IIIe dynastie. La filiation paternelle des rois de l'Ancien Empire, quant à elle, n'est jamais mentionnée directement, car le roi, par essence, est de nature divine. Outre la construction de grandes pyramides, les événements marquants du règne de Snéfrou ont été les campagnes de Nubie et de Libye d'où furent rapportés de gros butins en bétail et en hommes. Ces prises de guerre servirent à fonder trente-cinq nouveaux domaines royaux dans la région du Fayoum et dans le Delta. L'édification d'un nouveau palais royal, sis peut-être à Dahshour, avec des portes monumentales en bois de cèdre, les chantiers navals, la fabrication de statues royales grandeur nature en cuivre et en or, et la facture d'une harpe de grande dimension sont autant de traits et de faits marquants rapportés par l'histoire. On constate avec surprise que les sources ne font aucune mention de la construction des pyramides, événement essentiel du règne des rois bâtisseurs. L'édification de la pyramide était pour le roi l'œuvre de sa vie, de même que le culte divin, l'accomplissement du rituel quotidien, qui garantissait le lever et le coucher du soleil, le cycle des saisons et les crues annuelles du Nil, allaient naturellement de soi, il était inutile de les mentionner. Snéfrou fut sans nul doute le bâtisseur le plus puissant de l'Antiquité puisqu'il édifia au cours de son long règne trois grandes pyramides et deux plus petites pour lesquelles fut utilisé un volume de pierres dépassant trois millions six cent mille mètres cubes, soit un million de plus que le volume utilisé par son fils Chéops pour la Grande Pyramide à Giza. En outre, il passe, dans la tradition égyptienne, pour un roi bon, qui, d'après les légendes populaires, s'adressait à ses sujets en les appelant « ami », ou même « frère ».

Sous l'influence de la religion solaire, le plan du complexe des pyramides évolue d'un rectangle orienté dans l'axe nord-sud, à un carré d'orientation est-ouest, à l'instar de la course du soleil. Cette orientation est soulignée par un nouvel élément : la longue chaussée montante qui, depuis l'orient, le pays des vivants, s'élève vers la pyramide et s'ouvre sur le temple funéraire, placé alors devant la face orientale de la pyramide. Le portail de la chaussée évolue et devient le temple de la Vallée, centre d'organisation du culte de la ville de pyramides, où sont honorés la déesse Hathor et le roi, puissances tutélaires locales.

Les pyramides de Snéfrou

C'est à Meïdoum que Snéfrou édifia ses deux premières pyramides, encore sous la forme de pyramides à degrés. Une petite pyramide à degrés, dominait emblématiquement sa résidence de Seila, en bordure orientale du Fayoum. À dix kilomètres à l'est de ces lieux, son premier complexe funéraire comporte une haute pyramide à degrés, portée, dans une deuxième phase de travaux, à la fière altitude de quatre-vingt cinq mètres qui domine aujourd'hui encore la vallée du Nil. Vers la fin de son règne, Snéfrou la fit moderniser pour lui donner la forme d'une vraie pyramide.

Autant la forme de la pyramide à degrés se réfère au style de la dynastie précédente, autant certaines modifications préfigurent l'époque à venir, ainsi, comme nous l'avons mentionné plus haut, la réorientation de son site en fonction de la course du soleil, et la réorganisation du réseau de chambres funéraires. Dans le nouveau complexe funéraire, de celui de Djéser, seuls ont été repris le temple funéraire et le tombeau sud qui, sous l'aspect d'une petite pyramide à degrés de même forme que la tombe royale, est directement érigé devant la face méridionale de la grande pyramide. En revanche, à Meïdoum, le temple funéraire est fictif puisque le roi ne devait pas être enseveli sur ce site. C'est donc un simple sanctuaire, implanté à l'est de la pyramide, qui comportait deux stèles, celles-ci remplaçant et représentant le roi. À l'intérieur de la pyramide, le système de chambres funéraires, lui aussi, se distingue de celui de la IIIe dynastie. La chambre sépulcrale n'est plus au fond d'un puits, elle se trouve au-dessus du niveau du sol, incluse dans la masse de la pyramide. Cependant son accès est toujours situé sur la face nord et demeure à cette place pendant tout l'Ancien Empire. En effet, le roi entend monter, depuis les profondeurs, par le couloir ascendant, vers les étoiles immortelles du ciel septentrional afin de rencontrer le dieu solaire dans sa barque. Dès la Ire dynastie se dessinaient les prémices d'un système à trois chambres : la chambre sépulcrale et deux antichambres qui, au début, servaient de magasins au mobilier funéraire de première nécessité. Dans

22. (À gauche) La pyramide à degrés de Snéfrou
Meïdoum ; IVe dynastie, vers 2625 av. J.-C.
Cette pyramide à degrés a été édifiée en deux étapes ; remaniée à la fin du règne de Snéfrou, elle prit alors sa forme pyramidale. À l'époque romaine, le revêtement a été utilisé pour la fabrication du stuc. Les brèches ainsi faites dévoilent aujourd'hui les degrés de la pyramide d'origine et permettent de distinguer les étapes de travaux successives.

23. Vue sur Saqqara-Sud et Dahshour
Au premier plan, le mastaba Faraoun, la sépulture du dernier roi de la IVe dynastie, à droite, la pyramide de Pépi II, datant de la fin de la VIe dynastie (vers 2220 av. J.-C.) ; au fond, la pyramide rhomboïdale et la pyramide rouge de Snéfrou, érigées entre 2639 et 2604 av. J.-C.

ANCIEN EMPIRE 57

la tombe de Djéser, une fonction religieuse a déjà été assignée à ces deux chambres annexes. Ainsi, l'ascension vers le firmament se fait depuis l'antichambre. C'est pourquoi les blocs d'obturation sont ornés d'étoiles. Les galeries situées à l'est, les « chambres bleues », figurent le palais de l'au-delà. Au cours de la IVe dynastie, l'ancien système des chambres en alignement évolue vers celui de la superposition, évolution qui atteint sa perfection dans l'agencement des chambres de la pyramide de Chéops.

L'agencement de la nécropole princière, au nord-est de la pyramide de Meïdoum préfigure l'avenir : celle-ci comprend les mastabas doubles des fils de Snéfrou et de leurs épouses, disposés en rangées régulières.

Près de l'angle nord-est du complexe funéraire, et par conséquent sur un site privilégié, se dresse, isolé, un immense mastaba. Il a manifestement été édifié à la hâte et contenait le corps d'un prince anonyme, probablement l'héritier du trône qui connut une mort précoce au début du règne de Snéfrou. Seules des hypothèses peuvent être formulées qui expliqueraient pour quelles raisons Snéfrou, au cours de la quinzième année de son règne, abandonna sa pyramide, tout juste terminée, et sa résidence de Meïdoum, pour aller construire à cinquante kilomètres plus au nord, à Dahshour, une nouvelle résidence et une nouvelle pyramide. Peut-être s'avéra-t-il trop compliqué de contrôler, depuis la lointaine Moyenne-Égypte, la colonisation du Delta et les voies de commerce ? En revanche, le site de Dahshour, offrait toutes les facilités requises. Un bassin naturel, pour le port, favorisait l'exploitation de la région ; à l'est, une voie de commerce menait au Sinaï, à l'ouest, un ouadi reliait les oasis occidentaux et le Fayoum. Enfin, des carrières bien situées, des deux côtés du Nil, favorisaient la construction des pyramides.

La main-d'œuvre et les spécialistes jusqu'ici sans activité furent alors investis d'une nouvelle mission et d'un projet audacieux : l'édifica-

24. La pyramide rhomboïdale de Snéfrou Dahshour-Sud ; IVe dynastie, vers 2615 av. J.-C. Cette pyramide, conçue à l'origine avec un angle d'inclinaison plus fort, aurait dû atteindre près de 150 m de hauteur. Lorsque les soubassements s'effondrèrent, on tenta de sauver le monument par un solide revêtement et par une réduction de l'angle d'inclinaison. Cependant lorsque le système des salles souterraines, se fissurant dangereusement, s'effondra également, le chantier fut abandonné.

tion d'une pyramide lisse qui prévoyait une pente presque aussi raide que celle de la pyramide à degrés et une hauteur de cent cinquante mètres.

Il faut bien souligner que le passage de la pyramide à degrés à une pyramide de pure forme géométrique n'allait pas forcément de soi. Aucune des civilisations, qui ont érigé des pyramides à degrés, n'a jamais franchi ce pas. Entre l'idée d'élever un massif à degrés pour former une butte artificielle et l'idée d'une pyramide de forme géométrique abstraite, il y a un saut de l'esprit d'une audace unique que seul le siècle de Snéfrou a pu accomplir. D'audacieux perfectionnements étaient également prévus pour les chambres funéraires de la nouvelle pyramide, qui aujourd'hui doit son nom de pyramide rhomboïdale à sa forme définitive. La voûte en encorbellement ou plutôt en « tas de charge », technique inventée à Meïdoum mais ici perfectionnée, devait leur permettre d'atteindre quinze mètres de haut. Les modifications ultérieures, dues à des tassements de terrain et aux fissures ainsi occasionnées en cours de travaux, ont doté cette pyramide d'un système de chambres d'une grande complexité.

Les anciennes croyances funéraires situaient l'au-delà du roi dans les profondeurs du monde souterrain. C'est pourquoi la plus basse de ces trois chambres, à l'instar du caveau de Djéser, devait être ménagée dans les profondeurs de la roche. De plus, l'angle d'inclinaison du couloir de la tombe est déterminé par l'idée d'une ascension directe vers les étoiles circumpolaires. Le point de départ devait se situer très profondément sous la roche pour atteindre un point de sortie placé à une hauteur modérée, sur la face nord de la pyramide. La chambre médiane est elle aussi en rapport avec l'idée de l'ascension céleste du roi, symbolisée également par la position supérieure qu'occupe la chambre funéraire, ascension censée se réaliser matériellement par la montée du couloir funéraire.

Comme à Saqqara, on avait choisi, pour creuser plus facilement le puits de sept mètres de côté et de vingt-deux mètres cinquante de profondeur, un sol de schistes marneux qui ne put soutenir le poids de la masse de pierre. Au cours de la construction de la pyramide, des fissures inquiétantes apparurent dans les trois chambres et le couloir, que l'on crut au début pouvoir colmater par quelques réparations.

Il s'est très vite avéré que les deux chambres inférieures et le couloir d'accès étaient fortement menacés et que l'on ne pourrait pas les préserver. Toutes les tentatives de sauvegarde – y compris l'abandon des chambres inférieures et la réduction de l'angle de pente de la pyramide – se révèlent vaines. Après quinze ans de travaux, le projet le plus audacieux jamais conçu pour une pyramide dut être abandonné. Snéfrou entreprit l'édification d'une troisième pyramide.

Parallèlement, il procédait à la modernisation de la pyramide à degrés de Meïdoum, qui prit alors sa véritable forme pyramidale. Pour la troisième pyramide de Snéfrou, la pyramide rouge de Dahshour-Nord, le site fut choisi avec soin, la longueur des côtés de la base portée à deux cents mètres et l'angle d'inclinaison baissé à 45°. La technique de maçonnerie change : les lits des pierres ne sont plus inclinés, technique qui pour la construction d'une vraie pyramide n'offrait aucun avantage, mais horizontaux. La pyramide rouge avec ses cent cinq mètres vient au troisième rang après celles de Chéops et de Chéphren. Tout, dans cette construction, concourt à l'impression d'harmonie, de calme et de majesté qui s'en dégage. La structure intérieure, par ses chambres alignées, gagne en clarté et en unité. Celles-ci s'enfoncent faiblement dans le sol, ce qui implique une altitude de près de trente mètres au sortir du couloir sur la face nord. Cela, sans nul doute, n'a pas dû faciliter ni le transport du corps jusqu'au caveau, ni l'obturation du couloir.

Les fondations d'un temple funéraire achevé à la hâte, devant la face orientale de la pyramide, et les restes d'un corps embaumé retrouvé, dans le caveau, semblent prouver que Snéfrou, finalement, fut bien enseveli dans cette pyramide. Les princes et les princesses des dernières années de règne de Snéfrou sont enterrés dans de grands mastabas de pierre situés sur un site aménagé à l'est des deux pyramides de Dahshour. Il s'agit de massifs en pierre, rectangulaires, aux parois extérieures nues, sans redans. Seule leur paroi orientale présentait à l'origine deux niches ; celle du sud portait les nom et titres du propriétaire de la tombe et peut-être une stèle fausse-porte. Sur un petit parvis, pouvaient trouver place deux stèles indiquant les nom et titres des défunts. Même la grande épouse, probablement Hetephérès, n'eut qu'un mastaba nu et sobre. Elle ne fut cependant pas enterrée à Dahshour mais, plus tard, dans la nécropole de son fils à Giza.

Ces cinquante années d'activité du bâtisseur Snéfrou apportèrent d'immenses progrès dans les techniques de construction, la taille, le transport, les techniques d'excavation et la statique. La malheureuse expérience du chantier sinistré à cause de l'instabilité du sol fit comprendre l'importance du choix minutieux du site d'implantation. Sur les chantiers, l'organisation et la logistique tirèrent enseignement des deux changements de site des pyramides. Les besoins en matériaux de construction, en différents minéraux, en bois et en cuivre pour les outils et les instruments, stimulèrent les expéditions et le commerce avec les pays du Nord. Ainsi se développa la connaissance du monde environnant. Toutes ces tâches accrurent le nombre des fonctionnaires et en firent l'efficace instrument de la centralisation du royaume.

25. Schéma en perspective isométrique du système des chambres funéraires de la pyramide rhomboïdale de Snéfrou
Les tassements de la maçonnerie de la pyramide eurent pour conséquence un changement de plan du système des chambres funéraires. Après les funérailles, la seule fonction des deux chambres inférieures (B et C) étant d'ordre spirituel puisque après sa transfiguration, le roi défunt était divinisé, on pouvait sans inconvénient obturer ces chambres avec des blocs de pierre. La chambre du défunt (A) n'étant plus accessible, on aménagea alors dans sa face ouest un second couloir (E, le premier étant figuré en D). La position élevée de la chambre sépulcrale et le dogme religieux imposant un couloir ascendant menèrent ce dernier à déboucher à 33 m de hauteur dans la face occidentale de la pyramide. En raison des affaissements, on renonça à relier directement la chambre sépulcrale à la chambre secondaire afin d'éviter de nouvelles pressions sur la voûte en « tas de charge » ; plus tard, on les relia par un couloir d'une conception un peu maladroite.

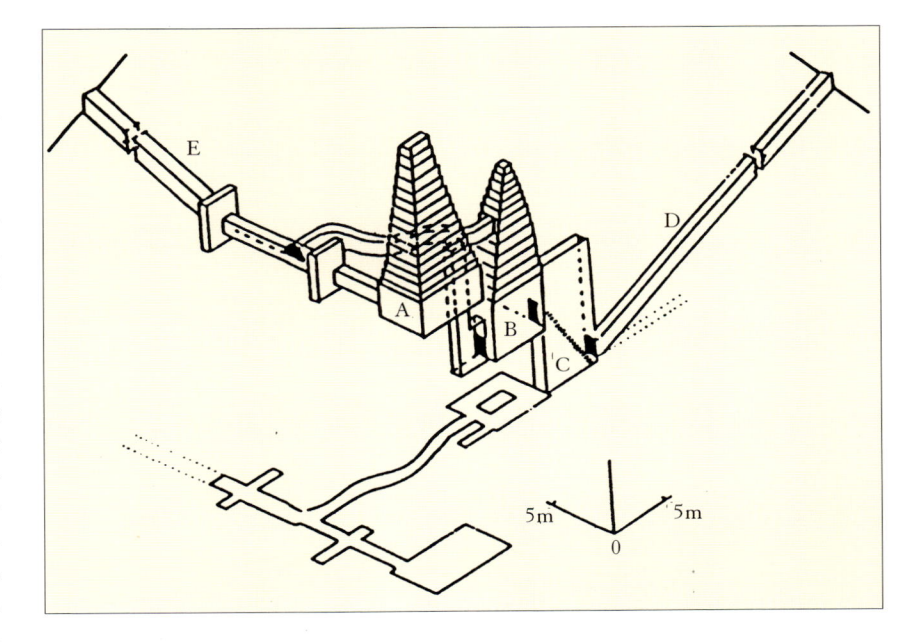

26. La pyramide rhomboïdale de Snéfrou
Dahshour-Sud ; IVe dynastie, vers 2615 av. J.-C.
Vue en contre-plongée de la voûte en « tas de charge » de la chambre funéraire inférieure qui atteint la taille impressionnante de 6,30 x 4,96 m. La voûte, dans sa partie supérieure ne mesure plus que 1,60 x 0,30 m, chaque tas de charge saillant de 15 cm sur le précédent.

27. L'angle nord-ouest de la pyramide rhomboïdale de Snéfrou
Dahshour-Sud ; IVe dynastie, vers 2615 av. J.-C.
On tenta de remédier extérieurement à l'effondrement des masses de pierres et de consolider la pyramide par un épais revêtement et la réduction de l'angle d'inclinaison. Mais les blocs de parement se détachèrent à leur tour sous l'effet d'affaissements importants.

28. La pyramide rouge de Snéfrou
Dahshour-Nord ; IVᵉ dynastie, vers 2605 av. J.-C.
Snéfrou, après la catastrophe du chantier de la pyramide rhomboïdale, érigea sa troisième pyramide à 2 km environ plus au nord. Elle doit son nom à la couleur de sa pierre, grès calcaire rougi par l'oxyde de fer qu'il contient. C'est là, finalement, que fut enterré Snéfrou. L'harmonie de ses proportions et la perfection technique de son système de chambres funéraires en font l'une des sépultures monumentales les plus réussies de l'Ancien Empire.

29. La pyramide rouge de Snéfrou : pyramidion
Dahshour-Nord ; IVᵉ dynastie, vers 2605 av. J.-C. ; calcaire, haut. : 100 cm, larg. : 157 cm.
Le sommet de la pyramide a été retrouvé en fragments épars devant la face orientale de la pyramide, puis reconstitué. C'est le seul pyramidion datant de l'Ancien Empire qui nous soit parvenu en cet état de conservation. Il possédait probablement un revêtement en métal.

30. La pyramide rouge de Snéfrou : chambre funéraire
Dahshour-Nord ; IVᵉ dynastie, vers 2605 av. J.-C.
La chambre funéraire est une imposante salle de 8,35 m de long et 14,65 m de haut. Par sa voûte en « tas de charge », d'une grande perfection, elle dépasse en majesté la grande galerie de la pyramide de Chéops. Elle est située près de 9 m plus haut que l'antichambre. À l'époque moderne, des pilleurs de tombes en quête de trésors cachés ont brûlé le mobilier funéraire en bois et éventré le plancher.

60 ANCIEN EMPIRE

L'une des Sept Merveilles du monde : la pyramide de Chéops

Chéops, fils et successeur de Snéfrou, disposa ainsi de toutes les conditions nécessaires pour édifier sur sa tombe une pyramide plus grande et plus haute encore. Pour éviter une nouvelle catastrophe de chantier, lors du choix du site d'implantation, il opta pour un sol massif : le plateau dominant l'actuelle Giza, à l'est duquel il édifia sa nouvelle résidence royale.

À la perfection des dimensions et de la réalisation de la superstructure, correspond, dans l'infrastructure, celle de l'agencement du système des couloirs et des chambres. Le point de vue positiviste tente, aujourd'hui encore, d'attribuer à la construction des trois chambres trois changements de plans successifs. Ce serait faire injure aux bâtisseurs qui ont conçu et réalisé cet édifice unique avec une telle perfection, que de supposer qu'ils aient exécuté le système des chambres funéraires, élément essentiel de la pyramide, sans plan et sans conception d'ensemble. Le fait que l'édifice extérieur, son agencement, ses dimensions, se trouve en parfaite cohérence avec le système des chambres et que l'on n'observe nulle part, ni à l'extérieur ni à l'intérieur du monument, une quelconque rupture de projet plaide contre l'hypothèse des trois plans successifs de construction. De récentes études ont, en outre, montré que les tombeaux des rois, dès l'époque thinite, présentaient non pas une chambre funéraire mais bien une série de trois pièces ou espaces dont la fonction n'a, jusqu'ici, pu être totalement élucidée. C'est là un argument qui devrait définitivement contrecarrer la théorie mystique, de nouveau actuelle, à propos des pyramides, selon laquelle le système des chambres de la pyramide de Chéops recélerait un savoir ésotérique et des secrets, ainsi que d'autres chambres, encore cachées dans la pyramide, qui contiendraient les « trésors du savoir ».

La chambre supérieure en granit, chambre sépulcrale, semble être indépendante au sein de la pyramide. Cinq chambres de décharge, soutenues par d'énormes dalles de granit pesant jusqu'à quarante tonnes, absorbent la pression. La dernière de ces chambres est couronnée par une voûte à double pente constituée d'énormes blocs de calcaire, qui reposent sur le noyau de la pyramide. Dans les chambres de décharge, de nombreux graffiti laissés par l'équipe des ouvriers mentionnent le nom de Chéops. Ces graffiti sont les seuls indices réels sur l'identité du bâtisseur de cette pyramide. Des couloirs factices, partant du milieu des murs nord et sud de la chambre sépulcrale, comme on en trouve aussi dans la chambre médiane, conduisent au ciel méridional et septentrional.

On a la certitude que ces couloirs, dès l'origine, étaient obturés et qu'ils n'ont pu servir qu'à l'ascension de l'âme du roi défunt.

Le fait que les croyances chtoniennes (du monde souterrain) plus anciennes, en un au-delà situé dans les profondeurs de la terre, subsistent parallèlement à la religion solaire dominante, est caractéristique de la pensée égyptienne. Cette conception chtonienne se retrouve dans la chambre creusée dans la roche dure à trente mètres de profondeur. Le couloir partant de la face méridionale de la chambre souterraine, qui devait conduire

31. Les pyramides de Giza
Giza ; IVᵉ dynastie, vers 2585-2511 av. J.-C.
Vue du sud sur la pyramide de Mykérinos avec la pyramide satellite du roi et les deux pyramides à degrés des reines. Au fond, les complexes funéraires de Chéphren et de Chéops.

ANCIEN EMPIRE

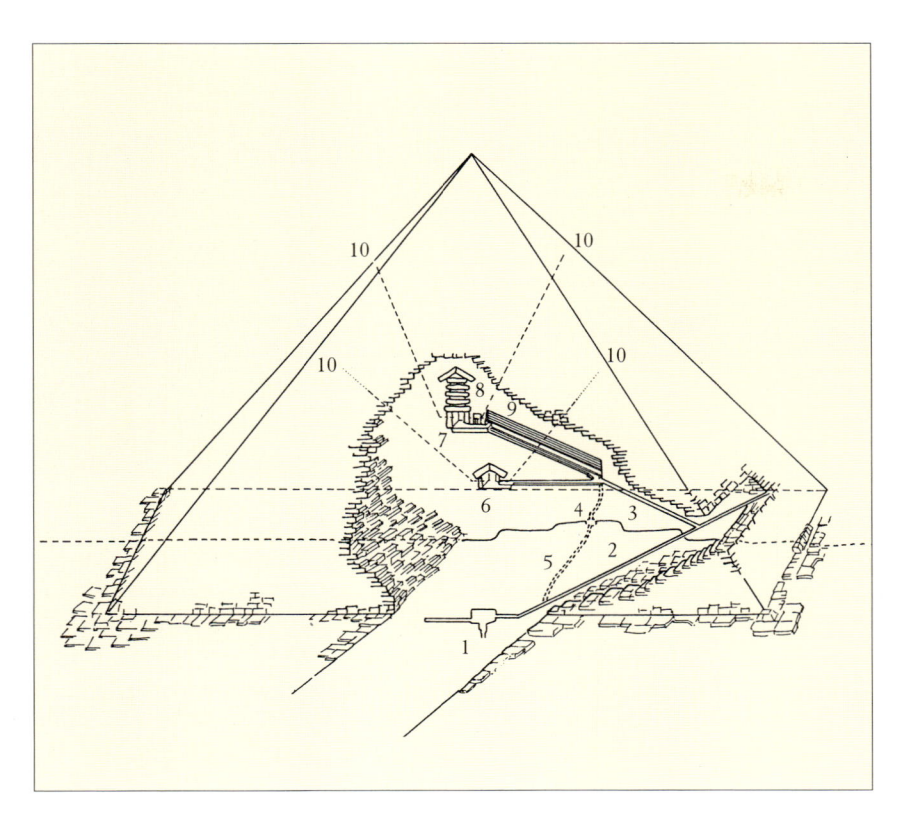

33. Giza, schéma isométrique de la pyramide de Chéops
1. Chambre rupestre
2. Couloir descendant
3. Couloir ascendant
4. Grotte
5. Passage des pilleurs de tombes ou puits de desserte
6. Chambre dite de la reine
7. Chambre du roi
8. Chambre de décharge
9. Grande galerie
10. Canaux d'aération

32. Le site des pyramides de Giza
Sur cette vue aérienne, on voit, au premier plan, la pyramide de Chéphren, son temple funéraire et la chaussée montante. Derrière, se trouve le monument de Chéops, sur la face sud duquel on reconnaît le musée abritant sa barque funéraire. À l'ouest de la pyramide de Chéops s'étend la grande nécropole des fonctionnaires comprenant le cimetière G 4000.

34. La pyramide de Chéops : chambre sépulcrale
Giza ; IVᵉ dynastie, vers 2585 av. J.-C.
La chambre sépulcrale, exhaussée, avec son revêtement de granit rouge, devait abriter le repos éternel de Chéops après son ascension au ciel. Chéops désignait son complexe funéraire du nom significatif de « Horizon de Chéops ». À proximité de la paroi ouest de la chambre se tenait jadis le simple sarcophage de granit d'une longueur de 227 cm et d'une hauteur de 105 cm, aujourd'hui en biais dans la pièce. Le couvercle et le cercueil contenant la dépouille mortelle du souverain n'ont jamais été retrouvés.

35. La pyramide de Chéops : la grande galerie
Giza ; IVᵉ dynastie, vers 2585 av. J.-C.
Depuis sa redécouverte par les voyageurs européens, la grande galerie est considérée comme un prodige de l'architecture. La technique utilisée a su résoudre brillamment le problème de la couverture d'un large couloir, compte tenu des masses énormes qu'elle devait porter. Elle hérite en cela directement des voûtes en « tas de charge » des pyramides de Snéfrou.

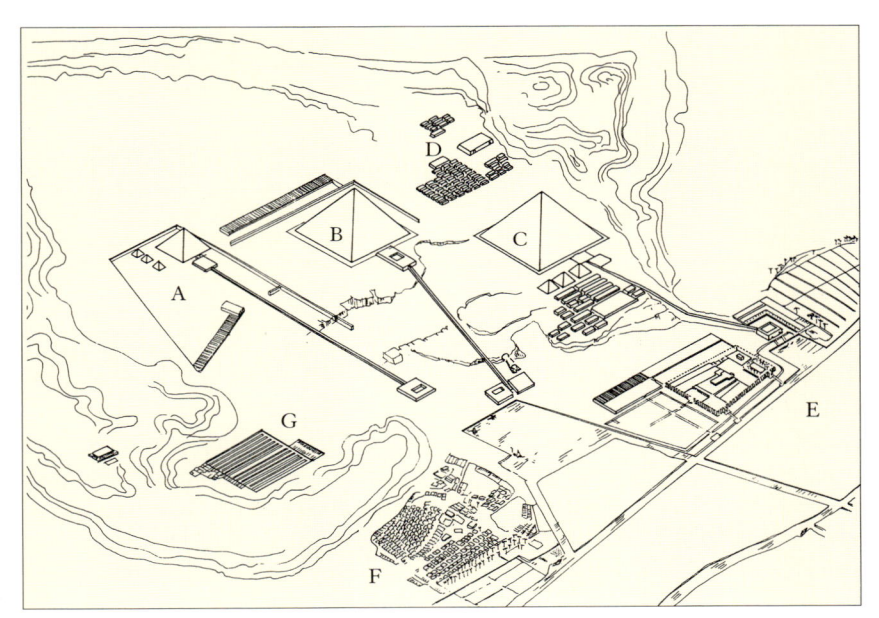

36. Giza, plan schématique des pyramides et des temples funéraires
Au premier plan, se situe l'emplacement hypothétique de la ville de pyramides (F) et du palais royal (E) connus par les sources.
A. Pyramide de Mykérinos
B. Pyramide de Chéphren
C. Pyramide de Chéops
D. Cimetière ouest
G. Lotissement des ouvriers

ANCIEN EMPIRE

37. Le défilé des bœufs
Licht ; IV⁰ dynastie, vers 2585 av. J.-C. ; calcaire ; haut. : 43 cm, larg. : 129 cm ; New York, Metropolitan Museum of Art, Rogers Fund and E. F. Harkness Gift 1922, 22.1.3.
Lors des fouilles de la pyramide d'Amenemhat I⁰ʳ et de la nécropole environnante, à Licht, on a retrouvé de nombreux blocs de remploi provenant à l'origine de monuments des rois de l'Ancien Empire de Giza et de Saqqara, entre autres ce bas-relief où figure la représentation de trois bœufs longicornes. La scène est sans doute un fragment d'une décoration de grande dimension ayant appartenu au temple de la Vallée de Chéops. La datation est assurée par le cartouche du roi.

38. La face orientale de la pyramide de Chéops avec les pyramides des reines
Giza ; IV⁰ dynastie, vers 2585 av. J.-C.
C'est sous Chéops qu'on commence à édifier de petites pyramides de taille modeste, pour les reines-mères et les épouses royales. À proximité immédiate de la pyramide du roi, sur la face est, se trouvait son temple funéraire aujourd'hui presque entièrement détruit, tandis que le cimetière des membres de la famille royale s'étendait derrière les trois monuments funéraires des reines.

à un tombeau sud projeté sous la pyramide, est resté inachevé. Chéops, par la suite, a fait édifier une petite pyramide satellite, située dans l'angle sud-est de son complexe funéraire, découverte et mise au jour voici seulement quelques années. La chambre médiane présente, sur la face orientale, une niche destinée à une statue du *ka* du roi et, à l'instar de la chambre de granit, des couloirs factices conduisant au ciel. Cette chambre n'a jamais pu être une chambre sépulcrale car elle n'a jamais contenu ni sarcophage de pierre, ni obturation magique par des herses de pierre que l'on descendait par le haut pour bloquer le couloir d'accès. L'édification d'un sanctuaire dans la masse de la pyramide permettait de limiter les lieux de culte situés dans le complexe de la pyramide au seul temple funéraire, dont il ne reste aujourd'hui que le pavement de basalte. Les tracés du dallage permettent de déduire que le temple n'était constitué pour l'essentiel que d'une vaste cour entourée de piliers et d'une chapelle destinée aux offrandes funéraires. Plus tard seulement, et après l'abandon du tombeau Sud prévu sous la pyramide, vint s'adjoindre la pyramide satellite située dans la partie sud-est du complexe. Les fragments de statues taillées dans toutes sortes de pierres dures et les fragments de bas-reliefs en calcaire témoignent

d'une riche décoration. Le plan de la nécropole fut aussi soigneusement élaboré que celui du complexe de la pyramide. Cinq fosses creusées dans le roc à l'est et au sud de la pyramide contenaient autrefois les barques funéraires – non pas les barques solaires – de Chéops. Lors de leur découverte, les deux fosses de la face sud étaient obturées par leur blocage d'origine. La fosse orientale contenait une barque royale démontée en mille deux cents éléments, y compris les avirons et les cordages, qui une fois montée, mesure quarante-trois mètres trente de long. La deuxième fosse n'a pas été ouverte. Cependant, par une fine perforation, on a pu filmer l'intérieur et constater que la barque a beaucoup souffert des conditions climatiques ambiantes. Les deux bateaux avaient sans nul doute servi aux déplacements du roi de son vivant et ont été mis ainsi à sa disposition dans l'au-delà. Ce n'est pas là un fait exceptionnel : dès les I⁰ et II⁰ dynasties, les rois partaient accompagnés de leurs bateaux pour l'au-delà. À l'est également, se trouvent trois petites pyramides. L'une appartient à Hetephérès, la mère du roi, grande épouse de Snéfrou, laquelle lui survécut et mourut à Giza dans la résidence de son fils, où elle reçut sa sépulture, les deux autres à Mérititès et Henoutsen, les deux premières épouses royales de Chéops et mères de ses fils et successeurs Djedefrê et Chéphren. À l'est des pyramides des reines, se dressent de vastes mastabas doubles, édifiés pour les fils et les filles du roi. Les hauts dignitaires de la cour, les architectes et même le prince Hemiounou, l'influent maître de chantier de la pyramide, édifièrent leur tombe dans la nécropole ouest.

Le roi lui-même intervint dans l'aménagement des chapelles funéraires et leur décoration, limitée à d'importantes scènes d'offrandes. Ainsi, pour la première fois, État et société sont intégrés de façon monumentale à l'ordre strict de la nécropole royale et au monde de l'au-delà du roi, éternellement à la disposition et au service de celui-ci. En contrepartie, les fonctionnaires bénéficiaient pour l'éternité de la faveur du roi et d'offrandes funéraires assurées depuis la source centrale, le temple funéraire royal.

Nous n'avons pas plus de renseignements sur la personne de Chéops que sur les autres rois de l'Ancien Empire. Hérodote donna à son règne et à son œuvre une mauvaise réputation qui relève de la partialité grecque devant un édifice dépassant toute mesure humaine. Au hasard de la découverte du mobilier funéraire de sa mère Hetephérès, au fond d'un puits, à Giza, nous avons appris qu'il était le fils de Snéfrou. À sa mort, la reine fut enterrée, dans un premier temps, dans ce puits en attendant que fût terminée sa pyramide, la plus septentrionale des pyramides des reines, sur la face orientale de la pyramide de Chéops.

Chéops appartenait à la plus jeune génération des fils de Snéfrou et il est probable qu'il soit né au moment où tout l'effort de construction se concentrait déjà sur le site de Dahshour. Il devait avoir entre vingt-cinq et trente ans lors de son accession au trône. À ce moment, ses frères aînés Néfermaât et Rahotep, princes et architectes des pyramides de Meïdoum et de Dahshour, étaient déjà décédés.

64 ANCIEN EMPIRE

39. Statue du vizir Hemiounou assis
Giza, cimetière ouest, mastaba G 4000 ; IVe dynastie, vers 2580 av. J.-C. ; calcaire peint ; haut. : 155,5 cm ; Hildesheim, Pelizaeus-Museum, 1962.
Petit-fils de Snéfrou, le vizir Hemiounou fut chargé par Chéops de l'édification de sa pyramide. La statue funéraire, grandeur nature, illustre de manière expressive l'homme du temps de Snéfrou et de Chéops, bâtisseur de ces pyramides qui montaient jusqu'au ciel.

Le culte et la construction des pyramides après Chéops

Jamais dans l'histoire de l'Égypte ne s'imposa plus fortement l'idée d'une monarchie divine. Cette évolution, qui s'opéra au cours d'un règne d'une durée de vingt-trois à vingt-six ans, mais peut-être plus vraisemblablement de trente ans, est le résultat d'une formation technique tout à fait unique des organisateurs, architectes et ouvriers, formation acquise dans les chantiers menés à bien dans le demi-siècle précédent. Cette école a mis les hommes à même d'accomplir des performances stupéfiantes : creuser la roche sur une longueur de plus de cent mètres, tailler, équarrir et entreposer des masses énormes de blocs pesant des tonnes, mises de façon continue à la disposition des équipes d'ouvriers, construire au moindre coût en temps et en matériel des routes et des rampes conçues de manière à ne pas gêner les travaux effectués au cours de l'élévation de la pyramide. Le détail de tous ces procédés échappe pour beaucoup à notre connaissance. Cependant, à l'Institut allemand d'Archéologie du Caire, des chercheurs ont développé récemment des modèles permettant d'expliquer la construction des pyramides, avec des rampes d'abord de petite taille qui s'allongent progressivement. On parle continuellement de centaines de milliers d'ouvriers, d'esclaves, d'hommes asservis à la corvée, or il est évident que la taille limitée du chantier n'offrait pas une place suffisante pour une main-d'œuvre aussi importante. Selon nos calculs, ce chiffre oscillerait autour de vingt mille ou vingt-cinq mille ouvriers, carriers, tailleurs de pierre, mineurs, porteurs, maçons, plâtriers, auxiliaires et personnel des services d'intendance, sans compter les nombreux ingénieurs et architectes. Si on estime le chiffre total de la population de l'Égypte, à cette époque, à environ deux millions d'habitants, c'est donc moins de 1 % de cette population qu'occupait – il est vrai tout au long de l'année – la construction des pyramides. La population rurale proprement dite n'était pas concernée par l'édification des pyramides. Si l'on s'en tient à ce pourcentage, les impôts et les prélèvements en nature destinés à la construction et aux équipes d'ouvriers restent limités.

La nouvelle classe formée par ces hommes talentueux qui appartiennent à la cour, à l'administration et aux différents corps de métiers, habite avec leur famille respective dans les villes de la capitale et de la pyramide. Leurs ressources proviennent de l'exercice sacerdotal ou du service dans les temples funéraires. Ils forment la substance de l'État, substance qu'ils portent à un degré sans cesse croissant de compétence et de performance.

Si l'on veut mieux comprendre l'architecture des pyramides, il faut abandonner définitivement le point de vue positiviste du XIXᵉ siècle et se mettre dans l'esprit que seules les croyances religieuses et les nécessités du culte ont déterminé la construction des pyramides, l'agencement des chambres funéraires, les formes et les dimensions des temples funéraires. Le système des chambres funéraires, à l'intérieur de la pyramide et l'agencement des temples funéraires se complètent. Si les chambres funéraires

40. La pyramide de Chéphren
Giza ; IVᵉ dynastie, vers 2550 av. J.-C.
La pyramide de Chéphren s'élève sur une hauteur au sud-ouest de celle de son père Chéops. Cette situation et une inclinaison de la pente plus accentuée la font paraître plus élevée bien qu'elle ait 3 m de moins. Sa pente plus raide a empêché les pilleurs de pierres du Moyen Âge d'emporter le revêtement du sommet.

41. Le temple de la Vallée de Chéphren
Giza, complexe funéraire du roi ; IVᵉ dynastie, vers 2550 av. J.-C.
Le temple, tel un bloc monolithe, semble avoir été taillé directement dans la roche ou arraché à la pyramide devant laquelle il est placé. Ses salles sont entourées de murs cyclopéens, monumentales dans leur stricte architecture de granit nu. À l'origine, les murs porteurs du temple étaient revêtus, à l'extérieur comme à l'intérieur, d'énormes blocs en granit poli.

42. Le temple de la Vallée de Chéphren : la salle des piliers
Giza, complexe funéraire de Chéphren ; IVᵉ dynastie, vers 2550 av. J.-C.
Le seul ornement de cette sobre architecture de granit était constitué par les statues en pierre adossées aux murs. Elles représentaient le roi, image visible des puissances divines.

43. La pyramide de Chéphren : chambre sépulcrale
Giza ; IVᵉ dynastie, vers 2550 av. J.-C.
La chambre fut redécouverte par l'aventurier italien Belzoni, qui a inscrit son nom sur le mur. Comparé au système des chambres funéraires de Chéops, celui de Chéphren paraît simple ; il émane pourtant une majesté austère de la vaste et haute salle. Devant le mur-ouest de la chambre (haut. : 6,83 m), le sarcophage du souverain en granit noir était encastré dans le sol. Le couvercle était à l'origine fixé par des chevilles en métal dans une tombe en forme de baignoire et a été cassé en deux à la suite de pillages. Une cavité rectangulaire dans le mur sud indique l'ancien emplacement d'une urne canope.

44. Statue de Chéphren assis
Giza, temple de la Vallée de Chéphren ; IVᵉ dynastie, vers 2550 ; anorthosite ; haut. : 168 cm, larg. : 57 cm ; Le Caire, Musée égyptien, CG 14.
Les statues de Chéphren, et en particulier cette imposante statue représentant le roi assis accompagné du faucon Horus, sont toutes drapées dans une souveraine majesté, attitude hiératique au regard lointain et inaccessible. L'idéalisation de la dignité royale n'efface pourtant pas la marque individuelle de l'artiste, la spécificité de style des sculpteurs de Chéphren. Avec vingt-deux autres statues à l'effigie du roi, ce « Chéphren au faucon » ornait à l'origine les murs de la salle des piliers du temple de la Vallée du souverain, et occupait une place centrale dans le culte des statues.

ANCIEN EMPIRE

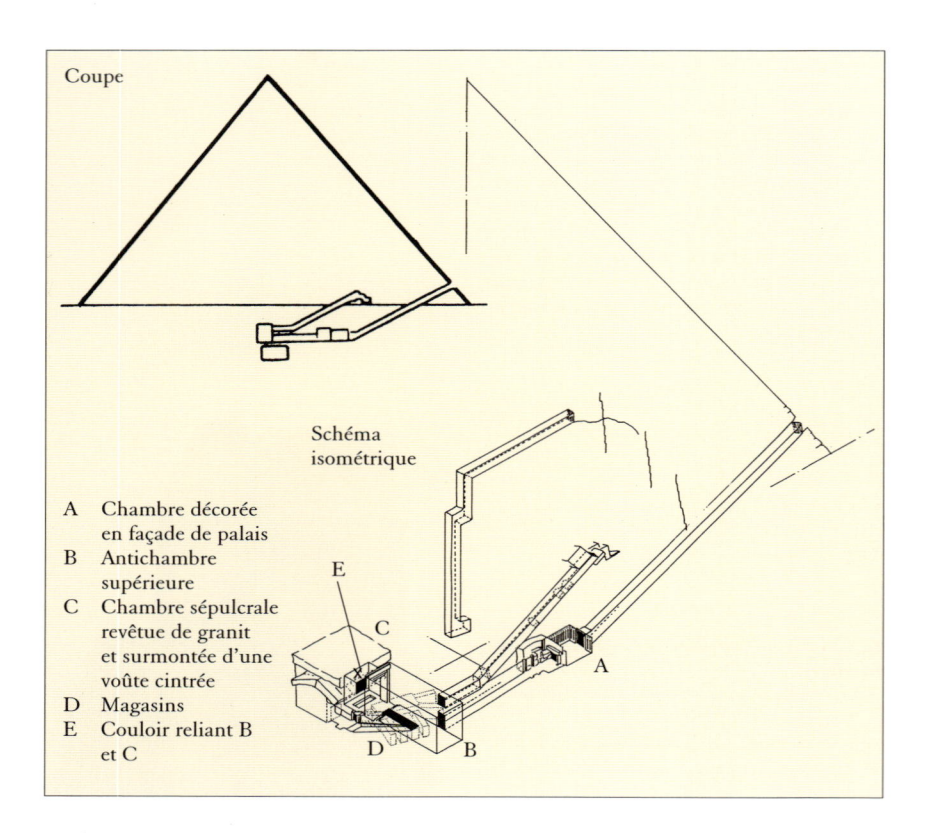

45. *La pyramide de Mykérinos : coupe et schéma isométrique*
Le système des chambres de la pyramide de Mykérinos qui se trouve sous la roche semble être construit à l'inverse de celui de Chéops dont les couloirs et les chambres conduisent au sein de la pyramide. La mise en place du revêtement de granit de la chambre sépulcrale est un véritable exploit dans cet espace exigu.

46. *La pyramide de Mykérinos : entrée et revêtement de granit*
Giza, IVe dynastie, vers 2520 av. J.-C.
Au cours de la IVe dynastie, le granit, matériau précieux et symbole de pérennité, prend une place de plus en plus importante. Peut-être avait-on prévu au départ d'en revêtir entièrement la pyramide de Mykérinos comme son temple funéraire. Ainsi voit-on la forme et la signification symbolique du matériau prendre le pas sur le monumentalisme. Le constat que seuls les blocs de granit du revêtement (max. 16 couches de pierre) qui se trouvent à proximité de l'entrée ont été polis est frappant et reste finalement inexplicable.

47. *Groupe de Mykérinos et de la reine Chamerernebti*
Giza, temple de la Vallée de Mykérinos ; IVe dynastie, vers 2520 av. J.-C. ; grauwacke ; haut. : 142 cm ; Boston, Museum of Fine Arts, 11.1738.
Cette statue appartenait à un ensemble d'autres groupes retrouvés intacts dans le temple de la Vallée de Mykérinos. Les statues du roi dénotent une recherche maniériste : on y voit apparaître de nouveaux canons quant aux proportions du corps ; la tête du roi, finement modelée, dont les traits présentent une certaine douceur est relativement petite par rapport au corps puissant et athlétique.

ANCIEN EMPIRE

49. La pyramide et le temple funéraire de Sahourê
Abousir ; Ve dynastie, vers 2490 av. J.-C.
Sous la Ve dynastie (de 2504 à 2347 av. J.-C.), les temples funéraires deviennent l'élément prépondérant des complexes funéraires. Une plus grande variété de pierres, les dallages de basalte et la riche iconographie des bas-reliefs peints qui s'étend sur des milliers de mètres carrés agrémentaient jadis les installations du temple de Sahourê, situé devant sa pyramide qui, avec à peine 50 m de haut, s'intègre harmonieusement dans l'ensemble architectural sans l'écraser.

48. Les pyramides d'Abousir
Ve dynastie, vers 2490/2420 av. J.-C.
Les pharaons du début et du milieu de la Ve dynastie déplacèrent le site de leurs pyramides à Abousir, entre Giza et Saqqara. Les édifices encore bien conservés de Sahourê, Néferirkarê et de Niouserrê et leurs édifices cultuels, ont été mis au jour et étudiés au début de notre siècle par la Société allemande des Études orientales.

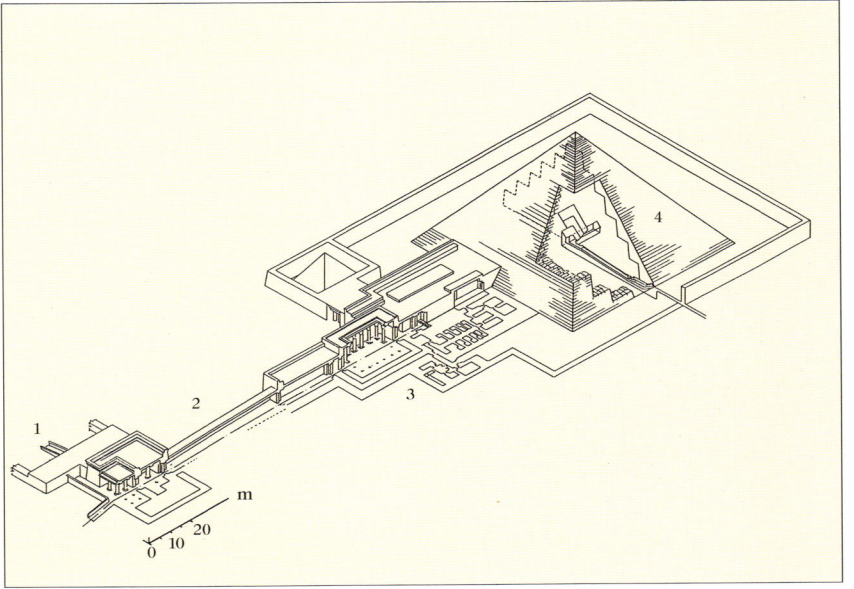

50. Le complexe funéraire de Sahourê, schéma isométrique
Sous la Ve dynastie, temples funéraires et temples de la Vallée acquièrent une importance accrue comme lieux d'offrandes et d'adoration du roi défunt divinisé. Cependant l'ampleur architecturale n'est plus comparable aux grandioses performances de la IVe dynastie.
1. Temple de la Vallée
2. Chaussée montante
3. Temple funéraire
4. Pyramide

ANCIEN EMPIRE

répondent à une structure complexe, l'architecture du temple funéraire sera simple, et réciproquement. La taille d'une pyramide n'est en aucun cas en relation avec la puissance et le pouvoir de son bâtisseur. Ainsi, Djedefrê, fils et successeur de Chéops, entreprit la construction de sa pyramide dans des dimensions bien inférieures, à Abou Roash, au nord de Giza, sur un site si éminent qu'elle aurait pu, une fois terminée, aussi bien dominer le paysage que celle de Chéops à Giza. Quoique resté inachevé, le temple funéraire de Djedefrê était déjà orné d'une riche et somptueuse statuaire.

Les complexes bâtis par Chéphren et Mykérinos sont encore plus représentatifs. Chéphren, l'un des plus jeunes fils de Chéops, accéda inopinément au trône à la mort précoce de son frère Djedefrê.

Sa pyramide devait égaler par la taille celle de son père. Ce fut effectivement le cas grâce au choix d'un site d'altitude supérieure et d'un angle de pente plus fort. Le système des chambres est d'une telle simplicité que, dans les années soixante, on s'est servi des moyens techniques les plus modernes, pour essayer de découvrir d'autres chambres. Toutes les recherches sont restées vaines.

En revanche son temple funéraire et son temple de la Vallée ont fait l'objet de dépenses somptueuses. À l'inverse, son fils Mykérinos a bâti une pyramide de taille sensiblement plus modeste, mais dont le système de chambres funéraires se distingue par une magnifique suite de salles qu'on ne peut comparer qu'avec celles de la pyramide de Chéops. À la différence de la pyramide de Chéops, celle de Mykérinos présente des chambres souterraines. Le temple funéraire de Mykérinos, de même que celui de Chéops, sont par contre caractérisés par une vaste cour à ciel ouvert que jouxte à l'ouest une chapelle destinée aux offrandes funéraires. Il faut insérer entre les règnes de Chéphren et de Mykérinos les quatre années de règne d'un fils de Djedefrê, Baka (Bichéris), qui projeta et entreprit la construction d'une grande pyramide à Zaouiet el-Aryan.

51. La procession des divinités de la fécondité de la Basse-Égypte
Abousir, temple funéraire de Sahourê ; V^e dynastie, vers 2490 av. J.-C. ; calcaire peint ; hauteur du registre : 68 cm ; Le Caire, Musée égyptien, RT 6.12.24.9.
La scène, exécutée en bas-relief, provient de l'entrée secondaire du temple funéraire et représente un défilé de génies portant leurs offrandes dans le sanctuaire. On remarque entre autres la silhouette du « Grand Vert » (à droite), qui personnifie la mer et les marais, et dont le corps est entièrement décoré de lignes ondoyantes.

Les complexes funéraires des Ve et VIe dynasties

Le passage de la IVe à la Ve dynastie s'effectua sans violence, selon le témoignage des biographies des hauts fonctionnaires, qui constituent d'importantes sources pour les historiens. Les rares inscriptions dont on dispose n'indiquent pas clairement si Khentkaous, la mère des trois premiers rois de la Ve dynastie – Ouserkaf, Sahourê et Néferirkarê –, était l'épouse ou la fille de Shepseskaf, le dernier roi de la IVe dynastie. Shepseskaf ne fit pas édifier de pyramide mais un gigantesque mastaba de pierre à Saqqara-Sud. Il serait trop hâtif, cependant, d'en tirer des conclusions d'ordre politique ou religieux puisqu'on sait que certains décrets de Shepseskaf ont stimulé et favorisé les fondations funéraires dédiées au culte de ses prédécesseurs. D'un point de vue onomastique, le nom de Shepseskaf est relié à celui d'Ouserkaf, le premier roi de la Ve dynastie lequel se fait, de nouveau, édifier une pyramide.

La prépondérance du temple funéraire sur la pyramide au temps de Mykérinos se généralise sous les Ve et VIe dynasties. Les pyramides que les rois de ces dynasties érigent d'abord à Abousir, puis à Saqqara, deviennent plus petites, les temples funéraires, en revanche, se développent et occupent alors toute la face orientale de la pyramide. Leur architecture s'articule

70 ANCIEN EMPIRE

désormais en deux éléments, un temple de culte ouvert à tous et un sanctuaire funéraire, plus intime, où le roi défunt, dans le cercle des dieux, reçoit les offrandes quotidiennes. Cet agencement connaît peu de changements au cours des Ve et VIe dynasties. À l'intérieur, un riche répertoire iconographique recouvre toutes les surfaces murales de ses représentations. Celles-ci montrent le roi entrant dans le monde des dieux, sa renaissance par les déesses célestes, son triomphe sur le monde chaotique situé aux frontières de l'Égypte et les offrandes quotidiennes.

Les textes administratifs des temples funéraires d'Abousir nous renseignent avec une extrême précision sur tout un système bureaucratique visant à assurer la livraison et la distribution de quantités considérables d'offrandes dont vivaient, en dernier ressort, tous les employés et les prêtres, en fait toute la population de la ville des pyramides. Au cœur de cette ville des pyramides se trouvait le temple de la Vallée d'où montait la chaussée conduisant au temple funéraire dans lequel on adorait le roi défunt à l'égal d'un dieu local.

Dans un premier temps, les offrandes provenaient des temples solaires, sanctuaires que chaque roi, depuis le début de la Ve dynastie, édifiait en dehors des sites de pyramides dans la région d'Abousir. Ce sont des « temples funéraires » où l'on célébrait le déclin quotidien du soleil à l'occident. Leur architecture les assimilait aux temples funéraires royaux, composée d'une vaste cour d'offrandes avec au centre, à la place de la pyramide, un obélisque construit en maçonnerie. Ces offrandes étaient en premier lieu présentées au dieu solaire, puis, dans une sorte de procession d'offrandes, livrées au temple funéraire royal. L'étude des scènes représentées sur les bas-reliefs des temples solaires montrent qu'il s'agissait d'assurer, par les offrandes présentées au dieu solaire, la pérennité de l'ordre cyclique de l'univers.

Lorsque vers la fin de la Ve dynastie se perd l'usage, pour chaque roi, de construire un nouveau temple solaire, cela ne signifie nullement

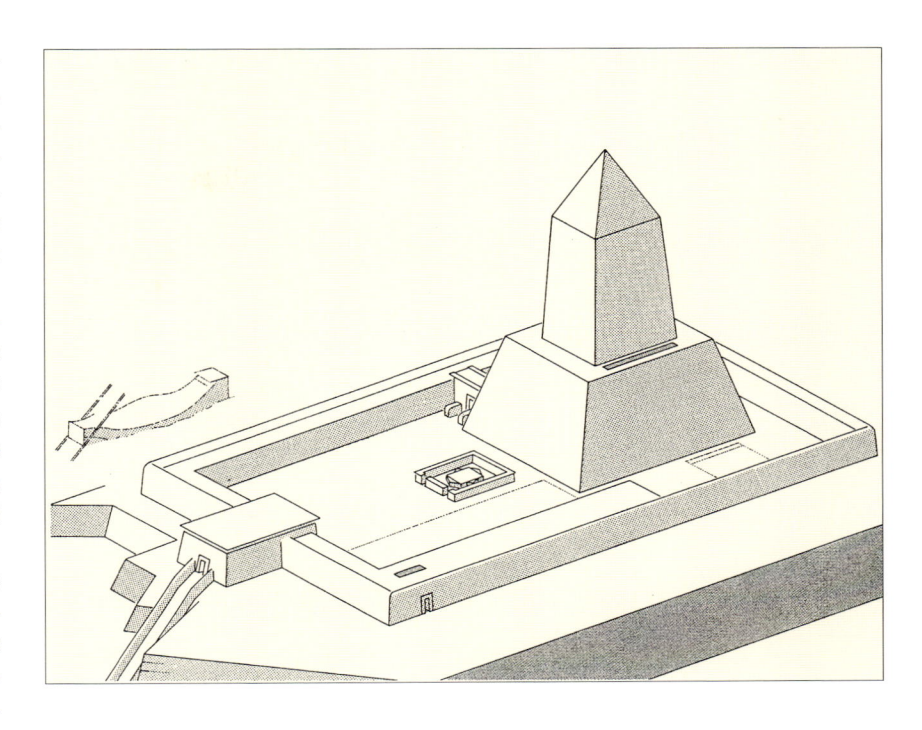

52. Reconstitution du temple solaire de Niouserrê
Le culte s'organise autour de l'obélisque qui, avec son socle, atteignait 56 m de haut. Grâce à des inscriptions, nous savons que cinq pharaons de la Ve dynastie ont bâti des temples solaires. Seuls ceux d'Ouserkâf et de Niouserrê ont pu être retrouvés lors de fouilles archéologiques.

53. Le temple solaire de Niouserrê
Abou Gourob ; V^e dynastie, vers 2420 av. J.-C. Les rois de la Ve dynastie édifièrent à Rê, le dieu solaire, ses propres temples en bordure occidentale du désert. Au centre de ces sanctuaires, un obélisque, flanqué à l'est d'un grand autel, remplaçait la pyramide. Des hécatombes quotidiennes y étaient célébrées et réparties ensuite dans les différents temples.

ANCIEN EMPIRE

55. Le roi Néferefrê
Abousir ; temple funéraire de Néferefrê ; V^e dynastie, vers 2450 av. J.-C. ; calcaire rose ; haut. : 17,2 cm ; Le Caire, Musée égyptien, JE 98171.
Son règne ayant été bref, Néferefrê put achever son temple funéraire en maçonnerie de briques, mais ne put aller au-delà de la première couche de pierres de sa pyramide. Parmi les statues retrouvées dans son temple figurait cette statuette représentant le roi assis, sous les traits d'un jeune homme, la massue de cérémonie à la main.

56. Le roi Ouserkaf
Abousir (Abou Gourob) ; V^e dynastie, vers 2500 av. J.-C. ; grauwacke, haut. : 45 cm, larg. : 25 cm ; Le Caire, Musée égyptien, JE 90220.
Ouserkaf édifia sa pyramide, non plus à Giza mais à Saqqara, comme son prédécesseur Shepseskaf, le dernier roi de la IVe dynastie. Cette tête fut retrouvée, un peu plus au nord, à Abou Gourob, où Ouserkaf édifia le premier temple solaire. Le roi porte ici la couronne rouge de la Basse-Égypte.

54. Pyramide d'Ounas : chaussée montante
Saqqara, complexe funéraire d'Ounas ; V^e dynastie, vers 2350 av. J.-C.
La chaussée montante de plus de 800 mètres mène du temple de la Vallée à une porte monumentale en granit rose qui débouche sur le temple funéraire élevé sur la face orientale de la pyramide.

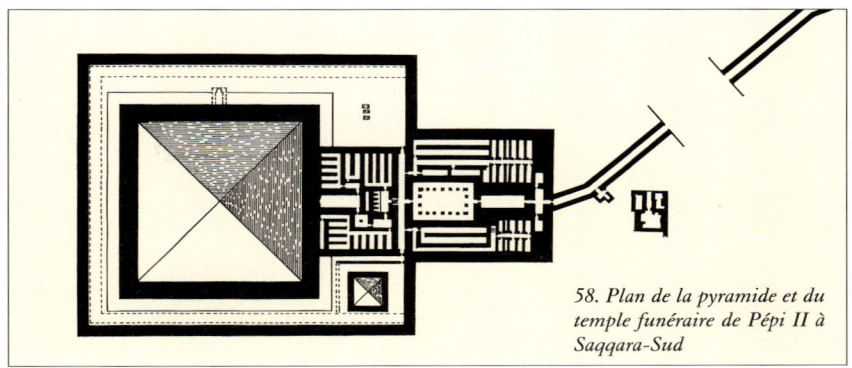

57. La chambre sépulcrale du roi Ounas
Saqqara, pyramide d'Ounas ; Ve dynastie, vers 2350 av. J.-C.
Les chambres funéraires d'Ounas furent les premières à être ornées de *Textes des Pyramides*, recueil de formules destinées à assurer la vie du roi défunt dans l'au-delà. La voûte étoilée de la chambre sépulcrale abrite le sarcophage en basalte du roi, aujourd'hui sans couvercle.

58. Plan de la pyramide et du temple funéraire de Pépi II à Saqqara-Sud

59. Le complexe funéraire de Pépi II
Saqqara-Sud ; VIe dynastie, vers 2230 av. J.-C.
Dans le dernier grand complexe de l'Ancien Empire se dresse une pyramide dont l'antichambre, la chambre sépulcrale et les couloirs sont décorés de *Textes des Pyramides*. Les trois petites pyramides bâties à l'intérieur du complexe et destinées aux reines que Pépi II épousa au cours de sa longue vie, sont également ornées de *Textes des Pyramides*.

l'abandon du dogme principal de la religion solaire comme le prouvent les noms des rois, tous formés sur « Rê » et « Fils de Rê ». Pourtant, à partir de la VIe dynastie, on assiste à une évolution de la religion osirienne et des croyances en un au-delà chtonien. Si cette évolution religieuse ne trouve pas de traduction dans l'architecture, elle se reflète d'autant plus vivement dans les *Textes des Pyramides* qui apparaissent à la fin de la Ve dynastie, dans les prières et dans les vœux des particuliers. Quant à l'architecture des pyramides et des temples, elle se fige dans les plans et les proportions créés sous la Ve dynastie.

Cependant il serait faux de parler de déclin de l'architecture. Les pyramides et les temples des rois Téti, Pépi Ier et Pépi II offrent une exécution technique parfaite ; les proportions harmonieuses de ces édifices soutiennent fort bien la comparaison avec les canons qui prévalaient sous la Ve dynastie.

La fin de l'Ancien Empire n'a nullement pour cause un appauvrissement du royaume et de ses ressources qui serait dû à d'excessives dépenses engagées pour la construction des pyramides. Le déclin de l'Ancien Empire a commencé avec la décadence des structures centrales de l'État lors du règne de Pépi II, un règne d'une longueur exceptionnelle. À l'achèvement de son complexe funéraire, le pays tomba dans une période d'inaction pendant plusieurs décennies. Au cours de cette période d'inertie, les gouverneurs des provinces s'aperçurent qu'ils pouvaient administrer et régir en l'absence d'instructions royales et prirent goût à leur autonomie. L'administration centrale se trouva ainsi coupée de toutes les ressources en provenance des provinces.

L'édification des pyramides était un facteur unificateur où s'exprimait la foi en la personne du roi et en la fonction royale. En outre, elle donnait à chacun la chance d'une ascension sociale grâce au mérite et assurait les moyens de survie aussi bien sur terre que dans l'au-delà. On peut très justement comparer la construction des pyramides à l'édification des cathédrales dont la haute stature dominait les villes de l'Europe médiévale. Elles témoignaient de la foi d'une cité, comme les pyramides témoignaient de la foi d'une nation. Les cathédrales sont des lieux réunissant une communauté religieuse dans la prière et la célébration d'un culte, lieu d'espoir et garant d'une rédemption dans l'au-delà. Les complexes des pyramides leur sont très comparables puisque sur ces lieux, au travers de la personne du roi et de son culte funéraire, chacun de ses sujets accédaient à une vie éternelle.

On pourrait aller plus loin dans la comparaison et voir dans le culte du roi divinisé au sein de son complexe funéraire, en particulier dans le temple de la Vallée, le culte du saint patron ou des saints patrons auxquels était consacrée la cathédrale. De même que les saints, par leur canonisation, partagent avec Dieu l'au-delà céleste et que la communauté des fidèles, par la prière, les bonnes actions et le sacrifice, peut obtenir le même avantage, de la même façon, l'ascension céleste du roi et son union avec le dieu solaire permettent à tous ses sujets, s'ils se sont bien conduits, de partager avec lui cet au-delà éternel. Aussi bien sur terre dans le culte quotidien que dans l'au-delà, le roi est le médiateur entre les dieux et le monde ordonné. Les différences entre l'au-delà céleste du roi et celui de ses sujets, dans le « Bel Occident » nous semblent peut-être immenses ; elles correspondent cependant à la projection de l'ordre établi de notre monde dans l'au-delà.

ANCIEN EMPIRE

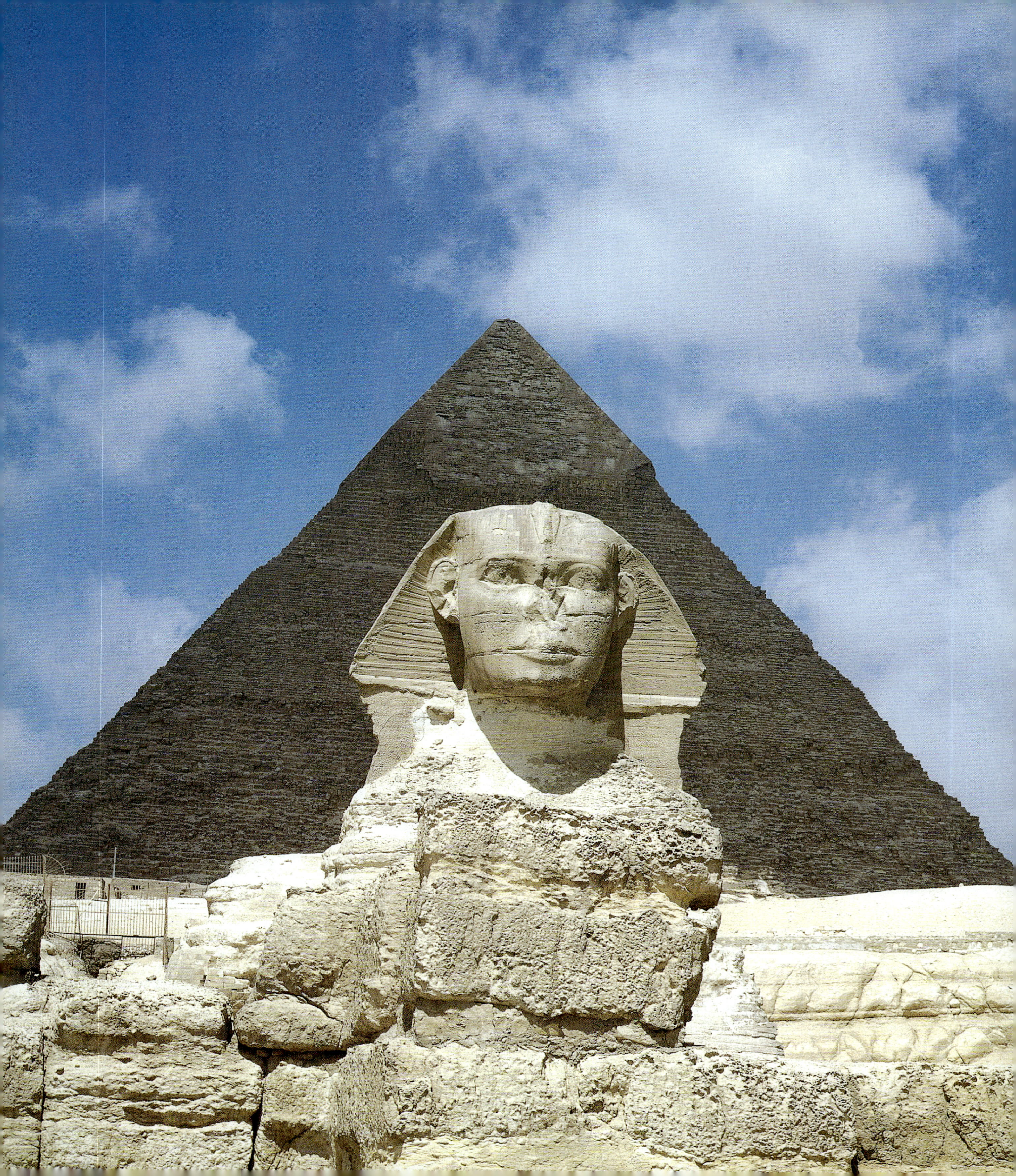

60. Le Grand Sphinx
Giza ; IVᵉ dynastie, vers 2590 av. J.-C. ; calcaire ; long. : 73,5 m, haut. : 20 m.
Le Sphinx, impressionnante incarnation divine du souverain d'Égypte, est l'imposante illustration du pouvoir pharaonique de la IVᵉ dynastie, le plus puissant de l'histoire égyptienne. Restauré à plusieurs reprises dès l'Antiquité, dégagé entre 1925 et 1932 du sable et des décombres où il s'enlisait, le monument, l'un des plus célèbres du monde, est aujourd'hui menacé à la fois par l'eau de la nappe phréatique et par la pollution.

61. Tête du Grand Sphinx
Giza ; IVᵉ dynastie, vers 2590 ; calcaire ; haut. : 5,20 m env., larg. : 4,20 m.
Du fait de sa proximité immédiate avec le temple de la Vallée de Chéphren, le Sphinx a été traditionnellement désigné comme la représentation de ce pharaon. Mais une étude attentive des traits du visage et des détails iconographiques permet de dater le Sphinx du règne de Chéops. Plus tard, sous le Nouvel Empire, la figure colossale fut interprétée comme l'incarnation du dieu solaire Harmakhis.

Le Grand Sphinx : une énigme résolue

Le Grand Sphinx avec ses soixante-treize mètres cinquante de long et plus de vingt mètres de haut est la plus gigantesque statue que les hommes aient jamais réalisée. C'est une créature hybride formée d'un corps de lion et d'une tête humaine, en laquelle s'allie la force du plus puissant carnassier à l'intelligence du souverain humain pour former un être divin. Des bas-reliefs plus anciens représentent cette chimère en action sous la forme d'un griffon massacrant l'ennemi. Dans la rondebosse, cette force est domestiquée, dominée par l'intelligence humaine et repose en divine majesté. Si les chercheurs s'accordent aujourd'hui pour dater le Sphinx de la IVᵉ dynastie, ils hésitent sur l'attribution précise de l'œuvre à Chéops, Djedefrê ou Chéphren. Nous ne possédons aucune inscription mentionnant précisément l'un des trois rois comme maître d'œuvre de la statue. La stèle du Sphinx de Thoutmosis IV (XVIIIᵉ dynastie), qui évoque Chéphren, n'a été érigée qu'un bon millénaire plus tard et son état de conservation reste fragmentaire. Si on compare la citation de cette dernière avec le texte analogue inscrit sur la stèle du Sphinx d'Aménophis II, il faut sans doute compléter la formule par « Lieu de repos/horizon de Chéops et de Chéphren », ce qui désigne la nécropole de Giza. Une petite stèle singulière de l'époque ramesside, élevée à un « scribe émérite Monthouher » illustre la plus ancienne représentation des deux pyramides de Chéops et de Chéphren sur laquelle le Sphinx est placé correctement devant la pyramide de Chéops. Le site, sur lequel repose le Sphinx servait de carrière d'où fut extrait le matériau qui servit à l'édification de la pyramide de Chéops. Pourtant ce n'est pas une preuve suffisante pour affirmer que Chéops ait fait sculpter le Sphinx.

La réflexion et les critères de style sont seuls capables de nous faire progresser. À l'instar de Snéfrou à Dahshour, Chéops fut, à Giza, le créateur et le bâtisseur de l'absolu et du colossal. Ses pyramides, ses temples et même sa statuaire, sont, à en juger par les fragments qui nous sont parvenus, une œuvre à la fois d'innovation et de perfection. Il est le grand créateur, le dieu solaire, ses fils le suivent. Pour cette raison, c'est à lui plus qu'à tout autre qu'on est fondé d'attribuer la création du Sphinx. L'agencement de l'ensemble du plateau plaide également en faveur de cette interprétation. La chaussée montante de Chéphren s'élève en biais et tient compte d'une donnée plus ancienne, importante et préexistante. Compte tenu de la disposition du site, il ne peut s'agir que du Sphinx. De plus, les éléments stylistiques renvoient indubitablement à Chéops. La forme du visage du Sphinx est large, presque carrée. Chéphren a un visage plus allongé, beaucoup moins large, au menton presque pointu. Le Sphinx porte le *némès*, encore complètement plissé, spécifique des premiers exemplaires, comparable à celui de la tête fragmentaire d'une statue de Chéops, aujourd'hui conservée au Metropolitan Museum. Le bandeau, qui marque en relief le repli de l'étoffe sur le front et qui deviendra la règle à partir de Djedefrê, n'apparaît pas encore sur la coiffure du Sphinx. Sous Chéphren, seules sont plissées les retombées du *némès*, jamais la coiffe. Les ailes du *némès* du Sphinx sont profondément incurvées, elles sont planes sur celui de Chéphren. Au-dessus du front, les plis du *némès* de la coiffure de Chéphren ont une ligne courbe, ce qui n'est pas le cas pour ceux du Sphinx.

L'*uraeus* du Sphinx se dresse du bord inférieur du *némès* et, au contraire des *uraei* de Chéphren et de Mykérinos, il est travaillé en haut-relief et présente les détails naturalistes de la gorge du serpent et des écailles de la coiffe. Les arcades sourcilières du Sphinx sont fortement saillantes, les sourcils arqués descendent vers les tempes. Les yeux sont profonds, aux contours bien modelés. Ils sont grands et largement ouverts, peut-être en raison de la taille colossale de la tête. Le rendu de ces yeux est comparable à celui des têtes de remplacement de l'époque de Chéops. Les oreilles du Sphinx présentent d'importantes différences par rapport à la statuaire de Chéphren. Elles sont très larges et décollées tandis que celles de Chéphren sont étirées et plaquées contre les tempes.

Un critère décisif est l'absence de barbe. Sur le menton, on n'observe aucune trace de barbe, preuve qu'à l'époque de l'Ancien Empire, le Sphinx n'en portait pas. La barbe divine a été ajoutée au Nouvel Empire, une plinthe la reliant au poitrail, décorée d'une figure royale de la XVIIIᵉ dynastie. Ni la statuette de Chéops en ivoire, ni les têtes de Brooklyn (46.167) et de Berlin (14396), qui lui sont attribuées, ne portent de barbe ; il en va de même pour les représentations en bas relief de Chéops. En revanche, tous ses successeurs de la IVᵉ dynastie, Djedefrê, Chéphren et Mykérinos, portent toujours une barbe de cérémonie sur leurs bas-reliefs et leurs statues. Ainsi, tout tend à prouver que le Grand Sphinx, comme la Grande Pyramide, sont une création authentique de Chéops.

ANCIEN EMPIRE

62. Statuette de Chéops assis
Abydos ; IVe dynastie, vers 2590 av. J.-C. ; ivoire ; haut. : 7,5 cm, larg. : 2,5 cm ; Le Caire, Musée égyptien, JE 36143.
Cette statuette de Chéops est la seule effigie du bâtisseur de la Grande Pyramide de Giza dont l'attribution soit assurée par des inscriptions. Le roi porte la couronne de Basse-Égypte et un pagne court. Il tient le flagellum, insigne du pouvoir, dans sa main droite. À droite, sur la face antérieure du trône, un simple siège, est mentionné son nom d'Horus.

64. Tête de roi portant la couronne de Haute-Égypte
Origine inconnue ; IVe dynastie, vers 2690 av. J.-C. ; granit rose. haut. : 54,3 cm, larg. : 29 cm ; New York, Brooklyn Museum, Charles Edwin Wilbour Fund, 46.167.
La cassure de cette tête au niveau de la nuque porte encore les marques du vêtement, un manteau de fête-*sed*, que le roi revêtait. On attribue cette tête monumentale surmontée de la couronne blanche de Haute-Égypte à Chéops en s'appuyant sur l'analyse stylistique du visage, dont les traits larges sont accentués par des joues pleines.

63. (À gauche) Le roi Chéops
Probablement de Giza ; IVe dynastie, vers 2590 av. J.-C. ; calcaire ; haut. : 13,5 cm ; Berlin, SMPK, Ägyptisches Museum, 14396.
Cette tête, qui se trouve depuis 1899 dans le fonds du musée berlinois, vient seulement d'être identifiée comme un portrait de Chéops. Le pharaon porte, fait très rare pour un roi de l'Ancien Empire, une perruque à petites boucles, sur laquelle est posé un diadème surmonté de l'*uraeus*.

ANCIEN EMPIRE

65. Le roi Chéphren
Giza, temple funéraire de Chéphren ; IVᵉ dynastie, vers 2550 av. J.-C. ; anorthosite ; haut. : 17,2 cm, larg. : 7,3 cm ; Leipzig, Ägyptisches Museum der Universität, 1945.
Chéphren a fait orner son temple funéraire situé devant sa pyramide d'une plus riche statuaire que ne l'avait fait son père Chéops ; il y manifesta un goût croissant pour l'anorthosite, le matériau utilisé ici. Sur ce visage fragmentaire, orné de l'imposante barbe de cérémonie, on reconnaît les traits bien marqués du souverain.

67. Triade de Mykérinos
Giza, temple de la Vallée de Mykérinos ; IVᵉ dynastie, vers 2520 av. J.-C. ; grauwacke ; haut. : 96 cm, larg. : 61 cm ; Le Caire, Musée égyptien, JE 46499.
Dans le temple de la Vallée de Mykérinos, une expédition de la Harvard University conduite par le fameux archéologue George A. Reisner a mis au jour plusieurs groupes représentant le roi accompagné de la déesse Hathor et d'une divinité territoriale. Dans le présent exemple, Mykérinos se tient entre Hathor et la personnification du 7ᵉ nome de Haute-Égypte, reconnaissable à l'emblème qu'elle porte sur la tête.

66. Tête de sphinx de Djedefrê
Abou Roash, temple funéraire du Djedefrê ; IVᵉ dynastie, vers 2575 av. J.-C. ; grès silicifié ; haut. : 26,5 cm ; Paris, musée du Louvre, E 12626.
La tête royale, qui provient du complexe funéraire inachevé de Djedefrê, ornée du *némès*, passe à juste titre pour l'un des plus beaux portraits de rois de l'Ancien Empire. On remarque le subtil rendu anatomique du visage, une douceur dont il tire pourtant une grande force expressive. Le tracé de la cassure montre que cette tête appartenait, à l'origine, à un sphinx.

ANCIEN EMPIRE 77

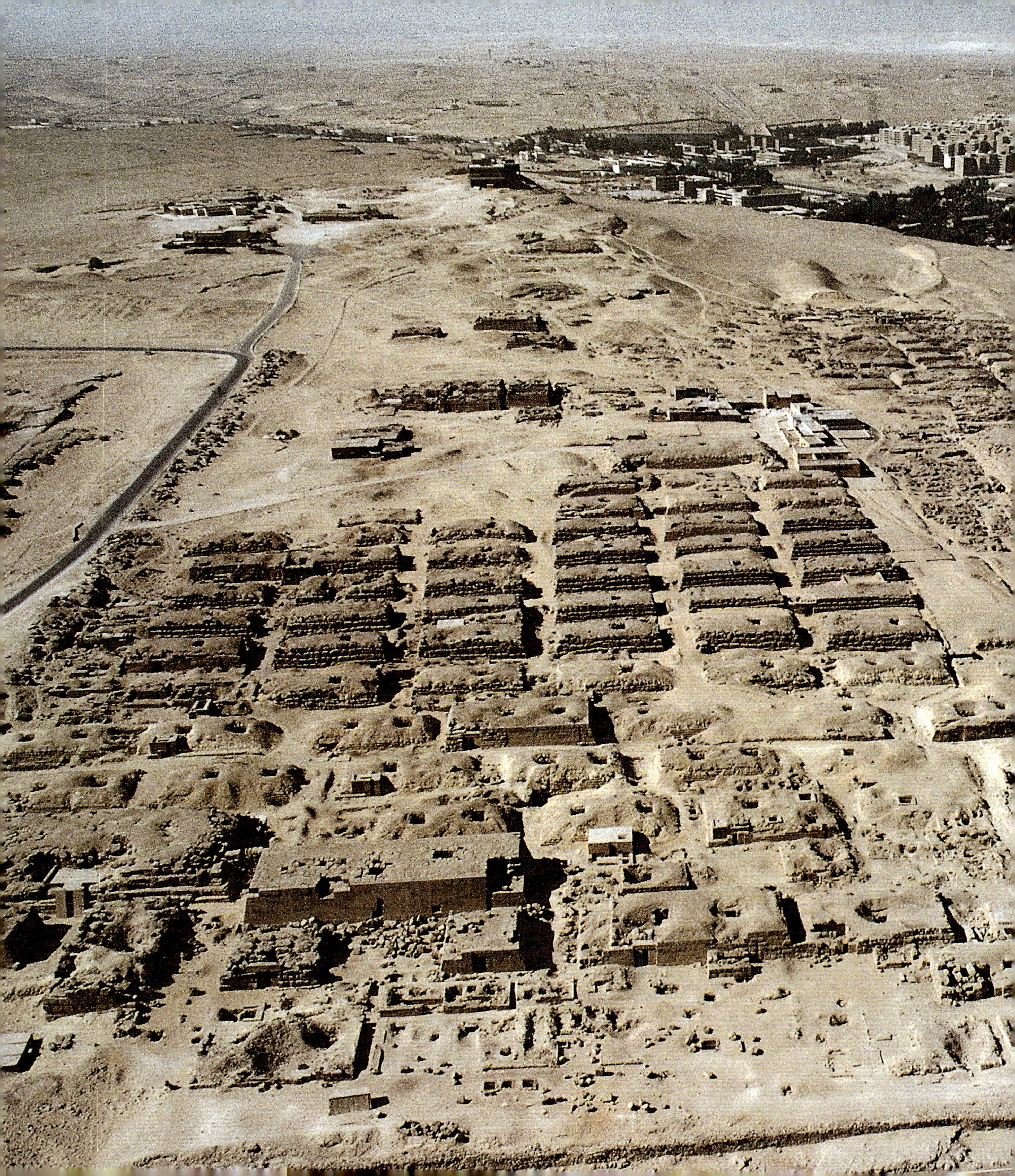

La vie quotidienne dans l'au-delà : mastabas et hypogées de l'Ancien Empire

Hartwig Altenmüller

L'évolution de l'architecture funéraire

Les nécropoles de l'Ancien Empire (2700-2200 av. J.-C.) à Giza, Abousir, Saqqara et Dahshour appartiennent au seul et même complexe funéraire de la capitale, la nécropole de Memphis, où, à proximité de leurs rois, furent enterrés les hauts fonctionnaires de l'Ancien Empire. C'est là que se trouvent les monuments les plus représentatifs de l'époque. Des tombes de dimension comparable n'apparurent dans les provinces qu'à la fin de l'Ancien Empire, à partir de 2200 av. J.-C. Tandis que l'architecture funéraire royale évolue vers la pyramide, celle des fonctionnaires conserve la forme du mastaba. Pourtant, au début de la IVe dynastie (2640 av. J.-C.), celui-ci connaît certaines innovations. La pierre, jusqu'ici réservée aux rois, remplace alors la brique crue dans l'architecture funéraire privée. Pourtant, l'utilisation de ce nouveau matériau n'introduit que peu de modifications dans la conception même du monument funéraire. La sépulture conserve toujours ses deux éléments principaux : la superstructure et l'infrastructure. Dans un premier temps, une plus grande importance est accordée à la partie souterraine. Elle contient la chambre sépulcrale qui abrite un sarcophage en pierre somptueusement formé pour le corps du défunt. Dans certaines tombes, les parois externes de ce sarcophage sont décorées en « façade de palais ». Selon toute apparence, le défunt est considéré comme l'habitant d'un palais, et cette décoration souligne l'importance de son rang.

Initialement, les offrandes sont déposées près du sarcophage, dans la partie souterraine de la tombe, formant un viatique de provisions. Elles ne sont pas destinées à la consommation immédiate du défunt : elles constituent une réserve pour l'éternité. Le culte des morts, célébré par les prêtres funéraires auprès de la superstructure de la tombe, assure l'approvisionnement quotidien. Le lieu du culte est indiqué par une porte aveugle, la « stèle fausse-porte ». L'âme du défunt accueille alors les offrandes déposées à son endroit. À partir de Chéops, ce lieu est protégé par une chapelle funéraire placée à l'avant de la superstructure de la tombe. Les murs de cette chapelle sont ornés de scènes et de textes dont le héros est le propriétaire de la tombe. Celui-ci est montré comme le protagoniste tantôt actif tantôt passif de diverses actions. La référence au propriétaire de la tombe se fait par les légendes hiéroglyphiques qui indiquent son nom et ses titres.

Les thèmes de la décoration funéraire sont propres à illustrer le rang du défunt, c'est pourquoi les scènes de la vie quotidienne jouent un rôle prépondérant. L'au-delà étant représenté à l'image de la vie sur terre, ces scènes nous informent sur les souhaits du défunt, sur l'existence qu'il espérait avoir dans l'au-delà.

Le développement du répertoire iconographique entraîne une exubérance des scènes qui transposent les thèmes quotidiens dans l'au-delà. En conséquence, cette profusion des thèmes iconographiques conduit à un accroissement du nombre de salles et donc de la surface à décorer. Cette évolution atteint un premier point culminant au début de la VIe dynastie, vers 2330 av. J.-C., avec la tombe du vizir Mérérouka, à Saqqara. La superstructure de sa tombe consiste en un palais funéraire de trente-deux salles décorées, dont vingt et une sont destinées à Mérérouka, six à son épouse et cinq à son fils Méritéti.

À partir de la seconde moitié de l'Ancien Empire, les complexes funéraires décorés ne sont plus le privilège de la seule classe supérieure de

68. Cimetière ouest de Giza, mastabas du cimetière G 4000
IVe dynastie, vers 2610 av. J.-C.
Le règne de Chéops, vers 2610 av. J.-C., apporte des innovations dans l'architecture funéraire. La nécropole de la résidence, à Giza, est réalisée selon un plan très précis. Les tombes s'agencent en rangées régulières pour former des rues à angle droit. Les monuments funéraires sont de conception simple. Leur superstructure consiste en un tumulus massif de pierre, rectangulaire, aux pans latéraux inclinés. L'inhumation avait lieu de la partie supérieure du tumulus où s'ouvre un puits vertical. L'aspect extérieur de ces constructions évoque la forme d'une « banquette », qui, traduit, leur a valu le nom arabe de « mastaba ».

69. Vue extérieure d'un mastaba
Les superstructures des tombes présentent des murs extérieurs inclinés, qui, une fois terminés, sont lisses. La grandeur et la qualité des blocs en pierre calcaire ainsi que l'ensemble de la réalisation technique de la construction étaient le reflet de la position sociale du souverain inhumé. Les lieux de culte sont érigés sur le flanc est du monument. Le lieu de culte principal est abrité par une aile en saillie, de pierre ou de brique crue. À une époque ultérieure, ce lieu de culte sera déplacé au centre de la superstructure. Au début, la chapelle funéraire, placée au centre du complexe funéraire, consiste en une salle unique en forme de « L ».

70. La tombe des deux manucures, Niânkhkhnoum et Khnoumhotep
Saqqara ; milieu de la Ve dynastie, vers 2450 av. J.-C.

Les hypogées remplacent les mastabas lorsque la nature du terrain empêche totalement ou partiellement l'édification de ces derniers. L'agencement de leurs chapelles funéraires s'inspire de l'architecture des mastabas de pierre, et leur répertoire iconographique ne change pas. La tombe rupestre de Niânkhkhnoum et de Khnoumhotep, à Saqqara, constitue une variante architecturale unique : l'une des chapelles funéraires, creusée dans le roc, et l'autre, aménagée dans un mastaba, sont reliées entre elles. Le mastaba a été édifié ultérieurement devant la chapelle funéraire rupestre. Entre le mastaba et l'hypogée se trouve une cour ajourée où est situé l'accès à la chambre sépulcrale.

71. Plan de la tombe du vizir Mérérouka
Saqqara ; début de la VIe dynastie, vers 2330 av. J.-C.

La tombe est divisée en deux complexes, qui s'étendent à l'est et à l'ouest de l'entrée. Du côté est se trouvent les salles destinées au culte du vizir Mérérouka ; à l'ouest, les salles sont dédiées à son épouse, la princesse Ouatetkhethor. L'angle nord-est de la salle à piliers, dans l'espace réservé au vizir Mérérouka, donne sur un troisième sanctuaire, destiné à Méritéti, son fils. Presque toutes les salles du tombeau familial ont reçu une décoration murale. Seuls les magasins, situés dans la partie nord-ouest de l'édifice, font exception.

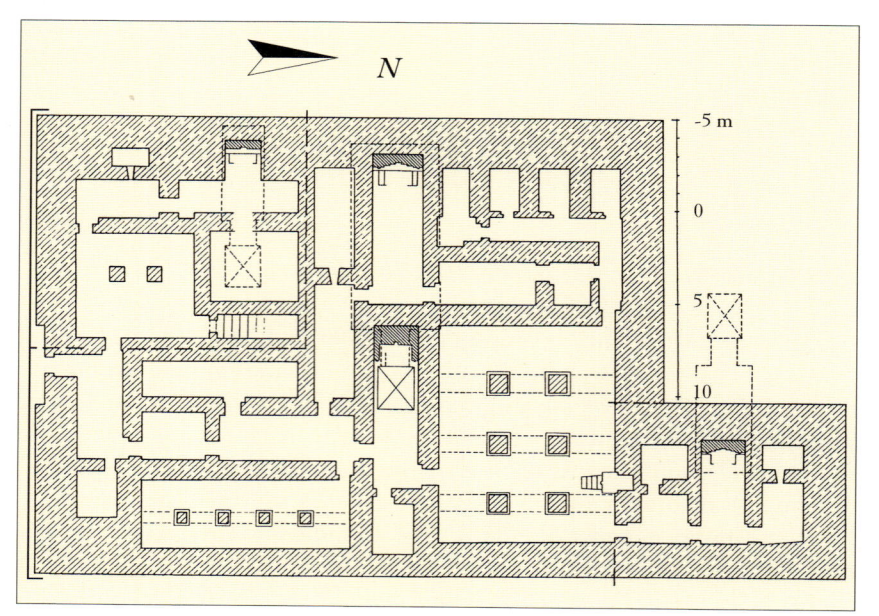

72. L'entrée de la tombe de Mérib
Giza (annexe G 2100) ; début de la Ve dynastie, vers 2500 av. J.-C. ; calcaire peint ; hauteur du mur : 285 cm ; Berlin, SMPK, Ägyptisches Museum, 1107.

La chapelle funéraire du mastaba de Mérib se trouve dans la partie est du monument. À gauche et à droite de l'entrée, le défunt est représenté se dirigeant vers la tombe. Les deux scènes symétriques le montrent en compagnie de ses fils. Ceux-ci, bien que représentés en adultes, le sont dans des proportions moindres, à l'échelle de leur valeur. Sur l'architrave au-dessus de la porte, on peut lire une prière adressée à Anubis et une liste de fêtes. La prière consiste en une formule funéraire qu'on retrouve dans presque toutes les tombes sous une forme analogue : « Une offrande que donne le roi et une offrande que donne Anubis, celui qui préside au pavillon divin. Puisse-t-il [le défunt] être inhumé [dans] le désert de l'Occident [comme] un seigneur d'honneur auprès du Grand Dieu, après avoir atteint un âge bel et long, [à savoir] le chef d'expédition et fils du roi Mérib. » La liste des fêtes, qui fait suite sur la deuxième ligne, contient la prière de recevoir des offrandes funéraires lors des grandes fêtes funéraires annuelles qui se déroulaient dans la nécropole.

ANCIEN EMPIRE

la cour royale. Suivant l'exemple de la nécropole de la capitale, la province voit elle aussi s'édifier désormais des tombes monumentales. Les chapelles funéraires sont souvent des hypogées, qui se substituent au mastaba quand la nature du terrain ne permet pas la construction de ce dernier.

La scène du repas funéraire et la stèle fausse-porte

Les plus anciens exemples de décoration d'une chapelle funéraire remontent à la IIIe dynastie et au début de la IVe. À l'origine, il n'y a pas encore de suite continue entre les scènes. Certains thèmes iconographiques ne sont illustrés que par des scènes codifiées. L'exemple le plus ancien et le plus important est la scène du repas funéraire, qui fait d'abord son apparition sur une dalle d'offrande placée sur le flanc extérieur du monument, puis sera ensuite représentée en relation avec la fausse-porte de la tombe.

Initialement, la scène du repas funéraire représente le défunt à gauche d'une table garnie de pains. Celui-ci tend la main droite vers les pains disposés sur la table et pose la main gauche sur sa poitrine. Cette scène contient toutes les informations nécessaires à sa compréhension. Elle nous fournit, grâce aux textes qui l'accompagnent, avec le nom et les titres du défunt, des renseignements sur sa position sociale ici-bas. Elle

73. Dalle d'offrande d'Iounou
Giza (G 4150) ; IVe dynastie, vers 2590 av. J.-C. ; calcaire peint ; haut. : 39 cm ; Hildesheim, Pelizaeus-Museum, 2145.
La dalle d'offrande du « fils du roi », Iounou, a été découverte à Giza sur la paroi orientale de son mastaba, sous une pierre qui la masquait. Ce fonctionnaire était surveillant des équipes lors de la construction de la pyramide de Chéops. La dalle en grès à grain fin représente le propriétaire de la tombe, Iounou, dans un long vêtement en peau de félin à gauche de la table d'offrande. Une ligne horizontale, au bord supérieur de la dalle de pierre rectangulaire, indique le nom et les titres du défunt. Les titres le désignent comme appartenant au service du vizir. Il était « chef des équipes de Haute-Égypte » et « Grand des Dix de Haute-Égypte ». La ligne de hiéroglyphes au-dessus de la table énumère les offrandes (encens, onguent, figue et vin). La pancarte, à gauche, nomme trois étoffes différentes. Tout en bas, à gauche, on voit cinq greniers du « magasin ».

renseigne également sur la fonction attribuée à la tombe, demeure éternelle du défunt. Elle informe par le texte et l'image sur la nature des offrandes, fournissant la liste nominative des produits déposés sur la table et de ceux qui doivent être offerts, liste quantitative en même temps que qualitative. Ces listes, très tôt standardisées, ont force de loi et fixent donc les apports quotidiens d'offrandes à consacrer au défunt.

La scène du repas funéraire est à l'origine de toute la décoration murale de la chapelle. Par crainte que les dons, mentionnés dans les listes d'offrandes pour satisfaire aux besoins quotidiens du défunt, ne parvien-

74. Stèle fausse-porte de la fille du roi Ouenchet
Giza (G 4840) ; IVe ou V^e dynastie, vers 2500 av. J.-C. ; calcaire ; haut. : 223,2 cm ; Hildesheim, Pelizaeus-Museum, 2971.
La stèle fausse-porte classique imite la porte d'une maison, avec ses montants, son linteau et un élément cylindrique, le rouleau servant à maintenir un store. La présence d'une telle porte désigne l'ensemble du monument funéraire comme lieu d'habitation. La stèle fausse-porte en est un bon exemple. La fille du roi, dans les inscriptions, est qualifiée de « fille du roi issue de sa chair, prêtresse d'Hathor, maîtresse du sycomore, prêtresse de Neith, au nord du mur ». L'habituelle formule d'offrande est absente. La décoration de la fausse-porte assure la survie de la défunte dans l'au-delà, les parents procèdent au culte funéraire et des porteurs présentent diverses offrandes.

75. Stèle fausse-porte d'apparat
Saqqara, hypogée des deux chanteurs Néfer et Kahay ; milieu de la Ve dynastie, vers 2450 av. J.-C.
Un autre type de stèle fausse-porte : celui de la fausse-porte d'apparat. Elle est constituée des saillants et des rentrants d'une façade de palais. La fausse-porte d'apparat a donc pour fonction de désigner le monument funéraire comme un palais. Ce type de porte apparaît dès la IVe dynastie. Elles ont rarement été gravées seules et sont, le plus souvent, associées à une fausse-porte classique. Celle de la tombe de Néfer et Kahay se trouve entre la fausse-porte du défunt Néfer et celle de son père Kahay. Elle n'a cependant été utilisée comme stèle fausse-porte principale qu'à la fin de la Ve dynastie, lors de l'inhumation secondaire du « directeur des chanteurs (du nom de) Khénou », et c'est pourquoi son nom a été inscrit sur la niche de la porte.

nent pas ponctuellement au lieu de culte, ou que le culte funéraire, dans un avenir lointain, ne vienne un jour à s'éteindre, on s'assura par les moyens magiques de l'image que les offrandes ne puissent jamais manquer. Autour de la scène du repas funéraire, les représentations sont là pour assurer la pérennité du culte funéraire. Il s'agit en premier lieu des images de porteurs d'offrandes avec leurs dons, mais aussi de plusieurs scènes montrant la production des denrées destinées aux offrandes.

À l'origine, les représentations de l'offrande et la remise de celle-ci par les prêtres funéraires se trouvent directement sur la fausse-porte en relation avec la scène du repas funéraire. Mais de la fausse-porte, elles s'étendent sur les parois voisines de la chapelle funéraire et gagnent le mur méridional puis le mur nord et le mur est, pour finalement investir la totalité du sanctuaire.

Cela explique que le répertoire iconographique des premières chapelles funéraires est composé pour l'essentiel de processions de porteurs d'offrandes et de scènes de boucherie. Rétrospectivement, et en relation avec la scène du repas funéraire, la décoration de ces premières chapelles se révèle être la représentation des dons mentionnés sur la liste d'offrandes. L'objectif essentiel de ce répertoire est de garantir la production des denrées nécessaires aux offrandes.

La production des offrandes et leur présentation rituelle au défunt, transposées en images, font référence aux activités exercées sur terre pour le compte du défunt représenté dans l'au-delà. Au cours de la Ve dynastie, on voit de plus en plus souvent des scènes relatant la vie du défunt dans l'au-delà et illustrant le rôle social qu'il y joue. Ces compositions ont une importance équivalente à celles du culte funéraire. Les nouvelles scènes vont alors occuper une place prépondérante dans le répertoire iconographique de la chapelle funéraire.

76. Stèle fausse-porte
Saqqara, salle d'offrande du mastaba du vizir Méhou ; début de la VIe dynastie, vers 2330 av. J.-C.
Le troisième type de stèle fausse-porte est celui fréquemment utilisé à partir de la Ve dynastie, avec gorge et tore. Cette fausse-porte imite l'entrée d'un monument de culte. Celle de Méhou est en calcaire, ses applications de peinture ocre rouge imitent le grès silicifié. Les hiéroglyphes sont gravés en creux et peints en ocre. Ceux de l'architrave et des montants intérieurs contiennent les formules funéraires adressées aux dieux des morts, Anubis et Osiris. Elles expriment le vœu de belles funérailles au terme d'un âge respectable. Les hiéroglyphes qui décorent verticalement les montants extérieurs contiennent les titres du propriétaire de la tombe. L'inscription indique que Méhou occupait les fonctions de vizir et qu'il détenait le contrôle de tous les offices importants du pays.

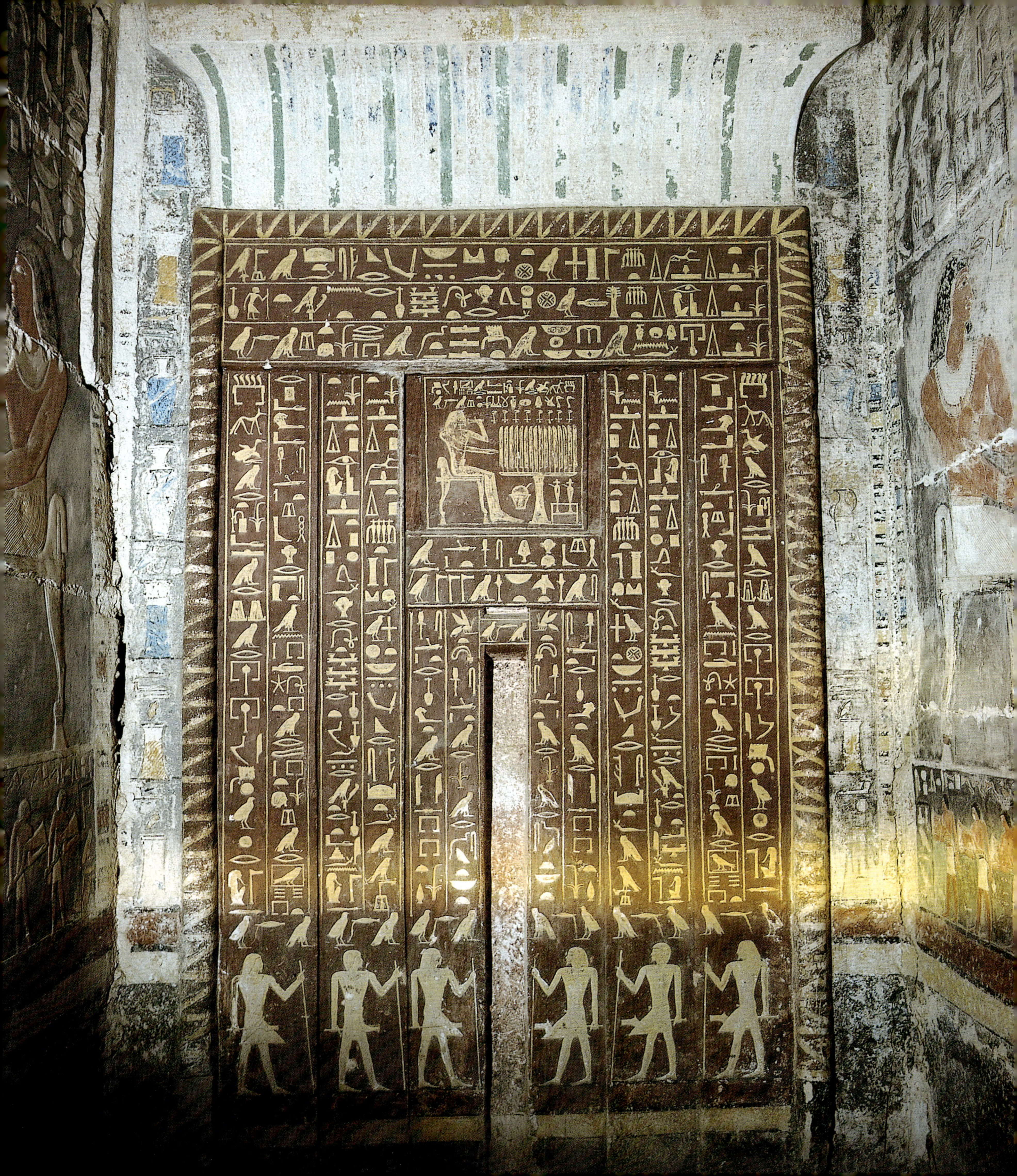

77. L'élevage des chèvres et la pêche au filet
Saqqara, mur oriental de l'hypogée des deux chanteurs Néfer et Kahay ; milieu de la Ve dynastie, vers 2450 av. J.-C.
Dans la section nord du mur oriental de la tombe de Néfer et Kahay figurent des scènes de travaux agricoles. Au registre supérieur, les chèvres paissent tranquillement et broutent les feuilles d'arbres. Le chef des travaux remet son rapport écrit au propriétaire de la tombe. Les deux registres inférieurs sont consacrés à la pêche au filet. Le contremaître des pêcheurs remet une prise choisie au défunt. Dans cette scène, la ligne séparant les registres est en même temps le sol sur lequel se tiennent les personnages. Au milieu du registre supérieur, on observe que le registre a été séparé, sur une courte distance, par une ligne qui permet de former un sous-registre sur lequel des chèvres paissent.
Dans la scène de pêche, on observe le procédé inverse de l'agencement des registres : pour cette représentation surdimensionnée de l'action, deux registres ont été réunis en un double registre. La bande supérieure montre le plan du rivage avec les pêcheurs, tandis qu'au registre inférieur, on voit l'eau et les poissons pris dans le filet.

78. Le passage d'un gué, la confection des barques de papyrus, l'élevage des bœufs, la chasse aux oiseaux
Saqqara, mur oriental de l'hypogée des deux chanteurs Néfer et Kahay ; milieu de la Ve dynastie, vers 2450 av. J.-C.
L'orientation des scènes de la section médiane du mur oriental est déterminée par le portrait du défunt, à l'extrémité droite du mur. Le détail de la représentation réunit ici une séquence de scènes regroupées autour du thème de la vie rurale. Au registre supérieur, on observe la récolte du papyrus et la construction des barques ; au-dessous, sont décrites des scènes de l'élevage du bétail avec le passage d'un gué. Plus bas, à gauche, la cuisson du pain à la campagne, et à droite, différentes scènes de la vie des oiseleurs. Au registre inférieur, sont présentées des scènes de danse devant une cabane. Chaque groupe de scènes présente une unité thématique. Celles-ci séduisent par leur concision et la précision du trait. Les séquences ont dû être raccourcies par manque de place.

ANCIEN EMPIRE

79. La mise à terre de deux jeunes taureaux
Saqqara, tombe du vizir Mérérouka ; début
de la VIe dynastie, vers 2330 av. J.-C.
La scène de la tombe de Mérérouka illustre
deux phases de la capture et de la mise à terre
de deux bêtes destinées à l'abattoir. À gauche,
le taureau est jeté à terre dans une lutte acrobatique. À droite, le taureau est maîtrisé : ses
pattes postérieures ont perdu le contact avec
le sol, les pattes antérieures ont plié, la bête
s'effondre.

80. Le défilé des bœufs
Saqqara, tombe du vizir Ptahhotep ; fin de la
V[e] dynastie, vers 2350 av. J.-C.
Les bêtes, destinées à l'abattoir, proviennent
des domaines du propriétaire de la tombe,
Ptahhotep. Les bœufs condamnés sont présentés pour le recensement par les contremaîtres et leurs aides, qui a lieu en présence
de Ptahhotep. La légende de la scène se réfère
à la présence du défunt : « Observation de
l'inspection des bœufs appartenant aux
étables des domaines et des maisons du *ka* de
la fondation funéraire ». Un bœuf, magnifique exemplaire aux cornes lyriformes, amulette au garrot, avance en tête du troupeau.
Le bœuf est mené à la longe par un bouvier
infirme. L'infirmité physique n'est jamais
représentée que touchant la population
rurale. Derrière le bœuf aux cornes lyriformes
suit une bête aux cornes plus courtes, qui
avance sous les coups de bâton. Chaque bœuf
figure au singulier le nombre des autres bêtes
de même race. Leur silhouette bien en chair
témoigne de la qualité des soins apportés au
troupeau.

L'organisation du temps et de l'espace dans l'iconographie

Le répertoire iconographique des ensembles funéraires de l'Ancien Empire se veut illustrer la vie du défunt dans l'au-delà, et subordonne toutes les scènes à cet objectif. Les conceptions funéraires sont les mêmes pour l'ensemble de la population, à l'exception du roi. Aussi, le répertoire iconographique varie peu d'une tombe à l'autre, qu'il s'agisse de vizirs, de hauts fonctionnaires, de chanteurs, de coiffeurs et autres artisans du roi. La différence essentielle réside dans l'exécution, tributaire de la dimension de la tombe et de la surface mise à la disposition pour la décoration, dépendantes des moyens financiers du commanditaire de la tombe.

Sous l'Ancien Empire, les surfaces murales de la chapelle funéraire, destinées à recevoir le répertoire iconographique, sont organisées avec le plus grand détail. Le mur est divisé en plusieurs compartiments, subordonnés les uns aux autres. Le registre, une bande horizontale, est l'élément majeur de la structure du mur. Une surface murale présente ainsi plusieurs registres, qui sont en général de même hauteur. Ceux-ci sont bordés latéralement par un grand espace rectangulaire, qui s'étend sur toute la hauteur du mur. Cet espace contient le portrait plus grand que nature du défunt, reliant entre elles les scènes des registres qui s'orientent vers cette image. Les registres présentent des unités picturales formant des groupes de scènes, puis des séquences thématiques. Selon la surface disponible, plus ou moins grande, les scènes sont très détaillées ou simplifiées. Elles peuvent se présenter de manière courte, ou s'exprimer en longues séquences picturales narratives.

Tandis que le portrait du défunt se situe dans un espace intemporel, la relation temporelle d'un registre est définie chronologiquement, sur un plan vertical, les événements les plus anciens se trouvant sur le registre

ANCIEN EMPIRE 85

82. Mur sud de l'hypogée des deux chanteurs Néfer et Kahay
Saqqara ; milieu de la Ve dynastie, vers 2450 av. J.-C.
Derrière le mur sud de la chapelle funéraire de Néfer et Kahay se trouve le *serdab*, pièce qui contient les statues du défunt. Il s'étend derrière un mur fermé, et ne s'aperçoit de l'extérieur qu'à travers les trois fentes horizontales reliant le *serdab* à la chapelle funéraire. Ces fentes se trouvent placées au-dessus de la représentation du défunt. Elles localisent l'endroit devant lequel on faisait brûler l'encens pour les statues placées dans le *serdab*. La scène principale, exécutée en bas relief, représente la remise des offrandes au propriétaire de la tombe, Néfer. Celui-ci est représenté en grand format. Il porte un pagne plissé et s'appuie sur un bâton. Derrière lui, ses trois frères le suivent. Les offrandes sont disposées devant le défunt, des porteurs présentent des dons de volaille et de petits animaux. Un petit orchestre joue pendant la prise du repas funéraire. L'épouse du défunt, richement parée, est assise à ses pieds et prend part au festin.

81. L'abattoir
Saqqara, hypogée des deux chanteurs Néfer et Kahay ; milieu de la Ve dynastie, vers 2450 av. J.-C.
Sur le mur sud de la tombe de Néfer et Kahay, on peut suivre les différentes étapes du travail à l'abattoir. À gauche, les bouchers égorgent le bœuf. Le sang qui jaillit est recueilli dans un bassin par le boucher, qu'on voit venir de l'extérieur vers le centre de l'image. Au centre, on assiste au dépeçage de la bête. Et, enfin, à droite, deux aides se dirigent vers la table d'offrande, emportant les cuisses des animaux posées à cheval sur leur épaule et tenant le cœur à la main.
Les scènes d'abattoir montrent des attitudes diverses et parfois inhabituelles. Les bouchers sont représentés dans un mouvement permanent et parfois dans des postures à la limite de la contorsion, ce qui confère beaucoup de vie à ces scènes, effaçant leur caractère statique.

supérieur de la scène. Les scènes de travaux des champs illustrent bien cette évolution chronologique. Elles s'enchaînent selon le fil des saisons, et montrent successivement les labours, l'ensemencement, les plants qui lèvent, les moissons, le battage, l'ensilage du grain et le bilan du produit de la récolte. La séquence conclut sur les images de la transformation du grain en pain et en bière. Une évolution temporelle analogue s'observe également dans les scènes d'élevage : dans une même séquence, sont représentés à la suite la saillie d'une vache par un taureau, la mise bas du veau, la traite de la vache et l'élevage des veaux. La scène de vinification est un rien plus brève, et illustre les vendanges, le foulage et le pressage du raisin jusqu'à la mise en jarre du vin.

La plupart des séquences saisissent non seulement la dimension temporelle, mais aussi la dimension spatiale. Parmi les scènes de l'activité agricole, on voit se succéder aux travaux des champs ceux effectués autour de la grange. Il en va de même pour les scènes de pêche ou de chasse aux oiseaux, à l'aide d'un filet : ces scènes rurales sont représentées aux côtés de scènes qui appartiennent à un autre contexte.

Parfois, les deux dimensions – le temps et l'espace – se chevauchent. Dans les scènes de chasse dans le désert, les bêtes pourchassées sont aussi bien des animaux du désert que des animaux de la prairie. Ces mêmes animaux sont représentés à la fois dans l'accouplement et au moment de la naissance des petits. Un décalage analogue de l'espace et du temps s'observe aussi dans les scènes de navigation. Sur un même registre, le défunt navigue sur le fleuve à la fois passager d'un voilier et passager d'une barque.

ANCIEN EMPIRE

Les offrandes et les scènes de boucherie

Les scènes de boucherie sont un élément essentiel du culte funéraire, les dons de viande provenant le plus souvent de l'élevage des bœufs. Cependant, la chasse est également une source de production, le gibier étant principalement constitué de gazelles et d'antilopes, auxquelles s'ajoutent les oies, les canards et les pigeons. En revanche, les poissons ne sont pas utilisés comme offrandes, bien que les scènes de pêche soient fréquemment représentées dans les tombes de l'Ancien Empire.

Les portions de viande sont apportées bouillies ou rôties. Elles sont présentées au défunt sur le lieu de culte et, après l'offrande, emportées par les prêtres funéraires, qui les utilisent pour leur consommation personnelle. L'offrande d'un animal de boucherie est un événement d'une importance particulière, car elle transmet au défunt les forces vitales de l'animal en question. La vertu fortifiante est particulièrement concentrée dans le cœur et la cuisse de l'animal. Ces deux organes, cœur et cuisse, sont remis au défunt dans le contexte du rite de l'ouverture de la bouche, et jouent un rôle important parmi les cérémonies qui redonnent vie au défunt.

En raison de la grande force vitale contenue dans le cœur et la cuisse des offrandes, les scènes d'abattoir ne sont jamais absentes des tombes de l'Ancien Empire. Les instants où le cœur et la cuisse sont détachés de la victime font partie intégrante de ces scènes, et on ne manque presque jamais de les représenter. Ces compositions sont toujours exécutées avec un soin particulier. Les mouvements expressifs du boucher sont particulièrement bien rendus. Ce sont d'ailleurs les premières scènes dans lesquelles sont consignés les propos échangés pendant les opérations. L'iconographie relative aux scènes de boucherie a son origine dans les coutumes de chasse des peuples nomades de l'Ancienne Égypte. Cette tradition se maintient depuis la préhistoire jusqu'aux temps historiques.

L'animal destiné à l'abattoir prend la place du gibier. Au cours des opérations préliminaires à l'abattage, l'animal est pris au lasso, jeté à terre, ligoté et tué selon un rite ancien. Pour la mise à mort, on utilise une lame en silex, qui a depuis longtemps disparu de l'usage quotidien. Le sens de la mise à mort, dans ce contexte, est à interpréter comme l'expiation d'une faute commise par l'animal. Ainsi la scène de boucherie doit être comprise comme un acte propitiatoire, et signifie la destruction de l'ennemi des dieux. Dans les temps historiques, les animaux destinés à l'abattoir constituent un bien matériel précieux pour leur propriétaire. C'est pourquoi les scènes de boucherie de l'Ancien Empire, outre leur signification religieuse, ont également un rôle social. L'abattage des animaux ne sert pas seulement à insuffler la vie au défunt et à anéantir les ennemis des dieux, il met également en relief la richesse et la puissance du défunt. Autrement dit, les scènes désignent le défunt comme propriétaire d'une ferme, et, en général, comme grand propriétaire terrien.

Cette vue matérialiste, dans les monuments funéraires de l'Ancien Empire, s'exprime également dans les scènes d'élevage des troupeaux et du recensement du cheptel. Les troupeaux sont présentés en longues files et comptés tête par tête. Le résultat du recensement des bêtes donne dans tous les cas un chiffre très important. Et les représentations n'ont d'autre rôle que de mentionner ce chiffre élevé.

Les scènes d'artisanat et le commerce au marché

La décoration funéraire de l'Ancien Empire exprime le niveau de vie des particuliers dans la société de l'Ancienne Égypte. En fait, elle représente surtout la vie de l'élite, qui sert de modèle à celle du défunt dans l'au-delà. Les scènes de travaux des champs et d'élevage, les scènes de pêche et de capture des oiseaux, à la campagne, ainsi que les scènes

83. Artisans et scènes de marché
Saqqara, mur sud de la salle d'offrande dans la tombe de Ti, chef des travaux de la pyramide ; fin de la Ve dynastie, vers 2400 av. J.-C. Les artisans figurant dans la tombe de Ti illustrent quasiment tous les secteurs d'activité. Le mur sud de la chapelle principale du tombeau réunit dans sa décoration les sculpteurs, les graveurs sur métaux, les orfèvres, les charpentiers, les ouvriers du cuir dans l'exercice de leurs métiers.
Dans l'atelier du charpentier sont représentées les différentes étapes des travaux. De gauche à droite, on scie de grosses planches, on cheville des coffres, on prépare des planchettes, on polit un lit. Les textes qui accompagnent les artisans signalent leurs titres respectifs, la nature de leur travail, ainsi que les propos des ouvriers. C'est ainsi que le charpentier maniant la scie dit à son compagnon : « Donnes-en une autre (lame de scie). (Celle-ci) a chauffé ! »
Le registre inférieur représente le commerce au marché. Le marché consiste en des opération de troc et n'a qu'un impact local. Les objets échangés sont des objets d'usage courant. À gauche, un tailleur de sceau offre ses services. Au centre, on échange des onguents contre des sandales, à droite un vendeur propose un éventail. À l'extrémité droite, on échange des bâtons contre des céréales. Les propos de marchandage figurent auprès des marchands et des chalands. Ainsi le vendeur de bâtons : « Voyez le beau bâton, il est bien sec, mon ami. J'en veux trois héqats de blé. »
Et la réponse : « Oh ! l'admirable pommeau ! »

ANCIEN EMPIRE

84. Scènes de l'artisanat
Saqqara, mur est de l'hypogée dans la tombe des deux manucures, Niânkh-khnoum et Khnoumhotep ; milieu de la Ve dynastie, vers 2450 av. J.-C.
Dans la tombe des deux manucures, Niânkhkhnoum et Khnoumhotep, une longue séquence détaillée de scènes d'artisanat a été conservée. Sur plusieurs registres, de haut en bas, sont représentés différents ateliers. En haut, on voit des sculpteurs au travail sur des statues, au centre les artisans des métaux fabriquent des objets destinés au mobilier funéraire ; au registre inférieur sont reproduits des joailliers en train d'enfiler des colliers. Les textes fournissent diverses indications sur l'activité concernée, la désignation professionnelle de l'artisan, la nature des articles confectionnés ; ainsi lit-on : « peinture de la statue » par « le peintre » ou « enfilage des colliers par le joaillier ».

Dans cette tombe, seuls les artisans des métaux tiennent des propos sur le travail. L'un des commentaires concerne l'état du métal fondu dans le creuset. Le feu, sous le creuset, est attisé par quatre hommes à l'aide de tubes de soufflerie. Les flammes s'élèvent sur les côtés. Le contremaître, qui se tient à la droite des ouvriers, annonce que la coulée est bientôt prête par les propos suivants : « L'air est chaud au-dessus du métal fondu (qui est désigné par « frère du soleil »). L'état de fusion est atteint. Allez-y (commencez la coulée) ! » Les lingots bruts d'abord obtenus sont martelés par d'autres ouvriers jusqu'à l'obtention de tôle. Les produits définitifs sont destinés au culte.

ANCIEN EMPIRE

de l'artisanat, où chaque fois le défunt figure comme contrôleur des travaux, soulignent le haut rang social qu'occupait le propriétaire de la tombe.

Les scènes d'artisanat illustrent particulièrement bien la position du défunt dans la société et par rapport au roi. En effet, les matières premières et les ressources du pays utilisées dans l'artisanat appartiennent à l'administration du roi, c'est pourquoi le droit de disposer d'artisans reste un privilège royal. Les artisans des métaux utilisent des matières premières qui sont importées de l'étranger ou proviennent des contrées lointaines de l'Égypte. Le cuivre provient du Sinaï ou il est fourni par la Palestine, sous l'Ancien Empire, éventuellement par Chypre. L'or est exploité dans les mines du désert oriental et dans celles de Nubie. Il en va de même pour le bois couramment utilisé, qui provient presque exclusivement de Syrie. L'Égypte elle-même est très pauvre en bois et ne dispose que d'essences médiocres tels le sycomore et l'acacia. C'est pourquoi le bois de cèdre, qui, dès les temps archaïques, a toujours été une importante denrée commerciale venue du Liban, est une matière très recherchée en Égypte. Parmi les bois précieux comptent également différentes essences africaines, parmi lesquelles l'ébène, particulièrement utilisée dans la fabrication de meubles et de statues.

Initialement, les pierres destinées à la construction de la tombe et à l'équipement des ensembles funéraires faisaient l'objet d'une donation royale. Ces pierres sont extraites de carrières souvent lointaines, de la région des cataractes ou de Nubie, et arrivent à la résidence par bateaux de l'administration centrale.

La quasi-totalité de la production artisanale est destinée au mobilier funéraire. Il s'agit là d'objets qui, pour la plupart, aux époques reculées de la civilisation égyptienne, faisaient partie du mobilier funéraire déposé dans le magasin annexé à la tombe, mais dont on fait désormais l'économie. L'image est le substitut des vrais objets funéraires alors absents.

La palette des produits représentés est réduite. Les artisans des métaux fabriquent des objets de culte et des bijoux, les artisans de la pierre travaillent à la manufacture de vases, de statues ou de sarcophages. Les artisans du bois confectionnent des objets rituels ou profanes d'usage courant. Leur secteur comprend également la construction navale traditionnelle et la production de colonnes, de portes et de naos. Le surplus des marchandises produites est vendu au marché et mis à la disposition des autres propriétaires de tombes. L'offre de marchandises présentées sur le marché ne peut satisfaire que des besoins peu exigeants. Au marché, le mode d'échange est le troc. La valeur de l'objet marchand est déterminée en fonction d'une unité-étalon de cuivre. Les principaux produits sont les denrées alimentaires : la bière et le pain, les légumes et le poisson, de petites quantités d'hameçons de pêche, de bâtons, de sandales, d'onguents et de sceaux-cylindres. On n'y trouve pas les produits de valeur sur lesquels le roi exerce son monopole, dont font partie par exemple les papyrus.

Le voyage dans le Bel Occident

Les représentations de la tombe illustrent la vie quotidienne. Pourtant, elles se réfèrent à l'au-delà, conçu à l'image du monde des vivants. C'est pourquoi les scènes des tombes de l'Ancien Empire nous permettent de reconstituer les croyances funéraires des anciens Égyptiens de cette époque.

Une étude attentive des décors funéraires indique que, sous l'Ancien Empire, les croyances funéraires des particuliers étaient aussi riches et variées que celles du roi. À la différence des conceptions royales, l'au-delà des particuliers n'est pas au ciel, parmi les dieux, mais sous la terre, dans le monde des aïeux et des ancêtres. Cette croyance est le fondement de toutes les pratiques funéraires concernant les sujets du royaume.

85. La sortie en chaise à porteurs
Saqqara, tombe du gouverneur de domaine, Ipi ; début de la VIe dynastie, vers 2330 av. J.-C. ; calcaire ; haut. : 112 cm ; Le Caire, Musée égyptien, CG 1536.
Le gouverneur de domaine, Ipi, dans une chaise à porteurs d'un luxe princier, est assis sur un trône, protégé du soleil par un dais. Il tient d'une main un court bâton, de l'autre un chasse-mouches. Les bras de la chaise reposent sur les épaules des porteurs, dont on n'aperçoit entièrement que ceux de la file de droite ; ceux de gauche étant cachés par ces derniers. Les serviteurs, munis de parasols, ainsi que la suite personnelle du propriétaire de la tombe, qui précèdent le cortège, font également partie de la procession. Pendant la promenade, les porteurs chantent. Le chant, tout en déplorant le fardeau du labeur, célèbre également la joie que procure aux porteurs l'honneur de porter en chaise le défunt. Le texte du chant figure entre les porteurs. Il dit au refrain : « Mieux vaut une chaise occupée (avec le défunt) qu'une chaise vide. »

86. Le voyage au Bel Occident
Saqqara, tombe du vizir Méhou ; début de la VIe dynastie, vers 2330 av. J.-C.
Le bateau est saisi au moment où les voiles sont hissées. Une partie des matelots est encore aux rames pendant que les autres hissent la voile à grand effort. Le propriétaire de la tombe est dans la cabine centrale, appuyé sur son bâton. Debout, il contemple la manœuvre de la voile, qui indique que la barque va virer. La manœuvre s'explique par l'abordage de la barque au rivage du Bel Occident. Dans la cabine de poupe, on observe une deuxième fois le défunt, allongé sur son lit de mort. Le texte figurant au-dessus du bateau à voile est un chant qui parle du vent favorable et de l'arrivée prochaine du défunt dans la contrée de l'au-delà, chez Hathor : « L'or (c'est-à-dire la déesse Hathor) a créé la beauté de la belle (momie). La belle (momie) arrive à présent chez Hathor, la Maîtresse du sycomore. En paix, en paix vers la contrée des monts d'Occident ! »

ANCIEN EMPIRE

87. Joutes de barques
Saqqara, tombe du vizir Ptahhotep ; fin de la V⁰ dynastie, vers 2350 av. J.-C.
Les barques de papyrus de la tombe du vizir Ptahhotep descendent en convoi les canaux du Nil. Les eaux des canaux regorgent de poissons et sont semées de fleurs de lotus. Le but du voyage est la nécropole. Pour des raisons obscures, le transport des offrandes en barque de papyrus s'accompagne de joutes aquatiques, bien que les barques chargées fassent route dans la même direction et que les chargements d'offrandes soient destinés à la même personne. Peut-être ces joutes sont-elles l'expression de la rivalité entre les bateliers. Chaque barque désire être la première arrivée sur le lieu de culte et tente de dévier de son cours la barque voisine. Dans le cas de Ptahhotep, les barques sont chargées des corbeilles de figues, d'un panier d'osier avec des volailles et, pour la barque de tête, d'un veau. Cette course animée connaît un moment d'apaisement quand passe la dernière embarcation du convoi. Son passager est l'artiste qui a décoré la tombe. La légende contient une signature d'artiste, fait rare dans l'Ancienne Égypte. Il s'agit de « l'honorable Niânkhptah, son (celui de Ptahhotep) artisan bien-aimé ». Pendant le voyage, un repas est offert à l'artiste, où sont servis du pain, des fruits et de la bière. Le registre surmontant la scène représente la chasse aux oiseaux avec des filets hexagonaux.

Le caveau du défunt, dans les profondeurs de la terre, est conçu comme sa demeure d'éternité.

À cette conception de la tombe comme étant l'au-delà du particulier sont liées toute une série de représentations qui, en apparence, se contredisent, mais que la pensée mythique qui les sous-tend rend compatibles. D'une manière analogue au souverain qui monte au ciel à l'aide de différents moyens – sur les ailes d'un oiseau, emporté par une sauterelle, sur des volutes d'encens ou grâce à une échelle céleste –, le défunt accède à sa demeure d'éternité souterraine de différentes manières.

Selon une ancienne croyance, le défunt se fait conduire à la nécropole. Au cours des rites d'enterrement, il est introduit solennellement dans la Ville des Morts, et vit désormais dans la chambre sépulcrale qui lui est destinée, image de son propre au-delà.

Une autre croyance se fonde sur la situation topographique de la tombe. La localisation de l'au-delà part du fait que le défunt, pour arriver à la nécropole, traverse le Nil en bateau. C'est ce qu'il apparaît dans les inscriptions funéraires où le défunt émet le vœu de « traverser le fleuve d'Airain en paix et de parvenir à la cime de la nécropole ». La traversée vers la nécropole est souvent représentée dans les tombeaux comme un voyage en barque, et les légendes des décors funéraires la désignent comme le voyage vers le Bel Occident. Selon les conditions de vent, discerne-t-on une embarcation à voile ou à rames.

La troisième possibilité consiste à se rendre au pays de l'Occident par voie de terre. Ce vœu s'exprime parfois dans les inscriptions funéraires. Le défunt espère, par voie de terre, « monter à la cime de la nécropole ».

Pour la route vers le Bel Occident, la chaise à porteurs s'offre comme un des moyens de transport. Le propriétaire de la tombe, s'il choisit la chaise, sera conduit sur les épaules des porteurs jusqu'à la nécropole, au Bel Occident. Pour stimuler l'effort, pendant la procession en chaise à porteurs, ceux-ci entonnent un chant, dont le texte nous est parvenu par l'intermédiaire de nombreuses scènes de l'Ancien Empire. Par leur chant, les porteurs du défunt se donnent mutuellement du courage. Dans certains cas, le propriétaire de la tombe, plutôt que la chaise à porteurs où il est assis ou accroupi, préfère le palanquin plus commode, attelé entre deux ânes.

La sortie du défunt dans le fourré de papyrus

L'au-delà est pour l'essentiel organisé sur le modèle du monde des vivants. L'accomplissement des tâches et la surveillance des travaux dans les champs et sur les domaines le régissent donc comme dans la vie de tous les jours. C'est le contexte qui caractérise les scènes de la vie quotidienne se rapportant à l'agriculture, à l'élevage, à la pêche, à la chasse aux oiseaux, à la production des denrées alimentaires et à l'artisanat. Hormis les scènes typiques de la vie quotidienne, on rencontre aussi des scènes illustrant la sortie du défunt dans le fourré de papyrus. Ces représentations font également référence à l'une des régions de l'au-delà, et au Bel Occident ; cependant, elles comparent surtout l'au-delà à un lieu mythique. L'origine mythique de cette contrée légendaire est Khemmis, dans le Delta, où Isis accoucha de son fils Horus. Là, dans le fourré de papyrus, elle le cacha pour le soustraire à la haine de son rival, Seth, où il grandit sous la protection de sa mère.

Comme le fourré de papyrus qui, aux temps mythiques, fut le lieu où naquit et grandit le jeune Horus, dans la réalité présente, il signifie, au sein du contexte des décorations funéraires, un lieu de renaissance et de vie nouvelle. La fonction mythique du fourré de papyrus est alors transposée sur les sépultures, dans le sens où le monument funéraire lui-même est considéré comme se situant au sein de ce fourré. Cette idée est clairement exprimée dans toutes les tombes où l'on en trouve la représentation sur la façade et aux portes du complexe. Mises ainsi en exergue, ces décorations indiquent que les salles intérieures du tombeau se dressent au cœur du fourré de papyrus, et que la tombe elle-même est conçue comme un lieu de renaissance. Le répertoire iconographique de la chapelle funéraire ne se borne donc pas à représenter la vie quotidienne du défunt au royaume des morts, elle désigne en même temps la tombe comme lieu de renaissance. Les scènes montrant le défunt dans le fourré de papyrus, chassant les oiseaux avec un boomerang ou pêchant au javelot multilancéolé est une illustration exemplaire des représentations liées au fourré de papyrus mythologique de Khemmis. Dans ces expéditions, le défunt se trouve presque toujours en compagnie de son épouse. Ainsi, la présence de sa propre épouse lui donne la possibilité de renaître. Les enfants du défunt, très souvent représentés, se tiennent également dans la barque de papyrus et doivent être interprétés comme des symboles du défunt rajeuni. Ils sont la manifestation de son être après l'accomplissement de sa renaissance.

Le fourré de papyrus, lieu de renaissance, recèle une multitude de dangers les plus divers. Des puissances hostiles, en particulier l'hippopotame, menacent le défunt au moment de sa renaissance. Potentiels ennemis des dieux, ils sont impitoyablement chassés hors de la proximité du défunt. Les indigènes des marais, qui vivent dans les massifs de papyrus, lui prêtent aide et assistance dans cette tâche.

Plus que d'autres scènes des tombes de l'Ancien Empire, les scènes du fourré de papyrus mettent en relief le lien établi entre le répertoire iconographique et les croyances funéraires. Ces scènes impliquent directement la renaissance du propriétaire de la tombe. Le fourré de papyrus entretient un lien sémantique indissociable de la naissance, l'éducation et le triomphe d'Horus, fils d'Osiris, apportant ainsi à chaque défunt enterré dans sa tombe la réconfortante assurance de sa renaissance dans le fourré de papyrus, qui abolira l'état de mort où il se trouvait.

88. La construction des barques de papyrus
Saqqara, tombe du vizir Ptahhotep ; fin de la Ve dynastie, vers 2350 av. J.-C.
La construction des barques de papyrus s'opère habituellement à proximité d'un fourré de papyrus. Elle est liée le plus souvent à la représentation de celui-ci. Les constructeurs de barques travaillent en famille et associent leurs enfants au travail. Les enfants effectuent de petites tâches subalternes. Dans la tombe du vizir Ptahhotep, un enfant tend les cordes nécessaires à l'assemblage de la barque. Pendant les opérations, un dialogue se noue entre père et fils. Le père, qui travaille à la barque de papyrus, lance ces mots à son fils : « Oh ! mon fils Ikaj, apporte-moi les cordes ! » Le fils répond aussitôt : « Oh ! mon père, prends cette corde ! »

89. La chasse aux oiseaux avec un boomerang et pêche au javelot dans le fourré de papyrus
Saqqara, tombe des deux manucures, Niânkhkhnoum et Khnoumhotep ; milieu de la Ve dynastie, vers 2450 av. J.-C.
La scène montre les deux propriétaires de la tombe, Niânkhkhnoum et Khnoumhotep, à la chasse dans les fourrés de papyrus. À gauche, Niânkhkhnoum part à la chasse aux oiseaux ; à droite, son frère Khnoumhotep s'adonne à la pêche au javelot. Devant les deux défunts s'approchant dans leurs barques de papyrus, les oiseaux s'envolent par nuées. Quelques-uns restent dans leurs nids, posés d'une façon que l'on ne connaît pas dans la nature, au sommet des ombelles des papyrus. Par ailleurs, les oiseaux qui couvent sont menacés par des genettes et des loutres. Sur des tiges qui oscillent sous leur poids, les prédateurs s'approchent des nids d'oiseaux juchés sur les ombelles de papyrus. Les deux défunts sont accompagnés à la chasse, l'un et l'autre, par leur épouse et par leur fils aîné.

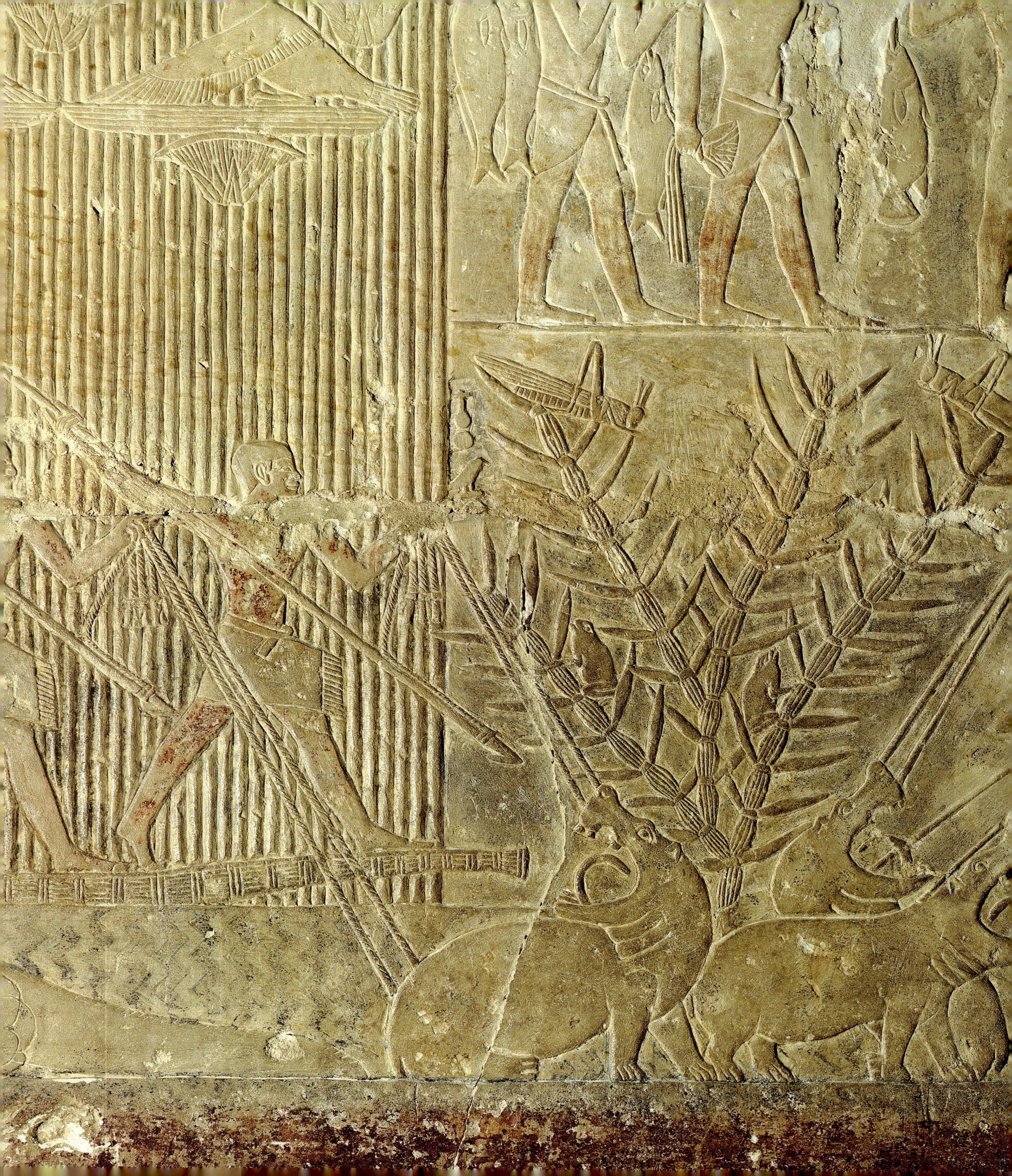

90. La chasse à l'hippopotame
Saqqara, tombe du vizir Mérérouka ; début de la VIe dynastie, vers 2330 av. J.-C.
La chasse à l'hippopotame de la tombe du vizir Mérérouka, à Saqqara, compte parmi les plus importantes scènes de chasse de l'Ancien Empire. Deux barques, chacune avec son équipage de chasseurs, ont rabattu trois hippopotames. Les trois bêtes ont cherché l'abri d'une énorme plante paludéenne en bordure du fourré de papyrus. Sur la plante aquatique surdimensionnée, on peut voir, également en format géant, des sauterelles, des libellules et des grenouilles. En proportion, les trois hippopotames paraissent minuscules. Ils font face aux chasseurs, qui approchent de gauche et de droite, lançant leurs harpons dans leur direction. L'œuvre est d'une grande qualité et riche en détails. On est d'autant plus étonné de l'inhabituelle disproportion entre objets, animaux, plantes et figures humaines.

ANCIEN EMPIRE

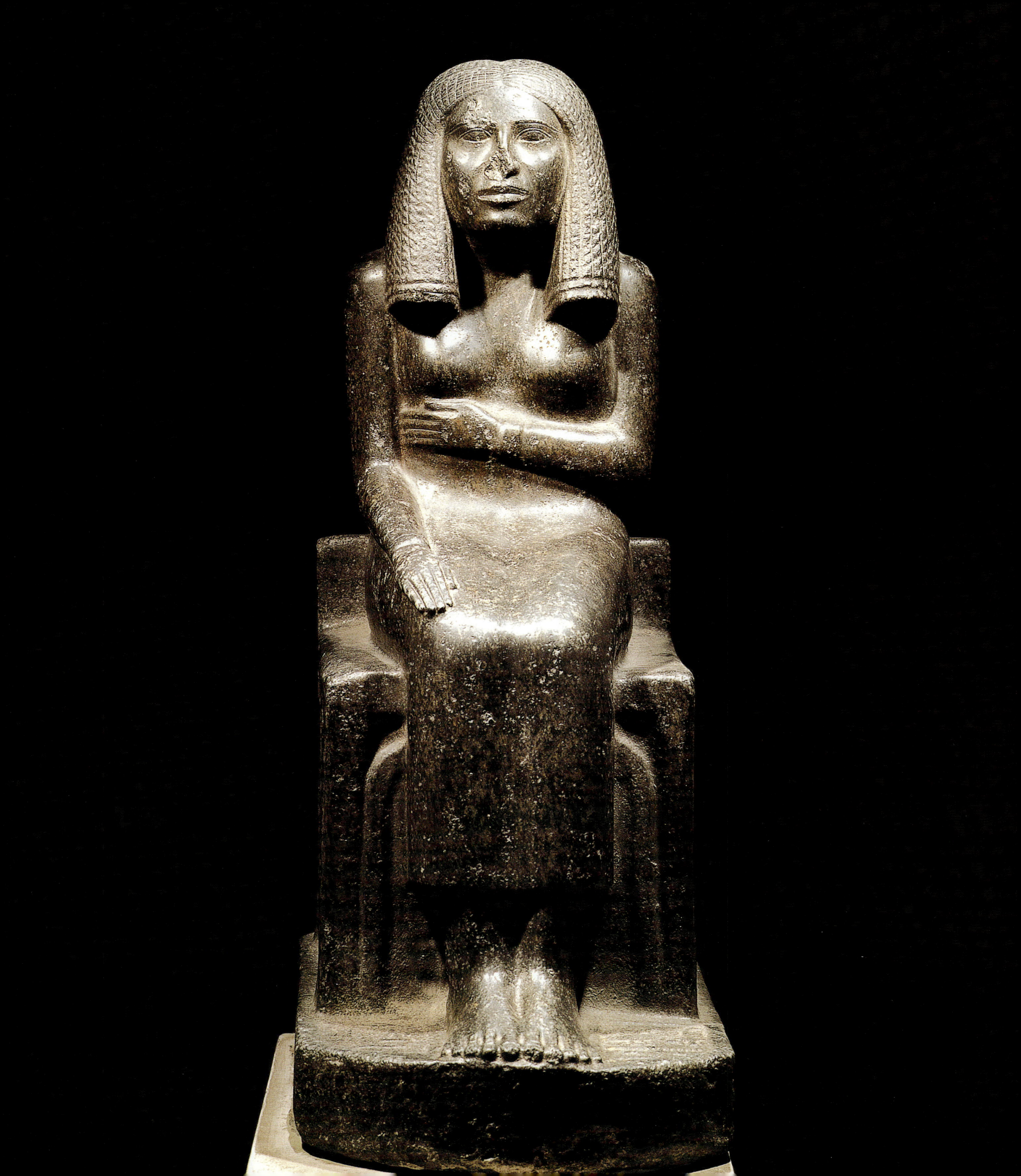

Des portraits doués de vie : la statuaire des particuliers

Helmut Satzinger

Les musées et les collections d'antiquités égyptiennes présentent d'innombrables sculptures en ronde bosse de personnages debout, assis ou accroupis et que l'on ne saurait confondre avec les statues des rois ou des dieux. Sous l'Ancien Empire, ces statues de particuliers étaient généralement déposées dans les tombes. Aux époques ultérieures, elles étaient plutôt dressées dans les temples, lieu de prédilection à la Basse Époque. Les rares statuettes des temps prédynastiques, pour la plupart d'ivoire ou de faïence, proviennent autant des sites sacrés que des tombes. On ne peut cependant pas toujours les attribuer à des dieux, des souverains ou des particuliers. Cela vaut aussi pour les sculptures de bois et de pierre, plus rares encore, de l'époque thinite. On peut donc supposer que sous l'Ancien Empire, les statues étaient également érigées dans les temples, bien qu'on n'ait aucune preuve pour l'affirmer. La tradition des statues funéraires de particuliers est attestée au plus tôt sous la IIIe dynastie. Elles ont été en premier lieu découvertes dans les tombes des princes et des hauts dignitaires situées dans les nécropoles de l'ancienne capitale de Memphis, en particulier à Saqqara et Giza.

Les statues déposées dans les tombes n'étaient pas exposées à la vue du public. Cela donne matière à réflexion sur le statut des œuvres d'art égyptiennes. Il apparaît qu'à l'origine, la vocation première des sculptures n'était pas d'être offertes au regard. Leur fonction primordiale était de servir de substitut au défunt, elles étaient en quelque sorte leur « alter ego ». Pour satisfaire au culte funéraire, on déposait aliments et boissons et l'on faisait brûler de l'encens devant la stèle fausse-porte située dans la chapelle funéraire. Lorsque le défunt venait se couler dans la statue du *serdab*, il pouvait consommer les offrandes à travers cette porte factice. La statue ne pouvait assumer cette fonction que lorsqu'elle était identifiée au défunt. Cette identification s'opérait par deux moyens, d'une part par le nom conféré à la statue en écriture, de l'autre par des traits individuels ou de ressemblance faisant référence au mort. De plus, la statue achevée était animée lors du rituel de l'ouverture de la bouche, pratiqué par un prêtre. La statuaire, et l'art égyptien en général, se situent dans un champ défini par deux forces, la norme et la réalité. Certes, l'Égyptien de l'Ancien Empire n'est pas sans constater le hiatus existant entre l'ordre idéal du monde régi par la norme divine et la brutale réalité. À l'art il revient d'être conforme à la norme, d'offrir une image idéale. Pour autant, la réalité a nécessairement ses exigences. Chaque œuvre d'art est le résultat d'un compromis entre les deux axes de force.

L'emplacement de la statue

Les statues funéraires étaient en partie dressées dans la chapelle funéraire, où elles n'étaient vues que des personnes chargées du culte des offrandes. Elles n'étaient donc pas vraiment accessibles au public. Sous l'Ancien Empire, la règle veut que la statue funéraire reste systématiquement à l'abri des regards de tous. Dans le complexe du roi Djéser, puis, plus tard aussi dans les mastabas privés, est aménagée, jouxtant l'espace cultuel, une chambre destinée à abriter les statues funéraires. L'unique communication entre cette chambre et le lieu de culte situé dans la chapelle funéraire, est assurée par une fente à hauteur des yeux (v. ill. 82, p. 86). Les archéologues ont adopté, pour désigner cette chambre, un terme persan, *serdab*, qui désigne en fait une caverne ou une chambre souterraine. Certaines tombes conservent l'usage de placer les statues dans la chapelle funéraire, contre les murs ou dans des niches creusées à cet effet. Sous le règne de Chéops, la superbe tombe d'Hemiounou possède deux *serdabs*, alors que le tombeau de son contemporain Kaouab ou celui de Minkhaef présentent de nombreuses statues exposées dans la chapelle. Il faut attendre le règne de Mykérinos pour voir s'accroître le nombre des tombes disposant d'un *serdab*. À la fin de la Ve dynastie les salles abritant les statues des tombes de Saqqara et de Giza deviennent de plus en plus nombreuses et s'agrandissent. À Giza, Raouer, le fils d'Itisen, avait érigé pour lui-même et pour sa famille plus de cent statues réparties dans vingt-cinq de ces salles. Vers la fin de la Ve dynastie, les statues du propriétaire de la tombe sont déposées dans les chambres funéraires souterraines et seront plus tard accompagnées de figurines de serviteurs. Cette pratique marque une évolution dans la conception de la tombe et de la statue et finit par faire disparaître la tradition du *serdab*. Au demeurant, le *serdab* ne s'observe que dans la tombe édifiée sous forme de mastaba et non dans les hypogées qui caractérisent d'abord les nécropoles de Haute-Égypte, puis, après l'Ancien Empire, vont marquer l'évolution de l'ensemble de l'architecture funéraire égyptienne.

---

91. *Statue de la princesse Redji assise*
IIIe dynastie, vers 2650 av. J.-C. ; diorite ; haut. : 83 cm ; Turin, Museo Egizio, Cat. 3065.
La princesse « Redji fille du roi issue de sa chair » (le nom inscrit sur le socle est lu de diverses façons, dont certaines erronées comme « Redief ») est assise sur un siège à dossier bas dont le renforcement arqué travaillé en relief sur les côtés, le désigne comme une chaise en rotin. Elle se tient droite, le bras gauche replié sur la poitrine, la main droite posée à plat sur le genou. Les traits du visage sont expressifs et individualisés, tandis que le corps garde une certaine raideur, toutefois moindre qu'à l'époque archaïque. Ces deux éléments sont caractéristiques des œuvres de la IIIe dynastie.

92. Statue de la dame Khent assise avec son jeune fils
Giza ; probablement milieu de la IVᵉ dynastie, vers 2550 av. J.-C. ; calcaire ; haut. : 53 cm ; Vienne, Kunsthistorisches Museum, ÄS 7507.
La dame Khent était l'épouse d'un haut fonctionnaire du nom de Nésoutnéfer. Elle a très probablement été inhumée au fond de son propre puits funéraire creusé à l'intérieur du mastaba de son époux. En règle générale, les épouses n'étaient pas représentées seules mais faisaient partie des groupes sculpturaux de leur mari. Dame Khent, cependant, eut droit à sa propre statue déposée dans un *serdab* qui lui était réservé. Elle se tient droite sur un large siège à haut dossier, les deux mains posées à plat sur les genoux. Comme dans la plupart des groupes conjugaux connus, un jeune garçon se tient tout petit, à son côté, devant le siège. Il a également été travaillé en haut relief dans la masse de la pierre. La mèche de cheveux tressés qui tombe sur le côté (appelée boucle de l'enfance), le doigt sur la bouche et la nudité sont les caractéristiques de l'iconographie égyptienne des jeunes enfants. Par son style, cette sculpture appartient aux œuvres de l'Ancien Empire, qui voient le réalisme des règnes de Chéops et de Chéphren remplacé par l'idéalisme s'imposant dans les règnes ultérieurs.

93. Groupe : Mémisabou et son épouse debout
Probablement Giza ; fin de la IVᵉ dynastie, vers 2520 av. J.-C. ; calcaire ; haut. : 62 cm ; New York, Metropolitan Museum of Art, 48.111.
Les statues de couple représentent le plus souvent la femme entourant de son bras les épaules de l'époux et rarement l'inverse. Le caractère ostensiblement possessif du geste est ici accentué par la forte différence de taille entre les deux figures. La femme, elle, enserre la taille de son époux. Traditionnellement, cette illustration de groupe, considérée dans la littérature comme une œuvre de la sixième dynastie a été récemment redatée de la quatrième dynastie finissante. Dans sa conception formelle, la dépendance du groupe sculptural est indéniablement de l'époque indiquée, tout comme la tendance marquée vers des expressions individuelles de la construction statuaire d'un groupe de personnages, ici mises en évidence par une disposition extrêmement frontale, par la position parallèle des pieds du fonctionnaire, par le geste très rare de l'enlacement et la légère rotation à gauche du corps de la femme.

Les personnes représentées

Il s'agit, en principe des défunts inhumés dans les mastabas. Sous Chéops, ce sont surtout les princes et les hauts dignitaires ; à la fin de l'Ancien Empire, ce sont également les artisans et les petits fonctionnaires, qui trouvent pour leur tombe souvent modeste une petite place entre les gigantesques mastabas. Les mastabas sont conçus pour une seule génération, c'est-à-dire en général pour un couple et parfois pour ses enfants morts en bas âge. C'est pourquoi on trouve souvent dans le *serdab* aussi bien les statues individuelles du défunt et de son épouse que le groupe sculptural les représentant en couple. Les enfants n'ont pas leur effigie individuelle. Ils sont toujours représentés avec leurs parents, le plus souvent en très petit format. Les enfants ainsi figurés ne sont pas pour autant forcément prématurément décédés. Il peut même s'agir de descendants ayant atteint depuis longtemps l'âge adulte au moment où la statue fut sculptée. La présence d'enfants peut tout simplement signifier l'expression de l'espérance d'une vie après la mort. Parfois, la femme représentée au côté du défunt n'est pas son épouse mais sa mère. Les groupes à deux ou trois personnages présentent aussi des variantes de composition (deux hommes, deux femmes ; deux hommes et une femme, etc.). Parfois des statues individuelles de l'homme et de sa femme ont été placées chacune dans des *serdabs* particuliers. Le propriétaire de la tombe qui peut posséder un nombre indéfini de statues individuelles peut, dans certains groupes, être représenté à deux ou trois exemplaires (appelés pseudo-groupes).

La proportion de taille entre l'homme et la femme

Il est intéressant d'examiner les tailles relatives de l'homme et de la femme dans la statuaire. Souvent, ils sont de taille égale ou bien la femme, plus petite, présente la différence de taille moyenne observée dans la réalité. Elle peut cependant être représentée dans une taille très inférieure. C'est

94. (Page de gauche) Groupe de Pépi avec sa famille
Giza ; milieu de la V⁰ dynastie, vers 2430 av. J.-C. ; calcaire ; haut. : 45 cm ; Hildesheim, Pelizaeus-Museum, 17.
On remarque de prime abord que, dans ce groupe composé de trois figures, un homme, une femme et un enfant, la femme est plus grande que l'homme. L'enfant, d'une taille supérieure à la règle ordinaire, fait apparaître la femme comme le personnage central du groupe. Celle-ci tient l'homme par les épaules et au bras, selon le geste traditionnel des épouses et des mères. Malgré les inscriptions portées sur le socle, les liens de parenté entre les personnages représentés restent mal élucidés : l'homme et l'enfant portent le même nom, Rashepsès ; l'homme est désigné par « son fils », tandis que le garçon, selon la légende, est un « prêtre *ouab* royal ». Supposer que les textes aient été inversés par erreur, que l'adulte soit l'époux et prêtre *ouab*, que l'enfant soit le fils, serait une explication facile ; cependant la taille et la position centrale de la femme ne se justifieraient pas. Il est aussi possible qu'il s'agisse de deux fils du même nom (d'autres exemples du fait nous sont connus), ou encore du fils et du petit-fils. Étrange, alors, que ce dernier porte un titre et soit donc déjà adulte. Une autre solution possible serait d'admettre qu'il s'agit d'un pseudo-groupe, Rashepsès, fils de Pépi, étant représenté à deux âges de sa vie. Quelle que soit la situation véritable, on a ici un cas qui se présente rarement, celui d'un groupe familial organisé autour de la figure féminine. La datation proposée repose sur des critères stylistiques.

95-97. Statues de Sépa (deux statues) et de Nésa debout
Probablement de Saqqara ; III⁰ dynastie, vers 2670 av. J.-C. ; calcaire ; haut. : 159, 165 et 152 cm ; Paris, musée du Louvre, A 36, A 37, A 38.
Les trois magnifiques sculptures du début de l'Ancien Empire appartiennent à un même groupe. Le *serdab* contenait deux statues du propriétaire de la tombe et une de son épouse. L'évolution ultérieure a vu les groupes sculptés monolithes remplacer les statues individuelles. Lorsque dans ces groupes figurent deux fois le même personnage, comme ici, on parle de « pseudo-groupes ». Les deux statues de Sépa, mis à part quelques nuances dans le modelé, sont quasiment identiques. Il tient le sceptre et le bâton, des éléments iconographiques qui ne se retrouveront plus dans la statuaire de pierre des époques postérieures. La représentation de ces attributs en haut relief présente non seulement des difficultés techniques, mais pose également un problème d'adaptation du style particulier de la sculpture égyptienne. Les bas-reliefs nous montrent que le sceptre *sekhem* était tenu horizontalement. Or ici, le sculpteur a dû le figurer verticalement pour ne pas l'écarter de la masse de la pierre. C'est également pour des raisons techniques que le bâton ne se détache pas du corps. Le visage présente des traits individualisés, allant peut-être jusqu'au portrait. Les corps, comme à l'ordinaire, sont dessinés de façon sommaire. Les bras serrés le long du corps donnent une impression de rigidité, caractéristique de la sculpture de la III⁰ dynastie, où la transition de l'art archaïque à celui de l'Ancien Empire est déjà largement avancée.

ANCIEN EMPIRE

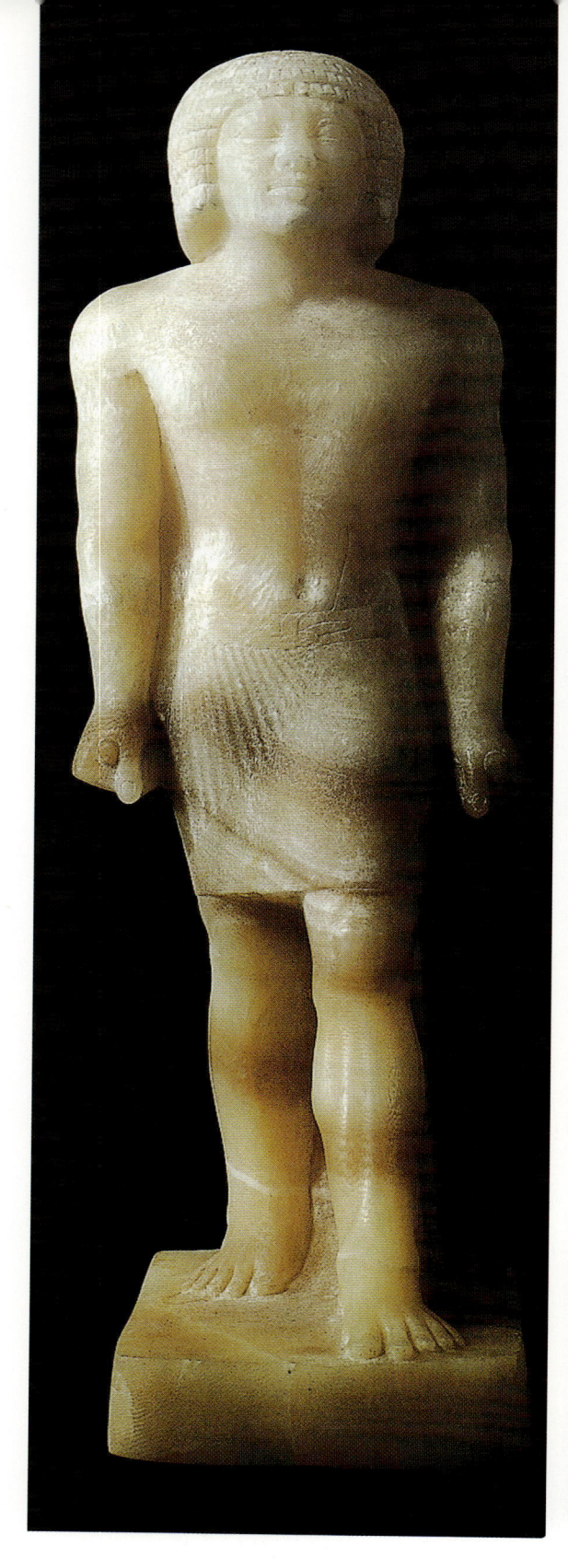

98. Statue de Babaef debout
Giza ; probablement du début de la Ve dynastie, vers 2480 av. J.-C. ; calcite-albâtre ; haut. : 49,7 cm ; Vienne, Kunsthistorisches Museum, ÄS 7785.

Babaef est représenté de la manière classique de l'Ancien Empire. Il se tient droit ; le corps est musclé et athlétique, les épaules puissantes et les hanches minces. Les bras tombent le long du corps, les mains serrées sur le rouleau, dont on voit nettement l'extrémité ; un geste qui souligne la musculature de l'effigie. Le regard vers l'avant, légèrement haussé – selon des conceptions récentes, dirigé vers le soleil –, suggérant la transfiguration à laquelle le sujet aspire. Le pilier dorsal, qui ne monte qu'à mi-hauteur de la tête, est si étroit qu'il est caché par le corps de la statue.

Le personnage de Babaef a été retrouvé mêlé à d'autres fragments à l'intérieur de son mastaba. Parmi les différentes charges qui incombaient à sa fonction, comptait particulièrement celle « d'un intendant de tous les travaux royaux », charge qui donnait au fonctionnaire l'accès au précieux matériau de construction, l'albâtre, utilisé pour la confection des petits personnages de sa tombe.

99. Statue d'un scribe accroupi
Saqqara ; début de la Ve dynastie, vers 2500 av. J.-C. ; calcaire peint ; haut. : 51 cm ; Le Caire, Musée égyptien, CG36.

La statue accroupie est l'une des sculptures les plus connues de l'Ancien Empire. Le rendu idéalisé de la Ve dynastie est ici encore associé à des traits nettement individualisés. Nous ne sommes pas en mesure de dire si les plis marqués de chaque côté du nez ont ou non une ressemblance avec le modèle. Quoi qu'il en soit, ce détail apporte une note individuelle à ce beau et sympathique visage. Les yeux incrustés soulignent l'expression naturelle de la statue, cependant un peu amoindri aujourd'hui par la corrosion du sertissage de cuivre dessinant le trait de maquillage. Il tourne à peine la tête, le regard légèrement dirigé vers la droite. Ces particularités, que l'on constate également dans les œuvres comparables, confèrent au scribe une expression d'écoute attentive concentrée sur la dictée. De la main gauche, l'homme maintient le rouleau de papyrus ouvert, la droite tenait sans doute un véritable calame.

ANCIEN EMPIRE

souvent le cas pour les groupes présentant un homme assis et une femme debout. La disproportion entre les personnages s'explique alors en partie par des motifs liés à la composition. Les groupes sont rarement composés d'une femme assise et d'un homme debout. Dans ce cas, l'échelle appliquée au personnage assis est à peu près la même que celle du personnage debout. On présume que la mise en relief de l'homme qui, sans être écrasante est néanmoins perceptible, est liée aux hautes fonctions qu'il assume. La femme ne jouissait vraisemblablement d'une aussi grande importance sociale que lorsqu'elle appartenait également à une famille de haut rang. Dans les représentations de couples, la femme exprime son attachement à l'homme par son attitude et son geste ; elle lui entoure les épaules d'un bras et lui tient le bras ballant de l'autre main. D'autres couples témoignent d'une attitude qui dénote l'égalité du rapport entre l'homme et la femme qui se tiennent par la main.

Les types de statue

Au cours de l'histoire de la statuaire égyptienne, un certain nombre d'attitudes se sont développées qui, sans cesse reprises, ont acquis une valeur canonique. Dès l'Ancien Empire on en distingue déjà trois principales.

La statue debout : les hommes présentent nettement l'attitude de la marche, mais le poids du corps porte sur la jambe arrière. Il s'agit donc d'une attitude statique indiquant la marche. Les femmes debout se tiennent les pieds joints ou esquissent un pas de faible amplitude. Les bras tombent le plus souvent le long du corps, les mains ouvertes ou fermées, serrant un rouleau. Le bras est plus rarement replié, le poing étant alors posé contre la poitrine. Seules les statues de bois tiennent d'une main le long bâton bien connu des représentations des bas-reliefs.

100. Groupe d'homme avec son épouse debout
Giza ; V⁵ dynastie, vers 2450 av. J.-C. ; calcaire peint ; haut. : 56 cm ; Vienne, Kunsthistorisches Museum, ÄS 7444.
Cette statue est représentée dans une attitude classique. Les vêtements du couple soulignent leur haut rang. L'homme porte un pagne court et une perruque ronde, la femme une robe à épaulette et une perruque. La femme, d'une taille naturellement proportionnée à celle de l'homme, entoure la taille de celui-ci et lui effleure le bras. L'espace libre entre les deux personnages est signalé comme tel par un fond conventionnellement peint en noir. La brève inscription sur le socle mentionne les noms des personnes représentées sans indiquer leur lien de parenté.

101. Statue de couple
Probablement Saqqara ; début de la VI⁵ dynastie, vers 2330 av. J.-C. ; bois d'acacia ; haut. : 69 cm ; Paris, musée du Louvre, N. 2293.
Le bois est un matériau qui se prête à la manière réaliste. Les deux effigies ont été sculptées séparément. Elles ont ensuite été réunies, non seulement par un socle dont l'original s'est perdu, mais aussi par le geste de la femme qui enlace le corps de l'homme de son bras gauche. Celle-ci étant beaucoup plus petite que lui, son bras repose sous ses omoplates.

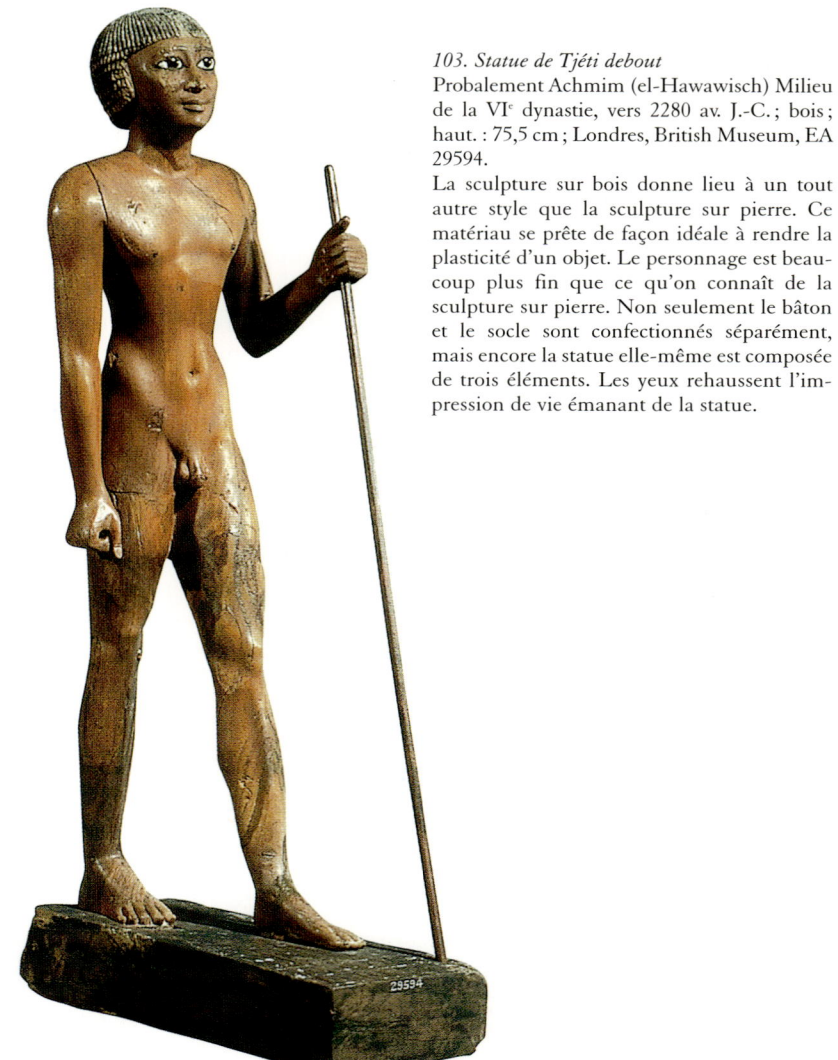

102. Statue d'un brasseur de bière enduisant une jarre
Saqqara ; V⁵ dynastie, vers 2400 av. J.-C. ; calcaire peint ; haut. : 13 cm ; Le Caire, Musée égyptien, CG 112.
Les brasseurs enduisent à l'argile l'intérieur de la jarre pour permettre une meilleure conservation de la bière. Cette petite sculpture montre un serviteur effectuant ce travail. Les cavités ovales, à l'avant du socle, devaient loger trois autres minuscules modèles de jarres qui complétaient la sculpture.

103. Statue de Tjéti debout
Probablement Achmim (el-Hawawisch) Milieu de la VI⁵ dynastie, vers 2280 av. J.-C. ; bois ; haut. : 75,5 cm ; Londres, British Museum, EA 29594.
La sculpture sur bois donne lieu à un tout autre style que la sculpture sur pierre. Ce matériau se prête de façon idéale à rendre la plasticité d'un objet. Le personnage est beaucoup plus fin que ce qu'on connaît de la sculpture sur pierre. Non seulement le bâton et le socle sont confectionnés séparément, mais encore la statue elle-même est composée de trois éléments. Les yeux rehaussent l'impression de vie émanant de la statue.

La statue assise : le personnage représenté, homme ou femme, est assis sur un petit bloc cubique. Les mains, dont l'une d'elles est le plus souvent fermée sur un rouleau, reposent sur les cuisses.

La statue accroupie : le personnage, la plupart du temps un homme, est assis en tailleur sur une natte ou à même le sol. Si l'homme accroupi tient sur ses genoux un rouleau de papyrus, on le désigne comme « lisant » ; si, de plus, il est représenté un calame à la main, on le désigne comme « scribe ». On rencontre plus rarement un « accroupi asymétrique » qui plie le genou vers le haut. Les personnages agenouillés ou assis sur leurs talons encore plus rares. Il faut avoir à l'esprit que ces termes descriptifs sont ceux des Occidentaux et qu'ils n'ont rien d'égyptien. Ce que nous désignons par position « accroupie » est en réalité la position assise naturelle, tandis que le fait d'être assis sur un siège représente une attitude inhabituelle. Le hiéroglyphe du personnage assis 𓀀 est le signe correspondant au mot égyptien *shepsès* : « noble ». Par contre, le hiéroglyphe de la personne accroupie, une jambe levée 𓀃 est le signe correspondant au mot « homme », sans autre spécificité.

Aux temps dynastiques, la pierre est principalement réservée aux statues assises ; avant la III⁵ dynastie, les statues debout sont toujours en bois. Après cette période, les statues assises sont les plus fréquentes, suivies par les statues debout et enfin toutes les variantes de statues accroupies.

Les têtes et les bustes sont une spécificité de l'Ancien Empire ; ces œuvres ont manifestement une autre fonction que les statues funéraires. C'est également le cas des statues de serviteurs, qui n'apparaissent qu'au cours de l'Ancien Empire. Ils sont représentés lors de la préparation des aliments, ou dans d'autres tâches de leur office. Ils figurent comme représentants de leur fonction et non en leur qualité d'individus (ainsi, leurs noms ne sont pas indiqués). Les statues debout, en pierre, présentent sur leur face dorsale un pilier d'appui ; les groupes de personnages debout possèdent une plaque dorsale commune. Les statues assises peuvent elles aussi être dotées de plaque dorsale, laquelle forme comme un haut dossier. Outre les statues autonomes, certaines autres sont directement sculptées dans la roche des murs de la tombe.

Entre les bras, les jambes et le corps, la pierre n'est pas évidée. Les parties entre les bras et le corps des sculptures de calcaire ont parfois été évidées, ce qui, techniquement, n'était pas possible pour les statues en pierre dure. Concernant les statues de bois, rien, techniquement ne s'opposait à ce que les membres se détachent librement du corps ; en général, ils étaient confectionnés séparément, puis assemblés au tronc.

Les têtes de remplacement

Cette appellation plutôt triviale désigne certaines sculptures, représentant des têtes grandeur nature, qui ont été retrouvées dans des tombes datant en particulier de la IV⁵ dynastie. On connaît une trentaine de ces têtes dont la plupart proviennent de Giza. Elles ont d'emblée été conçues comme des têtes à part entière et ne sont nullement des fragments de statue. Certains cas d'exemplaires isolés témoignent du lieu d'origine auquel elles étaient destinées. Elles n'étaient pas déposées dans le *serdab* mais au fond du puits qui conduit au caveau. Elles se trouvaient plus précisément dans une niche ménagée dans le mur séparant la chambre sépulcrale du puits. La plupart de ces têtes datent des règnes de Chéops et de Chéphren. On a souvent tenté de comprendre le sens de cette catégorie d'objets, de savoir pourquoi on les avaient confectionnées et exposées de cette façon : la peur, en premier lieu, de perdre la tête dans l'au-delà, soit du fait des démons, soit du fait de la dégradation naturelle ; aussi les nomme-t-on tête de remplacement ou de réserve. Deuxièmement, la tête remplaçait la statue funéraire, ou encore, troisième explication, elle permettait de conserver l'apparence du défunt au cas où la momie se décomposerait, car la technique d'embaumement n'était pas encore très efficace à cette époque. La tête avait une fonction nécessaire aussi bien pour la survie après la mort que pour permettre aux éléments constitutifs du moi (« l'âme »), qui se déplaçaient librement, d'identifier et d'intégrer plus facilement le corps. D'après une nouvelle théorie qui, il est vrai, a trouvé peu d'adhésion, ces têtes auraient une fonction magique destinée à empêcher le mort de revenir et de nuire aux vivants. Enfin certaines thèses voient en elles des objets dont le propriétaire de la tombe se servaient avant sa mort, soit comme modèle pour le sculpteur chargé de son portrait, soit pour décorer son habitation.

Le lieu où elles furent déposées prouve dans tous les cas que les têtes n'avaient pas de fonction cultuelle, c'est-à-dire n'étaient pas censées permettre au défunt de prendre réception des offrandes qu'on lui présentait. Ainsi, leur seul rôle ne peut avoir été que la préservation de l'individualité et de l'apparence du défunt.

Stylisation, réalisme et art du portrait

Ce qu'on représentait était fondamentalement soumis à une stylisation ayant pour objectif la réalisation d'une image de l'homme propre à se fondre dans l'éternité. Cette idéalisation concerne d'abord la condition existentielle de l'homme. Par principe, l'inhumé est représenté dans l'intégrité de son corps et de sa santé. L'image rendue observe les canons de proportions qui définissent et fixent un rapport idéal entre les différentes parties du corps. Les individus apparaissent, à quelques exceptions près, dans une sorte de neutralité d'âge, ni jeunes ni vieux, offrant une image de maturité et de force vitale. Les corps musclés et athlétiques se tiennent droit, le regard est assuré et dirigé vers l'avant. L'expression du visage observe la même neutralité, n'exprimant ni joie ni tristesse, hors de toute contingence anecdotique. Les individus sont saisis hors de toute activité, dégagés de tout contexte particulier. L'image rendue, dans son ensemble, est parfaitement statique. L'idéalisation porte également sur l'aspect social, puisqu'elle indique la référence de classe, qu'elle marque exactement la place du défunt dans la société. Cette identification se fait par le choix du costume qui inclut la coiffure et les bijoux qui, à l'origine, ont une fonction magique de protection, puisque dans de nombreuses civilisations le « beau » est avant tout synonyme de « bon » et d'« utile ». Le rang est également souligné par les attitudes et les attributs, ainsi la position assise sur un siège est associée à l'idée de noblesse. De la même façon, un homme représenté en scribe est désigné comme appartenant à l'élite. Mais il faut ajouter à cela un élément d'idéalisation purement artistique. La sculpture n'est pas réaliste, elle ne reproduit pas le modelé du corps humain dans des formes et des proportions exactes. Elle cherche par des moyens stylistiques et des conventions, à créer des formes définies, qui devront être reconnues par la société et susciter l'effet recherché chez l'observateur, soit à travers l'impression visuelle spontanée soit au travers de la connaissance des conventions iconographiques. Cette recherche consiste surtout à simplifier certains détails, comme par exemple la coiffure, mais également à souligner, et à mettre en relief, entre autres la ligne du sourcil ou de la paupière. Le rendu plastique est simplifié, converti en de larges surfaces, et reçoit en quelque sorte un traitement géométrique.

Mais il faut faire remarquer que ces moyens de stylisation ont connu des variations au cours des différentes époques. Ainsi, au début de la IVe dynastie, on voit apparaître des œuvres qui se situent hors des conventions, qui donnent au modelé des visages un certain réalisme, leur confèrent un âge plus mûr, des corps se détournant de l'idéal, présentant embonpoint ou signes de nanisme. Mais les nécessités de l'idéalisation imposent un frein au réalisme. D'un autre côté, les exigences religieuses, qui sont au fonde-

104. Tête de remplacement
Giza (mastaba G 4350) ; IVe dynastie, vers 2590 av. J.-C. ; calcaire ; haut. : 27,7 cm ; Vienne, Kunsthistorisches Museum, ÄS 7787.
La fonction des têtes de remplacement ne pouvait être de se substituer au défunt pour lui permettre de prendre réception des offrandes apportées lors du culte funéraire.
Du point de vue du style, ces têtes sont extrêmement intéressantes, car il existe peu de sculptures de particuliers datant de la première moitié de la IVe dynastie, à l'apogée de l'évolution du style naturaliste. Il est fascinant d'observer, en comparant les différentes œuvres, la tension qui se manifeste entre les exigences de l'idéalisation et celles du réalisme. En examinant des pièces d'une facture aussi perfectionnée que celle-ci, on est frappé par la forte individualisation, sans doute proche du portrait. Mais l'idéalisation est présente aussi en ceci que l'œuvre illustre un homme n'exprimant ni âge, ni émotion, comme il sied à qui aspire à l'éternité.

ment de cet art cultuel, imposent l'identification individuelle de la statue à la personne représentée. Elle est définie dans un premier temps par des moyens pris hors de l'art, à savoir l'utilisation de l'inscription. L'indication des noms et titres évite toute confusion possible sur la personne. Puis on recourt au moyen artistique pour le rendu des traits individuels ou du portrait. Une individualisation sans les caractères du portrait débouche facilement sur la caricature. Certains détails caractéristiques sont parfois reproduits sans conférer pour autant à l'ensemble une qualité de portrait. Par déduction logique, on comprend que le personnage qui présente tels ou tels caractères physiques ne peut être qu'Untel. Il en va autrement d'un portrait, que l'observateur identifie immédiatement à la personne représentée. Le style réaliste se prête au portrait, mais on peut aussi obtenir un portrait par des moyens non réalistes. L'art moderne nous a livré des œuvres expressionnistes, cubistes ou d'autres styles qui méritent parfaitement le titre de portrait. De la même façon, beaucoup des sculptures égyptiennes considérées ici, même si nous n'en avons pas la preuve directe, ont certainement qualité de portrait malgré un style idéaliste.

ANCIEN EMPIRE

105. Statue de Rahotep et Néfret assis
Meïdoum ; IVᵉ dynastie, vers 2610 av. J.-C. ; calcaire peint ; haut. : 121 et 122 cm ; Le Caire, Musée égyptien, CG 3 et 4.
Confectionnées individuellement, ces deux statues assises d'un homme et d'une femme forment un ensemble. Le siège, dressé sur un socle rectangulaire et pourvu d'un grand dossier, ressemble à celui du hiéroglyphe désignant le mot trône. Les statues, qui présentent encore presque intégralement leurs couleurs d'origine, illustrent la règle canonique attribuant, pour la peau, la couleur brune à l'homme et ocre jaune à la femme. La vivacité de l'expression des visages d'un beau dessin, est accentuée par le regard vif des yeux incrustés de quartz blanc et de cristal de roche. Les dossiers sont décorés d'inscriptions, de part et d'autre de leur tête, dans deux versions identiques pour chaque statue. Du point de vue du style, le couple, par le modelé des visages et l'assouplissement de l'attitude du corps, franchit un pas net vers le réalisme. Il constitue ainsi un maillon intermédiaire entre les œuvres de la IIIᵉ dynastie et les œuvres réalistes, proches du portrait, de l'époque de Chéops et de Chéphren.

102   ANCIEN EMPIRE

106. Buste d'Ankhhaef
Giza ; IVe dynastie ; vers 2500 av. J.-C. ; calcaire stuqué ; haut. : 50,6 cm ; Boston, Museum of Fine Arts, 27442.

Par son réalisme, le buste d'Ankhhaef est unique parmi les œuvres de l'art de l'Ancien Empire. De ce point de vue, il n'a d'ailleurs à peine sa pareille aux époques postérieures. Le modelé des surfaces est extrêmement nuancé, en particulier pour la partie du visage. Il lui confère un très haut degré d'individualisation et l'on ne peut douter que, tel un portrait, la tête présentait une ressemblance frappante avec son modèle (nous l'avancerons sans preuves). Il ne s'agit nullement d'une statue funéraire au sens usuel du terme. C'est ce qu'on déduit du caractère de l'œuvre, un buste – c'est-à-dire la représentation partielle d'un personnage humain –, ainsi que de son matériau et de sa technique d'exécution. Elle est constituée d'un noyau en pierre recouvert d'une couche de plâtre d'épaisseur variable peinte en ocre rouge. Malheureusement, le mastaba d'Ankhhaef, dans la nécropole de Giza, n'a pas été trouvé intact, de sorte que rien de sûr ne peut être avancé sur l'emplacement d'origine de ce buste. Il est peu probable qu'il se soit trouvé dans les chambres funéraires souterraines, comme en témoignent certaines têtes de remplacement.

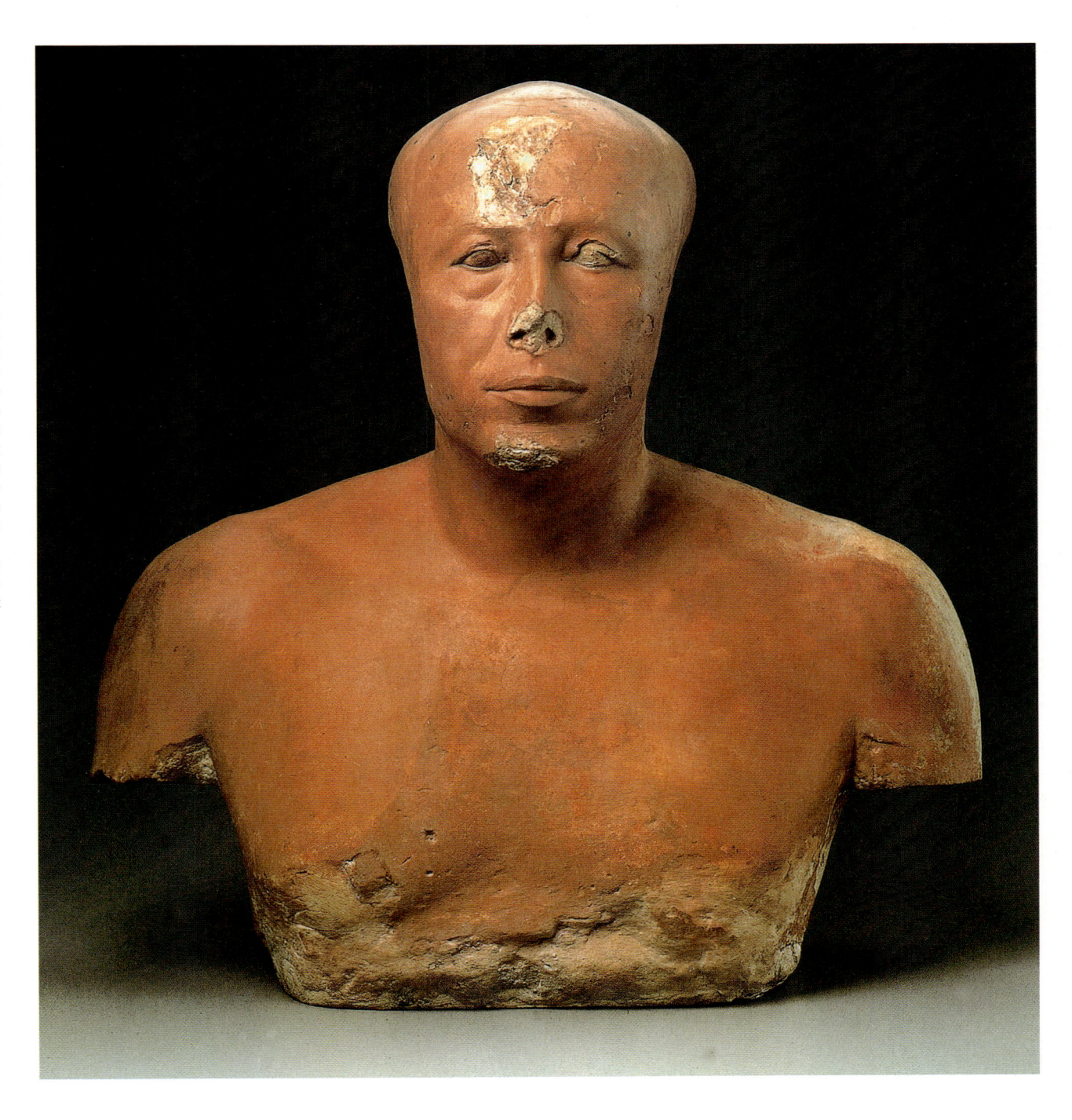

Évolution stylistique

Sous la IIIe dynastie, on trouve des visages surprenants de vivacité, comparés à ceux de l'époque thinite, alors que les corps semblent mal dégauchis, encore prisonniers du matériau. Les œuvres de la IVe dynastie sont pour beaucoup d'un remarquable réalisme, tel le grandiose buste d'Ankhhaef, d'autres présentent des traits individualisés, d'une apparence réaliste, comme par exemple la statue d'Hemiounou (v. aussi ill. 39, p. 65, Stadelmann, La tombe royale au temps des pyramides). C'est de cette époque que datent d'ailleurs la plupart des têtes de remplacement.

À la fin de la IVe dynastie et pendant la Ve, on voit se profiler dans la sculpture un style associé à un morphotype spécifique, visages ronds et pleins, quasiment interchangeables, ce qui objectivement n'est pas le cas. Comme ces sculptures se sont conservées en très grand nombre, ce type de statue passe généralement pour représentatif de l'Ancien Empire. Les corps sont athlétiques et débordants de force.

Par la suite un phénomène fréquent dans l'histoire de l'art après chaque époque classique apparaît : la distorsion des normes classiques. Dans un premier temps, l'idéalisation cède le pas au réalisme et on accorde une plus grande liberté aux attitudes. Peu à peu une sorte d'expressionnisme apparaît, caractéristique de la sculpture de la Première Période Intermédiaire. Les yeux deviennent grands et larges, la bouche est plus charnue, les visages cessent d'être ronds et pleins. Le rendu du corps est souvent mal proportionné, on est tenté de le qualifier de maladroit. Mais un tel jugement ne rendrait pas justice à l'art de la fin de l'Ancien Empire. Il faut y voir plutôt un rejet des contraintes, une nouvelle liberté par rapport aux canons artistiques du classicisme qui précède.

La statuaire des particuliers de l'Ancien Empire ne peut être comprise que dans son contexte funéraire. Une analyse détaillée de l'œuvre et de ses moyens d'exécution nous renseigne à la fois sur la société égyptienne et sur le monde de l'au-delà. Le sentiment de beauté que nous éprouvons devant ces œuvres s'explique d'une part par le sens esthétique et le goût de leurs créateurs ; d'autre part, il provient de l'exigence qui leur était faite de se hausser à la mesure de l'éternité.

ANCIEN EMPIRE

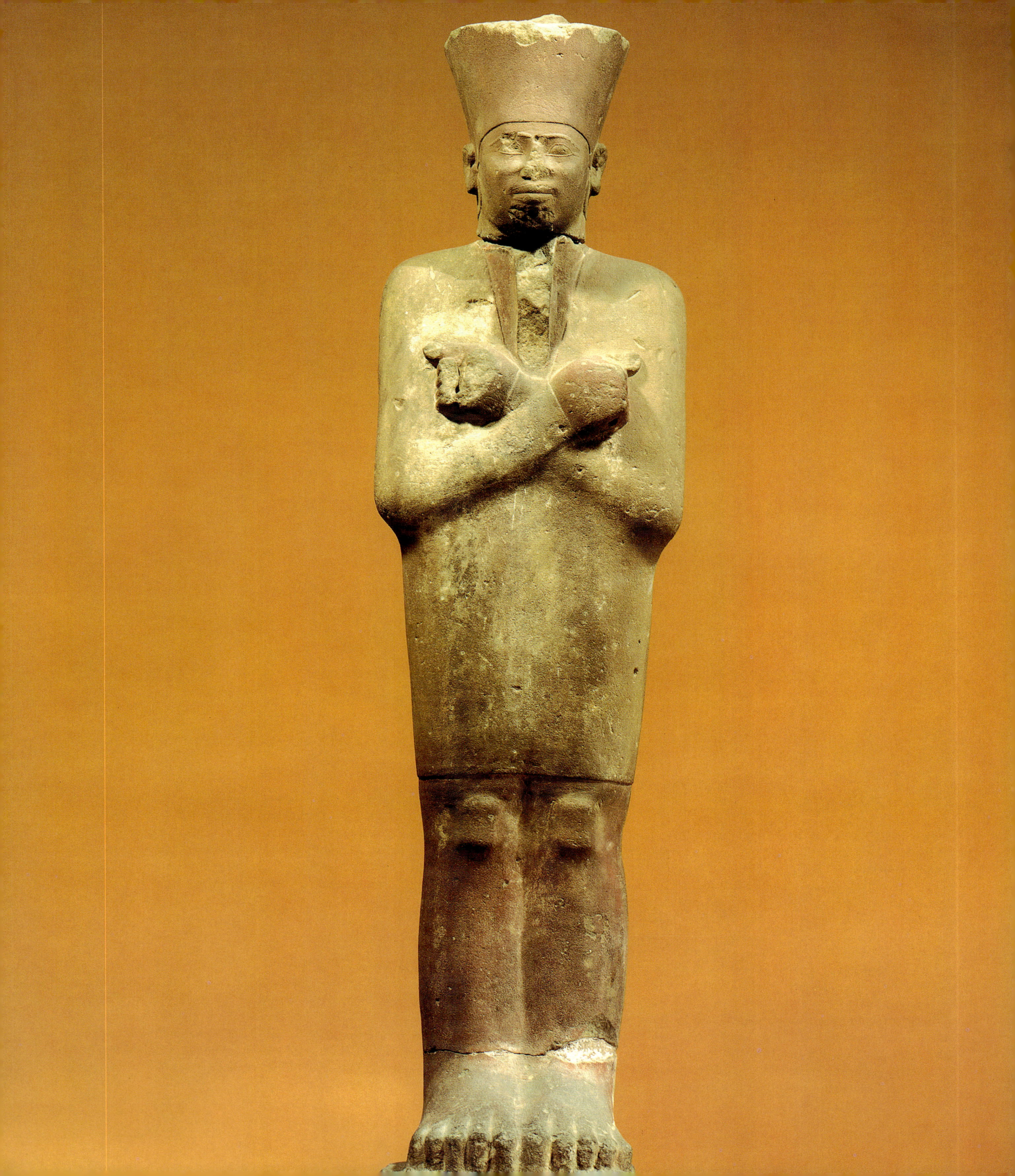

Histoire politique de la IXᵉ à la XVIIᵉ dynastie

Dieter Kessler

L'Ancien Empire s'achève avec l'accession au trône memphite d'un membre de la famille des Khéti, originaire d'Héracléopolis, dans des conditions qui, jusqu'à aujourd'hui, demeurent inconnues. L'expression couramment utilisée pour désigner l'époque qui suit, la « Première Période Intermédiaire », caractérise une courte période de conflits entre le Nord et le Sud à des fins d'hégémonie. La nouvelle dynastie des Héracléopolitains (IXᵉ et Xᵉ dynasties) ne fut reconnue que de la Basse-Égypte à la région au sud d'Assiout. D'emblée, Thèbes se comporta en ennemie. Le dynaste local avait peu à peu réussi à éliminer ses ennemis au sud. Avec l'aide de troupes de mercenaires, les Thébains parvinrent, après de durs et longs combats, à triompher du verrou d'Assiout en Moyenne-Égypte. Sous le commandement de Mentouhotep II (2046-1995 av. J.-C.), les Thébains finirent par monter sur le trône memphite, constituant la XIᵉ dynastie. Mentouhotep II put à bon droit se faire appeler « l'Unificateur des Deux-Terres ». Sur le plan historique, le Moyen Empire commence avec cette nouvelle unification du royaume.

Le rôle du roi sous le Moyen Empire

Le roi avait entre-temps perdu le rôle de théocrate absolu qu'il avait rempli sous l'Ancien Empire. L'histoire des siècles suivants se caractérise par l'opposition entre le roi et les grandes familles qui s'imposèrent dans les provinces. On tenta, par le biais de la littérature et de la théologie, de renforcer la position du roi. Le genre littéraire, dit de l'*Enseignement*, est tout à la fois une légitimation et la propagande du pouvoir royal. La XIIᵉ dynastie voit naître le mythe de la naissance royale, qui concevait le roi comme le fils de dieu.

Au cours de cette période historique, la personne même de Pharaon resta en grande partie secrète. L'hymne royal décrit le souverain comme la figure idéale du père tout-puissant. La formation militaire et la chasse faisaient partie de son éducation. Cependant, les sources ne témoignent pas de l'arbitraire, des intrigues ou des meurtres qui se sont sûrement produits à la cour du roi sous le Moyen Empire. L'assassinat d'Amenemhat Iᵉʳ constitue une exception spectaculaire.

La politique extérieure sous le Moyen Empire

À cette époque, les rois, au regard du monde syro-palestinien, s'intéressent essentiellement au maintien des voies de commerce. Les Héracléopolitains avaient déjà renforcé leur présence militaire à Qantir, sur le bras oriental du Delta, point de départ d'une importante voie militaire et commerciale vers Gaza. Le Mur du Prince, ligne frontalière orientale,

1. Statue de Mentouhotep II debout
Thèbes, Deir el-Bahari ; Temple des Morts de Mentouhotep II ; XIᵉ dynastie, vers 2000 av. J.-C. ; grès ; haut. : 183 cm ; New York, Metropolitan Museum of Art, 26.3.29.

Mentouhotep II, après l'unification des Deux-Terres, dut aussi s'occuper du domaine religieux. Les dieux thébains Montou et Amon devinrent des dieux principaux et entrèrent dans la grande lignée des ancêtres thébains.

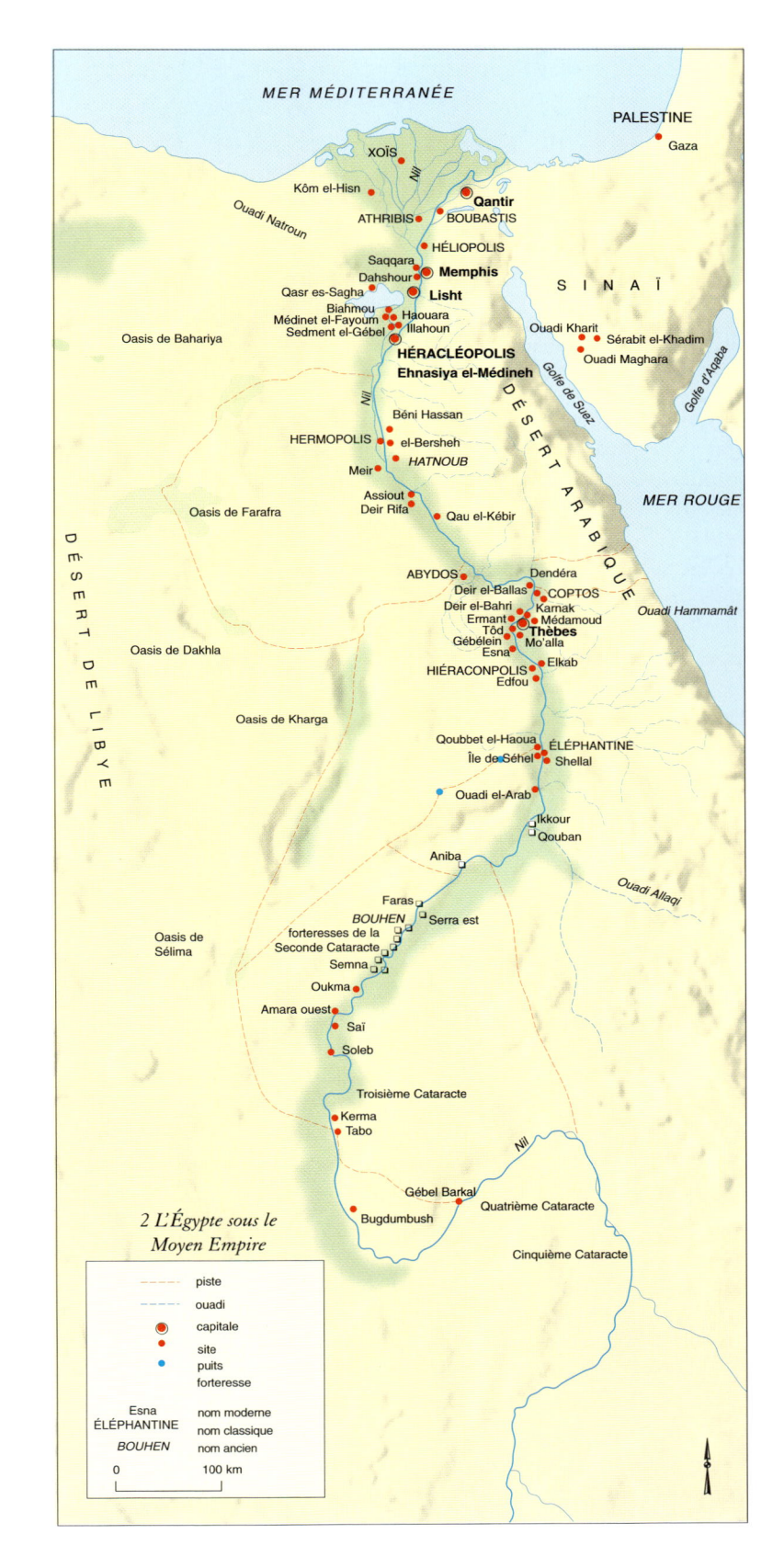

2 L'Égypte sous le Moyen Empire

MOYEN EMPIRE 105

3. Tête de sphinx de Sésostris Ier
Karnak ; XIIe dynastie, vers 1950 av. J.-C. ; granit ; haut. : 38 cm ; Le Caire, Musée égyptien, JE 38228 (CG 42007).
Le règne de Sésostris Ier commença par une période de troubles. Après s'être imposé, le roi initia un vaste programme de construction, en particulier à Karnak, où la Chapelle Blanche, monument à son nom, a été conservée.

devait empêcher les intrusions des tribus bédouines, avec lesquelles l'Égypte était entrée plusieurs fois en conflit au début du Moyen Empire. De nombreux émissaires égyptiens séjournaient à la cour des petites principautés du Proche-Orient, et fournissaient à l'Égypte une connaissance exacte de la politique des princes qui y régnaient. Des objets égyptiens trouvés en Syrie (Byblos, Qatna, Ebla) et en Palestine (Hazor), ainsi que des objets mésopotamiens et crétois découverts en Égypte (Tôd), ont pu être attribués à cette époque, constituant autant d'indices de vastes échanges commerciaux.

Dès la XIe dynastie, le commerce avait repris avec Pount (actuellement en Somalie ou Érythrée). Les mines de turquoise du Sinaï furent de nouveau exploitées. De plus, on relança l'économie du désert oriental, sous cette dynastie, avec l'extraction de l'améthyste au Ouadi el-Houdi et de la grauwacke au Ouadi Hammamât et, sous la XIIe dynastie, de la galène au Gébel Zeit. À l'ouest, sous le règne d'Amenemhat Ier, une forteresse contrôlait le Ouadi Natroun, dont les habitants livraient leurs propres produits ou des produits de revente dans la vallée du Nil.

Le contrôle de la Nubie s'effectua progressivement au moyen de plusieurs interventions militaires. Par le passé, les princes locaux avaient mis leurs archers à la disposition du dynaste thébain. Après l'unification du royaume effectuée par Mentouhotep II, la Basse-Nubie, en tant que fournisseur de matières premières, appartenait de nouveau à la sphère d'influence égyptienne. Sous la XIIe dynastie, s'opposant à la menace du principat de Kerma, qui, grâce au commerce avec le centre de l'Afrique, avait commencé à s'étendre depuis le bassin du Dongola vers le sud et le nord, les Égyptiens installèrent de puissantes forteresses destinées à contrôler la région de la Troisième Cataracte.

La politique intérieure sous le Moyen Empire

La dynastie victorieuse fit de Thèbes sa capitale. Cependant, tandis que s'effectuait la réunification des Deux-Terres sous Mentouhotep II, les gouverneurs des provinces, appelés nomarques, renforçaient leur pouvoir, comme l'attestent les inscriptions funéraires gravées à leur propre gloire. C'est peut-être là l'indice que Mentouhotep II ait été obligé de leur témoigner sa reconnaissance pour l'avoir légitimé roi à Memphis. De même, après que le vizir Amenemhat eut renversé le dernier souverain de la

4. Statue de Sésostris III assis
Hiéraconpolis ; XIIe dynastie, vers 1860 av. J.-C. ; granodiorite ; haut. : 54,5 cm, larg. : 19 cm, prof. : 35 cm ; New York, Brooklyn Museum, 52.1.
Cette statuette rituelle appartient au culte de régénération du souverain. Les traits du visage et le modelé du corps le montrent à un âge idéalisé dans le contexte de la *fête-sed*. Ils donnent l'image d'un pharaon énergique, qui a travaillé à la formation d'un État centralisé. Conscients de la signification de ce canon, les fonctionnaires se sont fait représenter selon ce modèle.

dynastie thébaine, Mentouhotep IV, et se fut emparé du trône, fondant ainsi une nouvelle dynastie, il semble bien que les nomarques n'aient pas tous accepté facilement ce fait. Amenemhat Ier ne s'imposa qu'après des luttes intérieures. Il s'écarta de la tradition de ses prédécesseurs et renoua consciemment avec les traditions du Nord. Il fit construire près de Licht, au sud du Caire, la nouvelle capitale d'Itjtaoui, « Celle qui a conquis les Deux-Terres », et un complexe de pyramide classique. Comme on peut le lire dans l'*Enseignement d'Amenemhat Ier*, texte rédigé sur l'ordre de son fils Sésostris Ier, Amenemhat Ier fut assassiné dans son sommeil lors d'une conjuration du Harem. Cet événement extraordinaire provoqua des troubles tant à la cour royale que dans l'administration. La tâche première du nouveau souverain fut donc de consolider l'administration du pays. Il remit de l'ordre dans les structures administratives et fixa les nouvelles frontières des nomes. Dans ces conditions, les nomarques indépendants devinrent donc progressivement des gouverneurs à la solde du roi.

Sésostris III poursuivit cette œuvre de centralisation et appela les fils des familles dirigeantes à la cour. La compétence administrative, essentiellement représentée par deux vizirs, se concentra dans la capitale. L'insignifiance croissante des provinces se reflète dans les découvertes archéologiques : ces familles ne s'y font plus construire leurs tombes. La colonisation du Fayoum, où Amenemhat III finit par faire ériger sa pyramide, fut son œuvre majeure. La régulation de l'approvisionnement en eau permit d'exploiter là de nouvelles terres royales.

La brièveté des règnes des derniers rois de la XIIe et de la XIIIe dynasties au cours des quelque quatre-vingts années qui suivirent laisse supposer de violentes luttes pour la conquête du pouvoir. Cependant, comme en témoignent les livres de comptes conservés, l'administration resta très longtemps intacte. Néferhotep Ier, l'un des derniers souverains de la XIIIe dynastie, avait conservé suffisamment d'importance pour pouvoir entretenir des relations avec le souverain de Byblos. Mais, peu de temps après, l'Égypte semble avoir été définitivement morcelée en plusieurs territoires de moindre importance.

Les Hyksôs

À la fin de la XIIe dynastie, un grand nombre des étrangers installés en Égypte étaient déjà employés dans l'armée, le commerce et l'artisanat. À cette époque, une deuxième vague d'immigration arriva du sud de la Palestine et de la Syrie, et des bouleversements violents survinrent dans ces régions. Les fouilles des sites datés de cette époque témoignent de la particularité des rites funéraires (tombes d'âne), et les objets découverts sur les lieux, en particulier les céramiques chypriotes, apportent la preuve archéologique de cette colonisation. Ces céramiques attestent l'installation de groupes de commerçants étrangers pratiquant le négoce dans tout le bassin méditerranéen. Un chef local, un Néhési, en égyptien « Nubien », finit par acquérir son indépendance et gouverna un petit territoire du Delta, le long de la voie de commerce en direction de la Palestine, dont le centre était Avaris. On inclut aujourd'hui ces petits souverains à la XIVe dynastie, autrefois considérée comme fictive.

Un souverain appartenant à ce groupe doit s'être finalement emparé du trône memphite. Cet événement constitue sur le plan historique la fin du Moyen Empire : la Deuxième Période Intermédiaire commence. Les documents officiels et les listes royales postérieures mentionnent les noms de ces pharaons étrangers précédés de leur titre de souverain des pays étrangers (égyptien : *héqa-khasout* ; grec : *hyksôs*).

Les six grands souverains suivants, connus sous le nom de grands souverains hyksôs de la XVe dynastie et résidant à Avaris, sont considérés comme des pharaons égyptiens. Ils aspirèrent à une entente avec les régions du Sud, y compris Thèbes, où les derniers descendants des

5. Statue du ka *du roi Hor*
Dahshour ; XIIIe dynastie, vers 1750 av. J.-C. ; bois, bronze, quartz ; haut. : 170 cm ; Le Caire, Musée égyptien, JE 30948 (CG 259). Autrefois peinte, cette statue de culte découverte au sein d'un naos, provient d'une tombe située près de la pyramide d'Amenemhat III et appartient à un roi memphite quasiment inconnu.

6. Statue d'Amenemhat III dans l'attitude de la prière
Karnak ; XIIe dynastie, vers 1820 av. J.-C. ; granodiorite ; haut. : 110 cm ; Le Caire, Musée égyptien, JE 36928 (CG 42014).
Le roi, qui poursuivit la politique de centralisation de son prédécesseur, Sésostris III, se fit représenter au même âge idéalisé que celui-ci. Plusieurs statues du souverain dans l'attitude de la prière ont été découvertes à Karnak.

souverains memphites s'étaient retirés. Leurs doubles noms sémito-égyptiens reflétaient les deux ethnies. Ils appuyèrent leur pouvoir sur les colonies de souche étrangère situées dans le Delta oriental, qui s'étendaient jusqu'au sud de la Palestine et profitaient du commerce. On trouve en conséquence des vases et des scarabées portant le nom des souverains hyksôs dans tout le bassin méditerranéen.

La Moyenne et la Haute-Égypte furent divisées en plusieurs zones de pouvoir. À Thèbes, de petits princes se succédèrent, qui s'attribuèrent également le titre de rois et que l'on désigne sous le terme de XVIIe dynastie. En Moyenne-Égypte et dans la ville de Gébélein, au sud de Thèbes, les princes locaux demeurèrent des partisans des rois hyksôs. Thèbes s'armait en secret.

Séqénenrê (vers 1570 av. J.-C.) ouvrit le premier les hostilités contre les vassaux des Hyksôs, mais mourut sur le champ de bataille. Son fils Kamosis finit par atteindre Avaris avec sa flotte, mais dut battre en retraite face à la puissance des murs de la citadelle. Ahmosis, son frère et successeur, fondateur de la XVIIIe dynastie, réussit alors à chasser les souverains hyksôs et à réunifier l'Égypte (vers 1550 av. J.-C.) sous la direction de Thèbes. Cet événement marque le début du Nouvel Empire.

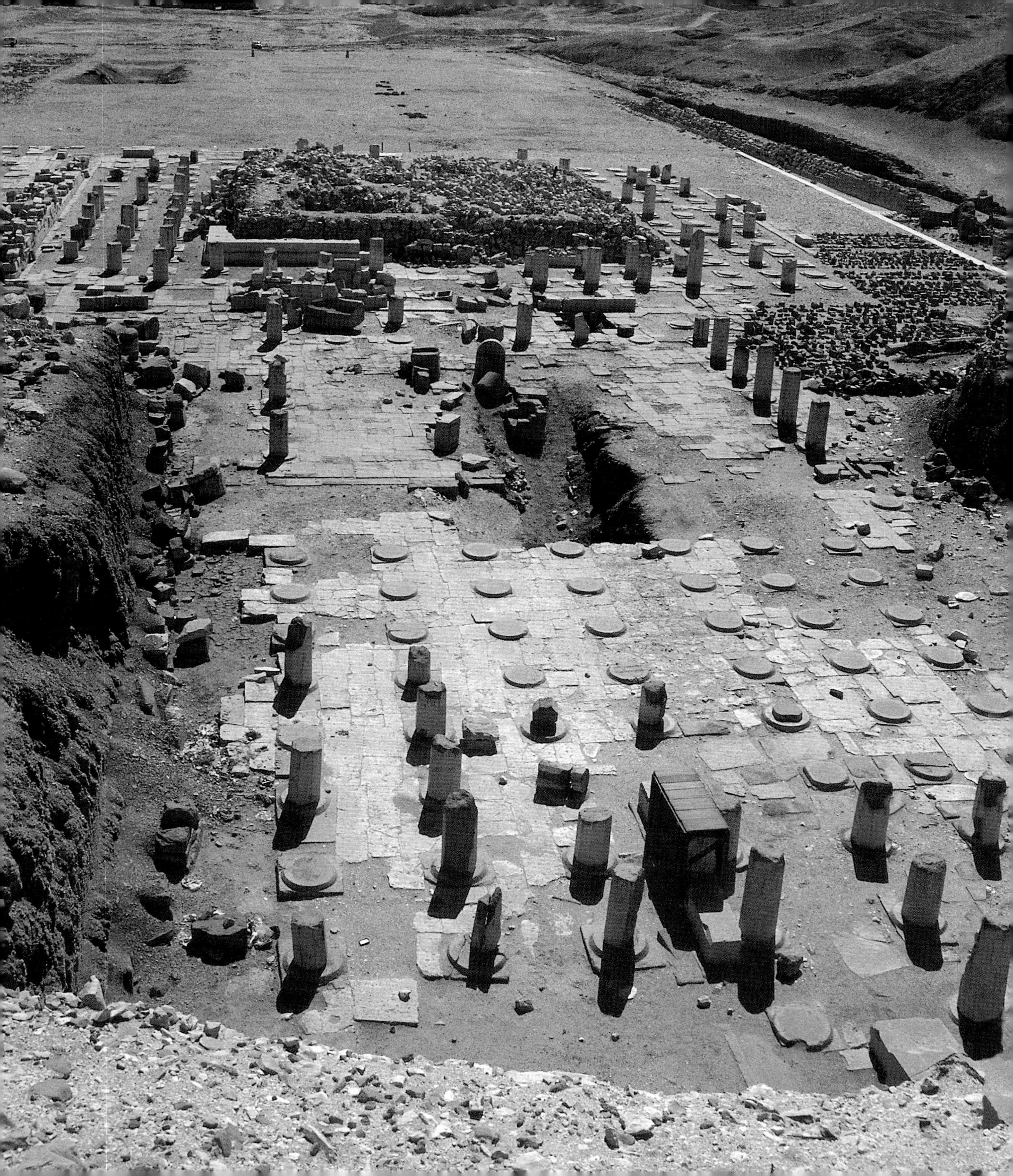

La tombe royale sous le Moyen Empire : tradition et innovation

Rainer Stadelmann

Il s'avère que le long règne de Pépi II, qui marque la fin de la VIe dynastie, fut pour l'Égypte une catastrophe. Après l'achèvement de son impressionnant complexe de pyramide, lors du trentième anniversaire de son règne au plus tard, il ne se passa plus rien d'important pendant une trentaine ou même une soixantaine d'années. Peintres et sculpteurs étant encore en partie occupés à la construction de tombes privées, la tradition concernant ce domaine des arts se poursuivit sans discontinuer dans les nécropoles de la capitale. Les équipes d'ouvriers bien entraînés, tailleurs de pierre, maçons, porteurs et ingénieurs, restèrent cependant sans commandes officielles. Dans ces conditions, on cessa de former la jeune génération, et l'organisation professionnelle tomba en désuétude. En conséquence, les rois héracléopolitains n'eurent plus la possibilité d'entreprendre dans la région memphite de grands travaux de construction de pyramides. Les quelques complexes funéraires, dont on ne connaît aujourd'hui que le nom, furent sûrement de petite taille et ne furent sans doute jamais terminés.

Les prémices d'une tombe royale monumentale conçue dans une forme très différente de celle de la région memphite, apparaissent à Thèbes en Haute-Égypte, berceau de la réunification des Deux-Terres. Les petits rois locaux ou les princes de la XIe dynastie se firent inhumer dans des hypogées, précédés de grandes cours. Mentouhotep II, l'unificateur du royaume, donna à ce type de tombe un caractère monumental, en faisant du vaste cirque de Deir el-Bahari, face à l'actuel Louqsor, la cour de son propre tombeau. Plusieurs fois agrandi au cours de son long règne, le monument funéraire, un temple à terrasses ne prévoyait pas de pyramide, mais vraisemblablement une butte primordiale stylisée d'une hauteur initiale d'environ onze mètres, entourée d'un déambulatoire à trois rangées de piliers. Cet édifice était flanqué, à l'ouest du temple funéraire proprement dit, d'une grande cour à portiques et d'une salle hypostyle dans laquelle se trouvait un sanctuaire dédié au roi déifié et au dieu Amon.

La véritable tombe a été creusée à plus de cent cinquante mètres dans le massif montagneux et se compose d'une chambre revêtue de granit dans laquelle se dressait un naos en albâtre. Lors d'une première phase de construction, six chapelles destinées à des princesses ou à des prêtresses d'Hathor avaient été édifiées dans la partie occidentale du déambulatoire. Les reliefs des parois et des cercueils représentaient des scènes vivantes de la vie quotidienne et de la fonction sacerdotale de ces princesses dans le style énergique de la Haute-Égypte. Partant de l'avant-cour, un puits s'enfonce profondément sous le monument central où, dans une salle nue, se trouvaient un cercueil vide et la célèbre statue peinte en noir de Mentouhotep II assis. Une large et longue chaussée montante, utilisée lors des processions menait des terres cultivées à l'avant-cour où, à l'abri de sycomores et de tamaris, se dressaient des statues du roi assis. Les hauts dignitaires de la fin de la XIe dynastie furent autorisés à faire construire leurs tombes sur les flancs sud et nord de la vallée, de magnifiques tombeaux à galeries précédés de cours.

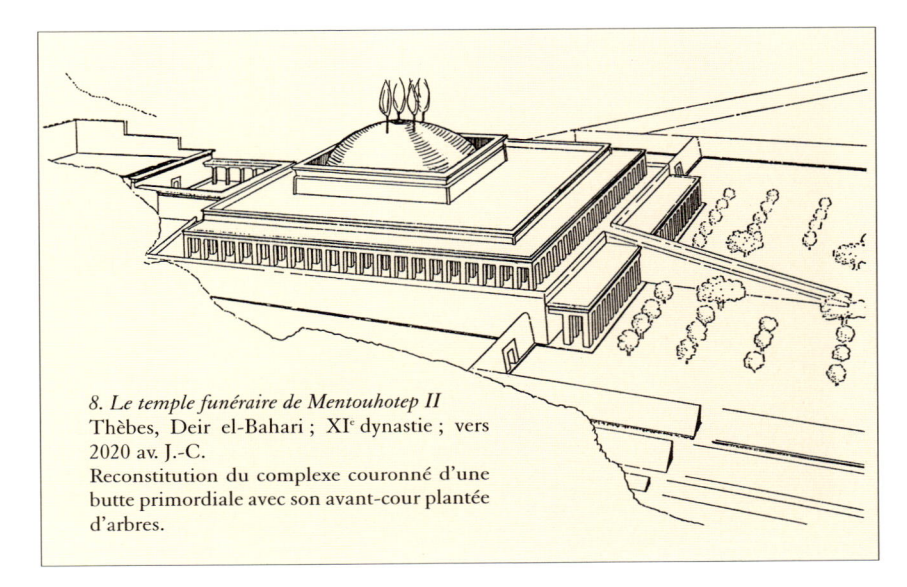

Les rois de la XIIe dynastie quittèrent la ville de Thèbes pour fonder au nord, près de l'actuelle Lisht, leur résidence Itjtaoui, « Celle qui a conquis les Deux-Terres ». Ils y reprirent la tradition de la région memphite et se firent édifier des pyramides, dont les techniques de construction marquent une évolution conséquente. À la fin de l'Ancien Empire, les bâtisseurs des pyramides avaient établi une sorte de canon moyen : de 125 à 150 coudées égyptiennes (65 à 75 m environ) pour la base et une hauteur de 100 coudées (50 m environ). L'expérience avait montré qu'avec de telles dimensions un solide revêtement était en mesure de maintenir

8. Le temple funéraire de Mentouhotep II
Thèbes, Deir el-Bahari ; XIe dynastie ; vers 2020 av. J.-C.
Reconstitution du complexe couronné d'une butte primordiale avec son avant-cour plantée d'arbres.

7. Le complexe funéraire de Mentouhotep II
Thèbes, Deir el-Bahari ; XIe dynastie, vers 2020 av. J.-C.
L'ensemble funéraire de l'unificateur thébain, Mentouhotep II, n'est plus un complexe pyramidal, mais un temple à terrasses avec de vastes avant-cours plantées d'arbres, des façades à portiques et un monument central massif entouré d'un déambulatoire et surmonté, non pas d'une pyramide souvent reconstituée mais d'une butte primordiale. Ce site important a été transformé et agrandi plusieurs fois avant de prendre sa forme définitive. Au centre de la photo, une large cavité dans le pavé de la cour désigne le passage qui conduisait à la chambre sépulcrale du souverain. Mais même cet emplacement secret n'a pas su protéger la tombe du pharaon des pilleurs.

9. Statue de Mentouhotep II assis
Thèbes, Deir el-Bahari, temple funéraire de Mentouhotep II ; XIᵉ dynastie, vers 2020 av. J.-C. ; grès peint ; haut. : 138 cm, larg. : 47 cm ; Le Caire, Musée égyptien, JE 36195.
La statue de Mentouhotep II assis qui avait été enterrée rituellement a été trouvée dans un tombeau d'Osiris sous le monument funéraire. Le visage et le corps ont été peints en noir, la couleur du dieu des morts. Mentouhotep II porte le manteau blanc de fête-*sed*, la grande barbe divine et la couronne rouge de Basse-Égypte.

10. (En bas) Le roi Mentouhotep II
Thèbes, Deir el-Bahari, temple funéraire de Mentouhotep II ; XIᵉ dynastie, vers 2020 av. J.-C. ; calcaire peint ; haut. : 38 cm, larg. : 98 cm ; New York, Metropolitan Museum of Art, gift of the Egypt Exploration Fund, 1907, 07.230.2.
Parmi les nombreux fragments de reliefs découverts lors des fouilles effectuées de 1903 à 1907 par l'Egypt Exploration Fund dans le temple funéraire fortement endommagé, l'exemplaire new-yorkais est d'une valeur sans pareille par sa taille et l'excellente conservation de ses peintures. À l'origine, ce bas-relief faisait partie d'une scène peinte sur le mur extérieur méridional du sanctuaire. Cette dernière présente le souverain en adoration devant Amon-Min (non représenté sur ce détail) et suivi de la déesse Hathor (à droite). Mentouhotep II porte la couronne blanche de Haute-Égypte, un large collier et un vêtement noué par une bretelle sur l'épaule droite. Une longue barbe divine à l'extrémité légèrement recourbée souligne le statut divin du roi.

11. Le roi Amenemhat Ier
Lisht, temple funéraire d'Amenemhat Ier ; XIIe dynastie, vers 1960 av. J.-C. ; calcaire peint ; long. : 190 cm, haut. : 35 cm ; New York, Metropolitan Museum of Art, Rogers Fund, 08.200.5.
Les deux premiers souverains de la XIIe dynastie, Amenemhat Ier et Sésostris Ier, firent de nouveau ériger leurs pyramides dans la région de Memphis, à proximité du village de Lisht qui donna son nom au site. Dans le temple funéraire d'Amenemhat Ier, très endommagé, les archéologues américains du Metropolitan Museum (1906-1922) ne découvrirent que quelques blocs décorés. Curieusement, cette moitié de linteau de porte n'a, jusqu'à présent, suscité que peu d'intérêt, bien que ce bas-relief soit, avec ses peintures en parfait état de conservation, l'un des chefs-d'œuvre du bas-relief de cette époque.
Le souverain est représenté au centre de la scène. Il porte une perruque ronde à petites boucles ornée de l'*uraeus*, la barbe de cérémonie et un large collier. Il tient le flagellum et le symbole-*mékes*, les insignes du pouvoir. Horus, le dieu hiéracocéphale (à gauche), et Anubis, le dieu des nécropoles et de l'embaumement (à droite) entourent le roi et lui tendent un signe de vie. Les deux déesses tutélaires de la Haute et de la Basse-Égypte et de leurs couronnes respectives, Nekhbet (à gauche) et Ouadjet (à droite), se dirigent vers le centre de la scène. Leur iconographie étant identique, elles ne se distinguent l'une de l'autre que par la mention de leur nom.

12. La pyramide de Sésostris Ier
Lisht ; XIIe dynastie, vers 1930 av. J.-C.
Les rois de la XIIe dynastie résidèrent de nouveau près de Memphis, l'ancienne capitale, et continuèrent à ériger des pyramides à l'instar des souverains de l'Ancien Empire. Sésostris Ier prit largement modèle sur les complexes funéraires de la VIe dynastie. Mais, en édifiant la structure intérieure sur des murs croisés en calcaire, ses architectes découvrirent de nouvelles techniques de construction.

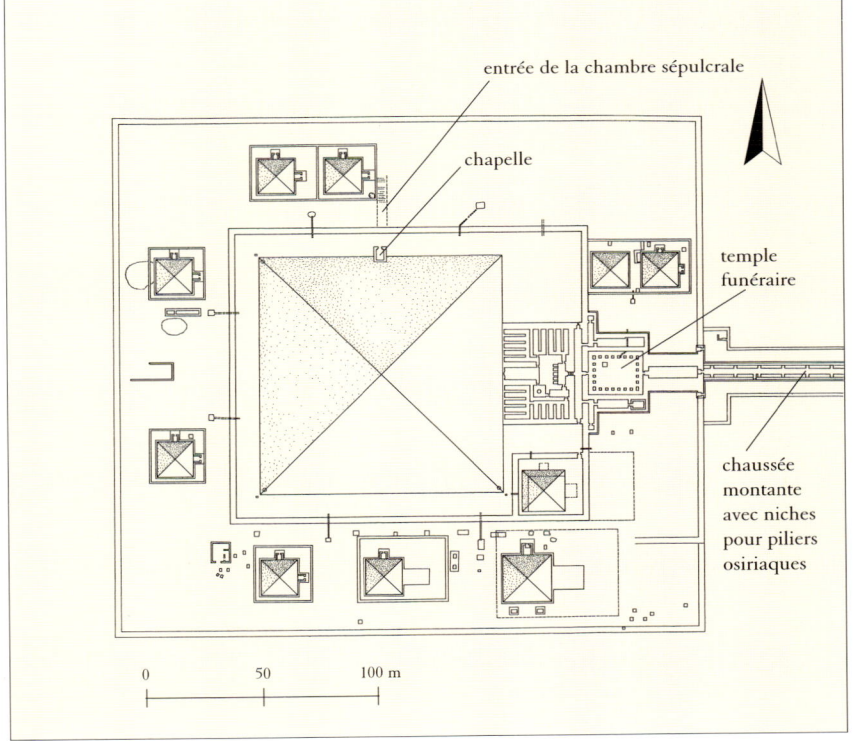

13. Plan du complexe funéraire de Sésostris Ier
Lisht ; XIIe dynastie, vers 1930 av. J.-C.
La pyramide satellite et les neuf pyramides des reines entourent la pyramide royale et son temple funéraire. La construction du pharaon porte le nom de « Sésostris surplombe les deux terres » et est entourée d'une enceinte murale de pierre calcaire qui comprend une décoration de niche.

MOYEN EMPIRE

14. Statue de Sésostris Ier assis (détail)
Lisht, complexe funéraire de Sésostris Ier ; XIIe dynastie, vers 1930 av. J.-C. ; calcaire ; haut. : 200 cm, larg. : 58,4 cm ; Le Caire, Musée égyptien, JE 31139.
Cette statue appartient à un groupe de dix statues inachevées – probablement enterrées rituellement – découvertes abandonnées dans une fosse du temple. Représentant un souverain éternellement jeune, elles étaient sûrement destinées à la cour des offrandes. Ce canon ne correspondant peut-être plus aux idées de Sésostris Ier, elles auront été enterrées.

une disposition même assez lâche du massif intérieur, ce qui, sans aucun doute, allégeait la construction et permettait de bâtir plus vite.

Ce savoir-faire existait sûrement encore lors de l'édification de la pyramide d'Amenemhat Ier à Lisht. En effet, ce monument en respecte aussi bien les dimensions que les méthodes de construction. En revanche, les architectes d'Amenemhat Ier ont contrevenu à toutes les règles éthiques et aux ordres du roi lui-même, en pillant les matériaux nécessaires à l'édification du monument dans les temples funéraires abandonnés des grandes pyramides de Giza et peut-être aussi à Saqqara.

Cet acte n'a sûrement pas été un acte de fervent attachement à un grand passé, comme on l'explique parfois. Il s'agit bien au contraire d'un pillage pratiqué par une organisation officielle qui, apparemment, n'avait pas encore recouvré la capacité d'édifier de nouvelles pyramides de grandes dimensions.

Les choses changèrent sous le gouvernement de son fils et successeur, le puissant Sésostris Ier, dont la pyramide, également à Lisht, fut déjà un peu plus grande et relevait d'une nouvelle technique. Une structure en forme d'étoile formée de murs croisés soutient le noyau intérieur constitué de débris

de pierre. À l'époque, un revêtement de calcaire en pierres appareillées donnait aux constructions de ce type le soutien nécessaire. Seul le pillage des pierres effectué par les Arabes au Moyen Age est cause de l'érosion moderne de ces pyramides.

Le couloir du tombeau revêtu de granit débouche aujourd'hui, comme celui de la pyramide d'Amenemhat Ier, sur la nappe phréatique. La chambre sépulcrale était peut-être au fond d'un puits profond. Le temple funéraire fut bâti d'une manière simplifiée à l'instar de ceux de la fin de l'Ancien Empire. La chaussée montante se différencie des constructions antérieures ; en effet, à chaque extrémité, elle était bordée de chaque côté par une rangée de six piliers osiriaques. Ceux-ci remplaçaient peut-être les statues de Sésostris Ier assis, qui avaient été soigneusement enterrées pendant la construction.

Un mur d'enceinte en calcaire dont les faces intérieures et extérieures étaient décorées de cent représentations en relief du *serekh* contenant le nom d'Horus de Sésostris Ier de cinq mètres de haut chacune, entourait la pyramide. Les fragments des reliefs trouvés sur les lieux réservés au culte funéraire révèlent le portrait d'un souverain autoritaire et conscient de sa propre valeur, une image confirmée de façon impressionnante par ses statues et ses

15. La pyramide de Sésostris III
Dahshour ; XII⁰ dynastie, vers 1860 av. J.-C.
La pyramide de Sésostris I⁰ʳ est la première à être entièrement construite en brique, cependant parée d'un revêtement de calcaire. Elle se dresse dans un vaste complexe de nouveau orienté dans un axe nord-sud pour la première fois, à l'instar de celui de Djoser. Une entrée secrète mène à la chambre sépulcrale voûtée contenant un magnifique sarcophage en granit orné d'un décor en façade de palais. Les tombes de douze princesses parées d'un riche mobilier funéraire étaient situées autour de la pyramide.

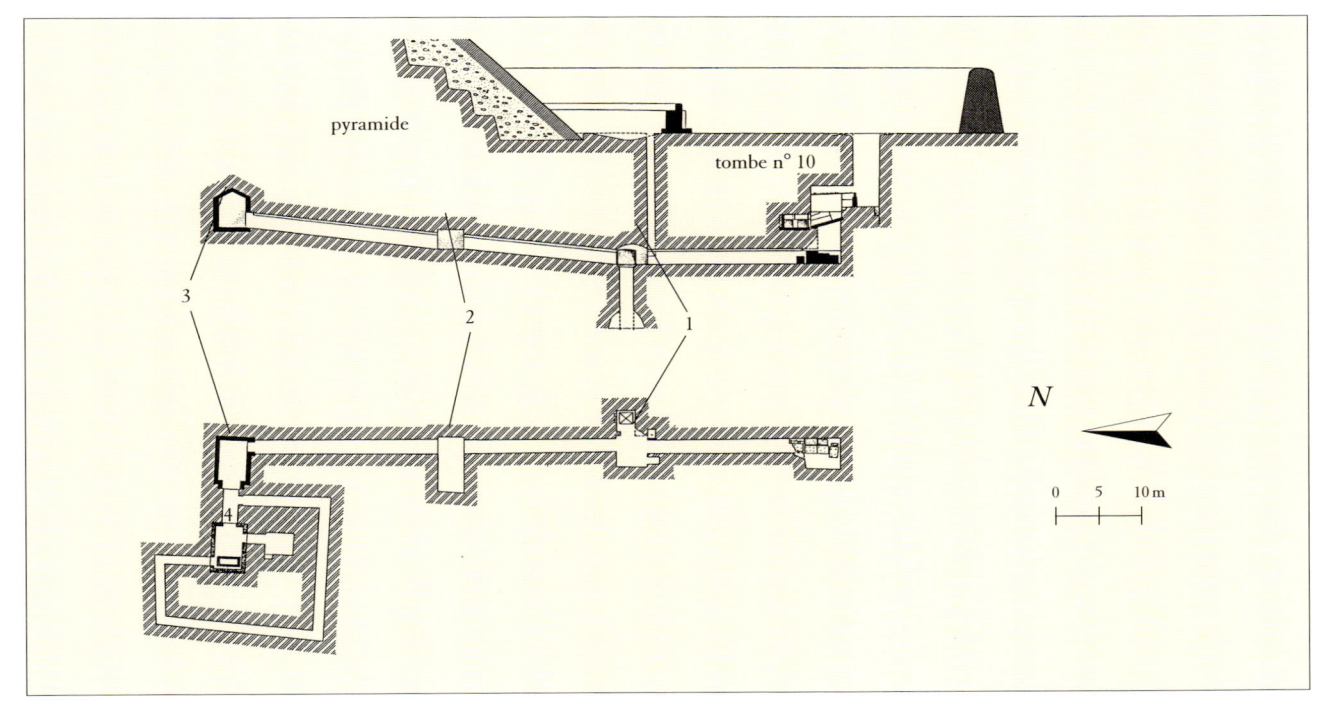

16. Les infrastructures de la pyramide de Sésostris II
Illahoun ; XII⁰ dynastie, vers 1875 av. J.-C.
Coupe et plan.
Le caveau royal ne se trouve pas au centre de la pyramide, mais au sud-ouest de celui-ci dans le noyau rocheux. Les puits et les couloirs, qui conduisent à la chambre sépulcrale, forment un véritable labyrinthe composé de chambres sépulcrales factices, de puits et de couloirs complexes. L'entrée du couloir, dissimulé seize mètres sous la tombe d'une reine (tombe n° 10), conduisait horizontalement à une salle voûtée (1), devant laquelle débouchait un puits vertical, le puits d'entrée proprement dit. De cette salle, un deuxième puits descend profondément dans le rocher ; le fond de ce puits se situe aujourd'hui sous le niveau de la nappe phréatique et n'est plus accessible. De l'angle nord-est de la salle, un couloir horizontal mène en pente douce (6° 46') à une pièce oblongue (2), pour de là déboucher sur une antichambre (3), à partir de laquelle on pouvait accéder directement à l'entrée est de la chambre sépulcrale (4), à moins que, bifurquant vers le sud, par un couloir qui contournait celle-ci à angle droit, l'on finit par trouver l'entrée nord.

inscriptions. Un deuxième mur d'enceinte délimitait une cour dans laquelle se dressaient neuf petites pyramides destinées aux reines et aux princesses.

Les innovations dans le système de couloirs et de chambres de la pyramide d'un côté et dans le complexe funéraire de l'autre expliquent les changements survenus dans la vision du monde et les croyances funéraires du roi. L'expérience du pillage des tombes royales dans les temps de trouble incita les architectes du Moyen Empire à concevoir des mesures de sécurité de plus en plus compliquées. Il y avait longtemps que les herses de pierre ne suffisaient plus. Au cours de la XII⁰ dynastie, on construisit les entrées, traditionnellement placées au milieu de la face nord de la pyramide, dans des endroits qui pouvaient passer inaperçus ou au fond de grands puits. L'accès au caveau de Sésostris II à Illahun se fait depuis le fond du puits de la tombe d'une reine et se prolonge par une galerie jusque sous la pyramide. Les couloirs se terminent partiellement en impasse. Les véritables couloirs remontent à un niveau supérieur, bifurquent plusieurs fois pour enfin aboutir à la chambre sépulcrale du roi, dont les murs sont généralement en granit. D'épais plafonds et des voûtes protègent les chambres sépulcrales. Les précieux sarcophages sont, sans exception, réalisés en granit rose ornés d'un décor en façade de palais. Les antichambres sont des salles qui ont servi à la manœuvre des blocs de granit, mais dans lesquelles on peut également reconnaître la salle du tribunal d'Osiris.

La symbolique du tombeau d'Osiris était également renforcée par une épaisse plantation d'arbres autour du complexe funéraire. Désormais, la religion osirienne qui place l'au-delà du défunt dans le royaume des morts d'Osiris, où le roi et Osiris ne formaient plus qu'un, remplaça largement la conception céleste de la religion solaire.

Le développement de la religion osirienne à la XII⁰ et la XIII⁰ dynastie fit d'Abydos, lieu voué au culte d'Osiris, une ville sainte. Dans la nécropole royale de la I⁰ dynastie de Umm el-Qaab, on a découvert le tombeau d'Osiris, tombe qui à l'origine appartenait à un roi de cette époque. Rois et particuliers voulurent en conséquence avoir des cénotaphes, des tombes ou des stèles le long du chemin des processions, pour s'identifier à Osiris. Sésostris III se fit construire à Abydos une gigantesque tombe à galeries, qui contenait trois cénotaphes successifs et un tombeau d'Osiris, qui demeura inachevé. Sur le plan de la technique et de la conception religieuse, cet hypogée servit de modèle aux tombes royales ultérieures du Nouvel Empire. À son instar,

MOYEN EMPIRE

19. La pyramide d'Amenemhat III
Haouara ; XIIe dynastie, vers 1820 av. J.-C.
Cette pyramide en brique revêtue de calcaire se dressait dans un complexe de chapelles et de cours si vaste que les Grecs le comparaient au labyrinthe de Knossos. Il ne reste pratiquement rien du magnifique appareil de colonnes, sculptures et bas-reliefs.

17/18. Statue double d'Amenemhat III en dieu du Nil
Tanis ; XIIe dynastie, vers 1820 av. J.-C. ; granodiorite ; haut. : 160 cm, larg. : 100 cm ; Le Caire, Musée égyptien, JE 18221 (CG 392).
Les porteurs d'offrandes de poissons furent comme d'autres statues en ronde bosse de rois du Moyen Empire, à la XXIe dynastie, transportée à Tanis dans le Delta oriental, où ils furent découverts au cours de fouilles effectuées en 1861. Les traits caractéristiques des visages ne laissent aucun doute sur la datation de ce groupe du règne d'Amenemhat III, le dernier grand souverain de la XIIe dynastie. Les inscriptions entre les deux figures qui mentionnent le nom de Psousennès Ier témoignent en conséquence de l'usurpation du monument. Il est fort vraisemblable que, sous Amenemhat III, cette statue se trouvait dans le temple funéraire proche de la pyramide de ce roi à Haouara, bien que l'on n'exclue pas complètement qu'elle puisse provenir du temple de Sobek de Shédit, l'ancienne capitale du Fayoum. La coiffure des deux effigies composée de grosses tresses, ainsi que leur barbe, sont particulièrement caractéristiques. Il est possible qu'Amenemhat III ait repris un des premiers archétypes du dieu du Nil, Hâpy, que le souverain incarne ici, comme le prouvent les offrandes – poissons, volailles et fleurs de lotus – qu'il apporte en garant de la fertilité du pays. Le dédoublement des statues qui sont exécutées dans une parfaite symétrie, rompt, de cette façon, avec toutes les conventions et trouve sa justification dans le dualisme de la Haute et de la Basse-Égypte.

114 MOYEN EMPIRE

20. Le pyramidion d'Amenemhat III
Dahshour ; XIIᵉ dynastie, vers 1840 av. J.-C. ; granit ; haut. : 131 cm, base : 187 x 187,5 cm ; Le Caire, Musée égyptien, JE 35133 (35745). Le pyramidion de granit noir est orné des yeux du roi, avec lesquels ce dernier observait le parcours du soleil dans sa barque, dont la représentation figure également sur ce monument.

21. La pyramide d'Amenemhat III, dite « la pyramide noire »
Dahshour ; XIIᵉ dynastie, vers 1840 av. J.-C. Cette pyramide érigée en brique était aussi revêtue de calcaire. Le système de couloirs et de chambres complexes forme une sorte de labyrinthe composé de nombreuses antichambres et de salles annexes. Les bâtisseurs ayant rencontré de grandes difficultés avant son achèvement, seuls les chambres et les couloirs annexes furent utilisés pour l'inhumation des reines et des princesses. Des tombes destinées à des princesses furent aménagées au nord de la pyramide. On a retrouvé dans l'une d'entre elles la tombe intacte du roi Hor de la XIIIᵉ dynastie.

22. Le pectoral de la princesse Méréret
Dahshour, tombe de Méréret ; XIIe dynastie, vers 1840 av. J.-C. ; or, cornaline, lapis-lazuli et faïence ; haut. : 7,9 cm, larg. : 10,5 cm ; Le Caire, Musée égyptien, JE 30875.

Au cours de ses recherches dans le complexe funéraire de Sésostris III, l'archéologue J. de Morgan découvrit en 1894 la tombe de la princesse Méréret. Fille de Sésostris III et sœur d'Amenemhat III, elle possédait un riche trésor funéraire, dont ce pectoral. Ce pectoral ajouré est le résultat d'un travail de cloisonné. Les cellules ainsi formées ont été ensuite remplies d'incrustations. La scène se déroule dans le cadre architectural d'une chapelle sur un axe de symétrie. Sous les ailes déployées de la déesse-vautour Nekhbet, Amenemhat III saisit un ennemi par les cheveux et le massacre à l'aide d'une massue. Le roi porte le *khat* orné de l'*uraeus*, un corselet maintenu par une bretelle et un pagne court à devanteau, agrémenté d'une queue d'animal. Derrière Amenemhat III, des ankhs pourvus de bras portent des éventails composés de plumes d'autruche. Les inscriptions accompagnant Nekhbet, déesse tutélaire de la couronne de Haute-Égypte la désigne « Maîtresse du Ciel » et « Souveraine des Deux-Terres ». Les cartouches mentionnent le nom de couronnement du souverain ; ses titres ont été inscrits au centre de la composition : « Le dieu accompli, Maître des Deux-Terres et de tous les pays étrangers, celui qui abat les Asiates ». Cette scène se répète au recto dans la technique du ciselé et du repoussé. Les motifs composant ce bijou sont d'une incroyable densité et possèdent une force d'expression hautement symbolique. Ce pectoral est en outre remarquable de par la qualité exceptionnelle de sa facture qui, même aux époques ultérieures, ne sera jamais surpassée.

23. Le pectoral de Sat-Hathor-Iounit
Illahoun, tombe de Sat-Hathor-Iounit ; XIIe dynastie, vers 1870 av. J.-C. ; or, lapis-lazuli, turquoise, cornaline et grenat ; haut. : 8,2 cm ; New York, Metropolitan Museum of Art, Henry Walter and Rogers Fund, 1916, 16.1.3.

En février 1914, lors des fouilles de la pyramide de Sésostris II à Illahoun, les ouvriers de l'archéologue Flinders Petrie, découvrirent une tombe à puits déjà pillée durant l'antiquité. L'examen méticuleux de la chambre sépulcrale permit de découvrir les joyaux de la princesse qui, cachés dans une petite niche, avaient échappé aux pillards. À l'exception de quatre d'entre eux, le Service des Antiquités confia à Petrie ces bijoux et objets de toilette ayant appartenu à Sat-Hathor-Iounit, une des filles de Sésostris II, et qui ressemblaient beaucoup à ceux trouvés à Dahshour. Les musées britanniques ne pouvant acquérir ce trésor, les bijoux, dont le pectoral ici représenté, parvinrent au Metropolitan Museum. On voit au centre le cartouche contenant le nom du roi Sésostris II au-dessus du dieu Heh agenouillé avec une palme dans chaque main, symbole des années de règne. Ce dernier porte en outre, pendu au coude gauche, un têtard, signe hiéroglyphique signifiant 100 000.

De part et d'autre se tient le faucon du dieu-roi Horus surmonté du disque solaire entouré d'un serpent. Ce pectoral exprime la revendication du souverain d'un règne et d'une vie éternels.

Un long collier d'or et de pierres souligne l'élégance classique de ce bijou dont l'exécution a exigé l'assemblage de plus de 370 pièces.

MOYEN EMPIRE

plusieurs de ses successeurs de la XIIIe dynastie se firent construire des cénotaphes à Abydos. Il se peut même que certains d'entre eux aient été réellement inhumés dans ces monuments funéraires.

Sésostris III avait cependant déjà fait édifier un complexe de pyramide grandiose à Dahshour qui, par son extension au sud, comporte déjà les éléments des « Temples de millions d'années » du Nouvel Empire. À l'extérieur de l'enceinte, comme il était d'usage sous l'Ancien Empire, il fit enterrer des bateaux entiers au fond de grandes fosses. Son fils Amenemhat III s'inspira de ces innovations pour son complexe de pyramide à Haouara au Fayoum. Hérodote allait considérer ce complexe avec ses chapelles décorées et sa riche statuaire – des œuvres inhabituelles et expressives, comme par exemple les porteurs d'offrandes de poissons –, comme tellement unique qu'il crut y reconnaître le modèle du labyrinthe.

Les pyramides ultérieures de Dahshour et d'Haouara étaient des constructions massives de briques crues, de même que les pyramides plus petites des reines et des princesses, par ailleurs inhumées au fond de puits funéraires situés autour des pyramides. Curieusement, les tombes des princesses de la XIIe dynastie avec leurs riches et précieux mobiliers funéraires n'ont pratiquement pas été pillées. Le fait qu'elles soient restées intactes donne à penser que le pillage des pyramides du Moyen Empire ne s'est produit qu'après l'oubli de la présence du précieux mobilier funéraire dans les tombes secondaires.

Dans ces conditions, les couloirs qui menaient aux caveaux royaux n'ont manifestement été dégagés qu'au moment où, à une époque relativement moderne, on a enlevé le revêtement de calcaire des pyramides à des fins de réutilisation.

Cependant, les aménagements souterrains des tombeaux des rois de la fin du Moyen Empire deviennent de plus en plus complexes. Ils sont construits sur le modèle des jeux de *senet*, un jeu de dés composé d'obstacles, auquel le mort jouait dans sa tombe pour parvenir dans le monde souterrain. Il est probable que les superstructures pyramidales édifiées au-dessus de ces aménagements qui, vu leur complexité, demandaient sûrement des années de travail, n'ont pratiquement jamais été terminées, bien que leur pyramidion en basalte décoré d'inscriptions hiéroglyphiques eussent été déjà livrés, comme le montre le tombeau de Khendjer (le « sanglier ») à Saqqara-Sud. Ces complexes étaient tous entourés d'un mur d'enceinte ondulé : peut-être s'agit-il d'une représentation des eaux primordiales, la pyramide symbolisant la butte primordiale émergeant de ces eaux. Le résultat des fouilles du dernier complexe souterrain de Saqqara-Sud est particulièrement énigmatique. Ce site impressionnant est constitué d'un vaste système de couloirs qui bifurquent sur plusieurs niveaux et qui, après de multiples obstacles, aboutit enfin à la chambre sépulcrale taillée dans un seul bloc de quartzite de plus de 150 tonnes. Sur celui-ci repose un couvercle d'un poids presque égal et qui n'a cependant jamais été rabaissé. En dépit de l'investissement, cette tombe semble n'avoir jamais été utilisée. Il s'agirait pourtant de la tombe, mais peut-être aussi du cénotaphe, d'un des rois les plus importants de la XIIIe dynastie qui, en dernière instance, aura peut-être été inhumé à Abydos. Ses successeurs, qui résidaient à Itjtaoui (Lisht) et à Thèbes, ne firent alors, en raison du déclin du pouvoir central à la fin du Moyen Empire, construire que de petites pyramides en briques, dont seules quelques ruines et la tradition écrite nous sont parvenues.

MOYEN EMPIRE

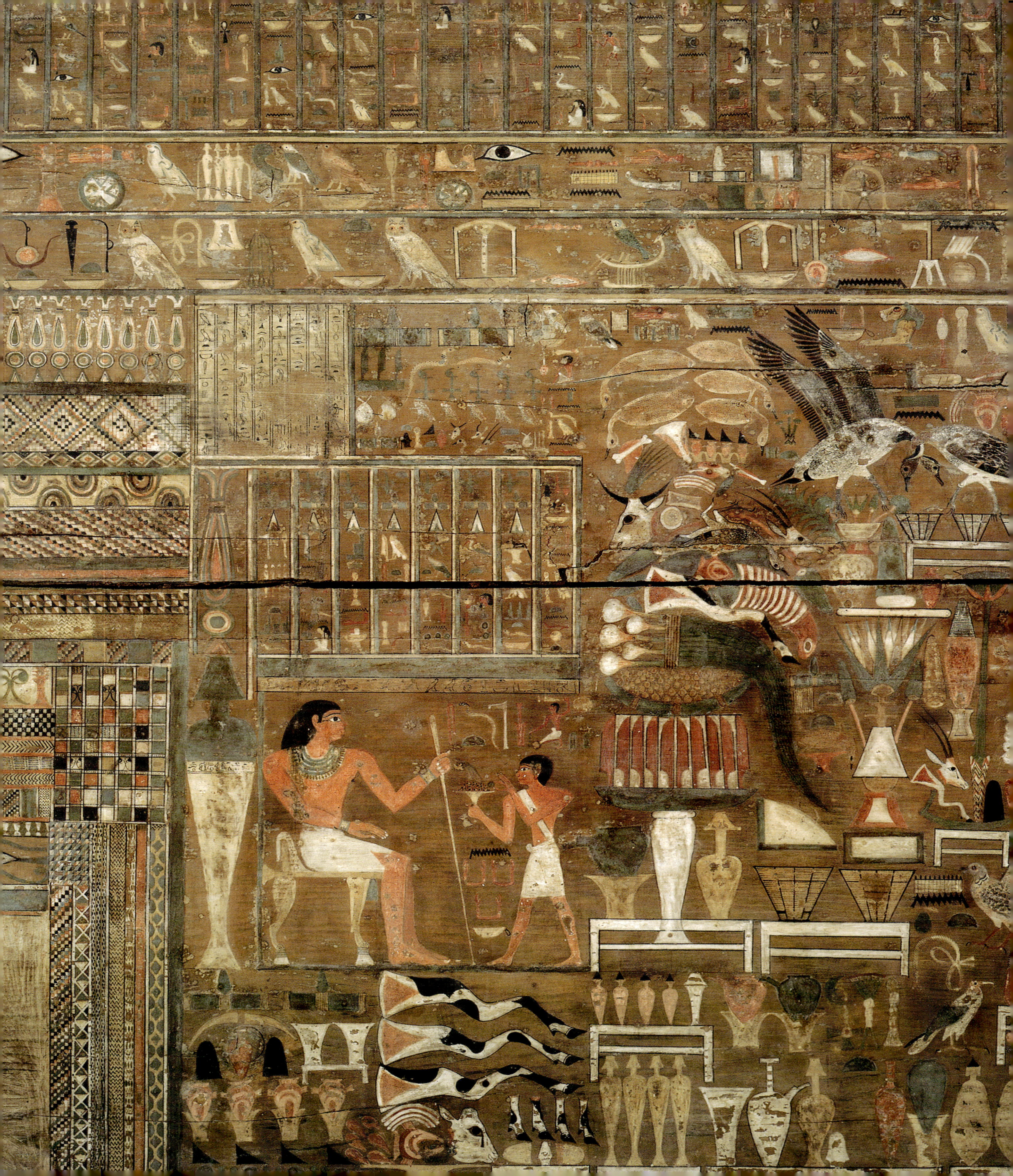

La demeure d'éternité : les tombes des nomarques et des fonctionnaires

Abdel Ghaffar Shedid

L'architecture

Les nomarques du Moyen Empire, qui disposent d'une large autonomie, se font construire dans leurs provinces respectives leurs nécropoles personnelles. Le lien avec les complexes royaux et les traditions de l'Ancien Empire y est certes évident, mais une évolution toute particulière se dessine dans les diverses nécropoles.

Déjà à la Première Période Intermédiaire s'élèvent, au sud de Thèbes, la nécropole de Mo'alla sur la rive orientale du Nil, et face à elle, celle de Gébélein sur la rive occidentale. Dans la nécropole de la capitale Memphis, on continue à utiliser la forme traditionnelle du mastaba, mais les monuments sont plus modestes qu'à la fin de l'Ancien Empire. En règle générale, les superstructures sont pleines et ne sont désormais plus accessibles ; seul le caveau est encore décoré.

Les nécropoles les plus impressionnantes du Moyen Empire se trouvent en Haute-Égypte et surtout en Moyenne-Égypte. Souvent creusées dans les chaînes montagneuses qui se dressent le long du Nil dans des paysages remarquables, ces complexes sont imposants. Tout visiteur y perçoit la puissance et la prétention des bâtisseurs.

Sous la XIe et la XIIe dynastie, les nécropoles de Béni Hassan et, plus au sud, d'el-Bersheh et de Qau el-Kébir sont aménagées sur les versants de la montagne orientale ; celles de Meir, d'Assiout et de Deir Rifeh sur la rive occidentale du Nil, et celle de Qoubbet el-Haoua, face à Assouan, à la frontière australe du pays.

En dépit d'évolutions locales spécifiques, ces nécropoles présentent des caractéristiques communes : dans la tradition des hypogées de l'Ancien Empire, les tombes présentent au début, et ce jusqu'à la XIe dynastie, des salles vastes et simples. La conception de la tombe se transforme progressivement jusqu'à représenter une maison d'éternité illustrée par l'intégration d'éléments empruntés à l'architecture profane. On commence par introduire des colonnes. Puis la façade de la tombe se modifie en prenant la forme d'un portique à colonnes. Sous la XIIe dynastie, une suite de salles finit par constituer un axe médian depuis l'entrée jusqu'à la niche abritant les statues au fond de la chapelle funéraire, symbolisant ainsi dans l'architecture l'idée d'un chemin menant à l'au-delà.

Les tombes des nomarques d'Assiout et de Qau el-Kébir, malheureusement fort mal conservées, comptent parmi les plus grands complexes de particuliers du Moyen Empire. Certains d'entre eux possédaient, à l'instar des complexes funéraires royaux, des édifices situés dans la vallée, une chaussée montante, un pylône, une cour à déambulatoire, une terrasse où se trouvaient un vestibule et une salle hypostyle, tous deux à piliers, et l'hypogée proprement dit composé d'une salle transversale et de chambres destinées aux statues.

À Thèbes, la nécropole construite sur la rive occidentale du Nil constitue un exemple particulier, celui des tombes *saff*. Sur le plateau au pied de la montagne, un mur d'enceinte délimite une avant-cour de très grandes dimensions ; la façade de la tombe avec son portique à piliers est taillée dans la roche. Un couloir axial conduit à la chapelle funéraire, d'où part un puits d'accès à la chambre sépulcrale. Un deuxième exemple thébain illustre la transformation opérée dans les croyances funéraires. Le système de couloirs qui s'enfonce profondément dans la montagne et conduit à la chapelle funéraire et au caveau représente désormais le tombeau d'Osiris et le monde souterrain. Ce nouveau type de tombe est d'une grande importance car il influera sur l'évolution de la tombe royale sous le Nouvel Empire.

La construction des grands hypogées s'interrompt brutalement lorsque, sous Sésostris III, les nomarques perdent leur pouvoir et leur autonomie.

La technique

Les hypogées ont été creusés directement dans la roche des chaînes montagneuses de la vallée du Nil. La roche qui affleurait était travaillée du haut vers le bas pour former une surface verticale plane en vue d'obtenir la façade de la tombe, dans laquelle était aménagé l'entrée ou un portique à colonnes étroit. On avançait ensuite en creusant sur un large front, de l'entrée vers le fond du tombeau, en sauvegardant d'éventuels éléments architectoniques, tels que piliers, architraves, etc. Les blocs de pierre extraits étaient transportés, entiers ou fragmentaires vers l'extérieur. On se servait pour exécuter ce travail de marteaux en pierre, de ciseaux en cuivre et de maillets en bois.

La deuxième phase de construction consistait ensuite à égaliser les parois au ciseau. Les surfaces destinées à recevoir les décorations étaient polies à la pierre. Les inégalités des surfaces murales étaient alors aplanies à l'aide d'un mortier de sable et de chaux, plus ou moins épais selon les cas, puis polies. Les travaux de préparation s'achevaient par un coup de badigeon qui faisait fonction de couche d'apprêt destinée à accueillir la peinture et à empêcher que la pierre naturelle n'absorbe trop fortement le liant. Le badigeon était de couleur neutre, rappelant le ton originel de la pierre et neutralisant sur le plan optique les retouches effectuées au mortier.

Quant aux peintures, on utilisait des tons bleus et turquoise déjà fabriqués artificiellement, des ocres naturels avec de nombreuses variantes de jaune, de rouge et de brun, du blanc de chaux et du noir obtenu à partir de suies. Une détrempe soluble dans l'eau et composée de résines et d'autres matériaux organiques pouvait, éventuellement, faire office de liant pour les pigments.

---

24. Tombe du prince Djehouti-nuit (coupe de la tombe extérieure, mur-est)
el-Bersheh, tombe de Djehouti-nuit (10A) ; XIe dynastie, env. 2020 av. J.-C. ; bois de cèdre ; peint ; longueur totale: 262 cm ; Boston, Museum of Fine Arts, 20.1822-6.

Les tombes de grand format de Djehouti-nuit comptent indéniablement parmi les plus fastueuses de tous les temps.
Tout particulièrement les peintures riches de détails, sur les faces intérieures sont considérées comme des performances absolues de la peinture égyptienne ancienne. Tous les moindres détails de la composition – ici, le personnage central du souverain – ont été réalisés avec une finesse inégalée de couleur et d'exécution de telle sorte qu'après la découverte de la tombe (printemps 1915), une datation de la douzième dynastie a été tout d'abord supposée.

25. *La tombe de Sarenpout Ier – Avant-cour et façade*
Qoubbet el-Haoua (tombe n° 36) ; XIIe dynastie, vers 1950 av. J.-C.
À l'instar des complexes funéraires royaux, cette tombe présentait un édifice, point de départ d'un escalier permettant d'accéder à une avant-cour carrée. La façade est taillée directement dans le grès rouge du site, précédée d'un portique étroit, dont le toit était porté par six piliers en partie conservés. Aux deux extrémités de ce portique, une niche abritait une statue du défunt. Les six piliers ont été pourvus d'inscriptions et de représentations du défunt gravées en creux. On observe sur la façade plusieurs scènes. À gauche de la porte d'entrée : le portrait du défunt, suivi de son porteur de sandales et de deux chiens ; à l'extrémité gauche : Sarenpout Ier se tient sur une barque et s'adonne à la pêche au harpon ; au registre supérieur : des bœufs lui sont présentés.

26. *La tombe de Sarenpout II – Vue intérieure*
Qoubbet el-Haoua (tombe n° 31) ; XIIe dynastie, vers 1880 av. J.-C.
L'architecture funéraire de Qoubbet el-Haoua atteint ici son apogée. Les salles, à l'intérieur de la tombe, composées d'une antichambre, d'un couloir et de la chapelle de culte, se succèdent selon un axe strict. Cette disposition est semblable à celle des complexes funéraires royaux. La sévérité de la première salle aux murs nus, avec ses six piliers massifs de grès stratifié, est impressionnante. Neuf marches mènent au fond du complexe. Le long couloir couvert de voûtes en berceau est percé de chaque côté respectivement par trois niches, dans lesquelles se trouvent des demi-statues de Sarenpout II représenté en Osiris. Le couloir débouche sur une chapelle funéraire de plan carré. De l'entrée vers la niche du culte, le plafond s'abaisse progressivement de salle en salle, tandis que le niveau du sol s'élève. Cet effet accentue la fonction de cette niche comme l'ultime étape du complexe.

27. *La tombe de Khéti – Vue intérieure, angle nord-est*
Béni Hassan (BH 17) ; XIIe dynastie, vers 1950 av. J.-C.
Cette tombe est un exemple de la phase intermédiaire dans l'évolution de l'architecture de la nécropole de Béni Hassan. Cette salle est partagée par deux rangées de trois colonnes lotiformes, parallèles à la façade d'entrée. Ces dernières sont reliées par une architrave, que soutiennent sur les côtés des pilastres encastrés. Ces piliers qui, d'un point de vue de la statique, ne seraient pas nécessaires, sont la réplique dans une pierre éternelle des piliers en bois d'une maison d'habitation et illustrent ainsi l'idée de la tombe, conçue comme une demeure d'éternité. On aperçoit encore sur ces délicates colonnes, qui reproduisent quatre tiges surmontées d'un bourgeon de lotus fermé, la peinture originale avec ses trois couleurs : l'ocre, le rouge et le bleu.

MOYEN EMPIRE

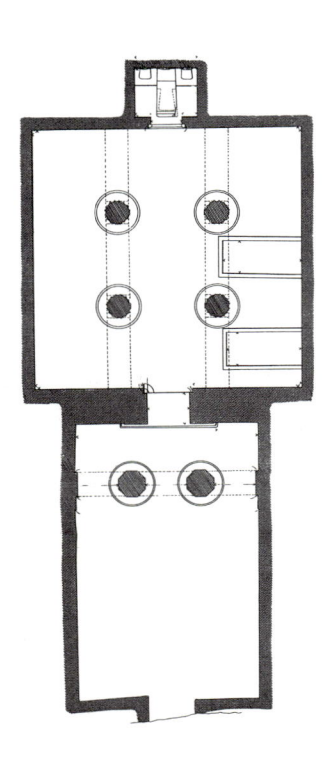

28. Plan de la tombe d'Amenemhat
Béni Hassan (BH 2) ; XIIe dynastie, vers 1930 av. J.-C.
La succession des salles se compose d'une avant-cour, d'un portique à colonnes, de la chapelle funéraire et de la niche abritant les statues.

29. La tombe d'Amenemhat
Béni Hassan (BH 2) ; XIIe dynastie, vers 1930 av. J.-C.
L'organisation caractéristique de l'espace est impressionnante. Dans cette salle presque carrée, deux puissantes architraves relient deux par deux quatre colonnes à seize arêtes et divisent le volume en trois nefs à voûte en berceau. La voûte peinte d'un motif de nattes est située sur un axe est-ouest. Cet axe aboutit à la niche où se trouve sur son mur oriental un groupe sculptural représentant le défunt, sa femme et sa mère.

30. Façade à portique des tombes BH 3, 4 et 5 (de gauche à droite)
Béni Hassan ; XIIe dynastie, vers 1930 av. J.-C.
Les façades des tombes ont été taillées directement dans la roche escarpée, précédées de cours délimitées par des murs en saillie. Les façades de ces tombes, les plus récentes de Béni Hassan, présentent un portique à deux colonnes à huit ou dix arêtes et une architrave massive. Ces éléments proviennent de l'architecture profane et imitent une véranda en bois. Les « mutules » au-dessus de l'architrave rappellent les extrémités, en avancée, des poutres du plafond. Ils sont particulièrement visibles sur la façade de la tombe BH 3 (à gauche). On qualifie de protodorique la forme des colonnes. Avec leurs cannelures et leurs arêtes vives, elles anticipent les futures colonnes doriques.

MOYEN EMPIRE

31. La cuisine
Thèbes (TT 60), tombe d'Antefoqer ; XIIe dynastie, vers 1950 av. J.-C. ; peinture. Peu de peintures funéraires thébaines du Moyen Empire ont été conservées. Antefoqer, vizir sous le règne d'Amenemhat Ier, fit construire pour sa mère Sénet cette tombe qui présente un riche répertoire iconographique. On aperçoit ici des femmes qui cuisinent, prenant de la pâte dans de grands récipients et remplissant des moules en argile allongés et pointus. Ces personnages sont certes bien proportionnés, mais leurs mouvements anguleux et les couleurs uniformes leur donnent une certaine rigidité et simplicité.

33. L'âne portant des sacs
Gébélein, mastaba d'Iti ; Première Période Intermédiaire ; vers 2120 av. J.-C. ; peinture ; haut. : 84 cm ; Turin, Museo Egizio, 14354h. Cet animal se caractérise par des contours bien délimités et une nette répartition des couleurs. La perspective en élévation permet d'expliquer très clairement que l'âne porte sur son dos deux paniers amarrés avec des cordes : le panier suspendu sur le côté caché de l'animal, et qui normalement n'est pas visible, est représenté ici au-dessus de ce dernier.

32. Le fourré de papyrus
Mo'alla, tombe d'Ankhtifi ; Première Période Intermédiaire, vers 2140 av. J.-C. ; peinture. Le peintre a trouvé une solution très particulière pour représenter cette scène connue depuis longtemps, celle du fourré de papyrus. Selon un principe de pure abstraction, il a disposé un rideau régulier de tiges verticales de papyrus entrecoupé d'ombelles. Pour adoucir cet ordonnancement rigide, il a introduit à intervalles irréguliers des oiseaux. À l'aide d'un pinceau d'une extrême finesse, il a ajouté au registre inférieur des poissons à la fois très caractéristiques et purement abstraits. Une douce tonalité pastel produit un intéressant contraste avec l'agencement rigide de la scène. Les éléments de la scène sont juxtaposés, sans se chevaucher : l'artiste a veillé à varier les distances. Il joue avec les proportions et ne considère que l'importance accordée aux objets et non leurs véritables dimensions.

122 MOYEN EMPIRE

La peinture et la sculpture

Dans les tombes privées du Moyen Empire, on préfère fréquemment pour la décoration murale la peinture au bas-relief. Les coûts, le gain de temps ou les problèmes techniques dus à la mauvaise qualité de la pierre n'expliquent pas seuls cette préférence. La peinture utilisée comme unique moyen de composition de la tombe privée égyptienne n'est pas une nouveauté ; le plus ancien exemple, une tombe située à Hiéraconpolis, remonte à l'époque prédynastique. D'autres datent de la IIIe dynastie – par exemple, la tombe d'Hésy à Saqqara –, de la IVe dynastie – le mastaba de Néfermaât et de son épouse Atet, où se trouvaient les célèbres oies de Meïdoum – et de la VIe dynastie – la tombe de Kaemankh à Giza.

Les deux techniques, peinture et relief, sont également représentées sous le Moyen Empire. Alors que dans les nécropoles d'el-Bersheh, de Meir et de Qau el-Kébir, les compositions murales apparaissent sous forme de bas-reliefs peints, les immenses parois de Béni Hassan, par exemple, ne sont que peintes. Seules les stèles fausses-portes ont été travaillées en bas relief. Les commanditaires des complexes funéraires de la XIIe dynastie, pour lesquels ils ont engagé de grosses dépenses, se sont très consciemment décidés pour la peinture, sûrement parce qu'ils savaient apprécier le charme particulier des nouveaux potentiels picturaux de l'époque. Il y a là l'expression d'une nouvelle pensée des propriétaires de la tombe.

La peinture du Moyen Empire évolue à partir de l'art de la Première Période Intermédiaire qui connaît un renouveau dynamique et vivace. Cette époque est marquée par une renaissance très nette de la peinture. Un puissant courant stylistique libère considérablement les canons de l'Ancien Empire de tous ses éléments superflus et d'un raffinement exagéré, au profit d'une organisation claire et directe et d'une lisibilité parfaite des scènes. Si l'on regarde les moyens formels utilisés au cours de la Première Période Intermédiaire, on est surtout frappé par la composition claire obtenue, par exemple, en renonçant au chevauchement des objets.

34. Les oiseaux perchés sur un acacia
Béni Hassan (BH 3), tombe de Khnoumhotep II ; XIIe dynastie, vers 1880 av. J.-C. ; peinture.
Ce détail de scène de chasse aux oiseaux est l'une des peintures les plus célèbres des tombes de Béni Hassan. L'arbre avec son tronc massif, ses branches finement ramifiées, ses petites feuilles composées vert tendre et ses petites boules de fleurs jaunes, constitue le fond, sur lequel ont été peints différents oiseaux. Certes, ces modèles de la nature ont été traités de manière abstraite, mais les signes distinctifs (couleurs et formes) de chaque oiseau sont si bien typés qu'il n'est pas difficile d'identifier chaque espèce. L'artiste a su, en dépit de la complexité du motif, créer une parfaite unité.

35. Le cortège d'Asiates
Béni Hassan (BH 3), tombe de Khnoumhotep II ; XIIe dynastie, vers 1880 av. J.-C. ; peinture.
Un événement extraordinaire a été immortalisé sur le mur nord de la tombe. L'arrivée d'une caravane d'Asiates apportant du khôl destiné au nomarque constitue pour Khnoumhotep un événement si important et lui fait tant plaisir qu'il l'immortalise et en précise la date : l'an VI du règne de Sésostris II. L'inscription, qui permet d'identifier le chef de la caravane, mentionne pour la première fois sur un monument le nom « hyksôs ». Quatre des étrangers sont armés de flèches, d'arcs et d'une arme de jet en bois. Deux d'entre eux portent des habits gris et deux autres des habits rayés blanc et rouge, et aux pieds des sandales. Le vêtement, la coiffure, la barbe et la physionomie témoignent de leur origine asiatique. Ils mènent un âne, sur lequel deux enfants sont attachés dans une sorte de panier ; ceux-ci ont entre eux un instrument, peut-être un instrument de musique.

On illustre fréquemment plusieurs angles de vue caractéristiques d'un même objet de façon à clarifier les représentations. Les proportions exactes des personnages, un corps esthétique et idéal semblent avoir perdu de leur intérêt. L'importance de la fonction d'un objet dans la vie d'ici-bas décide de sa taille dans la représentation.

On renonce complètement à la ligne continue qui séparait les différents registres des bas-reliefs en bandes horizontales, ou on la remplace par de courtes lignes représentant le sol sur lesquels se tiennent individuellement les personnages ou certaines scènes. On varie en toute liberté la palette des couleurs, faisant ainsi apparaître des compositions très diversifiées. Cette nouvelle démarche créative des couleurs est remarquable : on trouve des solutions très originales ; des contrastes souvent très vigoureux, ajoutés à des nuances fort délicates, trahissent un goût marqué pour les effets particuliers et le plaisir de la couleur.

C'est cet aspect que les peintres du Moyen Empire vont développer le plus. Sous la XIIe dynastie, une riche palette de couleurs avec de nombreuses teintes intermédiaires, une liberté du pinceau, le recours à des procédés de superposition, la transition imperceptible d'une couleur à l'autre et les techniques de vernis révèlent une culture picturale parachevée. Les avantages de la peinture face au bas-relief, un art plutôt contraignant, résident dans le fait que celle-ci peut se déployer librement sur toute la surface. La différenciation nuancée des couleurs et le recours à une construction complexe permettent, singulièrement dans la description de la nature, d'obtenir des ambiances impressionnantes. Des représentations vaporeuses de paysages qui nous font sentir par exemple l'atmosphère du désert ou des pâtures, sont exécutées sans ligne de séparation de registre. La peinture entre en composition raffinée avec les surfaces déterminées par l'architecture ; les cycles thématiques sont représentés selon une répartition choisie avec soin.

On est frappé, à l'apogée de cette évolution, par les compositions complexes et les variantes de scènes individuelles qui agissent avec de multiples effets, par exemple progressions, chevauchements spatiaux, et même avec des tentatives de perspective linéaire, de réductions optiques et des effets d'ombres et de lumières. Expression d'un intérêt nouveau de l'artiste pour la diversité naturelle, on tend en peinture et en relief vers un certain naturalisme, et ce par l'observation la plus exacte possible de la structure des surfaces, du mouvement et de la position dans l'espace, du détail imprévu. Les artistes de cette époque développent une clairvoyance pour les détails et les combinaisons optiques intéressants, mais expérimentent aussi des nouveautés et, ce qui n'est pas le moindre de leur mérite, se révèlent techniquement capables de les réaliser.

On constate, à partir de la XIIe dynastie, l'usage du quadrillage dans les bas-reliefs et les peintures. Celui-ci, s'il a été mis en place, n'est utilisé que pour les représentations en grand format de figures. Le quadrillage est la continuation du système de points de coordination utilisé sous l'Ancien Empire et qui fixait les proportions des personnages à l'aide d'un axe vertical et de sept lignes horizontales correspondant à un niveau fixé de certaines parties du corps. L'art égyptien conservera le canon de proportions élaboré sous le Moyen Empire, avec la largeur du poing pour unité de base et le partage en dix-huit carrés d'un homme debout, pratiquement sans changement durant plus d'un millénaire.

Comme nous l'avons déjà observé en architecture, des styles locaux très particuliers se développent dans les nomes de la Haute et de la Moyenne-Égypte. Cela vaut pour la peinture comme pour le bas-relief qui, dans les tombes privées, ne se détache que très faiblement des murs et qui n'atteindra pas dans les compositions murales la liberté de la peinture. À la fin du Moyen Empire, le bas-relief tend également à la description réaliste et riche en détails. Les commanditaires se décident cependant sciemment pour la peinture, dans la mesure où l'on accorde la préférence aux valeurs picturales, aux possibilités d'un dessin délicat, aux transitions des couleurs et aux fins dégradés.

Le répertoire iconographique est le même que sous l'Ancien Empire et les représentations continuent à avoir pour fonction d'assurer la survie du défunt dans l'au-delà. La culture, l'élevage, l'artisanat et les scènes du repas funéraire restent les thèmes principaux de la Première Période Intermédiaire et du Moyen Empire. Le seul sujet vraiment nouveau est celui du pèlerinage d'Abydos qui représente le voyage du défunt sur le Nil en direction du lieu de culte d'Osiris.

Cependant, s'ils reprennent les thèmes déjà connus, les artistes du Moyen Empire inventent quasiment à l'infini, enrichissent et développent les motifs, créent de nouvelles compositions et de nouveaux points de vue. Les scènes s'animent, les personnages agissent avec énergie.

Bien que ces représentations aient été pensées dans la perspective de l'au-delà, les hypogées des nomarques donnent une idée très claire de la vie quotidienne de cette époque et des événements particuliers vécus par les commanditaires. Ce dernier s'adresse à l'observateur auquel, par l'aména-

36. Le repas funéraire
Qoubbet el-Haoua, tombe de Sarenpout II ; XIIe dynastie, vers 1880 av. J.-C. ; peinture.
L'imposant tombeau s'achève sur cette petite chapelle de culte. Une ligne de hiéroglyphes sur fond blanc partage le plafond du naos en son milieu, ce dernier étant traversé de lignes en zigzag brun rouge sur fond jaune, qui imitent une natte. Les murs sont encadrés en haut et sur les côtés par un bandeau peint de petits rectangles de couleurs, en bas par des bandes horizontales également de différentes couleurs ; le fond est d'un intense bleu ciel. Sarenpout II est assis sur un siège à pattes de lion et tend la main vers la table chargée de nourriture. Son fils lui apporte des fleurs de lotus. Les inscriptions mentionnent dans deux cartouches le nom du roi régnant Amenemhat II ; à gauche, on aperçoit un hiéroglyphe peu fréquent : l'éléphant, symbole d'Éléphantine.

37. Figure de femme sur quadrillage
Qoubbet el-Haoua, tombe de Sarenpout II ; XIIe dynastie, vers 1880 av. J.-C.
Sous la peinture en partie écaillée, on aperçoit un quadrillage. Peint en noir sur le mur, les mesures manquent en partie de précision. L'artiste n'a pas non plus respecté l'exécution de son personnage avec exactitude : la naissance des cheveux et le nez sont situés sur un point de jonction du quadrillage, alors que d'autres parties, telles les épaules et les aisselles, s'écartent de la règle du canon de proportions. Ces inexactitudes et le fait que relativement peu de personnages sont dessinés sur un quadrillage préalable montrent clairement que ce dernier n'est pour l'artiste qu'une vague indication – du moins dans les tombes privées. On ne peut, en aucun cas, y voir un instrument permettant à l'artiste de déterminer les proportions de manière absolue.

38. L'offrande
Béni Hassan (BH 3), tombe de Chnumhotep II ; XIIe dynastie, vers 1880 av. J.-C. ; peinture.
Cette scène est un exemple éloquent de disposition d'objets sur plusieurs niveaux. Les oiseaux passent selon une règle précise devant et derrière les porte-encens. L'artiste a recherché une ligne pure ; des contours souples définissent le motif. Des dégradés d'une finesse extrême, une juxtaposition délicate des couleurs avec, pour donnée fondamentale, le contraste des ocres rouges et jaunes côtoyés par les diverses nuances de bleu turquoise révèlent un art pictural perfectionné. Le rendu des plumes des quatre oiseaux résulte d'une habileté à diversifier les motifs décoratifs.

39. Le repas des antilopes
Béni Hassan (BH 3) ; tombe de Chnumhotep II ; XIIe dynastie, vers 1880 av. J.-C. ; peinture.
La richesse d'invention de l'artiste se révèle ici dans la composition du groupe. L'artiste a travaillé sur trois plan : l'antilope couchée au premier plan, l'antilope debout au deuxième et enfin le berger à l'arrière-plan. Le mouvement de ce dernier est complexe : il semble tourner le dos à l'observateur et baisser les épaules – d'où l'impression d'une perspective raccourcie des épaules. La disposition de la scène est aussi un chef-d'œuvre : l'arrondi du dos du berger de droite se prolonge sur la même courbe que les cornes de l'antilope debout et le bras droit du deuxième berger.

MOYEN EMPIRE

40. Les acrobates jouant à la balle
Béni Hassan (BH 15), tombe de Baqet ; XIIe dynastie, vers 1970 av. J.-C. ; peinture.
Jeux et danses sont un thème courant dans les tombes de Béni Hassan. On voit ici quatre jeunes filles jouant à la balle de façon acrobatique. Le dessin est net et précis. Deux jeunes filles sont assises sur le dos de leur partenaire respective et se lancent des balles. Elles portent des robes blanches à bretelles qui descendent aux genoux, des bracelets en faïence bleu turquoise aux poignets et aux chevilles et de larges colliers. Trois longues et fines tresses terminées par un pompon pendent à leurs courtes perruques.

41. Le pâtre
Meir (B2), tombe d'Oukhhotep ; XIIe dynastie, vers 1900 av. J.-C. ; calcaire peint.
Un pâtre décharné, presque réduit à l'état de squelette, conduit à la longe trois bœufs bien nourris et bien soignés. Ce relief exprime le plaisir des contrastes marquants et de l'individuation des personnages. On pourrait ici presque parler de relief en creux car les personnages ne se détachent que très faiblement du mur.

42. Les lutteurs et le combat pour une forteresse
Béni Hassan (BH 2), tombe d'Amenemhat ; XIIe dynastie, vers 1930 av. J.-C. ; peinture.
Les tombes des nomarques de Béni Hassan sont célèbres pour leurs représentations de lutteurs. 59 couples au total présentent dans cette tombe les mouvements les plus divers, des sauts et des chutes spectaculaires, des prises et des coups tous différents. Deux nuances de brun permettent de mieux différencier les adversaires. Les deux registres inférieurs illustrent la conquête d'une forteresse. Les soldats en marche sont armés de lances, de haches de guerre, de massues, d'arcs et de flèches. Plusieurs Libyens, reconnaissables à leurs pagnes bariolés et à leurs fines barbes, marchent aux côtés des soldats égyptiens. Le registre inférieur représente le pèlerinage d'Abydos ; cette peinture est la plus ancienne représentation, avec inscriptions, de ce thème dans l'histoire de l'art égyptien.

43. Les filles de Djéhoutihotep
El-Bersheh (tombe n° 2), tombe de Djéhoutihotep ; XIIe dynastie, vers 1900 av. J.-C. ; calcaire peint ; haut. : 80 cm ; Le Caire, Musée égyptien, JE 30199.
Les reliefs des tombes d'el-Bersheh sont d'une très faible épaisseur. Les femmes aux corps élancés et aux traits sévères, presque grossiers, ont quelque chose de formel. Elles portent, parfaitement ajustés sur la tête, des bandeaux ornés de fleurs de lotus bleues et roses, d'où pendent des rubans raides. Les fins contours de couleur rouge et surtout les détails ont été peints par l'artiste avec un soin admirable. Les perruques à la mode aux fines mèches maintenues par des rubans rouges qui se terminent par des spirales entourant des disques de cornaline, ou les grands pectoraux pendus à des colliers de plusieurs rangs de perles de faïence bleu turquoise présentent d'infinis détails.

MOYEN EMPIRE

gement impressionnant et représentatif de sa sépulture, il entend faire connaître sa position élevée.

Les stèles funéraires

Durant la Première Période Intermédiaire, les tombes peintes, comme celles de Gébélein ou de Mo'alla, sont plutôt l'exception. La plupart du temps, l'équipement de l'hypogée, comme du simple mastaba en brique, se réduit à une dalle en pierre insérée dans le mur. De même, sous le Moyen Empire, les murs de la superstructure des tombes privées édifiées dans la nécropole de la capitale Memphis sont pratiquement nus ; une simple stèle funéraire est souvent le seul support de l'écriture et des scènes.

Cette stèle constitue l'équipement minimal indispensable à une tombe. Elle contient en principe trois éléments, qui cependant suffisent à assurer la survie du défunt. Citons en premier les inscriptions, dont le texte essentiel est la formule funéraire par laquelle le défunt demande les denrées nécessaires à sa survie dans l'au-delà. À cela s'ajoutent des prières, les nom et titres du défunt, la date de certains événements et des données généalogiques. Le deuxième élément est la représentation du défunt lui-même qui, grâce à celle-ci, continuera à vivre pour l'éternité ; et le troisième la table d'offrande sur laquelle s'empilent des denrées alimentaires qui garantissent la survie du défunt.

Sur le plan esthétique et technique, les stèles du Moyen Empire sont de qualités très diverses. Certaines de ces stèles étaient fabriquées en série, ce qui permettait aux couches les plus modestes de la population d'en faire l'acquisition. Les textes gravés sur ces dernières sont une source importante pour la compréhension des croyances funéraires de cette population. La plupart des stèles du Moyen Empire sont de grande taille ; la partie supérieure est cintrée. Les personnages sont exécutés en bas relief et les textes gravés en creux dans la pierre.

La statuaire funéraire

Sous le Moyen Empire, comme déjà sous l'Ancien Empire, la représentation en ronde bosse du commanditaire fait aussi partie de l'aménagement de la tombe privée. Mais alors qu'autrefois, placée dans une chambre fermée, le *serdab,* elle était invisible à l'œil du visiteur, elle se trouve dorénavant dans un endroit dominant du tombeau, comme par exemple la niche située au fond du complexe et qui constitue le point de mire de l'axe médian de ces lieux. Elle est maintenant manifestement conçue pour l'observateur : c'est un monument. En outre, la statue funéraire conserve sa fonction traditionnelle : substitut de l'individu représenté, au travers de laquelle il peut exister pour l'éternité et recevoir le culte des morts. Par malchance, pratiquement aucune statue funéraire n'a été conservée intacte sur son lieu originel, et il est rare de pouvoir attribuer une statue à une tombe déterminée. La majorité des statues funéraires sont plutôt de format réduit. Leur

44. Stèle funéraire d'Amenemhat
Thèbes, Assassif, tombe d'Amenemhat (R 4) ; XIe, XIIe dynasties, vers 1980 av. J.-C. ; calcaire peint ; haut. : 30 cm, larg. : 50 cm ; Le Caire, Musée égyptien, JE 45626.
Sur cette stèle provenant d'Assassif (tombe R 4) figurent les membres d'une même famille. Le père et la mère sont assis aux deux extrémités d'un banc à pattes de lion et accoudoirs bas. La mère a près d'elle un panier à anse, duquel dépasse le manche d'un miroir. Le fils est assis entre ses parents. Ils se tiennent par les épaules et les mains. La belle-fille se tient à droite devant la table d'offrande, sur laquelle sont empilés des morceaux de viande, une botte d'oignons et une laitue ; deux pains sont posés en dessous. La gravure en creux de la ligne de hiéroglyphes horizontale au-dessus de cette scène est typique ; elle contient des formules sacrées et le nom des parents. Les couleurs de cette stèle sont pures et intenses : le brun rouge vigoureux et l'ocre jaune de la peau, le blanc des vêtements et le vert clair des hiéroglyphes et des bijoux se détachent régulièrement du fond bleu clair. La composition de la scène est rigide et équilibrée. Comparée au style de la Première Période Intermédiaire, la construction des personnages a retrouvé sa totale précision.

45. Stèle d'Antef
Thèbes, Dra Abou el-Naga ; IXe dynastie, vers 2125 av. J.-C. ; calcaire ; haut. : 106 cm, larg. : 73 cm ; Le Caire, Musée égyptien, CG 20009.
Cette stèle provient de la tombe d'Antef, nomarque de Thèbes et chef des prêtres, dans la nécropole de Dra Abou el-Naga. L'artiste a combiné les éléments de la stèle et de la fausse-porte, la gorge et le tore. Par la porte à deux battants placée au milieu de la partie inférieure de la stèle, le défunt peut au sens figuré sortir de l'au-delà et disposer du ravitaillement nécessaire. À gauche et à droite de la porte, de petits personnages domestiques apportent des animaux destinés à l'offrande et abattent un bœuf. La partie médiane de la stèle est réservée au défunt ; sous un baldaquin, il se fait servir de la bière ; derrière lui se tiennent les porteurs de sandales et de chasse-mouches. Des aliments s'accumulent devant le baldaquin. Les trois lignes supérieures de hiéroglyphes contiennent des formules funéraires. La composition est caractéristique de cette période : les objets sont simplement et nettement juxtaposés.

46/47. (En haut) Statue-cube d'Hetep
Saqqara, tombe d'Hetep ; XII⁰ dynastie, vers 1975 av. J.-C. ; calcaire peint ; haut. : 85 cm ; Le Caire, Musée égyptien, JE 48857.
(En bas) Statue-cube d'Hetep
Saqqara, tombe d'Hetep ; XII⁰ dynastie, vers 1975 av. J.-C. ; granit gris peint ; haut. : 74 cm ; Le Caire, Musée égyptien, JE 48858.
Ces deux statues-cubes provenant de la tombe d'Hetep comptent parmi les plus anciens exemples de ce type de statue. Le lieu où elles furent dressées et les détails de leur composition illustrent particulièrement bien l'idée de résurrection qui est à l'origine de cette forme de représentation. Ces deux statues ont été trouvées dans deux chambres mitoyennes de la tombe, le visage tourné vers le soleil levant.

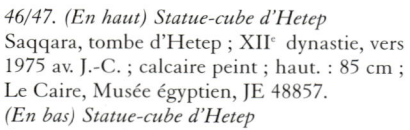

La statue en granit était dans la chambre située au sud et tournée vers la Haute-Égypte ; celle en calcaire, dans la chambre située au nord, vers la Basse-Égypte. Les statues-cubes représentent le moment où le défunt commence à se libérer d'une structure compacte ; la tête, les bras et les jambes sont déjà à la lumière. Cette structure peut être comparée à la butte primordiale, de laquelle, selon les croyances égyptiennes, le monde serait issu. Le défunt veut prendre part au voyage diurne et nocturne éternellement répété du dieu solaire. Les inscriptions font de la statue en granit une statue diurne et de la statue en calcaire une statue consacrée au voyage nocturne.

48. Oukhhotep et sa famille
Meir, tombe d'Oukhhotep ; XII⁰ dynastie, vers 1860 av. J.-C. ; granodiorite grise ; haut. : 37 cm, larg. : 30 cm, prof. : 14 cm ; Le Caire, Musée égyptien, JE 30965 (CG 459).
Ce groupe familial provient de la tombe d'Oukhhotep, l'un des derniers nomarques de la Moyenne-Égypte. Il est représenté avec ses deux femmes et sa fille. Ces quatre personnages sont présentés de face dans une attitude figée devant une sorte de stèle cintrée. On aperçoit sur les bords un papyrus et un lotus, plantes héraldiques de l'Égypte du Nord et de l'Égypte du Sud, et, encadrant Oukhhotep, deux yeux *oudjat* gravés. Ces symboles intègrent Oukhhotep dans le cosmos égyptien. La coiffure et les vêtements des figures correspondent à la mode de l'époque. Les nom et titres des effigies représentées sont inscrits sur leurs vêtements. Leur physionomie assez grossière ne différencient guère l'homme des femmes. Le corps élancé et la taille haute sont caractéristiques des canons de l'époque.

49. Statue de Nakhti
Assiout, tombe n° 7 ; début de la XII⁰ dynastie, vers 1950 av. J.-C. ; bois d'acacia peint, yeux incrustés ; haut. : 179 cm ; Paris, musée du Louvre, E 11937.
À la Première Période Intermédiaire et au début du Moyen Empire, on utilise encore fréquemment le bois pour les statues funéraires. Les proportions de cette effigie du chancelier Nakhti, avec son corps allongé et ses bras démesurés, correspondent aux canons de l'époque. Le modelé du corps et de la tête n'est pas très poussé ; le tablier du pagne qui descend aux mollets présente une surface plane aux arêtes vives. Un geste caractérise nettement cette statue : Nakhti tient de la main droite un pli de son pagne.

50. Sarcophage de Senbi (détail)
Meir (B 1) ; XIIᵉ dynastie, vers 1920 av. J.-C. ; bois peint ; haut. : 63 cm, long. : 212 cm ; Le Caire, Musée égyptien, JE 42948.
Ce sarcophage rectangulaire symbolise avec une particulière beauté l'idée du cercueil en tant que demeure d'éternité. Les détails architecturaux – le soubassement et les bois de charpente, la porte à deux battants, les nattes, les tapis et les bandeaux aux dessins délicats qui recouvrent la façade – sont peints avec une grande finesse. L'artiste a réussi un délicat contraste des couleurs, en accentuant les variations de brun rouge et de brun vert, avec entre ces dernières des plans de couleurs plus intenses.

51. Sarcophage de Sépi (détail)
El-Bersheh, tombe de Sépi (III) ; XIIᵉ dynastie, vers 1920 av. J.-C. ; bois peint ; larg. : 65 cm ; Le Caire, Musée égyptien, JE 32868.
Alors que les parois extérieures ne contiennent que de simples lignes de hiéroglyphes, les parois intérieures sont richement peintes et présentent des motifs picturaux exécutés avec une grande finesse. On aperçoit en bas du petit côté du sarcophage ici présenté des textes funéraires ; en haut, sous le signe hiéroglyphique du ciel orné d'étoiles, on peut lire : « Approvisionné par Isis, qui est à tes pieds, le général Sépi, justifié ». De grands greniers précédés d'une antichambre portée par des colonnes sont reproduits au registre inférieur.

exécution souvent indifférenciée et schématique et leur style simple laissent supposer qu'elles ont été sculptées en série et au moindre coût à l'intention des couches les plus modestes de la population.

Les attitudes classiques de la statuaire de l'Ancien Empire continuent à être majoritairement représentées : la position assise, caractéristique du statut social supérieur du propriétaire de la tombe, et la position debout, qui évoque sa faculté perpétuelle de mobilité. Les personnages dans l'attitude du scribe se font de plus en plus rares. Un nouveau type apparaît de manière sporadique : la statue momiforme sculptée en haut relief à l'intérieur d'une niche. Une autre innovation, exclusivement réservée sous le Moyen Empire à la sculpture privée, et qui, pendant plus de quinze cents ans jusqu'à la Basse Époque, va garder toute son importance, est celui de la statue-cube. Le personnage représenté est accroupi, les genoux repliés, et enveloppé dans un manteau. Le corps semble entièrement enfermé dans un cube ; seule la tête, et éventuellement les pieds, les bras et les mains émergent de la forme géométrique.

La préférence est donnée à la pierre sur le bois, surtout à des roches dures, difficiles à travailler comme la diorite ou le granit. La perfection technique de la taille est remarquable : on obtient, y compris dans la pierre la plus dure, les détails les plus fins et des modelés délicats ainsi qu'un brillant satiné des surfaces obtenu par polissage.

Certains détails iconographiques peuvent être considérés comme typiques du Moyen Empire. Citons par exemple le pagne long porté par les hommes et qui descend de la poitrine ou des hanches jusqu'aux chevilles, ou le vaste manteau dont les pans se croisent sur la poitrine et qui enveloppe tout le corps. Les hommes portent de lourdes perruques qui tombent sur leurs épaules ou se terminent en pointes sur la poitrine, ou sont complètement rasés. Les femmes portent la perruque hathorique caractérisée par deux retombées dont les extrémités se terminent sur la poitrine par une spirale. L'expression du visage s'individualise, les sculpteurs accentuent les traits réalistes, caractéristiques.

L'expression des visages, encore marqués par la puissance et l'énergie, va peu à peu s'adoucir. On les reconnaît facilement à leurs yeux grands ouverts, leurs oreilles haut placées et souvent de grande taille, et leur bouche : ces divers éléments de la physionomie sont apposés sur le visage à la manière des hiéroglyphes. L'époque de la XIIᵉ dynastie voit, dans le domaine privé, apparaître des sculptures qui, par l'intensité accordée aux grandes surfaces simples, l'individualisation des traits du visage, traduisant le sérieux et la dignité du personnage, et l'alliance de la forme cubique abstraite et de détails plastiques réalistes, font partie des chefs d'œuvre de la statuaire égyptienne.

Les sarcophages

Les sarcophages du Moyen Empire présentent de riches décorations avec, en ce qui concerne les cercueils des particuliers, des variantes locales. Souvent, la forme et les représentations sont déterminées par la conception du sarcophage comme demeure d'éternité. Le modèle le plus fréquemment observé est celui d'un sarcophage fait de plusieurs planches parallélépipédiques, avec, peints à l'extérieur, des éléments architecturaux et décoratifs de la maison. Pour la première fois, sous le Moyen Empire, apparaissent des cercueils intérieurs anthropomorphes, dont les peintures reproduisent une momie enveloppée dans un linceul. Sous le Nouvel Empire, ce type de cercueil sera la forme dominante.

Le sarcophage est exposé vers l'est. Souvent, en conséquence, une paire d'yeux sont peints sur le petit côté près de la tête ou au niveau du visage, de façon à ce que le défunt puisse tourner son regard vers l'extérieur. Il peut ainsi voir le soleil se lever à l'est, suivre le voyage quotidien de Rê ou y participer lui-même, et observer les rites du culte funéraire qui se déroulent dans la tombe. On y trouve également très souvent la représentation de la fausse-porte qui permettait à l'âme du défunt de sortir et de

52. Statuette d'une porteuse d'offrandes
Thèbes (TT 280), tombe de Méketrê ; XIe dynastie, vers 1990 av. J.-C. ; bois peint ; haut. : 123 cm, larg. : 17 cm ; Le Caire, Musée égyptien, JE 46725.

Cette statuette de serviteur, relativement grande et particulièrement bien travaillée, provient de la tombe de Méketrê. Elle personnifie une fondation apportant son offrande. Elle porte sur la tête un panier tressé contenant quatre vases en argile, fermés par un bouchon de forme tronconique. Elle tient un canard dans la main droite. Cette représentation symbolique nous est connue par les longs défilés de porteurs d'offrandes des bas-reliefs de l'Ancien Empire. Cette figure féminine au corps élancé porte des vêtements luxueux et des parures. Sa robe très près du corps est recouverte d'une résille de perles rouges et bleu turquoise ; un motif répété distingue le feston inférieur et les bretelles. Des bracelets polychromes passés aux poignets et aux chevilles et un large collier complètent cette élégante tenue.

53. Personnage funéraire (oushebti) de Djaf
XIIe dynastie, vers 1800 av. J.-C.; serpentine ; haut.: 11,6 cm; Bâle, Antikmuseum Basel et Sammlung Ludwig, Inv. BSAe 1021.

Le personnage de Djaf est purement réalisé en forme de momie et montre le fonctionnaire affublé d'une perruque lisse. Une inscription qui renferme une formule funéraire à l'adresse d'Osiris, le roi des morts, se délie le long du corps. Le souverain de la tombe porte ici – c'était sa fonction – le titre de préposé au bureau des comptes. De tels personnages désignent pendant la douzième dynastie le corps de substitut du défunt. C'est seulement lors du passage de la douzième à la treizième dynastie que ce rôle de suppléant, chargé des travaux dans l'au-delà, a été précisé et que les personnages ont été décrits dans le Livre des Morts au sixième chapitre. À partir de cette époque, on parle de ces petites satuettes de oushebtis qui feront de manière irréversible partie intégrante du mobilier funéraire.

rentrer. Parmi d'autres motifs, il faut encore citer la frise d'objets, une liste d'objets utilitaires, dont le mort peut se servir à tout moment.

Sur les parois intérieures se trouvent des formules funéraires et une liste d'offrandes, auxquelles s'ajoutent les *Textes des Sarcophages*, un ensemble de formules magiques destinées à accompagner et à protéger le défunt dans l'au-delà.

Les oushebtis, *les statuettes de serviteurs et les modèles*

« Ô *oushebti,* si je suis appelé, si je suis désigné pour faire tous travaux qui sont faits habituellement dans le royaume des morts, eh bien ! L'embarras t'en sera infligé là-bas, comme quelqu'un à sa tâche. Engage-toi à ma place à tout moment pour cultiver les champs, pour irriguer les rives et pour transporter le *sebbakh* (l'« engrais ») de l'Orient vers l'Occident. "Me voici" diras-tu. »

Ce texte apparaît à la fin de la XIIe dynastie sur les *oushebtis,* de petits objets funéraires en forme de momies, fabriqués le plus souvent en pierre, en bois ou en faïence et il explique leur fonction. Ce sont des « répondants », qui doivent obéir aux ordres de leur maître et se charger dans l'au-delà des corvées de l'irrigation et de la fumure, considérées comme désagréables, à l'inverse du labourage, des semailles et des moissons.

Depuis le début du Moyen Empire, ils font partie du mobilier funéraire, et ne seront au départ déposés que dans les tombes privées. Il se peut que les premiers *oushebtis* aient été de petites momies de substitut : de petits corps nus en cire ou en argile, enveloppés de bandelettes et déposés dans de petits cercueils, pour remplacer la momie du défunt, au cas où celle-ci aurait été abîmée ou détruite. Certaines inscriptions portent les noms et des données généalogiques et permettent de les attribuer à tel ou tel défunt.

Les statuettes de serviteurs représentés dans l'accomplissement d'une activité constituent un autre groupe de statuettes exclusivement destiné à entrer dans le mobilier funéraire. À l'inverse des *oushebtis,* qui ont pour fonction de remplacer le défunt, ces statuettes ont la même mission que les reliefs et les peintures des tombes : elles assurent sa survie dans l'au-delà, son approvisionnement en nourriture, sa position sociale à travers ses tâches et son entretien.

Sous l'Ancien Empire, ces statuettes de serviteurs sont en calcaire et exécutées avec un certain soin ; sous le Moyen Empire, elles sont essentiellement en bois et peintes. Depuis la Première Période Intermédiaire, elles sont regroupées sur un socle dans un environnement faisant partie de leur activité, autour d'édifices, d'outils professionnels, etc. On trouve dans ces conditions des boucheries, des boulangeries, des ateliers de menuiserie et de tissage entiers, des modèles de barques les plus divers qui soient, des barques de voyageurs, de commerce ou des barques pour le pèlerinage d'Abydos, et même des troupes militaires en rapport avec la fonction exercée par le défunt.

Ces scènes sont déjà connues pour avoir été peintes sur les murs des grands mastabas de l'Ancien Empire, où elles se décomposent en scènes individuelles, juxtaposées en registres. Mais ces modèles incluent désormais le lieu de l'action qui s'inscrit dans un espace à trois dimensions. De plus, elles peuvent représenter l'engrenage des activités individuelles simultanées de plusieurs personnages à l'intérieur de cet espace, ce qui, à la manière d'un instantané, paraît plus vivant, plus réaliste.

Ces groupes s'ajoutent aux représentations murales des tombes ou les remplacent ; la richesse de leurs motifs pourvoit aux besoins du défunt. L'agriculture, l'élevage, l'économie de stockage, la préparation de la nourriture, et la fabrication de toutes sortes d'objets à usage varié sont représentés.

54. Le recensement du bétail (modèle)
Thèbes (TT 280), tombe de Méketrê ; XIe dynastie, vers 1990 av. J.-C. ; bois peint ; haut. : 55,5 cm, long. : 173 cm, larg. : 72 cm ; Le Caire, Musée égyptien, JE 46724.
Des paysans et des pâtres amènent leurs bœufs pour le recensement qui permettra la levée des impôts. Des scribes et des fonctionnaires sont assis dans une petite salle surmontée d'un toit, que soutiennent quatre belles colonnes papyriformes. Le défunt assis sur un siège observe lui-même la scène. Devant lui, un pâtre défaillant est puni à coups de bâton.

Les techniques et le style de ces statuettes sont multiples ; certaines sont très soignées. La plupart sont faites avec habileté, mais aussi avec rapidité, le travail des surfaces et des détails étant alors relégué au second plan.

Sous le Moyen Empire, on prend l'habitude de disposer ces modèles au fond des puits ou dans le caveau, à l'abri des pilleurs de tombes. Les sites de découverte se concentrent en Moyenne et en Haute-Égypte. La fabrication de ces statuettes de serviteurs ne cessera qu'au début de la XIIe dynastie.

Les figurines de ces modèles ne représentent personne en particulier et elles restent anonymes. Elles ne sont que les vecteurs d'une fonction importante pour la survie du défunt. Cette différence déterminante avec les sculptures qui représentent ce dernier et les membres de sa famille, apparaît dans le fait que l'artiste varie fortement le canon de la représentation humaine des serviteurs et s'autorise de nombreuses exceptions à la règle. Les attitudes les plus diverses, souvent très directes, des mouvements amples caractérisent ces statuettes, la composition rigoureuse des groupes et la frontalité n'étant par ailleurs plus nécessaire. N'accordant aucune importance au portrait, l'expression des visages est toute naturelle, les proportions sont généralement quelconques, ce qui en fait justement l'expressivité. Elles ne produisent aucun effet théâtral et nous permettent, au contraire – bien qu'elles aient été conçues pour l'au-delà – de jeter un regard sur la vie terrestre des Égyptiens à la fin du troisième millénaire avant Jésus-Christ.

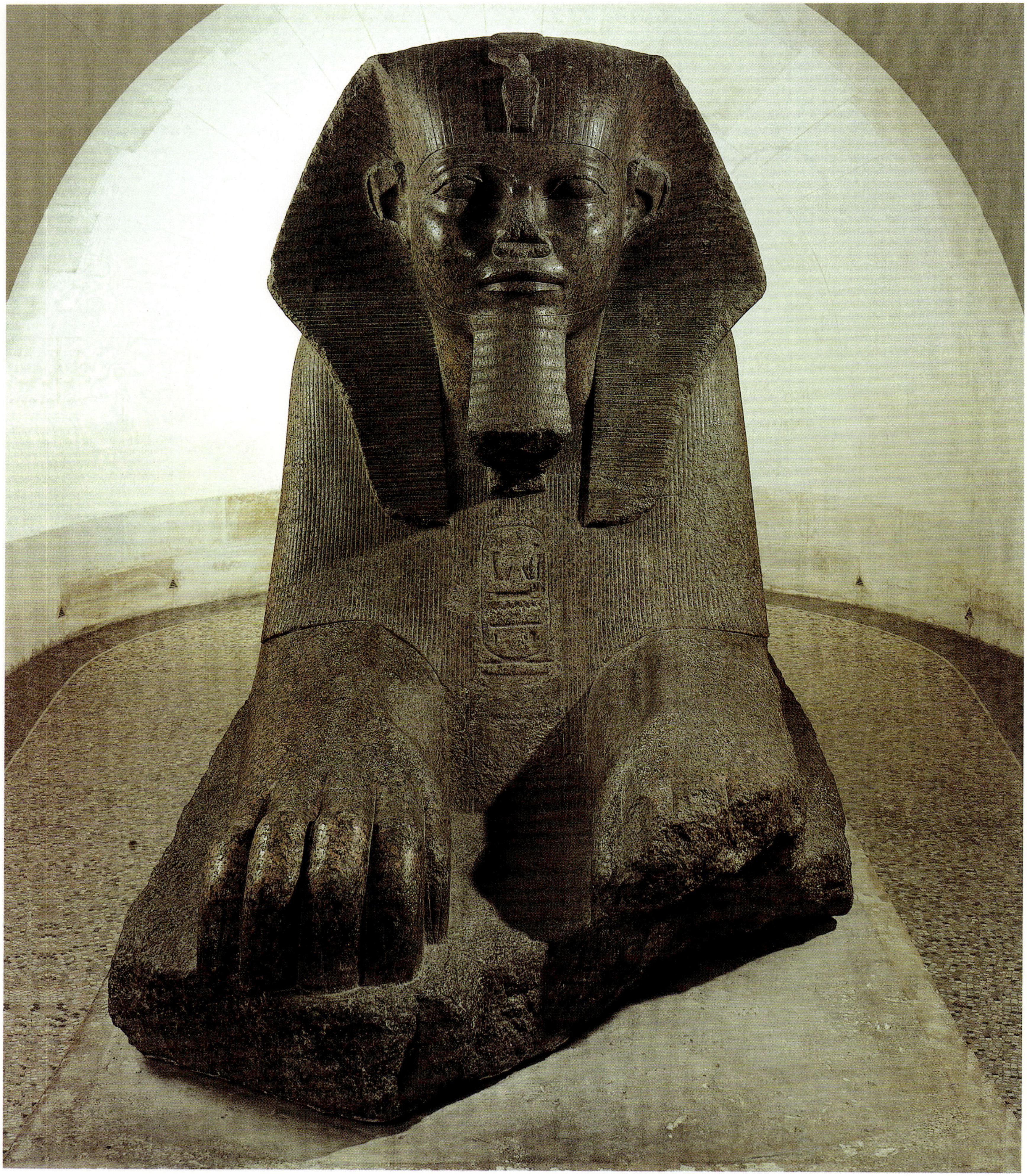

Entre le ciel et la terre : les temples divins sous le Moyen Empire

Regine Schulz

Dans l'Ancienne Égypte, les temples furent les lieux de rencontre entre les hommes et les dieux, entre les vivants et les morts. Ils symbolisaient et garantissaient l'existence, le maintien de la création. Cette garantie était assurée d'une part par l'exercice quotidien du culte et la célébration des fêtes, et de l'autre par la force magique du conçu composé de l'architecture et des répertoires iconographiques et textuels. Les différents éléments de ce système se réfèrent à une pensée commune et n'avaient d'efficacité que dans leur ensemble. Le culte rendu dans les temples se conçoit comme le moyen de communication entre l'homme et le dieu. Cependant, l'initiative n'est prise que par l'homme, en conséquence, le dieu reçoit : il est l'objet du culte.

Les temples étaient considérés comme relevant à la fois du monde divin et du monde terrestre. Au sein de ces temples, le roi subvenait dans la sphère divine aux besoins des dieux et les satisfaisait ; à l'extérieur, les dieux exauçaient, dans la sphère terrestre, les vœux des hommes. Le roi et le clergé, sous ses ordres, servaient de médiateurs entre ces deux niveaux. Le roi avait en fait une double fonction, car il rendait le culte aux divinités et était lui-même l'objet du culte. Le très mauvais état de conservation des temples consacrés aux divinités sous l'Ancien et le Moyen Empire ne permet de reconstituer que partiellement les croyances et les pratiques religieuses de ces époques. Les sources textuelles sont malheureusement très fragmentaires et ne nous livrent que très peu de renseignements.

Du sanctuaire archaïque au temple divin

En Égypte, depuis la préhistoire, le culte royal et le culte divin ont déterminé la vie quotidienne. Les premières chapelles abritant une statue cultuelle ou un fétiche étaient composées d'un bâti en bois et de nattes tressées. Leur forme extérieure variait et dépendait de l'objectif, de la fonction ou du lieu du culte. Sous les premières dynasties, des constructions en brique crue remplacèrent ces constructions légères et, au plus tard au début de l'Ancien Empire, la pierre fut aussi utilisée pour les encadrements de porte, les soutènements et les naos. L'agencement des pièces se différencia de plus en plus, et l'on décèle aussi, à côté de la chapelle renfermant la statue de culte, des salles réservées aux apparitions et à la table d'offrande. On ne peut plus reconstituer le répertoire iconographique et textuel, c'est-à-dire la décoration des monuments de l'époque, mais on peut être certain qu'à côté des statues de culte érigées dans le sanctuaire, étaient également dressées à l'extérieur du temple, des statues qui permettaient aux hommes d'approcher les dieux.

Les dieux et la puissance suprême du roi

Au temps des pyramides, les conceptions changent. Alors que pour la vie présente, terrestre et divine, c'est-à-dire pour les habitations, les palais et les temples divins, on continue à utiliser la brique comme matériau, d'immenses complexes funéraires en pierre apparaissent, destinés au roi défunt. Des temples entièrement construits en pierre, comme celui du Sphinx à Giza ou les temples solaires composés d'un obélisque en maçonnerie, sont des exceptions, dans la mesure où ils étaient en rapport direct avec les complexes funéraires royaux. En conséquence, leur fonction n'était pas simplement d'établir une relation entre le ciel et la terre, entre les hommes et les dieux, mais aussi entre la vie d'ici-bas et l'au-delà. En effet, le pharaon était considéré comme l'Horus divin et le fils du dieu solaire ; en conséquence, il était le garant du maintien de la création. Cette dernière n'était pas considérée comme un acte achevé et nécessitait une confirmation constante, ainsi qu'un renouvellement individuel pratiqué par tout roi lors de son intronisation.

Les dieux et le roi : une puissante communauté

Le déclin du pouvoir royal sous la VIe dynastie, au sein du royaume, conduisit à l'effondrement de l'Ancien Empire, au démembrement du pays et à une crise religieuse profonde. La confiance en la toute-puissance du pharaon était perdue, la présence des dieux sur terre menacée. Désormais, le présent était de la compétence des hommes, et l'au-delà de celle d'Osiris, le roi divin mythique, indépendant de la réalité d'ici-bas.

---

55. Sphinx d'Amenemhat II
Tanis ; XIIe dynastie, vers 1900 av. J.-C. ; granit rose ; haut. : 204 cm, long. : 480 cm ; Paris, musée du Louvre, A. 23.
On ignore le lieu d'origine de ce grand sphinx, et l'inscription d'Amenemhat II n'est plus qu'une trace infime, ce monument ayant été plusieurs fois usurpé. On y distingue les noms du souverain hyksôs, Apophis, et des rois Mérenptah et Shéshonq Ier. On peut ainsi supposer que ce sphinx fut d'abord transporté à Avaris, la capitale hyksôs, puis à Pi-Ramsès, la ville de Ramsès et pour finir à Tanis, sous la XXIIe dynastie. L'influence du caractère immédiat, presque brutal, provoqué par les coups précis du ciseau du sculpteur fait du sphinx du Louvre l'un des chefs-d'œuvre de la sculpture des rois égyptiens de tous les temps.

56. Mentouhotep III lors de la fête-sed
Ermant, temple du roi ; XIe dynastie, vers 1990 av. J.-C. ; calcaire ; haut. : 80 cm, larg. : 135 cm. ; New York, Brooklyn Museum, Charles Edwin Wilbour Fund, 37.16 E.
Ce bas-relief provenant d'Ermant montre deux scènes : à gauche, Mentouhotep III est représenté lors de la course du *heb-sed,* qui lui permet de renouveler la force de son pouvoir royal ; à droite, le roi se tient devant la déesse Iounit, la parèdre du dieu Montou à Ermant. Ce bas-relief au fin modelé, qui ne correspond pas au style thébain puissant et schématique, témoigne d'une influence croissante des écoles artistiques memphites dans l'espace thébain.

57. Mentouhotep II
Dendéra, détail de la chapelle du roi ; XIe dynastie, vers 2010 av. J.-C. ; calcaire ; hauteur du roi : 90,5 cm ; Le Caire, Musée égyptien, JE 46068.
Mentouhotep II considérait Hathor comme sa divinité protectrice tutélaire. Il fit ériger à Dendéra, lieu principal du culte de la déesse, une petite chapelle royale. Cette scène illustrant le souverain assis sur son trône provient de ce monument. Il tient le flagellum dans la main droite et tend la main gauche vers les offrandes amoncelées devant lui. Le faucon Horus, qui plane au-dessus du roi, le protège et lui offre la vie.

134   MOYEN EMPIRE

58. (À gauche) Obélisque de Sésostris Ier
Héliopolis ; XIIe dynastie, vers 1925 av. J.-C. ; granit rose ; haut. : 20,41 m.
À l'occasion de sa fête-*sed*, Sésostris Ier fit ériger deux grands obélisques devant le temple d'Atoum à Héliopolis. Les obélisques symbolisaient le lien étroit unissant le roi et le dieu solaire et assuraient ainsi le renouvellement constant de la création. Les exemplaires en maçonnerie érigés dans les temples solaires de la Ve dynastie à Abou Gourob sont les prototypes d'une longue évolution. C'est à Héliopolis, et donc tardivement, que l'obélisque trouva sa forme définitive avec son haut fût et son pyramidion.

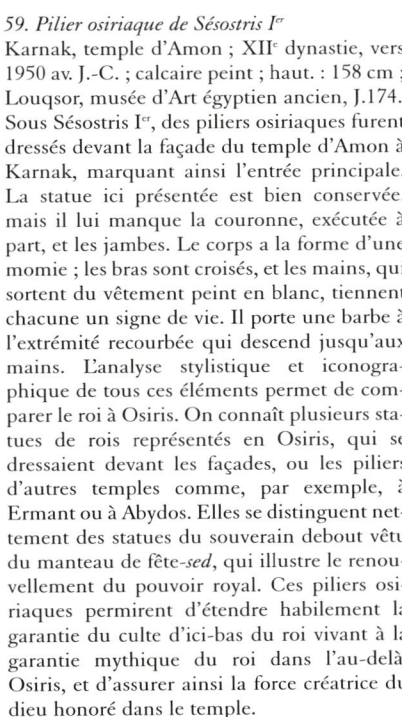

59. Pilier osiriaque de Sésostris Ier
Karnak, temple d'Amon ; XIIe dynastie, vers 1950 av. J.-C. ; calcaire peint ; haut. : 158 cm ; Louqsor, musée d'Art égyptien ancien, J.174.
Sous Sésostris Ier, des piliers osiriaques furent dressés devant la façade du temple d'Amon à Karnak, marquant ainsi l'entrée principale. La statue ici présentée est bien conservée, mais il lui manque la couronne, exécutée à part, et les jambes. Le corps a la forme d'une momie ; les bras sont croisés, et les mains, qui sortent du vêtement peint en blanc, tiennent chacune un signe de vie. Il porte une barbe à l'extrémité recourbée qui descend jusqu'aux mains. L'analyse stylistique et iconographique de tous ces éléments permet de comparer le roi à Osiris. On connaît plusieurs statues de rois représentés en Osiris, qui se dressaient devant les façades, ou les piliers d'autres temples comme, par exemple, à Ermant ou à Abydos. Elles se distinguent nettement des statues du souverain debout vêtu du manteau de fête-*sed*, qui illustre le renouvellement du pouvoir royal. Ces piliers osiriaques permirent d'étendre habilement la garantie du culte d'ici-bas du roi vivant à la garantie mythique du roi dans l'au-delà, Osiris, et d'assurer ainsi la force créatrice du dieu honoré dans le temple.

Il fallut plus de cent cinquante ans, avant que Mentouhotep II (XIe dynastie) ne réussisse à réunifier le pays et à réveiller la confiance des hommes dans le principe religieux du culte en tant que garantie de la création. Ce principe se fonde sur l'élection et la légitimation du roi par les dieux, qui en contrepartie garantissait le maintien de l'ordre universel, repoussait le chaos et assurait la survie des hommes et des dieux. Le culte du roi était ainsi partie intégrante du culte divin, c'est pourquoi des chapelles abritant les statues du roi furent érigées dans les temples divins. On privilégia donc dans ces dernières un répertoire iconographique tel que l'élection, l'entretien et le couronnement du roi par les dieux, ainsi que le triomphe du roi sur ses ennemis (comme à Gébélein ou à Dendéra).

Une architecture mixte, de brique et de pierre, est caractéristique de nombreux édifices de culte de cette époque. On conçut certains complexes à l'instar des maisons d'habitation, ce qui renforça le rapport à la vie d'ici-bas. Dans les temples élevés en l'honneur des dieux, la relation à l'au-delà se reflétait au travers d'autres éléments. Citons comme exemple le concept des piliers osiriaques représentant le roi et exprimant ainsi le rapport du souverain vivant avec Osiris. Les piliers osiriaques dressés pour Mentouhotep III dans le temple de Montou à Ermant, près de Thèbes, comptent parmi les exemples les plus anciens.

Des temples pour l'éternité

Au cours des quarante-cinq ans de règne de Sésostris Ier eurent lieu d'innombrables travaux de construction. Sur la quasi-totalité des lieux de culte importants du pays, il fit édifier des temples en pierre, qui remplaçaient les édifices en brique plus anciens. Des monuments furent consacrés non seulement aux dieux, mais également à des ancêtres

MOYEN EMPIRE

60. Sésostris Ier devant Amon
Karnak, Chapelle Blanche, bas-relief d'un pilier ; XIIe dynastie, vers 1925 av. J.-C. ; calcaire ; hauteur de la scène : 260 cm environ.
Les seize piliers de la Chapelle Blanche sont ornés d'inscriptions et de soixante scènes. Ce complexe représente les actes du culte rendu par le roi devant Amon, qui apparaît sous ses différents aspects, ainsi que l'octroi de la vie, de la longévité et de la protection par le dieu. Ici, le dieu hiéracocéphale, Montou, accompagne le roi jusqu'à Amon, qui lui tend un signe de vie. L'inscription au-dessus de la scène précise que cet événement appartient à la fête-*sed* du roi. Ces représentations complètent le culte réel d'un culte éternel, exécuté à jamais dans la pierre, et constituent donc la garantie éternelle du culte.

61. (À droite) La Chapelle Blanche de Sésostris Ier
Karnak, Musée de plein air ; XIIe dynastie, vers 1925 av. J.-C. ; calcaire ; surface de base : 6,54 x 6,45 m.
Le sanctuaire de Sésostris Ier, connu sous le nom de Chapelle Blanche, est considéré comme un joyau d'architecture et d'art du relief égyptiens. Deux rampes donnent accès à la construction à piliers élevée sur un socle. Une balustrade et une architrave surmontée d'une corniche à gorge et d'un toit entourent la salle. On s'interroge sur le lieu d'origine de cette chapelle : il se peut qu'elle ait été construite dans l'axe principal du temple Amon.

divinisés, comme Snéfrou, et à des saints patrons, comme Héqaib sur l'île d'Éléphantine. La multiplicité des lieux de culte correspondait à la variété de la présence divine en vue du renforcement du pouvoir royal.

Avec l'essor du dieu Amon sous le Moyen Empire, l'importance de Karnak, lieu qui lui était consacré, grandit. Sésostris Ier fit entièrement remplacer les plus anciens monuments. Le complexe se composait d'un jardin à ciel ouvert, entouré de colonnes, et précédé d'une façade ornée de piliers osiriaques ; au fond se dressait un sanctuaire composé de trois salles. Un naos en granodiorite au nom d'Amon, trouvé au sud du septième pylône, aura également fait partie de ce temple. Un autre monument de Sésostris Ier à Karnak compte parmi les chefs-d'œuvre du Moyen Empire. La chapelle édifiée à l'occasion du premier jubilé du roi (*heb-sed*), connue sous le nom de Chapelle Blanche, fut détruite sous le Nouvel Empire et remployée dans les fondations du pylône d'Aménophis III. La reconstruction aujourd'hui presque complète effectuée à partir des blocs originaux compte seize piliers et deux rampes d'accès axiales. Un socle sur lequel aurait pu se trouver une statue constituée du roi et d'Amon-Rê-Kamoutef, et duquel il ne subsiste aujourd'hui que la base, se dresse au centre de l'édifice. À l'occasion de cette fête de régénération, Sésostris Ier fit aussi ériger à Héliopolis de nouveaux complexes et deux grands obélisques devant le temple d'Atoum.

MOYEN EMPIRE

Les derniers rois de la XII⁰ dynastie étendirent leur programme religieux et architectural au-delà des frontières de l'Égypte. Ils fondèrent ainsi des temples en Nubie, à Amada et à Semna, mais aussi à Sérabit el-Khadim au Sinaï. Ils firent consacrer en Égypte de nombreuses statues et stèles, agrandir ou bâtir des temples. Amenemhat III accorda en particulier son attention au Fayoum et y fit édifier de nombreux complexes, dont le sanctuaire de Biahmou doté de deux statues colossales de dix-huit mètres de haut représentant le roi divinisé et aujourd'hui détruites. À Médinet Madi, il consacra à Sobek, le dieu-crocodile, et à la déesse Rénénoutet un petit temple et dans l'ancien Shédit, l'actuel Médinet el-Fayoum, fit transformer le temple de Sobek. De ce lieu proviennent une série de statues, qui présentent le roi paré d'attributs extrêmement inhabituels ou représenté sous l'aspect d'un sphinx doté d'une immense crinière de lion.

Les rares temples conservés du Moyen Empire révèlent certes une structure hétérogène, mais presque tous se composent d'une cour et d'un sanctuaire présentant une salle abritant la statue cultuelle, la salle des apparitions et celle de la table des offrandes. Chacun de ces temples était en soi une unité indépendante. Le paysage et l'architecture, les bas-reliefs et les inscriptions, les statues et les obélisques forment un tout, dans lequel agissent et les dieux et le roi.

MOYEN EMPIRE

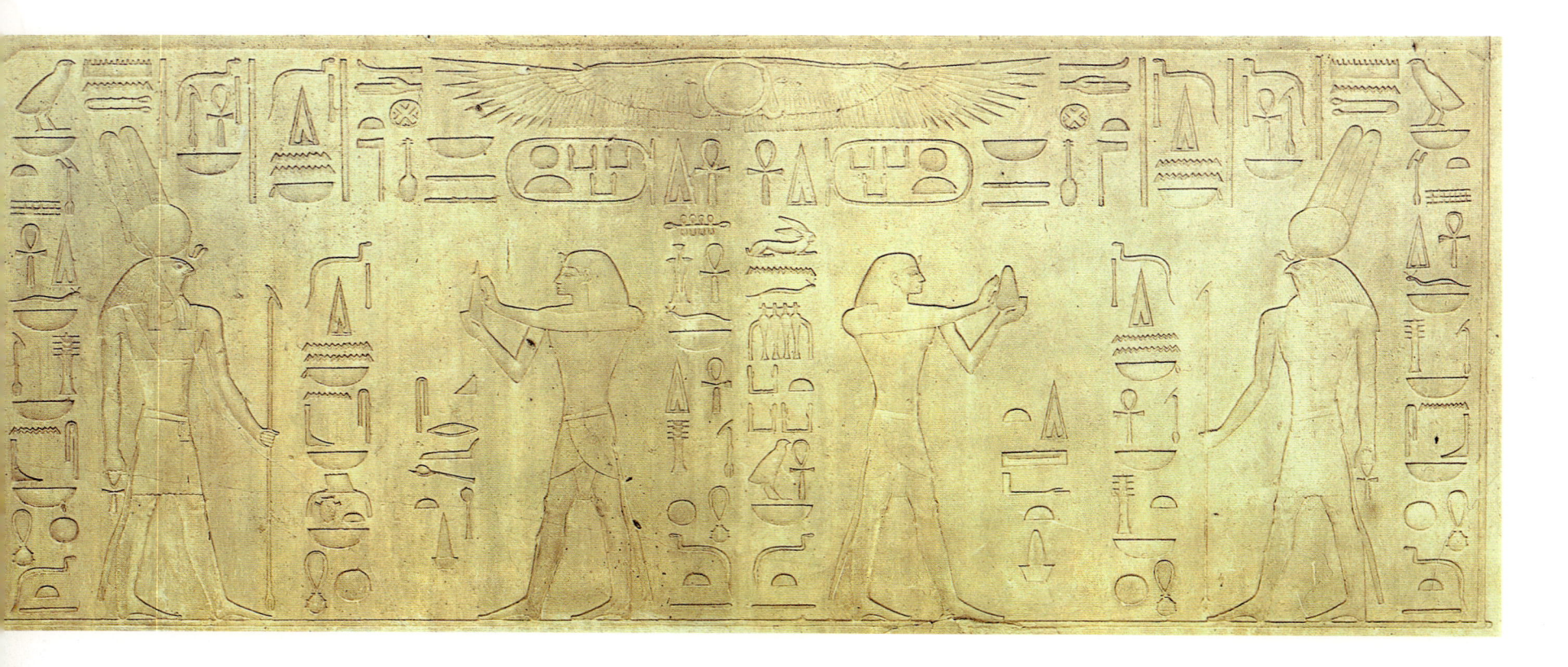

62. Sésostris III apportant l'offrande à Montou
Médamoud, temple de Montou ; XII⁰ dynastie, vers 1860 av. J.-C. ; calcaire ; haut. : 107 cm, long. : 225 cm ; Paris, musée du Louvre, E 13983.

Montou, dieu de la guerre, et de tout temps dieu du nome de Thèbes, jouit, sous le règne des souverains du Moyen Empire, d'une haute considération. Un de ses plus importants lieux de culte se trouvait à Médamoud. Sésostris III fit complètement transformer et considérablement agrandir le temple local. Le linteau, qui se trouve aujourd'hui au Louvre, provient de ce complexe. Il se trouvait dans un couloir qui conduisait à une salle réservée au dépôt et à la préparation des offrandes. Une inscription sur les deux côtés du couloir témoigne de cette fonction, tout en indiquant que Sésostris III fit construire cette porte « pour son père Montou... en calcaire fin et blanc ». Ce bas-relief est divisé en deux scènes symétriques qui s'agencent sur un axe médian. Sésostris III est représenté dans l'attitude de l'offrande qu'il présente à Montou. Les deux effigies royales se dirigent vers l'extérieur de la scène ; le symbole du disque solaire ailé, symbole du dieu du ciel d'Edfou, les protège. À droite, le roi tend au dieu Montou un gâteau-*shât* conique et, à gauche, un pain blanc pointu. Dans les deux cas, Sésostris III porte le *némès* et un pagne royal, la *shendjit* ornée d'une queue de taureau ; Montou, le dieu hiéracocéphale, deux hautes plumes avec à leur base le disque solaire et le double *uraeus* et le pagne divin. Le dieu tient dans ses mains le sceptre-*ouas* et le signe-*ânkh*, symboles de santé et de vie.

63. Sphinx de Sésostris III
XII⁰ dynastie, vers 1860 av. J.-C. ; anorthosite ; haut. : 42,5 cm, long. : 75,5 cm ; New York, Metropolitan Museum of Art, 17.9.2.

L'expressivité de ce sphinx est due à l'opposition apparente entre les traits, profondément marqués par la maigreur, d'un Sésostris III âgé et le corps puissant du lion. Mais tous deux dégagent à égalité une grande assurance, et la tête légèrement levée du roi souligne la tension vigilante du corps, créant ainsi une harmonieuse unité.

La statuaire des temples : les images vivantes

Dans l'Ancienne Égypte, chaque temple abrite une statue du dieu auquel le culte est rendu. Nous ne connaissons que très peu de ces statues de culte. Elles étaient faites entièrement ou partiellement en métaux précieux, c'est pourquoi elles furent volées et fondues. Les bas-reliefs des temples représentent la plupart de ces statues debout ou assises sur un trône. Elles étaient considérées comme des portraits vivants, éléments de l'essence divine, raison pour laquelle seul le roi ou un prêtre agissant à sa place avaient le droit de les rencontrer. Des statues de divinités étaient également dressées à l'extérieur du sanctuaire, le plus souvent sculptées dans la pierre, que des personnes initiées, tels des prêtres et de hauts fonctionnaires, pouvaient approcher. Seule la barque dans laquelle la statue du dieu était déposée était visible de l'ensemble de la population lors des processions organisées au cours des grandes fêtes.

Les multiples fonctions de la statuaire royale

Il y avait dans tout temple divin des statues de rois qui, elles aussi, étaient considérées comme vivantes. Comme il est très rare que l'on ait pu situer l'endroit exact où elles se trouvaient, on ne peut déterminer leur fonction qu'à partir de leur aspect. L'analyse typologique de ces statues permet de cerner leurs différentes fonctions. Les statues de rois sont représentées aussi bien actives que passives. Elles agissent devant les dieux, par exemple quand elles représentent le roi debout un pied en avant ou agenouillé, dans un geste d'offrande ou de prière. Elles sont l'incarnation du pouvoir royal et divin, quand elles illustrent le roi, garant de la création, sous la forme de sphinx par exemple. Elles sont l'objet de culte, honorées et entretenues par les hommes, quand le roi est, entre autres, représenté debout ou assis sur un trône. Elles jouissent de la protection et de la reconnaissance des dieux qui les ont élus, quand il s'agit notamment de statues de groupes représentant le roi et les dieux en contact étroit. Les éléments iconographiques permettent également de cerner la personne représentée et soulignent la fonction de celle-ci, tels le costume de prêtre de la statue d'Amenemhat III ou les signes de vie dans les mains des piliers osiriaques de Sésostris Ier. L'analyse stylistique des modelés du corps et du visage est le troisième élément qui joue un rôle important, dans la mesure où elle détermine de manière décisive la puissance émanant de la statue. Pour chaque souverain, des critères formels ont été fixés, à l'égal des devises royales, critères qui laissent cependant de l'espace aux différences stylistiques et fonctionnelles. Si l'on considère l'évolution du portrait royal sous la XIe et la XIIe dynastie, on constate des différences considérables : Mentouhotep II montre des traits massifs et d'une lourdeur extrême, Sésostris Ier une régularité des contours, Amenemhat II une intense tension, Sésostris III une haute concentration et une forte volonté et Amenemhat III une austérité dynamique.

En principe, partant d'un puissant formalisme qui rassemble les détails stylisés à la manière de hiéroglyphes, le phénotype passe par une esthétique équilibrée pour aboutir à un naturalisme psychologisant.

64. Temple de Qasr es-Sagha
Qasr es-Sagha ; XIIe dynastie, vers 1880 av. J.-C. ; calcaire ; larg. : 21 m, prof. : 7,80 m.
À la fin de la XIIe dynastie, un des temples du Moyen Empire les mieux conservés aujourd'hui fut construit sur la rive occidentale du lac Qaroun dans le Fayoum. Ce complexe se compose d'une grande salle destinée à la table d'offrande et de sept chambres de culte mitoyennes. Les avant-cours et les salles annexes ont disparu, de même que le mur d'enceinte et le répertoire iconographique et textuel. Il semble que ce temple soit resté inachevé et n'ait sans doute jamais été consacré au culte.

65. Buste d'Amenmhat III
Probablement du Fayoum, temple de Sobek ; XIIe dynastie, vers 1810 av. J.-C. ; alliage de cuivre avec des restes d'incrustation d'or, d'argent, d'électrum et de cristal de roche ; haut. : 46,9 cm ; propriété privée, Suisse.

L'utilisation du métal pour la fabrication des effigies royales est attestée depuis l'Ancien Empire (comme, par exemple, la statue géante de Pépi Ier provenant d'Hiéraconpolis). Ces statues appartenaient aux ensembles de sculptures érigées dans les temples. Malheureusement très peu d'entre elles ont été conservées : la majorité ayant été volée et refondue. Cette pièce est sans aucun doute un chef-d'œuvre d'art métallurgique. On ne peut savoir si ce personnage était à l'origine debout ou assis sur un siège, la partie inférieure travaillée séparément n'ayant jusqu'à présent pas été retrouvée. L'imposant *némès* a été confectionné et posé sur la tête du roi, le bandeau frontal qui garantissait une harmonieuse transition avec la coiffure a disparu. Le visage est extraordinairement expressif. La forme du visage, la mâchoire inférieure énergique, le menton dominateur et les sourcils très naturels sont des éléments que l'on retrouve sur d'autres portraits d'Amenemhat III. En revanche, la bouche extrêmement large, les petits yeux très écartés l'un de l'autre, le nez long et très marqué et le modelé très retenu des muscles et des rides s'écartent de l'image connue du roi. La question se pose donc de savoir si, pour les portraits en métal du roi, il ne fut pas élaboré un portrait particulier, ou si ce buste ne serait pas à dater d'une époque postérieure, peut-être sous Amenemhat IV.

66. Amenemhat III en costume de prêtre
Médinet el-Fayoum, temple de Sobek ; XIIe dynastie, vers 1830 av. J.-C. ; granodiorite ; haut. : 100 cm ; Le Caire, Musée égyptien, JE 20001.

Le buste d'Amenemhat III en costume de prêtre appartient à une statue du roi plus grande que nature. Il fut trouvé à Shédit, lieu principal du culte du dieu-crocodile Sobek situé dans le Fayoum. Le costume est unique. Le souverain porte une lourde perruque à grosses tresses, une peau de félin et un lourd collier. La barbe royale tenue par des rubans extrêmement larges et l'*uraeus* sur le front sont brisés. À droite et à gauche de la perruque, le souverain tient dans ses mains deux fines hampes d'enseignes surmontées de têtes de faucon. C'est là le prototype des statues porte-enseigne des rois, qui ne réapparaîtra que sous le Nouvel Empire. Les traits caractéristiques du visage ne laissent aucun doute pour une datation sous le règne d'Amenemhat III. La fonction de cette statue est controversée, mais le costume inhabituel et la peau de félin impliquent un acte religieux particulier.

MOYEN EMPIRE

67. Statue-cube de Sésostris-senebefni
Probablement de Memphis ; XIIe dynastie, règne d'Amenemhat III, vers 1830 av. J.-C. ; grès silicifié ; haut. : 68,3 cm ; New York, Brooklyn Museum, Charles Edwin Wilbour Fund, 39.602.

Les statues-cubes apparaissent pour la première fois sous le Moyen Empire. Elles étaient dressées devant les tombes sur les voies cultuelles ou dans les temples. Cette attitude témoigne clairement du privilège de la participation au culte royal ou divin et des soins que celui-ci induit. Sésostris-senebefni associe son épouse à ce privilège. Le dieu invoqué dans la formule d'offrande est Ptah-Sokar, le maître de la nécropole de Memphis.

68. Statue de Sobekemsaf
Probablement d'Ermant ; XIIIe dynastie, vers 1700 av. J.-C. ; granodiorite ; haut. : 150 cm ; Vienne, Kunsthistorisches Museum, ÄS 5051/5801 ; base avec pieds : Dublin, National Museum of Ireland, 1889-503.

La statue du gouverneur thébain Sobekemsaf, représenté debout le pied gauche en avant, se trouvait bien à l'origine dans le temple de Montou à Ermant, puisque la formule d'offrande mentionne : « Montou de Thèbes, résidant à Ermant. » La corpulence considérable de cet homme, la taille de cette statue, extraordinaire pour une œuvre privée du Moyen Empire, et le pagne honorifique proéminent qui monte très haut sur la poitrine, montrent l'importance de ce haut fonctionnaire, dont la sœur fut une Grande Épouse d'un roi de la XIIIe dynastie.

La statuaire privée : le privilégié

Alors que la statuaire royale et divine participait immédiatement à la garantie magique du culte, les statues des particuliers avaient une tout autre valeur. Déjà, sous l'Ancien Empire, des statues de particuliers qui n'étaient ni royales ni divines étaient érigées le long des voies cultuelles et processionnelles. Au plus tard sous le Moyen Empire, on trouve aussi ce type de statue à l'intérieur des temples. Elles représentent des personnes qui ne participaient pas activement au culte, mais jouissaient du privilège d'être présents et de « regarder » le déroulement du culte. En conséquence, ils participaient au système de subsistance du temple. Les inscriptions de ses statues renvoient également à cet aspect qu'elles impliquent de la participation à l'acte religieux, puisqu'elles contiennent la plupart du temps une formule de prière demandant de prendre part aux offrandes divines. Un grand nombre de ces statues sont accroupies, les jambes croisées ou les genoux étroitement repliés sous le menton. Cette attitude implique l'aspect passif de la statue et n'est jamais celle des dieux ou du roi. Pour garantir éternellement, et y compris dans l'au-delà, la permanence de la participation au culte et l'assurance de vie qui en résulte, un nouvel élément iconographique a été introduit : un manteau enveloppe étroitement le corps dont les bras croisés et les mains, en partie cachées, rappellent dans cette attitude l'aspect osiriaque. Vers la fin du Moyen Empire, des statues debout viendront s'y ajouter. Elles ont les bras serrés le long du corps, et les mains posées à plat sur le côté ou sur leur pagne. Les personnes représentées sont des prêtres ou des fonctionnaires de haut rang, ayant dans la réalité un rapport direct avec le culte. Sous le Moyen Empire, le temple s'est ainsi ouvert en deux phases aux particuliers. Ces derniers eurent d'abord accès au temple en tant que « spectateurs », avant de se voir garantir, plus tard, la participation au culte par la prière.

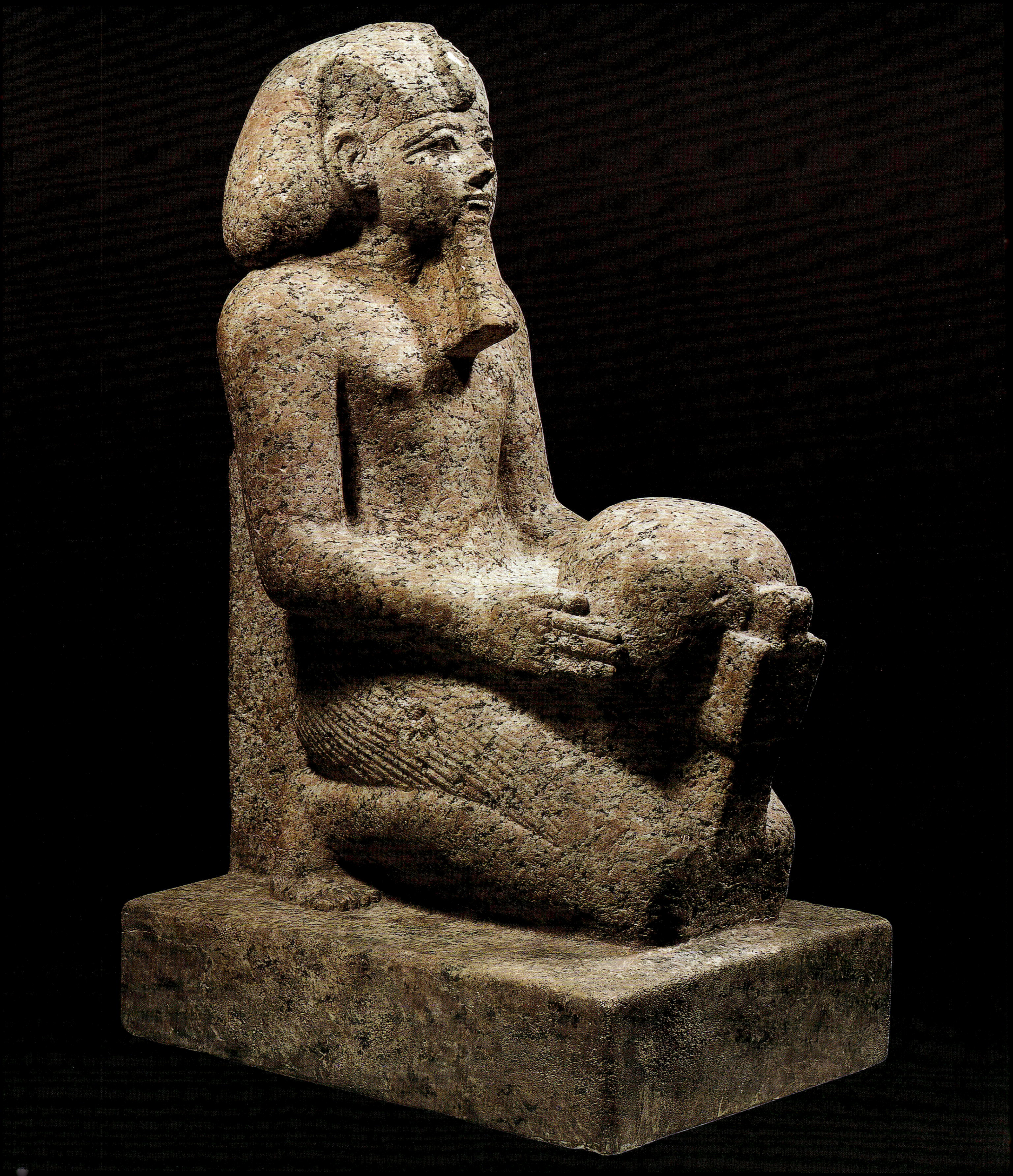

Histoire politique de la XVIIIe à la XXe dynastie

Dieter Kessler

Pour l'observateur moderne, le Nouvel Empire est la plus grande époque d'expansion territoriale et celle des personnalités politiques les plus illustres que l'Égypte ait connue. La résistance des Thébains de Haute-Égypte contre les Hyksôs qui occupaient la Basse-Égypte marque le point de départ de cet essor.

Vers 1570 avant J.-C., le roi hyksôs ne contrôlait plus, depuis sa capitale Avaris, située dans le Delta, que le Nord de l'Égypte. La première attaque des Thébains, sous le pharaon Kamosis, qui avait déjà vaincu les partisans des Hyksôs installés en Moyenne-Égypte, avait été repoussée. Les efforts du roi des Hyksôs pour s'allier au souverain du royaume nubien de Kerma et instituer ainsi une guerre de deux fronts contre Thèbes avaient échoué, son messager ayant été fait prisonnier sur la route des Oasis.

La deuxième attaque, en revanche, conduite par Ahmosis, futur roi thébain, connut plus de succès. La ville de Memphis fut prise, la flotte thébaine se posta devant Avaris, et la ville finit par se rendre. Ahmosis s'empara de la citadelle, qu'il fit aménager et décorer, en particulier avec des fresques minoennes. Les forces principales des Hyksôs s'étaient retirées à Sharouhen, dans le Sud de la Palestine. Au terme de trois ans de siège, ce bastion tomba à son tour, et la région se retrouva de nouveau sous influence égyptienne.

Pour l'historiographie, le Nouvel Empire commence avec l'expulsion des Hyksôs et l'unification des Deux-Terres sous Ahmosis. L'histoire politique de la première moitié du Nouvel Empire est caractérisée par une expansion territoriale progressive vers l'Asie Mineure et la Nubie, qui redéfinit les frontières de l'Égypte. À la fin des campagnes de conquête, la frontière méridionale se trouvait au cœur de l'actuel Soudan, près d'Abou Hamed, au nord de la Cinquième Cataracte. La frontière au nord-est du pays allait certainement jusqu'à l'Euphrate, jusqu'à un pays appelé Naharina.

L'Égypte s'élevait au rang de puissance mondiale. Cependant, les régions situées au-delà de la vallée du Nil n'étaient pas contrôlées sur toute leur étendue. Les principautés palestiniennes, plus ou moins importantes, étaient certes placées sous la surveillance d'un « conseiller » égyptien, mais elles demeuraient sous la domination des princes autochtones. On peut à la rigueur parler d'impérialisme à propos de l'exploitation des matières premières et du contrôle des voies de commerce. Les sources égyptiennes témoignent de l'ambition de l'Égypte de dominer le monde « jusqu'à ses limites », mais celle-ci est en fait fort éloignée de la portée réelle du pouvoir égyptien, d'autant que l'Égypte n'était, par exemple, jamais parvenue à pacifier durablement la Syrie septentrionale et centrale. Les pharaons y rivalisaient avec les princes d'autres royaumes, d'abord avec ceux du Mitanni, souverains de l'alliance des principautés hourrites situées au-delà de l'Euphrate, puis avec les Hittites. Cependant, les succès

1. Statue d'Hatshepsout agenouillée
Thèbes, Deir el-Bahari ; XVIIIe dynastie, vers 1460 av. J.-C. ; granit rose ; haut. : 75 cm ; Berlin, SMPK, Ägyptisches Museum, 22883.
Le temple funéraire construit par Hatshepsout, à Deir el-Bahari, rivalisait avec le temple de Mentouhotep II, datant du Moyen Empire, qui avait été jusque-là le lieu par excellence des processions. Hatshepsout est représentée ici dans l'attitude de l'offrande d'un vase, comme beaucoup de statues provenant des temples funéraires.

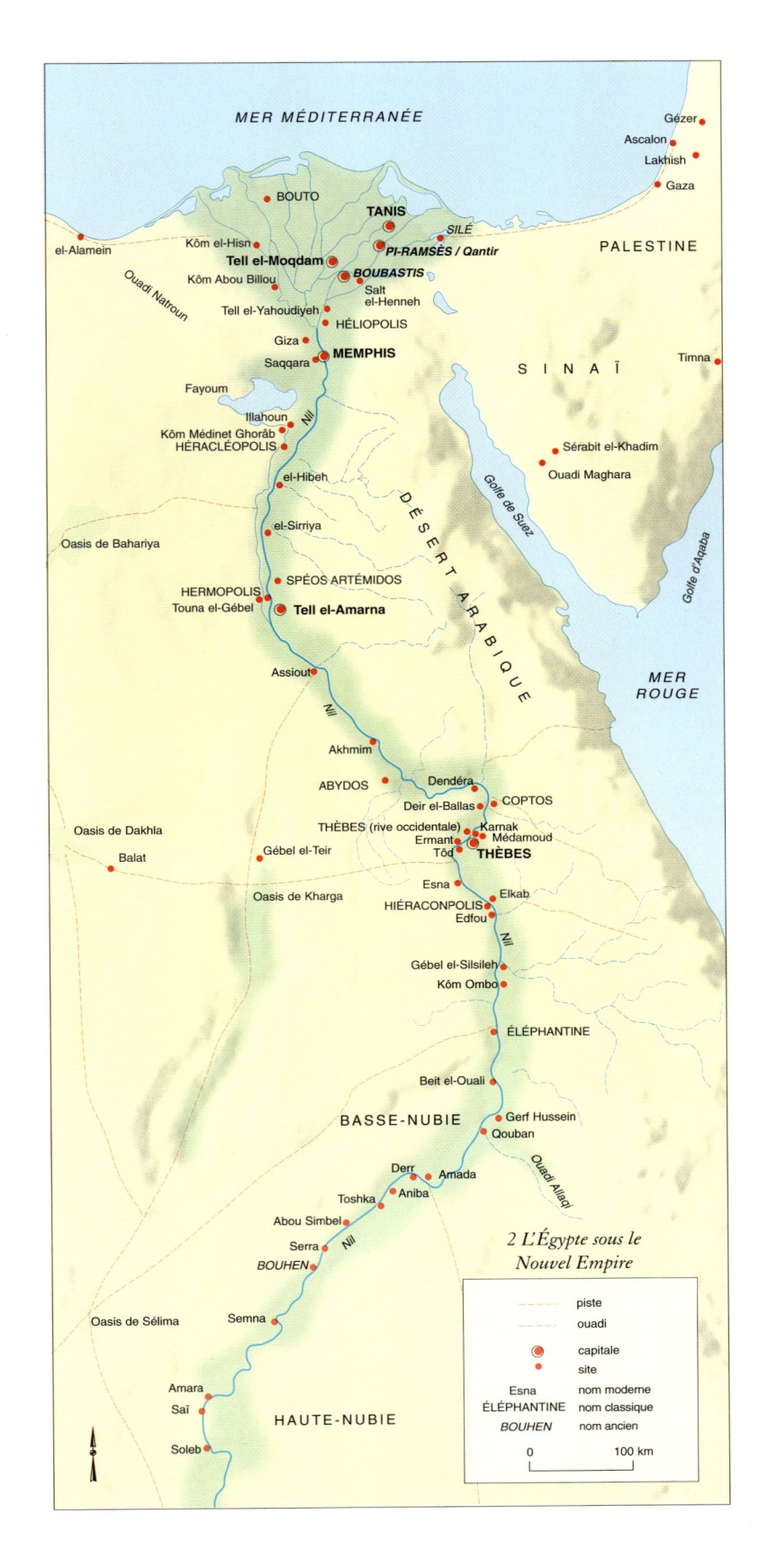

2 L'Égypte sous le Nouvel Empire

3. Fragment d'une statue de Thoutmosis III
XVIIIe dynastie, vers 1450 av. J.-C. ; grano-diorite ; haut. : 45,5 cm ; Vienne, Kunsthistorisches Museum, ÄS 70.
De l'œuvre du pharaon, ce ne sont pas ses conquêtes militaires qui passèrent à la postérité, mais les écrits qu'on lui attribue ainsi que son érudition. C'est sous Thoutmosis III qu'apparaît dans la tombe royale le *Livre de l'Amdouat,* le « Livre du Monde souterrain ».

prirent à l'époque d'Aménophis Ier, en raison de la concentration du pouvoir politique et des moyens financiers de Thèbes, des proportions inégalées, et Amon fut élevé au rang de grand dieu. La construction de temples par les différents rois s'étendit, au-delà de Thèbes, à tout le pays.

Hatshepsout et Thoutmosis III

La famille royale résidait dans ses palais près de Karnak et au nord-ouest, à Deir el-Ballas. Cependant, le centre de formation militaire des princes et de l'héritier du trône était situé dans la région de Memphis. Le Harem, qui se trouvait à l'entrée du Fayoum, près d'Abou Gourob, fut apparemment le théâtre de luttes pour la succession au trône. Après la mort de Thoutmosis II, le jeune Thoutmosis III, fils d'une épouse secondaire de Thoutmosis II et désigné comme l'héritier du trône, ne put s'imposer. S'appuyant sur un oracle d'Amon à Thèbes, un parti de la cour soutint la régence de sa demi-sœur, Hatshepsout, fille de Thoutmosis Ier, Épouse du dieu Amon à Thèbes. C'est à la volonté d'Hatshepsout de légitimer sa position sur le plan religieux et politique que nous devons le vaste temple funéraire qu'elle fit édifier à Deir el-Bahari, sur la rive occidentale de Thèbes. Dans ce monument, qui s'intègre merveilleusement bien dans le paysage, se trouvent des séquences de scènes de théogamie uniques, premiers témoins de la naissance divine du pharaon.

Dans la lignée des Horus royaux, Hatshepsout n'était pas la première reine qui gouvernait seule ; pourtant, la régence d'Hatshepsout avec le jeune Thoutmosis III a toujours donné lieu à des spéculations romanesques sur la nature de leur relation. Sa mort, ainsi que celle du Grand Prêtre d'Amon, signifie apparemment la fin de l'influence des prêtres. Il semble qu'ils aient été tous deux victimes de luttes intestines. Nous savons seulement qu'après la mort d'Hatshepsout, Thoutmosis III, qui était le chef de l'armée à Memphis, mit fin à la célébration du culte dans le temple funéraire de celle-ci, et fit même renverser ses statues. Son sanctuaire au cœur du temple de Karnak fut également détruit.

On observe que sous le règne d'Hatshepsout, seules cinq campagnes peu importantes avaient dû être menées en Nubie. Néanmoins, cela ne justifie pas l'image d'un pharaon féminin et pacifique, face à un Thoutmosis III belliqueux. Le nom de Thoutmosis III, transmis à la postérité pendant plus d'un millénaire, en particulier sur les scarabées, fut certainement très vénéré, sans doute aussi en raison de l'édification de sa salle des Fêtes, l'*Akhménou*, dans le temple de Karnak. À l'exception de sa passion pour la chasse, les sources ne révèlent que peu d'informations sur sa personnalité, qui devait toutefois être très énergique. Au cours d'une chasse spectaculaire de cent vingt éléphants dans une plaine de l'Oronte, le roi avait fait une démonstration personnelle de son audace, mais un officier avait dû intervenir pour le tirer d'une situation périlleuse.

en politique extérieure et la stabilité de la politique intérieure doteront l'Égypte d'une position puissante dans le bassin méditerranéen et d'une dynamique culturelle considérable.

La politique intérieure au début du Nouvel Empire

Ahmosis et son successeur, Aménophis Ier (selon la dénomination égyptienne Amenhotep), engagent les réformes qui s'imposent après l'unification des Deux-Terres, comme par exemple l'homogénéité de l'administration, de la législation, du calendrier et du culte. Cette réglementation imposée à toute l'Égypte par Aménophis Ier aura pour conséquence la divinisation de ce roi et de son épouse en des temps ultérieurs.

L'emplacement de son culte funéraire, dans la région de Thèbes, devint un important lieu d'oracle, où l'on se rendait avant de prendre des décisions dans des affaires officielles.

Les nouveaux souverains renforcèrent l'importance de la famille royale au sein du culte divin. Ainsi, en règle générale, c'était à une princesse de la maison royale que revenait le titre d'Épouse du dieu Amon à Thèbes, une fonction cultuelle très influente politiquement – à cause de l'oracle d'Amon. Les lieux de culte et de procession du dieu local Amon

Les campagnes de Syrie et de Palestine

Après la conquête du Sud de la Palestine, Thoutmosis Ier, au cours d'une expédition audacieuse jusqu'à l'Euphrate, avait imposé au roi du Mitanni les revendications de l'Égypte sur la Syrie. Sous le règne de la reine Hatshepsout, les conflits concernant les voies de commerce et les sphères d'influence n'avaient cessé de croître. L'adversaire réel était le prince de Qadesch, en Syrie, qui avait rassemblé une coalition anti-égyptienne. Après la mort d'Hatshepsout, sous le règne de Thoutmosis III, les troupes égyptiennes pénétrèrent jusqu'à Gaza. L'armée ennemie, encerclée dans la ville de Mégiddo, se rendit au terme de sept mois de siège. De nombreuses principautés reconnurent alors la suprématie égyptienne. Le souverain d'Assour, hostile au Mitanni, établit à partir de ce moment-là des contacts avec le pharaon.

Les campagnes qui suivirent, pendant une vingtaine d'années environ, visaient à assurer le contrôle de la Syrie centrale. Deux bases de la flotte égyptienne furent installées à l'embouchure de l'Oronte, d'où il était facile d'intervenir rapidement contre Qadesch. Thoutmosis III instaura un système de surveillance et d'administration de la Syrie et de la Palestine, pour lequel un directeur des pays étrangers orientaux assumait la responsabilité suprême à la cour. Des administrations locales et des garnisons égyptiennes furent installées à des points stratégiques importants, dans la plaine de Beqaa en Syrie, à l'embouchure de l'Oronte, à Gaza, et peut-être aussi à Damas. Les princes des royaumes de Palestine restaient sous le contrôle des conseillers égyptiens, et leurs fils étaient élevés en Égypte, à la cour, avec les princes héritiers.

Les campagnes vers le Sud

Après la chute des derniers bastions hyksôs, on s'attaqua, sans plus attendre, à l'ennemi dans le Sud. Dans la région d'Éléphantine et en Basse-Nubie, des princes de quelques cités égyptiennes avaient conclu des accords avec le souverain de Kerma. Ahmosis était déjà intervenu militairement contre eux. Thoutmosis Ier mena une attaque bien préparée contre le centre du pouvoir ennemi de Kerma. La ville fut prise d'assaut et le royaume de Kerma anéanti (vers 1500 av. J.-C.). Avec l'aide de sa flotte, le pharaon descendit vers le sud jusqu'à la frontière du royaume vaincu. Une stèle frontalière entre la Quatrième et la Cinquième Cataracte marque le point le plus méridional que l'armée égyptienne a atteint. Les voies commerciales africaines qui convergeaient en ce lieu tombèrent ainsi sous contrôle égyptien.

La région tout entière fut placée sous le contrôle d'un vice-roi égyptien, qui portait le titre de « fils royal de Koush » et dont le pouvoir s'étendait assez loin au nord, jusque dans la région du désert oriental, près d'Elkab. Les princes nubiens servaient d'intermédiaires, garantissant le tribut régulier et la participation de la main-d'œuvre indigène. Leurs fils furent emmenés, tout comme ceux des princes de l'Asie du Nord, à la cour égyptienne et élevés avec le prince héritier pour s'assurer de leur loyauté future. Il y eut sans doute par la suite de petites révoltes, mais la Nubie ne resta pas moins sous la domination du pharaon. Les recettes en provenance du Sud étaient administrées par le domaine du temple d'Amon, à Thèbes.

Avec l'édification de nouveaux temples dans la région située plus au sud de Kerma (Saï, Soleb, Napata), le culte officiel du roi et de ses ancêtres divins Amon, Horus et Ptah fut instauré dans les grands centres militaires et de commerce. D'imposantes forteresses à la sortie du Ouadi Allaqi garantissaient les rentrées de l'or nubien, dont l'Égypte avait de plus en plus besoin pour consolider son économie et son prestige.

Les énormes tributs versés par les principautés du Nord et par la Nubie étaient déposés dans le Trésor royal de Thèbes, ce qui influait considérablement sur le pouvoir économique de l'Égypte. À l'époque des Hyksôs déjà, des groupes de commerçants et d'artisans et des marchandises en provenance de l'extérieur avaient afflué en Égypte. Lorsque la suprématie maritime des Minoens en Crète s'effondra, peut-être sous l'effet de l'éruption d'un volcan sur l'île de Santorin, la prise de pouvoir par Mycène entraîna une ouverture et des échanges commerciaux de plus grande envergure, auxquels l'Égypte put participer activement et à part égale avec les autres royaumes. L'or égyptien était très apprécié par les

4. Groupe d'Aménophis III et du dieu Sobek, à tête de crocodile
El-Mahamid el-Qibly ; XVIIIe dynastie, vers 1360 av. J.-C. ; calcite-albâtre ; haut. : 256,5 cm ; Louqsor, musée d'Art égyptien ancien, J. 155.
En relation avec les fêtes-*sed* d'Aménophis III, à partir de sa trentième année de règne, le nombre de statues zoomorphes s'accroît. Ce groupe de statues provient d'un temple local de Soukhos (Sobek), au sud de Thèbes, où on élevait des crocodiles sacrés. Ramsès II fit inscrire son nom sur le monument.

6. Groupe d'Akhénaton et de Néfertiti
Tell el-Amarna ; XVIIIᵉ dynastie, vers 1340 av. J.-C. ; calcaire ; haut. : 22,5 cm ; Paris, musée du Louvre, E. 15593.
L'intimité du couple royal, qui se tient par la main, et les formes rondes des corps ont été rendues de façon délibérée par le sculpteur.

Comme l'ensemble des statues consacrées au culte du roi et de la reine, celle-ci avait sa place dans la chapelle (d'une maison) de Tell el-Amarna. Représentés tous les deux dans leur essence charnelle et non plus dans un rôle divin, ils évoquent l'union et la renaissance.

princes étrangers, et les produits égyptiens se répandirent dans toute l'Égée. Des spécialistes, en particulier des médecins et des interprètes de la cour du pharaon, étaient envoyés auprès des princes étrangers.

Inversement, produits semi-finis, matières premières et main-d'œuvre convergeaient vers l'Égypte. Des artisans de Syrie, d'Asie Mineure, de Crète et d'autres régions voisines travaillaient en Égypte à la construction des bateaux pour les chantiers navals royaux de Memphis. Ils fondaient des métaux, la production de verre était à son apogée, et des prisonniers de guerre fabriquaient pour les armuriers de Thèbes. Les Nubiens étaient appréciés dans les troupes d'élite et dans la police.

Le fer destiné au pharaon provenait du Liban, près de Koumidou. Les mines de turquoise à Sérabit el-Khadim, dans le Sinaï, étaient de nouveau exploitées. La mode et les goûts changeaient. Et comme en témoignent les bijoux de la famille royale d'Ahmosis l'influence du bassin méditerranéen était indéniable.

L'ascendant de conseillers étrangers auprès du roi ne cessa de croître, et de nombreux mots d'origine sémite furent introduits dans la langue égyptienne.

Aménophis II et Thoutmosis IV

Sous le règne des successeurs de Thoutmosis III, la puissance militaire de l'Égypte ne cessa de se développer. Son fils Aménophis II poursuivit les campagnes de Syrie. Son petit-fils Thoutmosis IV avait aussi reçu une formation militaire, ce qui lui permit apparemment d'imposer sa politique avec le soutien de l'armée. À cette époque, le souverain du Mitanni subissait au nord la pression de la nouvelle grande puissance hittite et aspirait à un rapprochement avec l'Égypte. Thoutmosis IV put ainsi installer sur le trône, dans le pays de Noukhassé, au sud d'Aleppo, un roi à sa convenance. Sur la proposition du roi du Mitanni, il accueillit dans son harem la fille de celui-ci avec toute sa suite. À cette époque, le palais royal de Memphis était le siège du pouvoir militaire et politique.

Une nouvelle forme d'idéologie à la cour du roi

Sous le règne de son successeur, Aménophis III (1388-1351/50 av. J.-C.), la domination égyptienne en Syrie semblait se dérouler sans difficulté et, en Nubie, seules des interventions militaires de moindre importance s'avéraient parfois nécessaires. Le nouveau roi se flattait d'avoir accompli dans sa jeunesse, parallèlement à sa formation militaire, une série de performances physiques qui correspondaient à l'époque aux critères idéaux d'un souverain. Sur des scarabées commémoratifs, il annonça son mariage avec Tiy, la fille d'un officier influent de la cour de la région d'Achmim. Lorsqu'il eut dix-huit ans, la diplomatie lui offrit une épouse secondaire,

5. Tête de la reine Tiy
Abou Gourob ; XVIIIᵉ dynastie, vers 1350 av. J.-C. ; ébène et or ; haut. : 9,5 cm sans la couronne ; Berlin, SMPK, Ägyptisches Museum, 21834.
Le Harem du roi, à l'entrée du Fayoum, où vivaient de nombreuses princesses avec leur suite, était contrôlé par la Grande Épouse royale. La célèbre tête de l'épouse d'Aménophis III, ainsi que la couronne qui a pu lui être attribuée récemment, provient du culte dynastique qui avait lieu dans le Harem. Après la mort de son époux, elle joua encore un rôle important en tant que mère du roi Akhénaton dans le culte d'Aton, à Tell el-Amarna.

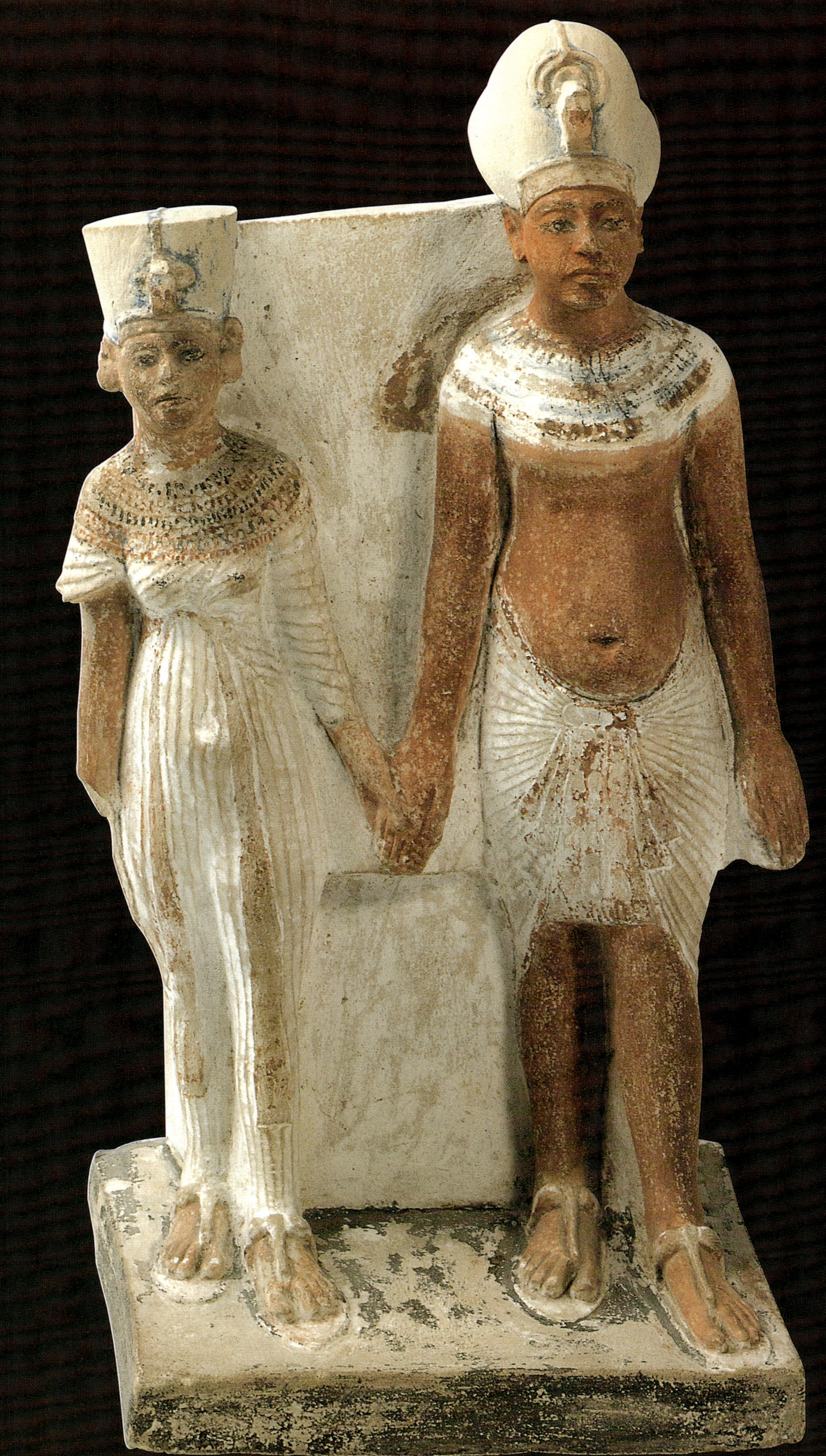

7. Fragment d'une statue de Ramsès II assis
Tanis (San el-Hagar) ; XIXe dynastie, vers 1270 av. J.-C. ; granodiorite ; haut. : 80 cm ; Le Caire, Musée égyptien, CG 616.
À la Troisième Période Intermédiaire, les monuments de Ramsès II furent transférés à Tanis, la nouvelle capitale. On retrouve dans la douceur des traits de cette statue tout le raffinement et le goût du faste de la haute société des Ramessides.

Giloukhépa, fille d'un souverain du Mitanni, qui apporta en dot d'importants territoires syro-palestiniens. Une autre princesse mitannienne entra dans son harem vers la fin de son règne. Les rois de Babylone, d'Assour et d'Arzawa en Anatolie tentaient d'instaurer des mariages politiques, en réaction à l'essor de la puissance militaire hittite et à son influence croissante en Syrie du Nord.

Le roi sembla avoir bientôt apaisé sa soif d'actions militaires. Il prit de l'embonpoint et fut atteint de diverses maladies. À l'occasion de sa fête-*sed*, la plus grande cérémonie royale célébrée en l'honneur de ses trente ans de règne, il entreprit de grands bouleversements politiques. Il transféra le siège du gouvernement de Memphis vers le sud, sur la rive occidentale de Thèbes, où il fit construire à Malqata un très vaste palais qui disposait de son propre port. Une nouvelle religiosité, qui vénérait quotidiennement le roi comme l'incarnation du soleil, se fait alors jour à la cour. Au nord du palais, Amenhotep, fils de Hapou, qui sera divinisé par la suite, érige pour le roi un imposant temple funéraire dans la cour duquel sont dressées des statues de divinités protectrices de la fête-*sed*. Ces statues, dont l'aspect peut être zoomorphe, sont une innovation de cette époque. D'imposants monuments de fête-*sed* sont érigés dans tout le pays, ainsi qu'en Nubie (temple de Soleb).

La nouvelle idéologie de palais se manifeste avec l'apparition du dieu Aton, dont le nom est celui donné habituellement au disque solaire.

Selon cette idéologie, le roi s'unissait à lui mystérieusement, pour réapparaître le matin sous sa forme humaine, en tant qu'incarnation du dieu. La cour contestait ainsi l'importance d'Amon, dieu suprême à Thèbes, pour laisser place au dieu solaire, entrant ainsi en conflit avec les grandes familles égyptiennes. Cette rivalité fut d'abord masquée par l'arrivée de hauts fonctionnaires venus de Memphis, qui consolidèrent l'influence du roi. La richesse et l'ampleur de la pensée de l'époque se reflètent dans la décoration des tombes de ces personnalités sur la rive occidentale de Thèbes, tels les somptueux hypogées du vizir Ramose ou de Khérouef, l'intendant de la reine. Les filles d'Aménophis III et de Tiy reçurent le titre de Grande Épouse du dieu, et ce afin de renforcer le culte dynastique et les responsabilités politiques au temple d'Amon.

La révolution d'Akhénaton

Aménophis IV, fils d'Aménophis III et de Tiy, marié à Néfertiti, fille d'un fonctionnaire du palais d'Achmim, a sans doute déjà participé en tant que prince héritier aux discussions sur le culte dynastique du roi et de son dieu solaire. Il a dû préparer très tôt le remplacement d'Amon par Aton, le dieu du palais. Le roi supprima le culte du dieu Amon de Karnak, mais conserva l'organisation du temple et fit construire à la place le temple d'Aton. Néfertiti et sa fille aînée, Méritaton, exerçaient la fonction sacerdotale des anciennes épouses du dieu. Avec l'élimination systématique du nom d'Amon dans tout le pays, la propriété d'Amon changea de culte.

En l'an V du règne d'Aménophis IV, la cour tout entière, y compris la reine mère, s'installa dans la nouvelle capitale en Moyenne-Égypte, la ville nouvelle d'Akhétaton, qui signifie « horizon d'Aton » (dans la plaine de l'actuelle Tell el-Amarna). Le centre du culte d'Aton était le palais royal, avec le temple du palais d'Aton et un temple funéraire. La tombe du roi fut édifiée loin des tombeaux environnants des fonctionnaires de la cour, dans le désert oriental. Le roi, qui était dans sa capitale le médiateur personnel du culte, prit, en changeant de lieu, le nom d'Akhénaton. Il y avait là une volonté délibérée de rompre avec les normes religieuses de l'ancien culte. Les statues expressives du souverain, qui témoignaient d'une certaine laideur sur le plan de l'expression, révèlent une nouvelle typologie royale qui s'appuie sur des canons artistiques différents.

Par ailleurs, en architecture, les blocs de pierre sont taillés dans un nouveau module. Des expressions linguistiques tirées du langage populaire de l'époque, que nous appelons le « néo-égyptien », font leur apparition dans les documents officiels. Les représentations du roi et de la famille royale remplaçaient alors dans les sanctuaires de culte les dieux protecteurs traditionnels.

En revanche, à partir de l'an XII de son règne, les réformes devinrent moins radicales. En effet, à cette époque, Akhénaton devait s'occuper plus particulièrement de la politique extérieure, car les Hittites tentaient à nouveau d'exercer leur influence sur Qadesch et sur d'autres principautés. La correspondance en écriture cunéiforme conservée dans les archives du palais de Tell el-Amarna témoigne des efforts déployés par l'Égypte pour estimer la situation à sa juste valeur.

Le roi de Byblos mit à plusieurs reprises l'Égypte en garde contre le souverain de Qadesch. Des troupes nubiennes furent même envoyées en Palestine pour assurer la protection de l'administration égyptienne. La politique eut enfin recours au mariage diplomatique, et Akhénaton épousa une fille du roi kassite de Babylone.

Une autre reine, représentée sur les monuments de l'époque, une certaine Kiya, pourrait être une fille du roi du Mitanni. À la mort de Néfertiti et de Kiya, il semble que Méritaton, fille d'Akhénaton et de Néfertiti, ait pris la place de Grande Épouse royale.

8. Stèle de la victoire de Mérenptah, dite la Stèle d'Israël
Thèbes ; temple funéraire de Mérenptah ; XIXe dynastie, 1208 av. J.-C. ; granodiorite ; haut. : 318 cm ; Le Caire, Musée égyptien, JE 31408 (CG 34025).

Le texte proclame, dans un style poétique, tout d'abord la victoire sur les Libyens en l'an V du règne, et annonce que le calme règne en Palestine. Pour la première fois, le nom d'Israël est mentionné : « Israël est désert, sa semence n'existe plus. »

Akhénaton mourut sans successeur désigné. Peu après sa mort, ses réformes furent abandonnées. Amon fut réhabilité et retrouva sa place au temple. Le gouvernement quitta la capitale d'Akhétaton pour s'installer à Memphis, et la tombe royale de son successeur fut de nouveau construite à Thèbes. Après la mort d'un certain Ankhkhéperourê, dont le règne fut bref, et qui est peut-être le même personnage que Semenkhkarê, il semble que sa veuve ait adressé une lettre au roi hittite par laquelle elle le priait de lui envoyer un prince destiné à devenir son époux. Le roi hittite s'assura d'abord du sérieux de la requête, avant d'envoyer un prince qui fut assassiné à la frontière égyptienne, ce qui donna aux Hittites un prétexte pour marcher sur la Syrie du Nord. Sous l'influence du général Ay

NOUVEL EMPIRE

d'Achmim, une autre fille d'Akhénaton et de Néfertiti, Ankhésenamon, épousa le jeune Toutânkhamon, dont le règne fut bref, mais dont le nom, associé au trésor de sa tombe, demeure célèbre. Après la mort encore non élucidée du jeune roi, le vieux Ay monta sur le trône, mais mourut lui aussi peu de temps après.

Les Ramessides : le temps des généraux

À Memphis, l'armée, placée sous le haut commandement d'Horemheb, semble ne pas avoir approuvé l'arrivée d'Ay sur le trône. Finalement, Horemheb s'empara du trône et se fit confirmer cette prise de pouvoir par un oracle d'Amon, à Thèbes également. Son suppléant militaire, Ramsès, sera désigné comme son successeur. Son règne inaugure la seconde moitié du Nouvel Empire, que l'on appelle aussi l'époque des Ramessides (XIXe et XXe dynasties).

Horemheb, Ramsès Ier et surtout Séthi Ier effectuèrent d'importantes réformes de politique intérieure. Sous le règne de ce dernier en particulier, le nom d'Amon fut réhabilité dans un grand nombre d'anciens sanctuaires et Akhénaton déclaré roi hérétique. Pour des raisons économiques et stratégiques, les Ramessides fondèrent une nouvelle capitale dans le Delta oriental, près de l'ancienne capitale des Hyksôs. La ville des Ramsès, Pi-Ramsès, était située au point de départ d'une route dont l'importance stratégique ne cessait de croître, et qui constituait, avec ses points d'eau et ses forteresses, une voie sûre vers la Palestine. La ville était très étendue, et comptait différents temples des dieux de l'Empire, des palais et des installations militaires, telles des écuries pour les chevaux et des manufactures d'armes, dans lesquelles on fabriquait même des boucliers hittites pour des troupes auxiliaires. Le cuivre, matériau brut, provenait des mines de Timna (Israël), qui commençaient à être exploitées.

À partir de Pi-Ramsès, les armées égyptiennes pouvaient intervenir rapidement en Palestine et en Syrie, qui menaçaient de faire sécession. Il y avait là des troupes nomades belliqueuses qui gênaient le commerce, que les sources égyptiennes appellent les Hapirou, et dont on retrouve peut-être la trace dans le mot « Hébreux ». Enfin, le pays d'Amourrou, dont le centre était Qadesh, passa ouvertement du côté des Hittites. Une intervention militaire était devenue inévitable.

Le successeur de Séthi Ier, Ramsès II, engagea une importante action militaire contre Qadesh, le foyer de la rébellion, dans l'espoir d'empêcher de surcroît l'alliance des troupes hittites avec celles du roi d'Amourrou. L'armée égyptienne, qui était assez disséminée, tomba dans un piège et ne dut sa retraite vers le sud qu'à l'indiscipline des troupes ennemies, qui se livraient à des pillages. C'est ainsi que les Égyptiens perdirent le pays d'Amourrou. La bataille de Qadesh, que personne ne remporta, mais qui fut proclamée comme une victoire sur les murs des temples égyptiens, représente un tournant dans les relations avec le Proche-Orient. Des deux côtés, on convint qu'une victoire militaire totale n'était pas possible. De plus, le roi des Hittites se heurtait dans son propre pays à des difficultés de politique intérieure, des épidémies et des famines ravageant le pays. Les Égyptiens et les Hittites conclurent un accord de paix qui maintenait le *statu quo* et mettait fin aux hostilités. Les deux versions de cet accord ont été conservées, l'une en écriture cunéiforme dans la capitale hittite Hattousa, l'autre en hiéroglyphes égyptiens. Plus tard, Ramsès II épousa une princesse hittite.

Ce roi, qui mourut à quatre-vingt-dix ans, fit preuve d'une immense activité de bâtisseur, qui s'appuyait sur une exploitation intensive de l'or nubien. Presque tous les centres d'habitation du pays furent dotés de nouveaux sanctuaires au nom du pharaon. Son fils Khâemouaset se chargea de réintroduire les anciens cultes. La famille royale, avec ses ramifications, comptait presque quatre-vingt-dix fils et filles. Certaines de ces filles exerçaient la fonction de Grande Épouse royale. Derrière l'édification des

---

9. *Statue de Séthi II assis, tenant un phylactère surmonté d'une tête de bélier*
Thèbes ; XIXe dynastie, vers 1195 av. J.-C. ; grès silicifié ; haut. : 143 cm ; Londres, British Museum, EA 616.
Sous Séthi II, qui vivait à Pi-Ramsès, de nouvelles forteresses sont édifiées en Palestine. L'exploitation des mines de turquoise dans le Sinaï se poursuit également sous son règne. Il fit aussi construire plusieurs monuments en Haute-Égypte et en Nubie, d'Abou Simbel à Karnak. Le fait qu'il y ait eu une rébellion dans cette région, au début de son règne, est contesté.

temples se dissimule aussi l'entretien de nombreuses unités militaires d'origine étrangère, qui en contrepartie, étaient assujetties aux institutions royales de ces temples, en particulier aux nombreuses statues colossales de leur souverain. Il fallait aussi exploiter de nouvelles terres avec l'aide des colons militaires étrangers, dont les chefs étaient rémunérés avec les revenus du temple. L'apogée apparente de l'autoreprésentation pharaonique qui se manifeste dans les monuments du roi est déjà l'indice d'une crise économique croissante dans laquelle entrait l'Égypte.

À l'ouest également, la situation change. Les peuples de Libye commencent à bouger, d'autant plus qu'ils voient apparaître des bateaux étrangers avec les fameux « Peuples de la Mer » venus de la mer Égée. Ramsès II avait fait édifier une chaîne de forteresses chargées d'assurer la protection de la côte à l'ouest d'Alexandrie. Sous le règne de son fils Mérenptah, des Libyens qui s'étaient alliés à des bandes de guerriers des Peuples de la Mer lancèrent leur première attaque contre le Delta, attaque qui put être repoussée.

Après le règne de Mérenptah, une guerre civile entre le sud et le nord secoua la Haute-Égypte. Sous Ramsès III, la situation se dégrada encore. Le royaume hittite avait succombé aux attaques des Peuples de la Mer, qui coupaient les voies de commerce et dévastaient les côtes d'Asie Mineure et de Chypre. Les villes du pays d'Alalakh, Ougarit et Karkémish furent détruites. Par terre et par mer, différents groupes ethniques longeaient les côtes phéniciennes en direction de l'Égypte ; les sources parlent de Shardanes (Sardes ?), de Lyciens, de Touresh, d'Akhiyaouas (Achéens), de Péléset (Philistins) et autres. Les Libyens attaquèrent par l'ouest. Au cours d'une bataille menée à la fois sur terre et sur mer, les ennemis furent repoussés.

La victoire et le butin de Ramsès III furent immenses. Il put ainsi faire construire le temple de Médinet Habou, qui, avec ses imposantes murailles, tenait lieu de forteresse. Ramsès III pouvait se considérer comme le descendant du glorieux Ramsès II, et il l'exprima aussi dans ses discours et dans ses monuments, en copiant par exemple le temple funéraire de celui-ci. Cependant, il ne put empêcher que les échanges commerciaux et le versement des tributs cessent peu à peu. Les Philistins s'installèrent à Gaza et à Ashdod, aux portes de l'Égypte.

L'entretien de nouvelles troupes de mercenaires et la perte des revenus de la Palestine, peut-être aussi une diminution de rendement de l'or nubien, accélérèrent le déclin économique. À Thèbes, la main-d'œuvre travaillant aux tombes royales se mit en grève. Ramsès III, qui était maintenant âgé, fut victime d'une conspiration du Harem.

Le contrôle de la Haute-Égypte échappa de plus en plus aux successeurs ramessides. Les problèmes intérieurs, la corruption et la violence, provoquèrent de nouveaux troubles. Les mercenaires libyens qui vivaient là se livrèrent alors à des pillages dans les temples de Thèbes. Le vice-roi de Nubie, Panéhési, mena une guerre privée contre Aménophis, le Grand Prêtre d'Amon à Thèbes. Ramsès XI, qui résidait dans le Delta, célébra encore la fête du Renouvellement des naissances, qui visait à définir une nouvelle orientation politique et à instaurer une situation stable, mais, en fin de compte, il dut assister, impuissant, à l'effondrement du pouvoir pharaonique à Thèbes. Le général et Grand Prêtre d'Amon, Hérihor, imposa alors une dictature fondée sur une théocratie et définie par l'oracle du dieu thébain.

10. Statue porte-enseigne de Ramsès III
Karnak ; XXe dynastie, vers 1170 av. J.-C. ; granodiorite ; haut. : 140 cm ; Le Caire, Musée égyptien, JE 38682 (CG 42150).
Après les Philistins, les Shékélesh (Sicules), les Shardanes et les Danéens, tous Peuples de la Mer, se furent établis à Canaan, le roi tenta de consolider les relations en intégrant les soldats de ces peuples dans l'armée égyptienne et en édifiant de nouvelles garnisons dans le sud de la Palestine. C'est à cette époque que se développa aussi à Thèbes une importante activité de construction. Cette statue porte-enseigne à tête de bélier appartenait au culte célébré lors des processions au temple d'Amon à Karnak.

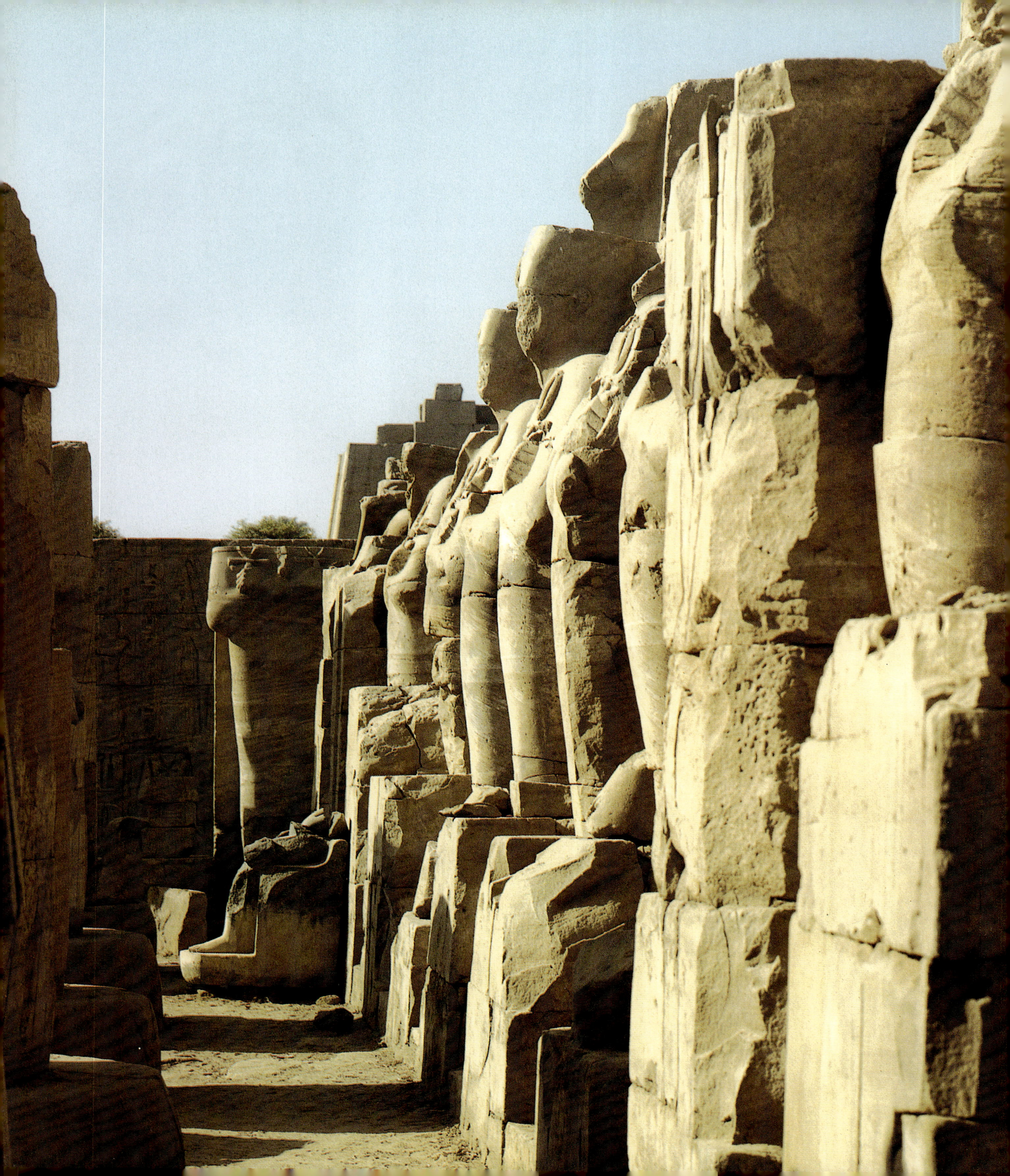

Les temples : dieux souverains et rois divins

Regine Schulz et Hourig Sourouzian

Thèbes – La ville du dieu Amon

Thèbes, l'ancienne cité égyptienne Ouaset, que les Grecs appelèrent ainsi en s'inspirant du nom de la butte de Djêmé, devint sous le Nouvel Empire le centre religieux de l'Égypte. Sur ses rives se trouvaient les tombeaux des rois, les temples du dieu de l'Empire, Amon-Rê, ainsi que temporairement la capitale de l'Égypte. La rive orientale du Nil accueillait Karnak, où se dresse le temple d'Amon-Rê, le palais rituel du roi et, sous la XVIIIe dynastie, les quartiers de l'administration, dont le bureau du vizir. Sous son règne, Akhénaton y fit ériger le grand temple d'Aton, qui, à sa mort, fut immédiatement abandonné. Au sud de Karnak, les quartiers résidentiels s'étendaient jusqu'au temple de Louqsor.

La rive occidentale abritait le siège du gouvernement, les Vallées des Rois et des Reines, les temples funéraires des souverains, ainsi que de petits sanctuaires dédiés aux divinités tutélaires et aux dieux de l'au-delà. On y trouvait également le temple d'Amon-Rê-Kamoutef à Médinet Habou, le village de Deir el-Médineh, où vivaient les artistes et les ouvriers chargés de la construction des nécropoles, ainsi que les tombes de fonctionnaires. Situé initialement au nord, Aménophis III transféra le quartier gouvernemental à l'extrémité sud du secteur occidental de la ville, où il fit construire les immenses installations portuaires de Birket Habou sur la rive occidentale duquel il édifia le somptueux palais de Malqata.

Lorsque, au cours du Nouvel Empire, la capitale fut déplacée à Memphis, puis à Pi-Ramsès, la ville de Ramsès, dans le Delta oriental, Thèbes resta le centre religieux de l'Égypte, la ville d'Amon, dieu doté d'une puissance universelle. Cependant les autres grandes divinités (Ptah, Rê-Horakhty, auxquels s'ajouta Seth sous les Ramessides) jouèrent un rôle de plus en plus important. Les rois ne séjournaient qu'occasionnellement à Thèbes, pourtant ils y furent ensevelis jusqu'à la fin de la XXe dynastie.

Les grandes processions jouaient un rôle capital dans le culte thébain. Elles reliaient des lieux dotés d'une importance mythique qui, sous les Thoutmosides, étaient au nombre de quatre : Karnak et Louqsor sur la rive orientale du Nil, Deir el-Bahari et Médinet Habou sur la rive occidentale.

Sur la rive orientale, la Belle Fête d'Opet était destinée à préserver la puissance divine et terrestre ; par ailleurs, la Belle Fête de la Vallée – qui reliait les deux rives du Nil – célébrait avant tout la régénération de la création et la pérennité du monde terrestre et de l'au-delà. Les édifices cultuels de Deir el-Bahari perdirent plus tard de l'importance et furent relayés par les temples funéraires royaux plus récents et par les sanctuaires des dieux que l'on y intégra. À la fin du Nouvel Empire, le temple funéraire de Ramsès III à Médinet Habou considéré comme le lieu de la création et de la régénération d'Amon-Rê-Kamoutef constitua le centre religieux et administratif de l'ensemble de la Thèbes occidentale.

Karnak, le temple des temples : sanctuaire de l'Empire et lieu de création

Au cours du Nouvel Empire, Karnak, dont le nom était Ipet-sout, « celle qui recense les places », devint une véritable ville, composée d'innombrables lieux de culte, de voies processionnelles marquées par les chapelles-reposoirs, de palais, de quartiers administratifs et de magasins. Ici, les principaux germes spirituels de l'Empire se fondirent en un système théologique nouveau, sous l'égide d'Amon. Sans évincer pour autant les autres dieux, il absorba leur essence et devint par là même le dieu primordial et créateur, le dieu solaire et céleste, le roi des dieux, omniprésent, toujours actif, le père des rois dont la tâche était de garantir l'ordre universel.

Karnak était aussi le centre administratif du domaine d'Amon dont dépendaient le temple de Louqsor et les complexes funéraires royaux dressés sur la rive occidentale. Le culte quotidien nécessitait la présence d'un grand nombre de prêtres et de fonctionnaires. Toutes les actions rituelles incombaient au roi, en sa qualité de prêtre-officiant suprême. Cependant, ne pouvant être toujours physiquement présent, il déléguait généralement ses fonctions à des prêtres chargés de faire les offrandes et de réciter les prières.

Le haut clergé était composé du Grand Prêtre et de trois autres « serviteurs du dieu ». Ils avaient sous leurs ordres quatre *phylés* (unités) de prêtres *ouâb*, chargés de certaines fonctions du culte et qui se relayaient tous les quatre mois. Il s'agissait de fonctionnaires que l'on doit donc considérer comme des laïcs. En revanche, les prêtres-lecteurs et ceux chargés du rituel quotidien avaient suivi une formation particulière et exerçaient leur fonction à titre professionnel.

L'administration du temple était organisée comme celle de l'État. Le sanctuaire jouait un rôle économique de première importance : il

---

11. Piliers osiriaques de Thoutmosis Ier
Karnak, temple d'Amon-Rê ; XVIIIe dynastie, vers 1500 av. J.-C. ; grès ; hauteur totale d'origine : 5 m env.

Thoutmosis Ier érigea, le long des parois de la cour située entre le IVe et le Ve pylône, 36 piliers osiriaques, abrités par de profondes niches. Les statues momiformes, debout, les mains croisées sur la poitrine, tiennent les signes de vie. La plupart des têtes sont très détériorées ; elles étaient initialement coiffées du *pschent* au front duquel se dressait l'*uraeus* et portaient la barbe divine à l'extrémité recourbée.

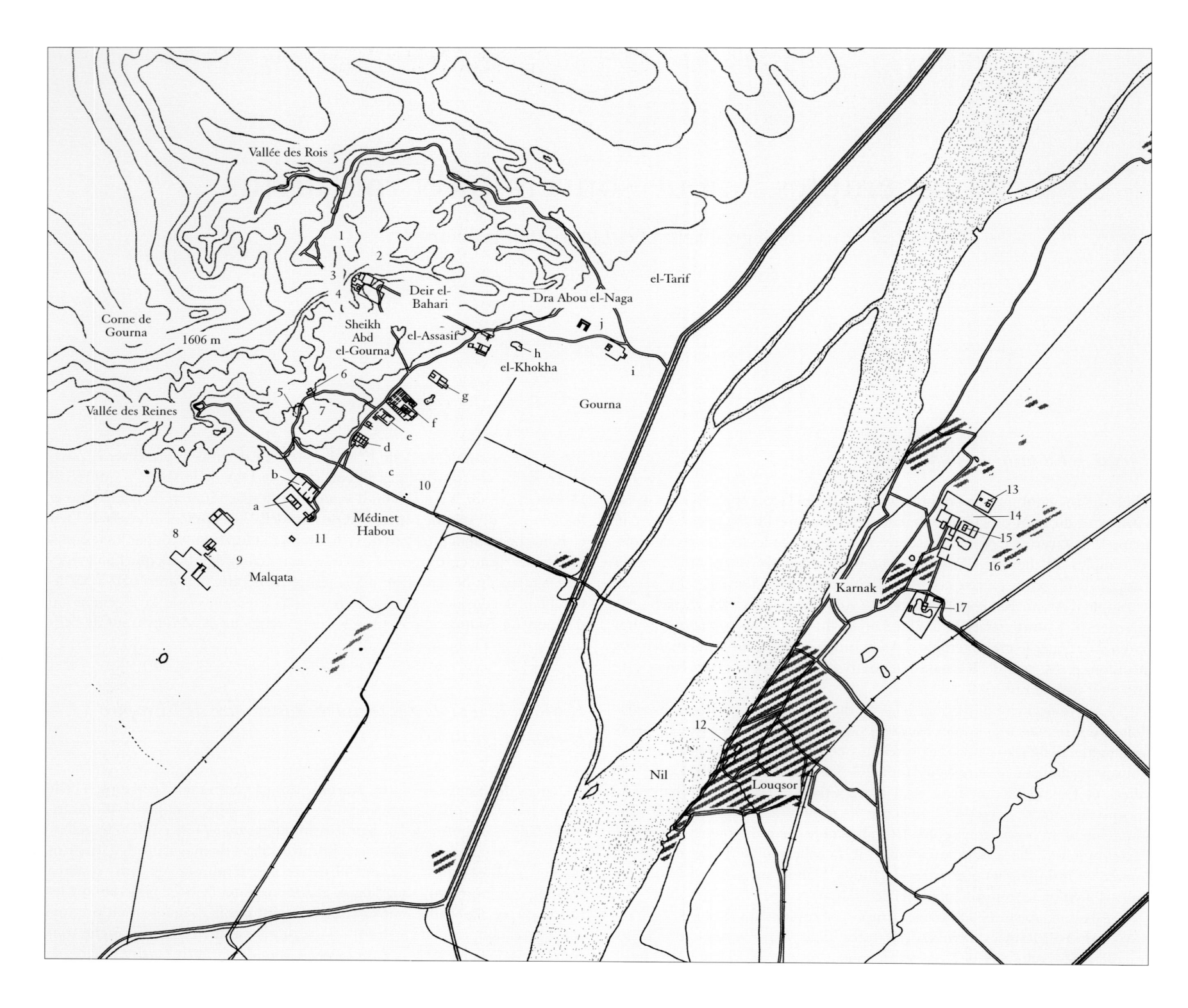

possédait des domaines étendus, un cheptel considérable, un personnel nombreux et, surtout, le trésor du temple. Cette formidable puissance économique permit au haut clergé de Karnak d'exercer une influence croissante sur la politique intérieure du pays. À lui seul, Ramsès III dota le temple d'Amon-Rê de 240 000 hectares de terres et de 86 486 employés.

Le site de Karnak se compose de trois grands complexes : au centre, l'enceinte d'Amon-Rê, au sud, celle de Mout, et au nord, l'enceinte de Montou. Nous ignorons encore si le secteur nord était déjà consacré au dieu Montou sous le Nouvel Empire ou s'il ne l'est devenu qu'à la Basse Époque. Il pourrait en effet s'agir à l'origine d'un espace réservé au culte royal. Depuis le début de la XVIIIe dynastie, les différentes constructions ont été constamment agrandies et transformées ; c'est ainsi que l'enceinte d'Amon-Rê occupa à elle seule une surface de 123 hectares. Au sein de ce complexe, en plus du temple d'Amon-Rê proprement dit dont les divers monuments qui le composent s'élèvent sur deux axes orientés sur les points cardinaux, se dressent plusieurs édifices datant de la première moitié de la XVIIIe dynastie : au nord, le trésor de Thoutmosis Ier, le temple de Ptah de Thoutmosis III, ainsi qu'un temple d'Aménophis III, dont l'attribution à Montou est contestée ; à l'est, un lieu de culte solaire datant du règne d'Hatshepsout et de Thoutmosis III paré d'un obélisque unique, de trente-trois mètres de haut (qui se dresse aujourd'hui à Rome) ; enfin, au sud, un temple réservé au culte du roi Aménophis II.

Sous Akhénaton dont les conceptions religieuses ne voyaient qu'un dieu unique, Aton, les constructions et le culte furent interrompus au sein du temenos, les noms et représentations de plusieurs dieux, en particulier ceux d'Amon, furent martelés et détruits. Le roi fit construire à l'est de Karnak un temple dédié au dieu solaire Aton. À la mort du souverain, on renoua avec les anciens cultes et, le cas échéant, on restaura les sanctuaires détériorés.

154   NOUVEL EMPIRE

13. Le temple de Karnak
Aquarelle ; Cécile, illustration pour la *Description de l'Égypte*, 1798-1801.
Cécile réalisa cette peinture pendant l'expédition égyptienne de Napoléon Bonaparte. Cet ingénieur faisait partie de l'équipe de scientifiques chargée de décrire et d'imager les moindres détails de la culture ou de la nature égyptiennes qui leur semblaient dignes d'intérêt. La superbe édition en douze volumes de la *Description de l'Égypte* fut le résultat de ces travaux.

12. (À gauche) Plan d'ensemble de Thèbes
1. Tombes royales (Biban el-Molouk)
2. Temple funéraire d'Hatshepsout
3. Temple de Thoutmosis III
4. Temple de Thoutmosis II
5. Deir el-Médineh
6. Temple d'Hathor
7. Gournet Mouraï
8. Palais d'Aménophis III
9. Birket Habou
10. Colosses de Memnon
11. Sanctuaire du dieu primordial
12. Temple de Louqsor
13. Enceinte de Montou
14. Enceinte d'Amon-Rê
15. Temple d'Amon-Rê
16. Enceinte d'Aton
17. Enceinte de Mout

Temples funéraires :
a. Temple de Ramsès III
b. Temple d'Ay et d'Horemheb
c. Temple d'Aménophis III
d. Temple de Mérenptah
e. Temple de Thoutmosis IV
f. Temple de Ramsès II (Ramesséum)
g. Temple de Thoutmosis III
h. Temple de Ramsès IV
i. Temple de Séthi Ier
j. Temple d'Aménophis Ier

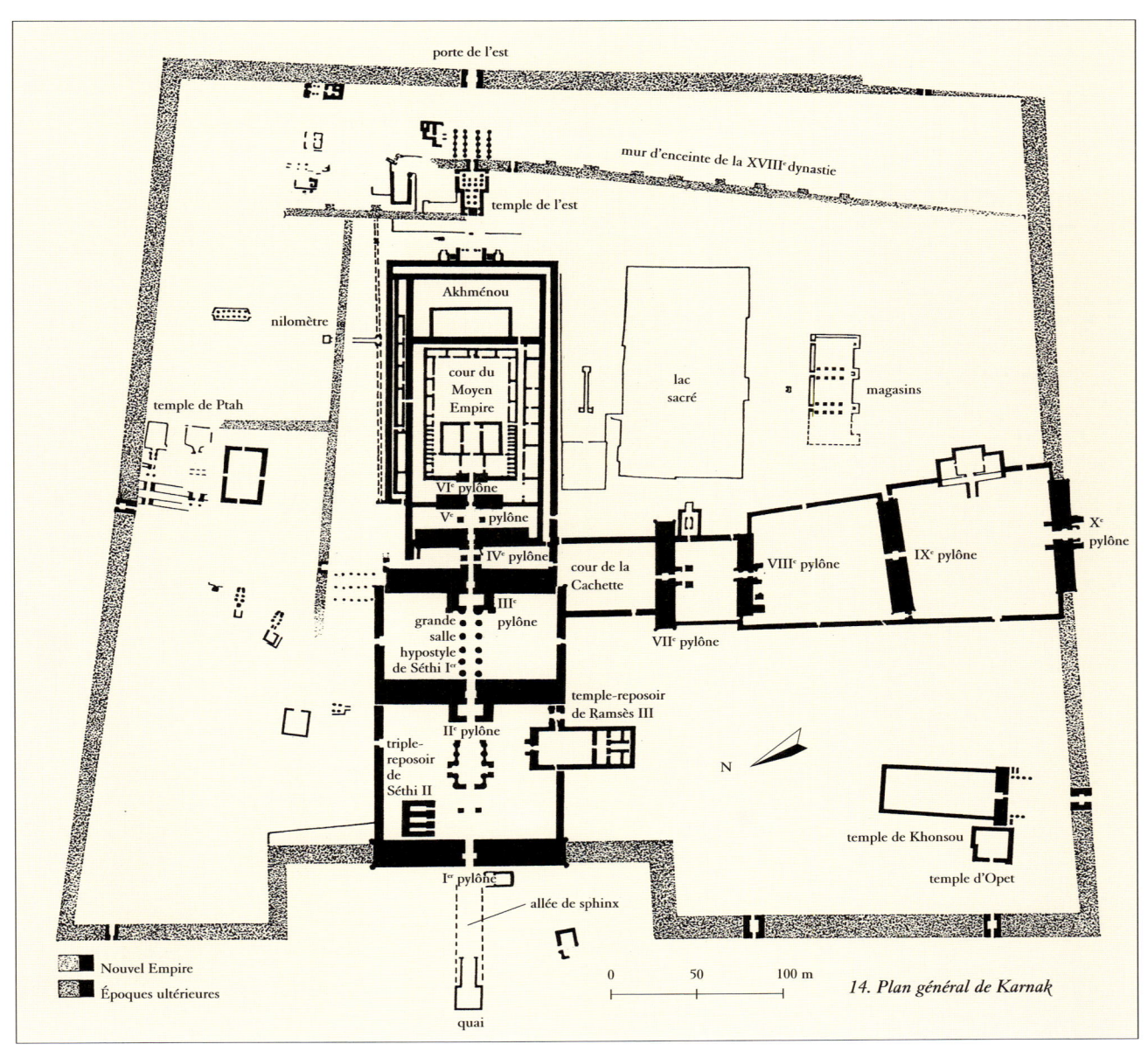

14. Plan général de Karnak

NOUVEL EMPIRE

15. *Le sanctuaire de la barque d'Aménophis Ier*
Karnak, temple d'Amon-Rê, sanctuaire de la barque ; XVIIIe dynastie, vers 1505 av. J.-C. ; calcite-albâtre ; haut. : 4,51 m., long. : 6,76 m., larg. : 3,59 m. ; Karnak, musée de plein air. Vers la fin de son règne, Aménophis Ier entreprit la construction de ce sanctuaire de barque – dédié à Amon-Rê – qui fut achevée par Thoutmosis Ier. L'architecte Inéni l'édifia en calcite-albâtre, un matériau précieux provenant de Hatnoub, et para les portes en bois, aujourd'hui disparues, de cuivre et d'or. Les blocs du sanctuaire furent réemployés par la suite dans le IIIe pylône d'Aménophis III, où ils ont été découverts.

16. *Aménophis Ier dans la course rituelle*
Karnak, temple d'Amon-Rê, détail du mur extérieur du sanctuaire d'Aménophis Ier ; XVIIIe dynastie, vers 1505 av. J.-C. ; calcite-albâtre ; détail mesurant environ 80 cm.
Le portrait du roi faisait partie intégrante de la devise royale, renouvelée pour chaque souverain. Le visage d'Aménophis Ier est caractérisé par un très grand nez busqué, en comparaison duquel les oreilles, la bouche et le cou paraissent très petits. Ces caractéristiques frappantes semblent étrangères aux conceptions de l'harmonie en vigueur à l'époque ; en effet, elles n'apparaissent pas dans le portrait du dieu, représenté sous des traits moins accentués.

156 NOUVEL EMPIRE

Les constructions de la XVIIIe dynastie
Regine Schulz

Les rois du Nouvel Empire considérèrent comme un de leurs devoirs essentiels d'agrandir et d'embellir le temple de Karnak. Il est difficile de reconstituer les premières étapes de construction, car il ne reste que quelques vestiges des monuments détruits aux époques postérieures. Kamosis et Ahmosis, les fondateurs de la XVIIIe dynastie, firent déjà élever des monuments à Karnak, et Aménophis Ier entreprit un programme d'extension. Il fit restaurer le temple du Moyen Empire et ériger plusieurs chapelles autour de l'avant-cour qu'il ferma d'un pylône haut de 20 coudées (10,40 m). Son célèbre sanctuaire de la barque en calcite-albâtre se dressait probablement sur l'axe principal du temple, devant la cour. À l'instar de la Chapelle Blanche de Sésostris Ier (v. pp. 136-137, ill. 60-61), Aménophis Ier fit construire deux autres chapelles, dont il ne subsiste que quelques blocs. Ces chapelles étaient probablement situées à l'avant du temple ou sur son axe secondaire. Thoutmosis Ier développa le temple en entourant le sanctuaire d'un mur d'enceinte en pierre ; c'est probablement aussi à lui que l'on doit un édifice destiné au culte royal, situé à l'est de ce mur. Il paracheva son programme d'extension en fermant le complexe, à l'ouest, par deux pylônes consécutifs (IVe et Ve pylônes d'après la numérotation actuelle) entre lesquels il érigea une salle hypostyle, à l'entrée de laquelle il fit dresser deux obélisques de 21,80 mètres de hauteur. Thoutmosis II y ajouta un nouveau pylône, formant ainsi la cour des fêtes qu'il para de deux obélisques plus petits, érigés devant ceux de son père. Ultérieurement, Thoutmosis IV orna cette cour des fêtes de splendides bas-reliefs. Plusieurs années plus tard, pylônes, obélisques et bien d'autres constructions de cette partie du temple furent détruits, victimes des mesures de transformation d'Aménophis III. Leurs blocs furent réemployés dans l'immense pylône de ce souverain (n° III). Doté de mâts à oriflammes de 40 mètres de hauteur, il marquait alors l'extrémité occidentale du temple. Le pylône d'Horemheb (n° II) et la grande salle hypostyle ne furent édifiés qu'à l'époque de transition entre la XVIIIe et la XIXe dynastie, repoussant ainsi l'entrée du temple plus à l'ouest. Il est probable que la conception de la salle hypostyle remonte déjà à Horemheb, mais elle ne fut réalisée que sous les règnes de Séthi Ier et de Ramsès II.

Le programme architectural d'Hatshepsout : culte et légitimation

Hatshepsout débuta elle aussi son programme de constructions par une série de transformations. Entre le temple du Moyen Empire et le Ve pylône, elle fit bâtir un complexe composé de chapelles cultuelles et de salles d'offrandes, dont l'architecture et la décoration ont été en partie préservées. Au centre de cet ensemble se dressaient peut-être le reposoir de barque d'Aménophis Ier et le sanctuaire en grès silicifié d'Hatshepsout qui doit son nom de Chapelle Rouge à la couleur de son

18. Plan du grand temple de Karnak
1. Cour du Moyen Empire
2. Emplacement présumé de la chapelle-reposoir d'Aménophis Ier, emplacement présumé de la Chapelle Rouge d'Hatshepsout, ancien emplacement du reposoir de barque de Thoutmosis III
3. Chambres d'offrandes d'Hatshepsout
4. Piliers héraldiques de Thoutmosis III
5. Obélisques d'Hatshepsout
6. Obélisques de Thoutmosis Ier
7. Salle des fêtes de Thoutmosis III (*Akhménou*)
8. Contre-temple
9. Salle hypostyle de Séthi Ier et de Ramsès II
10. Reliefs des campagnes militaires de Séthi Ier
11. Colosses de la XVIIIe dynastie
12. Colonnade de Taharqa
13. Avant-cour
14. Triple-reposoir de Séthi II
15. Temple-reposoir de Ramsès III

17. (À gauche) Obélisques de Thoutmosis Ier et d'Hatshepsout
Karnak, temple d'Amon-Rê ; XVIIIe dynastie, vers 1500 et 1464 av. J.-C. ; granit rose ; haut. : 21, 80 m (Thoutmosis Ier) et 30,43 m (Hatshepsout).
Après avoir considérablement agrandi le temple d'Amon-Rê, Thoutmosis Ier dressa à l'entrée « de la double porte de la maison du dieu » deux grands obélisques pour son « père Amon-Rê », dont il ne reste aujourd'hui que celui situé au sud. Ses inscriptions indiquent que les pyramidions étaient recouverts d'or. Hatshepsout fit elle aussi dorer à l'or fin les obélisques qu'elle érigea dans la salle hypostyle de son père. Dans le texte de l'obélisque, il est écrit que « les moitiés supérieures (étaient) en électrum (provenant) du meilleur de tous les pays montagneux ». Le trésorier Djéhouti chargé de diriger les travaux effectués sur les obélisques, va plus loin encore, et indique dans sa tombe qu'ils étaient parés « d'électrum sur (toute) leur longueur », ce qui est probablement une exagération somme toute bien compréhensible.

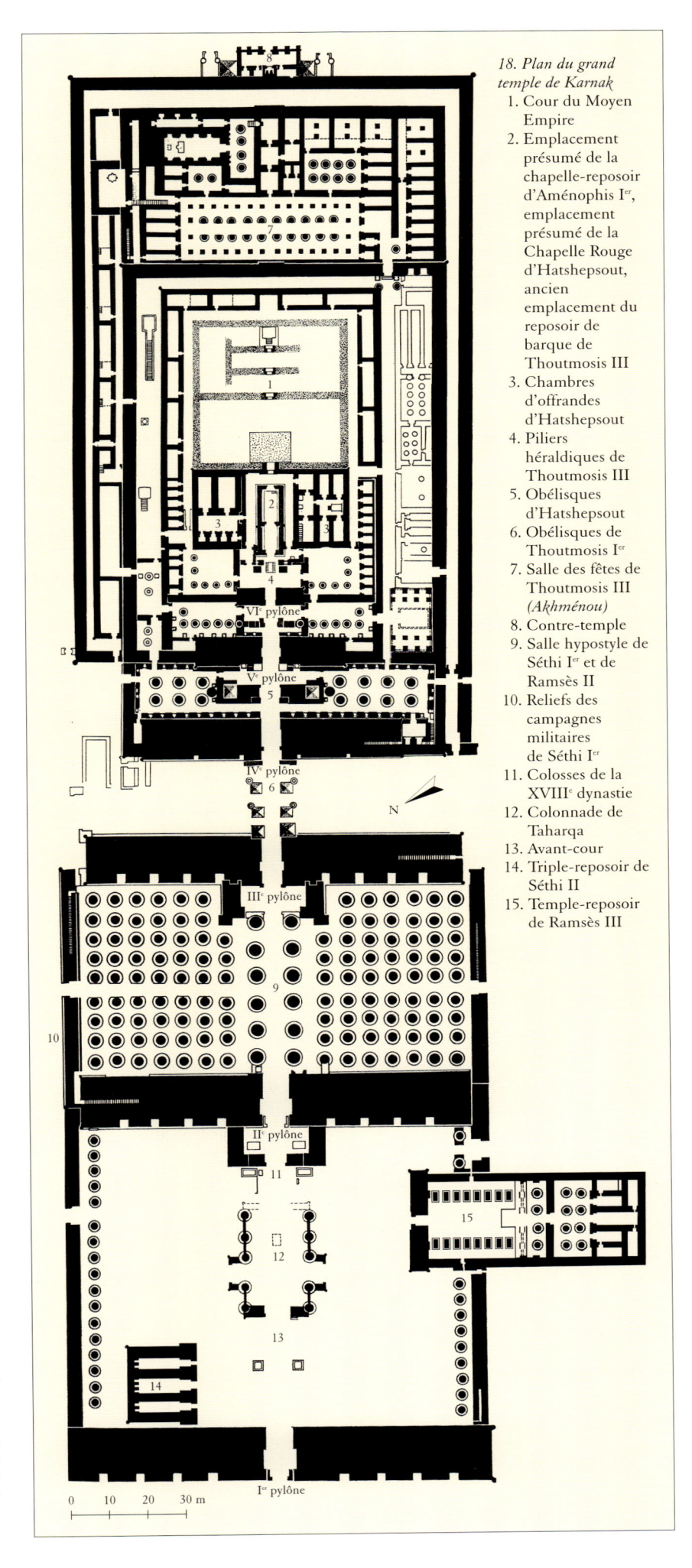

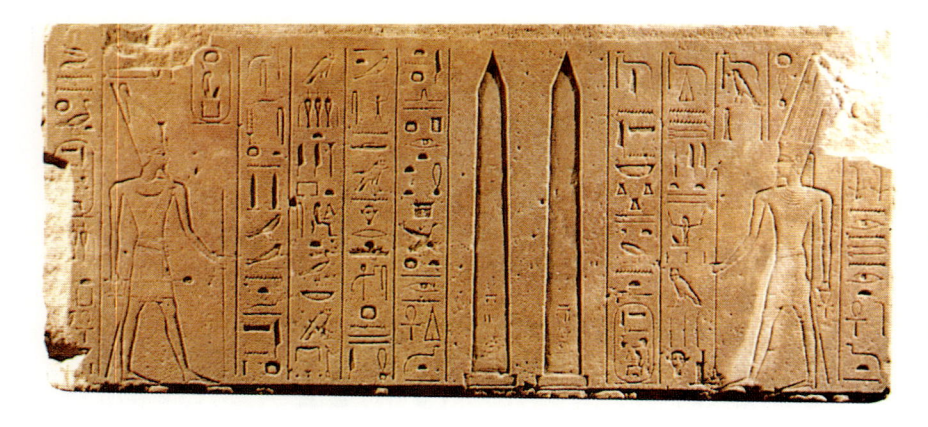

matériau de construction, chapelle qui fut détruite à la mort de la reine. Les blocs, utilisés comme matériau de remploi furent découverts dans le pylône d'Aménophis III.

Hatshepsout transforma également la salle hypostyle de Thoutmosis Ier au centre de laquelle elle érigea deux obélisques de plus de 30 mètres de hauteur, de part et d'autre de la voie processionnelle, au prix de plusieurs colonnes. Au nord de la salle, elle ajouta deux colonnes qui marquaient sans doute le lieu de son élection par Amon-Rê. Elle entoura le complexe d'Amon-Rê d'un grand mur d'enceinte qui, à l'est, insérait le lieu de culte de son père. De plus, elle dressa, à l'est de ce mur d'enceinte, dans l'axe principal du temple, un naos colossal en calcite-albâtre, appelé le contre-temple, pourvu de part et d'autre de deux grands obélisques aujourd'hui très fragmentaires.

Les deux grands obélisques dressés à l'intérieur du temple sont mieux conservés. L'obélisque situé au nord est encore intact et l'on a retrouvé de gros morceaux de l'obélisque du sud. Leur décoration est inhabituelle, à côté des inscriptions disposées en colonnes se trouvent des scènes rituelles et de couronnement. À l'origine, leurs pyramidions, comme peut-être certaines parties des fûts, étaient recouvertes de métal précieux, réfléchissant ainsi la lumière du soleil. L'importance de ces obélisques est attestée par la représentation de leur transport et de leur consécration dans le temple funéraire de la reine et dans la Chapelle Rouge qu'elle édifia à Karnak.

On peut supposer que la cour hypostyle, les obélisques et la Chapelle Rouge font partie d'un seul et même programme. En soulignant son origine royale et divine, Hatshepsout cherchait à légitimer ses prétentions au pouvoir.

Fille de Thoutmosis Ier et épouse de Thoutmosis II, elle perpétua le culte d'Amon-Rê et assura ainsi le maintien de la dynastie.

Comme Thoutmosis Ier, elle fit dresser des obélisques et agrandir le temple qu'elle para d'or. Ces actions répondaient à un objectif bien précis : convaincre Amon-Rê, le père divin, de la choisir pour reine, d'assurer son couronnement et le renouvellement éternel de son pouvoir.

Les reliefs de la Chapelle Rouge n'illustrent pas seulement la reine Hatshepsout en pharaon, mais également son beau-fils et corégent, Thoutmosis III en compagnie duquel elle accomplit le rituel des offrandes devant Amon-Rê. En revanche, elle est seule à apparaître dans les scènes de couronnement. Bien que tous les monuments de la reine aient été réalisés au nom des deux régents, il semble que Thoutmosis III n'ait joué qu'un rôle secondaire, comme en témoignent les scènes des obélisques.

Thoutmosis III à Karnak : *Amon-Rê et le pouvoir du roi*

À la mort d'Hatshepsout, Thoutmosis III s'engagea dans ce qui allait être son plus grand projet architectural : la grande salle des fêtes, l'*Akhménou*. Ce monument remplaçait une construction plus ancienne, datant vraisemblablement du règne de Thoutmosis Ier. Il était dédié à la puissance créatrice d'Amon-Rê et au pouvoir royal chargé de garantir l'ordre universel. De son vivant, le souverain était considéré comme élément de l'être divin. Orientée vers le nord, la salle transversale s'élève, à l'est, sur l'axe principal du temple derrière la cour du Moyen Empire. L'entrée se trouvait au sud et l'on ne pouvait y accéder qu'en passant par le sanctuaire central d'Amon-Rê. Elle menait à une salle unique, sorte de réplique d'une grande tente où s'accomplissaient les rites de régénération du roi. Cet édifice se rapporte donc entièrement à la fête-*sed* du souverain, et la grande inscription qui s'y trouve relate sa participation personnelle à l'organisation de cette fête. La nef centrale de la salle

19. La dédicace des obélisques d'Hatshepsout
Karnak, temple d'Amon-Rê, Chapelle Rouge d'Hatshepsout ; XVIIIe dynastie, vers 1460 av. J.-C. ; grès silicifié ; haut. : 60 cm, larg. : 131 cm ; Louqsor, musée d'Art égyptien ancien, J 138.
Devant le sanctuaire proprement dit, Hatshepsout érigea une chapelle reposoir de barque, étroitement associé à ses deux obélisques situés dans la salle hypostyle de Thoutmosis Ier. Les deux parois latérales de la chapelle relatent d'un côté la dédicace des obélisques, de l'autre celle du sanctuaire. Ces deux scènes sont insérées dans un ensemble parallèle de motifs, qui se divise en trois thèmes : consécration de l'or, donation des monuments dont certains sont plaqués d'or, et couronnement de la reine. Le couronnement d'Hatshepsout et, par là, la légitimation de son pouvoir, sont présentés comme la conséquence de la garantie du culte d'Amon-Rê.

20. (En bas à gauche) Statue-cube de Senenmout tenant la princesse Néférourê
Probablement Karnak, temple d'Amon-Rê ; XVIIIᵉ dynastie, vers 1475 av. J.-C. ; granodiorite ; haut. : 100 cm ; Berlin, SMPK, Ägyptisches Museum, 2296.
Intendant d'Amon et précepteur de Néférourê, la fille du roi, Senenmout était l'une des personnalités les plus importantes du règne d'Hatshepsout. À notre connaissance, il fut le seul fonctionnaire de la XVIIIᵉ dynastie à compter autant de monuments et de nouvelles créations artistiques à son actif. Un certain type de sculptures est connu sous le nom de « statues du précepteur ». Cette statue complétée d'une autre (Le Caire CG 42114) faisait probablement partie d'une paire exposée à Karnak. Dans les deux cas, Senenmout, accroupi, les jambes repliées sur la poitrine, entoure de ses bras croisés Néférourê devant lui. Ils sont tous les deux enveloppés d'un manteau qui ne laisse apparaître que leurs têtes. Le bloc que forment les deux corps est entièrement recouvert d'inscriptions. Senenmout tomba plus tard en disgrâce, et son nom fut martelé.

21. Statue de Thoutmosis III debout
Karnak, temple d'Amon-Rê ; XVIIIᵉ dynastie, vers 1450 av. J.-C. ; grauwacke ; haut. : 90,5 cm ; Louqsor, musée d'Art égyptien ancien, J 2.
Cette statue représente Thoutmosis III dans une attitude classique, debout, le pied gauche avancé et appartient à une série de sculptures probablement réalisée pour la salle des fêtes du souverain. Toutes sont d'une très grande qualité, et se distinguent par la régularité de leurs proportions, par un travail remarquable de leur surface, ainsi que par la physionomie classique du souverain.

hypostyle comprend deux rangées de dix colonnes en forme de piquets de tente surdimensionnés. Les nefs latérales, plus basses, étaient en revanche dotées de simples piliers. Au sud-ouest se trouve la Chambre des Ancêtres, une petite chambre qui contient une Liste royale qui mentionne les noms des ancêtres de Thoutmosis III. D'autres pièces s'ouvraient à l'est de la salle des fêtes. Dans l'axe ouest-est se trouvait un kiosque dédié au roi intimement associé à Amon-Rê, et au sud du sanctuaire, un espace consacré au culte de Sokar. S'y ajoutait, au nord, un sanctuaire dédié au culte solaire. Cet agencement ressemble à celui que l'on trouve au sein des temples funéraires de la rive occidentale.

C'est en ce lieu que devait être inscrite, par la magie et le culte, la force créatrice et régénératrice divine, destinées à confirmer le pouvoir royal. Cette idée apparaît dans les multiples représentations de faune et de flore, qui occupent le registre mural inférieur du « jardin botanique », une salle située entre le domaine de culte du roi et celui du dieu solaire.

Vers la fin de son règne, Thoutmosis III transforma la partie centrale du temple. Il détruisit la Chapelle Rouge d'Hatshepsout qui s'y trouvait et la remplaça par son propre monument. Il bâtit la Salle des Annales dont les inscriptions relatent ses campagnes militaires, fit dresser deux piliers héraldiques exceptionnels et érigea le VIe pylône, situé à l'extrémité est de l'ensemble. Il enferma les obélisques d'Hatshepsout dans un coffrage et plaça devant le IVe pylône deux obélisques, dont malheureusement seuls quelques fragments ont résisté au temps.

NOUVEL EMPIRE

22. (À gauche) La façade ouest de la salle des fêtes (Akhménou) *de Thoutmosis III*
Karnak, temple d'Amon-Rê ; XVIIIᵉ dynastie ; vers 1450 av. J.-C. ; grès ; superficie de la salle : 78,76 x 38,84 m.
Une fois seul au pouvoir, Thoutmosis III édifia dans les premières années de son règne, à l'est du saint des saints du temple d'Amon, une salle des fêtes qu'il baptisa *Akhménou*. Ce nom est représentatif de la fonction de « transfiguration » de l'édifice, où la puissance divine et royale s'unissent pour assurer la pérennité de la création.

23. « Stèle du tir » d'Aménophis II
Karnak, temple d'Amon-Rê ; XVIIIᵉ dynastie, vers 1410 av. J.-C. ; granit rose ; haut. : 170 cm, larg. : 234 cm ; Louqsor, musée d'Art égyptien ancien, J. 129.
Cette scène, dont la fonction est de montrer la force et l'adresse du souverain, illustre le roi sur son char de guerre. Arc bandé, il tire sur un poteau recouvert de cuivre et sur une cible en cuivre, tandis que son attelage est lancé au grand galop. Ce relief semble avoir formé un ensemble avec un autre bloc, exposé actuellement au musée du Caire (JE 36360), et représentant « le massacre de l'ennemi ». Ils étaient tous deux intégrés dans une grande porte traitant du thème de la victoire.

24. Les piliers héraldiques de Thoutmosis III
Karnak, temple d'Amon-Rê ; XVIIIᵉ dynastie, vers 1450 av. J.-C. ; granit rose ; haut. : 6,77 m.
Dans les dernières années de son règne, Thoutmosis III fit transformer la partie centrale du temple d'Amon-Rê. Devant le sanctuaire de la barque, il dressa deux monuments exceptionnels, les piliers héraldiques. Chacun des piliers est orné, en haut relief, sur la face nord et sud des plantes héraldiques de la Haute et de la Basse-Égypte, le papyrus et le lotus. Les reliefs en creux des côtés est et ouest illustrent l'étreinte du roi par Amon-Rê, Mout, Hathor et Amaunet.

25. « Le jardin botanique »
Karnak, temple d'Amon-Rê, salle des fêtes de Thoutmosis III ; XVIIIᵉ dynastie, vers 1450 av. J.-C. ; grès ; hauteur du registre : 110 cm env.
La salle où se trouve le « jardin botanique » devait exprimer la création de l'« ici-bas », ce qui se reflète entre autres dans l'iconographie, seulement conservée au registre inférieur. Les multiples représentations de la faune et de la flore témoignent des nouveaux éléments issus de l'observation de la nature, recueillis lors des campagnes militaires de Thoutmosis III en Syrie et en Palestine.

NOUVEL EMPIRE

26. (À droite) Le triomphe de Thoutmosis III sur les ennemis de l'Égypte
Karnak, temple d'Amon-Rê, VIIe pylône ; XVIIIe dynastie, vers 1450 av. J.-C. ; grès ; largeur du pylône : 63,17 m.
Cette scène figurant sur le massif ouest du pylône illustre le motif quasi emblématique de la victoire du roi sur l'ennemi. Thoutmosis III tient une massue qu'il lève au-dessus de sa tête, et s'apprête à assommer un grand groupe d'ennemis qu'il tient par les cheveux. Sous ses pieds, trois rangées d'inscriptions énumèrent les noms des villes et des peuples vaincus.

27. La façade sud du VIIIe pylône et colosses du roi
Karnak, temple d'Amon-Rê ; XVIIIe dynastie, vers 1455 av. J.-C. ; grès ; larg. : 47,43 m.
Hatshepsout édifia le VIIIe pylône sur l'axe secondaire du temple d'Amon-Rê. Devant le pylône se dressaient six colosses assis, aujourd'hui très détériorés. Il s'agit probablement des statues de la reine, de ses prédécesseurs et de celles de son corégent, Thoutmosis III.

L'axe secondaire du temple d'Amon-Rê

Dès le Moyen Empire, un axe secondaire conduisait, vers le sud, du temple d'Amon-Rê à l'enceinte de la déesse Mout, la parèdre d'Amon. Sans doute Hatshepsout avait-elle déjà remplacé l'ancien temple de Mout par une nouvelle construction, agrandie par la suite. De plus, Aménophis III fit ériger dans l'enceinte plusieurs centaines de statues représentant Sekhmet, la déesse à tête de lionne.

Au sein de l'enceinte d'Amon-Rê, la voie de procession menant vers le sud était formée sous le Nouvel Empire de plusieurs cours précédées par des pylônes (VIIIe- X^e). Dans la première cour de cet axe secondaire, se trouvaient, probablement dès le Moyen Empire, des chapelles qu'Aménophis Ier fit restaurer et sans doute agrandir. La cour était fermée par le VIIIe pylône d'Hatshepsout, devant lequel se dressaient des colosses assis à l'effigie de la reine, ainsi que des statues d'Aménophis Ier et de Thoutmosis II. Thoutmosis III sépara cette cour en deux en construisant au nord le VIIe pylône devant lequel il dressa deux obélisques et deux statues colossales. L'obélisque situé le plus à l'ouest se trouve aujourd'hui à Istanboul.

À lui seul, ce souverain fit donc ériger cinq grands obélisques à Karnak. Aménophis III doubla la longueur initiale de l'axe processionnel et ferma le complexe au sud par un pylône de 35 mètres de haut, le Xe. Une allée de sphinx criocéphales partant de ce pylône menait à l'enceinte de Mout. De cette enceinte partait une autre allée qui conduisait au temple de Louqsor.

Horemheb fut finalement le dernier roi à faire construire un pylône (le IXe) sur cet axe secondaire. Il l'inséra entre le VIIIe et le Xe pylône qu'il acheva, formant ainsi deux cours, qu'il entoura d'un nouveau mur d'enceinte. De plus, le temple réservé au culte d'Aménophis II fut démonté et rebâti dans la partie orientale de la cour d'entrée.

À la fin de la XVIIIe dynastie, l'axe secondaire de l'enceinte d'Amon-Rê à Karnak avait atteint son extension maximale. Dans les immenses cours qui le composaient, on dressa de nombreuses statues de prêtres et de fonctionnaires, qui purent ainsi participer au culte.

NOUVEL EMPIRE

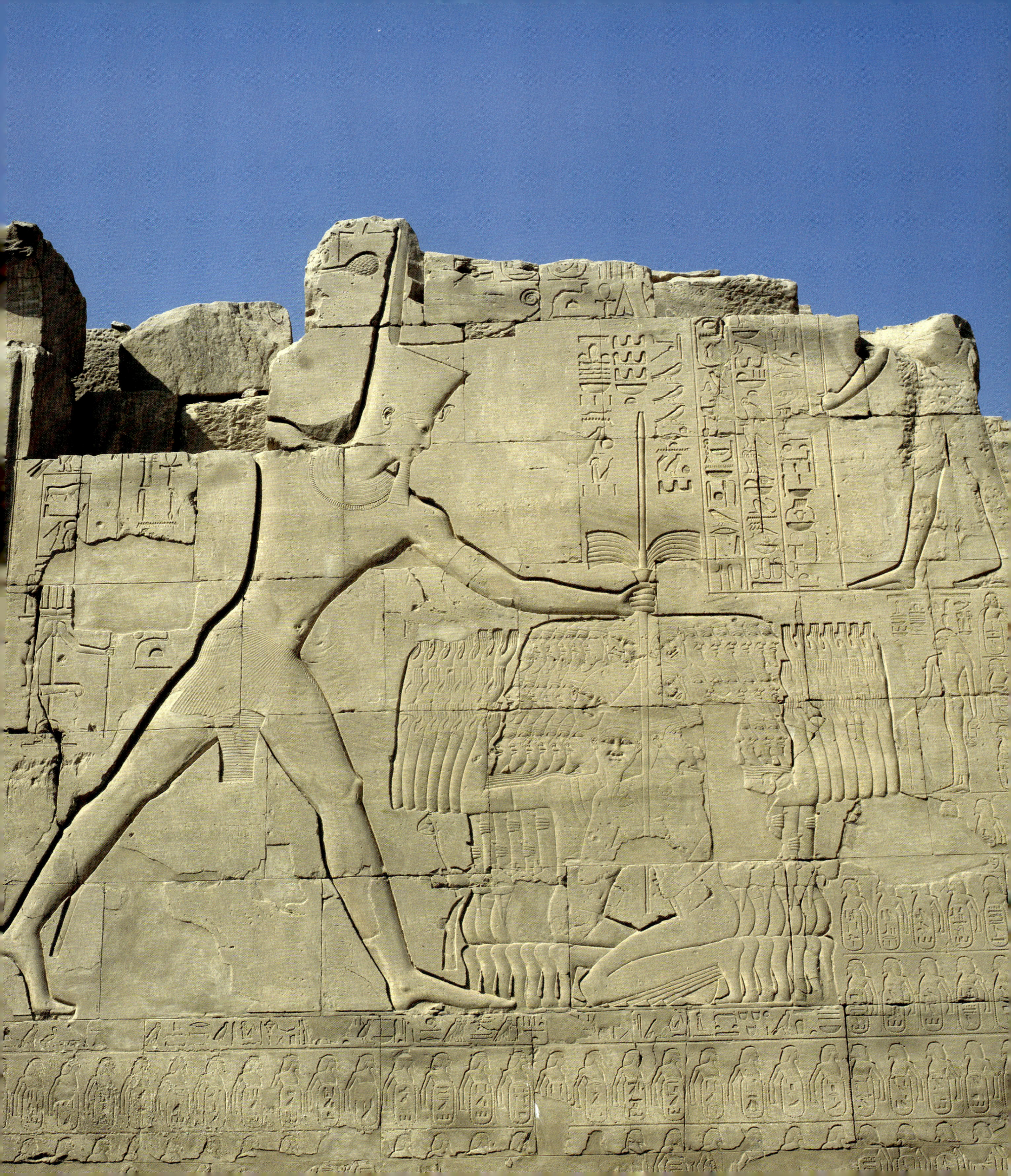

28. Le Xe pylône de Karnak lors des fouilles de 1913

Deux statues d'Amenhotep, fils de Hapou, (vers 1360 av. J.-C.) et deux autres de Paraméssou (vers 1300 av. J.-C.) au pied du colosse est du roi Horemheb, adossé à la façade sud du Xe pylône.
Ces quatre statues, représentées dans la position classique du scribe, jouaient probablement un rôle important dans le temple. Amenhotep, fils de Hapou, était le chef des fêtes à Karnak, Paraméssou (le futur roi Ramsès Ier) était vizir et donc le plus haut fonctionnaire de l'État. Leurs statues servaient d'intercesseurs entre les hommes et les dieux. L'endroit où ces statues ont été découvertes n'est probablement pas celui d'origine. En effet, du fait qu'elles forment une paire, on peut supposer qu'elles se trouvaient le long d'une voie processionnelle.

29. Statue d'Amenhotep, fils de Hapou, en scribe

Karnak, temple d'Amon-Rê, X^e pylône ; XVIIIe dynastie, vers 1360 av. J.-C. ; granodiorite ; haut. : 128 cm. ; Le Caire, Musée égyptien, JE 44861.
Amenhotep, fils de Hapou, fut sous le règne d'Aménophis III le conseiller personnel du roi. Ses titres les plus importants étaient Directeur de tous les travaux royaux et Chef des fêtes à Karnak ; il représentait donc le souverain lors des grandes festivités du temple. Il fut divinisé après sa mort et vénéré en tant que dieu de la médecine. On attribuait des vertus spéciales à sa statue, comme en témoignent entre autres les traces de friction au milieu du papyrus déroulé que tient Aménophis sur ses genoux.

30. Profil d'une statue d'Akhénaton initialement dressée devant un pilier

Karnak, temple d'Amon-Rê ; XVIIIe dynastie, vers 1348 av. J.-C. ; grès ; haut. : 141 cm ; Louqsor, musée d'Art égyptien ancien, J. 53.
Les traits du visage de cette statue sont très caractéristiques du style en vigueur au début du règne d'Akhénaton. Ils ont été repris sur toutes les représentations du roi à Karnak : les yeux sont petits et en amande, le nez extrêmement long et fin, la bouche charnue, les lèvres proéminentes. Une profonde ride part de l'aile du nez et descend jusqu'à la commissure des lèvres, le menton est rond et tiré vers le bas.

31. L'hommage des représentants des pays étrangers au roi
Karnak, temple d'Aton ; XVIIIᵉ dynastie, vers 1348 av. J.-C. ; grès peint ; haut. : 22 cm, larg. : 54 cm ; Le Caire, Musée égyptien, RT 10.11.26.3.
Les représentants des diverses délégations étrangères se prosternent devant le roi et le dieu. La coiffure, les traits du visage et la couleur de la peau caractérisent les ethnies en présence. De droite à gauche : un Nubien aux traits négroïdes, les cheveux crépus et portant une boucle d'oreille ; un Syrien du nord, le crâne rasé et arborant des favoris ; un Palestinien, portant les cheveux aux épaules, un bandeau sur le front et une barbe ; et un Libyen avec des boucles descendant sur les tempes et une barbe en pointe.

32. Aton offre la vie à Néfertiti
Karnak, temple d'Aton ; XVIIIᵉ dynastie, vers 1348 av. J.-C. ; grès ; haut. : 20,9 cm, larg. : 42,3 cm ; New York, Brooklyn Museum, 78.39.
Ce relief en creux provenant de Karnak illustre Néfertiti, les mains levées dans l'attitude de la prière. Les rayons se terminant par des mains du dieu Aton lui présentent le signe de vie. Les traits du visage de la souveraine s'apparentent à ceux du roi, et sont caractéristiques du style expressif des premières années de règne d'Akhénaton.

Le temple d'Aton à Karnak : tentative de contre-projet

Peu de temps après son intronisation, Aménophis IV – qui allait prendre le nom d'Akhénaton – se détourna d'Amon et des autres divinités égyptiennes. À l'est de l'enceinte d'Amon-Rê à Karnak, il fit bâtir plusieurs sanctuaires dédiés à Aton, le dieu unique. L'architecture de ces monuments diffèrent considérablement des temples des autres divinités. Aton se manifestait dans l'astre solaire, dont les rayons assurent la vie sur terre. Contrairement aux autres dieux, il n'était pas représenté sous des traits humains, animaux ou hybrides, mais par un disque solaire, dont les rayons se terminaient par des mains humaines. C'est pourquoi il n'existait pas de sanctuaire clos abritant la statue du dieu, mais des cours à ciel ouvert pourvues d'autels étaient utilisées en guise de lieu de culte. Un des sanctuaires servait de lieu d'exposition au *benben*, un monument de pierre en forme de stèle qui était considéré, depuis la nuit des temps, comme un symbole religieux de la puissance créatrice du dieu solaire. Le temple principal du dieu Aton à Karnak s'appelait *Gem-pa-Aton*, ce qui pourrait se traduire littéralement par « la rencontre d'Aton », un nom qui renvoie au rôle actif du souverain et à la première rencontre matinale avec le dieu solaire.

On n'a retrouvé que quelques vestiges de fondations de ces monuments en grès. En effet, après le rejet dont Akhénaton fit l'objet, les souverains de la fin de la XVIIIᵉ dynastie et ceux du début de la XIXᵉ détruisirent les monuments de ce roi hérétique. Cependant, des dizaines de milliers de *talatates* ornés de reliefs et des fragments de statues ont été remployés dans les constructions ultérieures de Karnak, en particulier dans les IIᵉ, IXᵉ et Xᵉ pylônes, et sont parvenus jusqu'à nous. Ces blocs de remploi, par conséquent protégés de l'érosion, nous ont dans bien des cas livrés des peintures intactes.

Le monument était orienté vers l'est et couvrait une superficie de 130 mètres sur 200. Il se composait notamment d'une grande cour allongée à ciel ouvert, entourée de portiques portés par des piliers. Devant ces piliers, des statues hautes de 5 mètres représentaient le roi vêtu en costume d'apparat, coiffé de perruques et de couronnes différentes. Ses mains étaient croisées sur sa poitrine et tenaient les insignes royaux, la crosse et le flagellum. Le modelé des effigies est insolite : les membres sont exagérément étirés, la taille très fine, le ventre et les cuisses présentent des rondeurs presque féminines. Les traits du visage sont anguleux et maigres, les yeux mi-clos, le nez long et fin. La bouche est charnue, les lèvres sont prononcées, le menton accusé et pointu. Malgré une certaine exagération, ces traits ne sont pas dénués de sensibilité et d'expression.

La décoration du temple peut être approximativement reconstituée grâce aux blocs de remploi. Contrairement à la technique utilisée à l'époque de ses prédécesseurs, toutes les représentations effectuées sous le règne d'Akhénaton étaient sculptées en relief en creux. Les scènes illustrent, entre autres, le roi accompagné de son épouse Néfertiti et de leurs filles, présentant l'offrande devant Aton. Les mains formant l'extrémité des rayons du soleil leur tendent les symboles de vie et de santé.

D'autres scènes représentent la préparation des offrandes, la fête du renouvellement du pouvoir royal (*heb-sed*), les différents édifices du palais et le rassemblement des soldats. Le répertoire iconographique innove, déclinant des thèmes et des détails encore inconnus. Le nombre et la diversité des motifs ont tout naturellement conduit les artistes à figurer les scènes dans un format réduit.

La représentation des membres de la famille royale marque une rupture très nette avec le style presque exagérément esthétique et pondéré adopté sous le règne d'Aménophis III. Comme pour la statuaire, les formes corporelles allient finesse et rondeur, accentuant ainsi l'allongement excessif et maniéré du cou, des bras et des doigts. La volonté d'Akhénaton d'associer à la nouvelle doctrine royale une transformation radicale de la représentation humaine ne peut qu'apparaître géniale et révolutionnaire. La représentation du souverain suggère un détachement spirituel et une puissance créatrice féconde, témoignant ainsi de son essence divine.

34/35. (En haut à droite et en bas) Les colonnes de la grande salle hypostyle
Karnak, temple d'Amon-Rê ; XIXe dynastie, vers 1290-1260 av. J.-C. ; grès ; hauteur des colonnes à chapiteaux campaniformes : 21,20 m. ; hauteur des colonnes à chapiteaux fermés : 13,17 m.
La salle hypostyle est composée d'une colonnade centrale, plus haute, dont les chapiteaux imitent l'ombelle du papyrus, et de bas-côtés soutenus par 122 colonnes papyriformes à chapiteaux fermés. La différence de hauteur entre la colonnade et les nefs latérales a permis d'installer des fenêtres *a claustra* qui laissent pénétrer la lumière dans la voie de procession principale.

33. La grande salle hypostyle
Karnak, temple d'Amon-Rê ; XIXe dynastie, vers 1290-1260 av. J.-C. ; grès ; superficie de la salle : 5500 m².
Séthi Ier transforma la cour située entre le IIe et le IIIe pylône en salle hypostyle, dont la construction fut achevée par son fils Ramsès Ier. Les colonnes qui soutiennent le plafond de l'édifice, sont dans la travée médiane beaucoup plus hautes que dans les sept nefs latérales situées au nord et au sud.

L'apport ramesside
Hourig Sourouzian

La XIXe dynastie s'illustre par un vaste programme de fondations et de restauration des monuments de culte à travers l'Égypte. Les grands foyers religieux auparavant ruinés par l'hérésie amarnienne sont reconstruits. Sous les Ramessides, qui résident à présent dans le Delta, Thèbes est maintenu comme centre du culte d'Amon-Rê.

La grande salle hypostyle de Karnak

Les quelques témoignages du court règne de Ramsès Ier, fondateur de la XIXe dynastie, sont concentrés à Thèbes, dans la tombe royale sur la rive occidentale et, à Karnak, autour du vestibule du deuxième pylône, alors entrée principale du temple d'Amon-Rê. C'est ici que sous le règne de son fils Séthi Ier, on allait entreprendre la construction de la grande salle hypostyle.

Entre le deuxième pylône d'Horemheb et l'actuel IIIe pylône d'Aménophis III, sur la distance de 104 m qui les sépare et sur une largeur de 52 mètres entre les murs latéraux, allait maintenant s'élever la plus formidable, la plus gigantesque des salles hypostyles jamais conçues, mesurant plus de 24 mètres de hauteur. Plus qu'une simple extension du temple existant, cette salle consiste en un véritable temple d'où partent désormais les processions des deux principales fêtes thébaines. On la nomma « le temple Séthi-Mérenptah est glorieux dans la demeure d'Amon ».

La colonnade axiale, plus haute, est formée par deux rangées de six colonnes de 22,40 mètres de hauteur, dont le chapiteau campaniforme imite l'ombelle du papyrus. Les bas-côtés comprennent chacun sept rangées de colonnes papyriformes à chapiteaux fermés. Chaque rangée compte neuf colonnes, à l'exception de celles qui flanquent de part et d'autre la colonnade axiale, ayant chacune sept colonnes et un pilier carré à chaque angle du vestibule qu'elles précèdent. Au total ce sont cent trente-quatre colonnes qui constituent un gigantesque fourré de papyrus en pierre. Dressées sur des grandes bases circulaires, ces colonnes qui ne sont pas monolithiques mais appareillées, sont composées d'énormes tambours. Elles sont surmontées par d'épais abaques qui supportent les architraves sur lesquelles reposent les énormes dalles du plafond. La différence de hauteur entre le plafond de la colonnade axiale et celui des nefs latérales a permis l'aménagement de fenêtres du type dit *a claustra*, constituées par de grandes dalles ajourées qui laissent pénétrer la lumière dans la travée médiane. Cette disposition basilicale n'est certes pas nouvelle et on l'avait déjà mise en œuvre dans la salle des fêtes de Thoutmosis III ; cependant, les dimensions extraordinaires de la grande salle hypostyle en font un chef-d'œuvre encore inégalé.

Perpendiculaire à l'axe principal, un passage transversal entre les deux portes percées dans les murs nord et sud de la salle hypostyle, créait un nouvel axe de circulation pour la voie processionnelle qui reliait Karnak au temple de Louqsor.

Au terme des quelque onze années du règne de Séthi Ier, cette salle restée inachevée à la mort du souverain, fut terminée sous Ramsès II qui en compléta aussi la décoration. La moitié nord où le décor est sculpté en bas relief est l'œuvre de Séthi Ier ; le décor de la moitié sud, achevé sous Ramsès II, est réalisé en relief en creux. Le fût des colonnes, dont la partie inférieure est entourée de sépales de papyrus, est décoré de scènes d'offrandes et de frises de cartouches contenant les noms respectifs des deux souverains bâtisseurs. Ces cartouches ont été pour la plupart surchargés par les noms des derniers Ramessides. Sur les murs intérieurs, les représentations sont multiples et variées ; de grands tableaux montrent le roi mené par les divinités vers les dieux de la triade thébaine, Amon, Mout et Khonsou ; d'innombrables scènes d'offrandes et d'adoration entourent les cérémonies de la purification, du couronnement et de l'intronisation du roi, le

NOUVEL EMPIRE

36. L'entrée du temple d'Amon-Rê
Karnak ; fin de la XVIIIe-XXXe dynastie, vers 1300-340 av. J.-C.

Sous les Ramessides, une allée de sphinx criocéphales menait du quai à l'actuel IIe pylône (larg. : 99,88 m) qui, sous la XVIIIe dynastie, fut édifié par Horemheb et formait, à cette époque, la façade du temple. Plus tard, d'autres constructions furent érigées à l'avant du temple, dont la superficie fut ensuite fermée à l'occident par un autre pylône, datant probablement de la XXXe dynastie.

37. La grande salle hypostyle dans le temple d'Amon-Rê à Karnak
Lithographie en couleurs ; Richard Lepsius, *Denkmaeler aus Aegypten und Aethiopien,* Berlin 1849 - 1858.

Lors de sa grande expédition en Égypte et en Nubie entre 1842 et 1845, Richard Lepsius séjourna quelque temps à Thèbes. Il rapporta de Karnak une série de plans. Les colonnes de la salle hypostyle attirèrent particulièrement son attention. Au premier plan de la gravure, se dresse la haute nef centrale avec ses colonnes campaniformes, puis les fenêtres *a claustra* et, en arrière-plan, les nefs latérales plus basses, situées au sud et dotées de colonnes papyriformes.

NOUVEL EMPIRE 167

don de sceptres, l'inscription du nom royal sur le fruit de l'arbre sacré *ished* dans l'Héliopolis du ciel. Une place particulière est donnée aux processions des barques sacrées, qui occupent de longs registres, dans les parties décorées aussi bien sous Séthi Ier que Ramsès II. Les représentations intérieures, essentiellement rituelles, illustrent les cérémonies de culte qui se déroulaient dans cette salle et le cheminement des processions.

En revanche, les scènes déployées sur les murs extérieurs servent à exhaler la maîtrise du monde chaotique symbolisée par le triomphe du roi sur les ennemis étrangers. Au nord, ce sont les campagnes de Séthi Ier contre les Bédouins du désert oriental et de la Palestine, les Libyens et les Hittites ; au sud on voit des épisodes de la célèbre bataille de Qadesh contre les Hittites, ainsi que des scènes historiées des campagnes de Ramsès II contre les Asiatiques et les Libyens. Ainsi, la grande salle hypostyle est à considérer comme le reflet de l'Égypte et du monde environnant ; à l'intérieur, elle incarne l'univers intact des dieux et du culte, que le roi, garant de l'ordre universel, protège en repoussant sans cesse les forces menaçantes du monde chaotique extérieur. Transposition en pierre de la terre immergée, son fourré de colonnes papyriformes symbolise la Terre Noire, c'est-à-dire l'Égypte, inondée par la crue du Nil, qui, telle la butte primordiale des mythes de la création, refait surface chaque année.

De toutes les statues qui, à l'intérieur comme à l'extérieur de cette salle, reproduisaient en ronde bosse ce que les scènes murales représentent en bas relief, il ne subsiste plus rien. Seules sont restées, en avant du vestibule, deux statues colossales thoutmosides, dont une fragmentaire, ayant été réinscrites sous Ramsès II ; ultérieurement la titulature de Séthi II avait été apposée sur leur socle et celle de Ramsès IV, sur leur piédestal. L'usage de réinscrire et de remployer les statues de règnes antérieurs ne tient pas d'un simple acte d'usurpation mais signifie qu'un roi les sauve de l'abandon en y attachant ou en renouvelant une donation qui leur permette de recevoir à nouveau des offrandes.

38. (À gauche) Séthi Ier présente en offrande un bouquet monté
Karnak, temple d'Amon-Rê, partie nord de la salle hypostyle ; XIXe dynastie, vers 1280 av. J.-C. ; grès ; hauteur du détail : 200 cm env.
Les Égyptiens offraient souvent du pain, du vin, mais aussi des bouquets montés aux dieux. Ils exprimaient ainsi leur aspiration à la joie et à la force vitale perpétuelle. Associés à Amon, les bouquets jouaient en outre un rôle particulier. Dans la scène du « bouquet d'Amon de Karnak », le roi ne présente pas son bouquet uniquement au dieu, mais aussi aux défunts, exprimant ainsi son souhait de régénération.

39. Triade de Ramsès II entre Mout et Amon
Probablement de Karnak ; XIXe dynastie, vers 1270 av. J.-C. ; granit rose ; haut. : 174 cm ; Turin, Museo Egizio, Cat. N° 767.
La triade représente le roi assis entre le couple divin de Karnak, Amon et Mout prenant ici la place du fils divin. Le roi porte le *némès* et une couronne divine composée de cornes de bélier, du disque solaire et de plumes d'autruche. Bien que les statues soient assez éloignées les unes des autres, leur étreinte mutuelle témoigne du lien étroit qui unie le souverain aux dieux.

40/41. Les campagnes militaires de Séthi Ier
Karnak, temple d'Amon-Rê, paroi extérieure nord de la salle hypostyle ; XIXe dynastie, vers 1285 av. J.-C.
Les scènes de guerre de Séthi Ier se rapportent aux combats contre les Hittites et les peuples syro-palestiniens, dont faisaient partie les bédouins Shasou.
Les scènes représentées sur ce mur montrent les victoires du souverain, menant son armée sur son char de guerre ou à pied. Les différentes séquences représentent le siège d'une forteresse, le massacre des ennemis, et leur présentation lors du retour triomphal. Les membres de la cour accueillent le roi à la frontière orientale de l'Égypte. Elle est représentée par un canal dans lequel s'ébattent des crocodiles, ainsi que par des tours qui servaient de fortifications.

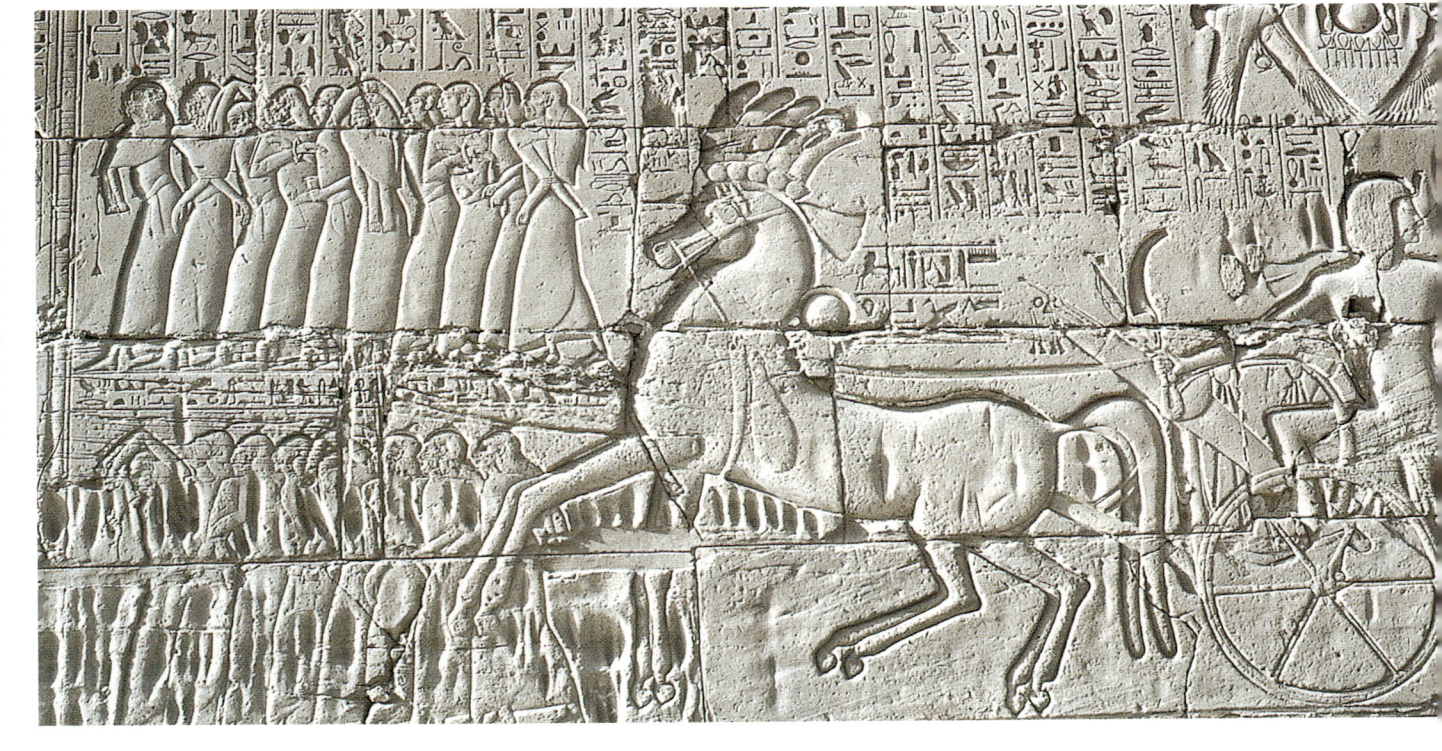

NOUVEL EMPIRE

42. Le triple-reposoir de Séthi II
Karnak, temple d'Amon-Rê, Iʳᵉ cour ; XIXᵉ dynastie, vers 1195 av. J.-C. ; grès ; haut. : 7,40 m, larg. : 22,33 m, prof. : 13,86 m.
En avant du temple (espace aujourd'hui fermé par le Iᵉʳ pylône formant la première cour), Séthi II fit ériger un reposoir de barque composé de trois chapelles destinées, lors des processions, à recevoir les barques abritant les statues d'Amon-Rê, de la déesse Mout et du dieu lunaire Khonsou, qui recevaient les offrandes.

43. Colosse royal
Karnak, temple d'Amon-Rê ; près du IIᵉ pylône ; XVIIIᵉ-XIXᵉ dynastie, vers 1300-1200 av. J.-C. ; granit rose ; haut. : 11 m env.
Plusieurs statues colossales dominaient l'entrée du IIᵉ pylône construit sous le règne d'Horemheb. Thoutmosis III fit ériger le colosse debout, situé au sud, c'est-à-dire à gauche de l'entrée ; il est coiffé du *pschent* et appartenait initialement à une dyade qui, sous la XIXᵉ dynastie, fut usurpée par Ramsés II. Le colosse nord, que l'on redressa en 1954, connut sous la XXIᵉ dynastie le même sort : Pinedjem Iᵉʳ apposa sur la statue ramesside de nouvelles inscriptions.

170   NOUVEL EMPIRE

44. *(À gauche) Statue porte-enseigne colossale de Séthi II*
Karnak, temple d'Amon-Rê, Ire cour ; XIXe dynastie, vers 1195 av. J.-C. ; grès ; haut. : 4,65 m. ; Paris, musée du Louvre, A 24.
Devant sa chapelle-reposoir, en avant du temple, Séthi II fit édifier plusieurs statues porte-enseigne. L'un de ces colosses se trouve aujourd'hui au Louvre. Il représente le roi coiffé du *pschent* posé sur une perruque ronde et vêtu d'un pagne plissé. Il tient une enseigne de sa main gauche et un rouleau de papyrus à demi ouvert, de sa main droite.

45. *Le temple oriental de Ramsès II*
Karnak ; XIXe dynastie, vers 1270 av. J.-C.
À l'est de l'enceinte d'Amon-Rê, Ramsès II bâtit un temple dédié à Rê-Horakhty et à Amon « qui écoute les prières » dont l'entrée est flanquée de deux statues osiriaques. Sous la XXVe dynastie, Taharqa y ajouta un kiosque doté de colonnes campaniformes.

Les édifices de la première cour

En avant du temple, une allée de sphinx d'Amon-Rê à tête de bélier, inscrits au nom de Ramsès II, conduisait du quai jusqu'au vestibule de la grande salle hypostyle. C'est sur ce parcours, que deux règnes plus tard, Séthi II a fait élever au nord de l'allée processionnelle, une triple chapelle servant de reposoir aux barques de la triade thébaine. Elle était précédée de statues royales porte-enseignes, dont deux, colossales, qui se trouvent actuellement au musée de Turin et au Louvre. D'autres, de moindres dimensions, sont exposées aujourd'hui à l'entrée et à l'intérieur de la salle hypostyle ; une statue est conservée au musée du Caire. Si l'on considère qu'à part la tombe royale de la rive occidentale, il s'agit là de l'unique activité de construction jamais attestée pour le règne de Séthi II à Thèbes, on peut mesurer alors l'importance que pouvait représenter sous la XIXe dynastie, la sortie des barques divines lors des deux grandes fêtes annuelles, fêtes que chaque roi était censé diriger en personne, ne fût-ce qu'une fois, au début de son règne. Par la suite, des statues à son effigie lui servaient de substitut. Il était donc indispensable que chaque pharaon entreprît une visite à Thèbes, afin de s'y faire perpétuer par un monument durable.

Sous la dynastie suivante, Ramsès III fit bâtir son propre reposoir de barque sur le même trajet, mais cette fois au sud de l'axe principal. En forme de véritable temple, l'édifice est précédé d'un pylône à l'entrée duquel s'élèvent des statues du roi debout. Une cour entourée de piliers osiriaques et un vestibule donnent accès au triple sanctuaire qui, lors des processions de fêtes, servait de station aux barques sacrées et où l'on déposait les offrandes.

NOUVEL EMPIRE

Le temple oriental de Ramsès II

À l'instar des grands aménagements en avant du temple principal, Séthi Ier et Ramsès II ont aussi œuvré dans la partie orientale de l'enceinte d'Amon-Rê, où des fragments de grands sphinx attestent l'existence d'une voie processionnelle. L'ancien temple de l'est bâti par les Thoutmosides a été restauré ; dans l'espace qui le précédait on éleva sous Ramsès II un temple dédié au culte de Rê-Horakhty, le soleil levant, à l'entrée duquel on voit se dresser les deux effigies osiriaques de Ramsès II. C'est de l'intérieur de ce temple que provient une des plus belles statues de ce souverain, conservée au musée de Turin. En granit noir, elle représente le jeune roi assis sur son trône et tenant le sceptre-*héqa*. Le roi est coiffé de la couronne bleue et porte une longue robe plissée et des sandales. Un sourire empreint de douceur, caractéristique des statues du début du règne de Ramsès II, illumine son visage.

Les voies processionnelles et leur cheminement à travers les temples avaient acquis une telle importance qu'à l'allée comme au retour, entre le temple principal et le temple de l'est, le cortège devait contourner le mur extérieur du temple oriental des Thoutmosides. Alors, Ramsès II fit entièrement décorer ce mur de scènes d'offrandes. Ainsi, le temple, autrement inaccessible, devenait en quelque sorte transparent et les cérémonies de culte qui s'y déroulaient pouvaient être entrevues par les participants des processions.

La cour du VIIe pylône, dite cour de la Cachette

Sur l'axe sud-nord du grand temple, œuvre de la XVIIIe dynastie, les souverains ramessides laissèrent de nombreuses dédicaces de part et d'autre de la voie des processions. Une fois la construction de la grande salle hypostyle achevée, la cour qui la séparait du VIIe pylône fut réaménagée par Ramsès II. À l'intersection des deux axes principaux du temple, cette cour servait de nœud de circulation pendant les célébrations des fêtes. Par conséquent, on y trouve des représentations en bas relief, des grandes inscriptions et des stèles aux noms de presque tous les souverains ramessides. Notons en particulier, sur la face extérieure du mur occidental l'ajout du texte du traité de paix de Ramsès II avec les Hittites, premier traité connu de l'Histoire. À l'intérieur, la grande inscription du fils et successeur de Ramsès II, Mérenptah, qui commémore sa victoire contre la coalition des Libyens avec les Peuples de la Mer. Cette cour où se trouvent consignés les plus importants rapports de victoire, de donations ou d'offrandes, regorgeait également d'innombrables statues de dieux, de rois et de particuliers. C'est précisément dans cette cour qu'à la Basse Époque on avait fait enterrer les milliers de statues et de statuettes qui encombraient les passages. Car du sanctuaire jusqu'aux parvis des pylônes, et aux points de départ ou d'aboutissement des différentes voies de processions, on avait mis en place, au fil des dynasties, des statues de toutes tailles et de tous matériaux.

Georges Legrain qui les découvrit lors de ses fouilles s'engagea à les exhumer entre 1903 et 1906, malgré les difficultés causées par le haut niveau de la nappe phréatique.

46. Statue de Ramsès II assis
Karnak, temple oriental ; XIXe dynastie, vers 1270 av. J.-C. ; granodiorite ; haut. : 194 cm ; Turin, Museo Egizio, Cat. N° 1380.
Cette statue du jeune Ramsès II assis se trouvait à l'origine dans le temple oriental à Karnak. Elle représente le roi coiffé de la couronne bleue et vêtu d'une longue robe finement plissée et tenant le sceptre-*héqa* dans sa main droite. À côté des jambes du souverain, se détachent les effigies de son fils Amonherkhopeshef (à droite) et de son épouse Néfertari (à gauche). Dans cette statue on identifie souvent Séthi Ier, mais l'iconographie et les traits du visage sont, sans conteste, ceux du jeune Ramsès.

47. Ramsès II devant la reine divinisée Ahmès-Néfertari
Karnak, temple d'Amon-Rê, mur d'enceinte sud ; XIXᵉ dynastie, vers 1270 av. J.-C. ; grès ; hauteur du registre : 220 cm env.
Ramsès II se tient devant « l'Épouse du dieu, la Mère du dieu, la Grande Épouse royale, la Maîtresse des Deux-Terres Ahmès-Néfertari ». Elle fut l'épouse du fondateur de la dynastie Ahmosis et la mère d'Aménophis Iᵉʳ. Avec ce dernier, elle fut vénérée comme une divinité. Elle assure ici « vie et santé » à Ramsés II en présence des dieux.

48. Statue de Ramsèsnakht agenouillé
Karnak, cour de la Cachette ; XXᵉ dynastie, vers 1150 av. J.-C. ; statue : grauwacke ; socle : calcite-albâtre ; haut. : 40,5 cm. ; Le Caire, Musée égyptien, JE 37186 (CG 42163).
Grand Prêtre d'Amon, Ramsèsnakht était issu de l'élite thébaine et occupa ses fonctions du règne de Ramsès IV à celui de Ramsès IX. Cette sculpture le représente agenouillé, tenant devant lui un groupe de statues de la triade thébaine (Amon, Mout et Khonsou) sur un socle.

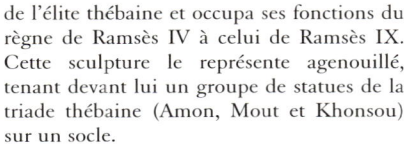

49. Vue sur le mur d'enceinte extérieur du temple
Karnak, temple d'Amon-Rê ; XVIIIᵉ dynastie, vers 1450-1210 av. J.-C.
Le grand mur d'enceinte entourant le domaine d'Amon-Rê et comprenant également la salle des fêtes de Thoutmosis III était déjà édifié sous les Thoutmosides. Ramsès II fit décorer en partie les parois extérieures de scènes de culte, lequel se déroulait réellement à l'intérieur du temple.

50. La cour de la Cachette à Karnak
Karnak, temple d'Amon-Rê, cour intérieure de l'axe nord-sud et VIIᵉ pylône ; XVIIIᵉ dynastie, vers 1460 av. J.-C.
La cachette découverte au début de notre siècle abritait des milliers de statues et donna son nom à la cour dans laquelle elle se situait. Dès le Moyen Empire, elle joua un rôle prépondérant au sein du temple. Les souverains ramessides décorèrent son mur d'enceinte de scènes rituelles. Sur la paroi extérieure ouest, Ramsès II fit représenter des scènes de combats contre les Syriens, ainsi qu'un texte reproduisant la version égyptienne du traité de paix conclu avec les Hittites et datant de l'an 21 du règne du souverain.

NOUVEL EMPIRE

Les effigies divines qui peuplaient les saints des saints, les sanctuaires des barques, les vestibules et les salles hypostyles, servaient de réceptacles aux riches et multiples offrandes que le roi leur apportait ; elles représentent, en ronde bosse, les versions lithiques de toutes les figurations, déployées sur les murs en bas relief. Les statues royales, participent du même principe, d'où la profusion de statues de rois debout, agenouillés, prosternés ou sous forme de sphinx couché à bras humains, offrant soit des vases soit des tables d'offrande, ou bien des étuis contenant des documents.

Hors des sanctuaires et des salles fermées, dans les cours, devant les pylônes, dans les endroits découverts du temple où passaient les processions au vu du clergé et des dignitaires privilégiés, des statues du roi porte-enseigne perpétuaient dans la pierre la participation du roi à la cérémonie qu'il était censé diriger.

À l'extérieur des temples proprement dits, des statues colossales et des sphinx gigantesques servaient, sous les traits du roi régnant, d'hypostases aux dieux qui habitaient sinon à l'intérieur des temples et auxquels le peuple n'aurait pratiquement jamais accès. Ces sphinx et ces colosses de taille extraordinaire rendaient ainsi abordables les forces divines autrement inaccessibles ; réceptacles d'offrandes, ces géants sont aussi des auditeurs de prières et de suppliques que le particulier peut leur adresser. D'ailleurs, en ces mêmes lieux, les fonctionnaires qui avaient le privilège insigne de participer aux festivités, avaient fini par obtenir la permission de déposer leurs propres statues qui s'offraient comme intercesseurs entre le dieu et son orant.

51. Sphinx à l'effigie de Ramsès II offrant un vase surmonté de la tête d'Amon
Karnak, Cachette ; XIXe dynastie, vers 1260 av. J.-C. ; grès dur ; long. : 30 cm, haut. : 18 cm ; Le Caire, Musée égyptien, JE 38060 (CG 42146).
Ce sphinx présente Ramsès II dans son rôle de maître du culte divin. La tête du roi surmontant le corps de lion porte le *némès* et la barbe royale. Contrairement à la plupart des autres sphinx, le roi possède ici des mains humaines, offrant un vase au dieu Amon.

52. Statue d'Aménophis II debout
Karnak, Cachette ; XVIIIe dynastie, vers 1420 av. J.-C. ; grauwacke ; haut. : 68 cm ; Le Caire, Musée égyptien, JE 36860 (CG 42077). Cette statue d'Aménophis II fut découverte en 1904 dans la « Cachette ». Le roi porte le *khat* orné de l'*uraeus*, et la *shendjit*. Les traits du visage sont parfaitement proportionnés, idéalisés et juvéniles. Ce portrait diffère des autres représentations du souverain, dont l'expression est beaucoup plus énergique.

NOUVEL EMPIRE

Le temple de Louqsor : la régénération de la force divine

Le temple de Louqsor, considéré comme une butte primordiale, servait de résidence méridionale au dieu Amon-Rê et se présente comme une place de régénération des forces divines. Lorsque Amon-Rê de Karnak se rendait à Louqsor pendant la Belle Fête d'Opet pour se régénérer, la divinité du souverain se trouvait renforcée par sa fusion avec les forces vitales divines. Lors de la Fête des Décades, afin d'assurer la pérennité de la création, le dieu de Karnak était porté sur la rive occidentale jusqu'à Médinet Habou, en passant par Louqsor.

Les constructions de la XVIIIᵉ dynastie
Regine Schulz

La date de construction du plus ancien édifice à Louqsor est contestée. Il est cependant certain que, sous leur règne, les souverains de la dynastie des Thoutmosides ont érigé un grand temple. Aujourd'hui encore, dans la grande cour de Ramsès II, on peut admirer un sanctuaire tripartite destiné à recevoir les barques de la triade thébaine, Amon, Mout et Khonsou. Les colonnes papyriformes en granit rose et l'architrave de la façade furent érigées par Hatshepsout, puis usurpées par Ramsès II qui y inscrivit son nom. Cependant nous ignorons si la chapelle se dressait déjà dans cette cour sous le règne d'Hatshepsout, ou si les différents éléments ont été empruntés à un autre édifice.

Aménophis III remplaça le temple principal bâti sous les Thoutmosides par un édifice monumental. Son entrée débouche sur une grande colonnade, composée de deux rangées de sept colonnes campaniformes de 21,20 mètres de hauteur, et conduisant à une cour à ciel ouvert. Cette dernière est entourée d'une double rangée de colonnes papyriformes et mène au sud à une salle hypostyle légèrement surélevée. Sans doute est-ce ici qu'à l'origine, se tenaient les colosses d'Aménophis III assis, que Ramsès II usurpa et dressa dans sa cour. Le nombre total de colonnes (12 x 8) dans la cour et la salle est représentatif de la cosmogonie hermopolitaine qui associe Amon et met en scène huit dieux primordiaux. La salle mitoyenne est elle aussi portée par huit colonnes. Au sud-est s'ouvre une chapelle, dans laquelle on déposait lors de la Fête d'Opet la statue du *ka* royal dans laquelle se trouvait la force vitale divine du souverain. En suivant l'axe du temple, on arrive à la salle d'offrandes, au sanctuaire de la barque, ainsi qu'à une salle transversale. Portée par 12 colonnes, cette salle a été définie comme le lieu mythique de la course du soleil, derrière laquelle se trouve le sanctuaire formé de trois salles qui

53. Le temple de Louqsor : le pylône et les colosses de Ramsès II
Lithographie en couleurs ; David Roberts, *Egypt and Nubia*, Londres 1846-1849.
Peu d'années après que l'obélisque ouest eut été enlevé, l'artiste anglais David Roberts dessina en 1838 le pylône d'entrée du temple de Louqsor, encore largement enfoui sous le sable.

54. Plan d'ensemble du temple de Louqsor
1. Sanctuaire de la barque
2. Cour d'Aménophis III
3. Colonnade ornée de représentations de la fête d'Opet (Toutânkhamon et Horemheb)
4. Cour de Ramsès II
5. Chapelle-reposoir (en partie d'Hatshepsout)
6. Pylône de Ramsès II
7. Obélisques de Ramsès II

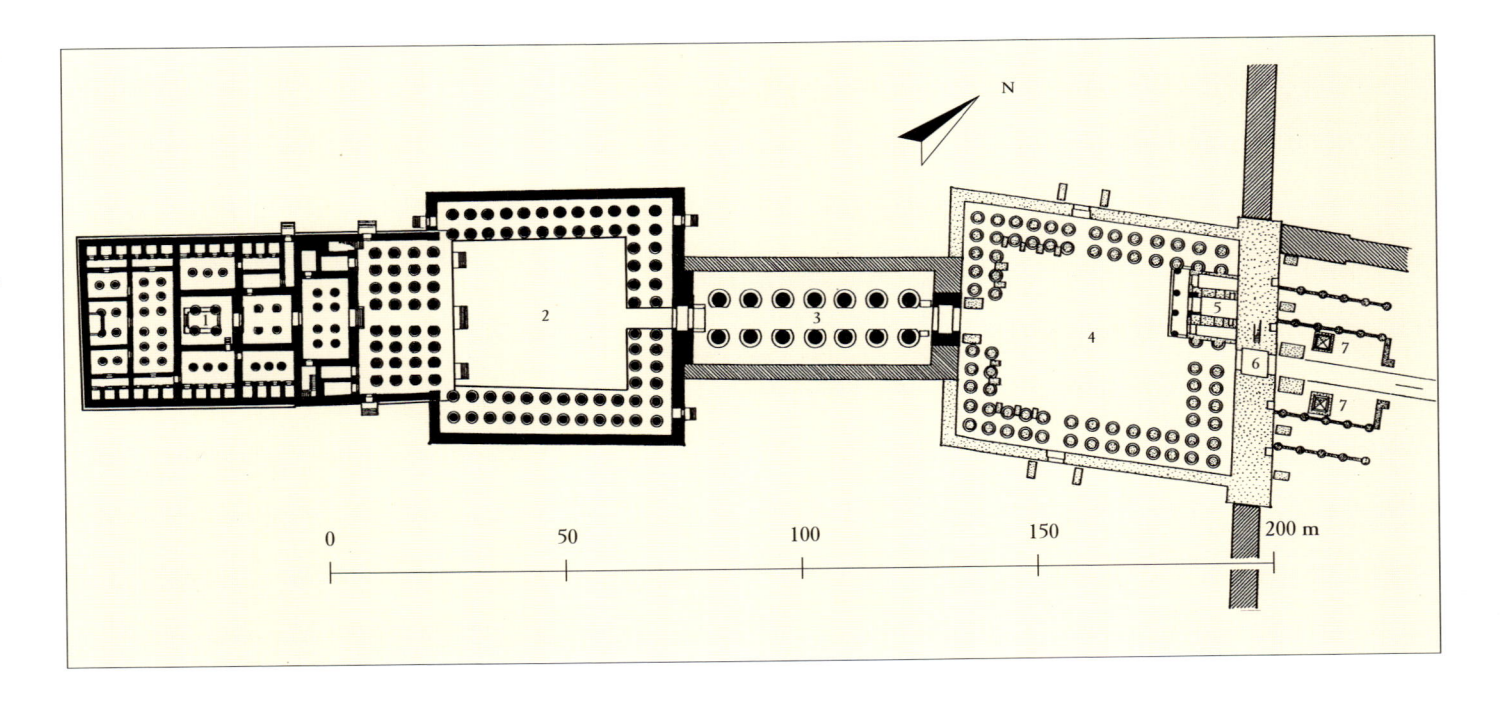

55. La cour des fêtes d'Aménophis III
Temple de Louqsor ; XVIIIe dynastie, vers 1370 av. J.-C. ; grès ; superficie de la cour : environ 54 x 56 m.
La cour des fêtes d'Aménophis III est l'une des plus impressionnantes constructions du Nouvel Empire. C'est ici que l'on accomplissait les rituels des grandes fêtes et que se présentait le roi, habité par les forces divines. La taille gigantesque de cette cour entourée d'une véritable forêt de colonnes dépasse de beaucoup celle des salles existantes. Contrairement à celles de l'imposante colonnade d'entrée, ces colonnes fasciculées reproduisent ici plusieurs tiges de papyrus. La dégradation des murs de la cour ne permet malheureusement pas de reconstituer leur répertoire iconographique.

57. La grande colonnade d'Aménophis III
Temple de Louqsor ; XVIIIe dynastie, vers 1355 av. J.-C. ; grès ; haut. : 21,20 m.
À la fin de son règne, Aménophis III érigea la grande colonnade du temple de Louqsor qu'il dota de colonnes à chapiteaux campaniformes qui imitent l'ombelle du papyrus. Nous ne savons pas si Aménophis III mena à leur terme les travaux architectoniques de cette construction, ou s'ils ne furent terminés que sous le règne de Toutânkhamon. Initialement, ce portique d'entrée était fermé par de hauts murs et un plafond ; de grandes fenêtres y laissaient entrer la lumière. Le plafond et la partie supérieure des parois ont aujourd'hui disparu.

56. Le reposoir de barque dans la Ire cour du temple de Louqsor construit avec des colonnes et des architraves datant du règne d'Hatshepsout
Temple de Louqsor ; XVIIIe dynastie, vers 1465 av. J.-C. ; granit rose.
Ramsès II édifia dans sa cour ce triple-reposoir en y intégrant des colonnes et des architraves datant du règne d'Hatshepsout et de Thoutmosis III. Lors de la réinscription des éléments architecturaux, il omit de changer la forme féminine du mot « aimée », ce qui nous permet de les attribuer sans conteste à la reine.

58. Statue d'Aménophis III sur un traîneau
Temple de Louqsor, Cachette ; XVIIIe dynastie, vers 1370 av. J.-C. ; grès silicifié ; haut. : 2,10 m ; Louqsor, musée d'Art égyptien ancien, J 838.

Cette statue d'Aménophis III sur un traîneau de procession est exceptionnelle. Certes, la position debout du roi, pied gauche avancé, est des plus traditionnelles. Cependant, jamais encore un traîneau n'avait été intégré à une sculpture. Le socle et le pilier dorsal indiquent clairement que ce n'est pas le souverain qui est représenté ici transporté sur un traîneau, mais sa statue. Il porte la double couronne de Haute et de Basse-Égypte, ornée de l'*uraeus* au-dessus du front, la barbe royale et un pagne d'apparat agrémenté en son milieu d'un devanteau bordé d'*uraeus*. Certaines parties de la statue, sur la poitrine et sur les bras sont restées légèrement rugueuses ; elles étaient probablement dorées et indiquent les emplacements d'un collier, d'un pectoral et de bracelets. Sous Akhénaton, les inscriptions portant le nom du dieu Amon furent martelées, mais elles ne furent pas restaurées ultérieurement. C'est pourquoi l'on est en droit de se demander si cette statue assurait encore sa fonction après l'époque amarnienne.

59. Le couronnement d'Aménophis III
Temple de Louqsor, paroi sud de la salle des apparitions ; XVIIIe dynastie, vers 1370 av. J.-C.

La salle des apparitions se trouvait juste derrière la grande salle hypostyle. C'est ici que se renouvelaient chaque année la divinisation du souverain vivant et la force de son *ka*. Le rituel du couronnement joue un rôle central dans la décoration de la salle. Cette scène représente Aménophis III devant son père Amon. Ce dernier a posé sa main sur la couronne du souverain, ornée des différents insignes royaux et divins, ainsi que des cornes de bélier d'Amon. Le roi tient dans sa main droite le sceptre-*héqa* et dans sa main gauche un signe de vie qui souligne ses vertus divines.

abritent les statues cultuelles de la triade thébaine. À l'est du sanctuaire de la barque se situent deux salles dans lesquelles est représenté le Mythe de la naissance royale. Ce mythe fait référence à l'origine divine du roi et relate l'épisode de son élection par son père Amon-Rê.

Il est impossible de reconstituer intégralement la statuaire du temple. Cependant, grâce à la découverte sensationnelle faite en 1989 dans la cour d'Aménophis III, nous pouvons nous faire une idée de la variété de ces sculptures. Vingt-six statues – datant du Nouvel Empire et de la Basse Époque – ont en effet été découvertes dans une fosse profonde, où elles avaient été enterrées. L'une des plus spectaculaires représente Aménophis III sur un traîneau. La sculpture d'Horemheb agenouillé devant le dieu créateur Atoum, parfaitement conservée, atteste elle aussi de l'importance de cette découverte (voir p. 434, ill. 24). La céramique trouvée dans la fosse laisse supposer que ces statues ont été enterrées au moment de la transformation des salles situées au fond du temple, que les Romains utilisèrent pour le culte impérial, vers 300 après J.-C.

NOUVEL EMPIRE

60. Toutânkhamon accomplissant le rituel de l'offrande
Temple de Louqsor, détail de la paroi nord de la grande colonnade ; XVIIIe dynastie, vers 1325 av. J.-C. ; grès ; hauteur du visage : 35 cm env.

Après que Toutânkhaton eut changé son nom en Toutânkhamon et quitté Tell el-Amarna, on assista à un retour très net aux anciennes valeurs et aux normes de l'époque pré-amarnienne. Dans le domaine de l'art, on renoua avec les tendances idéalisatrices en vigueur sous Aménophis III, sans pour autant renier complètement l'héritage amarnien, comme en témoignent entre autres les modelés des corps. Ce bas-relief illustre le roi coiffé de la couronne bleue (en égyptien : *khépresh*) et effectuant des fumigations et des libations devant le dieu – que l'on ne voit pas sur la représentation. Comme c'est le cas bien souvent pour les monuments de Toutânkhamon, le dernier souverain de la XVIIIe dynastie, Haremhab, a remplacé les cartouches du nom du pharaon enfant par les siens.

La Belle Fête d'Opet

Après l'iconoclastie de l'époque amarnienne, les souverains de la fin de la XVIIIe dynastie et du début de la XIXe restaurèrent le temple et entreprirent la décoration de la grande colonnade. Les scènes illustrant la Belle Fête d'Opet sur les murs intérieurs furent commencées par Toutânkhamon et achevées par Séthi Ier. Sous les Thoutmosides, les festivités duraient onze jours. La procession d'Amon-Rê se rendait de Karnak à Louqsor par voie terrestre, et empruntait le Nil pour le retour. La durée de la fête changea après l'épisode amarnien. Elle fut rallongée de plusieurs jours, tant et si bien qu'à la fin du règne de Ramsès III, elle en durait vingt-sept.

En outre, les trajets aller et retour s'effectuaient à présent par voie fluviale et Amon-Rê était accompagné de Mout et de Khonsou. À Louqsor, les représentations témoignent des différentes étapes du rituel. Au début, le roi présente, à Karnak, des offrandes à Amon-Rê et à Mout, et confirme au dieu le renouvellement de ses installations cultuelles (sur le mur nord). Puis, il s'adonne à des fumigations et des libations devant les barques portatives d'Amon, Mout et Khonsou, qui reposent encore sur leurs socles à Karnak (sur le mur ouest). Les barques des divinités sont ensuite portées avec celle du roi jusqu'au quai, et placées sur de grandes barques fluviales qui remontaient le Nil jusqu'à Louqsor à l'aide de remorqueurs à voile et d'équipes de haleurs. Sur la rive, des soldats et des chars de guerre escortent la barque du roi, tandis que la barque d'Amon-Rê, qui suit celle du souverain, est accompagnée dans l'allégresse par des prêtres, des musiciens et des chanteuses. À l'arrivée à Louqsor, on porte les barques de la triade thébaine à leur naos en passant devant des tables d'offrande, des musiciens et des danseuses. Accompagné des prêtres, le roi se rend au temple pour présenter des offrandes à Amon-Rê et à Mout (sur le mur sud). Le retour à Karnak (sur le mur est) se déroule de la même manière. À Karnak, le roi entre une nouvelle fois dans le temple, afin d'être fortifié par Amon-Rê régénéré auquel il remet des bouquets montés. Lors de cette rencontre, le dieu est accompagné par la déesse primordiale Amaunet, sa parèdre.

Les constructions sous le règne de Ramsès II
Hourig Sourouzian

La XIXe dynastie exploite savamment l'institution du temple de Louqsor que les derniers rois de la XVIIIe dynastie avaient remis en fonction, en renouant avec la Belle Fête d'Opet. Séthi Ier pourvoit au fonctionnement du temple et en restaure certaines parties où il fait sculpter des scènes rituelles.

En l'an I de Ramsès II, lorsque le jeune souverain dirigeait en personne la procession de la Fête d'Opet, il y décida, entre autres projets de constructions, d'ajouter en avant de la grande colonnade d'Aménophis III, une cour précédée d'un pylône. Commencé la même année, le pylône fut achevé deux ans plus tard. On le fit précéder de six statues

61. Le transport des barques lors de la Fête d'Opet
Temple de Louqsor, détail de la paroi ouest de la grande colonnade ; XVIIIe dynastie, vers 1325 av. J.-C. ; grès ; hauteur du registre : 120 cm env.
Cette scène représente le transport des barques de Mout et de Khonsou du temple de Karnak au débarcadère, d'où elles sont ensuite remorquées jusqu'à Louqsor. L'équipe de halage est accompagnée de flabellifères et de prêtres effectuant des fumigations et des libations, ainsi que de quatre prêtres-lecteurs chargés de prier et de superviser la procession dont le costume diffère de celui des autres prêtres : ils portent en effet une peau de félin jetée sur l'épaule.

colossales et d'une paire d'obélisques. Aujourd'hui, on ne voit plus en place qu'un obélisque et trois colosses ; les autres, débités en morceaux, gisent sur le sol, tandis que le deuxième obélisque, offert à la France par Mohammed Ali domine depuis 1836 la place de la Concorde, à Paris.

Après l'an V, on sculpta sur la façade du pylône les épisodes de la bataille de Qadesh. Quelques années plus tard, les statues colossales étaient entièrement mises en place et la décoration des murs intérieurs de la cour était achevée. On y assiste principalement à la procession de la Belle Fête d'Opet, menée par les enfants royaux, qui se dirige vers le pylône du temple, dont la façade est représentée à deux reprises dans ces scènes. Dans le portique à double rangée de colonnes papyriformes qui entoure la cour, on éleva plus tard des statues du roi debout, dont certaines sont des remplois du règne d'Aménophis III, d'autres des effigies de Ramsès II imitant celles du prédécesseur.

L'axe transversal de la cour de Louqsor reliait le temple avec la rive occidentale, où les temples funéraires des rois avaient été élevés depuis le Moyen Empire.

65. (À droite) Colosse de Ramsès II assis
Temple de Louqsor, Ire cour à l'entrée de la colonnade (colosse ouest) ; XIXe dynastie, vers 1260 av. J.-C. ; granit noir ; haut. : 7 m env.
La statue du roi assis sur son trône avait pour nom Rê-en-héqaou « Soleil des souverains étrangers ». Ce nom est probablement représentatif de l'aspect particulier du roi, bienfaiteur des peuples étrangers. L'effigie de la reine Néfertari, l'épouse du roi, est sculptée en haut relief sur le devant du trône, à côté de la jambe droite du souverain.

64. La façade du pylône
Temple de Louqsor ; XIXe dynastie, vers 1260 av. J.-C. ; grès ; larg. : 65 m.
Six statue colossales et deux obélisques de Ramsès II se dressaient initialement devant le pylône. Il ne reste aujourd'hui que les deux statues assises qui flanquent l'entrée et une statue debout. En 1829, le vice roi égyptien Mohamed Ali offrit au roi Louis Philippe l'obélisque situé à l'ouest. Il domine depuis 1836 la place de la Concorde à Paris.

62. Le pylône et l'allée de sphinx
Temple de Louqsor ; XIXe dynastie et plus tard, vers 1260 av. J.-C.
Une allée composée de chaque côté de 365 sphinx à tête humaine menait sur 2,5 km de l'enceinte d'Amon-Rê au temple de Louqsor. Ces sphinx (que les inscriptions datent de la XXXe dynastie), se distinguent des sphinx criocéphales, placés devant le Ier pylône de Karnak, et dont les têtes zoomorphes renvoient au dieu Amon.

63. Le pylône
Temple de Louqsor, Ire cour, bas-relief sur la moitié ouest de la paroi sud ; XIXe dynastie, vers 1260 av. J.-C.
Ce bas-relief représente le pylône du temple avec les deux obélisques, les hauts mâts à oriflammes et les statues de Ramsès II. À l'instar des canons iconographiques de l'Ancienne Égypte, les statues sont reproduites de profil et non de face. On trouve une deuxième représentation du pylône dans la même cour, sur le revers du pylône.

NOUVEL EMPIRE

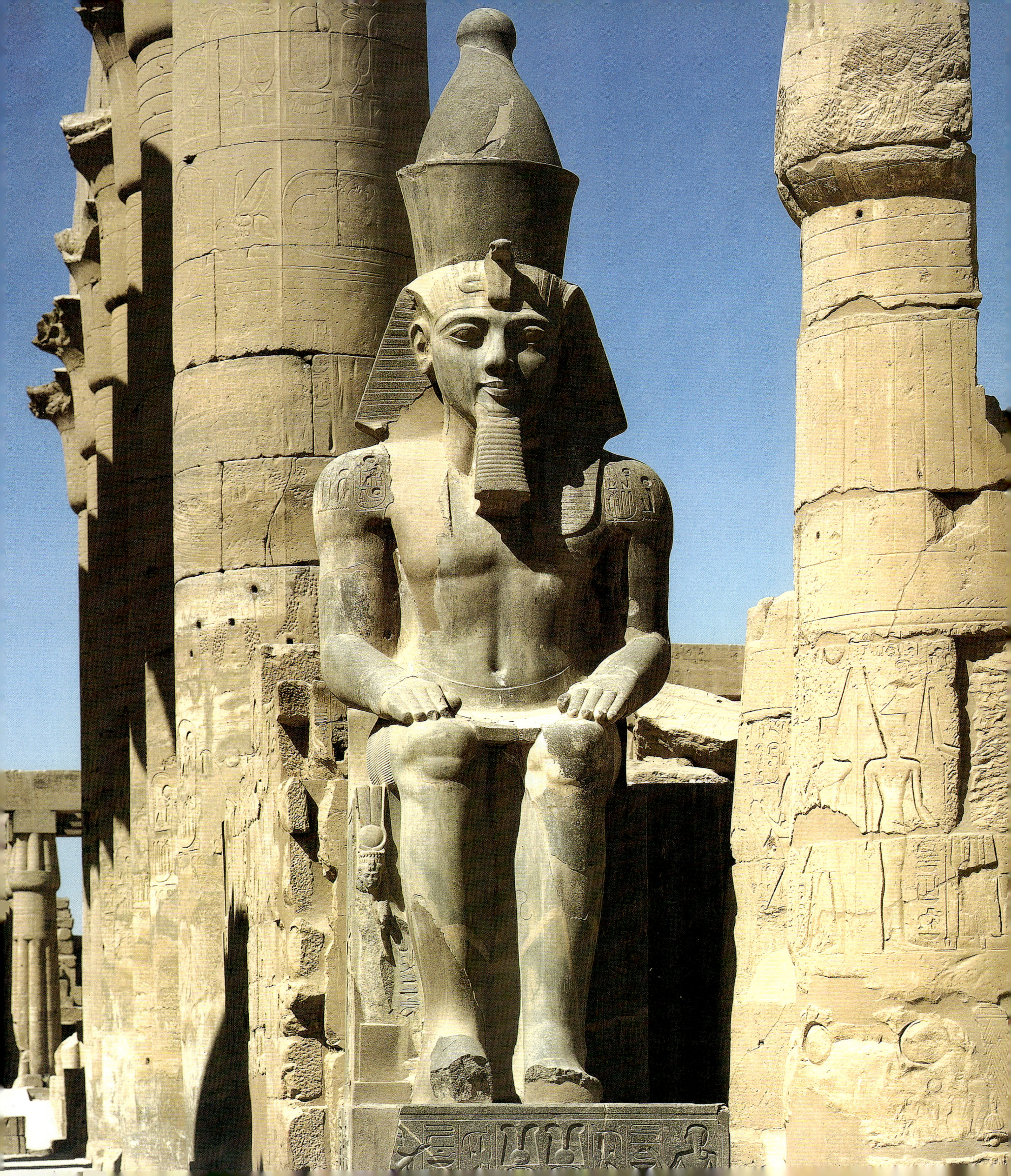

66. La cour de Ramsès II
Temple de Louqsor ; XIXe dynastie, vers 1260 av. J.-C. ; grès ; long. : 57 m, larg. : 51 m.
Ramsès II, en aménageant cette impressionnante cour qu'il ferma d'un pylône, porta la longueur totale du temple de Louqsor à 254 m. Sur trois côtés, la cour était entourée de colonnes entre lesquelles se dressaient des statues colossales debout. Ramsès II ne fit pas seulement édifier ses propres statues ; il dressa aussi des statues plus anciennes, datant du règne d'Aménophis III, qu'il usurpa. Celles-ci avaient perdu leur fonction lorsque, sous Akhénaton, leur nom fut martelé.

67. Vue sur la deuxième cour du temple funéraire de Ramsès III à Médinet Habou
Lithographie en couleurs ; David Roberts, *Egypt and Nubia* 1846-1849.
Au siècle dernier, les colonnes d'une église bâtie ici au Ve-VIe siècle gisaient en partie sur le sol. La construction d'un tel édifice était chose tout à fait courante : on utilisait les éléments architecturaux existants pour mieux combattre l'esprit diabolique des anciens dieux locaux.

68. Vue sur les colosses de Memnon pendant la saison de l'inondation
Lithographie en couleurs ; David Roberts, *Egypt and Nubia* 1846-1849.
Jusqu'à la construction du barrage d'Assouan, la crue du Nil inondait chaque année les terres fertiles. Les flots atteignaient souvent la bordure du désert et recouvraient entièrement le temple funéraire d'Aménophis III dont on ne voit plus que les deux colosses.

Les temples de la rive occidentale de Thèbes : culte funéraire et adoration des dieux

Les constructions de la XVIIIe dynastie
Regine Schulz

Au début du Nouvel Empire, Thèbes connut un formidable essor. En effet, les souverains qui chassèrent les Hyksôs d'Égypte et réunifièrent le pays étaient d'origine thébaine. Amon-Rê, le dieu de Thèbes, devint le dieu de l'Empire, et sa relation étroite avec la cour royale se reflétait également dans les lieux de culte. Les temples funéraires royaux furent conçus différemment. Désormais, ils ne furent plus édifiés à côté de la tombe, mais à la lisière du désert. Ces monuments n'étaient pas seulement des édifices funéraires, mais aussi des lieux où l'on vénérait Amon-Rê et le roi régnant, indissociable du dieu. À l'inverse, les temples divins devinrent aussi ceux du culte royal.

La Belle Fête de la Vallée jouait un rôle primordial dans le culte thébain. Amon-Rê, incarné par sa statue processionnelle, se rendait de Karnak sur la rive occidentale en traversant le Nil pour visiter les lieux saints et assurer la survie des défunts. Initialement, l'objectif de la procession était probablement le sanctuaire de la déesse Hathor, – la protectrice de la Thèbes occidentale –, situé dans le cirque de Deir el-Bahari. Plus tard, l'itinéraire de la procession se modifia et les temples funéraires des rois défunts servirent de chapelles-reposoirs. Le temple du souverain régnant devint le but ultime de la fête et le lieu où se manifestait la relation du dieu et du pharaon ici-bas. Au plus tard à l'époque qui suivie l'épisode amarnien, la procession de la Fête de la Vallée se développe. Les barques de Mout, Khonsou et Amaunet ainsi que les statues des souverains défunts et de hauts dignitaires accompagnaient alors le cortège.

Au début de la XVIIIe dynastie, les édifices du culte royal de la rive occidentale étaient encore tous situés dans le cirque de Deir el-Bahari. Aménophis Ier fit construire à son intention et à celle de son épouse Ahmès-Néfertari un temple situé sur la voie processionnelle à la limite du désert, et bâtit un lieu de culte dédié à Amon-Rê dans le cirque. Hatshepsout édifia son temple funéraire sur le même site. Les souverains de la fin de la XVIIIe dynastie choisirent, quant à eux, d'ériger leurs temples funéraires au bord du désert, et les placèrent les uns à côtés des autres, entre la voie de procession menant à Deir el-Bahari et le sanctuaire du dieu primordial Amon-Rê-Kamoutef à Médinet Habou. De plus, Thoutmosis III fit bâtir une chapelle dédiée à Amon-Rê et à Hathor dans le cirque de Deir el-Bahari.

La plupart des temples funéraires de la XVIIIe dynastie sont aujourd'hui en très mauvais état, de sorte qu'il est fort difficile de déterminer avec précision l'agencement des salles et la décoration. On a cependant pu reconstituer le temple d'Hatshepsout à Deir el-Bahari ainsi que les constructions ramessides mieux conservées. Après leurs études, il semblerait que l'agencement des temples de la XVIIIe dynastie, aujourd'hui détruits, ait été similaire. Chaque temple se composait de cours destinées aux fêtes et dans lesquelles la garantie du culte royal et de la puissance divine étaient représentées dans la pierre, et par là même magiquement assurées. Au centre du temple, se trouvaient une ou plusieurs salles d'offrandes, le reposoir de barque et le saint des saints, où l'on adorait Amon-Rê et le souverain. C'est au sud que se dressait le temple funéraire proprement dit, abritant une stèle fausse-porte, des salles d'offrandes, une chapelle destinée au culte des ancêtres et un palais rituel. Au nord était aménagée une cour solaire comportant un autel en son centre. Les chapelles dédiées aux divinités tutélaires et aux dieux de l'au-delà comme Hathor, Anubis, Osiris ou Sokar se dressaient à l'intérieur du temple. Cependant, leur emplacement varia considérablement, et ces chapelles pouvaient également se trouver à l'extérieur du monument.

Parallèlement aux lieux de culte royal, le petit temple de Médinet Habou jouait un rôle important. Cet endroit était considéré comme la butte primordiale, le premier lieu de manifestation de la création. C'est ici que l'on vénérait Amon-Rê-Kamoutef dont la forme permettait au dieu de se régénérer perpétuellement. L'édifice le plus ancien date de la XIe dynastie et devait répondre à la volonté des Thébains d'élever leur dieu local Amon au rang de démiurge. Hatshepsout et Thoutmosis III transformèrent entièrement la construction initiale. Le nouveau monument mesurait 13 mètres sur 29 et se composait du reposoir de barque d'Amon-Rê entouré d'un déambulatoire soutenu par des piliers et de six chambres cultuelles situées au fond du complexe. Lors de la Fête des

Décades, organisée tous les dix jours, Amon-Rê de Karnak se rendait à Médinet Habou en passant par Louqsor, afin d'assurer la pérennité de l'univers.

Le temple d'Hatshepsout à Deir el-Bahari

Les anciens Égyptiens appelaient le cirque de Deir el-Bahari : *Djéseret*, « la place sacrée ». Ils y situaient le seuil de l'au-delà et vénéraient Hathor, la protectrice de la Thèbes occidentale. C'est également ici que Mentouhotep II, unificateur du pays et divinisé par la suite, bâtit son temple grandiose. Ce lieu était déjà d'une importance capitale pour les premiers souverains de la dynastie des Thoutmosides, et Hatshepsout choisit d'y construire son temple funéraire. *Djéser-Djéserou*, « le Saint des Saints » : tel était le nom de ce monument, but ultime de la Belle Fête de la Vallée. Ce complexe comprenait un temple de la vallée, une chapelle-reposoir et une chaussée montante. Souvent modifié, cet énorme projet architectural fut pourtant mené à bien en quinze ans seulement (de l'an 7 à l'an 22 de son règne), ce qui ne laisse pas de surprendre. Certains grands prêtres et hauts fonctionnaires étaient chargés de la conception du temple et de sa réalisation. L'un d'eux, Senenmout, favori de la reine, joua un rôle si prépondérant qu'il fut autorisé à se faire représenter en de multiples endroits « secrets » du temple. Il tomba cependant en disgrâce avant la mort d'Hatshepsout ; son nom fut martelé et la plupart de ses représentations détruites.

69. Le cirque de Deir el-Bahari dans la Thèbes occidentale
Les temples funéraires d'Hatshepsout (à droite) et celui de Mentouhotep II (XIᵉ dynastie) se dressent devant les montagnes de calcaire. Les vestiges des édifices cultuels de Thoutmosis III se situent entre ces deux temples et les surplombent légèrement. On reconnaît ici très nettement les chemins situés sur les hauteurs, que l'on utilisait déjà sous le Nouvel Empire. La route moderne suit elle aussi l'ancienne voie processionnelle menant au monument d'Hatshepsout.

Orienté vers l'ouest, le temple s'échelonne en terrasses sur trois niveaux et chaque terrasse constitue une cour qui, au fond, est bordée de portiques. Des rampes axiales conduisent aux deux terrasses supérieures. L'imposante avant-cour agrémentée d'étangs et d'arbres débouchait sur deux portiques portés par une rangée de piliers, carrés d'un côté et arrondis de l'autre, et par une rangée de colonnes. Le répertoire iconographique des murs du fond illustre des thèmes destinés à garantir le culte réel et mythique du roi. Elle représente le transport et l'inauguration des obélisques de Karnak, la bénédiction du temple, l'érection des statues, les veaux que l'on mène au pré et des scènes de chasse dans les fourrés de papyrus. La terrasse intermédiaire forme elle aussi une cour bordée de portiques à piliers. Les représentations du portique nord font référence à l'origine divine d'Hatshepsout (théogamie) et relatent l'épisode de son élection par son père Amon-Rê. Depuis l'Ancien Empire, l'origine divine du pharaon a toujours été attestée dans les temples ; cependant, pour la première fois, elle est ici représentée en image. Par ce biais, Hatshepsout a probablement cherché à donner plus de légitimité à son pouvoir et à

NOUVEL EMPIRE

70. Le prince et la princesse du pays de Pount
Thèbes, Deir el-Bahari, temple funéraire d'Hatshepsout, salle du pays de Pount ; XVIIIe dynastie, vers 1470 av. J.-C. ; calcaire peint ; haut. : 36 cm ; Le Caire, Musée égyptien, JE 14276.
L'échange des marchandises est l'épisode central du voyage au pays de Pount. Pour les Égyptiens, les matières premières les plus essentielles étaient l'encens, la myrrhe, et l'or, mais l'ivoire, l'ébène et les peaux de félins jouaient aussi un rôle très important. Le fragment de relief représente le prince du pays de Pount accompagné de sa femme et de sa suite accueillant le chef d'expédition égyptien. L'artiste s'est attaché à produire une représentation aussi réaliste que possible de la princesse, qui souffrait apparemment d'obésité.

71. Thoutmosis Ier
Thèbes, Deir el-Bahari, temple funéraire d'Hatshepsout, terrasse supérieure ; XVIIIe dynastie, vers 1470 av. J.-C. ; calcaire peint ; haut. : 41 cm ; Hildesheim, Pelizaeus-Museum, 4538.
La scène à laquelle appartenait autrefois ce bas-relief illustrait le roi accomplissant le rituel de l'offrande devant le dieu Amon-Rê. Elle provient de l'une des niches situées dans la paroi occidentale de la grande cour des offrandes. Thoutmosis Ier, père d'Hatshepsout, porte une couronne composée des divers insignes divins et royaux ainsi que la longue barbe divine, légèrement recourbée, qui le présente en roi-Osiris défunt.

72. Le transport des arbres à myrrhe
Thèbes, Deir el-Bahari, temple funéraire d'Hatshepsout, salle du pays de Pount ; XVIIIe dynastie, vers 1470 av. J.-C. ; calcaire peint ; hauteur du détail : 40 cm env.
Les Égyptiens importèrent du pays de Pount non seulement de la résine de myrrhe, mais aussi des arbres entiers. Ils furent déterrés, empaquetés dans des paniers et chargés sur des bateaux. Les inscriptions accompagnant les représentations indiquent que 31 de ces arbres arrivèrent en tout et pour tout à Thèbes.

NOUVEL EMPIRE

73. Piliers de la chapelle d'Hathor
Thèbes, Deir el-Bahari, temple funéraire d'Hatshepsout ; XVIIIe dynastie, vers 1465 av. J.-C. ; calcaire peint.
Le petit sanctuaire dédié à la déesse Hathor – protectrice de la Thèbes occidentale – est situé au sud de la salle du pays de Pount. Le pronaos et le vestibule contiennent des colonnes et des piliers hathoriques, dont les chapiteaux sont ornés de l'emblème d'Hathor. Ils sont la transposition pétrifiée du sistre ; un instrument de musique qui servait à interpeller et à apaiser les dieux, et qui était étroitement lié au culte d'Hathor.

74. Tête d'une statue cultuelle de la déesse Hathor
Thèbes, Deir el-Bahari, temple funéraire d'Hatshepsout, probablement de la chapelle d'Hathor ; XVIIIe dynastie, vers 1465 av. J.-C. ; calcite-albâtre ; haut. : 35,5 cm ; Londres, British Museum, EA 42179.
Cette tête finement modelée appartenait autrefois à la statue de culte d'Hathor, apparaissant sous forme de vache. Les yeux étaient en cristal de roche et en lapis-lazuli, les cornes enserrant le disque solaire et les oreilles en bronze doré à l'or fin. Bien que l'on ait retrouvé cette statue lors des fouilles entreprises dans le temple funéraire de Mentouhotep II, l'analyse stylistique de cette tête permet de dater cette sculpture de l'époque d'Hatshepsout ou de Thoutmosis III.

justifier ses prétentions au trône ainsi que sa corégence avec Thoutmosis III. La grande expédition que la reine mena au pays de Pount constitue le thème du portique situé au sud. Elle représente les grands navires de mer utilisés pour le voyage, les constructions rondes sur pilotis des indigènes, le prince de Pount accompagné de son épouse obèse et de sa suite, la faune et la flore de la région, ainsi que les marchandises que les Égyptiens rapportèrent pour les donner en offrande au dieu Amon-Rê.

De part et d'autre de la terrasse intermédiaire, la reine fit construire deux ensembles de pièces distincts. La chapelle d'Anubis, dieu à tête de chacal, se situe au nord. Elle est composée d'une salle hypostyle soutenue par douze piliers à seize arêtes et d'un couloir qui bifurque vers le lieu de culte. Les scènes d'offrandes représentées sur les murs assurent le culte d'Anubis et la réanimation d'Hatshepsout dans l'au-delà.

Dans une phase de construction plus récente, elle fit construire une chapelle dédiée à Hathor à laquelle on accédait par une rampe spécifique ; elle comprenait également une salle hypostyle soutenue par vingt-quatre piliers hathoriques décorés sur leurs deux faces du visage d'Hathor et précédée d'un portique d'entrée de huit piliers. La décoration des murs indique qu'il ne s'agit pas seulement d'un sanctuaire dédié à Hathor, mais aussi d'un lieu de légitimation de la reine divinisée.

Une deuxième rampe mène à la terrasse supérieure où se trouve la grande cour des offrandes. Le portique est soutenu par une rangée de colonnes, au fond, et par une rangée de piliers osiriaques. Le passage axial donnait accès à la cour des offrandes, une cour à ciel ouvert, bordée à l'origine de deux rangées de piliers à seize arêtes. Une troisième rangée fut ajoutée uniquement devant le mur occidental. La paroi ouest de la cour est creusée de niches abritant des statues ; le mur est témoigne encore du répertoire iconographique. Le sanctuaire de la barque, entièrement voûté, et la chapelle dédiée à Amon-Rê et à Hatshepsout – à laquelle on accédait par quelques marches – se trouvaient tous deux dans le prolongement de l'axe du temple, à l'intérieur du massif rocheux. Au sud de la terrasse, Hatshepsout fit construire des appartements voûtés, réservés à son propre culte et à celui de ses ancêtres. Une cour à ciel ouvert dédiée au dieu solaire Rê-Horakhty et des chapelles latérales destinées à la famille royale et à Anubis se trouvaient au nord.

Une vingtaine d'années après la mort d'Hatshepsout, Thoutmosis III entreprit de marteler le souvenir de sa corégente. Les statues de la reine furent détruites, ses effigies et ses cartouches martelés. Dans un premier temps, Thoutmosis III voulut que ce temple restât comme par le passé, un lieu d'adoration d'Amon-Rê et d'Hathor. Il fit donc détruire les statues d'Hatshepsout et remplacer le nom de la reine par le sien ou celui de Thoutmosis II. Mais finalement, ces mesures de transformation furent

75. Statue d'Hatshepsout assise
Thèbes, Deir el-Bahari, temple funéraire d'Hatshepsout ; XVIIIᵉ dynastie, vers 1470 av. J.-C. ; calcaire cristallin ; haut. 195 cm ; New York, Metropolitan Museum of Art, 29.3.2.
Cette statue de la reine – probablement la plus belle – la montre arborant les ornements d'un pharaon régnant. Elle combine d'une façon idéale le statut officiel de la reine et des formes féminines, reproduites avec subtilité. La sculpture devait probablement se trouver à l'origine dans la salle des offrandes de la souveraine, située sur la terrasse supérieure.

76. Plan de la terrasse supérieure du temple funéraire d'Hatshepsout
Thèbes, Deir el-Bahari ; XVIIIᵉ dynastie, vers 1470 av. J.-C.
1. Piliers osiriaques
2. Cour des fêtes
3. Sanctuaire de la barque
4. Chapelle cultuelle
5. Complexe funéraire de Thoutmosis Iᵉʳ
6. Complexe funéraire d'Hatshepsout
7. Sanctuaire solaire
8. Palais rituel

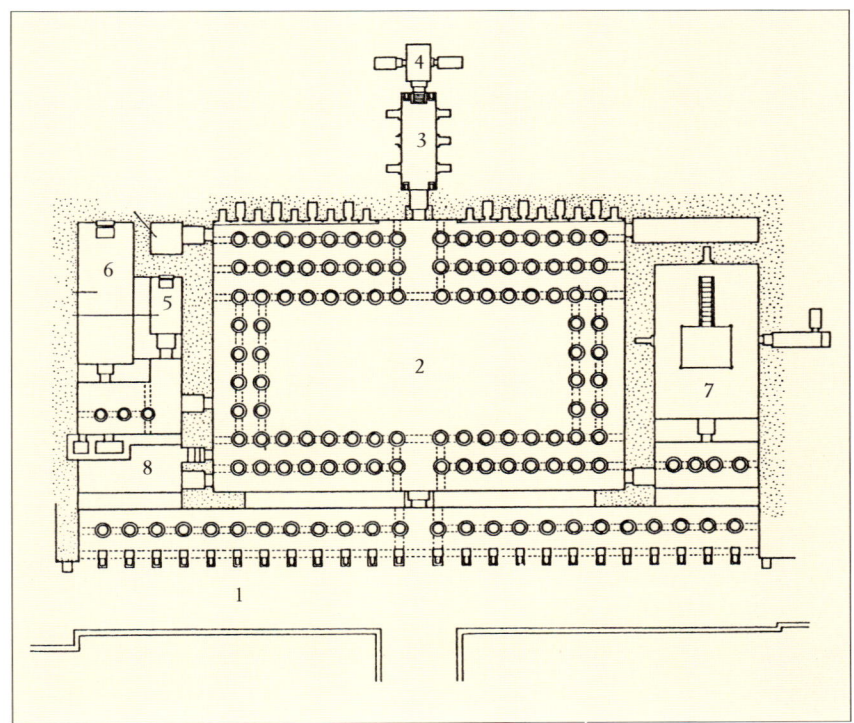

abandonnées. Dans les dernières années de son règne, Thoutmosis III bâtit un édifice surélevé entre les constructions de Mentouhotep II et d'Hatshepsout.

L'architecture et l'iconographie du temple d'Hatshepsout reflètent divers aspects. L'assurance du culte réel et mythique, l'assistance divine, l'élection et la légitimation, l'aspiration à la régénération dans l'au-delà et la garantie de la création : tout cela était intégré dans un système qui plaçait au premier plan la relation directe et familière de la dynastie des Thoutmosides – et particulièrement celle d'Hatshepsout – à Amon-Rê.

Les fouilles et la reconstitution entreprises dans le temple à la fin du siècle dernier ont permis de retrouver quelques fragments de statues d'Hatshepsout. Mais il a fallu attendre les fouilles réalisées par le Metropolitan Museum dans les années vingt pour dégager un plus grand nombre de statues. Elles provenaient d'une carrière située à proximité de la chaussée montante conduisant au sanctuaire. Grâce à elles, on a pu reconstituer le programme statuaire du temple.

Une allée d'environ cent vingt sphinx en grès bordait la chaussée montante et débouchait sur l'avant-cour du temple. Devant les angles nord et sud du portique se dressait un pilier osiriaque colossal, haut de 7,25 mètres. Des sphinx en calcaire et en granit rose trônaient sur la terrasse intermédiaire. Vingt-six piliers osiriaques se trouvaient devant le portique de la terrasse supérieure, d'autres occupaient les niches de la paroi postérieure de la cour des offrandes et du sanctuaire de la barque. À l'intérieur de la cour, quatre statues agenouillées tenaient des cruches de vin dans leurs mains. Entre les piliers, des statues de plus petites

NOUVEL EMPIRE

dimensions étaient, elles aussi, dans l'attitude de l'offrande. Les salles du culte funéraire et les sanctuaires annexes abritaient probablement des statues d'Hatshepsout assise. Les différentes attitudes des statues d'Hatshepsout correspondent aux différents aspects du rituel pratiqué dans le sanctuaire. Leur but n'est pas uniquement décoratif ; elles sont en effet les vecteurs irremplaçables des messages fonctionnels. L'attitude et l'iconographie des statues exprimaient ces différentes fonctions. Certaines statues recevaient concrètement les offrandes destinées au roi, d'autres étaient les témoins pétrifiés de la relation rituelle avec les dieux. Conformément à la doctrine royale, la reine était représentée en pharaon. Seules deux statues assises la montrent vêtue d'un costume de femme, laissant ainsi transparaître une morphologie féminine.

Le temple funéraire d'Aménophis III : une forteresse pour l'éternité

Aménophis III bâtit le plus gigantesque temple funéraire de tout le Nouvel Empire. On ignore cependant si les travaux furent réellement achevés dans leur intégralité. Contrairement aux autres temples, il n'était pas situé au bord du désert, mais plus à l'est, dans une région où se trouvent aujourd'hui des terres fertiles. Les murs d'enceinte du complexe mesuraient 8,50 mètres d'épaisseur et encerclaient une superficie de 700 mètres sur 550. À l'intérieur du temenos se trouvaient le temple, des jardins et des étangs, ainsi qu'un sanctuaire séparé dédié au dieu memphite de l'au-delà, Sokar.

Hauts de vingt mètres, deux colosses en grès silicifié à l'effigie du roi se tiennent aujourd'hui encore à l'entrée du temple funéraire. Le colosse situé au sud avait pour nom « le souverain des souverains », titre renvoyant à la puissance divine illimitée qui habite le roi. En l'an 27 avant J.-C., un tremblement de terre fissura profondément le colosse nord. Dès lors, chauffé par le soleil du matin, le colosse émettait une sorte de grincement, que l'on interpréta comme une plainte. En guise d'explication, on avança la légende du héros Memnon, roi d'Éthiopie. Elle raconte que ce

77. Les colosses de Memnon
Thèbes, temple funéraire d'Aménophis III ; XVIIIe dynastie, vers 1360 av. J.-C. ; grès silicifié ; hauteur d'origine : 21 m.
Les célèbres statues d'Aménophis III assis se dressaient devant le temple, aujourd'hui disparu. Véritables emblèmes de la nécropole thébaine, elles accueillent depuis des siècles les visiteurs qui viennent les admirer, comme en témoignent les nombreux graffiti datant de l'Antiquité inscrits sur leurs jambes. Autrefois manifestations divines d'Aménophis III, ces deux statues menacent aujourd'hui de s'effondrer, victimes du sous-sol instable de Kôm el-Heitan (nom actuel du site).

78. (À droite) Reconstitution de l'emplacement d'un colosse dans la cour solaire du temple funéraire d'Aménophis III
Les travaux menés par le Schweizer Institut für Bauforschung ont permis de reconstituer le plan de la grande cour du temple funéraire (90 m sur 90). La cour était bordée sur trois côtés d'un portique à trois rangées de colonnes papyriformes atteignant une hauteur de 14,20 m. Seul le côté oriental possédait une quatrième rangée. Trente six colosses représentant le roi debout se dressaient entre les espaces situés entre les colonnes, soit dix-huit pour chaque moitié de la cour.
Cette cour présentait deux aspects conceptuels. Le premier message était véhiculé par les colonnes papyriformes symboles de la régénération et de la protection, les statues du roi exprimant quant à elles la puissance universelle et la garantie du culte d'Amon-Rê.
Le second concept apparaît dans le nombre des statues. Le nombre 36 = 4 x 9 exprime l'idée de la totalité de l'espace (4 = points cardinaux) et celle de la multiplicité absolue de toutes les créatures (9 = 3 x 3 ; le nombre 3 désigne en égyptien le pluriel des choses et des entités, le nombre 9 exprime le pluriel des pluriels et donc la globalité des formes et des variantes). Ce nombre est donc lié à la garantie de création cultuelle du roi.

188 NOUVEL EMPIRE

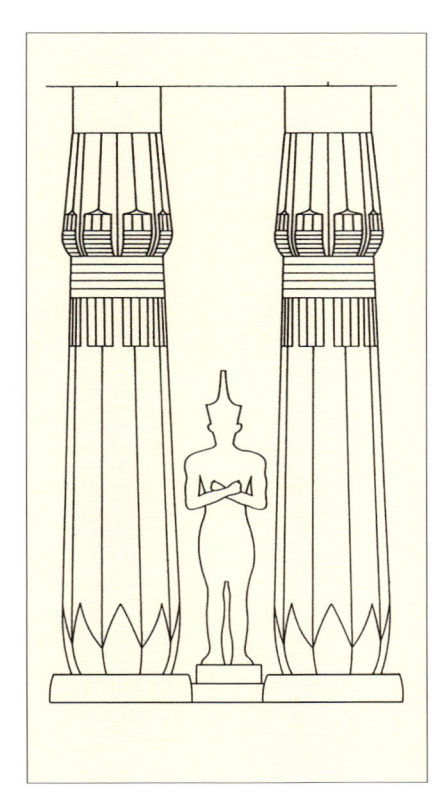

79. Tête colossale d'Aménophis III
Thèbes, temple funéraire d'Aménophis III ; XVIIIᵉ dynastie, vers 1360 av. J.-C. ; grès silicifié ; haut. : 131 cm, larg. : 102 cm ; Londres, British Museum, EA 7.
Cette tête appartient à un des colosses du roi, haut d'environ 9 m, qui se trouvaient entre les colonnes de la grande cour solaire. Les matériaux utilisés et le type de couronne que porte cette statue reflètent un principe dualiste omnipotent, basé sur la division du pays en deux parties. Le grès silicifié – extrait des carrières de Gébel el-Ahmar près d'Héliopolis – et la couronne rouge sont représentatifs de la Basse-Égypte. Le granit rose – provenant des carrières d'Assouan – et la couronne blanche représentent pour leur part la Haute-Égypte. C'est pourquoi les statues étaient réparties sur les moitiés nord et sud de la cour. Malgré la taille monumentale de la statue, les traits du visage sont harmonieux et reflètent les caractéristiques propres à toutes les représentations d'Aménophis III : les yeux sont en amande bordés par la bande de la paupière supérieure, le nez épaté et petit, la bouche charnue et ourlée d'un listel prononcé. L'extrême abstraction de ce langage des formes exprime de manière impressionnante l'aspect divin d'Aménophis III.

NOUVEL EMPIRE

souverain aurait été tué par Achille au cours de la guerre de Troie et ressuscité par sa mère Eôs, ce qui lui aurait assuré l'immortalité. Deux éléments ont sans doute joué un rôle dans cette assimilation : l'heure matinale à laquelle le colosse émettait sa « plainte », Eôs étant considérée comme la déesse de l'aurore, ainsi qu'une certaine similitude entre la forme vocalisée du nom de trône d'Aménophis III – Nimmouria – et celui de Memnon. Après la restauration de la statue en l'an 199 après J.-C. sous le règne de l'empereur Septime Sévère, le phénomène disparut. Mais dans les esprits, le colosse demeura comme par le passé la personnification du roi Memnon. Du reste, les deux colosses portent aujourd'hui son nom.

Le temple d'Aménophis III – aujourd'hui presque entièrement détruit – comportait trois avant-cours précédées de pylônes en brique qui s'ouvraient sur une grande cour de 86 mètres sur 85. À l'ouest, cette cour était bordée de quatre rangées de colonnes papyriformes, tandis que les autres côtés n'en comptaient que trois. Ces colonnes atteignaient à l'époque la hauteur vertigineuse de 14,20 mètres. De l'édifice principal, seule la salle hypostyle, située à l'entrée du temple, est actuellement attestée. Il est aujourd'hui impossible de reconstituer les différentes salles qui se trouvaient derrière.

La diversité et la qualité des statues qui ornaient cet ensemble architectural devaient être absolument impressionnantes. Deux colosses assis, à l'effigie du roi, se tenaient devant chacun des trois premiers pylônes, et des piliers osiriaques ainsi que des sphinx se dressaient dans les cours.

Le temple comportait également plusieurs ensembles de statues de tailles différentes, ainsi qu'un nombre important de statues divines. On a également retrouvé une quantité impressionnante de statues à tête de lionne de la déesse Sekhmet. Mais plus étonnant, les fouilles ont permis de dégager des sphinx à têtes de crocodile et de chacal, ainsi que la statue grandeur nature d'un hippopotame et des colosses à tête de chacal.

Devant les parois nord et sud de la grande cour, entre les colonnes, se dressaient des statues du roi de huit mètres de haut, en grès silicifié au nord, et en granit rose au sud. La cour comportait en outre deux stèles immenses (la stèle nord mesurait 9,7 mètres de hauteur, la stèle sud, 8,6) sur lesquelles le roi s'adressait à Amon-Rê, ainsi qu'à Ptah, Sokar et Osiris. L'un des passages du texte relate la conception du sanctuaire. En voici quelques lignes : « Il lui (Amon) fit construire un temple sur la rive occidentale de Thèbes, une forteresse d'éternité... de grès, entièrement revêtu d'or ; son pavement est en argent, toutes ses portes sont en électrum... (Il était) richement orné de statues du maître (le roi) en granit, en grès et toutes sortes de pierres précieuses, magnifiquement travaillées, pour l'éternité. »

Vers la fin de l'époque ramesside, ce temple magnifique de la Thèbes occidentale fut abandonné. Certaines parties de cet immense complexe étaient déjà probablement détruites sous la XIXe dynastie, comme en témoignent les blocs de remploi retrouvés dans les fondations du temple funéraire de Mérenptah, situé à proximité de celui d'Aménophis III.

80. (À gauche) Stèle d'Aménophis III (détail)
Thèbes, temple funéraire d'Aménophis III ; XVIIIe dynastie, vers 1360 av. J.-C. ; calcaire peint ; haut. : 206 cm, larg. : 110 cm ; Le Caire, Musée égyptien, JE 31409 (CG 34026). Cette grande stèle se trouvait initialement dans une cour du temple funéraire d'Aménophis III. Elle illustre le triomphe du roi sur les ennemis du pays. Sur la partie inférieure droite de l'image, le roi écrase de son char ses adversaires nubiens. Aménophis III porte la couronne bleue et est armé d'un arc, d'un carquois et de flèches. Ces représentations incarnent la prétention à la victoire dogmatique du pharaon régnant et ne se réfèrent pas à des combats réels.

81. Deux plaquettes de faïence au nom de Séthi Ier
Thèbes, Gourna, temple funéraire de Séthi Ier ; XIXe dynastie, vers 1280 av. J.-C. ; faïence ; haut. : 9 cm, larg. : 5,8 cm.
Ces petites plaquettes de faïence au nom de Séthi Ier proviennent d'un dépôt de fondation situé au sud-ouest du temple. On y a également retrouvé des modèles réduits de têtes et de cuisses de bœufs recouvertes d'une dorure épaisse, ainsi que des céramiques destinées aux offrandes.

Cependant, comme l'indique la titulature sacerdotale, le culte se poursuivit jusqu'à la XXe dynastie, quoique de façon restreinte.

Plus tard, les souverains régnants – notamment Mérenptah et Ramsès III – usurpèrent la plupart des monuments qui se dressaient encore sur le site. Au cours des siècles, le temple détruit fit office de carrière, de sorte qu'il n'en reste aujourd'hui que des ruines.

Les constructions de la XIXe et de la XXe dynastie
Hourig Sourouzian

Le temple de Séthi Ier à Gourna

Dès son avènement, Séthi Ier entreprit la construction de son temple, tout au nord de la nécropole. Le choix de l'emplacement n'est évidemment pas fortuit, puisqu'il vise à faire de ce temple le premier reposoir de la barque sacrée d'Amon-Rê sur le chemin de la procession arrivant de Karnak. Séthi Ier ouvrait ainsi la voie à une nouvelle série de temples rangés du nord au sud. Car tout en servant au culte posthume du roi, ces temples de la rive occidentale nommés « Temples de millions d'années » puisqu'ils sont censés durer éternellement, étaient essentiellement destinés à abriter les barques divines lors de la procession de la Belle Fête de la Vallée.

Splendide construction en grès, le temple de Séthi Ier à Gourna est conçu comme une véritable forteresse des dieux, qui servit de modèle à tous les temple funéraires des successeurs. Il est entouré d'un mur d'enceinte de brique crue, blanchi à la chaux et pourvu de tours rectangulaires. Cette pratique architecturale renoue avec une très ancienne tradition connue depuis le temps de Djéser. La voie processionnelle arrivant de la rive orientale aboutit devant le premier pylône de brique, dont l'encadrement de la porte, était en calcaire. Deux cours précèdent le temple proprement dit. Au sud de la première cour, dite « cour des fêtes de la foule » et qui servait aux célébrations des fêtes, s'élevait un palais rituel où le souverain régnant apparaissait lors de la Belle Fête de la Vallée. Après sa mort, il y était représenté par une statue, qui, placée dans une barque, participait aux cérémonies et permettait au roi défunt de recevoir les offrandes.

La façade du temple, innove avec un portique de colonnes papyriformes, qui rompt avec les galeries de piliers bordant les terrasses des temple de la dynastie précédente. Elle est décorée de la représentation de la procession des barques de la triade thébaine qu'accompagnent la barque de la reine Ahmès-Néfertari, divinisée, et celle du roi régnant. Ainsi, ce sont les célébrations des fêtes qui sont prédominantes maintenant dans les temples de la rive occidentale. Trois portes ouvertes dans cette façade donnent accès aux trois divisions principales du temple.

Au nord, un complexe consacré au culte solaire comprend une cour ouverte au milieu de laquelle s'élève un autel pour les offrandes. Au sud se trouve le complexe funéraire dont une partie est dédiée à Ramsès Ier. Une fausse-porte ménagée au fond de ce complexe permet la communication avec la tombe royale. Au centre, l'axe principal était entièrement consacré à Amon et à la Belle Fête de la Vallée. La voie des processions passe par une salle hypostyle sur laquelle s'ouvrent six chambres latérales. L'une d'elles abritait la barque royale ; une autre, en vis-à-vis, servait à la célébration de l'union du roi défunt avec le dieu Amon, union par laquelle le roi devenait le dieu Séthi-Amon, la divinité du temple. Il s'agit là de l'événement cultuel le plus important du temple et dont vit le fonctionnement de tout l'ensemble funéraire.

Un vestibule donne accès au sanctuaire de la barque d'Amon-Rê, flanqué de ceux de Mout et de Khonsou. Lorsque les barques de ces dieux arrivent en provenance de Karnak, c'est ici qu'elles se reposent pour recevoir les offrandes. Tout au fond, une salle à quatre piliers carrés renfermait la fausse-porte. Celle-ci indiquait à Amon le chemin de l'Occident et permettait au roi défunt venant de sa tombe, de prendre part aux offrandes et cérémonies du culte.

Au nord du temple s'étendent les magasins voûtés qui sont séparés par des salles servant à la distribution des offrandes. Ces magasins à l'intérieur de l'enceinte du temple sont aussi une innovation de la XIXe dynastie, car auparavant, les distributions d'offrandes se faisaient à partir du domaine d'Amon-Rê de Karnak ; à présent, même si les temples funéraires sont encore attachés au domaine d'Amon, ils possèdent leur propre administration et leurs propres champs producteurs des biens. Leur mode de fonctionnement est comparable à celui des grands monastères européens du Moyen Âge.

82. Le temple funéraire de Séthi Ier – vue sur les cours et le temple
Thèbes, Gourna ; XIXe dynastie, vers 1280 av. J.-C. ; grès ; superficie du temple : 124 x 162 m.

Séthi Ier bâtit son temple funéraire au nord des temples royaux de la XVIIIe dynastie. Séthi Ier dédia une partie de son complexe funéraire à son père Ramsès Ier dont le court règne ne lui permit pas de construire son propre temple.

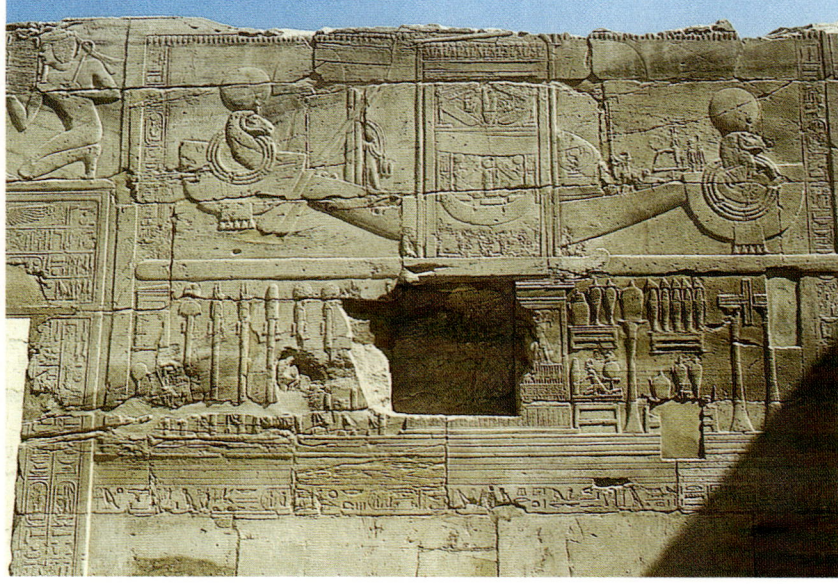

83. Le sanctuaire de la barque
Thèbes, Gourna, temple funéraire de Séthi Ier ; XIXe dynastie, vers 1280 av. J.-C.
Les parois latérales de cette grande chapelle, autrefois probablement voûtées, sont décorées de la barque d'Amon-Rê devant laquelle se tient le roi présentant de nombreuses offrandes. Malheureusement, il ne reste aucun exemplaire des majestueuses barques de procession du Nouvel Empire mais de nombreuses représentations en relief nous permettent d'en avoir une image précise.

De toutes les statues et des innombrables sphinx qui bordaient autrefois les voies du temple et que les voyageurs du siècle dernier ont encore vus et admirés, il ne subsiste plus aujourd'hui que les socles de deux grands sphinx adossés au revers du premier pylône, ainsi que la double couronne d'une statue colossale. Ce temple n'était pas achevé quand le règne de Séthi Ier prit fin ; il a été complété et en partie décoré par son fils et successeur Ramsès II.

Le Ramesséum : le temple funéraire de Ramsès II

Dès la première année de son règne, Ramsès II s'engage à achever l'œuvre de son père. Simultanément, on assiste, plus au sud, à la fondation de son propre temple. Une des plus belles constructions de la rive occidentale, ce temple est connu sous le nom du Ramesséum depuis la visite de Jean-François Champollion qui l'admirait plus que tout autre. Pour la première fois dans l'histoire des fondations de cette rive, ce temple possède des pylônes de pierre. Dans la première cour, au revers du premier pylône, on voit les scènes sculptées illustrant les épisodes principaux de la célèbre bataille de Qadesh. Dans cette cour s'élevait autrefois la plus haute des statues colossales de cette rive qui atteignait les 19 mètres ; brisée à la taille, elle gît aujourd'hui à l'entrée du IIe pylône. Au nord de cette cour, des statues du roi en costume d'apparat étaient adossées aux piliers du portique. Au sud s'étendait selon l'usage un palais rituel dont il ne subsiste plus que les bases de colonnes. Scènes de victoires, palais et colosses montrent, encore une fois, que la première cour était vouée à la gloire du souverain régnant. Là encore on avait ultérieurement consigné le traité de paix avec les Hittites.

La deuxième cour était bordée à l'est et à l'ouest, par un portique de piliers osiriaques. Au nord et au sud, elle était fermée par une double rangée de colonnes fasciculées. La façade du temple, précédé d'un portique surélevé, est décorée de scènes d'offrandes et, dans sa partie inférieure, d'un défilé de fils royaux à la tête d'une procession se dirigeant vers l'intérieur du temple. Les trois portes qui s'ouvrent dans cette façade et auxquelles on accédait par des rampes encore en place, montrent à nouveau clairement la division tripartite du temple. Deux statues représentant le roi assis flanquaient la rampe médiane. La tête de la statue nord, d'une beauté exceptionnelle, est exposée dans cette cour. De la statue sud, il ne subsiste que la partie inférieure. Le buste de cette dernière, en granit gris tournant au rouge dans la partie de la tête, a été transporté au siècle dernier par Giovanni Belzoni sur ordre du consul général britannique Henry Salt, et plus tard exposé au British Museum sous le nom de Young Memnon. Il y suscita la plus grande admiration.

La porte centrale s'ouvre sur la salle hypostyle, qui est plus vaste et plus développée que celle du prédécesseur. De forme basilicale, la nef médiane comprend deux rangées de six hautes colonnes à chapiteau papyriforme ouvert ; les nefs latérales comptent chacune trois rangées de six colonnes à chapiteau fermé. L'aspect grandiose de cette salle, peut être la plus belle salle hypostyle de toute l'Égypte, tient aussi bien à la clarté de sa structure architecturale, à l'harmonie de ses proportions qu'à la conservation de ses couleurs chatoyantes. Une enfilade de trois salles plus petites dont le plafond est soutenu par huit colonnes menait au sanctuaire qui est complètement détruit. Dans la première salle, dite astronomique, à cause des personnifications de constellations qui en décorent le plafond, on voit sur les murs la procession des barques menée par le prince héritier et la file des fils royaux. Sur le mur du fond, à droite, une grande scène magnifique représente l'intronisation du roi dans l'Héliopolis du ciel. Assis à l'ombre de l'arbre sacré *ished,* Ramsès II tient les insignes de la royauté, tandis qu'Atoum et Séshat inscrivent son nom sur les feuilles de l'arbre.

Les groupes de magasins voûtés qui entouraient le temple sont assez bien conservés et révèlent l'importance des produits qui y étaient entreposés.

84/85. Colosse de Ramsès II gisant à terre
Thèbes, temple funéraire de Ramsès II (Ramesséum) ; XIXe dynastie, vers 1260 av. J.-C. ; granit rose ; hauteur d'origine : 19 m.
D'énormes morceaux du colosse de « Ramsès – Soleil des souverains étrangers » gisent aujourd'hui à l'entrée du IIe pylône. Haute de 19 m, pesant près de 1000 tonnes, cette statue assise en fin granit rose d'Assouan était la plus grande de la rive occidentale de Thèbes. Étonnamment haute, finement travaillée, parfaite sur le plan technique, on l'admirait déjà dans l'Antiquité. De l'intérieur du temple, on aperçoit le colosse gisant dans la Ire cour et le revers du pylône d'entrée (larg. : 69 m), sur laquelle sont représentées des scènes de la bataille de Qadesh, combat que le souverain mena contre les Hittites.

86. La deuxième cour et la salle hypostyle du Ramesséum
Thèbes, temple funéraire de Ramsès II ; XIXe dynastie, vers 1260 av. J.-C. ; grès ; surface du temple : 58 × 183 m.
La deuxième cour était bordée à l'est et à l'ouest par un portique de huit piliers osiriaques haut de 11 m. Deux statues colossales du roi assis (le buste du « Young Memnon » appartenait à l'une d'elles) flanquaient l'entrée de la salle hypostyle. Celle-ci se compose d'une nef centrale formée de deux rangées de six colonnes à chapiteaux papyriformes ouverts et de bas-côtés comptant chacun trois rangées de six colonnes, plus petites, à chapiteaux fermés. L'harmonie des proportions et les couleurs admirablement bien conservées font de cette salle hypostyle la plus belle d'Égypte.

NOUVEL EMPIRE

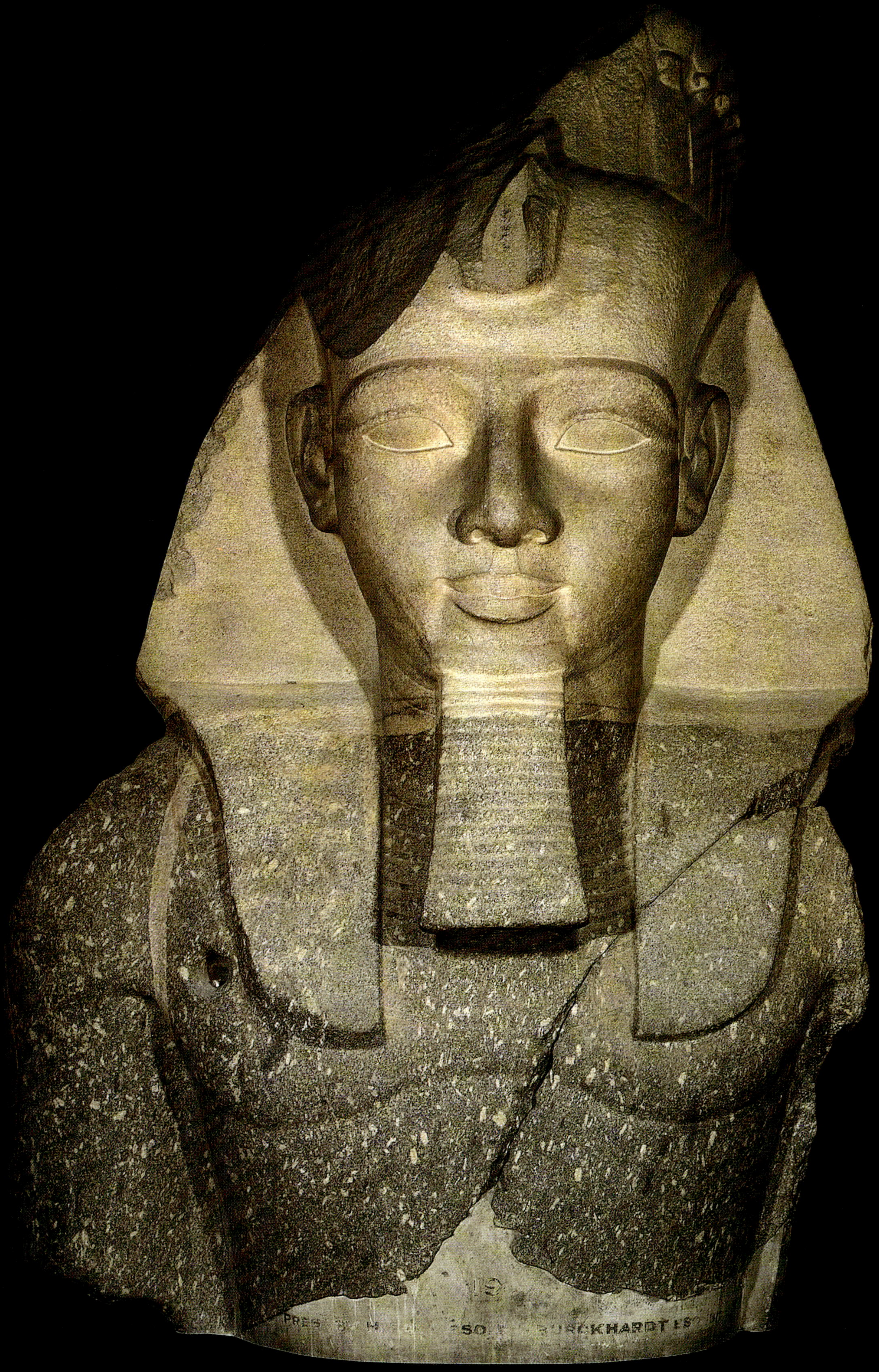
19

87. (À gauche) Buste d'un colosse de Ramsès II
Thèbes, temple funéraire de Ramsès II (Ramesséum), deuxième cour ; XIXe dynastie, vers 1260 av. J.-C. ; granit ; hauteur du buste : 267 cm ; Londres, British Museum, EA 19.
Ce buste de Ramsès II, exposé sous le nom de « Young Memnon », est d'une beauté incomparable. Il est taillé dans un granit d'Assouan au grain fin dont la couleur gris clair tourne au rouge au niveau de la tête. Son exposition au British Museum à Londres en 1817 suscita l'admiration du monde entier.

88. Colonnes papyriformes à chapiteaux ouverts et fermés
Thèbes, temple funéraire de Ramsès II, salle hypostyle ; XIXe dynastie, vers 1260 av. J.-C.
La décoration des chapiteaux représentait un feuillage très fin, initialement aux couleurs chatoyantes. Au-dessus des feuilles des chapiteaux ouverts se déroulait une frise décorative de cartouches portant les noms de couronnement et de naissance de Ramsès II.

89. Le transport du buste du « Young Memnon »
Lithographie colorée à la main ; Giovanni Belzoni, Six New Plates, Londres 1822.
La partie supérieure de la statue fut transportée du Ramesséum par Giovanni Belzoni sur ordre du consul général britannique Henry Salt, tout d'abord jusqu'au Nil ; elle fut ensuite convoyée par bateau jusqu'à Alexandrie pour être enfin acheminée vers Londres. Ce transport difficile a rendu Belzoni célèbre.

NOUVEL EMPIRE

Le temple de Mérenptah

De l'œuvre des successeurs immédiats de Ramsès II, seules les ruines du temple de Mérenptah sont encore visibles au sud du Ramesséum. Réplique, à quelques variantes près, des temples de ses prédécesseurs celui-ci était construit en grande partie avec du matériau de remploi provenant des constructions voisines d'Aménophis III. Dans la première cour de ce temple, il y a un siècle, l'archéologue anglais W. M. F. Petrie découvrait la stèle triomphale de Mérenptah. Elle commémore sa victoire sur la coalition des Peuples de la Mer avec les Libyens qui étaient venus envahir l'Égypte en l'an V de son règne.

Les fouilles récentes y ont dégagé ce que les salpétriers et les chaufourniers du siècle dernier avaient laissé en place après avoir complètement démantelé et exploité le temple, à savoir, des grands blocs calcaires ayant fait partie de la première salle hypostyle, décorés de la procession des barques et de scènes d'offrandes, ainsi que des milliers de morceaux des parois de grès des salles et des sanctuaires, ayant conservé des bribes de bas-reliefs et de polychromie. La deuxième cour du temple a livré, outre les morceaux d'une statue ayant fait pendant au buste qu'y avait découvert Petrie un siècle auparavant, les énormes fragments de trois groupes de statues colossales représentant le roi en compagnie de divinités, des remplois d'Aménophis III réinscrits au nom de Mérenptah. D'autres sculptures colossales, comme les statues de chacals et les grands sphinx, avaient été remployées dans les fondations, en même temps que d'énormes blocs calcaires décorés de belles scènes jubilaires en bas relief peint.

Médinet Habou : la forteresse divine de Ramsès III

Le dernier des temples funéraires thébains, construit sous le règne de Ramsès III, s'élève au sud de la nécropole, près d'un sanctuaire de la XVIIIe dynastie, qui représentait la butte primordiale. Le grand temple de Médinet Habou complète l'image que nous pouvons nous faire d'un « Temple de millions d'années ». Comme au temple de Séthi Ier, un mur d'enceinte à bastions entoure le temple proprement dit et lui confère l'aspect de forteresse divine. Plus tard sous son règne, Ramsès III fit entourer d'un mur plus grand et plus haut l'ensemble des constructions du temple, qui s'était enrichi de magasins et de bâtiments administratifs. À l'est et à l'ouest de la grande enceinte deux hautes tours élevées qui ressemblent à des ouvrages fortifiés donnent accès au complexe. La tour orientale est la mieux conservée. Malgré son aspect défensif elle s'avère être le noyau central d'un grand ensemble résidentiel de plusieurs étages, qui était flanqué de vastes ailes latérales construites en brique. La partie centrale, en calcaire, percée d'une haute porte, renferme les appartements royaux, salles spacieuses aux larges fenêtres dont une, à l'est servait sans doute de fenêtre d'apparitions. La décoration extérieure immortalise la victoire de Ramsès III sur les Libyens et les Peuples de la Mer. Les murs intérieurs sont décorés de scènes familiales. On voit le roi assis avec ses filles, s'appliquer à un jeu, peut-être le jeu de *senet*, jeu bien répandu qui fait référence au passage dans l'au-delà. Ramsès III avait résidé dans ces tours-palais lors de ses passages à Thèbes à l'occasion des fêtes. Victime d'une conspiration du Harem, c'est probablement dans un de ces palais qu'il fut assassiné.

Le passage axial qui mène au parvis du temple donne accès à droite au sanctuaire de la XVIIIe dynastie, qui a toujours fonctionné et qu'on a graduellement agrandi jusqu'à l'époque romaine. À gauche, longeant la voie processionnelle on a édifié sous la XXVIe dynastie les chapelles des Divines Adoratrices d'Amon, qui avaient ainsi tenu à participer aux processions festives et au culte de la butte primordiale. Ainsi, il ressort clairement que le moteur principal des institutions de la rive occidentale est la grande procession de la Fête de la Vallée, dont les temples de Médinet Habou formaient l'ultime station.

90. Travaux de fouilles modernes dans la Ire salle hypostyle
Thèbes, temple funéraire de Mérenptah ; XIXe dynastie, vers 1210 av. J.-C.
Dégagement et déplacement des grands blocs dans la première salle hypostyle. Mérenptah édifia son temple funéraire en grande partie avec du matériau de remploi provenant du temple voisin d'Aménophis III. Mérenptah employa même des statues et des sphinx datant de ce souverain de la fin de la XVIIIe dynastie, pour les fondations de son édifice.

91. Buste du roi Mérenptah
Thèbes, temple funéraire de Mérenptah ; XIXe dynastie, vers 1210 av. J.-C. ; granodiorite grise ; haut. : 91 cm ; Le Caire, Musée égyptien, JE 31414 (CG 607).
Ce buste appartenait à une statue colossale assise du souverain, provenant de son temple funéraire à Thèbes. Il s'agit d'un portrait idéalisé d'un jeune roi, ne reproduisant absolument pas les véritables traits du visage de Mérenptah, qui était âgé d'au moins 50 ans lorsqu'il monta sur le trône.

92. La porte fortifiée de Médinet Habou
Thèbes, temple funéraire de Ramsès III, entrée orientale ; XXe dynastie, vers 1155 av. J.-C. ; construction en brique revêtue de blocs de grès ; haut. : 19 m.
Dans les dernières années de son règne, Ramsès III fit de son temple funéraire un grand ensemble résidentiel d'une superficie de 205 m sur 315 qu'il entoura d'un mur d'enceinte de 18 m de haut. Il comprenait des bureaux administratifs, des écuries, des casernes et des cours réservées aux exercices militaires. Le roi édifia à l'est et à l'ouest un palais résidentiel représentatif, dont la partie centrale était composée d'un portail en pierre à trois étages, pourvu de hautes pièces spacieuses, et qui était flanqué d'ailes latérales en brique.

Le premier pylône du grand temple est le mieux conservé de toute la région thébaine. Sur sa façade est sculptée la scène traditionnelle où le roi massacre ses ennemis captifs devant Amon-Rê au sud et Rê-Horakhty au nord. Dans la première cour, également bien conservée, les murs sont couverts de scènes militaires, particulièrement des campagnes du roi contre les Libyens et les Peuples de la Mer, qui avaient envahi l'Égypte pour la deuxième fois. Ramsès III, comme naguère Mérenptah, après avoir mené des batailles acharnées sur terre et sur mer, les avait repoussés victorieusement hors des frontières d'Égypte. La cour est bordée au nord par un portique de piliers auxquels sont adossées des statues du roi en costume d'apparat. En vis-à-vis, la rangée de colonnes papyriformes forme portique devant la façade du palais rituel qui est le mieux conservé de la rive et admirablement restauré. La façade est percée d'une fenêtre d'apparition et de deux portes donnant latéralement accès à la salle du trône dont le plafond voûté était soutenu par des colonnes palmiformes. Suivent la chambre du roi, la salle de bains et trois petits appartements, probablement destinés aux princes. De ce plan bien clair il ressort que ce palais est un modèle d'une résidence royale dont chaque division essentielle est ici représentée par une pièce ; en fait il ne tenait pas lieu de véritable logement, puisqu'il y manque des installations élémentaires comme la cuisine ou les étables. En outre, il aurait été sûrement trop exigu pour les Ramessides habitués aux fastes luxueux. Ce palais était utilisé lors des festivités pour les apparitions solennelles du roi régnant. Il n'y résidait en fait qu'après sa mort, sous forme de statue. La fausse-porte ménagée au fond des appartements permettait au roi défunt de passer de sa tombe au palais du temple, pour participer aux rituels d'offrandes. D'après les inscriptions ajoutées ultérieurement sur les portes de la salle hypostyle, les rois-prêtres de la XXIe dynastie, moins prospère, s'en étaient servis comme palais officiel.

Une rampe flanquée de marches mène au portail du deuxième pylône par lequel on passe dans la deuxième cour du temple : la cour des fêtes. Sur ses murs élevés, ayant gardé leur vive polychromie, le décor est consacré aux processions de toutes les fêtes qui s'y déroulaient. On voit notamment les épisodes principaux de la Belle Fête de la Vallée, le défilé du dieu Min et des statues des rois ancêtres, la parade de la somptueuse barque de Sokar, pendant la fête de ce dieu, autant de scènes qui nous donnent un aperçu sur la splendeur du décor mural des temples. Un portique élevé aux piliers osiriaques massifs, frappant aussi bien par

NOUVEL EMPIRE

93. L'avant-cour et le Ier pylône de Médinet Habou
Thèbes, Médinet Habou, temple funéraire de Ramsès III ; XXe dynastie, vers 1160 av. J.-C. ; grès ; hauteur du pylône : 24,45, larg. : 67,80 m.
Le grand pylône de Médinet Habou est le mieux conservé de Thèbes. Il possédait à l'origine quatre hauts mâts à oriflammes portant les noms des déesses Nekhbet, Ouadjet, Isis et Nephthys. La façade des deux massifs illustre le triomphe du roi massacrant ses ennemis devant les grands dieux Amon-Rê et Rê-Horakhty, lesquels tendent au souverain le glaive de la victoire. Un sanctuaire solaire se trouvait au dessus du passage du portail. La vaste avant-cour encerclait au nord le temple de la XVIIIe dynastie, dédié au dieu primordial Amon. Sous la XXVe et la XXVIe dynasties, les Divines Adoratrices d'Amon édifièrent leurs tombeaux dans la partie sud.

94. Ramsès III chassant les bêtes sauvages
Thèbes, Médinet Habou, temple funéraire de Ramsès III, revers du massif sud du pylône ; XXe dynastie, vers 1160 av. J.-C.
Cette représentation – assez inhabituelle pour un temple funéraire – se trouve sur le revers du pylône, près du passage menant au palais rituel. Dans les scènes de combat et de chasse, les artistes n'étaient pas tenu de respecter les conventions égyptiennes strictes et rigides de l'agencement en registres. C'est pourquoi ces représentations sont si vivantes et dynamiques.

95. Vue sur la deuxième cour
Thèbes, Médinet Habou, temple funéraire de Ramsès III ; XXe dynastie, vers 1160 av. J.-C.
Deux grandes cours s'ouvraient derrière le grand pylône. La première était consacrée au thème du chaos que le roi devait sans cesse repousser, et montrait de nombreuses scènes militaires, parmi lesquelles on retrouve celle de la campagne contre les Peuples de la Mer. Une fenêtre d'apparitions se trouvait au sud et menait au palais rituel, situé en dehors du temple proprement dit. La deuxième cour était dédiée aux grandes fêtes. Elle était bordée à l'est et à l'ouest de piliers osiriaques et de colonnes papyriformes devant ses parois nord et sud. À l'époque chrétienne, presque toutes les statues situées devant les piliers furent détruites, afin de permettre la construction d'une église.

l'excellente conservation de ses couleurs que la profondeur exceptionnelle des inscriptions, donne accès à la salle hypostyle, qui est flanquée de chapelles consacrées aux ancêtres du roi, aux divinités hôtes et à la barque royale. Malgré la perte du plafond et du sommet des murs et des colonnes, cette salle semble oppressante et sombre, surtout à cause de l'épaisseur des colonnes dont les bases rapprochées gagnent sur les voies de circulation. Nous sommes loin de l'espace aéré de l'hypostyle de Séthi Ier ou de la majesté des salles du Ramesséum, bien que Ramsès III se fût inspiré de ce dernier comme modèle. Une pesanteur mystique domine désormais l'intérieur du temple. L'enfilade des salles obscures qui suit conduit au sanctuaire axial que flanquent des magasins. Au nord et au sud, tassés contre les hauts murs latéraux du temple, des ensembles de pièces de plus en plus exiguës abritent respectivement la cour solaire et l'appartement funéraire.

Entre le mur qui entoure le temple et le grand mur d'enceinte, on ajouta aux magasins du temple, lors d'une deuxième période de construction, des maisons de prêtres, des bureaux d'administration, des casernes, des étables, des bassins et des jardins alimentés par des puits qui servaient également de nilomètre. Pendant la période de troubles qui suivit la fin de la dynastie ramesside, quand les prêtres d'Amon s'emparèrent du pouvoir à Thèbes, ce quartier d'habitation comprenant le palais du temple, les casernes et les magasins, servit de première résidence aux rois-prêtres de l'État divin qui, au début, s'était confiné à la région thébaine. Les hautes murailles du temenos les protégeaient contre les assauts des nomades. C'est ainsi que la forteresse divine idéale se transforma en une véritable ville fortifiée.

Les grands temples d'Égypte

Les temples de la XVIIIe dynastie
Regine Schulz

Dès le retour au calme, le pays connut une intense activité de construction, destinée à ancrer dans toute l'Égypte la présence cultuelle du souverain régnant. Ahmosis, fondateur de la XVIIIe dynastie, fit restaurer le temple de Ptah à Memphis et bâtir d'autres sanctuaires, notamment à Abydos, Karnak, Ermant et Bouhen (Nubie).

Sur presque tous les grands sites du pays, son fils Aménophis Ier et les Thoutmosides firent restaurer, agrandir ou complètement transformer les lieux saints. Aménophis II à lui seul étendit son programme architectural sur trente lieux différents.

Cependant, c'est Aménophis III qui poursuivit le projet de construction le plus complet. Celui-ci reflétait la formidable puissance économique de l'Égypte à l'apogée de la XVIIIe dynastie. La décoration de ses édifices est variée et novatrice. Des centaines de statues divines et royales – que les successeurs d'Aménophis III usurpèrent en particulier en y inscrivant leur nom – ont été entièrement ou partiellement conservées. Parmi elles, on ne compte pas moins de quarante colosses.

Sous l'époque amarnienne, le culte d'Aton et du roi divinisé Akhénaton supplanta celui des autres dieux. Après l'an V de son règne, le souverain concentra son activité de construction sur la ville d'Akhétaton, l'actuelle Tell el-Amarna. Les temples des autres dieux, et particulièrement ceux qui étaient dédiés à Amon, furent fermés et tombèrent en ruine. Sur sa célèbre stèle de la Restauration, Toutânkhamon décrivit ainsi la situation : « Sa Majesté monta sur le trône, alors que les temples des dieux et des déesses... étaient presque tombés dans l'oubli, que leurs sanctuaires allaient disparaître, et étaient devenus des ruines envahies par les mauvaises herbes, leurs chapelles étaient comme si elles n'avaient jamais existé... » Après l'épisode amarnien, les rois entreprirent donc un vaste programme de reconstruction. Les anciens temples ne furent pas seulement restaurés, mais aussi agrandis et rééquipés. Mais ce n'est que sous les Ramessides du début de la XIXe dynastie que l'on recommença à construire massivement. Aucun souverain ne fit d'ailleurs édifier autant de nouveaux sanctuaires que Ramsès II. Les temples des Ramessides sont en partie bien conservés. En revanche, il ne reste des constructions de la XVIIIe dynastie que peu de blocs, quelques fondations ou des monuments isolés. En effet, ces édifices ont été très souvent remaniés, agrandis, et leurs pierres réemployées. Par ailleurs, les destructions se sont poursuivies jusqu'à une date relativement récente. Au milieu du siècle dernier par exemple, à Éléphantine, une chapelle-reposoir intacte d'Aménophis III a été victime des démolisseurs : ses blocs ont été utilisés comme matière première dans les fours à chaux locaux.

Les temples de Tell el-Amarna : sanctuaires solaires et culte royal

En l'an V de son règne, Akhénaton quitta Karnak et édifia sa nouvelle capitale, qu'il nomma Akhétaton – « l'Horizon d'Aton », l'actuelle Tell el-Amarna –, sur une terre n'appartenant à aucun dieu, en Moyenne-Égypte. Sur l'une des nombreuses stèles taillées à même le rocher et marquant les frontières de la cité, le souverain s'exprime sur le choix du site : « Je bâtirai Akhétaton pour mon père Aton en cette place... qu'il a créé lui-même... il est entouré d'une montagne et lui est agréable. » Le temple

96. Le temple de Satet
Éléphantine ; construction de la XVIIIe dynastie, vers 1460 av. J.-C. ; grès.
Ce petit temple en grès entouré de piliers fut érigé par Hatshepsout. Il fut détruit sous l'Antiquité et ses pierres réemployées. Une grande partie de ces blocs a été retrouvée dans les fondations des édifices construits sous les Lagides, permettant ainsi de reconstituer l'ancien sanctuaire du Nouvel Empire qui avait été détruit. Cette construction fait ainsi partie des rares exemples d'architecture sacrée de la XVIIIe dynastie situés en dehors de Thèbes.

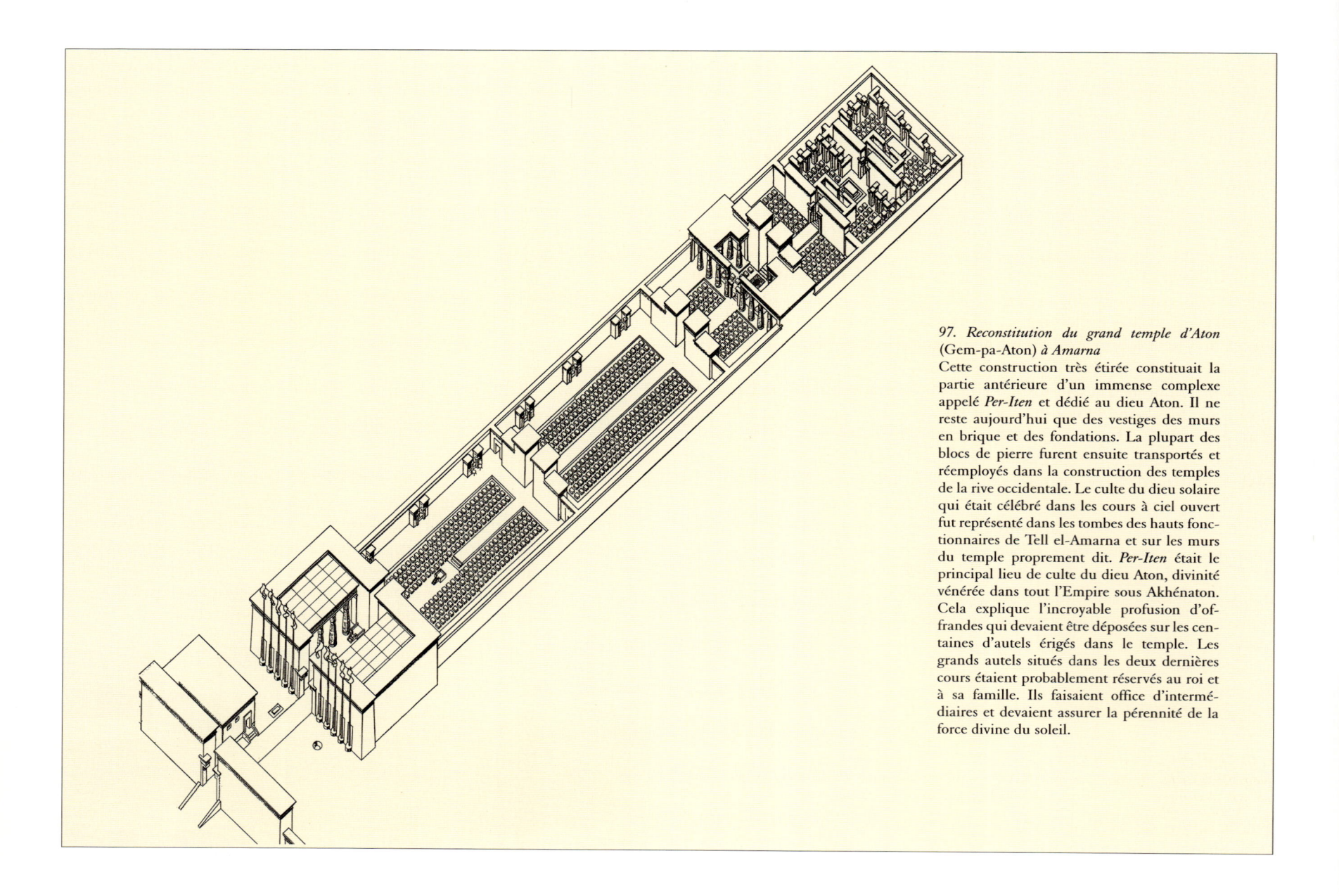

97. Reconstitution du grand temple d'Aton (Gem-pa-Aton) à Amarna
Cette construction très étirée constituait la partie antérieure d'un immense complexe appelé *Per-Iten* et dédié au dieu Aton. Il ne reste aujourd'hui que des vestiges des murs en brique et des fondations. La plupart des blocs de pierre furent ensuite transportés et réemployés dans la construction des temples de la rive occidentale. Le culte du dieu solaire qui était célébré dans les cours à ciel ouvert fut représenté dans les tombes des hauts fonctionnaires de Tell el-Amarna et sur les murs du temple proprement dit. *Per-Iten* était le principal lieu de culte du dieu Aton, divinité vénérée dans tout l'Empire sous Akhénaton. Cela explique l'incroyable profusion d'offrandes qui devaient être déposées sur les centaines d'autels érigés dans le temple. Les grands autels situés dans les deux dernières cours étaient probablement réservés au roi et à sa famille. Ils faisaient office d'intermédiaires et devaient assurer la pérennité de la force divine du soleil.

du dieu, *Per-Aton* (« la maison d'Aton ») se trouvait sur la rive orientale du Nil, au cœur de la ville. Tous les temples érigés dans ce secteur ont pour caractéristique d'être à ciel ouvert, une spécificité propre aux temples solaires égyptiens. C'est ici que se trouvait le temple principal divisé en deux parties, le lieu abritant le *benben* des mythes primordiaux, ainsi que de nombreux autels destinés aux offrandes. Les deux parties qui composaient le temple principal se trouvaient à 350 mètres l'une de l'autre, possédaient un axe commun et étaient orientées vers l'est. Le secteur du fond comprenait deux cours et faisait office de saint des saints. L'avant-cour rectangulaire était fermée par un pylône ; deux bas-côtés bordaient l'autel axial. Des groupes statuaires représentant Akhénaton et Néfertiti se dressaient entre les colonnes. Une rampe menait à un deuxième pylône qui s'ouvrait sur la terrasse de la deuxième cour, entourée de chapelles à ciel ouvert. Le naos du dieu solaire, lui aussi ouvert, se dressait au milieu de la cour, sur un piédestal. Des statues du couple royal se tenaient également dans cette cour.

Comme le temple d'Aton à Karnak, on nomma l'édifice situé à l'avant *Gem-pa-Aton*. La construction mesurait 210 mètres sur 32 et était subdivisée en deux parties, constituées d'une succession de cours à ciel ouvert et de pylônes. L'avant-cour, précédée d'un grand pylône, menait à une grande salle hypostyle dont la façade était ornée de grands mâts à oriflammes. Ses bas-côtés étaient séparés par une travée médiane à ciel ouvert. Deux immenses cours, qui abritaient chacune 224 autels d'offrandes, s'étiraient derrière la salle hypostyle. L'organisation spatiale du fond de ce complexe était plus resserrée. L'entrée était également composée d'une avant-cour comprenant une salle hypostyle ouverte sur l'axe principal. Elle était suivie d'une cour plus petite comportant plusieurs autels. En revanche, les deux dernières cours étaient entourées de chapelles à ciel ouvert qui chacune abritait un autel.

Au sud de *Per-Aton*, on construisit un ensemble cultuel plus modeste, appelé *Pa-hout-Aton* (« le temple d'Aton »). Il était entouré d'un mur d'enceinte doté de redans ressemblant à des fortifications. L'ensemble comportait trois cours fermées par un pylône, et un sanctuaire divisé en deux parties, ressemblant à celui du grand temple. Bien que ce temple soit conçu sur le modèle des temples solaires, l'orientation du temple dans l'axe de la vallée où se trouve la tombe d'Akhénaton et l'enceinte fortifiée – que l'on retrouve également dans certains temples funéraires thébains –, permettent d'y voir aussi un temple funéraire. À l'extrémité sud de la ville se dressaient deux autres sanctuaires comportant des chapelles à ciel ouvert, des jardins et des étangs, sans doute considérés comme les lieux de naissance et de création du dieu solaire.

À la mort d'Akhénaton, tous les travaux de construction cessèrent ; la ville fut abandonnée peu après et désertée pour toujours. Au début de la XIXe dynastie, Ramsès II fit démolir le temple. Il utilisa les blocs ainsi obtenus comme matériau de remploi pour ses constructions d'Hermopolis, un ancien lieu de culte, situé en face de Tell el-Amarna sur la rive

98. Le sanctuaire du grand temple d'Aton
Hermopolis, à l'origine à Tell el-Amarna ; XVIIIᵉ dynastie, vers 1340 av. J.-C. ; calcaire ; haut. : 22,7 cm, larg. : 26,9 cm ; Boston, Museum of Fine Arts, 63.961.
Ce bloc a en partie conservé une représentation du sanctuaire du temple. Flanqué de statues d'Akhénaton, l'autel principal se trouve au centre et supporte de nombreuses offrandes. On peut également voir d'autres autels, des supports pour l'encens et des portes menant à des chapelles adjacentes.

99. Fragment du visage d'une statue d'Akhénaton
Tell el-Amarna, grand temple d'Aton ; XVIIIᵉ dynastie, vers 1345 av. J.-C. ; calcaire dur ; haut. : 8,1 cm, larg. : 5,1 cm ; New York, Metropolitan Museum of Art, Edward S. Harkness Gift, 26.7.1395.
La forme de la bouche et la reproduction linéaire de la ride nasolabiale nous permettent d'affirmer que ce fragment appartenait à une statue presque grandeur nature du roi, datant des premières années de son règne à Tell el-Amarna. Le matériau utilisé, le calcaire dont la qualité s'apparentait au marbre, était à l'époque particulièrement prisé par les sculpteurs, car sa texture permettait un polissage extrêmement fin des surfaces.

100. Champ de blé
Hermopolis, à l'origine à Tell el-Amarna ; XVIIIᵉ dynastie, vers 1340 av. J.-C. ; calcaire ; haut. : 23 cm, larg. : 52 cm ; New York, Metropolitan Museum of Art, Norbert Schimmel Gift 1985, 1985.328.24.
Cette reproduction naturaliste d'un champ de blé est marquée par la représentation d'épis aux longues barbes, doucement agités par le vent. Bien que le contexte scénique reste obscur, on pense immédiatement à un passage du grand hymne à Aton composé par Akhénaton : « Tes rayons (ceux d'Aton) nourrissent les champs, lorsque tu te lèves, ils vivent et croissent pour toi. »

101. La famille royale sous les « rayons d'Aton »
Tell el-Amarna, grand palais ; XVIIIᵉ dynastie, vers 1345 av. J.-C. ; calcite-albâtre ; haut. : 102 cm, larg. : 51 cm ; Le Caire, Musée égyptien, RT 30.10.26.12.
La relation étroite qui liait le souverain et son dieu unique Aton – représenté par le disque solaire – se trouvait au cœur de la nouvelle doctrine amarnienne. Akhénaton et Néfertiti offrent ici chacun deux vases à libations (servant à répandre l'eau) à Aton, et sont suivis de l'aînée de leurs filles, la princesse Méritaton. Le style artistique exagérément marqué des traits du visage et de la morphologie ne répond pas à un vœu de « réalisme ». Il est représentatif de la conception religieuse selon laquelle le roi et la reine possédaient les aspects des dieux de la fécondité. Ils participent tous deux activement à la création et peuvent en assurer la pérennité par le culte d'Aton. Ce bloc appartenait au parapet d'une rampe située dans le grand palais royal.

NOUVEL EMPIRE

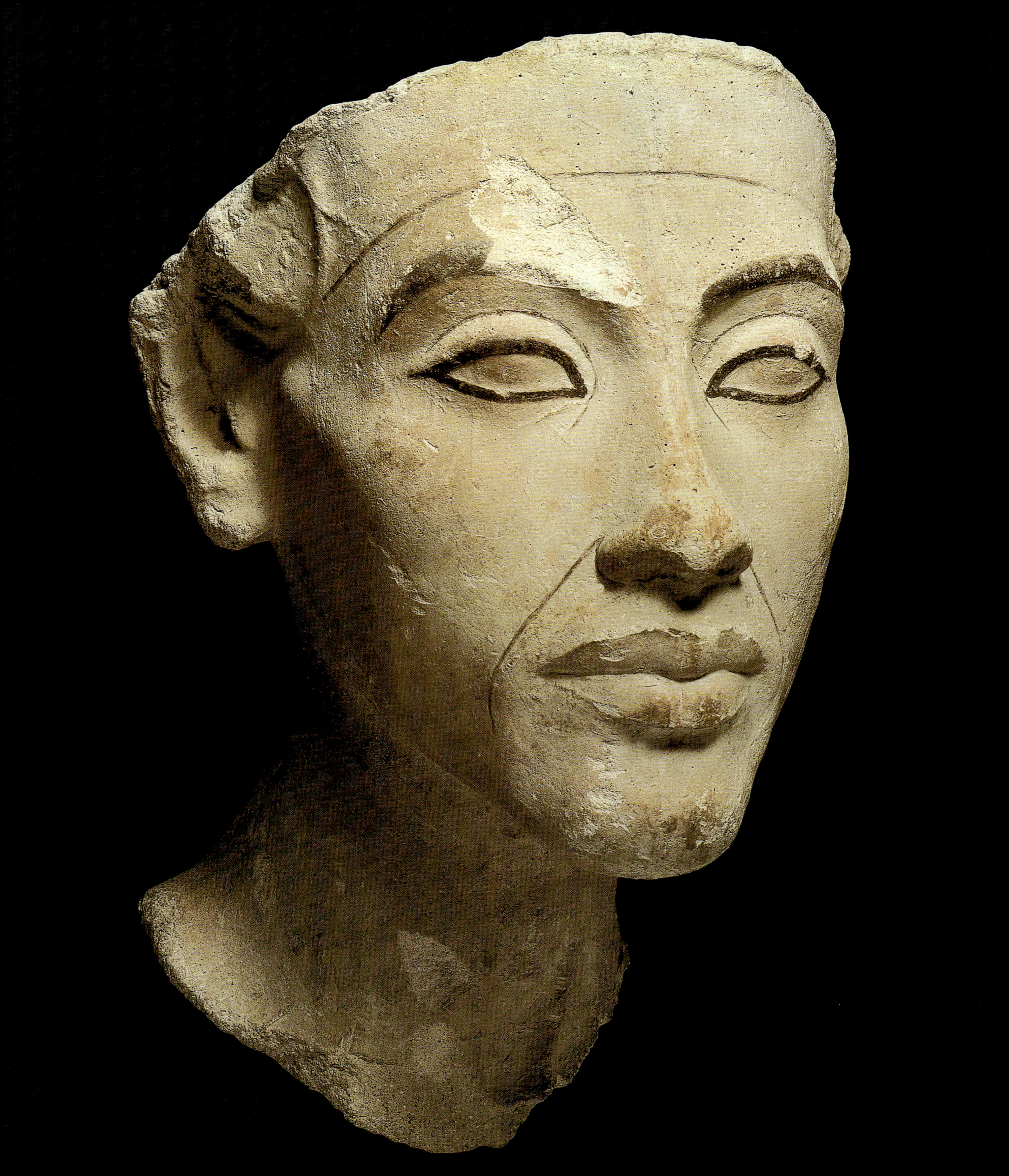

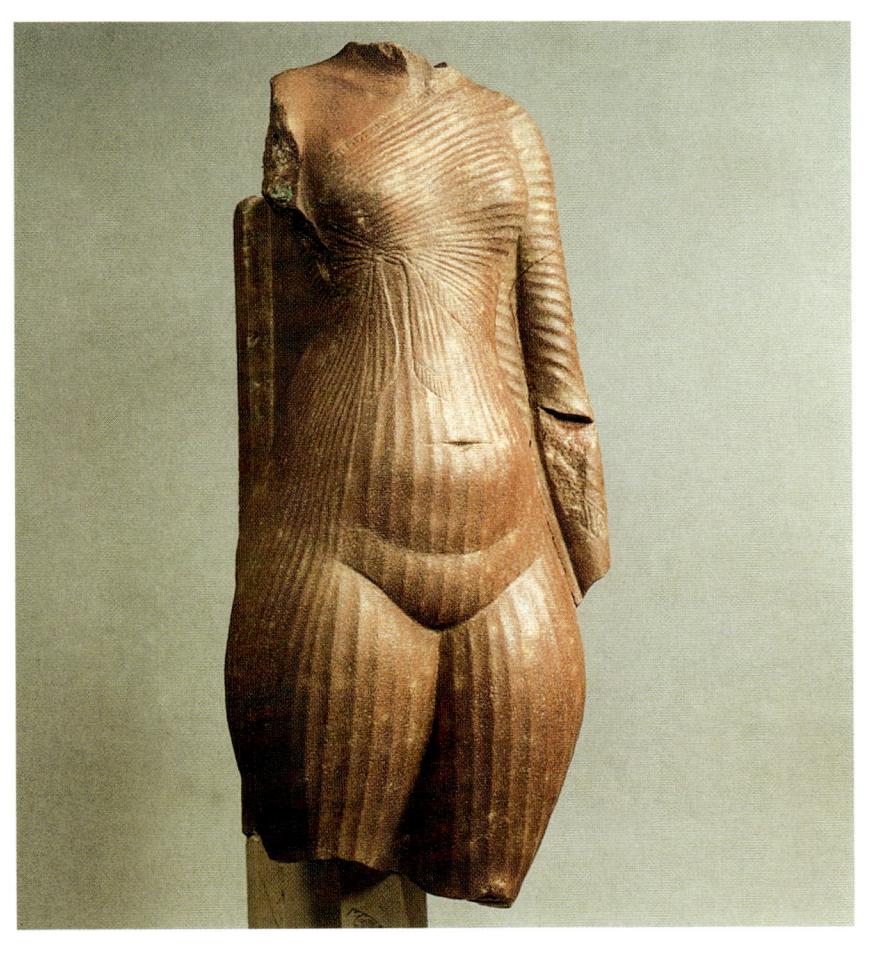

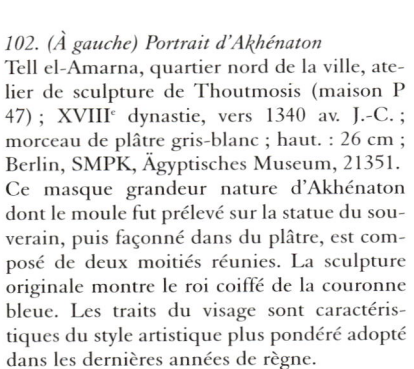

102. (À gauche) Portrait d'Akhénaton
Tell el-Amarna, quartier nord de la ville, atelier de sculpture de Thoutmosis (maison P 47) ; XVIIIe dynastie, vers 1340 av. J.-C. ; morceau de plâtre gris-blanc ; haut. : 26 cm ; Berlin, SMPK, Ägyptisches Museum, 21351.
Ce masque grandeur nature d'Akhénaton dont le moule fut prélevé sur la statue du souverain, puis façonné dans du plâtre, est composé de deux moitiés réunies. La sculpture originale montre le roi coiffé de la couronne bleue. Les traits du visage sont caractéristiques du style artistique plus pondéré adopté dans les dernières années de règne.

103. Torse d'une statue de la reine Néfertiti
Probablement de Tell el-Amarna ; XVIIe dynastie, vers 1345 av. J.-C. ; grès silicifié rouge sombre ; haut. : 29,5 cm ; Paris, musée du Louvre, E 25409.
Enveloppé d'un vêtement plissé très léger et noué sous le sein droit, ce torse de la reine – soulignant clairement sa féminité – évoque d'une façon incontestable la fécondité. L'aspect sensuel des formes corporelles fait de cette statue un chef-d'œuvre de la sculpture égyptienne.

104. Buste de Néfertiti
Tell el-Amarna, quartier nord de la ville, atelier de sculpture de Thoutmosis (maison P 47) ; XVIIIe dynastie, vers 1340 av. J.-C. ; calcaire peint ; haut. : 50 cm ; Berlin, SMPK, Ägyptisches Museum, 21300.
Seul le masque d'or de Toutânkhamon peut rivaliser avec le célèbre buste de Néfertiti, ambassadeur de la beauté et de la perfection de l'art égyptien. La reine porte une couronne ornée d'un diadème et de l'*uraeus*. Elle porte également un large collier de pétales de fleurs. Les proportions parfaites et les couleurs chatoyantes de ce chef-d'œuvre sont tout à fait impressionnantes. Le buste fut découvert en décembre 1911 lors des fouilles menées par la Deutsche Orientgesellschaft. Il se trouvait dans les ateliers de Thoutmosis, où il servait de modèle à la réalisation des statues de la souveraine.

occidentale du Nil. De la « ville solaire », il ne resta plus que les fondations et les murs de brique. Bien qu'il ne subsiste pratiquement plus rien de ces constructions, on a pu reconstituer en grande partie l'architecture des temples grâce aux reliefs retrouvés dans les tombes des fonctionnaires de Tell el-Amarna.

La statuaire de Tell el-Amarna

Les fouilles intensives menées par des archéologues allemands et anglais à Tell el-Amarna ont mis au jour des œuvres d'art exceptionnelles. Certes, les murs des temples et des palais ont été presque totalement détruits et les statues brisées. Cependant, quelques parties des sols peints, des fragments de peintures, de reliefs et de faïences, ainsi que des morceaux de statues ont été conservés. Des objets déplacés et des blocs de remploi viennent compléter notre vision de ce site. On a également retrouvé des œuvres d'art dans les quartiers résidentiels d'Akhétaton. Parmi celles-ci, des autels domestiques ornés de représentations de la famille royale sous les rayons du soleil ainsi que des modèles de sculptures et des statues inachevées provenant des ateliers. Toutes ces découvertes permettent de se faire une bonne idée de l'évolution artistique d'Akhétaton. Il apparaît clairement qu'après le dogmatisme extrême des canons artistiques en vigueur à Karnak et à Amarna durant la première phase, des tendances plus modérées et plus idéalistes se sont imposées. Par ailleurs, une nouvelle évolution stylistique se manifesta vers la fin du règne d'Akhénaton, marquée par une tendance très nette au réalisme. Nous devons à l'atelier du sculpteur Thoutmosis quelques pièces sensationnelles, très représentatives de ces deux derniers courants artistiques. Mentionnons ainsi le célèbre buste de Néfertiti, ainsi que de nombreuses statues de ses filles, mais aussi les impressionnants masques et têtes en plâtre, empreints d'un naturalisme témoignant de la naissance d'une nouvelle représentation de l'homme.

Les temples des Ramessides
Hourig Sourouzian

Les rois de la fin de la XVIIIe dynastie avaient certes pu réinstaurer le culte d'Amon-Rê à Thèbes. Cependant, il restait à pourvoir aux sanctuaires de toutes les autres divinités, qui avaient été abandonnés ou détruits. L'immense programme de construction des Ramessides visait à rétablir la totalité des cultes à travers l'Égypte. C'est ainsi que tous les centres religieux de la vallée du Nil portent les témoignages de cette époque.

Memphis

À l'époque du Nouvel Empire à Memphis, le cours du Nil s'étant déplacé vers l'est, l'espace dégagé permit aux rois de la XIXe dynastie, l'aménagement de nouveaux édifices aux portes du temple de Ptah. On assiste d'abord à la création d'une voie processionnelle aboutissant à la porte sud devant laquelle gît aujourd'hui la statue colossale en calcaire cristallin de Ramsès II, sans aucun doute la sculpture la plus accomplie de ce règne qu'on ait trouvée dans la région memphite. Temples, chapelles et statues bordent la nouvelle allée. Un ravissant petit temple de Séthi Ier est dédié à Ptah et aux déesses memphites. De la chapelle axiale de cet édifice, les groupes statuaires, exceptionnellement conservés en place, reproduisent en ronde bosse le thème des scènes sculptées en bas relief sur les murs latéraux. Plusieurs temples dont un consacré à Hathor sont édifiés sous Ramsès II. Ce roi fit aussi ériger, du côté occidental de l'enceinte de Ptah, un pylône dont il subsiste la partie inférieure, précédé de statues colossales et donnant accès à une grande salle hypostyle. Devant la porte nord de l'enceinte de Ptah se trouvait une dyade de Ramsès II avec Ptahatenen, conservée à la Glyptothèque de Copenhague, ainsi qu'un sphinx colossal, aujourd'hui au musée de Philadelphie. À la porte orientale s'élevait le colosse de granit rose qui, en 1954, fut transféré vers la place de la gare, au Caire, pour servir de symbole à la nouvelle Égypte. Sur cette place rebaptisée à cette occasion « Midan Ramsis », la statue souffre aujourd'hui de la pollution moderne. Plus à l'est, à quelques centaines de mètres de l'enceinte de Ptah, on trouve les ruines d'un temple de Ramsès II et d'un complexe de Mérenptah auquel on accédait par une porte monumentale au sud. L'ensemble comprenait, outre un temple de Ptah, un fastueux palais royal aux murs et colonnes incrustés de faïences polychromes.

Les derniers Ramessides se sont contentés d'ajouter leurs noms sur les monuments existants, non pas par simple manie d'usurpation mais parce que tous les monuments de culte étant déjà en fonction, il ne restait plus qu'à en assurer la bonne marche par des donations.

Héliopolis : la butte primordiale de Rê

Un des plus grands centres d'activités de constructions, Héliopolis est aujourd'hui vidé de presque tous ses monuments. Ils ont été transférés dans d'autres sites d'Égypte et depuis l'époque gréco-romaine, on les transporta même à l'étranger. De tous ses temples dont témoignent les textes et qui étaient voués au culte du dieu solaire Rê, à Atoum ou à Hathor, de la grande avenue de sphinx et des obélisques, il subsiste peu de traces. Un modèle de temple de Séthi Ier, retrouvé à Tell el-Yahoudiyeh près d'Héliopolis, nous donne une idée de sa magnificence ; reconstitué

105. Colosse de Ramsès II debout (détail)
Memphis, temple de Ptah ; XIXe dynastie, vers 1275 av. J.-C. ; calcaire cristallin ; haut. actuelle : 10,95 m ; Mit Rahineh, parc archéologique.
Cette statue de Ramsès II, aujourd'hui couchée, se dressait initialement devant la porte sud du temple de Ptah. Elle compte parmi les statues colossales du souverain les plus parfaites ; malgré sa taille, l'harmonie des proportions, la réalisation technique et le poli des surfaces sont admirables. L'expression du visage à la fois douce et majestueuse est caractéristique du style artistique adopté pendant les premières années du règne de Ramsès II.

106. Vestiges de la salle hypostyle de Ramsès II et du pylône occidental
Memphis, temple de Ptah ; XIXe dynastie, vers 1270 av. J.-C.
Du magnifique temple de Ptah – Hérodote eut encore la chance de l'admirer lors de son voyage en Égypte en l'an 5 av. J.-C. –, il ne reste aujourd'hui que quelques vestiges des fondations, de rares blocs de pierre et des tambours de colonnes. On sait cependant que la largeur du pylône était de 74 mètres et que la salle hypostyle comprenait quatre rangées de quatre colonnes, atteignant probablement une hauteur de 13 m.

et exposé au musée de Brooklyn, il nous montre l'aménagement de l'entrée du temple. En place, il subsiste quelques vestiges du Nouvel Empire, récemment dégagés. Une large avenue bordée de constructions ramessides comprend un temple construit sous Ramsès II, qui était précédé de statues royales. La voie aboutit à un porche monumental doté de colonnes fasciculées, au nom de Ramsès III, qui s'ouvrait apparemment sur un temple de grande dimension. Plus loin, une colonne de granit rose, aujourd'hui redressée à sa place, portait une inscription mentionnant l'an V du règne de Mérenptah et commémorant sa victoire sur les Peuples de la Mer. Ce monument qui supportait sans doute une statue ou un emblème se présente ainsi comme le prototype des colonnes commémoratives de l'époque gréco-romaine.

107. Groupe de Ramsès II et du dieu Ptah-Tatenen
Memphis, temple de Ptah, entrée nord ; XIXe dynastie, vers 1260 av. J.-C. ; granit rose ; haut. : 335 cm ; Copenhague, Ny Carlsberg, Glyptothek, Æ.I.N. 1483.
Parmi les nombreuses sculptures que Ramsès II fit ériger devant le temple de Ptah et à l'intérieur de l'édifice, on compte également des groupes de statues représentant le roi avec les dieux. Il s'agit des manifestations du souverain accompagné du maître du temple, comme cette dyade représentant Ramsès II avec le dieu Ptah-Tatenen. Cette association insistait sur la divinisation du roi, qui devenait ainsi l'objet immédiat de la vénération du peuple.

NOUVEL EMPIRE

108. Le temple de Ramsès II de Kôm el-Hisn
Héliopolis ; XIXe dynastie, vers 1270 av. J.-C.
Kôm el-Hisn appartient au vaste domaine d'Héliopolis sur lequel avaient été bâtis plusieurs temples. Une chapelle-reposoir de Ramsès II se trouvait autrefois près de la voie de procession. À la Basse Époque et en particulier sous les Lagides, Héliopolis fut vidé de ses monuments et de ses statues, que l'on transporta ensuite dans les nouvelles capitales, comme Alexandrie.

109. Stèle monumentale de Ramsès II, datant de l'an VIII de son règne
Manshiyet el-Sadr près d'Héliopolis ; XIXe dynastie, 1271 av. J.-C. ; calcaire ; haut. : 210 cm, larg. : 160 cm ; Le Caire, Musée égyptien, JE 39503 (CG 34504).
Dans la partie cintrée de la stèle, Ramsès II se tient, suivi de la déesse Hathor, devant le dieu hiéracocéphale Rê-Horakhty. Le dieu tend à Ramsès les insignes de la royauté. Le long texte inscrit en dessous de la scène indique que le jeune roi séjournant à Héliopolis se demande s'il peut réjouir son père, le dieu solaire Rê-Horakhty, en construisant des monuments destinés à son temple : « Il parcourait le désert d'Héliopolis... (et arriva) à la Montagne Rouge (carrière). Sa Majesté trouva alors un énorme bloc de quarzite, comme on n'en avait pas trouvé depuis le règne de Rê, (et) il était plus haut qu'un obélisque de granit. » Le roi remit ce bloc à ses sculpteurs qui façonnèrent en un an le colosse « Ramsès, Miaamana, le dieu ».

110. La colonne commémorative de Mérenptah
Héliopolis ; XIXe dynastie, vers 1206 av. J.-C. ; granit rose ; hauteur de la colonne : 5,42 m, diam. : 82 cm ; Héliopolis, Magasin.
Sur la voie processionnelle menant aux temples du Moyen Empire dotés d'obélisques, Mérenptah fit ériger une colonne dont les inscriptions commémorent sa victoire en l'an V sur une coalition des Libyens et des Peuples de la Mer. Le corps de l'abaque présente au sommet une cavité rectangulaire qui accueillait peut-être une statue ou un emblème. Ce monument serait le prototype des colonnes commémoratives de l'époque gréco-romaine, comme celles de l'empereur romain Trajan ou Marcus Aurelius.

111. Modèle antique de l'entrée d'un temple héliopolitain
Tell el-Yahoudiyeh ; XIXe dynastie, époque de Séthi Ier, vers 1285 av. J.-C. ; grès silicifié ; long. : 112 cm, larg. : 87,5 cm, haut. : 28 cm ; avec reconstitution ; Brooklyn Museum, Charles Edwin Wilbour Fund 1949, 49.183 et 66.228 (reconstitution).
Les cavités qui se trouvaient sur le socle de ce modèle antique ont permis de reconstituer un pylône devant lequel se dressaient deux obélisques, deux statues debout du roi en costume d'apparat, ainsi que deux paires de sphinx. Les scènes gravées autour du socle illustrent Séthi Ier à demi-allongé, présentant des offrandes à Rê-Horakhty et Amon.

112. Stèle de l'officier Mose
Qantir (Pi-Ramsès) ; XIXe dynastie, vers 1270 av. J.-C. ; calcaire ; haut. : 67,5 cm ; Hildesheim, Pelizaeus-Museum, 374.
La partie supérieure de la stèle montre Ramsès II présentant une offrande au dieu Ptah, « celui qui écoute les prières ». Du haut de la fenêtre de son palais, il remet à l'officier Mose l'or de récompense. Dans la partie inférieure, Ramsès II se tient à côté de son propre colosse portant le nom de « Ramsès, soleil des souverains », et récompense Mose et ses soldats. Les représentations gravées sur d'autres stèles de ce type indiquent que la ville de Ramsès (Pi-Ramsès) abritait de nombreux colosses assis et debout, pouvant atteindre plus de 20 m de hauteur.

113. Tanis, vue sur des constructions et des fragments de statues ramessides
Après l'abandon de la prestigieuse ville de Ramsès, les souverains des nouvelles dynasties libyennes (depuis environ 1045 av. J.-C.) transférèrent les statues, les colonnes et des éléments architecturaux de Pi-Ramsès dans leur nouvelle capitale du Delta, Tanis, où ils furent réemployés pour construire les temples des souverains. Au début des fouilles entreprises au siècle dernier, Tanis était donc le « musée de plein air » le plus riche du Delta. La plupart des sculptures ayant résisté aux outrages du temps trônent aujourd'hui dans les musées du Caire et d'Europe. Cependant, Tanis reste le site antique le plus impressionnant du Delta.

Pi-Ramsès : les temples de la ville de Ramsès

Stèles et papyrus nous livrent des témoignages sur Pi-Ramsès – la ville de Ramsès, la célèbre capitale des Ramessides dans le Delta oriental. Fondée sous le règne de Séthi Ier, elle fut élargie, embellie et exaltée par Ramsès II, qui lui donna son nom : « Pi-Ramsès, la victorieuse ». Au cœur de la ville s'étendait un important palais résidentiel vers lequel s'orientaient les grands temples, disposés aux quatre points cardinaux et consacrés aux dieux principaux de l'Empire, Amon, Rê et Ptah, ainsi qu'au dieu dynastique Seth, et aux déesses Anat et Ouadjet. Pour célébrer les fêtes jubilaires de Ramsès II, on avait aménagé devant les temples des grandes cours de fêtes et des forêts d'obélisques élevés. Aux portes des temples s'élevaient des statues colossales de dimensions extraordinaires, les plus gigantesques de toute l'Égypte ; d'après les vestiges retrouvés, elles dépassaient les 21 mètres. De nombreuses stèles nous montrent les représentations de ces colosses qui faisaient l'objet d'un culte particulier. Adorées comme personnifications des dieux sous l'aspect du souverain régnant, ces sculptures gigantesques servaient d'intermédiaires entre les dieux qu'elles incarnaient et les particuliers qui venaient leur adresser des supplications et des prières. Leur mise en place était accompagnée par des distributions de terres et l'émission de scarabées commémoratifs.

Découvrir cette ville que la Bible mentionne comme lieu de l'oppression des enfants d'Israël, était l'un des principaux objectifs des premiers archéologues en Égypte, qui ajoutaient foi au récit biblique.

Or les édifices de Pi-Ramsès avaient été en grande partie démantelés dès la XXIe dynastie, pour servir de matériau de construction ou de remploi, dans les temples de la nouvelle capitale, à Tanis. C'est là qu'ont été retrouvés des blocs décorés portant les noms de Ramsès II et des dieux de Pi-Ramsès, des encadrements entiers de portes en granit, des sections d'architraves, des dizaines d'obélisques fragmentés et de colonnes, ainsi que de nombreux vestiges de statues colossales. Parmi eux se trouvent les morceaux débités d'un des colosses de granit autrefois debout à Pi-Ramsès, dont l'œil à lui seul mesure 42 centimètres de longueur et le pied, plus de trois mètres. Les vestiges comprennent encore d'autres colosses de grès et plusieurs effigies royales de grandes dimensions en granit, des statues divines, des dyades et triades représentant le roi avec les divinités, sans oublier les grands sphinx et les colosses des rois du Moyen Empire, qui avaient été réinscrits sous le règne de Ramsès II ou celui de son fils Mérenptah. Notons encore les statues de prêtres et de hauts fonctionnaires qu'on avait également transférées à Tanis. Ce sont en tout une cinquantaine de sculptures, aujourd'hui dispersées dans les sites et les musées qui offraient un échantillonnage extraordinaire de l'art statuaire, digne d'avoir formé un des plus beaux et des plus impressionnants musées de plein air. Il n'est donc pas étonnant qu'on ait cru pendant longtemps identifier l'immense champ de ruines de Tanis avec la célèbre Pi-Ramsès. Les fouilles récentes ont toutefois apporté la preuve irréfutable de la localisation de l'antique Pi-Ramsès près de l'actuel Qantir. La ville s'étendait sur plusieurs kilomètres carrés jusqu'à Tell el-Daba, à l'emplacement de l'ancienne Avaris, résidence des Hyksôs. De tous les monuments prestigieux laissés en place, les rares vestiges de la cité glorieuse sont aujourd'hui disséminés dans les champs.

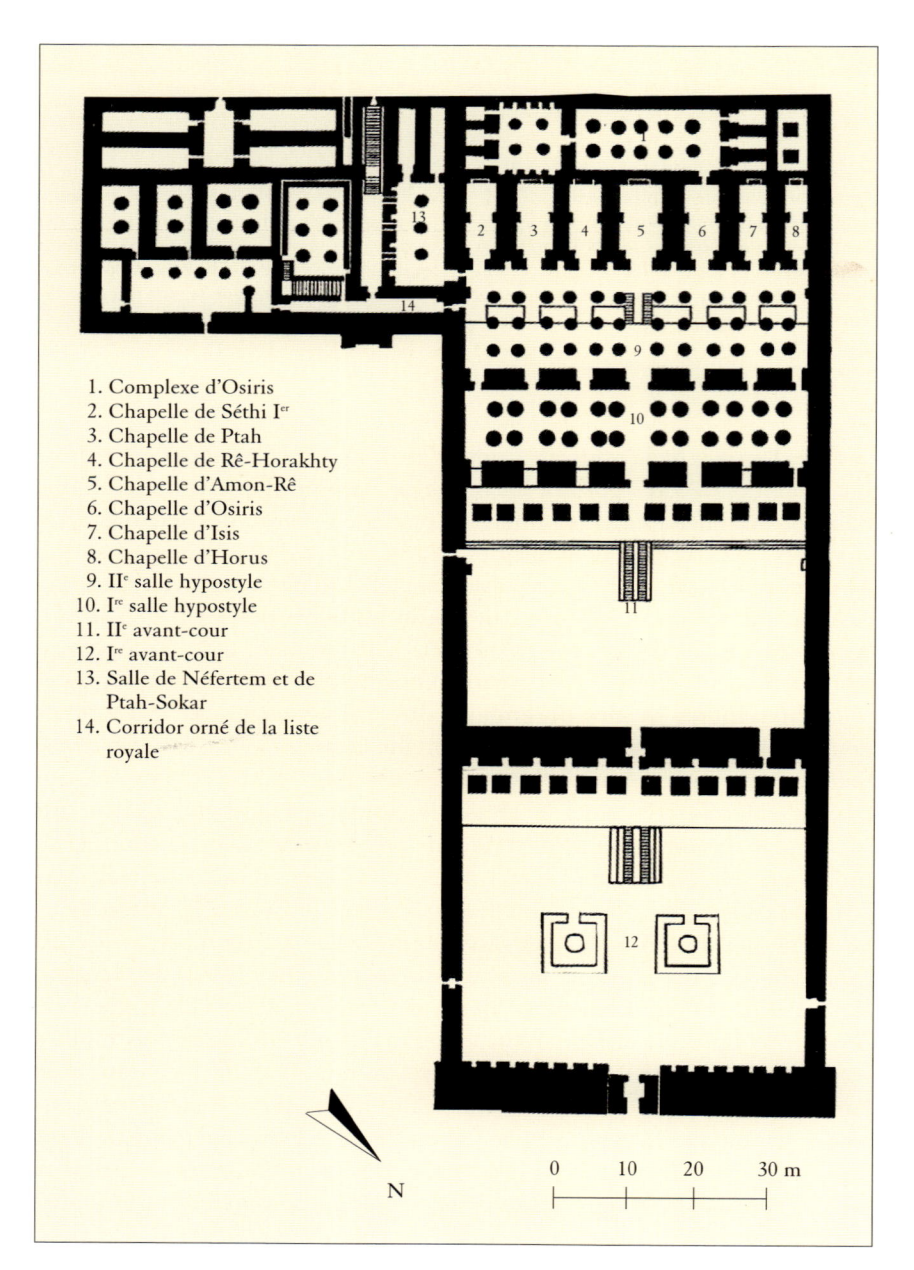

Abydos : foyer du culte d'Osiris

Centre religieux d'importance capitale, lieu de pèlerinages depuis les dynasties reculées et foyer du culte d'Osiris qui était censé y être enterré, le site d'Abydos avait été abandonné depuis l'époque amarnienne. Comme pour compenser cette désertion, Séthi Ier édifia à Abydos, sur « l'escalier du grand dieu », la voie processionnelle menant du temple d'Osiris au tombeau du dieu à Umm el-Qaab, une des constructions les plus remarquables et les plus accomplies jamais mises au service des grands dieux : un « Temple de millions d'années », qu'il dédia à tous les dieux et tous les anciens souverains d'Égypte.

Le temple de Séthi Ier

En avant de son propre temple, Séthi Ier fit construire une chapelle commémorative pour son père Ramsès Ier. Les représentations en bas relief qui en proviennent, conservés au Metropolitan Museum of Art de New York, viennent d'être restaurées et dûment exposées. D'une haute qualité artistique, ces scènes montrent les membres de la famille de Séthi Ier apportant des offrandes aux divinités abydéniennes.

Le grand temple de Séthi Ier, bâti en calcaire, est consacré non seulement à la triade divine d'Abydos, Osiris, Isis et Horus, mais aussi aux principaux dieux de l'Empire, notamment, les dieux de la triade thébaine, Amon et ses parèdres, les dieux Rê d'Héliopolis et Ptah de Memphis, ainsi que le roi régnant lui-même. Le plan de ce temple est d'une extrême clarté et sa partition architectonique est réalisée d'une manière impeccable. L'orthodoxie et la rigueur du programme du décor mural, la grande qualité technique et artistique de son exécution, font de ce temple un haut lieu de l'art de la XIXe dynastie. En même temps, par la conservation exceptionnelle des scènes rituelles représentées en détail sur les murs, le temple s'offre comme un guide ouvert pour la compréhension du rituel divin journalier.

Des marches solennelles mènent au quai débarcadère surélevé qu'un canal reliait autrefois au Nil. Deux cours précédées de pylônes, qui « s'élevaient au ciel », d'après un texte commémoratif, se succédaient devant le temple proprement dit. La façade de la première des deux salles hypostyles est doublée d'un portique composé de piliers osiriaques. Elle est percée de sept portes qui donnaient accès à sept axes menant parallèlement aux sanctuaires divins. Au centre, le sanctuaire d'Amon-Rê abritait les barques de la triade thébaine, dont les représentations sont sculptées sur les parois et peintes de couleurs vives. À main droite se trouvent les sanctuaires d'Osiris, Isis et Horus ; à gauche, ceux de Ptah, Rê-Horakhty et le roi Séthi Ier divinisé. À l'exception du sanctuaire d'Osiris, chaque chapelle donne fictivement accès, par une fausse-porte, à un cénotaphe ménagé en contrebas dans le désert, derrière le temple, à l'ouest. Il permettait au roi mort, identifié à Osiris, d'y jouir d'un culte funéraire. Seul le sanctuaire d'Osiris débouche par une véritable porte sur un ensemble de pièces. Ce complexe comprenait deux salles et trois chapelles dédiées aux trois divinités abydéniennes, Osiris, auquel s'identifie le roi défunt, Isis et Horus. De la deuxième salle hypostyle du temple, un passage latéral décoré de la liste des noms des rois ancêtres depuis la première dynastie jusqu'à Séthi Ier, donnait accès d'une part aux complexes des dieux memphites et d'autre part, à des salles où l'on déposait les barques, les statues et les objets de processions. À l'instar des temples funéraires thébains, de vastes magasins en brique bordaient le temple à l'est.

À la mort de Séthi Ier, ce temple extraordinaire était resté inachevé. Lorsque Ramsès II, nouvellement couronné, accompagna le transport en bateau de la momie de son père vers Thèbes, le jeune souverain fit halte à Abydos où il se promit solennellement de compléter le temple de son père et d'y redresser les statues qui gisaient dans les cours. Et c'est précisément ce qu'il fit.

114/115. Le temple de Séthi Ier à Abydos
XIXe dynastie, vers 1285 av. J.-C. ; calcaire ; plan du temple.
Le temple de Séthi Ier est célèbre pour son remarquable état de conservation. Ce monument – situé dans la nécropole la plus sacrée d'Égypte, foyer du culte d'Osiris – était à la fois le temple funéraire et le « Temple de millions d'années » de Séthi Ier, et un temple commémoratif dédié aux grands dieux Rê, Amon, Ptah, Sokar, Osiris et Isis. Les reliefs peints, d'une extrême finesse, comptent parmi ce que l'art du Nouvel Empire produisit de plus parfait.

1. Complexe d'Osiris
2. Chapelle de Séthi Ier
3. Chapelle de Ptah
4. Chapelle de Rê-Horakhty
5. Chapelle d'Amon-Rê
6. Chapelle d'Osiris
7. Chapelle d'Isis
8. Chapelle d'Horus
9. IIe salle hypostyle
10. Ire salle hypostyle
11. IIe avant-cour
12. Ire avant-cour
13. Salle de Néfertem et de Ptah-Sokar
14. Corridor orné de la liste royale

116. Vue sur la II⁰ salle hypostyle
Abydos, temple de Séthi I⁰ʳ ; XIX⁰ dynastie, vers 1285 av. J.-C.
La deuxième salle hypostyle du temple de Séthi I⁰ʳ est divisée en deux parties. La partie antérieure couvre les deux tiers de la superficie totale et comprend – à l'instar de la première salle hypostyle – 24 colonnes papyriformes. Dans la partie postérieure, des rampes mènent en montant légèrement vers les entrées des sept chapelles divines qui composent le sanctuaire. Douze colonnes simples et sans chapiteaux se dressent devant ces entrées.

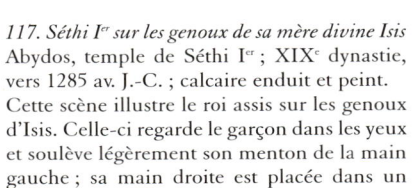

117. Séthi I⁰ʳ sur les genoux de sa mère divine Isis
Abydos, temple de Séthi I⁰ʳ ; XIX⁰ dynastie, vers 1285 av. J.-C. ; calcaire enduit et peint.
Cette scène illustre le roi assis sur les genoux d'Isis. Celle-ci regarde le garçon dans les yeux et soulève légèrement son menton de la main gauche ; sa main droite est placée dans un geste de protection derrière la tête du souverain. Le roi porte la calotte royale dorée au front de laquelle se dresse l'*uraeus*, un pagne d'apparat finement plissé et un pectoral ; ses pieds reposent sur un repose-pieds orné du puissant symbole de l'« Union des Deux-Terres ».

118. (À droite) Scène du culte rendu à la statue du dieu Amon
Abydos, temple de Séthi I⁰ʳ, chapelle d'Amon ; XIX⁰ dynastie, vers 1285 av. J.-C. ; calcaire peint.
Le culte rendu quotidiennement à la statue est représenté dans chacune des six chapelles divines (le sanctuaire consacré à Séthi I⁰ʳ comportant une décoration différente). Il se compose de rituels que le roi, ou le prêtre le remplaçant, se doit d'accomplir devant la statue du dieu.
Le rituel, représenté ici dans une version iconographique complète, comprend plusieurs étapes : l'entrée dans le sanctuaire, l'ouverture du naos, l'apparition du dieu, la prosternation devant le dieu, la glorification et l'offrande, la sortie de la statue de son naos ; elle est ensuite lavée, habillée, on lui remet les insignes, la statue est alors parfumée et maquillée, le sol est enfin lavé, la sculpture replacée dans son naos, on efface ensuite les traces de pas, les torches sont éteintes et le naos fermé.
La scène représentée ici montre Séthi I⁰ʳ ouvrant le naos qui abrite la statue d'Amon. De façon concrète, le roi brise les scellés apposés la veille lors du précédent rituel.

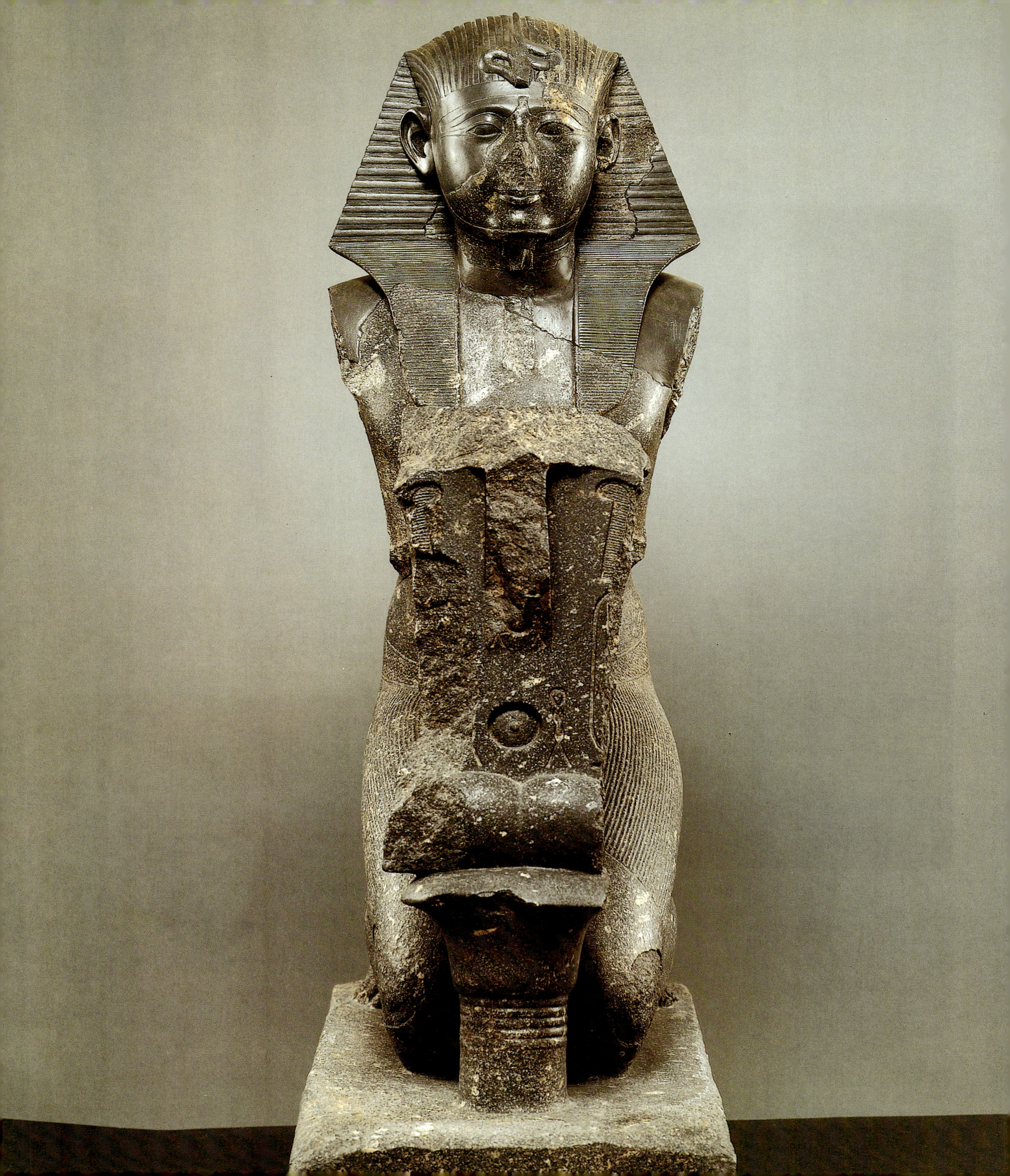

119. (À gauche) Statue de Séthi Ier agenouillé
Abydos, temple de Séthi Ier ; XIXe dynastie, vers 1285 av. J.-C. ; granodiorite grise ; haut. : 114,3 cm ; New York, Metropolitan Museum of Art, 22.2.21.
Cette sculpture illustre Séthi Ier agenouillé, présentant un plateau d'offrande aux divinités d'Abydos. Le pied de ce plateau est formé du hiéroglyphe *ka* signifiant « offrande » posé sur un bouton de lotus. Bien que très endommagée, cette œuvre nous donne une idée de la beauté et de l'élégance de la statuaire de Séthi Ier.

Le temple de Ramsès II

Sur le même chemin des processions qui menait vers le temple d'Osiris à Abydos, Ramsès II édifia son propre temple, qui lui servait également de temple funéraire et de reposoir de barque. Sur un plan varié mais tout aussi original que celui de son père, le temple de Ramsès II abritait les sanctuaires des dieux thébains et abydéniens, de l'Énnéade d'Héliopolis, ainsi que du dieu Oupouaout, patron des nécropoles. Une chapelle était aménagée pour servir de reposoir à la barque de son père, Séthi Ier.

La décoration murale, ayant par endroits conservé ses couleurs brillantes, déploie une grande variété de thèmes allant des processions solennelles dans les cours, du défilé des dieux-Nil apportant les produits de leurs domaines, jusqu'aux figurations des divinités dans leurs chapelles, en passant par le cortège qui transportait le reliquaire de la tête d'Osiris du temple de ce dieu vers la tombe qu'on lui avait attribuée dans la nécropole primitive d'Oumm el-Gaab.

Les temples égyptiens de Nubie
Regine Schulz

Après avoir chassé les Hyksôs hors d'Égypte, les souverains du Nouvel Empire s'efforcèrent de rétablir leur influence sur la Nubie. La Nubie possédait de grandes ressources aurifères, ce qui explique probablement l'intérêt considérable de l'Égypte pour ce pays. Les souverains égyptiens organisèrent donc de nombreuses campagnes militaires, et Thoutmosis III parvint finalement à atteindre la Quatrième Cataracte. Il mit en place une administration égyptienne dont le siège se tenait à Aniba ; les forteresses du Moyen Empire furent restaurées, les souverains bâtirent de nouvelles villes et de nouveaux temples. Cependant, les révoltes étaient incessantes. Ce n'est que sous le règne d'Aménophis III que la région fut largement pacifiée, avant de tomber entièrement sous la coupe de l'Égypte.

Le temple d'Aménophis III à Soleb : sanctuaire du « Seigneur de Nubie »

Aménophis III fit construire de nombreux édifices cultuels en Nubie. L'un d'entre eux – le plus impressionnant – se trouvait sur la rive occidentale, à quelque 500 kilomètres au sud de Thèbes, à Soleb. Il le nomma « Celui qui apparaît dans Maât » (principe de l'ordre universel), désignation intégrée dans son propre nom d'Horus à l'intérieur de sa titulature royale.

Le temple était dédié à Amon-Rê et à Aménophis III, divin « Seigneur de Nubie ». Dans ses représentations divines, le roi prenait une dimension cosmique ; au-dessus du *némès* royal, il portait le croissant et le disque de lune. Son costume comportait en outre la barbe et le pagne divins, ainsi que les cornes de bélier d'Amon. Dans le temple, le roi assumait un double rôle. En sa qualité de dieu, il faisait l'objet d'un culte comme les autres divinités, tandis qu'en sa qualité de roi, c'était lui qui accomplissait les rituels. Aussi n'est-il pas étonnant de le voir présenter une offrande devant sa propre image divinisée sur l'un des bas-reliefs.

Agrandi à quatre reprises, le temple de Soleb devint le plus grand lieu de culte égyptien de Nubie. Il était composé d'un édifice central divisé en trois parties, comprenant des salles destinées à la barque et au culte. On

120. Vue sur la deuxième cour du temple de Ramsès II à Abydos
XIXe dynastie, vers 1270 av. J.-C.
Au nord-ouest du temple de Séthi Ier à Abydos, son fils Ramsès II fit construire son propre temple, consacré à la triade d'Abydos, Osiris, Isis et Horus.
L'édifice est en outre dédié au culte royal et au « Temple de millions d'années » de Ramsès II.

121. Barque de procession de Ramsès II
Abydos, temple de Ramsès II, salle de la barque ; XIXe dynastie, vers 1270 av. J.-C.
La cour donnait accès à des petites chapelles dont l'une d'entre elles abritait la barque royale. La barque est donc représentée sur les parois latérales de la chapelle. Elle montre le roi assis sur son trône au centre. La corne de bélier qui se love autour de l'oreille du roi indique que le souverain est divinisé. La barque du pharaon jouait un rôle important dans les fêtes d'Abydos et était portée en tête du cortège processionnel de l'emblème d'Osiris.

NOUVEL EMPIRE

122. Statue de lion d'Aménophis III
Gébel Barkal ; initialement à Soleb, temple d'Aménophis III ; XVIIIe dynastie ; granit rose ; haut. : 117 cm, long. : 205 cm ; Londres, British Museum, EA 2.

Cette statue de lion est empreinte à la fois d'un calme majestueux et d'une vigilance soutenue. Avec son pendant, elle flanquait probablement initialement l'entrée du kiosque monumental devant le deuxième pylône du sanctuaire. Ces deux lions sont la manifestation divinisée d'Aménophis III et l'associent de façon mythique aux aspects cycliques de la lune et du soleil. L'attitude de l'animal – pattes antérieures croisées l'une sur l'autre – présente une variante jusqu'alors inconnue dans la statuaire animale. Tout comme la statue de bélier du Gébel Barkal, ces deux lions – dont les inscriptions furent en partie usurpées par Toutânkhamon et Tiy – furent transportés au Gébel Barkal par Amanislo, le roi des Méroïtes. Lord Prudhoe les y découvrit lors de son expédition scientifique au Soudan. Ils furent ensuite convoyés par bateau jusqu'en Angleterre et remis au British Museum en 1835.

123. Le temple d'Aménophis III à Soleb – vue du sud-ouest
Soleb ; XVIIIe dynastie, vers 1360 av. J.-C.
En relation étroite avec la première fête de régénération du roi (*heb-sed*), cet édifice marque la frontière australe d'un gigantesque programme architectural qu'Aménophis III porta sur tout le pays. Le sanctuaire ne devait pas seulement affirmer sous une forme impressionnante la prétention du roi à gouverner la Nubie. Il servait également de scène cultuelle, avec la forme du souverain divinisé au centre.

124. Le dieu Amon en bélier
Gébel Barkal ; initialement à Soleb, temple d'Aménophis III ; XVIIIe dynastie, vers 1360 av. J.-C. ; granodiorite grise ; haut. : 130 cm, long. : 209 cm ; Berlin, SMPK, Ägyptisches Museum, 7262.

Plusieurs béliers colossaux – hypostases du dieu Amon – flanquaient la voie de procession menant du quai au pylône d'entrée du temple de Soleb. Une statue du roi momiforme se tenait entre les pattes avant de l'animal, protégée ainsi par la divinité. Les cornes, les oreilles et le disque solaire avaient autrefois été travaillés séparément en métaux précieux (aujourd'hui reconstitués). Se limitant aux éléments formels essentiels, cette sculpture passe pour un chef-d'œuvre de la statuaire animale de l'Ancienne Égypte. Les inscriptions gravées autour du socle célèbrent la beauté du sanctuaire. Cette statue de bélier fut découverte non pas à Soleb, mais plus au sud, dans le temple d'Amon-Rê du Gébel Barkal, où elle avait été transportée sous la XXVe dynastie par le roi Piânkhi.

construisit plus tard une salle hypostyle portée par vingt-quatre colonnes palmiformes, une cour bordée de portiques et le Ier pylône. On aménagea par la suite une autre cour fermée par le IIe pylône. Pour finir, on dota cette cour de colonnes papyriformes, on érigea un kiosque porté par quatre colonnes palmiformes, deux obélisques et six colosses à l'effigie du roi. Une allée de sphinx criocéphales menait au IIIe pylône, intégré dans le grand mur d'enceinte.

On a conservé peu de choses du répertoire iconographique du temple. Plusieurs scènes de la deuxième cour illustrent la fête-*sed* d'Aménophis III où il apparaît en compagnie de son épouse Tiy, et de son conseiller Amenhotep, fils de Hapou. Dans la salle hypostyle, la partie inférieure des fûts des colonnes portait les noms des tribus que l'Égypte avait placées sous sa férule. On retrouve parmi ces noms celui de « Bédouins-Shasou de Yahvé ». Il s'agit probablement du plus ancien document faisant référence au futur dieu des Israélites.

Les temples des Ramessides
Hourig Sourouzian

Dans les régions désertiques de l'Égypte, ainsi qu'en Nubie, l'usage se répand au Nouvel Empire de creuser des sanctuaires dans la falaise. Les temples rupestres de la XIXe dynastie sont érigés soit sur le chemin de mines d'or, près d'une source d'eau, comme le temple de Séthi Ier au Ouadi Mia, soit creusés dans une carrière en cours d'exploitation, comme la chapelle d'Hathor ménagée sous le règne de Mérenptah dans les carrières de calcaire à el-Babeïn. Les temples rupestres de Nubie servent avant tout à exalter le rayonnement des dieux d'Égypte, comme en témoigne l'œuvre de Ramsès II qui ne compte pas moins de six nouvelles constructions en terre nubienne. Ces temples étaient de véritables joyaux dont la splendeur et les particularités ont en partie survécu aux outrages du temps. Le temple de Beit el-Ouali s'illustre par la finesse de son décor mural sculpté, le temple de Derr par l'éclat de ses bas-reliefs polychromes. Le site de Gerf Hussein, aujourd'hui immergé dans les eaux du lac Nasser, était célèbre pour la profusion de ses triades sculptées dans les parois de la cour et de la grande salle ; le temple du Ouadi es-Séboua se distingue surtout par son imposante allée de sphinx. Mais c'est Abou Simbel qui représente l'apogée de la grandeur ramesside.

Les sanctuaires rupestres d'Abou Simbel

Le site d'Abou Simbel témoigne mieux que tout autre, des prouesses architecturales de ce règne prestigieux. On peut y voir à la fois l'aboutissement du type rupestre et l'expression parfaite de la teneur religieuse des temples nubiens. Cette entreprise extraordinaire qui suscite la plus grande admiration, reflète la grandeur et l'esprit créateur du jeune souverain, qui était à peine âgé de 15 ans, lorsqu'il décréta la mise en œuvre de ce chantier.

L'ensemble comprend deux temples complémentaires. Le grand temple abrite le culte des dieux ramessides, Amon-Rê, Rê-Horakhty et Ptah, ainsi que celui du souverain divinisé. Dans le second temple, plus petit, Ramsès II s'unit à la déesse Hathor, personnifiée par la Grande Épouse royale Néfertari. Les colosses assis devant le temple principal et les grandes statues debout en façade du petit temple, entourés des effigies d'épouses et d'enfants royaux, sont les manifestes, dans cette contrée lointaine, de la toute puissance et de la grandeur de l'univers des dieux égyptiens, qui sont représentés par l'image du roi divin et des membres de sa famille.

125 Sphinx de Ramsès II dans le temple de Ouadi es-Séboua
Ouadi es-Séboua ; XIXe dynastie, vers 1260 av. J.-C. ; grès ; haut. : 4,80 m.
L'allée de sphinx du temple constitue le dromos le mieux conservé de la XIXe dynastie. Le nombre important de statues encore bien conservées lui a valu le qualificatif de « Vallée des lions ». Les sphinx de la première cour sont à tête humaine, ceux de la deuxième cour à tête de faucon et tiennent une statue du roi plus petite devant eux. Les inscriptions retrouvées sur les sphinx indiquent qu'ils furent édifiés par Ramsès II comme monuments dédiés à son père Amon-Rê.

126 Allée de sphinx de Ouadi es-Séboua
Ouadi es-Séboua ; XIXe dynastie, époque de Ramsès II, vers 1260 av. J.-C.
Avant d'avoir été déplacé pour échapper à la montée des eaux, ce temple se dressait autrefois sur la rive du Nil et était relié au fleuve par un quai. Dans l'enceinte du temple, une statue du roi et un sphinx flanquaient les deux côtés de l'entrée. Traversant deux cours, une allée de sphinx menait à un pylône devant lequel se dressaient deux statues colossales du roi porte-enseigne. Le temple proprement dit se trouvait à l'arrière, dans le massif rocheux. Tout comme le temple de Derr, le temple rupestre du Ouadi es-Séboua fut déplacé en 1964 et se trouve aujourd'hui 4 km à l'ouest de son emplacement d'origine.

À l'intérieur des temples, la splendeur des salles ornées de scènes d'offrandes et du transport solennel des barques sacrées, livre à sa manière une image de l'Égypte, une terre habitée et bénie par les dieux, où règne l'ordre universel régi par les dieux. Le souverain, seul garant de cet ordre sur terre, repousse les dangers qui menacent l'Égypte. Ainsi, les scènes animées de batailles, notamment celle de Qadesh, rapportent encore une fois la victoire de Ramsès II sur les Hittites.

À l'intérieur du grand temple, on passe de la vaste salle rupestre où huit statues royales sont adossées aux piliers qui bordent le passage axial, à une salle à piliers, de moindres dimensions et au plafond plus bas, pour accéder, par un vestibule au saint des saints, qui est en même temps une sorte de caverne. Dans sa paroi occidentale sont sculptés les effigies des dieux du temple : Amon-Rê, Rê-Horakhty et Ptah, les dieux prédominants de l'Empire des Ramessides, parmi lesquels est admis le roi divinisé. Le temple est orienté de sorte que deux fois par an – le 20 février et le 20 octobre de chaque année – les statues soient éclairées à l'intérieur du saint des saints par les rayons du soleil. Ce phénomène, bien exploité par les agences de voyage ces dernières années, a été qualifié de « miracle d'Abou Simbel ». Cependant, la présomption selon laquelle ces dates coïncideraient avec l'anniversaire de la naissance et du jour de l'intronisation de Ramsès II, n'est en rien justifiée.

127. Le grand temple de Ramsès II à Abou Simbel
Abou Simbel ; XIXᵉ dynastie, vers 1260 av. J.-C. ; grès ; prof. dans le rocher : 60 m.
Abou Simbel est sans conteste le plus beau temple rupestre de Nubie. Ramsès II en débuta la construction dans les premières années de son règne, et il fut terminé un peu avant la vingtième année de règne du souverain. La façade qui présente la forme caractéristique d'un pylône est dominée par quatre colosses assis, hauts de 22 m. Les colosses situés au sud porte le nom de « Ramsès, soleil des souverains » et de « Maître des Deux-Terres », ceux du nord celui de « Ramsès, aimé d'Amon » et « aimé d'Atoum ». Au-dessus de l'entrée, le roi présente une offrande au maître du temple Rê dont les attributs, associés à son effigie, forment le nom de couronnement de Ramsès II, Ousermaâtrê. Le temple proprement dit est creusé dans le grès de Nubie sur une distance de 60 m. Il se compose de deux salles à piliers, de magasins et d'un sanctuaire situé plus profondément encore dans la roche. Les temples d'Abou Simbel ont été sauvés de la montée des eaux du lac Nasser entre 1964 et 1968. Ils ont été transférés sur une falaise derrière leur site d'origine.

Les temples d'Abou Simbel ont été sauvés de la montée des eaux du lac Nasser grâce à une exceptionnelle campagne de solidarité et de coopération internationales, entre 1964 et 1968. Découpés en blocs, ils ont été transférés et reconstruits sur une falaise avoisinante surélevée.

La prouesse technique de cette opération fut digne de l'ampleur du projet sous Ramsès II. Toutefois, la remarquable intégration du temple dans son environnement et son cachet particulier n'ont pu être restitués ni le romantisme du paysage nilotique nubien, avec ses habitations et ses palmiers, qui sont aujourd'hui irrémédiablement perdus.

128. Le sanctuaire du grand temple
Abou Simbel ; XIX⁰ dynastie, vers 1260 av. J.-C.
Derrière les salles des apparitions et des offrandes se situe le sanctuaire du temple dans lequel se dresse un groupe statuaire, taillé dans le roc, groupe représentant Ramsès II et les trois grands dieux de l'Empire, Amon-Rê, Rê-Horakhty et Ptah. La place du roi parmi les dieux l'élève au rang d'une divinité. Le temple est orienté de telle façon que les rayons du soleil levant n'éclairaient les statues que lors des équinoxes, le 20 février et le 20 octobre (périodes de l'année où le jour a une durée égale à celle de la nuit).

129. Le petit temple d'Abou Simbel
XIX⁰ dynastie, vers 1260 av. J.-C. ; grès ; profondeur dans le rocher : 21 m.
Plus petit, ce temple se situe au nord du grand temple et est entièrement dédié à la reine Néfertari personnification de la déesse Hathor, aimée du roi et mère des enfants royaux. Sur la façade (28 m x 12), de chaque côté de l'entrée, les statues du roi hautes de 9,50 m alternent avec celles de la reine. Aux côtés de Néfertari se dressent les effigies des princesses, plus petites ; le roi est flanqué de princes.

130. La salle à piliers du grand temple
Abou Simbel ; XIX⁰ dynastie, vers 1260 av. J.-C. ; grès ; hauteur des piliers : 8 m.
Derrière la façade du grand temple se trouve une salle (17,70 m x 16,50) comportant deux rangées de quatre piliers devant lesquels se dressent des statues colossales du roi atteignant le plafond. Le roi porte la couronne blanche, la barbe royale et le pagne d'apparat. Il tient dans ses mains la crosse et le flagellum. Tout comme les colosses assis devant la façade, ces statues portent chacune un nom et sont entièrement dédiées au souverain divinisé.

NOUVEL EMPIRE

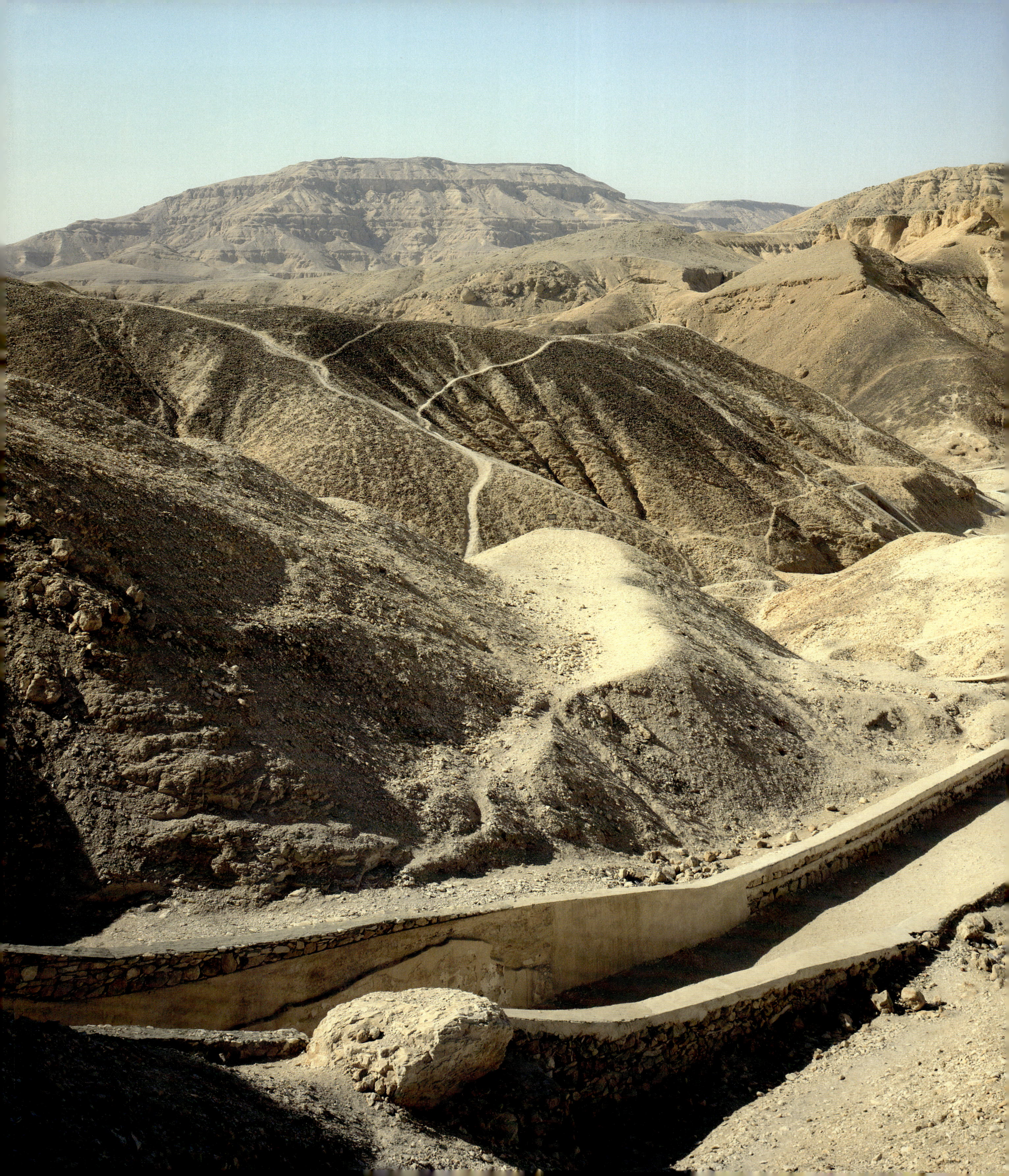

La Vallée des Rois

Matthias Seidel

La Vallée des Rois – Ouadi Biban el-Molouk –, quel nom évoque-t-il mieux la puissance et la splendeur des pharaons, quels mots sont-ils plus inspirés pour faire voyager l'imagination de l'homme d'aujourd'hui ? Tous les souverains du Nouvel Empire, depuis Thoutmosis Ier, choisissent de se faire inhumer dans cette vallée creusée à cinq kilomètres du Nil dans la montagne occidentale de Thèbes. Seul Akhénaton et sa famille font exception à la règle.

Il existe sans doute plusieurs raisons à ce choix. Au début de la XVIIIe dynastie, Thèbes devint la nouvelle capitale du royaume ; les souverains établirent donc leur nécropole à proximité de la ville. Le ouadi isolé présentait toutes les conditions de sécurité requises. L'administration de la nécropole royale pensait le contrôler et le surveiller facilement ; une faute de jugement qui s'avéra fatale par la suite.

Cependant l'implantation de la nécropole à l'ouest avait une autre motivation, plus spirituelle : les croyances liaient étroitement la survie du roi défunt dans l'au-delà à la course cyclique du soleil (le soleil se couche à l'occident, qui équivaut à l'au-delà). En outre, dès le Moyen Empire, on voua dans la Thèbes occidentale un culte particulier à la déesse Hathor honorée comme la Maîtresse de l'Occident. Cette déesse représentée sous forme de vache veillait à la survie du souverain dans l'au-delà. De plus, la Vallée était surplombée par la « Corne de Gourna », la plus haute éminence (450 m) de la montagne occidentale, dont la forme pyramidale rappelait la tradition des tombeaux royaux.

Enfin, ce furent des raisons pratiques qui emportèrent la décision de ne plus enterrer le roi défunt dans une pyramide mais dans un hypogée et de célébrer désormais son culte funéraire dans un temple érigé en bordure des terres fertiles. En effet, ni les gigantesques masses de pierres des pyramides, ni l'ingénieux système de galeries construit à l'intérieur de celles-ci n'avaient pu remplir leur fonction, à savoir assurer la protection de la momie royale et du mobilier funéraire qu'ils abritaient.

La vallée se divise en deux bras ; la branche orientale abrite la majeure partie des tombes royales et forme la Vallée des Rois proprement dite. C'est ce bras que les textes de l'Égypte ancienne désignent comme la Grande Place, ou brièvement la Vallée. Seules les tombes d'Aménophis III et de Ay furent érigées dans le ouadi occidental. La concentration des sépultures dans la vallée orientale, au début de la XVIIIe dynastie, s'explique sans doute par le fait que les contours naturels de la roche favorisaient l'aménagement d'hypogées situés à l'abri des regards. L'inscription biographique du fonctionnaire Inéni témoigne de la nécessité de garder le plus grand secret sur l'emplacement des tombes ; on y lit, à propos de celle de Thoutmosis Ier : «... J'ai vu creuser dans la solitude la tombe rupestre de Sa Majesté, nul ne voyant, nul n'entendant. » Au fil du temps, la place se fit rare et les souverains ramessides durent se contenter de la plaine située au centre de la vallée.

Voyageurs, aventuriers et explorateurs

Dans l'Antiquité, l'Égypte passait pour le pays des miracles et des mystères. Les pyramides et les nombreux temples et tombeaux attiraient déjà la curiosité du flot naissant des visiteurs, et même les empereurs romains comme Hadrien (130 apr. J.-C.) furent fascinés par les monuments de la civilisation pharaonique. Dans la Vallée des Rois, dans les dix tombes accessibles à l'époque, on a recensé plus de 2 000 graffiti (inscriptions émanant de visiteurs), témoins de l'intérêt des touristes de l'Antiquité. Ils laissèrent sur les parois leur nom et leur ville d'origine, louant la beauté des images qu'ils avaient vues, et avouant en même temps leur perplexité quant à ce qu'elles représentaient.

Dans les trois siècles qui suivirent (IVe-VIe siècle) certaines tombes royales (par exemple celles de Ramsès IV ou Ramsès VI) servirent de foyer à des anachorètes chrétiens, comme en témoigne la présence de nombreuses inscriptions murales.

Avec l'islamisation de l'Égypte, au VIIe siècle apr. J.-C., la Vallée, telle la Belle au bois dormant, tomba dans un profond sommeil. Ce sommeil dura jusqu'en 1738, date à laquelle un ecclésiastique anglais, Richard Pocoke, pénétra par deux fois dans la Vallée des Rois, puis publia un premier plan général du site et quelques plans de tombes dans ses *Observations on Egypt*. Le vrai coup d'envoi d'un intérêt croissant et intense pour l'Égypte ancienne fut donné par les résultats de l'expédition scientifique que lança Napoléon Bonaparte en 1798. Parmi les nombreux savants et peintres qui participèrent à la campagne d'Égypte, Vivant Denon arriva à Thèbes en 1799 avec les troupes du général Desaix. En raison de l'état de guerre, il n'eut que trois heures pour étudier, dans des conditions des plus difficiles, les tombes royales, ce qu'il regrettait encore vivement en écrivant ses mémoires. À la fin de l'été de la même année, lui succédèrent Jollois et Villiers, deux ingénieurs français qui eurent la chance de découvrir la tombe d'Aménophis III située dans le ouadi occidental.

Parmi les personnalités qui eurent l'occasion de pénétrer dans la Vallée des Rois, la plus célèbre est sans doute l'Italien Giovanni B. Belzoni.

131. La Vallée des Rois
Les souverains du Nouvel Empire choisirent de se faire inhumer dans une vallée isolée et désertique de la montagne occidentale thébaine. Aujourd'hui encore, lorsque les flots quotidiens de touristes se retirent, le silence, le calme sublime de la mort règnent sur la Vallée des Rois.

132. Le cirque de la Vallée des Rois
Le centre de la Vallée regroupe un grand nombre de tombes royales parmi les plus importantes. Sous la XVIIIe dynastie, on en dissimulait l'accès en l'enfouissant sous les déblais. Sous les Ramsès (XIXe-XXe dynastie), les entrées étaient apparentes mais obturées par des portes scellées.
KV 7 : tombe de Ramsès II
KV 8 : tombe de Mérenptah
KV 9 : tombe de Ramsès VI
KV 16 : tombe de Ramsès Ier
KV 17 : tombe de Séthi Ier
KV 35 : tombe d'Aménophis II
KV 57 : tombe d'Horemheb
KV 62 : tombe de Toutânkhamon
(entrée dissimulée par le rocher)

133. Le caveau d'Aménophis II
Thèbes, Vallée des Rois (KV 35) ; XVIIIe dynastie, vers 1410 av. J.-C.
Les parois de la chambre sépulcrale sont décorées de la version complète du *Livre de l'Amdouat (Livre du Monde souterrain)* ; le répertoire iconographique des six piliers illustre le roi devant les principales divinités protectrices du monde souterrain, Osiris, Anubis et Hathor. Un ciel étoilé orne l'ensemble du plafond.

134. Séthi Ier devant une table d'offrande
Thèbes, Vallée des Rois, tombe de Séthi Ier, (KV 17), XIXe dynastie, vers 1285 av. J.-C. ; lithographie en couleurs d'après Giovanni B. Belzoni, *Narrative of the Operations and Recent Discoveries in Egypt and Nubia,* Londres 1820. En 1817, l'aventurier italien Giovanni B. Belzoni découvrit la tombe de Séthi Ier. Il fit exécuter des dessins et des moulages à la cire des splendides décors muraux qu'il trouva conservés dans leurs couleurs originelles. En 1821-1822, Belzoni en exposa les copies à Londres. Le public, confondu d'admiration, lui réserva un succès retentissant. Bien qu'à cette date, les hiéroglyphes n'eussent pas encore été déchiffrés, les dessins de Belzoni les reproduisent avec exactitude et parfaitement lisibles.

Au service du consul général anglais Henry Salt, il fit travailler sans relâche ses ouvriers à la recherche de tombes enfouies. En octobre 1817, après quelques jours de travaux, Belzoni connut la gloire lorsque furent dégagées les entrées des tombes de Ramsès Ier et de Séthi Ier. Peu après, il accéda à l'une des tombes royales les plus grandioses qui soient. Et c'est sous le nom de « tombe de Belzoni » que l'hypogée de Séthi Ier entra dans l'histoire de l'égyptologie.

Entre cette date et 1850, deux importantes expéditions firent avancer la recherche dans la Vallée. En 1829, Jean-François Champollion, qui déchiffra les hiéroglyphes, et Ippolito Rosellini, accompagnés d'une équipe d'artistes et d'architectes, recopièrent quantité d'inscriptions et de reliefs dans les tombes déjà découvertes, à l'époque au nombre de seize. Plus fructueux encore fut le travail de l'expédition prussienne placée sous la direction de Richard Lepsius, lequel travailla en Égypte de 1842 à 1845 pour le compte du roi Frédéric Guillaume IV. Il consacra plus de six mois à l'étude des tombes royales et publia les résultats de ses travaux dans un

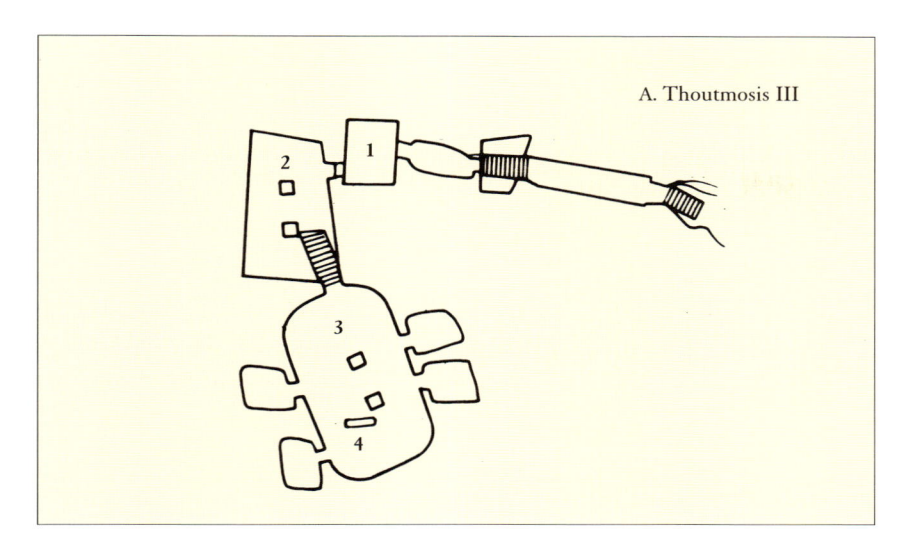

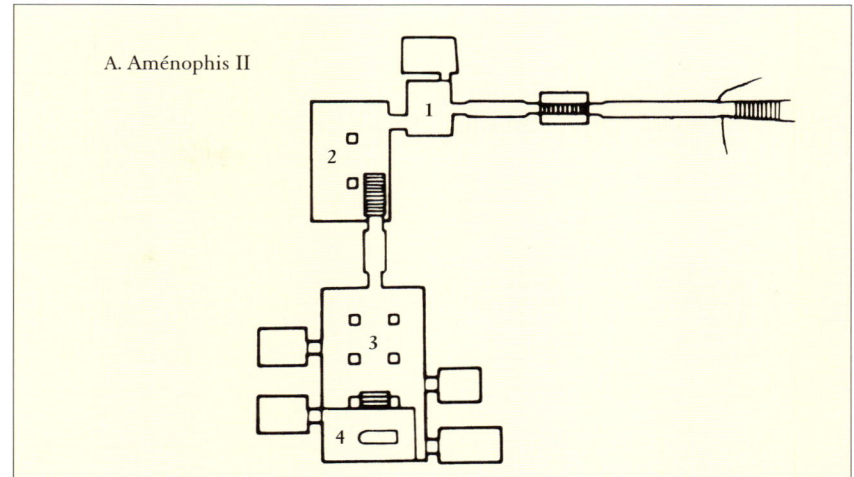

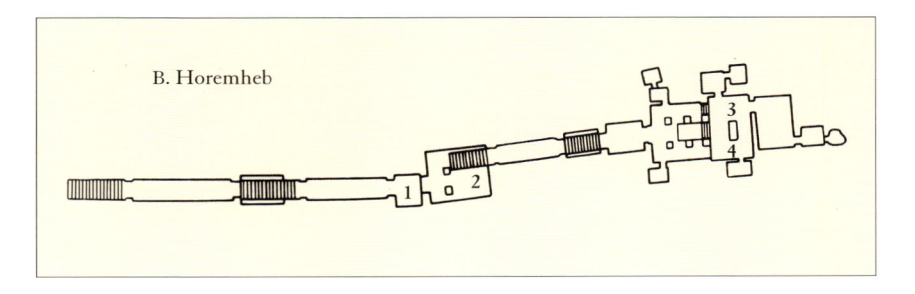

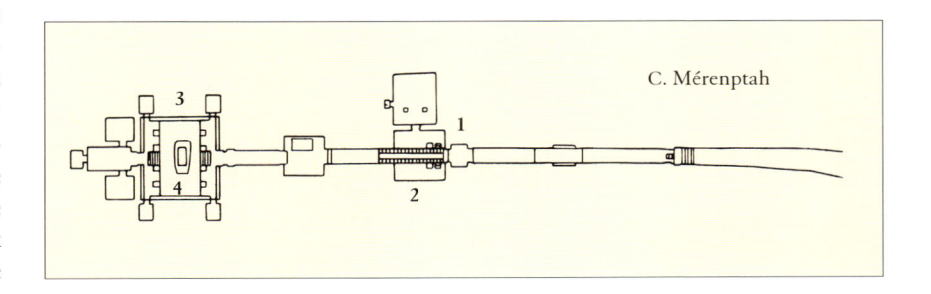

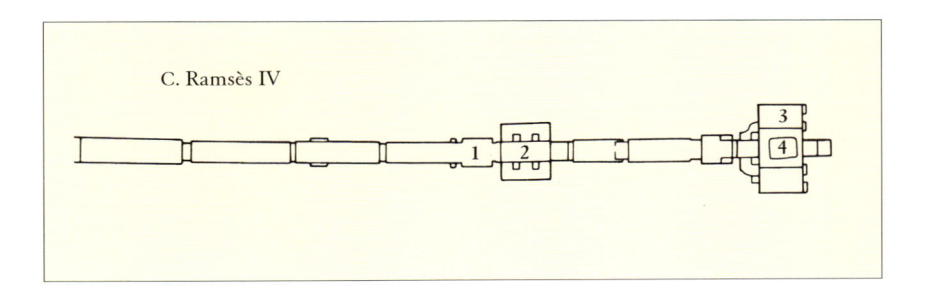

135. Évolution du plan des tombes royales du Nouvel Empire
A : Rupture d'axe (XVIIIe dynastie : Thoutmosis III, Aménophis II)

B : Axe déporté (fin de la XVIIIe dynastie : Horemheb)

C : Axe unique (XIXe-XXe dynastie : Mérenptah, Ramsès IV)

1. Salle du puits
2. Première salle à piliers
3. Caveau
4. Sarcophage

ouvrage monumental en douze volumes, son célèbre *Denkmaeler aus Aegypten und Aethiopien*.

Il fallut attendre 1898 pour annoncer de nouvelles découvertes remarquables dans la Vallée : la mise au jour, par Victor Loret, des importantes tombes de Thoutmosis III et d'Aménophis II. Quelques années plus tard, un financier new-yorkais, Theodore M. Davis, entra en scène : en 1902 il obtint la concession des fouilles pour douze ans. Avide de succès, d'un caractère difficile, il usa la bonne volonté de plusieurs chefs de travaux, parmi lesquels le jeune Howard Carter. Cependant le succès ne bouda pas Davis ; il fut largement payé de ses investissements grâce aux tombes de Thoutmosis II, de Thoutmosis IV, de la reine Hatshepsout, de Siptah, d'Horemheb et au trésor de Iouya et Touyou, les beaux-parents d'Aménophis III. En 1912, convaincu d'avoir « épuisé » la Vallée, Davis revendit la concession de fouilles à lord Carnarvon. Comme on le constata plus tard, Davis avait cessé les recherches à deux mètres de l'entrée du tombeau de Toutânkhamon ! La découverte de cette tombe, qui eut un retentissement exceptionnel, revint donc en 1922 à deux Anglais, Carter et Carnarvon.

Cependant l'égyptologie moderne poursuit la recherche consacrée aux tombes royales ; les travaux récemment entrepris portent sur la réalisation d'un programme de conservation, dans le but de transmettre ces trésors du patrimoine de l'humanité aux futures générations. En outre, la Vallée des Rois ne cesse de réserver des surprises aux chercheurs, comme en témoigne la « redécouverte » récente du gigantesque complexe funéraire des fils de Ramsès II.

L'architecture

Le principe de l'évolution de l'architecture des tombes royales se résume à « agrandir et élargir ». De ce point de vue, il n'y a aucune commune mesure entre les salles exiguës des tombes des Thoutmosides (XVIIIe dynastie) – quoique elles aussi creusées à une grande profondeur dans la roche – et les immenses tombes à galeries de leurs successeurs (à partir d'Horemheb). Il suffit de comparer les hauteurs respectives des couloirs pour se figurer le changement d'échelle. Si la hauteur de plafond, sous la XVIIIe dynastie, dépassait les deux mètres (Aménophis II, Thoutmosis IV), elle atteignait les quatre mètres dans les tombes des derniers Ramsès (XXe dynastie).

Il n'existe pas de plan commun à toutes les tombes, même sur une courte période, et chaque souverain a, du moins au niveau du détail, modifié l'agencement des salles.

Les ruptures d'axes, caractéristiques des tombes du début de la XVIIIe dynastie, avaient probablement pour signification de symboliser le chemin sinueux vers l'au-delà. La division en deux tronçons avec une légère déportation de l'axe, telle qu'elle apparaît d'abord sous Horemheb, se maintient au cours de la XIXe dynastie et s'explique par le dualisme mythologique. L'axe supérieur est réservé au dieu solaire Rê-Horakhty (l'est), l'axe inférieur au dieu funéraire, Osiris (l'ouest). Sous la XXe dynastie, le plan de la tombe se simplifie et s'agence selon un axe unique, qui privilégie l'aspect solaire. Une signification toute particulière est

NOUVEL EMPIRE 219

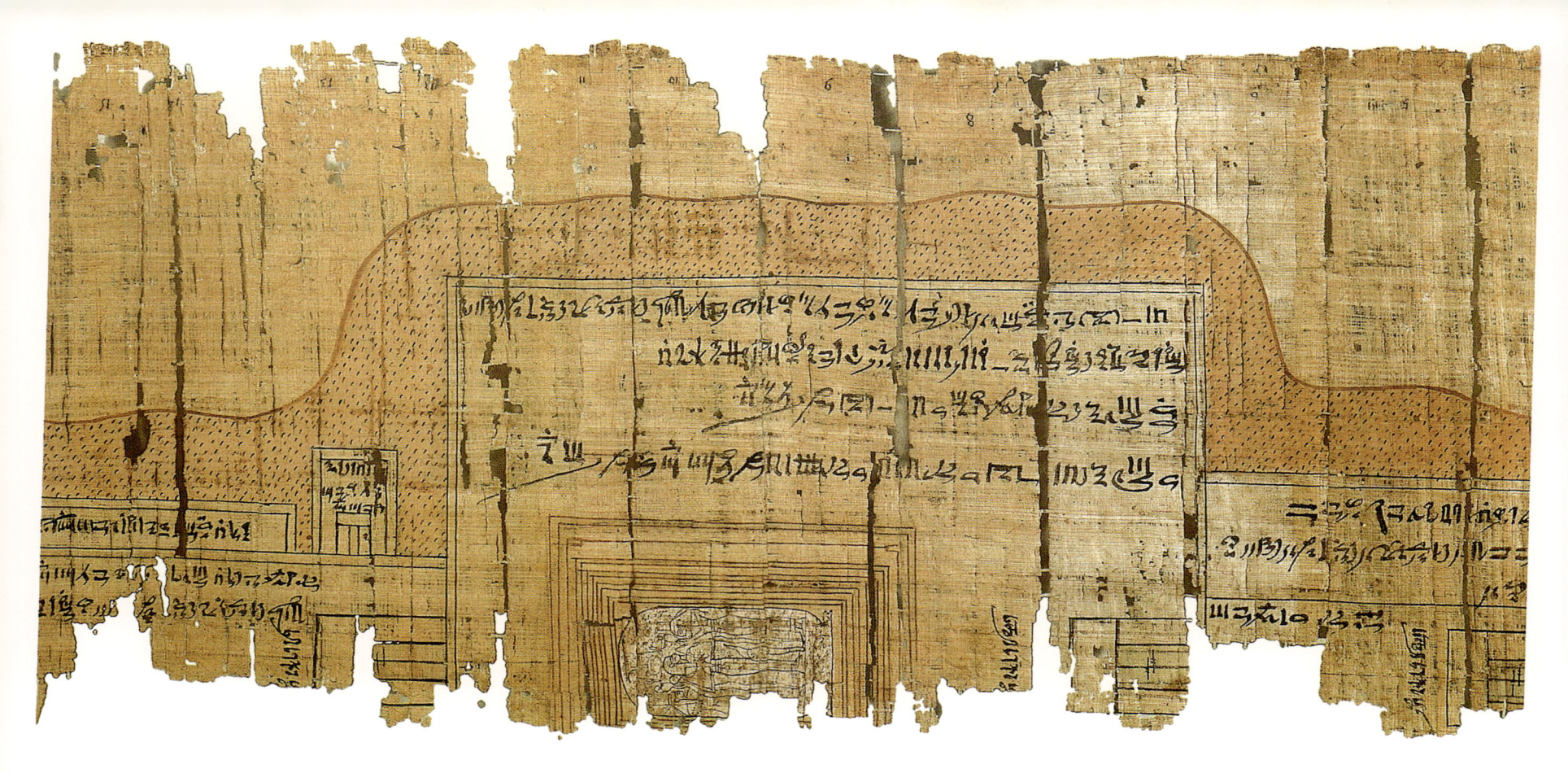

136. Plan de la tombe de Ramsès IV
Thèbes ; XX⁰ dynastie, vers 1150 av. J.-C. ; papyrus peint ; haut. : 24,5 cm, long. : 86 cm ; Turin, Museo Egizio, 1885.
Malgré quelques écarts par rapport à l'architecture réelle de la tombe, le papyrus de Turin est très précieux car il présente la version la plus complète du plan d'une tombe de l'Égypte ancienne. Il s'agit peut-être de l'étude initiale provenant de l'office du vizir en charge du projet. Au centre, le caveau, que les légendes désignent sous le terme de « demeure d'or », avec le sarcophage, serti de plusieurs coffres. Les pièces suivantes sont destinées à abriter les *oushebtis*, ou sont mentionnées comme chambres du trésor. Le pourtour délimité par un trait sinueux, décoré de pointillés, figure le paysage montagneux dans lequel la tombe fut creusée.

attribuée à la salle du puits intégrée au programme architectonique de la tombe. Elle marque l'extrémité de la première partie de la tombe, sa profondeur et sa conception (avec ou sans chambre) pouvant varier. Le puits, qui initialement fut peut-être conçu pour retenir les eaux pluviales s'abattant périodiquement sur la vallée avec une force diluvienne, afin d'en protéger le caveau, a par la suite été interprété comme la tombe symbolique du dieu chtonien Sokar. Ce puits n'a pas pu servir à égarer ou dissuader les pilleurs de tombe puisque aussitôt après l'inhumation du souverain, le passage, au fond de la salle, était muré et peint à la hâte. Il en résulta une différence de qualité dans le décor mural qui fournit à l'œil nu l'indication d'une reprise des travaux dans la tombe. À partir de Ramsès III (XX⁰ dynastie), on a continué à aménager cette salle mais en abandonnant le puits.

La construction de la tombe royale

En règle générale, dès son accession au trône, le nouveau souverain entreprenait la construction de sa tombe. Cependant, un certain temps pouvait s'écouler avant le début des travaux, ainsi que le signale une note d'ostracon (un éclat de calcaire) à propos de la tombe de Ramsès IV : « An II, 2⁰ mois de la saison de l'inondation, jour 17 ; le vizir Néferrenpet arriva à Thèbes en compagnie des fonctionnaires Hori et Amonkha... ils se rendirent dans la Vallée des Rois pour chercher un lieu où creuser la tombe de Ramsès IV. » Sous la XVIII⁰ dynastie, chaque roi nommait personnellement un fonctionnaire de confiance chef de travaux et le chargeait de la construction de sa tombe ; sous les Ramessides,

137. Le caveau d'Horemheb
Thèbes, Vallée des Rois (KV 57) ; XVIII⁰ dynastie, vers 1300 av. J.-C.
Le décor inachevé de la salle à piliers qui abritait le sarcophage permet de suivre les étapes successives du travail : la première esquisse rouge est corrigée en noir, puis les personnages et des inscriptions sont sculptés en relief, le travail se faisant de bas en haut. La dernière étape était la peinture. La scène ici représentée illustre la 4⁰ heure du *Livre des Portes*.

220   NOUVEL EMPIRE

138. Scène représentant les dieux
Thèbes, Vallée des Rois, tombe de Thoutmosis IV (KV 43) ; XVIIIe dynastie, vers 1390 av. J.-C.
La décoration de l'antichambre du caveau de Thoutmosis IV illustre pour la première fois les dieux offrant le signe de vie au roi. Hathor, la déesse protectrice de la nécropole, Anubis à tête de chacal et enfin Osiris, le dieu des morts momifié, font face au roi sur fond « d'or ».

cette charge incombait au vizir qui surveillait et contrôlait l'avancement des travaux.

L'administration possédait évidemment des documents précis (sur papyrus) concernant la Vallée et les tombes existantes, que l'on consultait à chaque nouveau projet de construction, afin d'éviter la coïncidence de deux tombes, ce qui fut pourtant le cas pour la tombe de Ramsès III. Au cours du Nouvel Empire, les travaux proprement dits étaient exécutés par les artisans et les artistes de Deir el-Médineh. Ils vivaient avec leurs familles dans ce village situé au sud de la nécropole et obtinrent le privilège d'y établir leur sépulture. Par équipes de quarante à soixante hommes relevés tous les dix jours, ils prenaient le chemin des montagnes pour se rendre dans la Vallée des Rois. Les hommes, « l'équipe de Pharaon », étaient divisés en deux unités, « la gauche » et « la droite », placées chacune sous la direction d'un contremaître. On commençait par creuser la roche tendre du calcaire thébain, un travail relativement rapide, si on ne rencontrait ni blocs de silex ni couches de roche friable. On emportait les déblais dans des paniers. Ensuite, on égalisait les surfaces au burin, puis on les enduisait de plâtre. Après ces travaux préliminaires, on traçait les esquisses destinées à la décoration de la tombe ; cette préparation se faisait en plusieurs étapes dont la touche finale était la pose de la peinture.

Bien que presque tous les rois du Nouvel Empire aient régné assez longtemps pour mener à terme la construction de leur tombe, on constate que la plupart des tombes présentent des sections inachevées. Dans le cas de la tombe d'Horemheb, on a même le sentiment que les artisans ont lâché leurs outils d'une minute à l'autre. Au décès d'un souverain, la fabrication du mobilier funéraire devenait prioritaire, travail pour lequel on ne disposait que des soixante-dix jours au cours desquels avait lieu le rituel de l'embaumement. La tombe, elle, n'était plus que sommairement achevée.

Le répertoire iconographique

Sous la XVIIIe dynastie, seuls les parois et les piliers de la chambre sépulcrale, son antichambre et la salle du puits étaient décorés. À l'époque des Ramessides, l'aspect des tombes change radicalement : c'est l'ensemble de la tombe qui est doté d'une décoration où iconographie et texte sont associés. On constate également une évolution des techniques utilisées, qui passent de la peinture (XVIIIe dynastie) au relief – d'abord au bas relief, puis au relief en creux (XIXe-XXe dynastie). La superbe iconographie des tombes royales du Nouvel Empire, au message complexe, ne fut accessible aux chercheurs qu'après de très longs travaux. Au début de notre siècle, le grand égyptologue allemand Adolf Erman concevait cette iconographie comme le produit « d'imaginations confuses » ou les « élucubrations de quelques individus ».

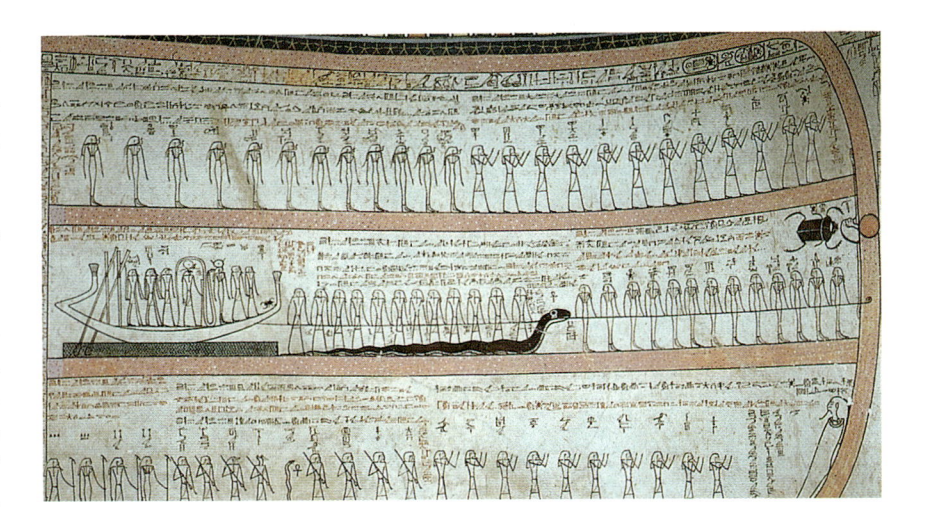

139. La 12e heure du Livre de l'Amdouat
Thèbes, Vallée des Rois, caveau de Thoutmosis III (KV 34) ; XVIIIe dynastie, vers 1450 av. J.-C.
Dans la dernière heure nocturne, la 12e, le dieu solaire (dans la barque) se rajeunit à l'intérieur du corps d'un immense serpent de 120 coudées (62 m env.) pour apparaître au ciel de l'aurore sous la forme d'un scarabée et commencer sa course diurne. Le mur est, en haut, traditionnellement bordé par le signe hiéroglyphique du ciel orné d'étoiles, une bande de petits rectangles polychromes et par une frise de *khékérou* (gerbe de roseaux stylisée).

NOUVEL EMPIRE 221

140. Le roi présente une offrande à la déesse Isis
Thèbes, Vallée des Rois, tombe d'Horemheb (KV 57) ; XVIIIᵉ dynastie, vers 1300 av. J.-C.
Horemheb vêtu du *némès* et d'un pagne court, se tient devant la déesse Isis et lui remet deux vases ronds contenant du vin. L'excellent état de conservation des couleurs et la haute qualité artistique de l'iconographie font du décor mural de la tombe d'Horemheb l'exemple le plus achevé de l'art pictural du Nouvel Empire.

son escorte sur une sorte de contre-Nil ; le glissement d'une heure à l'autre ne se fait que par le mot de passe que prononce la déesse Isis, « Grande de magie ». La scène principale, en relation étroite avec le dieu solaire, est flanquée de registres qui illustrent les habitants du monde souterrain se revivifiant au passage de la divinité. La traversée comporte également divers dangers à surmonter ; c'est ainsi qu'à l'affût sur un banc de sable, on voit Apophis, l'ennemi des dieux, sous la forme d'un serpent géant, s'apprêtant à avaler l'eau du fleuve souterrain pour empêcher la barque d'avancer. Cependant l'arrêt du soleil dans sa course signifierait la fin du monde. C'est pourquoi Apophis est vaincu par Rê, comme en témoigne l'illustration de son corps réduit en morceaux de plusieurs coups de couteau.

Dans la tombe d'Horemheb, le dernier des rois de la XVIIIᵉ dynastie, apparaît, pour la première fois dans le répertoire iconographique, un nouveau texte funéraire, le *Livre des Portes*. À l'instar du *Livre de l'Amdouat*, ce livre décrit également la course nocturne de la barque solaire. Les heures ne sont désormais plus séparées par un long texte, mais par la représentation de grandes portes crénelées, auxquelles le livre doit son nom.

Parmi les nouveaux *Livres du Monde souterrain* de l'époque des Ramessides, il faut citer le *Livre des Cavernes*. La division en douze épisodes y est abandonnée au profit d'une représentation plus fréquente du disque solaire ; une autre caractéristique est l'insertion, dans la séquence des registres, d'images intercalaires comme la représentation de Nout ; des phrases incantatoires accompagnent les représentations.

On trouve, parallèlement aux conceptions de la course souterraine du dieu solaire, une autre idée, selon laquelle le cycle solaire s'accomplit dans le ventre de Nout, la déesse du ciel. Alors que dans les hypogées royaux de la XVIIIᵉ dynastie cette sphère céleste trouve son expression dans un plafond constellé d'étoiles, la XIXᵉ dynastie, à partir de Séthi Iᵉʳ, introduit dans la chambre du sarcophage une voûte ornée d'une représentation « astronomique ».

Au cours de la XXᵉ dynastie, ce décor est remplacé par l'iconographie des *Livres du Ciel*, dont le motif central se compose de la double silhouette étirée de Nout. Le lien entre le roi et les principaux dieux du monde souterrain est illustré par les scènes représentées sur les piliers de la chambre sépulcrale ou dans les antichambres dont le répertoire se développe au cours du Nouvel Empire.

Le *Livre de l'Amdouat*, le plus ancien *Livre du Monde souterrain*, et le seul en usage jusqu'à l'époque amarnienne, nous fait découvrir les conceptions religieuses liées à la course nocturne du dieu solaire à travers les champs de l'au-delà. D'après ces croyances, le propriétaire de la tombe participait à cette course, cycle éternel par lequel il se régénérait, à l'instar de la divinité.

Sous le titre *Le Livre de la Chambre cachée*, la version de cette époque était peinte sur les parois du caveau, à proximité du roi défunt. La forme cursive des hiéroglyphes et des personnages disposés sur un fond ocre est la traduction de la version sur papyrus, copiée à l'échelle monumentale des surfaces murales. C'est vers 1500 av. J.-C. que fut élaboré le *Livre de l'Amdouat* (« Ce qu'il y a dans le monde souterrain »), qui intègre une pensée mythologique antérieure et tente pour la première fois une description exhaustive du monde souterrain par le texte et par l'image.

Le registre médian illustre, une à une, les douze heures de la course nocturne de la barque du dieu solaire. Celui-ci voyage accompagné de

142. (À droite) Le roi entre les « âmes de Pé et Nekhen »
Thèbes, Vallée des Rois, tombe de Ramsès Iᵉʳ (KV 16) ; XIXᵉ dynastie, vers 1290 av. J.-C.
En raison de la brièveté de son règne, Ramsès Iᵉʳ, le fondateur de la XIXᵉ dynastie, dut se contenter d'une tombe qui se limite au caveau. La scène représentée illustre le souverain agenouillé, le bras levé en triomphe, entre les « âmes de Pé et Nekhen », puissants génies à têtes zoomorphes, représentatifs de la tradition mythologique de la royauté, qui se fonde sur le dualisme de la Haute et de la Basse-Égypte. Le style pictural est très proche de celui des scènes murales de la tombe d'Horemheb.

143. (Pages suivantes) La course solaire
Thèbes, Vallée des Rois, tombe de la reine Taousret (KV 14) ; XIXᵉ dynastie, vers 1190 av. J.-C.
Au-dessus de la grande figure ailée à tête de bélier représentant le dieu solaire s'agencent les représentations de plusieurs manifestations de Rê, en enfant, en scarabée, en disque solaire, mues par deux paires de bras dirigés vers le bas, et flanquées des défunts accompagnés de leur *ba*. Les deux grands triangles symbolisent les ténèbres et les flots que traverse le soleil dans sa course nocturne. Cette scène est l'illustration finale du *Livre des Cavernes* et figure sur le petit côté droit du caveau.

222 NOUVEL EMPIRE

141. Plafond du caveau de Séthi Ier (détail)
Thèbes, Vallée des Rois, tombe de Séthi Ier, (KV 17) ; XIXe dynastie, vers 1280 av. J.-C. Le plafond voûté du caveau monumental qui abritait la momie du roi défunt dans ses cercueils emboîtés est peint de la représentation magnifique du ciel nocturne, le fameux « plafond astronomique ». La vaste illustration présente des listes d'étoiles, de signes zodiacaux et de constellations, tels Orion, Syrius et le Grand Chariot (le Taureau). Ainsi, le souverain pouvait directement s'élever au ciel sous la forme de son âme-oiseau, le *ba*.

NOUVEL EMPIRE 223

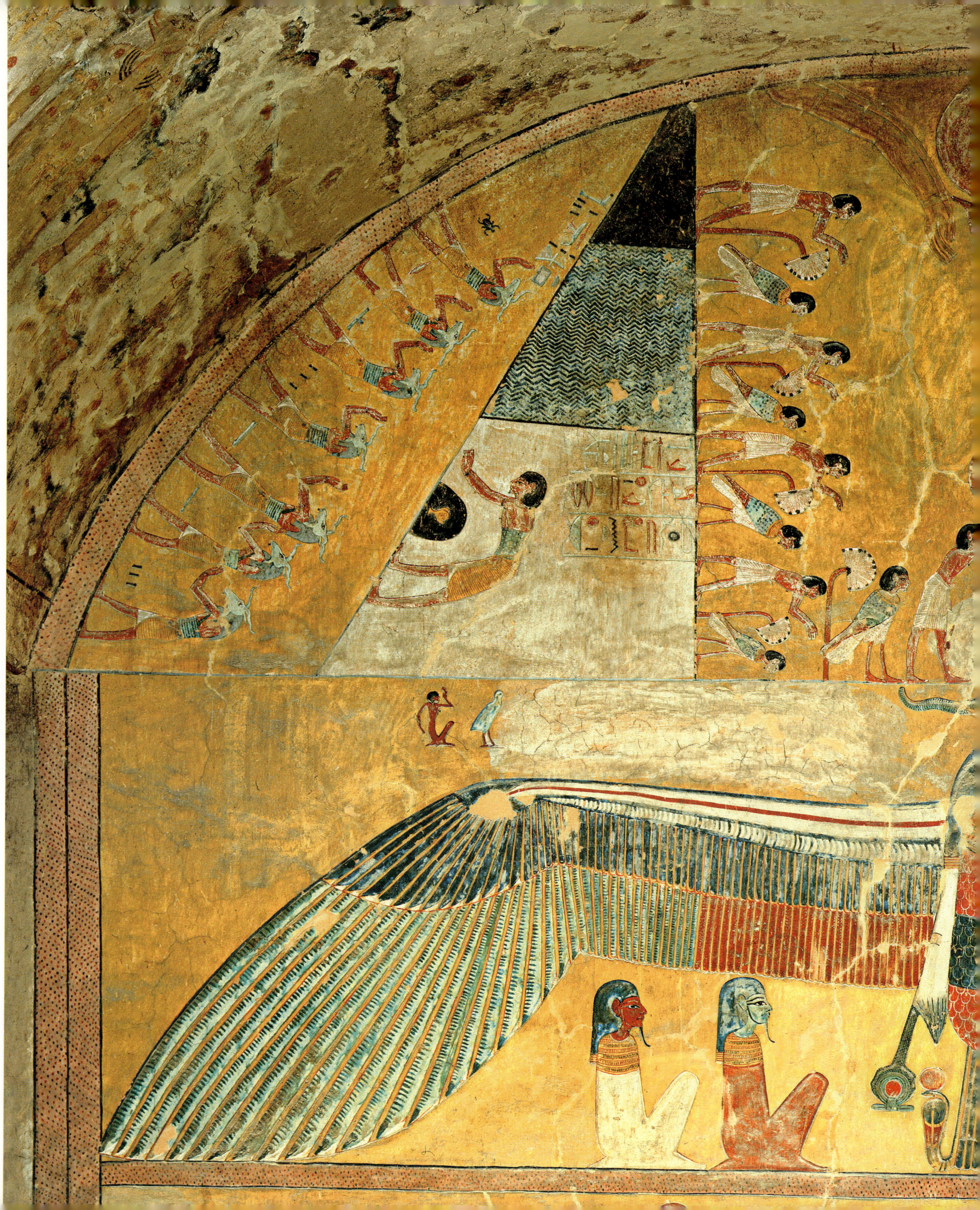

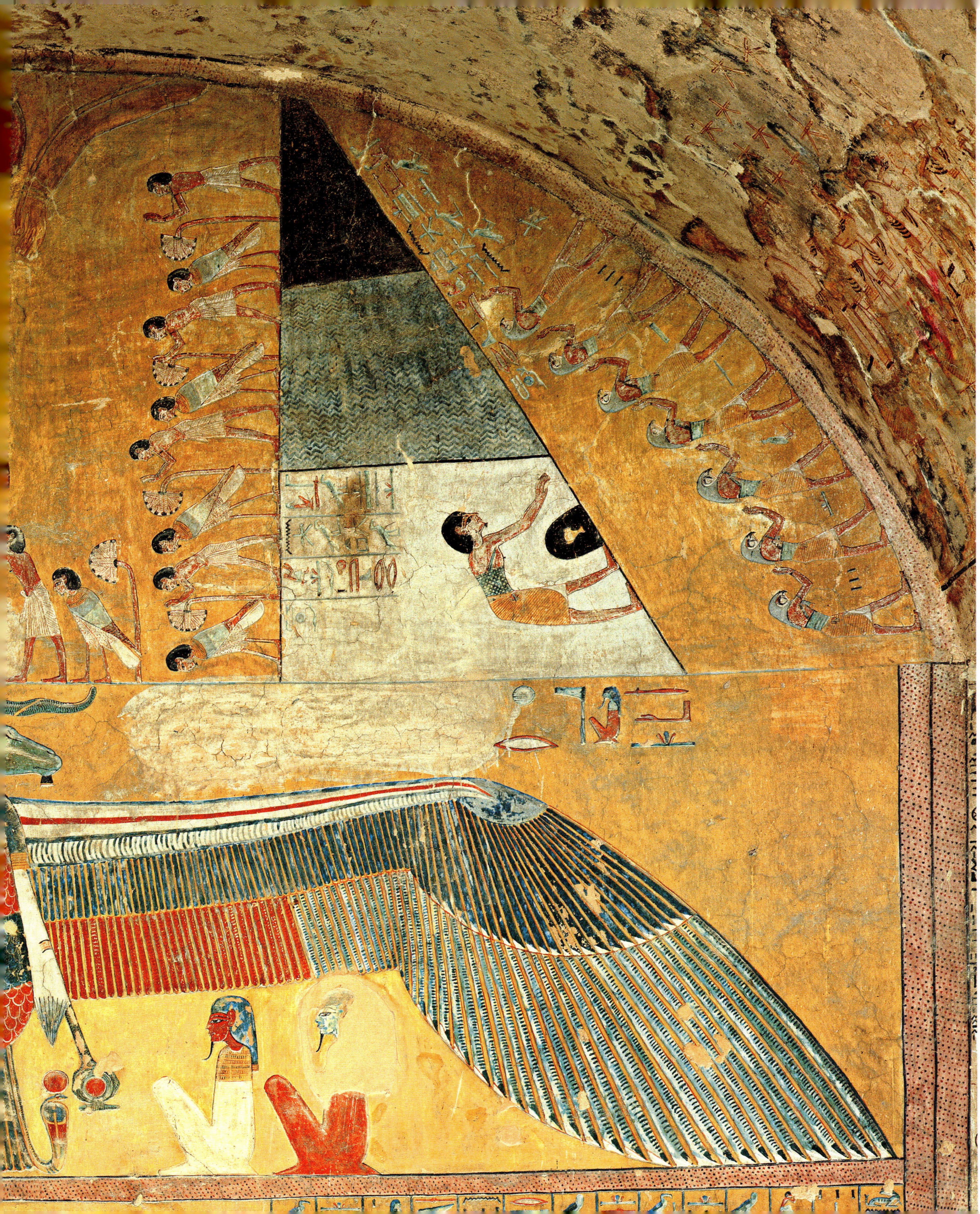

144. L'élévation du disque solaire
Thèbes, Vallée des Rois, tombe de Ramsès VI (KV 9) ; XIXe dynastie, vers 1135 av. J.-C.
Les *Livres du Monde souterrain* de l'époque des Ramessides, tel le *Livre de la Terre*, représenté dans le caveau de Ramsès VI, soulignent le rôle important des dieux de la terre (par exemple Tatenen, Geb) dans la course nocturne du soleil.
Ici, ce sont les bras surdimensionnés de Noun, personnification des eaux primordiales, qui élèvent le disque solaire.

Les sarcophages royaux

Quant à leurs dimensions, les sarcophages en pierre des rois du Nouvel Empire suivent la même évolution que l'ensemble des tombes. Tandis que les exemplaires du début de la XVIIIe dynastie sont encore de taille « moyenne », on observe à partir d'Aménophis III une monumentalisation qui aboutit aux sarcophages massifs et pesant plusieurs tonnes de l'époque des Ramessides (XIXe-XXe dynastie).

Au début, l'aspect extérieur des sarcophages a le plus souvent la forme d'un cartouche, une forme que l'on retrouve d'ailleurs dans le plan du caveau lui-même, et cela jusqu'au règne de Thoutmosis III. L'époque amarnienne apporte un changement « stylistique » que les rois suivants, Toutânkhamon, Ay et Horemheb garderont : aux quatre angles extérieurs du sarcophage figurent désormais les effigies des déesses protectrices Isis, Nephthys, Selket et Neith. Une facture différente souligne les bords supérieurs et inférieurs.

Par ailleurs, depuis Séthi Ier, on représentait en haut relief sur le couvercle des sarcophages de l'époque des Ramessides la figure du roi Osiris, presque toujours accompagné des déesses Isis et Nephthys. En outre, l'usage s'établit d'emboîter plusieurs sarcophages de pierre les uns dans les autres.

Le répertoire iconographique et textuel obéit depuis la XVIIIe dynastie à un schéma général précis et structuré qui place le pharaon défunt sous la protection des quatre fils d'Horus, d'Anubis, le dieu de l'embaumement, et des quatre déesses liées à Osiris. La représentation canonique de la déesse du ciel Nout figure à l'intérieur du sarcophage. On remarque, dans les sarcophages des Ramessides, le large usage qui est fait des *Livres du Monde souterrain*.

Le choix du matériau témoigne également d'une certaine évolution. Dans un premier temps, et ce jusqu'à Thoutmosis IV, on utilise exclusivement le grès silicifié, par la suite (XIXe-XXe dynastie), on emploie le granit ou d'autres roches dures. L'emploi de calcite-albâtre semble avoir été de règle pour la confection du cercueil interne du roi défunt, du moins au début de la XIXe dynastie. Mais l'ensemble funéraire de Toutânkhamon est celui qui nous donne le plus éblouissant aperçu de ces fastes

145. Le sarcophage de Thoutmosis Ier
Thèbes ; Vallée des Rois, tombe de Thoutmosis Ier (KV 20) ; XVIIIe dynastie, vers 1470 av. J.-C. ; grès silicifié ; long. : 225 cm, larg. : 82 cm ; Boston, Museum of Fine Arts, Gift of Theodore M. Davis, 04.278.
Au début de la XVIIIe dynastie, tous les sarcophages royaux furent taillés dans le grès silicifié. Ce matériau que l'on associait au culte solaire provenait des carrières situées à proximité de la ville solaire d'Héliopolis. Le répertoire iconographique connaît également une innovation : les quatre fils d'Horus (les dieux protecteurs des vases canopes) ornent désormais, deux à deux, les grands côtés des cuves, accompagnés du dieu Anubis ; les petits côtés accueillent les effigies des déesses protectrices Isis (au pied) et Nephthys (à la tête) et un cartouche royal décore le dessus du couvercle. Initialement, ce sarcophage était destiné à Hatshepsout qui le fit construire après son accession au trône. Cependant, elle y fit inscrire le nom de son père Thoutmosis Ier, et y plaça la momie de celui-ci pour le faire transporter dans sa propre tombe.

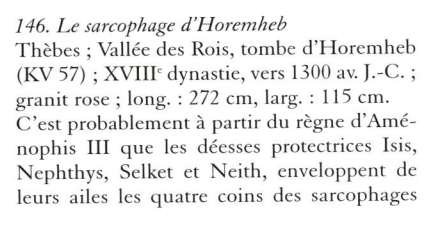

146. Le sarcophage d'Horemheb
Thèbes ; Vallée des Rois, tombe d'Horemheb (KV 57) ; XVIIIe dynastie, vers 1300 av. J.-C. ; granit rose ; long. : 272 cm, larg. : 115 cm.
C'est probablement à partir du règne d'Aménophis III que les déesses protectrices Isis, Nephthys, Selket et Neith, enveloppent de leurs ailes les quatre coins des sarcophages royaux dont le dernier exemplaire connu se trouve dans la tombe d'Horemheb. Le couvercle bombé déjà brisé sous l'Égypte ancienne fut restauré avec soin à l'aide de queues d'aronde.

147. Le sarcophage de Thoutmosis IV
Thèbes ; Vallée des Rois, tombe de Thoutmosis IV (KV 43) ; XVIIIe dynastie, vers 1390 av. J.-C. ; grès silicifié peint ; long. : 300 cm, larg. : 160 cm.
Le sarcophage royal, qui par sa taille monumentale pouvait abriter plusieurs cercueils emboîtés, se dresse aujourd'hui encore au milieu du caveau dépourvu de décoration. Les textes inscrits prennent également de l'ampleur ; l'iconographie suit le modèle thoutmoside des dieux protecteurs. Les couleurs, particulièrement bien conservées, présentent une palette limitée de tons chauds qui s'harmonisent parfaitement avec la couleur dominante de la pierre.

NOUVEL EMPIRE

148. Masque du sarcophage de Ramsès VI
Thèbes, Vallée des Rois, tombe de Ramsès VI (KV 9) ; XX⁰ dynastie, vers 1135 av. J.-C. ; conglomérat vert ; haut. : 83,8 cm ; Londres, British Museum, EA 140.

149. Inscription du couvercle du sarcophage externe de Mérenptah
Thèbes, Vallée des Rois, tombe de Mérenptah (KV 8) ; XIX⁰ dynastie, vers 1205 av. J.-C. ; granit rose ; long. : 410 cm, larg. : 220 cm.
L'ensemble de sarcophages de Mérenptah était composé de quatre pièces emboîtées les unes dans les autres. Les trois sarcophages extérieurs étaient taillés dans du granit rose, tandis que le dernier, le cercueil anthropomorphe, était en calcaire-albâtre. Le couvercle du dernier sarcophage, une pièce pesant plusieurs tonnes, est entièrement recouvert d'un texte illustré dont on ne connaît pas d'autres exemples. La longue inscription contient un hymne de Neith au roi défunt. L'illustration représente celui-ci en Osiris, recevant l'accolade du dieu solaire Rê (à droite) et de Neith, accueilli par les dieux créateurs, Shou et Geb (à droite à la suite de Rê) et accompagné des quatre fils d'Horus (à gauche). À droite et à gauche, Isis et Nephthys, en pleureuses, complètent la scène.

150. Couvercle du deuxième sarcophage de Mérenptah
Thèbes, Vallée des Rois, tombe de Mérenptah (KV 8) ; XIX⁰ dynastie, vers 1205 av. J.-C. ; granit rose ; long. : 345 cm, larg. : 150 cm.
En forme de cartouche royal, le couvercle du sarcophage porte en haut relief l'effigie du roi en Osiris. Bras croisés, il tient dans les mains les attributs royaux : la crosse et le flagellum. Les textes détaillés et les illustrations sont extraits des *Livres du Monde souterrain*, le *Livre de l'Amdouat* et le *Livre des Portes*.

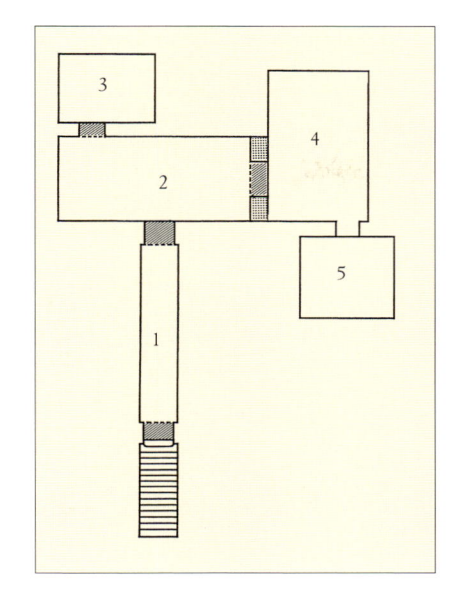

151. Le sceau de la nécropole de Thèbes
Après la mise au tombeau du roi, on bloquait l'entrée principale de la tombe ainsi que l'accès à la chambre funéraire et aux chambres annexes par des assises de pierre. Puis, le mur était enduit d'une couche de stuc où l'on apposait finalement, sans doute à l'aide d'un cachet de bois, le sceau officiel de l'administration de la nécropole. Sur l'exemplaire reproduit ici, on voit, sous Anubis couché près du cartouche au nom du roi, les neuf ennemis de l'Égypte, entravés.

152. Plan de la tombe de Toutânkhamon
Thèbes, Vallée des Rois (KV 62) ; XVIIIe dynastie, vers 1325 av. J.-C.
La mort précoce et inattendue du roi explique sans doute qu'il n'ait pu être inhumé que dans une « tombe de fortune » de quatre petites salles :
1. Couloir d'accès
2. Antichambre
3. Chambre annexe
4. Caveau
5. Salle du trésor

funéraires, par ses cercueils dorés, cercueils ornés d'incrustations d'or, dont le dernier tout en or – un luxe dont ne jouirent sans doute pas tous les rois du Nouvel Empire.

Toutânkhamon, le roi d'or

Lorsque le 4 novembre 1922, les ouvriers d'Howard Carter mirent au jour la première marche de l'entrée de la tombe de Toutânkhamon, l'archéologue anglais était loin d'imaginer qu'il venait de marquer durablement l'histoire de l'archéologie.

Pourtant la découverte ne devait rien au hasard : elle était le résultat de fouilles méthodiques. Lord Carnarvon, qui finançait l'entreprise, avait repris dès 1914 la concession de la Vallée des Rois, et c'est en 1917 que commencèrent réellement les campagnes de fouilles. En 1921, après des années de déboires, l'entreprise engloutissant des sommes énormes, Carnarvon était sur le point d'abandonner les recherches dans la Vallée. Pourtant sa résolution fut ébranlée par la proposition de Carter, après un énième échec, de financer de sa poche la nouvelle campagne de fouilles. Carnarvon consentit alors à soutenir une dernière tentative. En fait, Carter possédait suffisamment d'indices de l'existence de la tombe de Toutânkhamon, un roi de la XVIIIe dynastie resté dans l'ombre de l'Histoire. Mais c'est grâce à un heureux hasard que précisément cette tombe, parmi toutes celles des rois du Nouvel Empire, avait échappé aux pilleurs de tombes à travers les âges, et pu conserver un mobilier funéraire pratiquement intact. En creusant la tombe de Ramsès VI (XXe dynastie), située juste au-dessus de celle de Toutânkhamon, l'entrée de cette dernière fut ensevelie sous plusieurs mètres de déblai, ce qui la mit désormais à l'abri de toute tentative ultérieure de violation. Carter lui-même avait dans un premier temps arrêté les fouilles pour ne pas troubler le tourisme développé de la tombe ramesside.

153. Vue de l'antichambre de la tombe de Toutânkhamon lors des fouilles
Thèbes, Vallée des Rois (KV 62) ; XVIIIe dynastie, vers 1325 av. J.-C.
Quand Carter pénétra dans l'antichambre, le spectacle qu'il découvrit l'envahit de sentiments contraires : dans le plus grand désordre, trois lits rituels thériomorphes, autour desquels s'entassaient meubles, coffres et bahuts, étaient poussés contre le mur. En face, les chars de guerre du roi, démontés, étaient jetés pêle-mêle en pièces détachées. L'enchevêtrement était tel qu'en effleurant la moindre chose, tout menaçait de s'effondrer.

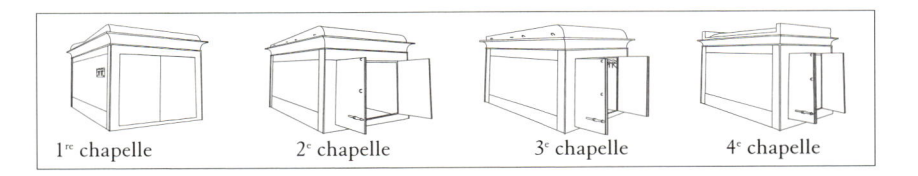

1re chapelle   2e chapelle   3e chapelle   4e chapelle

154. Les chapelles de Toutânkhamon
Quatre chapelles en bois doré, emboîtées les unes dans les autres occupaient presque tout l'espace du caveau. Il avait donc fallu, avant l'inhumation proprement dite, descendre dans le bon ordre les éléments pour pouvoir les monter sur place. Malgré les marques figurant sur les éléments, les artisans avaient commis de nombreuses erreurs de montage, comme Carter put le constater. Toutes les portes des chapelles, par exemple, étaient orientées dans la mauvaise direction.

Il semble qu'à la mort prématurée de Toutânkhamon, après un règne d'à peine dix ans, la tombe traditionnelle qui lui était due n'existait pas. Il fut donc enterré dans une tombe peu profonde et de peu d'ampleur. On accède à la tombe par un petit escalier. Un couloir, qui, initialement avait été remblayé, conduit à l'antichambre. Lorsque Carter et Carnarvon parvinrent devant le passage encore muré, leur impatience était à son comble. Avec précaution, Carter dégagea alors quelques pierres et, par l'ouverture ainsi obtenue, il introduisit une bougie allumée. Quand le lord lui demanda avec impatience s'il voyait quelque chose, Carter prononça ces mots devenus célèbres : « Oui, de merveilleuses choses. » Lors des fouilles ultérieures, pour lesquelles Carter bénéficia du précieux concours de

NOUVEL EMPIRE 229

NOUVEL EMPIRE

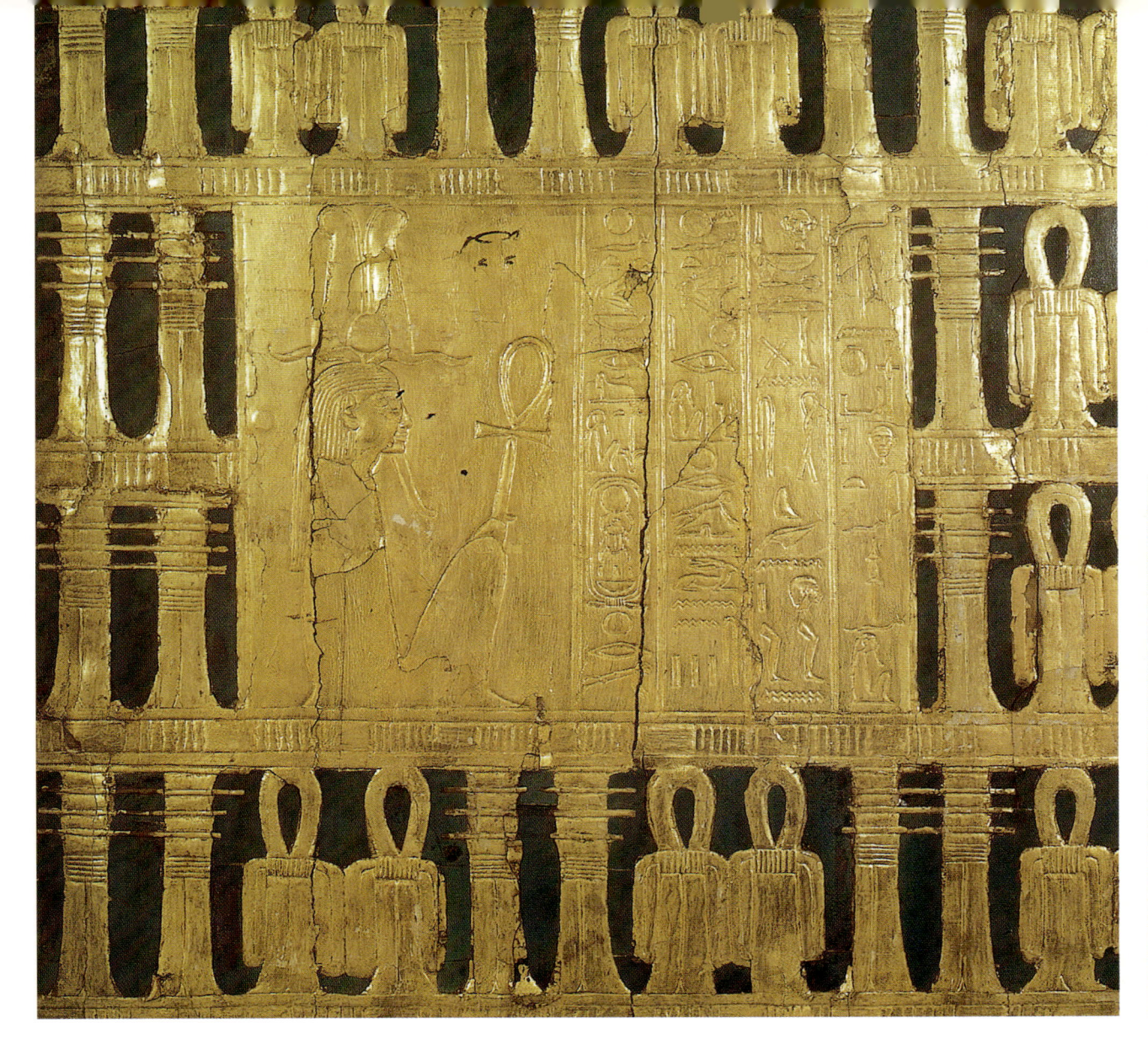

156/157. La chapelle extérieure de Toutânkhamon (détails)
Thèbes, Vallée des Rois, tombe de Toutânkhamon (KV 62) ; XVIIIᵉ dynastie, vers 1325 av. J.-C. ; bois stuqué et doré ; haut. : 275 cm, long. : 508 cm, larg. : 328 cm ; Le Caire, Musée égyptien, JE 62218.
Les parois latérales extérieures de la première chapelle sont revêtues d'un décor constitué de deux motifs doubles alternés, l'un étant le signe *tit* (le nœud d'Isis), l'autre le pilier-*djed* (symbole du culte d'Osiris) qui se détache sur un fond incrusté de faïence bleue. Seuls les deux battants de porte présentent une petite scène, ici une figure accroupie d'Osiris.

l'équipe scientifique du Metropolitan Museum of Art de New York, il mit au jour près de 5 000 objets d'une exceptionnelle beauté, dont les célèbres coffres-chapelles entourant les cercueils, le masque en or du jeune roi-dieu, son trône, des statues de dieux et des statues royales ainsi que les bijoux les plus rares ; l'ensemble était entassé pêle-mêle dans un espace d'une extrême exiguïté. Une petite déception vint se mêler à l'immense satisfaction : Carter ne découvrit pas de documents, pas de papyrus. En outre, il constata qu'à deux reprises, des pilleurs de tombes avaient pénétré dans les lieux à la recherche de précieux onguents et de bijoux. Les voleurs, pris sur le fait, ou du moins dérangés dans leur travail, avaient réussi à s'enfuir. Ensuite, on avait de nouveau scellé la tombe. Mais dans le feu de l'action, les prêtres s'étaient peu inquiétés de remettre les choses en place. C'est ainsi que les objets du trésor furent jetés en vrac dans les premières boîtes trouvées.

Carter n'eut pas le temps de participer à l'évaluation scientifique de sa découverte. Il mourut seul en 1939, mais pas, comme le dirent certains, de la « malédiction du pharaon ». Les recherches sur le trésor de la tombe ne sont toujours pas achevées et il reste maint détail à élucider. En dépit de l'éclat de l'or, le caractère inestimable de ce trésor est dû au fait que pour la première fois, on possède un mobilier funéraire complet. Sans intérêt sont les calculs qui tentent d'évaluer, par déduction, les quantités d'or qui avaient pu se trouver dans les tombes d'autres rois du Nouvel Empire dont le règne avait été bien plus long que celui de Toutânkhamon. L'explication de la mort de Toutânkhamon à l'âge d'environ 18 ans appartient aussi au domaine de la spéculation. Plusieurs analyses de la momie n'ont permis de déceler ni trace de maladie ni indice permettant de conclure à une mort violente.

Les coffres-chapelles

Dans la chambre sépulcrale, quatre coffres sans fond entouraient le sarcophage proprement dit et les cercueils intérieurs abritant le corps du roi défunt. La fonction symbolique de ces coffres est représentée par la forme des couvercles qui se réfèrent aux principaux types de chapelle de la royauté. Ainsi, la première chapelle, dont le toit est bombé à l'avant, imite le pavillon de la fête-*sed*, les deux chapelles suivantes ont pour modèle la chapelle caractéristique de la Haute-Égypte, et la quatrième et dernière, celle de la Basse-Égypte. Constituées de planches en bois de cèdre enduites d'une couche de stuc doré qui sert de support au décor, les quatre chapelles présentent sur leur face orientale une porte à deux battants, toutes verrouillables au moyen de trois tiges en bois d'ébène qui coulissent dans de gros crampons de cuivre. En constatant que les scellés de la porte de la deuxième châsse n'avaient pas été brisés, Carter eut la certitude qu'il serait le premier à voir, après plus de trois mille ans, la dépouille intacte de Toutânkhamon.

155. (À gauche) Battant de porte de la 2ᵉ chapelle
Thèbes, Vallée des Rois, tombe de Toutânkhamon (KV 62) ; XVIIIᵉ dynastie, vers 1325 av. J.-C. ; bois stuqué et doré ; haut. : 225 cm, long. : 375 cm, larg. : 235 cm ; Le Caire, Musée égyptien, JE 62368.
La scène du battant gauche, gravée en creux, illustre le souverain devant le dieu de l'au-delà, Osiris. Toutânkhamon porte le *némès* et le *pschent*, un pagne plissé à mi-mollet, serré d'une écharpe, orné d'un devanteau à *uraeus*. Derrière lui se tient la déesse Isis, l'épouse et sœur d'Osiris.

NOUVEL EMPIRE

158. Le premier cercueil
Thèbes, Vallée des Rois, tombe de Toutânkhamon (KV 62) ; XVIIIᵉ dynastie, vers 1325 av. J.-C. ; bois doré et incrustations ; long. : 224 cm.
Jusqu'à nos jours, le cercueil extérieur qui abrite la momie royale repose dans le sarcophage, objectif majeur des touristes qui visitent la Vallée des Rois. Le roi défunt tient la crosse et le flagellum croisés sur la poitrine. Autour des insignes du pouvoir ornant son front – le vautour de Nekhbet et l'*uraeus* – se trouvait encore, au moment de sa découverte, la petite guirlande de fleurs déposée lors de la cérémonie funéraire.

159. Le cercueil médian
Thèbes, Vallée des Rois, tombe de Toutânkhamon (KV 62) ; XVIIIᵉ dynastie, vers 1325 av. J.-C. ; bois doré et incrustations ; long. : 204 cm ; Le Caire, Musée égyptien, JE 60670.
Le souverain porte le *némès* traditionnel et la barbe divine tressée. Le motif de plumes qui décore le cercueil est d'une technique particulièrement élaborée : c'est une sorte de cloisonné dont les éléments, des incrustations de verre coloré, sont sertis dans les cloisons d'or des alvéoles formant le dessin. Cela requiert un très long et méticuleux travail.

160. La momie et le masque d'or de Toutânkhamon
Thèbes, Vallée des Rois, tombe de Toutânkhamon (KV 62) ; XVIIIᵉ dynastie, vers 1325 av. J.-C.
Les onguents, utilisés avec excès, ont donné lieu à un processus chimique proche de la carbonisation, si bien que la momie de Toutânkhamon a été trouvée dans un état de conservation lamentable, en comparaison de certaines momies royales extraites de leurs cercueils par les pilleurs de tombes peu de temps après leur inhumation. Parmi les bandelettes de la momie, Carter a découvert près de 150 amulettes, bijoux et autres objets appartenant au roi.

161. Le sarcophage
Thèbes, Vallée des Rois, tombe de Toutânkhamon (KV 62) ; XVIIIᵉ dynastie, vers 1325 av. J.-C. ; grès silicifié, peint ; long. : 275 cm, larg. : 147 cm.
Le somptueux sarcophage de pierre dont les angles sont ornés des quatre figures ailées des déesses protectrices est surmonté d'une corniche à gorge. Le couvercle de granit rose a été peint en ocre, pour être assorti à la couleur de la cuve ; il semble avoir subi un accident lors du transport : brisé en deux, il a malgré tout été utilisé.

232 NOUVEL EMPIRE

162/163. Le cercueil d'or
Thèbes, Vallée des Rois, tombe de Toutânkhamon (KV 62) ; XVIIIe dynastie, vers 1325 av. J.-C. ; or et incrustations ; long. : 188 cm ; Le Caire, Musée égyptien, JE 60671.
Le cercueil interne, en or massif, d'un poids total de 110,4 kg, est une merveille de l'art de l'orfèvrerie. La décoration correspond en grande partie à celle du cercueil médian et les inscriptions sont d'une gravure extrêmement délicate. Toute la beauté du cercueil n'apparut que lorsque Carter l'eut dégagé d'une couche d'onguents séchée que les prêtres, lors de l'inhumation, avaient versée généreusement.

L'iconographie et les inscriptions qui couvrent les chapelles sont extraites du *Livre de l'Amdouat* et de certaines formules du *Livre des Morts* ; sont également représentés des démons du monde souterrain, les divinités protectrices et le souverain en présence des principaux dieux de l'au-delà. L'ensemble du répertoire iconographique complète judicieusement les thèmes lacunaires des scènes picturales figurant sur les parois du caveau – scènes qui, en raison de l'exiguïté des surfaces, sont abrégées ou résumées par nécessité. Il fallut démonter les chapelles, tâche pleine de difficultés et d'embûches qui fut menée à bien en 84 jours d'un travail minutieux. Puis on fixa provisoirement la couche de stuc qui s'effritait au moyen de cire de paraffine avant d'entreprendre le transport vers Le Caire. Carter n'eut à déplorer qu'une seule perte, dont il ne fut d'ailleurs pas responsable. Dans l'espace situé entre la première et la deuxième chapelle, un bâti de bois servait de support à un immense linceul de lin (5,5 m x 4,4 m) parsemé de rosettes en bronze doré cousues sur la toile. Cette pièce fragile était l'objet de tous les soins des fouilleurs. Mais un différend opposa Carter aux autorités égyptiennes ; il s'ensuivit une interruption momentanée des travaux dans la tombe ; l'objet délicat resta alors sans surveillance à l'air libre et subit des dégâts irréparables. De retour sur le chantier, Carter eut ce commentaire amer, adressé à un représentant des autorités : « Après tout, c'est votre linceul, pas le mien ; et il n'en existe qu'un seul au monde. »

Les cercueils

Avant la découverte de la tombe de Toutânkhamon, on n'avait aucune idée de la richesse réelle des cercueils d'une inhumation royale. Les cercueils dépouillés de tout métal précieux retrouvés en 1881 à Deir el-Bahari dans la cachette des momies royales n'offraient à ce sujet que de faibles indications.

Dans le cas de Toutânkhamon, trois cercueils anthropomorphes emboîtés les uns dans les autres avec précision abritaient la momie du pharaon défunt parée de son masque d'or. Devenu désormais un Osiris, un dieu parmi les dieux, le roi défunt porte les insignes de sa dignité royale dans ce monde et dans l'au-delà, la crosse et le flagellum, et sur le front les effigies des déesses Nekhbet (le vautour pour la Haute-

NOUVEL EMPIRE

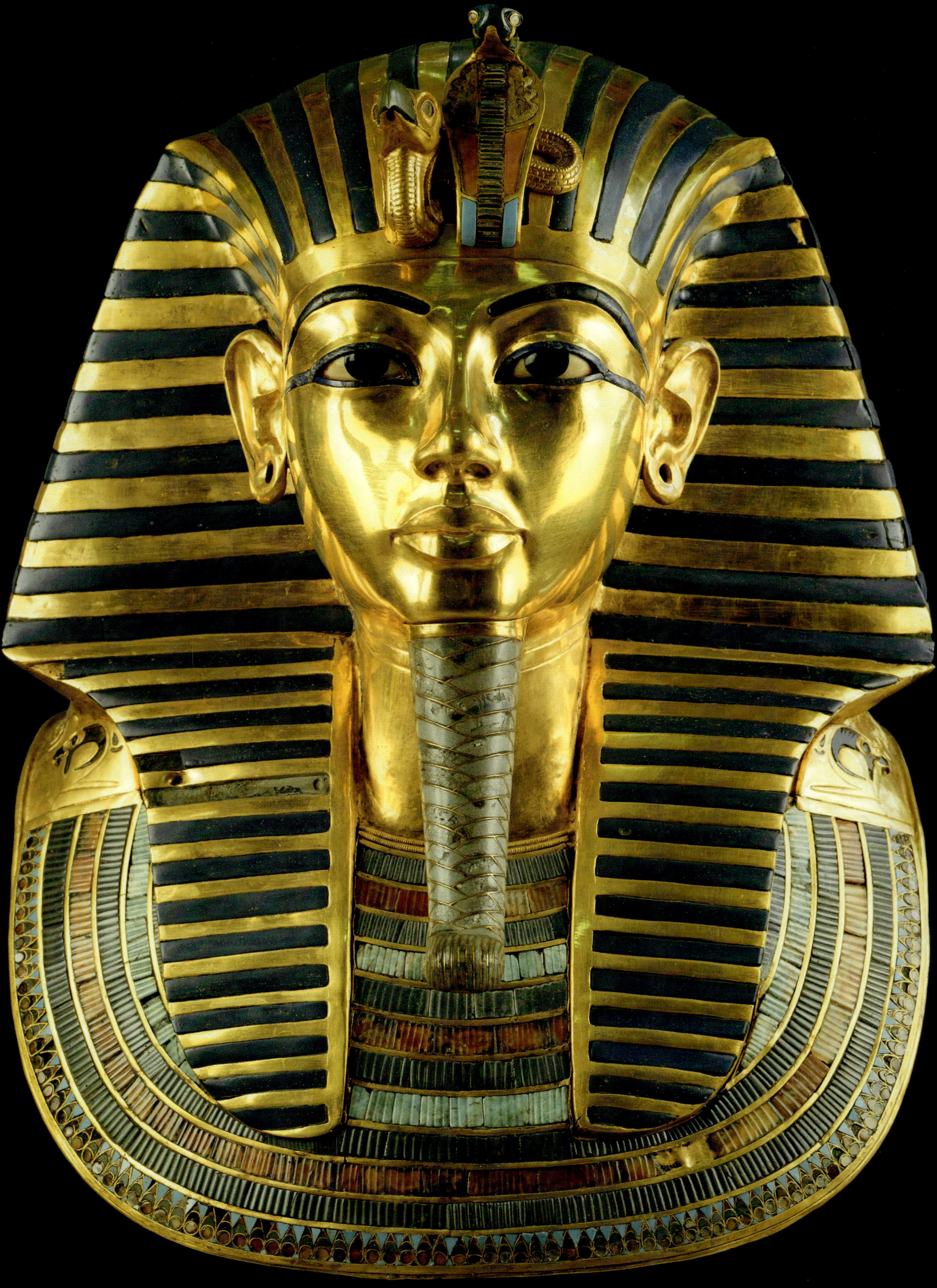

164/165. Le masque d'or
Thèbes, Vallée des Rois, tombe de Toutânkhamon (KV 62) ; XVIIIe dynastie, vers 1325 av. J.-C. ; or et incrustations ; haut. : 54 cm ; Le Caire, Musée égyptien, JE 60672.
Le célèbre masque qui protégeait la momie du jeune pharaon relève de la technique du repoussé exécuté dans une épaisse plaque d'or sertie d'incrustations de verre, et de différentes pierres (lapis-lazuli, obsidienne, quartz, feldspath) qui soulignent les détails. « L'or est la chair des dieux » – nulle autre œuvre de l'art égyptien n'illustre mieux cette comparaison que le masque de Toutânkhamon. Sur le plastron, le masque est décoré d'un large collier de plusieurs rangées de perles ; le texte qu'il porte au dos décrit l'apothéose des différentes parties de la tête ; chacune d'elles est identifiée à un dieu particulier.

Égypte) et Ouadjet (le serpent pour la Basse-Égypte). Mais c'est le cercueil d'or qui illustre de la façon la plus impressionnante les ressources matérielles et le travail humain mis en œuvre pour constituer l'inventaire d'une tombe royale de cette époque.

Lorsque Carter, en 1924, eut soulevé le couvercle du sarcophage, il fit un intéressant constat. Sur le fond de la cuve se trouvaient des fragments de bois doré. Ceux-ci devaient être tombés, lors de chocs, des pieds de la partie supérieure du cercueil externe car cet endroit présentait une retouche de fortune, un badigeon noir en bitume. Les artisans s'étaient donc aperçus au moment de la mise en sarcophage que l'ensemble des cercueils n'y entrait pas exactement et durent l'introduire de force pour résoudre – un peu sommairement – le problème. Ou bien s'agit-il d'un défaut d'exécution ? Le soin apporté au reste des travaux n'incline guère à le croire. Il apparaît plutôt que nombre des objets si célèbres liés au nom de Toutânkhamon n'avaient pas été confectionnés pour le mobilier funéraire de ce souverain, mais avaient été attribués au trésor funéraire du jeune roi après la dissolution des tombes d'Akhénaton et de Semenkhkarê, ses prédécesseurs directs. Il avait fallu également découper, au niveau de la tête, une pièce carrée dans la cuve du cercueil d'or parée d'inscriptions (formules du *Livre des Morts*) avant de pouvoir fermer le couvercle sur la momie au masque d'or.

Le coffre à canopes

Outre le sarcophage et ses chapelles, le coffre à canopes faisait partie de l'inventaire funéraire indispensable à toute tombe royale du Nouvel Empire. En effet les viscères qui y étaient déposés devaient absolument rester intacts pour assurer l'intégrité du corps momifié.

Au début de la XVIIIe dynastie, il s'agissait d'un simple coffre en grès silicifié où l'on disposait les quatre vases individuels. Le coffre à canopes était placé dans le caveau à proximité du sarcophage. À partir d'Aménophis II, on les façonna de plus en plus souvent dans le calcite-albâtre et par la suite la règle imposa ce matériau. Cependant, les tombes de la XXe dynastie semblent n'avoir été pourvues que de quatre vases canopes monumentaux en grès silicifié sans coffre. L'ensemble à canopes du trésor funéraire de Toutânkhamon se compose d'une chapelle dorée posée sur un traîneau, surmontée d'un baldaquin et entourée des figures

NOUVEL EMPIRE

166. La déesse Selket
Thèbes, Vallée des Rois, tombe de Toutânkhamon (KV 62) ; XVIIIᵉ dynastie, vers 1325 av. J.-C. ; bois doré ; haut. : 90 cm ; Le Caire, Musée égyptien, JE 60686.
Les fines silhouettes des déesses protectrices sont identiques dans leur aspect extérieur (long vêtement plissé et perruque en poche). Elles ne se distinguent entre elles que par l'emblème que chacune porte sur la tête et qui les identifie. Dans le cas de la déesse Selket, son emblème est un scorpion très stylisé.

168. Vue à l'intérieur du coffre à canopes
Thèbes, Vallée des Rois, tombe de Toutânkhamon (KV 62) ; XVIIIᵉ dynastie, vers 1325 av. J.-C. ; calcite-albâtre peint ; haut. : 24 cm ; Le Caire, Musée égyptien, 60687.
Le cliché montre l'intérieur du coffre cloisonné en quatre compartiments rectangulaires et les bords cylindriques où s'adaptaient les couvercles. Des cercueils miniatures on ne voit encore que le dessus des têtes.

167. Le coffre à canopes
Thèbes, Vallée des Rois, tombe de Toutânkhamon (KV 62) ; XVIIIᵉ dynastie, vers 1325 av. J.-C. ; bois stuqué et doré ; haut. : 198 cm ; Le Caire, Musée égyptien, JE 60 686.
Le coffre à canopes, destiné à l'inhumation des viscères, est tout aussi indispensable et confectionné avec autant d'art et de soin que les chapelles et les sarcophages qui abritent la momie royale. Le baldaquin posé sur un traîneau est décoré d'une frise d'*uraei* que l'on observe aussi sur la chapelle proprement dite qu'il abrite.
Chacun des côtés de cette chapelle est protégée par les bras des quatre déesses protectrices, Isis, Nephthys, Selket et Neith. Le style de ces figurines est encore manifestement influencé par l'art amarnien. L'ensemble à canopes composait l'élément essentiel de la « chambre du trésor ».

236   NOUVEL EMPIRE

169. Les couvercles des canopes
Thèbes, Vallée des Rois, tombe de Toutânkhamon (KV 62) ; XVIIIᵉ dynastie, vers 1325 av. J.-C. ; calcite-albâtre peint ; haut. : 24 cm ; Le Caire, Musée égyptien, 60687.
L'intérieur du coffre présente quatre alvéoles cylindriques dont chacune s'obturait par un couvercle à l'effigie du roi. La haute qualité du matériau translucide s'allie à la finesse et à la discrétion du dessin pour mettre en valeur la délicatesse des traits royaux.

170/171. Le coffre à canopes
Thèbes, Vallée des Rois, tombe de Toutânkhamon (KV 62) ; XVIIIᵉ dynastie, vers 1325 av. J.-C. ; calcite-albâtre peint ; haut. : 85,5 cm ; Le Caire, Musée égyptien, JE 60687.
À l'intérieur de la chapelle se trouvait le coffre à canopes proprement dit, lui aussi posé sur un traîneau en bois doré, et drapé d'un grand linge funéraire. Aux angles on découvre à nouveau le quatuor des déesses protectrices exécutées en haut relief. Les inscriptions se réfèrent à la fois à ces déesses et aux quatre fils d'Horus, Amset, Hâpy, Douamoutef, et Qebekhsenouef à qui incombait la protection des viscères.

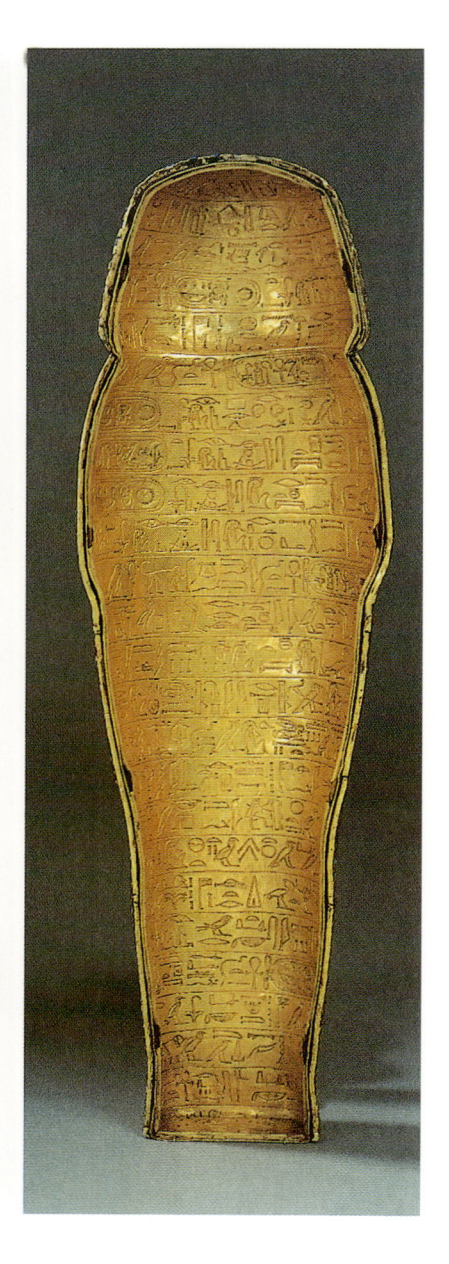

172-174. Sarcophage destiné à abriter les viscères
Thèbes, Vallée des Rois, tombe de Toutânkhamon (KV 62) ; XVIIIe dynastie, vers 1325 av. J.-C. ; or et incrustations ; haut. : 39,5 cm, larg. : 11,5 cm ; Le Caire, Musée égyptien, JE 60691.
Quatre sarcophages miniatures en or exécutés dans la technique du repoussé ont servi à recueillir les viscères du roi puis ont été placés dans les vases canopes. Leur aspect est semblable à celui du grand cercueil médian du souverain. Les incrustations sont de verre, d'obsidienne et de cornaline. À l'intérieur, des formules du *Livre des Morts* ont été finement gravées.

175. L'oiseau-ba
Thèbes, Vallée des Rois, tombe de Toutânkhamon (KV 62) ; XVIIIe dynastie, vers 1325 av. J.-C. ; haut. : 12,5 cm, larg. : 33 cm ; Le Caire, Musée égyptien, JE 61903.
Cette superbe amulette représentant le *ba* royal était posée directement sur les bandelettes de lin de la momie. Les ailes déployées, tenant dans chacune de ses serres une boucle *shen,* il allie le corps du faucon à la tête du roi. Dans les croyances de l'Égypte ancienne, le *ba* était un aspect de l'existence humaine. Cette âme *ba* pouvait quitter la tombe grâce à sa forme d'oiseau, revenir dans le monde des vivants et retourner ensuite à la momie.

176. Pendentif en forme de scarabée
Thèbes, Vallée des Rois, tombe de Toutânkhamon (KV 62) ; XVIIIe dynastie, vers 1325 av. J.-C. ; or et incrustations ; haut : 9 cm, larg. : 10,5 cm ; Le Caire, Musée égyptien, JE 61886.

Cet élégant bijou fut vraisemblablement porté par Toutânkhamon de son vivant. Il représente le scarabée ailé, Khépri, manifestation de Rê, le dieu solaire, à son lever. La signification de cet objet est cependant plus complexe puisque les signes superposés du disque solaire, du scarabée, et des trois traits verticaux sur une corbeille composent le nom de couronnement du roi, Nebkhéperourê, et lient étroitement le souverain à la course cyclique du soleil.

177/178. Le coffret d'ivoire
Thèbes, Vallée des Rois, tombe de Toutânkhamon (KV 62) ; XVIIIe dynastie, vers 1325 av. J.-C. ; bois, ivoire et bronze ; haut. : 48,5 cm, long. : 72 cm, larg. : 53 cm ; Le Caire, Musée égyptien, JE 61477.

Le précieux coffret est en bois plaqué d'ivoire ; son couvercle est bombé. Outre les décors des parois latérales, scènes de chasse se déroulant dans une luxuriante végétation, la scène représentée sur le couvercle retient l'attention par son style proche de l'art amarnien. On peut supposer que ce coffret a été confectionné à l'époque où Toutânkhamon enfant vivait dans la capitale d'Akhénaton et portait encore le nom de Toutânkhaton.

Dans une attitude nonchalante, le pharaon-enfant s'appuie sur un long bâton et reçoit de la reine Ankhésenamon deux grands bouquets composés de papyrus, de fleurs de lotus et de capsules de pavots. Ébloui par la perfection de ce meuble en ivoire sculpté et teinté, Carter parlait à son propos de « chef-d'œuvre d'un grand maître anonyme ».

NOUVEL EMPIRE

179. Coffret avec scènes de chasse et de guerre de Toutânkhamon
Thèbes, Vallée des Rois, tombe de Toutânkhamon (KV 62), XVIIIe dynastie, vers 1325 av. J.-C. ; peinture sur bois stuqué ; haut. : 44 cm, long. : 61 cm ; Le Caire, Musée égyptien, 61467.

Les peintures de ce coffret exécutées en miniature comptent sans aucun doute parmi les chefs-d'œuvre de l'art pictural de l'Égypte ancienne. Le coffret quadrangulaire est monté sur quatre pieds bas et possède un couvercle bombé. À l'origine, cet objet servait uniquement à conserver les sandales royales. Mais lorsque Carter examina le contenu de celui-ci, il y trouva aussi des vêtements, des bijoux et un repose-tête en partie doré. Ce « désordre » est dû au fait que les membres du clergé qui rangèrent la réserve après la courte infraction des pilleurs, là encore, ne prirent pas la peine de remettre les choses à leur juste place. Les surfaces peintes (grands côtés et couvercle) offrent chacune, dans une ordonnance symétrique, deux scènes de chasse et de guerre où le souverain est représenté dans des actions concrètes, mais sans référence à des faits réels. Il s'agit plutôt de la représentation symbolique du roi triomphant du chaos, c'est-à-dire terrassant les ennemis traditionnels de l'Égypte – les Syriens au nord, les Nubiens au sud – et les bêtes sauvages du désert.

Bordée de plusieurs frises ornementales, dont une de rosettes, cette scène de la face du coffret figurant le sud montre Toutânkhamon combattant les Nubiens dont la débandade – cadavres et fuyards entremêlés – suggère que leur défaite est déjà acquise, tandis que les armées égyptiennes avancent en bon ordre de bataille, avec à leur tête, surdimensionné, le pharaon sur son char de guerre, dominant la scène.

des quatre déesses protectrices, et du coffre à canopes proprement dit, lesquels abritaient quatre sarcophages miniatures dorés de leurs couvercles à l'effigie du roi. Les fouilles, jusqu'ici, ne permettent pas de savoir si une version aussi sophistiquée se maintient pour les rois suivants. La décoration et les inscriptions figurant sur chacun des éléments de l'ensemble visent à assurer la protection des viscères. Citons pour exemple une brève formule de la déesse Isis : « Paroles prononcées par Isis : Mes bras recèlent ce qui est en moi. Amset (fils d'Horus), je le protège, qui est en moi, l'Amset du roi-Osiris Toutânkhamon, le justifié. » Mais ici encore, beaucoup d'indices font penser que ces canopes royaux, de création unique, avaient été initialement réalisés non pas pour l'inhumation de Toutânkhamon, mais pour le roi auquel il avait succédé, Semenkhkarê. On trouve encore des traces des cartouches de ce roi sur chacun des quatre petits sarcophages en or, et les traits des visages des couvercles des vases canopes ne ressemblent pas à ceux du jeune roi.

La cachette des momies royales

L'apparition de plus en plus fréquente, vers 1875, d'objets comme des *oushebtis* ou des papyrus couverts du *Livre des Morts* chez les marchands d'objets d'art, d'abord locaux, puis européens, attira l'attention des autorités égyptiennes qui se mirent à enquêter activement sur la provenance de ces objets particulièrement intéressants. Les pistes conduisaient à la famille Abd el-Rassoul, à Thèbes, déjà connue pour ses coupables activités de pilleurs de tombes. Pourtant, malgré la brutalité des méthodes d'instruction, il fut impossible d'arracher des aveux aux principaux suspects qu'il fallut remettre en liberté.

C'est en 1881 seulement que Mohammed Ahmed Abd el-Rassoul révéla le secret si longtemps gardé. Il conduisit Emil Brugsch, qui remplaçait le directeur du Service des Antiquités Gaston Maspéro en son absence, jusqu'à l'entrée dissimulée d'une tombe, située au sud du cirque de Deir el-Bahari. Un puits vertical de 12 mètres de profondeur donnait accès à un couloir de 70 mètres de long qui débouchait sur une chambre. À la lumière d'une torche, un spectacle éblouissant s'offrit à Brugsch. Des douzaines de cercueils contenant les momies de souverains du Nouvel Empire, dont certains aussi illustres que Thoutmosis III et Ramsès II, mais également celles de grands prêtres de la XXIe dynastie et de membres de leur famille étaient épars dans la tombe. La nouvelle de l'existence d'un fabuleux « trésor » s'étant répandue comme une traînée de poudre dans la population, Brugsch, pour parer à toute éventualité, fit rassembler, charger et transporter au Caire l'ensemble de cette superbe découverte dans les deux jours qui suivirent. Plus de quarante cercueils avec leurs momies, des milliers d'objets funéraires, dont

180/181. Le trône de Toutânkhamon
Thèbes, Vallée des Rois, tombe de Toutânkhamon (KV 62) ; XVIIIᵉ dynastie, vers 1325 av. J.-C. ; bois, plaques d'or et d'argent, pâte de verre et pierres fines ; haut. : 102 cm, larg. : 54 cm, prof. : 60 cm ; Le Caire, Musée égyptien, JE 62028.

Le plus beau et le plus célèbre des meubles du trésor du roi-dieu adolescent est sans doute son trône. Ce meuble, dont le dessin traditionnel se réfère au félin, est orné de têtes de lion aux deux angles antérieurs. L'entretoisement du piétement, aujourd'hui pratiquement détruit, illustrait les thèmes héraldiques de « l'union des Deux-Terres ». Les appuis-bras sont en forme de serpent ailé coiffé de la double couronne. Outre sa valeur purement matérielle et artistique, ce trône présente également un intérêt historique. Les cartouches du prince et de son épouse contiennent en effet les formes antérieures de leurs noms, Toutânkhaton et Ankhèsenpaaton. Un autre argument en faveur de la provenance amarnienne de ce somptueux meuble, qui aurait pu être confectionné dans la première année du règne du jeune pharaon, lorsqu'il résidait à Tell el-Amarna, est fourni par la scène représentée au verso du dossier et placée sous les rayons symboliques d'Aton. Dans une attitude nonchalante, Toutânkhamon est assis sur un siège, vêtu d'un long pagne plissé, d'un large collier et d'une couronne composite. Devant lui se tient son épouse Ankhèsenamon, rectifiant de la main droite le collier de son époux et tenant dans la gauche un pot d'onguent. Elle porte un long vêtement, agrémenté d'écharpes, qui lui couvre les chevilles et, comme lui, un large collier de pétales stylisés. Sa perruque ornée de l'*uraeus* est surmontée d'un *modius* décoré d'*uraei* et de deux plumes d'autruche. Derrière le couple, sur une table parée de guirlandes, est déposé un autre collier.

L'éblouissante virtuosité de l'artiste se manifeste dans l'utilisation qu'il fait, pour réaliser cette scène, des différents matériaux comme les plaques d'or et d'argent, et des couleurs de la pâte de verre, de la faïence et des pierres fines. Pour la seule réalisation du pagne royal, l'artiste a utilisé près de cinq cents paillettes de métal préparées et ajustées au millimètre près.

NOUVEL EMPIRE

182. Papyrus Léopold II *(feuille séparée)*
Probablement de Thèbes ; XXe dynastie, vers 1110 av. J.-C. ; papyrus portant un texte en écriture hiératique ; haut. : 45,5 cm ; Bruxelles, musées royaux d'Art et d'Histoire, E 6857.
Ce texte – le compte rendu d'une audience de tribunal datée de l'an XVI du règne de Ramsès IX – contient les aveux d'un pilleur de tombe qui, en compagnie de ses complices, avait profané une tombe royale de la XVIIe dynastie. Le déroulement des faits est exposé avec la plus grande précision : « ... nous avons recueilli l'or trouvé sur la noble momie de ce dieu (= roi) avec ses amulettes et les bijoux qu'il avait au cou. »

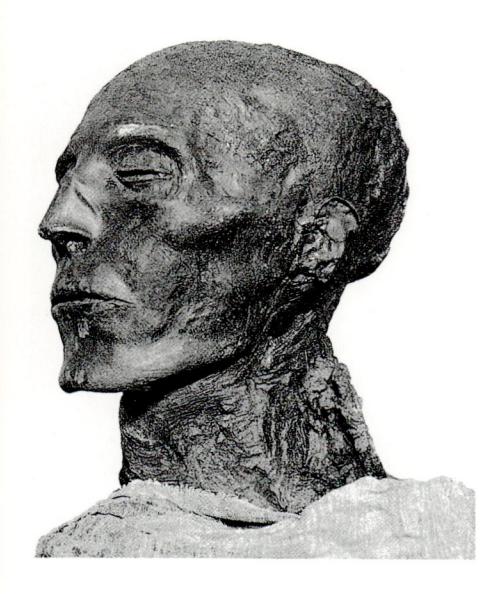

183. Tête de la momie de Séthi Ier
Thèbes, cachette des momies royales de Deir el-Bahari ; XIXe dynastie, vers 1279 av. J.-C. ; Le Caire, Musée égyptien, CG 61077.
La momie de Séthi Ier compte parmi les momies royales du Nouvel Empire les mieux conservées et témoigne brillamment du grand art des embaumeurs de cette époque.

184. Couvercle du cercueil de Ramsès II
Thèbes, cachette des momies royales de Deir el-Bahari ; XIXe dynastie, vers 1215 av. J.-C. ; bois peint ; long. : 206 cm, larg. : 54,5 cm ; Le Caire, Musée égyptien, JE 26214 (CG 61020). La momie de Ramsès le Grand n'a pas été découverte dans son cercueil original. Lors de son transfert, qui eut lieu sous la XXIe dynastie, elle fut déposée dans un cercueil royal vide datant de la XVIIIe dynastie, comme l'indiquent en particulier les traits du visage dessiné sur ce cercueil. Il a été dépouillé de toutes ses applications d'or, les insignes royaux et l'*uraeus* ont été remplacés ultérieurement. Sous le cartouche au nom de Ramsès II, une suscription de plusieurs lignes en écriture hiératique relate le transfert de la momie, grâce auquel elle put se conserver pendant des millénaires dans la cachette de Deir el-Bahari.

185. Momie de Ramsès III
Thèbes, cachette des momies royales de Deir el-Bahari ; XXe dynastie, vers 1150 av. J.-C. ; long. : 168 cm ; Le Caire, Musée égyptien, CG 61083.
Une inscription de quatre lignes en écriture hiératique portée directement sur le bandage de lin de la momie de Ramsès III indique le rétablissement (nouvel enveloppement) des bandelettes en l'an treize du règne de Smendès, au début de la XXIe dynastie (vers 1055 av. J.-C.), c'est-à-dire environ cent ans après l'inhumation du souverain, à l'origine dans la Vallée des Rois. C'est le Grand Prêtre Pinedjem qui chargea deux fonctionnaires de la nécropole de cette opération que le texte désigne comme « osirification ». Au-dessus de l'inscription se dresse un Amon ailé à tête de bélier tenant dans chaque serre une plume d'autruche.

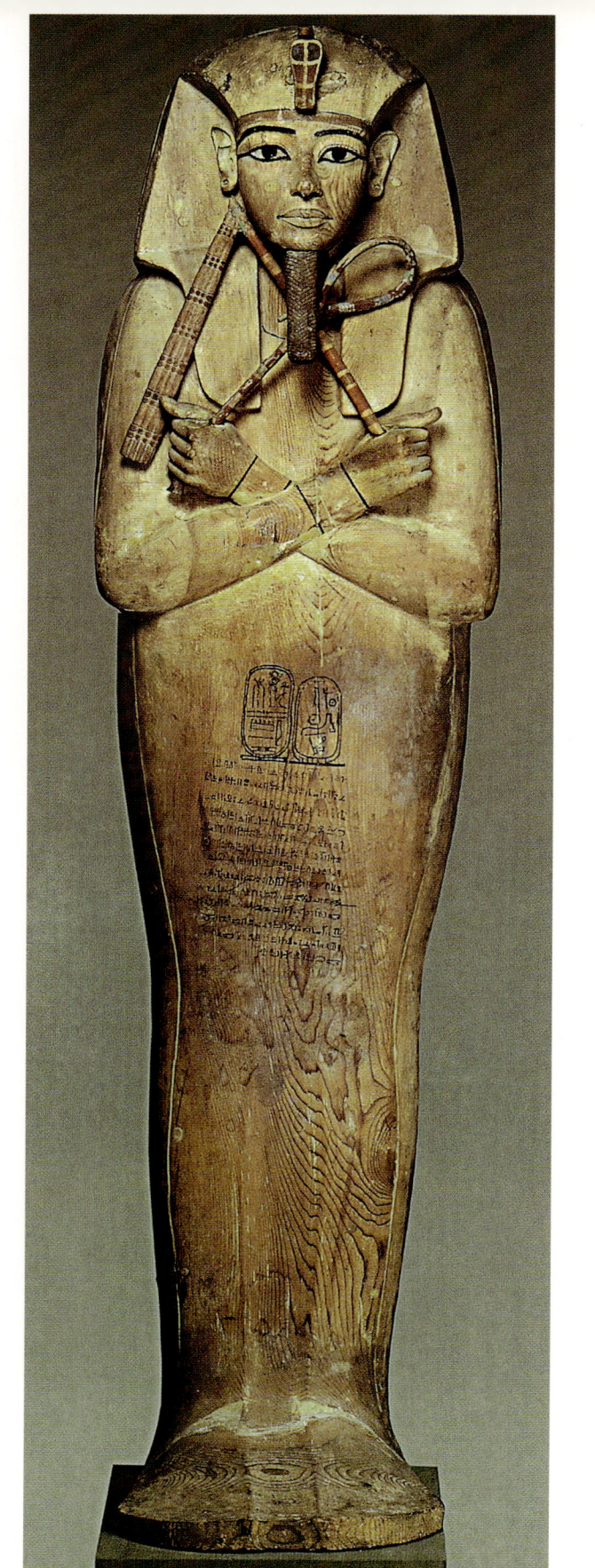

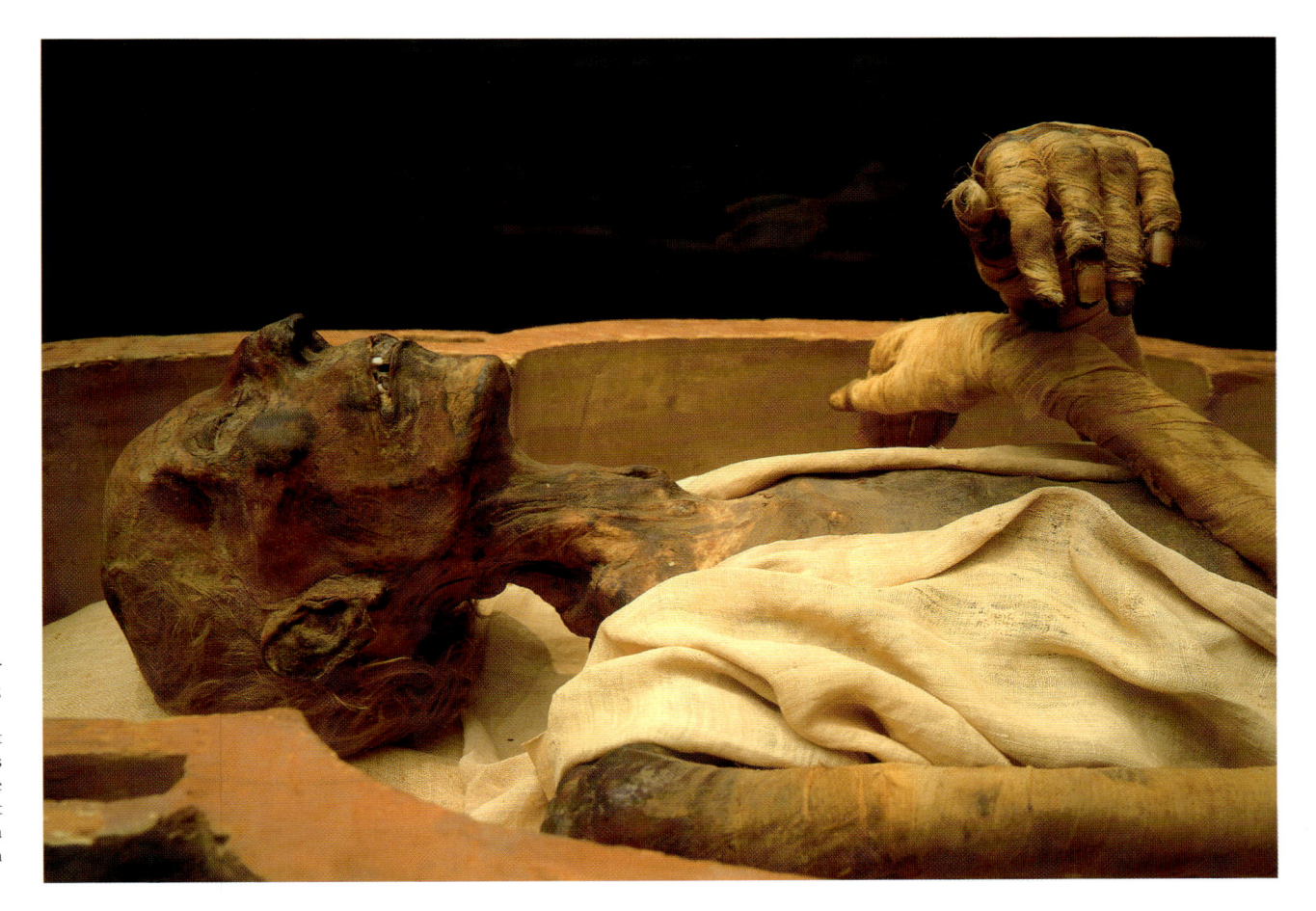

186. Momie de Ramsès II
Thèbes, cachette des momies royales de Deir el-Bahari ; XIXe dynastie, vers 1213 av. J.-C. ; Le Caire, Musée égyptien, CG 61078.
Ramsès II mourut à l'âge, alors rarement atteint, de plus de quatre-vingts ans, mais dans un état de santé très altéré. Il souffrait de graves problèmes dentaires, d'arthrose et d'athérosclérose. Sa momie a été transférée à Paris en 1976 pour y être analysée et traitée en vue de sa conservation.

des papyrus, des *oushebtis* placés dans leurs coffres, des statuettes de bois, des vases, furent transférés à Boulacq, où se trouvait à l'époque le Musée égyptien. Peu de temps après, Maspéro crut déjà pouvoir élucider l'énigme de la cachette de Deir el-Bahari en émettant une thèse qui fit longtemps autorité, à savoir que le clergé de la XXIe dynastie avait voulu sauver les dépouilles royales menacées de destruction définitive après que leurs tombes eurent été visitées par des bandes de pillards. Or les travaux scientifiques récents ont mis en évidence qu'il faut apporter quelques modifications à l'histoire des momies royales de la Thèbes occidentale.

Au cours du Nouvel Empire, certaines tombes royales ont été l'objet de profanations et de pillages ; le fait s'est renouvelé à plusieurs reprises. Les coupables étaient probablement des fonctionnaires et des ouvriers de la nécropole. Leur convoitise portait sur des denrées précieuses comme les onguents, le verre, les bois rares, les métaux précieux (or, argent, bronze) que l'on pouvait facilement réutiliser sans attirer l'attention.

Lorsque l'administration de la nécropole constatait qu'un pillage avait été perpétré, la tombe concernée, après les travaux de remise en état qui s'imposaient, était de nouveau murée et scellée. Une inscription relative à la restauration de la tombe de Thoutmosis IV, document daté de l'an VIII du règne d'Horemheb, témoigne d'une telle procédure. Vers la fin de l'époque des Ramessides, sous les règnes de Ramsès IX à Ramsès XI, lorsque le pays sombra dans une crise politique et économique, les pillages se multiplièrent et touchèrent tous les secteurs de la nécropole thébaine. Il existe plusieurs textes sur papyrus qui présentent une excellente source d'information sur le sujet. Ces textes, les minutes officielles des procès, citent les noms des coupables, leurs dépositions avec une description précise des faits ou consignent le déroulement de l'instruction. Le papyrus Mayer B (Liverpool), malheureusement incomplet, fournit même une liste détaillée des objets de bronze et de cuivre, ainsi que des étoffes, pillés dans la tombe de Ramsès VI, et précise que les cinq pilleurs se sont partagé près de cinquante kilos de métal.

Mais toute la vérité ne verra jamais le jour si l'on s'en tient à ces sources textuelles où les malfaiteurs mentionnés apparaissent parfois comme de purs dilettantes. Les troubles qui marquèrent le règne de Ramsès XI avaient notablement réduit l'influence réelle du roi à la Basse-Égypte et les grands prêtres d'Amon finirent par s'emparer du pouvoir à Thèbes. De plus, ceux-ci étaient en conflit permanent avec le vice-roi de Koush, Panehsi. Pour financer cette petite guerre dans le sud, qui dura probablement jusqu'à la mort de Ramsès XI, le Grand Prêtre Piankhi eut recours à un moyen inimaginable dans l'Égypte ancienne : il soumit la nécropole thébaine, avec les tombes des rois, des reines et des fonctionnaires, à un pillage en règle. Ses agents sillonnaient la nécropole à la recherche de tombes encore inviolées pour s'emparer de leur précieux mobilier funéraire.

La chasse au trésor officielle se poursuivait encore au début de la XXIe dynastie. Les momies des souverains, dépouillées de leurs trésors, furent rassemblées dans diverses tombes, comme celle de Séthi Ier. L'un de ces « camps provisoires » demeura en l'état, dans la tombe d'Aménophis II, jusqu'à sa découverte en 1898. Il recelait entre autres les corps de Thoutmosis IV, d'Aménophis III, de Mérenptah et de Ramsès II. En grande partie remmaillotées de bandelettes de lin prises dans des réserves ayant appartenu autrefois à des temples, relogées sommairement dans des cercueils encore disponibles, les momies des rois demeurèrent hébergées sur leur point de rassemblement pendant le reste de la XXIe dynastie.

Finalement la plupart d'entre elles, après avoir été déposées dans la tombe familiale du Grand Prêtre Pinedjem II, furent transférées sous le règne de Shéshonq Ier, près de Deir el-Bahari, où les rois-dieux, encore une fois, furent troublés dans leur dernier sommeil par un pilleur des temps modernes.

NOUVEL EMPIRE

La Vallée des Reines

Friederike Kampp-Seyfried

Outre la célèbre Vallée des Rois, et la vallée occidentale voisine, la rive occidentale de Thèbes abrite plusieurs nécropoles où se firent enterrer les rois et les membres de leur famille. Ce sont entre autres les cimetières du début de la XIe dynastie, situés dans l'actuel el-Tarif, le cirque de Deir el-Bahari, avec les deux vallées annexes qui le prolongent au sud, qui furent le théâtre des rites funéraires de la fin de la XIe dynastie et du début de la XIIe. La XVIIe dynastie inhuma ses rois et ses reines au nord, dans le secteur appelé aujourd'hui Dra Abou el-Naga, tandis que sous la XVIIIe dynastie, lorsque les pharaons choisirent la Vallée des Rois comme dernière demeure, les membres des familles royales étaient enterrés dans plusieurs vallées du désert, situées plus loin dans le sud. La Vallée des Reines appartient à l'un de ces ouadis méridionaux.

À la différence de la Vallée des Rois, avec son relief abrupte et aride, isolée, d'un accès relativement difficile, la Vallée des Reines est un ouadi large et accueillant, qui s'étend en pente douce, dans les hauteurs montagneuses du plateau libyen, auquel on pouvait facilement accéder depuis les terres fertiles. Ce lit asséché ne donne pas cette impression secrète et mystérieuse caractéristique de la Vallée des Rois. Les tombes n'étaient pas dissimulées mais bordaient les deux rives de l'ancien lit fluvial qui ne roulait plus que rarement ses maigres eaux.

Le nom de Vallée des Reines (Biban el-Harim, selon la désignation arabe moderne), comme d'ailleurs celui de Vallée des Rois, suggère trompeusement un cercle très exclusif d'« usagers ». Or le terme égyptien ancien, *Ta-set-néferou*, était beaucoup plus neutre. Ce terme, qu'on avait jusqu'à présent traduit par « la place de l'accomplissement », si l'on suit une thèse récente très vraisemblable des spécialistes, signifiait à l'origine « la place des enfants (royaux) ». Effectivement, cette traduction tient compte du fait qu'à partir de la XVIIe dynastie et au début de la XVIIIe la Vallée abritait en particulier les tombes des princes et princesses ainsi que d'un cercle de particuliers chargés de fonctions liées à l'éducation des enfants royaux. Les premiers témoignages de l'inhumation d'une reine sont attestés par deux tombes datant du règne d'Aménophis III. Ce n'est qu'au début de la XIXe dynastie que la Vallée des Reines devint effectivement le lieu d'inhumation privilégié des épouses royales, sans perdre pour autant sa fonction de nécropole abritant les enfants royaux, comme en témoignent les célèbres tombes princières du règne de Ramsès III.

Moins de la moitié des propriétaires des quatre-vingt-dix-huit tombes connues à ce jour ont pu être identifiés ; l'inachèvement ou la décoration restreinte, la disparation du mobilier funéraire de son contexte d'origine ne permirent pas d'attribuer les autres ensembles.

Pourtant leur architecture permet de les affecter approximativement à un groupe de personnes précis. En effet, on distingue des traits

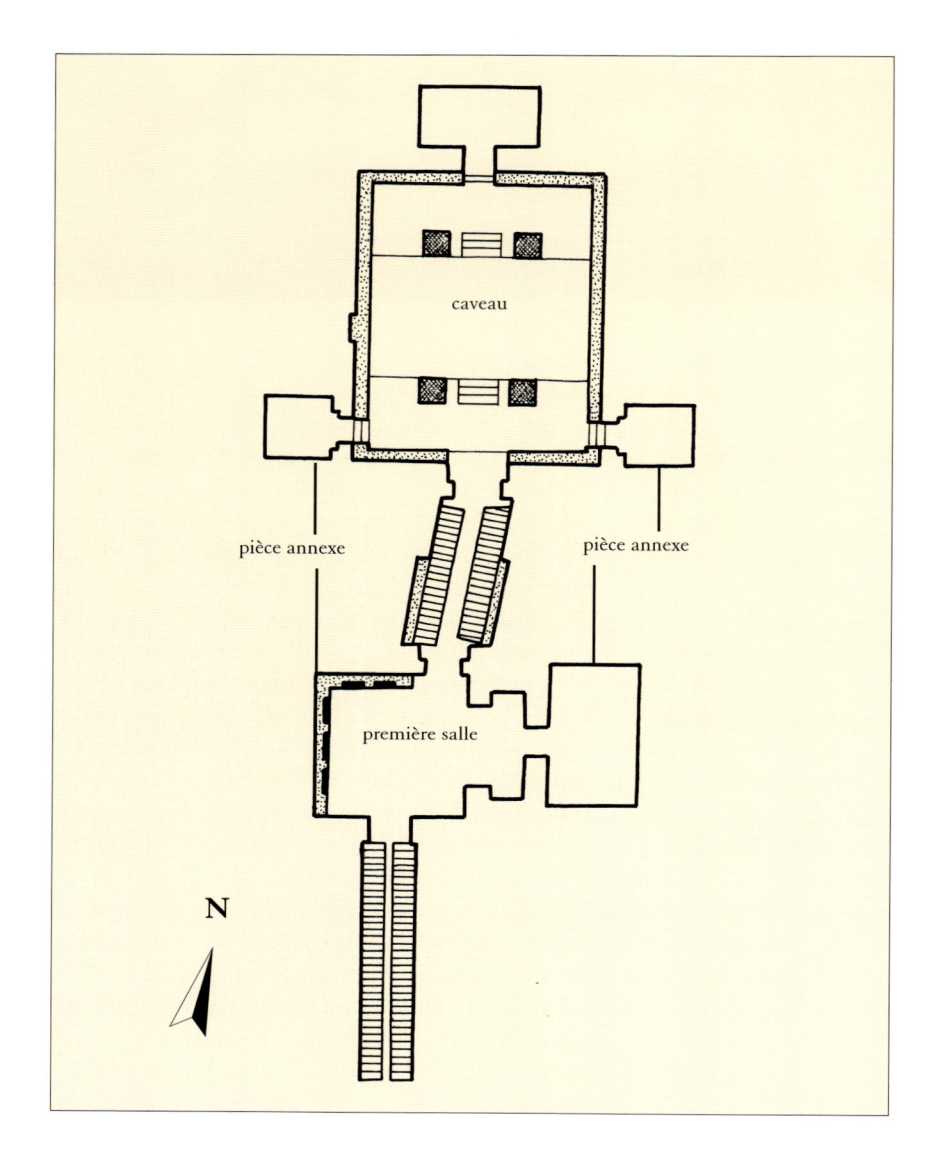

187. Plan de la tombe de la reine Néfertari
Thèbes (QV 66) ; XIXe dynastie, règne de Ramsès II, vers 1250 av. J.-C.
Ordinairement les tombes des princesses ou des reines anonymes ne présentent qu'une salle principale et une ou deux pièces annexes. Pour les grandes reines dont le nom est resté dans l'histoire, les complexes funéraires sont beaucoup plus élaborés. Comme en témoigne ici l'exemple de la tombe de Néfertari, elles se composent de deux grandes salles successives dont chacune donne accès à des chambres secondaires allant jusqu'au nombre de cinq. La seconde de ces salles, le caveau, présente parfois quatre piliers et une niche ou chambre axiale.

188/189. Différentes vues de la tombe de Néfertari
Thèbes (QV 66) ; XIX⁰ dynastie, règne de Ramsès II, vers 1250 av. J.-C.
Les peintures et les bas-reliefs de la tombe de Néfertari, d'une facture magistrale, comptent au nombre des plus beaux exemples de la décoration murale de l'Égypte du Nouvel Empire. En plus du détail minutieux des hiéroglyphes, des vêtements et des couronnes, les artistes ont réussi par le dégradé et les nuances des couleurs à mettre le modelé des visages et les plis des vêtements en valeur.
Les exemples choisis ici sont situés dans le secteur de la première chambre annexe, avec, pour commencer, une vue du passage d'une pièce à l'autre (en bas), flanqué des dieux Khépry (à gauche) et Rê-Horakhty en compagnie de la déesse Hathor (à droite). Dans ce passage, Néfertari est conduite de chaque côté par des divinités, comme on le voit sur l'illustration où elle est représentée précédée d'Isis. Parmi les scènes qui se trouvent à l'intérieur de la chambre, on observe la vignette illustrant le chapitre 94 du *Livre des Morts*, sur laquelle Néfertari reçoit une palette de scribe et un godet d'eau du dieu Thot à tête d'ibis (en haut à droite).

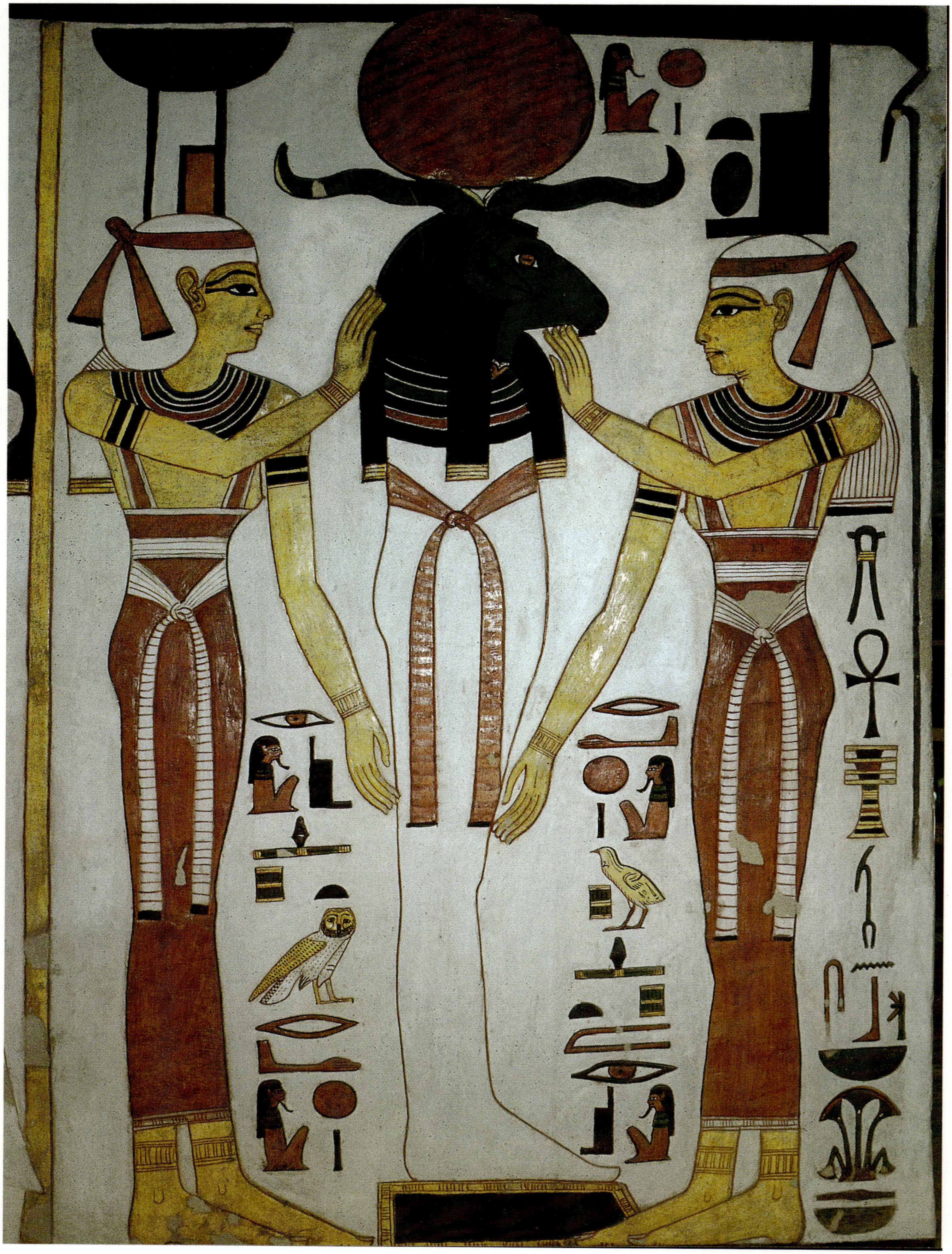

particuliers dans l'agencement de la tombe, caractéristiques du sexe, du rang et de l'époque de leur propriétaire. Outre les simples tombes à puits, que l'on peut, en règle générale, attribuer à des particuliers, les tombes plus importantes se divisent en trois groupes : premièrement les tombes des princesses, simples et sans apparat, deuxièmement les tombes à galeries des princes, et troisièmement les tombes des reines, de conception plus sophistiquée.

Parmi les tombes de reine ayant bénéficié d'une décoration, celle de Néfertari, l'une des sept Grandes Épouses royales de Ramsès II, dont quatre autres reçurent également une tombe dans la Vallée des Reines, est sans aucun doute la plus belle.

L'ensemble de son répertoire iconographique se concentre entièrement sur le chemin qui mène la reine dans l'au-delà. C'est pourquoi on n'y trouve guère d'illustration de Néfertari assise, recevant le culte ou l'offrande, scènes cultuelles que nous connaissons bien par les représentations ornant les superstructures des tombes privées de cette époque. Ici, c'est la reine qui aborde les dieux pour leur rendre le culte qui leur est dû, ou encore elle apparaît guidée par les dieux.

Dans la partie supérieure de la tombe, l'iconographie a pour thèmes l'arrivée de la reine au royaume d'Osiris, sa transfiguration et son passage au jugement des morts. Un couloir descendant y fait suite sur les parois duquel Néfertari effectue progressivement le passage au royaume du dieu de l'au-delà pour arriver finalement dans la chambre sépulcrale où s'accomplit sa transformation, par laquelle elle devient elle-même un Osiris et accède à l'immortalité.

La tombe de Néfertari illustre de façon exemplaire pour toutes les autres tombes de la Vallée des Reines la place intermédiaire que prennent ces tombes entre les croyances funéraires royales et celles des simples particuliers. Si les emprunts, les références aux répertoires architectural et iconographique royaux sont évidents, tels que le concept architectural du couloir, l'agencement des quatre piliers du caveau, ou encore la représentation du *Livre des Portes*, néanmoins les grands *Livres du Monde souterrain* restent interdits à cette catégorie de personnes. On voit s'y substituer des vignettes du *Livre des Morts*, telles celles qui décorent les tombes des particuliers de la même époque.

192/193. *Tombe d'Amonherkhepeshef (deux vues)*
Thèbes (QV 55), XXᵉ dynastie, règne de Ramsès III, vers 1160 av. J.-C.
Si les tombes des princes se distinguent de celles des reines par leur agencement, elles se ressemblent par bien des aspects dans leur répertoire iconographique. Les reines sont représentées dans l'attitude de l'adoration ou en compagnie de différents dieux. Mais alors qu'elles abordent seules les dieux, le prince a besoin de la médiation de son père ; ici, c'est Ramsès III, qui précède son fils dans les scènes concernées.

194. *Plan de la tombe du prince Amonherkhepeshef*
Thèbes (QV 55) ; XXᵉ dynastie, règne de Ramsès III, vers 1160 av. J.-C.
Les tombes des princes, à la différence de celles des reines, se composent de deux salles en galerie, débouchant sur une chambre sépulcrale rectangulaire souvent un peu moins exiguë. Chacune de ces pièces peut donner sur des chambres annexes.

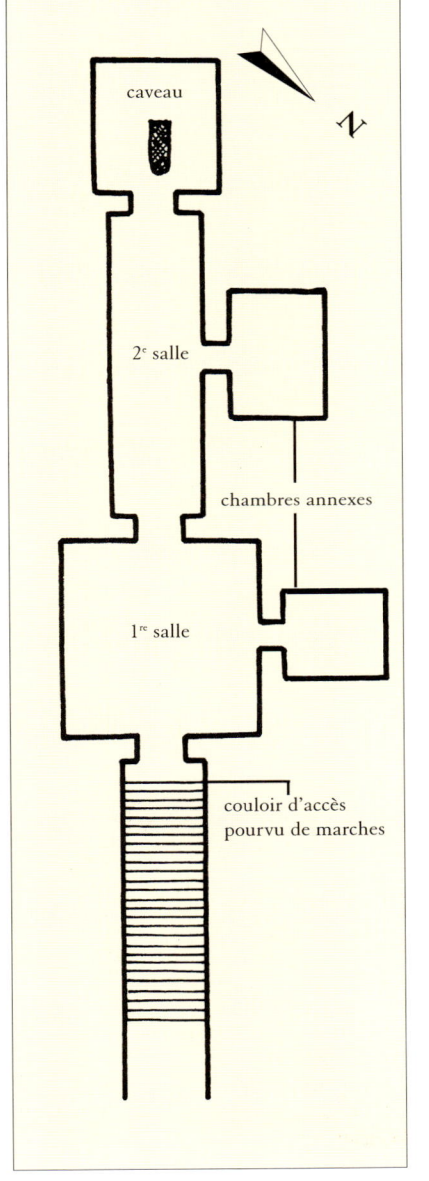

191. *(À gauche) Tombe de Néfertari : la momie du dieu solaire*
Thèbes, (QV 66) ; XIXᵉ dynastie, vers 1250 av. J.-C.
Selon leur conception cyclique de l'univers, les Égyptiens voyaient dans la course solaire la fusion du dieu solaire, Rê, et du dieu des morts, Osiris, qui, dans le monde souterrain, était la manifestation de la dépouille de Rê. Dans la figure divine centrale se manifeste Osiris sous l'aspect de la momie, tandis que l'aspect de Rê, dont le nom est cité dans l'inscription, se révèle dans la tête de bélier surmontée du disque solaire. Un bref énoncé souligne encore la signification de l'image : « Osiris repose en Rê ; c'est Rê qui repose en Osiris. » Les deux épouses et sœurs d'Osiris, Isis (à droite) et Nephthys (à gauche) rendent hommage au dieu solaire et tiennent sa momie.

NOUVEL EMPIRE 247

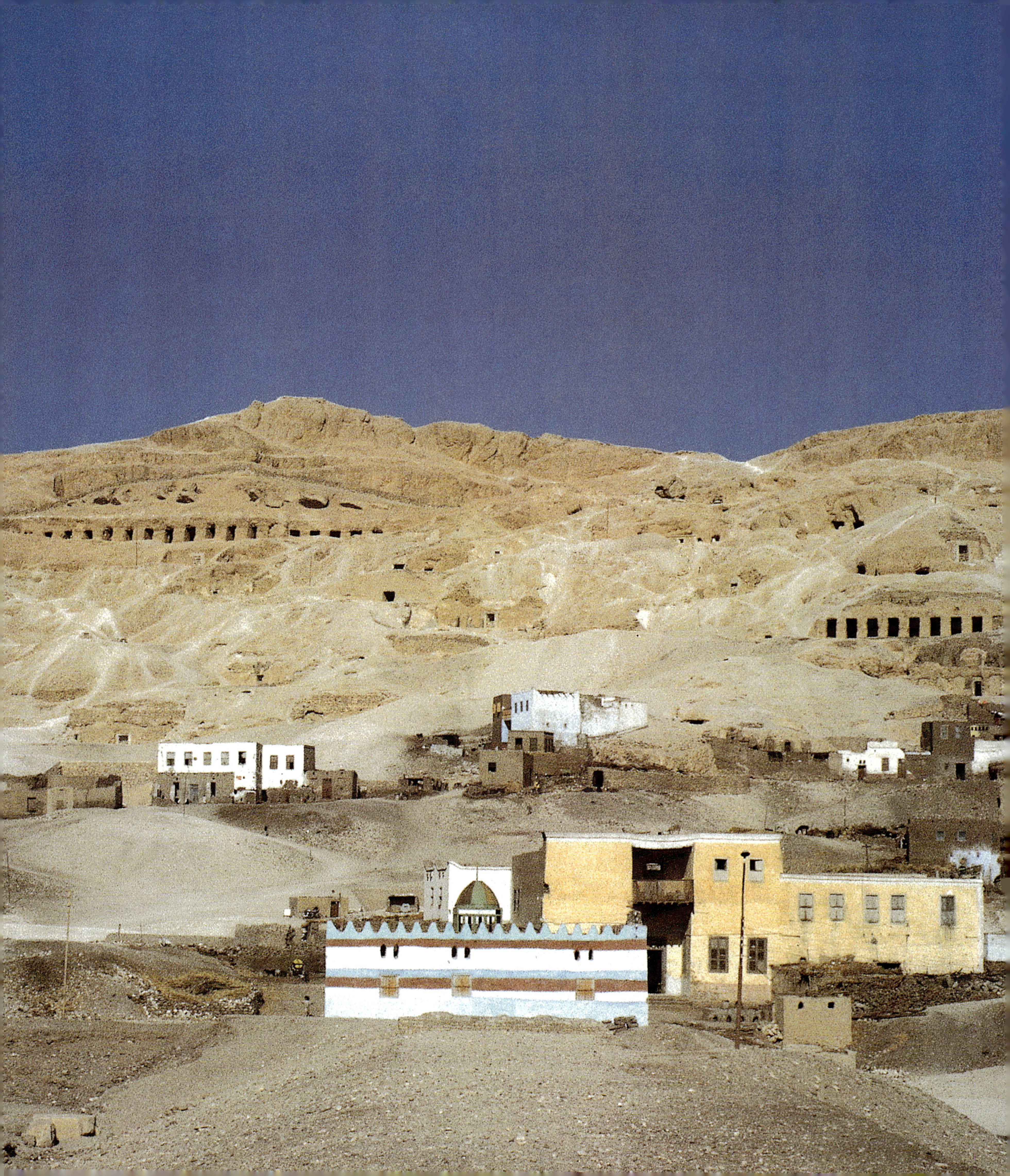

Vaincre la mort : les tombeaux thébains privés

Friederike Kampp-Seyfried

En raison de l'incomparable état de conservation de leurs tombeaux privés, trois célèbres nécropoles sont volontiers présentées comme les représentants « typiques » de chacune des trois grandes périodes de l'histoire de l'Égypte ancienne. Il s'agit à chaque fois de lieux utilisés sur une assez longue période et comprenant les installations funéraires de hautes personnalités privées, c'est-à-dire non royales.

L'Ancien Empire est représenté par Saqqara, où se dressent les mastabas des fonctionnaires et des couches dirigeantes de l'époque, le Moyen Empire par Béni Hassan et les hypogées des nomarques locaux, et le Nouvel Empire par la nécropole de la Thèbes occidentale. Naturellement, ces lieux d'inhumation ne représentent chacun qu'un endroit parmi beaucoup d'autres ; l'exposé qui suit concerne donc uniquement les particularités spécifiquement thébaines des complexes funéraires privés du Nouvel Empire, lesquelles ne sauraient être simplement transposées à d'autres nécropoles privées d'Égypte.

La nécropole de Thèbes s'étend sur le massif montagneux de la rive occidentale du Nil, face à l'actuel Louqsor. La plupart des hypogées datent des XVIIIe et XIXe dynasties, mais le site fut encore utilisé pendant longtemps. Thèbes est l'appellation de l'ensemble du site, qui englobe plusieurs localités, dont chacune donne son nom à une zone particulière de la nécropole, par exemple Deir el-Médineh et Gourna.

L'architecture funéraire

L'hypogée thébain typique se présente comme un édifice funéraire complexe dont les parties essentielles, les salles intérieures réservées au culte et à la sépulture, ont été taillées dans la roche environnante. La version la plus simple d'un tel complexe funéraire était constituée d'une salle unique creusée dans la roche à l'horizontale, et d'un puits vertical qui menait de cette salle à la chambre sépulcrale.

Si de tels tombeaux « monocaméraux » étaient déjà des édifices réservés aux membres privilégiés d'une couche sociale supérieure fort mince, les fonctionnaires de haut rang se faisaient construire de véritables « palais

195. Vue sur la colline de Sheikh Abd el-Gourna
On peut reconnaître les entrées de nombreux hypogées derrière la localité moderne de Gourna. Quelques façades à portique de tombeaux appelés *saff*, un mot arabe signifiant « rangée », ressortent avec une netteté particulière. Au milieu de la XVIIIe dynastie, la colline des tombes de Scheich Abd el-Qurna était le lieu funéraire le plus prestigieux pour l'élite des hauts fonctionnaires. La pointe de la montagne triangulaire domine comme une pyramide naturelle la nécropole de Thèbes-ouest et la Vallée des Rois.

196. Statue stélophore d'un fonctionnaire de la cour
Probablement Thèbes-Ouest ; XVIIIe dynastie, époque de Aménophis III, vers 1380 av. J.-C. ; calcaire, peint ; haut. : 26 cm ; Londres, The British Museum, EA 24430.
Les statuettes de ce genre, portant souvent devant soi une stèle gravée d'un hymne solaire, étaient placées, essentiellement sous la XVIIIe dynastie, dans des niches prévues à cet effet sur la façade, au-dessus de l'entrée de la tombe. Le défunt, représenté dans une attitude d'adoration, saluait ainsi chaque jour le soleil levant par la formule d'introduction « Adorer Rê de son lever jusqu'à son coucher, toute la vie ».

NOUVEL EMPIRE   249

rupestres » dont les chambres pouvaient atteindre la taille d'une grande salle soutenue par plusieurs rangées de piliers ou de colonnes. Pour se représenter concrètement l'image d'une tombe « classique » de fonctionnaire thébain, il convient pour simplifier de procéder à une division sur un tableau en trois segments verticaux, et de projeter ce schéma sur des tombes des XVIIIe et XIXe dynasties, afin de pouvoir mettre en évidence les modifications perceptibles des conceptions funéraires.

Au cours de cette évolution, l'époque amarnienne, c'est-à-dire le règne d'Akhénaton à la fin de la XVIIIe dynastie, apparaît comme une profonde rupture.

À cette subdivision verticale correspondent aussi des fonctions cultuelles caractéristiques de chaque partie de la tombe, lesquelles ont leur importance pour la compréhension du complexe tout entier.

Emplacement	Fonction	Forme architectonique
1. Niveau supérieur	Culte solaire, adoration du soleil	Superstructure en forme de chapelle ou de pyramide, ou encore niche sur la façade abritant un stélophore
2. Niveau intermédiaire	Complexe de culte et de fêtes, monument social du propriétaire	Cour et salles intérieures horizontales, une en largeur et une en longueur
3. Niveau inférieur	Culte d'Osiris, représentation de paysages de l'au-delà et lieu de repos du défunt	Constructions funéraires souterraines avec puits et couloirs, antichambre et chambres annexes ; chambre sépulcrale

Si l'on applique maintenant cette grille sur une tombe typique des XVIIIe et XIXe dynasties, on observe plusieurs différences intéressantes : le niveau supérieur est étroitement associé au culte solaire. En tant que structure autonome, il semble jouer un rôle subalterne sous la XVIIIe dynastie, mais peut aussi être intégré à l'architecture de la cour et de la façade, entre autres par l'intermédiaire d'une statue stélophore placée à l'intérieur d'une niche percée dans la façade.

À l'époque ramesside en revanche, le niveau supérieur se situe au-dessus des chambres rupestres, dans la mesure du possible sous la forme d'une pyramide autonome en brique qui peut à son tour être munie d'une niche à stélophore, mais aussi d'une chapelle intérieure.

Le niveau intermédiaire se divise d'abord en deux parties, la cour précédant la tombe et les chambres cultuelles. La cour d'un tombeau de la XVIIIe dynastie, le plus souvent réalisée en forme de terrasse, est dominée par une imposante façade, complexe visible de loin. Les côtés et le devant de la cour, plus basse, sont délimités par une sorte de parapet, qui en règle générale était arrondi au sommet. Le parvis de la tombe ainsi délimité jouait un grand rôle pendant les funérailles et les fêtes funéraires, d'autant plus que, sous la XVIIIe dynastie, c'est dans la cour que se trouvaient le plus souvent les puits donnant accès aux caveaux.

Au début de l'époque ramesside en revanche, on assiste à un changement radical de l'aspect des cours. La façade, qui sous la XVIIIe dynastie avait aussi rempli une fonction de superstructure par son aspect imposant et l'intégration de la niche à stélophore, n'est plus visible sous la XIXe dynastie, où un haut mur entourait la cour de tous côtés. Ces murs servaient simultanément de support à la toiture d'un portique situé sur leur pourtour intérieur. À l'extérieur, l'accès à la cour était signalé par un pylône en brique inspiré des pylônes de l'architecture des temples.

De ce fait, toute l'organisation architecturale, iconographique et scripturale des avant-cours ramessides caractérise cette partie de la tombe

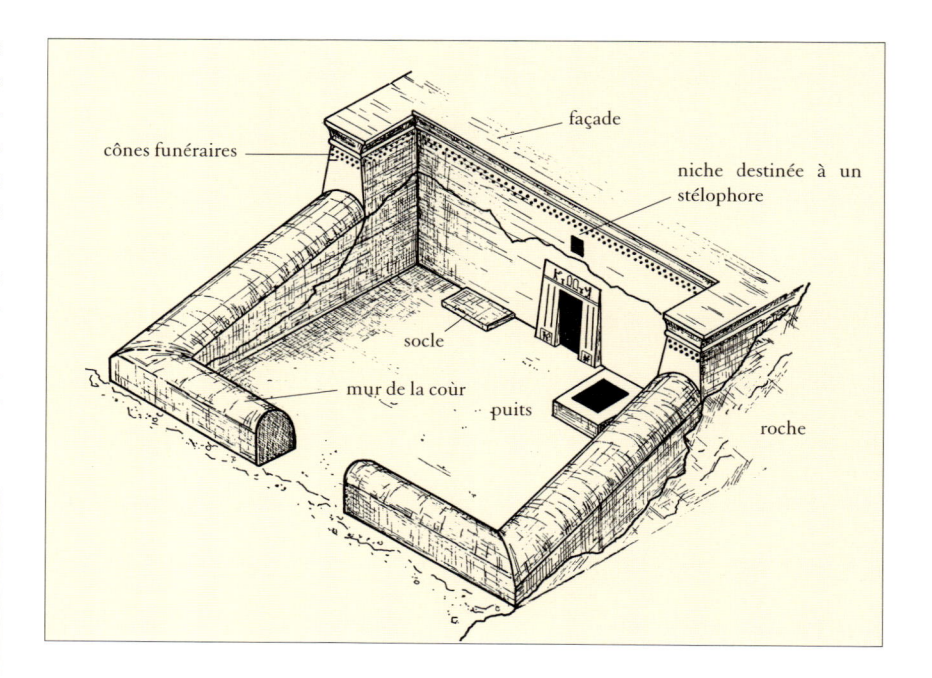

197. Reconstitution de la façade et de la cour d'une tombe de la XVIIIe dynastie
Entre 1550 et 1290 av. J.-C.
En tant que variante choisie parmi plusieurs autres, ce modèle est censé souligner la position dominante du mur de façade dans les tombes de la XVIIIe dynastie. La corniche de ce genre de mur était constituée par une finition décorative de tores et de gorges, typique des monuments de l'Égypte ancienne. Sous le tore pouvaient être insérées, à titre d'ornement, plusieurs rangées de cônes funéraires (marqués des titres et du nom du propriétaire) qui ressortaient, telle une frise ponctuée de rouge, sur la façade badigeonnée de blanc. Au-dessus de l'entrée de la tombe se trouvait parfois une niche destinée à abriter une statue stélophore. Par ailleurs, l'absence de stèles sur le parvis et la présence d'un puits à l'intérieur de la cour sont caractéristiques des tombes de cette époque.

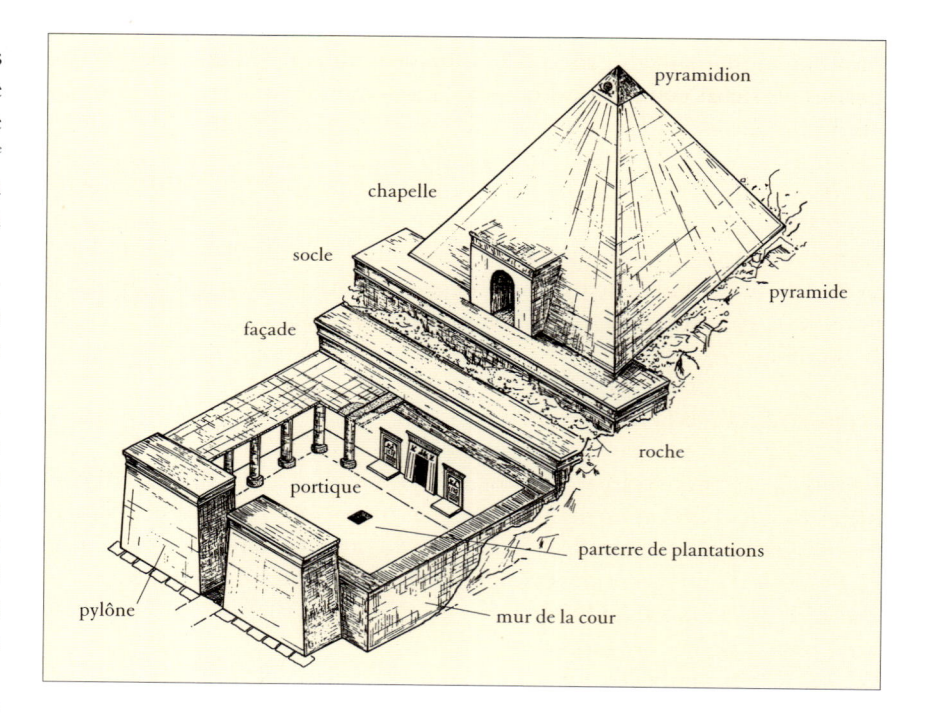

198. Essai de reconstitution de la superstructure et de la cour d'une tombe ramesside
Entre 1290 et 1070 av. J.-C.
À la différence des tombes de la XVIIIe dynastie, la vue sur un tombeau ramesside est dominée par les massifs du pylône de la cour ainsi que par une pyramide en brique située au-dessus des chambres rupestres. À l'intérieur de la cour, les murs, protégés par un portique à colonnes, et surtout la façade de la tombe étaient décorés dans le cas de complexes funéraires particulièrement fastueux. Font partie de ces éléments de décoration les stèles ornant la façade, sculptées dans la roche et situées, dans la mesure du possible, à droite et à gauche de l'entrée de la tombe. Au milieu de la cour, on aménageait fréquemment une sorte de « jardin miniature » avec une fosse prévue pour y planter un arbre ; la plantation d'un sycomore symbolisait en effet la présence près de la tombe de la manifestation de la « déesse-arbre », dispensatrice d'eau et de nourriture.

250 NOUVEL EMPIRE

comme une sorte de « cour du temple », d'autant plus qu'à cette époque on n'y observe quasiment plus de puits.

Alors que l'organisation des avant-cours de la XVIIIe dynastie se distingue nettement de celle de l'époque ramesside, on ne trouve à première vue pas de signes distinctifs aussi manifestes dans l'agencement des chambres funéraires.

Le plan choisi le plus fréquemment, et de loin, pendant toute la durée du Nouvel Empire, correspond à la forme dite en T renversé. Cela signifie qu'en partant de l'entrée déterminant l'axe de la tombe, on pénètre tout d'abord dans une large salle à laquelle fait suite, dans l'axe de la tombe, une salle longue. Si l'on excepte les formes les plus simples, celles des « tombeaux monocaméraux » déjà évoqués, le schéma de base en forme de T peut être élargi et modifié de manières les plus diverses, entre autres par des ajouts de piliers et des colonnes.

Il existe néanmoins dans ces salles des caractéristiques architecturales qui permettent d'attribuer sans ambiguïté un ensemble funéraire, selon le cas, à la XVIIIe dynastie ou à l'époque ramesside. En font partie des détails tels que stèles, fausses-portes ou statues de dieux. Alors que sous la XVIIIe dynastie stèle et fausse-porte se font souvent face sur les petits côtés de la salle large, à l'époque ramesside les stèles se trouvent la plupart du temps sur la façade de la tombe, et on renonce même entièrement à la fausse-porte. De plus, des groupes statuaires de dieux font des apparitions sporadiques dans les chapelles funéraires de l'époque ramesside, ce qui aurait été encore impensable sous la XVIIIe dynastie.

Les deux composantes de l'architecture funéraire présentées jusqu'ici servaient au culte des dieux ainsi qu'aux cérémonies funéraires, du culte et de l'alimentation du propriétaire de la tombe. La sépulture proprement dite n'a pas encore été évoquée. En principe, on trouve dans les tombes thébaines du Nouvel Empire deux types d'accès au niveau du « monde souterrain » des complexes funéraires. Il y a d'une part le puits vertical et d'autre part l'accès dit *sloping passage*, un couloir praticable menant vers les profondeurs en suivant une pente plus ou moins prononcée et formant parfois plusieurs coudes. Les conceptions du monde souterrain ont dû servir de modèle pour l'aménagement de ces réseaux de galeries. Outre le fait qu'au début de la XVIIIe dynastie on préférait le système du puits vertical, et à l'époque ramesside les *sloping passages*, il conviendrait également de mentionner le fait que, lors de la construction d'un grand complexe funéraire rupestre, on aménageait le plus souvent deux systèmes conjoints de sépulture ; l'un servait à la véritable inhumation du défunt, l'autre avait vraisemblablement une fonction cultuelle particulière. S'il y a dans une tombe à la fois un puits et un *sloping passage*, c'est en règle générale ce dernier qui menait au caveau du défunt. Cette chambre n'était souvent qu'une simple pièce non décorée dont les murs étaient creusés de quatre petites niches destinées à abriter les briques dites magiques. Ce n'est que dans de rares cas, comme par exemple dans la tombe de Sennéfer, que cette salle était pourvue d'une décoration.

Les peintures funéraires

Si les principes architecturaux ayant présidé à la construction des tombes sont encore souvent bien perceptibles, même quand ceux-ci se trouvent dans un mauvais état de conservation, on ne peut en dire autant pour les répertoires iconographiques, fréquemment réduits à l'état de fragments ; on peut néanmoins mettre en évidence des schémas de disposition et des critères distinctifs caractéristiques des thèmes de la XVIIIe dynastie et de l'époque ramesside.

Suivons notre schéma en trois parties : la question se pose tout d'abord de savoir ce qu'il en est de la décoration du niveau supérieur avec ses superstructures, ses pyramides et ses niches de façade, lequel est consacré en premier lieu au culte solaire. Les éléments du décor exposés aux

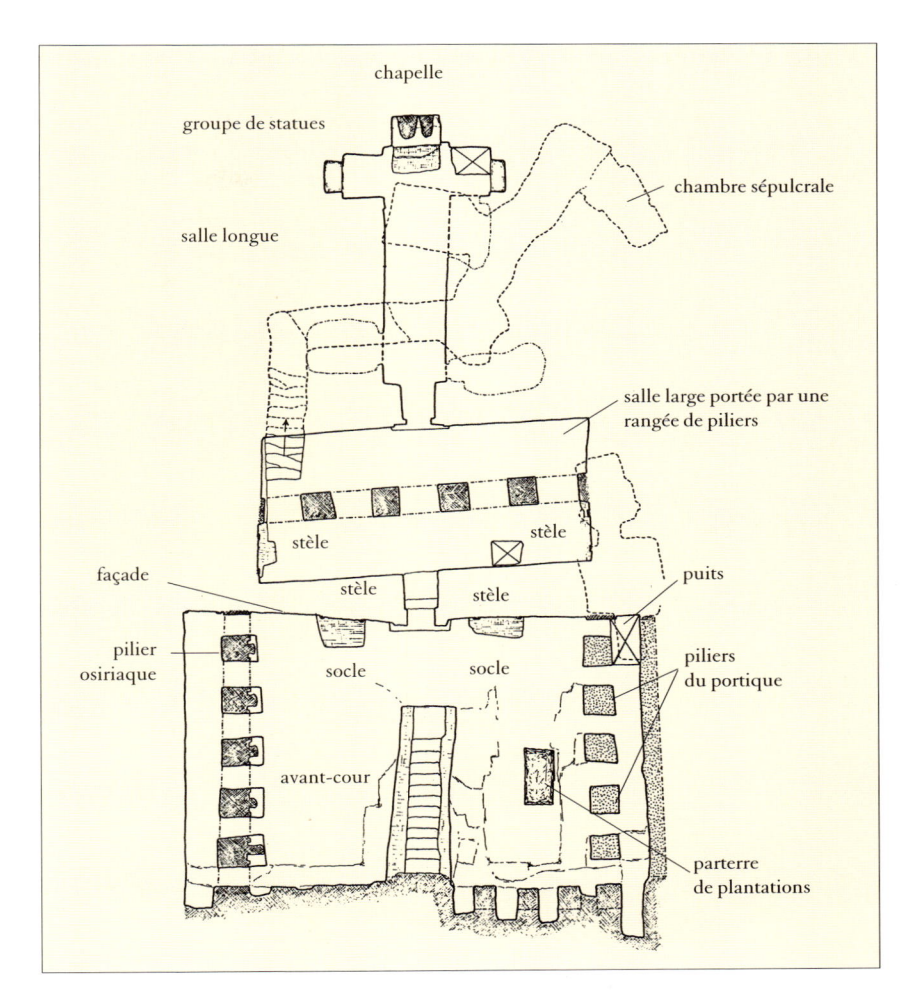

199. La tombe du grand intendant des domaines d'Amon Aménémopé
Thèbes (TT 41) ; XVIIIe-XIXe dynastie, époque de Horemheb à Séthi Ier, vers 1300 av. J.-C.
Ce plan permet de bien mettre en évidence les composantes caractéristiques d'une tombe thébaine au début de l'époque ramesside. La cour, plus basse, est entourée d'un portique. Devant la façade se trouvent des stèles à droite et à gauche de l'entrée, ainsi qu'un parterre de plantations dans la cour. L'intérieur est constitué d'une salle large portée par quatre piliers, d'une salle longue et d'une chapelle pourvue d'une niche abritant des statues. L'accès au complexe funéraire souterrain se fait par un escalier qui se trouve dans l'angle gauche de la salle transversale.

intempéries et à la lumière du soleil étaient réalisés en relief, ainsi que l'illustrent les textes des stèles portées par les stélophores ou la décoration des pyramidions. Les chambres des chapelles ménagées dans les pyramides ramessides, en revanche, recevaient un décor peint dont les thèmes se référaient en premier lieu au dieu funéraire Osiris, ce qui rendait justice au second aspect de la pyramide, symbole d'un lieu d'inhumation.

Le répertoire iconographique du « niveau intermédiaire » se répartit entre la cour et les salles cultuelles. Ici aussi, on peut constater que les surfaces extérieures ont été décorées de reliefs peints. S'y ajoute le fait que, sous la XVIIIe dynastie, on ne décorait généralement pas le parvis des tombes, à l'exception de l'encadrement de leur entrée. Ce n'est qu'à partir de l'époque ramesside qu'on orne plus volontiers la cour et la façade de représentations et de textes dont les supports sont avant tout les stèles ménagées sur la façade, déjà évoquées.

Pénétrons enfin dans les salles situées à l'intérieur de la tombe : il s'y déploie un large répertoire iconographique, dont le rendu artistique a fait des tombeaux thébains des monuments incomparables. Ce ne sont toutefois pas les savoir-faire artistiques, les couleurs chatoyantes ni les finesses stylistiques qu'il s'agit de mettre ici en évidence ; ce qui importe, ce sont le choix des thèmes, leurs contenus, leurs fonctions et leur signification.

200. Pyramidion de Ptahemhouia
XIXᵉ dynastie, époque ramesside, vers 1200 av. J.-C. ; calcaire ; haut. : 42 cm, larg. : 28 cm ; Leyde, Rijksmuseum van Oudheden, AM 7W.
Un pyramidion dont les faces pouvaient être décorées servait de finition au sommet des pyramides en brique. Les textes et les scènes se réfèrent à la course du soleil, comme en témoignent ici les effigies du dieu solaire Rê-Horakhty et du dieu funéraire Osiris représentés dos à dos ; en effet, selon les conceptions de l'Égypte ancienne, le soleil s'unissait à Osiris à minuit, au cours de sa traversée nocturne du monde souterrain. Mais les pyramidions n'ont probablement pas été utilisés seulement comme sommets des pyramides ; ils ont sans doute aussi servi de reproductions en miniature de « grandes » pyramides et ont pu ainsi être placés, par exemple, dans les cours des tombeaux. Certains pyramidions sont attestés comme dons aux fondations de temples.

201. La « stèle-pyramide » d'Amenhotep
Probablement de Saqqara ; XIXᵉ dynastie, règne de Séthi Iᵉʳ, vers 1290 av. J.-C. ; calcaire ; haut. : 120 cm, larg. : 67 cm, prof. : 14 cm ; Vienne, Kunsthistorisches Museum, ÄS 178.
Cette forme de stèle funéraire à sommet triangulaire pyramidal n'apparaît qu'à l'époque ramesside et s'inscrit dans le contexte des tombes memphites. Ici aussi, la pointe pyramidale remplissait sans doute la fonction d'une pyramide, de sorte qu'on pouvait concentrer sur ce type de stèle l'essentiel des thèmes significatifs de tout un complexe funéraire : tout d'abord, l'aspect solaire sur le « pyramidion » ; ensuite, l'adoration du dieu funéraire Osiris associée à l'accueil du défunt dans l'au-delà, au registre supérieur ; enfin, au registre inférieur de la stèle, l'offrande funéraire au défunt par les siens, assurant sa survie.

Si l'on esquisse à cet effet le prototype d'une tombe en forme de T de la XVIIIᵉ dynastie, quatre secteurs essentiels se dégagent dans le complexe, chacun d'eux pourvu de thèmes iconographiques bien définis.

I. Le secteur de l'entrée : ici, le propriétaire de la tombe est représenté avec son épouse ou des membres de sa famille, entrant et sortant du tombeau ; « quittant » la tombe, il glorifie le soleil levant d'un hymne inscrit à son côté. Si, en face, un pendant le montre entrant dans la tombe, alors il s'y adresse au soleil couchant ou au dieu de l'au-delà Osiris. Ces thèmes iconographiques sont si étroitement associés au secteur de l'entrée qu'ils font également partie du répertoire des tombes ramessides.

II. et III. Les petits côtés de la salle large, dits lieux de culte secondaires : comme nous l'avons déjà mentionné, la stèle et la fausse-porte font partie de la décoration de la salle transversale et se font généralement face sur les murs latéraux de cette pièce. Tandis que la stèle et ses textes autobiographiques ont pour fonction de représenter le propriétaire de la tombe à son avantage face à sa descendance, la fausse-porte sert de point de jonction entre ici-bas et au-delà, ainsi qu'à la « prise de contact » avec le défunt et au don d'offrandes. À l'époque ramesside, les stèles sont décorées de thèmes iconographiques différents et transférées sur la façade extérieure, la fausse-porte disparaît complètement. Le passage vers l'au-delà existe désormais « réellement » grâce à l'accès ménagé par le *sloping passage*. Au lieu de la stèle et de la fausse-porte, les lieux de culte secondaires sont désormais volontiers occupés par des statues à l'effigie du propriétaire de la tombe et de son épouse, ou bien les murs des petits côtés sont inclus dans le reste du répertoire iconographique.

IV. Le lieu de culte principal est une niche abritant des statues : à l'extrémité de la salle longue se trouve, dans l'archétype de la tombe thébaine, une niche ou une chapelle destinée aux statues du propriétaire de la tombe et de sa femme, qui sont censées y recevoir les offrandes en tant que manifestations des défunts. Cette fonction s'est aussi conservée dans les tombes de l'époque ramesside, mais la chapelle aux statues y a souvent été valorisée jusqu'à devenir une sorte de sanctuaire de temple auquel on ajoutait des statues divines. Si l'on fait donc abstraction de ces quatre secteurs de la tombe déjà définis quant au contenu et qui sont souvent les seuls à avoir été décorés en tant que principaux centres d'intérêt, les autres thèmes iconographiques se répartissent sur les murs restants selon des règles moins

202/203. La stèle fausse-porte dans la tombe de Nakht
Thèbes (TT 52) ; XVIIIe dynastie, règne de Thoutmosis IV, vers 1390 av. J.-C.
Stèle dans la tombe de Benia
Thèbes (TT 343) ; XVIIIe dynastie, règne de Thoutmosis III, vers 1450 av. J.-C.
Vue sur le mur du petit côté droit de la salle large. Sous la XVIIIe dynastie, stèle et fausse-porte font partie des éléments cultuels essentiels d'un hypogée. C'est devant elles qu'on déposait pour le défunt les offrandes dont la présence était garantie de surcroît par les images les reproduisant sur l'encadrement latéral. L'idée que les textes et les représentations ont un effet réel – ici en tant qu'offrandes censées nourrir le défunt –, au cas où ces dernières ne seraient pas déposées, faisait partie des conceptions religieuses des Égyptiens. Il convient d'observer au sujet de la répartition spatiale de la stèle et de la fausse-porte que cette dernière était placée le plus souvent à gauche, à proximité du puits situé dans la salle large. La combinaison du puits et de la fausse-porte souligne dans ce cas de façon particulièrement nette la fonction de point de jonction et de contact entre ici-bas et au-delà que remplissait la fausse-porte, tandis que les textes biographiques des stèles étaient en premier lieu censés conserver le souvenir social du propriétaire de la tombe dans la mémoire de sa descendance.

strictes. Ainsi la représentation du propriétaire de la tombe rendant hommage à son seigneur le roi fait-elle partie, sous la XVIIIe dynastie, des scènes en point de mire, sur les murs situés face à l'entrée. Dans d'autres cas, nous trouvons aussi le défunt recevant des offrandes et des aliments dans le contexte d'un banquet en société.

Sous la XVIIIe dynastie, les scènes de la vie quotidienne, avec la reconstitution de la sphère d'activité professionnelle du propriétaire de la tombe, ou encore de scènes de pêche ou de chasse aux animaux du désert et aux oiseaux, font également partie du répertoire iconographique de la salle large. Alors que les scènes tirées de sa vie professionnelle mettent à nouveau l'accent sur la position sociale du défunt, et que les scènes agricoles contribuent à assurer l'approvisionnement du mort dans l'au-delà, les scènes de chasse autorisent probablement des interprétations moins univoques touchant au domaine codé des conceptions religieuses, en particulier les idées de renaissance et de reproduction.

La salle longue mène progressivement à la sphère de l'au-delà. On y trouve souvent une description minutieuse du cortège funèbre et du pèlerinage d'Abydos, ainsi que du rituel de l'ouverture de la bouche ; par le grand nombre de ses scènes particulières et la représentation plutôt statique de son déroulement, celui-ci n'a plus rien de commun avec la composition beaucoup plus vivante des thèmes de la salle large, orientés vers l'ici-bas. La division des murs en registres ou en larges bandes est un autre indice permettant la datation des peintures funéraires. Tandis que la division en registres de la XVIIIe dynastie doit se « lire » de bas en haut et se déroule parfois en suivant de nombreuses scènes secondaires d'une grande richesse de détails qui fait essentiellement leur charme, la segmentation des murs a un aspect totalement différent à l'époque ramesside.

NOUVEL EMPIRE

204. Scène de festin dans la tombe d'Ouserhat
Thèbes (TT 56) ; XVIIIe dynastie, époque d'Aménophis II à Thoutmosis IV, vers 1397 av. J.-C.
La représentation de banquets de fête prend une place particulièrement importante dans les tombes, car la participation à la fête garantit l'intégration du défunt dans le cercle de ses parents et connaissances. Ces représentations ne font pas de différence entre les membres de la famille vivants ou déjà morts, car la rencontre actualisée dans ces scènes abolit les barrières entre ici-bas et au-delà. D'autres moyens formels sont mis en œuvre pour cette représentation : à côté des scènes de dons d'offrandes au propriétaire de la tombe, plutôt idéalisées car liées au rituel, se trouvent d'autres registres divisés en séquences de scènes plus petites, dont les arrangements groupés autorisent une certaine décontraction et vivacité.

Ici, les registres ont été abandonnés en faveur de « bandes peintes » divisant les murs en deux bandes qui se distinguent nettement l'une de l'autre au niveau des thèmes. Le « trait de séparation » est réalisé sous la forme d'une bande horizontale d'inscriptions et d'ornements. Les thèmes de la bande supérieure réfèrent au monde des dieux, alors que ceux de la bande inférieure illustrent le culte funéraire rendu au propriétaire de la tombe. Les décalages iconographiques qui se manifestent entre les deux niveaux ne sont que trop évidents. Alors que sous la XVIIIe dynastie l'auto-représentation du propriétaire de la tombe, son intégration sociale et le culte rendu à sa personne occupaient le premier plan, à l'époque ramesside les thèmes iconographiques se déplacent vers l'adoration des dieux par le défunt. Le complexe funéraire tout entier acquiert manifestement le caractère d'un « temple funéraire ».

Une utilisation différente des moyens stylistiques semble aussi se dessiner parallèlement à ces transformations thématiques. Tandis que les scènes liées au rituel religieux conservent toujours le caractère hiéroglyphique lisible et cérémonieux de l'art égyptien de la peinture et du relief, on se sert des multiples possibilités de variation de la peinture pour donner aux thèmes de la vie quotidienne de la XVIIIe dynastie une représentation d'apparence plus vivante, plus proche de la réalité.

Reste la question de la décoration du niveau souterrain. Ici aussi, nous trouvons des peintures, aussi bien sous la XVIIIe dynastie qu'à l'époque ramesside, qui se distinguent à peine l'une de l'autre en ce qui concerne les thèmes iconographiques, puisque ce niveau est lié au contexte de l'au-delà. Il est vrai que très peu de chambres sépulcrales ont été pourvues de répertoires iconographiques et textuels, si l'on excepte les constructions funéraires situées dans le village des ouvriers de Deir el-Médineh.

Les bas-reliefs funéraires

Après avoir illustré les répertoires iconographiques de la décoration funéraire à l'aide de nombreux exemples picturaux, il convient de ne pas négliger l'autre technique de décoration qu'est le bas-relief ; cette technique a en effet été utilisée pour la décoration murale, pour l'ensemble ou certaines parties de nombreuses tombes. De plus, la conception d'ensemble d'une tombe pourvue d'une superstructure et d'aménagements extérieurs ne pouvait se passer de ce moyen décoratif. Différents facteurs déterminaient le choix de l'une ou l'autre technique.

Dès le début de la XVIIIe dynastie, on se sert, pour la décoration des constructions extérieures, du relief en creux, car, outre son effet

205. Niche à statues dans la tombe de Néfersekherou
Thèbes (TT 296) ; XIXe dynastie, règne de Ramsès II, vers 1250 av. J.-C.
Ce sont généralement les statues du défunt et de ses parents, déposées dans un kiosque ou dans un naos, qui constituent les principaux objets de culte de la tombe. On trouve aussi bien de petites sculptures sur bois ou sur pierre, travaillées séparément, que des statues presque grandeur nature, taillées dans la roche environnante comme sur l'exemple montré ici. Cependant les groupes de statues comme celui de Néfersekherou se dressent aussi, à l'époque ramesside, dans les lieux de culte secondaires de la salle large, en particulier quand le lieu de culte principal est occupé par une statue de dieu (ici, Osiris dans la niche face à l'entrée).

206. La chasse dans le fourré de papyrus - Scène de la tombe de Nakht
Thèbes (TT 52) ; XVIIIᵉ dynastie, règne de Thoutmosis IV, vers 1390 av. J.-C.
Les scènes de chasse dans les fourrés de papyrus font sans aucun doute partie des plus belles et des plus remarquables décorations des tombes thébaines. On voit le propriétaire de la tombe, en vêtements d'apparat soulignant le caractère luxueux de cette distraction, accompagné de son épouse et de ses enfants debout sur une barque de papyrus, pêchant des poissons et chassant des oiseaux. Bien qu'à travers la disposition en face à face et répétitive à l'identique des scènes où est mis en valeur le caractère certainement rituel de ce thème, ces représentations gagnent de plus en plus en mouvement et en vivacité, comme ici dans le rendu détaillé des relations entre les personnages et la restitution naturaliste des nuées d'oiseaux.

NOUVEL EMPIRE   255

207/208. Kiki et son épouse - Scène de la tombe de Samout, dit Kiki
Thèbes (TT 409) ; XIX⁰ dynastie, règne de Ramsès II, vers 1250 av. J.-C.
Sennéfer et son épouse - Scène de la chambre sépulcrale de Sennéfer
Thèbes (TT 96 b) ; XVIII⁰ dynastie, règne d'Aménophis II, vers 1410 av. J.-C.
La juxtaposition de deux couples comparables à maints égards entend mettre ici en lumière la différence entre les moyens picturaux de la XVIII⁰ dynastie et ceux de l'époque ramesside. Les vêtements et accessoires diffèrent par plusieurs détails. Les perruques du couple ramesside sont au-dessus de leurs têtes plus plates, et celles-ci font l'effet, avec leurs fronts fuyants, d'être plus petites que celles de Sennéfer et de Mérit. La perruque de Raya, la femme de Kiki, tombe presque jusqu'à sa taille ; elle est non seulement agrémentée d'un très large bandeau ornemental sur le front, mais elle est maintenue par un autre bandeau à hauteur du cou. Simple et peinte en aplat blanc, la robe à bretelles de Mérit, qui laisse sa poitrine en partie libre, est remplacée à l'époque ramesside par une robe à manches retombant souplement, dont le plissé n'est suggéré que par très peu de coups de pinceau. Kiki ne porte pas seulement une chemise étroitement ajustée et à manches courtes et un simple pagne, mais encore un surtout extrêmement fin à manches larges, qui laisse délicatement transparaître les contours de son corps. En raison de leurs membres plus vigoureux (il n'y a qu'à comparer leurs poignets et leurs chevilles) et de leurs coloris peints en aplat, les figures de Sennéfer et de Mérit donnent une impression plus robuste, plus statique et plus « graphique » que les représentations plus graciles de Kiki et de Raya.

209/210. Le cortège funèbre et le pèlerinage d'Abydos - Scène de la tombe d'Ouserhat
Thèbes (TT 56) ; XVIII⁰ dynastie, époque d'Aménophis II à Thoutmosis IV, vers 1397 av. J.-C.
Scènes d'adoration des dieux et cortège funèbre - Scène de la tombe de Néferrenpet
Thèbes (TT 178) ; XIX⁰ dynastie, règne de Ramsès II, vers 1250 av. J.-C.
Registre et bande :
Ces deux représentations sont destinées à illustrer les changements dans le traitement de la décoration murale. Sur toutes deux, la représentation du cortège funèbre fait partie des thèmes principaux. Alors que dans la tombe d'Ouserhat cette scène est répartie sur quatre registres et qu'on ne décèle pas de séparation notable par rapport au registre du pèlerinage d'Abydos (registre situé tout en bas), dans la tombe ramesside de Néferrenpet les scènes du cortège funèbre ne sont représentées que sur la moitié inférieure de la surface murale. Les scènes d'adoration des dieux situées au-dessus en sont séparées par une large bande d'ornements et d'inscriptions. Ainsi naît une séparation frappante entre les scènes d'adoration du champ supérieur, dans lesquelles le propriétaire du tombeau est actif, et les séquences de la bande inférieure où il assiste passivement au culte.

256 NOUVEL EMPIRE

211/212. Le banquet - Tombe de Nakht
Thèbes (TT 52) ; XVIIIe dynastie, règne de Thoutmosis IV, vers 1390 av. J.-C.
Le banquet - Tombe de Rekhmirê
Thèbes (TT 100) ; XVIIIe dynastie, époque de Thoutmosis III à Aménophis II, entre 1479 et 1397 av. J.-C.
Une certaine liberté dans le traitement des thèmes iconographiques, tout d'abord censés être lus de manière « hiéroglyphique », n'intervenait, les représentations de pleureuses dans les cortèges funèbres mises à part, que dans les scènes secondaires d'ensembles thématiques relativement importants. C'est en particulier dans les nombreuses représentations de banquets qu'il était fait usage de cette possibilité, grâce à la composition de petits groupes de scènes. Les exemples montrés ici illustrent l'abandon de l'alignement figé et intemporel des scènes au profit d'un rendu plus individuel, plus spontané et plus proche de la réalité. Cet effet est obtenu par la superposition des dames assises et des chanteuses, par un retournement de tête accompagné d'un geste des mains, ou encore par une légère torsion dans les attitudes corporelles, allant jusqu'à s'accommoder d'une entorse aux schémas habituels de représentation.

d'optique à la lumière du jour, il résistait mieux aux intempéries. Si la qualité de la pierre n'était pas suffisante pour recevoir le relief, elle était revêtue d'éléments architecturaux que l'on travaillait séparément.

Dans de nombreux cas, la qualité de la pierre des salles intérieures ne permettait qu'une décoration picturale. Du dessin préparatoire à l'application finale de peinture en passant par la taille, le bas-relief exigeait un plus grand nombre d'étapes, plus onéreuses que la seule peinture, de sorte que le « facteur coût » de ce moyen de décoration prestigieux ne doit certainement pas être sous-estimé ; c'est pour cette raison que nous ne trouvons que rarement des tombes ornées uniquement de reliefs.

En plus de ces critères, on peut par ailleurs constater des préférences liées à l'époque dans le choix des moyens mis en œuvre, et qui sont peut-être en rapport avec l'effet escompté. C'est ainsi qu'au moment de l'apogée de la peinture, sous Aménophis II et Thoutmosis IV, on n'emploie guère le bas-relief, plutôt rigide et pictographique, dans les chambres funéraires, alors qu'il y apparaissait au début de la XVIIIe dynastie, de même qu'il y réapparaîtra plus tard, sous Aménophis III, dans une version affinée.

Au cours de la période post-amarnienne, on rencontre ensuite à Thèbes un certain pluralisme stylistique. La peinture était plutôt utilisée pour la mise en scène de la vie du propriétaire de la tombe, tandis que le bas-relief, le relief en creux et le relief stuqué mettaient surtout en valeur des thèmes religieux. Avec la sacralisation croissante des thèmes à l'époque ramesside, ces différences dans l'utilisation du relief et de la peinture s'estompent, et le style devient, indépendamment de la mise en œuvre choisie, à nouveau graphique et rigide, procurant ainsi un effet maniériste de plus en plus prononcé.

NOUVEL EMPIRE

213. Chambre funéraire de Sennéfer
Thèbes (TT 96 b) ; XVIIIe dynastie, règne d'Aménophis II, vers 1410 av. J.-C.
La tombe de Sennéfer, qui fut maire de Thèbes sous Aménophis II et dont la chambre sépulcrale fut entièrement ornée de textes et de vignettes extraites du *Livre des Morts*, fait partie des exceptions que constituent les complexes souterrains décorés. Cette vue depuis l'intérieur de la chambre portée par quatre piliers en montre l'accès surbaissé, bloqué après l'inhumation. En tant que gardiens de ce domaine réservé, deux chacals, hypostases d'Anubis, trônent sur des édifices en forme de chapelles. Sennéfer et sa femme Mérit se tournent vers le passage qui marque l'entrée et la sortie du caveau pour, comme l'expliquent les textes inscrits en marge, « sortir de la terre et voir chaque jour le disque solaire ».

214. Bas-relief d'une scène de banquet dans la tombe de Bénia
Thèbes (TT 343) ; XVIIIe dynastie, règne de Thoutmosis III, vers 1450 av. J.-C.
Au début de la XVIIIe dynastie, les différences entre les tombes décorées de reliefs et les tombes peintes se perçoivent à peine au premier abord, car la composition des scènes rigides et hiéroglyphiques, le choix des couleurs ainsi que le style pictural se ressemblent dans les deux cas. Sur notre exemple, seul un rayon de lumière douce révèle un relief légèrement saillant, limité aux contours des silhouettes et à la suggestion de rares détails.

La sculpture funéraire

Les statues de particuliers étaient érigées soit dans les tombes que nous allons exposer ici plus particulièrement, soit dans les cours des temples ; le particulier espérait par la présence de sa statue dans le temple participer au culte quotidien et à la « procession d'offrandes » et assurer ainsi sa survie grâce à la proximité du dieu.

Le répertoire de ces statues de temple va des sculptures de groupe assises, telle celle de Sennéfer qu'on pourrait prendre de prime abord pour une statue funéraire, aux statues naophores et aux statues-cubes, en passant par les statues de scribes et d'orants.

Dans les demeures privées, on a pu mettre en évidence un type particulier de statue, les bustes d'ancêtres, qui se trouvaient à côté des lieux de culte destinés à des statues divines de taille modeste. Le culte rendu à des ancêtres défunts qui s'y exprime représente en quelque sorte une transition vers la thématique de la statuaire funéraire, d'autant plus que ce type de sculpture a aussi été retrouvé dans des tombeaux.

Les sculptures en ronde bosse provenant des tombes du Nouvel Empire peuvent être classées en plusieurs groupes en fonction du contexte où elles se trouvaient. Si nous appliquons notre division architecturale de la tombe privée sur trois niveaux différents, nous pouvons attribuer les types de statue suivants à chacune des catégories ainsi définies.

La superstructure (pyramide ou chapelle en surface) représentative de l'aspect solaire contient un stélophore orné d'un hymne au soleil ou, dans de rares cas, une statue-cube.

Font partie du niveau intermédiaire (cour et complexe cultuels), lié à l'aspect social et servant au culte du défunt et des dieux, les statues d'orants placées dans la cour et les chambres funéraires des tombes ramessides, les statues du propriétaire de la tombe et des membres de sa famille en tant que bénéficiaires des offrandes et du culte (c'est-à-dire les statues funéraires

215. Le banquet - Tombe de Ramose
Thèbes (TT 55) ; XVIIIe dynastie, règne d'Aménophis III, vers 1370 av. J.-C.
Les décorations de la tombe de Ramose comptent, d'un point de vue technique, parmi les bas-reliefs les plus remarquables d'Égypte. Contrairement aux reliefs des débuts de la XVIIIe dynastie, où ce procédé n'était guère utilisé pour mettre en valeur les détails, l'art du relief atteignit sous Aménophis III son plus haut degré de raffinement. Non seulement les perruques, colliers, bijoux et vêtements, mais également les traits du visage tels que le modelé des joues et des paupières, ressortent dans toutes leurs nuances grâce à un traitement des surfaces extrêmement délicat. L'absence de peinture de finition, utilisée ici juste pour les contours des yeux, renforce l'effet impressionnant produit par ces représentations.

proprement dites), les bustes d'ancêtres et, dans les chapelles des tombeaux ramessides, les statues de dieux.

Au niveau inférieur (sépulture, puits et *sloping passage*, caveau et chambres annexes), lié à l'aspect osiriaque, on déposait des statues représentant le défunt ou sa femme debout, des petites figures de servantes et d'autres dites de concubines (figurines féminines, le plus souvent allongées sur un lit et pouvant être interprétées comme des symboles de fécondité, associées à la déesse Hathor), ainsi que les nombreux *oushebtis* mis à la disposition du propriétaire de la tombe comme substituts de la main-d'œuvre dans l'au-delà.

Si l'on se remémore la décoration murale des tombes de fonctionnaires, le défunt y apparaît dans diverses scènes aux côtés de son épouse, assis sur une chaise ou sur un banc, le couple recevant en général des aliments et des offrandes au cours d'une fête ou dans le cadre du culte funéraire. Sous la forme de statues funéraires dressées pour la plupart au cœur du complexe cultuel, c'est-à-dire dans la chapelle, ces sculptures en ronde bosse, incarnations plastiques du propriétaire de la tombe, viennent pour ainsi dire à la rencontre du visiteur qui s'est déplacé pour déposer une offrande. Ces figures, sculptées dans la mesure du possible dans la roche environnante afin de garantir la présence éternelle de la personne concernée, ne visent pas à donner un portrait fidèle et réaliste de la personne en question ; il en va de même pour les représentations en deux dimensions peintes sur les murs. Quelques rares traits individuels mis à part, elles correspondent à un idéal abstrait propre à leur époque et influencé par la statuaire royale ; cet idéal montre les individus le plus souvent dans la fleur de l'âge, vêtus à la mode de leur époque et munis des symboles de leur statut.

Le groupe des statues debout et des statuettes en bois, plus petites et plus délicates, fait partie de l'inventaire du complexe funéraire souterrain, pour autant qu'on puisse en juger par les recherches menées dans l'espace thébain. D'après leurs inscriptions, ces effigies représentent le défunt et sont, elles aussi, censées recevoir des offrandes. Malgré le lieu où elles sont déposées et bien qu'elles y invitent, elles sont pourtant soustraites au rituel quotidien des offrandes déposées dans le complexe de culte funéraire ; seule la médiation de l'écriture est en mesure de leur assurer un bien-être durable.

Les tombes de Deir el-Médineh

Une réflexion sur la nécropole thébaine qui ne tiendrait pas compte des tombes de Deir el-Médineh serait une entreprise incomplète, d'autant plus que ce groupe de sépultures mérite à maints égards une attention particulière. C'est dans le village à l'urbanisme planifié de Deir el-Médineh, situé un peu à l'écart derrière la colline de Sheikh Abd el-Gourna, que vivaient depuis la XVIIIe dynastie les artisans et les peintres à qui étaient confiées la construction et la décoration des tombes royales. En tant que groupe social autonome parvenu à une certaine aisance, les artisans établirent leurs propres tombes à proximité immédiate de leur village. Les édifices les plus anciens datant de la XVIIIe dynastie étaient le plus souvent de simples tombeaux non décorés, munis d'un puits et d'une ou de deux chambres sépulcrales ; c'est pourtant dans ceux-ci qu'ont pu être découverts quelques-uns des rares mobiliers funéraires qui nous soient parvenus complets, dont faisait partie, entre autres, la statuette d'Ibentina. La plupart des tombes

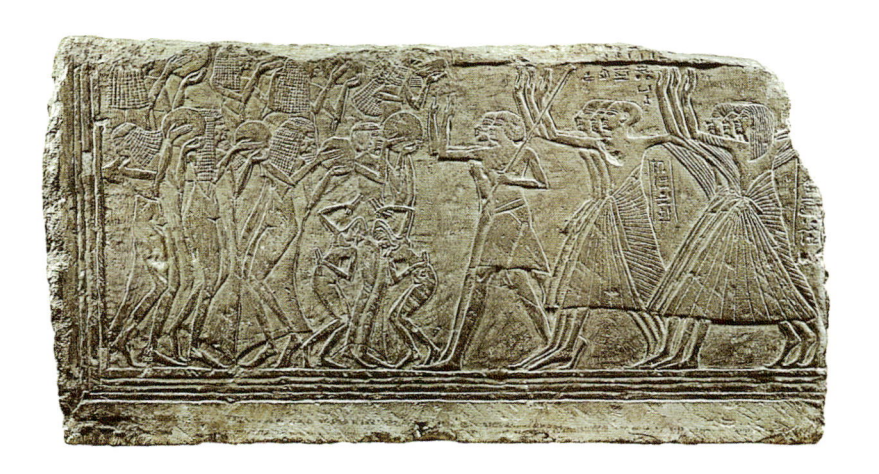

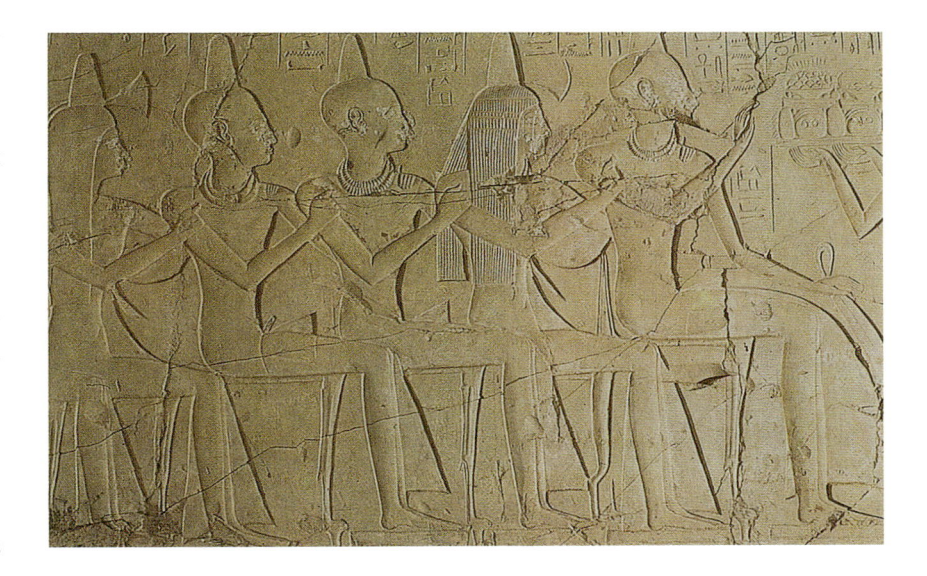

216/217. Bas-relief provenant d'une tombe ramesside
Saqqara ; XIXe dynastie, entre 1292 et 1186/85 av. J.-C. ; calcaire ; haut. : 51 cm, long. : 105 cm ; Le Caire, Musée égyptien, JE 4872.
L'offrande en présence de la famille - Scène de la tombe de Néferhotep
Thèbes (TT 50) ; époque d'Horemheb à Séthi Ier, entre 1319 et 1279 av. J.-C.
La juxtaposition de ces deux compositions souligne la différence entre les moyens stylistiques memphites et thébains dans l'art du relief. Bien que ces deux œuvres doivent être à peu près contemporaines et que les genres choisis, scène de deuil et festin, ne soient pas forcément comparables, la vivacité des danseuses memphites séduit par sa mise en scène en quelques traits exécutés de façon relativement sommaire. Tandis que les formes d'expression artistique de l'époque amarnienne furent, à Memphis, perfectionnées jusqu'à atteindre un rendu en perspective grâce au chevauchement, au regroupement et à la superposition des figures, les artisans thébains reviennent dans les scènes cultuelles à un mode de représentation rigide et hiératique.

NOUVEL EMPIRE 259

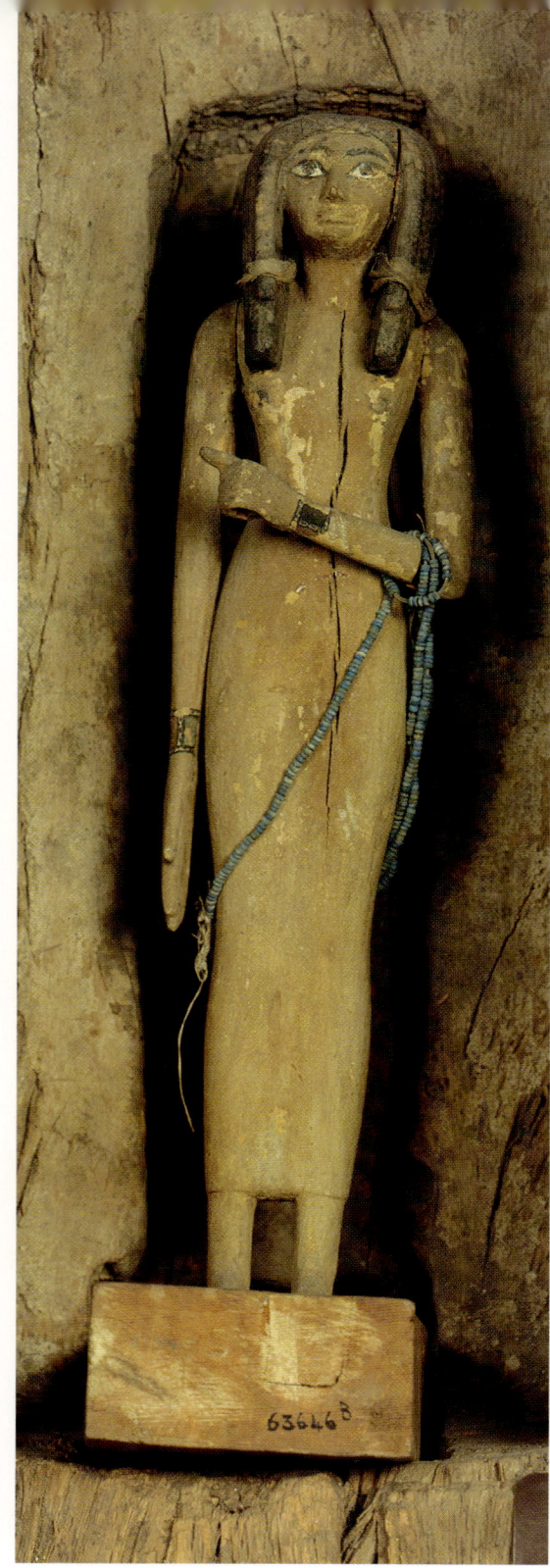

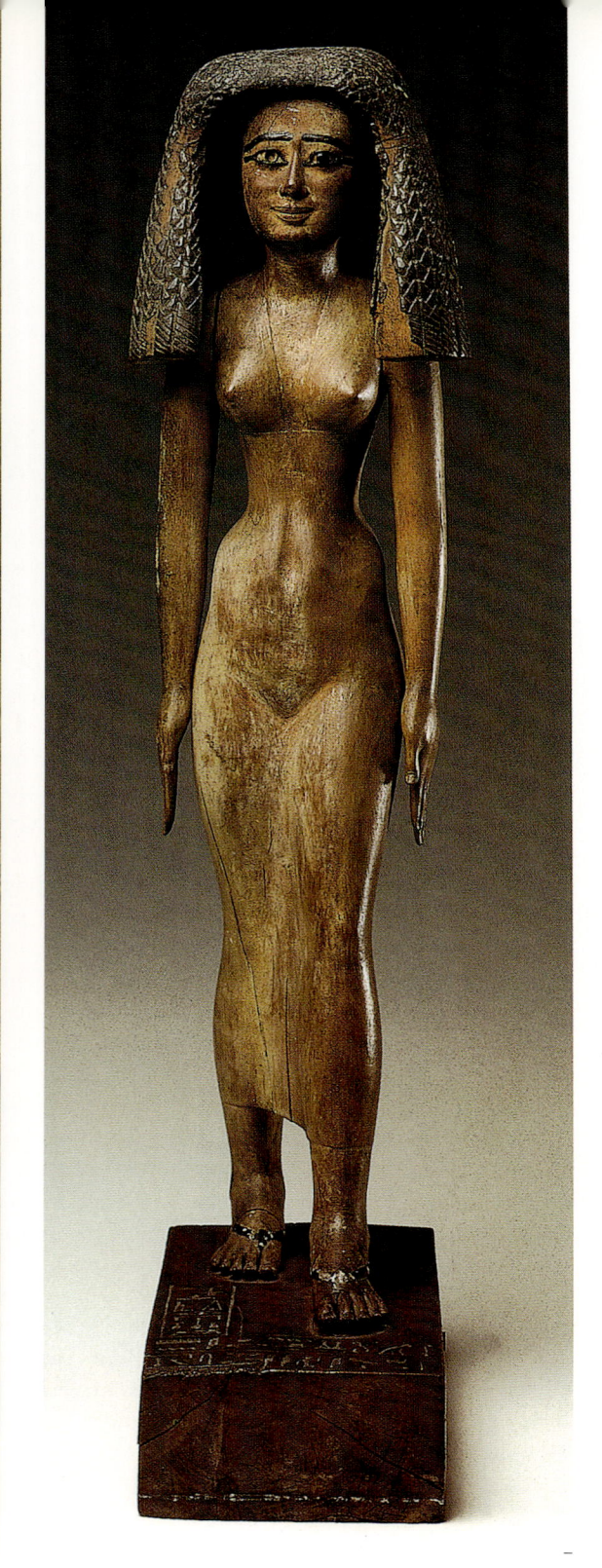

218. Statue de Tjanouni assis
Thèbes (évt. TT 76) ; XVIIIe dynastie, règne de Thoutmosis IV, vers 1390 av. J.-C. ; calcaire ; haut. : 56 cm, larg. : 15,8 cm, prof. : 35,7 cm ; Vienne, Kunsthistorisches Museum, ÄS 63.

Ce type de statue enveloppée d'un manteau apparut au Moyen Empire ; elle n'était plus déposée dans le *serdab* clos de l'Ancien Empire, mais érigée dans les temples et les tombes pour y remplir une fonction de représentation publique ; elle montre avec quelle économie de moyens on pouvait atteindre une forme de représentation abstraite et idéalisée. Le manteau confère à cette figure une sérénité compacte et dissimule en même temps presque tous les contours du corps, qui apparaissent réduits au minimum jusque dans les parties restées libres. La statue en calcaire peint de Tjanouni se situe dans cette tradition et peut être considérée comme un exemple typique de cette forme de sculpture abstraite, sans fioritures et inscrite dans des contours nets, qui confère une permanence intemporelle à la personne représentée de manière idéalisée.

219. Statuette d'Ibentina
Thèbes, tombe de Satnem ; XVIIIe dynastie, époque d'Hatchepsout à Thoutmosis III, vers 1450 av. J.-C. ; bois ; haut. : 31,8 cm ; Le Caire, Musée égyptien, JE 63646 A/B.

La figure simple et modeste d'Ibentina illustre de manière particulièrement nette le contexte original où se tenait ce type de statuette, que l'on exposait sans doute également dans de nombreux cas debout dans de petits naos ou coffrets. La parure composée d'un petit collier de perles de faïence ne devrait pas non plus avoir été une exception, de même qu'on peut supposer que ces figures étaient aussi enveloppées d'une pièce de tissu.

220. Statuette d'Iimernebès
Thèbes ; XIIe dynastie, vers 1900 av. J.-C. ; bois ; haut. : 48 cm, larg. : 9,5 cm, prof. : 21 cm ; Leyde, Rijksmuseum van Oudheden, AH 113.

Dès le Moyen Empire, on rencontre ces statuettes de petit format finement travaillées dans le bois, qui représentent les défunts. Elles appartiennent, à côté de figurines de serviteurs, au mobilier funéraire déposé dans la chambre du sarcophage. Par le choix du matériau, on pouvait obtenir sur ce genre de statuette un modelé beaucoup plus délicat que sur les effigies comparables taillées dans la pierre. En effet, le pilier dorsal ou les parties non évidées entre les bras et le corps et entre les jambes en position de marche, inévitables dans les statues en pierre et qui confèrent à la statue une certaine rigidité, n'étaient plus nécessaire. Dans de nombreux cas, bras et perruque étaient tout d'abord travaillés séparément avant d'être montés sur le corps, ce qui permettait une facture particulièrement minutieuse des différentes pièces, ainsi que l'illustre de manière tout à fait gracieuse l'exemple montré ici.

NOUVEL EMPIRE

221/222. Groupe de Sennéfer et de Sénay
Karnak ; XVIIIᵉ dynastie, règne d'Aménophis II, vers 1410 av. J.-C. ; granodiorite ; haut. : 134 cm, larg. : 76 cm, prof. : 65 cm ; Le Caire, Musée égyptien, JE 36574 (CG 42126).

Groupe de Néyé et de sa mère Moutnéferet
Probablement de Thèbes ; XIXᵉ dynastie, vers 1200 av. J.-C. ; calcaire ; haut. : 54 cm, larg. : 25 cm ; Munich, Staatliche Sammlung Ägyptischer Kunst, Gl. WAF 25.

Le groupe de Sennéfer ne provient pas de sa tombe, mais du temple d'Amon-Rê à Karnak ; on peut néanmoins penser qu'une sculpture de ce genre aurait pu y figurer en tant que statue cultuelle. Comme pour les décorations murales, on peut déceler des différences formelles contrastant avec le groupe de l'époque ramesside. Grâce au ciselé de la partie latérale et à l'abaissement du siège désormais légèrement concave, le tabouret cubique abstrait qui supporte la statue de la XVIIIᵉ dynastie s'est visiblement transformé en chaise sur la statue ramesside. Ici aussi, comme pour les bas-reliefs, les figures ramessides sont plus minces et les simples pagne et robe à bretelles de la XVIIIᵉ dynastie ont été remplacés par des vêtements richement plissés. De plus, ce n'est plus le jaune idéalisé et stéréotypé caractérisant la peau féminine qui a été utilisé pour peindre Moutnéferet, mais, comme souvent à l'époque ramesside, un rouge brun plus naturaliste.

NOUVEL EMPIRE

223. Caveau de Pashédou
Thèbes (TT 3) ; entre 1200 et 1150 av. J.-C.
Des deux côtés de l'étroit passage voûté menant à la chambre sépulcrale sont représentés des chacals, hypostases d'Anubis, couchés sur des socles en forme de chapelles ; tous deux surveillent l'accès au caveau. Au fond de la chambre funéraire, juste au-dessus de l'emplacement où se trouvait autrefois le sarcophage, figurent des illustrations du chapitre 137 du *Livre des Morts,* ici intitulées : « Formule pour allumer les flambeaux pour Osiris, le Premier de la nécropole. » Les flambeaux censés dissiper l'obscurité du monde souterrain sont offerts à Osiris, qui trône devant la montagne occidentale, par un œil *oudjat* et une divinité accroupie. On peut reconnaître Pashédou en prière dans la petite figure agenouillée derrière le trône d'Osiris.

224. Statue-cube ou statue-bloc de Samout
Saqqara ; XIXe dynastie, vers 1275 av. J.-C. ; grès ; haut. : 62 cm, larg. : 28,5 cm, prof. : 41 cm ; Leyde, Rijksmuseum van Oudheden, AST 22.
Ce type de statue, qui remonte au Moyen Empire comme la statue enveloppée d'un manteau, ne se trouvait que très rarement dans les tombes thébaines. La statue était plus souvent située dans les superstructures, en particulier dans des niches ménagées au-dessus des tombes sous le Moyen Empire, ou dans la superstructure comme dans la tombe de Senenmout où elle était taillée directement dans la roche. Bien que les avis divergent quant à la signification de cette forme de représentation, son dépôt dans les tombes suggère un lien avec l'aspect solaire de la superstructure funéraire. La statue de Samout, présentée ici, datant de l'époque ramesside, illustre un type déjà évolué au sein de cette catégorie d'objet ; elle se distingue des exemplaires rigoureusement cubiques de l'époque des Thoutmosides par, entre autres caractères, la suggestion des contours du corps, le dégagement des bras, des coudes et des pieds, tout comme par le plissé de la robe et la reproduction d'un coussin.

décorées de Deir el-Médineh, qui en raison de leur état de conservation unique comptent parmi les sépultures les plus impressionnantes du Nouvel Empire, datent en revanche de l'époque ramesside. Au premier coup d'œil, on peut trouver étranges les thèmes iconographiques, empruntés à différents chapitres du *Livre des Morts,* des peintures aux couleurs éclatantes de ces caveaux, et ne pas voir de relation entre eux et les tombes de fonctionnaires des autres parties de la nécropole. Toutefois, si l'on se remémore l'articulation architectonique d'une tombe telle qu'exposée dans le chapitre consacré aux tombes privées thébaines, on constate que le principe des trois niveaux s'applique également aux tombeaux de Deir el-Médineh.

À l'époque ramesside, le niveau supérieur consacré au culte solaire était le plus souvent concrétisé par la construction d'une pyramide en brique. Outre le fait qu'elles comportaient une niche abritant un stélophore ou une petite stèle où figurait un hymne solaire, la plupart des pyramides étaient construites de façon à disposer d'assez d'espace pour une petite chapelle à voûte en berceau, qui pouvait remplir la même fonction que le complexe cultuel du second niveau.

Cependant à Deir el-Médineh, les complexes funéraires de quelque importance étaient aussi équipés des salles que nous avons déjà rencontrées au niveau intermédiaire, dans lesquelles on peut par ailleurs constater la présence du même répertoire iconographique que celui que nous connaissons des tombes ramessides situées dans les autres parties de la nécropole. Le mauvais état de conservation des chapelles de pyramide réunissant deux niveaux en un, ainsi que le faible nombre de complexes cultuels taillés dans le roc, selon la tradition, font naître l'impression fallacieuse que l'on est

225. Vignette illustrant le chapitre 92 du Livre des Morts *dans le caveau d'Irinéfer*
Thèbes (TT 290) ; XIXe dynastie, entre 1200 et 1150 av. J.-C.
Le titre de la formule du *Livre des Morts* illustrée par cette vignette s'intitule : « Formule pour ouvrir la tombe au *ba* et à l'ombre de (nom du défunt), afin qu'il sorte au jour et soit maître de ses deux jambes. » Comme l'annonce ce titre, on peut reconnaître l'ombre noire du défunt dans l'encadrement de la porte de la tombe, devant laquelle est représenté, sous la forme d'un disque noir, le disque solaire éclairant le monde souterrain. L'âme oiseau d'Irinéfer, appelée *ba,* est représentée à deux reprises, non seulement quittant le tombeau mais aussi y retournant. Pour l'Égyptien, il était particulièrement important de conserver dans l'au-delà une totale liberté de mouvement et de pouvoir quitter sa tombe sous des apparences diverses, mais c'était toujours pour y revenir. C'est ce souhait qu'exprime, parmi beaucoup d'autres variantes, la formule 92 du *Livre des Morts.*

226. *Illustration du chapitre 110 du* Livre des Morts *dans le caveau de Sennedjem*
Thèbes (TT 1) ; XIX⁹ dynastie, époque de Séthi I⁹⁹-Ramsès II, vers 1279 av. J.-C.
La représentation du champ Iarou, champ d'offrandes ou champ de roseaux, un lieu paradisiaque situé dans l'au-delà, entouré d'eau et dont le propriétaire de la tombe, ici en compagnie de sa femme, cultive les champs, fait partie des vignettes les plus connues du *Livre des Morts*. Le défunt ne peut parvenir en ce lieu de bien-être et d'abondance qu'après avoir été un « transfiguré » et être passé devant le tribunal d'Osiris. Alors seulement se réalisent les vœux énoncés comme suit dans le titre de la formule : « ... y être puissant, y être transfiguré, y labourer et moissonner, y faire l'amour et faire tout ce que l'on fait sur terre. »

confronté ici à une conception funéraire complètement différente. S'y ajoute l'aménagement inhabituel du niveau inférieur « osirien ». Sur ce point, les différences architecturales entre les tombeaux de fonctionnaires et les tombes de Deir el-Médineh ne se traduisent pas seulement par des dimensions plus réduites, mais s'expliquent également par le statut social de chacun de ces deux groupes. Les thèmes iconographiques y sont néanmoins adaptés au niveau osirien et leurs contenus sont absolument comparables à ceux des rares caveaux funéraires décorés de la nécropole des fonctionnaires. Si l'on évoque à nouveau la décoration de la chambre sépulcrale de Sennéfer, on constate que la représentation des vignettes du *Livre des Morts* y avait déjà été intégrée, et ce dès la XVIII⁹ dynastie.

La décoration des complexes funéraires de Deir el-Médineh se distingue admirablement, outre son excellent état de conservation et ses couleurs magnifiques, par l'habileté artistique qui s'y manifeste. Les tracés préparatoires que l'on peut si souvent déceler ailleurs jusque dans les plus petits détails des représentations et des inscriptions ne se retrouvent ici que sur les contours des grandes figures et les subdivisions générales des murs.

Les autres réalisations picturales, dépourvues de tracés préparatoires, témoignent de l'incroyable savoir-faire des peintres qui, en quelques coups de pinceau et avec un sens très sûr de la structuration et du coloris des surfaces, créent des images d'une vivacité étonnante à partir de thèmes que nous trouvons plutôt compassés. Les détails souvent juste esquissés, suggérés en quelques coups de pinceau, le traitement généreux du tracé qui se passe le plus souvent de tout repentir, ainsi que l'application des couleurs dénotant par endroits des caractéristiques qui font presque penser à l'aquarelle, confèrent à ces peintures un charme exceptionnel.

NOUVEL EMPIRE 263

Les tombes oubliées de Memphis

Matthias Seidel

Après la mort d'Akhénaton, son successeur Toutânkhamon quitta la « ville solaire » d'Akhétaton (aujourd'hui Tell el-Amarna) après y avoir encore résidé quelque temps. Néanmoins, le siège du gouvernement ne fut pas ramené à Thèbes, mais à Memphis. Certes, l'ancienne et vénérable capitale avait joué un rôle important, sous la XVIIIe dynastie, en tant que cité administrative et ville de garnison, mais c'était maintenant une nouvelle ère de prospérité qui commençait, même si elle devait se révéler fort courte. À la suite de ce relèvement politique de Memphis, la nécropole attenante de Saqqara connut elle aussi un regain d'activité. Les cimetières du Nouvel Empire étaient autrefois situés à proximité de la pyramide de Téti (VIe dynastie), où des fouilles n'ont mis au jour, à part quelques modestes chapelles funéraires, que des blocs de pierre isolés. Toutefois, l'essentiel de la surface occupée par des constructions funéraires de la fin des XVIIIe et XIXe dynasties s'étend au sud de la chaussée montante de la pyramide d'Ounas (V[e] dynastie), non loin de la pyramide à degrés du roi Djéser.

En principe, l'existence de cet ensemble de nécropoles est attestée par plus de 500 bas-reliefs en calcaire, conservés depuis des décennies dans de nombreux musées du monde entier. Pourtant, l'emplacement exact des tombeaux dont devrait provenir ce matériel fort intéressant était inconnu jusque voici une bonne vingtaine d'années. Ce n'est qu'en 1975 que commença l'exploration méthodique des constructions du Nouvel Empire par une expédition de l'Egypt Exploration Society de Londres en association avec le Rijksmuseum van Oudheden à Leyde, sous la direction de l'égyptologue britannique Geoffrey Th. Martin. Contrairement aux sépultures privées thébaines, qui étaient conçues comme des tombeaux purement rupestres, les édifices de Saqqara possèdent une superstructure, seuls les puits et les chambres funéraires s'enfonçant dans le sol naturel.

La tombe d'Horemheb

Quelques jours à peine après le début des travaux de fouilles, le 14 janvier 1975, les chercheurs découvrirent la tombe d'Horemheb, commandant en chef de l'armée égyptienne sous le règne de Toutânkhamon. Le monument – comme tant d'autres tombeaux memphites – avait disparu depuis le XIXe siècle et passait même pour avoir été complètement détruit. Seuls quelques reliefs qui, en raison de leur qualité, peuvent être rangés au nombre des grands chefs-d'œuvre du bas-relief du Nouvel Empire témoignaient de l'existence de ce haut fonctionnaire qui devait, à la fin de sa carrière, monter sur le trône en tant que dernier souverain de la XVIIIe dynastie. Les sources restent muettes sur l'ascendance et les origines d'Horemheb, mais son association notoire au culte d'Horus à Héracléopolis (Moyenne-Égypte) semble indiquer cette ville du XVIIIe nome de Haute-Égypte comme étant son lieu d'origine. Une carrière fulgurante dans la hiérarchie administrative et militaire mena Horemheb jusqu'au sommet de l'État. Il gouverna le pays pour le pharaon enfant Toutânkhamon, aux côtés du Père divin Ay. En plus de ses fonctions de « généralissime », des titres tels que « Rapporteur suprême du pays » et « Substitut du roi à la tête des Deux-Terres » attestent l'étendue presque illimitée de son

227. La tombe d'Horemheb, vue d'ensemble sur la cour, avec des colonnes reconstruites
Saqqara ; XVIIIe dynastie, vers 1325 av. J.-C.
C'est par un imposant pylône d'entrée qu'on pénètre dans la première cour de la tombe, laquelle est entourée de colonnes qui pour presque toutes ont été complétées, et dont certaines sont entièrement reconstruites.

pouvoir. Le choix de Memphis comme résidence aura sans doute été lui aussi influencé de façon déterminante par Horemheb, une décision que suivit de peu sa résolution de se faire construire un monument funéraire dans la nécropole des fonctionnaires à Saqqara. Ce n'était pas un sol vierge ; bien au contraire, de nombreux mastabas de l'Ancien Empire (V[e]-VIe dynastie) dont les matériaux en pierre furent en partie réemployés, durent céder la place. Même le complexe funéraire de Djéser, situé à proximité, servit de carrière de pierre pour la tombe d'Horemheb, dont les murs sont construits en briques crues et revêtus de blocs de calcaire.

Au cours de son irrésistible ascension, le général fit agrandir par deux fois le plan de sa tombe, de sorte qu'au dernier stade sa superstructure (d'une longueur totale d'environ 49,5 m) ressemblait davantage à un temple funéraire privé. Seuls les plus hauts dignitaires du pays pouvaient se permettre une construction aussi dispendieuse, qui se distinguait des habituelles chapelles funéraires de la bureaucratie subalterne, de proportions plus modestes.

La première cour est fermée par un imposant pylône de plus de sept mètres de hauteur. Elle est entourée de colonnes papyriformes d'une hauteur de trois mètres, alignées sur deux rangées sur son côté occidental, et son sol est dallé de pierre. Seules de rares scènes de la décoration murale ont été conservées *in situ*. Parmi les représentations encore identifiables se trouve, entre autres, une description de la vie quotidienne dans un camp militaire, vivante et unique par la richesse de ses détails. Quelques-unes de ces scènes ne sont qu'à l'état d'ébauches, et n'ont pas été sculptées.

Ceci indique peut-être que la dernière phase de construction de la tombe (pylône et première cour) eut lieu sous le bref règne d'Ay, le successeur immédiat de Toutânkhamon et que, pour cette raison, les travaux sur les bas-reliefs ne furent pas achevés avant le couronnement d'Horemheb. Lorsqu'il devint souverain en titre, il ordonna en effet la construction d'un hypogée digne de son rang dans la Vallée des Rois ; sa tombe memphite en revanche ne vit jamais les funérailles de l'ex-généralissime. Il en va de même pour la plupart des statues d'Horemheb, que les fouilleurs découvrirent inachevées.

Après la première cour, on pénètre dans une grande pièce rectangulaire, appelée salle des statues, laquelle est flanquée de deux étroits magasins. Elle possédait un plafond voûté en brique, aujourd'hui effondré. Les murs aussi étaient en brique, puis blanchis à la chaux avant d'être peints, ce que montrent d'infimes traces de peinture. Sous Ramsès II, un culte à Horemheb divinisé fut organisé dans cet ensemble de pièces, car il passait aux yeux des souverains ramessides pour l'aïeul de leur propre dynastie, puisque Horemheb, en l'absence de descendance, avait désigné en tant que successeur le militaire de haut rang Paramessou, qui devait fonder la XIXe dynastie sous le nom de Ramsès Ier. La salle des statues ouvre sur une deuxième cour, plus petite, également entourée d'une rangée de colonnes papyriformes. Les reliefs muraux sont restés ici en partie conservés jusqu'à

228. Le repas funéraire d'Horemheb
Saqqara, tombe d'Horemheb ; XVIIIe dynastie, vers 1325 av. J.-C.
Ce bas-relief, situé sur l'encadrement de la porte du passage vers la salle des statues, montre le propriétaire assis devant une table d'offrande. Il porte une perruque à bouclettes en dégradé, une longue robe de lin et des sandales. Tandis que sa main gauche se tend vers les tranches de pain rendues de manière stylisée, il tient de la gauche un sceptre de fonction. Ce n'est qu'après l'accession au trône d'Horemheb qu'un petit *uraeus* fut apposé sur son front en signe de sa dignité royale.

229. Statue d'Horemheb en scribe
Probablement de Memphis ; XVIIIe dynastie, vers 1325 av. J.-C. ; granodiorite ; haut. : 89,5 cm, larg. : 71 cm ; New York, Metropolitan Museum of Art, Gift of Mr. and Mrs. V. Everit Macy, 1923, 23.10.1.
Bien que nous ne possédions aucun indice à ce sujet, il est tentant de supposer que cette célèbre statue d'Horemheb en scribe provient de sa tombe memphite. La position classique du scribe aux jambes croisées et au papyrus déroulé sur les genoux caractérise le fonctionnaire en tant que membre de la hiérarchie administrative. Outre une perruque à mèches ondulées, il porte une tunique semblable à une chemisette à manches flottantes, ainsi qu'un lourd pagne plissé.

NOUVEL EMPIRE

230. Les chars d'Horemheb
Saqqara, tombe d'Horemheb, mur est de la 2ᵉ cour ; XVIIIᵉ dynastie, vers 1325 av. J.-C.
Derrière l'effigie du généralissime sont présentés sur plusieurs petits registres les attelages du propriétaire de la tombe. Ce détail montre deux chars avec leurs conducteurs, dont l'un s'appuie nonchalamment sur le dos d'un cheval. Outre la découverte rare de chars et de brides, on trouve des représentations riches de détails comme la tombe de Horemheb qui nous donnent une image précise du char en tant qu'arme des belligérants. Son apparition à maintes reprises dans ce cycle d'images n'est pas étonnante en raison de sa fonction de généralissime.

231. Scribes au travail
Saqqara, tombe d'Horemheb, mur est de la 2ᵉ cour ; XVIIIᵉ dynastie, vers 1325 av. J.-C.
Un groupe de quatre scribes militaires disposés deux par deux sont accroupis jambes repliées sur le sol, et consignent avec zèle sur leurs papyrus déroulés les contributions versées à la cour égyptienne. Devant eux sont représentés les paniers servant à transporter leur matériel de scribe. Deux autres fonctionnaires se tiennent debout derrière eux. Leurs regards et leurs gestes se dirigent vers le propriétaire de la tombe, qui se trouve juste à leur droite (non visible ci-dessus) plus grand que nature, et qui surveille le cortège des prisonniers reproduit sur plusieurs registres.

232. Prisonniers syriens et hittites
Saqqara, tombe d'Horemheb, mur sud de la 2ᵉ cour ; XVIIIᵉ dynastie, vers 1325 av. J.-C. ; calcaire peint ; Leyde, Rijksmuseum van Oudheden, H. III. OOOO.
Outre la caractérisation générale des prisonniers par leurs vêtements ainsi que par leur coiffure et leur barbe, les artistes égyptiens ont accordé de l'importance à la représentation de chaque individu sous des traits personnalisés. Cela est réussi de façon particulièrement impressionnante pour le couple hittite (à gauche), et la tension psychologique visible sur le visage déformé par la douleur d'un Syrien (à droite), dont la tête est rejetée sur la nuque, est difficilement surpassable.

233. Le triomphe d'Horemheb
Saqqara, tombe d'Horemheb, mur sud de la 2ᵉ cour ; XVIIIᵉ dynastie, vers 1325 av. J.-C. ; calcaire peint ; longueur totale : 360 cm env. ; Leyde, Rijksmuseum van Oudheden, H. III. PPPP.
Le commandant suprême de l'armée égyptienne se tient debout, les bras levés en un geste d'allégresse, devant le roi Toutânkhamon assis sur son trône et son épouse (continuation droite). Horemheb reçoit des mains du souverain l'or de la récompense, de lourds colliers en or qu'on lui a déjà passés autour du cou et dont on amène d'autres exemplaires. Le propriétaire de la tombe, victorieux, est suivi par le défilé, sur deux longues colonnes, des prisonniers orientaux et hittites conduits par des soldats et fonctionnaires égyptiens. Alors que les femmes accompagnées de leurs enfants sont simplement tenues par les bras, les prisonniers apparaissent tous avec des menottes en bois et sont, de plus, entravés par des cordes à leur cou.

une hauteur de 2,25 m. Le répertoire iconographique illustre sur plusieurs scènes le triomphe d'Horemheb, qui, en tant que général en chef victorieux, laisse défiler des prisonniers – des Asiatiques, des Libyens et des Nubiens – en présence du pharaon Toutânkhamon, lequel lui remet l'or de la récompense. L'intensité de leur composition, la conception véritablement dramatique de l'action ainsi que l'exécution magistrale de ces reliefs élèvent tout simplement ces figures au rang de plus beaux exemples dans leur domaine thématique. À côté des représentations militaires, des scènes du rituel funéraire sont également reproduites sur les murs. En fait partie une séquence d'images détaillées qui montre les offrandes déposées, l'abattage de bœufs, et les pleureuses.

Depuis la cour intérieure, un puits mène au caveau souterrain, situé à vingt-huit mètres sous le niveau du sol. Dans ce réseau de chambres et de puits aux ramifications complexes, réparti sur plusieurs niveaux et prévu à l'origine pour Horemheb, ne fut tout d'abord inhumée que la première femme du propriétaire. Mais des fragments du mobilier funéraire, porteurs d'inscriptions, ont permis aux chercheurs d'apporter la preuve sensationnelle que la seconde femme d'Horemheb, la reine Moutnédjémet, fut elle aussi enterrée dans la tombe memphite de son mari, et n'a donc pas trouvé sa dernière demeure dans la Vallée des Reines. Les sépultures de ces deux femmes avaient, il est vrai, déjà été violées par des pilleurs de tombes sous l'Antiquité. Immédiatement après la deuxième cour se trouve, à l'extrémité occidentale du tombeau, la chambre principale du culte funéraire, flanquée de chaque côté d'une chapelle non décorée. Au-dessus du plafond de la chambre cultuelle se dressait une pyramide en brique surmontée d'un pyramidion en pierre, aujourd'hui disparue mais dont la forme nous est connue par de nombreux exemples figurés sur les reliefs funéraires memphites.

La tombe de Maya

À l'origine, la concession accordée à l'équipe anglo-néerlandaise de fouilleurs avait été allouée afin de retrouver l'emplacement de la tombe de Maya. En effet, lorsque l'expédition prussienne dirigée par Richard Lepsius travaillait à Saqqara en 1843, elle avait emporté à Berlin quelques blocs prélevés de la superstructure accessible de cette tombe.

L'emplacement approximatif de la tombe fut consigné par Lepsius sur un plan de la nécropole, et les reliefs furent publiés dans son célèbre et imposant ouvrage *Denkmaeler aus Aegypten und Aethiopien*.

Malheureusement, la quasi-totalité des reliefs de Maya font partie des pertes que le Musée égyptien de Berlin eut à subir au cours de la Seconde Guerre mondiale.

En outre, ce fonctionnaire présentait un intérêt particulier pour le Rijksmuseum van Oudheden de Leyde, dans la mesure où trois magnifiques statues représentant Maya et sa femme Mérit assis, qui proviennent indubitablement de la sépulture de Saqqara, se trouvent en sa possession depuis les années vingt du siècle dernier.

234. Statue de Maya assis
Saqqara, tombe de Maya ; XVIIIe dynastie, vers 1325 av. J.-C. ; calcaire ; haut. : 216 cm ; Leyde, Rijksmuseum van Oudheden, AST 1. Le haut fonctionnaire est assis sur un siège à dossier et tient dans sa main gauche une étoffe qui tombe à ses pieds. Maya porte une perruque bipartite dont les retombées présentent une fine structure en bouclettes, ainsi qu'une chemise et un pagne plissé. Par le doux modelé de son corps et la sensibilité des traits de son visage, cette statue de Maya assis et représenté plus grand que nature fait partie des chefs-d'œuvre de la statuaire privée à la fin de la XVIIIe dynastie.

235. Statue de Mérit assise
Saqqara, tombe de Maya ; XVIIIe dynastie, vers 1325 av. J.-C. ; calcaire ; haut. : 190 cm ; Leyde, Rijksmuseum van Oudheden, AST 2. Vêtue d'une robe finement plissée, Mérit a pris place sur un siège à dossier élevé. Son visage est encadré d'une lourde perruque exécutée avec un grand luxe de détails, qui tombe presque jusqu'à hauteur de sa taille. En tant que « chanteuse du temple d'Amon », Mérit tient dans sa main gauche, devant sa poitrine, un instrument de culte, le *ménat*.

Les travaux de dégagement de la tombe de Maya ne commencèrent qu'en 1987, bien que les fouilleurs soient tombés par hasard, dès l'année précédente, sur son ensemble souterrain, alors qu'ils suivaient une jonction transversale dérivée du puits d'un autre tombeau. Située à quelques mètres à peine de la tombe d'Horemheb, l'architecture de celle de Maya se rapproche notablement, par ses dimensions et sa configuration, de celle de son supérieur et futur roi. En tant que « chef du Trésor », Maya appartenait à l'élite de l'administration, charge importante qu'il occupa dès les règnes de Toutânkhamon et d'Ay. Par ses fonctions ultérieures de « directeur des travaux sur la place de l'éternité », Maya fut responsable de la planification et de l'aménagement des tombeaux des trois derniers rois de la XVIIIe dynastie. C'est probablement pour cette raison que lui fut accordé le privilège de faire don de deux objets destinés au trésor funéraire de Toutânkhamon – un *oushebti* d'apparat et un modèle de lit sur lequel reposait le roi en Osiris. Plus tard, Maya fut en outre chargé par Horemheb de surveiller ses gigantesques projets architecturaux dans le temple d'Amon-Rê à Karnak.

On pénètre dans la tombe orientée est-ouest du haut fonctionnaire par un large pylône décoré en relief, le long du passage, des effigies de Maya. Derrière se dressait la première cour, pavée de brique et pourvue d'une rangée de six colonnes papyriformes, sur le côté ouest uniquement. Juste après, la grande salle des statues mène à la cour intérieure entourée de colonnes, comme celle d'Horemheb.

Le répertoire iconographique illustre pour la plupart des thèmes religieux tels que le cortège funèbre ou l'adoration de la vache Hathor, mais inclut par ailleurs les fonctions du propriétaire, ainsi quand il est représenté lors du recensement des prisonniers et de leur bétail. Une brève procession de porteurs d'offrandes s'est également particulièrement bien conservée. À l'extrémité ouest de la cour se trouvent la chambre principale de culte ainsi que deux chapelles latérales, dont le revêtement de calcaire et les reliefs qui le paraient ont disparu dès l'Antiquité. L'architecture de la tombe tout entière a fortement souffert des pilleurs de pierres antiques et modernes (XIXe siècle), de sorte que seul un faible pourcentage des représentations originelles a survécu au temps.

Pourtant, les fouilleurs ont été dédommagés par une constatation surprenante. Plusieurs salles du complexe souterrain, dont les chambres destinées aux sarcophages du fonctionnaire et de sa femme, étaient entièrement décorées de peintures et montrent le couple honorant les dieux de l'au-delà. Il est singulier que la palette des couleurs soit limitée à une tonalité primaire jaune d'or ; il s'agit certainement d'une allusion à l'état de transfiguration des défunts.

236. Maya en prière devant Osiris
Saqqara, tombe de Maya, entrée du pylône ; XVIIIe dynastie, vers 1325 av. J.-C. ; calcaire peint ; haut. : 65 cm.
La peinture bien conservée de ce bloc permet de se faire une idée de la splendeur originelle des couleurs sur les bas-reliefs. La scène illustre le propriétaire de la tombe et sa femme Mérit (dont seule est conservée la main, derrière l'épaule de son mari) dans l'attitude de la prière, les mains levées face au dieu funéraire Osiris, dont la figure assise sur un trône se trouve juste à gauche du couple.

237. L'offrande
Saqqara, tombe de Maya, 2e cour ; XVIIIe dynastie, vers 1325 av. J.-C. ; calcaire ; haut. : 90 cm.
Vêtus de robes élégamment plissées et coiffés de lourdes perruques, les personnages de cette procession apportent diverses offrandes : bouquets montés, fleurs et volaille. Leurs visages ne relèvent pas du portrait, mais correspondent à la stylisation en vigueur sous Toutânkhamon.

NOUVEL EMPIRE

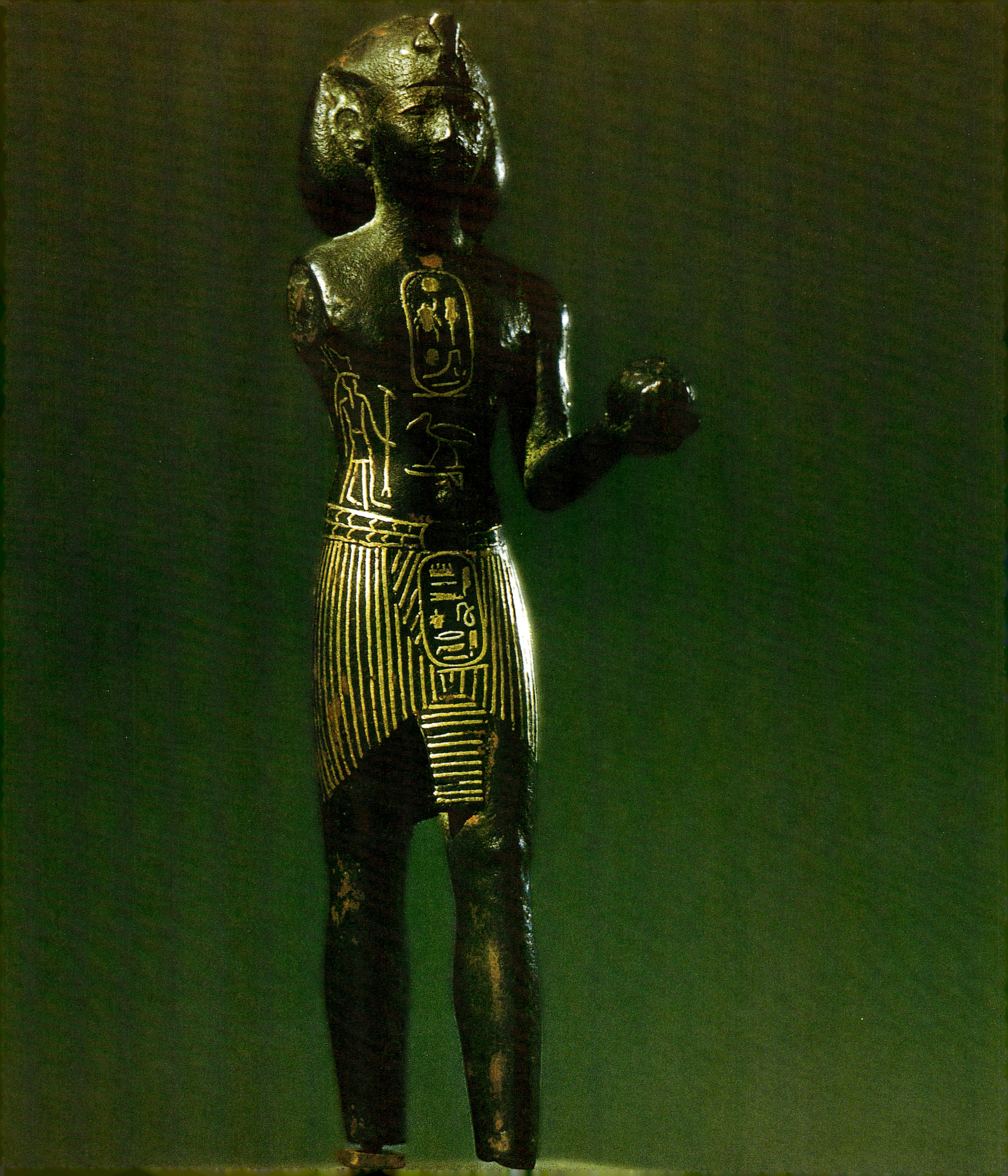

Tanis et Thèbes : histoire politique de la XXIe à la XXXe dynastie

Dieter Kessler

La Troisième Période Intermédiaire, qui succéda au Nouvel Empire, se caractérise par l'existence de deux centres de pouvoir : Tanis, la nouvelle résidence royale, dans le Delta oriental, où s'était installée la XXIe dynastie après avoir quitté Pi-Ramsès, et Thèbes, au sud. Le Grand Prêtre d'Amon, à Thèbes, était en même temps chef militaire. Il protégeait sa sphère d'influence au nord grâce à des places fortes situées en Moyenne-Égypte. Des « jugements divins », communiqués par des oracles, légitimaient ses actions politiques. Pourtant, on s'employa au sud à reconnaître officiellement les pharaons du Delta. La nécessité d'organiser efficacement les transports fluviaux du temple d'Amon et la dispersion des biens fonciers des temples à travers le pays exigeaient en effet une collaboration à l'échelle de l'Égypte tout entière. On s'efforça de consolider les liens entre la Haute et la Basse-Égypte grâce à des alliances familiales entre Tanis et Thèbes. La fonction de Divine Adoratrice d'Amon à Thèbes revêtait une importance politique considérable due aux oracles qu'elle rendait, aussi la confia-t-on fréquemment à des princesses du Nord.

Les rois tanites firent édifier leurs monuments funéraires dans la grande enceinte du temple d'Amon à Tanis. À Thèbes, en revanche, on ouvrit systématiquement les tombes royales et on exhuma les momies. L'or de ces sépultures fut réutilisé à des desseins personnels, la fin de l'époque des Ramessides avait en effet entraîné la perte du contrôle de la Nubie, et, en conséquence, la disparition de ses ressources aurifères. La population thébaine vivait largement des bénéfices du temple. La famille du tout-puissant Grand Prêtre d'Amon suscita de nombreuses dissensions internes, jugulées par des bannissements dans les oasis de Kharga et de Dakhla.

Construite sur un bras du Nil, Tanis occupait un site favorable aux communications. Cet atout permit aux rois tanites d'entretenir des relations commerciales avec Byblos et l'Assyrie, puissance en plein essor. Ils ne tardèrent pas non plus à jouer à nouveau un rôle en Palestine. Une fille du roi Siamon (vers 979-960 av. J.-C.) fut ainsi donnée en mariage au roi Salomon, auquel elle apporta en dot la ville de Gézer. Ayant conclu une alliance politique avec Salomon, Siamon conquit les villes philistines d'Ashdod et de Sharouhen. À partir de cette époque, certains produits des arts mineurs égyptiens, tels les scarabées, connurent une grande popularité en Palestine. De nombreux motifs égyptiens, adaptés au goût local, ne tardèrent pas à apparaître dans le monde syro-palestinien.

Le règne des princes libyens (vers 946-736 av. J.-C.)

Les souverains tanites se marièrent de plus en plus fréquemment au sein de la noblesse guerrière libyenne, établie de longue date. Un certain Shéshonq (le Chichak biblique), issu de la tribu libyenne des Mashaouash, fonda la XXIIe dynastie, dite boubastite, qui régnait cependant à Tanis. Il

2 L'Égypte et le royaume de Napata-Méroé à la Basse Époque

1. *Statue d'Osorkon Ier*
Héliopolis ; XXIIe dynastie, vers 920 av. J.-C. ; bronze, or ; haut. : 14 cm ; New York, Brooklyn Museum, Charles Edwin Wilbour Fund, 57.92.

Il existe relativement peu de statues en pierre des rois d'origine libyenne ; en revanche, la technique du bronze est à cette époque à son apogée. Le roi, dont le corps est décoré de plusieurs dieux, fait ici (v. suite p. 272)

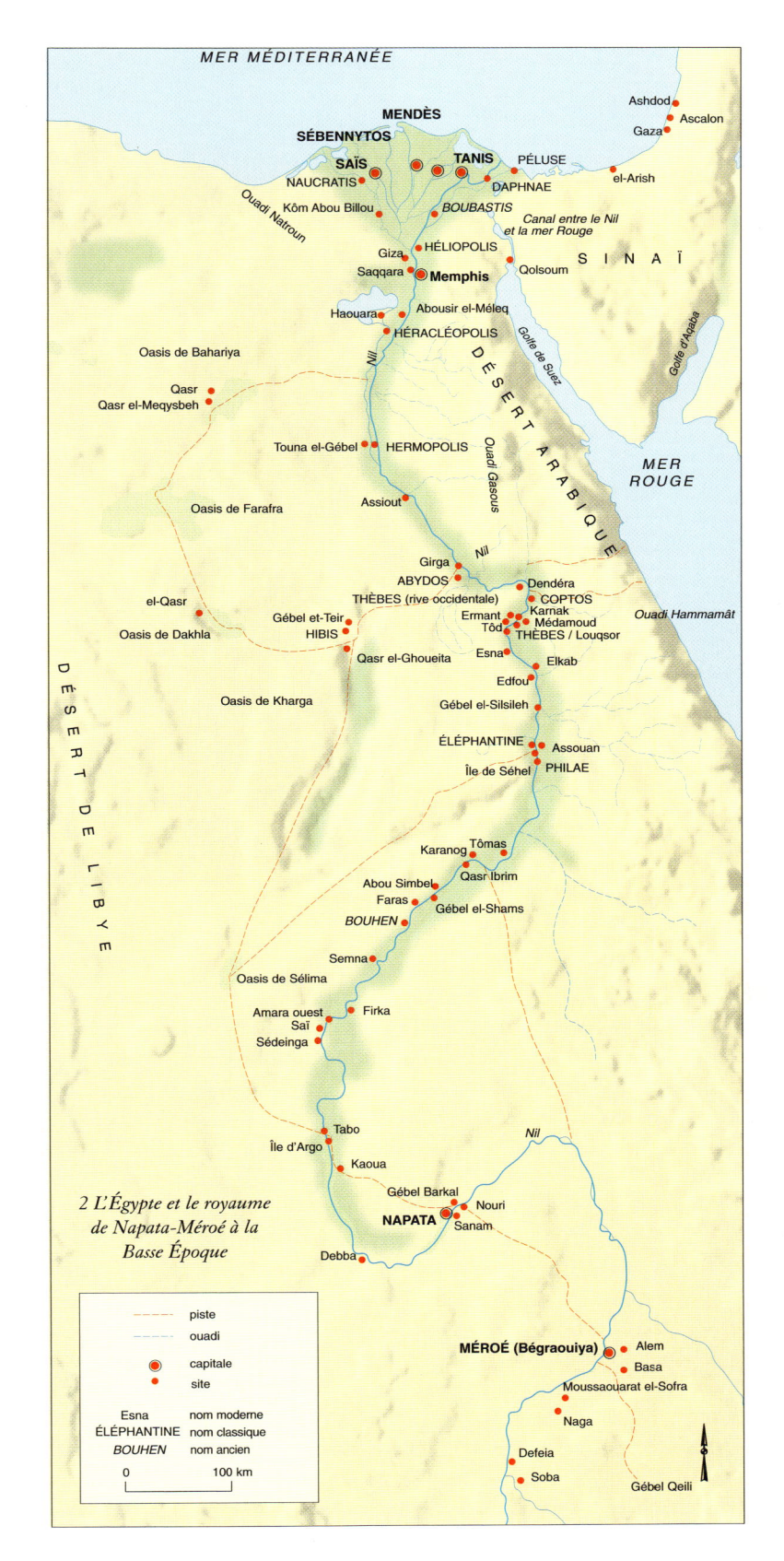

1. Statue d'Osorkon I
(suite de la p. 271)
l'offrande du vin. Sous Osorkon I, l'Égypte vit une relance économique, comme le montre la découverte d'un sphinx du roi dans le lointain Byblos.

3. Tête colossale de Shabaka
Karnak ; XXV° dynastie, vers 715 av. J.-C. ; granit rose ; haut. : 97 cm ; Le Caire, Musée égyptien, CG 42010.
Le double *uraeus* et le modelé de la bouche révèlent l'origine nubienne de cette tête. Le souverain koushite établit des gouverneurs de son choix dans le Delta, mais évita délibérément d'affronter les Assyriens sur la frontière orientale.

parvint également à s'imposer en Haute-Égypte, où il installa un de ses fils dans la fonction de Grand Prêtre. Il nomma un de ses parents libyens, prince d'Héracléopolis. Comme les rois de la dynastie précédente, Shéshonq Ier n'hésita pas à s'immiscer dans la politique des royaumes palestiniens. Depuis Gaza, il lança des attaques contre les villes de Juda et d'Israël, progressant jusqu'à Mégiddo. En 925 av. J.-C., Roboam de Juda livra au pharaon l'intégralité des trésors du temple de Jérusalem, afin d'éviter la destruction de la ville.

La dynastie libyenne, dont le pouvoir se trouva de plus en plus réduit à Tanis et Boubastis, dut en conséquence accepter une nouvelle division de l'Égypte en deux sphères d'influence, se prévalant l'une comme l'autre de la légitimité conférée par le titre royal. La nouvelle royauté, que l'on désigne sous le nom de XXIII° dynastie (756-714 av. J.-C.), s'appuyait essentiellement sur Thèbes et sur le domaine de Léontopolis, dans le Delta oriental, où se trouvait certainement une résidence royale. Les nouveaux rois entretenaient cependant des relations familiales étroites avec la dynastie tanite.

Après avoir joué un rôle de médiateur de plus en plus actif, le prince libyen d'Héracléopolis s'arrogea le titre royal. Dotée de sa propre organisation de transports fluviaux, Héracléopolis administrait ses domaines en toute indépendance. Nimlot, le prince libyen d'Hermopolis, suivit son exemple et s'appropria, lui aussi, le titre de roi.

Dans le Delta occidental, les princes des Libou (Libyens) s'émancipèrent de toute autorité sur un territoire s'étendant depuis Saïs jusqu'aux portes de Memphis. Ils finirent même par occuper la fonction de Grand Prêtre de Memphis. Ils profitèrent amplement de la présence du bras occidental du Nil, une voie de circulation de plus en plus empruntée par le commerce international qui se dirigeait vers Memphis. Les importantes crues du Nil qui apparurent aux VIII° et VII° siècles av. J.-C. – et qui entraînèrent une humidité croissante du climat – transformèrent considérablement le paysage géographique, ce qui provoqua une nouvelle répartition des peuples sur les territoires du Delta et de Haute-Égypte.

Le règne des Koushites (XXV° dynastie, vers 750-655 av. J.-C.)

Après la disparition de l'autorité militaire égyptienne sur la Nubie, un nouveau royaume s'était constitué au cours de luttes constantes contre les

272 BASSE ÉPOQUE

4. Tête d'une statue d'Amasis
XXVI⁰ dynastie, vers 560 av. J.-C. ; grès silicifié ; haut. : 28 cm ; Baltimore, Walters Art Gallery, 22.415.
Grâce à son épouse grecque, à son goût déclaré pour la vie militaire et à son intempérance, le roi était très populaire auprès des mercenaires grecs, malgré toutes les anecdotes scandaleuses qui circulaient à son sujet. Son attitude conciliante à l'égard de ses adversaires politiques permit l'intégration des différents groupes ethniques dans la vie économique du pays.

tribus nomades. Le pays de Koush avait pour centres les anciens sites de Napata, Dongola et Saï, situés sur les grandes voies de commerce. Les chefs koushites utilisèrent en outre les temples égyptiens locaux pour légitimer leur pouvoir. Ils réussirent, finalement, à étendre leur domination sur la Basse-Nubie. Les familles thébaines n'allaient pas tarder à reconnaître le souverain koushite comme nouveau pharaon (fondateur de la XXV⁰ dynastie), par la volonté d'Amon.

L'Amon de Karnak et l'Amon de Napata furent étroitement liés, et les rites koushites d'intronisation s'inspirèrent du cérémonial égyptien en se rendant dans les villes saintes telles que Napata, Kaoua et Pnoubs. En revanche, certains traits matriarcaux que l'on observe dans le royaume de Koush sont d'origine indigène. Les souverains koushites furent à l'origine de la renaissance koushite de l'Égypte, marquée par la collecte d'anciens écrits religieux et par une réforme du culte.

Les voisins du Nord ne furent pas longs à réagir à cette nouvelle menace : Tefnakht de Saïs prit le titre de roi et fonda la XXIV⁰ dynastie saïte (vers 740-714 av. J.-C.). Au terme de longs combats, il fut vaincu par le roi koushite Piânkhy, qui triompha également des petits rois de Moyenne-Égypte. Officiellement, les princes du Delta reconnurent le Koushite comme pharaon. Cependant, le pouvoir des princes de Saï demeura intact.

La menace assyrienne

En 722 av. J.-C., après la chute de Samarie, les troupes assyriennes avaient occupé Israël et menaçaient désormais les princes du Delta. Au terme de longues hésitations, les Koushites finirent par se ranger dans le camp des principautés du Delta, qu'ils défendirent activement. En 701 av. J.-C., le roi assyrien Sennakhérib écrasa l'armée égyptienne envoyée contre lui. Mais il renonça à prendre Jérusalem, pour des raisons que l'on ignore.

Après plusieurs tentatives malheureuses, l'attaque des Assyriens contre l'Égypte se solda par une victoire en 671 av. J.-C. Ils prirent Memphis, et les villes égyptiennes du Delta oriental tombèrent sous influence assyrienne. Les princes de Moyenne-Égypte collaborèrent avec les Assyriens, tandis que les princes du Delta ne cessaient de conspirer contre la puissance d'occupation, ce qui eut pour conséquence un certain nombre d'exécutions capitales. Seul Nékho, prince saïte, fut confirmé dans ses fonctions. En 664 av. J.-C., à la suite de soulèvements koushites, l'armée assyrienne marcha sur Thèbes, qu'elle saccagea. Ce pillage fut suivi de déportations massives vers Assour, où se rassemblèrent ainsi de très nombreux exilés égyptiens. Cela n'empêcha pourtant pas le Sud de la Haute-Égypte de rester fidèle au roi koushite.

Le règne des souverains saïtes : le début de la Basse Époque (664-525 av. J.-C.)

Le roi de Saïs avait constitué une puissante armée de mercenaires cariens et ioniens. Dans leur pays d'origine, les Assyriens se trouvèrent aux prises avec de graves difficultés dues à leurs adversaires, l'Elam et Babylone. Psammétique I⁰ʳ, prince saïte que l'on considère comme le fondateur de la XXVI⁰ dynastie, en profita pour conquérir son indépendance. Il dirigea d'abord ses attaques contre les princes du Delta, avant de marcher sur Thèbes avec le soutien d'Héracléopolis. La Divine Adoratrice d'Amon, une princesse koushite, fut contrainte d'adopter la fille du roi de Saïs. En 656 av. J.-C., l'Égypte avait ainsi retrouvé son unité.

Les Saïtes protégèrent militairement les frontières du pays en construisant de nouvelles forteresses, dans lesquelles ils installèrent notamment des mercenaires étrangers, ainsi que des Juifs exilés. Nous pouvons mentionner Daphnae (Tell el-Defenneh) à l'est, la garnison d'Éléphantine au sud, et le fort de Maréa à l'ouest. Puis, s'y ajouta au plus tard sous Amasis la forteresse de Migdol au sud de Péluse, au Sinaï. Nékho II entreprit la construction d'une puissante flotte. Il décida également de percer à travers le Ouadi Toumilat un canal reliant le Nil à la mer Rouge. On lui attribue également la circumnavigation de l'Afrique, une allégation dont la véracité est cependant contestée.

Au sud, Psammétique II marcha sur la Nubie, au-delà d'Éléphantine, accompagné de mercenaires cariens et grecs. Son objectif était de juguler l'influence de Napata. Par la suite, on s'employa systématiquement à effacer d'Égypte toute trace des souverains koushites.

De plus en plus harcelé par la nouvelle grande puissance mède, le royaume assyrien obtint alors le soutien des troupes égyptiennes. Sous Nékho II, celles-ci pénétrèrent même en Palestine. Ayant battu le roi Josias de Juda à Mégiddo, elles s'avancèrent jusqu'à Karkémish et Harran. Les villes phéniciennes furent obligées de payer tribut. Après plusieurs combats victorieux, l'armée égyptienne fut décimée en 605 av. J.-C. près de Karkémish et Hamath. Les Babyloniens entrèrent en Palestine, qui échappa à nouveau au contrôle de l'Égypte.

L'Égypte développa alors ses relations avec le bassin méditerranéen. Elle conclut des traités avec Crésus de Lydie et Polycrate de Samos. De précieuses offrandes furent déposées à Delphes et à Cyrène. Chypre tomba en partie sous la coupe de l'Égypte. Le roi Apriès envoya des troupes au secours du prince libyen de Cyrène, en lutte contre les Grecs établis dans la cité. En déroute, son armée se mutina et offrit immédiatement la couronne royale au général Amasis, envoyé en médiateur. Celui-ci remporta la

BASSE ÉPOQUE 273

5. Statue d'Amenirdis Ire debout
Karnak ; XXVe dynastie, vers 710 av. J.-C. ; calcite-albâtre ; haut. : 170 cm ; Le Caire, Musée égyptien, JE 3420 (CG 565). Amenirdis était la fille du roi koushite Kashta de Napata. Sous le gouvernement de son fils Piânkhy, elle fut adoptée officiellement par la Divine Adoratrice en fonction, Shépénoupet Ire, fille d'Osorkon III. Les rois du Sud prirent ainsi le contrôle de l'oracle d'Amon.

bataille suivante, qui se déroula aux portes de Memphis et au cours de laquelle Apriès tomba. Son adversaire lui fit néanmoins des obsèques officielles à Saïs. Amasis, qui épousa une Grecque de Cyrène, passe pour avoir été hellénophile et ivrogne. C'est à lui qu'incomba la tâche d'intégrer les troupes étrangères en Égypte. Il concéda aux Grecs (parmi lesquels les Chypriotes) un comptoir commercial à Naucratis, dans le Delta occidental, et établit à Memphis une garnison de mercenaires grecs et cariens pour protéger la ville.

Amasis est le véritable fondateur de la renaissance saïte. Une fois encore, on collecta les textes anciens, on copia les reliefs des tombeaux d'autrefois, et l'on renoua avec le culte des rois disparus. Les divinités protectrices et les dieux des étendards royaux, ainsi que les nomes religieux, furent systématisés. Le démotique, un dérivé fortement abrégé du hiératique qui provient de Basse-Égypte, devint l'écriture de chancellerie. Le culte royal fut soumis à de nouvelles règles, raison pour laquelle Amasis passait encore plusieurs siècles plus tard pour un législateur idéal.

Son œuvre de bâtisseur fut importante. Il agrandit luxueusement le temple de Neith à Saïs, ainsi que la nécropole familiale. De nouveaux temples furent construits dans les oasis de Bahariya et de Sioua pour les garnisons locales. On doit également à Amasis la fondation du temple d'Isis sur l'île de Philae.

La première domination perse (XXVIIe dynastie, 525-401 av. J.-C.)

En 525, les Mèdes attaquèrent l'Égypte avec le concours d'une flotte phénicienne et chypriote et écrasèrent l'armée égyptienne près de Péluse à la suite de la trahison de mercenaires grecs. Après une nouvelle tentative de soulèvement, le pharaon fut exécuté. Oudjahorresné, le commandant de la flotte égyptienne, prêtre de la déesse Neith de Saïs, passa dans le camp des Perses, et joua auprès d'eux le rôle de conseiller. L'Égypte devint une satrapie de l'Empire perse.

Le grand roi Cambyse occupa Memphis et ordonna l'exécution de nombreux Égyptiens. D'autres furent déportés vers la Perse. Ces premières mesures furent à l'origine de la cruelle réputation de Cambyse. Pourtant, fidèle à la politique de compromis de son prédécesseur, Cyrus II, Cambyse s'efforça de se faire reconnaître par les Égyptiens. Darius Ier suivit son exemple et fit rédiger un nouveau corpus de lois. Ahoura-Mazdâ, le dieu solaire ailé des Perses, fut assimilé au dieu solaire des Égyptiens.

Le temple d'Horus, à Edfou, se vit accorder d'importants dons de terres. Le grand roi s'attacha particulièrement au contrôle militaire des oasis, où plusieurs temples furent édifiés. La construction du canal traversant le Ouadi Toumilat fut achevée, mais cette entreprise s'avéra être un échec. Au cours de la première domination perse, Memphis vit se développer son rôle de comptoir international. Avec le démotique, l'araméen devint la deuxième langue écrite.

Des voyageurs grecs tel Hérodote visitèrent l'Égypte et en consignèrent les curiosités et les rites religieux, si singuliers pour l'esprit grec. Hérodote rapporte également que les Égyptiens considéraient les Grecs comme des êtres impurs. À Éléphantine, une âpre lutte éclata entre les communautés judéo-araméennes et le clergé du dieu-bélier Khnoum. Cette querelle avait été provoquée notamment par le rituel juif du sacrifice de l'agneau pascal.

6. *Plaque architecturale avec un portrait de Nectanébo Ier*
Alexandrie, XXXe dynastie, vers 370 av. J.-C. ; grauwacke ; haut. : 123 cm ; Londres, The British Museum, EA 22.
La plaque conçue comme un élément architectural est en relief des deux côtés. Cette pièce a été trouvée à Alexandrie mais appartient à l'origine à une structure de construction d'Héliopolis. La face la mieux conservée de cette œuvre montre au-dessus de la façade d'un palais, décoration de base, le personnage agenouillé Nectanébo lors de l'offrande d'une miche de pain. Le roi qui venait d'une famille distinguée de généraux porte un serre-tête couronné.

Les dernières dynasties indigènes (401-332 av. J.-C.)

Les indigènes se soulevèrent à plusieurs reprises contre la domination perse. Mais ces insurrections, attisées et soutenues par les Grecs, ennemis des Perses, échouèrent. C'est ainsi que le prince libyen Inaros se révolta contre les Perses et demanda à Athènes de mettre une flotte militaire à sa disposition. L'aventure athénienne en Égypte s'acheva par l'écrasement complet des soldats grecs et par l'exécution d'Inaros. Un autre Libyen, Amyrtée, fut plus heureux. Son règne est désigné sous le nom de XXVIIIe dynastie (404-399 av. J.-C.). Parti du Delta occidental, il commença par tenir tête aux Perses, et fut reconnu roi dans toute l'Égypte en 402 av. J.-C.

Il fut renversé à son tour par le fondateur de la XXIXe dynastie, Néphéritès Ier (399-393 av. J.-C.), originaire de Mendès, dans le Delta, qui accorda une aide céréalière à Sparte, en lutte contre les Perses. Sans doute ce roi fut-il également inhumé à Mendès. Son successeur, Achoris (392-380 av. J.-C.), conclut des alliances contre les Perses avec Athènes et Evagoras de Chypre. Les premières monnaies égyptiennes furent frappées pour payer l'armée de mercenaires, commandée par l'Athénien Chabrias. En 385 av. J.-C., il repoussa une attaque des Perses.

Des troubles internes vinrent mettre fin à cette dynastie. Le général Nectanébo, dont la famille était originaire de Sébennytos, dans le Delta, destitua Néphéritès II (380 av. J.-C.) et fonda une nouvelle dynastie, la XXXe. Nectanébo Ier parvint à repousser l'armée perse qui était entrée dans le Delta en 373 av. J.-C. Le soulèvement des satrapes d'Asie Mineure contre le grand roi perse lui fut, en l'occurrence, d'un précieux secours. Dans sa résistance contre les Perses, Nectanébo II (360-342 av. J.-C.) s'appuya sur une armée de mercenaires conduite par Agésilas de Sparte. Mais les Perses finirent par occuper le Delta en 343-342 av. J.-C. Ce fut le début de la seconde domination perse, qui n'allait s'achever qu'avec la campagne d'Alexandre le Grand.

BASSE ÉPOQUE

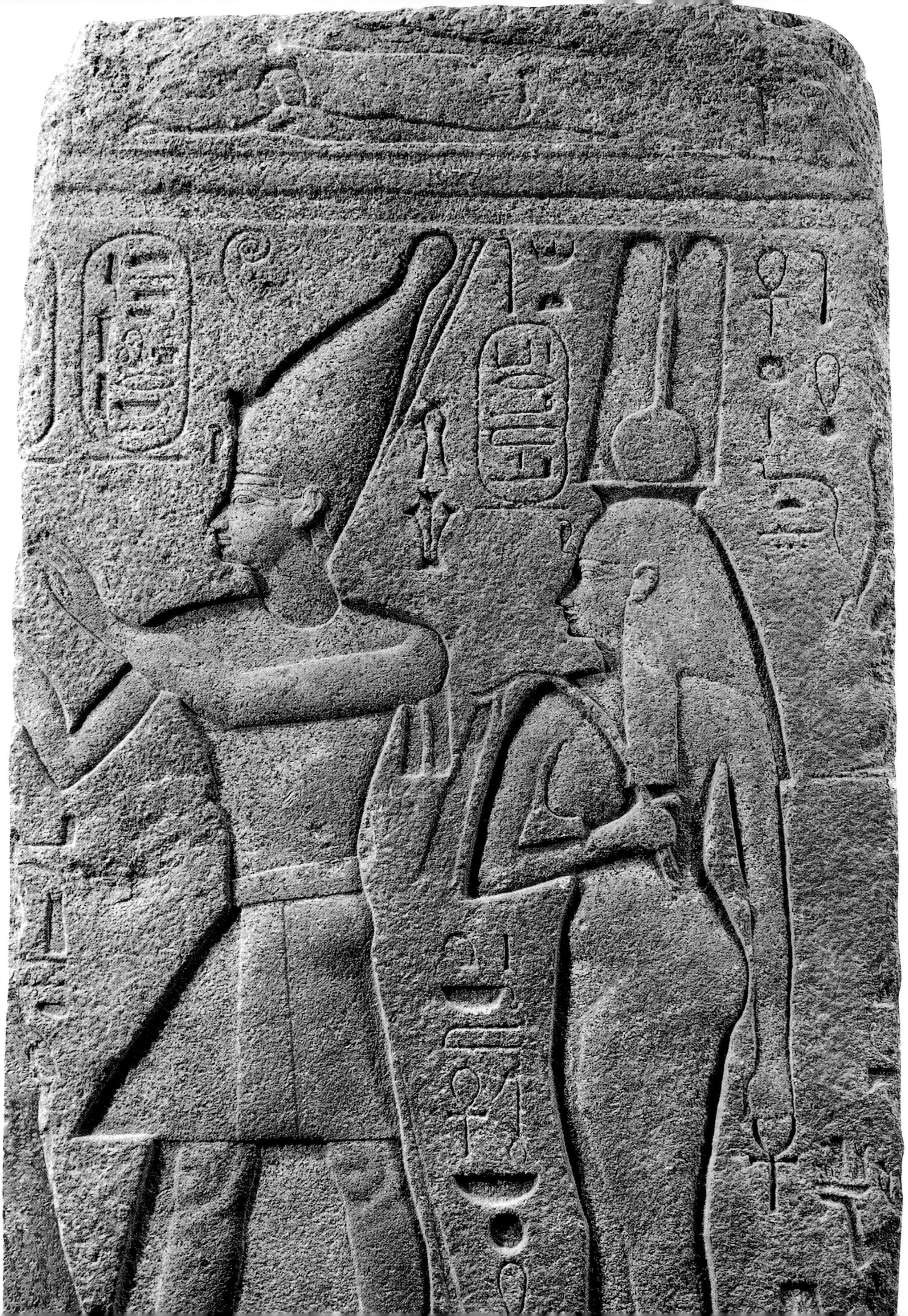

L'art de la Basse Époque

Elisabeth Siebert

Les temples

Bien que l'activité des architectes ait toujours été intensive après la fin de la XX⁰ dynastie, presque tous les monuments de la Basse Époque ont disparu, contrairement aux édifices du Nouvel Empire. Il incombait à chaque pharaon nouvellement intronisé d'ordonner l'inventaire des temples du royaume. Cela permettait d'évaluer l'état des lieux et du culte et, le cas échéant, de faire entreprendre les travaux de restauration. Dans tous les grands temples d'Égypte, des édifices, qu'il s'agisse de nouvelles constructions ou de simples extensions, témoignent du respect de ce devoir royal.

Si les rois koushites de la XXV⁰ dynastie firent édifier leurs résidences, leurs tombeaux et les grands temples dédiés à Amon et aux dieux locaux dans leur Nubie natale, ils ne négligèrent cependant jamais les grands sites religieux de l'Égypte. À Karnak par exemple, ils firent construire des colonnades sur la façade et à l'arrière du temple, ainsi que plusieurs petits sanctuaires à l'intérieur de l'enceinte sacrée.

Un grand nombre de ces constructions nouvelles se trouvent dans les capitales des XXI⁰-XXX⁰ dynasties, toutes situées dans le Delta, à Tanis, Boubastis, Saïs, Mendès et Sébennytos. Dès l'Antiquité et jusqu'au XX⁰ siècle, ces édifices ont servi de carrières, si bien qu'aujourd'hui, ils ne subsistent plus qu'à l'état de fragments. Même les majestueuses installations de la ville de Tanis, dont les matériaux de construction provenaient du site de Pi-Ramsès, n'ont pas été épargnées. Du grand temple d'Amon, de Mout et de Khonsou construit sur le modèle du complexe de Karnak, il ne reste pratiquement rien, hormis les fondations.

À Boubastis, le temple de la déesse Bastet a complètement disparu. Quelques ruines éparses de la cour des fêtes d'Osorkon II (XXII⁰ dynastie), qui à l'origine précédait le temple, permettent de reconstituer la porte monumentale, dont les reliefs représentent dans leur intégralité les étapes de la fête-*sed*, la cérémonie jubilaire du roi. Les ruines de Saïs ont fourni les matériaux de construction de la ville de Rosette, toute proche. À Mendès, un naos de granit de sept mètres de hauteur, seul vestige de quatre monuments semblables, domine le champ de ruines du temple d'Amasis (XXVI⁰ dynastie), totalement détruit. Un naos analogue de Nectanébo II (XXX⁰ dynastie), bien que de dimensions plus modestes, se trouve dans le sanctuaire du temple d'Horus à Edfou.

Le temple le mieux conservé de la Basse Époque est celui d'Hibis, bâti au temps de Darius I⁰ʳ (XXVII⁰ dynastie) dans l'oasis de Kharga.

L'une des nouveautés introduites par l'architecture tardive est le *mammisi*, simple construction érigée devant le temple, qui à l'époque ptolémaïque sera entouré d'un déambulatoire à colonnes reliées à mi-hauteur par des murs d'entrecolonnement. Le *mammisi* symbolise le lieu de

---

7. Osorkon II et son épouse Karomama présentant une offrande
Boubastis, porte de la cour des fêtes d'Osorkon II ; XXII⁰ dynastie, vers 855 av. J.-C. ; granit rose ; Londres, British Museum, EA 1077.
Osorkon II célébra son deuxième jubilé vingt ans après être monté sur le trône. À cette occasion, il fit édifier à Boubastis une porte monumentale dédiée à la déesse Bastet. Les reliefs de la porte, qui représentent la cérémonie jubilaire, sont dispersés dans les musées du monde entier. Le relief exposé à Londres illustre le couple royal présentant une offrande à une divinité qui ne figure pas sur le fragment conservé. Une scène analogue, exposée au Ägyptisches Museum de Berlin représente le couple royal offrant symboliquement à Nekhbet, déesse tutélaire de la Haute Égypte, l'œil d'Horus, qui fut arraché au dieu lors de son duel contre Seth.

8. Naos d'Amasis dédié au dieu Shou
Mendès, temple principal ; XXVI⁰ dynastie, vers 550 av. J.-C. ; diorite ; haut. : 7,85 m, larg. : 4 m.
Alors qu'à Mendès, capitale du nome du Dauphin de Basse-Égypte, étaient vénérés Hatméhit, déesse-poisson, et le bouc de Mendès, le pharaon Amasis (570-526 av. J.-C.) fit ériger un temple dédié à Rê, Geb, Osiris et Shou. Dans le sanctuaire, quatre naos monolithes reposaient sur quatre blocs de granit placés sur plusieurs assises de calcaire. Seul le naos de Shou existe encore, les autres ne subsistent qu'à l'état fragmentaire. Les naos possédaient deux compartiments en bois superposés. Celui du bas était destiné à recevoir une statue divine de grande taille, celui du haut, les instruments du culte.

9. Chapelle du roi Taharqa
Kaoua (nord du Soudan), temple d'Amon ; XXVe dynastie, vers 680 av. J.-C. ; calcaire ; haut. : 257 cm, larg. : 395 cm ; Oxford, Ashmolean Museum, 1936.661.
Chaque souverain koushite nouvellement couronné se rendait, dans le cadre d'un voyage d'intronisation, sur les principaux lieux de culte de sa Nubie natale, dont le temple de Kaoua. Le pharaon Taharqa (690-664 av. J.-C.) fit ériger une chapelle entre les colonnes du sanctuaire. Les reliefs l'illustrent présentant une offrande à Amon, Mout, Khonsou et Montou, le dieu guerrier originaire de Thèbes.

10. Sanctuaire des barques de Philippe Arrhidée (extérieur sud, détail)
Karnak, temple de Amon-Ré ; époque des Macédoniens, vers 320 av. J.-C. ; granit rouge; peint ; haut. du registre : env. 130 cm.
Après la mort surprenante d'Alexandre le Grand en 323 av. J.-C. à Babylone, son demi-frère Philippe Arrhidée (323-317 av. J.-C.), faible d'esprit, fut proclamé roi par l'armée. Bien qu'il ne dût jamais pénétrer sur le sol égyptien, le sanctuaire des barques du temple de Karnak fut remplacé en son nom par une nouvelle construction. De la manière traditionnelle, les reliefs en roche dure n'ont été que partiellement peints alors que leur stylistique se trouve dans la tradition de l'œuvre des indigènes de la XXXe dynastie. Sur le mur-sud du sanctuaire, plusieurs registres sont consacrés aux thèmes du couronnement royal et aux stations de la grande procession de barques du dieu Amon.

11. Le temple d'Hibis
Oasis de Kharga ; XXVIIᵉ dynastie, règne de Darius Iᵉʳ, vers 500 av. J.-C. ; calcaire ; long. : 44 m, larg. : 19 m, haut. : 8,5 m env.

Lorsque l'Égypte passa sous domination perse avec la XXVIIᵉ dynastie, le Delta forma la frontière occidentale de l'immense empire. Darius Iᵉʳ fit édifier deux sites sacrés à la frontière occidentale de sa sphère d'influence, dans l'oasis de Kharga situé dans le désert libyen. Ces sites dédiés à Amon, le temple de Qasr el-Ghoueita et le temple d'Hibis, étaient censés protéger la frontière de l'empire. Kharga, jadis important centre de négoce et de transport situé sur la route des caravanes qui se rendaient en Basse-Nubie, connut un nouvel essor sous la domination perse, notamment grâce à la construction d'un réseau d'irrigation souterrain. Il est possible que le temple d'Hibis, qui date de 500 av. J.-C., ait été construit sur l'emplacement d'un ancien sanctuaire de la XXVIᵉ dynastie. Selon les inscriptions, c'était un temple de « belle pierre blanche, avec des toits en bois d'acacia de Libye et de bronze d'Asie ». Le plan du palais de Darius, à Persépolis, présente de grandes similitudes avec celui du temple d'Hibis. L'utilisation de gorges, du soleil ailé et les ornements végétaux des chapiteaux semblent confirmer l'influence persistante de l'architecture égyptienne sur l'occupant perse.

12. Mur d'entrecolonnement décoré du rite du Nouvel An
Probablement de Saïs ; XXVIᵉ dynastie, vers 600 av. J.-C. ; schiste ; haut. : 120 cm ; Vienne, Kunsthistorisches Museum, ÄS 213.

Ce bloc de schiste vert est selon toute vraisemblance un mur d'entrecolonnement provenant d'un kiosque périptère, puisqu'il est décoré sur ses deux faces, intérieure et extérieure. La partie inférieure est ornée d'un motif en façade de palais, caractéristique des bases d'un édifice. La partie supérieure du muret est décorée d'une frise d'*uraei*, motif iconographique qui couronne tout élément architectural. Le relief représente plusieurs fois le souverain agenouillé faisant des offrandes à différentes divinités. À droite, il purifie d'eau, contenue dans les quatre vases que l'on peut observer, le Grand Blanc, dieu figuré par un babouin. Au milieu, il présente des bandelettes d'étoffe dont il va vêtir le dieu-serpent à quatre têtes appelé « Celui qui vit par son pouvoir magique ». À gauche, l'offrande s'adresse à la déesse-serpent à six pattes. Cet édifice fut édifié à l'origine par Psammétique Iᵉʳ, comme en témoignent les inscriptions sur un des murs, conservé au British Museum de Londres ; il fut achevé par ses successeurs, Nékho II et Psammétique II, dont les cartouches figurent sur la pièce exposée à Vienne. C'est dans ces kiosques dressés sur les terrasses des temples que les statues divines étaient déposées chaque année, et qui, sortant de l'obscurité du temple, pouvaient renouveler leurs forces à la lumière du soleil.

BASSE ÉPOQUE

13. Patère du général Oundjebaouendjed
Tanis, tombe du général Oundjebaouendjed (N° III) ; XXIᵉ dynastie, vers 1000 av. J.-C. ; argent, feuille d'or et verre ; haut. : 2,5 cm, diam. : 18 cm ; Le Caire, Musée égyptien, JE 87742.
Alors que les fouilles de la tombe de Toutânkhamon n'ont mis au jour aucun récipient en métal précieux, à l'exception d'un vase d'argent en forme de grenade (les trésors ayant vraisemblablement été victimes des pilleurs de tombes de l'Antiquité), la nécropole royale de Tanis renfermait un nombre impressionnant de récipients en or et en argent. L'une des plus belles pièces d'orfèvrerie est sans conteste cette coupe en argent rehaussée d'une rosette en verre au centre, elle-même entourée d'un disque en or représentant des poissons, des canards, des baigneuses nues et des plantes aquatiques.
Le récipient ne provient pas du tombeau royal, mais a été retrouvé dans le trésor funéraire du général Oundjebaouendjed, qui avait reçu l'honneur suprême d'être inhumé aux côtés de son souverain, le pharaon Psousennès Iᵉʳ. D'après les inscriptions, ce dernier aurait offert la coupe au dignitaire de son vivant en « marque de faveur royale ».

la naissance, où naît et grandit l'enfant divin. Le *mammisi* le plus ancien de Dendéra date de Nectanébo Iᵉʳ.

Les tombes royales

Peu de nécropoles royales érigées après le Nouvel Empire sont encore intactes ou mises au jour. Nous pouvons cependant nous faire une idée assez précise de ces tombes, à partir notamment des textes d'Hérodote et par comparaison avec les tombes d'autres membres de la famille royale.

Dès le début de la Troisième Période Intermédiaire, on vit apparaître une forme radicalement nouvelle de nécropole royale, qui se développera jusqu'à l'époque ptolémaïque : la chapelle funéraire, érigée à l'intérieur de l'enceinte du temple. Le choix du site, l'emplacement et la construction des tombes royales ne s'inscrivaient plus dans la tradition des bâtisseurs des pyramides de l'Ancien et du Moyen Empire, pas plus que dans celle des hypogées du Nouvel Empire, bien connus, de la Vallée des Rois. Désormais, c'est dans leur résidence du Delta que les rois se firent inhumer. Si la nécropole de la Vallée des Rois fut abandonnée vers la fin du Nouvel Empire, ce fut certainement en raison de la montée de l'insécurité à Thèbes. Les pilleurs de tombes redoublèrent alors d'activité et les tombes royales ne furent pas épargnées. Si le transfert de la nécropole royale à l'intérieur des temples qui se dressaient au sein de villes généralement entourées d'un mur d'enceinte, garantissait leur sécurité, la proximité du sanctuaire jouait un rôle prépondérant.

Les tombes royales de la Basse Époque se caractérisent souvent par leur emplacement dans la cour d'un temple divin, par la construction d'une superstructure en forme de chapelle et par la proximité entre la salle de culte et la tombe – proximité à laquelle on avait renoncé sous le Nouvel Empire.

Comparés aux demeures d'éternité des particuliers, les caveaux et les superstructures des demeures royales sont relativement modestes. Leur valeur tenait d'ailleurs moins à l'exécution architecturale de l'édifice qu'à la vénérabilité du lieu et à ses antécédents historiques.

Les tombes des rois des XXIᵉ et XXIIᵉ dynasties sont concentrées dans l'angle sud-ouest du temple de Tanis. Celles qui ont été découvertes

14. Masque funéraire de Psousennès Iᵉʳ
Tanis, tombe de Psousennès Iᵉʳ ; XXIᵉ dynastie, vers 995 av. J.-C. ; or incrusté de lapis-lazuli et de verre ; haut. : 48 cm, larg. : 38 cm, feuille d'or : 0,6 mm ; Le Caire, Musée égyptien, JE 85913.
Quatre masques funéraires en or ont été retrouvés dans les tombes royales de Tanis. Il s'agit des masques des rois Psousennès Iᵉʳ, Amenemopé et Shéshonq II, le quatrième étant celui du général Oundjebaouendjed. Le plus magnifique des quatre est celui de Psousennès Iᵉʳ, que seul surpasse en beauté le masque funéraire de Toutânkhamon, mondialement connu. Contrairement à celui de Toutânkhamon, le masque de Psousennès ne porte aucune inscription, mais est paré d'un *némès* orné de l'*uraeus*, de la barbe divine à l'extrémité légèrement recourbée et finement tressée, symbole du roi défunt divinisé devenu Osiris, et d'un large collier. Les incrustations bleues de lapis-lazuli et de verre sont réservées aux yeux et aux lanières de la barbe.
Le masque était posé directement sur le visage de la momie du souverain, inhumée dans plusieurs cercueils et sarcophages emboîtés les uns dans les autres.

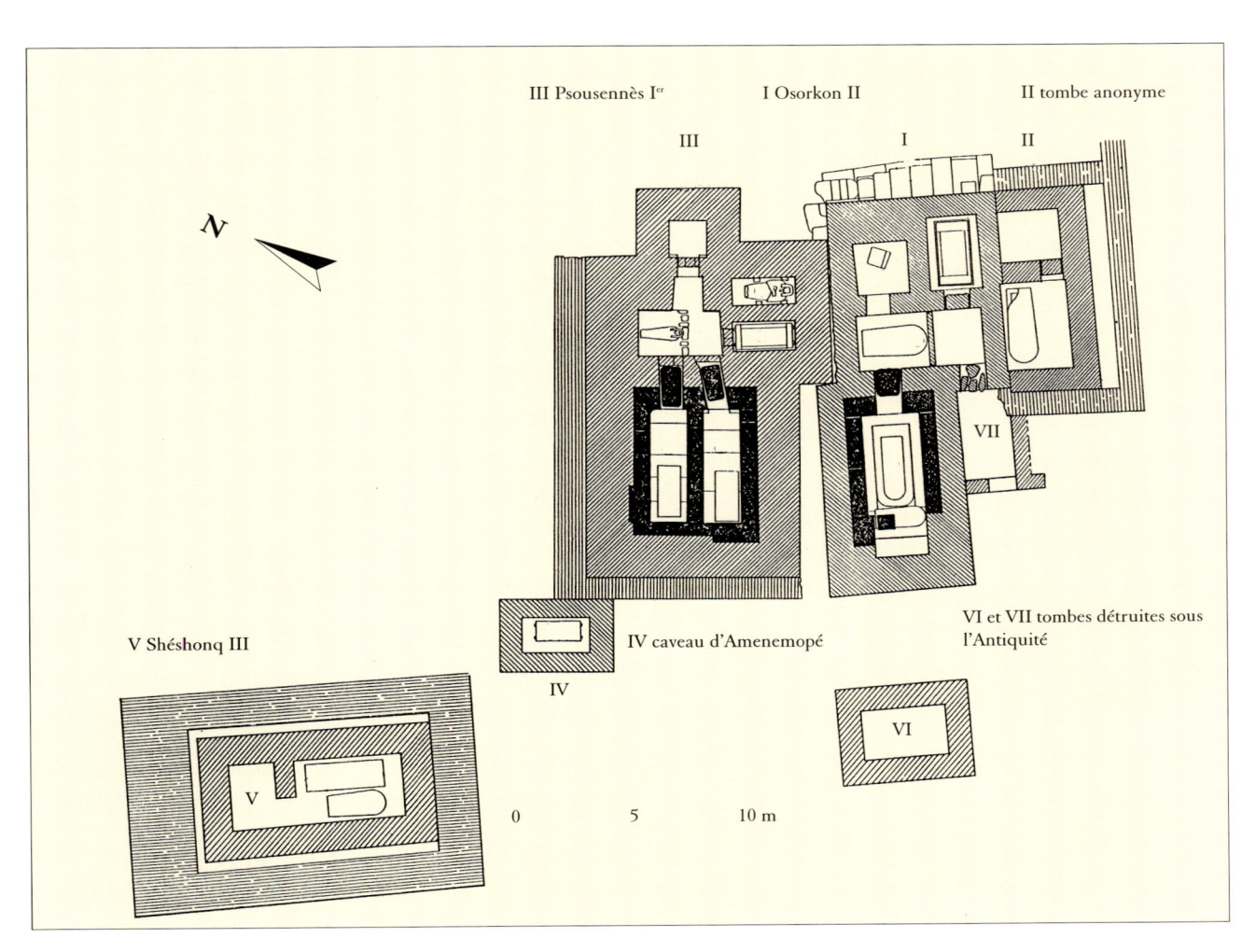

15. Plan des tombes royales de Tanis
XXIe-XXIIe dynastie, 1040-800 av. J.-C.
D'après l'étude des six sépultures royales que les rois des XXIe et XXIIe dynasties ont fait ériger dans l'angle sud-ouest du temple d'Amon, à Tanis, quelques-unes des tombes ont vu se succéder plusieurs occupants. La tombe n° III de Psousennès Ier, deuxième roi de la XXIe dynastie (qui abritera plus tard Shéshonq II, XXIIe dynastie) recouvre en partie les fondations de la tombe voisine, n° I, dont le commanditaire n'a pu être que son prédécesseur, Smendès, fondateur de la dynastie. Dans cette tombe, on a retrouvé des fragments de la sépulture d'Osorkon II et de son successeur, Takélot II, de la XXIIe dynastie, ainsi que du prince Hornakht, son contemporain. Dans le mobilier funéraire de Smendès mis au jour, deux vases canopes au moins sont conservés aujourd'hui à Boston et à New York.
À l'ouest s'étendent les tombes attribuées à Amenemopé (n° IV) et à Shéshonq III (n° V). Shéshonq Ier a probablement cédé la place à un autre souverain, dont on a retrouvé le vase canope (musée de Berlin).

16/17 (À gauche et ci-dessus). Chapelles funéraires des Divines Adoratrices d'Amon et détail de la façade
Médinet Habou, avant-cour du temple de Ramsès III ; XXVe-XXVIe dynastie, vers 750-585 av. J.-C.
Les Divines Adoratrices d'Amon, devenues les véritables maîtresses de Thèbes, ont fait ériger leurs chapelles funéraires dans la cour située entre la porte monumentale d'entrée du temple de Ramsès III et le temple proprement dit de Médinet Habou. Les chapelles funéraires édifiées en brique crue, dont celle de Shépenoupet Ire, n'ont pas résisté au temps. Les deux chapelles funéraires commandées par la princesse Shépenoupet II, fille du pharaon Piânkhi, sont intactes : la chapelle située au sud appartient à Aménardis, sœur du pharaon Shabaka, la chapelle située au nord est celle de Shépenoupet II elle-même. Cette chapelle est restée inachevée, si bien que la princesse Nitocris, fille de Psammétique Ier (XXVIe dynastie) qui venait d'arriver au pouvoir, a pu s'y faire inhumer aux côtés de sa mère, Méhetenousekhet.

BASSE ÉPOQUE

18. La tombe de Montouemhat, nécropole d'Assassif
Thèbes (TT 34) ; XXVe-XXVIe dynastie, vers 650 av. J.-C.
Cette tombe, la plus grande de la nécropole thébaine à la Basse Époque, était celle du haut dignitaire Montouemhat, qui était parvenu à garder sa fonction de maire de Thèbes, même au plus fort des troubles politiques. Il vécut à la fin de l'époque koushite (XXVe dynastie), connut la brève domination perse et l'époque saïte (XXVIe dynastie). Parallèlement, Montouemhat fut Quatrième Prophète d'Amon. Les murs de la première cour de sa tombe sont percés de plusieurs chapelles ; entre leurs portes se trouvent des panneaux sculptés représentant deux papyrus symétriques. De chaque côté des entrées, le défunt est représenté sur les montants de porte.

19. Tombes de la Basse Époque
Thèbes ; XXVe-XXVIe dynastie, vers 750-525 av. J.-C.
La nécropole d'Assassif, située devant le cirque de Deir el-Bahari, s'est enrichie de plusieurs tombeaux sous les XXVe et XXVIe dynasties. Pendant la Fête d'Opet, la procession des barques d'Amon qui se dirigeait vers le temple-terrasse de la reine Hatshepsout passait sur le site. Les tombes étaient orientées par rapport à la procession et les entrées donnaient sur la voie processionnelle, qui suivait l'actuelle route goudronnée (à gauche sur la photo). Les pylônes en brique qui précèdent les tombes – ici au premier plan celle de Montouemhat, devant celle de Pabasa – sont les constructions les plus impressionnantes, et donnaient accès à une ou plusieurs cours creusées à un niveau inférieur, d'où partaient les puits menant au système complexe de galeries et de chambres souterraines.

par Pierre Montet en 1939 étaient intactes et révélèrent de véritables trésors. Malheureusement, les superstructures de brique crue avaient complètement disparues.

Leur existence est toutefois attestée par les plafonds massifs, par la position des chambres à cinquante centimètres au-dessous du niveau du sol et par la nécessité de rendre les différentes pièces accessibles pour les futurs défunts. Les caveaux sont revêtus de blocs de remploi en calcaire provenant d'anciens monuments et abritaient les corps des rois, des hauts dignitaires et des membres de la famille royale. Les pièces, généralement à peine plus grandes que le sarcophage en pierre qu'elles contenaient, sont rehaussées de bas-reliefs peints dont le répertoire se composent de scènes extraites des *Livres du Monde souterrain* et de textes de prières. La majorité des sarcophages ont été usurpés. Cela ne tenait pas seulement aux difficultés du transport des pierres importées de la lointaine Haute-Égypte, mais traduisait peut-être aussi le désir de s'approprier le pouvoir religieux des précédents défunts. Les cercueils momiformes étaient en argent massif ou doré, celui de Shéshonq II était même orné d'une tête de faucon. Certaines momies portaient des masques et de riches parures.

Les recherches effectuées sur le site de Memphis ont mis au jour les sépultures d'éminents membres de la famille royale. L'exécution et l'emplacement des caveaux souterrains, situés à l'intérieur du temple, dans l'enceinte de la ville, et décorés de scènes représentant le monde souterrain, sont construits à l'instar des nécropoles de Tanis, Saïs et Médinet Habou. Les rois koushites de la XXVe dynastie se firent inhumer dans les pyramides des nécropoles de leur capitale, Napata, dans le nord de l'actuel Soudan.

On a découvert dans le temple funéraire de Ramsès III à Médinet Habou, sur la rive occidentale de Thèbes, les chapelles funéraires des princesses de la XXIe à la XXVIe dynastie. Élevées au rang de Divines Adoratrices d'Amon, ces princesses avaient une position religieuse très élevée et étaient très influentes. Par leur naissance et leur fonction, elles étaient très proches du roi et leurs tombes sont dignes des sépultures royales. L'excellent état de conservation de deux de ces chapelles édifiées en pierre, nous livre de précieuses informations sur les tombes royales de la Basse Époque : un portique de bois, ménagé devant un pylône, permettait d'accéder à une cour entourée de colonnes, qui précédait une chapelle, de dimensions réduites (10 mètres sur 15 mètres environ). Derrière se trouvait le lieu de culte proprement dit, constitué presque uniquement d'un sanctuaire voûté et entouré d'un corridor étroit. Le sarcophage était déposé juste en dessous, au fond d'un puits.

Le plan des chapelles thébaines est relativement fidèle aux descriptions des tombes royales de Saïs que nous a livrées Hérodote. Dans ses récits, l'historien raconte que tous les rois de la XXVIe dynastie, originaires du nome saïte étaient inhumés dans la cour du temple de Neith, près de Saïs. Évoquant la tombe d'Amasis, il parle d'une grande salle, précédée d'un portique à colonnes palmiformes et close par deux portes derrière lesquelles se trouvait le sarcophage. Les tombes de Saïs n'ont jamais fait l'objet de fouilles. Une partie du mobilier funéraire d'Apriès, de Psammétique Ier et de Psammétique II étant dispersée dans différentes collections, on peut légitimement penser que les tombes de Saïs ont été pillées depuis fort longtemps.

Les tombes des souverains perses de la XXVIIe dynastie ne se trouvent pas en Égypte, mais à Naqsh-i Roustem, en Iran. Les rois des XXVIIIe-XXXe dynasties se sont vraisemblablement fait inhumer dans leurs résidences de Mendès et de Sébennytos, dans des tombes pourvues de chapelles. À partir de la XXIe dynastie, on peut donc parler d'un type nouveau de tombes royales, en totale opposition avec les sépultures privées construites à cette époque. On ignore cependant quelle vision conceptuelle présida à cette évolution.

Les tombes privées

Les prêtres et les fonctionnaires de la Troisième Période Intermédiaire préféraient souvent les tombes collectives ou familiales, et n'hésitaient pas à occuper d'anciennes tombes. La raison n'était pas simplement économique. C'était aussi une question de sécurité, les grands procès des pilleurs de tombes étant toujours présents dans les mémoires, ainsi que les actions de sauvegarde des momies royales pillées sous le Nouvel Empire qui avaient conduit à les rassembler dans des sépultures collectives.

Les hauts dignitaires renoncèrent aux tombes décorées, coûteuses, et se contentèrent de faire figurer les principales scènes mythologiques sur leurs cercueils, en général construits en cartonnage et en bois. Faute de place, le nombre de scènes représentées était très réduit et l'on plaçait un papyrus funéraire détaillé dans le sarcophage. Cette époque porta les cercueils et les papyrus peints à leur apogée.

Bien que les tombes de la Basse Époque soient attestées dans toutes les nécropoles, Thèbes et Memphis restèrent les principaux sites d'inhumation.

Les tombes memphites de la XXVIe dynastie furent conçues selon un plan différent de celui des tombes monumentales thébaines de la même époque. Protéger les tombes contre les pilleurs était alors le souci

20/21. Scènes de la tombe de Menna
Thèbes (TT 69) ; XVIIIe dynastie, vers 1395 av. J.-C. ; calcaire enduit et peint ;
22. Scène de la tombe de Montouemhat
Thèbes (TT 34) ; XXVe-XXVIe dynastie, vers 650 av. J.-C. ; calcaire ; haut. : 23,9 cm ; New York, Brooklyn Museum, Charles Edwin Wilbour Fund, 48.74

Après l'instabilité politique de la Troisième Période Intermédiaire, l'art se réfère aux modèles anciens. Les hauts dignitaires de Thèbes s'inspirent des hypogées du Nouvel Empire. Une mère assise sous un arbre, allaitant son enfant qu'elle porte dans une large étoffe, et tendant la main vers une corbeille de fruits, orne la tombe de Menna et celle de Montouemhat, le second ayant repris le thème du premier. Le second motif (photo du bas), dont il ne reste que la partie inférieure, peut être reconstitué à partir d'une scène analogue retrouvée dans le tombeau de Menna : une jeune fille ôte une épine du pied d'une deuxième jeune fille assise en face d'elle. Il semble bien que le tombeau de Menna ait servi de modèle, car on ne connaît pas ailleurs d'autres scènes comportant ces deux thèmes.

BASSE ÉPOQUE

23. Buste d'une statue d'Osorkon Ier
Byblos, XXIIe dynastie, vers 900 av. J.-C. ; grès silicifié ; haut. : 60 cm, larg. : 36 cm ; Paris, musée du Louvre, AO 9502.
Sur ce fragment trouvé à Byblos, un prince local a fait graver en alphabet phénicien un texte rendant hommage à la déesse « Maîtresse de Byblos ». On ne sait pas avec certitude pourquoi ni quand cette sculpture égyptienne du souverain, coiffé d'une perruque très prisée à l'époque amarnienne et ornée d'un *uraeus*, est arrivée dans la ville côtière du Liban, ni combien de temps s'est écoulé entre sa réalisation et la gravure de l'inscription. On peut se demander si Osorkon Ier, en faisant graver le cartouche de son nom sur la poitrine – ce qui était très inhabituel pour une statue royale – a usurpé une statue de l'époque d'Horemheb ou s'il s'est simplement référé au style du Nouvel Empire.

majeur et les architectes mirent au point un ingénieux système de sécurité. Le sarcophage reposait sur le sol d'une fosse maçonnée, au fond d'un puits vertical d'une trentaine de mètres de profondeur qui possédait un système de fermeture élaboré. Le puits était ensuite rempli de sable, l'inhumation se faisant par un puits secondaire étroit, relié au puits principal par une voûte en brique. Après l'inhumation, on ouvrait le puits pour que le sable puisse s'écouler ; le passage entre les deux puits était détruit et le second puits rempli de sable. Le sarcophage était ainsi enterré sous deux mille à trois mille mètres cubes de sable, prêts à ensevelir quiconque serait tenté de piller la tombe.

Les caveaux étaient décorés des *Textes des Pyramides* de l'Ancien Empire. Il ne s'agit pas à proprement parler de copies des textes de la pyramide du roi Ounas qui se dresse à proximité, mais d'autres versions rassemblées et, pour certaines, plus complètes. De petites superstructures en briques, aujourd'hui disparues, se dressaient au-dessus des caveaux peut-être analogues à celles des tombes royales de l'époque.

Tout en présentant des similitudes avec les tombes memphites du Nouvel Empire, les tombes thébaines s'en différencient principalement par leurs dimensions monumentales et leur complexité. Les grands complexes funéraires des hauts fonctionnaires des XXVe et XXVIe dynasties se trouvent sur la rive occidentale de Thèbes, dans la nécropole d'Assassif et dans le cirque de Deir el-Bahari. Elles sont presque toutes orientées sur les anciennes voies processionnelles que l'on suivait en portant la statue d'Amon-Rê à travers la nécropole à l'occasion de la Belle Fête de la Vallée. Les origines de cette fête, qui connut un renouveau à la Basse Époque, remontent au début du Moyen Empire.

L'architecture de ces tombes innove en intégrant diverses formes architecturales empruntées à la maison d'habitation, à l'hypogée du Nouvel Empire et au temple funéraire royal. Ces sépultures ne suivent toutefois pas un schéma unique.

Les sépultures thébaines de la Basse Époque se caractérisent par leurs superstructures en brique crue, leurs cours à ciel ouvert creusées à un niveau inférieur (sur le modèle du tombeau d'Osiris à Abydos) par lesquelles on accédait aux chambres funéraires souterraines.

De nombreux détails renvoient à des formes architectoniques d'époques antérieures, parfois abandonnées depuis longtemps. C'est le cas par exemple des linteaux de porte cintrés, des murs à redans des superstructures, des cônes funéraires ou encore des pyramides en brique des tombes privées du Nouvel Empire.

Le répertoire iconographique reprend également d'anciens thèmes. Ainsi les tombes saïtes de Thèbes présentent-elles des scènes et des textes analogues, ou présentent quelques variantes, à ceux que nous connaissons de la région thébaine aux époques antérieures. Cependant, comme pour les tombes memphites, on ne saurait parler de simples copies. Il ne s'agit aucunement de reproductions fidèles, mais bien plutôt de variantes de thèmes anciens, choisis par goût personnel et agrémentés de détails repris d'autres monuments.

Bien que l'origine et la datation des modèles ne puissent pas toujours être définis, la Basse Époque donna naissance à un art dont le style était unique. Ce phénomène, que l'on qualifie, à tort, d'« archaïsme » ou de « renaissance », apparaît déjà de manière isolée à une époque antérieure. Il ne se développa qu'à partir de la XXVe dynastie, peut-être pour réhabiliter une certaine grandeur politique et religieuse. Les thèmes et les formes ont probablement été extraits de recueils de modèles lorsqu'ils ne résultent pas d'une étude directe des originaux.

Il est rarement possible de dater avec précision les tombes construites entre la XXVIe dynastie et l'époque ptolémaïque. Les différentes nécropoles du pays témoignent aussi bien de l'hypogée, de la tombe à puits que de la tombe située dans l'enceinte d'un temple.

La statuaire

Les rares statues royales de la Troisième Période Intermédiaire qui nous sont parvenues, s'inscrivent dans la tradition de la statuaire du Nouvel Empire et sont d'une qualité artistique équivalente. Juste après la fin de la XXe dynastie, les particuliers usurpèrent la statuaire du Nouvel Empire, qu'ils faisaient remodeler ou graver à leur nom. Tout en restant fidèles à la diversité des genres du passé, les nouvelles statues tendent vers une

24. Tête d'une statue de Taharqa
Probablement de Karnak ; XXVe dynastie, vers 670 av. J.-C. ; granodiorite ; haut. : 36,5 cm, larg. : 24 cm : Le Caire, Musée égyptien, CG 560.
Cette tête acquise à Louqsor a pu être identifiée grâce à un fragment d'inscription gravée sur le pilier dorsal. Il s'agit de Taharqa, souverain koushite et personnage le plus marquant de la XXVe dynastie. Certains éléments stylistiques – le visage rond, le nez épaté et le cou massif – sont caractéristiques de la statuaire de cette époque. Relevons d'autres détails iconographiques significatifs : le double *uraeus*, aujourd'hui cassé, la calotte koushite en pierre non polie car elle était à l'origine recouverte d'or et surmontée de la double couronne traditionnelle.

25. Tête colossale d'un souverain koushite
Probablement de Karnak, temple d'Amon-Rê ; XXVe dynastie, vers 700 av. J.-C. ; granit rose ; haut. : 35 cm ; Le Caire, Musée égyptien, CG 1291.
Fragment d'une statue colossale debout, cette tête est l'un des plus beaux chefs-d'œuvre de la statuaire royale de la XXVe dynastie. La courbure en S du sillon naso-labial, très marquée, et le dessin des sourcils laissent supposer qu'il s'agit du pharaon Shébitkou (Shabataka). Le roi porte la calotte koushite ornée d'un large bandeau orné du double *uraeus*, très mutilé.

simplification, que l'on peut notamment observer sur les statues-cubes et leurs formes nettement géométriques. Cependant les surfaces planes sont rarement laissées nues et sont souvent couvertes d'inscriptions ou de représentations. La statuaire de bronze, jusqu'alors peu prisée, marque l'apogée du rapport de l'homme aux divinités. On voit alors apparaître, outre de simples offrandes votives sous forme de figurines divines ou zoomorphes, des sculptures d'un grand raffinement artistique.

Après des siècles de domination égyptienne sur le pays de Koush, les souverains de la XXVe dynastie, originaires de Nubie, se considérèrent comme les légitimes successeurs des pharaons. Ils se firent représenter dans la tradition égyptienne, enrichie du style koushite, comptant les caractéristiques suivantes : une tête ronde aux traits négroïdes posée sur un cou massif et un corps athlétique.

De nouveaux détails iconographiques apparaissent : le double *uraeus* sur le front, la calotte ou, autour du cou, l'amulette représentant une tête de bélier. Le style de la statuaire privée est toujours inspiré de la statuaire royale. Parallèlement, on continue de réaliser des statues à l'instar de celles du Nouvel Empire ou de reprendre des détails formels ou stylistiques d'époques antérieures. Les premiers visages marqués par l'âge, qui seront en vogue sous la XXVIIe dynastie, font leur apparition.

Sous le règne des pharaons saïtes de la XXVIe dynastie, l'Égypte traverse une nouvelle période de stabilité économique et d'épanouissement culturel. La statuaire royale datée ou supposée de cette époque se limite malheureusement à quelques fragments. Les rois sont généralement coiffés de la couronne bleue. Les traits des visages sont fortement idéalisés mais puissants. La statuaire privée nous est, en revanche, parvenue en grande quantité. Les matériaux le plus souvent utilisés sont les roches dures de couleur foncée, dont la surface est satinée ou très brillante. Le type de statue le plus couramment représenté est la statue théophore. Le commanditaire debout, agenouillé ou assis, porte devant lui l'effigie d'un dieu qui peut être abritée par un naos. Un nouvel élément iconographique apparaît, la perruque en forme de poche.

Malgré des références formelles et iconographiques empruntées aux époques antérieures, la datation de ces statues ne fait aucun doute. On ne saurait parler de simples copies, mais bien de l'épanouissement d'une expression unique en son genre, qui a su intégrer les éléments du passé et

BASSE ÉPOQUE

26. Tête d'une statue du roi Amasis
Saïs ; XXVIᵉ dynastie, vers 550 av. J.-C. ; grauwacke ; haut. : 24 cm, Berlin, SMPK, Ägyptisches Museum, 11864.
À l'époque saïte et sous les dynasties qui suivirent, le grauwacke, que l'on extrayait dans le Ouadi Hammamât, connut un regain d'intérêt et fut utilisé comme matériau pour la statuaire et l'architecture royales et privées. Cette tête, dont les traits permettent de reconnaître le roi Amasis, présente les caractéristiques les plus typiques de son époque. La terminologie de l'histoire de l'art parlera en l'occurrence de « sourire saïte ». La statuaire grecque archaïque du *kouros* en serait inspirée. Le *némès* royal orné d'un *uraeus* (aujourd'hui brisé) que porte le souverain est exceptionnel dans la statuaire royale de cette époque. Le roi est plus souvent coiffé du *khépresh*, ou couronne bleue, peut-être pour se distinguer de la dynastie koushite précédente, sous laquelle cette coiffure royale était tombée en désuétude.

27. Torse du personnage Nectanébo Iᵉʳ, station debout
Probablement Delta ; XXXᵉ dynastie, vers 370 av. J.-C. ; granit gris ; haut : 68,5 cm, Londres, The British Museum, EA 1013.
Parmi les souverains de la dernière dynastie indigène, il se produit dans tous les domaines des arts plastiques un florissement final de courte durée. Le médaillon royal et privé est marqué par des recours stylistiques de l'époque tardive classique de la XXVIᵉ dynastie. La conception de la musculature du torse en trois parties qui confère à ce buste de personnage debout son rayonnement naturel et athlétique est particulièrement frappante. Le souverain porte le pagne traditionnel court dans la boucle de ceinture duquel est inscrite le cartouche du nom royal. La haute couronne blanche ou la couronne bleue plus compacte font partie à l'origine des habits sacerdotaux.

témoigne d'une remarquable maîtrise artistique et artisanale. Le léger sourire qui caractérise le style aussi bien de la statuaire royale que privée de cette époque sera d'ailleurs repris par l'art grec.

Il n'existe aucune statue royale de l'époque perse, à l'exception d'une statue acéphale de Darius, découverte devant son palais de Suse. La statue, exécutée par des artistes égyptiens, se dressait à l'origine dans le temple d'Héliopolis. Elle a la particularité d'avoir été exécutée à la manière égyptienne, tout en présentant le roi paré du costume et des armes traditionnels perses. La statuaire privée de cette époque est empreinte d'un certain réalisme, en référence peut-être à la sculpture du Moyen Empire. Les visages marqués par l'âge sont courants. Souvent, les vêtements et les bijoux sont perses, comme on peut le constater sur les statues debout de Ptahhotep (conservée à Brooklyn) et d'Oudjahorresné (aujourd'hui au Vatican).

Les dynasties suivantes n'ont laissé que quelques rares sculptures. Elles développent le style des œuvres de la XXVIᵉ dynastie et il est souvent difficile de les différencier. Les corps sont modelés avec une plus grande précision sur des surfaces polies qui sont très brillantes. À la fin de la Basse Époque, la statue guérisseuse couverte de symboles et de formules magiques est censée protéger du malheur son commanditaire ou un fidèle. Sous les Lagides, ces statues guérisseuses seront l'objet d'une croyance mêlée de superstition.

28. Statue de la princesse Karomama, Divine Adoratrice d'Amon
Probablement de Karnak ; XXIIe dynastie, vers 870 av. J.-C. ; bronze incrusté d'or et d'argent ; haut. : 59 cm ; Paris, musée du Louvre, N 500.
Pendant la Troisième Période Intermédiaire, le travail des métaux précieux connaît un nouvel apogée. L'Égypte, qui connaissait déjà le fer, développe la technique du bronze coulé et la technique d'incrustation de l'or, de l'argent, de l'électrum (alliage naturel d'or et d'argent) et de l'émail (sulfure de fer). Même les *oushebti*, comme en témoignent ceux retrouvés dans la nécropole de Tanis, étaient en bronze. La statue de la princesse Karomama, Divine Adoratrice d'Amon, est à cet égard considérée comme un des joyaux de la statuaire de cette époque. Plusieurs grandes dames ayant reçu le même nom (les épouses de Shéshonq Ier, d'Osorkon II et de Takélot II notamment), la polémique au sujet de l'identité de la statue dura longtemps. Jadis attribuée à l'épouse de Takélot II, fille du Grand Prêtre Nimlot et mère d'Osorkon III, les experts s'accordent aujourd'hui y voir le portrait de la petite-fille d'Osorkon Ier.

29. Statue de Montouemhat
Karnak, cachette du temple d'Amon-Rê ; XXVe-XXVIe dynastie, vers 650 av. J.-C. ; granodiorite ; haut. : 139 cm ; Le Caire, Musée égyptien, JE 36933 (CG 42236).
L'influence de Montouemhat durant cette période de bouleversements permanents se reflète aussi dans la diversité stylistique de ses représentations, dont une grande partie nous est heureusement parvenue. Cette statue, découverte en 1904 dans la cachette de Karnak, s'inscrit dans la pure tradition koushite : dessin de la musculature, cou massif et court, visage rond, sillon naso-labial marqué, nez large et camus, poches lacrymales sous les yeux. Plus tard, la statuaire le figurant se soumettra au style plus académique des débuts de l'époque saïte.

30. Statue naophore d'Oudjahorresné
Probablement de Saïs ; XXVIIe dynastie ; basalte vert ; haut. : 70 cm ; Vatican Museo Gregoriano Egizio, 196.
Oudjahorresné débuta une carrière de commandant de la flotte égyptienne sous le règne des deux derniers souverains saïtes, Amasis et Psammétique III. Mais ce sont les occupants perses Cambyse et Darius (dont il fut le proche conseiller), qui feront de lui un personnage omnipotent. C'est ce que nous apprennent les inscriptions biographiques gravées sur le vêtement perse de sa statue. Oudjahorresné tient dans ses mains un petit naos abritant la statue d'Osiris, qui se trouvait peut-être au cours de la procession annuelle sur la terrasse du temple. La statue illustre le moment où le prêtre s'arrête pour déposer le naos et repose le pied de ce dernier, en forme de pilier, sur son gros orteil gauche.

BASSE ÉPOQUE

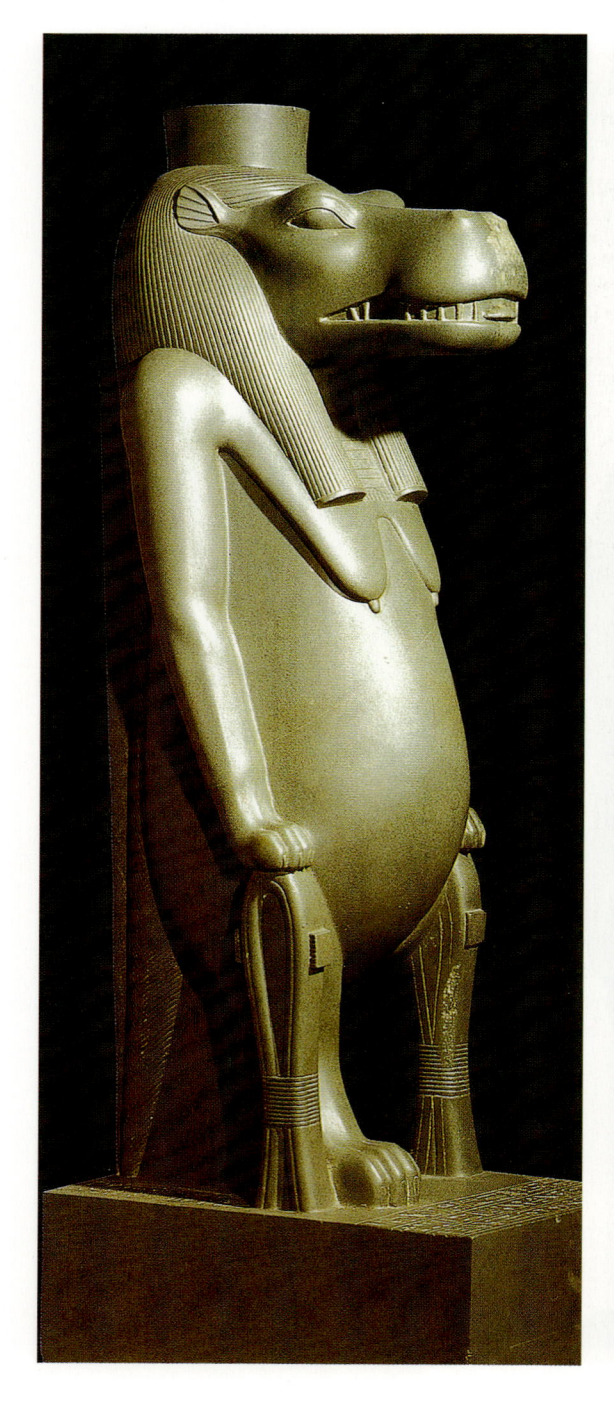

31. Statue de la déesse Thouëris
Karnak, chapelle d'Osiris-Padedânkh ; XXVIe dynastie, vers 615 av. J.-C. ; schiste vert ; haut. : 96 cm ; Le Caire, Musée égyptien, CG 39194.

On retrouve dans cette statue en schiste poli de la déesse-hippopotame Thouëris les modelés du corps caractéristiques de la statuaire humaine de l'époque saïte. Protectrice des femmes en couches, elle est toujours représentée gravide. Les pattes de lion et la queue de crocodile, symbolisent sa force défensive. Cette capacité s'inscrit également dans les deux hiéroglyphes « sa » (= protection), sur lesquels elle s'appuie. La statue, qui traduit l'importance accrue du culte des animaux à la Basse Époque, a été retrouvée au nord du temple d'Amon-Rê de Karnak, dans un naos en calcaire (Le Caire, CG 70027), que l'intendant Pabasa, avait fait ériger pour Nitocris, Divine Adoratrice et fille de Psammétique Ier. L'état originel (1874) montra que le cercueil des statues révélait à la hauteur de tête du portrait des dieux une ouverture. Un visiteur du temple pouvait alors avoir un contact du regard direct avec la divinité et réciter ses prières en apportant des offrandes. Le cercueil était lui-même décoré et reposait dans une chapelle dédiée à Osiris.

32. Statue acéphale de Darius Ier
Suse, à l'est du palais ; XXVIIe dynastie, vers 490 av. J.-C. ; calcaire dur gris ; haut. : 246 cm ; Téhéran, Iran Bastan Museum.

La statue colossale de Darius Ier représente le roi en costume perse, debout sur un socle décoré de motifs égyptiens. Bien que retrouvée en 1972 dans sa résidence de Suse, où elle se dressait à l'origine devant les portes du palais, cette statue fut réalisée en Égypte. Les inscriptions gravées dans les plis du vêtement sont rédigées dans trois langues (égyptien, élamite, vieux persan). Sur sa face antérieure, le socle présente le *séma-taoui*, union de la Haute et de la Basse-Égypte, symbolisée par les plantes héraldiques des deux pays tenues par deux dieux-Nil. Dans le respect de la tradition pharaonique, les peuples soumis sont représentés au-dessus de l'ovale des enceintes des cités, qui portent le nom des satrapes perses (faces latérales du socle). On notera cependant que ces peuples ne sont pas représentés avec des liens, comme c'est habituellement le cas, mais qu'ils ont les bras levés et « soutiennent » la statue du souverain sur son socle. Les espoirs des archéologues de retrouver la tête ou une deuxième statue identique de l'autre côté du palais ont été déçus.

33. Personnage Iret-Hor-ru debout avec Osiris
Karnak, Temple de Amon-Ré ; « cachette » ; XXVIe dynastie, vers 600 av. J.-C. ; ardoise verte ; haut : 56 cm ; Baltimore, The Walters Art Museum, 22.215.

La statue de petit format montre le fonctionnaire avec un long pagne et une perruque avec des mèches qui lui laisse les oreilles dégagées. Il tient devant lui, dans ses deux mains, la statue culte d'Osiris, dieu des enfers qui était représenté avec la couronne atef et les insignes. Ce type de statue se propagea depuis le Nouvel Empire avec de nombreuses variantes très populaires et a souvent été utilisé dans le domaine de la plastique privée du temple. Iret-Hor-ru remplissait comme son père et son grand-père des fonctions dans le temple Amon de Karnak et portait de nombreux titres. Il est souvent caractérisé par les inscriptions « père des dieux » ou « prêtre de Amon-Ré, roi des dieux ». La statue de son fils qui portait le nom du souverain régnant Nékho lui a été dédiée. Les critères stylistiques observés conduisent à une datation sûre de la plastique de la période de la XXVIe dynastie. Elle a été découverte en 1905 lors des fouilles de la célèbre « cachette » de Karnak avant d'être remise au musée du Caire puis d'être vendue officiellement en 1911.

34. Buste d'un homme âgé
Probablement de Memphis ; XXVIIe dynastie, vers 450 av. J.-C. ; grauwacke ; haut. : 51 cm, larg. : 18,1 cm ; Paris, musée du Louvre, N 2454.
La statuaire de la XXVIIe dynastie – comme les rares sculptures que l'on a pu dater sans ambiguïté grâce aux inscriptions l'ont montré – a repris les traits traditionnels de la statuaire saïte, tout en développant certains éléments réalistes qui donnaient une grande ressemblance au portrait. Ce buste d'un haut dignitaire anonyme, où le sourire saïte a été remplacé par une bouche réaliste aux lèvres charnues et à l'expression sceptique, peut être daté de la domination perse. Néanmoins, le modelé du visage vivant, aux traits relâchés, les pattes d'oies aux coins des yeux, le léger double menton et les deux rides du cou, loin de toute idéalisation, rappellent l'art du portrait du Moyen Empire.

35. Statuette d'un dieu-faucon
Datant probablement de la XXVIIe dynastie, vers 500 av. J.-C. ; argent et électrum ; haut. : 27 cm ; Munich, Staatliches Musueum Ägyptischer Kunst, prêt de la Bayerische Landesbank.
Le matériau précieux laisse supposer qu'il ne s'agit pas d'une offrande votive, présent d'un riche donateur, mais d'une statuette cultuelle conservée dans le sanctuaire d'un temple, auquel seul le pharaon et le Grand Prêtre avaient accès. L'utilisation de l'argent, exceptionnelle en Égypte, permet d'affirmer que la statuette a été réalisée à l'époque perse, lorsque l'argent perse fut importé en Égypte et que son usage se répandit. De petites digressions iconographiques, comme la bordure légèrement recourbée de la couronne rouge de la Basse Égypte laissent supposer que les créateurs de cette œuvre sont des artisans perses.

36. Statue guérisseuse
XXXe dynastie, vers 350 av. J.-C. ; granit noir ; haut. : 68 cm ; Paris, musée du Louvre, E 10777.
Cette statue appartient au genre des statues guérisseuses, couvertes de textes et de dessins magiques. La plupart proviennent de hauts dignitaires élevés au rang de protecteurs après leur mort. Les figures exposées dans les temples étaient arrosées d'eau qui recueillaient les forces magiques de la statue. Le fidèle recueillait cette eau dotée de vertus curatives dans des petits bassins ménagés à cet effet dans le socle de la statue. Ici, la statuette porte une stèle apotropaïque figurant Horus, dieu enfant repoussant le mal.

BASSE ÉPOQUE

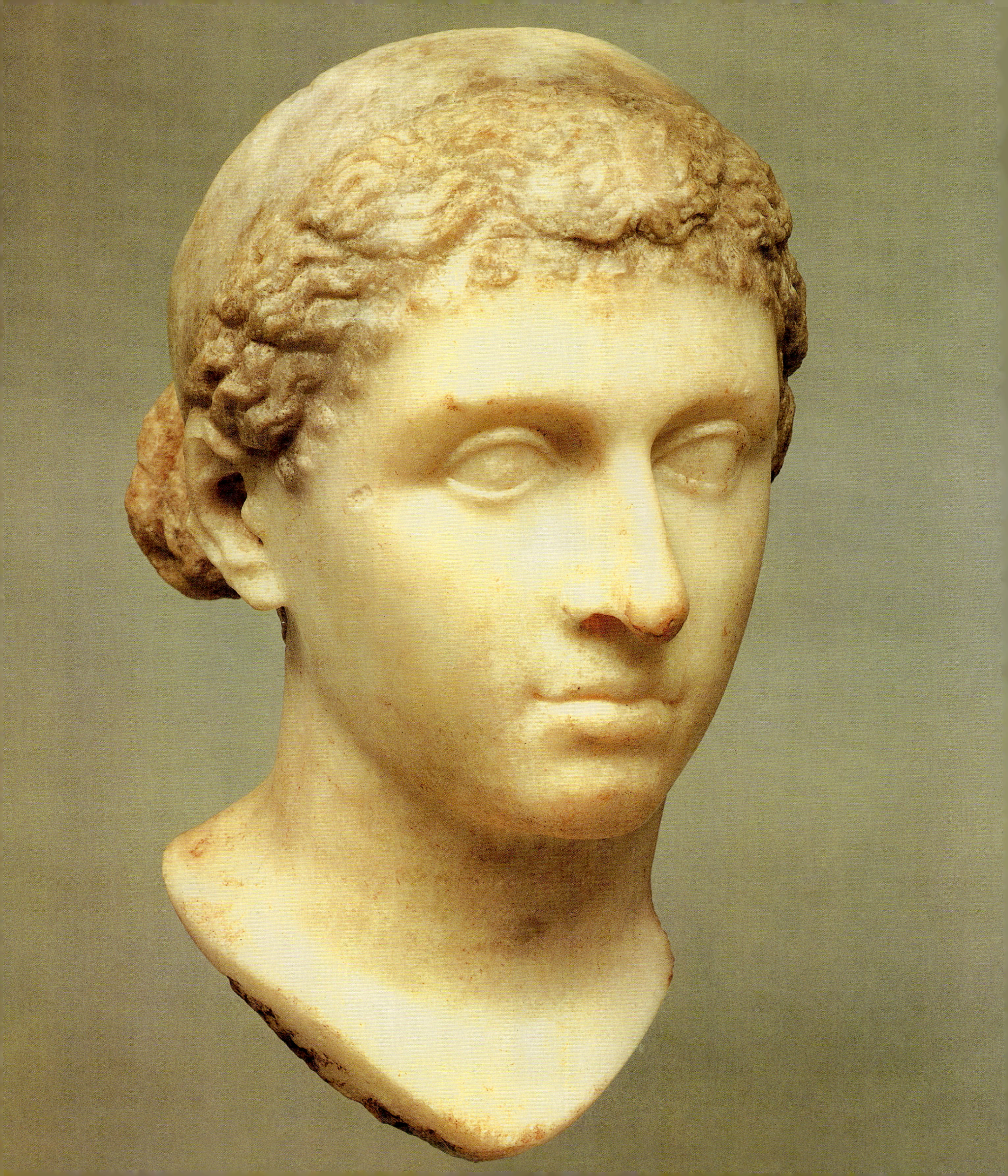

Histoire politique des Lagides et domination romaine sur l'Égypte

Dieter Kessler

Parti de Grèce, Alexandre le Grand, roi de Macédoine, pénétra jusqu'au cœur de l'Empire perse, sonnant ainsi le glas de la domination des Perses sur l'Égypte. En 332 av. J.-C., les troupes macédoniennes entrèrent dans Memphis. Alexandre fonda alors sa nouvelle capitale, Alexandrie, à l'emplacement d'un port égyptien, un site favorable aux transports, sur le bras occidental du Nil. Passant par Marsa Matrouh, il se rendit ensuite dans l'oasis de Sioua, où il fit légitimer son pouvoir par l'oracle du temple d'Amon.

Alexandre se laissa introniser à Memphis selon le rite égyptien ; il reconnut les oracles locaux et incorpora dans son armée les membres de la dernière lignée de dirigeants indigènes. Par ces faits, il put ainsi définir une politique intérieure que ses successeurs furent contraints de poursuivre. Pour les Grecs et les Égyptiens réunis lors des grandes fêtes, il était pharaon égyptien et roi grec. Désormais, l'aigle grec de Zeus côtoya les étendards divins zoomorphes de l'Égypte.

La politique religieuse d'Alexandre s'inspira de la XXXe dynastie. Il fit reconstruire le sanctuaire du temple de Louqsor, tandis que ses successeurs en faisaient autant pour le sanctuaire d'Amon, à Karnak. La volonté idéologique de se rattacher à la lignée des ancêtres divins des pharaons présida également au récit littéraire de l'*Imposture de Nectanébo* (passage du *Roman d'Alexandre*), relatant la rencontre d'Olympias, mère d'Alexandre, avec Nectanébo II. Lorsque Alexandre mourut à Babylone, le général Ptolémée fit transporter et inhumer sa dépouille à Alexandrie, dans un tombeau que l'on n'a pas encore découvert où Alexandre fut désormais l'objet d'un culte dynastique.

La domination grecque (323-30 av. J.-C.)

L'histoire des Grecs qui occupèrent le trône des pharaons fait partie de la politique internationale de la Grèce hellénistique et de ses États satellites. À l'origine, la politique extérieure de l'Égypte fut déterminée par la querelle quant à l'héritage d'Alexandre. La flotte de Ptolémée II chercha à faire valoir une nouvelle fois les anciennes revendications de l'Égypte sur Chypre, tout en s'emparant de quelques territoires sur la côte sud de l'Asie Mineure. Elle s'assura également plusieurs bases sur le littoral de la Grèce et de la Crète. Des conflits éclatèrent entre l'Égypte et le royaume syro-mésopotamien de la dynastie séleucide à propos des territoires de Palestine.

En Égypte, Ptolémée, général d'Alexandre, régna d'abord officiellement au nom des successeurs reconnus d'Alexandre, Philippe III Arrhidée et Alexandre IV, fils d'Alexandre et de Roxane, la fille du roi de Bactriane. En 305 av. J.-C., Ptolémée fut couronné pharaon, premier roi de la dynastie des Lagides. Avec le concours de conseillers égyptiens et grecs, il chercha, par des décrets et des ordonnances, à rassembler lors des fêtes d'Osiris et du Nouvel An les deux groupes ethniques que constituaient les Grecs et les Égyptiens, dont les cultes différaient par ailleurs largement. L'élévation de Sérapis, assimilé à l'ancien dieu égyptien Osiris-Apis, au rang de dieu principal des souverains grecs, relève également de cette volonté. Le Sérapeum d'Alexandrie, qui abrite également des dieux égyptiens et leurs animaux sacrés, se vit concéder, en plus du sanctuaire d'Osiris, d'Isis et d'Harpocrate, indispensable pour les fêtes, un temple dédié à Sérapis dans lequel se dressait une statue grecque du dieu de plus de dix mètres de haut. Depuis Alexandrie, le culte de Sérapis, auquel se rattachaient le culte de la dynastie régnante et le culte d'Osiris et d'Isis, se répandit rapidement dans tout le Bassin méditerranéen. Cette expansion fut encouragée par de nouvelles constructions sacrées réalisées par les Lagides dans leurs possessions étrangères.

Alexandrie jouissait d'un droit municipal particulier qui lui conférait une position exceptionnelle au sein de l'Égypte. On assista dans la ville à une fusion entre le mode de vie hellénistique et les coutumes égyptiennes, qui donna naissance à un style et à une allure proprement alexandrins. Située au carrefour de nombreuses routes commerciales, Alexandrie fut habitée par des groupes ethniques issus de l'ensemble du Bassin méditerranéen. Des articles de luxe comme l'encens, les épices, les étoffes précieuses et des animaux rares y affluaient. Ptolémée II (282-246 av. J.-C.) offrit ainsi à la population de la ville un spectacle fastueux avec un incroyable défilé d'éléphants, de panthères et autres animaux exotiques.

À partir de son règne, on observe une égyptianisation croissante de la population alexandrine. Isis et Osiris apportent aussi aux Grecs l'espoir du salut. Les statues égyptiennes côtoient les statues grecques.

---

1. Cléopâtre VII
Probablement de Maurétanie ; 30 av. J.-C. ; marbre ; haut. : 28 cm ; Berlin, SMPK, Antikenmuseum, 1976.10.
Dernière souveraine de la dynastie lagide, Cléopâtre VII fut l'une des personnalités les plus remarquables de la vie politique de son temps. Sa vive intelligence et son rayonnement personnel jouèrent un rôle plus important que sa prétendue beauté – au sens classique –, dont elle était certainement dépourvue, à en juger par ses effigies numismatiques. Ce portrait grec posthume de la reine est peut-être originaire de Maurétanie, où vivait sa fille Cléopâtre Séléné, épouse du roi Juba II de Maurétanie. Son fils fut éliminé par Auguste pour des raisons politiques. Après la mort de Cléopâtre et avec l'autorisation d'Auguste, on réalisa des portraits de celle-ci à des fins privées.

2 L'Égypte à l'époque gréco-romaine

Le palais royal d'Alexandrie fut le siège d'intrigues de cour qui prirent souvent un tour sanglant. Cependant, grâce à la Bibliothèque et à la présence de nombreux savants appelés à la cour, il fut également le lieu où se perpétuaient les traditions. Grâce aux anciennes *Listes royales*, Manéthon, originaire de Sébennytos, rédigea vers l'an 250 av. J.-C. une histoire des pharaons. Des poètes tel Callimaque, des savants comme Ératosthène, qui calcula la circonférence de la terre, incarnèrent la célèbre école d'érudits alexandrins.

Les différences entre la ville d'Alexandrie et la campagne, la *chôra*, étaient considérables. La situation sociale des indigènes n'y était pas facile et les tensions entre les différents groupes ethniques s'aggravaient. Les Égyptiens, qui avaient toujours pratiqué le troc, découvrirent alors les « bienfaits » de l'économie monétaire. La langue officielle était le grec, à laquelle s'ajoutait le démotique, à l'usage des gens simples. Relativement peu nombreux à l'intérieur des terres, les Grecs étaient propriétaires fonciers ou résidaient dans les villes de province, où ils étaient fonctionnaires. Pendant ce temps, la grande masse des Égyptiens continuait à vivre selon les lois et les règles de leur religion ancestrale.

Le Fayoum, où étaient établis les colons militaires grecs, constituait une exception juridique. Certains fonctionnaires des finances, comme le célèbre Zénon, bien connu pour ses archives sur papyrus qui nous sont parvenues, y devinrent de grands propriétaires fonciers. Les progrès de l'irrigation, permise par un canal, l'actuel Bahr Youssouf, et la création de bassins de retenue facilitèrent la mise en culture de nouvelles terres, qui appartenaient alors aux domaines royaux et qui produisaient plusieurs récoltes par an.

Une autre ville faisait exception. Il s'agit de la cité grecque de Ptolémaïs, fondée par Ptolémée Ier dans le nome thébain, près d'Abydos. À l'instar d'Alexandre, on y instaura un culte dynastique dédié au souverain. De même, le Dodécaschène (« la terre de douze *schènes* »), un domaine royal situé au sud d'Assouan, jouissait d'un statut juridique particulier. La politique de colonisation délibérée des Lagides, l'amélioration de l'irrigation grâce à la construction de canaux et à l'utilisation d'un nouvel appareil hydraulique, une roue à pots (*saqieh*) actionnée par des animaux de trait, permirent la mise en valeur généralisée de nouvelles surfaces agricoles. La population du pays augmenta ainsi, jusqu'à atteindre un chiffre total de cinq à six millions d'habitants.

Sous les Lagides, les temples de toutes les villes d'Égypte jouirent de certains avantages, et un grand nombre d'entre eux furent agrandis. Soucieux d'accroître les recettes financières de l'État, les Lagides multiplièrent le nombre d'érections de statues de culte et de petites chapelles. Les communautés égyptiennes devaient contribuer à leur entretien : les services étaient répartis par périodes de dix jours (décades), et l'administration de l'État vendait ces parts aux familles égyptiennes. Chaque nécropole était rattachée à des lieux de culte, où l'on célébrait les grandes fêtes des deux groupes ethniques. Ils comportaient un Osiréion et une nécropole destinée à l'inhumation des animaux sacrés, hypostases des dieux égyptiens.

Les cultes indigènes furent laissés entre les mains des prêtres des temples égyptiens ; leurs écoles devinrent des bastions de la tradition. Toute influence grecque fut soigneusement écartée du déroulement du culte et des écrits hiéroglyphiques. Par ailleurs, l'administration grecque contrôlait et dirigeait l'évolution à l'aide de décrets royaux, dans le cadre des synodes du temple. L'administration des biens matériels liés au culte ainsi que les oracles se faisaient en deux langues. Les oracles politiques destinés à la dynastie lagide qui siégeait à Alexandrie étaient prononcés et rédigés en démotique. Le plus haut fonctionnaire grec de la région – d'abord le nomarque puis le stratège – était en même temps grand prêtre des temples locaux. L'influence du grec apparaît à l'évidence dans les écrits démotiques des scribes royaux, et plus particulièrement dans la littérature romanesque.

Sous Ptolémée II (282-246 av. J.-C.) et Ptolémée III (246-222 av. J.-C.), on assista à l'introduction d'un culte dynastique de la famille royale, qui débuta par l'adoration des défuntes reines Arsinoé II et Bérénice II. Une grave crise économique frappa l'Égypte sous Ptolémée IV (221-204 av. J.-C.), après la victoire remportée à Raphia (216 av. J.-C.) contre Antiochos III de Syrie. Il fallut en effet pourvoir aux besoins des nombreux Égyptiens incorporés à bref délai dans l'armée. En Haute-Égypte, des intrigues de cour, la corruption et la mauvaise gestion provoquèrent un déclin du pouvoir central qui dura plusieurs années et entraîna la reconnaissance de deux rois rivaux.

Les Lagides et Méroé

Au sud de l'Égypte, le royaume du Koush, qui avait pour centre Napata, était d'abord resté à l'écart des événements du Nord, après la campagne de Psammétique II (XXVIe dynastie). Ici, la dynastie royale resta fidèle aux rituels égyptiens, Osiris et Isis continuèrent notamment à jouer un grand rôle dans le culte des morts. Ce n'est qu'après le IIIe siècle av. J.-C. que l'on voit apparaître sur les murs des temples les dieux indigènes comme Sbomeker, à forme humaine, l'éléphant, le serpent, et Apedemak, à tête de lion.

Les Koushites reprirent leurs relations commerciales avec le grand roi de Perse. Ils profitèrent cependant de la faiblesse de la seconde domination perse pour s'imposer en Basse-Nubie, laquelle finit par redevenir koushite. Les souverains résidèrent de plus en plus souvent à Méroé, au sud, dernière localité de l'une des grandes voies de commerce. Un roi du nom d'Ergamène (vers 270-260 av. J.-C.) se fit finalement inhumer à Méroé, en dépit de la résistance possible des prêtres de Napata. Dans la nécropole de Méroé, on édifia des pyramides aux parois très raides,

3. *Tête d'une statue de Ptolémée Ier Sôter*
Probablement du Fayoum ; vers 280 av. J.-C. ; marbre blanc ; haut. : 26 cm ; Copenhague, Ny Carlsberg Glyptothek, JN 2300.
Cette tête est probablement un portrait posthume du fondateur de la dynastie. Malgré son aspect grec, le modelé du visage est travaillé dans la tradition égyptienne. Par sa politique d'intégration des Grecs en Égypte, Ptolémée Ier suivit fidèlement les principes d'Alexandre le Grand.

comportant des chambres funéraires et sépulcrales construites sur le modèle égyptien. La langue indigène s'imposa rapidement dans le culte funéraire. À cette fin, on développa l'écriture cursive méroïtique, ce qui n'empêcha pas d'expérimenter une autre graphie inspirée des hiéroglyphes égyptiens.

Les Koushites ne purent résister aux troupes lourdement armées de Ptolémée II. En 275 av. J.-C., l'armée égyptienne pénétra en Basse-Nubie, afin, notamment, de mettre la main sur l'or du Ouadi Allaqi. À l'ouest de ce site, Ptolémée II fonda la ville de Bérénice Panchrysos (« la tout en or »). Quant aux Koushites, ils profitèrent de la faiblesse de l'Égypte au temps des rois rivaux thébains (à partir de 206 av. J.-C.) pour rétablir leur influence jusqu'en Basse-Nubie. Ils consolidèrent leurs prétentions sur l'île de Philae en poursuivant la construction du temple égyptien d'Arensnouphis. Un accord fut enfin conclu avec Ptolémée IV, et l'accès au temple de Philae fut autorisé aux visiteurs du Sud. Lagides et Koushites entreprirent des travaux en Basse-Nubie, au temple de Thot de Dakka et à celui d'Amon de Dabod. On créa également des liens avec les anciennes théologies. Horus, le dieu-faucon d'Edfou, fut ainsi associé à l'« Horus du Sud », l'Horus de Koush.

Le Dodécaschène devint une sorte de zone de libre-échange jusqu'à Hiérasykaminos, à cent vingt kilomètres au sud d'Assouan. Pourtant, les rois lagides conservèrent le contrôle de ce territoire et, partant, de celui des mines d'or du Ouadi Allaqi.

La fin de la domination grecque

L'invasion de l'Égypte en 168 av. J.-C. par le roi de Syrie, Antiochos IV, provoqua à Alexandrie la révolte d'un certain Dionysios Pétosérapis ; des troubles éclatèrent à Memphis, dans le Fayoum et à Thèbes. Une fois les troupes étrangères repoussées, on vit se manifester une volonté de réformes : réforme monétaire d'une part, mais également réformes touchant à l'administration des temples et des communautés contraintes de participer aux frais du culte. Les transformations économiques initièrent la dernière grande période de construction des temples égyptiens, sous les derniers Lagides. À une époque où la présence et les intérêts du pouvoir romain occupaient une place accrue en Égypte, où les injustices sociales devenaient criantes, on reconstruisit ou transforma les plus grands temples du pays. Ce fut le cas du temple d'Opet, à Karnak, du temple d'Horus, à Edfou (achevé en 70 av. J.-C.), du temple d'Hathor, à Dendéra, ou de celui d'Isis et d'Harpocrate, sur l'île de Philae. En vertu du système de participation des communautés égyptiennes cité plus haut, la construction fut financée par les petites gens ; aussi se prolongea-t-elle souvent pendant plusieurs décennies. L'importance économique des temples rapprocha les prêtres, qui vivaient à l'abri de ces lieux saints, de la population avoisinante. Une fois encore, le savoir religieux fut collecté dans les écoles des temples. Les pharaons lointains ne jouaient plus dans les temples qu'un rôle cultuel formel, et, au lieu de leur nom, les inscriptions se contentent souvent d'indiquer le terme générique de « pharaon ».

Au cours des deux derniers siècles av. J.-C., l'Égypte fut soumise à l'influence romaine. Les céréales égyptiennes étaient expédiées vers Rome, des sénateurs romains définissaient la politique locale. Le long règne marqué par la passivité de l'inactif Ptolémée VIII (164 et 145-116 av. J.-C.), ainsi que les luttes de pouvoir sanglantes dans lesquelles la dynastie s'empêtra, eurent des effets particulièrement néfastes sur la population. Une fois encore, les indigènes se révoltèrent. En 131-130 av. J.-C., à Thèbes et à el-Hibeh, un certain Harsiésis, dernier dynaste indigène, fit graver son nom dans un cartouche. Le particularisme religieux de la population, attachée à son dieu local et à son animal sacré, provoqua ensuite des luttes sanglantes entre différents nomes, aux conceptions religieuses opposées. L'aversion suscitée par les troupes de soldats de diverses nationalités souvent attachés aux temples des nécropoles et par leurs actes arbitraires fit le reste. Un Romain, qui avait accidentellement tué un chat sacré, fut lynché par la population.

Cléopâtre VII (51-30 av. J.-C.) allait être appelée à mettre un point final tragique à l'indépendance du pays. Elle commença par s'entendre avec le clergé égyptien pour écarter tous les autres prétendants potentiels au trône, puis elle négocia avec les dirigeants romains. Sa liaison avec César, qu'elle avait invité à Alexandrie, fut une pleine réussite, malgré un dangereux soulèvement des milieux nationalistes durant le séjour de César au palais d'Alexandrie (47 av. J.-C.). Au cours des combats, la célèbre Bibliothèque fut incendiée, une perte irréparable pour le patrimoine culturel mondial.

Cléopâtre eut de César un fils nommé Césarion, qu'elle utilisa habilement au service de l'Égypte après la mort de son père. Afin d'assurer la légitimité de son fils, elle se fit représenter avec lui sur les murs des temples d'Ermant et de Dendéra. L'attachement ostentatoire qui la lia ensuite à Antoine, tribun romain et héritier politique de César, dissimulait la volonté d'imposer une fois encore les revendications ptolémaïques sur ses possessions de Chypre et de Cilicie. Elle lia ainsi sa destinée à celle d'Antoine. Octavien, fils adoptif de César et futur Auguste, attisa habilement le ressentiment suscité par la vie de luxe et de luxure prétendument égypto-hellénistique et profondément anti-romaine que menait le couple. La fin de Cléopâtre est très romanesque. Après la défaite de la bataille navale d'Actium (31 av. J.-C.) et la mort d'Antoine, Cléopâtre VII

4. Statue de Ptolémée II debout
Probablement d'Héliopolis ; vers 260 av. J.-C. ; granit rose ; haut. : 266 cm ; Vatican, Museo Gregoriano Egizio, 32.
Ptolémée II Philadelphe (« qui aime sa sœur ») préserva les territoires lagides en combattant Antiochos Ier de Syrie. Des campagnes contre le pays de Koush et l'Arabie lui assurèrent l'accès aux voies de commerce. En 273 av. J.-C., eut lieu un premier échange de légat avec Rome.

5. Statue d'Arsinoé II debout
Probablement d'Héliopolis ; vers 260 av. J.-C. ; granit rose ; haut. : 270 cm ; Vatican, Museo Gregoriano Egizio, 31.
Il s'agit d'une statue de culte d'Arsinoé, épouse et sœur divinisée de Ptolémée II. Arsinoé, fille du roi Lysimaque de Thrace, est assimilée ici, par une inscription, à Isis, en tant que fille de Geb.

6. Tête colossale d'Auguste
Probablement d'Athribis ; vers 50 apr. J.-C. ; marbre ; haut. : 79 cm. ; Alexandrie, Musée gréco-romain, 24043.
Cette tête d'Auguste a été réalisée à titre posthume. Auguste ne fut pas un grand mécène des temples égyptiens ; dans son conflit avec Antoine et Cléopâtre, il s'en était pris à la prétendue décadence des mœurs égyptiennes, et exécrait les divinités zoomorphes. Cela ne l'empêcha pas d'être admis dans le culte dynastique des temples égyptiens organisé pour les Grecs et les Égyptiens.

choisit de se suicider en se laissant mordre par un serpent venimeux. Le fils de Cléopâtre fut tué par Auguste, et sa fille, Cléopâtre Séléné, fut donnée pour épouse à Juba II de Maurétanie, lequel conserva fièrement sur ses monnaies les symboles égyptiens d'Isis. Cependant, en l'an 30 av. J.-C., l'Égypte devint une province romaine, administrée par un préfet impérial.

L'Égypte romaine

Auguste stationna plusieurs légions en Égypte. En 23 av. J.-C., le préfet Petronius lança une attaque contre Napata, en réaction à des empiétements méroïtiques dans la région d'Assouan. Les Romains défendirent un territoire de trente *schènes* ou arpents au sud du Dodécaschène, qu'ils considéraient comme leur zone d'influence. Méroé s'ouvrit au commerce avec le Nord, et connut un nouvel âge d'or, qui se concrétisa une fois de plus par de nombreuses constructions de temples de style égyptien, dans la région fertile de l'« île de Méroé », la plaine de Butana, au nord-est de Khartoum. Seule l'immigration en Basse-Nubie de nouvelles tribus nomades, les Noubas et les Blemmyes, mit progressivement fin au commerce de transit avec l'Afrique et, partant, à la prospérité du royaume de Méroé. Vers 350 apr. J.-C., le roi Ezana d'Aksoum (Éthiopie), converti au christianisme, mena une campagne contre les Blemmyes et les Koushites, entraînant ainsi la chute de Méroé.

Pendant ce temps, l'Égypte était exploitée comme n'importe quelle province de l'Empire romain. Céréales, papyrus et porphyre, précieuse pierre extraite des carrières du mont Porphyrites et du mont Claudianus, dans le désert oriental, ainsi que le granit et l'albâtre d'Assouan et du désert oriental, étaient expédiés vers Rome et, plus tard, vers Constantinople. Les forums et les arènes de l'Empire romain s'ornèrent d'obélisques et de statues égyptiennes. Les mystères qui avaient lieu dans les sanctuaires d'Isis des villes italiennes présentaient un curieux mélange d'objets égyptiens et égyptianisants. On sait que l'empereur Hadrien, qui s'entourait de conseillers égyptiens, se passionnait pour les cultes gréco-égyptiens, bien que cette attirance relevât surtout d'un goût pour les choses du passé, comme en témoignent les éléments de décor égyptianisants de sa villa de Tivoli, près de Rome. Lorsque Hadrien fit fonder la ville d'Antinooupolis en Moyenne-Égypte à la mémoire d'Antinoüs, son favori, noyé en ce lieu lors du voyage de l'empereur en Égypte, un culte d'Antinoüs fut également institué selon le rite égyptien.

L'Alexandrie cosmopolite de l'époque romaine fut le théâtre de fréquents troubles politiques, sociaux ou religieux. La théologie traditionnelle de l'Égypte ancienne intégra des idées grecques, juives puis chrétiennes, et ses échos se manifestent encore de nos jours dans des conceptions telles que la Trinité, l'Ascension et l'image de la Vierge à l'Enfant. Au IIIe siècle apr. J.-C., le culte de Sérapis et d'Isis rivalisait encore avec le christianisme.

Les indigènes du reste du pays restèrent d'abord attachés aux domaines des temples égyptiens. De nouvelles ordonnances régissaient le culte. On continua à reconstruire et à agrandir des temples, au nom des dirigeants romains. Les inscriptions tardives du temple d'Esna révèlent une pensée religieuse d'une profondeur qui n'avait guère été attestée par écrit avant cette date. Le temple de Philae resta ouvert à l'époque chrétienne et jusqu'au règne de Justinien (527-565 apr. J.-C.), en raison de son charme et de ses liens avec les peuplades du Sud, étrangères à l'Égypte. C'est là que l'on trouve les plus récentes inscriptions en démotique.

À partir du milieu du IIIe siècle apr. J.-C., la Haute-Égypte fut ravagée à maintes reprises par les incursions des Blemmyes, et il fallut leur céder le Dodécaschène. Le soutien que l'État accordait aux cultes indigènes cessa par la suite ; pourtant, aux IVe et Ve siècles apr. J.-C., en Haute-Égypte surtout, la population restait fidèle aux pratiques « païennes » et continuait à vénérer les animaux sacrés, alors que de vastes régions d'Égypte étaient déjà christianisées. La momification continua d'être pratiquée, même parmi les chrétiens, jusqu'au VIIe siècle apr. J.-C. L'empereur Théodose prit des mesures législatives pour mettre fin aux cultes païens. L'assassinat de la philosophe païenne Hypatie d'Alexandrie par des moines fanatiques en 415 apr. J.-C. marqua la fin des écoles philosophiques païennes d'Alexandrie. L'histoire de l'Égypte pharaonique s'acheva au Bas-Empire. Mais certaines traditions de l'histoire spirituelle de l'Égypte ancienne ont survécu au-delà du christianisme copte, et leurs effets continuent de se faire sentir aujourd'hui encore.

ÉPOQUE PTOLÉMAÏQUE ET ROMAINE

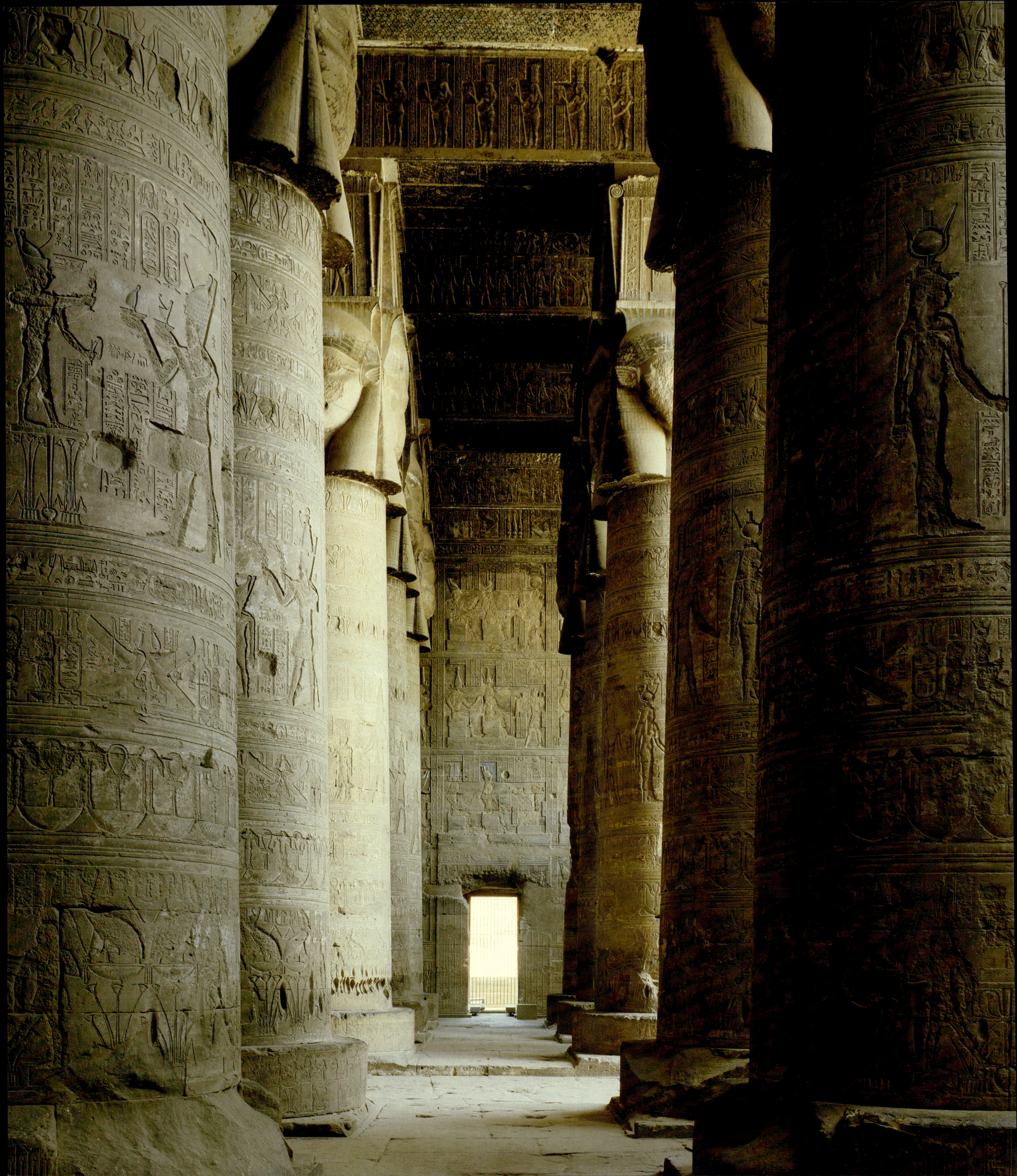

Microcosme en pierres : les temples de l'époque ptolémaïque et romaine

Dieter Kurth

Les temples égyptiens de l'époque gréco-romaine, grandioses et merveilleusement conservés, constituent un des points de chute préférés des visites touristiques. Ces temples furent construits par les Lagides, qui succédèrent à Alexandre le Grand et régnèrent quelque trois cents ans sur l'Égypte. L'édification des temples se poursuivait encore lorsque le pays que baigne le Nil perdit son indépendance en l'an 30 av. J.-C. et devint province de l'Empire romain.

Les souverains étrangers privèrent les Égyptiens de leur indépendance politique, mais pas de leur religion. Bien que les temples fussent placés sous le contrôle de l'État, ceux-ci conservèrent leur clergé, leurs propriétés foncières et la possibilité d'édifier de nouveaux sanctuaires ou d'agrandir ceux qui existaient déjà, grâce aux dons du roi et de riches particuliers. En échange, ils organisèrent une partie de la vie économique et, par le biais des fêtes sacrées, ils administrèrent certains domaines de la vie publique et offrirent aux nouveaux souverains la légitimité de leur pouvoir royal.

Cette légitimité s'attestait par la présence des rois étrangers sur les bas-reliefs des temples, qui les représentent pratiquant le culte des dieux locaux, à l'instar des souverains égyptiens qui les avaient précédés. Sous le règne de certains souverains lagides, on porta, lors des processions, les statuettes en or représentant le roi vivant. Leurs statues sont dressées à l'intérieur des temples et les rois défunts de la nouvelle dynastie sont représentés aux côtés des divinités sur les reliefs des temples, où tels des dieux, ils recevaient le culte.

Sur la centaine de temples érigés à cette époque, six grands sites et un nombre incalculable de sanctuaires de moindre importance sont relativement bien conservés. On peut ainsi citer le temple de Mandoulis à Kalabsha, le temple d'Isis à Philae, le temple double d'Haroëris et Sobek à Kôm Ombo, le temple d'Horus à Edfou, ceux de Khnoum à Esna et d'Hathor à Dendéra. Depuis leur édification il y a deux mille ans, les temples d'Edfou et de Dendéra n'ont subi aucun dommage sérieux, ce qui fait d'eux de parfaits exemples de l'architecture religieuse gréco-romaine et de ses particularités.

Traditions et innovations de l'architecture religieuse à l'époque gréco-romaine

L'emplacement du saint des saints dans la pièce la plus reculée du temple ne date pas de l'époque gréco-romaine, mais c'est à cette époque que les architectes conçurent le modèle qu'ils systématisèrent et appliquèrent consciencieusement. Le visiteur du temple d'Edfou pénètre dans un univers fermé sur le monde extérieur, dont l'ordonnancement symétrique selon un axe central confère à l'ensemble architectural une atmosphère paisible (p. 298, ill. 9).

Un axe principal s'enfonce dans le temple dans une pénombre toujours grandissante, son sol s'élève doucement, ses plafonds s'abaissent, les ouvertures des portes se font plus étroites, cet axe mène le visiteur au cœur du temple, le saint des saints (5), pour y découvrir la statue de culte abritée dans un naos (B).

L'entrée du temple est fermée par une porte monumentale formée par le pylône (A), qui s'ouvre sur une grande cour à ciel ouvert (1), entourée d'un portique qui accompagne le visiteur de part et d'autre de la cour jusqu'à une première salle hypostyle, le pronaos (2), dont le plafond est supporté par dix-huit colonnes. Puis il pénètre dans une salle hypostyle, la « salle des apparitions » (3), où, lors de la procession, la statue de la divinité sort de la pénombre du temple. La salle des offrandes (4) et une salle intermédiaire précèdent l'entrée du sanctuaire. Autour de ce dernier, un couloir (C) dessert huit chapelles, dont deux communiquent avec deux chambres annexes (6 à 15). Le sanctuaire, entouré de chapelles sur trois côtés, est un trait architectonique que l'on retrouve sous des formes analogues dans un grand nombre de temples gréco-romains.

Une autre particularité architecturale propre aux temples édifiés à cette époque est la *ouâbet,* la « chapelle pure », précédée d'une cour à ciel ouvert (A) que l'on peut voir notamment au temple d'Hathor, à Dendéra (p. 301, ill. 16). Les nombreuses statuettes des divinités et les offrandes qui leur étaient destinées étaient déposées dans la cour ; les statuettes étaient parfumées, vêtues et parées de bijoux dans la *ouâbet* avant la cérémonie de l'Union au disque solaire.

La fête du Nouvel An n'était pas la seule occasion de célébrer l'Union au Disque, mais c'était la plus importante. Ce jour-là, les statuettes divines étaient remontées des cryptes du temple où elles étaient conservées, puis portées dans la *ouâbet* pour y être habillées et parées de leurs insignes. Ensuite, les prêtres s'engageaient en procession dans l'escalier ouest (B) pour atteindre les terrasses du temple. La procession s'arrêtait dans le kiosque, à l'angle sud-ouest de la terrasse, où les prêtres déposaient les statuettes. Exposées au soleil, celles-ci y puisaient les forces qui présidaient à la régénération annuelle de la vie. Une fois les rites accomplis, les prêtres empruntaient l'escalier est (C) pour redescendre les images divines à l'intérieur du temple. La *ouâbet* n'était qu'une des scènes de la fête du Nouvel An, qui se déroulait dans les cryptes, les escaliers et le kiosque de la terrasse.

Les terrasses du temple de Dendéra abritent, outre le kiosque, deux ensembles de chapelles composés chacun d'une cour et de deux pièces mitoyennes. Tout comme les chapelles construites sur les terrasses d'autres temples datant de la même époque, elles étaient réservées aux fêtes osiriennes du mois de *Khoiak*. Les chapelles des terrasses, connues depuis le Nouvel Empire, étaient en règle générale à ciel ouvert et dédiées au culte du dieu solaire.

Comme par le passé, le temple principal gréco-romain est édifié au centre d'un complexe très étendu (p. 301, ill. 17), où les architectes royaux des siècles passés avaient érigé nombre de sanctuaires et d'édifices à vocations diverses. Ainsi, à la fin de l'époque romaine, l'enceinte du complexe de Dendéra abritait une chapelle datant de la XIe dynastie, un *mammisi* (« lieu de naissance ») datant de la XXXe dynastie, une chapelle

7. Pronaos du temple d'Hathor
Dendéra ; époque romaine, Ier siècle apr. J.-C.
Les colonnes-sistres sont ornées du visage de la déesse Hathor, surmonté du sistre, qui pose son regard en direction des points cardinaux. Ces colonnes baignent le pronaos d'une douce harmonie.

8. Edfou : la cour vue de la terrasse du pronaos
Époque de Ptolémée VIII-XII, vers 164-55 av. J.-C.
La cour, fermée au sud par un pylône de 35 mètres de hauteur, à l'est et à l'ouest par un mur de 10 mètres, est entourée sur trois côtés d'une colonnade couverte, le péristyle. Cet ensemble architectonique semble former un espace clos, dont l'harmonie doit beaucoup à la parfaite symétrie des différents corps de l'édifice.

9. Edfou : plan du temple d'Horus
Époque de Ptolémée III-XII, 237-57 av. J.-C.
Le plan met en évidence la parfaite symétrie du lieu. L'axe central du temple (A-B) mène le visiteur au saint des saints. Celui-ci entrait progressivement dans la pénombre du temple, traversait des salles aux murs de plus en plus rapprochés et aux plafonds de plus en plus bas dans l'axe principal du temple, pour que son esprit se concentre sur le saint des saints. Le mur d'enceinte en pierre, de 10 mètres de haut, partait du pylône, au sud, et entourait le temple proprement dit sur trois côtés. D'autres temples étaient ceints de murs analogues, mais seul celui d'Edfou est resté pratiquement intact.

10. Edfou : vue sur l'extrémité nord de la cour et la façade du pronaos
Époque de Ptolémée VIII-IX, vers 164-81 av. J.-C.
Les hauts murs d'entrecolonnement sont caractéristiques de l'architecture sacrée de l'époque, tout comme les chapiteaux composites et l'entablement discontinu au-dessus de la porte de l'entrée. Ces deux éléments architecturaux étaient apparus dès le Nouvel Empire, mais c'est sous le règne des Lagides que les chapiteaux composites ont fleuri. En avant de la porte du pronaos, à gauche, on aperçoit la statue du faucon Horus de Béhédet, la divinité du temple, coiffé de la double couronne.

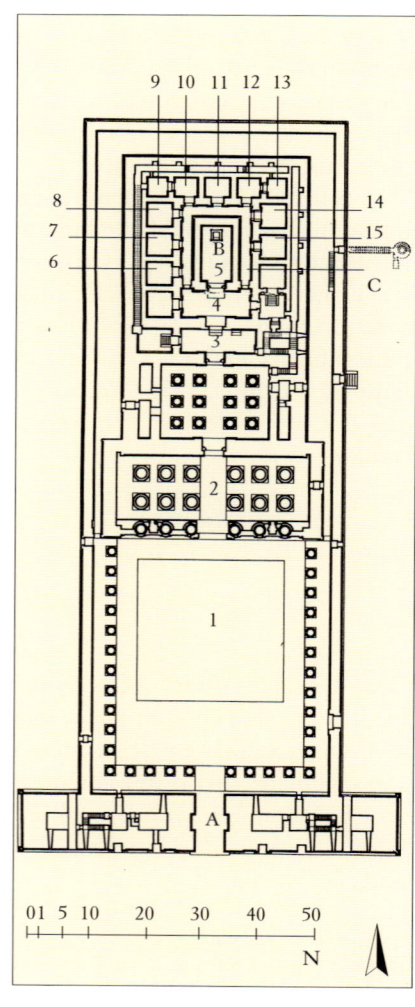

ÉPOQUE PTOLÉMAÏQUE ET ROMAINE

ptolémaïque, un temple d'Isis construit par Auguste, un grand temple d'Hathor commencé à la fin de l'époque ptolémaïque et agrandi par les empereurs romains, un *mammisi* romain, un lac sacré, un sanatorium et quelques fontaines, ainsi qu'un grand nombre de sanctuaires érigés à l'extérieur du mur d'enceinte.

À l'époque gréco-romaine, le *mammisi* devint un édifice autonome, et c'est à l'intérieur du « lieu de la naissance » que l'on célébra chaque année le rituel de la naissance de l'enfant-dieu de la triade divine locale.

On vénérait à Dendéra une triade composée de l'enfant divin Ihy, de sa mère, Hathor de Dendéra, et de son père, Horus d'Edfou. Les premiers témoins des actes du rituel de la naissance remontent au règne d'Hatshepsout, rituel pratiqué en l'honneur du successeur du souverain égyptien. Selon le mythe de la naissance, Hatshepsout est née de l'accouplement de la reine et du dieu Amon. Sous l'occupation étrangère, le clergé, attaché aux traditions, transposa le rituel entièrement dans la sphère divine.

La diversité formelle de l'architecture religieuse gréco-romaine

La disposition du temple d'Edfou est analogue à celle du temple de Dendéra. Une étude des deux plans montre cependant que certains points de détails varient comme par exemple le nombre de colonnes qui supportent les plafonds des deux salles hypostyles et le nombre de chapelles qui bordent la salle intérieure. À Dendéra, le visiteur est frappé par la façade du temple d'Hathor et ses colonnes hathoriques, uniques dans leur genre.

On reproche souvent aux temples gréco-romains la monotonie de leur architecture. C'est là un jugement hâtif qu'un examen un peu attentif des temples d'Edfou et de Dendéra ne peut que démentir. Et la diversité dont ont su faire preuve les architectes ptolémaïques devient manifeste dès que l'on prend la peine d'étudier d'autres temples de cette époque.

La disposition du grand temple d'Isis à Philae est très singulière (p. 303, ill. 22). Le saint des saints du grand temple, composé de trois chapelles (1), est caractéristique de l'architecture du Nouvel Empire. Ici, il n'y a pas de deuxième salle hypostyle, et la cour du temple, ménagée entre le pronaos et le pylône (2), est de dimensions très modestes. En revanche, une vaste cour (3), bordée sur sa façade est d'une colonnade et limitée par le *mammisi* (4) à l'ouest, s'étend entre ce pylône et l'imposant pylône qui la ferme. Une porte conduit du massif occidental du pylône au *mammisi*.

Devant le temple, un *dromos* (5) bordé de colonnes à l'est et à l'ouest, prolonge l'axe du temple entre le pylône extérieur et le kiosque datant de la XXXe dynastie (6). Ces particularités architecturales et les modifications apportées au site au fil du temps reflètent l'évolution du culte local et peut-être aussi une adaptation à la superficie forcément limitée de l'île.

Le temple de Kôm Ombo se présente différemment, bien que conçu selon un plan sensiblement identique (p. 304, ill. 26). Il s'agence sur deux axes parallèles, qui de deux portes ménagées dans le pylône mènent à deux saints des saints distincts. Ce double complexe participe de la théologie locale puisque l'édifice – en grande partie détruit – est dédié à deux divinités distinctes et à leurs triades. La partie droite du temple (vue de l'intérieur) est consacrée à Haroëris, son épouse Tasenetnofret et leur fils Panebtaoui, la partie gauche à la triade Sobek, Hathor et Khonsou.

La décoration intérieure du temple n'a pas été rigoureusement dédiée à chacun des dieux et de nombreuses scènes rituelles du culte de Sobek et d'Haroëris se côtoient, évitant ainsi une cohabitation hermétique.

Le temple de Kôm Ombo est particulier à bien d'autres égards. La *ouâbet* se trouve à droite du temple (à côté du saint des saints d'Haroëris), et les sanctuaires et la deuxième salle hypostyle ne sont pas séparés par deux chambres, mais trois, ce qui le différencie des temples d'Edfou et de Dendéra. Le complexe est en outre entouré de deux murs de pierre formant deux galeries. Enfin, au fond, du mur d'enceinte intérieur s'ouvrent six chambres et un escalier central.

Chacun des petits temples de l'époque gréco-romaine répond à une syntaxe architectonique spécifique. Ainsi le pronaos du temple d'Esna surprend-il par la diversité de ses chapiteaux composites. Ils s'inspirent des ombelles de papyrus et sont portés par un décor végétal sculpté en bas-relief. Les formes très stylisées côtoient les formes organiques, inspirées de l'observation de la nature.

Sur l'île de Biggeh, quelques fragments seulement d'un petit temple dédié à Osiris et Isis ont résisté au temps. Parmi les vestiges, on reconnaît

11. Vue de la cour et de l'entrée de la « chapelle pure » (ouâbet)
Dendéra, temple d'Hathor ; époque romaine, vers 30 av.-14 apr. J.-C.
C'est dans la « chapelle pure » et la cour des offrandes qui la précède que se déroulait en partie la fête de l'Union au Disque. Le terme de *ouâbet* a probablement été emprunté à celui qui désigne la salle de l'embaumement. Dans ces deux pièces les corps étaient préparés pour être ramenés à la vie ; la salle d'embaumement était réservée à celui du défunt, qu'il soit roi ou simple particulier ; la « chapelle pure », à celui de la divinité.

la porte, près du débarcadère où accostaient les bateaux qui transportaient les prêtres venus déposer des offrandes devant le tombeau d'Osiris. De style purement égyptien à l'origine, l'entrée fut rénovée dans le style gréco-romain de l'Antiquité classique. Les travaux de transformation n'ont détruit que la partie médiane de l'édifice d'origine et ses ornements égyptiens, si bien que la porte telle que nous la voyons aujourd'hui offre un curieux mélange de styles. Devant les ruines du temple, on aperçoit les deux colonnes de l'entrée et leurs chapiteaux composites, admirablement bien conservés.

La disposition du temple d'el-Qala (p. 304, ill. 27), sur la rive orientale du Nil, à une quarantaine de kilomètres au nord de Louqsor, est très inhabituelle. Ce petit temple s'agence en effet sur deux axes perpendiculaires, l'un est-ouest, l'autre sud-nord, qui se coupent en un point central. Le premier mène de l'entrée située sur la façade étroite au sanctuaire principal, le deuxième part d'une entrée ménagée au sud, sur une face latérale, et conduit à un sanctuaire secondaire.

Ce deuxième sanctuaire était dédié à la Déesse Lointaine, l'œil du dieu solaire qui se retire une fois par an vers le sud. Chaque année, une fête rituelle célébrait le retour de l'œil de Rê. Si la plupart des temples égyptiens organisaient une fête en l'honneur du retour de la Lointaine, la cérémonie d'el-Qala avait une résonance locale très particulière.

Le répertoire iconographique

Le répertoire iconographique peut être appréhendé sur trois niveaux différents : le contexte du temple, la sphère royale et la sphère divine.

La décoration qui se rapporte au temple proprement dit est à l'image du monde, car le temple devait être à la mesure de la grandeur cosmique de la divinité. C'est le cas par exemple des colonnes, qui

13. Vue de la terrasse du temple d'Hathor
Dendéra ; règne d'Auguste, vers 30 av.-14 apr. J.-C.
Au fond à droite, le kiosque où avaient lieu les cérémonies rituelles de la fête de l'Union au disque solaire.

12. Détail de la façade de la petite chapelle d'Osiris, angle ouest de la terrasse
Dendéra, temple d'Hathor ; règne d'Auguste, vers 30 av.-14 apr. J.-C.
Les chapelles de la terrasse étaient le théâtre des mystères osiriens. Les reliefs et inscriptions gravés sur leurs murs décrivent entre autres la fabrication des « Osiris végétants » : moule d'argile à l'effigie du dieu, rempli de terre semée de grains ; puis arrosé régulièrement. Quelque temps plus tard, les grains germaient, les épis sortaient du corps divin et symbolisaient la résurrection d'Osiris et de toute la création. L'Osiris végétant était conservé pendant un an avant d'être descendu de la terrasse et vraisemblablement enterré dans la nécropole des dieux ancêtres.

14. La façade du pronaos
Dendéra, temple d'Hathor, Ier siècle apr. J.-C.
La façade du monument est constituée de six colonnes-sistres. Les chapiteaux sont ornés du visage de la déesse Hathor, encadré d'oreilles de vache et d'une lourde perruque. Le visage est surmonté du sistre-naos. Le sistre était un instrument de musique, et Hathor la déesse de la danse et de la musique. Les inscriptions dans le sanctuaire et les sites archéologiques révèlent une longue tradition de culte et de construction à Dendera. Au plus tard depuis la fin de l'Ancien Empire (VIe dynastie), probablement même plus tôt, on est en droit d'accepter ici l'existence d'un sanctuaire d'Hathor.

15. Le mammisi *romain*
Dendéra ; IIe siècle apr. J.-C.
Le sanctuaire est entouré d'un couloir fermé par les colonnes et les murs d'entrecolonnement des façades, éléments caractéristiques de l'architecture des *mammisi*. Sur les reliefs des murets de la façade sud, l'empereur Trajan présente des offrandes à Hathor allaitant son fils Ihy, ou à Hathor et son parèdre Horus d'Edfou (1re scène à gauche). Les abaques surmontant les chapiteaux composites sont décorés de figures du dieu Bès dans l'attitude du dieu Heh. Cette représentation correspond à deux aspects du dieu : Bès, dieu protecteur des parturientes, assiste la mère lors de la naissance du fils divin, Heh, dieu de l'air, porteur de la voûte céleste et personnification de l'éternité, donne à l'enfant le souffle de la vie et garantit la pérennité de l'édifice.

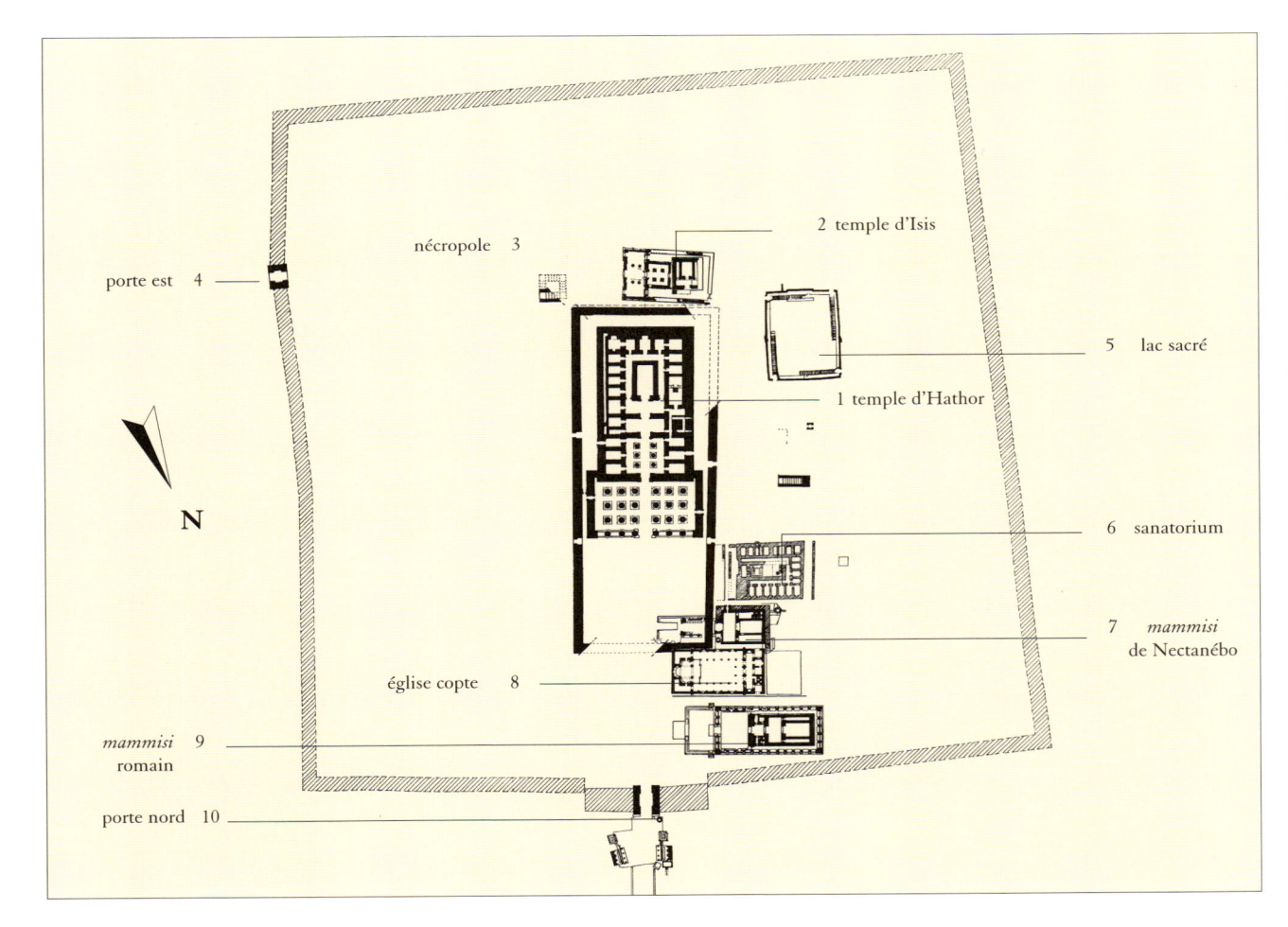

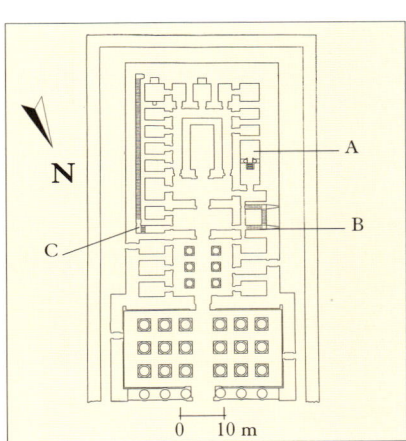

16. Dendéra : plan du temple d'Hathor
La similitude avec le plan du temple ptolémaïque d'Edfou, qui a probablement servi de modèle, est évidente. Cependant à Dendéra, le mur d'enceinte, la cour et le pylône n'ont jamais été achevés.

17. Le complexe de Dendéra
Le complexe est entouré d'un haut mur de brique crue. L'entrée nord se trouve exactement dans l'axe du grand temple. Après avoir franchi l'entrée, la procession marchait devant une fontaine datant de la fin de l'époque romaine avant d'arriver au canal qui rejoignait le débarcadère construit sur la rive du Nil.

ÉPOQUE PTOLÉMAÏQUE ET ROMAINE

18. L'intérieur du pronaos
Edfou, temple d'Horus ; règne de Ptolémée VIII, vers 164-116 av. J.-C.
Le regard traverse l'axe transversal et plonge sur la porte de l'entrée est. Au sud, les murs d'entrecolonnement laissent pénétrer la lumière qui éclaire en partie les décors sculptés des colonnes. Les reliefs des douze colonnes du pronaos sont consacrés aux principales divinités de l'Égypte. Pour les accueillir en tant que représentants des Deux-Terres dans le temple d'Edfou, le roi remet à chacun des dieux les offrandes qu'il affectionne.

19. Le péristyle ouest
Edfou, temple d'Horus ; époque de Ptolémée VIII-XII, vers 164-55 av. J.-C.
La lumière du soleil levant pénètre dans la galerie et projette les ombres des colonnes sur le sol et les murs.

ÉPOQUE PTOLÉMAÏQUE ET ROMAINE

20. Colonnes sistres
Philae, temple d'Isis, kiosque de Nectanébo Ier, XXXe dynastie, vers 370 av. J.-C. ; hauteur des piliers : 3,60 m env.

Déjà sous l'Antiquité, le petit kiosque de Nectanébo Ier qui se dressait à l'origine sur un emplacement aujourd'hui inconnu fut démonté pour être reconstruit à proximité immédiate du quai. Les colonnes dotées de chapiteaux à éléments végétaux sont surmontées des visages d'Hathor tournés vers les points cardinaux et représentés encadrés d'oreilles de vache et coiffés d'une sorte de chapelle. Ces caractéristiques confèrent une empreinte particulière aux colonnes-sistres, que l'on retrouve à Philae également dans le *mammisi* ou dans la colonnade bordant le côté est de la grande cour du temple principal, et qui témoignent de façon impressionnante des exigences qu'imposait le culte dans un temple d'Hathor ou d'Isis. Les colonnes de cet ordre provoquent sur le visiteur un effet bien différent de celui des simples colonnes composites du temple d'Horus à Edfou, dont les chapiteaux végétaux ne soulignent que l'espace situé juste au-dessous du plafond.

21. Vue d'ensemble du complexe après sa reconstruction sur l'île d'Agilkia
L'orientation d'Agilkia est sensiblement identique à celle de l'île de Philae, où se dressaient les temples à l'origine. Au centre, on aperçoit le *mammisi*, entouré de colonnes, et derrière, la cour, fermée au nord et au sud par deux pylônes. À gauche, derrière le plus petit pylône, on peut voir le temple d'Isis, et à droite du grand pylône, le long parvis qui s'étend jusqu'à la pointe sud de l'île. À l'arrière-plan, les constructions immergées indiquent l'emplacement initial de Philae.

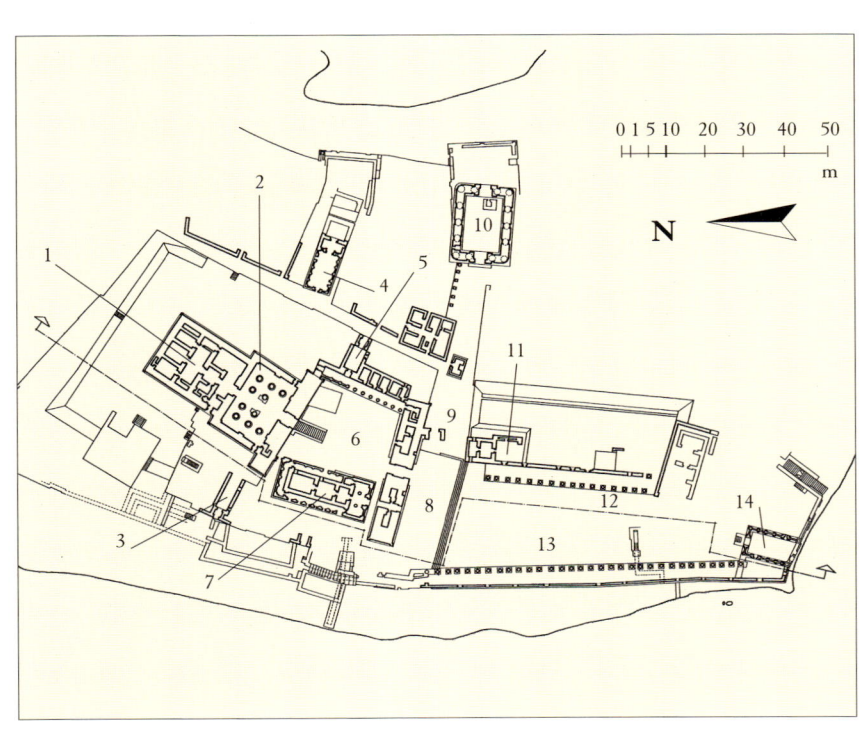

22. Plan du complexe de Philae
En observant ce plan, on constate que le complexe de Philae comptait de nombreux sanctuaires disposés autour du grand temple. Le plan de construction originel avait tenu compte dans son concept des données géographiques comme on peut le voir à la courbure axiale du temple d'Isis. Les travaux de déplacement ont entraîné le transport de 40 000 blocs individuels.

23. Porte du débarcadère, à Biggeh
Époque d'Auguste, vers 30 av.-14 apr. J.-C.

Arrivant à l'île de Philae, les processions franchissaient cette porte pour se rendre au tombeau d'Osiris. Elles s'y rendaient tous les dix jours, ainsi que les jours de fête. À la suite de travaux de transformation, certains éléments datant de l'Antiquité – pleins cintres et oves – firent leur apparition dans l'architecture et les décorations murales égyptiennes.

ÉPOQUE PTOLÉMAÏQUE ET ROMAINE

24. Façade du pronaos du temple de Kôm Ombo vue du Nil
Règne de Ptolémée XII, vers 80-51 av. J.-C.
Sur sa partie centrale demeurée intacte, la façade comporte deux entrées donnant sur deux axes parallèles qui mènent aux saints des saints d'Haroëris et de Sobek.

25. Vue aérienne du temple d'el-Qala
Époque romaine (Auguste à Claude), vers 30 av.-50 apr. J.-C.
Sur le site actuel, les maisons se pressent le long des murs extérieurs du temple. On distingue très nettement les deux sanctuaires où se croisent les deux axes principaux du culte.

26. Plan du complexe de Kôm Ombo
Avec leurs deux axes parallèles et leurs deux murs d'enceinte les sanctuaires de Sobek et d'Haroëris composent un temple singulier parmi les autres temples égyptiens de l'époque. L'emplacement du *mammisi*, en grande partie détruit, correspond à peu près à celui d'Edfou.

27. Plan du temple d'el-Qala
La ouâbet (« chapelle pure ») se trouve au sud du sanctuaire principal. L'emplacement du sanctuaire secondaire est une particularité du site. D'autres éléments sont typiques de l'architecture de cette époque, ainsi le couloir entourant le sanctuaire principal sur lequel s'ouvrent des chapelles.

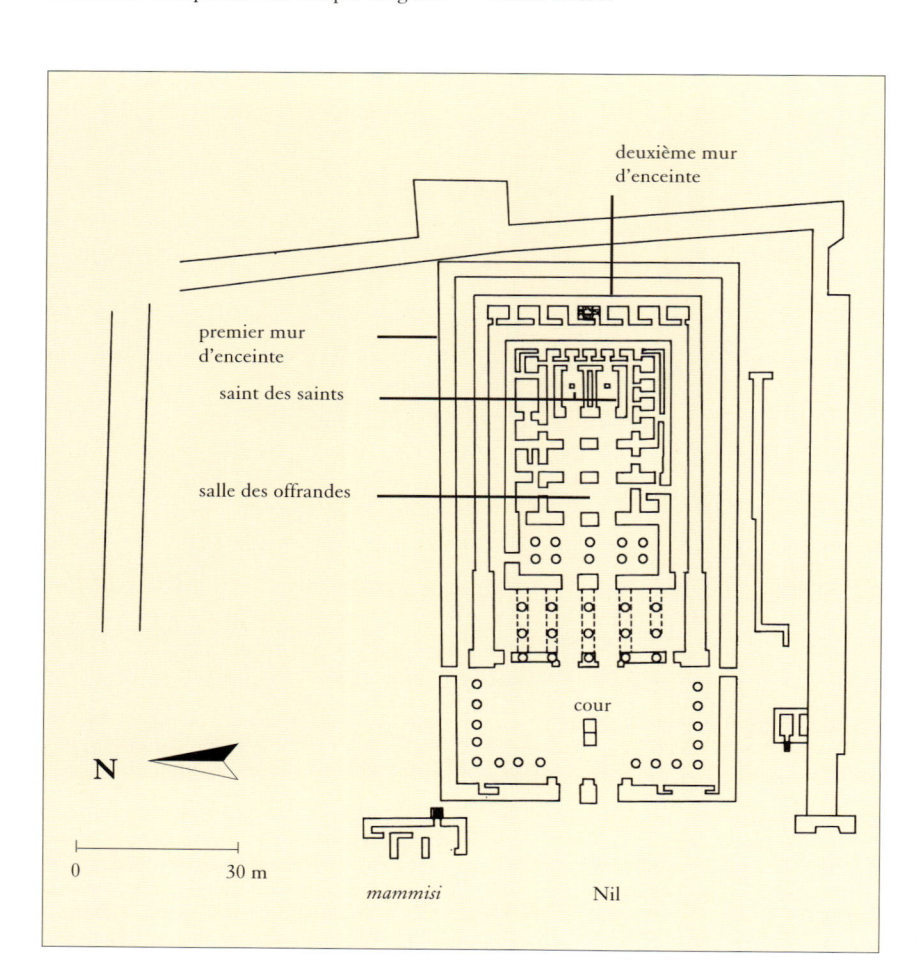

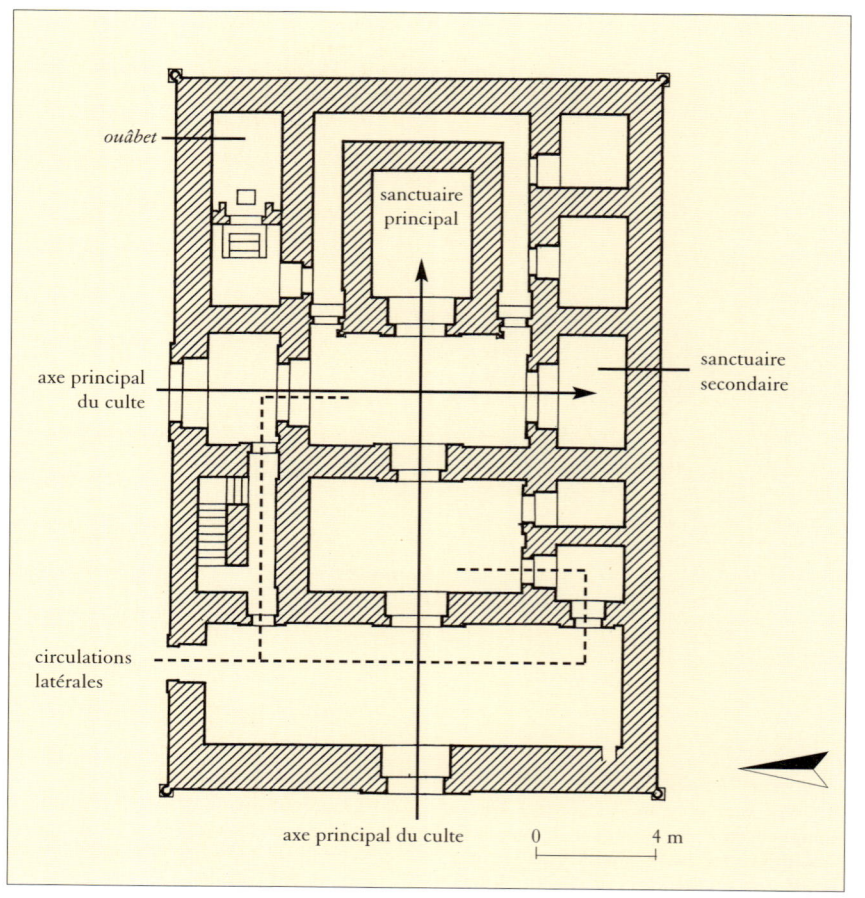

304 ÉPOQUE PTOLÉMAÏQUE ET ROMAINE

symbolisent le monde végétal, et des plafonds, qui figurent l'espace céleste.

La sphère royale est illustrée par les scènes représentant le roi entrant dans le temple, ou encore celles où les divinités le purifient, le couronnent, l'enlacent de leurs bras et lui transmettent le pouvoir royal.

Dans leur grande majorité, les répertoires iconographique et épigraphique s'adressent néanmoins aux divinités. On peut donc se demander à quels dieux étaient dédiés les temples construits ou agrandis à l'époque gréco-romaine.

La plupart des temples étaient consacrés aux grandes divinités égyptiennes. On peut citer par exemple Amon, Khnoum, Geb, Haroëris, Hathor, Horus, Isis, Min, Mout, Neith, Osiris, Rê, Sobek, Thot. Parmi les autres temples, certains étaient dédiés à des divinités initialement moins importantes, dont le culte ne se répandit qu'à cette époque tardive. Ce fut le cas, sous l'empire romain, de Tithoès (Toutou) à Ismant el-Kharab (Kellis), dans l'oasis de Dakhla, ou encore de Sérapis et d'Isis à Qasr Doush, dans l'oasis de Kharga. Dans les lieux de culte dispersés dans toute l'Égypte, les prêtres, mus par le désir de créer, multiplièrent les concepts théologiques en se fondant sur les anciennes traditions. Ces théologiens étaient en contact les uns avec les autres, ils échangeaient leurs idées, s'inspiraient mutuellement ou initiaient de nouvelles idées religieuses. C'est ainsi qu'un système théologique commun a donné naissance à une multitude de particularismes locaux qui se reproduisent dans la décoration des temples.

Comme par le passé, le roi, vêtu du costume traditionnel égyptien, fait l'offrande aux divinités. Bien qu'étranger, le souverain demeure le prêtre suprême de l'Égypte, et à ce titre, il est le seul autorisé à rencontrer les puissances divines. Le dogme royal a toujours une valeur fondamentale dans ces temples tardifs et stipule que seul le roi d'Égypte est habilité à faire des offrandes aux divinités égyptiennes. Il est de son devoir de vénérer les dieux pour assurer le bien-être du pays.

Les scènes d'offrandes s'organisent autour des acteurs principaux en deux sphères, royales et divines. Elles sont accompagnées de textes, qui comportent un dialogue entre le roi et le dieu. Les offrandes faites par le souverain sont diverses : il peut s'agir d'objets (aliments, fleurs, étoffes ou amulettes) ou d'un acte rituel accompli par le roi en signe de vénération. Celui-ci est représenté alors devant le dieu, agenouillé dans l'attitude de la prière, ou en train de danser, ou bien en puissant souverain massacrant les ennemis du dieu, ou encore se livrant à des rites symboliques divers.

28. *Chapiteaux composites du pronaos du temple de Khnoum*
Esna, époque romaine ; Ier-IIe siècle apr. J.-C.
L'intérieur de l'édifice compte 18 chapiteaux. Au contraire du temple d'Edfou, les chapiteaux de types différents du temple d'Esna ne sont pas – à une seule exception près – disposés symétriquement selon un axe central.

29. *Temple de Dendéra, décor du plafond du pronaos*
Époque romaine, Ier siècle apr. J.-C.
Le soleil, avalé au début de la nuit par Nout, la déesse du Ciel, renaît de son giron au matin suivant. Le soleil darde ses rayons sur Dendéra (à gauche, tête renversée). Sur le vêtement de Nout, les lignes ondulées symbolisent les eaux célestes, sur lesquelles naviguent les barques des dieux stellaires. Au registre supérieur, on aperçoit celles des décans : Isis-Sothis est représentée sous la forme d'une vache allongée, à sa droite, Orion, sous les traits d'un homme, qui regarde derrière lui.

ÉPOQUE PTOLÉMAÏQUE ET ROMAINE

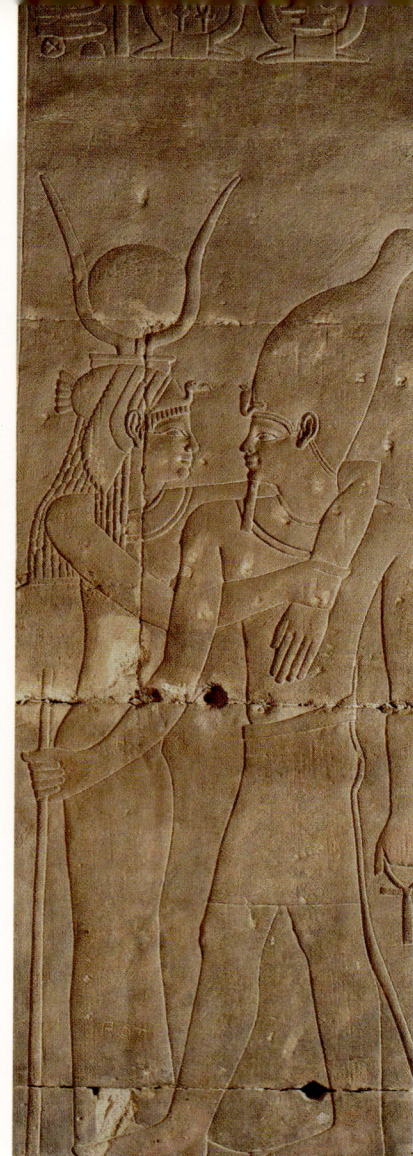

30. Temple d'Horus, salle 24
Edfou ; règne de Ptolémée IV, vers 221-204 av. J.-C.
Ptolémée IV reçoit le « Mekes ». Le roi, agenouillé au pied de l'arbre sacré Ima, « reçoit de la main de son père » Horus de Béhédet le document qui confirme la légitimité du pouvoir qui lui est conféré. La déesse Nekhbet (à droite) lui accorde de siéger éternellement « en tant que roi sur le trône d'Horus ». Dans leurs mains, Horus et Nekhbet tiennent des palmes, symboles des années de règne éternel à venir. La pointe courbée des tiges supporte des hiéroglyphes qui signifient « jubilé ».

31. Temple d'Horus, salle 24
Edfou ; règne de Ptolémée IV, vers 221-204 av. J.-C.
Hathor prend Ptolémée IV dans ses bras. Sur sa perruque, la déesse porte une dépouille de vautour surmontée de cornes de vache et d'un disque solaire. Le relief traduit explicitement la teneur du texte : « Le roi Ptolémée IV, aimé d'Hathor, la Grande, Maîtresse de Dendéra ».

La protection du sanctuaire et de ses divinités est un thème récurrent du répertoire iconographique. À Edfou, quatre groupes de divinités protectrices conduites par un dieu sont censées protéger le temple. La représentation de ces êtres à tête de faucon, de lionne, de serpent et de taureau, apparaît à chaque point faible du temple, aux entrées principales et sur le mur d'enceinte.

Les fêtes sont largement représentées dans les temples. Alors que le Calendrier des Fêtes gravé sur les colonnes du temple d'Esna est uniquement épigraphique, à Philae, la porte d'Hadrien est ornée de textes et de bas-reliefs qui relatent les processions se rendant au tombeau d'Osiris (Abaton), sur l'île de Biggeh. Dans le temple d'Horus à Edfou, des scènes retracent la victoire d'Horus et la procession au sanctuaire de Béhédet. Sur les terrasses du temple d'Hathor, à Dendéra, les chapelles illustrent dans le moindre détail les fêtes du mois de *Khoiak,* dont les rites assurent chaque année la résurrection d'Osiris.

L'une des grandes fêtes d'Edfou célébrait la victoire d'Horus, qui débutait le vingt et unième jour du sixième mois (*Mechir*). Les représentations et les textes qui témoignent de cet événement, se trouvent sur la face interne du mur d'enceinte, côté ouest. Le deuxième registre du mur illustre de plusieurs scènes et d'un texte narratif le mythe divin et donne tout son sens à la fête, dont les épisodes sont relatés dans les scènes du premier registre. Quatre scènes illustrant le mythe et la fête de la victoire d'Horus ont retenu notre attention.

La victoire d'Horus

Un soulèvement contre le dieu solaire Rê, affaibli par l'âge, avait déclenché les événements à l'origine du mythe. Cette révolte éclata en Basse-Nubie, au sud d'Assouan. Horus d'Edfou, accouru au secours de son père, triompha des ennemis de Rê qui prirent la fuite et descendirent le Nil vers le nord. Horus et Rê les pourchassèrent. En de nombreux points de la vallée du Nil, Horus soumit les ennemis de Rê qu'il chassa jusqu'à la Méditerranée. Ensuite, le dieu solaire et son fils regagnèrent la Nubie, où ne les attendait plus aucun ennemi. Mais une nouvelle révolte éclata. Une fois encore, Horus lutta contre les ennemis de son père et c'est en vainqueur qu'il entra à Edfou.

32. Salle des offrandes
Edfou ; règne de Ptolémée IV, vers 221-204 av. J.-C.

Ptolémée IV (à droite) offre à Horus des pains et un bouquet monté artistiquement arrangé. Face à lui, Mnévis, le dieu à tête de taureau, qui, au nom du roi, invite Horus à manger les pains chauds disposés à son intention sur la table d'offrande : « Approche-toi, dieu, hâte-toi vers toutes ces offrandes chaudes ! (…) Chaque jour, des pains délicieux garnissent en grand nombre ta table d'offrande, tu te dois d'en manger et de les goûter tous. (…) » Le roi, décrivant le bouquet de fleurs, s'adresse au dieu en ces termes : « (…) des fleurs, qui poussent dans le champ, qui grandissent par ta sueur et vivent par tes rayons solaires. (…). » En réponse, le dieu dit au roi : « (…) Je suis satisfait des offrandes que tu m'as apportées, et je ferai en sorte que l'Égypte apporte ses offrandes pour toi (…) Je te donne de bonnes choses (nourriture) en grandes quantités pour que tu les distribues aux vivants. »

33. Scène ornant la face ouest du massif occidental du pylône
Philae, temple d'Isis ; 1ᵉʳ pylône, 3ᵉ scène en partant du haut ; règne de Ptolémée XII, vers 80-51 av. J.-C.

Ptolémée XII tue les ennemis d'Horus de Bouhen. « Réjouis-toi, ô (Horus) protecteur de son père, car tes ennemis anéantis sont sous tes pieds ! » dit le discours royal. Le dieu répond, entre autres choses : « Je raffermis ton bras contre tes ennemis. » La croix chrétienne, à droite de la tête divine, fait peut-être référence aux instigateurs potentiels des destructions.

34. Mur d'enceinte du temple d'Horus
Edfou ; époque de Ptolémée IX-X, vers 116-88 av. J.-C.

« Grand-de-mugissement », tel est le nom du dieu qui promet le pire à tout ennemi qui serait tenté de franchir le mur d'enceinte du temple d'Horus. Ourhemhem, dieu faucon à tête de taureau, a pris place au point le plus élevé du temple.

ÉPOQUE PTOLÉMAÏQUE ET ROMAINE

Scènes du mythe d'Horus

Edfou, temple d'Horus, façade interne ouest du mur d'enceinte ; règne de Ptolémée Ier Alexandre Ier, vers 100 av. J.-C.

35. Dans cette scène, la fête de la victoire est à son apogée. À gauche, le roi nourrit une oie ; il s'agit d'un acte rituel qui symbolise notamment la victoire sur l'ennemi. Au centre, le prêtre-lecteur récite des formules extraites du livre rituel. Il s'agit d'Imhotep, savant déifié. À droite, le boucher accomplit son devoir, le sang ne coule pas, car le sacrifice rituel de l'ennemi est accompli sur des figurines façonnées dans une pâte. Les dieux se voient attribuer une partie de l'hippopotame qu'ils mangent en signe de participation à la destruction de Seth. C'est Isis qui enjoint son fils, Horus, à un juste partage : « Donne sa patte avant (…) à ton père, Osiris (…). Fais porter son épaule pour Thot, à Hermopolis (…). Donne sa patte arrière à Horus-l'ancêtre (…). Son poitrail est pour moi et son derrière est pour moi, car je suis ta mère (…). » Le texte s'achève sur les formules du triomphe, qu'il convient de répéter quatre fois et dont l'une consiste à dire : « Joie chaque jour en hommage à Horus, que l'allégresse monte jour après jour pour son père ! (…) Horus de Béhédet, le Grand Dieu et Maître du ciel triomphe de ses ennemis en l'abattant (Seth). »

36. Cette scène illustre les septième et huitième épisodes du rituel du harpon. Sur la rive, le roi a les bras levés en signe d'adoration. Devant lui, debout dans une barque, Horus tue de son harpon l'hippopotame attaché au bout d'une corde. Sur la barque suivante, Horus ramène le harpon qui a transpercé le corps de l'animal. Derrière Horus, un dieu protecteur veille, armé d'une lance et d'un couteau.

37. Contrairement aux mythes divins, où les dieux restaient entre eux, le roi prend une part active aux festivités. Devant lui, Horus, debout dans sa barque déclare : « Nous allons transpercer le corps de ce lâche (Seth) de nos deux harpons. » Derrière Horus, Isis lève une main protectrice et dit : « Je raffermis ton cœur, mon fils Horus, tue l'hippopotame, l'ennemi de ton père ! » Thot lit : « Ô jour de fête d'Horus, Maître du pays, fils d'Isis, bien-aimé, Maître du triomphe, héritier d'Osiris (…) » Derrière Thot, on aperçoit Horus d'Edfou, qui porte les harpons, et sa mère, Isis. La double représentation des divinités dans une même scène est fréquente, elle permet d'évoquer diverses aspects d'un même dieu.

38. Le roi soutient la voûte céleste et le dieu solaire, représenté sous les traits d'un scarabée ailé. Par ces mots, « ton ciel t'appartient, (Horus) de Béhédet, au plumage bigarré ! » il résume la quintessence du mythe, la victoire annuelle du dieu solaire sur ses ennemis. Le naos de droite reproduit le temple d'Edfou sur la rive, avec ses divinités principales, Horus de Béhédet et Rê-Horakhty. Au centre, à bord de la barque, ce sont les mêmes dieux, à la seule différence que Rê-Horakhty est appelé ici « roi de Haute et de Basse-Égypte ». Les premiers mots du texte introduisent les événements à venir : « L'an 363 du règne du roi de Haute et de Basse-Égypte, Rê-Horakhty. Sa Majesté était en Nubie (…) » Si la rébellion éclate ce jour-là, ce n'est pas un hasard puisque le 363e jour de l'année (une année de règne du dieu solaire valait un jour) était le jour de la naissance de Seth, chef de tous les rebelles.

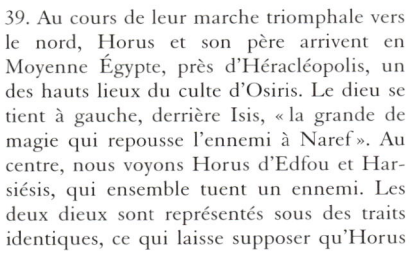

39. Au cours de leur marche triomphale vers le nord, Horus et son père arrivent en Moyenne Égypte, près d'Héracléopolis, un des hauts lieux du culte d'Osiris. Le dieu se tient à gauche, derrière Isis, « la grande de magie qui repousse l'ennemi à Naref ». Au centre, nous voyons Horus d'Edfou et Harsiésis, qui ensemble tuent un ennemi. Les deux dieux sont représentés sous des traits identiques, ce qui laisse supposer qu'Horus d'Edfou est mis sur le même plan qu'Harsiésis, fils d'Isis et d'Osiris, vénéré dans toute l'Égypte. À droite se trouve Rê, assis dans la barque solaire.

40. Dans leur fuite, les ennemis atteignirent le Delta oriental, le territoire d'Horus de Mésen, qui combattait ses ennemis sous les traits d'un lion. Horus d'Edfou se transforma donc « en lion au visage humain, coiffé de la couronne *hemhem*, ses griffes étaient comme des couteaux ». Il déchiqueta ses ennemis, exactement comme on peut le voir au centre de ce relief. À gauche, l'un des chasseurs au harpon fait route sur sa barque, remorquant la barque du dieu solaire qui se tient tout à fait à droite dans un naos, devant lui on reconnaît Thot et Horus d'Edfou, debout à la proue. Thot fut de tout le voyage. Dieu savant, c'est surtout à lui qu'il revenait d'expliquer les événements. Dans cette scène, il apaise les eaux de ses formules magiques pour que la flotte de Rê poursuive son voyage sans dommage.

41. Debout sur la rive, le roi tue l'hippopotame. « Les enfants royaux, l'équipage d'Horus, les harponneurs du maître de Mésen (Horus), les vaillants chasseurs au harpon d'Horus de Béhédet approchent pour en finir avec tous ses ennemis, (…) ». Ils parlent : « Venez, rejoignons le lac (sacré) d'Horus, allons voir le faucon dans sa barque, allons voir le fils d'Isis dans sa barque de combat (…) ». À genoux à la proue du bateau, Isis participe au combat tout en s'adressant à son fils : « Sois inébranlable, Horus ! Ne fuis pas devant les animaux aquatiques ennemis ! Ne crains pas les ennemis qui vivent dans les flots. N'écoute pas s'il te supplie (Seth) ! » Isis est elle-même la barque d'Horus qu'elle soutient : « Prends ton bateau de combat, ô mon fils Horus, car je suis la nourrice qui élève Horus sur l'eau, qui le cache sous le bois noir de ses madriers ».
La barque est décrite en ces termes : « (…) car le beau gouvernail vire sur son pivot comme Horus dans le giron de sa mère Isis. Les timons sont ancrés dans les deux fixations comme le vizir à la cour. Le mât est solide sur son pied comme Horus, quand il gouvernait ce pays. Cette belle voile est de couleur luisante comme (la déesse du ciel) Nout, la Grande enceinte des dieux. (…) Les rames frappent sur ses flancs comme des guerriers qui débutent le combat. Les madriers sont de grands amis, jamais l'un ne s'éloigne de l'autre (…). »

42. La scène a lieu à Edfou. Horus a fait crever les yeux et les tympans de ses ennemis, qui se donnent mutuellement la mort. Rê est envoyé sur le champ de bataille en compagnie d'Astarté, déesse guerrière, « Souveraine des chevaux, Maîtresse du char » que l'on voit à droite. Dans la barque, on aperçoit Rê, Hathor de Dendéra et Horus d'Edfou, son époux. À terre, l'un des harponneurs et compagnon d'armes d'Horus.

43. Le pylône du temple d'Horus
Edfou ; époque de Ptolémée VIII-XII, vers 164-51 av. J.-C.
La déesse Hathor est coiffée d'une couronne composite, dont les éléments n'ont pas été choisis de manière arbitraire, car ils reflètent le thème principal de la scène rituelle dont elle fait partie.

44. (À droite) L'intérieur de la chapelle occidentale d'Osiris, sur la terrasse
Dendéra, temple d'Hathor ; règne d'Auguste, vers 30 av.-14 apr. J.-C.
Cette scène illustre la résurrection du dieu. Cette fois, il ne renaît pas dans le blé en germes : Hathor-Isis (à gauche) pleure Osiris, allongé sur un lit. Cependant le dieu n'est pas mort. Il tient son membre en érection au-dessus duquel se tient Isis, sous l'apparence d'un épervier femelle. Selon le mythe, elle reçoit la semence d'Osiris. Elle donnera naissance à Horus, et Osiris renaîtra en lui.

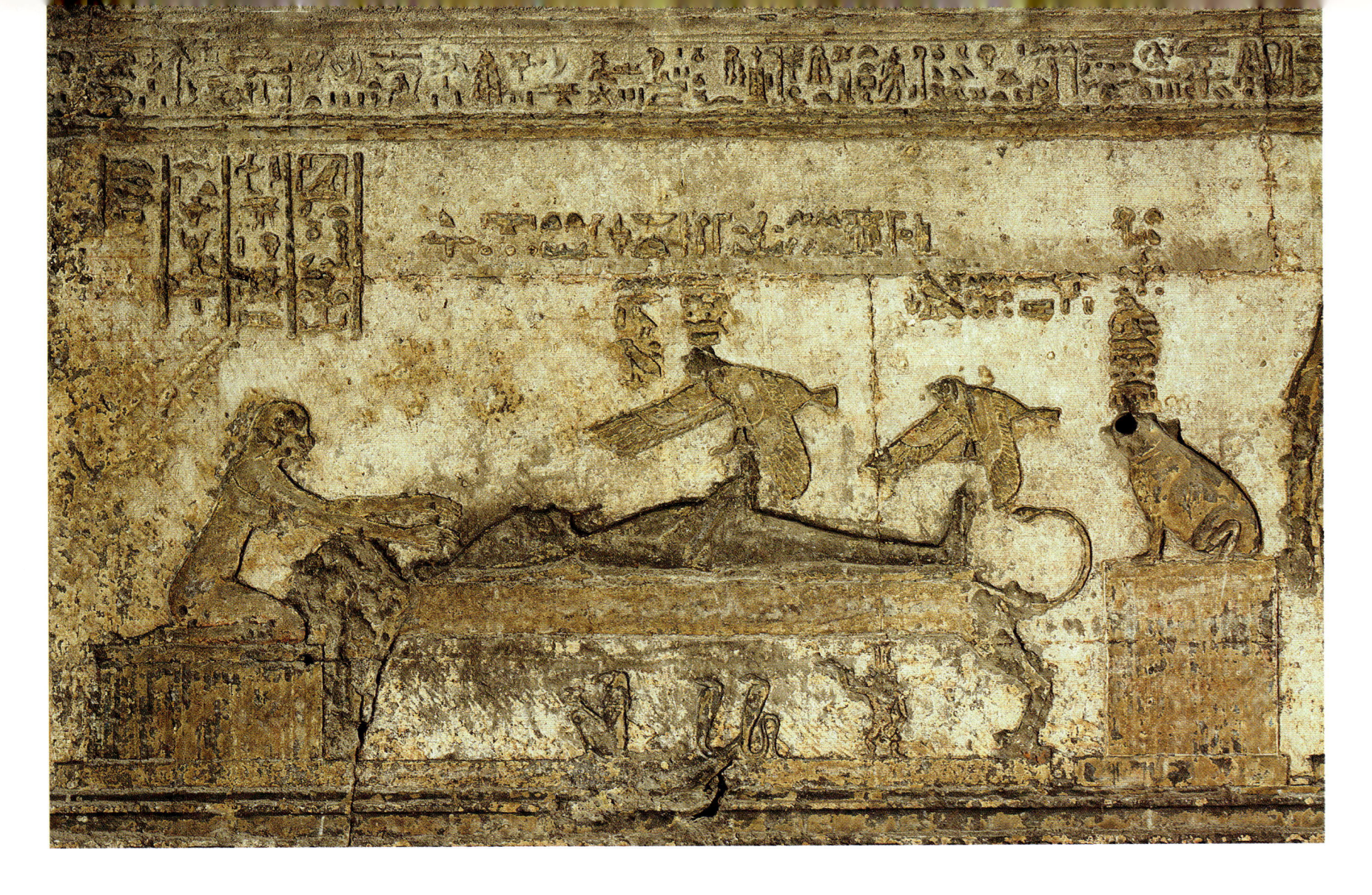

Le sens originel de ce mythe est pour le moins complexe. Son essence en est la conception de la royauté d'Horus qui s'étend sur les sphères terrestres et divines. La pérennité du royaume sur terre est menacée à chaque changement de souverain par les ennemis potentiels et doit être défendue. Le paradigme divin est fourni par la mort d'Osiris, assassiné par son frère Seth. Pour accéder au trône, Horus, fils et successeur légitime d'Osiris, doit d'abord vaincre Seth. Or, dans les textes dont nous disposons, il apparaît que ces événements périodiques coïncident avec la course annuelle du soleil : au moment du solstice d'hiver, Rê est au sud, astre-dieu vieillissant guetté par ses ennemis. Son successeur, Horus d'Edfou, combat les ennemis de Rê avec succès et prend sa place. Il est le jeune soleil de la nouvelle année, il gagne en puissance au fur et à mesure qu'il remonte vers le nord et atteint son apogée le jour du solstice d'été. Ses forces commencent alors à décliner. Horus se retire vers le sud, et un nouveau cycle commence.

Une pièce de théâtre rituelle, dont la scène était probablement le lac sacré, était le moment fort de la fête célébrant la victoire d'Horus à Edfou. Nous imaginons sans peine la foule des spectateurs venus de la ville d'Edfou. Peut-être même prenaient-ils une part active à la représentation, au cri de « À toi, Horus ! Vas-y ! », qui résonnait à chaque coup de harpon porté par Horus à son ennemi. La dramaturgie prévoyait des fresques historiques, des descriptions lyriques des acteurs et de leur équipement, la structuration de la représentation par le rituel des dix harpons et, pour couronner la fête, la mise à mort du dieu Seth en forme d'hippopotame. Chaque coup de harpon était précédé des mêmes paroles, seules les parties du corps changeaient : « Le premier harpon reste fixé dans son muffle (…). Le second harpon reste fixé dans son front (…). Le dixième harpon reste fixé dans ses pattes. » Le dieu-hippopotame Seth est littéralement mis à mort de la tête aux pieds.

Les répétitions de ce genre ne sont pas exceptionnelles. Comme une litanie, elles pénètrent l'esprit des spectateurs et les touchent dans leur âme. Il semblerait que l'effet produit par la représentation tînt moins à l'action elle-même qu'au texte.

Les scènes rituelles sont d'une telle diversité que l'on peut se demander lesquelles reflétaient vraiment les pratiques cultuelles. Certaines traduisaient assez fidèlement la réalité de l'époque, notamment les scènes de fumigations et de libations, ou encore les scènes de processions. D'autres reflètent une mise en scène rituelle, comme par exemle la fête de la victoire d'Edfou. Certaines scènes reproduisent des pratiques rituelles, notamment lorsque l'action prévoit la mise à mort des ennemis représentés par des figurines de cire. D'autres rites sont simplement suggérés par les gestes, d'autres enfin prévoient la présentation de statuettes au dieu.

En conclusion, nous souhaitons combattre le préjugé selon lequel cette époque tardive n'aurait rien produit d'original dans l'art du relief. Certes, comme par le passé, les temples ont révélé des œuvres de piètre qualité et dénuées d'imagination, mais beaucoup d'autres font preuve d'idées nouvelles et convaincantes, et d'un artisanat de bonne qualité.

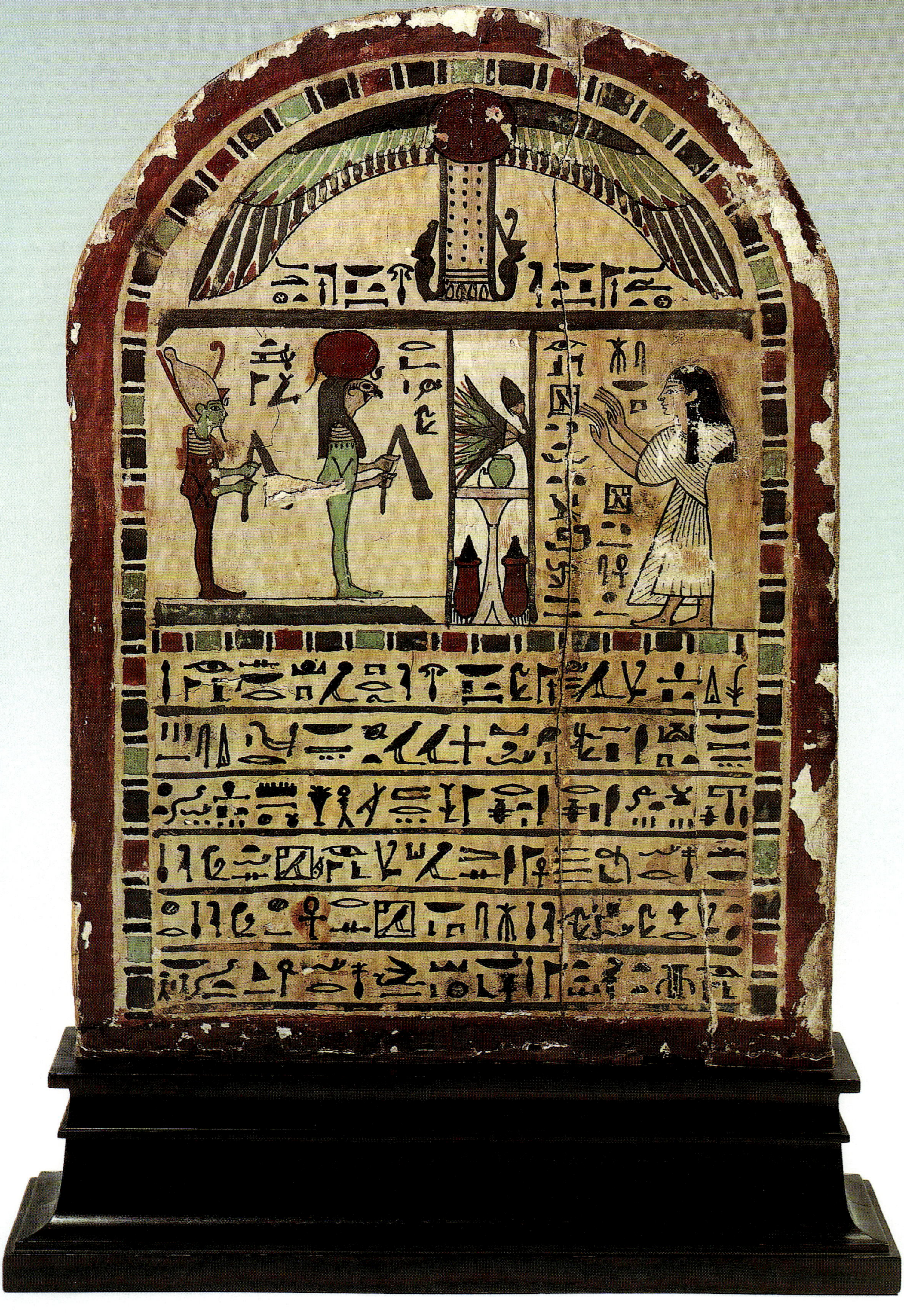

Les pratiques funéraires et les rites d'inhumation après Alexandre le Grand

Joachim Willeitner

Les traditions funéraires égyptiennes et grecques

Au plus tard sous la XXVIᵉ dynastie, les Égyptiens entretenaient des contacts étroits avec la civilisation grecque. Sous Psammétique Iᵉʳ, des marchands et des mercenaires milésiens s'installèrent à Naucratis, dans le Delta occidental, et vers 560 av. J.-C., le pharaon Amasis proclama cette localité : seul comptoir grec de libre-échange en Égypte. Les croyances religieuses tout comme les rites d'inhumation montrent cependant qu'à l'époque des dernières dynasties égyptiennes indépendantes, traditions autochtones et étrangères coexistaient encore sans se mélanger. Par exemple, les Grecs établis en Égypte ne faisaient pas momifier les corps de leurs morts. Alexandre le Grand s'efforça, le premier, après la conquête du pays des bords du Nil, d'unifier les caractéristiques culturelles égyptienne et grecque – certes pas par égyptophilie, mais par calcul politique.

C'est justement dans le culte funéraire de l'époque hellénistique qui suivit, tel qu'il s'exprime surtout dans l'aménagement des nécropoles souterraines de la nouvelle capitale Alexandrie, qu'apparaît avec le plus d'évidence la synthèse entre les croyances funéraires égyptiennes et macédoniennes. Alors que les triglyphes et d'autres éléments architecturaux étaient empruntés à l'architecture grecque, les linteaux de portes étaient réalisés selon la tradition égyptienne, avec une gorge décorée d'un disque solaire ailé ; on trouve en outre des frises d'*uraei*, des sphinx et d'autres motifs indigènes. La recherche se fait néanmoins peu à peu à l'idée que ces éléments architecturaux et figuratifs, reflétant un syncrétisme apparent, ne sont souvent que des pièces décoratives incomprises ou résultant d'un malentendu, à partir desquelles on ne saurait en aucun cas conclure à l'adoption des conceptions religieuses correspondantes.

Le tombeau d'Alexandre le Grand

La tactique d'Alexandre le Grand qui consistait à tirer profit de coutumes étrangères se manifesta de façon particulièrement nette lors de son expédition dont l'objectif était de consulter l'oracle d'Amon dans l'oasis de Sioua. Il s'y fit proclamer fils du dieu Amon afin de légitimer ses prétentions à l'hégémonie universelle. Les affinités particulières d'Alexandre avec ce lieu situé près de la frontière actuelle de la Libye ont alimenté de nombreuses thèses qui voulaient localiser la dernière demeure (*sema*) du souverain macédonien. Les sources antiques (Strabon, Zénobios, Lucien) indiquent cependant Bruchion, le quartier gouvernemental d'Alexandrie, comme l'endroit où se trouve sa sépulture. Il est vraisemblable que le tombeau d'Alexandre, qui n'a toujours pas été découvert, était décoré de motifs et d'éléments aussi bien grecs qu'égyptiens, comme on a pu le mettre en évidence dans les nécropoles et les catacombes des particuliers d'Alexandrie. On peut supposer qu'il en allait de même pour les sépultures, également disparues, des Lagides qui lui succédèrent, lesquelles se trouvaient dans le voisinage immédiat du tombeau d'Alexandre. On mentionnera à titre de simple curiosité le fait qu'Alexandre est censé, d'après la tradition rapportée par Diodore, avoir projeté d'ériger pour son père Philippe une pyramide de dimensions égales à celle de Chéops.

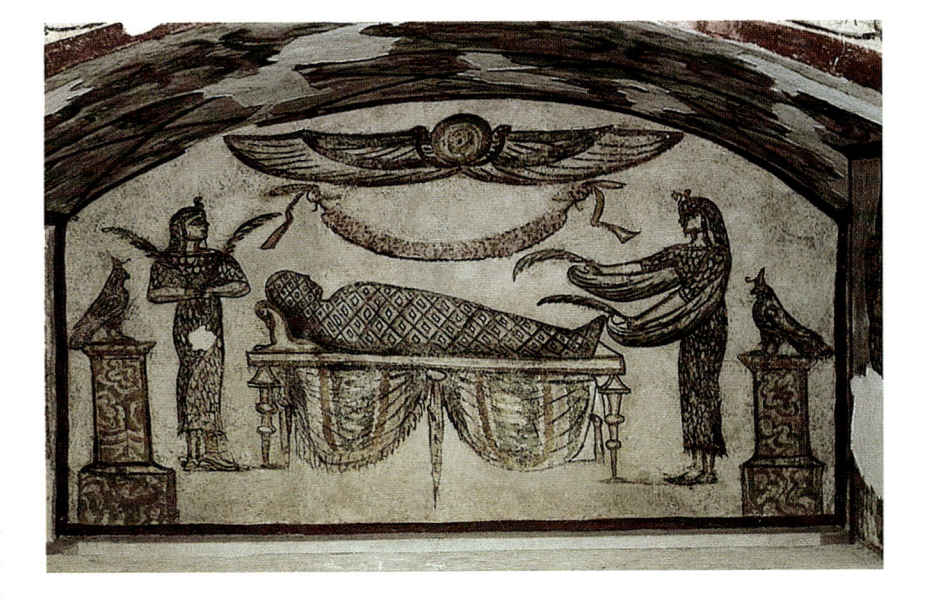

Les monuments funéraires hellénistiques à Alexandrie

La dynastie lagide poursuivit la politique de syncrétisme d'Alexandre. Pourtant, dans des domaines variés, parmi lesquels, entre autres, le culte funéraire, des coutumes purement grecques survécurent inchangées au sein des membres de la nouvelle couche dirigeante qui, d'ailleurs, considérait avec

---

45. Stèle funéraire de Mer-Hathor-Itès
Début de l'époque ptolémaïque, fin du IVᵉ siècle av. J.-C. ; bois peint ; haut. : 36 cm ; Vienne, Kunsthistorisches Museum, ÄS 8493.
Dès l'époque ptolémaïque, les stèles funéraires ne sont plus érigées dans la chapelle funéraire accessible aux membres de la famille pour l'alimentation des morts, mais dans le caveau souterrain, fermé après l'inhumation. Quand elles sont taillées dans la pierre, elles ne comportent souvent que des inscriptions hiéroglyphiques. D'autres stèles funéraires en bois, appréciées depuis la Troisième Période Intermédiaire et encore en usage à l'époque ptolémaïque, présentent sur leur cintre et au registre supérieur des représentations du défunt face à différents dieux. La partie inférieure est réservée aux formules d'offrande. Sur cette stèle, la dame Mer-Hathor-Itès se tient, en haut, face à Rê et Atoum, alors que les textes s'adressent aux dieux Horakhty, Sokar, Osiris et Anubis.

46. La chambre sépulcrale de « Tigrane Pasha »
Alexandrie ; époque romaine, probablement Iᵉʳ siècle apr. J.-C. ; Alexandrie (Kôm el-Shougafa), Musée en plein air.
Le caveau, reconstitué de nos jours à proximité de la catacombe de Kôm el-Shougafa et destiné à des défunts demeurés anonymes, montre dans ses trois niches à sarcophages des scènes du culte funéraire égyptien traditionnel dans un style composite grotesque. Dans la niche centrale, la momie du défunt repose sur un lit, entourée et pleurée par Isis et Nephthys ; les bandelettes présentent un motif en caissons qui ne se répandit qu'au cours de l'époque romaine. Tandis que le disque ailé est d'origine égyptienne, les guirlandes ainsi que la forme du lit et des sarcophages proviennent du répertoire des formes hellénistiques.

47. Peinture murale provenant d'un hypogée
Wardian (Alexandrie) ; époque romaine, IIe-IIIe siècle apr. J.-C. ; calcaire peint ; Alexandrie, Musée gréco-romain, 27029.
Cette unique tombe peinte de la petite nécropole de Wardian, dont le propriétaire ne peut toutefois pas être identifié, dispose de la plus ancienne représentation d'une *saqieh,* une noria tirée par des bœufs. Cette scène, tout comme la représentation qui se trouve à sa droite illustrant un hermès, est exécutée dans un style purement gréco-romain. En revanche, le motif du *ba* sous forme d'oiseau, présent dans le même tombeau, provient du répertoire des formes traditionnelles et du simple fait qu'il soit représenté de profil, s'appuie davantage sur des modèles égyptiens anciens, bien qu'il rappelle également les représentations de sirènes grecques.

48/49. Chambre sépulcrale dans l'hypogée de Kôm el-Shougafa
Alexandrie ; époque romaine, Ier-IIe siècle apr. J.-C. ; calcaire.
C'est sous le Kôm el-Shougafa (« colline des tessons ») que s'étend sur plusieurs niveaux la plus grande et la plus connue des catacombes d'Alexandrie. La décoration de la chambre funéraire centrale révèle comme aucun autre complexe le caractère composite du style égypto-méditerranéen, tel par exemple le dieu de l'embaumement de l'Égypte ancienne, Anubis à tête de chacal, représenté ici en costume de légionnaire romain. De tels ensembles gigantesques comptant plusieurs centaines de loculi (niches funéraires) et un grand triclinium (salle à manger) destiné aux repas funéraires rituels, n'étaient plus construits ni entretenus par les familles, mais par des fondations funéraires.

50. Chapelle funéraire du Grand Prêtre Pétosiris
Touna el-Gébel ; début de l'époque ptolémaïque, vers 300 av. J.-C. ; calcaire ; larg. : 11 m env.
La chapelle funéraire du Grand Prêtre Pétosiris à Touna el-Gébel est conçue comme un temple. La façade se compose de quatre colonnes couronnées de chapiteaux composites à riches motifs floraux et de murs d'entrecolonnement. Les reliefs de part et d'autre du portail central montrent Pétosiris dans l'attitude de l'offrande devant le dieu local de la science et de l'écriture, Thot, représenté sous ses apparences zoomorphes de babouin et d'ibis. Le propriétaire du tombeau apparaît dans une attitude qui, sur les reliefs des « vrais » temples, était réservée au seul pharaon.

mépris les Égyptiens comme des « Barbares ». L'exemple le plus significatif de cette survivance est la coutume de l'incinération des défunts, un processus inimaginable pour les Égyptiens qui considéraient que le corps momifié était indispensable à la résurrection. Le complexe archéologique le plus remarquable à ce sujet est celui des vases Hadra utilisés comme urnes cinéraires pour la crémation des corps, ainsi nommés d'après le nom d'un quartier au sud-est d'Alexandrie où eut lieu la première découverte de ces récipients, dans une nécropole.

La plupart des nécropoles souterraines de l'époque ptolémaïque mis au jour à Alexandrie, telles que Shatby, Moustapha Pasha, Ezbet Mahlouf, Gabbari et Anfoushy, ont pourtant révélé que les corps y étaient non pas incinérés, mais inhumés. Ils étaient glissés à l'horizontale dans des *loculi* (niches murales) maçonnés ou creusés dans la profondeur de la roche. Les ouvertures de ces *loculi* alignés le plus souvent tout près les uns des autres ou superposés, étaient ensuite fermées par une dalle de pierre éventuellement décorée de motifs égyptiens, à l'instar de la fausse-porte. Même si les complexes funéraires comportent des éléments de décor tels que des piédestaux couronnés de sphinx ou des linteaux surmontés d'une gorge et décorés d'un disque ailé ainsi que d'autres éléments figuratifs traditionnels, leurs tracés, inspirés des maisons d'habitation et sur lesquels les caveaux à *loculi* se répartissent autour d'une cour intérieure creusée dans le sol, portent néanmoins la marque d'une empreinte grecque. Le plus important de ces complexes funéraires – la catacombe de Kôm el-Shougafa – dont les figures du décor de la chambre cultuelle centrale sont réalisées dans un style composite égypto-méditerranéen, se situe en fin de compte dans cette tradition, bien qu'il n'ait été aménagé qu'à l'époque romaine.

Quelques-uns des hypogées situés dans la partie occidentale d'Alexandrie étaient décorés de peintures murales et non pas de reliefs, telle la chambre funéraire mise au jour en mars 1952 lors de travaux dans la rue Tigrane Pasha et aujourd'hui reconstituée sur le site de Kôm el-Shougafa (probablement Ier siècle apr. J.-C.) ; une sépulture peinte du IIe ou IIIe siècle apr. J.-C. se trouvait parmi les quatre complexes souterrains de la nécropole découverte en 1960 dans le quartier de Wardian.

La tombe de Pétosiris : la fidélité à la tradition dans la vallée du Nil

Les expressions les plus vivantes d'un art égyptien en grande partie resté pur ne se trouvent pas à Alexandrie, mais dans les anciens centres religieux situés plus loin au sud du pays. Le fait que les traditions de l'Égypte des bords du Nil y aient survécu jusqu'à cette époque sans être interrompues – en témoignent avant tout l'architecture et la décoration des temples édifiés à Dendéra ou à Edfou – n'est pas dû tant aux dirigeants du Nord du pays qu'aux prêtres et membres de communautés religieuses, installés sur place.

Les stèles funéraires avec leurs inscriptions et leurs représentations sont une source importante de renseignements sur la biographie et les relations de parenté de ces personnes. Bien que nous en connaissions beaucoup d'exemplaires, leur contexte archéologique n'est que rarement documenté. C'est pourquoi nous ne disposons bien souvent d'aucune information sur leur lieu d'origine. Mais il a existé des tombes creusées, selon la nature du terrain, aussi bien dans la roche des montagnes bordant le Nil, que dans le sol du désert (et probablement accompagnées de superstructures aujourd'hui disparues). Il n'est pas rare qu'à cette occasion des matériaux de constructions plus anciennes aient été réemployés comme en témoigne le complexe de stèles

51/52. Scènes du pronaos de la tombe de Pétosiris
Touna el-Gébel ; début de l'époque ptolémaïque, vers 300 av. J.-C. ; calcaire peint.
En plus de l'utilisation de l'écriture hiéroglyphique, la décoration des bas-reliefs du pronaos de la tombe de Pétosiris reprend le répertoire des thèmes traditionnels de l'Égypte ancienne et montre des scènes agricoles telles que les labours et les vendanges, ou bien les artisans au travail. Pourtant, les personnages représentés portent des vêtements grecs et se présentent de biais ou même de face, une attitude qui est étrangère à l'art égyptien, et dans un style tridimensionnel fortement inspiré de l'art grec. En outre, les produits, meubles et gobelets que fabriquent les artisans sur ces reliefs funéraires ont un aspect perse, achéménide plutôt qu'égyptien.

53. (Ci-contre) Le cercueil intérieur de Pétosiris
Touna el-Gébel ; début de l'époque ptolémaïque, vers 300 av. J.-C. ; bois de pin, incrustations en verre ; long. : 195 cm ; Le Caire, Musée égyptien, JE 46592.
Au cours des travaux de déblaiement effectués en 1920 dans la tombe de Pétosiris, on découvrit le caveau, qui avait été pillé. Les pilleurs de tombe avaient cependant laissé dans le sarcophage en pierre, après les avoir vidés, les deux sarcophages anthropomorphes en bois, du propriétaire, emboîtés l'un dans l'autre. Contrairement au cercueil extérieur en bois de sycomore recouvert de stuc jaune, le cercueil intérieur en bois de pin était remarquablement conservé. D'après l'épitaphe de la fille de Pétosiris, Tjéhiaou, il devait exister un autre cercueil en bois de genévrier qui a disparu. L'exécution des incrustations de hiéroglyphes en verre coloré et filigrané, qui recouvrent le couvercle sur cinq colonnes verticales et citent le chapitre 42 du *Livre des Morts*, fait de ce cercueil intérieur un chef-d'œuvre.

54. Peinture murale de la tombe de Pétosiris
Qaret el-Mouzaouaqa (oasis de Dakhla) ; époque romaine, probablement Ier-IIe siècle apr. J.-C.
Non loin du temple de Deir el-Hagar, dégagé voici quelques années du monceau de décombres qui le recouvrait, la nécropole de Mouzaouaqa s'élève au nord-ouest de l'oasis de Dakhla. Deux des innombrables hypogées, celui de Pétoubastis et celui de Pétosiris, sont décorés de peintures. Dans l'antichambre de la tombe de Pétosiris, celui-ci apparaît vêtu d'un pallium et d'une tunique, chaussé de sandales, un papyrus à la main. Devant lui, un personnage beaucoup plus petit présente des offrandes funéraires sous forme solide et liquide ; il est suivi par une divinité nilotique qui porte un plateau d'offrandes. Ici, se mêlent à nouveau styles et répertoires de motifs traditionnels et hellénistiques.

55. La tombe de Siamon
Gébel el-Maouta ; début de l'époque ptolémaïque, début du IIIe siècle av. J.-C.
Dans la tombe de Siamon située dans l'oasis de Sioua, les divinités égyptiennes telles que la déesse-vautour, protégeant le propriétaire, apparaissent sous leur aspect traditionnel. De même, le plafond présente les habituels vautours et faucons aux ailes déployées, ainsi que le traditionnel motif étoilé, auxquels vient s'ajouter l'emploi de l'écriture hiéroglyphique. Déjà le vêtement du propriétaire de la tombe et de ses proches, et surtout sa barbe à peine taillée près du menton sont des signes étrangers à l'art égyptien. Mais comme ils n'appartiennent ni au registre grec, ni au registre libyen, la désignation ethnique de Siamon demeure contestée.

56. Stèle funéraire
Kôm Abou Billou (Térénouthis) ; époque romaine, IIe-IIIe siècle apr. J.-C. ; calcaire ; larg. : 44 cm ; Recklinghausen, Ikonenmuseum, 564.
Les stèles funéraires appelées « stèles de Térénouthis » d'après le lieu de leur découverte, représentent les défunts ou bien de face, en orant, c'est-à-dire les bras levés de manière caractéristique, ou bien montrent, comme c'est le cas ici, le propriétaire de la tombe reposant sur un lit, appuyé sur un coude et un gobelet dans l'autre main. Sans cohérence apparente, des chiens et des oiseaux sont souvent insérés sur les surfaces libres ; ici, un faucon est perché à droite sur une stèle cintrée, sur laquelle le nom du mort était autrefois probablement peint. Il s'agit, bien que les personnages enterrés dans la nécropole de Térénouthis aient été en majorité des adeptes du christianisme, de réminiscences d'Anubis, dieu funéraire de l'Ancienne Égypte, et d'Horus faucon.

ÉPOQUE PTOLÉMAÏQUE ET ROMAINE

57-59. Portrait d'une momie féminine
Haouara (Fayoum) ; probablement 24 apr. J.-C. ; détrempe sur toile ; haut. : 42 cm, larg. : 32,5 cm ; Berlin, SMPK, Ägyptisches Museum, 11411.
Portrait d'une momie masculine
El-Roubiyat (Fayoum) ; probablement IIIe siècle apr. J.-C. ; encaustique sur bois ; haut. : 36 cm, larg. : 22 cm ; Hildesheim, Pelizaeus-Museum, 3068.
Portrait d'une momie féminine
El-Roubiyat (Fayoum) ; probablement début du IIIe siècle apr. J.-C. ; détrempe sur bois ; haut. : 38 cm, larg. : 23 cm ; Munich, Staatliches Museum Ägyptischer Kunst, ÄS 1.
Sur les portraits de momies du Fayoum, le visage du défunt était, en règle générale, peint quasiment en grandeur nature sur une tablette en bois. Pour ce faire, on utilisait la plupart du temps la technique de l'encaustique : on faisait ramollir à la chaleur les pigments dissous dans de la cire qui devenaient très lumineux, avant de les appliquer au couteau plutôt qu'au pinceau ; tel est le cas pour ce visage d'homme aux cheveux sombres et à la barbe pleine (page ci-contre, en haut à gauche). La peinture à la détrempe, comme sur ce portrait de femme aux courts cheveux ondulés et aux boucles d'oreilles en perles (page ci-contre, en haut à droite), était moins souvent utilisée. Très rarement, le portrait était réalisé directement sur le linceul doublé et tendu à plat sur le visage. Le plus bel exemple en est certainement le portrait de la dame Aline, exécuté à l'époque de Tibère (à gauche ; entoilage moderne).

funéraires ptolémaïques dont certains éléments proviennent des hypogées de Qoubbet el-Haoua près d'Assouan, aménagés dès la fin de l'Ancien et le début du Moyen Empire.

C'est par ailleurs à cette époque que fut abandonnée la coutume d'ôter les viscères du corps des défunts, au cours de la momification, pour les déposer dans les vases canopes placés ensuite dans la tombe. Les momies étaient ornées de cartonnages stuqués et peints ou bien dorés, qui pouvaient recouvrir des parties isolées du corps (la tête, le torse, les pieds) ou, tel un couvercle, tout le corps d'un seul tenant. Puis on plaçait les morts dans plusieurs cercueils s'emboîtant les uns dans les autres, dont les couvercles momiformes se distinguent, à l'époque ptolémaïque, par d'imposantes perruques tripartites, un ventre fortement bombé et un fond plat sous les pieds. On couchait enfin cet ensemble dans un grand sarcophage en pierre qui, à l'occasion d'enterrements particulièrement fastueux, pouvait être entièrement recouvert de scènes mythologiques illustrant le monde souterrain.

Les somptueux cercueils du Grand Prêtre de Thot, Pétosiris, de son épouse et de son fils, provenant de leur tombe familiale située à Touna el-Gébel (l'ancienne Hermopolis) en Moyenne-Égypte et datant du début de l'époque ptolémaïque, sont devenus célèbres. La superstructure en pierre, édifiée au-dessus du puits funéraire et conçue à l'instar des temples ptolémaïques, est unique. Alors que les reliefs de la façade sont sculptés dans le style traditionnel, la décoration du pronaos qui est dépourvu de soutènements, relève d'un style composite extrêmement intéressant. Des scènes agricoles et artisanales tirées de la vie quotidienne, telles que nous les connaissons bien par des tombes plus anciennes y sont en effet reproduites, mais les personnages sont représentés dans un style proto-hellénistique totalement étranger à l'art égyptien, avec des chevauchements et des perspectives.

Au fond, la chapelle funéraire, portée par quatre colonnes à l'aplomb du puits funéraire, décorée de scènes religieuses et mythologiques relatives à l'au-delà, s'en tient au contraire à un mode de représentation égyptien traditionnel. L'influence grecque s'est donc ici littéralement arrêtée au seuil de l'au-delà.

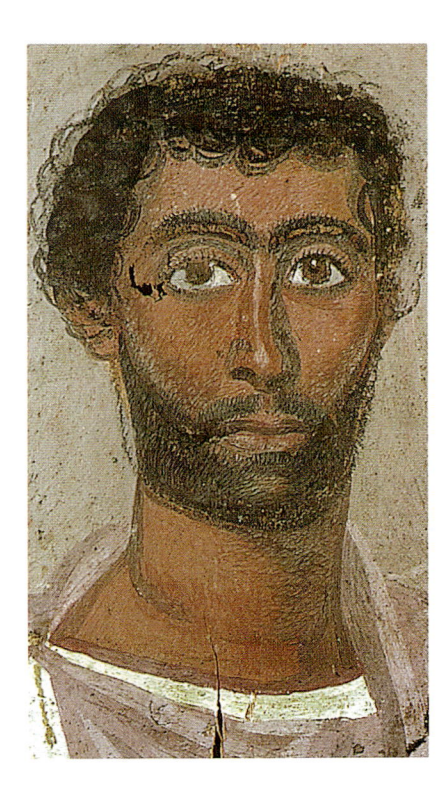

La tombe de Pétosiris a occupé une position exceptionnelle dès l'Antiquité. En témoignent les nombreuses tombes, édifiées il est vrai la plupart du temps en brique crue, qui furent installées autour de cette sépulture, surtout au IIe siècle apr. J.-C.

Joyaux des oasis

Il est surprenant que les tombes peintes les mieux conservées des époques ptolémaïque et romaine se trouvent, si l'on fait abstraction d'Alexandrie, dans les oasis du désert occidental. Comme aucun nom de roi n'est cité dans ces tombeaux, les complexes et leur décoration ne peuvent être datés avec exactitude. La plus belle tombe est sans aucun doute celle de Siamon, dans l'oasis de Sioua, avec sa chambre funéraire oblongue, creusée à l'horizontale dans le flanc du Gébel el-Maouta. Elle date probablement du début de l'époque ptolémaïque. On attribue également à cette même époque la tombe située à proximité, ornée de la superbe représentation d'un crocodile, ainsi que la tombe commune d'un homme resté anonyme et de son épouse Mésou-Isis ; cette dernière a été réaménagée à l'époque romaine et percée de niches murales destinées à recevoir de nouveaux défunts.

Ce n'est qu'à l'époque romaine, au Ier ou au IIe siècle apr. J.-C., que les hypogées de Qaret el-Mouzaouaqa ont été aménagés à l'extrémité nord-ouest de l'oasis de Dakhla. Deux de ces tombes, celle de Pétoubastis ne comportant qu'une seule chambre, et celle plus tardive d'un autre Pétosiris,

60. Armoire à cercueil de Padikhonsou
Abousir el-Mélek ; époque romaine, Ier siècle apr. J.-C. ; bois peint ; haut. : 250 cm ; Berlin, SMPK, Ägyptisches Museum, 17039.
La confection de portraits de momies était manifestement si onéreuse que seul un défunt sur cinquante, en moyenne, pouvait y prétendre. On n'enterrait pas tout de suite les morts dotés de tels portraits, mais on les conservait un certain temps dans les habitations, debout à l'intérieur d'armoires à momies spécialement conçues. Ces meubles en bois, dont quelques-uns ont été mis au jour à Abousir el-Mélek en bordure du Fayoum, possédaient des portes à doubles vantaux que l'on pouvait ouvrir quand on voulait que les défunts, dont le portrait regardait dans la pièce depuis l'armoire, participent à la vie de la famille. La momie du défunt âgé de 61 ans, jadis conservée dans l'armoire à cercueil de Padikhonsou, a disparu, le cercueil reproduit ne lui appartient pas.

ÉPOQUE PTOLÉMAÏQUE ET ROMAINE   319

61. Momie masculine ornée d'un portrait
Haouara ; époque romaine, IIe-IIIe siècle apr. J.-C. ; long. : 175 cm ; Berlin, SMPK, Ägyptisches Museum, 11673.
On connaît aujourd'hui plus de 700 portraits sur tablette, mais bien peu de momies ont été conservées complètes, enveloppées avec leur portrait. À cette époque, les hommes aussi bien que les femmes suivaient apparemment la mode en vigueur dans la maison impériale romaine, de sorte que les coiffures et les bijoux de ces portraits de momies permettent, par comparaison avec les représentations des empereurs et de leurs épouses, une datation au moins approximative de ces œuvres. Le portrait reproduit ici (une peinture à l'encaustique sur bois) d'une momie complète décorée d'un motif en caissons révèle, malgré les traits indubitablement égyptiens du visage, des ressemblances stylistiques avec des représentations de l'empereur romain Caracalla (198-217 apr. J.-C.).

composée de deux chambres rupestres en enfilade, sont décorées de peintures. Certes des divinités et des motifs égyptiens traditionnels y apparaissent, mais présentent un aspect disproportionné et révèlent des influences gréco-romaines.

Ces influences se font sentir avec une particulière netteté dans la tombe de Pétosiris, dont les scènes sont représentées en perspective et où le propriétaire de la tombe apparaît vêtu d'un vêtement romain aux plis généreux. Les peintures du plafond représentent un zodiaque et les personnifications des constellations sont probablement étrangères à l'art égyptien et se retrouvent de manière analogue dans certains hypogées contemporains situés dans la vallée du Nil, comme par exemple dans la nécropole en grande partie détruite d'el-Salamouni, au nord d'Akhmim.

À l'autre extrémité de l'oasis de Dakhla se trouve, dans le village d'Ez-bet Bashandi, une chapelle funéraire construite en pierre de taille sur un plan carré, que l'on peut également dater du Ier ou du IIe siècle apr. J.-C. Elle fut érigée conjointement avec d'autres monuments funéraires, aujourd'hui détruits, destinés à un dignitaire portant un nom qui n'est pas égyptien : Qetinous.

L'espace intérieur est divisé en six chambres, parmi lesquelles celle du fond, au milieu, est décorée de motifs traditionnels empruntés au culte funéraire égyptien. Ceux-ci n'ont cependant pas été peints, mais sculptés en bas-reliefs.

Dans l'oasis voisine de Kharga s'étend sur la colline de Bagaouat la plus grande nécropole d'Égypte de l'époque romaine et du début de l'ère chrétienne. Les premiers chrétiens ont non seulement utilisé ici sans discontinuité un cimetière d'origine « païenne », mais ils ont aussi maintenu la tradition de la momification. Des textes retrouvés au sud de Kharga prouvent qu'embaumeurs chrétiens et adeptes des croyances funéraires traditionnelles de l'époque pharaonique exerçaient leur profession en coexistant de manière pacifique.

On a pu mettre en évidence un passage comparable et sans heurt entre inhumations pré-chrétiennes et chrétiennes à la lisière occidentale du Delta, dans la nécropole de l'antique Térénouthis, aujourd'hui Kôm Abou Billou. Des archéologues américains n'y ont toutefois pas trouvé de chapelles funéraires de grand format, mais uniquement des superstructures basses en brique crue qui rappellent, en miniature, les mastabas de l'Ancien Empire. Sur leurs façades étroites étaient insérées les stèles funéraires que les spécialistes ont appelées « stèles de Térénouthis » en raison de leur décoration qu'on ne saurait confondre avec aucune autre.

L'influence romaine : les masques en stuc et les portraits de momies

Au cours des premiers siècles qui suivirent l'introduction du christianisme et sous l'influence de l'art du portrait romain, apparut en Égypte la coutume d'orner les momies de représentations plus ou moins naturalistes du défunt. Dans la vallée du Nil, principalement en Moyenne-Égypte, on fabriquait à cet effet des masques en stuc ou en cartonnage. Le véritable portrait de momie peint sur bois est apparemment limité au Fayoum. Ce portrait était posé sur le visage du mort ; on enveloppait ensuite le corps de bandelettes, le plus souvent suivant un motif complexe en caissons en prenant soin de ne pas emmailloter le portrait du défunt. À l'évidence et le plus souvent, les défunts qui étaient presque toujours représentés à un âge « idéal », posaient comme modèles de leur vivant. Dans un premier temps, ils accrochaient ces portraits dans leurs foyers.

La coutume qui consistait à ne pas enterrer tout de suite les morts, mais à les conserver un certain temps dans les habitations, se maintint dans l'Égypte christianisée. Lorsqu'en 392 l'empereur Théodose promulgua un édit interdisant cet usage dans lequel il voyait une superstition païenne, les habitants du Fayoum durent tous sortir leurs morts de leurs maisons et les enterrer dans de grandes tombes collectives, entre autres à Haouara. Les pillards qui découvrirent ces tombes dès la fin du XIXe siècle extrayaient les plaques de bois ornées de portraits en les découpant directement sur les momies, les privant ainsi de tout contexte archéologique.

La prédominance du christianisme provoqua la disparition des anciennes coutumes d'inhumation alors accompagnées de riches offrandes funéraires, ce qui provoqua, du moins dans ce domaine, un appauvrissement culturel.

63/64. *Étiquette de la momie de Psentailouros*
Akhmim ; époque romaine, IIe-IIIe siècle apr. J.-C. ; bois ; long. : 8,7 cm, haut. : 5,3 cm ; Bruxelles, musées royaux d'Art et d'Histoire, E 397.

Si toutes les momies couvertes de portraits avaient été trouvées lors de fouilles régulières et examinées dans leur contexte archéologique, il serait possible de fournir une datation plus précise à la plupart des portraits funéraires : en effet, les momies étaient souvent accompagnées d'étiquettes en bois indiquant le nom et la fonction des défunts. Une série assez importante de ces étiquettes de momies provient de la ville de Panopolis en Moyenne-Égypte, l'actuelle Akhmim. L'inscription était soit peinte, soit plus rarement gravée dans le bois. À côté de textes rédigés en démotique sur les deux faces, il en existe d'autres exemples où une face porte une inscription en démotique, l'autre en grec, comme sur cette pièce qui se trouvait autrefois sur la momie de Psentailouros, habitant d'Akhmim.

62. *Masque d'une momie féminine*
Meir ; époque romaine, début du Ier siècle apr. J.-C. ; lin stuqué et peint, imitation de cheveux en coton, collier en verre et faïence ; haut. : 55 cm ; Berlin, SMPK, Ägyptisches Museum, 2/89.

Ce masque de femme en cartonnage fait partie d'un ensemble de quatre masques de momies du début de l'époque romaine, provenant de la localité de Meir en Moyenne-Égypte. Elle porte des boucles d'oreilles confectionnées à part, un collier ainsi qu'une couronne de fleurs fabriquée en fines lamelles de plâtre, posée sur les cheveux en coton teint en noir. Tout comme ses boucles d'oreilles et ses bracelets, les rubans dorés de son chiton reflètent les traditions du costume romain. En revanche, le registre qui encadre la tête de ses représentations de dieux appartient à la tradition de l'Égypte ancienne tant par les motifs que par le style.

ÉPOQUE PTOLÉMAÏQUE ET ROMAINE   321

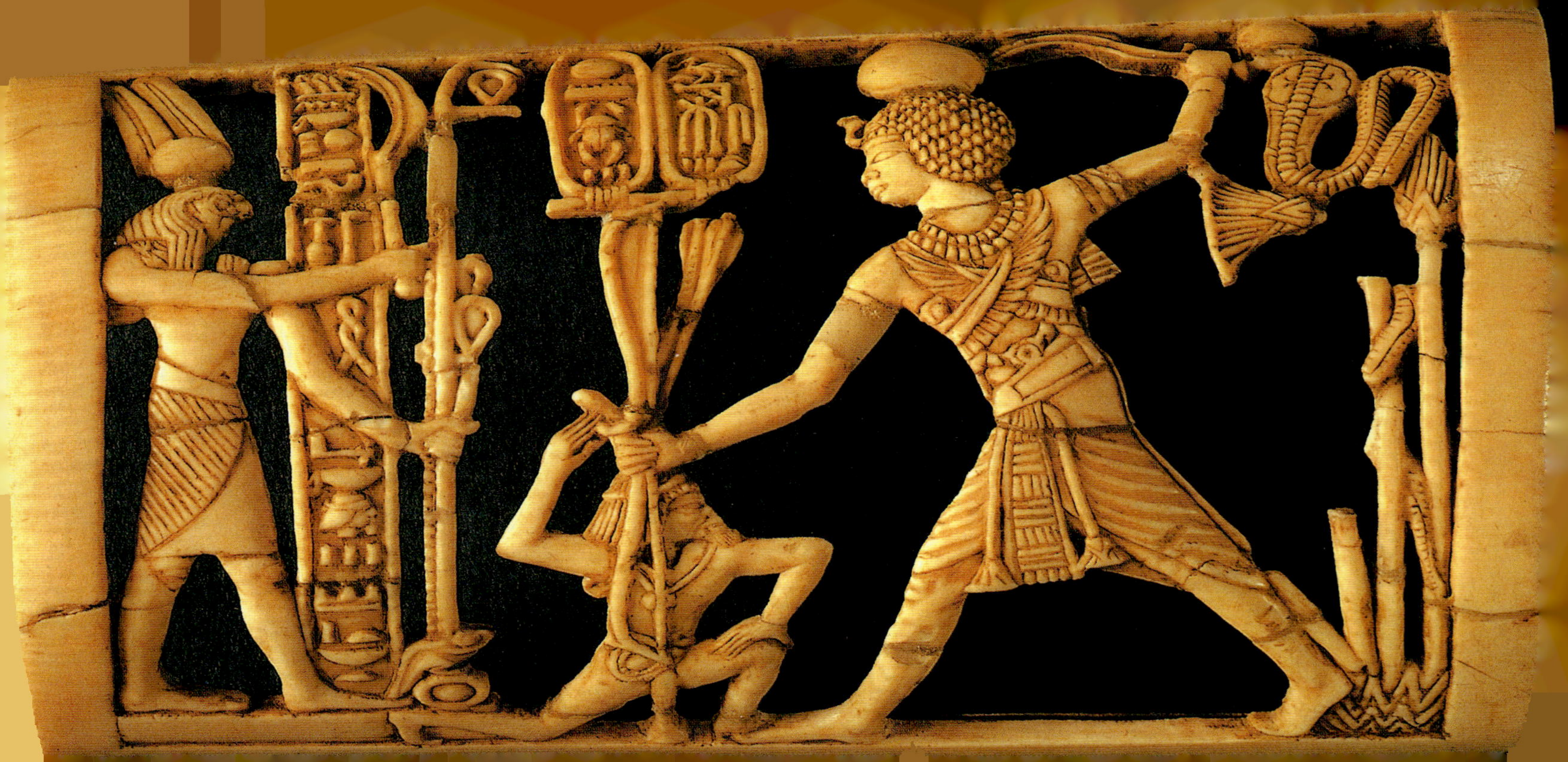

La royauté sacrée

Thomas Schneider

La royauté représente l'un des piliers de la culture de l'Égypte ancienne. Même les empereurs romains se soumirent en Égypte à ses traditions et l'empereur Decius (249-251 apr. J.-C.) était le dernier à faire une offrande au dieu Khnoum dans le pronaos du temple d'Edfou, trois mille cinq cents ans après les premiers témoignages de l'existence d'une royauté égyptienne. Certes, cette institution avait évolué au cours des siècles mais sans que son fondement ne s'altérât. En montant sur le trône, le roi devenait « un homme dans le rôle d'un dieu » (E. Hornung), descendant sur terre du dieu Horus « sur le trône du (dieu) Geb ». La personnalité temporelle, individuelle du roi et la forme atemporelle, idéologique étaient réunies en sa personne. L'écart entre l'idée et la réalité n'était pas en contradiction avec la conception égyptienne de la royauté, mais correspondait bien à la nature double du pharaon qui réunissait en lui les éléments humains et divins.

La titulature et les attributs du roi

La continuité fondamentale de la royauté égyptienne se manifeste, extérieurement, d'une part dans la titulature royale qui fait de lui le représentant temporel de la toute-puissance royale et définit son programme, d'autre part dans ses attributs qui varient peu, et enfin dans les représentations des rituels imposés par la doctrine royale. La titulature royale consiste en une suite canonique de cinq noms, fixée à jamais. Le « nom d'Horus » désigne le roi dans la position du dieu Horus qui lui a délégué son pouvoir sur le monde. En deuxième position vient « le nom de Nebty ou des Deux Maîtresses » (en égyptien *nebty* signifie les « Deux Maîtresses ») qui désignent Nekhbet, la déesse-vautour de Haute-Égypte, et Ouadjet, la déesse-serpent de Basse-Égypte, considérées comme les déesses protectrices du roi. Puis vient, en troisième place, le « nom d'or » dont la signification est contestée (et qui initialement était lu « le nom d'Horus d'or »). Le quatrième et le cinquième noms sont ceux que l'on rencontre le plus souvent. Ils sont, contrairement aux autres noms, inscrits dans les cartouches royaux. Il s'agit du nom de couronnement, précédé du titre de « roi de Haute et de Basse-Égypte » et du nom de naissance du roi. Le nom de naissance du roi est précédé de l'expression « Fils de Rê » car, à partir de la IVe dynastie, le roi est considéré comme le fils du dieu solaire.

Les attributs, qui symbolisent à la fois le pouvoir et la protection, caractérisent la position du roi. Le costume et les insignes remontent en partie à des temps archaïques, la queue de taureau évoque la puissance animale des temps anciens et la nature de taureau du roi. Le faucon et le lion sont d'autres formes animales que le roi peut revêtir. Le roi porte différents pagnes, en particulier ce que l'on appelle la *shendjit*, et, en fonction de l'époque et de l'occasion, des manteaux, des chemises, des capes ou une peau de félin. Il porte en général une couronne - comme la couronne blanche de Haute-Égypte, la couronne rouge de Basse-Égypte, la double couronne du pays réunifié ou la couronne bleue (*khépresh* que l'on appelle

---

1. Manchette d'avant-bras de Thoutmosis IV
Tell el-Amarna, maison Q 48,1 ; Nouvel Empire, XVIIIe dynastie, vers 1388 av. J.-C. ; ivoire ; long. : 11,2 cm ; Berlin, SMPK, Ägyptisches Museum, 21685.
Cette manchette qui, à l'époque, protégeait l'avant-bras d'un archer du retour rapide de la corde tendue, représente Thoutmosis IV (1397-1388 av. J.-C.) terrassant un Asiatique avec son glaive recourbé. On rencontre très tôt le motif du roi qui, dans la réalité ou dans le rite, soumet les ennemis et garantit ainsi l'ordre universel. À gauche, Montou, le dieu de la guerre, remet au roi un glaive recourbé « afin qu'il massacre les princes de tout pays étranger ».

2. Cercueil intérieur de Psousennès Ier
Tanis, tombe du souverain ; Troisième Période Intermédiaire, XXIe dynastie, vers 994-993 av. J.-C. ; argent ; long. : 185 cm ; Le Caire, Musée égyptien, JE 85912.
Le cercueil représente Psousennès Ier (1044/3-994/3 av. J.-C.) momiforme paré des attributs royaux. Il porte le *némès* royal sur le front duquel se dresse l'*uraeus* et comme insignes la crosse et le flagellum. Bien que le cercueil ne montre plus la même excellence du façonnage artisanal que les cercueils en or du Nouvel Empire, l'utilisation dans sa globalité de l'argent représente une véritable innovation dans le domaine de l'appareil funéraire royal.

3. Inscription de porte d'Aménophis II
Giza, temple d'Harmakhis ; Nouvel Empire, XVIIIᵉ dynastie, vers 1400 av. J.-C. ; calcaire ; haut. : 53 cm, long. : 126 cm ; Le Caire, Musée égyptien, JE 55301.
Cette architrave du temple d'Aménophis II (1428-1397) près du Grand Sphinx de Giza comporte, dans les deux lignes de l'inscription situées sous le disque solaire ailé et agencées symétriquement de part et d'autre du signe de vie, les deux éléments les plus importants de la titulature royale. La ligne supérieure mentionne, à droite et à gauche, le nom de couronnement Aakhépérourê, « avec de grandes formes, Rê », précédé du titre « Roi de Haute et de Basse-Égypte » et à la fin de la mention « aimé d'Harmakhis ». La deuxième ligne mentionne le nom de naissance « Amon est bienveillant » ainsi que l'épithète « Propriétaire divin de la Maât », précédé du titre de « Fils de Rê ».

le casque de guerre). Le souverain porte aussi des calottes, l'étoffe rayée que l'on appelle le *némès* ou seulement la perruque. Sur son front se dresse l'*uraeus* qui éloigne du roi les puissances maléfiques. Les insignes du pouvoir royal sont en général la crosse et le flagellum.

Le roi et la Maât

La plupart des effigies du roi le représentent non pas dans son individualité historique, mais dans le rôle de celui qui maintient et développe l'ordre universel, auquel il est assujetti au plan de ses activités religieuses et cultuelles. À la base de ses actes, il y a la Maât qui est le principe fondamental de la vision du monde égyptienne. Maât représente l'harmonie entre la vie et le monde, mais aussi la solidarité sociale et une gestion responsable du pays. Comme on peut l'observer dans le rituel royal du matin, le dieu solaire a installé le roi sur la terre pour qu'il réalise la Maât et pour repousser la Isfet, qui représente le chaos et l'injustice. En même temps, le roi est responsable devant la Maât. Il ne se situe pas au-dessus de l'ordre, mais il en répond. Les dieux, les rois et les hommes vivent de la Maât. Dans un important rite cultuel, le roi offre au dieu une figure de la Maât. Le roi n'est que l'exécutant temporel, mortel de cette tâche éternelle, conscient de s'inscrire dans une longue lignée de représentants qui l'ont précédé ou qui le suivront.

Le roi étant le garant de l'ordre universel, sa mort constitue une menace pour le monde. Aussi le successeur au trône recrée-t-il le monde en entrant dans ses fonctions et réunit symboliquement la Haute et la Basse-Égypte. C'est ainsi qu'il faut comprendre l'évocation de la première campagne du roi ou sa simple représentation en tant que commandant en chef de l'armée, même s'il n'a pas mené de guerre.

Les hymnes consacrés au couronnement de Mérenptah et de Ramsès IV nous donnent une idée du salut qu'inaugure le début du règne d'un roi : le nouveau roi vient tout juste d'être intronisé que déjà, les réfugiés rentrent au pays, ceux qui mouraient de faim reçoivent à manger, ceux qui avaient soif reçoivent à boire, ceux qui étaient nus sont habillés et ceux qui se disputaient se réconcilient. L'injustice est vaincue et la Maât est de retour. Inversement, les écrits politiques du Moyen Empire font apparaître, à travers leur description directe d'une époque dépourvue de souverain, la nécessité d'autant plus urgente du retour du roi comme instance de salut.

D'après l'idéologie royale, le cœur du roi, sa pensée et sa volonté sont de nature divine, il est omniscient et parfait. En temps de guerre, la parole du roi représente la décision adéquate, le jugement juste. Son discours est convaincant, ses paroles sont magiques et engendrent ce qui est nouveau. L'hymne d'Amon du papyrus de Leyde I 344 dit à propos du dieu Amon : « Ton être est ce qui est dans le cœur du roi de Haute-Égypte : sa colère se tourne vers tes ennemis. Tu es présent sur la bouche du roi de Basse-Égypte : ses paroles correspondent à ta volonté. Les lèvres du maître sont ton sanctuaire, ta Majesté est en lui : il annonce sur terre ce que tu as décrété. » Un passage intéressant dit à propos de l'Hyksôs Apophis : « Thoth (le dieu de la science) l'instruit et dans sa bouche (la déesse de l'écriture) Séshat a craché. »

La naissance et la régénération du roi

L'origine divine du roi qui a été élu « déjà dans l'œuf » est reprise dans les mythes de la naissance du roi-dieu. Selon trois célèbres cycles d'images (à Deir-el-Bahari pour Hatshepsout, dans le temple de Louqsor pour Aménophis III et au Ramesséum pour Ramsès II) la reine temporelle reçoit d'un dieu le futur roi. Sous l'Ancien Empire, il s'agit d'Horus ou de Rê, sous le Nouvel Empire d'Amon, à l'époque des Ramessides de Ptah sous la forme du bélier de Mendès. C'est Khnoum, le dieu de la création, qui façonne l'enfant, lequel est ensuite mis au monde, nommé, élevé par des nourrices divines et enfin consacré roi. Parmi les autres formes de légitimation du roi, il y a la transmission de la fonction royale par son père, de même que dans le mythe, la royauté d'Osiris est transmise à son fils Horus ou encore son élection personnelle par un dieu. À partir du Moyen Empire, le roi en fonction prenait assez tôt son successeur au trône comme corégent, ce qui garantissait une stabilité politique réelle.

Pour se régénérer et assurer la pérennité de son pouvoir, le roi, à qui les textes promettaient un nombre illimité d'années de règne, célébrait en général pour la première fois au bout de trente ans de règne et ensuite tous les trois ans ce qu'on appelle la fête-*sed* (fête du renouvellement). La veille, on enterrait une statue du roi, comme symbole de sa mort, et le lendemain, en analogie avec le soleil qui se régénère chaque nuit, le roi, rajeuni, « réapparaissait » sur le trône ; il était couronné une nouvelle fois et témoignait de sa nouvelle force vitale en effectuant une course devant les dieux.

Aménophis III se flattait d'avoir été le premier roi à avoir célébré la fête-*sed* conformément aux écritures anciennes, car « pas une seule génération d'hommes n'avait célébré (correctement) la fête-*sed* depuis le temps de Rê. »

L'aveu du vieillissement est l'expression de la nature humaine du roi qui, dans de nombreux contes, récits et aussi descriptions, est représenté à l'opposé de l'image idéale transmise par l'idéologie. Dans ces textes, nous apprenons que le roi Amasis aimait boire, que le roi Sasobek était parjure ou que le roi Néferkarê était mêlé à une affaire homosexuelle.

Le roi comme chef du pays et maître du monde

Après son couronnement, le roi est présenté avant tout comme le maître de la guerre, comme le grand bâtisseur, comme celui qui rend le culte et le chef du pays. Toutes les entreprises accomplies dans ces domaines servaient au renouvellement permanent de la création et à « l'expansion de ce qui est » (E. Hornung).

Le roi est le père nourricier du pays, il est le garant de la vie des hommes qu'il protège contre la faim, la pauvreté et la violence. *L'Enseignement loyaliste* formulait ainsi le salut du pays assuré par la toute-puissance du roi : « Il est le discernement de ce qui est dans les cœurs, ses yeux scrutent tout corps. Il est le dieu solaire sous la conduite duquel on vit, celui qui est sous son ombre aura beaucoup de serfs. Il est le dieu solaire grâce aux rayons desquels on voit, qui illuminent les Deux-Terres plus que le soleil... Il fait plus verdir qu'une grande inondation et il remplit l'Égypte d'arbres fruitiers. »

Le roi peut disposer du monde sans limite, par exemple par la puissance magique de ses paroles. On peut lire sur la stèle de Qouban de Ramsès II : « Quand tu t'adresses à l'eau : élève-toi sur la montagne ! l'océan primordial surgit sur ton ordre. »

Cette disponibilité du monde se manifeste beaucoup plus concrètement dans le domaine de l'économie, du droit et de l'administration du pays.

Le roi est le maître de l'Égypte que les dieux lui ont confiée et il est ainsi le seul propriétaire du sol et de ses produits. Il détient des privilèges

4. *Statuette du roi Pamai offrant du vin*
Troisième Période Intermédiaire, XXIIe dynastie, vers 780 av. J.-C. ; bronze ; haut. : 25,5 cm ; Londres, British Museum, EA 32747.
On trouve pour la première fois la représentation du roi agenouillé dans l'attitude de l'offrande, ici Pamai (vers 785-774 av. J.-C.) avec la couronne blanche de Haute-Égypte, à l'époque de Pépi Ier (vers 2335-2285 av. J.-C.). Ce genre de représentation montre le souverain, garant de la communication entre le monde humain et le monde divin, qui célèbre l'offrande et le culte quotidien devant les dieux.

L'ÉTAT ET LA SOCIÉTÉ

326 L'ÉTAT ET LA SOCIÉTÉ

royaux (sur le plan des expéditions et du commerce), et une position de monopole économique. Il gère les butins de guerre provenant des campagnes militaires ainsi que les richesses naturelles des pays étrangers qu'il contrôle (Sinaï, Nubie). En tant qu'instance suprême, il dénomme les fonctionnaires sur les postes importants de l'administration, il représente le pouvoir juridique suprême et en tant que tel veille au respect des lois en Égypte.

En tant que maître du monde triomphant des ennemis de l'Égypte qui symbolisent le chaos, le roi massacre les ennemis dans une scène souvent représentée, qui constitue un motif constant (topos) de l'idéologie royale. Le roi combat la rébellion des ennemis étrangers (inspirée par l'idéologie) et aspire en même temps à repousser les frontières de l'Égypte en Asie et en Afrique pour agrandir l'univers donné. Le roi est le maître du monde, il est au-dessus de « tous les pays et de tous les pays étrangers. La frontière méridionale de son univers va aussi loin que le vent et la frontière septentrionale, elle, va jusqu'au bout de l'océan » (d'après une inscription provenant de Bouhen). L'autre monde, le monde du chaos, est représenté par le monde des animaux sauvages que le roi combat en chassant le gros gibier (lions, éléphants), chasse dont il a le monopole.

Le roi et le culte

Tout comme envers les hommes, le roi a des devoirs envers les dieux et d'après une maxime du rituel matinal, le roi devait, « pour satisfaire les dieux » présenter « aux dieux une offrande divine et aux défunts une offrande funéraire ». Seul le roi était habilité à célébrer le culte et à édifier les lieux de culte mais dans la pratique, il déléguait cette tâche aux prêtres. Le roi était le médiateur entre les hommes et les dieux qui n'étaient présents sur terre qu'indirectement, dans leurs temples et leurs statues cultuelles. La communication avec les dieux, laquelle était essentielle à la pérennité du monde, ne pouvait être assurée que par l'accomplissement

---

5. *Couronnement de Ptolémée VIII Evergète II par Nekhbet et Ouadjet*
Edfou, temple d'Horus ; époque ptolémaïque ; vers 130 av. J.C.
Ptolémée VIII Evergète II (qui a régné de 164 à 145-116 av. J.-C.) est intronisé roi des Deux-Terres par Nekhbet et Ouadjet, déesses de Haute et de Basse-Égypte. Il porte le *shendjit*, la queue de taureau, le *pschent* composé de la couronne rouge de Basse-Égypte et de la couronne blanche de Haute-Égypte, la barbe royale et au front l'*uraeus*. Au-dessus du roi se trouvent les deux cartouches avec son nom de naissance et son nom de couronnement.

6. *Sésostris Ier, lors de la course rituelle*
Coptos ; Moyen Empire, XIIe dynastie, vers 1926 av. J.-C. ; calcaire ; haut. : 105 cm, larg. : 147 cm. Londres, University College, Petrie Museum of Egyptian Archeology, 14786.
Le relief illustre Sésostris Ier (1956-1911/10 av. J.-C.) en train d'accomplir, à l'occasion de la fête-*sed* (fête du renouvellement du pouvoir royal) la course rituelle devant le dieu Min, attestant qu'il a régénéré ses forces et qu'il est apte à régner. Il porte la couronne de Basse-Égypte, le pagne royal doté de la queue de taureau et des objets rituels dans les deux mains. Son nom de couronnement est inscrit dans le cartouche au-dessus de sa main gauche.

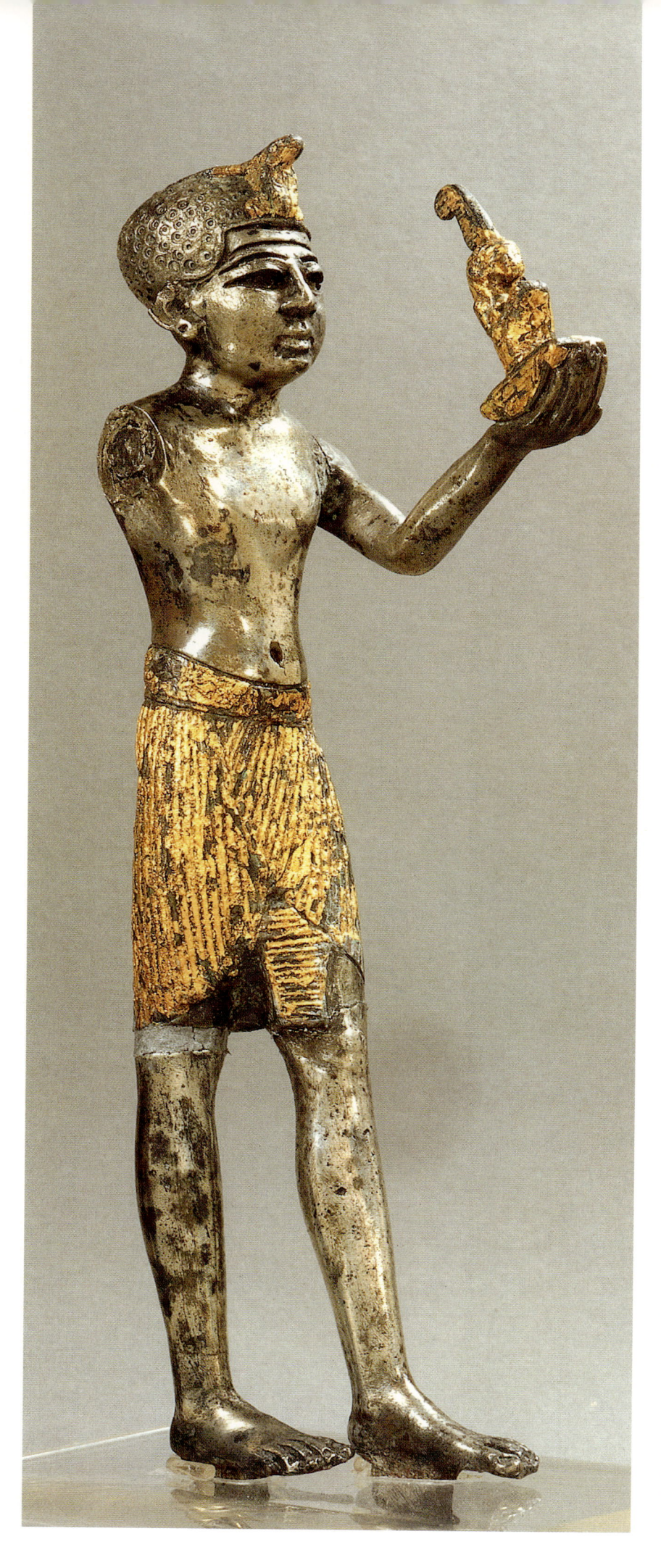

du culte. La stèle de Restauration de Toutânkhamon décrit bien, en évoquant l'hérésie amarnienne, ce que cela implique, en fin de compte, de se détourner des dieux : « Lorsque Sa Majesté Toutânkhamon apparut en roi, les temples des dieux et des déesses sombraient dans l'oubli, depuis Éléphantine jusqu'aux marais du Delta… ; leurs sanctuaires allaient disparaître et étaient devenus des ruines, envahis par les mauvaises herbes, leurs chapelles étaient comme si elles n'avaient jamais existé et leurs salles un chemin de piéton. Le pays était malade et les dieux se détournaient de lui. Si l'on envoyait des soldats en Syrie pour élargir les frontières de l'Égypte, ils ne pouvaient y réussir aucunement. Si l'on implorait un dieu pour lui présenter une requête, il ne venait pas. De même, lorsqu'on implorait une déesse, elle ne venait pas non plus. Leurs cœurs étaient devenus faibles dans leurs êtres et ils détruisaient leurs œuvres. » Le culte avait pour objectif d'apaiser les dieux et d'assurer leur bienveillance à l'égard du pays. Le renoncement au culte mènerait le monde à sa perte.

L'héritage culturel de l'Égypte antique est marqué par les monuments que le roi, en maître d'œuvre, a fait édifier. La construction de monuments « qui restent » (selon la signification du mot « monument » en égyptien) était une de ses tâches principales, en particulier – outre la construction de son propre tombeau – celle de temples consacrés aux dieux du pays.

La royauté dans l'histoire

Même si les traits fondamentaux de l'idéologie royale et de la conception rituelle de l'histoire sont marqués par une grande continuité, on assiste néanmoins, au cours des trois millénaires de culture égyptienne, à une évolution indéniable dans la conception de la royauté.

On retrouve des traces de l'origine de la royauté égyptienne dans la seconde moitié du quatrième millénaire avant J.-C. Les premiers tombeaux que l'on attribue à des rois à Hiéraconpolis (dont l'un décoré de peintures) et à Abydos (où l'on a découvert des sceptres royaux et d'anciens noms de roi), de somptueuses palettes et des massues décorées et la pierre de Palerme (qui comporte la liste des rois jusqu'à la Ve dynastie) témoignent de l'existence d'une royauté et d'une idéologie royale depuis au moins 3200 ans av. J.-C.

Des découvertes plus récentes sont venues enrichir notre perspective et ont rendu l'origine de la royauté égyptienne « moins remarquable mais plus compréhensible » (J. Baines). Les recherches montrent que l'évaluation de la position du roi depuis l'Ancien Empire a évolué. Alors que l'on considérait autrefois le roi de l'Ancien Empire comme un dieu et que l'on interprétait le développement historique ultérieur comme un processus de réduction constante de la divinité et d'une humanisation de la fonction royale, il est clair aujourd'hui que le roi de l'Ancien Empire était considéré comme un homme. Mais dans l'idéal, il remplissait ses fonctions de manière si parfaite qu'il devenait l'égal des dieux et que sa nature même était identifiée à la nature divine, en particulier à celle du dieu solaire. Depuis Aménophis III (1388-1351/50 av. J.-C.), le roi, qui était assimilé au dieu solaire Rê, était déjà vénéré de son vivant comme un dieu. Dans un texte datant de l'époque de Ramsès II (décret de Ptah-Tatenen), le roi est caractérisé comme « le (dieu créateur) vivant Khnoum », comme « roi divin, (…) né comme Khépri (le jeune dieu solaire) dont Rê est le corps, engendré par Rê que Ptah-Tatenen a conçu », il est ici « fils », « image » et

7. Roi présentant la statuette de Maât
Nouvel Empire, XIXe dynastie, XIIIe siècle av. J.-C. ; argent, plaqué or ; haut. : 19,5 cm ; Paris, musée du Louvre, E 27431.
Cette statuette de la XIXe dynastie montre le roi vêtu d'un pagne et d'une calotte au front de laquelle se dresse l'*uraeus*. Il apporte en offrande une statuette de la déesse Maât – l'ordre fondamental du cosmos – à un dieu qui se trouve devant lui et dont la représentation manque. Témoignage de la responsabilité du roi chargé de veiller, sous son règne, au bon fonctionnement du monde.

« manifestation » du dieu qui l'a intronisé, « il porte le *pschent*, est fils de la couronne blanche, héritier de la couronne rouge qui unit les Deux-Terres en paix. »

Le Moyen Empire souligne que la royauté est absolument nécessaire au bon fonctionnement de la société et de l'économie. Ceci est énoncé clairement dans l'*Enseignement pour Mérikarê* : « La royauté est une bonne institution ».

Sous le Nouvel Empire, les entreprises du roi ne sont plus toujours une évidence, elles sont fondées et considérées souvent comme des actions exceptionnelles et historiques. On peut lire ainsi à propos des conquêtes de Thoutmosis Ier que rien de tel « n'avait pu être relevé dans les annales des prédécesseurs depuis les descendants d'Horus (les premiers rois) ». Le récit de Ramsès II à propos de la bataille de Qadesh, dont l'objectif était d'aider à conclure la paix avec le royaume hittite, ce qui constituait un événement unique sur le plan historique, prend ici une place particulière. Dans ce récit, une nouvelle tendance se fait jour, que l'on observe depuis le Nouvel Empire : le dieu intervient à plusieurs reprises dans l'histoire, ce qui diminue l'importance de la royauté et permet avec la XXIe dynastie la création de l'état thébain du dieu Amon. Les rois des époques ultérieures encouragent désormais dans une bien plus large mesure les références au passé de la culture égyptienne. Tout comme leurs sujets, ils sont conscients de vivre « dans un espace de mémoire collective englobant plusieurs millénaires, qui s'impose à leurs yeux et… est éclairé chronologiquement et historiquement jusque dans les moindres recoins. » (J. Assmann). C'est à cette époque que remonte l'apparition du titre égyptien du roi *Per-âa* « la grande maison » dans la tradition hébraïque, qui marque l'introduction de la notion de « pharaon » dans le langage moderne.

La fin réelle de la royauté égyptienne s'acheva avec la victoire du christianisme qui remplaçait la foi en un roi, fils du dieu solaire et garant du salut dans ce monde par la foi en la Terre promise et en Jésus-Christ, le Fils de Dieu.

On supposait par le passé que la royauté de l'Égypte ancienne, dont les traits principaux se retrouvaient aussi dans le royaume de Méroé au Soudan, était à l'origine de la royauté sacrée en Afrique. (G. Lanczkowski). Elle constituait aussi un des « courants sous-jacents » dans la conception gréco-romaine du souverain et indirectement, dans celle du Moyen Âge, avec la royauté de droit divin et la nature double du roi (S. Morenz). Aujourd'hui en revanche, on parle plutôt de l'universalité de l'idée de royauté qui prend, selon les lieux, des formes culturelles différentes.

8. *Le roi Hérihor et son épouse Nedjmet en prière Livre des Morts* de Nedjmet ; XXIe dynastie ; papyrus peint ; Londres, British Museum, sans numéro.
Le roi Hérihor, également Grand Prêtre d'Amon de Thèbes, est représenté dans l'attitude de la prière, en compagnie de son épouse Nedjmet. En bas, à droite, figure une scène de psychostasie, qui permettait de connaître si le caractère et la conduite du défunt étaient en conformité avec la Maât, symbole de la justice. Le résultat de cette pesée décide de sa vie dans l'au-delà. (Chapitre 125 du *Livre des Morts*).

L'ÉTAT ET LA SOCIÉTÉ

330

Beauté et perfection : l'art pharaonique

Rita E. Freed

Depuis la nuit des temps, tout homme qui parcourt l'Égypte ou visite un musée est touché par la beauté de l'art égyptien, devant lequel il reste saisi d'admiration. L'art égyptien est au fondement de l'art des civilisations occidentales, et aujourd'hui encore, nombre d'artistes y puisent directement leur inspiration. Il n'est personne qui, devant une œuvre d'art égyptien, ne puisse d'emblée l'identifier comme telle. La civilisation qui a donné naissance à cet art a duré trois millénaires et on s'étonne que, tout au long de ces siècles, le langage iconographique et formel des œuvres qu'il a produites – cette interprétation si caractéristique du monde dans le plan et dans l'espace – ait si peu changé. Certains principes de cet art, comme la vision idéale du corps humain, la perspective, le mouvement, la hiérarchie se sont élaborés dès le début des temps dynastiques et se sont maintenus jusqu'à la fin de la civilisation pharaonique à peu d'exceptions près.

Nous ne savons pratiquement rien des artistes de l'Égypte ancienne qui ont créé les innombrables œuvres d'art que nous admirons aujourd'hui. À peu d'exceptions près, leurs œuvres ne portent pas de signature. Dans certains cas très rares, des sources secondaires, comme les inscriptions funéraires, nous permettent d'attribuer une œuvre particulière à l'artiste mentionné dans le texte. Et pourtant, les artistes de l'Égypte ancienne bénéficiaient sans aucun doute d'une grande considération sociale, comme en témoignent leurs conditions de vie reconstituées à Deir el-Médineh, village où étaient hébergés exclusivement les ouvriers chargés de construire et de décorer les tombes royales du Nouvel Empire. La marque personnelle et l'originalité – aspects de l'œuvre qui forment la raison d'être de l'artiste des temps modernes – étaient tout à fait secondaires, voire malvenues, dans l'Égypte ancienne. La tâche de l'artiste consistait à s'en tenir aux canons iconographiques établis et à rendre une copie des plus exactes de l'œuvre d'art du modèle imposé. Une statue n'acquérait son individualité que par le nom que l'on y inscrivait et qui désignait la personne représentée et non par le rendu des traits individuels de cette personne.

L'œuvre d'art achevée, qu'il s'agisse d'une statue, d'un bas-relief ou d'un monument, était appelée à la vie par un prêtre lors du rituel magique de l'ouverture de la bouche. La statue de la sorte « douée d'âme » servait alors définitivement de demeure à l'âme, au *ka*, du personnage qu'elle représentait. Cette âme pouvait aller et venir à sa guise, sous forme d'oiseau, le *ba*. Ainsi, le dieu se manifestait dans la statue divine qui devenait au même titre que lui objet de culte. De même un bas-relief pouvait être animé et reproduire pour l'éternité, les actes qu'il représentait, indispensables à la vie éternelle et au bien-être dans l'audelà comme par exemple la production d'aliments et la fabrication d'objets artisanaux, ou encore l'apport d'offrandes aux dieux. Le lien étroit établi entre l'art et la religion se manifeste aussi par le fait que les artistes étaient formés dans la « Maison de vie », une institution dépendante du temple dans laquelle les prêtres recevaient probablement aussi leur initiation.

Dans ces conditions, il n'y a rien d'étonnant à ce que le concept de l'art – c'est-à-dire de l'art pour l'art – soit absent des conceptions de l'Égypte ancienne. Les objets dont nous admirons aujourd'hui la beauté et que nous exposons dans les musées en tant qu'objets d'art étaient, aux yeux de leurs commanditaires, d'une importance capitale et essentiellement d'usage pratique. Cela n'empêcha aucunement les Égyptiens de commander et de créer de beaux objets. En réalité, la plupart des bas-reliefs et des peintures n'étaient pas destinés au regard du monde : tous ces objets étaient enterrés avec leurs propriétaires. C'est seulement sous le Moyen Empire que l'on vit de plus de plus de statues orner les temples, dressées dans des lieux accessibles au public. En conséquence, on assiste au développement de la statuaire royale et privée destinée à matérialiser dans les temples la proximité des hommes et des dieux.

Les sculpteurs égyptiens utilisaient pour leurs œuvres une grande variété de matériaux comme la pierre, le bois, la terre cuite, le bronze, la faïence, l'ivoire et le verre ; cependant la pierre, en raison de sa grande longévité, était le matériau privilégié. On exploitait de riches carrières de calcaire, de grès et de granit à proximité du Nil, ce qui permettait un transport facile de la pierre sur son lieu de destination. D'autres minéraux comme la quartzite, le basalte, l'anhydrite ou la diorite, étaient estimés pour leur couleur, leur dureté et leur polissage facile. Lorsque les carrières correspondantes se trouvaient dans des régions lointaines et hostiles, on envoyait des expéditions chargées d'en rapporter le matériau voulu. Les tailleurs de pierre, doués d'un sens pratique, équarrissaient les blocs sur place et modelaient grossièrement la forme future de la statue, ce qui limitait le transport au strict nécessaire. Ces expéditions étaient toujours organisées pour un projet concret. Quelques-unes des statuettes les plus expressives, les plus artistiques et les plus fines qu'ait produites l'art égyptien étaient sculptées dans le bois (bois d'importation le plus souvent). Malheureusement, fort peu de ces œuvres sont parvenues jusqu'à nous. On connaît également à partir de l'Ancien Empire de très fins travaux de cuivre, et plus tard de bronze.

Les plus anciennes œuvres en ronde bosse qui nous soient parvenues remontent au quatrième millénaire avant l'ère chrétienne. Elles annoncent déjà les traits caractéristiques de la statuaire égyptienne ultérieure, en particulier l'art d'exprimer un maximum de choses avec peu de moyens. La forme humaine est réduite à quelques traits élémentaires, simplifiés et pourtant d'une grande force d'expression. Les membres de forme cylindrique sont modelés dans l'argile et ajustés à un tronc féminin sommaire constitué d'éléments triangulaires et coniques également modelés dans l'argile. Et pourtant, il se dégage un érotisme latent de cette figurine de Badari aujourd'hui acéphale. On observe un procédé semblable pour cet ovoïde en argile provenant de Mérimdé, pourvu de deux trous ronds pour les yeux, de l'arête du nez et d'une fente pour la bouche (voir p. 8, ill. 1). Il émane également une vie intense de cet objet qui ne mesure que quelques centimètres. Et l'on constate la même

---

9. Triade de Mykérinos
Giza, temple de la Vallée ; Ancien Empire, IVᵉ dynastie, vers 2520 av. J.-C. ; grauwacke, haut. : 83,5 cm, larg. : 39,3 cm ; Boston, Museum of Fine Arts, 09.200.
On retrouve les mêmes traits caractéristiques du visage de Mykérinos non seulement sur l'effigie du roi mais aussi sur celles de la déesse Hathor trônant (parée des cornes de vache et du disque solaire) et de la personnification d'un nome. Ce groupe sculptural est l'une des huit triades retrouvées dans le temple de la Vallée de Mykérinos à Giza.

10. La stèle d'Hékou
Saqqara ; Moyen Empire, XIII⁰ dynastie, vers 1700 av. J.-C. ; calcaire ; haut. : 51,5 cm ; New York, Brooklyn Museum, 37.1347 E.
Néfertem a gravé son nom en grandes lettres dans la partie inférieure de cette stèle qu'il a sculptée pour le fonctionnaire Hékou et sa famille. C'est l'un des rares exemples, au cours des millénaires de l'histoire de l'Égypte ancienne, où l'on puisse attribuer une œuvre à un artiste.

11. Statue inachevée d'un sphinx criocéphale
Gébel el-Silsileh, carrières (est) ; Nouvel Empire, XVIII⁰ dynastie, règne d'Aménophis III, vers 1370 av. J.-C. ; grès ; long. : 210 cm env.
Une grande partie du grès utilisé pour la construction des temples et pour la statuaire provenait de la carrière du Gébel el-Silsileh. Il s'agit ici de l'ébauche d'un sphinx, abandonnée dans la carrière, probablement en raison d'un défaut de la roche.

332 L'ÉTAT ET LA SOCIÉTÉ

12. Statuette d'Harbès debout
Karnak, temple d'Amon-Rê, Cachette ; Basse Époque, XXVIᵉ dynastie, vers 590 av. J.-C. ; grauwacke ; haut. : 61,5 cm ; New York, Metropolitan Museum of Art, Rogers Fund, 1919, 19.2.2.
Le prêtre Harbès tient devant lui une statue d'Osiris, geste de respect à l'égard du dieu des morts. Cette sculpture avait été érigée à l'origine dans le temple de Karnak où elle resta plusieurs siècles jusqu'à son inhumation rituelle dans la fameuse Cachette avec des milliers d'autres statues.

habileté technique dans des œuvres qui furent sculptées dans d'autres matériaux.

À l'unification du royaume, l'Égypte est marquée par des structures sociales qui deviennent de plus en plus complexes et qui s'accompagnent du développement de la statuaire monumentale. Les œuvres de cette époque, comme par exemple les statues colossales du dieu Min, découvertes à Coptos, ont souvent quelque chose d'étrange et d'irréel. La plupart utilisent les mêmes moyens stylistiques que les sculptures primitives, en particulier la simplification des formes, réduites à l'ébauche géométrique. Il importe de savoir que ces premières statues colossales sont toutes des représentations de dieux.

Dès le début du troisième millénaire av. J.-C., les bas-reliefs égyptiens avaient déjà atteint une telle maîtrise dans la transposition de la ronde-bosse sur une surface plane qu'ils gardèrent valeur de référence pour toute la durée des temps dynastiques.

On en a un très bel exemple avec la célèbre palette de Narmer, tout aussi instructive pour l'histoire de l'Égypte, sa religion et sa littérature, que l'histoire de l'art. Au verso de cette palette on observe l'effigie du roi Narmer représentée à grande échelle. Son regard se dirige vers la droite, il est vêtu du pagne royal et porte la couronne de la Haute-Égypte. Chaque partie du corps a été soigneusement exécutée dans ses lignes les plus claires et les mieux reconnaissables. Il en résulte un mélange des vues de face et de profil, qui procure une impression de force, de stabilité, de mouvement et de dynamisme. C'est ainsi que l'œil est dessiné de face sur un visage représenté de profil. La frontalité des épaules et du torse soulignent la puissance royale. Le profil des jambes, l'une étant placée devant l'autre, confère à la représentation à la fois stabilité et dynamisme, un effet qui n'aurait pu être obtenu ni par une vue de face ni par une vue de profil des deux jambes jointes. En bref, le bas-relief est un hiéroglyphe, un symbole, qui par des moyens réduits transmet la somme de messages possibles.

La taille est l'expression du rang. Comme sur la palette de Narmer, le roi est toujours représenté dans des dimensions supérieures à celles de sa suite, et souvent, à ses côtés, sa femme et les enfants sont réduits à la taille de nains. Le roi peut être représenté à la même échelle que les dieux, un signe visible de sa mission divine ; il n'est cependant jamais plus grand qu'eux. De la même façon, dans l'iconographie funéraire privée, on reconnaît le propriétaire de la tombe à sa taille, qui peut atteindre le quadruple ou le quintuple de celle de ses ouvriers.

L'époque thinite appelée époque archaïque fut une période d'expérimentation artistique, comme en témoignent les statues représentant aussi bien les rois que les particuliers. Un bel exemple de la seconde catégorie est la statue de Hetepdief, provenant de Memphis. Cette sculpture en ronde bosse n'a rien des proportions relativement harmonieuses de la palette de Narmer. L'observateur porte d'emblée son regard sur la tête de la statue dont la perruque aux mèches étagées et le visage aux traits soigneusement dessinés sont la partie de l'œuvre la plus riche en détails. Cette tête, en outre, de taille importante par rapport au reste du corps, est nettement portée vers l'avant. Contrastant avec elle, le corps est réduit à un cube massif où buste et membres se fondent littéralement dans une masse à peine individualisée. Peut-être est-ce par crainte de voir la pierre céder sous son propre poids que l'artiste a totalement renoncé à marquer le cou, point faible et fragile d'une sculpture. En revanche, la transition entre la tête et le buste a été masquée par la perruque longue. Pour les statues de rois de la même époque, par exemple

13. Statuette d'un haut fonctionnaire debout
Probablement du Fayoum ; Moyen Empire, XIIᵉ dynastie, vers 1800 av. J.-C. ; cuivre, argent ; haut. : 32 cm ; Munich, Staatliches Museum Ägyptischer Kunst, ÄS 7105.
Cette statuette de la fin de la XIIᵉ dynastie, chef-d'œuvre en cuivre, est l'un des plus anciens exemples de moulage en creux de l'art égyptien. Comme dans d'autres œuvres de la même époque – mais en pierre –, le pagne noué très haut sous la poitrine dissimule l'obésité du fonctionnaire.

L'ÉTAT ET LA SOCIÉTÉ

14. Deux idoles féminines
Époque prédynastique, Naqada I ; vers 3800 av. J.-C. ; os ; haut. : 10,6 cm et 12 cm ; Londres, British Museum, EA 32142, 32139.
L'os, matériau tendre, a fréquemment été utilisé pour la réalisation de figurines naturalistes du début de la période prédynastique. Les traits incisés et les perforations soulignent le caractère sexuel des deux figurines féminines, qui probablement garantissaient à leur propriétaire la fécondité ici-bas et la renaissance dans l'au-delà.

15. Figurine colossale du dieu Min
Coptos ; époque prédynastique tardive, Naqada III, vers 3150 av. J.-C. ; calcaire ; haut. : 168 cm ; Oxford, Ashmolean Museum, 1894.105 d.
Cette statue – plus grande que nature en forme de colonne, d'un travail sommaire mais expressif – illustre Min, le dieu de la fécondité, objet de culte à toutes les époques de l'histoire égyptienne. Des études récentes ont montré que les signes gravés sur le flanc de la statue désignent des noms de localités.

celle du roi Djéser, retrouvée dans son complexe funéraire, c'est le *némès*, l'étoffe royale, qui remplit cette fonction.

Sous la IVe dynastie, l'époque des pyramides, les Égyptiens élaborèrent pour la représentation du corps en ronde bosse et en bas relief un canon de proportions et un idéal de beauté qui restèrent en vigueur jusqu'à l'orée du christianisme. À partir de l'Ancien Empire, l'idéal qu'illustrent si magistralement les statues de Mykérinos et de sa femme, la reine Khâmerernebti – ou les triades composées de Mykérinos, de la déesse Hathor et de la personnification d'un nome (voir p. 77, ill. 67), est une beauté classique, sans âge. Le regard du souverain est serein, dirigé vers un but imprécis et lointain. Le rendu des yeux en amande est réaliste. Le nez droit est légèrement recourbé, les lèvres minces ne trahissent aucune émotion. Toutes les autres figures masculines, à l'instar des rois, présentent eux aussi des épaules larges, une taille mince, des jambes musclées, un visage lisse et impénétrable. Les femmes sont représentées avec des épaules moins larges, des hanches étroites et des seins petits et ronds, la silhouette étant soulignée par des vêtements très près du corps, qui cependant ne sont jamais indécents. Certains détails comme les traits du visage et la mode des vêtements se modifièrent au cours des dynasties ; mais d'une manière générale, les sujets du roi empruntaient les traits du souverain régnant.

Les figures masculines debout se tenaient traditionnellement la jambe gauche avancée, mais le poids du corps portait sur la jambe arrière (la droite). Les femmes sont le plus souvent représentées les pieds joints, dans une attitude plutôt passive, mais les reines et les déesses avancent parfois elles aussi la jambe gauche, telle l'épouse de Mykérinos. En outre, le teint est un critère qui différencie les deux sexes : les hommes, qui travaillent à l'extérieur, aux champs ou sur le fleuve, ont la peau d'un brun cuivré, tandis que les femmes, occupées aux travaux domestiques, au foyer ou au métier à tisser, sont représentées avec un teint ocré.

Afin de pouvoir respecter les proportions idéales du corps indépendamment de sa taille, de la technique ou du support utilisés, les artistes se servaient d'un quadrillage (en général) de 18 carreaux.

Celui-ci était fondé sur l'idée d'un canon de proportions fixes, et la conception d'une relation idéale entre les mesures des différentes parties du corps. L'unité de base était la coudée – ce qui correspondait à la

16. Statuette de Hetepdief agenouillé
Memphis, Ancien Empire, IIIe dynastie, vers 2650 av. J.-C. ; granit rose ; haut. : 39 cm, larg. : 18 cm ; Le Caire, Musée égyptien, CG 1.
Hetepdief se tient agenouillé les deux mains posées sur les genoux, dans l'attitude de la prière. La posture et le lieu de découverte de cette statue à Memphis laissent supposer qu'elle était initialement placée dans un temple. Les noms des trois premiers rois de la IIe dynastie sont gravés sur son épaule droite ; Hetepdief était sans doute responsable de leur culte.

17. La palette de Narmer (détail)
Hiéraconpolis ; dynastie 0, vers 3100 av. J.-C. ; grauwacke ; haut. : 64 cm ; Le Caire, Musée égyptien, JE 32169.
Sur la face principale de sa fameuse palette, le roi Narmer s'apprête à frapper l'ennemi. Dans ce monument du début de l'histoire dynastique de l'Égypte, se trouvent déjà représentés les insignes royaux traditionnels : la couronne de la Haute-Égypte, la barbe cérémonielle et la queue de taureau.

18. Portrait de Néfer
Giza, cimetière ouest (G 2110) ; Ancien Empire, IVe dynastie, vers 2550 av. J.-C. ; calcaire ; haut. : 95,2 cm ; Boston, Museum of Fine Arts, 07.1002.
Sur cette embrasure de porte provenant de sa tombe, le trésorier Néfer est représenté trois fois plus grand que les scribes venus lui rendre compte de l'état de ses biens et propriétés. Le nez aquilin du haut fonctionnaire Néfer s'observe aussi sur sa tête de remplacement. C'est là l'un des rares exemples de l'art égyptien qui offrent les caractéristiques d'un portrait.

L'ÉTAT ET LA SOCIÉTÉ

20. Ostracon au portrait de Senenmout
Thèbes, Deir el-Bahari, tombe de Senenmout ; Nouvel Empire, XVIIIe dynastie, vers 1470 av. J.-C. ; calcaire peint ; hauteur de la tête : 9,3 cm ; New York, Metropolitan Museum of Art, Rogers Fund, 1936, 36.3.252.
Sur cet ostracon (éclat de calcaire), un artiste a peint en noir sur un quadrillage relevé en rouge le visage de Senenmout, l'architecte d'Hatshepsout. Son nez aquilin caractéristique ressemble non seulement à celui de la reine mais encore à celui du successeur de celle-ci, Thoutmosis III.

19. Sésostris III
Moyen Empire, XIIe dynastie, vers 1860 av. J.-C. ; grès silicifié ; haut. : 54,1 cm ; Kansas City, Nelson-Atkins Museum of Art, 62.11.
Dans ce chef-d'œuvre de la statuaire égyptienne, on reconnaît facilement le roi Sésostris III à ses lourdes paupières, aux profonds sillons qui marquent son front et à la moue sévère de sa bouche. On associe au nom de ce roi une profonde réforme de l'administration égyptienne.

distance entre le coude et l'extrémité du pouce. Une effigie debout mesurait six coudées. La coudée se subdivisait en quatre poings (la largeur de la main, pouce inclus), six palmes (les quatre doigts) ou vingt-quatre doigts. Le côté d'un carreau de quadrillage mesurait un poing. Chaque partie du corps se trouvait sur ou entre des carreaux bien précis. Sur les statues inachevées et sur les « modèles » utilisés par les sculpteurs (bas-reliefs ou sculptures à une plus petite échelle), on peut distinguer les lignes du quadrillage le plus souvent indiquées en rouge sur les bas-reliefs, par de légères incisions sur les sculptures.

Mais à toutes les époques, il y eut des infractions constantes et diverses au canon des proportions du corps humain.

Sous le Moyen Empire, à partir du règne de Sésostris II, l'image du roi change radicalement, aussi bien dans les arts plastiques que dans la littérature. Le visage idéalisé, éternellement jeune, est désormais creusé par les marques de l'âge. Les rides du front, les lourdes paupières tombantes, les poches sous les yeux, un visage creusé deviennent la norme. Ces visages sévères suscitent crainte et respect, surtout quand les statues sont placées bien en vue à l'intérieur ou à proximité du temple. Pendant la seconde moitié du Moyen Empire, la statuaire privée, en particulier les statues de petit format, connut un bel épanouissement. Ce phénomène se développa lorsque la religion osirienne prit une place de plus en plus prépondérante dans le culte des particuliers. Beaucoup de ces statues, de petit format, ont été trouvées à Abydos, lieu où, selon le mythe, Osiris fut enterré et ressuscita. Elles sont représentatives de l'espoir du propriétaire en sa propre renaissance.

L'art du Nouvel Empire est caractérisé par la tendance à s'écarter de ces représentations du Moyen Empire aux visages marqués par les pénibles épreuves de la vie, et à retrouver le détachement impassible de l'image royale de l'Ancien Empire. Hatshepsout elle-même, cette femme qui occupa le trône en lieu et place de Thoutmosis III, son beau-fils, se fit représenter avec un visage hiératique, sans âge, les épaules larges, la taille fine, la jambe gauche avancée, à l'image de ses prédécesseurs. Sous Thoutmosis III, qui accéda au trône à la mort d'Hatshepsout, l'Égypte connut sa plus grande expansion, intégrant à l'art les nouveaux apports de matériaux et d'idées. Sous le Nouvel Empire la peinture funéraire connut son apogée, en particulier à Thèbes. Sur nombre de ces peintures décorant les tombes, on voit des natifs de pays étrangers venant payer le tribut ou apporter des denrées provenant de leurs patries respectives. Les différentes nationalités sont soulignées par les traits stéréotypés, voire caricaturaux, de la physionomie ou du vêtement, que les Égyptiens exécutaient avec les procédés utilisés pour leur propre effigie.

Beaucoup des thèmes iconographiques de cette décoration funéraire – comme l'effigie monumentale du propriétaire de la tombe recevant les offrandes déposées sur la table d'offrande, ou surveillant les ouvriers sur les terres de son domaine – nous sont connus grâce aux tombeaux de l'Ancien et du Moyen Empires. Ils sont désormais exécutés d'après les canons stylistiques du Nouvel Empire. Des motifs comme les animaux sauvages de la scène de chasse de la tombe d'Ouserhat, fuyant éperdus de panique devant leur poursuivant, ou, dans la tombe de Rekhmirê, la chaste coquetterie de la servante tournant le dos à l'observateur, témoignent de l'évidente capacité des artistes du Nouvel Empire à retenir dans l'image le détail, le mouvement et l'émotion.

La récente découverte de peintures murales dans le palais de Tell ed-Daba, dues sans doute à des peintres de la civilisation minoenne, a engagé de nouvelles recherches qui tenteront de définir les influences égéennes dans la décoration funéraire de cette époque.

La richesse thématique des peintures du Nouvel Empire plaça les artistes devant de nouveaux problèmes comme celui de la perspective, qu'ils résolurent à la manière égyptienne : chaque élément de la scène est représenté sous son aspect le plus clair et le plus caractéristique. C'est ainsi qu'une vignette de la tombe de Sobekhotep le représente en compagnie de sa femme prenant le frais près d'un plan d'eau de sa

22. La chasse dans le désert
Thèbes, tombe d'Ouserhat (TT 56) ; Nouvel Empire, XVIIIe dynastie, règne d'Aménophis II, vers 1410 av. J.-C. ; peinture. Impassible, le scribe royal Ouserhat bande calmement son arc, dans un contraste expressif avec le désordre des animaux qui fuient en tous sens. Une maigre végétation et des lignes ondulantes évoquent le cadre désertique de cette scène.

23. Ramsès II à la bataille de Qadesh
Thèbes, temple funéraire de Ramsès II (Ramesséum), Ier pylône ; Nouvel Empire, XIXe dynastie, vers 1270 av. J.-C. Le char de guerre de Ramsès II s'élance à l'assaut de l'armée hittite dont les rangs se désorganisent sous la fureur de l'attaquant. Le contraste entre la figure héroïque du roi et le désordre des soldats à terre rappelle les scènes de chasse des tombes privées, telle celle de la tombe d'Ouserhat.

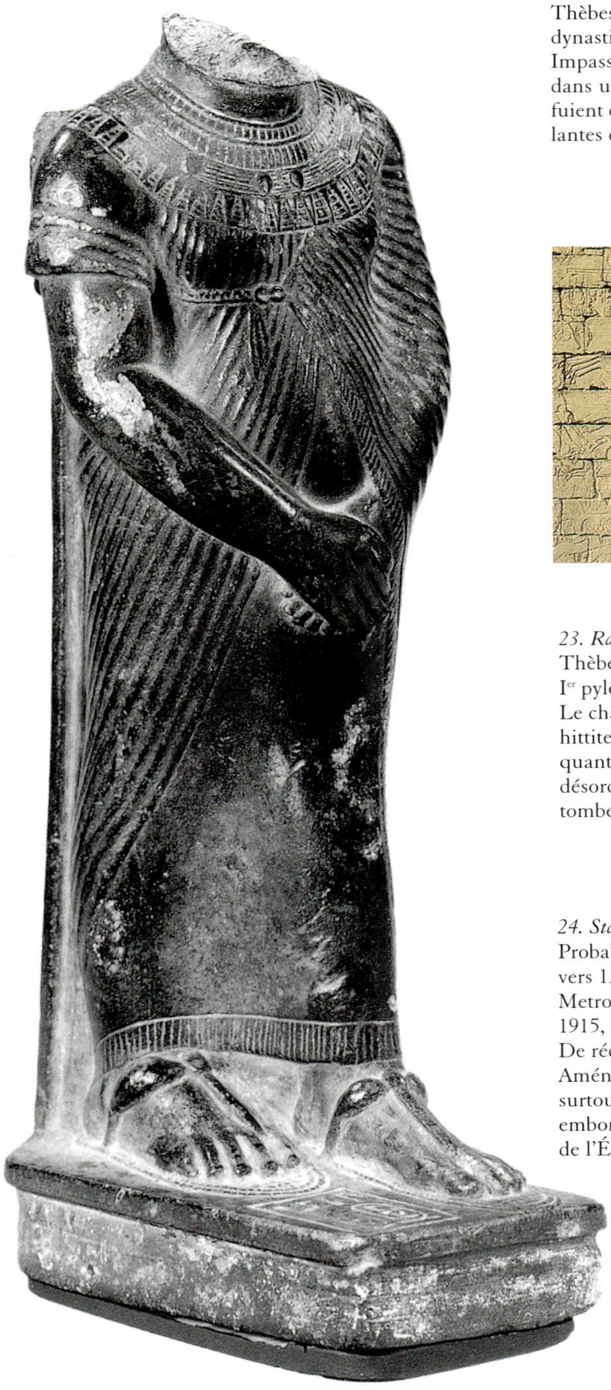

24. Statuette d'Aménophis III
Probablement de Thèbes ; Nouvel Empire, XVIIIe dynastie, vers 1360 av. J.-C. ; serpentinite ; haut. : 22,5 cm ; New York, Metropolitan Museum of Art, Bequest of Theodore M. Davis 1915, 30.8.74.
De récents travaux ont montré que les représentations du roi Aménophis III qui furent réalisées à la fin de son règne, et surtout à l'occasion des fêtes de son jubilé, l'illustrent dans un embonpoint prononcé. C'est la première fois, dans l'histoire de l'Égypte, qu'un torse royal est ainsi représenté.

21. Statue d'Hatshepsout dans l'attitude de la prière
Thèbes, Deir el-Bahari, temple funéraire d'Hatshepsout ; Nouvel Empire, XVIIIe dynastie, vers 1465 av. J.-C. ; granit rose ; haut. : 242 cm ; New York, Metropolitan Museum of Art, 28.3.18.
Hatshepsout est représentée ici – malgré son sexe et comme dans la plupart de ses statues – avec les insignes masculins de la royauté, le *némès*, l'*uraeus*, la barbe postiche et le pagne court. Caractéristique également de ce type de statue, la jambe gauche de la reine est en position avancée. Elle fit parer son temple funéraire à Deir el-Bahari de nombreuses statues en divers matériaux et de tailles différentes, que Thoutmosis III, son beau-fils et successeur, fit disparaître à sa mort.

L'ÉTAT ET LA SOCIÉTÉ

25. Dalle d'autel
Tell el-Amarna ; Nouvel Empire, XVIIIe dynastie, vers 1340 av. J.-C. ; calcaire ; haut. : 32 cm ; Berlin, SMPK, Ägyptisches Museum, 14145.
Sous les rayons dispensateurs de vie d'Aton, le dieu unique d'Akhénaton, le roi et son épouse Néfertiti jouent avec leurs trois jeunes filles. Cette stèle a été trouvée dans le naos d'une maison d'habitation à Tell el-Amarna, où elle fut à l'époque adorée comme l'objet principal du culte.

26. Relief d'un vieux fonctionnaire
Probablement de Saqqara ; Nouvel Empire, XVIIIe dynastie, vers 1310 av. J.-C. ; calcaire ; haut. : 14,4 cm, larg. : 31,3 cm ; New York, Brooklyn Museum, Charles Edwin Wilbour Fund, 47.120.1.
Le front ridé, les joues flasques, la peau du bras fripée caractérisent le portrait de ce vieillard. Cette attention accrue portée au détail réaliste caractérise bon nombre d'œuvres de l'époque post-amarnienne.

338   L'ÉTAT ET LA SOCIÉTÉ

28. Statue du roi Shabaka agenouillé
Basse Époque, XXV⁰ dynastie, vers 710 av. J.-C. ; bronze ; haut. : 16 cm ; Athènes, Musée national, ANE 632.
Le roi Shabaka est agenouillé dans l'attitude de la prière devant une divinité (qui a disparu). Même sans son nom gravé sur la ceinture de son pagne, on l'identifierait sans peine à sa calotte ornée d'un double *uraeus* et au collier paré de têtes de bélier, comme l'un des conquérants kouchites de l'Égypte.

27. Maya et Mérit
Saqqara, tombe de Maya ; Nouvel Empire, XVIII⁰ dynastie, vers 1320 av. J.-C. ; calcaire ; haut. : 158 cm ; Leyde, Rijksmuseum van Oudheden, AST 3.
Ce superbe exemple de la statuaire privée de la fin de la XVIII⁰ dynastie représente le trésorier Maya et sa femme Mérit, chanteuse du temple d'Amon. Le couple s'est paré avec élégance pour l'éternité. L'artiste n'a pas choisi le maniérisme amarnien mais l'héritage naturaliste légué par cette époque, que l'on retrouve ici dans la qualité des visages. Maya exerça ses fonctions sous les règnes de Toutânkhamon, d'Aÿ et d'Horemheb.

L'ÉTAT ET LA SOCIÉTÉ

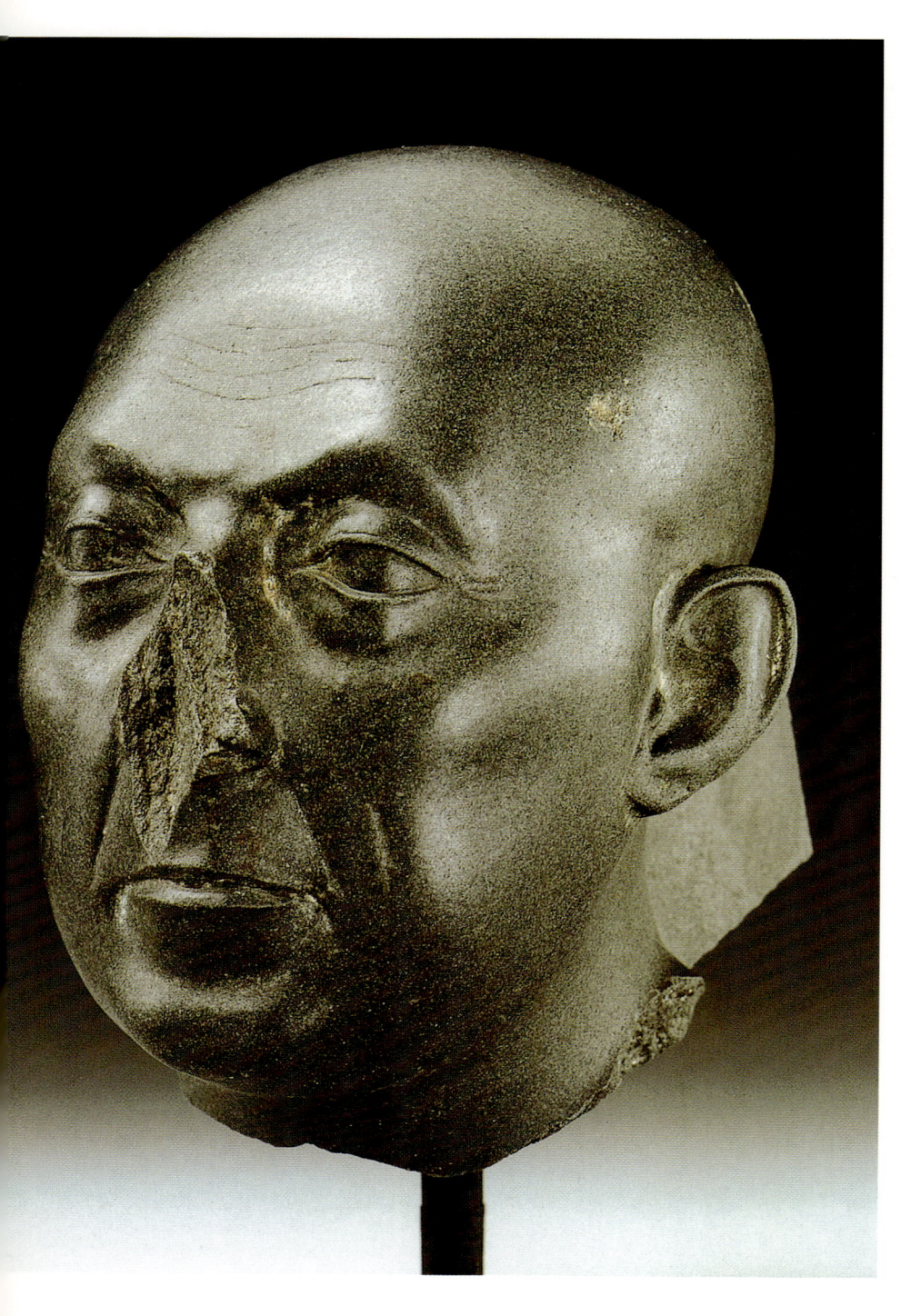

29. La « tête » de Boston
Saqqara ; Basse Époque, XXXe dynastie, vers 330 av. J.-C. ; schiste vert foncé ; haut. : 10,8 cm ; Boston, Museum of Fine Arts, 04.1749.
Tout au long de l'histoire de l'Égypte, quoique de façon sporadique, les sculpteurs ont pratiqué l'art du portrait. Cette tête en schiste vert de Boston, pas plus grosse que le poing, avec ses fines rides sur le front, ses ridules en pattes d'oie et le détail de la verrue, est empreinte d'un certain réalisme. Le sculpteur a pris soin de reporter dans la dure matière l'une des plus saisissantes illustrations de ce genre. Le crâne rasé indique la fonction de prêtre.

propriété. Or pour visualiser l'étang, l'artiste a choisi de le montrer en « vue aérienne », sous une forme rectangulaire. Quant aux poissons et aux fleurs de lotus qu'il contient, il les dessine de profil et rabat les arbres autour du bassin.

Bien que le portrait royal ait connu des modifications sous le Moyen Empire, la silhouette élégante et svelte du corps restait inchangée depuis l'Ancien Empire. Cependant le Nouvel Empire connaît un changement notable : dans les dernières années du règne d'Aménophis III, pour la première fois, les statues royales présentent un visible embonpoint. Mais c'est sous le règne de son fils, Aménophis IV/Akhénaton, qu'intervient un changement radical dans la représentation du roi. Dans les portraits de ce souverain, l'artiste ne cherche aucunement à rester fidèle à la réalité : le visage, d'une longueur exagérée, offre au regard des yeux réduits à de longues fentes obliques, des pommettes saillantes, un long nez étroit aux ailes évasées, une bouche en forme de « V », qui empiète sur le menton allongé (voir p. 164, ill. 30). Le long cou incurvé du roi présente – pour la première fois – de profondes rides et sur le buste décharné ressortent les clavicules. En contraste avec cette maigreur étique, les hanches s'évasent largement autour du ventre ballonné. Mais cela ne se limite pas au roi : sa femme, ses six filles et les courtisans présentent tous ces traits exagérés.

Entre l'an 5 et l'an 6 de son règne, Aménophis IV, qui prend alors le nom d'Akhénaton, fonde sa nouvelle capitale à Tell el-Amarna dans laquelle il entreprend un gigantesque programme de construction. Les reliefs qui furent retrouvés dans des contextes aussi bien royaux que privés illustrent une rupture de la norme qui jusqu'ici s'appliquait à l'iconographie des souverains égyptiens : les scènes montrent pour la première fois, à côté des représentations officielles, le souverain dans son rôle de père qui caresse et embrasse ses enfants assis ou jouant sur ses genoux. Son épouse Néfertiti est également illustrée dans cette attitude. On trouve aussi un sentiment d'émotion complètement différent dans les scènes qui représentent les époux royaux déplorant le décès de leur deuxième fille sur les parois murales de la tombe familiale à Tell el-Amarna. Ce coup d'œil dans la sphère privée de la famille royale est sans précédent dans l'art égyptien et restera sans suite.

Si beaucoup des excès de ce maniérisme du début de l'époque amarnienne s'atténuèrent par la suite, l'influence artistique de Tell el-Amarna se prolongea longtemps après la mort d'Akhénaton et l'abandon de la ville. Ces traits mis en relief, sur les visages – en particulier dans le rendu des yeux, la bouche sensuelle –, les plis du cou, l'accentuation des formes de la poitrine et du ventre, et, d'une façon générale, la richesse des détails, tout cela est le legs des artistes de l'époque amarnienne. Mais leur plus grand héritage est d'avoir ouvert la voie à la recherche de l'émotion, et leurs successeurs, désormais, s'efforcèrent de l'exprimer au moyen du geste et du détail. De plus, on trouve à l'époque des Ramessides une liberté artistique qui n'aurait sans doute pas été possible sans l'épisode amarnien.

Les œuvres du règne de Ramsès II frappent à la fois par leur monumentalité et leur profusion. Du Delta, au nord, à la Nubie, au sud du pays, furent érigés des statues colossales, des temples et des cités qui célébraient la gloire divine et royale du souverain et ses hauts faits de guerre. Il s'appropria d'innombrables monuments et statues édifiés par ses prédécesseurs en y inscrivant son nom et parfois en les parant de sa propre effigie. Sans être le premier à exceller dans cet art de l'usurpation, il fut celui qui le pratiqua à la plus vaste échelle. Les qualités militaires de Ramsès II et sa bravoure au combat dans sa tentative de gagner contre les Hittites la ville stratégique de Qadesh furent célébrées à travers tout le pays, sur les bas-reliefs des temples et dans les inscriptions, alors qu'en réalité, le conflit se solda par une situation bloquée. Des cycles de bas-reliefs rapportent abondamment à l'Égypte, épisode par épisode, chaque fait qui préluda aux hostilités, le déroulement de la bataille proprement dite et l'épilogue.

L'art de la Basse Époque se caractérise par l'intégration et l'assimilation d'éléments formels et iconographiques étrangers aux idéaux d'un art égyptien millénaire. Lorsque l'Égypte de la XXVe dynastie tomba sous la domination des Nubiens, les nouveaux souverains se firent représenter dans les attitudes et les vêtements traditionnels de la civilisation pharaonique. Ces œuvres ont pourtant été exécutées avec la forme et la physionomie des visages nubiens et parées des insignes de pouvoir des occupants comme la calotte ornée de deux *uraei* (dont on n'a pas encore

30. Statue de Ir-aâ-Khonsou debout
Probablement Karnak, temple d'Amon, Cachette ; Basse Époque, XXVe-XXVIe dynastie, vers 670 av. J.-C. ; granit noir ; haut. : 43,5 cm ; Boston, Museum of Fine Arts, 07.494. Cette statue de Ir-aâ-Khonsou, debout, la jambe gauche avancée, datant du premier siècle avant notre ère, reprend le rendu du corps d'un jeune homme, le vêtement et l'attitude habituels 2000 ans auparavant. Seuls de subtils détails, dans les proportions, le modelé, le travail du ciseau et le fin polissage de la pierre dure, permettent de distinguer cette statue de celles que produisit l'Ancien Empire.

tout à fait élucidé la signification), ou le collier orné de l'effigie d'Amon sous forme de tête de bélier.

C'est une motivation toute politique qui incita les dynasties ultérieures à garder la mémoire de la grandeur et de la puissance égyptiennes. Elles s'appliquèrent à maintenir vivants les idéaux du passé et imitèrent certains éléments des styles anciens. Parallèlement, on voit les artistes explorer de nouvelles voies : ils s'intéressent à la représentation des stigmates de l'âge et aussi au portrait, au sens de la ressemblance. C'est là l'une des caractéristiques de l'art égyptien. Dans cet art, la statue n'est pas identifiée par les traits individuels de son propriétaire mais par la mention du nom de ce dernier, une fois le travail achevé. L'art égyptien imposait à la fois un corps et un visage idéalisés. La notion de portrait n'avait aucune pertinence dans cette vision de l'art.

Et c'est ce qui fait le caractère exceptionnel et singulier d'une sculpture telle que la tête en schiste vert exposée à Boston. C'est la tête marquée par l'âge d'un prêtre memphite. Mais ici, l'artiste va au-delà des signes canoniques de l'âge, tels que nous les connaissons d'après les œuvres du Moyen Empire. La forme du crâne, l'expression rébarbative du visage, la nette asymétrie de celui-ci rendue par la verrue sur la joue gauche, tout persuade ici qu'on a devant soi la représentation d'un individu unique et singulier. Il s'agit en l'occurrence, c'est vrai, d'une œuvre datant de la Basse Époque, mais on trouve cependant des portraits authentiques à toutes les époques de l'histoire de l'Égypte.

Lorsque l'Égypte tomba sous la domination grecque, puis romaine, les nouveaux maîtres du pays s'efforcèrent de s'allier les sympathies de la population locale et de l'influent clergé en se faisant dresser des statues officielles parées du costume traditionnel des pharaons, auquel ils associèrent les corps athlétiques et l'attitude classique de l'Antiquité. Dans la statuaire privée, une telle association ne se produisit pratiquement jamais. Dans cette sphère, on savait apprécier en connaisseur les mérites respectifs de l'art égyptien autochtone et de l'art classique : on les faisait coexister côte à côte par goût du contraste, on les mélangeait rarement.

L'ÉTAT ET LA SOCIÉTÉ   341

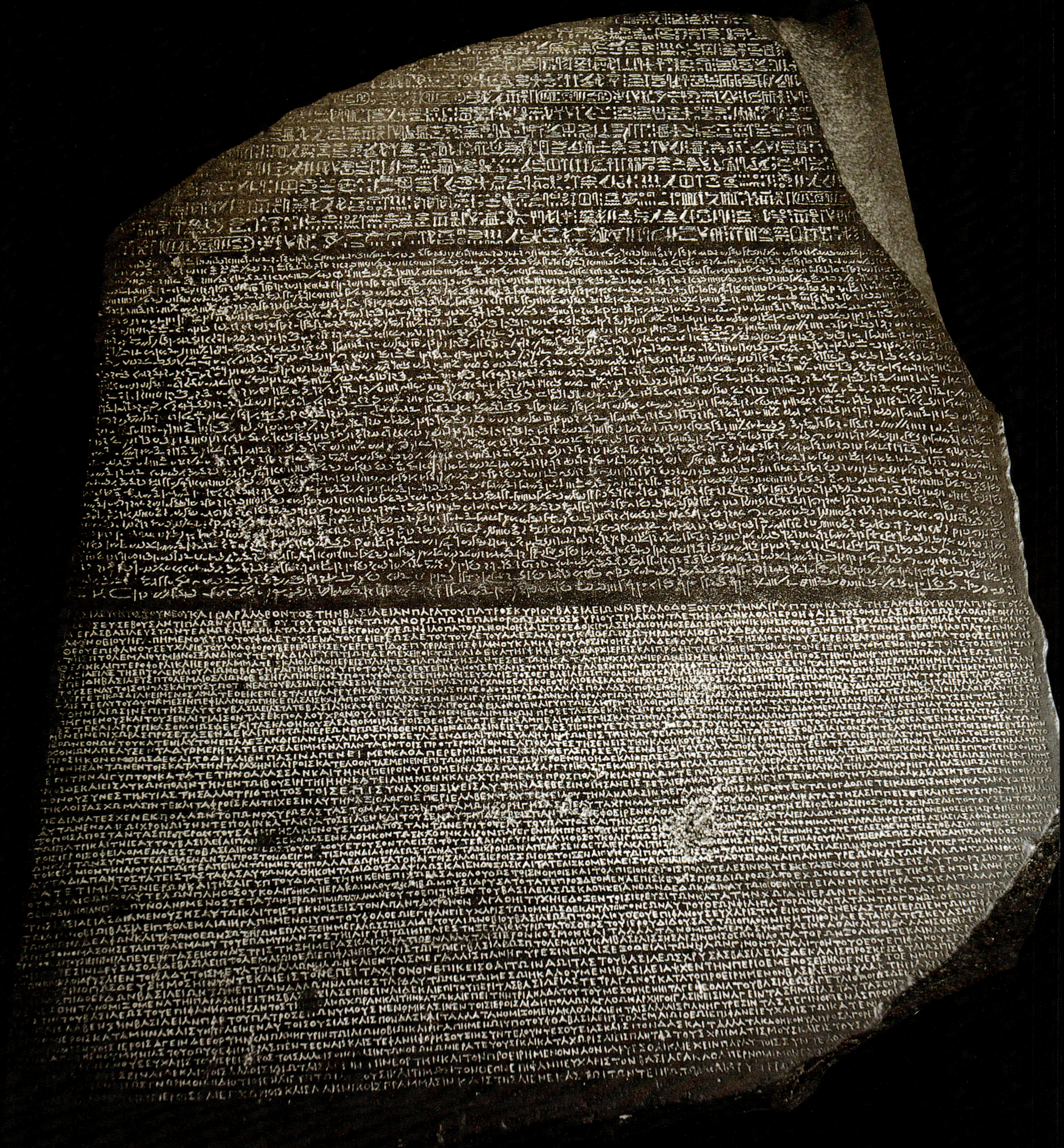

Les hiéroglyphes : écriture et écrits

Stefan Wimmer

La naissance des « images sacrées »

Le site d'Abydos en Haute-Égypte est bien connu des nombreux visiteurs du pays. C'est en effet le principal lieu de culte d'Osiris. À quelques kilomètres au-delà du célèbre temple de Séthi Ier, se trouvent les plus anciennes tombes royales du pays, dont la datation remonte jusqu'à l'époque prédynastique. Tout récemment, les fouilles entreprises par l'Institut archéologique allemand du Caire dans le secteur de ces nécropoles ont abouti à une découverte spectaculaire : en Égypte, la naissance de l'écriture est probablement antérieure de plusieurs siècles à la date fixée jusqu'ici, aux alentours de l'an 3000 av. J.-C.

Cette découverte repose une question déjà soulevée depuis longtemps : existe-t-il une éventuelle relation entre le développement de l'écriture égyptienne et l'apparition presque contemporaine de l'écriture en Mésopotamie et en Iran ? Les premiers pictogrammes du Proche-Orient, dont la simplification allait rapidement aboutir à l'écriture cunéiforme, ont été inventés pour des raisons économiques. Les récits, les mythes, ainsi que les messages de diverses natures, pouvaient aisément se transmettre oralement. En revanche, les activités commerciales exigeaient que l'on établisse de manière incontestable des données fort simples, telles que les dépenses et les recettes, et que l'on tienne une comptabilité.

Les Égyptiens eux-mêmes s'expliquaient bien différemment l'exploit culturel inouï que représentait l'invention de l'écriture : il s'agissait pour eux d'un présent des dieux, et plus précisément du dieu Thot. Dieu-lune, celui-ci était Maître du temps et responsable du calendrier, et, plus généralement, dieu de ce que nous appelons la science, c'est-à-dire avant tout de l'écriture et des scribes. Les Égyptiens appelaient leur écriture *médou-nétjer*, « paroles divines », un terme sémantiquement très proche de celui de *hieroglyphikos grammata*, c'est-à-dire « caractères sacrés », utilisé par les Grecs, et d'où dérive le terme « hiéroglyphes ». Quiconque a eu l'occasion d'admirer sur la paroi d'une tombe ces énigmatiques combinaisons de plantes et de membres corporels, de figures géométriques et d'oiseaux, exécutées souvent jusque dans le moindre détail, aura fait l'expérience d'une authentique « poésie visuelle » et donnera volontiers raison aux Égyptiens en y décelant une inspiration divine sous-jacente.

L'emploi des hiéroglyphes

Fort curieusement, à la différence de l'évolution graphique en Mésopotamie, on ne relève pas en Égypte de longue phase préparatoire, à l'issue de laquelle les images ou les scènes représentées pendant des millénaires dans l'art rupestre ou les décors de vases auraient progressivement donné naissance à un système d'écriture. L'écriture hiéroglyphique apparaît de manière presque soudaine comme un système quasi achevé, qui ne connaîtra plus de modification fondamentale durant 3500 ans. Les textes les plus anciens qui aient été découverts se limitent à la notation de termes isolés. Ils mentionnent le contenu de récipients ou, fréquemment, les noms et les titres de personnes ou de lieux – c'est le cas, notamment, sur les stèles funéraires ou les offrandes votives dédiées aux dieux. Cependant, des témoignages indirects permettent de supposer qu'il existait déjà des livres complets sous la Ire dynastie (vers 2950 av. J.-C.)

L'histoire des hiéroglyphes s'achève avec une inscription datant de 394 apr. J.-C. et provenant d'un temple de l'île de Philae. Depuis longtemps déjà, seuls les rares prêtres exerçant encore le sacerdoce de l'ancienne religion étaient en mesure de comprendre les hiéroglyphes. L'Empire byzantin, qui exerçait alors le pouvoir sur l'Égypte, interdit les cultes païens, condamnant les « paroles divines » à tomber dans l'oubli. Le christianisme entraîna l'introduction de l'alphabet grec dans l'écriture égyptienne, auquel furent ajoutés quelques signes authentiquement égyptiens destinés à reproduire les phonèmes étrangers à la langue hellénique. Cette écriture et cette langue coptes sont encore en usage aujourd'hui dans la liturgie de l'Église égyptienne.

Lire et comprendre l'égyptien

L'intérêt scientifique moderne pour la civilisation de l'Égypte ancienne remonte à la campagne napoléonienne, époque à laquelle on assiste à la naissance de l'égyptologie. Jean-François Champollion (1790-1832) parvint à déchiffrer définitivement les hiéroglyphes et l'écriture hiératique.

31. La pierre de Rosette
Rosette ; époque ptolémaïque, 196 av. J.-C. ; granodiorite ; haut. : 118 cm, larg. : 77 cm, pr. : 30 cm ; Londres, British Museum, EA 24.
Le 18e jour du 2e mois d'hiver de l'an 9 du règne de Ptolémée V – c'est-à-dire le 27 mars 196 av. J.-C. –, des prêtres réunis à Memphis promulguèrent un décret concernant le couronnement du roi, âgé de 14 ans. La dynastie lagide, originaire de Macédoine, bien qu'occupant le trône des pharaons appartenait au monde hellénique dont la langue courante était le grec. Cependant, dans la vie quotidienne, les Égyptiens de cette époque écrivaient en démotique, alors que pour rédiger les textes sacrés – dont relevait évidemment ce décret promulgué par des prêtres – on se servait des antiques et vénérables hiéroglyphes. Aussi diffusa-t-on ce décret dans tout le pays tantôt en version grecque, tantôt en version égyptienne (en hiéroglyphes, ou en démotique, ou dans les deux graphies). Les trois écritures furent gravées à la suite l'une de l'autre sur cette stèle. Cette grande pierre de basalte noir fut découverte pendant la campagne napoléonienne dans la ville portuaire d'el-Rashid, baptisée Rosette par les Européens. Après la capitulation des Français, cette pierre – malgré son poids de 762 kg – fut transportée à Londres où l'on peut toujours l'admirer au British Museum. Véritable clé du déchiffrage des hiéroglyphes, cette pierre a servi de fondement à la nouvelle science de l'égyptologie – elle en est également l'un des monuments les plus célèbres.

objet représenté	transcription phonétique	prononciation conventionnelle
vautour	ꜣ	a
roseau fleuri	i̯	i
double roseau fleuri	y	i
avant-bras	ꜥ	a
petite caille	w	ou
pied	b	b
siège	p	p
vipère à cornes	f	f
chouette	m	m
eau	n	n
bouche	r	r
cour	h	h
mèche de lin tressée	ḥ	h très aspiré
placenta (?)	ḫ	kh très guttural
ventre et queue d'un mammifère	ẖ	ch mouillé (comme dans l'allemand ich)
verrou	s	z
étoffe pliée	s	s
bassin	š	ch
pente	q	q
corbeille à anse	k	k
support de jarre	g	g
galette de pain	t	t
corde pour entraver les animaux	ṯ	tch
main	d	d
cobra	ḏ	dj

32. Les signes monolitères
La liste ci-contre présente les différentes consonnes de la langue égyptienne. Les voyelles n'étaient jamais écrites. Sur les 800 signes que compte au total l'écriture hiéroglyphique, certains étaient employés comme signes-sons (phonogrammes) d'autres comme signes-mots (idéogrammes), certains encore pouvant remplir les deux fonctions. C'est ainsi que le signe 𓀀 est utilisé dans des graphies qui désignent un homme, 𓉐 représente une maison. En revanche 𓌹 (une houe) ne correspond qu'à la valeur phonétique « mr » et peut être employé suivant le principe de rébus pour tous les termes contenant cette syllabe, quel qu'en soit le sens (par exemple dans l'équivalent égyptien des mots : « aimer », « cèdre », « port », « abîmer », etc.). De même, le signe 𓉐 peut également avoir la valeur phonétique « pr ». Pour les différencier, on ajoute à la fin du mot un déterminatif, qui permet de définir la catégorie du terme, mais qui ne sont pas lus : 𓉐 = « maison », 𓉐 = « sortir ». Le trait indique que le signe ne doit pas être lu phonétiquement, mais dans sa signification terminologique réelle. Quant aux phonogrammes, la plupart comportent une succession de deux consonnes (les bilitères), quelques-uns de trois (les trilitères), les signes reproduits ici n'en possédant qu'une. Mais il faut bien voir que les Égyptiens ne considéraient jamais ces 25 signes isolément. Le concept d'alphabet, tellement évident à notre esprit, leur était totalement étranger. Aussi ne serait-il pas exact de parler ici d'« alphabet » hiéroglyphique. Leur système graphique fut au contraire complété au cours des derniers siècles (sous les Lagides et les Romains) par une multiplicité de nouveaux signes dont certains se lisaient de manière analogue.

Cependant cet exploit ne fut possible que grâce aux recherches antérieures d'autres savants, celles, par exemple, du Suédois Johan David Akerblad et de l'Anglais Thomas Young. Champollion réussit à décrypter les hiéroglyphes parce qu'il comprit enfin qu'en dépit des apparences, il ne s'agissait pas d'idéogrammes, comme ceux que l'on connaît dans l'écriture chinoise par exemple, où chaque signe représente un mot. Il doit cette découverte à la pierre de Rosette, document qui reproduit un décret sacerdotal de l'époque ptolémaïque dans trois versions graphiques et deux langues différentes : en hiéroglyphes, en démotique (une autre langue égyptienne dont nous reparlerons) et en grec. Champollion dénombra plus de 1400 hiéroglyphes, alors que la version grecque ne comptait que 500 mots. Il supposa que les noms royaux de Ptolémée et de Cléopâtre figurant dans le texte grec se trouvaient dans les cartouches, c'est-à-dire les ovales entourant les noms des rois, si frappants dans l'écriture hiéroglyphique. Cette hypothèse étant posée, il ne lui restait plus, en principe, qu'à déchiffrer ces noms, lettre après lettre. D'autres noms de rois figurant sur d'autres documents lui permirent de reconstituer de nouveaux mots, certaines formes grammaticales et même la syntaxe : c'est-à-dire la langue égyptienne elle-même, et non plus seulement son écriture. Pour ce faire, la connaissance du copte lui fut, certes, d'un grand secours. En 1824, Champollion fut en mesure de présenter le fruit de son travail dans un remarquable ouvrage de quatre cents pages intitulé *Précis du système hiéroglyphique des anciens Égyptiens*. En 1836, quelques années après sa mort précoce, on publia sa *Grammaire égyptienne*, suivie de son *Dictionnaire égyptien* en 1841.

Le travail des égyptologues

Depuis ce temps, plusieurs générations d'égyptologues ont poursuivi sa tâche et se sont attachés à reconstituer la langue égyptienne. À l'heure actuelle, nous pouvons approximativement comprendre presque tous les textes, dans la mesure bien sûr où leur état de conservation le permet. Les documents qui nous restent inaccessibles sont principalement les textes cryptographiques particulièrement subtils, que rédigent les prêtres à l'époque ptolémaïque et romaine. Précisons que les Égyptiens ne nous ont laissé ni dictionnaire, ni grammaire de leur langue. Aussi tout ce qui s'écarte du domaine sémantique proprement dit et, surtout, la compréhension précise des formes grammaticales et des principes syntaxiques continueront-ils de faire l'objet de débats entre philologues, même si l'on parvient régulièrement à élucider certains détails. Ces derniers temps, les chercheurs s'efforcent ainsi de définir de nouvelles approches faisant appel aux méthodes de la linguistique moderne.

Un point engendre cependant de nombreuses frustrations : nous ignorons toujours la prononciation exacte de l'égyptien. En effet, les égyptiens ne notaient que les consonnes, omettant systématiquement les voyelles, ce qui oblige les égyptologues à recourir à une « prononciation auxiliaire » artificielle : il a été convenu de prononcer les semi-consonnes ꜣ (= aleph) et ꜥ (= ayin, coup de glotte) comme *a*, *i̯* ou *y* comme *i* et *w* comme *ou* et, pour le reste, d'ajouter systématiquement un *e* entre les autres consonnes. Certains spécialistes ont pourtant quelque peu progressé dans la reconstitution de la prononciation réelle, soit au moyen de déductions faites à partir du copte, soit par l'étude de transcriptions contemporaines de mots égyptiens dans d'autres langues, et surtout à la transcription de noms en écriture cunéiforme. On peut s'attendre à de nouveaux progrès dans un avenir relativement proche. Nous savons aujourd'hui, par exemple, que le nom du pharaon Akhénaton se prononçait en fait Akhaniyati. La transcription conventionnelle se présente sous la forme $3\underline{h}$ -n -itn et se prononce « akheniten ».

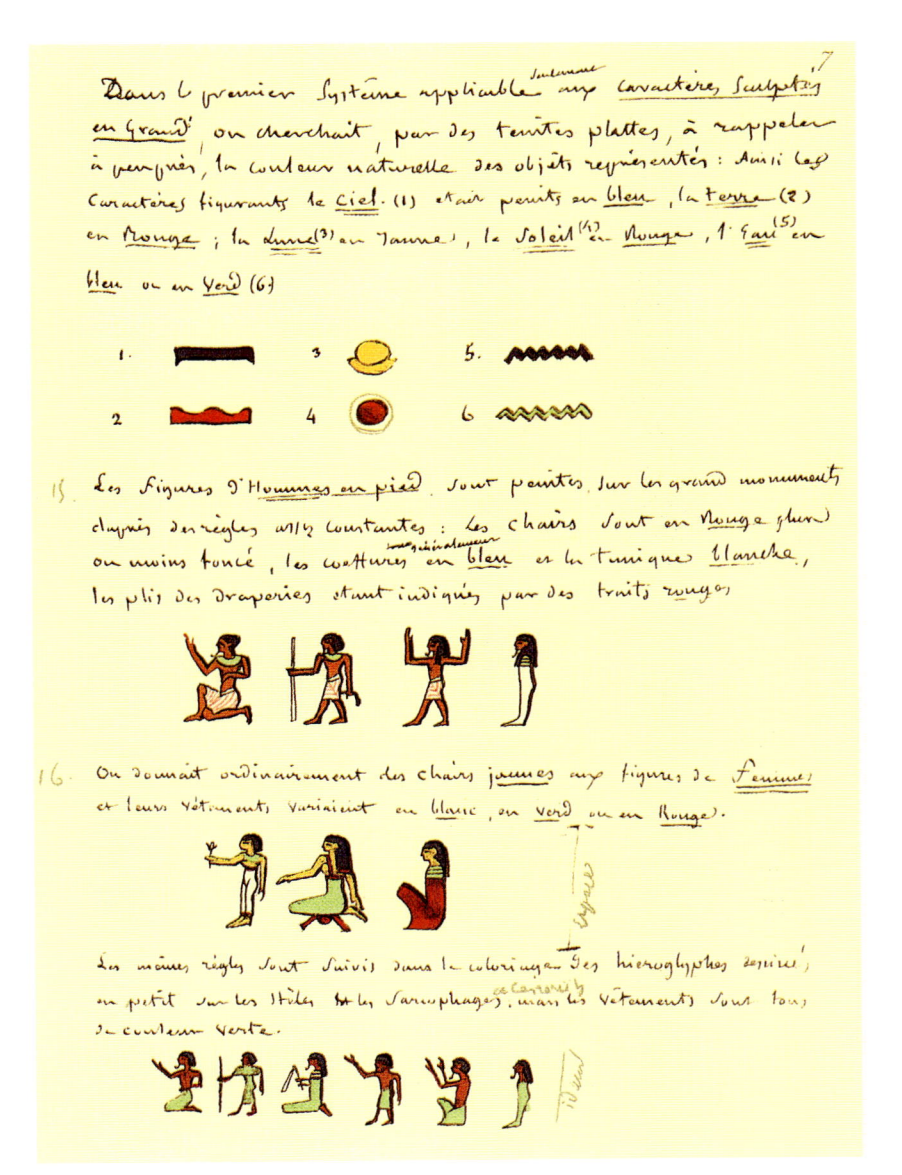

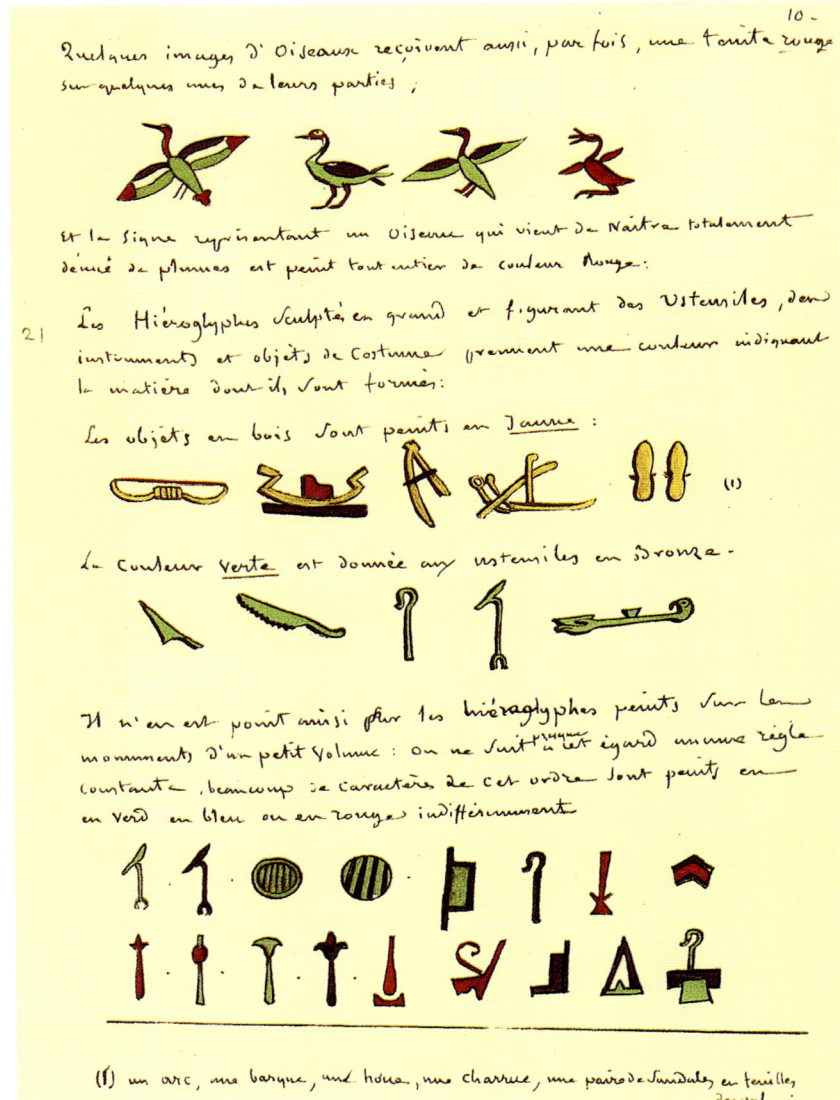

Écritures

Les hiéroglyphes sont, pour l'essentiel, une écriture réservée aux monuments ; autrement dit, ils étaient utilisés pour les inscriptions apposées sur des monuments destinés à être éternels. Nous trouvons des hiéroglyphes gravés ou peints sur les parois des temples et des tombes, sur les objets du mobilier funéraire, sur des stèles de toutes sortes, sur des bijoux, etc. Quant à leur contenu, les textes hiéroglyphiques traitent de tout ce qui devait être établi pour l'éternité. Il s'agit donc avant tout de textes religieux, d'inscriptions historiques et politiques, et de biographies.

Certains textes sur papyrus furent écrits à l'encre, avec des hiéroglyphes légèrement simplifiés que l'on appelle linéaires. Le célèbre *Livre des Morts* a ainsi été rédigé sous cette forme.

33. Extraits de la Grammaire égyptienne *de Champollion de 1836*
Champollion a cherché à exprimer la « poésie visuelle » des hiéroglyphes dans la première grammaire égyptienne scientifique. Un choix de certains des plus beaux signes, insérés entre les textes manuscrits en écriture moderne, qui en comparaison apparaissent comme un enchaînement monotone de signes creux, nous permet de sentir qu'en Égypte, l'écriture et l'art n'étaient pas conçus comme des domaines distincts. Les grammaires ultérieures à l'usage des égyptologues ont renoncé à cette présentation luxueuse. Autrefois, on se servait généralement de caractères de composition standardisés ou d'exemples de textes dessinés à la main par chaque auteur ; aujourd'hui, la composition informatique s'est depuis longtemps imposée, même pour les hiéroglyphes.

Pour les textes qui n'étaient pas destinés à être éternels, on recourait à un autre type d'écriture, que l'on appelle hiératique. Il s'agit d'une simplification des hiéroglyphes, qui semble avoir vu le jour à peu près en même temps que ceux-ci. Les deux écritures furent donc utilisées simultanément. On parle à juste titre de graphie cursive. Par rapport aux hiéroglyphes, le hiératique représenterait ainsi approximativement l'équivalent de notre écriture manuscrite par rapport aux textes imprimés.

L'aspect des textes hiératiques peut varier davantage en fonction de leur nature et de l'écriture personnelle du scribe que ce n'est le cas des documents écrits en hiéroglyphes. Quiconque s'est efforcé un jour de décrypter tant bien que mal le contenu d'une lettre rédigée de manière particulièrement illisible comprendra les problèmes que certains textes hiératiques posent aux égyptologues.

L'ÉTAT ET LA SOCIÉTÉ   345

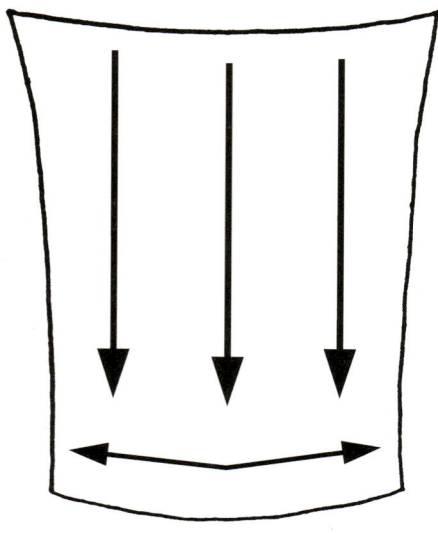

34/35. Pot à onguent orné des noms du roi Pépi II
Ancien Empire, VIᵉ dynastie, vers 2240 av. J.-C ; calcite-albâtre ; haut. : 15,5 cm ; Berlin, SMPK, Ägyptisches Museum, 14280.
Les hiéroglyphes peuvent être écrits aussi bien horizontalement, de droite à gauche et inversement, qu'en colonnes de haut en bas. Les signes sont alors orientés de manière à être tournés vers le lecteur – comme deux interlocuteurs qui se font face. Les signes graphiques n'étaient pas de simples formes linéaires fonctionnelles, mais en tant qu'« images sacrées », ils étaient considérés comme des créatures animées.

346 L'ÉTAT ET LA SOCIÉTÉ

smsw	pr	Mni	idd=f	msḥ	ir=f
L'aîné	maison	Méni	dit il	crocodile	contre il
m	mw	ḥf3(w)	ir=f	ḥr	t3
dans	eau	serpent	contre il	sur	terre

L'aîné de la maison Méni dit : le crocodile dans l'eau contre celui, le serpent sur terre contre celui

ir.t(y)=f(y)	ḥ.t	ir	nw	n	sp
fera il	chose	contre	ce		aucune fois
ir(=i)	ḥ.t	ir=f	in	nṯr	wḏc=f
fais je	chose	contre il	(c'est)	dieu	jugera il

qui fera quelque chose contre cette (tombe) ! Jamais je ne lui ai rien fait. C'est le dieu qui jugera.

36. Linteau de porte portant une formule de malédiction dirigée contre les pilleurs de tombes.
Giza, tombe de Méni ; Ancien Empire, VIe dynastie, vers 2250 av. J.-C. ; calcaire ; Munich, Staatliche Sammlung Ägyptischer Kunst, Gl. 24 a.
La reproduction des hiéroglyphes (qui se lisent ici de droite à gauche) et leur transcription qui a été inversée pour correspondre au sens de lecture de leur traduction (de gauche à droite).

37. Différentes graphies
Différentes écritures cursives ont toujours été utilisées parallèlement aux hiéroglyphes.

Vers le VIIe siècle av. J.-C., l'écriture fut encore simplifiée et abrégée de manière presque sténographique. On assiste ainsi à la naissance d'une troisième écriture égyptienne, le démotique, qui remplace l'écriture hiératique. Le démotique devient l'écriture quotidienne à proprement parler, l'écriture hiératique restant cependant en usage pour les textes religieux. Les observateurs grecs ont défini cette situation en utilisant les termes de « démotique », c'est-à-dire « écriture populaire », et de « hiératique », c'est-à-dire « écriture sacerdotale ».

Le support d'écriture

Le papier sur lequel est imprimé le livre que vous êtes en train de lire est dû en fait à une invention des Chinois. Pourtant, le terme même de « papier » nous révèle qu'une fois encore, c'est au royaume des pharaons que nous devons la découverte d'un support d'écriture beaucoup plus avantageux et prometteur que ne l'étaient les tablettes de pierre et d'argile.

Dans les tiges de la plante de papyrus (Cyperus papyrus L.), on découpait des lamelles que l'on pressait en deux couches disposées perpendiculairement, constituant ainsi des feuillets. On collait ensuite plusieurs feuilles à la suite les unes des autres pour former des rouleaux. Le plus long rouleau de papyrus connu atteint plus de quarante mètres. Mais généralement, les rouleaux comportaient une vingtaine de feuilles et mesuraient un mètre et demi à deux mètres de long. La hauteur des rouleaux varie : elle se situe le plus souvent entre 16 et 20 cm, le maximum étant d'environ 50 cm. Le papyrus fraîchement coupé était blanc ; il ne jaunissait qu'avec le temps, prenant une teinte jaune-brunâtre.

Avant de commencer à écrire, le scribe égyptien rendait une offrande à Thot, le dieu des scribes, en lançant une goutte d'eau tirée d'un petit pot avec son calame. Ce pot, posé devant lui, servait à délayer l'encre, qui se présentait en effet sous une forme sèche, solide, un peu comme la gouache contenue dans les godets de nos boîtes de peinture. L'encre noire était fabriquée à partir de noir de fumée. La couleur rouge, obtenue à partir d'ocre ou d'hématite, pouvait servir à indiquer la date ou le début d'un nouveau chapitre ou encore – exactement comme aujourd'hui – à corriger un passage. La couleur était appliquée à l'aide du calame, constitué d'un jonc finement taillé, dont le scribe tenait généralement un exemplaire tout prêt derrière l'oreille, tel un symbole de sa fonction. Une extrémité de la tige était apparemment mâchonnée en forme de pinceau pour faciliter l'écriture. Certains pensent au contraire que les scribes écrivaient avec l'autre extrémité, lisse, et mâchaient leur joncs pour la même raison qui nous pousse parfois à mordiller notre crayon.

L'ÉTAT ET LA SOCIÉTÉ 347

38/39. Palette de scribe
Saqqara ; Nouvel Empire ou ultérieur ; bois ;
larg. : 27,6 cm ; long. : 3,6 cm, ép. : 0, 8 cm ;
Le Caire, Musée égyptien, JE 32745.
Palette de peintre
Nouvel Empire, XVIIIe dynastie ; calcaire ;
larg. : 21 cm, long. : 3,6 cm, ép. : 2,2 cm. Cleveland, Cleveland Museum of Art, Gift of John Huntington Art and Polytechnic Trust 1914.680.
La palette de scribe (à gauche) présente à son extrémité inférieure deux alvéoles peu profondes destinées à recevoir l'encre noire et l'encre rouge, et qui révèlent des traces d'utilisation tout à fait visibles. Dans le compartiment central, doté d'un couvercle coulissant, se trouvent encore plusieurs calames. Pour illustrer les papyrus d'images en couleurs (vignettes), on utilisait des palettes comportant plusieurs godets de couleur. L'exemplaire de Cleveland (à droite) possède cinq grands godets remplis de pigments et porte de plus une inscription qui mentionne le propriétaire de cette palette, un haut fonctionnaire de l'époque d'Aménophis II.

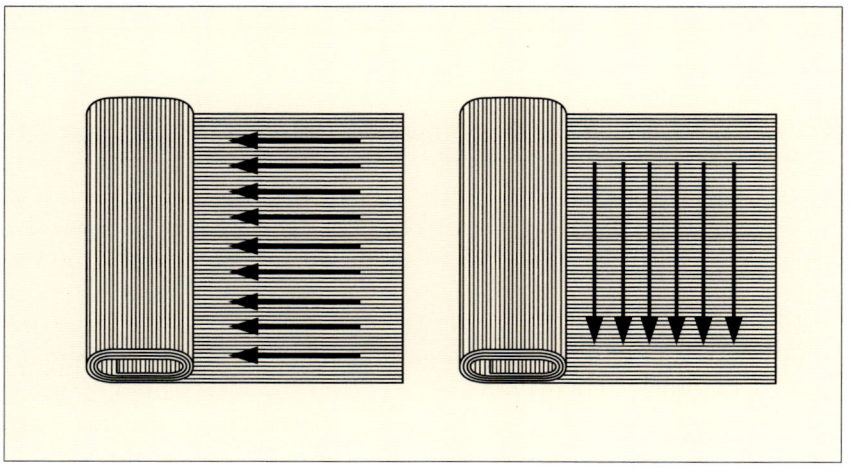

40. Représentation schématique de colonnes (à droite) et de lignes (à gauche) sur un rouleau de papyrus.

Le scribe était assis par terre « en tailleur », son pagne tendu entre ses genoux lui servant de sous-main. Il déroulait le papyrus sur une petite longueur avec sa main gauche. Cette position donnait un sens naturel à l'écriture qui s'alignait sur la verticale, de droite à gauche. L'inconvénient était que, s'agissant de droitiers, l'encre encore humide risquait d'être effacée par la main qui maniait le calame. Sous la XIIe dynastie, on voit s'ajouter des lignes horizontales qui, aussi bien en hiératique qu'en démotique, se dirigent sans exception de droite à gauche. Contrairement à ce que nous aurions tendance à penser, il s'agit là de l'orientation initiale de toutes les écritures qui s'est maintenue jusqu'à aujourd'hui en hébreu et en arabe. Évidemment, les lignes ne parcouraient pas toute la longueur du rouleau de papyrus. Elles s'alignaient sur une certaine largeur, formant ainsi des « pages » d'écriture, chaque nouvelle « page » commençant à gauche de la précédente. Lorsque le scribe arrivait au bout du rouleau, il pouvait le retourner et continuer à écrire au verso. Lorsqu'on avait terminé d'écrire ou de lire un papyrus, celui-ci était à nouveau enroulé, ce qui permettait, à la prochaine lecture, de retrouver le début du texte à l'extrémité du rouleau, un peu comme si nous rembobinions une cassette après l'avoir écoutée.

Les scribes, les archives et les bibliothèques

Combien d'Égyptiens savaient-ils lire et écrire ? Voilà une question à laquelle il nous est impossible de répondre avec certitude. De toute évidence, la longue formation qu'exigeait cet apprentissage était réservée à un pourcentage très faible de la population. Outre les scribes professionnels et, dans une moindre mesure, les artisans chargés de décorer les parois de temples et de tombes, il s'agissait probablement des prêtres, des fonctionnaires et, éventuellement, des officiers de l'armée. Rien d'étonnant à ce que la caste des scribes ait éprouvé une certaine fierté : « Sois un scribe, prends cela à cœur pour que ton nom devienne comme lui (impérissable) !

41. Thot sous l'aspect d'un cynocéphale
Début de l'époque ptolémaïque, vers 300 av. J.-C. ; faïence, argent et or ; haut. : 15 cm, larg. : 5,6 cm ; Paris, musée du Louvre, E 17496.
Avec l'ibis, le babouin représentait l'attribut et l'aspect de Thot. Le dieu de l'écriture et de la science était aussi responsable du calcul et du temps. Aussi l'animal sacré porte-t-il le croissant et le disque de la pleine lune sur la tête – les phases lunaires ont en effet constitué depuis toujours le fondement le plus évident de l'organisation temporelle.

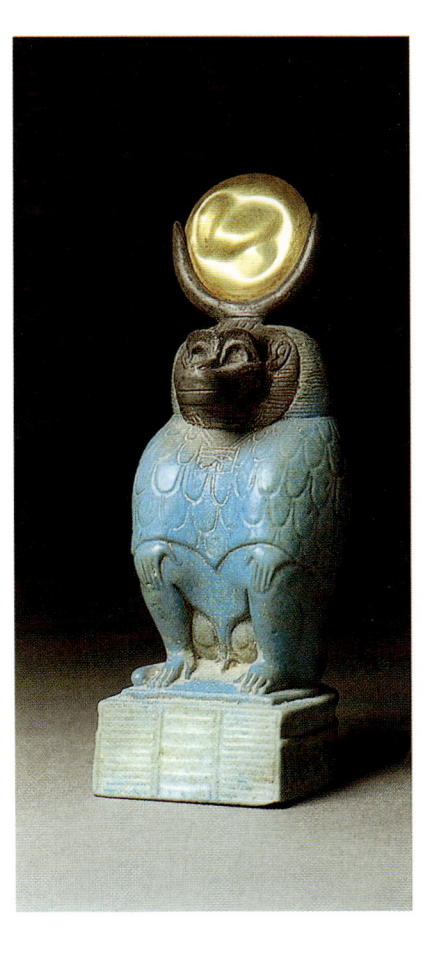

42. Le scribe accroupi
Saqqara ; Ancien Empire, IV-V° dynastie, vers 2500 av. J.-C. ; calcaire peint ; haut. : 53 cm, larg. : 43 cm ; Paris, musée du Louvre, E 3023.
Le scribe tient son rouleau de papyrus de la main gauche sur son pagne tendu ; la droite tenait le calame, aujourd'hui disparu. Les traits de son visage ainsi que son léger embonpoint expriment la fierté et l'aisance que procurait la fonction de scribe.

43. Le scribe Nebmertouf sous la protection de Thot
Nouvel Empire, XVIII° dynastie, vers 1360 av. J.-C. ; grauwacke ; haut. : 19,5 cm, larg. : 20,5 cm ; Paris, musée du Louvre, E 11154.
Thot, le dieu de la science, est ici représenté sous la forme de son animal sacré, le babouin. L'inscription le décrit comme le Maître des paroles divines (c'est-à-dire des hiéroglyphes). À ses pieds, le scribe Nebmertouf, assis en tailleur tient de sa main gauche un papyrus inscrit, déroulé sur son pagne tendu.

L'ÉTAT ET LA SOCIÉTÉ

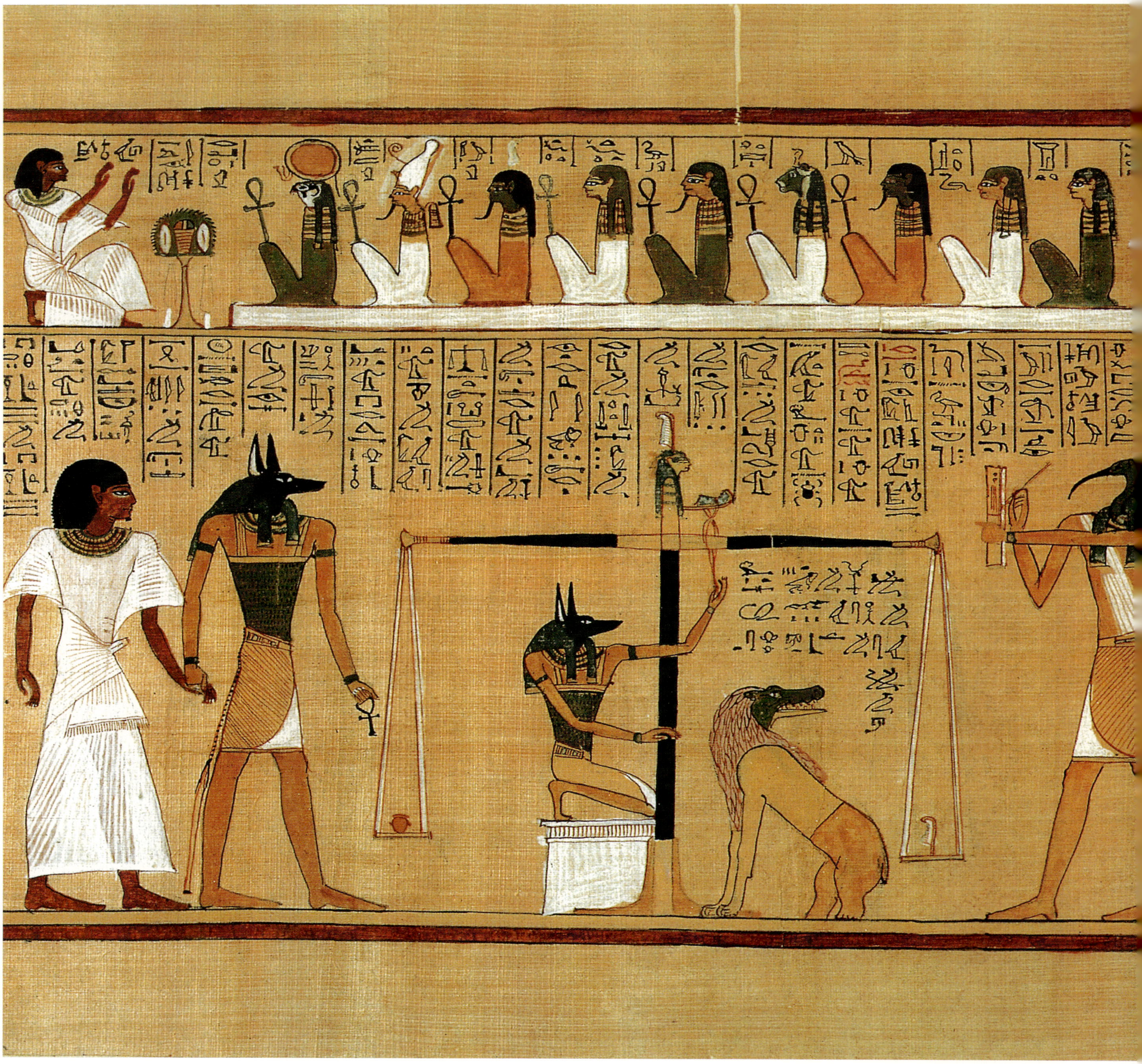

44. Le papyrus d'Hounefer : la psychostasie (extrait)
Thèbes ; Nouvel Empire, XIXe dynastie, vers 1285 av. J.-C. ; papyrus peint ; haut. : 39 cm ; Londres, British Museum, EA 9901/3.
La vignette du célèbre chapitre 125 du *Livre des Morts* représente le défunt lors de la psychostasie.

À gauche, le dieu Anubis à tête de chacal conduit Hounefer vers la salle du jugement où son cœur est mis en balance avec le symbole de la vérité, une plume. Si le cœur du mort ne pèse pas plus lourd que la plume posée sur l'autre plateau de la balance, cela prouve qu'il a mené une vie conforme aux préceptes de l'Égypte antique. Au centre de la vignette, le dieu de la science, Thot à tête d'ibis, se tient à droite de la balance et note le résultat de la pesée, une palette et un calame dans les mains. L'inscription désigne Thot sous le nom de Maître des paroles divines. Une large écharpe ceint son buste, ce qui le désigne comme le prêtre-lecteur divin. À droite, le défunt, dont l'équité a été prouvée lors du jugement, est conduit devant Osiris, juge funéraire suprême et Maître de l'au-delà.

L'ÉTAT ET LA SOCIÉTÉ

46/47. Scarabées
Le bousier, un scarabée, roulait des boulettes de fumier dans lesquelles il déposait ses œufs d'où sortaient ses petits. Les Égyptiens voyaient dans ces boules le soleil qui parcourt le ciel et utilisèrent le scarabée comme signe hiéroglyphique pour désigner « devenir, naître ». D'innombrables petits scarabées, généralement de pierre, servaient de sceaux et d'amulettes.

Scarabée (en haut)
Stéatite émaillée ; haut. : 0,7 cm, long. : 1,4 cm, larg. : 1 cm ; Jérusalem, Israel-Museum, 76.31.2954.
Amulette en forme de scarabée portant la formule : « Amon-Rê aime celui qui l'aime ».

Scarabée (en bas)
Stéatite ; haut. : 0,6 cm, long. : 1,5 cm., larg. : 1 cm ; Jérusalem, Israel-Museum, 76.31.4429.
« Amon-Rê est la force de chacun ! »

45. Plaque-sceau d'un fonctionnaire
Nouvel Empire, XIXe dynastie, vers 1250 av. J.-C. ; stéatite ; long. : 1,9 cm, larg. : 1,4 cm ; Munich, collection particulière.
À l'instar des scarabées, de petites plaques rectangulaires servaient aussi de sceaux aux fonctionnaires. Elles sont généralement percées dans la longueur et pouvaient être portées en pendentif. Sur une face, on voit représenté le lieutenant de la cavalerie Ka-nakht les mains levées en geste d'adoration devant le cartouche portant le nom de son roi Ramsès II. Le nom – c'est-à-dire l'écrit – représente ici la personne et peut faire l'objet d'une adoration religieuse. Au dos sont mentionnés les nom et titre du fonctionnaire. Son nom, Ka-nakht, qui signifie « taureau puissant », est reconnaissable au taureau représenté dans la colonne de droite. Son titre se distingue à gauche par le déterminatif du mot « cavalerie », un cheval, particulièrement beau, la tête parée d'une plume d'autruche. La fonction de ces plaques nominatives qui se sont répandues en grand nombre sous l'époque des « Ramessides » reste inexpliquée mais celles-ci peuvent être considérées comme des cartes de visite ou d'identité.

48. Scarabée commémoratif d'Aménophis III
Nouvel Empire, XVIIIe dynastie, vers 1385 av. J.-C. ; stéatite émaillée bleu-vert ; long. : 8,8 cm ; larg. : 5,8 cm ; Leyde, Rijksmuseum van Oudheden, AS 4.
Au cours de ses premières années de règne, Aménophis III ordonna la création de cinq émissions différentes de scarabées de grand format, que l'on nomme aujourd'hui « scarabées commémoratifs ». Les textes figurant sur les surfaces sigillaires relatent des événements importants que le souverain souhaitait faire connaître dans tout le pays par ce moyen d'information commode.
Le scarabée de Leyde appartient aux « scarabées de mariage », une dénomination quelque peu fallacieuse. En effet, après la titulature complète d'Aménophis III et la dénomination de la Grande Épouse Tiy, le texte se poursuit ainsi : « Le nom de son père est Iouya, le nom de sa mère est Touyou, elle est l'épouse d'un roi puissant dont la frontière sud s'étend jusqu'à Karoy (Nubie) et la frontière nord jusqu'à Naharina (l'empire du Mittani sur l'Euphrate). »

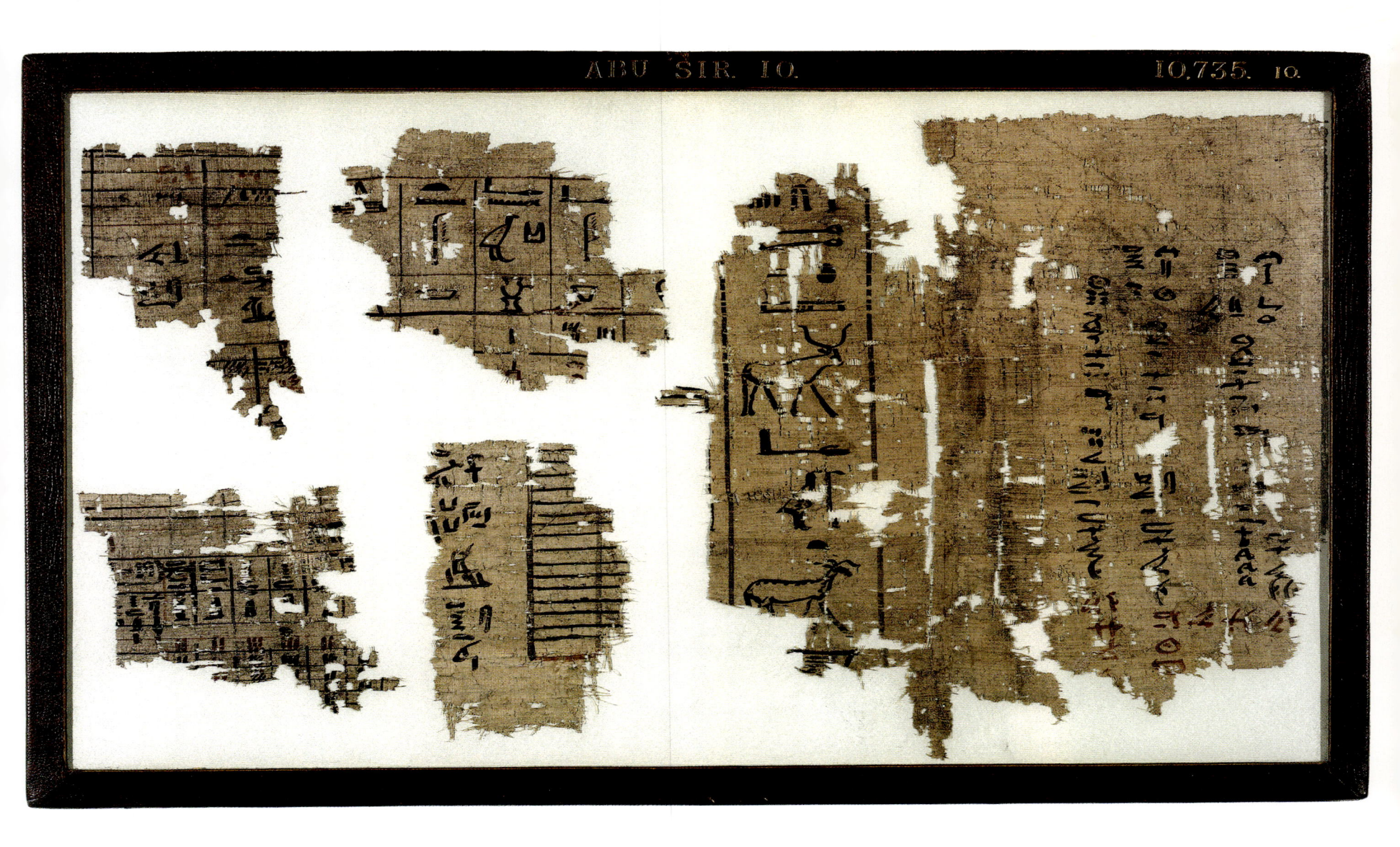

Un livre est plus utile qu'une stèle peinte ou qu'un mur solide. Ils (les livres) bâtissent des temples et des pyramides dans le cœur de celui qui parle de leur nom. » (extr. de : Pap. Chester Beatty IV).

Dans les écoles de scribes, on apprenait le métier en recopiant des textes divers et en particulier des textes littéraires considérés comme classiques. L'image de mots entiers se gravait ainsi dans la mémoire sous forme d'entités ; on n'enseignait pas les différents signes — selon une méthode qui préfigure les découvertes les plus récentes de l'enseignement moderne des langues.

Nous ignorons tout de l'organisation des bibliothèques pharaoniques. Des institutions associées aux temples étaient chargées de la production, de la transmission et de la préservation d'ouvrages scientifiques et religieux. Leur nom de « maisons de vie » révèle un peu de la valeur que l'on attachait à la littérature. Nous connaissons l'existence de quelques particuliers qui collectionnaient des livres par goût de la littérature. De telles bibliothèques domestiques pouvaient être léguées et développées au sein d'une même famille au fil des générations. La célèbre bibliothèque d'Alexandrie relève déjà entièrement du monde hellénique et échappe en tant que telle à la culture pharaonique proprement dite. Cependant les flammes qui détruisirent cette bibliothèque pendant l'occupation d'Alexandrie par Jules César ont irrémédiablement réduit en cendres d'incommensurables trésors intellectuels de la civilisation pharaonique. Les Grecs empruntèrent le papyrus aux Égyptiens comme support d'écriture, et l'on a véritablement peine à imaginer ce qu'aurait été l'Antiquité si le livre (le rouleau de papyrus) n'avait pas existé. Il suffira pour s'en convaincre de rappeler que le mot grec désignant le livre – *biblos* – est dérivé du nom de la ville phénicienne de Byblos, le plus grand port d'exportation de rouleaux de papyrus.

Du Livre des Morts au « tesson de notes »

La littérature égyptienne, qui se développa au cours de trois millénaires, est d'une richesse et d'une profondeur que l'on aurait peine à esquisser ici. Les témoignages écrits parvenus jusqu'à nous sont d'une ampleur

49. La comptabilité des marchandises
Abousir, temple funéraire de Néferirkarê ; Ancien Empire, V^e dynastie, vers 2470 av. J.-C. ; papyrus, écriture hiératique ; haut. : 19,2 cm, long. : 64,5 cm ; Paris, musée du Louvre, E 25416 C.
Une très grande partie des textes conservés relève du domaine de l'économie et du commerce. Ce papyrus mentionne les livraisons de marchandises pour un mois, destinées aux offrandes quotidiennes du temple funéraire royal, au sein du complexe de la pyramide de l'Ancien Empire. Ces inventaires étaient ensuite archivés. L'apparence de ce document ne se distingue guère de la présentation en colonnes des journaux d'aujourd'hui.

L'ÉTAT ET LA SOCIÉTÉ   353

50. Papyrus Chester Beatty I
Nouvel Empire, XXe dynastie, vers 1150 av. J.-C. ; papyrus, écriture hiératique ; haut. : 21,5 cm, long. : 5,02 m (déroulé) ; Londres, British Museum, EA 10682.
Ce rouleau de papyrus, présenté dans son état d'origine, est rédigé en hiératique et contient un récit mythologique, plusieurs notes économiques et des poèmes d'amour.

52. Lettre
Gébélein ; époque ptolémaïque, 110 av. J.-C. ; papyrus, écriture démotique ; long. : 22,5 cm, larg. : 7,5 cm ; Heidelberg, Sammlung für Papyrologie der Universität Heidelbergs, P. Heid. Inv. Dem. 781 b.
Une lettre de plusieurs soldats à des camarades. La ligne interrompue en bas porte la date : « Écrit en l'an 8, 4e mois de la saison de l'inondation, 12e jour (= 1er octobre 110 av. J.-C.) ».

51. Ostracon
Thèbes ; Nouvel Empire, fin de la XIXe dynastie, vers 1200 av. J.-C. ; céramique ; long. : 12 cm., larg. : 7 cm. Louqsor, Service des Antiquités égyptiennes, Q. 656/3.
Cet ostracon de Deir el-Médineh contient un bref message en écriture hiératique. Le destinataire s'y voit reprocher de passer son temps « à danser dans le désert » au lieu de travailler. On reconnaît à la troisième ligne le signe représentant l'homme qui danse.

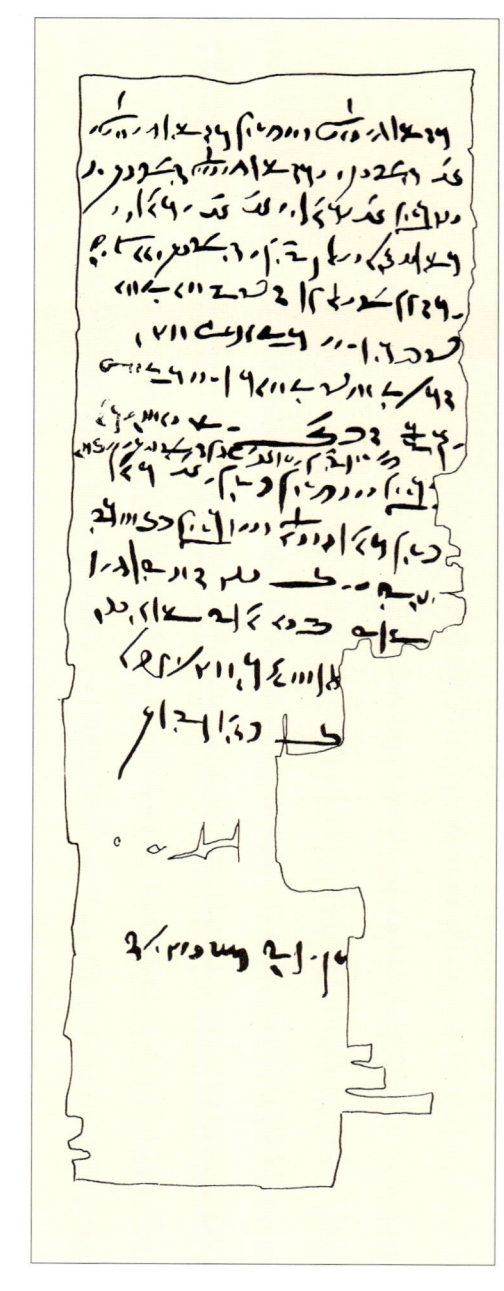

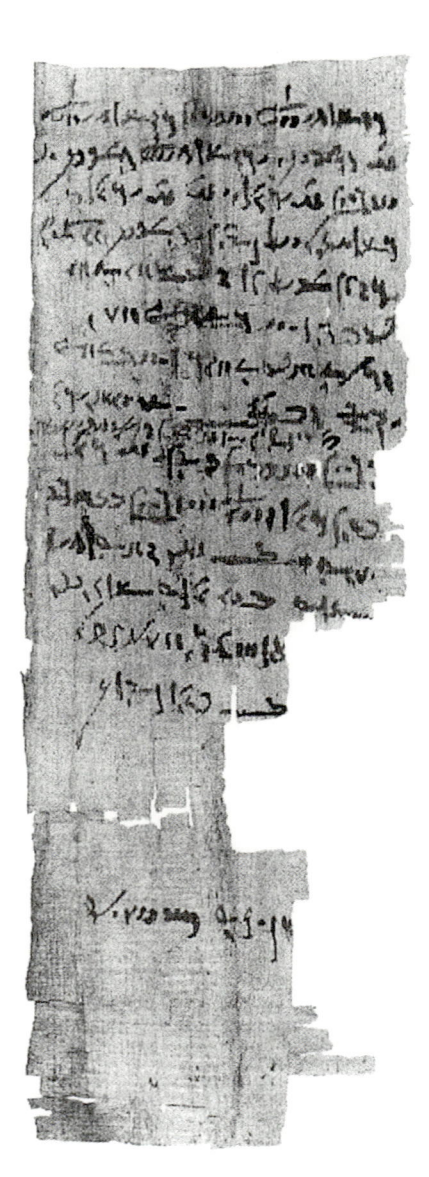

354   L'ÉTAT ET LA SOCIÉTÉ

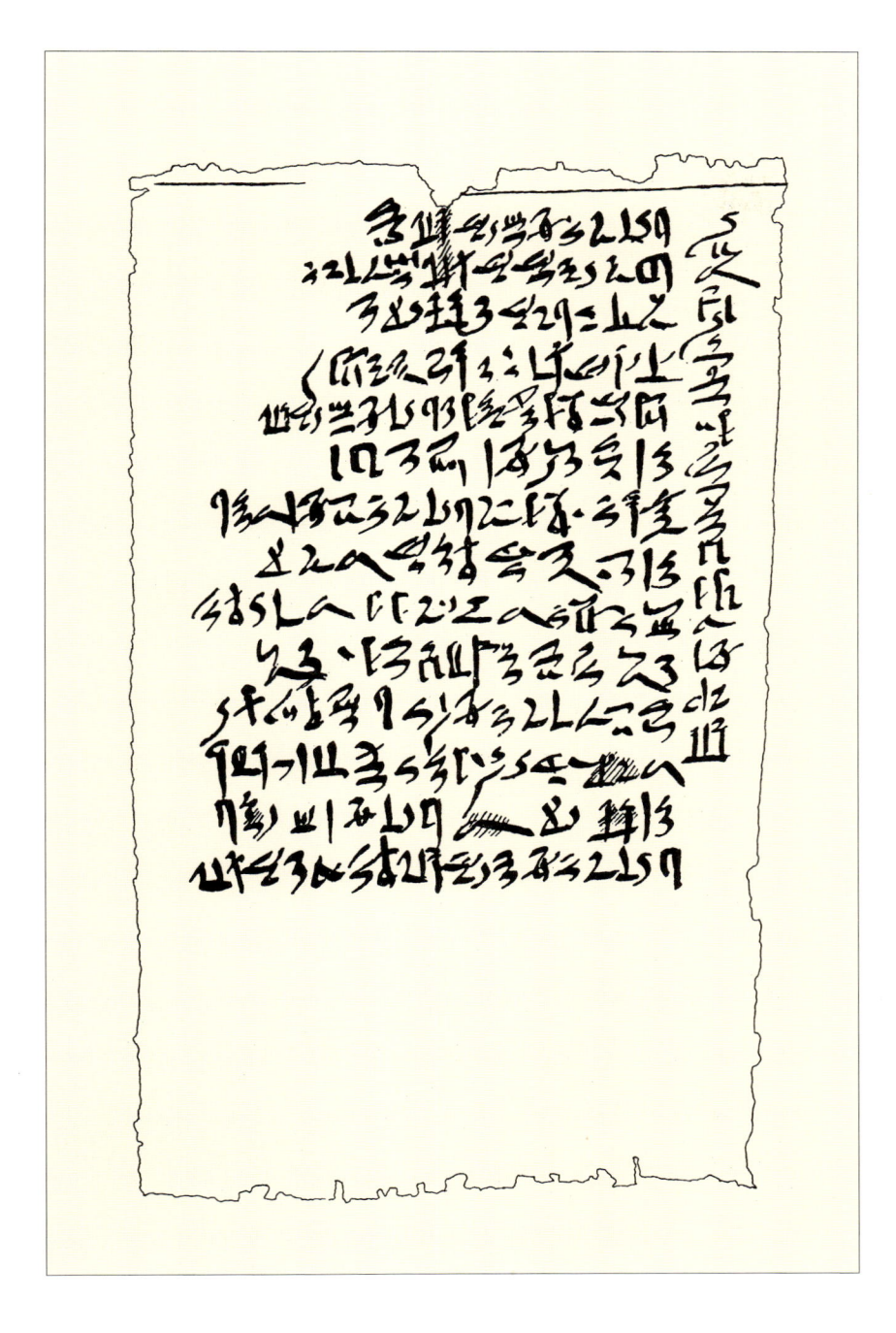

53-55. Lettre sur papyrus
Moyen Empire, XIIe dynastie, vers 1800 av. J.-C. ; papyrus ; long. : 30 cm, larg. : 19 cm ; Möller, Hieratische Lesestücke I, 19 B.
Lettre de rappel d'un certain Néni à son supérieur touchant une affaire de propriété – deux lettres précédentes étaient restées sans réponse. La lettre est écrite en hiératique sur papyrus. La reconstitution moderne (photo) montre comment la lettre était pliée, adressée et cachetée.

incommensurable. Pourtant, ils ne représentent qu'un infime fragment, par rapport à ce qui n'a pas survécu aux outrages du temps. Même si, en raison de la place prédominante qu'occupaient en Égypte les cultes funéraire et divin, il est essentiellement question de textes religieux, il ne faudrait pas imaginer que la création littéraire de la civilisation pharaonique se limite à cette sphère. En résumé, il serait à peine exagéré de dire que les textes égyptiens couvrent presque tous les domaines que nous connaissons encore aujourd'hui : textes littéraires de poésie ou de prose, littérature morale, traités scientifiques, documents juridiques, économiques et commerciaux, témoignages officiels de puissance royale, « paperasserie » émanant de la bureaucratie de l'État, ainsi que notes intimes, lettres et graffiti.

Les textes de la vie quotidienne

Les textes de la vie quotidienne sont particulièrement aptes à nous offrir une image prégnante des joies et des souffrances des anciens habitants du Nil. Le village de Deir el-Médineh, sur la rive occidentale de Thèbes, possède en l'occurrence une valeur toute particulière. Les fouilles ont révélé que ce village a abrité pendant plusieurs générations les familles d'artisans et d'artistes chargés de l'aménagement des tombes royales de la Vallée des Rois et de la Vallée des Reines. Pour des raisons professionnelles, le nombre de personnes sachant lire et écrire était très élevé dans ce village particulier ; de fait, les archéologues y ont découvert plusieurs milliers de textes. Une petite partie seulement d'entre eux est écrite sur papyrus. À Deir el-Médineh comme dans les autres régions d'Égypte, les écrits d'usage éphémère étaient notés sur des ostraca. On désigne sous ce terme les éclats de pierre disponibles en quantité à la limite du désert et les tessons d'argile provenant de récipients brisés. Ce matériau gratuit était utilisé dans les écoles comme « papier de brouillon », les tribunaux y notaient les procès-verbaux, on y écrivait les comptes, des listes de toutes sortes, les lettres et les simples notes.

Ces textes « non littéraires » datant de la seconde moitié du Nouvel Empire ont ceci d'intéressant que leur niveau linguistique se distingue considérablement, stylistiquement et grammaticalement, des textes officiels, littéraires et religieux. Cette différence est comparable à l'écart actuel entre la langue orale et la langue soutenue. On peut donc en déduire que l'on écrivait les textes les plus courants dans un langage parlé, alors que les textes officiels et la littérature recouraient à une langue classique.

56. Le vizir Ramose
Thèbes, tombe du vizir Ramose (TT 55) ; règne d'Aménophis III ; vers 1350 av. J.-C. Même sans l'inscription qui cite les nom et titre du vizir Ramose, le personnage qui se soumet à la purification rituelle est facile à identifier en tant que vizir grâce à son pagne. Ce costume officiel est le seul insigne de fonction connu des fonctionnaires égyptiens. Il s'agit d'un pagne long, qui depuis la poitrine descend jusqu'aux mollets. Il est tenu par une bretelle passée autour du cou. Le bâton et le sceptre qu'il tient dans ses mains symbolisent la haute fonction sociale du vizir et son autorité. Ramose exerça le vizirat sous Aménophis III et au début du règne d'Aménophis IV, futur Akhénaton. Après une brusque interruption des travaux, sa tombe demeura inachevée. On peut supposer qu'il mourut très peu de temps après l'intronisation du nouveau roi, ou qu'il tomba en disgrâce auprès de ce dernier. Pour autant, comme en témoigne cette représentation, rien n'indique qu'il y eut destruction intentionnelle de la décoration de sa tombe.

L'organisation de l'administration royale

Eva Pardey

Le roi

En vertu de la doctrine royale, le pharaon exerce une fonction divine. Il est l'incarnation terrestre du dieu-roi Horus, comme en témoigne la titulature royale, où le nom d'Horus apparaît depuis la plus haute époque. Ajouté à son essence divine, consignée dans la doctrine royale, ce rôle le rend apte à s'acquitter de sa mission. À partir de la IVe dynastie, l'origine divine du roi se traduit par le titre de Fils de Rê. Depuis le règne d'Hatshepsout, cette origine est figurée dans un cycle de scènes, qu'on appelle le « mythe de la naissance », le père divin étant, sous le Nouvel Empire, le grand dieu, Amon-Rê.

L'État égyptien était une monarchie absolue. De droit, le souverain était maître de tout et de tous dans le pays. En vertu de son rang, il exerçait seul le pouvoir législatif. C'était lui qui édictait les lois et les décrets. Il nommait les fonctionnaires et les prêtres, lesquels exerçaient leurs tâches en tant que représentants de son autorité. Les pouvoirs législatif et exécutif ne faisaient qu'un, et s'incarnaient dans la personne du roi.

Les Égyptiens ne possédaient pas de terme propre pour désigner l'État, lequel se définit par des expressions nommant le roi, ou la royauté. Cette singularité linguistique confirme la position centrale du roi dans le pays : le roi est l'État.

Les sources nous présentent le roi comme celui qui prend toutes les décisions au sein du royaume. Certes, les sources officielles – par exemple les textes des « narrations royales » – évoquent la présence d'un conseil ; mais, en dernier recours, le roi pouvait parfaitement passer outre à ses objections et à ses suggestions. On faisait ce que le roi disait, et cela était juste ! Il est vrai que ces textes ne décrivent pas une situation réelle ; leur objectif était de prouver la grandeur, l'omnipotence, la sagesse et la supériorité du roi, mettant ainsi en relief son pouvoir suprême.

Le roi était le chef des armées. Sa présence personnelle lors des campagnes militaires est attestée dans de nombreux cas. C'était lui qui décidait de la guerre ou de la paix, et qui envoyait l'armée au combat.

Le roi ne régnait pas seulement sur le territoire égyptien proprement dit, dont les frontières traditionnelles sont la Méditerranée au nord et la région de la Première Cataracte près d'Assouan au sud. À l'époque de la politique d'expansion égyptienne, son autorité s'étendait également aux régions conquises de Nubie et du Proche-Orient. Il entretenait en outre des relations diplomatiques avec les pays étrangers. Nous les connaissons principalement grâce aux archives de Tell el-Amarna, qui contenaient de très nombreuses tablettes d'argile consignant la correspondance entre l'Égypte et les pays du Proche-Orient. Le souverain était également compétent en matière de commerce international, les expéditions les plus connues étant celles qui furent lancées vers Pount sur ordre du roi. Il n'y eut jamais ni invasion ni conquête militaire de Pount. À partir de Thoutmosis IV, les rois scellèrent volontiers des alliances en épousant une princesse du pays avec lequel ils venaient de conclure la paix. C'est ainsi que, sous la XVIIIe dynastie, des princesses du royaume du Mitanni vinrent en Égypte comme épouses du roi. Plus tard, sous Ramsès II, des filles du roi hittite suivirent le même chemin. Les relations pacifiques entre les États étaient ainsi symbolisées une fois encore par la personne du roi, à travers son mariage.

Le vizirat

Le contrôle de l'exécutif égyptien était entre les mains du vizir. Le terme même de vizir, issu de l'arabe, a été adopté par les égyptologues pour désigner le plus haut fonctionnaire de l'État, l'homme qui exerçait au sens propre les fonctions de Premier ministre. Malgré les doutes exprimés par certains auteurs, il semble bien que l'Ancien Empire et le Moyen Empire n'aient connu qu'un vizir, responsable de l'ensemble du pays. Sous le Nouvel Empire, ses fonctions furent partagées entre deux hommes. Le vizir de Basse-Égypte siégeait à Memphis ou, temporairement, sous la XIXe dynastie, dans la capitale ramesside de Pi-Ramsès, tandis que le vizir de Haute-Égypte exerçait ses fonctions à Thèbes. Nous ignorons à quelle date précise eut lieu cette division du vizirat, mais elle est attestée sans équivoque à partir du règne de Thoutmosis III (XVIIIe dynastie). Les deux titulaires de cette fonction exerçaient leur fonction indépendamment l'un de l'autre, comme des collègues de rang égal ; et chacun demeurait seul responsable de son territoire. Sous l'Ancien Empire, le vizir exerçait son autorité sur l'Égypte dans ses frontières traditionnelles, jusqu'à Assouan. Sous le Moyen Empire, sa zone d'influence s'étendit à la Basse-Nubie, conquise et annexée par l'Égypte. Au Nouvel Empire, après la reconquête de la Basse-Nubie et la mainmise sur la Haute-Nubie, la Nubie échappa à l'administration du vizir, et fut gouvernée sous l'autorité du vice-roi de Koush.

À la fin de l'époque ramesside, certaines fonctions du vizir furent confiées à l'administration du temple de Karnak. Par la suite, le vizirat perdit de son importance, en tout cas en ce qui concerne le Sud de l'Égypte.

Les tâches du vizir sont abondamment décrites dans les *Devoirs du vizir*, et consignées dans plusieurs tombeaux du Nouvel Empire. Il est vrai que la situation du vizirat illustrée par ces textes correspond, dans le détail, à celle du Moyen Empire. Précisons toutefois que les tâches énumérées possèdent une certaine universalité.

Chef de l'exécutif, le vizir était le représentant du roi. Il contrôlait et coordonnait l'administration interne de l'Égypte ; il devait également s'acquitter de certaines tâches juridiques. Si le vizir est défini comme l'homme chargé de faire régner la volonté de la Maât (la justice, l'ordre universel), il ne faut pas limiter cette fonction à un rôle purement judiciaire. Ce terme fait de lui le responsable du droit et de l'équité. Il n'exerce aucune fonction législative, celle-ci étant l'apanage exclusif du roi.

Chef de l'administration centrale, le vizir est également chargé de veiller au bon fonctionnement de ses services régionaux et locaux. Leurs fonctionnaires obéissaient à ses ordres, et devaient lui rendre compte de leurs actes et justifier, devant lui, tous les manquements survenus dans l'exercice de leur charge. Par ailleurs, l'ensemble des archives où étaient recensées les terres et la population relevait de ses attributions. En dernière instance, le vizir était responsable de la légalité et de l'exactitude de ce recensement, qui servait de base à la répartition des corvées que l'État exigeait de la population. Selon les *Devoirs du vizir*, il avait le droit et l'obligation de contrôler l'ouverture des écluses des canaux. Cette tâche étant d'intérêt national, elle exigeait une réglementation centrale. Le Grenier et le Trésor, chargés de gérer les recettes de l'État, étaient, eux aussi, placés sous le contrôle du vizir.

L'importance de sa fonction explique que le vizir ait également été responsable de la construction de la sépulture royale. Les équipes d'ouvriers de Deir el-Médineh, qui bâtirent les différentes tombes de la Vallée des Rois, étaient placées directement sous ses ordres. Le vizir venait de temps en temps vérifier la bonne marche des travaux. C'est à lui qu'incombaient la rémunération des ouvriers et la livraison des matériaux nécessaires. Sous la XXe dynastie, la situation alimentaire de ces ouvriers devint de plus en plus précaire, car leurs salaires, payés en nature, se faisaient attendre de plus en plus longtemps. Contraints de faire grève, ils rendirent le vizir responsable de leur misère.

La justice

La séparation entre l'exécutif et le judiciaire, courante aujourd'hui, était totalement étrangère à la pensée égyptienne. En Égypte, administration et justice formaient une entité, et il n'existait pas de magistrature professionnelle. On comprendra donc aisément que la langue égyptienne n'ait pas possédé de terme désignant la fonction de juge. Sous le Nouvel Empire, nous connaissons seulement l'existence de conseils de juges, désignés sous le nom de *qenbet*. Du temps du roi Horemheb, les conseils de juges régionaux furent réorganisés, comme il ressort du décret que ce souverain promulgua. Ces conseils se composent du gouverneur et de plusieurs prêtres, que leur statut de fonctionnaire dans l'administration civile et dans celle des temples autorisait à rendre la justice. Nous ignorons tout, cependant, des compétences de ces tribunaux.

À la grande *qenbet*, de hauts fonctionnaires siégeaient sous la présidence du vizir. Il serait toutefois abusif de considérer le vizir comme le juge suprême du pays. Il agissait fréquemment en qualité de *primus inter pares*. La grande *qenbet* traitait par exemple les cas de litiges fonciers, qui touchaient également aux intérêts de l'État, puisque les terres étaient assujetties à l'impôt. Par ailleurs, les documents étant conservés au bureau central de la résidence, auquel le vizir avait accès à tout moment, de telles affaires ne pouvaient être réglées, en dernier recours, que par les plus hautes instances du pays.

C'est également devant la grande *qenbet* que comparurent les pilleurs de tombes, lors des procès qui se tinrent à Thèbes à la fin de l'époque des Ramessides. Au côté du vizir, le Grand Prêtre de Karnak joua un rôle éminent, reflet de l'importance considérable qu'il avait prise désormais au sein de l'État.

Ces procès montrent clairement que l'accusation était du ressort du tribunal ; celui-ci se chargeait en outre de mener l'enquête et de prononcer le jugement. Il n'y avait pas de différence entre juges et procureurs. Pendant l'enquête exigée par les procédures pénales, on torturait les suspects, en leur infligeant notamment la bastonnade. Le pillage des tombes étant considéré en Égypte comme l'un des crimes les plus abominables qui fussent, les coupables furent condamnés à mort. Pour d'autres délits, tels qu'une infraction commise par un fonctionnaire dans le cadre de son travail, le tribunal prononçait des peines pouvant aller de la confiscation des biens à la bastonnade ou, parfois, aux travaux forcés. Sous le Nouvel Empire, on vit se développer l'usage de la mutilation des condamnés : on leur coupait la bouche, le nez ou les oreilles.

Après l'attentat commis contre le roi Ramsès III par des membres du Harem, on réunit un tribunal exceptionnel qui prononça, lui aussi, la peine de mort en raison de la gravité des faits. Certaines personnes impliquées dans ce complot, notamment des femmes du Harem, se virent toutefois accorder la liberté de se suicider. Nous ignorons comment on procédait habituellement en cas de crime capital.

Le village ouvrier de Deir el-Médineh nous a livré le plus grand nombre de documents dont nous disposons sur les décisions de justice et l'organisation judiciaire. Les ouvriers qui vivaient dans ce village ne jouissaient pas seulement de l'autonomie administrative, mais possédaient également une juridiction propre. Le conseil de juges local, appelé aussi *qenbet*, réunissait des contremaîtres, des scribes et d'autres notables locaux.

Les affaires jugées étaient extrêmement diverses : appropriations délictueuses telles que le vol, non-paiement de travaux ou refus du droit de recours, mais aussi adultère et violences conjugales. Dans ces procès, un des habitants pouvait se présenter comme plaignant, droit qui était également accordé aux femmes. Le tribunal examinait l'affaire et rendait son jugement, fondé sur le droit coutumier. Les réglementations législatives n'étaient manifestement appliquées que lorsque les intérêts de l'État étaient en jeu dans des procédures disciplinaires ou dans les rapports entre l'administration et la population. Il est vrai que le tribunal local de Deir el-Médineh ne disposait que d'un pouvoir relativement limité pour imposer l'application de ses jugements. À maintes reprises, il fallut reprendre une affaire, parce que le condamné ne s'était pas acquitté des obligations imposées par le tribunal. C'est ainsi que le paiement d'un pot de graisse fit l'objet de plus de dix années de procédure. En revanche, les affaires très graves, comme les meurtres, n'étaient pas traitées sur place, mais transmises au vizirat.

---

57. La salle du vizir
Thèbes, tombe de Rekhmirê (TT 100) ; règne de Thoutmosis III ; vers 1430 av. J.-C.
Cette scène représente le bureau du vizir. À l'origine, le vizir Rekhmirê lui-même était assis à droite de l'édifice (il a été buriné par la suite), surveillant le travail de ses fonctionnaires. Rekhmirê occupa cette fonction suprême sous les rois Thoutmosis III et Aménophis II. Cette scène est l'une des rares représentations d'un service gouvernemental et la seule illustration connue du bureau du vizir. Les lignes hiéroglyphiques verticales, que l'on aperçoit encore en marge, sont le début des *Devoirs du vizir*. Le texte remonte, certes, à la XIIe dynastie, mais la situation qui s'y trouve décrite avec précision vaut encore pour les époques ultérieures. Devant la salle du vizir, se tiennent cinq membres de l'administration, qui accueillent des fonctionnaires et des personnes se prosternant devant eux. On reconnaît aussi (en haut et en bas) le messager qui transmettait dans tout le pays les ordres du vizir aux fonctionnaires. À l'intérieur de la salle, aux registres supérieurs et inférieurs, sont représentées deux rangées de dix hommes. Il s'agit sans doute des Dix de la Haute-Égypte, qui travaillaient auprès du vizir sous le Moyen Empire et devaient être présents lors de séances dans son bureau. Dans la partie médiane, deux personnes comparaissent devant le vizir.

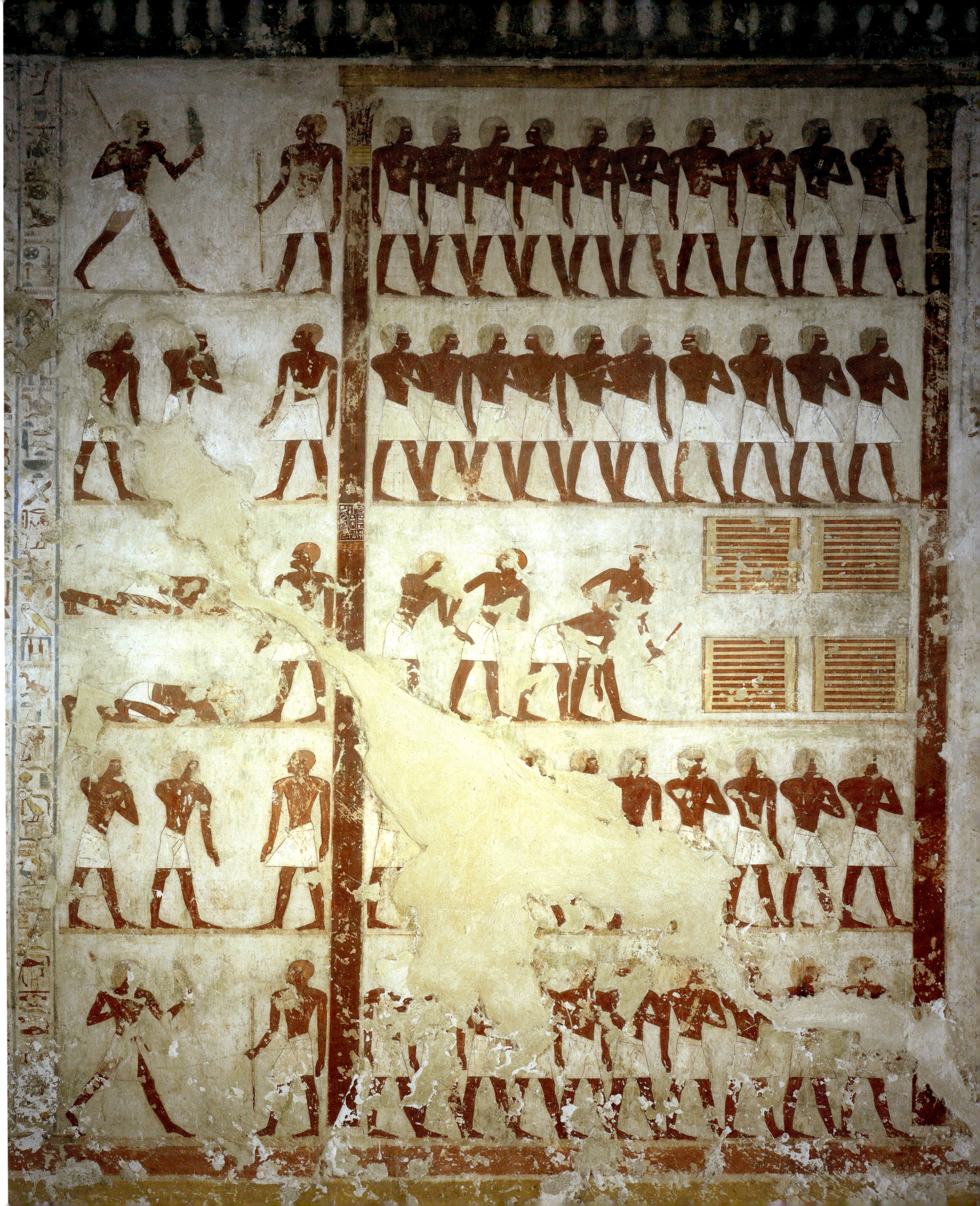

58. Les tâches officielles d'un nomarque
Elkab, tombe de Pahéri ; règne de Thoutmosis III ; vers 1450 av. J.-C.
Pahéri exerçait une haute fonction dans l'administration régionale. Son secteur d'activité, au regard de ses titres, plusieurs fois consignés dans sa tombe, se situait au sud de Thèbes, et comprenait les nomes d'Esna et d'Elkab. Pahéri fit représenter dans sa tombe quelques-unes de ses missions. Parmi celles-ci, la surveillance des travaux agricoles, et plus particulièrement le recouvrement des impôts – on distingue ainsi le calcul des impôts sur les bœufs (en bas) et les livraisons de céréales aux greniers provinciaux placés sous l'autorité de Pahéri (en haut). Il est vrai que des scènes analogues figurent dans de nombreuses autres tombes, mais elles se rapportent plutôt au culte funéraire. Cette scène est l'un des rares exemples de représentation d'activités professionnelles, comme en témoignent les inscriptions. Ainsi, l'inspection des travaux agricoles est décrite comme « toutes les fonctions qui sont accomplies par lui, Pahéri ». La représentation correspond à l'une des déclarations des *Devoirs du vizir* : « Il (le vizir) envoie (c'est-à-dire charge) les nomarques s'occuper des labours et des moissons, et des impôts sur les moissons. »

Deir el-Médineh a également livré des exemples de procès tranchés par le biais d'un oracle divin. Le roi divinisé Aménophis Ier faisant l'objet d'une vénération toute particulière parmi les ouvriers, il – ou plutôt son image de culte – rendait un verdict à l'occasion de sa sortie en procession lors des fêtes, afin de régler un litige entre deux parties. Les prêtres étaient évidemment étroitement liés à ce genre d'affaires. Du reste, ils étaient aussi largement représentés parmi les notables des *qenbet* civiles.

L'administration centrale

Les différentes administrations régionales étaient placées, comme cela a déjà été mentionné, sous le contrôle personnel du représentant suprême de l'administration centrale du vizir. Elles travaillaient en relation directe avec le service central des archives. Les impôts qu'elles levaient étaient remis au Grenier et au Trésor, deux établissements d'importance majeure. Ceux-ci administraient les recettes de l'État, nécessaires au financement de toutes les grandes entreprises nationales, tels le commerce extérieur – il fallait payer les importations avec des produits égyptiens –, le ravitaillement et l'équipement des armées et des ouvriers chargés des grands travaux. Il fallait également assurer l'entretien du roi.

Alors que les céréales étaient du ressort du Grenier, les autres produits étaient livrés au Trésor : or, argent, pierres précieuses ou semi-précieuses, mais aussi lin, bétail, bois… Des ateliers, rattachés au Trésor transformaient ces matières premières. Le Grenier et le Trésor disposaient de leurs propres navires, qui assuraient le transport des marchandises. De nombreux scribes étaient employés à l'enregistrement des recettes et des dépenses.

Avec le directeur du Grenier et celui du Trésor, le haut préposé aux

L'ÉTAT ET LA SOCIÉTÉ

59. Les livraisons d'or
Elkab, tombe de Pahéri ; règne de Thoutmosis III ; vers 1450 av. J.-C.
À proximité d'Elkab, dans le désert oriental, se trouvaient des mines d'or dont le contrôle incombait au nomarque d'Elkab. La livraison du minerai extrait par les ouvriers est représentée dans la moitié supérieure droite. Comme le voulait l'usage égyptien, l'or livré, encore brut, est reproduit sous forme d'anneaux. Alors que les céréales sont mesurées avec des boisseaux, l'or, matière précieuse, est pesé. Au registre inférieur, les membres de l'administration locale remettent les impôts à Pahéri. On retrouve, parmi différents produits, les anneaux d'or mentionnés plus haut. Le frère de Pahéri, qui apparaît sur le bord gauche de chaque scène et prend note des livraisons, exerçait les fonctions d'auxiliaire. Il était donc également au service de l'administration. La représentation de Pahéri à gauche des différentes scènes indique clairement sa responsabilité dans tous les événements reproduits ici.

domaines était l'un des plus importants fonctionnaires de l'État, chargé de la surveillance générale des domaines du royaume.

Dans la seconde moitié du Nouvel Empire, ces fonctions très institutionnalisées furent complétées par celles des échansons. Ceux-ci jouaient un grand rôle politique, car ils accomplissaient des missions nationales en vertu des pleins pouvoirs exceptionnels accordés par le roi. Ils devaient leur importance à leurs relations personnelles avec le souverain.

L'administration régionale

L'Égypte fut très tôt divisée en circonscriptions administratives, que l'on appelle traditionnellement des nomes. Le hiéroglyphe du nome représente une terre, partagée en plusieurs lots. À quelques exceptions près, les noms des nomes étaient dérivés des noms des dieux vénérés dans la région. Ces anciens nomes, unités administratives, se désagrégèrent au cours de la Première Période Intermédiaire, fait particulièrement bien attesté dans le Sud de la Haute-Égypte. Ils furent remplacés au Moyen Empire par de nouvelles circonscriptions administratives portant le nom de la principale localité du territoire. Cette nouvelle division du pays survécut dans la structure administrative de l'époque gréco-romaine. Les quarante-deux nomes traditionnels, que nous connaissons grâce aux listes de temples tardives, ne traduisent aucune réalité administrative.

Les deux tâches essentielles de l'administration du nome consistaient à lever les impôts et à convoquer la population rurale assujettie aux corvées. Pour ce faire, elle s'appuyait sur les indications du cadastre, qui relevait, lui aussi, de ses attributions. L'importance de cette tâche apparaît également dans le hiéroglyphe du nome cité plus haut : il reproduit schématiquement la division en domaines d'un territoire. Les documents ainsi

L'ÉTAT ET LA SOCIÉTÉ

60. Le transport des céréales
Elkab, tombe de Pahéri ; règne de Thoutmosis III ; vers 1450 av. J.-C.
Au registre supérieur, des sacs de céréales sont transportés à bord de plusieurs chalands. Le transport des céréales entre les différents domaines institutionnels est clairement attesté sous le Nouvel Empire. On a conservé des textes datant de la XXe dynastie, fin de l'époque des Ramessides, qui témoignent des nombreuses malversations dont les capitaines se rendaient alors coupables. Les navires, au registre inférieur, servaient au transport des personnes, comme l'indique la présence d'une cabine. Tous ces bateaux étaient au service de Pahéri.

collectés étaient transmis au bureau central, placé sous l'autorité du vizir. Ce service calculait alors le montant des impôts à lever, ainsi que les besoins en main-d'œuvre pour les grands travaux royaux. La mise en œuvre des perceptions proprement dite se faisait ensuite selon les directives du vizir. Les gouverneurs des nomes étaient directement placés sous les ordres du vizir ou, comme ce fut le cas dans le sud du pays à la fin de l'Ancien Empire et au Moyen Empire, de son représentant immédiat. Ce représentant était le directeur de la Haute-Égypte.

Sur le plan local, les temples disposaient d'une administration propre, et échappaient souvent à l'emprise de l'administration civile grâce à des décrets d'exemption royaux, qui les exonéraient du paiement des impôts ainsi que des corvées. À la fin de l'Ancien Empire et au Moyen Empire, les gouverneurs de province étaient en même temps grands prêtres des temples locaux, ce qui créait un lien entre deux niveaux administratifs distincts en soi. Cette pratique, usuelle pendant des siècles, fut abrogée sous le Nouvel Empire. Dans leurs circonscriptions, les gouverneurs devaient assurer la justice et l'ordre, fonction pour laquelle ils disposaient de patrouilles de police. Malheureusement, nous sommes peu informés du contenu exact de leurs attributions juridiques.

Les fonctionnaires

Exception faite du roi et de sa famille, de sa cour et de sa domesticité personnelle, on peut scinder la société égyptienne en deux catégories : les administrateurs et les administrés. À la masse de la population faisait face une armée de fonctionnaires, qui représentaient, temporairement, à côté des militaires, la couche sociale sur laquelle s'appuyait l'État. L'Égypte ne connaissant pas de séparation entre « l'Église et l'État », les temples étaient, eux aussi, des institutions d'État. Ils n'étaient pas seulement des lieux de culte, mais également des domaines économiques, qui disposaient d'une partie des moyens de production du pays, de terrains agricoles, de personnes et d'outils de production permettant la transformation des matières premières. Sous le Nouvel Empire, précisément, l'administration du temple de Karnak présentait une structure analogue à celle de l'État, avec son propre Trésor, son préposé aux domaines et son propre Grenier.

Toutes les grandes entreprises économiques étaient commanditées par l'État, dirigées par des fonctionnaires d'État et financées par l'État. La transformation des matières premières était effectuée dans des ateliers rattachés à des institutions royales ; parmi celles-ci, le Trésor était particulièrement important. Les artistes et les artisans étaient au service de l'État, la science elle-même était l'affaire de fonctionnaires.

Outre la *Satire des métiers* du Moyen Empire, de nombreux textes de l'époque des Ramessides décrivent les avantages de la vie de fonctionnaire par rapport au sort pénible du commun de la population. En réalité, les fonctionnaires ne possédaient pas un des privilèges qui s'y trouve pourtant énoncé : contrairement à ce qu'indiquent ces textes, ils n'étaient pas exemptés d'impôts, comme l'attestent de nombreuses sources.

L'éloge de cette vie figure dans des textes qui s'adressent aux élèves, aux futurs fonctionnaires, afin de les inciter à plus de zèle. Il était indispensable de savoir lire, écrire et compter pour devenir fonctionnaire. Aussi ceux-ci se firent-ils souvent représenter sous les traits de scribes. Ces statues de scribes sont connues depuis l'Ancien Empire. À partir du Moyen Empire, on vit se répandre le terme générique de « scribes » pour désigner les fonctionnaires, qu'ils fussent simples scribes à l'échelon inférieur de la hiérarchie ou titulaires de l'une des hautes fonctions de l'État.

Les jeunes scribes étaient formés à la cour ou dans les différentes administrations – institutions civiles, temples, mais aussi administration militaire. On exigeait fondamentalement la même chose de tous les fonctionnaires, de sorte que le passage d'une branche administrative à une autre, pratique courante, était possible à tout moment.

L'État rétribuait ses fonctionnaires en nature. Ils recevaient des terres, dont les revenus assuraient leur entretien, et profitaient des rapports de l'institution pour laquelle ils travaillaient. Les bénéfices des temples étaient répartis entre les membres de leur personnel, la position de chacun au sein de la hiérarchie déterminant le montant octroyé. Des subventions exceptionnelles du roi s'y ajoutaient, à des occasions particulières.

La carrière de fonctionnaire

Nous savons que dans de nombreux cas, les fonctionnaires égyptiens prenaient la succession de leur père. Le désir des Égyptiens de transmettre leur emploi à leurs fils s'exprime déjà dans les anciennes *Sagesses*. Dans la première moitié de la XVIIIe dynastie, le vizirat était entre les mains d'une famille dont le membre le plus connu était Rekhmirê. En Moyenne-Égypte, sous le Moyen Empire, les nomarques héritaient leur fonction de leur père. En fait, il ne s'agissait pas d'un véritable droit héréditaire, car, de droit, le roi procédait à toutes les nouvelles nominations et devait donc sanctionner cette transmission de fonction au sein d'une même famille.

On peut supposer que l'accès à la culture et à l'instruction, condition *sine qua non* pour l'exercice d'une fonction dans l'État, était réservé aux enfants de fonctionnaires. Pourtant, dans leurs biographies, certains fonctionnaires soulignent avec insistance qu'ils ne devaient leur carrière et leur ascension à de hautes fonctions qu'à leur travail personnel, à leurs compétences et à leur loyauté.

Par ailleurs, du temps d'Akhénaton (XVIIIe dynastie), en parlant des vertus qui ont permis leur ascension, les fonctionnaires évoquent avant toute chose leur dévouement et leur fidélité au roi. Akhénaton, qui avait rompu avec de nombreuses traditions, avait besoin, pour administrer son État, d'hommes de confiance qui ne fussent pas entravés par leur position au sein des structures conventionnelles de l'administration ou du sacerdoce. Il s'appuya donc sur des hommes nouveaux, comptant sur leur loyauté absolue. Et, comme le prouvent leurs noms, qui n'ont rien d'égyptien, on vit pour la première fois des étrangers devenir fonctionnaires.

En d'autres temps, d'autres facteurs eurent également de l'importance. On est ainsi frappé de constater que, dans la première moitié de la XVIIIe dynastie, de nombreuses hautes fonctions de l'État furent confiées à des hommes issus de l'administration du temple d'Amon-Rê à Karnak, temple qui jouait un rôle essentiel dans la structure nationale. Par ailleurs, les relations personnelles qu'un roi avait nouées dans sa jeunesse pouvaient être déterminantes. Ainsi, Thoutmosis IV nomma à de hautes fonctions plusieurs hommes qui avaient grandi avec lui à la cour.

Sous le Nouvel Empire, l'armée devint un des éléments majeurs de la vie politique. Aussi certaines fonctions essentielles de l'État furent-elles confiées à l'armée et à des membres de l'administration militaire. Les militaires, qui pouvaient s'appuyer sur le pouvoir économique, ainsi que sur l'influence politique et religieuse du temple de Karnak, prirent le pouvoir en Haute-Égypte à la fin de l'époque des Ramessides.

Au terme de leur carrière, les fonctionnaires méritants recevaient souvent en prébende de lucratives charges de prêtres dans les grands temples, une sorte de retraite complémentaire, pourrait-on dire.

L'ÉTAT ET LA SOCIÉTÉ

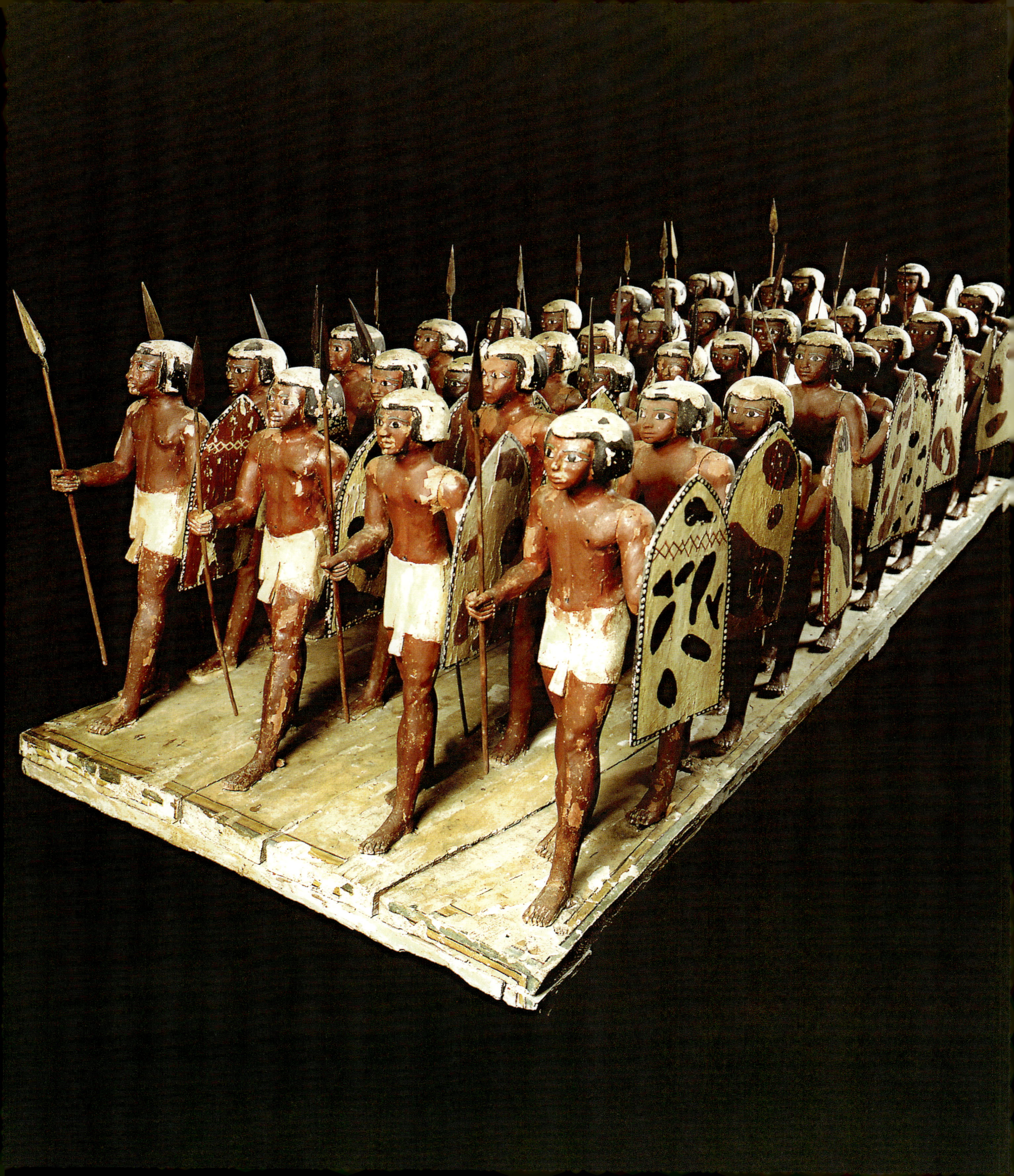

L'armée

Manfred Gutgesell

Ce que nous savons de l'armée égyptienne date essentiellement du Nouvel Empire, les informations pour les périodes antérieures étant extrêmement lacunaires. À cette époque, les pharaons comme Thoutmosis III ou Ramsès II permirent à l'Égypte de devenir une grande puissance ; du moins s'en prévalurent-ils sur leurs monuments commémoratifs. Quoi qu'il en soit, l'armement et l'organisation de l'armée égyptienne connurent alors un développement important.

À l'époque archaïque et sous l'Ancien Empire, l'Égypte ne possédait pas d'armée permanente. En fonction des besoins, on levait des hommes, on les armait et on les employait à des fins militaires, sous la direction des fonctionnaires dont ils relevaient dans la vie civile. Leur armement se limitait à des massues, des haches de guerre et des poignards. Pour combattre à distance, on se servait de lances, de frondes, d'arcs et de flèches. La technique de fabrication de ces arcs – d'une longue portée et d'une puissance de pénétration considérable – était déjà particulièrement perfectionnée ; ils étaient composés de différentes pièces de bois et de corne assemblées, et leurs cordes étaient faites de tendons d'animaux. Parallèlement à ces arcs composites, la grande masse des soldats se servait encore d'arcs simples, faits d'une seule tige de bois. Au combat, des cadres de bois sur lesquels on avait tendu des peaux de bête faisaient office de boucliers.

À la suite de l'Ancien Empire, avec l'introduction de mercenaires, l'armée subit une transformation considérable. Ces soldats de métier recevaient un lopin de terre pour assurer leur entretien, et de l'or en rétribution de leurs services. Les unités de combat étaient subdivisées en petits groupes, rassemblés en sous-unités. Chaque groupe de dix hommes était placé sous la direction d'un chef de groupe. Une compagnie de cent hommes était ainsi répartie en deux divisions, comptant chacune cinq groupes. L'ensemble de la compagnie était placé sous l'autorité du chef du premier groupe de la première division, le chef du premier groupe de la seconde division commandant également le reste de sa division. Ce principe d'organisation était aussi appliqué aux équipes d'ouvriers.

Au début du Nouvel Empire, la technique d'armement connut une véritable révolution. Les Hyksôs, un peuple originaire d'Asie qui régna pendant plus d'un siècle sur de vastes régions d'Égypte, y introduisirent le cheval et le char. Dès la fin de la domination hyksôs, les pharaons entreprirent d'élever des chevaux et de créer une charrerie militaire. Les Égyptiens privilégièrent en l'occurrence les chars de guerre légers, attelés de deux chevaux et montés par deux hommes, un conducteur et un guerrier. Les guerriers étaient équipés d'arcs composites de première qualité et de longues flèches aux pointes de métal, abritées dans un carquois de cuir suspendu au char. L'enrôlement d'auxiliaires devint de plus en plus fréquent. Les Nubiens servaient généralement d'archers, les Libyens de troupes légères. Ces contingents combattaient pour l'Égypte moyennant une solde, sous la direction de leurs propres officiers. Les troupes égyptiennes étaient placées sous le commandement de « colonels » et les unités plus importantes obéissaient aux généraux, les « chefs » des soldats.

L'armement des troupes égyptiennes s'améliora considérablement à cette époque. Désormais, les boucliers étaient faits de bois renforcé de bronze, les lances étaient munies de longues pointes de bronze et les soldats eux-mêmes étaient partiellement protégés par des casques, des cuirasses de cuir, couvertes d'écailles de bronze. Le glaive recourbé des soldats asiatiques

---

61/62. Deux divisions de soldats
Assiout, tombeau de Mésehti ; Moyen Empire, XIe dynastie, vers 2000 av. J.-C. ; bois peint.
a) Division égyptienne : long. : 169,8 cm, larg. : 62 cm, haut. : 59 cm ; Le Caire, Musée égyptien, JE 30986 (CG 258).
b) Division nubienne : long. : 190,2 cm, larg. : 72,3 cm, haut. : 55 cm ; Le Caire, Musée égyptien, JE 30969 (CG 257).

Ces modèles de troupes ont été découverts dans la tombe du puissant nomarque Mésehti d'Assiout, en Moyenne-Égypte. Ces deux divisions, égyptienne et nubienne, se composent de quarante hommes qui s'avancent par quatre de front sur dix rangs. Les guerriers égyptiens sont armés de lances, munies de pointes de bronze et de grands boucliers composés d'un cadre de bois rigide, tendu d'une peau de bovin comme le souligne leur rendu détaillé. Les archers nubiens portent des arcs et des flèches. Souhaitant sans doute se protéger en des temps troublés, Mésehti, chef d'armée, s'est fait accompagner au tombeau par sa garde du corps en modèle réduit.

L'ÉTAT ET LA SOCIÉTÉ

fut adopté comme arme de combat au corps à corps. Le roi était le chef suprême des armées, les différentes divisions pouvant être commandées par ses fils ou par les vizirs.

Le désert à dos d'âne
Équipement et ravitaillement

Du temps des pharaons, il n'y avait pas de navires de guerre. Le ravitaillement était transporté probablement par voie fluviale sous la protection d'une division armée. En revanche, les techniques de fortification étaient déjà relativement avancées. Nous savons ainsi qu'avant l'Ancien Empire, Éléphantine, située à la frontière australe de l'Égypte, possédait déjà une forteresse parfaitement développée. Sous l'Ancien Empire, on chercha à se mettre à l'abri des agresseurs asiatiques en construisant une longue muraille, le Mur du Prince. Celui-ci fut remplacé plus tard par un réseau très dense de forteresses le long de la frontière orientale. La base principale, point de départ de la plupart des campagnes militaires de l'Égypte vers la Syrie, était la forteresse de Silé, à l'extrémité orientale du Delta. Cette forteresse servait tout à la fois de base militaire, de comptoir et de poste douanier. Elle était le principal dépôt de ravitaillement des armées égyptiennes stationnées en Asie, et était placée sous les ordres d'un commandant qui occupait un rang très élevé dans la hiérarchie.

Le ravitaillement des troupes relevait de la responsabilité des deux représentants de l'armée et d'une quantité de scribes de l'armée et de fonctionnaires de l'administration. Lorsqu'il fallait traverser le désert oriental, ce qui était généralement le cas sous le Nouvel Empire en raison de la situation politique, le transport des vivres se faisait dans des conditions extrêmement difficiles. En effet, les chariots de transport n'existaient pas encore, et ils auraient été du reste d'une utilité très relative dans les sables du désert. Il fallait donc transporter le ravitaillement à dos d'âne, et, plus tard, de mulets. L'absence de points d'eau et de lieux de fourrage obligeaient les animaux à transporter ce qui était indispensable à leur propre survie, en plus de ce qui était destiné aux troupes. En d'autres termes, la charge utile diminuait forcément en fonction de la longueur du parcours. Aussi s'efforçait-on de faire parvenir par voie maritime le maximum de provisions jusqu'à la zone des combats, ou du moins à proximité. Ces transports exigeaient de puissantes escortes, dont l'existence est attestée pour l'époque ramesside. Les risques de perdre cette précieuse cargaison, ou d'atteindre trop tard les troupes combattantes restaient néanmoins importants. Aussi cherchait-on à disposer de sources de ravitaillement sur place ; ceci incita l'Égypte, d'ailleurs avec succès, à s'efforcer de garder le contrôle d'un certain nombre de postes en Syrie, c'est-à-dire au-delà de sa frontière orientale. La domination des principales villes portuaires de Palestine et de Syrie était particulièrement précieuse.

Conjuguées aux problèmes logistiques, les données géographiques ne laissaient guère d'alternatives concernant le trajet vers l'Est. Partant d'Égypte, on pouvait traverser le désert en marche forcée en rejoignant les

63. Char de Toutânkhamon
Thèbes, Vallée des Rois, tombe de Toutânkhamon (KV 62) ; Nouvel Empire, XVIIIe dynastie, vers 1325 av. J.-C. ; bois doré ; long. : 290 cm ; Le Caire, Musée égyptien, JE 61989. Les chars de guerre ont été introduits en Égypte par les Hyksôs. Cette arme fut un facteur décisif de la supériorité des Asiatiques sur les Égyptiens ; aussi les pharaons l'adoptèrent-ils immédiatement. L'intérêt du char se confirma dès l'époque des premiers souverains de la XVIIIe dynastie, sous lesquels l'Égypte disposait déjà d'une puissante charrerie militaire, qu'elle allait encore développer considérablement. Les chars égyptiens étaient plus légers que ceux des Asiatiques et ne transportaient qu'un conducteur et un combattant muni d'un bouclier. Cette troupe était extrêmement maniable, très rapide et tactiquement supérieure en terrain accidenté aux lourds chars asiatiques montés par quatre hommes.

366 L'ÉTAT ET LA SOCIÉTÉ

64. Glaive recourbé
Sichem (el-Balata) ; Moyen Empire, vers 1800 av. J.-C. ; bronze, électrum et nielle ; long. : 45,2 cm ; Munich, Staatliches Museum Ägyptischer Kunst, ÄS 2907.
Le glaive recourbé est d'origine asiatique et fut probablement introduit en Égypte par les Hyksôs. Initialement, cette arme, réservée au roi, représentait un trophée martial du pharaon, qui s'en servait pour abattre ses ennemis. Ces scènes de massacre figurent dans la plupart des temples égyptiens à un endroit bien visible. Le glaive est richement orné. Le bronze est recouvert latéralement par un alliage d'argent et de soufre. On y a incrusté un motif d'une grande finesse fait d'électrum, un alliage naturel d'or et d'argent. À l'extrémité supérieure, on observe une belle fleur de lotus, elle aussi damasquinée d'électrum. Ce glaive était certainement l'arme de parade d'un officier supérieur.

65-67. Armes de guerre (de haut en bas)
Fer de hache
Thèbes ; Nouvel Empire, XVIIIe dynastie, vers 1500 av. J.-C. ; bronze doré ; Berlin, SMPK, Ägyptisches Museum, 2769.
Poignard
Thèbes ; vers 1700-1450 av. J.-C. ; bronze, corne, ivoire, or ; long. : 40,5 cm ; Berlin, SMPK, Ägyptisches Museum, 2053.
Poignard de Djéhouti
Probablement de Saqqara ; Nouvel Empire, XVIIIe dynastie, vers 1450 av. J.-C. ; bronze, bois ; long. : 35,5 cm ; Darmstadt, Hessisches Landesmuseum, Ae : I, 6.
L'armée égyptienne ne disposait pas d'un armement extrêmement varié. Les haches et les massues étaient les armes du combat au corps à corps préférées de l'infanterie ; les glaives s'y ajoutèrent à partir du Nouvel Empire. L'arc et les flèches servaient d'armes de jet et permettaient de décimer l'ennemi à distance ; à mi-distance, cette fonction était assumée par les lances. Pour le combat au corps à corps, on utilisait des poignards. Un grand nombre des armes qui nous sont parvenues sont richement ornées et étaient manifestement des pièces d'apparat. Au combat, elles étaient remplacées par des armes simples, plus modestes. L'élégant fer de hache était doré et n'a probablement jamais servi au combat. De même, le somptueux poignard de Djéhouti, un général de Thoutmosis III, était probablement une arme d'apparat.

L'ÉTAT ET LA SOCIÉTÉ

68/69. Le dénombrement des ennemis tombés au cours de la bataille
Thèbes, Médinet Habou, temple funéraire de Ramsès III, 2ᵉ cour ; Nouvel Empire, XXᵉ dynastie, vers 1175 av. J.-C.
Dans son grandiose temple funéraire, Ramsès III a immortalisé certains événements majeurs de son règne. Le mur sud de la deuxième cour présente une intéressante scène de détail : le dénombrement des ennemis tués sur un champ de bataille libyen. Les soldats égyptiens ont tranché la main droite et le phallus de chaque ennemi, que l'on s'emploie ici à compter. Une sorte de double comptabilité en égyptien ancien ! Le nombre d'ennemis tués servait à déterminer les récompenses et les promotions accordées aux soldats. D'où ce recensement minutieux.

rares points d'eau, ou suivre le littoral, une voie plus confortable, mais plus longue. La voie maritime était idéale, mais les capacités navales des Égyptiens étaient encore relativement limitées. Évidemment, les ennemis de l'Égypte connaissaient toutes ces routes et pouvaient prendre des contre-mesures adéquates.

La bataille de Qadesh : l'échec tactique

Nous savons peu de choses sur la stratégie et la tactique des chefs d'armées de l'Égypte antique. D'ordinaire, la stratégie s'adaptait aux données naturelles et aux circonstances du moment. L'existence d'une planification minutieuse paraît peu probable, car l'époque pharaonique n'a laissé aucune trace d'officiers d'état major ou d'autres grades de ce genre.

Nous avons pourtant la chance de pouvoir analyser avec quelque précision une opération militaire, grâce à deux types de sources : les sources égyptiennes et les sources ennemies, celles des Hittites.

En l'an V de son règne (1274 av. J.-C.), le pharaon Ramsès II décida de faire la guerre au roi hittite, Mouwattali, et à ses nombreux alliés. Ramsès II divisa son armée principale en quatre corps, qui devaient traverser le désert en direction de la mer Morte. Sur le cours supérieur de l'Oronte, il avait été prévu d'attaquer la ville fortifiée de Qadesh, où était censée se trouver l'armée hittite. Une deuxième armée, nettement plus modeste, devait embarquer sur des navires, débarquer au nord de Byblos et marcher, elle aussi, à l'intérieur des terres vers Qadesh. Cette deuxième armée avait pour mission première d'assurer le ravitaillement de l'armée principale, où se trouvait également le roi et sa garde. La stratégie était limpide : Ramsès II voulait anéantir les Hittites en les prenant en tenaille.

Mais le roi commit quelques erreurs monstrueuses. Les quatre corps de l'armée principale marchaient à une distance respective de plus de dix kilomètres, ce qui représentait presque une journée de marche dans une région désertique dépourvue de routes. Cette situation les empêchait évidemment de se prêter mutuellement assistance. Pour comble de malchance, les quatre corps franchirent l'Oronte à des moments différents. Confiant dans la victoire, le pharaon négligea d'envoyer des hommes en reconnaissance, ce qui allait avoir des conséquences pour le moins néfastes. Aux abords de Qadesh, la situation devint extrêmement confuse. Ramsès II lui-même avait franchi l'Oronte avec son premier corps d'armée et s'approchait de Qadesh ; le deuxième corps avait également traversé le fleuve, tandis que les deux derniers se trouvaient encore sur la rive droite.

Par ailleurs, les Égyptiens avaient capturé deux Bédouins, qui leur affirmèrent que les Hittites avaient lâchement battu en retraite, ce que Ramsès II n'était que trop disposé à croire. Il allait apprendre un peu plus tard, pour son malheur, que les deux Bédouins étaient des espions hittites. Parfaitement tranquilles, les Égyptiens poursuivirent donc leur avance. C'est alors que le désastre frappa le deuxième corps égyptien, sous les traits d'un millier de lourds chars hittites portant chacun quatre à cinq hommes. Alors qu'ils se trouvaient sur un gué, les Égyptiens, qui ne s'y attendaient absolument pas, se firent attaquer de flanc. Ils furent exterminés en moins de temps qu'il n'en faut pour le dire. Cette défaite ouvrit une brèche de plus de vingt kilomètres entre le premier corps d'armée égyptien et les deux autres, demeurés en arrière. En outre, le puissant Oronte séparait désormais les deux parties de l'armée.

Avec sa garde et les soldats du premier corps, Ramsès II se réfugia sur une colline et construisit un camp fortifié. Les Hittites les harcelèrent et, grâce à des forces supérieures (toute leur armée contre un seul corps égyptien), ils réussirent à s'emparer presque intégralement du camp. Seule la bravoure personnelle du roi et de sa garde évita une déroute complète.

Les Égyptiens envoyèrent des messagers aux deux corps arrière pour leur demander d'interrompre leur avance, probablement pour recueillir des

70. Le camp militaire près de Qadesh
Temple de Louqsor, Iᵉʳ pylône ; Nouvel Empire, XIXᵉ dynastie, règne de Ramsès II, vers 1265 av. J.-C.
Ce relief illustre le camp de l'armée égyptienne devant Qadesh. On distingue la grande tente du pharaon, qui porte son nom. Cette séquence nous informe également sur la vie ordinaire d'un camp militaire ; on y soigne les chevaux, les chars sont alignés et réparés, les soldats mangent – quelques scènes parfaitement paisibles à l'arrière du camp. À droite, en revanche, certaines scènes dépeignent l'agression hittite et les violents combats qui se déroulent autour du camp, protégé par des palissades ou des boucliers. Le camp s'organise sur deux axes qui aboutissent à un point commun, la tente de Ramsès II. Cette structure évoque la future disposition des camps des légions romaines.

fugitifs du deuxième corps. C'est alors que les Égyptiens furent miraculeusement sauvés par la petite armée qui avait emprunté la voie maritime. Atteignant le camp qui venait de tomber presque entièrement entre les mains des Hittites, elle attaqua aussitôt les troupes ennemies, totalement désorganisées et occupées à piller. Les Hittites se replièrent en direction de Qadesh ; à marche forcée, Ramsès II rejoignit son arrière-garde et décida de faire retraite vers l'Égypte, où il présenta cette guerre comme une victoire éclatante. Des scènes de la bataille de Qadesh ornent les murs de presque tous les grands temples que Ramsès II fit bâtir.

En tant que chef militaire, Ramsès II avait négligé tous les principes fondamentaux de la conduite de la guerre. Ses unités étaient trop éloignées les unes des autres pour pouvoir se soutenir. De surcroît, elles franchirent isolément et successivement le fleuve, si bien qu'à l'instant décisif, l'Oronte séparait le roi de ses renforts. Mais les plus graves erreurs de Ramsès II furent certainement son manque d'informations sur les forces adverses et l'insouciance presque outrecuidante avec laquelle ses troupes étaient entrées en terre ennemie, pour aller littéralement se jeter dans l'embuscade hittite. Seule la coopération parfaite, mais certainement fortuite, des deux armées égyptiennes permit au roi de se replier avant que la défaite ne fût consommée, et lui évita un anéantissement complet.

71. La bataille de Qadesh (détail)
Abou Simbel, grand temple de Ramsès II, mur nord de la salle hypostyle ; Nouvel Empire, XIXᵉ dynastie, vers 1265 av. J.-C.
Les scènes de combats de l'Égypte ancienne obéissaient à des règles iconographiques très strictes. Les ennemis apparaissent toujours en désordre, c'est-à-dire au bord de la défaite, alors que les troupes égyptiennes, en unités ordonnées, combattent et s'apprêtent, toujours par principe, à remporter la victoire. En l'occurrence, le déroulement réel du combat est de peu d'importance. C'est particulièrement vrai des représentations de la bataille de Qadesh, comme celle que nous voyons ici. Heureusement, nous possédons un récit de cette bataille vue du côté hittite, qui nous décrit le déroulement des combats avec une véracité dont ne peuvent guère se targuer les représentations égyptiennes.

L'ÉTAT ET LA SOCIÉTÉ 369

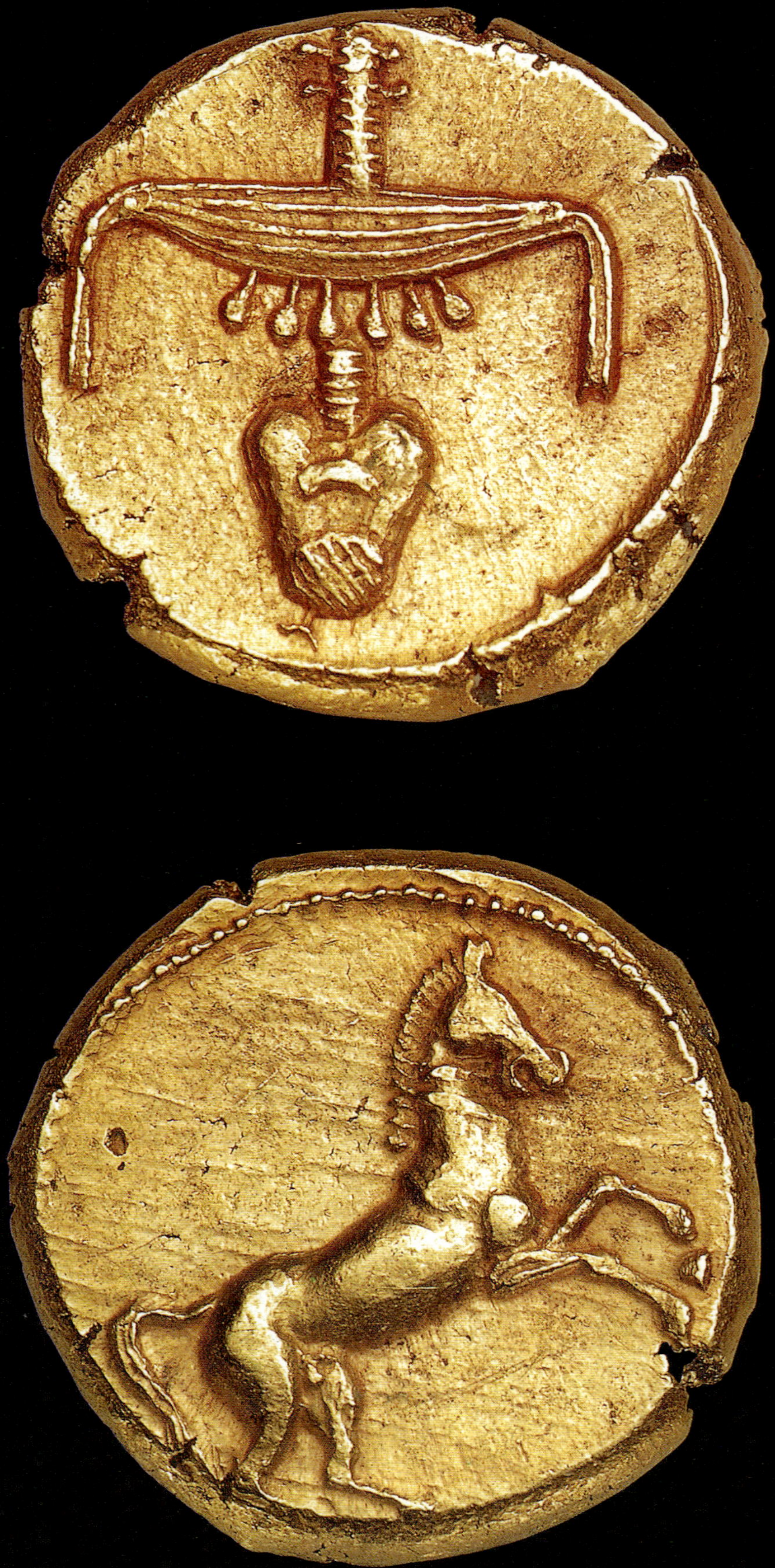

Économie et commerce

Manfred Gutgesell

Le Nouvel Empire est la seule époque qui ait livré suffisamment de données chiffrées pour nous permettre une étude relativement précise de la situation économique de l'Égypte pharaonique. Les chercheurs ont eu la chance infinie de découvrir un puits déjà asséché à cette époque, devant le village d'ouvriers de Deir el-Médineh, dans la Thèbes occidentale. Ce site a été habité par quelque cent vingt familles, chargées de construire les tombes des souverains de la Vallée des Rois, ainsi que plusieurs sépultures privées. Évidemment, cette population aménagea également de petites sépultures à son propre usage, tombes qui comptent parmi les plus belles d'Égypte.

L'existence de ces hommes se déroulait presque exclusivement au sein de leur village isolé de la vallée du Nil, ou sur leur lieu de travail. La vie commune apporta commerce, querelles, amours et fêtes. Leur activité commerciale, témoignée par de nombreux textes écrits sur ce qu'on appelle les ostraca, fragments de calcaire ou tessons d'argile, est particulièrement intéressante. Ces documents indiquent le prix des marchandises, précisent les échéances de paiement, les octrois de crédits, les prêts d'ânes et bien d'autres éléments encore. Lorsque ces textes avaient perdu leur utilité, on les jetait dans le vieux puits, où les archéologues les ont découverts au début de notre siècle. Plusieurs dizaines de milliers de ces documents en écriture hiératique ont ainsi été préservés. Ils nous offrent une précieuse image de l'économie de l'Égypte ancienne.

L'économie appartenait à un système étatique rigoureusement centralisé, qui ne laissait guère place à l'initiative privée. L'État subvenait aux besoins de la population en distribuant le strict nécessaire. Les travailleurs percevaient par ailleurs un salaire défini avec précision, qui leur permettait de faire vivre leur famille et de satisfaire, dans une certaine mesure, à tous les besoins qui n'étaient pas couverts par les prestations de l'État. Parmi ceux-ci, on attachait une importance toute particulière à l'aménagement de la tombe et à son mobilier funéraire.

Il n'était guère possible de choisir librement sa profession : en règle générale, le fils prenait la succession de son père, qui pouvait ainsi assurer sa formation. Les rares écoles de l'État accueillaient les enfants de fonctionnaires, qui y apprenaient à lire et à écrire, avant d'accéder, eux aussi, à la fonction publique. La libre entreprise était également étrangère à la pensée égyptienne. Tous ces indices s'accordent à démontrer que l'économie de l'Égypte ancienne n'avait rien d'une économie libérale de marché. Il s'agissait d'une économie entièrement soumise à l'administration centrale, telle qu'on a pu en connaître d'autres exemples dans un passé récent.

Les données les plus intéressantes que nous livrent les textes de Deir el-Médineh portent sans conteste sur les prix et les salaires. Les salaires des ouvriers, ainsi que les prix, sont restés stables au fil des siècles – une autre caractéristique de l'économie planifiée dirigée. On ne connaissait pas encore l'argent, dans le sens que nous donnons à ce terme. Certes, la monnaie fit son apparition en Grèce aux VIIIe et VIIe siècles av. J.-C., mais elle ne fut introduite en Égypte qu'au milieu du IVe siècle, pour payer les mercenaires grecs. Les moyens de paiement existaient cependant, sous d'autres formes. On utilisait différentes unités de référence, d'une part les sacs de céréales (orge ou blé) de volume calibré, par ailleurs les unités en métal précieux, le cuivre et l'argent, servaient déjà de moyens d'échange. Les salaires étaient payés en grains, et pouvaient être convertis en argent ou en cuivre selon un cours déterminé. Ainsi les deux contremaîtres et le scribe de Deir el-Médineh touchaient deux sacs d'orge et cinq sacs et demi de blé par mois. Le simple ouvrier recevait un sac et demi de blé et quatre sacs d'orge, les apprentis un demi-sac du premier et un sac et demi de l'autre ; les auxiliaires se contentaient de moins encore. Un sac contenait exactement soixante-dix-sept litres de céréales. Le cuivre était évalué en *deben,* unité pesant quatre-vingt-onze grammes, l'unité de poids de l'argent, plus précieux, était le *shenati* (sept grammes six cents) ou la *kité* (neuf grammes cent). Le rapport de valeur entre le métal et les céréales, et donc, le montant des salaires, pouvaient subir d'importantes variations. Néanmoins, on peut dire qu'en moyenne un ouvrier percevait une quantité de céréales d'une valeur de sept *deben* de cuivre, contre neuf *deben* cinquante pour un contremaître.

Les fonctionnaires surveillaient de près la productivité des ouvriers. En cas de maladie ou d'absence, il fallait rattraper le temps perdu. Les travaux effectués et les absences étaient consignés sur de longues listes et comparés avec le plan de travail. Nous connaissons ainsi le cas d'un haut fonctionnaire de l'administration particulièrement habile, qui réussit, au cours d'une bonne année, à doubler la production prévue, ce qu'il fit mentionner de manière ostentatoire sur une grande stèle.

---

72. Talent d'or
Basse Époque, XXXe dynastie ; vers 350 av. J.-C. ; or ; poids : 8,51 g ; Hanovre, Kestner-Museum, 1989. 90.
Cette monnaie d'or est la seule monnaie pharaonique portant une inscription hiéroglyphique sur l'avers : *nébou-néfer,* « or fin ». Le revers montre un cheval sautant vers la droite. Frappée en étalon attique, c'est-à-dire grec, elle servait à payer les mercenaires grecs, dont le concours permit au pharaon Nectanébo II d'asseoir sa domination. Cette pièce fut probablement frappée à Memphis. C'est l'une des rares pièces d'or que nous possédons actuellement. La frappe monétaire ne s'imposa à une grande échelle qu'après la conquête de l'Égypte par Alexandre le Grand (332 av. J.-C.).

73. Le travail des métaux
Saqqara, tombe de Mérérouka ; Ancien Empire, VIe dynastie ; vers 2330 av. J.-C.
La spécialisation des métiers artisanaux commença sous l'Ancien Empire. La répartition du travail dans les méthodes de production est un indice majeur du développement économique d'une société. Seule cette répartition permet, sans évolution technologique majeure, un accroissement important de la productivité. Le métier de forgeron a toujours fait partie des professions essentielles de la plupart des cultures primitives. Ici, six ouvriers métallurgistes, munis de longs chalumeaux, soufflent de l'air dans un creuset pour augmenter la température du feu. Le métal en fusion est ensuite versé dans des formes préparées, et façonné par des forgerons en objets de toutes sortes. Outils et armes, vases et parures, articles utilitaires étaient ainsi fabriqués en grand nombre. Certains vases de métal achevés sont représentés dans le registre situé au-dessus des ouvriers.

Un ostracon datant de la XXe dynastie nous enseigne comment se déroulait une vente au sein du village : « Ce qui est donné à Paidehou en paiement d'un vase de cuivre : 10 *deben* de cuivre ; huile de sésame, 5 *hin* (soit 2,5 litres), à 1 *deben* le *hin* ; une chemise d'étoffe fine, ce qui fait 5 *deben* ; 2 sacs de cuir, ce qui fait 4 *deben* ; 4 nattes, ce qui fait 2 *deben* ; 4 *hin* d'onguent, ce qui fait 2 *deben*. Total : 28 *deben* de cuivre, arriéré : 9 *deben*. »

Nous connaissons ainsi le prix de plusieurs sortes d'huile, des sacs de cuir, des nattes et des chemises. Il s'agissait d'une transaction à crédit, puisqu'il reste encore neuf *deben* de dette. Par ailleurs, l'acheteur paye partiellement en nature, les produits sont cependant convertis en cuivre pour faciliter la comparaison. Ces textes permettent d'établir un tableau de prix ayant cours vers l'an 1200 av. J.-C. Quelques exemples tirés de ces documents nous renseignent sur la valeur de certains produits : une poule coûte un quart de *deben*, un morceau de gâteau un quarantième. Un demi-litre de graisse un demi ; il fallait payer un *deben* pour un panier, de même que pour un pagne d'ouvrier ou une simple amulette. Le mobilier était nettement plus onéreux : des coffres à vêtements coûtaient jusqu'à cinq *deben*, un tabouret deux, une chaise jusqu'à huit. Quant aux lits, ils pouvaient atteindre vingt *deben*. Le prix d'un porc s'élevait à sept *deben*, celui d'un bœuf à cent quarante ; quant aux ânes, on en trouvait à partir de trente *deben*. Les chemises ordinaires coûtaient cinq *deben*, les vêtements de prix jusqu'à soixante, etc. Certains articles étaient ainsi hors de prix pour les ouvriers, qui devaient s'en passer ou les acheter à crédit.

Les Égyptiens dépensaient beaucoup pour l'aménagement de leurs tombes. Les cercueils décorés, usuels pour les contremaîtres de Deir el-Médineh, coûtaient jusqu'à deux cents *deben*, ceux des ouvriers atteignaient la somme, déjà coquette, de vingt-cinq *deben*. Un masque de momie était accessible pour quarante *deben*, les sarcophages étant évidemment nettement plus chers. Le mobilier funéraire comprenait également des vêtements, du mobilier, des aliments, des vases, des statues et bien d'autres objets encore. On peut estimer que les simples ouvriers eux-mêmes devaient dépenser au moins deux cents *deben* de cuivre pour une inhumation, soit l'équivalent de trente mois de salaire. En raison de ses prétentions plus élevées, un scribe ou un petit fonctionnaire devait, quant à lui, débourser environ mille *deben* pour aménager une sépulture digne de son rang. Et le roi ? Le seul cercueil d'or de Toutânkhamon, qui pesait plus de cent kilos, possédait une valeur équivalente à trente-cinq mille mois de salaire d'un ouvrier ! Le prix des nombreux autres objets retrouvés dans la tombe du jeune monarque dépasse l'imagination.

Cependant, le système économique ne fonctionnait pas toujours sans heurts. Les difficultés d'approvisionnement et le non-paiement des salaires étaient des incidents fréquents. Affamée, la population était alors incapable de s'acquitter de ses obligations et connaissait de graves difficultés financières. En 1150 av. J.-C., une période de crise incita les ouvriers de Deir el-Médineh à s'unir et à faire une courte grève pour réclamer le versement des salaires qu'ils attendaient depuis des mois. En qualité de fonctionnaire suprême, le vizir vint les voir personnellement et leur promit de remédier à la situation. Ne voyant rien venir, les ouvriers se remirent en grève et n'hésitèrent pas, cette fois, à occuper les temples funéraires royaux de la Thèbes occidentale. Il fallut que le maire de Thèbes apportât lui-même des céréales et du cuivre pour que les hommes reprissent le travail. Les premières grèves attestées de l'Histoire avaient abouti à une victoire des grévistes ; le pouvoir renonça à prendre des sanctions et livra ce qui revenait légitimement aux ouvriers.

La violation des tombes constituait un grave problème pour la structure économique. Les pillards faisaient main basse sur tout ce qu'ils trouvaient dans les sépultures des rois et des fonctionnaires. L'arrivée soudaine sur le marché de ces objets de valeur et de ces immenses quantités d'or pouvait bouleverser de fond en comble les mesures de planification des services compétents. Dans la mesure où les prix demeuraient stables, l'or d'une seule tombe royale aurait permis à toute la main-d'œuvre de Deir el-Médineh de mener une vie de grand luxe sans jamais travailler. La réaction du pouvoir central fut d'une rigueur extrême : les voleurs qui se firent

372   L'ÉTAT ET LA SOCIÉTÉ

74. La pesée de l'or et de l'argent
Thèbes, tombe d'Ipouki (TT 181) ; Nouvel Empire, XVIIIe dynastie ; vers 1380 av. J.-C.
Le contrôle du rendement et la distribution du matériel comptaient parmi les tâches majeures de l'administration de l'Égypte ancienne. La scène, qui se déroule dans le Trésor du pharaon, montre un scribe surveillant la pesée des anneaux d'or et d'argent. Sur la balance reposent des anneaux d'or et des poids. On consignait aussi avec la plus extrême précision, non seulement le métal précieux, mais aussi tous les autres matériaux et marchandises entreposés dans le Trésor. Un scribe était responsable de la remise des matériaux aux ouvriers, un autre surveillait le travail, tandis qu'un troisième enregistrait les livraisons de produits finis. D'autres se chargeaient de la distribution et de la livraison des articles destinés au troc ou au commerce. Pourtant, cette bureaucratie pléthorique semble n'avoir pas exagérément entravé la vie économique.

L'ÉTAT ET LA SOCIÉTÉ

75. Le Trésor du pharaon
Thèbes, tombe de Néferenpet (TT 178) ; Nouvel Empire, XIXᵉ dynastie ; vers 1250 av. J.-C.

Néferenpet, haut fonctionnaire du Trésor sous Ramsès II, a fait représenter son lieu de travail dans sa tombe. On observe un administrateur qui surveille le stockage de biens dans une grande salle. En haut et à gauche, on reconnaît les magasins, remplis d'objets précieux. Une immense partie des richesses de l'Égypte se trouvait dans les trésors royaux. Ces institutions étaient les centres de l'économie de distribution. Nous savons que le salaire des ouvriers de Deir el-Médineh provenait du Trésor représenté ici. On y entreposait non seulement des objets de métal ou des pierres précieuses, mais aussi des vêtements, des huiles rares, des cosmétiques et autres articles, comme le montre cette scène.

L'ÉTAT ET LA SOCIÉTÉ

76. Modèle de silos à grain
Gébélein ; Moyen Empire, XI⁰ dynastie ; vers 2000 av. J.-C. ; terre cuite ; larg. : 21 cm ; Turin, Museo Egizio, 15802.
Le stockage des denrées alimentaires a toujours été une condition préalable à la naissance d'un État. Ce n'est que lorsqu'on a su motiver les producteurs de denrées alimentaires à produire plus que les quantités indispensables à leurs propres besoins que l'on a pu dégager les moyens nécessaires pour nourrir le reste de la population, qui ne participait pas directement à ce processus. Il s'agissait des artisans, et évidemment des prêtres, des fonctionnaires et du roi lui-même. Celui qui parvenait à s'emparer de l'administration des greniers dominait la société. Il était alors maître des réserves de semences, et pouvait même en cas de famine décider en dernier recours qui survivrait et qui serait sacrifié. L'administration de l'excédent d'une société constituait la base du pouvoir du roi et de ses auxiliaires. Ce point est déjà attesté dans l'Égypte préhistorique, les fouilles entreprises à proximité des temples et des bâtiments royaux ont toujours révélé la présence de grands greniers.

prendre furent torturés et déportés dans les carrières de pierre. Le produit du vol fut confisqué, et n'entra donc pas dans le circuit économique. Ceux qui échappèrent au châtiment utilisèrent leur butin pour décorer leurs tombes, s'acheter éventuellement une vache à l'occasion d'une fête, et boire du vin mêlé de miel, la boisson de luxe des Égyptiens. Pourtant, les grands pillages de tombes de la fin de la XX⁰ dynastie n'ébranlèrent pas eux-mêmes l'économie égyptienne.

    Les faits décrits au cours du Nouvel Empire valent probablement aussi pour les époques antérieures. Les quelques rares prix de marchandises, plus anciens, qui nous sont parvenus sont comparables à ceux que nous a livrés le Nouvel Empire. Nous savons également que, dès l'Ancien Empire, on versait des salaires, dont le montant n'est malheureusement jamais indiqué dans les sources. On peut supposer que le système économique de l'Égypte ancienne a suivi un processus de développement parallèle à celui de l'État. Il reposait sur les excédents agricoles, qui faisaient la richesse de l'Égypte. On rencontre dès les origines de l'histoire égyptienne une économie de stockage et les prémices de la division du travail. Sous l'Ancien Empire, on « inventa » de nombreuses professions. Le recours à la division du travail permit même la construction de pyramides et de temples immenses dans toute l'Égypte. Les scènes de la production agricole font partie des plus anciennes représentations ; on peut se faire une idée de l'importance de ce secteur économique en constatant la présence de scènes de travaux des champs dans presque toutes les tombes. De fait, l'État égyptien tout entier reposait sur la bonne marche de l'agriculture.

    Faut-il s'étonner dans ce cas que le roi ait été propriétaire de l'ensemble des terres ? Il confiait les terres cultivables à des fonctionnaires méritants et aux membres de sa famille, mais si ces bénéficiaires ne faisaient pas preuve de loyauté à son égard, ils se voyaient purement et simplement expropriés et exclus de la classe des propriétaires fonciers. Dans la mesure où les hommes qui vivaient sur ces terres appartenaient aux domaines, le roi se trouvait être également propriétaire de la main-d'œuvre. Par ailleurs, il possédait le monopole sur les carrières et sur l'exploitation des mines, de sorte que le capital extrait, également moyen de production, se trouvait entre ses mains. Ce n'est que vers la fin de l'Ancien Empire qu'un nombre plus élevé de familles de fonctionnaires parvinrent à prendre possession des terres. Cette évolution se poursuivit jusque sous le Nouvel Empire. À cette époque, le roi ne disposait plus que de domaines très limités, mais continuait à pouvoir utiliser les revenus des immenses propriétés des temples, moyennant certaines obligations.

    L'économie de l'Égypte ancienne a fonctionné pendant plusieurs millénaires. Cette longévité pourrait s'expliquer par sa grande flexibilité, en dépit de toutes les planifications. Ou encore parce que l'existence de chacun était assurée par des lois, et que toute la population atteignait un certain bien-être, même modeste. Cependant, la vraie raison est peut-être que cette économie était soumise à un contrôle rigoureux et que tout manquement était sévèrement réprimé.

77. Les moissons
Thèbes, tombe de Ménéna (TT 69) ; Nouvel Empire, XVIII⁰ dynastie ; vers 1395 av. J.-C.
L'économie égyptienne reposait sur l'agriculture. La fertilité de la vallée du Nil autorisait plusieurs récoltes par an. Le travail des paysans était soumis à une réglementation des plus strictes ; dans les faits, la totalité de l'excédent devait être livrée aux greniers centraux, qui distribuaient ensuite les semences aux paysans. La production utilisait la méthode de division du travail, et était contrôlée par les régisseurs et leurs subordonnés. La représentation illustre, au registre supérieur, à gauche, une scène décisive : la livraison au propriétaire. Il est intéressant de constater que l'agriculture était en grande partie l'affaire des hommes, ce qui indique une répartition des tâches en fonction des sexes, un trait commun à d'autres civilisations.

L'ÉTAT ET LA SOCIÉTÉ

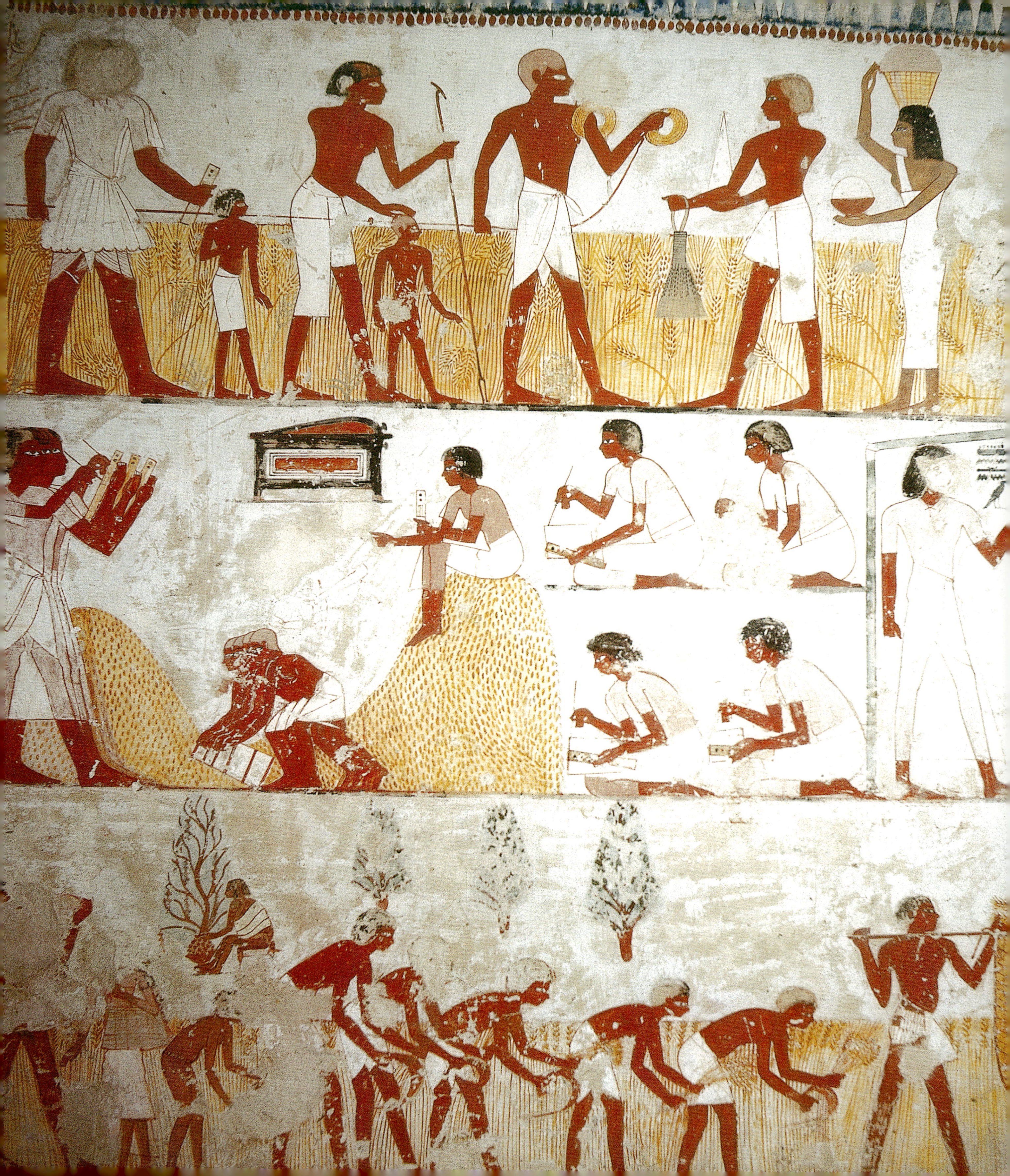

Le Nil généreux : l'agriculture d'une oasis

Christine Strauß-Seeber

La gestion de l'eau

Le Nil est la grande artère dispensatrice de vie de l'Égypte, qui doit sa survie et sa fertilité aux crues annuelles du fleuve. Plus que tout autre fleuve dans n'importe quel pays, le Nil a influé sur le développement culturel et économique de l'Égypte.

Actuellement, le grand barrage d'Assouan régule le débit du Nil, mais, sous l'Antiquité, les variations du niveau des eaux rythmaient les saisons. À la mi-mai, alors que le Nil était à son plus bas niveau, les violentes pluies saisonnières qui s'abattaient sur les hauts plateaux éthiopiens et sur le Soudan, au sud, gonflaient ses eaux et le transformaient en un fleuve puissant jusqu'à la mi-juillet. Les hommes et le bétail regagnaient alors les habitations construites sur les hauteurs désertiques. Pour finir, le Nil inondait de ses flots bouillonnants les terres arables. Début septembre, le fleuve atteignait son débit maximum et ses eaux s'apaisaient. Les précieux limons se déposaient sur le sol. La décrue ne s'amorçait qu'en octobre, d'abord rapide, puis de plus en plus lente. Chaque année, le Nil creusait un nouveau lit.

En se retirant, les eaux découvraient des terres recouvertes d'une boue noire, engrais idéal pour une végétation abondante. Chaque année, des fonctionnaires mesuraient et attribuaient des champs aux paysans. Ces champs étaient situés sur les hautes terres (d'anciennes surfaces inondées, plantées de buissons), dans les basses terres et sur les îles récemment apparues sur le nouveau cours du Nil.

Les crues impressionnantes de la préhistoire perdirent progressivement de leur importance sous l'Ancien Empire. Des textes datant de la Première Période Intermédiaire font état de famines effroyables. Aussi, soucieux de mieux exploiter les crues du fleuve, les Égyptiens construisirent-ils des canaux pour amener les hautes eaux dans les terres cultivables et stockèrent-ils l'eau dans d'immenses bassins fermés par des terre-pleins. Après la décrue, ils ouvraient progressivement les bassins. Le nomarque surveillait l'application des mesures d'irrigation, révisées en

78. (À gauche) Les travaux agricoles
Thèbes, tombe de Ménéna (TT69) ; Nouvel Empire, XVIIIe dynastie, vers 1350 av. J.-C.
Les scènes d'activité rurale sont largement représentées dans les tombes des fonctionnaires. Quand le blé est mûr, les géomètres (registre du haut) viennent mesurer la superficie exacte des champs. Des scribes notent les données, qui serviront de base de calcul pour les contributions et les impôts. Le géomètre porte, enroulée autour de son épaule, la corde qui est l'insigne de sa fonction. La corde est aussi son instrument de mesure, les nœuds faits à intervalles réguliers, nettement visibles sur l'illustration, déterminent l'unité de mesure.
Le registre inférieur illustre la moisson et le transport des céréales. Les récoltes sont rigoureusement enregistrées. Au registre médian, le blé est mesuré à l'aide de boisseaux et les quantités sont scrupuleusement notées. La représentation du propriétaire de la tombe sous un pavillon témoigne de sa fonction de maître.

79. Nilomètre
Éléphantine ; graduations les plus anciennes, époque romaine, Ier siècle apr. J.-C.
Les nilomètres, répandus dans tous les grands centres du pays, permettaient de mesurer la hauteur des crues. Ils étaient creusés dans la roche soit sous forme de puits qui atteignaient la nappe phréatique, soit sous forme d'escaliers dont les parois portaient des graduations gravées dans la pierre. Les impôts et les contributions étaient calculés en fonction du niveau de la crue. La prédiction la plus juste possible concernant la qualité des innondations annuelles du Nil était de la plus haute importance pour tous les intérêts de la vie publique et économique. Parmi les nombreux indicateurs de niveau d'eau, les systèmes installés en Nubie ou à la frontière sud du pays servaient de systèmes d'annonce anticipée car seule une innondation avec une quantité d'eau idéale pour l'agriculture et les habitations pouvait être considérée comme une offrande bénie du dieu du Nil Hapi.

L'ÉTAT ET LA SOCIÉTÉ

80. *(À gauche) Le* chadouf
Thèbes, Deir el-Médineh, tombe d'Ipouy ; Nouvel Empire, XIXe dynastie, vers 1240 av. J.-C.

81. *(Au centre, à gauche)* Chadouf *moderne, vers 1960*
Le *chadouf* est présent sur les décorations murales des tombes dès le Nouvel Empire. Il s'agit d'un dispositif mécanique d'élévation de l'eau qui était surtout utilisé pour irriguer les jardins. Le *chadouf* est constitué d'un long balancier de bois posé sur une traverse horizontale amovible et sur lequel une pierre ou une motte de limon fait contrepoids. Une corde fixée à l'autre extrémité retient un récipient, que l'on plonge dans un canal inférieur afin de remonter l'eau et de la verser dans un canal supérieur. Ce procédé permettait d'approvisionner la population en eau potable. Ce n'est qu'à l'époque ptolémaïque que fut inventée la vis d'Archimède, actionnée à la main.

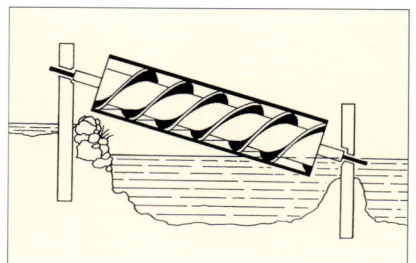

82/83. *(À gauche et ci-dessous) Vis d'Archimède moderne, vers 1960*
La vis d'Archimède fut inventée par les Grecs pour puiser l'eau dans les nappes phréatiques. Le cylindre renferme une vis dont la rotation fait remonter l'eau.

fonction du niveau d'eau affiché par le nilomètre. L'intensification des systèmes d'irrigation permit de bonifier de nouvelles surfaces de culture et d'élevage, et d'augmenter les rendements agricoles.

L'humidité résiduelle du sol suffisait à alimenter en eau les plantes pendant toute la période de végétation. Toutefois, les bassins d'irrigation n'autorisaient qu'une seule récolte par an. Ce n'est qu'à l'époque ptolémaïque que les canaux d'irrigation permirent deux moissons annuelles. Les dispositifs d'élévation de l'eau permettaient d'approvisionner de grandes surfaces cultivées.

D'importantes installations hydrauliques furent édifiées pour réguler le cours d'eau. Dès la IIIe dynastie, les Égyptiens entreprirent la

84. Saqieh *moderne, vers 1960*
La roue à eau, la *saqieh*, est une invention de l'époque hellénistique. Elle n'est plus actionnée manuellement, mais par des bêtes. La roue, posée horizontalement, était tractée par des bœufs, aujourd'hui remplacés par des buffles d'eau. Grâce à un système d'engrenage, elle entraîne une roue verticale, qui à son tour actionne une roue sur laquelle sont fixés des récipients. L'eau puisée à une profondeur pouvant atteindre dix mètres peut ainsi être acheminée vers les champs. Aujourd'hui, des pompes automatiques se chargent de ce travail pénible.

378   L'ÉTAT ET LA SOCIÉTÉ

85. L'irrigation des jardins
Saqqara, mastaba de Mérérouka ; Ancien Empire, VIe dynastie, vers 2340 av. J.-C. L'installation, conçue sur le modèle d'un échiquier, représente un jardin parcouru de canaux d'irrigation bordés d'arbres et de plantes. Les jardins étaient arrosés une fois par jour. Pour arroser les plantations, les ouvriers agricoles portent deux récipients suspendus à un balancier.

construction d'un immense barrage dans le Ouadi Gaaoui, au sud de Memphis. Après les pluies diluviennes, les eaux stockées dans le réservoir se déversaient en bouillonnant dans la vallée du Nil.

Au Moyen Empire, les Égyptiens engagèrent la construction de canaux afin, d'une part, de permettre le contournement de la Première Cataracte et, d'autre part, de relier la vallée du Nil à la mer Rouge. Les marais du Fayoum furent asséchés grâce à de puissantes digues et à des canaux de drainage, puis transformés en une oasis fertile. Dans la dépression d'el-Mala, un réservoir d'eau, connu à l'époque ptolémaïque sous le nom de lac Moéris, fut aménagé. Il avait une capacité de retenue de 275 millions de mètres cubes et une superficie de 114 kilomètres carrés. D'août à décembre, il se remplissait des eaux du Bahr Youssouf, puis se vidait de mars à mai. Dès avril, les paysans préparaient la récolte d'été et plantaient le lit du lac, d'une superficie de 15 000 hectares.

Le Nil était la principale voie de navigation de l'Égypte. Tout – hommes, animaux, marchandises lourdes – était transporté par bateaux. Les installations portuaires étaient inutiles, les rives étant accessibles aux embarcations sur toute leur longueur. Aménophis III fit cependant construire un port, qui s'étendait sur une superficie de 1 kilomètre sur 2,4 kilomètres devant son palais de Malqata.

Le « Grand Hymne au Nil » chante les louanges du fleuve dispensateur de vie, mais met aussi en garde contre sa puissance dévastatrice.

L'agriculture

Les conditions climatiques de la vallée du Nil étaient si favorables que, dès le néolithique, des ethnies nomades se sédentarisèrent et se firent paysans et éleveurs. Ils cultivèrent des céréales, plantèrent du lin, domesti-

86. Osiris végétant
Basse Époque, VIe-Ve siècle av. J.-C. ; argile ; long. : 24 cm : Hildesheim, Pelizaeus-Museum, 4550.
De tout temps, les Égyptiens ont vénéré les forces de la nature, dispensatrice de vie. Ils voyaient dans les eaux de l'inondation le dieu Hâpy ; la déesse de la récolte était Renenoutet à tête de serpent, et Osiris était associé aux terres fertiles de l'Égypte et au renouveau de la végétation. Son corps est souvent représenté aussi noir que les limons fertiles du Nil. Osiris personnifie aussi les céréales qui germent dans le sol. Les Osiris végétants symbolisent la résurrection annuelle de la nature. L'effigie d'Osiris était façonnée dans une brique, remplie de terre et ensemencée ; les céréales jaillissaient alors du corps du dieu.

L'ÉTAT ET LA SOCIÉTÉ 379

87. Les vendanges
Thèbes, tombe de Nakht (TT52) ; Nouvel Empire, XVIIIᵉ dynastie, vers 1390 av. J.-C., peinture.
Deux hommes se tiennent sous une vigne grimpante. Celui de gauche cueille les grappes, l'autre porte une corbeille remplie de grains de raisin et des grappes liées en bouquets. Les grains seront piétinés dans une cuve. Pour ne pas glisser, les hommes se tiennent à des cordes suspendues au plafond. Le jus est ensuite récolté dans des jarres et mis de côté jusqu'à ce que des porteurs d'offrandes aillent les présenter au défunt.

quèrent le bœuf, l'âne, le mouton et la chèvre. Très vite, l'Égypte connut une certaine prospérité. Une bonne gestion des stocks permettait de faire face aux mauvaises années. Au début de notre ère, l'Égypte était encore considérée comme le grenier à blé de l'Empire romain. Les principales étapes de la vie agricole déterminaient le « calendrier civil » et divisaient l'année en trois saisons : inondation, germination et sécheresse.

Les semailles débutaient en octobre, après la décrue, et se poursuivaient jusqu'en novembre. L'Égypte cultivait surtout le blé amidonnier, mais aussi l'orge à six rangs, qui entrait dans la composition de la bière. Le froment ne jouait qu'un rôle secondaire. En avril/mai, les paysans procédaient à la récolte qu'ils stockaient dans des greniers.

Des scribes se chargeaient de noter dans des registres les rendements obtenus, utilisant de l'encre noire pour l'orge et de l'encre rouge pour le blé. Les documents précisaient la part de céréales qui revenait aux paysans et à leur famille et celle qui devait être remise aux boulangeries royales.

Les cultures horticoles étaient un secteur de production essentiel. Les jardins égyptiens étaient ceints de murs et quadrillés de canaux, comme un échiquier. Les berges des mares étaient entourées de plantes arbustives, de palmiers dattiers et de palmiers *doum*, d'hellébores noirs, de caroubiers, de tamaris, de saules, de perséas et surtout d'arbres fruitiers : figuiers, grenadiers, mandragores. Toutes les parcelles cultivées étaient soumises à un impôt spécial. Dans ces jardins, on trouvait également des oignons, des poireaux, de l'ail, des laitues, des haricots, des lentilles, des courges, des melons, et aussi des plantes médicinales, des plantes aromatiques, des épices telles que du cumin, de la coriandre et des baies de genévrier, et enfin des plantes oléagineuses comme le ricin, le sésame et le carthame.

Le raisin noir, parfaitement adapté à la terre du Delta et des oasis, poussait dans des vignobles spécialement aménagés. Les ceps de vigne étaient plantés dans des trous remplis de limons riches en nutriments et cerclés d'une petite tranchée. Ils étaient ensuite régulièrement arrosés et fertilisés avec les fientes des pigeons élevés dans un pigeonnier installé dans le vignoble. Le vin de Ramsès II (XIXᵉ dynastie) produit à Pi-Ramsès, sa résidence dans le Delta oriental, était fertilisé avec l'urine des chevaux de ses grandes écuries.

La sylviculture était, elle aussi, une branche majeure de l'économie ; elle fournissait le matériau dont on faisait les cercueils, le mobilier et toutes sortes d'outils. Le bois de construction servait pour les toitures et le soutènement des grandes salles, pour la construction des bateaux et des échafaudages nécessaires à l'édification des temples. L'Égypte était une grande consommatrice de bois de feu, dont elle avait besoin pour la fabrication de la céramique et des métaux.

On peut supposer que le couvert forestier était nettement plus étendu qu'aujourd'hui. Au néolithique, les berges étaient parcourues de galeries forestières, qui furent déboisées au fil des siècles. Les principales essences étaient le sycomore, l'acacia du Nil, le tamaris, le palmier dattier et le mûrier. Seul le vizir pouvait octroyer des permis pour la coupe des grands arbres. Les essences dures comme le cèdre et l'ébène étaient importées du Liban ou de Nubie.

Le sol souvent marécageux se prêtait à la culture à grande échelle du lin, dont on obtenait une étoffe très appréciée pour les vêtements de fête. Ce n'est qu'à la Basse Époque que l'Égypte se lança dans la culture du coton.

Au cours de fêtes religieuses, de processions et de rites, la population célébrait la prospérité de l'agriculture et invoquait les dieux de la fertilité, Min, Renenoutet et Nepri. Cependant la végétation renouvelée était incarnée par Osiris.

L'élevage

L'élevage était primordial pour la production de viande et de lait, mais aussi pour la fabrication des peaux, des fourrures, de la laine, de la corne, la production des œufs et des graisses. Les animaux domestiqués rendaient des services inestimables, que ce fût dans les travaux des champs ou pour le transport de lourdes charges. Depuis la nuit des temps, on augmentait le cheptel grâce à des razzias en Syrie, en Libye et en Nubie. Ainsi Ramsès III se targuait-il d'avoir rapporté en Égypte 3 609 bœufs, 184 chevaux, 864 ânes et 9 136 chèvres.

Le bœuf était sans conteste l'animal domestique le plus précieux pour l'homme, dont il était le compagnon indispensable en agriculture. Les animaux vivaient en gros troupeaux ; après la décrue, les gardiens les conduisaient dans les régions marécageuses de l'ouest du Delta, où les attendaient de vastes pâturages plantés de cultures fourragères. Au début de l'été, les troupeaux regagnaient les terres, où ils étaient recensés pour le calcul des taxes. Restaient à l'étable les bovins, courts sur pattes et gras, que l'on engraissait pour le sacrifice lors du culte des dieux ou des morts.

Le lait de vache était une denrée précieuse. Pour la traite, les vaches étaient attachées à un piquet, leurs pattes arrière étaient entravées. Les bêtes destinées à la boucherie étaient égorgées, puis un inspecteur procédait à un examen visuel et olfactif avant de les déclarer propres à la consommation. Le célèbre Papyrus vétérinaire de Kahoun, daté de la XIIe dynastie, traitait tout particulièrement des maladies bovines.

Les Égyptiens pratiquaient aussi l'élevage des moutons et des chèvres. Au Moyen Empire, le mouton à poil et à cornes disparut peu à peu pour céder la place au mouton à laine, aux pattes fines, dont on tirait la laine et la graisse, très appréciées à cette époque. Les chèvres à poil fournissaient

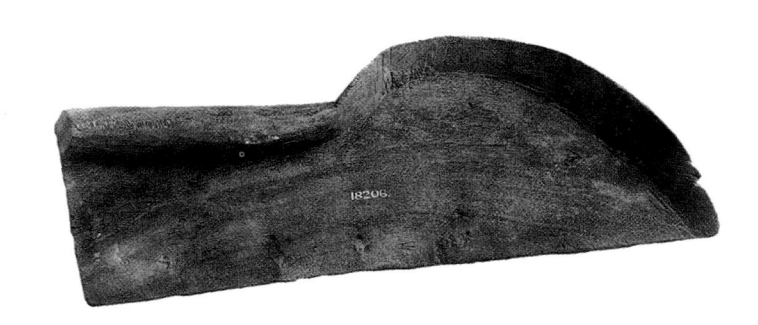

88-90. Instruments aratoires
Probablement du Nouvel Empire, vers 1200 av. J.-C. ; Londres, British Museum.
a) Charrue : bois ; long. : 93 cm ; EA 50705.
b) Faucille : bois et silex ; long. : 27 cm ; EA 52861.
c) Van : bois ; long. : 40,5 cm ; EA 18206.
Les instruments aratoires étaient rudimentaires mais parfaitement adaptés. Aujourd'hui encore, les fellahs se servent de ce type de van, de faucille et de charrue. Les conditions favorables du sol égyptien ont parfaitement conservé le bois et souvent aussi les fixations. La surface de coupe de la faucille est recouverte d'éclats de silex.

L'ÉTAT ET LA SOCIÉTÉ 381

91. Scènes de la vie rurale
Saqqara, mastaba de Ti ; Ancien Empire, V^e dynastie, vers 2450 av. J.-C.
Au registre inférieur, les bœufs franchissent un gué. Lorsqu'ils changent de pâturage, à l'automne et au début de l'été, les bêtes qui parcourent la vallée du Nil doivent franchir des gués dangereux. Le gardien de troupeau porte un veau, suivi de la mère et de bœufs. Au registre médian, à droite, des hommes labourent la terre et lèvent haut leur houe. Au milieu, des bergers poussent les moutons à l'aide de leurs fouets ; derrière, un homme marche, tenant à la main un bâton et un sac de semences. Au registre supérieur, à droite, un enfant trait une vache dont les pattes arrière sont attachées. À gauche, des bœufs tractent une charrue. Aux registres supérieur et inférieur sont représentées les principales races bovines de l'Égypte (à longues cornes, à petites cornes et sans cornes).

92. L'apiculture
Thèbes, cour à piliers de la tombe de Pabasa (TT 279) ; Basse Époque, XXVIe dynastie, vers 610 av. J.-C.
Les Égyptiens élevaient les abeilles dans des ruches composées de plusieurs tubes d'argile superposés, dans lesquelles elles construisaient leurs rayons. Avant de récolter le miel, les apiculteurs enfumaient les ruches pour faire sortir les abeilles. Le sucre étant encore inconnu, le miel le remplaçait avantageusement pour édulcorer les mets.

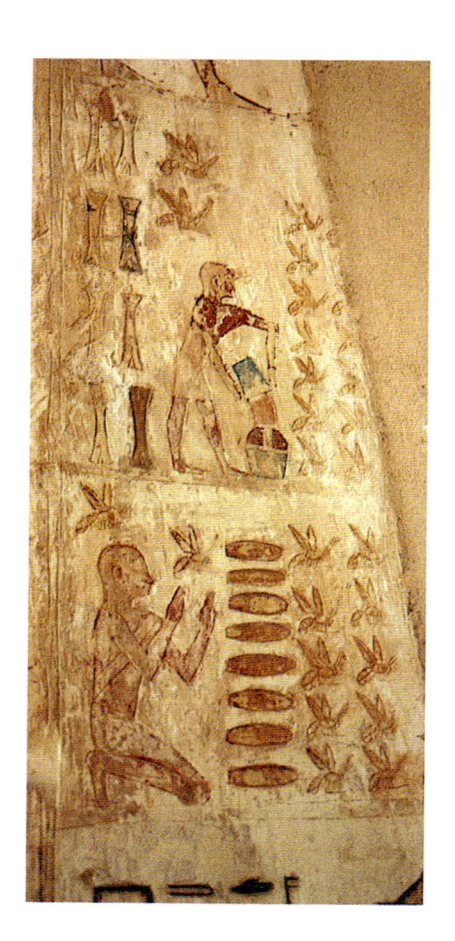

des peaux avec lesquelles on fabriquait des outres, un moyen de transport idéal pour approvisionner en eau les régions sèches du désert égyptien. Les porcs étaient élevés en liberté ou dans des porcheries, mais n'étaient guère considérés. L'analyse de déchets trouvés sur les sites archéologiques a révélé que la viande de porc était appréciée par les Égyptiens.

En agriculture, les animaux étaient utilisés au moment des semailles ainsi que sur les aires de battage. Les cultivateurs élevaient et engraissaient des antilopes et des gazelles, animaux de sacrifices et fournisseurs de corne, ainsi que des bouquetins et même des hyènes. Ils n'ont cependant jamais réussi à les domestiquer complètement.

L'âne était l'animal de monture et de bât le plus couramment utilisé. Celui qui n'en possédait pas avait la possibilité d'en emprunter ou d'en louer un contre trois esclaves. Le cheval a été introduit en Égypte par les Hyksôs, mais il ne fut jamais employé aux travaux agricoles. Sous le Nouvel Empire, les Égyptiens connaissaient déjà le dromadaire, mais ce n'est qu'à la Basse Époque qu'il fut utilisé comme animal de bât et de transport pour la traversée du désert.

L'élevage de la volaille représentait également un secteur économique important. La population consommait des canards, des oies, des cailles et des pigeons. L'Égypte, où les oiseaux migrateurs faisaient étape, était une réserve de chasse abondante. Les oiseaux étaient attrapés avec différentes sortes de filets dans les fourrés de papyrus, dans les roseaux ou sur l'eau. Certains chasseurs tendaient des pièges, constitués de filets aux mailles serrées, dans les buissons et les arbres. Les canards, oies, pigeons, grues, et même les cygnes étaient enfermés dans d'immenses volières ; ils étaient gavés avec de la pâte, sous forme de petits boudins et de boulettes humidifiées. La poule domestique, qui « pond chaque jour », est citée pour la

382 L'ÉTAT ET LA SOCIÉTÉ

93. La volière
Saqqara, mastaba de Ti ; Ancien Empire, V^e dynastie, vers 2450 av. J.-C.
Les volailles destinées à l'élevage et au gavage étaient enfermées dans de vastes enclos. Elles étaient nourries au grain d'orge et engraissées avec des boulettes de pâte de forme allongée. L'éleveur saisit la bête par le cou, lui ouvre le bec et lui enfonce les boulettes dans le gosier. Le registre inférieur représente le gavage des grues ; au-dessus, deux hommes préparent la pâte. Le registre du haut illustre le gavage des oies.

première fois sous le Nouvel Empire. Cet animal domestique ne gagne en importance qu'à la Basse Époque. Les autres aliments de base sont fournis par les poissons, pêchés à la ligne ou dans des filets et des nasses. Les eaux les plus poissonneuses étaient les eaux du Nil, le lac de Mansala dans le Delta oriental et le lac Qaroun (lac Moéris) dans le Fayoum.

Les animaux les plus précieux étaient soumis à une taxe. À partir de la IIe dynastie, le recensement des bovins et du petit bétail servait de base au comput des années. À l'époque ramesside, un bœuf valait deux arpents de terre, soit un demi-hectare de terre cultivée. Les troupeaux royaux et ceux qui appartenaient aux temples étaient en général confiés au maire de chaque ville depuis le Moyen Empire. Au cours du Nouvel Empire, la gestion des bovins fut placée sous la seule tutelle du chef des troupeaux du roi. Il était fréquent de donner un nom aux troupeaux, les bêtes étant marquées au fer pour être identifiées.

La gestion de l'agriculture

La répartition des richesses naturelles était confiée à une administration centralisée. Selon le dogme royal de l'Ancienne Égypte, toutes les terres étaient la propriété du roi. En sa qualité de propriétaire du sol et des terres, il pouvait disposer des moyens de production : les hommes qui cultivaient les champs, les bêtes de somme et les plantes, les semences et les récoltes de céréales, de fruits et de légumes, ainsi que les canaux, les mares, les fontaines ou encore le *chadouf*. Tout homme qui se voyait octroyer un droit sur la nature ou les installations était assujetti à un impôt.

Le pays était divisé en unités administratives, appelées domaines. Ces derniers englobaient des villages avec leurs champs et toutes les installations, placés sous l'autorité du roi, de l'administration des pyramides ou des grands temples. La gestion de chaque domaine était confiée à un intendant. Des fonctionnaires provinciaux administraient les biens fonciers, d'une surface moyenne de 23 à 54 arpents (10 arpents équivalaient à 2,75 hectares).

Les rois de la IIIe dynastie commencèrent de confier des domaines à des fonctionnaires méritants qui les exploitaient. Ces terres tombèrent de plus en plus dans le secteur privé. Plus tard, sous le Nouvel Empire, des vétérans ou des membres d'autres corporations obtinrent le droit de cultiver des terres afin d'assurer leur subsistance. Les parcelles attribuées avaient une surface moyenne de 3 à 5 arpents, selon le statut social du bénéficiaire. Le cas échéant, l'État louait les animaux et les outils aratoires. Les paysans indépendants, selon l'acception moderne du terme, qui cultivaient les terres pour leur propre compte, n'existèrent que dans les périodes de grands troubles, lorsque l'administration centrale était dépossédée de son pouvoir.

Les travaux des champs étaient organisés selon le principe d'une économie de plan. La majorité des Égyptiens avaient le statut de « serfs » et travaillaient dans les domaines du roi ou du clergé. Par décret, ils pouvaient être contraints à travailler comme ouvriers agricoles pour le labour, la garde des troupeaux ou la construction des mares et des canaux. Il leur était interdit de refuser et ils étaient liés à un domaine particulier.

Un certain pourcentage était prélevé sur les biens produits et stockés dans les greniers de l'État. Les objectifs fixés par l'intendant étaient fonction du niveau maximum atteint par le nilomètre lors de la dernière

L'ÉTAT ET LA SOCIÉTÉ   383

384 L'ÉTAT ET LA SOCIÉTÉ

94. La procession des domaines
Saqqara, mastaba de Ti, chapelle funéraire ; Ancien Empire, V⁰ dynastie, vers 2450 av. J.-C. Les personnifications des domaines chargées de produits des champs présentent les revenus au défunt. Sur leur tête, elles portent de grandes corbeilles remplies de fruits, de légumes et de pains. Certaines ont un bouquet de papyrus à la main, d'autres apportent des chevreaux ou des veaux.

inondation. Le champ de chaque cultivateur était mesuré en conséquence. Les contributions étaient calculées en sacs de céréales ou versées sous la forme d'un bœuf, de vin ou de miel. À l'époque ramesside par exemple, un cultivateur devait livrer 5 sacs de céréales pour un rendement brut de 10 sacs par arpent. Les autres secteurs de production n'échappaient pas à ces contributions. D'après les documents, la contribution annuelle d'un pêcheur se montait à 5 000 poissons. Quiconque ne versait pas sa contribution était roué de coups.

À l'époque ramesside, la surface d'exploitation agricole totale équivalait à 6 millions d'arpents pour une population totale de 4,5 millions d'habitants. Sous les Lagides, entre les deux tiers et les trois quarts des terres arables étaient consacrées aux cultures céréalières. Selon le principe de l'économie de répartition, les récoltes stockées dans les greniers devaient nourrir la population pendant toute l'année – ouvriers agricoles, artisans, fonctionnaires, soldats et spécialistes de chaque corps de métier. Pendant les périodes difficiles, ces salaires n'étaient plus versés régulièrement. Des documents judiciaires de l'époque rapportent des détournements de salaires versés sous forme de céréales qui conduisirent à des grèves sérieuses. Les sources antiques ne permettent pas d'évaluer la production annuelle de céréales. Les céréales comme moyen de paiement étaient soumises à des fluctuations selon les saisons et la générosité de l'inondation. Souvent, l'orge valait deux fois plus cher que le blé.

Le travail agricole ne jouissait pas d'une grande considération. Les ouvriers agricoles sont souvent représentés avec des cheveux hirsutes et blancs ou une demi-calvitie, qui permettent de les différencier du fonctionnaire respectable. Le défunt transférait dans l'au-delà le pénible travail des champs à ses *oushebtis*.

95. La pêche
Saqqara, mastaba de Niânkhkhnoum ; Ancien Empire, V⁰ dynastie, vers 2450 av. J.-C. La pêche était une activité importante de la vie quotidienne. Au registre supérieur, les poissons sont pêchés depuis la rive avec de grands filets. Les hommes doivent unir leurs forces pour sortir leur prise de l'eau. La diversité des poissons que l'on voit ici symbolise la richesse des eaux. Un surveillant corpulent ordonne aux pêcheurs de tirer sur la corde qui se détache déjà du sol. Le registre inférieur représente une scène de pêche en bateau. Dans la barque de papyrus, les hommes font descendre l'extrémité d'une longue nasse dans l'eau après en avoir fixé l'autre extrémité à des piquets fichés sur les berges. Sur la gauche, on aperçoit de petites nasses déjà immergées. À droite, un homme pêche au filet.

L'ÉTAT ET LA SOCIÉTÉ

96. Les jardins de Sennéfer
Thèbes, tombe de Sennéfer (TT 96) ; Nouvel Empire, XVIIIe dynastie, règne d'Aménophis II, vers 1410 av. J.-C.

Cette représentation illustre un vaste jardin qui s'étend le long du Nil ou d'un canal (à droite). Il est entouré d'un mur percé d'une grande porte qui est représentée perpendiculaire à l'entrée. L'ensemble s'agence autour d'une parcelle centrale plantée de vignes. La maison d'habitation à un étage (à gauche) présente, dans sa partie inférieure, les assises de brique successives des murs extérieurs, ainsi que deux portes d'entrée et deux doubles fenêtres parées d'une balustrade. La partie supérieure nous renseigne sur l'intérieur de la maison : les trois pièces dessinées les unes au-dessus des autres, communiquant entre elles par des portes, s'alignent en réalité parallèlement. Le mobilier se réduit à des tables d'offrande ; la fonction résidentielle de cette maison n'est pas soulignée, ce qui ne surprend guère au regard du contexte funéraire de cette représentation. Dans le jardin sont réparties quatre pièces d'eau, où poussent des lotus, des plantes marécageuses et des fourrés de papyrus. Des canards s'y baignent. Jusque dans ses structures les plus fines, cet espace se conforme à un système axial strict qui révèle son aspect symbolique. Le jardin, outre son aspect pratique, est doté d'une signification symbolique : image d'une nature idéale, il est un lieu propice à la contemplation et apparaît toujours comme tel dans la littérature égyptienne.

Maisons, villes et palais : l'habitat

Albrecht Endruweit

Dans notre esprit, ce sont surtout les temples et les tombes qui caractérisent l'architecture de l'Égypte pharaonique. Ils s'inscrivent dans la catégorie des vestiges archéologiques construits à partir d'un matériau solide, éternellement durable, censé protéger des pillages : la pierre. Ces monuments ne constituent pourtant qu'un aspect de l'architecture égyptienne – le seul qui soit encore visible de nos jours. L'autre aspect, celui de l'architecture quotidienne, a aujourd'hui disparu. Ses traces ont été balayées par le temps ou recouvertes par les villes modernes. Il se trouve en effet que les Égyptiens bâtissaient leurs maisons avec la matière même qui a apporté richesse et prospérité au pays baigné par le Nil : le limon. Jusqu'à une époque récente, cette boue fertile déposée par le fleuve lors de la crue annuelle servait à fabriquer la brique crue que l'on faisait sécher au soleil. Or ce matériau est beaucoup moins résistant que la brique cuite ou la pierre. Pour l'archéologue, une autre pratique a eu des conséquences dramatiques : depuis l'Antiquité jusqu'au XXe siècle, les populations locales en quête de terres fertiles ont ravagé et pillé les vestiges de villages et de villes. C'est ainsi que des paysages urbains entiers ont été rayés de la carte. Cependant, quelques vestiges archéologiques datant des trois grandes époques de l'Égypte ancienne sont parvenus jusqu'à nous ; ils nous permettent de tirer des conclusions sur l'architecture civile. Deux points méritent toutefois d'être soulignés : les constructions en brique crue se conservent difficilement et les édifices décrits ici, mis au jour il y a quelques décennies, ont pour la plupart complètement disparu.

L'étude de textes administratifs nous révèle l'existence de « villes de pyramides » sous l'Ancien Empire. Elles représentent une extension des centres officiels destinés à la construction des tombes des pharaons. Par la suite, elles ont été rattachées aux temples funéraires et reconverties en institutions chargées du culte funéraire de la famille royale. Ainsi, onze maisons de prêtres datant de la fin de la IVe dynastie s'élevaient autrefois sur le plateau de Giza, à l'est de la tombe de la reine Khentkaous. La proximité immédiate d'un monument funéraire royal et, surtout, l'uniformisation des plans donnent à penser que l'administration du plateau des pyramides avait défini un principe directeur de l'organisation spatiale. Les toits des maisons étaient probablement plats, et chaque parcelle, de forme carrée, occupait une surface brute de 170 m². Quant à leur aménagement intérieur, ces constructions se composaient de plusieurs pièces complexes, de dimensions très variables. Les espaces situés à l'arrière ou en retrait servaient sans doute de chambres à coucher (A), les vastes parties centrales de salles principales (B) ; les pièces au sud faisaient probablement office de cuisines (C), car on y a retrouvé des restes de cendres. Cet ensemble, où habitaient les prêtres et les serviteurs chargés du culte funéraire de la reine Khentkaous, fait cependant figure d'exception. Au temps des pyra-

97. Maisons de prêtre près de la chaussée montante de la reine Khentkaous
Giza ; Ancien Empire, IVe dynastie, vers 2500 av. J.-C.
Ces maisons de prêtres, strictement rangées, sont peut-être l'un des premiers exemples d'urbanisme de l'est du Bassin méditerranéen et du Proche-Orient. Les murs extérieurs et intérieurs étaient blanchis ; d'une épaisseur maximale de 1,8 m, ces ouvrages massifs présentaient des avantages climatiques. Les toits en terrasse – à reconstituer – offraient un espace de vie supplémentaire.

mides, ces demeures somptueuses – réservées à une infime couche de la population – étaient loin de représenter la norme.

Cette observation s'applique également aux vestiges de maisons et de villas de prêtres, découverts dans la ville des pyramides de Sésostris II, à Illahoun, aux portes du Fayoum. Ils sont, avec les logements d'ouvriers avoisinants, les principaux témoins de l'architecture civile du Moyen Empire, et plus précisément de la XIIe dynastie. Comme à Giza, la

L'ÉTAT ET LA SOCIÉTÉ 387

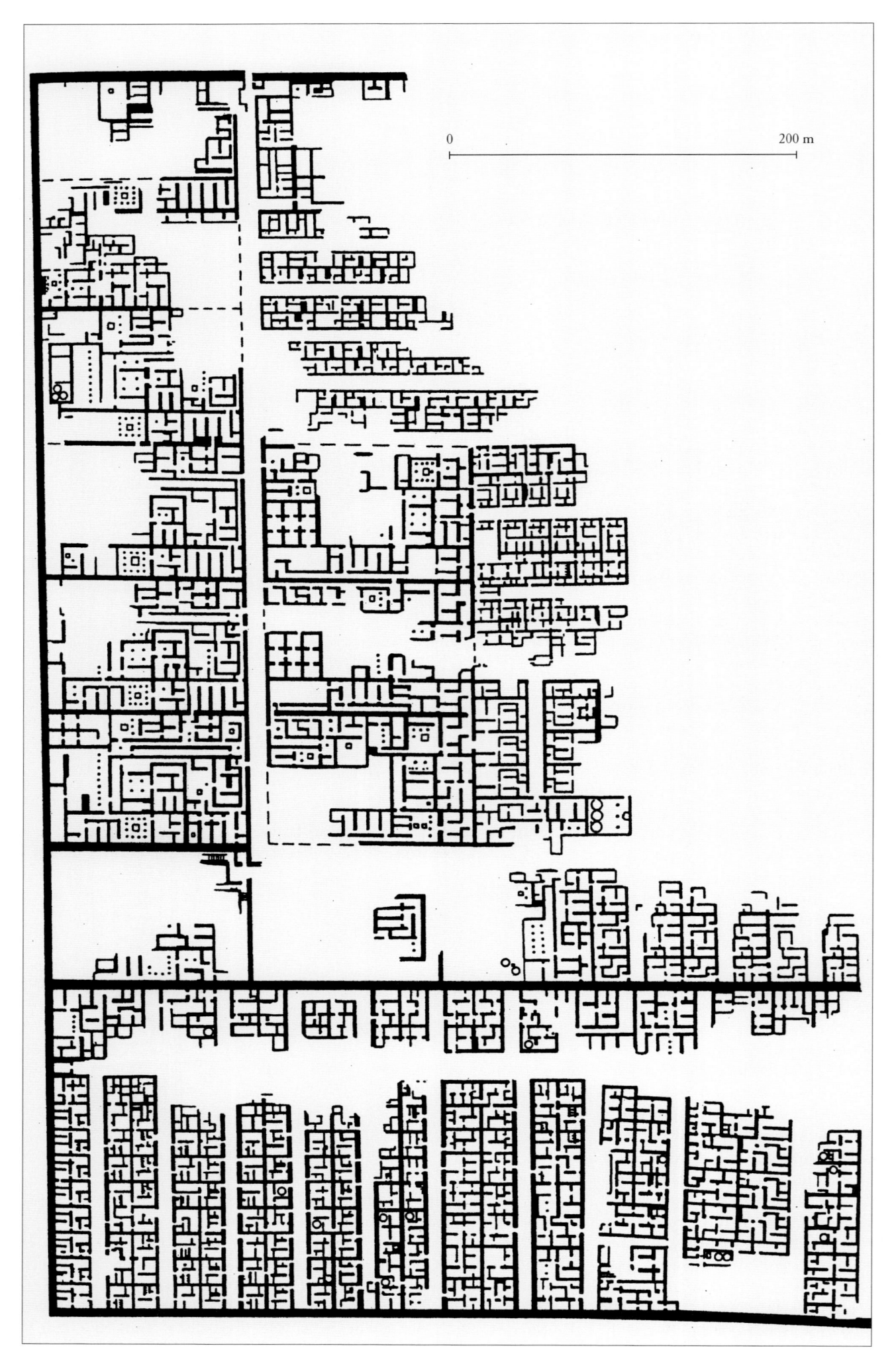

98. Ville d'ouvriers et de prêtres près de la pyramide de Sésostris II
Illahoun ; Moyen Empire, XIIᵉ dynastie, règne de Sésostris II, vers 1875 av. J.-C.
La ville, dont la partie sud n'a pas encore été mise au jour, s'élève légèrement vers l'ouest ; elle est située à environ 800 m à l'est de la pyramide et est également orientée vers le nord. Le matériau de construction utilisé est le limon, mélangé à du sable. Les poutres du toit et les colonnes étaient en bois.

99. (À droite) Maison de prêtre
Illahoun ; Moyen Empire, XIIᵉ dynastie, règne de Sésostris II, vers 1880 av. J.-C.
Les entrées de cet ensemble sont situées au sud. L'habitation principale, au centre, est mise en évidence par des hachures ; au nord et au sud des cours E et F se trouvent des ensembles de pièces formant chacun une unité, sorte de « maison dans la maison ».

L'ÉTAT ET LA SOCIÉTÉ

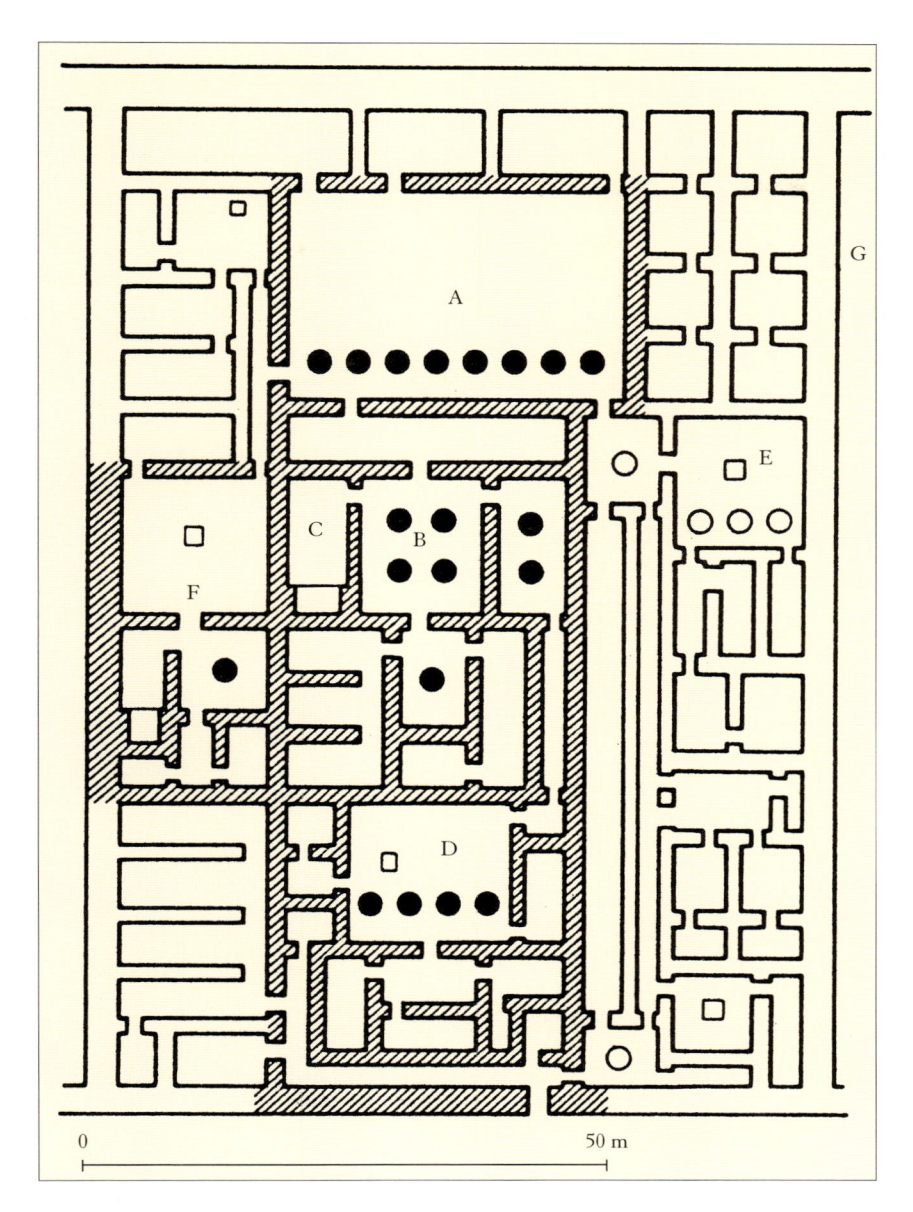

100. Modèle réduit représentant la maison de Méketrê
Thèbes, tombe de Méketrê (TT 280) ; Moyen Empire, XIᵉ dynastie, règne de Mentouhotep III, vers 1990 av. J.-C. ; bois de conifère peint, long. : 84 cm, larg. : 42,5 cm ; New York, Metropolitan Museum of Art, Rogers Fund and Edward S. Harkness Gift, 1920, 20.3.13. Ce modèle n'illustre pas les espaces intérieurs, mais seulement les éléments représentatifs de cette opulente maison : la façade d'entrée (non reproduite ici), réalisée avec art, la salle hypostyle soutenue par deux rangées de quatre colonnes papyriformes, et le jardin avec une pièce d'eau entourée d'arbres. Des gargouilles partant du toit surplombent le jardin.

structure de cette cité se conforme à un plan orthogonal très strict : la ville, qui n'a pas été totalement mise au jour, s'étend sur une aire rectangulaire de 390 mètres sur 420 ; elle est entourée d'un mur d'enceinte qui donne accès à deux quartiers distincts, est et ouest ; le système des rues, ainsi que la répartition des espaces d'habitation s'inscrivent dans ce schéma directeur. Au nord s'élèvent surtout des rangées d'habitations de grande taille. Ces demeures se singularisent par leur surface, qui peut atteindre jusqu'à 2 400 mètres carrés, mais surtout par leur cour à ciel ouvert, au nord, sur laquelle donne la maison érigée au sud. De part et d'autre, le logement est flanqué de locaux annexes, de chambres réservées au personnel et de communs ; un portique (A) met en valeur la façade principale. Au cœur de cet ensemble, une pièce dont le plafond est soutenu par quatre colonnes (B) peut, en raison de sa situation centrale, être qualifiée de salle de séjour et de représentation. À l'ouest de celle-ci, se trouve la chambre à coucher, reconnaissable à l'alcôve au fond de la pièce. Toute la propriété est couverte d'un toit plat, qui servait aussi de terrasse, comme en témoignent les restes d'escaliers.

Cet édifice et ceux du voisinage présentent un détail qui les distingue des maisons traditionnelles : les cours intérieures semi-couvertes dont la salle hypostyle au sud, exposée au vent du nord, offrait un séjour agréable l'été (A, D, E). Dans l'aile ouest de la maison, une pièce dotée d'un bassin central (F) était entourée de colonnes ; un agencement qui préfigure l'atrium romain. Les nombreux modèles réduits de maisons – en bois et en terre cuite – retrouvés en grand nombre dans les tombes de la XIᵉ dynastie confirment l'existence à Illahoun de cours à ciel ouvert aux formes très variées. Citons ici l'exemple célèbre d'un des deux modèles découverts dans la tombe de Méketrê, à Thèbes. Ce modèle présente une salle hypostyle suivie d'une cour plantée d'arbres et pourvue d'une pièce d'eau – elle rend compte ainsi de l'importance considérable qui était accordée à ces éléments architecturaux.

Les petites gens devaient en revanche se satisfaire de quelque quatre cents logements dont les dimensions de 40 à 70 mètres carrés nous donnent une idée du profond fossé social qui séparait les habitants de ces maisons des propriétaires de villas. De plus, ces derniers disposaient de silos à grain d'un volume supérieur à 300 mètres cubes (G). Un ordre de grandeur qui nous permet d'avancer que ces installations approvisionnaient toute la population ou du moins une grande partie de celle-ci. Les maisons n'étaient donc pas uniquement destinées au logement. Selon toute vraisemblance, elles abritaient aussi des départements entiers de l'administration de la ville des pyramides, qui disposaient chacun d'un grenier à provisions – ce qui expliquerait la taille des habitations.

Les principaux exemples d'urbanisme – que nous connaissons par de nombreuses fouilles – remontent au Nouvel Empire. À Thèbes, l'architecture civile se résume principalement au village ouvrier de Deir el-Médineh. La disposition des quelque soixante-dix maisons, toutes mitoyennes, renvoie ici aussi à un principe directeur de l'organisation spatiale – reflet d'une société où les ouvriers du village participaient de concert à une entreprise publique de la plus haute importance (la

L'ÉTAT ET LA SOCIÉTÉ 389

construction des tombes royales), et où les possibilités d'intervention de l'État devaient être optimisées. Le tracé du plan des maisons est normalisé. Il présente une division tripartite, typique du Nouvel Empire. L'entrée et le couloir conduisent à la salle principale de séjour dotée parfois d'une construction basse en brique qui ressemble à un lit ; les pièces du fond tenaient lieu de cuisine et de garde-manger, un escalier permettait d'accéder à la terrasse, où les Égyptiens entreposaient des combustibles ou vaquaient à des occupations domestiques. La surface totale du logement est d'environ 70 mètres carrés sans compter le toit.

Plus loin s'étendent soixante-dix-huit logements d'une seule pièce, tous mitoyens, serrés les uns contre les autres, au plan irrégulier. Ce quartier d'habitation pratiquement unique en son genre servait d'hébergement aux ouvriers qui travaillaient dans la Vallée des Rois. L'objectif était d'utiliser au mieux un espace limité en s'adaptant à la nature du terrain en pente et d'offrir aux ouvriers un toit pour la nuit, un abri contre le vent et la pluie. La nature du site explique la différence fondamentale entre ces maisons et celles décrites précédemment, construites sur un terrain plutôt plat.

La forme la plus élaborée de maison égyptienne a été conservée à Tell el-Amarna. La structure de cette ville se caractérise par un tissu d'habitat très dense, une alternance, un mélange d'opulentes villas campagnardes pouvant atteindre une surface de 400 mètres carrés, de constructions de taille moyenne et de maisonnettes dont les plus petites ne couvraient que 25 mètres carrés. Il n'existait apparemment pas de distinction entre les quartiers riches et les quartiers pauvres.

Examinons la propriété d'un haut fonctionnaire du temple d'Aton. Comme la plupart des grandes propriétés rurales, elle a été bâtie sur un

101. Village ouvrier de Deir el-Médineh
Thèbes ; Nouvel Empire, XVIIIe-XXe dynastie, vers 1525-1070 av. J.-C.
On reconnaît bien les éléments architecturaux situés à l'arrière des maisons (cuisines, escaliers) ; dans les pièces principales, on observe les vestiges de bases de pierre qui se distinguent par leur couleur claire. Elles portaient initialement les colonnes de bois qui soutenaient le toit en terrasse.
À l'arrière-plan, on distingue les ruines des complexes funéraires que les habitants du village ont construits sur les pentes environnantes.

102. Maison ouvrière à Deir el-Médineh
Thèbes ; Nouvel Empire, XVIIIe dynastie, vers 1550-1305 av. J.-C.
Cette illustration présente une vue de la première pièce dotée d'un autel encastré dans le mur et – à droite – l'accès à la salle principale. Les autels tout comme les maisons étaient construits en moellon brut et en brique ; ils étaient avant tout destinés au culte des dieux et des ancêtres, dans l'intimité de la famille. Ils étaient initialement décorés de peintures, de stèles et de tables d'offrande.

103. Logements d'ouvriers près de la Vallée des Rois
Thèbes ; Nouvel Empire, XVIIIe-XXe dynastie, vers 1525-1070 av. J.-C.
En raison de la distance entre la Vallée des Rois et le village de Deir el-Médineh, des logements sommaires ont été construits à mi-chemin entre les deux sites pour héberger les ouvriers qui ne rentraient au village qu'après dix jours de travail. Une fois n'est pas coutume : le matériau de construction est ici la pierre provenant du site. Quand les ouvriers travaillaient sur le chantier, l'approvisionnement en nourriture était organisé depuis Deir el-Médineh. Des lits et des sièges en pierre sont une caractéristique de l'aménagement intérieur conservé. Les rares inscriptions découvertes sur le site mentionnent des noms et des titres indiquent que certaines pièces étaient attribuées à des personnes précises.

104. La villa d'un haut fonctionnaire près du temple d'Aton
Tell el-Amarna ; Nouvel Empire, XVIIIe dynastie, règne d'Akhénaton, vers 1340 av. J.-C.
Les dimensions gigantesques de cette propriété qui s'étend sur une aire de 75 m par 59, correspondent au rang de son habitant. Sur toute la partie nord s'étendent les vestiges d'un jardin – avec une chapelle, une pièce d'eau et des plantations – qui pour la plupart n'ont pas encore été mis au jour. De plus, cet ensemble a été bâti sur un lieu en vue et facile d'accès : au bord de la rue principale qui traverse toute la ville du nord au sud ; elle est éloignée d'environ deux kilomètres du centre où se dressent les grands bâtiments officiels et les temples, lieu de travail du propriétaire. Au sud de la maison se trouvent cinq silos à grain, à l'ouest des étables.

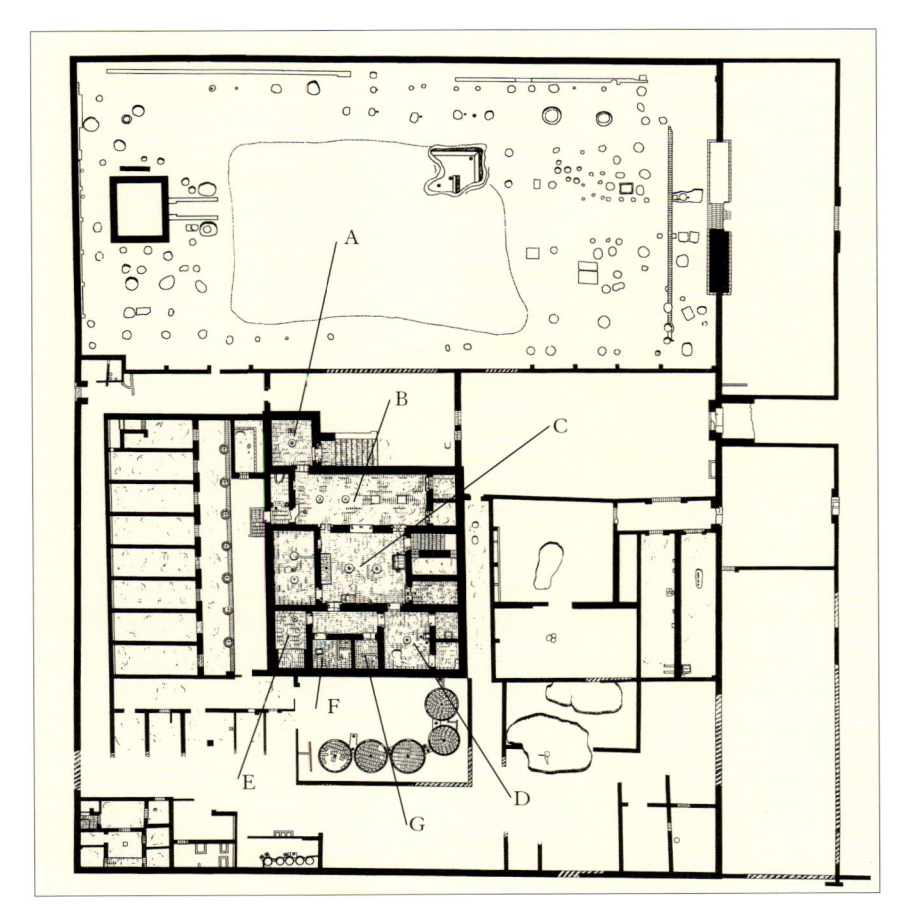

terrain très étendu. Elle est entourée de communs – cours, ateliers, jardins, étables, fours et greniers. Parfois, les maisons des serviteurs se trouvent aussi à proximité. De hauts murs d'enceinte permettent de maintenir à distance la population environnante. Du vestibule (A), on passe dans le logement proprement dit, légèrement surélevé par un soubassement de brique ; d'une surface de 340 mètres carrés, il se divise en trois sections parallèles. La partie antérieure est composée d'une vaste salle dont le plafond est soutenu par quatre colonnes en bois et de ses pièces annexes ; elle sert de salle de réception. Il donne au sud sur la partie médiane composée de la pièce principale (C), située au centre de la maison. Probablement utilisée à des fins représentatives, elle dessert les pièces voisines et le toit. La partie arrière du complexe abrite l'espace strictement réservé à la famille (D) : la chambre à coucher (E), reconnaissable à son alcôve au fond de la pièce, et les salles de bains (F, G) pourvues de bassins de pierre encastrés.

Sur la partie antérieure du toit, au-dessus de la pièce de réception (B), se trouvait une sorte de loggia ; elle servait pendant l'été de chambre à coucher « climatisée » et offrait une vue imprenable sur le grand jardin situé au nord de la maison. Ces somptueux espaces verts faisaient la fierté de leurs propriétaires, comme en témoignent les textes et les reliefs figurant sur les tombes privées thébaines. Au début de la XVIIIe dynastie, Inéni – par exemple – énumère un à un les 540 arbres qu'il a plantés dans une région désertique, au prix d'un travail acharné.

Le toit en terrasse était construit à partir de poutres en bois et de pisé. Au-dessus de la grande pièce centrale, il était surélevé ; des fenêtres étaient aménagées dans les espaces ainsi obtenus et permettaient d'aérer et d'éclairer la salle. Ces ouvertures mettaient également en valeur la

L'ÉTAT ET LA SOCIÉTÉ

105. Maison d'un fonctionnaire
Tell el-Amarna, P47.17 ; Nouvel Empire, XVIIIᵉ dynastie, règne d'Akhénaton, vers 1345 av. J.-C.
Cette photographie des fouilles de 1914 montre un détail du mur en brique crue encore conservé sur une hauteur de 2 mètres, vestige qui appartenait autrefois à une grande propriété agricole située au centre de la ville de Tell el-Amarna. Comme dans les autres maisons d'habitation, un escalier partant de la pièce centrale conduisait à la terrasse ; la partie aujourd'hui conservée est composée de 10 marches de 18 cm chacune. À droite et à gauche de cette illustration, on distingue les restes de l'enduit mural. Le bassin en calcaire a été malencontreusement déplacé devant l'escalier ; on peut cependant affirmer qu'il ne s'agit pas de son emplacement d'origine car la face tournée actuellement vers le mur témoigne de traces de reliefs. Le sol de la pièce était entièrement recouvert d'un revêtement de brique, les murs étaient initialement blanchis à la chaux.

106. Propriété de Panehsi (photo aérienne)
Tell el-Amarna ; Nouvel Empire, XVIIIᵉ dynastie, règne d'Akhénaton, vers 1345 av. J.-C.
Une maison d'environ 450 mètres carrés se dresse au milieu d'un vaste terrain privé. On peut encore suivre en grande partie le tracé du mur d'enceinte. Au nord (vers la gauche), devant la façade principale, on distingue les restes d'une chapelle ; on suppose qu'elle était entourée d'un jardin avec une pièce d'eau à l'est. La division tripartite de l'espace intérieur, ainsi que le vestibule situé au nord du bâtiment, ressortent clairement sur cette photo. En raison de l'épaisseur des murs – jusqu'à un mètre –, la maison a été relativement bien conservée ; à l'époque où elle a été découverte (1923-1924), les murs avaient une hauteur d'environ deux mètres.

107. Vignette extraite du *Livre des morts de Nakht*
Thèbes ; Nouvel Empire, XVIIIᵉ dynastie, vers 1300 av. J.-C. ; papyrus peint ; longueur totale initiale : 14,32 m ; Londres, British Museum, EA 10471/21.
Dans cette scène d'adoration, où apparaît en arrière-plan la maison de Nakht, le défunt se présente en compagnie de sa femme Tjouiou devant Osiris et la déesse Maat. Au centre de l'image se trouve un étang entouré d'arbres ; à droite, une maison d'habitation qui présente deux particularités. L'édifice comporte dans sa partie supérieure des fenêtres de petite taille – dont la fonction était de protéger des regards extérieurs et d'éviter un réchauffement des pièces dû à un ensoleillement trop important. Blanchie à la chaux, la façade de cette maison à un étage comprend aussi une porte (à gauche). Sur le toit, on voit deux triangles rectangles : il s'agit de constructions en bois vues de profil présentant sur leur côté vertical (à gauche) une ouverture que l'on peut occulter. Elles ont été conçues de façon à conduire le vent du nord – prédominant en Égypte – dans les pièces situées juste en dessous.

L'ÉTAT ET LA SOCIÉTÉ

108. Modèle de maison
Basse Époque - époque gréco-romaine ; haut. : 21 cm ; calcaire ; Londres, British Museum, EA 2462 et EA 27526.
Ce type de maison en forme de tour était très répandu dans l'Égypte de la Basse Époque. En témoignent les fouilles menées dans les années 20 au Fayoum (Qaranis), par une équipe américaine. À ceci s'ajoute le témoignage de l'historien grec Hérodote qui vécut au Vᵉ siècle av. J.-C. Il relate que les Égyptiens passaient la nuit sur les toits de maisons en forme de tour pour éviter d'être importunés par « d'effrayantes quantités de moustiques » – ces insectes n'étant pas capables de voler aussi haut à cause du vent (*Histoires*, II.95). D'après ce modèle, il apparaît que les différentes assises suivent un tracé concave – surtout dans la partie supérieure – et que le fruit de l'édifice s'amenuise. Les problèmes de structure sont à l'origine de cette forme : en raison de forces de compression et de traction considérables, l'architecte devait s'appliquer à obtenir une surface au sol la plus large possible et un centre de gravité précis, situé dans la partie inférieure de la tour, à peu près au milieu de la base.

décoration des colonnes en bois et des murs, soulignant ainsi la place prépondérante de cette pièce. Pour mieux supporter la rigueur du climat désertique, les habitants, qui disposaient d'un nombre impressionnant de pièces au mobilier succinct et d'une terrasse, adoptaient un style d'habitat « saisonnier ». En clair, ils privilégiaient telle ou telle partie de la maison en fonction des saisons.

Les représentations de maisons qui ornent les reliefs et les peintures funéraires confirment les résultats des fouilles. Cependant, les canons de l'art égyptien les illustrent de traits caractéristiques en unissant dans une même représentation plusieurs niveaux sur le même plan, et en variant les angles de vue. La maison de Djéhoutinéfer ne représente donc qu'un seul étage : les trois espaces ne sont pas superposés, mais alignés. Il s'agit là de la reproduction exacte du modèle de division tripartite, propre à l'architecture civile du Nouvel Empire (voir plus haut).

La position des fenêtres, la ventilation, l'agencement des pièces et les murs épais sont les éléments qui ont contribué à créer, du moins dans les grandes habitations, un cadre de vie agréablement climatisé. Dans l'architecture d'intérieur des grandes villas, on aura certainement pris en considération des critères esthétiques tels que l'éclairage, le choix des couleurs, les proportions des pièces. Dans la villa d'un fonctionnaire à Tell el-Amarna par exemple, on constate que les portes et les colonnes des pièces B et C sont symétriques. De plus, l'accès à l'escalier tout comme la porte d'entrée principale à deux vantaux s'harmonisent avec les niches situées sur le mur opposé – le tout dans l'unique dessein de respecter l'équilibre visuel et esthétique des salles en question. Le souci du détail des Égyptiens dans l'aménagement de leur intérieur a largement contribué à faire de la maison de Tell el-Amarna l'archétype de l'architecture profane pharaonique et à l'intégrer au fonds des « grandes formes » d'habitat oriental et méditerranéen.

Le palais

Les palais des rois égyptiens étaient tout aussi impressionnants que les grandes propriétés rurales. Mais ils étaient avant tout destinés au culte et au rituel. Les pharaons n'habitaient pas vraiment ces lieux, ils y remplissaient tout au plus les obligations liées à leur charge. Il est cependant légitime de voir en ces édifices la copie de véritables palais résidentiels dont seuls quelques rares vestiges ont été conservés.

Dans les capitales, Thèbes et Memphis, les palais devaient symboliser la puissance des pharaons et témoigner ainsi en permanence de leur présence et de leur souveraineté. Des constructions de ce genre étaient également disséminées dans toute l'Égypte et offraient un séjour confortable au pharaon, lors de ses voyages à travers le pays. Unités économiques indépendantes, elles s'apparentent aux châteaux royaux et impériaux du Moyen Âge. Les pharaons disposaient probablement de plusieurs sièges officiels dans une seule et même ville. Sur les blocs de la Chapelle Rouge de Karnak, la reine Hatshepsout mentionne au moins trois palais ; ce grand

109. Maison de Djéhoutinéfer
Thèbes, tombe de Djéhoutinefer (TT104) ; Nouvel Empire, XVIIIᵉ dynastie, règne d'Aménophis II, vers 1410 av. J.-C. ; peinture. La représentation de cette maison d'habitation se divise en trois bandes qui figurent l'alignement parallèle des pièces. En bas, on observe l'espace réservé aux activités domestiques : à gauche, le tissage ; à droite la peinture. Dans la salle principale, le propriétaire de la tombe réceptionne les produits finis. Cette pièce se distingue des autres espaces par sa hauteur, ses fenêtres élevées et sa porte à double vantail surmontée d'une imposte. Elle occupe presque toute la surface centrale de l'image. En haut, des porteurs d'offrandes se dirigent vers le propriétaire de la tombe, assis à gauche. Un escalier permet d'accéder au toit, où cinq silos à grain et deux fours sont placés en lieu sûr.

L'ÉTAT ET LA SOCIÉTÉ 393

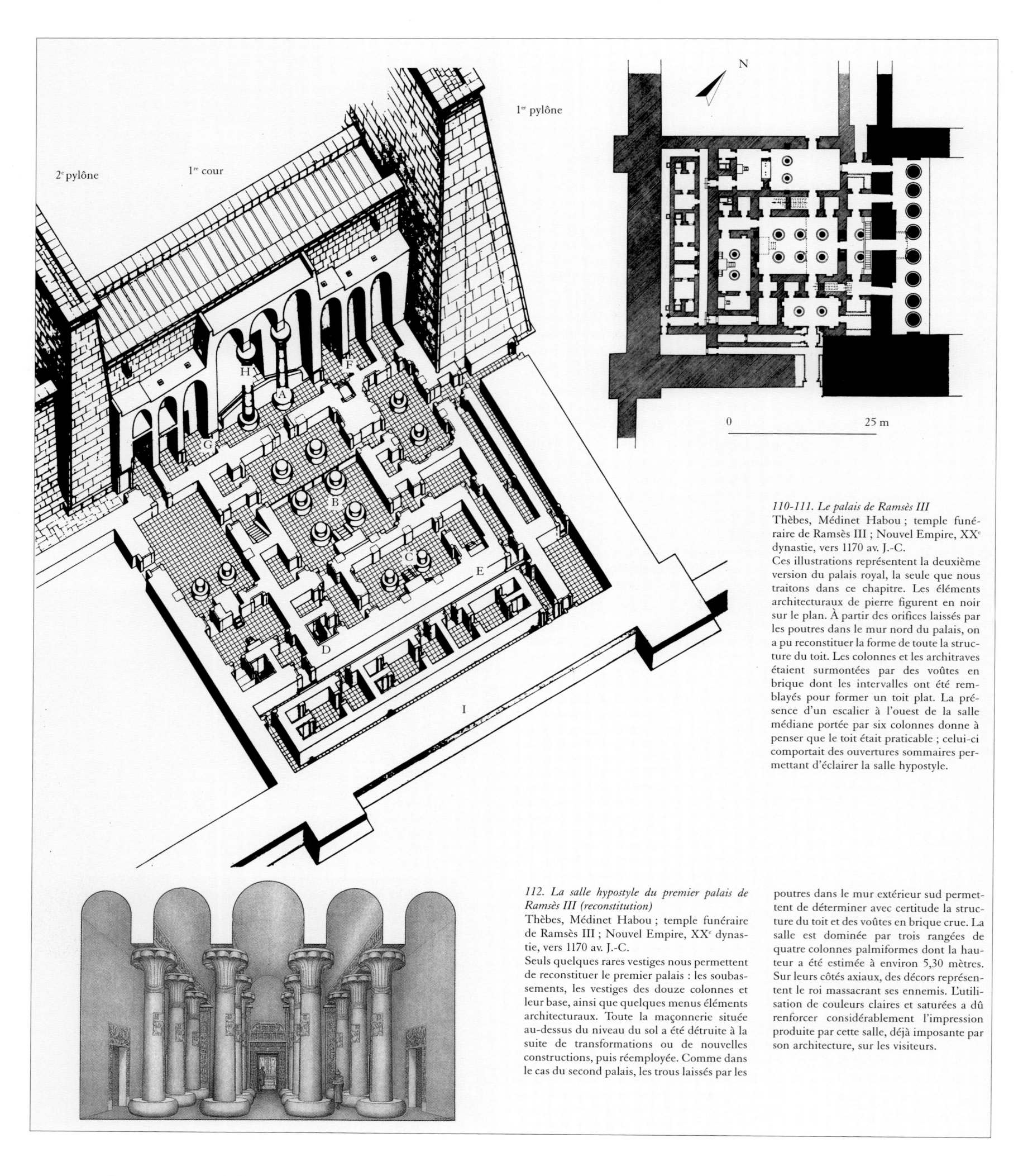

110-111. Le palais de Ramsès III
Thèbes, Médinet Habou ; temple funéraire de Ramsès III ; Nouvel Empire, XXe dynastie, vers 1170 av. J.-C.
Ces illustrations représentent la deuxième version du palais royal, la seule que nous traitons dans ce chapitre. Les éléments architecturaux de pierre figurent en noir sur le plan. À partir des orifices laissés par les poutres dans le mur nord du palais, on a pu reconstituer la forme de toute la structure du toit. Les colonnes et les architraves étaient surmontées par des voûtes en brique dont les intervalles ont été remblayés pour former un toit plat. La présence d'un escalier à l'ouest de la salle médiane portée par six colonnes donne à penser que le toit était praticable ; celui-ci comportait des ouvertures sommaires permettant d'éclairer la salle hypostyle.

112. La salle hypostyle du premier palais de Ramsès III (reconstitution)
Thèbes, Médinet Habou ; temple funéraire de Ramsès III ; Nouvel Empire, XXe dynastie, vers 1170 av. J.-C.
Seuls quelques rares vestiges nous permettent de reconstituer le premier palais : les soubassements, les vestiges des douze colonnes et leur base, ainsi que quelques menus éléments architecturaux. Toute la maçonnerie située au-dessus du niveau du sol a été détruite à la suite de transformations ou de nouvelles constructions, puis réemployée. Comme dans le cas du second palais, les trous laissés par les poutres dans le mur extérieur sud permettent de déterminer avec certitude la structure du toit et des voûtes en brique crue. La salle est dominée par trois rangées de quatre colonnes palmiformes dont la hauteur a été estimée à environ 5,30 mètres. Sur leurs côtés axiaux, des décors représentent le roi massacrant ses ennemis. L'utilisation de couleurs claires et saturées a dû renforcer considérablement l'impression produite par cette salle, déjà imposante par son architecture, sur les visiteurs.

394 L'ÉTAT ET LA SOCIÉTÉ

nombre de monuments s'explique par les différentes fonctions, administrative, rituelle et représentative qui leur étaient attribuées.

Mis à part quelques sites isolés du Moyen Empire, comme Tell el-Daba dans le Delta occidental, ce sont surtout les édifices construits à partir du Nouvel Empire qui nous livrent ces témoignages très précieux sur les palais égyptiens.

Outre l'ensemble de Mérenptah et d'Apriès à Memphis, les archéologues ont découvert de nombreux vestiges de palais : à proximité des Temples de millions d'années d'Hatshepsout, de Mérenptah et de Ramsès II, le Ramesséum situés sur la rive occidentale de Thèbes. Le temple le plus célèbre est celui de Ramsès III à Médinet Habou qui, dans les années 1920, fut restauré par des archéologues américains (voir p. 196-199).

Le palais est situé au sud de la première cour du temple sur laquelle donnaient ses portes et ses fenêtres. Les colonnes, les encadrements de portes et les éléments architecturaux que l'on voulait souligner étaient en grès, tandis que le reste de l'édifice – y compris les immenses voûtes en berceau – a été construit en brique crue. On reconnaît les salles principales, entourées de pièces annexes et de communs, aux colonnes de grès pouvant atteindre jusqu'à 7,5 mètres de hauteur. La partie antérieure est dominée par un vestibule axial soutenu par deux colonnes (A) ; on pénètre ensuite dans une salle portée par six colonnes (B), élément central du palais, où se tenaient probablement les audiences ; au fond de la pièce se trouve un socle en pierre destiné à supporter le trône. Par une entrée latérale, on accède à la partie arrière, le domaine privé, qui comprend une autre salle du trône (C) flanquée d'un côté par des toilettes (D) et de l'autre par une chambre à coucher (E). Il est clair que le plan du palais présente des similitudes évidentes avec le tracé des maisons de Tell el-Amarna ou celui des trois maisons de serviteurs bordant l'arrière du palais. Tous les ouvrages architecturaux procédaient donc du même principe clair de la division tripartite. Cependant, cette particularité ne surprend qu'au premier abord : toutes ces constructions avaient en définitive la même finalité, celle de doter l'homme – qu'il soit pharaon ou simple serviteur – d'un foyer dont la qualification importe peu. Le palais peut être défini comme une maison aux dimensions monumentales. Il servait certes de cadre aux audiences et aux processions lors des grandes fêtes thébaines, mais sa fonction première était d'offrir une scène au pharaon, du haut de laquelle il récompensait les fonctionnaires particulièrement méritants. La fenêtre des apparitions royales, au centre de la façade, en offre une illustration littérale.

Les fonctionnaires se rassemblaient donc face à cette fenêtre, dans la première cour du temple, pour assister au rituel de la remise de l'or de la récompense. Le roi se présentait à ses sujets à la fenêtre sur un balcon de bois. Dans ce spectacle d'État, le reste de la façade tenait lieu de coulisses.

Sous la fenêtre des apparitions et sous les reliefs latéraux représentant le roi massacrant ses ennemis, se trouvaient des consoles en pierre sculptées de têtes en haut relief, symboles des ennemis de l'Égypte.

Si ces reliefs, sculptés dans la pierre, assurent la pérennité du pouvoir de l'Égypte sur le monde, cette image de puissance devient une réalité

113. Le palais de Ramsès III
Thèbes, Médinet Habou ; temple funéraire de Ramsès III ; Nouvel Empire, XXe dynastie, vers 1170 av. J.-C.
Nous avons ici une vue d'ensemble du palais, depuis le mur extérieur sud de la première cour ; à droite, au premier plan, on reconnaît le tore marquant le fruit du pylône. Dans le cadre des travaux de restauration menés par l'Oriental Institut (Chicago), les murs ont été élevés à des hauteurs identiques (1 et 2 mètres). Seuls les encadrements de portes, les bases des colonnes et certaines parties du socle supportant le trône sont authentiques ; les éléments construits en brique crue ont dû être reconstitués, le matériau d'origine ayant disparu. Le plan du bâtiment a été retracé d'après les restes des fondations et les bases des colonnes.

114. La fenêtre des apparitions dans le palais de Ramsès III
Thèbes, Médinet Habou ; temple funéraire de Ramsès III ; Nouvel Empire, XXe dynastie, vers 1170 av. J.-C.
La fenêtre est surmontée d'une frise d'*uraei* sculptée en haut relief qui se prolonge à gauche et à droite en bas relief. Ils sont avec le disque ailé (au-dessus) et les déesses-vautours (en haut, à droite et à gauche), les symboles protecteurs qui appartiennent au répertoire traditionnel des temples égyptiens. Ils figurent à cet endroit précis, afin d'apporter au roi – qui apparaît dans les reliefs latéraux ainsi qu'à la fenêtre – un soutien divin dans l'accomplissement de son devoir.

L'ÉTAT ET LA SOCIÉTÉ

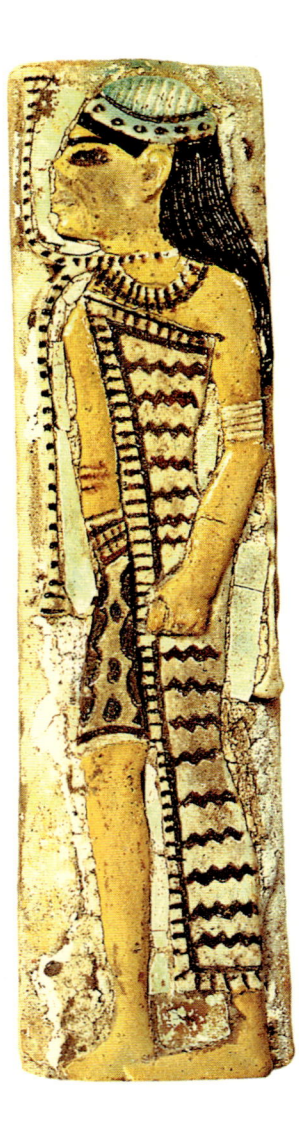

115. Plaquettes de faïence : les ennemis de l'Égypte
Thèbes, Médinet Habou ; temple funéraire de Ramsès III ; entrée du palais ; Nouvel Empire, XX⁰ dynastie, vers 1170 av. J.-C. ; faïence, plaquette émaillée polychrome ; haut. : de 25 à 26 cm, larg. : 7 cm ; Le Caire, Musée égyptien, JE 36457 a, b, d, h ; RT 12.3.24.13.
Les entrées étaient ornées, en bas à droite et à gauche, de plaquettes sur lesquelles figuraient les ennemis de l'Égypte. Au total, cinq carreaux ont été conservés. De gauche à droite, un Libyen tatoué, un Nubien, un Syrien barbu, un bédouin coiffé d'une étoffe jaune et un Hittite portant une calotte – chaque personnage est représenté avec son costume et sa coiffure traditionnels. Les ennemis sont entravés et ne représentent plus aucun danger pour la pérennité de l'Égypte.

116. Le palais d'Aménophis III
Thèbes, Malqata ; Nouvel Empire, XVIII⁰ dynastie, vers 1360 av. J.-C.
Cet ensemble s'agence autour d'un point central, la longue salle hypostyle (D) ; ses structures régulières sont le résultat d'un schéma directeur de l'organisation spatiale. La résidence de la Grande Épouse royale Tiy a été ajoutée au sud (G) ; les trois cours autour de l'espace H abritaient sans doute des locaux annexes, comme les cuisines, les greniers à provision, etc.

L'ÉTAT ET LA SOCIÉTÉ

117. La salle du trône dans le palais de Ramsès III
Thèbes, Médinet Habou ; temple funéraire de Ramsès III ; Nouvel Empire, XXᵉ dynastie, vers 1170 av. J.-C.

Les bases des colonnes sont relativement hautes par rapport à leur diamètre réduit : c'est l'une des caractéristiques de l'architecture ramesside. Derrière le trône se trouvait sans doute une double stèle fausse-porte. Le roi défunt était représenté symboliquement devant celle-ci, prêt à recevoir les hommages de ses fonctionnaires et des représentants des pays étrangers. Cet aspect renvoie à la fonction cultuelle du palais. En arrière-plan, on aperçoit le mur d'enceinte du sanctuaire très bien conservé.

tangible l'espace d'un instant, au moment où le roi en personne apparaît à la population et foule aux pieds ses ennemis, au sens propre du terme.

Le palais de Malqata, la ville qu'Aménophis III fit bâtir au sud de la Thèbes occidentale, est exclusivement résidentiel. On entre dans la résidence par deux cours contiguës (A, B) pourvues chacune d'un socle pour le trône. Une large salle hypostyle (C), qui mène à une salle longitudinale, marque l'accès à l'appartement proprement dit et trace la frontière entre les espaces semi-publics et les espaces privés. La partie postérieure de ce secteur comprend l'appartement privé du roi : une salle à quatre colonnes qui abrite un siège surélevé (E) mène, au fond, à trois pièces mitoyennes dont la chambre à coucher (F) – reconnaissable à son alcôve. La pièce centrale (D) était flanquée de part et d'autre d'une rangée de quatre appartements, probablement destinés à accueillir les hauts fonctionnaires. Dans l'enceinte du palais et dans d'autres édifices de la capitale, on a découvert une infinité de fragments épars provenant de peintures murales et de peintures de plafond aux teintes claires et soutenues. L'importance de certaines pièces – telles que la salle centrale (D) – était encore soulignée par les peintures du pavement. De nombreuses peintures ornaient également les murs du palais nord de Tell el-Amarna, qui appartenait probablement à l'une des filles d'Akhénaton. Dans la salle « verte », des peintures à motifs zoologiques et floraux ont été conservées qui, par leurs formes et leurs motifs, font penser à des œuvres impressionnistes.

Dans la ville centrale de Tell el-Amarna s'élevait un imposant complexe qui comportait deux monuments reliés par un pont : le grand palais et la maison du roi. Cet ensemble incluait une suite de pièces à usage privé où Akhénaton résidait temporairement. La partie arrière de la construction abritait des magasins. La maison du roi était précédée d'une cour sur laquelle donnait la fenêtre des apparitions. C'est ici que le roi récompensait ses fidèles serviteurs, selon un rituel identique à celui de Médinet Habou.

Par leur luxe fastueux, les immenses salles hypostyles situées au sud du palais offraient un cadre idéal pour recevoir les délégations étrangères, pour exalter la grandeur du roi et de l'Égypte. Telle est la fonction première de ce type de construction. Avec leurs enfilades de pièces, leurs trônes surélevés, leurs fenêtres des apparitions, leurs têtes de prisonniers et leurs reliefs représentant le massacre des ennemis, les palais incarnent parfaitement une architecture de souverains.

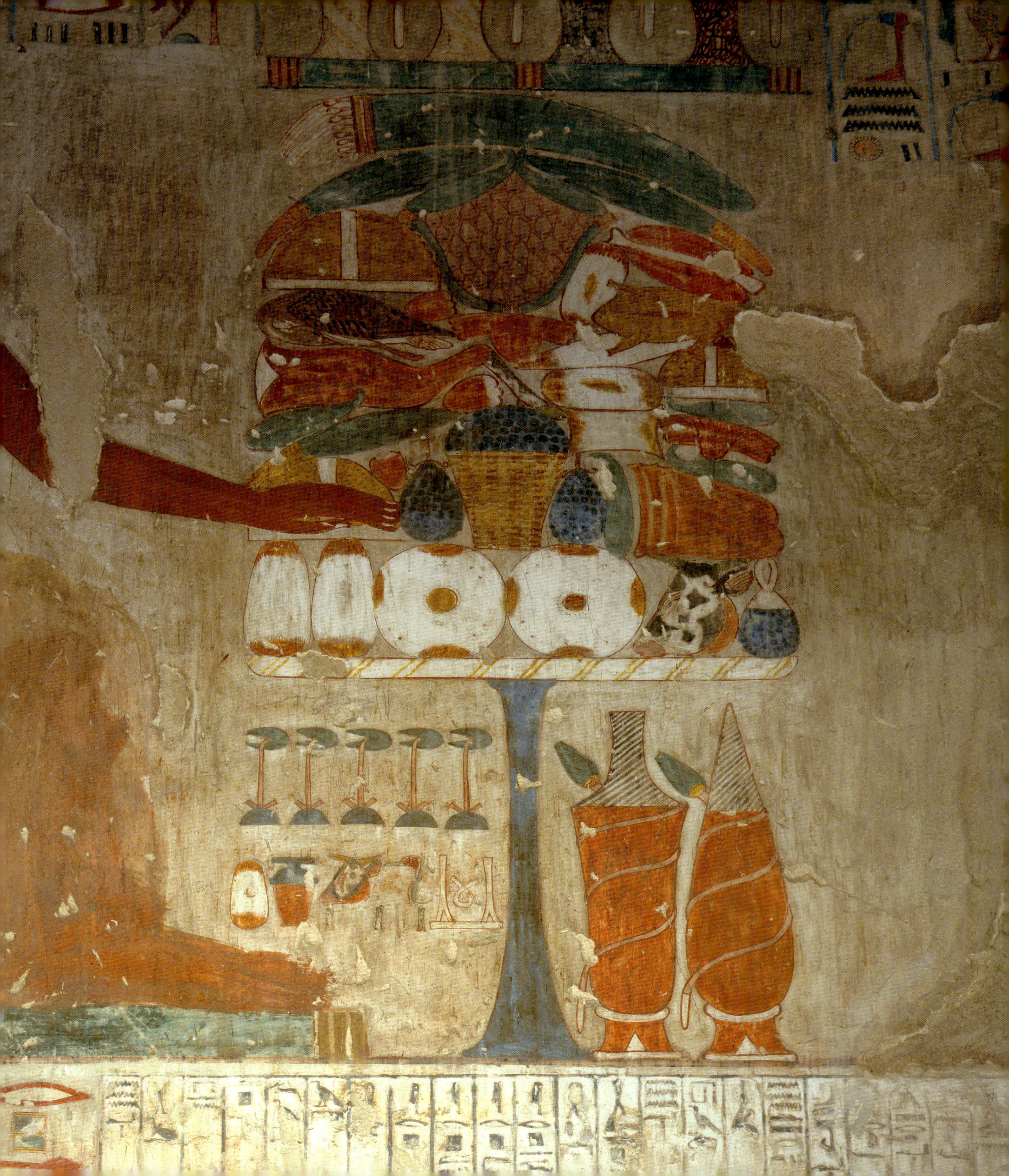

La vie quotidienne : le foyer dans l'Égypte ancienne

Gabriele Wenzel

Les sépultures de fonctionnaires et d'artisans témoignent aujourd'hui encore du soin tout particulier avec lequel les Égyptiens assuraient leur survie dans l'au-delà. Comme ils ne voulaient en aucun cas renoncer à leur confort, ils emportaient donc meubles, vêtements et instruments. Ils représentaient aussi sur les parois de leurs tombes des scènes de la vie quotidienne. Cette décoration funéraire nous livre une source d'informations sur le « menu » des Égyptiens ; elle présente aussi un aperçu de la production et de la transformation des denrées alimentaires – du champ ou du jardin potager jusqu'à la table. Les pancartes composées de listes d'offrandes figurant sur les bas-reliefs et les peintures mentionnent les objets jugés indispensables à la survie dans l'au-delà. Enfin, le climat sec de l'Égypte a permis de conserver de nombreuses denrées découvertes dans des sépultures intactes.

La base de l'alimentation : le pain et la bière

Les Égyptiens se nourrissaient essentiellement de produits à base de céréales, de pain et de bière. Ces denrées servaient aussi à rétribuer les ouvriers travaillant dans les carrières et sur les grands chantiers. Deux variétés de céréales étaient cultivées à l'époque : l'orge et le blé, en égyptien ancien *it* et *bedet*. Chacune des variétés de pains et gâteaux avait une saveur différente, car les Égyptiens incorporaient des fruits à la pâte et utilisaient soit de la farine complète soit de la farine blanche. La préparation de gâteaux à base de rhizomes de Cyperus esculentus L. pilés – des tubercules de souchet au petit goût de noix – est représentée dans la tombe du vizir Rekhmirê. Ces friandises étaient sucrées au miel et cuites dans de la graisse.

Les catégories sociales plus pauvres étaient de grandes consommatrices de légumes secs – lentilles, fèves, pois, pois chiches – et de lotier. Les plus aisées avaient une alimentation plus équilibrée comprenant des légumes variés – les textes et les représentations passent cependant sous silence leur mode de préparation. Ils mangeaient donc du cresson, du pourpier, de la laitue, de l'oignon et de l'ail, des courges, des rhizomes et des graines de lotus, ainsi que des tiges de papyrus. Les Égyptiens se régalaient aussi de raisin, de figues, de figues de sycomore, de dattes, de fruits du palmier *doum* et, depuis le Nouvel Empire, de grenades. Après les avoir importées du Proche-Orient, ils apprirent rapidement à les cultiver dans leur jardin.

118. La table d'offrande
Thèbes (TT100), tombe de Rekhmirê ; Nouvel Empire, XVIIIᵉ dynastie, vers 1450 av. J.-C.
L'assortiment de mets présenté ici est digne de la table d'un haut fonctionnaire : au sommet, une laitue et une botte de poireaux ; en dessous une coupelle de figues, du raisin, plusieurs courges allongées, deux oies dont l'une a déjà été plumée et vidée, la tête, la patte antérieure et des côtes de bœuf ; on observe aussi des gâteaux et des pains aux formes les plus variées.

119. Aliments posés sur une sellette provenant d'une tombe thébaine
Nouvel Empire, XVIIIᵉ dynastie, vers 1550-1292 av. J.-C. ; Londres, British Museum, EA 5340.
Le défunt était enterré avec tous les objets nécessaires à sa survie dans l'au-delà. Les produits alimentaires trouvaient aussi leur place dans cet inventaire : sur une petite sellette ont été disposés plusieurs morceaux de volaille et de viande ; dans le panier d'osier et les coupes en argile au premier plan, ont été déposés du pain, des figues et du poisson séché.

L'ÉTAT ET LA SOCIÉTÉ

120. La boulangerie
Saqqara, tombe de Niânkhkhnoum et Khnoumhotep ; Ancien Empire, V⁰ dynastie, vers 2450 av. J.-C.
En général, on ne cuisait le pain ni dans un four, ni sur un foyer ; des moules de terre aux parois épaisses que l'on chauffait en les empilant avec soin sur un foyer (à gauche) les remplaçaient utilement. Quand ils avaient atteint la bonne température, on les retirait des flammes avec précaution. Puis, on les posait bien droit et on les emplissait d'une pâte relativement liquide (au centre), qui cuisait sous l'effet de la chaleur. Les moules de très grandes tailles nécessitaient parfois un apport de chaleur supplémentaire : on les recouvrait donc d'un second moule, posé à l'envers. Avec une fine baguette, on vérifiait la cuisson (à droite). Une fois terminé, le pain – de forme conique – était posé sur le moule pour qu'il refroidisse. Cette façon de cuire le pain n'était pas la seule en vigueur. Dès l'Ancien Empire, on a développé les fours en briques où plusieurs miches pouvaient cuire à la fois.

Les mets raffinés : viande, vin, épices

À côté du pain et de la bière, des papilionacées et des légumes, des poissons et des volailles (pigeon, oie et canard en particulier) ou encore de la viande de chèvre, de mouton ou de porc dont se nourrissait une grande partie de la population égyptienne, il existait quantité de mets que seules les couches aisées de la population pouvaient s'offrir. Les ostraca, éclats de pierre et tessons d'argile qui contiennent des factures et des lettres, nous renseignent sur le prix de nombreux produits. Un certain poids de cuivre, appelé le *deben*, y est souvent cité comme unité de valeur. Les produits alimentaires de base n'étaient apparemment pas très onéreux : un sac d'orge de 75 litres coûtait 2 *deben*, un sac de blé 1 *deben*, 5 litres de bière revenaient à 2 *deben*. Il fallait en revanche débourser beaucoup plus pour obtenir des mets et des boissons plus recherchés – la viande était particulièrement chère. Un bœuf adulte coûtait 50 *deben*, une amphore de 10 litres contenant de la viande salée 10 *deben*. Pour un artisan du Nouvel Empire qui ne gagnait que 7 *deben* par mois en plus de la nourriture qui lui était distribuée, cela représentait des sommes considérables.

Dans les simples foyers, auxquels sont assimilées les habitations de villages d'artisans, il était impossible d'élever du gros bétail. Seules les grands domaines ruraux et les villas des hauts fonctionnaires abritaient des étables et plusieurs dépendances dont un abattoir.

L'engraissement tenait une place importante dans l'élevage des animaux. De plus, les représentations d'animaux sauvages sur les parois des tombes – antilope, gazelle ou bouquetin –, semblent marquer le goût des Égyptiens pour le gibier. La viande était généralement consommée peu de temps après l'abattage et le dépeçage de l'animal. La viande était

L'ÉTAT ET LA SOCIÉTÉ

121. La brasserie
Saqqara, tombe de Niânkhkhnoum et Khnoumhotep ; Ancien Empire, V^e dynastie, vers 2450 av. J.-C.
Les brasseries étaient toujours installées dans le proche voisinage des boulangeries, car le pain – la plupart du temps de la galette appelée *pézen* en égyptien – était à la base de la fabrication de la bière. Autre ingrédient important : les dattes qui donnaient la levure, substance indispensable à la fermentation. Tout le processus de brassage de la bière – depuis la cuisson des galettes jusqu'au scellage des jarres – est illustré sur le relief ornant la tombe de Niânkhkhnoum. Dans une grande cuve, on mélangeait les galettes émiettées, l'eau et les dattes (à gauche). La bouillie obtenue devait ensuite reposer un certain temps, afin qu'elle fermentât. Ensuite, on transvasait la mixture dans un grand récipient muni d'un versoir, tout en la filtrant à l'aide d'une passoire tressée. Il ne restait plus qu'à remplir les jarres qu'on avait pris soin d'enduire d'argile, afin que la bière se décantât plus rapidement (en haut, au centre). On les bouchait avec du limon – il fallait faire vite pour éviter que le gaz carbonique ne s'échappât. La bière égyptienne ne se conservait que peu de temps, elle devait être consommée rapidement – c'est pourquoi on ne la gardait que dans des récipients de petite taille.

cuite dans de grandes marmites ou grillée sur les braises obtenues à partir de bois, de fumier et parfois de charbon de bois. Si l'on préférait la consommer plus tard, elle pouvait aussi être conservée sous forme séchée ou salée. On sait peu de choses sur les épices utilisées en cuisine. De petits sacs en tissu, dont certains contenaient encore des graines de coriandre, ont certes été retrouvés dans le village ouvrier de Tell el-Amarna. Mais, pour la plupart des épices – aneth, coriandre, cumin, baies de genévrier et graines de moutarde –, on a seulement pu prouver qu'elles étaient employées en médecine.

En dehors des festivités, la consommation de vin se limitait aux foyers de hauts fonctionnaires et au palais royal. Le vin était en partie importé du Proche-Orient, en particulier de Syrie, ou produit en Égypte. La vigne nécessitait un soin tout particulier ; on la plantait dans des fosses spéciales remplies de limon.

Les meilleures terres viticoles étaient situées dans le Delta du Nil et les oasis. Elles appartenaient souvent à l'administration royale, même si certaines étiquettes donnent à penser qu'il existait aussi des coteaux privés. Dans les ruines du palais d'Aménophis III à Malqata, près de Thèbes, on a découvert d'innombrables débris d'amphores en argile qui portaient, tracées à l'encre, des indications sur le lieu et la date de fabrication : « Vin de l'Oasis du Sud » ou encore « Vin du domaine du chancelier un tel ». Outre les indications sur l'origine du vin, les noms des viticulteurs récoltants peuvent être mentionnés sur les amphores livrées à domicile.

L'ÉTAT ET LA SOCIÉTÉ

122. La boucherie
Thèbes (TT60), tombe d'Antefoqer ; Moyen Empire, XIIe dynastie, vers 1950 av. J.-C. Plusieurs bouchers dépècent le bœuf qui vient d'être abattu, les apprentis accrochent les morceaux de viande à de longues ficelles. À droite, un cuisinier fait cuire la viande dans une grosse marmite.

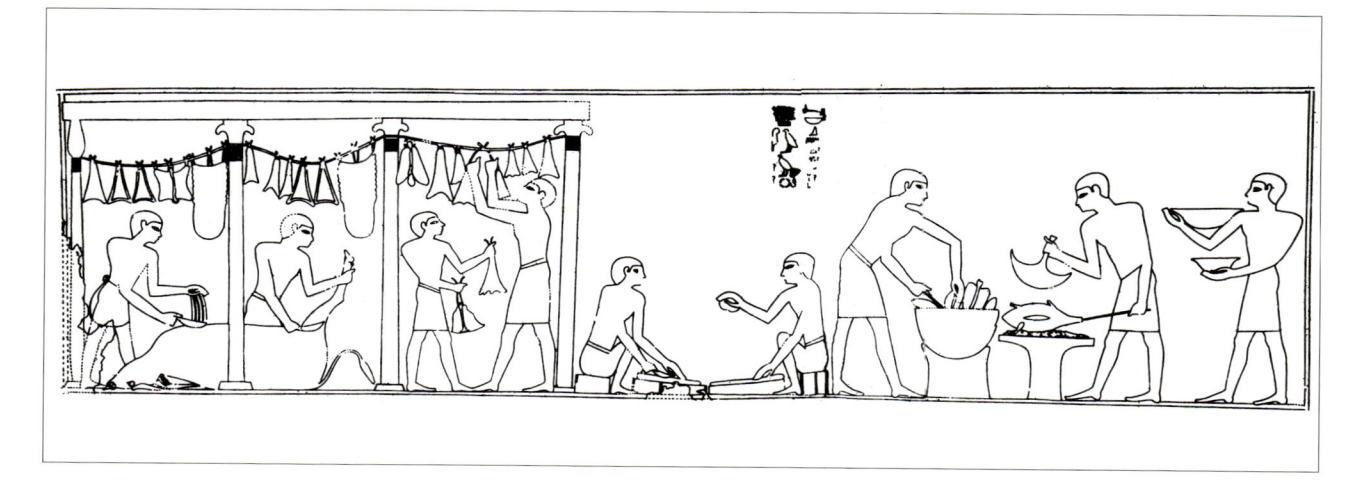

123. Statuette de meunière
Giza (Mastaba D 29) Ancien Empire, V[e] dynastie, vers 2400 av. J.-C. ; calcaire ; haut. : 26 cm ; Leipzig, Ägyptisches Museum, 2567.
La meunerie était surtout un travail de femme : après avoir été moulus à la main, les grains étaient tamisés pour enlever les balles. Pourtant les fines particules de pierre qui restaient dans la farine provoquaient une usure rapide des dents des Égyptiens. Cela touchait particulièrement le peuple comme l'atteste la découverte de squelettes lors de récentes fouilles dans un cimetière de travailleurs de Gizar.

124. Le pressoir
Saqqara, tombe de Ptahhotep et Akhéthotep ; Ancien Empire, V[e] dynastie, vers 2420 av. J.-C. Les raisins vendangés étaient versés dans une grande cuve pour y être foulés aux pieds. Le jus obtenu s'écoulait dans un récipient par une ouverture latérale. À la fin, on pressait le moût du raisin à l'aide d'un sac. Pour une meilleure répartition des forces, on utilisait deux longues perches disposées en croix que plusieurs hommes faisaient tourner et qu'un autre ouvrier maintenait écartées. Le moût fermentait en deux temps : la première fermentation se produisait à l'air libre dans la cuve ; la seconde après le remplissage des jarres. Ces jarres étaient hermétiquement fermées avec un bouchon de limon, dans lequel on perçait de petits trous de façon à laisser s'échapper le dioxyde de carbone.

L'ÉTAT ET LA SOCIÉTÉ

126. Tenture murale
Nouvel Empire, XVIIIᵉ-XIXᵉ dynastie, vers 1550-1200 av. J.-C. ; étoffe de lin multicolore ; long. : 104 cm ; Londres, Victoria and Albert Museum, T 251-1921.
Tapis et nattes décoraient souvent les murs et les plafonds. Sur les parois des tombes et des sarcophages, les nattes sont toujours représentées avec des motifs géométriques de toutes les couleurs : rayures, carreaux, zigzags ou losanges.

La cuisine

La cuisine était installée traditionnellement dans la partie arrière de la maison ou dans les annexes de certaines grandes villas. Comme on cuisinait surtout sur le feu, cette pièce se trouvait à ciel ouvert ou abritée par une construction légère. Dans un coin de cette « cour » se trouvaient une meule servant à la fabrication de la farine et du gruau, un petit four à pain, et un foyer en brique où les aliments étaient bouillis ou grillés.

Les Égyptiens stockaient leurs provisions dans des céramiques de grandes et petites tailles. Ces récipients contenaient des boissons, mais aussi des céréales, de la farine, des graisses ou des huiles, et de la viande en conserve. Leurs étiquettes le prouvent : « Viande de mouton du domaine d'Aakhéperourê », « Volaille pour le jubilé », « Plat de viande du domaine d'Aménophis ». Des petits garde-manger ménagés en sous-sol, que l'on atteignait de la cuisine par quelques marches, abritaient les denrées périssables.

Le mobilier

Peu de meubles ont été retrouvés dans les habitations. En revanche, le mobilier funéraire permet de se faire une idée du mobilier quotidien. Les murs étaient décorés de tentures de lin aux couleurs bigarrées. Le sol était recouvert de nattes – confectionnées de fibres végétales tressées – qui servaient parfois aussi de couche.

Les plus anciennes pièces de mobilier conservées – des pieds et des ferrures provenant de chaises et de lits – remontent aux dynasties thinites. Pendant toute l'époque pharaonique, les meubles ont gardé les mêmes formes, moyennant quelques légères modifications et modernisations. Sous le Nouvel Empire, la chaise est la pièce de mobilier la plus répandue parmi les fonctionnaires. Les prix d'une chaise toute simple s'échelonnent entre 4 et 8 *deben* – une somme modique pour un fonctionnaire. On a répertorié toutes sortes de variantes : de la simple chaise basse au fauteuil avec dossier et accoudoirs, en passant par le pliant. Pour plus de confort, on posait un coussin moelleux sur le siège.

Tables et sellettes complétaient cet ameublement. Le matériau utilisé était souvent le bois, mais il existait aussi des ouvrages en vannerie. D'après les scènes de festin, il n'y avait pas de grandes tables autour desquelles se réunissaient la famille et les convives pour prendre un repas en commun. Chaque personne s'installait devant une petite table ou un guéridon composé d'un pied en bois et d'un plateau en calcite-albâtre ou en argile. Cette supposition est corroborée par les tables de petites dimensions qui ont été découvertes au cours de différentes fouilles.

Dans tous les foyers, on était très à cheval sur la propreté. On connaissait une grande variété de moyens pour combattre les insectes, omniprésents et fort nombreux. Certains remèdes sont répertoriés dans les papyrus médicaux. « Commencement du remède que l'on

125. (À gauche) Amphore provenant de la tombe de Khâ
Thèbes ; Nouvel Empire, XVIIIᵉ dynastie, vers 1400 av. J.-C. ; poterie ; haut. : 58 cm ; diam. : 25 cm ; Turin, Museo Egizio, Suppl. 8526.
Les produits alimentaires étaient conservés dans des vases en argile ; celui-ci par exemple contenait de la volaille. Les amphores étaient fermées par un couvercle ou une simple pièce de tissu, puis bouchées avec du limon.

L'ÉTAT ET LA SOCIÉTÉ 403

127. Tabouret à quatre pieds
Nouvel Empire, XVIIIe dynastie, vers 1550-1292 av. J.-C. ; bois, toile stuquée ; haut. : 24 cm, larg. : 40 cm ; Turin, Museo Egizio, Cat. 6404.
Les chaises et les tabourets étaient beaucoup plus bas que nos meubles modernes. Le siège de ce tabouret est fait d'un morceau de toile recouvert d'une couche de stuc et décoré de motifs floraux et géométriques.

128. Table basse appartenant à Khâ
Thèbes, Deir el-Médineh, tombe de Khâ (TT8) ; Nouvel Empire, XVIIIe dynastie, vers 1400 av. J.-C. ; bois ; haut. : 32 cm ; long. : 48 cm, larg. : 26 cm ; Turin, Museo Egizio, Suppl. 8432.
Cette table servait autrefois de support à un jeu de *senet*, le jeu de table le plus connu et le plus apprécié dans l'Égypte ancienne.

129. Chaise appartenant à Khâ
Thèbes, Deir el-Médineh, tombe de Khâ (TT8) ; Nouvel Empire, XVIIIe dynastie, vers 1400 av. J.-C. ; Turin, Museo Egizio, Suppl. 8333.
Les chaises luxueuses étaient ornées d'incrustations en ivoire, en ébène et en verre. Si le propriétaire ne pouvait s'offrir des décorations d'une telle qualité, le menuisier peignait des imitations. L'inscription que porte cette chaise, une formule funéraire, renvoie à un contexte funéraire ; il est vrai que cette chaise a été découverte dans une tombe.

404   L'ÉTAT ET LA SOCIÉTÉ

130. Le mobilier d'une chambre à coucher
Nouvel Empire, XIXe dynastie, vers 1300 av. J.-C. ; Londres, British Museum, EA 2470, 6526, 6639, 18196, 24708.
Les pièces de mobilier les plus demandées étaient les lits dont les pieds étaient sculptés en forme de patte de lion ou de bœuf. Le matelas reposait sur une natte tressée – faite d'alfa ou d'une autre fibre végétale – qui était tendue sur le cadre du lit. Le chevet, en haut du lit, tout comme le dosseret de pied, étaient ornés d'une représentation peinte ou sculptée du dieu Bès. Connu sous l'aspect d'un nain, il veillait sur le sommeil des hommes, détruisait les animaux nuisibles – surtout les serpents : c'est pourquoi il avait une place attitrée dans la chambre à coucher.

131. Coffre à linge
Thèbes, Nouvel Empire, XVIIIe dynastie, vers 1390 av. J.-C. ; bois peint ; 36 x 36 x 30 cm ; Turin, Museo Egizio, Cat. 2448.
Les Égyptiens rangeaient vêtements et perruques dans de grands coffres en bois dont l'intérieur était aménagé selon le goût de chaque utilisateur.

prépare pour supprimer les puces de la maison. Tu dois asperger la maison d'une solution de natron afin qu'elles s'éloignent » ou bien « Un autre remède. Du *bebit* sera broyé sur du charbon, (ce) sera badigeonné copieusement dans la maison afin qu'elles s'éloignent ». Il existait d'autres recettes pour diffuser une odeur agréable dans la maison.

Le lit était posé sur un socle surélevé, afin de protéger le dormeur des animaux rampants. Les vêtements et autres effets personnels étaient empilés dans des niches murales. Les ménages bien équipés possédaient en plus des caisses et des coffres en bois ou en vannerie.

L'hygiène, les produits de beauté et l'habillement

La plupart des Égyptiens se lavaient dans le Nil, les canaux et les étangs. Seule l'élite avait les moyens de faire installer dans la maison une baignoire qui servait aussi de douche. Les toilettes se trouvaient dans le même espace ou dans une petite pièce séparée.

En guise de savon, on utilisait du natron ou des crèmes spéciales, constituées de graisses végétales ou animales mélangées à du calcaire ou de la craie, auxquelles on prêtait aussi des vertus bienfaisantes pour la peau. Une recette du papyrus médical Ebers propose « un autre remède pour embellir l'épiderme. Poudre de calcite-albâtre : 1 ; natron rouge : 1 ; sel de Basse-Égypte : 1 ; miel : 1 ; sera mélangé en une masse avec ce miel ; enduire la peau avec cela ». Pour combattre les mauvaises odeurs, on se frictionnait le corps avec des produits contenant des substances aromatiques comme l'encens, l'alun et la myrrhe. On préparait aussi des pastilles qui rafraîchissaient l'haleine. Les plus connues sont les pastilles *kyphi* composées de graines de lotier, d'encens, de myrrhe, de baies de genévrier, de mastic, de résine de lentisque, de raisins secs et de miel.

Les Égyptiens avaient une préférence pour les vêtements de lin, mais ils portaient aussi des étoffes grossières en fibres de palmier ou de roseau et un peu de laine. Ils appréciaient tout particulièrement les vaporeux tissus de lin, d'un blanc immaculé, qu'ils plissaient avec art. D'après les textes, les étoffes étaient blanchie ; pour éviter qu'elles ne se ternissent, on les étendait tout simplement au soleil après la lessive.

L'ÉTAT ET LA SOCIÉTÉ

132. Les ustensiles de toilette
Ancien Empire, V⁵ dynastie, vers 2400 av. J.-C. ; cuivre ; broc : haut. : 13 cm ; cuvette : haut. : 12 cm, diam. : 25,5 cm ; Turin, Museo Egizio, Suppl. 13721.
Pour se laver les mains avant le repas, il y avait toujours à disposition des ustensiles de toilette comprenant une cuvette évasée et un broc à bec allongé. Les Égyptiens accordaient une telle importance à ces objets qu'ils ne devaient en aucun cas manquer dans la tombe. Le matériau utilisé était en général le métal, le cuivre ou le bronze.

133. Coffret de beauté de la reine Mentouhotep
Deuxième Période Intermédiaire, XVII⁵ dynastie, vers 1600 av. J.-C. ; fibres de palmier, roseau et papyrus ; haut. : 42,7 cm ; Berlin, SMPK, Ägyptisches Museum, 1176-77.
Le coffret est divisé en six petits casiers qui contenaient des ustensiles fragiles et de faibles dimensions. Les vases destinés aux onguents et au fard à paupière étaient en pierre, en verre, en faïence ou même en roseau.

Les textiles étaient également teints. À côté du colorant minéral qu'est l'ocre, on utilisait avant tout des colorants végétaux : garance, carthame et orcanette pour le rouge, pastel pour le bleu, écorce du grenadier pour le jaune. Pour obtenir certaines teintes, il fallait d'abord plonger les étoffes dans un bain d'alun – un sulfate d'aluminium encore employé aujourd'hui.

La statuaire royale et privée témoigne de l'évolution de la mode. Sous l'Ancien et le Moyen Empire, les femmes étaient vêtues de robes à bretelles, à la coupe simple et moulante ; les hommes portaient un pagne qui tombait jusqu'aux genoux, voire aux mollets. Au Nouvel Empire, on assiste au contraire à un engouement pour les tuniques longues. À cette époque, les femmes portaient des vêtements composés d'un morceau d'étoffe carré qu'elles enroulaient de différentes façons autour de leur corps. Par dessus, elles nouaient une écharpe plissée. Le costume officiel – des femmes comme des hommes – était toujours complété par une perruque variant par la longueur de cheveux et par la coupe.

Sous l'Égypte ancienne, la chaussure traditionnelle a toujours été la sandale fabriquée avec des matières premières végétales – feuilles de palmier, graminées, joncs, papyrus. Il semble qu'elle n'était pas confectionnée en atelier, mais à domicile, tâche qui revenait aux femmes. Il existait également des sandales de cuir, beaucoup plus chères, mais aussi bien plus résistantes que les sandales tressées.

La famille

Le foyer égyptien « classique » comprend les membres du noyau familial, c'est-à-dire les parents et les enfants. Cette cellule familiale n'entretenait que des relations distendues avec les parents éloignés. Ainsi, la langue égyptienne ne dispose que de vocables désignant le premier degré de parenté, c'est à dire le père et la mère, le frère et la sœur, ou encore le fils et la fille. Les mots tante, oncle, cousines, etc. n'existent pas. Pour exprimer des liens de parenté compliqués, il fallait donc s'en remettre à des expressions composées comme « sœur de la mère de sa mère ». Pourtant, sur les stèles funéraires, outre les parents proches, on représente aussi les parents éloignés.

Les familles plus fortunées employaient aussi un ou plusieurs serviteurs qui accomplissaient presque tous les travaux quotidiens. Selon les textes, dix personnes vivaient sous le toit du graveur Qeni à Deir el-Médineh sans pour autant faire partie de la famille de ce dernier. Le foyer d'un fonctionnaire de rang moyen comptait même soixante dix-neuf serviteurs, pour la plupart des esclaves d'origine égyptienne ou asiatique.

En Égypte, la coutume voulait qu'on se marie. Quand un homme avait atteint l'âge du mariage, c'est à dire qu'il était en mesure de nourrir une famille, il fondait un foyer. En général, la jeune épouse allait vivre dans la maison de son mari. Le couple n'habitait que très rarement le

134. Métier à tisser horizontal
Béni Hassan (BH 3), tombe de Khnoumhotep II ; XIIe dynastie, vers 1880 av. J.-C.
Ce sont surtout les femmes qui travaillaient à la production du textile. Elles filaient le lin qui était traditionnellement utilisé pour le tissage des vêtements. On appréciait tout particulièrement la dextérité des ouvrières du Proche-Orient d'où le nouveau métier vertical a été importé et probablement introduit en Égypte au début de la XVIIIe dynastie. Cependant il n'était employé que dans les grandes fabriques de tissage. Au foyer les femmes lui préféraient le petit métier à tisser horizontal avec lequel elles fabriquaient des tissus pour leur usage personnel. De construction très simple, il présentait des avantages certains : les deux traverses, appelées ensouples, n'étaient pas reliées l'une à l'autre. Ceci permettait de tisser une étoffe de n'importe quelle dimension même dans un espace restreint.

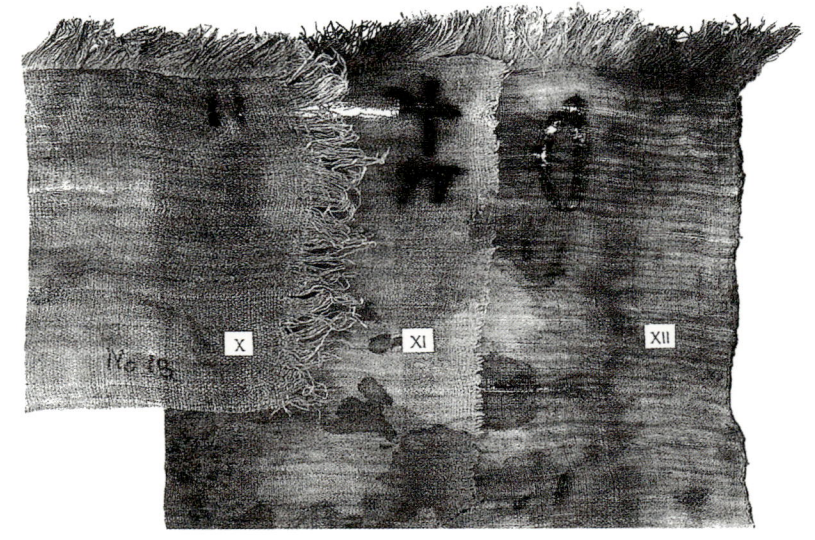

135. Étoffes de lin marquées
Thèbes, Deir el-Bahari, tombe des soldats de Mentouhotep II ; Première Période Intermédiaire, XIe dynastie, vers 2050 av. J.-C. ; New York, Metropolitan Museum of Art, Rogers Fund 1927, 27.3.105/197/108.
À un mobilier funéraire complet appartiennent aussi des étoffes dont certaines portaient une marque. La plupart des tissus découverts proviennent d'une tombe thébaine, où étaient enterrés soixante soldats tombés pendant les guerres de la Première Période Intermédiaire. L'examen d'étoffes bien conservées a permis d'établir que les Égyptiens connaissaient différentes techniques de tissage et plusieurs méthodes d'assemblage des lés. Certains motifs compliqués révèlent l'utilisation d'une technique propre à la tapisserie. Les marques indiquent qu'il existait à l'époque de nombreuses qualités de tissus. Malheureusement, très peu ont été identifiées jusqu'à présent. Le tissu le plus fin était le *sésherou nésout*, « l'étoffe royale ».

136. Perruque de femme
Nouvel Empire, XVIIIe-XIXe dynastie, vers 1550-1185 av. J.-C. ; cheveux humains ; long. : 50,5 cm ; Londres, British Museum, EA 2560.
De nombreuses perruques de femmes, datant du Nouvel Empire, ont été conservées. Selon les résultats d'analyses, elles étaient presque toujours faites de cheveux humains noués à un bonnet de lin. Pour mettre en forme cette chevelure souvent luxuriante, on utilisait de la cire comme fixateur. De telles perruques étaient arborées pour les grandes occasions alors que les hommes tout comme les femmes préféraient les cheveux courts ou le crâne rasé.

137. Tunique
Thèbes, Deir el-Médineh, tombe de Khâ (TT8) ; Nouvel Empire, XVIIIe dynastie, vers 1400 av. J.-C. ; lin ; 128 x 109 cm ; Turin, Museo Egizio, Suppl. 8530.
La tunique se portait comme une chemise. Le modèle le plus courant consistait en une simple pièce de lin toute blanche. Sur les tuniques plus luxueuses, les encolures et les bordures étaient ornées d'un galon de couleur. Le vêtement chic du Nouvel Empire était plissé sur les côtés. Cette ample tunique se portait avec une longue et large écharpe plissée, nouée autour de la taille.

L'ÉTAT ET LA SOCIÉTÉ

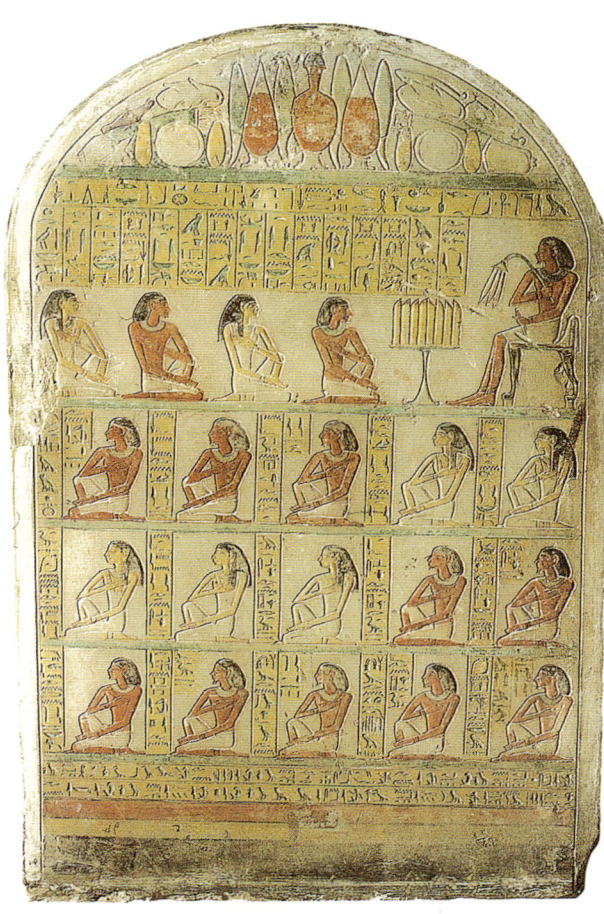

138. La stèle funéraire du scribe de la haute cour de justice Horhernakht
Moyen Empire, XIIe dynastie, vers 1900 av. J.-C. ; calcaire ; haut. : 68,5 cm ; Turin, Museo Egizio, Cat.1613.
Horhernakht est représenté en haut à droite avec une grande partie de sa famille : ses parents, Sékhemsobek et Khéti, sont assis devant lui, puis viennent son frère et sa sœur, Horemousekhet et It. Les trois dernières personnes du deuxième registre sont d'autres frères et sœurs, les deux premiers hommes sont des oncles paternel et maternel. Les beaux parents, portant tous deux le nom de Séhetepib, sont probablement représentés au troisième registre, à la troisième et à la quatrième place. Ils portent aussi le titre de mère et père.

139. Couple assis
Nouvel Empire, XIXe dynastie, vers 1290 av. J.-C. ; serpentinite ; haut. : 12,7 cm ; larg. : 7,2 cm ; Paris, musée du Louvre, E 3416.
Même dans l'au-delà, la cellule familiale devait demeurer intacte. C'est pourquoi les statues funéraires représentent très souvent un homme en compagnie de son épouse ou parfois de sa mère. Sous le Nouvel Empire, les personnages sont de mêmes proportions. Une preuve de l'égalité entre l'homme et la femme, du moins dans le domaine privé.

L'ÉTAT ET LA SOCIÉTÉ

logement des parents de la femme. Nous n'avons pas connaissance de dispositions légales réglementant le mariage. Quant aux contrats, ils n'apparaissent qu'à la fin de la XXIIᵉ dynastie. Ils garantissent à la femme une sécurité financière en cas de séparation ou de décès du mari. C'était avant tout le rôle de l'homme d'assurer le revenu familial. Il était tenu d'offrir à sa femme et à ses enfants des conditions matérielles conformes à son niveau de vie. Les Égyptiens étaient monogames, mais si l'épouse ne pouvait pas avoir d'enfant, une autre femme – en général une esclave – était parfois intégrée au foyer. Les enfants nés de cette seconde union avait le même statut juridique que leur mère.

Dans beaucoup de domaines juridiques, la femme avait les mêmes droits que son mari. Elle avait la possibilité de signer des contrats, de déposer une plainte en justice, de comparaître comme témoin devant un tribunal, d'assurer la tutelle d'un enfant et de transmettre son propre patrimoine. Cependant, elle ne pouvait jouir elle-même de la succession de son mari et devait la transmettre à ses enfants. En effet, le droit d'hériter était limité aux parents de même sang.

L'objectif de chaque ménage était de donner naissance à une progéniture. Une fois adultes, les enfants devaient prendre en charge leurs parents, puis perpétuer le culte funéraire sur le tombeau parental. Le taux de natalité élevé – il n'était pas rare qu'une femme mette au monde de cinq à dix enfants – était compensé par un taux de mortalité infantile important. Aux yeux des Égyptiens, un foyer sans enfant était un grand malheur. Ils disposaient cependant aussi de moyens contraceptifs. Mais les recettes destinées aux femmes enceintes ou en couches était bien plus nombreuses. On essayait par exemple de faciliter le travail en récitant des formules magiques et en invoquant le dieu Bès et la déesse Thouëris.

Les femmes mettaient leurs enfants au monde à la maison, sous une tonnelle installée dans le jardin ou sur le toit. Elles y passaient aussi les deux semaines suivant l'accouchement, afin de se purifier. Comme dans beaucoup d'autres cultures, les femmes étaient considérées comme impures pendant la menstruation et la grossesse.

C'est la mère qui s'occupait de l'éducation des enfants en bas-âge. Quand les garçons avaient atteint un certain âge, le père les prenait comme apprentis et les formait à sa succession. Si les fils devaient embrasser un autre métier que leur père, on les envoyait dans des écoles, souvent rattachées aux temples. Là, ils apprenaient à lire, à écrire et à compter. On accordait aussi beaucoup d'importance à la formation de la personnalité selon un idéal exprimé dans les « *Enseignements* ».

---

140. Statuette de femme portant un enfant
Époque prédynastique, vers 3200 av. J.-C. ; ivoire ; haut. : 6,5 cm ; Berlin, SMPK, Ägyptisches Museum, 17600.
De petites statues de femmes portant un enfant apparaissent dès la préhistoire, en particulier dans les temples. Il s'agissait sans doute d'offrandes votives que les Égyptiens apportaient aux divinités pour les remercier d'une naissance heureuse ou exprimer un désir d'enfant.

141. Statuette de femme assise allaitant son enfant
Moyen Empire, XIIᵉ dynastie, vers 1900 av. J.-C. ; cuivre ; haut. : 13 cm ; Berlin, SMPK, Ägyptisches Museum, 14078.
Les enfants étaient nourris au sein jusqu'à l'âge de trois ans. Dans le domaine profane, les statues en ronde bosse représentant des mères allaitant leur enfant sont rares. Les femmes de rang plus élevé et les reines confiaient cette tâche à des nourrices, qui faisaient alors partie de la famille. Les maris et les fils de nourrices royales étaient nommés grâce à elles à de hautes fonctions.

L'ÉTAT ET LA SOCIÉTÉ

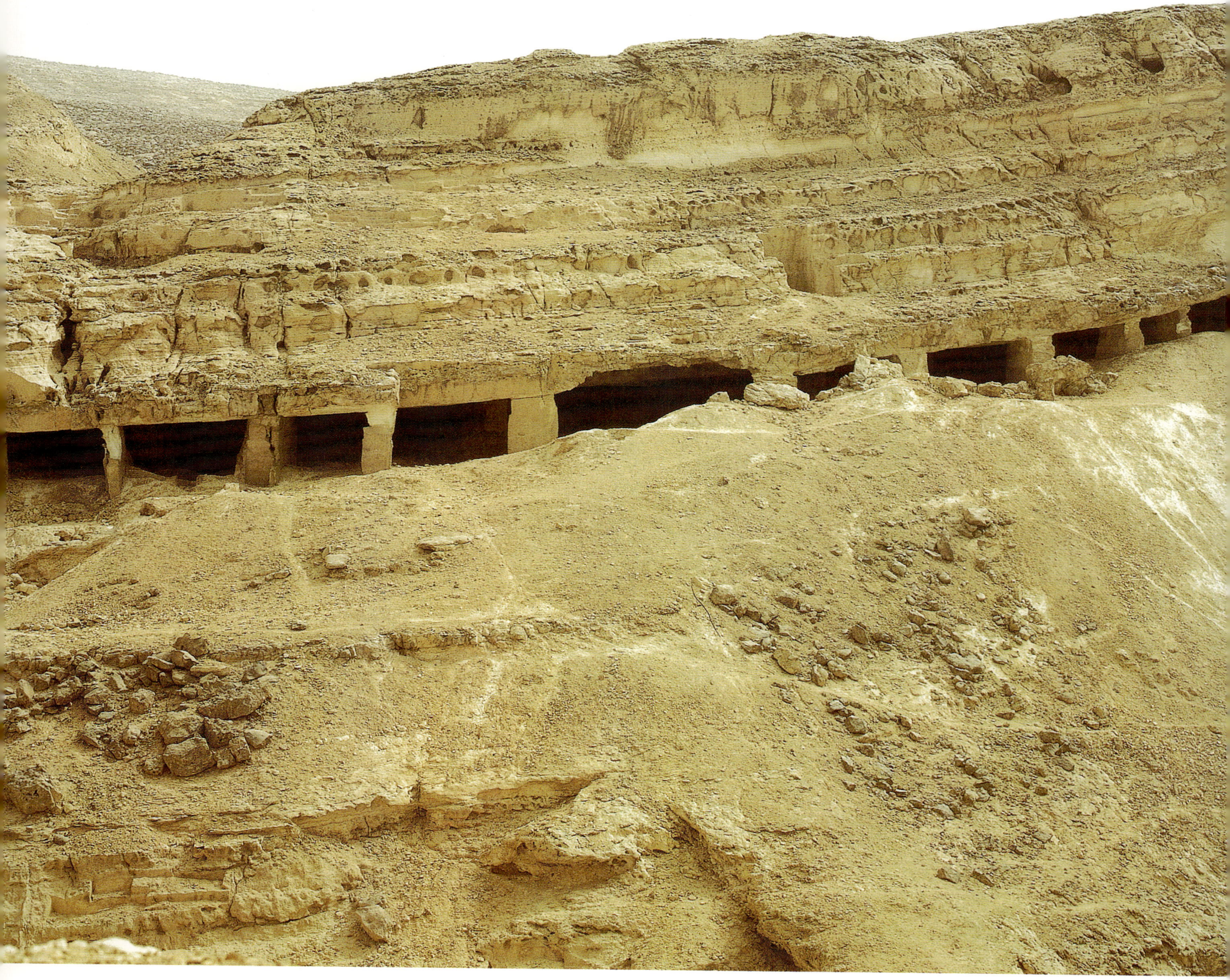

Roches et carrières

Rosemarie Klemm

La civilisation égyptienne nous a légué un héritage prodigieux qui s'est relativement bien préservé au cours des millénaires, surtout dans les domaines de l'architecture et de la statuaire. Cet héritage reflète un aspect essentiel du regard que les anciens Égyptiens portaient sur le monde. Cette conception du monde était intimement liée à la conviction d'une survie dans l'au-delà. S'il était primordial de momifier la dépouille charnelle du défunt pour lui permettre d'accéder à cette vie après la mort, il était tout aussi important pour construire les tombes ou les temples et les orner de sarcophages, de statues ou d'obélisques d'utiliser des matériaux à l'épreuve du temps, capables de satisfaire cette soif d'éternité.

Or les Égyptiens ont trouvé des matériaux idéaux dans les roches de leur pays, de types très variés, qui parsèment toute la vallée du Nil, du Caire jusqu'au-delà d'Assouan ainsi que dans le désert oriental. L'art et l'architecture égyptiens ont eu recours à une quarantaine de roches différentes, si l'on y inclut toutes les variétés de chaque type de roche. Cette impressionnante palette de roches de couleurs diverses apparaît bien dans les collections des musées égyptiens et permet de comprendre pourquoi Georg Evers parlait d'« État sorti de la pierre » pour désigner l'Égypte.

Les principales roches dans leur contexte géologique

1. Au quaternaire, les sédiments du Nil se sont déposés dans la vallée et dans la région du Delta, au nord. Ces sédiments se composent de limon argilosableux, qui est à l'origine de la fertilité des sols et constitue par ailleurs le matériau de construction le plus ancien, un matériau toujours très utilisé de nos jours.

Au nord, la côte méditerranéenne est bordée de récifs datant du pléistocène. Ils se composent de calcaires oolithiques, issus d'agrégats fossilifères, de forme sphérique. Ce matériau a été privilégié à l'époque ptolémaïque et romaine pour la construction d'Alexandrie. Du reste, la ville elle-même repose sur un récif de calcaire.

142. Carrières de calcaire près d'el-Bersheh
Ces carrières, creusées en galeries parallèles aux couches lithologiques et maintenues par des murs de soutènement, atteignent une profondeur de 20 à 30 mètres. Elles ont été constamment exploitées du Moyen Empire à la Basse Époque. Aux débuts du christianisme, ces galeries retirées et bien protégées ont souvent servi de refuge à des ermites ou à des communautés chrétiennes.

143. Les principales roches et carrières de l'Égypte
Les symboles permettent de localiser les principales zones d'extraction de l'Antiquité, regroupant chacune de nombreuses carrières.

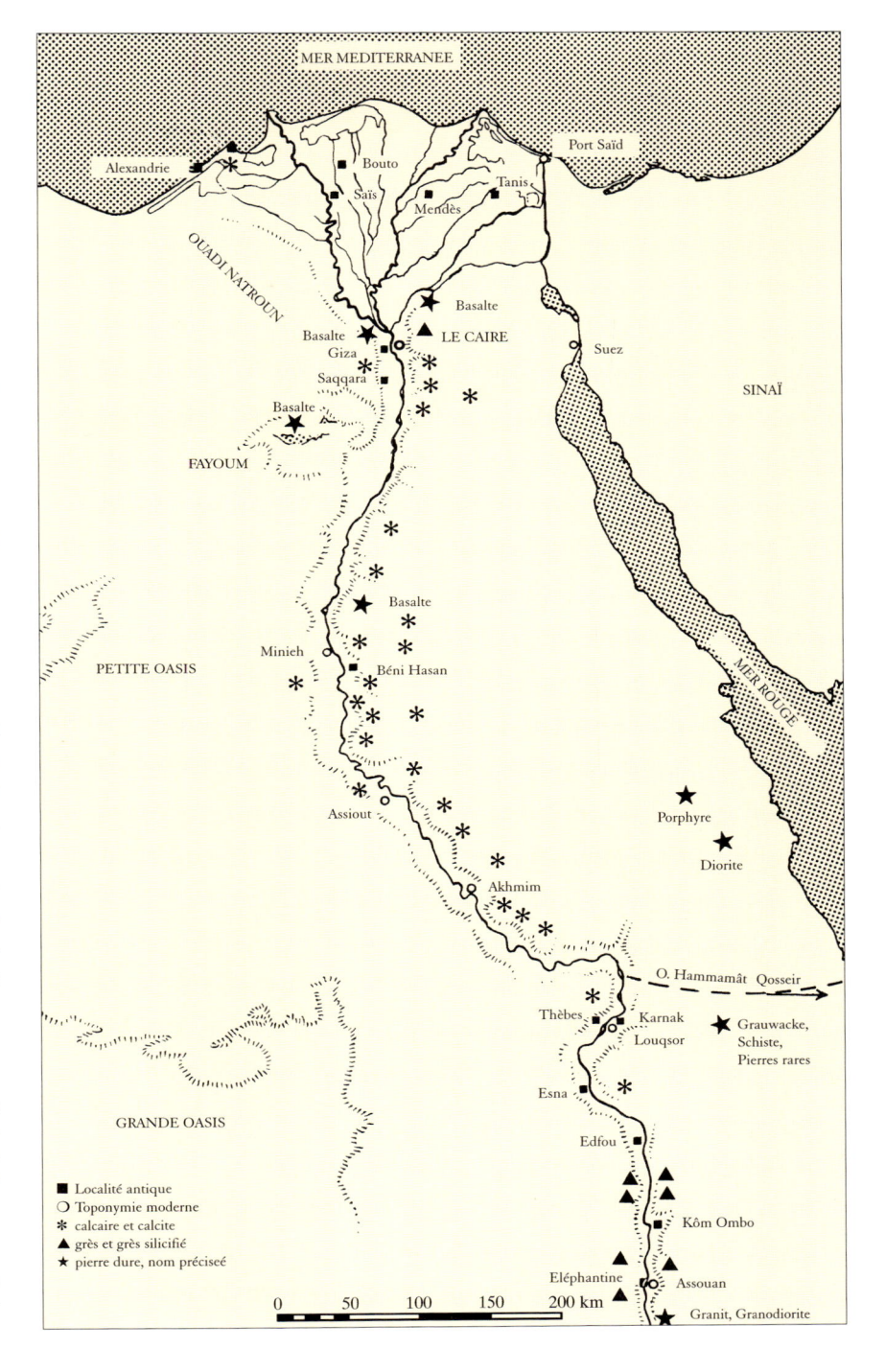

145. Granit rose d'Assouan
Cette roche unique au monde se distingue par la présence de gros cristaux de feldspath potassique, particulièrement repérables par leur taille et leur couleur rose-rouge sombre, de plagioclases blanc porcelaine et de quartz gris, à l'aspect luisant. Ce granit contient jusqu'à 30 % d'éléments minéralogiques sombres qui lui donnent cette apparence mouchetée. Ils sont composés principalement de biotite noire-brun foncé et de hornblende vert foncé.

144. Dallage de basalte
Giza, temple funéraire de Chéops ; Ancien Empire, IVe dynastie, vers 2590 av. J.-C.
Des analyses scientifiques ont montré que ces blocs de différentes tailles proviennent des carrières de basalte du Fayoum. Après avoir été taillés de manière à obtenir des joints parfaitement lisses, ils ont été assemblés sur le site de la construction avec la plus grande précision.

2. Au tertiaire, la Basse-Égypte s'est couverte principalement de sédiments du pliocène. Ils sont constitués de calcaires arénacés, riches en débris fossilifères, qui ont été utilisés entre autres dans la maçonnerie des pyramides de Giza.

3. L'oligocène a fourni des basaltes et des quartzites (c'est-à-dire des grès silicifiés), largement exploités dans les domaines de l'architecture et de la sculpture en ronde bosse. Les basaltes, eux, ont été particulièrement utilisés à l'époque pharaonique près d'Abou Roash – au nord de Giza – ainsi que sur le site du Gébel Qatrani, au nord du Fayoum. Le quartzite rouge était en revanche privilégié au Gébel el-Ahmar, à l'est du Caire.

4. D'épais bancs de calcaires éocènes de différents types longent la vallée du Nil, du Caire à Louqsor. Leur granulométrie est variable : ils peuvent être extrêmement fins ou atteindre la taille d'un fossile. Il s'agit du matériau de construction le plus répandu dans tous les domaines et à toutes les époques de la civilisation égyptienne. Tous les types de calcaires égyptiens ont été largement utilisés, depuis les pyramides des grandes nécropoles de l'Ancien Empire à Giza et à Saqqara, jusqu'aux temples du Moyen et du Nouvel Empire. Les carrières sont réparties sur la totalité des gisements de calcaire, à proximité de la vallée du Nil ; elles ont d'ailleurs été creusées – à dessein – près des différents chantiers.

Ces couches de calcaire sont traversées par des enclaves filoniennes ou lenticulaires d'albâtre égyptien, aussi appelé le calcite-albâtre. C'est une roche veinée et translucide, dont l'originalité lui a valu d'être utilisée dans divers domaines de l'art et de l'architecture. Autre spécificité locale : la brèche rouge, privilégiée à l'époque archaïque pour confectionner de petits objets tels que les vases et les statues de dimensions modestes.

5. Le grès crétacé couvre un territoire qui s'étend du sud de Louqsor jusqu'au-delà de la Nubie ; matériau de base de presque tous les temples égyptiens tardifs, il a aussi été utilisé de diverses manières dans les domaines de la ronde-bosse et du relief. Les carrières les plus vastes qui renferment cette roche – connue aussi sous le nom de grès nubien – se trouvent au nord de Kôm Ombo, au Gébel el-Silsileh. On sait aujourd'hui que ce grès en a été extrait du Moyen Empire jusqu'à l'occupation romaine.

6. Les séries de roches précambriennes qui affleurent le long de la mer Rouge, et sporadiquement dans la région d'Assouan et dans le désert occidental, nous ont légué une riche palette de pierres cristallines. Ces pierres apparaissent dans l'architecture et dans l'art dès le début de l'histoire égyptienne. Ce sont, pour la plupart, de nombreuses variétés de granit et de granodiorite d'Assouan ; mentionnons notamment le « granit rose », qui décline toute la palette des rouges, la granodiorite gris foncé et la diorite quartzifère gris clair.

Dans le désert oriental, la grauwacke métamorphique et le schiste ont fait l'objet d'une extraction systématique car c'étaient des pierres très appréciées qui servaient à réaliser des statues, des petits objets d'art, des sarcophages, des éléments architecturaux ainsi que les célèbres cuillers à fard des tout débuts de l'histoire égyptienne. Les carrières portant de nombreuses inscriptions d'où étaient extraites ces roches se trouvent au Ouadi Hammamât, à mi-chemin entre Qift et Qoseir.

Outre la serpentinite, la stéatite, la diorite et le gabbro, le désert oriental recèle un riche assortiment de porphyres qui n'ont pas été forcément extraits des carrières, mais qui proviennent d'éboulis triés, apportés dans la vallée du Nil. Ils ont principalement servi à fabriquer des récipients aux époques prédynastique et archaïque.

À proximité du Mons Porphyrites (où l'on trouve du porphyre rouge) et de son voisin le Mons Claudianus (riche en diorite quartzifère claire), se trouvent de vastes carrières que l'on exploitait pour fabriquer sous l'Empire romain des baignoires, des vasques de fontaine, des colonnes, des éléments architecturaux et enfin des sculptures, destinées à décorer les édifices impériaux de Rome.

Un marbre blanc parcouru de fines veines de brucite, un minéral vert est localisable au Gébel Rokham, dans le sud du désert oriental. Des analyses comparatives effectuées sur des objets de marbre sculpté datant du règne de Thoutmosis III ont prouvé qu'ils avaient été réalisés avec le marbre de cette carrière. Ce qui a permis de rectifier la thèse selon laquelle le marbre travaillé en Égypte était généralement importé de la mer Égée.

Dans le désert occidental, à l'ouest de Toshka, l'anorthosite, une roche veinée de couleur gris-vert a été extraite dès l'Ancien Empire. C'est probablement à cause de la célèbre statue de Chéphren protégé par un faucon réalisée dans cette roche que celle-ci a été baptisée « diorite de Chéphren » dans la littérature ancienne, un nom incorrect d'un point de vue pétrographique. Ce matériau, qui n'apparaît qu'en affleurements fins et plats dans le sable du désert et dont le transport était en outre particulièrement long et difficile, était considéré comme précieux. C'est pourquoi, au cours de l'Ancien et du Moyen Empire, il était l'apanage des rois. L'utilisation ultérieure de l'anorthosite semble se limiter au réemploi d'anciens fragments, ce qui souligne encore le caractère extrêmement précieux de cette roche.

Les carrières

D'origine sédimentaire, les massifs calcaires et gréseux sont stratifiés ; aussi les couches lithologiques sont-elles parfois de qualités très inégales. Les Égyptiens ne sélectionnaient que les couches de roche de meilleure qualité et particulièrement résistantes à l'effritement, ce qui les obligeait à creuser des galeries dans la montagne. Ce procédé leur évitait par ailleurs de gaspiller inutilement les outils en métal, très précieux. Seuls les sites où les couches de roche sélectionnées étaient très importantes ou placées directement en surface étaient exploités sous forme de carrières à ciel ouvert.

Qu'il s'agisse de calcaire ou de grès, les carriers taillaient les blocs en cubes (pour les pyramides, par exemple) ou en parallélépipèdes (pour les grands temples). Dans les carrières, l'extraction de la roche se faisait généralement du haut vers le bas ; on traçait des tranchées autour des blocs que l'on détachait ensuite par la base.

À l'origine, les Égyptiens travaillaient dans les carrières de calcaire et de grès avec des marteaux en bois et des outils en métal. Il s'agissait tout d'abord de ciseaux en cuivre, qui furent remplacés progressivement vers la fin de l'Ancien Empire par des outils de bronze, de plus en plus résistants. Enfin, les ciseaux de fer firent leur apparition à la Basse Époque. Les fronts de taille des carrières ont d'ailleurs gardé la trace de cette évolution de l'outillage : sous l'Ancien et le Moyen Empire, les traces témoignent d'un travail de la roche par des coups brefs et incurvés. Les traces de ciseau deviennent ensuite de plus en plus longues et rectilignes ; enfin, les traces qui datent de la Basse Époque se distinguent par leur parallélisme et leur longueur – qui peut atteindre 50 cm – preuve de l'utilisation de burins de fer longs et durs.

Contrairement à ce que l'on croit bien souvent, les Égyptiens ne faisaient pas éclater les blocs de roche par la dilatation de coins de bois humide, ni dans les carrières de calcaire ou de grès, ni pour l'extraction des roches cristallines. Les rangées d'encoches bien visibles le long des surfaces de séparation des blocs dans toute la région granitique d'Assouan ne peuvent être antérieures à l'époque ptolémaïque. Elles sont dues aux ouvertures que l'on pratiquait dans la roche pour y introduire les burins de fer, qui faisaient pression sur la roche ; une technique d'ailleurs utili-

146. Carrière de grès du Gébel el-Silsileh
Ce grès compact et relativement homogène a été exploité à ciel ouvert. Les fronts de taille, qui mesurent jusqu'à 20 mètres de haut, sont couverts de traces de ciseaux, qui permettent de déterminer la hauteur des blocs et de dater l'exploitation de cette carrière de l'époque ptolémaïque.

147. Colonne sur le Mons Claudianus
Les carrières romaines du Mons Claudianus ont surtout livré des colonnes et des vasques de fontaines. Cette colonne brisée, qui a été abandonnée sur place, mesure 21 mètres de long. Une tentative de réparation à l'aide de chevilles de plomb a apparemment échoué. Des colonnes de 16 mètres de haut en provenance du Mons Claudianus ont été érigées au Panthéon de Rome. Cependant le plan de construction que l'on peut reconstituer en observant le fronton révèlent qu'à l'origine, les colonnes auraient dû être nettement plus hautes. L'échec dont témoigne cette illustration fut peut-être la cause de cette réduction de la hauteur des colonnes.

148. Extraction de blocs dans une carrière de calcaire près de Tehna, en Moyenne-Égypte
L'état de la couche rocheuse inférieure est révélateur des procédés d'extraction : on actionnait des leviers pour faire sauter les blocs, préalablement entaillés. Les encoches provoquées par les leviers sont d'ailleurs visibles sur les énormes blocs de pierre qui ont été employés dans les nécropoles de Giza et de Saqqara. Les blocs de taille plus modeste étaient travaillés au ciseau, un outil qui a laissé des traces sur les pièces qui n'ont pas été polies.

149. Obélisque inachevé dans une carrière près d'Assouan
Probablement Nouvel Empire, XVIIIe dynastie, vers 1450 av. J.-C.
Excavé sur trois faces, cet obélisque de granit rose de plus de 41 mètres de long a été abandonné dans la carrière. Un abandon non pas dû à la fissure que l'on aperçoit au sommet, mais aux dimensions mêmes du monument. Sa longueur et son poids (environ 1000 tonnes) ont empêché son déplacement et son érection. La surface de l'obélisque présente des traces ondulées, dues à l'utilisation de marteaux de dolérite.

150. Statue d'Osiris
Carrières d'Assouan ; Nouvel Empire, probablement XIXe dynastie, 1300-1200 av. J.-C. ; granit rose ; long. : 4,50 m.
Le vaste secteur des carrières d'Assouan est parsemé de monuments inachevés ; parmi eux, cette statue monumentale d'Osiris, en granit rose. Un défaut dans la pierre a peut-être fait renoncer au transport de cette statue, destinée à un temple. Bien que l'on reconnaisse indéniablement dans cette sculpture les contours d'une effigie anthropomorphe coiffée d'une couronne, les détails stylistiques ne sont pas assez poussés pour permettre une datation précise au sein du Nouvel Empire.

sée au-delà de l'époque romaine jusqu'à nos jours, sous des formes plus ou moins différentes.

À l'époque pharaonique, les roches dures étaient exploitées selon différents procédés. En effet, les ciseaux de cuivre et de bronze ne convenaient pas à l'extraction de ces roches, particulièrement solides. Aussi avait-on recours à la dolérite, une roche filonienne particulièrement dure et résistante à la rupture. Dans les carrières de granit d'Assouan, on a retrouvé de nombreuses pièces inachevées ainsi que des outils en dolérite plus ou moins usés. Pour fabriquer un objet, les Égyptiens sélectionnaient tout d'abord une pièce brute adéquate, que présentait, au départ, un bloc détaché et arrondi de granit caractéristique de l'altération de cette roche. Ils équarrissaient ensuite le bloc à l'aide de fragments de dolérite aux arêtes vives en faisant voler en éclats les écailles de roche. Ces marteaux de dolérite s'émoussaient peu à peu, formant des galets de pierre inutilisables, que l'on jetait. Ce n'est qu'en fin de travail, lors du modelage de structures superficielles fines ou de la gravure d'une inscription que l'on utilisait des ciseaux en métal. Enfin, pour polir la surface, les sculpteurs égyptiens utilisaient du quartz finement pilé, qu'ils frottaient à l'aide d'un polissoir en pierre. L'utilisation d'outils en pierre a d'ailleurs laissé, sur les surfaces traitées, des traces ondulatoires caractéristiques, que l'on peut particulièrement observer sur l'obélisque inachevé d'Assouan.

L'ÉTAT ET LA SOCIÉTÉ

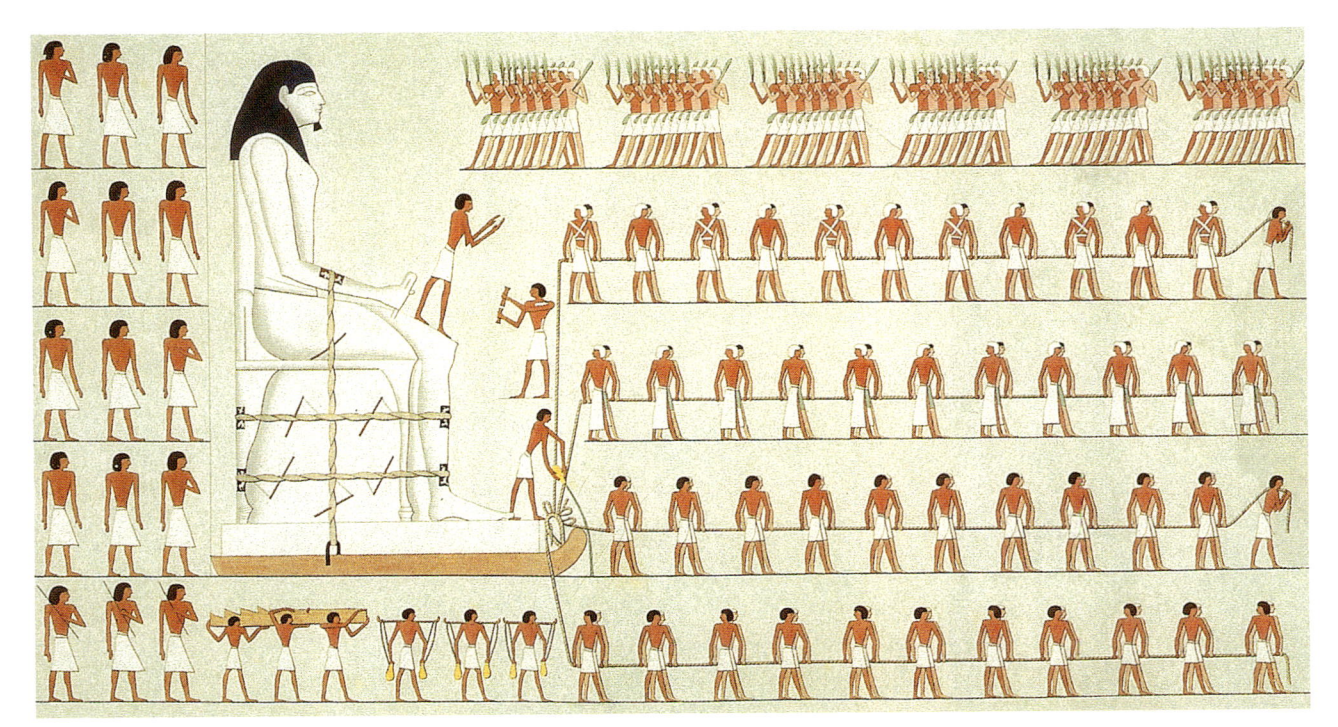

151. Le transport d'une statue
El-Bersheh, tombe de Djéhoutihetep ; début du Moyen Empire, probablement IXe dynastie, vers 2119-1976 av. J.-C.
Cette scène décrit le transport d'une statue depuis les carrières d'Hatnoub. Cette statue en calcite-albâtre de 6 mètres de haut a été attachée sur un traîneau de bois, tiré par quatre colonnes d'hommes. Les angles de la statue ont été soigneusement protégés lors de la pose des cordages. Un homme humidifie la rampe devant les patins pour améliorer le glissement, sans doute parce que cette rampe était composée de limon.

Les carrières : de véritables ateliers

Nous savons grâce à des inscriptions que les carriers n'étaient pas les seuls à travailler dans les carrières. Il s'y trouvaient également des tailleurs de pierre, des sculpteurs et des scribes. Les carrières servaient donc aussi d'ateliers de sculpture, dans lesquels on travaillait, on gravait et achevait en grande partie les objets. D'après les pièces inachevées ou brisées retrouvées sur place, il ne s'agissait toutefois généralement que d'éléments de grand format. Les carrières étant souvent très éloignées, les pièces achevées étaient acheminées avec le plus grand soin, par le biais de rampes spécialement aménagées. On en a d'ailleurs retrouvé la trace ; elles se composaient de fragments de roches qui étaient recouvertes d'un enduit lisse obtenu à partir d'un mélange de sable et de limon du Nil pour améliorer le glissement. L'une des rampes les plus longues que l'on connaisse part des carrières de basalte du Gébel Qatrani pour aboutir à une dizaine de kilomètres sur l'ancienne rive du lac du Fayoum. On peut encore distinguer à proximité du temple de Qasr es-Sagha les vestiges d'un site où les blocs de basalte étaient chargés sur des bateaux qui leur faisaient rejoindre le Nil. Ces blocs servaient notamment à paver les sols des temples funéraires des pyramides de l'Ancien Empire. Aussi pouvons-nous supposer que l'important transport de matériaux nécessitant l'emploi de rampes aussi coûteuses, remonte à cette époque. Les pièces étaient montées sur des traîneaux de bois, tirés par des bœufs ou par des hommes. Nous possédons d'ailleurs de nombreux témoignages iconographiques sur les deux variantes de ce thème.

152. Rampe de carrière en Moyenne-Égypte
Cette rampe, qui se distingue nettement sur le sol, mène des carrières de calcaire près de Zaouiet Sultan en Moyenne-Égypte jusqu'au point d'embarquement sur le Nil. Les terres cultivées ont aujourd'hui recouvert une partie de la rampe.

L'ÉTAT ET LA SOCIÉTÉ 415

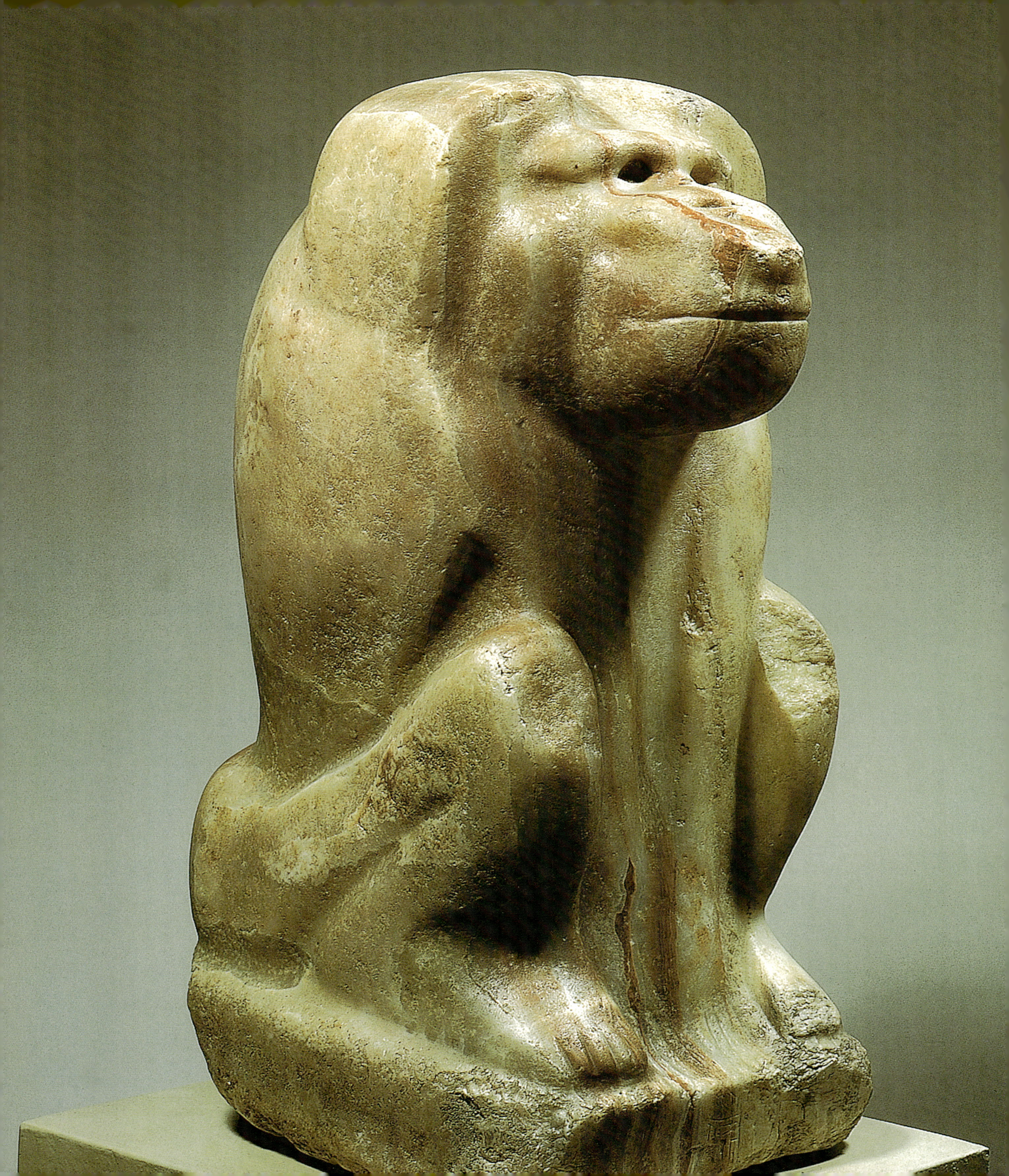

Les dieux et les hommes

Ulrich Luft

Au sortir des temps obscurs de la préhistoire, la culture égyptienne présentait déjà toutes les particularités de la grande civilisation qu'elle allait développer plus tard. On dispose certes de peu d'éléments sur l'univers religieux des anciens Égyptiens du néolithique. Néanmoins, ce qui semble être des idoles et des rites d'inhumation laissent penser que toutes les cultures de l'époque archaïque partageaient les mêmes croyances. Le groupe, cellule fondamentale sur laquelle repose la structure de la société humaine, reconnaît et recherche l'autorité suprême des dieux. Le chef de clan, et par la suite le pharaon, assume la fonction de médiateur entre l'humain et le divin. Le mobilier funéraire témoigne d'une croyance en une vie après la mort.

Il a été avancé que les divinités de cette époque n'étaient pas, pour reprendre la terminologie théologique moderne, nommées, mais conçues, comme de simples puissances. De récentes études révèlent néanmoins que les premiers dieux du panthéon égyptien portaient déjà des noms dont l'origine peut remonter jusqu'aux racines des langues afro-asiatiques. Ces divinités n'étaient donc pas uniquement désignées par le terme de « puissances », même si l'on retrouve la présence d'une déesse nommée Sekhmet (la « Puissante ») à l'époque dynastique. En Égypte, le fait de donner un nom à l'objet de culte ou encore au dieu permettait aux croyants de disposer de ce qui pouvait être considéré alors comme une « substance ». Il est donc difficilement concevable que, même dans les temps les plus reculés, une « puissance » soit ainsi demeurée sans nom.

L'origine et la signification du signe hiéroglyphique correspondant au concept de « dieu » *(netjer* en égyptien ancien), que l'on retrouve dans la langue liturgique copte d'aujourd'hui sous le terme *nouti*, soulève également une controverse. Le signe hiéroglyphique ⸢ a été interprété à la fois comme un étendard de temple, un signe du pouvoir divin (la hache ?) ou un objet de culte. Aucune de ces significations ne peut soutenir une critique plus approfondie.

Présentant une structure à la fois régionale et interrégionale, le panthéon égyptien réunissait principalement des dieux vénérés dans les grandes villes d'Égypte. Les plus connus sont Horus de Nekhen, Seth d'Ombos, Sobek de Gébélein, Min de Coptos, Thot d'Hermopolis, Ptah de Memphis, Atoum d'Héliopolis et Neith de Saïs. On ne peut cependant affirmer avec certitude que toutes ces divinités étaient déjà associées aux mythes de la création du monde et des dieux à l'époque prédynastique. Si Min a manifestement toujours possédé une puissance potentielle de création, celle-ci ne s'observe que dans les textes plus récents en ce qui concerne Ptah et Atoum.

Dès l'époque archaïque, certains dieux se montrent déjà associés à des contextes particuliers, qui marqueront considérablement la tradition orale développée autour d'eux, ainsi que leur manifestation aux époques ultérieures. Seth, par exemple, se voit attribué de manière très irrégulière au long de l'histoire égyptienne une image tour à tour positive puis négative. Jusqu'au début de la Basse Époque, il est considéré à la fois comme le puissant protecteur du dieu solaire et le meurtrier d'Osiris. Ensuite, il est de plus en plus souvent identifié à l'ennemi du dieu

---

1. Le dieu Hedj-our, le « Grand Blanc »
Époque thinite, dynastie 0 ; vers 3050 av. J.-C. ; calcite-albâtre ; haut. : 52 cm ; Berlin, SMPK, Ägyptisches Museum, 22607.
Cette statuaire monumentale zoomorphe, la plus ancienne d'Égypte, trouve ses précurseurs dans la série de petits babouins de faïence découverts dans les temples d'Abydos et d'Héracléopolis. Par la suite, le culte de ce dieu fut abandonné, mais son aspect fut associé au dieu Thot.

2. Peigne du pharaon Ouadji
Époque thinite, Iʳᵉ dynastie ; vers 2950 av. J.-C. ; ivoire ; Le Caire, Musée égyptien, JE 47176.
Le peigne du pharaon Ouadji, de la Iʳᵉ dynastie, illustre parfaitement le lien entre le ciel et la terre. Horus apparaît au ciel dans une barque et sur terre, perché au-dessus du *serekh,* à l'intérieur duquel est inscrit le nom du roi. Horus, par ses aspects céleste et terrestre, représente deux mondes distincts, que le pharaon, identifié au dieu, réunit en sa personne.

3. Figurine recroquevillée au fond d'une coupe en forme de grenouille
Nagada I ; IVe millénaire av. J.-C. ; terre cuite ; haut. : 8,8 cm, larg. : 25,3 cm, prof. : 11,3 cm ; Leyde, Rijksmuseum van Oudheden, F 1962/12.1.
L'identification de cet objet demeure incertaine. L'homme repose en position recroquevillée au centre d'une coupe interprétée comme une grenouille en raison des représentations ornant les parties latérales. On peut aussi y voir un bateau en forme de grenouille, qui, dans ce cas, doit être interprété comme le support de la métamorphose du mort. Manifestement, ce dernier repose au sein de la grenouille dans l'attente de sa renaissance ; en effet, la déesse-grenouille jouera plus tard le rôle d'accoucheuse.

solaire, ce qui l'a conduit à sa totale proscription. Au cours des siècles, certaines divinités retombent complètement dans l'oubli, telle Ounout, la déesse-lièvre. Horus, dieu universel et de lumière, qui assume un rôle d'union à l'époque archaïque, se voit, sous l'Ancien Empire, démis de cette fonction par Rê. Comme nous le verrons plus loin, le panthéon égyptien présente les prémices d'une hiérarchisation dès l'époque prédynastique.

Il est généralement admis que la pensée « théologique » égyptienne se fonde sur les premières conceptions anthropomorphiques des dieux, vers la fin de l'époque préhistorique. En ce qui concerne ce processus, nous ne disposons malheureusement d'aucune preuve. Plus tard, les Égyptiens vénéreront à la fois des dieux zoomorphes et des dieux anthropomorphes. En l'occurrence, l'apparence de la divinité n'a strictement rien à voir avec le jugement de valeur qui est porté sur elle. De fait, les représentations diverses fluctuent en fonction de l'apparition et de la disparition des dieux, et plus particulièrement de la position qu'ils occupent au sein de la hiérarchie divine. Selon toute vraisemblance, les divinités zoomorphes et anthropomorphes existaient déjà à l'époque préhistorique. En témoignent les superbes hommes barbus de l'époque gerzéenne (Nagada I), ainsi que les nombreuses représentations d'animaux à l'époque prédynastique et au début de l'époque archaïque. À cette période apparaissent aussi les dieux anthropomorphes à têtes d'animaux. Cela correspond vraisemblablement aux efforts consentis alors par l'Égypte, désormais unifiée, pour systématiser le monde des dieux. Compte tenu du faible nombre d'éléments figuratifs dont nous disposons, il est difficile d'être plus précis. On peut supposer que les divinités

4. Tête de massue du roi Narmer
Hiéraconpolis ; époque thinite, dynastie 0 ; vers 3035 av. J.-C. ; calcaire ; haut. : 19,8 cm ; Oxford, Ashmolean Museum, FE 3631.
Sur cette tête de massue est représentée une scène tirée des rites religieux célébrés lors du jubilé *(heb-sed)* du pharaon. Le souverain trône en hauteur dans une chapelle dont la forme est caractéristique de cette fête.

CULTE DIVIN ET CULTE FUNÉRAIRE

5. Stèle de Néfertiabet
Ancien Empire, IVe dynastie, vers 2580 av. J.-C. ; calcaire peint ; haut. : 38 cm, larg. : 58 cm ; Paris, musée du Louvre, E 15591.
Néfertiabet, l'une des filles du pharaon Chéops, est assise sur un tabouret à pattes d'animaux devant une table d'offrande char- gée de pains vers lesquels elle tend la main. Elle porte une longue perruque à mèches et une peau de félin qui souligne son rang. Autour de la table sont figurées les offrandes nécessaires à la défunte pour sa survie dans l'au-delà. Au-dessus, sont énumérées dans deux lignes de texte, chacune encadrée, les offrandes qui doivent rendre l'existence de la défunte agréable : onguents et fruits, vin et rhizomes de souchet. À droite, une pancarte cite diverses étoffes, qui ont certainement joué un rôle cultuel dans la momification. Cette stèle, extrêmement bien conservée, est l'un des chefs-d'œuvre de l'art du bas-relief à l'apogée de l'Ancien Empire, dont s'inspire- ront au VIIe siècle av. J.-C. les artistes de l'époque saïte.

de ce système polythéiste jouissaient d'un traitement égal, et que leur présence était perçue sous toutes les formes imaginables.

À l'origine, le lieu du culte se borne à un simple édifice clos, dont l'enceinte symbolise les limites entre le sacré et le profane. Le dieu peut y élire domicile, c'est le point de rencontre entre le monde des dieux et le monde des hommes. Si les représentations qui nous sont parvenues témoignent de l'aspect du lieu, elles ne nous éclairent pas sur le déroulement du culte.

Quant à cela, on peut néanmoins s'en remettre aux objets destinés au culte du roi. À Hiéraconpolis, deux têtes de massues de cérémonie ont été découvertes, dont l'une illustre le jubilé de fête-*sed* de Narmer, l'unificateur du royaume. Fêté après un long règne de trente ans, ce jubilé célébrait le rajeunissement cultuel du pharaon vieillissant.

À l'époque prédynastique, le chef de clan agit en médiateur entre les hommes et les dieux, rôle qu'assumera plus tard le pharaon. En son temps, il incarne le dieu-faucon Horus, le Lointain, maître de la lumière et du monde. Garant de l'ordre universel, le détenteur du pouvoir charismatique doit en assurer le renouvellement chaque année. Il doit également accomplir les cérémonies imposées par le culte, car à défaut d'of- frandes, le dieu retire ses faveurs au prieur (principe du *do-ut-des*). Selon les traits de caractère de chaque divinité, un rituel spécifique conduit à la vénération, à l'incitation à l'action ou à l'apaisement de la colère du dieu. Plus tard, avec l'organisation du monde des dieux, le roi Horus deviendra le cadet de la dynastie divine.

Dès qu'il apparaît dans le cadre d'une fête, le royal Horus est accompagné de dieux représentés sur des étendards. Ces divinités peu- vent être identifiées aux dieux locaux qui accompagnent le souverain Horus pour le servir ; c'est le concept des « suivants d'Horus ». Chaque dieu, en serviteur, garantit au royal Horus le pouvoir nécessaire, en échange duquel le souverain lui assure la protection qu'il recherche.

Dans les mythes qui entourent l'Horus royal, celui-ci n'apparaît jamais en tant que défunt. On ignore encore totalement ce qu'il advient de lui à sa mort. Quoi qu'il en soit, on ne peut guère supposer que l'idée du dieu mort Osiris ait déjà été présente à l'époque prédynastique. Pourtant, les squelettes de jeunes gens, qui ne semblent pas décédés de mort naturelle, et qui ont été découverts dans les tombes royales de la Ire dynastie laissent penser qu'ils ont été emmurés vivants. Selon toute vraisemblance, le souverain emmenait sa suite avec lui dans l'au-delà.

CULTE DIVIN ET CULTE FUNÉRAIRE

Le passage de la vie à la mort était perçu comme une sortie : « Tu ne pars pas mort mais vivant », assure le prêtre au pharaon dans les *Textes des Pyramides* de l'Ancien Empire.

L'organisation du monde des dieux sous l'Ancien Empire

Presque tous les dieux qui apparaîtront par la suite sont déjà présents sous l'Ancien Empire. Les grands centres religieux se développent dans la résidence royale, à Memphis, mais aussi dans les grandes villes de province. Avec l'élaboration de théogonies, s'établit une hiérarchie parmi les dieux et une concurrence entre les diverses doctrines. Cette évolution est parfaitement illustrée par les cosmogonies élaborées autour de Ptah à Memphis et d'Atoum à Héliopolis, la « ville solaire ».

Dans la rivalité qui oppose les différentes doctrines, Memphis, qui jouit du statut de siège administratif, domine Héliopolis. La copie d'un texte apparemment ancien, le *Document de théologie memphite*, relate une création du monde qui se rapproche considérablement de la Création par le Verbe telle que l'entend l'Ancien Testament. Cette notion cadre parfaitement avec la conception égyptienne qui consiste à nommer les objets pour pouvoir en disposer.

La cosmogonie d'Héliopolis finira cependant par triompher. Atoum, « l'accompli », qui deviendra plus tard le dieu solaire nocturne, engendre par autogenèse le premier couple divin formé par Shou et Tefnout.

S'il existe d'autres cosmogonies, elles sont pour la plupart exclues de la tradition qui entoure le pharaon, et se contentent, par conséquent, d'un rayonnement régional. Parmi celles-ci, citons l'ogdoade, qui, plus tard, associée à Amon, sort de l'ombre et se voit dépourvue de lien avec le dieu local Thot. Les quatre couples sont formés par Noun (l'océan primordial) et Naunet, Heh (l'infini) et Hehet, Kekou (les ténèbres primordiales) et Keket, Amon (ce qui est caché) et Amaunet, ce dernier couple pouvant être remplacé par n'importe quel autre. À eux quatre, ils représentent l'état primordial d'avant la création du monde ; pourtant, on ne retrouve pas à Hermopolis le véritable dieu créateur qui, lorsqu'il lui arrive d'être mentionné, prend les traits du dieu de la lumière.

Le culte de ces divinités revêt la forme d'une conversation des dieux, menée par les prêtres au nom du royal Horus. Le pharaon, en égal des dieux, garantit que ceux-ci acceptent l'offrande qui leur est présentée. Les dieux, en contrepartie, sont tenus d'agir, comme le pharaon, dans le respect de la Maât. Concept fondamental de la culture égyptienne, la Maât comprend tout ce qui est, de l'acte de création divine à l'action droite et juste des hommes. Les dieux doivent l'accomplir et les hommes assurer sa pérennité. En tant que médiateur, le pharaon doit garantir la Maât, qui, très proche du dieu solaire, sera, au Nouvel Empire, personnifiée et considérée comme sa fille. Divinité ou homme, quiconque agit contre Maât est l'ennemi des dieux.

Le lieu de culte est le temple, la demeure du dieu ici-bas. C'est là que se dresse la statue de culte, qui présente l'une de ses manifestations. Sur le plan archéologique, les seuls temples divins qui ont été retrouvés datent de l'Ancien Empire.

C'est dans la métamorphose de la doctrine royale que se distinguent le mieux les transformations des systèmes religieux. Si la rivalité entre Horus et Seth occupait déjà une place importante à l'époque archaïque (ce que traduit clairement le titre des reines : « Celle qui voit Horus et Seth »), sous l'Ancien Empire, la lutte pour la préséance au sein de la hiérarchie divine semble opposer Rê, le dieu solaire, et Ptah, le dieu local (d'où le titre de pharaon : « Fils de Rê », à partir de la IVe dynastie).

6. Statue du prêtre Hetepdief agenouillé
Memphis ; Ancien Empire, fin de la IIIe dynastie ; vers 2650 av. J.-C. ; granit rose ; haut. : 39 cm ; Le Caire, Musée égyptien, CG 1.
Hetepdief est représenté dans l'attitude de la prière. Les noms des trois pharaons de la IIe dynastie sont gravés sur son omoplate droite, précédés d'un phénix perché sur un pyramidion. Au cours de sa vie, il a sans doute participé au culte funéraire des trois pharaons nommés, auquel, selon toute apparence, se rapporte l'attitude de la prière de la figurine. Le phénix symbolise la renaissance des dieux et défunts.

Malgré toutes les réserves émises, ce titre royal témoigne de la position inférieure, et non supérieure, du souverain par rapport au dieu solaire. Le lien conceptuel entre ces deux idées est vraisemblablement établi par le dieu céleste dont le soleil et la lune incarnent les yeux.

Le dieu solaire représente l'élément de l'univers en perpétuel renouvellement. Nous pouvons parfaitement l'identifier à la sphère des vivants. Parallèlement à la montée de la religion solaire, se développe celle d'Osiris, qui incarne l'élément de l'univers au repos, autrement dit la mort. Ces deux aspects réunis produisent le dualisme religieux du pharaon, vivant et défunt. Vivant, le souverain entre, par le biais d'Horus, en relation avec Rê, et prend la place de fils en tant qu'Horus, qui protège et venge son père Osiris, le roi mort. En effet, Osiris a été assassiné par son frère Seth. Les textes égyptiens ne mentionnent d'ailleurs jamais Osiris vivant ; en revanche, ils évoquent volontiers sa mort. Dans la doctrine royale, il existe donc deux courants qui se rejoignent et se fondent pour former une théologie, qui n'est pas parfaitement homogène.

Grâce aux fameux *Textes des Pyramides*, textes gravés dans les pyramides, composés de rituels, de formules magiques et d'hymnes, on connaît mieux les conceptions de l'au-delà du pharaon sous l'Ancien Empire. On peut également distinguer deux grands cycles, influencés par la doctrine royale en pleine mutation : le cycle solaire et le cycle osirien. On trouve ce recueil de formules dans les pyramides des souverains de l'Ancien Empire à partir de la fin de la Ve dynastie. Néanmoins, les textes n'ont pas été conçus pour les pharaons de cette époque, mais, si l'on en croit leur formulation, pour ceux des périodes prédynastique et protodynastique.

La présence de ces textes, qui servaient au salut et à la protection du défunt, se justifiait manifestement parce que plus rien ne garantissait une célébration active du culte funéraire, au cours de laquelle on les récitait. Par ailleurs, le fait de les fixer par l'écriture implique une accessibilité magique. Contrairement aux hypothèses précédemment émises, il est fort peu probable que leur agencement suive à la lettre le déroulement chronologique du rite funéraire.

Trois grands courants se dessinent dans le recueil de formules. Le premier traduit la volonté de voir se poursuivre la vie de ce monde, une conception datant des temps archaïques. Le second fait référence au ciel, ce à quoi correspond la description du souverain sous les traits du dieu céleste Horus. En l'occurrence, il peut s'agir du ciel nocturne, où l'union avec l'étoile circumpolaire qui ne se couche jamais promet l'éternité, ou du ciel diurne que souhaite parcourir le pharaon dans la barque solaire. Le troisième n'est autre que le monde de l'au-delà, que chacun s'efforce d'atteindre. C'est là que se rejoignent la religion osirienne, qui repose sur la vie après la mort sous forme de momie, de *ba* et de statue de culte (*ka*), et la religion solaire. Du point de vue archéologique, cette évolution se lit surtout dans l'architecture des imposants complexes des pyramides de la IVe dynastie, conçus comme les coulisses de la métamorphose de l'Horus vivant, en Osiris. À côté des pyramides, ont été mises au jour d'immenses barques qui peuvent être associées aussi bien au cycle solaire qu'au cycle osiriaque. Rê parcourt le Nil céleste en barque, tandis qu'Osiris traverse, de la même manière, le Nil d'ici-bas. Sous la Ve dynastie, les pharaons font édifier des pyramides plus petites et, non loin, des temples solaires dans lesquels un obélisque marque le centre d'une cour ouverte. Ainsi, le cycle solaire est également relié au cycle osiriaque sur le plan architectonique.

La vie dans l'au-delà de tous les sujets du royaume dépend de la survie du souverain après sa mort, c'est pourquoi ils cherchent à se faire inhumer à ses côtés.

7. Le séma-taoui
Lisht, temple funéraire de Sésostris Ier ; Moyen Empire, XIIe dynastie ; vers 1950 av. J.-C. ; calcaire ; haut. : 200 cm ; Le Caire, Musée égyptien, CG 414.
Ce relief se trouve sur le côté du siège de l'une des dix statues du pharaon Sésostris Ier qui ornaient son temple funéraire. Horus et Seth nouent les deux plantes héraldiques de la Haute et de la Basse-Égypte autour du signe hiéroglyphique de l'union, au-dessus duquel figure le cartouche du roi. Les dieux sont nommés avec leur épithète : Horus, « le grand dieu, celui au plumage bigarré », et Seth, « celui d'Ombos, le Maître de la Haute-Égypte ».

8. Représentation du temple de Sobek
Abousir, temple solaire de Niouserrê, chambre des saisons ; Ancien Empire, V^e dynastie ; vers 2430 av. J.-C. ; calcaire peint ; Berlin, SMPK, Ägyptisches Museum.
Dans la partie inférieure du relief, entre le plan d'eau et les hiéroglyphes, apparaît un monument de culte représenté à la manière égyptienne, qui nous paraît très déroutante. Le temple se compose de trois avant-cours et d'un sanctuaire divisé en trois salles, surmontées d'une voûte. La statue de culte, qui en réalité est invisible de l'extérieur, a été manifestement placée dans les avant-cours.

9. Statue de culte du dieu Sobek
Moyen Empire, XIIe dynastie ; vers 1880 av. J.-C. ; bronze, nielle, électrum ; long. : 22,4 cm ; Munich, Staatliches Museum Ägyptischer Kunst, ÄS 6080.
Ce crocodile fait partie des rares exemplaires de statues de culte provenant des temples de l'Ancienne Égypte. Le caractère dangereux de l'animal, et par conséquent du dieu qui prend sa forme, est rendu avec une parfaite maîtrise technique. La plurivalence des dieux égyptiens a rarement été mieux illustrée.

Amon et le panthéon égyptien au Moyen Empire

Le système parachevé sous l'Ancien Empire ne voit, durant les époques ultérieures, apparaître ou disparaître que quelques divinités. Au Moyen Empire, c'est Amon, dont l'origine demeure obscure, qui associé à Rê, le dieu solaire, jouera le rôle le plus marquant du second millénaire avant J.-C. Les nouveaux souverains de la région de Thèbes s'étaient d'abord appuyés sur le dieu local, le dieu hiéracocéphale de la guerre, Montou, dont l'apparence semblable à celle d'Horus leur convenait parfaitement. Le nouveau dieu Amon présente divers aspects, qui se manifestent notamment sous la forme ithyphallique, caractéristique du dieu Min de Coptos.

À partir du Moyen Empire, le dieu de l'au-delà, Osiris, s'impose de plus en plus comme le souverain du royaume des morts. Certes, le particulier éprouve désormais le sentiment de pouvoir, comme défunt, se transformer en Osiris comme son pharaon, mais l'identification entre le dieu et le défunt n'est qu'apparente. Afin de pouvoir participer aux fêtes d'Osiris, les rois et les fonctionnaires érigent des chapelles ou des stèles sur la « terrasse du dieu » à Abydos, lieu de culte d'Osiris et cimetière commémoratif déjà privilégié durant les époques prédynastique et archaïque.

Ces fêtes font partie des cérémonies annuelles de renouvellement, d'une importance capitale pour le renouveau et la pérennité de la Maât. En effet, dans le culte d'Abydos, l'ennemi potentiel des dieux est toujours anéanti.

Durant l'époque sombre de la division politique de l'Égypte, le caractère divin du pharaon est remis en cause. Certaines œuvres littéraires soulignent les traits humains du souverain : le pharaon premier serviteur du royaume, le pharaon qui se trompe, le pharaon qui pêche contre la Maât. Par ailleurs, l'action du dieu – auquel on s'adresse au singulier ou sous la forme de l'un des dieux primordiaux – est beaucoup moins claire. C'est lui qui a décrété la Maât, à laquelle il se soumet lui-même, cependant la réalité parmi les hommes est différente. Son équité

10. Détail du sarcophage de Sépi III
El-Bersheh, tombe de Sépi III ; Moyen Empire, XIIe dynastie ; vers 1920 av. J.-C. ; bois peint ; haut. : 70 cm, larg. : 65 cm ; Le Caire, Musée égyptien, CG 28083 (JE 32868). La représentation de l'au-delà se limite sur cette « carte » aux cercles concentriques qui entourent l'île sur laquelle Osiris, le Souverain des morts, est coiffé de la couronne *atef*. Entre les cercles, les canaux de feu qui ceinturent les champs des bienheureux sont indiqués par des lignes rouges.

CULTE DIVIN ET CULTE FUNÉRAIRE

(théodicée) est donc discutée, et le dieu doit se justifier : ce sont les hommes qui succombent à l'injustice. Reste à savoir si ces idées datent du Moyen Empire ou si elles existaient déjà sous l'Ancien Empire. Il est également possible que la formulation littéraire du Moyen Empire corresponde à la fin d'un processus intellectuel qui trouve ses racines très tôt dans l'Ancien Empire.

Au regard des érudits, le pharaon n'est plus un dieu, ni même d'essence divine. Les représentations du souverain sous forme de sphinx ou présentant l'offrande continuent cependant de confirmer son rôle de médiateur entre les sphères divine et humaine. En tant qu'Horus, en tant que fils de Rê, il fait par ailleurs toujours partie du monde des dieux, et sans lui, le divin aurait été chassé d'Égypte. Il est le bâtisseur des temples divins, le maître des offrandes, le garant de la vie après la Maât.

Les croyances funéraires

On connaît assez mal la conception de la vie après la mort réservée au pharaon sous le Moyen Empire. Les souverains se firent inhumer dans des pyramides s'étendant au sud de l'ancienne capitale de Memphis jusque dans le Fayoum. Sésostris II, de la XIIe dynastie, semble avoir introduit une grande nouveauté en plaçant l'entrée de sa pyramide au sud plutôt qu'au nord. En outre, ce qui est encore plus important, il aménage le système de couloirs et de chambres au centre de la pyramide. Ce tombeau se rapproche de celui d'Osiris, ce qui doit renforcer l'identification du pharaon au dieu de l'au-delà. Au cours des fêtes organisées dans le temple funéraire des souverains, il n'est cependant pas fait référence à Osiris, mais à Sokar, le dieu funéraire de la nécropole de Saqqara. Néanmoins, entre les fêtes, se déroulent la « grande procession » et la fête-*Ouag*, qui font toutes deux partie des célébrations les plus importantes d'Abydos. Sous le Nouvel Empire, l'objectif formulé pour le roi défunt est le monde en perpétuel renouvellement du dieu solaire. Rê et Osiris, tangibles depuis le Moyen Empire, étant considérés comme les deux coquilles d'une boule, on peut considérer que le dualisme du pharaon avec le dieu solaire et avec le dieu de l'au-delà correspond aux deux états du souverain, vivant et défunt. Apparemment, les Égyptiens n'ont cessé d'ajouter de nouvelles versions à cette idée, déjà présente sous l'Ancien Empire, sans pour autant avoir jamais abandonné leurs anciennes croyances.

En ce qui concerne le particulier, on décèle surtout sa volonté de jouer le rôle d'Horus, le « fils aimant », qui soigne et venge son père Osiris. Cette évolution est généralement considérée comme une démocratisation du royaume des morts ; il ne faut cependant pas prendre ce mot au sens large. En effet, les principaux bénéficiaires de ce développement sont les fonctionnaires, à qui le pharaon garantit de subvenir à leurs besoins, dans l'autre monde. À leur mort, on leur décerne l'épithète « justifié », qui à l'origine n'était attribuée qu'à Horus. Cette épithète assure manifestement le lien conceptuel avec Horus, le fils qui venge son père.

Dans l'au-delà, le défunt doit se soumettre à la psychostasie. Un tribunal arbitre alors ses actions terrestres selon la Maât. Une fois l'examen réussi, le trépassé rejoint les autres défunts sur « l'île de l'Embrasement ». Le mort a néanmoins besoin d'une « carte » pour s'orienter dans le dédale des canaux et des lacs de feu. C'est pour cette raison que la

11. *Toutânkhamon comme le présentateur d'offrandes*
Probablement Karnak ; Nouvel Empire ; XVIIIe dynastie, vers 1325 av. J.-C. ; granit ; haut. : 178 cm ; Londres, The British Museum, EA 75.
Cette figurine, née sous Toutânkhamon, usurpée plus tard par Harembab, appartient à un genre rarement attesté du médaillon royal dans le Nouvel Empire. Tous les exemples connus sont issus de la XVIIIe dynastie et montrent le roi lors d'offrandes. La reproduction de plantes de lotus et de grenades ainsi que de volailles symbolisent la fertilité de la vallée du Nil, incarnée par le dieu du Nil Apis. Le garant terrestre de cet excès perpétuel était le pharaon régnant.

12. Stèle de Séthierneheh
Qantir ; Nouvel Empire, XIXᵉ dynastie ; vers 1250 av. J.-C. ; calcaire ; haut. : 34,5 cm ; Hildesheim, Pelizaeus-Museum, 375.
La stèle de Séthierneheh illustre de manière expressive la complexité de la doctrine du Nouvel Empire. Amon-Rê, le roi des dieux, Maître du ciel, sacrifie à Ptah, Beau de visage et Père des dieux, ainsi qu'à Ramsès, le dieu Montou (statue de culte de Ramsès II à Pi-Ramsès). Amon-Rê assume donc ici la fonction du pharaon. Les oreilles situées derrière la statue de culte indiquent que les prières sont entendues.

14. Offrande votive du sculpteur Ken
Probablement de Thèbes ; Nouvel Empire, XIXᵉ dynastie ; vers 1250 av. J.-C. ; calcaire peint ; long. : 17 cm, larg. : 7,2 cm ; Hildesheim, Pelizaeus-Museum, 4544.
Ces neuf oies du Nil blotties représentent l'ennéade d'Héliopolis et d'Hermopolis, dont fait partie Amon et à laquelle Ken dédie cette offrande. L'oie du Nil figure le *ka* d'Amon, lieu dans lequel le dieu peut élire domicile, et son *ba*, représentant du dieu sur Terre.

13. Akhénaton et Néfertiti sous le dieu Aton
Tell el-Amarna ; Nouvel Empire, XVIIIᵉ dynastie, vers 1340 av. J.-C. ; calcaire peint ; haut. : 12 cm ; Berlin, SMPK, Ägyptisches Museum, 14511.
Néfertiti passe un large collier au cou de son époux. Cette scène a pour thème l'habillage du dieu, incarné ici par le pharaon Akhénaton. La reine Néfertiti assume la fonction de Grand Prêtre, habituellement remplie par le roi. Les mains bienfaitrices du dieu solaire Aton entourent cette scène terrestre.

carte des champs des bienheureux est représentée sur le fond des sarcophages, dont les parois sont couvertes de formules magiques *(Textes des Sarcophages)* et de représentations du mobilier funéraire.

Les grands dieux et le dieu solaire sous le Nouvel Empire

Sous la XVIIIe dynastie commence l'ascension inégalée du dieu Amon et du dieu solaire Rê. La prééminence d'Amon-Rê atteint son apogée sous la XXIe dynastie, lorsque les Grands Prêtres d'Amon commencent à exercer un pouvoir effectif dont le dieu jouissait déjà depuis longtemps. Les premiers signes de ce changement se lisent dans les oracles qui légitiment l'accession au trône de la reine Hatshepsout.

Un changement capital dans la conception du dieu se traduit en outre par la participation de presque tous les dieux au culte solaire. Même le dieu-crocodile Sobek acquiert un aspect solaire à partir du Moyen Empire. La relation des dieux avec la religion solaire diminue le caractère spécifique des cultes individuels, ce qui les rend encore plus difficiles à reconnaître. Quant à Amon-Rê, les deux dieux sont de toute façon si étroitement liés qu'il n'est quasiment plus possible de les dissocier.

Sous le Nouvel Empire, le dieu solaire Rê perd largement de son pouvoir essentiel de création. Le *Livre de la Vache du Ciel,* mythe inscrit sur les parois des tombeaux royaux dès la fin de l'époque amarnienne, relate l'histoire d'un dieu solaire vieillissant qui se retire au ciel, ne se sentant plus la force de dominer les hommes qui se révoltent sur terre. C'est une illustration pertinente de la distance creusée entre le dieu et les hommes.

La croissance du culte d'Amon apporte progressivement au dieu une position exclusive, aux dépens d'Atoum, qui avait pris alors l'aspect créateur du dieu solaire Rê. Les croyances funéraires présupposent une parenté entre le dieu défunt Osiris et le dieu vivant Rê. Les théologiens ne franchissent pas ce pas en ce qui concerne Amon-Rê ; Rê demeure donc seul dans l'autre monde.

Amon-Rê devient cependant le véritable dieu de la création, au sens du dieu politique vivant qui, comme le dieu des Israélites, est au-dessus des événements de ce monde, qu'il régente en toute souveraineté pour accomplir sa volonté divine. Naturellement, son action repose également sur la Maât ; ainsi, les décisions prises dans les oracles se révèlent être l'expression de l'accomplissement de la Maât. Toutefois, celle-ci perd de sa liberté ici-bas, et devient plus étroitement liée, au dieu, puisqu'elle est désormais interprétée comme sa volonté.

Parallèlement à ces importantes évolutions théologiques, de multiples cultes de moindre importance fleurissent traditionnellement, cultes annexes dans les grands centres du royaume, ou cultes principaux dans les villes sacrées des dieux concernés. L'apparence des divinités évolue également. Sous la XVIIIe dynastie, le zoomorphisme jouit d'une popularité croissante. L'animal est considéré comme l'image vivante du dieu, comme son *ba* ; néanmoins, cette évolution cache une pensée théologique beaucoup plus complexe, qui place manifestement le dieu sur le même plan que le pharaon, tout comme l'étaient, à l'époque protodynastique, les suivants d'Horus.

Le développement de la religion solaire atteint son apogée dans la religion intermédiaire de Tell el-Amarna. En le baptisant Aton, Akhénaton a habilement dissocié le dieu solaire d'Amon et abandonné toutes les divinités traditionnellement créatrices au seul profit de l'élu de son choix. Aton ne présente plus ni traits humains ni traits animals ; c'est le rayonnant disque solaire lui-même qui incarne le dieu solaire. Akhénaton a créé une religion pour les vivants au sein de laquelle la mort n'oc-

15. Stèle de Kar
Thèbes, Deir el-Médineh ; Nouvel Empire, XIXe dynastie ; vers 1280 av. J.-C. ; calcaire peint ; haut. : 81,5 cm ; Turin, Museo Egizio, 50012.
Au registre supérieur, le défunt vénère cinq divinités importantes pour sa vie dans l'au-delà (de droite à gauche) : Osiris, le Souverain du royaume des morts, Ptah, le Seigneur de Memphis et de la nécropole de la Basse-Égypte, Anubis, le dieu de l'embaumement, Horus, le souverain, et enfin la déesse de l'Occident, maîtresse du royaume des morts. Au registre suivant, Kar sacrifie à ses ancêtres et ses proches. Au registre inférieur, il reçoit l'offrande de ses descendants. Le culte funéraire de l'Ancienne Égypte se répartit également sur ces trois niveaux.

cupe plus une très grande place, de sorte qu'Osiris continue lui aussi de vivre dans les pensées amarniennes. L'unicité du nouveau dieu Aton s'impose avec la destruction des noms des dieux sur ordre du pharaon. Selon toute vraisemblance, la population ne suivra pas le souverain dans son idée. La tentative de propagation de cette forme particulière de « monothéisme » en Égypte se soldera par un échec peu après la mort d'Akhénaton.

À l'époque ramesside, on souligne à nouveau le dualisme divin, à savoir la vénération parallèle du dieu créateur politique (Amon) et du dieu créateur archaïque (Rê). À cette époque, tous les autres cultes se poursuivent également. En outre, les divinités présentent désormais une dimension historique, qui apparaît notamment dans la mise en place d'un système de dynastie divine. Les éléments politiques des formes divines permettent finalement à Amon-Rê de prendre ouvertement le pouvoir politique dans une certaine partie du pays.

Sous le Nouvel Empire également, le pharaon demeure avant tout le médiateur entre les sphères divine et humaine. Son statut de fils de

CULTE DIVIN ET CULTE FUNÉRAIRE

16. Sphinx de Shépénoupet Iʳᵉ
Basse Époque, XXVᵉ dynastie ; vers 720 av. J.-C. ; granit ; long. : 82 cm ; Berlin, SMPK, Ägyptisches Museum, 7972.
La Divine Adoratrice d'Amon, Shépénoupet Iʳᵉ, fille du pharaon Piânkhi, est représentée en sphinx, symbole de la souveraineté. Elle fait offrande au dieu Amon d'un vase de culte surmonté d'une tête de bélier, l'un des animaux de culte du dieu. La « perruque hathorique » de l'adoratrice souligne sa revendication de souveraineté et de divinité.

dieu lui confère un poids considérable. Le dieu (Amon-Rê) engendre lui-même le souverain et détermine son destin au sein du conseil des dieux. Sous Akhénaton, le fils du dieu solaire devient sur le plan théologique le fils cadet de la première théocratie égyptienne. C'est ensemble qu'ils célèbrent le jubilé, alors que jusque-là ce privilège était réservé au seul pharaon.

Malgré tous leurs efforts pour plaire aux dieux, qu'ils couvrent de dons, les souverains ne parviennent pourtant plus à conserver leur position prédominante dans le culte. À la fin de l'époque ramesside, la pression politique les contraint d'ailleurs à céder la place aux Grands Prêtres d'Amon. C'est la manifestation extérieure de l'entrée des dieux, et plus particulièrement d'Amon-Rê, le roi des dieux, dans la sphère historique.

Dans ses conceptions funéraires, le Nouvel Empire conserve aussi ce dualisme. Pharaons et particuliers s'orientent d'une part vers la religion solaire, qui leur donne l'assurance d'une vie éternelle avec un renouvellement perpétuel, de l'autre vers la métamorphose osiriaque, garantie d'une survivance physique. Ces deux conceptions sont nécessaires pour franchir avec succès le seuil de la mort. Cette idée atteint son apogée dans l'élaboration du *Livre de l'Amdouat,* texte funéraire qui permet au pharaon de participer au cycle solaire, suivi par d'autres textes, conçus sous les Ramsès et également réservés au souverain *(Livre des Portes, Livre des Cavernes).* Le *Livre de l'Amdouat* dépeint le dangereux voyage nocturne durant lequel le dieu solaire s'unit brièvement sur le plan mystique à Osiris, sa dépouille. L'imbrication des deux cycles apparaît ici très clairement. Bien que le pharaon ait permis à ses courtisans de faire graver ce livre dans leurs tombes, le texte le plus important pour les particuliers reste toutefois le *Livre des Morts,* qui reprend en grande partie le contenu des livres spécialement rédigés pour le roi. De plus, à partir de la XVIIIᵉ dynastie, les particuliers commencent à s'adresser directement au dieu sans passer par le pharaon.

Le monde divin après le Nouvel Empire

Avec le transfert définitif du pouvoir politique vers le nord, les cultes ancrés dans les régions septentrionales occupent le devant de la scène. Si sous la XXIᵉ dynastie la prééminence d'Amon-Rê de Karnak ne semble aucunement remise en cause, elle se voit, sous l'hégémonie libyenne, progressivement limitée à Thèbes. Les souverains libyens vénèrent surtout Harsaphès, l'ancien dieu local d'Héracléopolis, où se trouvait leur principale nécropole. Afin d'asseoir également leur pouvoir à Thèbes, ils utilisent une fonction sacerdotale dont l'existence remonte à la

17. Statue de Neith, déesse de Saïs, assise
Basse Époque, XXVIe dynastie ; vers 600 av. J.-C. ; bronze incrusté d'or ; haut. : 16 cm ; Berlin, SMPK, Ägyptisches Museum, 15446. Ce bronze très finement travaillé fait partie des plus beaux exemplaires de ce genre de la Basse Époque. L'élégance du travail correspond aux efforts de l'époque saïte pour faire revivre les grandes époques classiques. Ces petites figurines divines devaient être destinées au temple de Neith, à Saïs. Neith, déesse de la ville natale des pharaons de la XXVIe dynastie, porte la couronne de la Basse-Égypte, et tenait à l'origine un sceptre dans la main. Dans les temps anciens, Neith était vénérée comme la déesse de la guerre, ce à quoi fait référence son emblème : des flèches croisées sur un bouclier. Néanmoins, elle était aussi considérée comme une déesse primordiale et était la mère du dieu Sobek.

XVIIIe dynastie : la Divine Adoratrice d'Amon. En confiant ce rôle à un membre de leur famille, les souverains du Nord étendent leur influence sur le Sud. Pourtant, si l'on en croit les inscriptions de cette époque, les princes libyens ne jouissaient pas des faveurs d'Amon.

L'absence d'intercesseur entre l'humain et le divin contraint les hommes à s'adresser directement aux dieux ou à un dieu, dont le nom n'est pas spécifié. Si l'on parle ici d'un dieu qui se cache derrière les statues de culte, il n'est pas pour autant question de monothéisme, ni dans l'intention ni dans la pratique. Il s'agit plutôt de l'expression prévalante du pouvoir divin qui, sur bien des points, reste d'ailleurs inintelligible à l'homme. L'*Enseignement d'Aménémopé* se rapproche à maints égards des enseignements de l'Ancien Testament, ceux-ci font référence à une situation de départ imaginaire commune.

L'éloignement du dieu dans le culte officiel signifie un rapprochement pour les fidèles. Le dieu qui se cache derrière les statues de culte concentre toute l'attention des hommes. Le pharaon ou le fidèle offre une statue de culte au dieu « élu », qu'il dépose dans un naos ou sur l'autel de la divinité, lui offrant ainsi domicile et s'assurant par là même ses faveurs. La notion de séparation entre les divinités et leurs idoles couvait depuis déjà longtemps dans la théologie égyptienne ; il est donc assez logique qu'elle soit désormais mise en pratique. Néanmoins, comme c'est toujours le cas en Ancienne Égypte, cette innovation ne fera qu'ajouter une facette supplémentaire aux conceptions traditionnelles.

L'introversion des fidèles se voit renforcée par leur aversion pour le culte dirigé par ces dynasties étrangères. Ce processus prendra provisoirement fin avec l'intensification du culte d'Amon-Rê et d'autres divinités sous la XXVe dynastie. Les souverains de la Haute-Nubie, région abritant l'un des centres secondaires les plus importants du culte d'Amon, au Gébel Barkal, entrent en Égypte à la fin du VIIIe siècle avant J.-C., sous le prétexte de contribuer à rendre toute sa gloire au culte d'Amon. Selon leurs dires, ces souverains auraient également rendu hommage aux autres dieux traditionnels. Ces affirmations montrent une nouvelle fois que la religion est devenue un instrument politique.

Arrivée au pouvoir avec l'aide des Assyriens, la dynastie suivante, dite dynastie saïte, soutient les vieilles traditions, à tel point que l'on parle de renaissance égyptienne. Celle-ci s'étend aussi au monde divin. Malgré tout, les cultes des principaux dieux perdent leur influence disproportionnée et se font supplanter par des cultes de moindre importance.

Les nouveaux dieux, dont l'influence s'est renforcée depuis l'époque ramesside, se voient souvent qualifiés de dieux populaires. On retrouve cependant difficilement la trace de cette appellation. De même, il est malaisé d'affirmer que l'attribution de compétences aux divinités date précisément de cette période. À l'instar jadis de Thot pour l'écriture ou de Ptah pour l'artisanat, un dieu peut être responsable d'un domaine particulier. Les nouvelles divinités proviennent de cultes annexes, des dieux insignifiants occupent alors le devant de la scène. La tournure de ces événements pourrait s'expliquer par la défaillance des grands cultes dont les dieux sont devenus inaccessibles aux fidèles.

CULTE DIVIN ET CULTE FUNÉRAIRE

Parmi ces changements religieux, citons aussi la complexité croissante que revêt la conception de la statue de culte. En général, on élève désormais dans les temples des animaux que l'on considère comme les idoles ou l'élément vivant du dieu. La statue de culte est perçue comme le *ka*, l'animal vivant incarne le *ba* du dieu. Depuis le Moyen Empire, les Égyptiens réfléchissent au rapport qu'entretient ce dernier avec la dépouille. L'animal sacré représente à la fois la forme du *ka* dans laquelle le dieu peut élire domicile et l'âme vivante de la divinité. Le nombre important d'animaux sacrés peut s'expliquer par la multiplicité des apparences des dieux ; les Égyptiens ne voyaient manifestement aucune contradiction dans la réunion de ces deux concepts.

Les évidentes difficultés politiques qui opposent les représentants du culte d'Amon et les pharaons remontent à l'époque amarnienne. Avec la prise du pouvoir par les Grands Prêtres d'Amon sous la XXIe dynastie, un pilier de la doctrine royale – la fonction d'intercesseur entre les sphères terrestre et céleste – a été fondamentalement remis en cause. Certes, les souverains conservent leur titre, mais, en réalité, ils ne détiennent plus que le pouvoir politique.

Naturellement, ils cherchent à perpétuer les traditions, en favorisant la construction de temples. Les textes qui nous sont parvenus laissent toutefois clairement entendre que c'est le dieu, et non le pharaon, qui assure la survie des fonctionnaires après la mort. L'activité politique croissante du dieu Amon-Rê, que l'on observe depuis la XVIIIe dynastie, et la séparation géographique du domaine du temple d'Amon au sud et de celui des pharaons de la XXIe dynastie au nord expliquent la rupture irréversible qui s'est opérée dans la conception de la royauté. La restauration temporaire, et apparente, de l'ordre divin (Maât) sous les pharaons de la XXVe dynastie ne rendra pas cette séparation réversible. Le souverain est devenu un être politique, qui doit s'efforcer par tous les moyens de conserver le pouvoir.

L'entrée au royaume béni d'Osiris est décidée par les dieux ; le pouvoir sur le destin des morts dans l'au-delà est désormais détenu par le dieu, et non plus par le pharaon. C'est la prise du pouvoir royal par les dieux, dont les représentants réclament des droits toujours plus étendus. Le royaume du souverain de l'au-delà, Osiris, prospère sans s'affaiblir, et demeure l'objectif des défunts. Pour atteindre ce but, on a recours à toutes les formes de magie. Tous les éléments nécessaires à la vie après la mort sont déposés au plus près du défunt, ce qui limite l'inhumation au cercueil et à quelques accessoires pour le culte funéraire. La religion osirienne reste cependant toujours liée à la religion solaire. Les pharaons empruntent de nouvelles voies pour assurer leur salut dans l'au-delà. La tentative la plus intéressante pour sortir des sentiers battus se traduit par la modification du sarcophage en forme de momie. Durant une brève période, les souverains se font ensevelir dans des cercueils en argent à tête de faucon. Le dieu-faucon peut être associé à n'importe quel autre dieu se manifestant sous l'apparence du faucon ou s'en approchant. Il est par conséquent difficile aujourd'hui de comprendre la véritable signification de cette nouvelle forme d'inhumation.

---

18. Horus et Nectanébo II
Basse Époque, XXXe dynastie ; vers 350 av. J.-C. ; grauwacke ; haut. : 72 cm ; New York, Metropolitan Museum of Art, 34.2.1.
Le dieu Horus, coiffé du *pschent,* protège le pharaon Nectanébo II. La supériorité du dieu sur le souverain est visiblement soulignée. Ce type de sculpture témoigne d'une évolution ultérieure logique de la statuaire de l'Ancien Empire : l'inversion des proportions.

19. Vêtement de cérémonie (détail du dos)
Fin de l'époque ptolémaïque-début de l'époque romaine ; vers 30 av. J.-C. ; lin ; 73,5 x 105 cm ; Le Caire, Musée égyptien, JE 59117.
Au centre de la scène, Isis est agenouillée dans un fourré de papyrus, lieu où se cache le jeune Horus, sur le signe hiéroglyphique de l'or, signe de Seth, et tient un serpent (Osiris). Au-dessus, le disque solaire protège de ses ailes le fourré, comme il le fait pour l'Égypte. À droite, Isis-Ouadjet, coiffée de la couronne de la Basse-Égypte, vénère le phénix ; à gauche, Isis-Nekhbet, coiffée de la couronne de la Haute-Égypte, rend hommage à une créature hybride de scarabée, de crocodile et de serpent. Au-dessus, on aperçoit le soleil et la lune. Tout cela doit être appréhendé en relation avec la conception du temps.

20. Intérieur du couvercle du cercueil d'Iménéminet
Troisième Période Intermédiaire ; vers 1000 av. J.-C. ; bois, étoffe stuquée ; long. : 187,5 cm ; Paris, musée du Louvre, E 5334. Dans les registres sont représentées de manière concise les conceptions osiriennes que le mort espère concrétiser. Le fétiche d'Osiris d'Abydos, protégé par les étendards divins, Isis et Nephthys, de la menace des démons, est le signe de la prééminence divine d'Osiris. Cette représentation est une variante de la vignette du chapitre 138 du *Livre des Morts*. Dans le registre suivant, le dieu est représenté dans la barque de Sokar, dieu de la nécropole de la région de Memphis. Le troisième registre montre Osiris éveillé, auquel la déesse-vautour apporte le signe de vie, mais évoque par ailleurs la procréation du fils.

La religion aux époques ptolémaïque et romaine

La rencontre bénéfique entre l'esprit grec et la culture égyptienne n'est pas restée sans influence sur le monde divin. Les nouveaux souverains venus de Macédoine, dont l'entourage honore les cultes grecs traditionnels, se voient rapidement contraints de respecter le sentiment religieux des Égyptiens. Pour réunir Grecs et Égyptiens, sera créé à partir de la tradition égyptienne autour d'Osiris-Apis, au début de l'époque ptolémaïque, un dieu dont l'aspect correspond parfaitement aux conceptions helléniques : Sérapis.

Cette nouvelle divinité jouit d'une grande popularité à Alexandrie, la nouvelle capitale. Le reste du pays, en revanche, ne s'en laisse pas conter. Certains dieux, notamment Horus, Osiris, Isis et Anubis, prennent une apparence fortement hellénisée. Si parmi eux, Osiris parvient sans doute le mieux à conserver son identité égyptienne, Isis se transforme quasiment en une divinité purement hellénique. Au fil du temps, son culte s'oriente vers des mystères auxquels seuls les fidèles qui se soumettent à certains rites d'initiation ont accès. Le pouvoir d'attraction exercé par les dieux égyptiens tient vraisemblablement au fait qu'ils décident du destin.

Les cultes traditionnels égyptiens, tel celui d'Horus à Edfou, d'Hathor à Dendéra, etc., continuent de se développer parallèlement. Les colonisateurs grecs attribuent des noms grecs aux dieux égyptiens, rebaptisant par exemple Amon en Zeus, Horus en Apollon et Bastet en Aphrodite. Ces interprétations grecques ont parfois contribué par la suite à une meilleure identification du caractère individuel des divinités égyptiennes de la Basse Époque. Les principales villes sacrées subissent la même vague d'hellénisation : Apollinopolis, Diospolis, Aphroditopolis, etc.

Les temples deviennent les refuges de l'idéologie égyptienne. Le temple constituant l'univers du dieu, c'est là que celui-ci achève son œuvre créatrice. Sur les murs, les Égyptiens évoquent les dieux auxquels les temples sont dédiés : rituels, mythes, ainsi que rouleaux de papyrus correspondants. Ainsi, l'exploitation des nouvelles données fournies par les temples des époques ptolémaïque et romaine nous permet peu à peu de mieux connaître ces divinités. Parfois, il est possible de retracer l'origine de certaines traditions jusque dans les temps les plus reculés. À partir de cette époque, le monde des dieux égyptiens se caractérise avant tout par l'élaboration d'une image divine à partir d'éléments divers. Certes, ces identifications existent depuis longtemps dans les hymnes, mais la représentation quelque peu confuse de certaines divinités ne survient qu'à la Basse Époque.

Avec l'épanouissement du christianisme sous le patronage de l'Église copte, à la fin du IIe siècle avant J.-C., l'Égypte tombe sous la coupe d'une élite chrétienne qui cherche ardemment à imposer sa conception religieuse : le « monophysisme » qui ne reconnaît que sa seule nature divine au Christ. L'incompréhension des coptes devant les monuments de l'époque pharaonique est immense. Les moines détruisent la plupart des œuvres égyptiennes. Dans le courant du IIIe siècle,

CULTE DIVIN ET CULTE FUNÉRAIRE

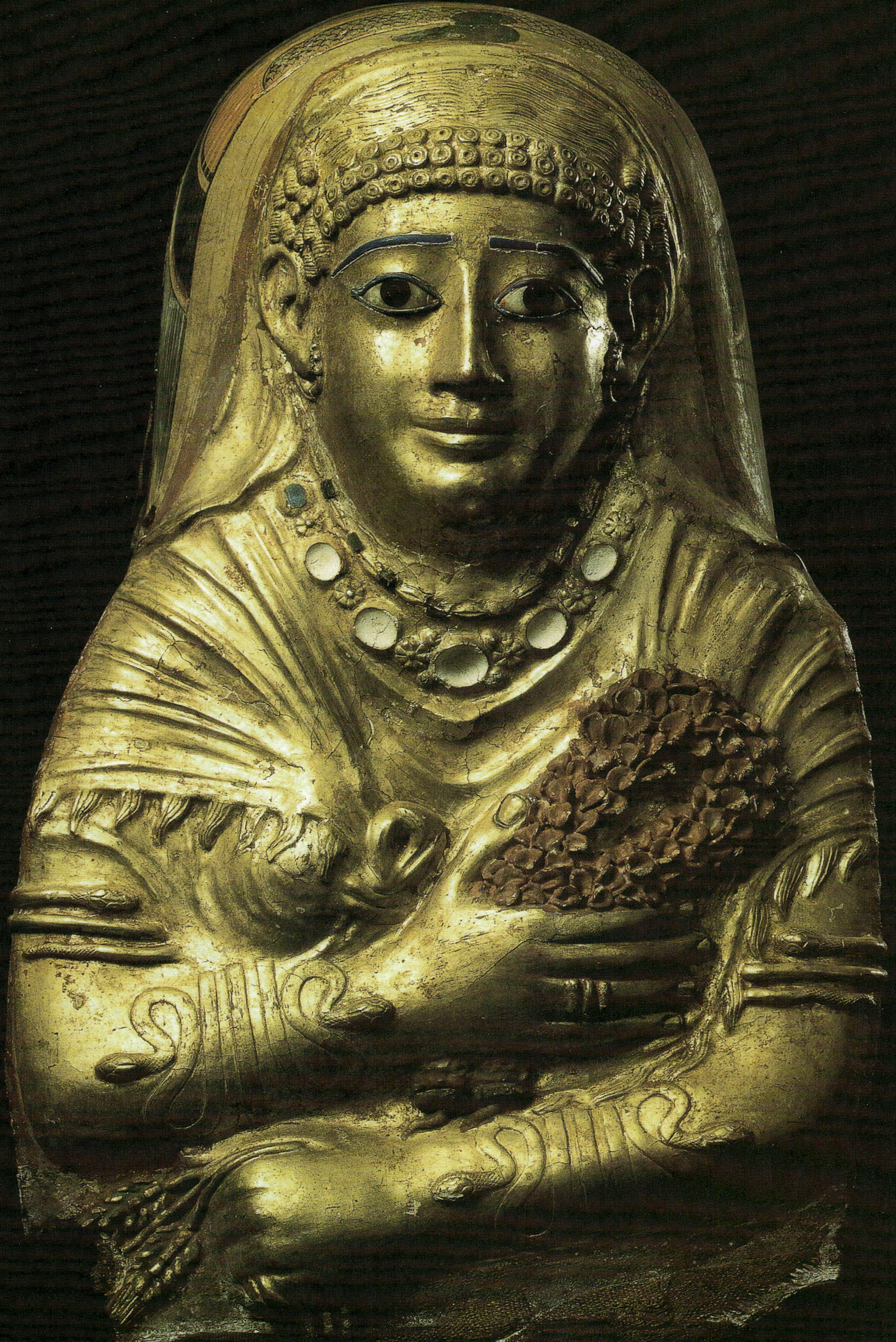

avec les débuts du mouvement des anachorètes, ils se retirent dans les grottes abandonnées (anciens tombeaux pour la plupart). Au IVe siècle, Pacôme fonde le monachisme qui sera développé et parachevé par Shénouté. Tous les lieux actuels dont le nom comporte le mot arabe *deir* (« monastère ») indiquent qu'il s'y trouvait des monastères coptes et témoignent de leur nombre impressionnant.

Le dieu des coptes est le dieu des chrétiens, il ne présente aucun lien avec les divinités égyptiennes, même si certains thèmes, telle la divine mère allaitant, dérivent probablement de la triade Osiris, Isis et Horus. La nouvelle religion présente deux composantes absentes de l'ancienne religion égyptienne : l'enthousiasme (extase) sur le plan extérieur et la mystique sur le plan intérieur. Contrairement aux cultes égyptiens de la même époque, l'Église copte jouit d'un grand pouvoir d'attraction auprès de larges couches de la population. Les cultes égyptiens ne sont plus accessibles qu'aux érudits ; cependant, il leur manque le caractère des religions à mystères ; en effet, la religion égyptienne repose sur l'ordre universel divin, auquel les dieux se plient, la Maât.

Bien qu'il n'ait certainement pas été un partisan des cultes égyptiens, le général macédonien Ptolémée se fera couronner roi d'Égypte à Memphis. Sans son intronisation et les rites qui y sont associés dans l'ancienne capitale d'Égypte, sa souveraineté n'aurait pas été reconnue par les Égyptiens. Les premiers Lagides se mettent peu à peu à ressembler aux souverains dont ils se sont appropriés le patrimoine. En ce qui concerne la célébration du culte, ils suivent la pratique traditionnelle et délèguent leur pouvoir aux prêtres. Ils participent financièrement à l'entretien des temples, en revanche, le pharaon n'assure plus la survie des morts depuis le Xe siècle avant J.-C.

Peu à peu, les souverains de l'époque ptolémaïque mettent en pratique une contingence religieuse qui n'était auparavant employée en Égypte qu'avec réticence : leur divinisation de leur vivant. Comme les souverains helléniques reçoivent également des honneurs divins hors des frontières égyptiennes, on peut se demander si cette idée est issue de la religion égyptienne ou si elle ne découle pas plutôt d'une conception hellénique.

Dans l'ensemble, durant les derniers siècles de la culture pharaonique, prévaut le principe selon lequel chacun doit œuvrer lui-même pour son salut. Les traditions funéraires des Lagides, d'origine gréco-macédonienne, se distinguent radicalement des usages égyptiens. En Haute-Égypte, ceux qui en ont les moyens continuent de s'offrir d'onéreuses obsèques dans le respect des coutumes des siècles précédents. En général, on continue d'inhumer le corps dans un cercueil, de sorte que l'usage des cercueils momiformes qui se sont développés depuis le Moyen Empire se poursuit. La communauté grecque du Fayoum finit par totalement s'adapter et adopte les funérailles égyptiennes, modifiant toutefois l'apparence de la véritable momie en insérant un portrait du défunt parmi les bandelettes à hauteur du visage. Bien qu'utilisé par les Grecs et les Égyptiens hellénisés, ce portrait de momie a sans doute la même fonction que la tête de remplacement de l'Ancien Empire, que l'on exposait pour orienter l'âme. Les portraits, ainsi que la momification, témoignent donc de l'adoption par les immigrés des rites extérieurs du culte funéraire égyptien. Il n'est pas certain, en revanche qu'ils aient également adopté la théologie correspondante.

21. Masque de momie d'une femme
Probablement Hawara (Fayoum) ; Ier siècle ap. J.-C. ; cartonnage, stuc doré, verre, faïence ; haut. : 57,5 cm ; New York, Brooklyn Museum, 69.35.
Adapté aux formes helléniques, le cercueil momiforme exprime la mixité culturelle de l'Égypte aux époques ptolémaïque et romaine.

22. Horus guerrier
Probablement Ier siècle av. J.-C. ; bronze ; haut. : 46 cm ; Londres, British Museum, EA 36062.
Horus, le fils d'Osiris et d'Isis, se voit attribué par le tribunal divin le trône de son père, que lui dispute Seth. À cette époque tardive, il n'est plus question de Seth ; en revanche, Horus montant sur le trône d'Égypte en raison de sa filiation divine demeure une représentation fondamentale. Durant l'époque hellénistique, les anciens dieux sont parfois présentés dans de nouveaux atours, comme Horus, vêtu ici du costume d'un officier romain de haut rang (*imperator*).

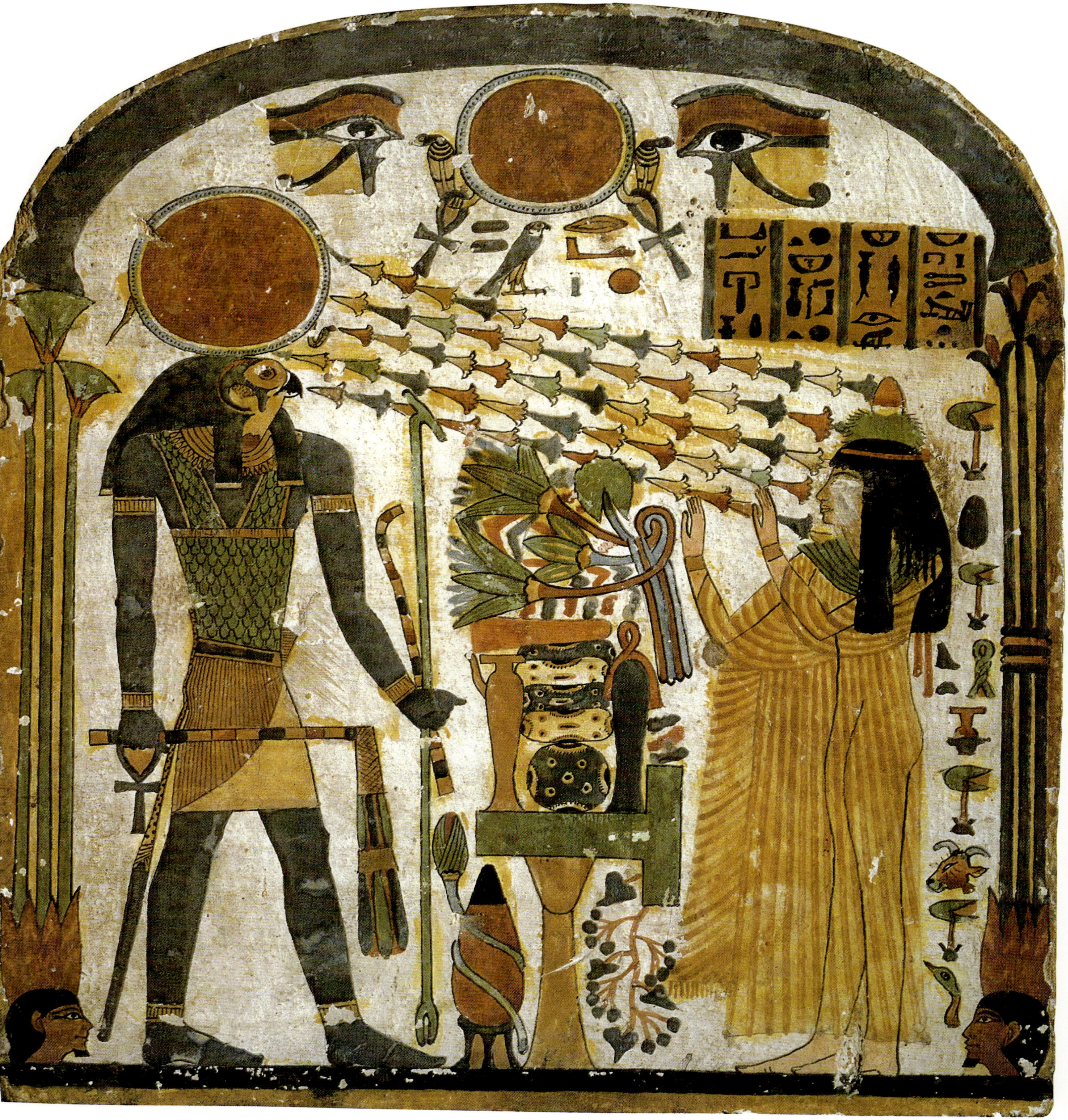

Les dieux et les divinités

Manfred Görg

L'homme de l'Ancienne Égypte était entouré de dieux. Sa conception du monde ne reposait pas sur une idée irréelle et abstraite d'espaces lointains et de temps inconcevables mais plutôt sur les agissements concrets de formes puissantes qui se mouvaient sur la scène d'un décor créé dans un théâtre surdimensionné, à savoir l'univers de la nature. Quelle que fût leur fonction, toutes ces puissances incarnaient pour les anciens Égyptiens le monde réel et vivant. Même là où l'homme moderne imaginerait chaos et mort, l'Égyptien voyait une énergie vitale, dont le conflit avec le monde qu'il désirait, lui semblait nécessaire et salutaire. On observe donc partout mouvements et jeux de scène dirigés par d'innombrables dieux dans un monde que l'on perçoit sensible et visionnaire.

C'est justement la multiplicité qui règne au sein du panthéon égyptien, cette diversité qui s'exprime dans un cadre bien défini sous les formes les plus diverses, qui irrite et fascine aujourd'hui comme hier. D'autant plus que l'étonnante apparence des dieux s'éloigne parfois, en partie ou totalement de l'apparence humaine, revêt des formes animales ou végétales ou se manifeste par des attributs ou des symboles. Il existe des dieux anthropomorphes, des dieux zoomorphes et des dieux végétaux – les éléments naturels du vivant se mélangent et s'élèvent au rang de représentation figurative de forces réelles situées à côté et en dehors de l'humain. L'apparence choisie traduit néanmoins certains aspects des fonctions divines. Évidemment l'être véritable d'une divinité ne peut, par principe, être perçu par les sens, même si chacune de ses manifestations existe dans le monde. Pour pouvoir couvrir totalement la réalité du monde des dieux, les Égyptiens ont donc recours à trois dimensions : chaque dieu possède un nom, une apparence dans le cours du temps cosmique et une forme dans l'espace cultuel. Cette manifestation tripartite n'entrave toutefois en rien le caractère homogène de l'idée du dieu, elle montre une conception humaine d'une étonnante portée universelle. La notion d'unité plurielle, autrement dit l'idée fondamentale selon laquelle le dieu se manifeste sous de multiples apparences, ne doit pas nous quitter durant notre promenade au sein du panthéon égyptien.

Les grands dieux de la création

Commençons par Atoum, l'un des dieux des temps les plus reculés. Originaire d'Héliopolis, son nom signifie l'accomplissement, mais il est aussi le préexistant, ce qui n'existe pas encore. Sous le Moyen Empire, il est notamment surnommé « l'inaccompli devenu accompli » (*Texte des Sarcophages*). Sous le Nouvel Empire, il devient à la fois le « Maître de l'univers qui a existé en premier » et celui « qui engendre les dieux primordiaux, celui qui a donné forme à Rê pour qu'il s'accomplisse en Atoum » (hymne d'Amon datant de l'époque de Ramsès II, aujourd'hui à Leyde). En tant que Père des dieux, il est à l'origine de la création dont le mythe explique le déroulement.

Le mythe est lié à l'omniprésente rencontre entre l'Égyptien et son environnement réel : il s'agit ici de la course quotidienne du soleil dans le ciel, qui commence à l'est, atteint son zénith à midi et accède au stade de l'accomplissement lorsqu'il se couche à l'ouest. Ces trois étapes, dont les manifestations ou incarnations prennent les noms de Khépri pour le soleil levant, Rê pour le soleil zénithal et Atoum pour le soleil couchant, parviennent justement à leur apogée dans le coup d'œil rétrospectif dominant du dieu nocturne dont les facultés génésiques réunies renouvellent complètement la création de manière cyclique.

Compte tenu de son rôle primordial et universel, les représentations anthropomorphes de ce dieu sont rares. Nous en trouvons un exemple dans la cachette de statues récemment découverte dans le temple de Louqsor dont les inscriptions, la coiffure et les insignes font référence à cette divinité. Néanmoins, Atoum fait plus fréquemment l'objet de représentations zoomorphes illustrant ses fonctions de dieu primordial androgyne (notamment sous forme de lion, de serpent) ou de dieu solaire (notamment sous forme de bélier, de scarabée, d'ichneumon). Le nom, l'apparence et l'image concourent à déterminer l'être de la divinité et soulignent ses traits avec force détails. La relation entre la forme animale et le caractère d'un dieu n'est pas toujours flagrante pour l'observateur moderne. Si l'équivalence entre le lion et la force, le bélier et la fécondité ne pose aucun problème, seuls les nombreux textes religieux permettent d'élucider la conception de la fonction de dieu primordial du serpent ou le pouvoir de régénération du scarabée.

---

23. *Stèle de Tanetperet*
Thèbes ; Troisième Période Intermédiaire, XXIIe dynastie, vers 850 av. J.-C. ; bois stuqué et peint ; haut. : 31 cm ; Paris, musée du Louvre, N 3663.
Sur cette stèle de petite taille est représenté à gauche le dieu solaire hiéracocéphale Rê-Horakhty paré du disque solaire qui le caractérise au-dessus de la tête. La divinité darde ses rayons vitaux, en forme de fleurs, sur la donatrice qui la vénère les mains levées et lui présente une table d'offrande richement pourvue. Le cadre cosmique de la scène est formé par le hiéroglyphe du ciel ici légèrement cintré, soutenu par les plantes héraldiques de l'Égypte (à gauche : papyrus = Basse-Égypte ; à droite : lotus = Haute-Égypte). Ces deux plantes surgissent d'une tête d'homme à même le sol, qu'il faut peut-être interpréter comme le symbole de l'humanité entière.

24. Le dieu Atoum et le pharaon Horemheb
Louqsor ; Nouvel Empire, fin de la XVIIIe dynastie, vers 1300 av. J.-C. ; diorite ; haut. : 190,7 cm, prof. : 151, 5 cm, larg. : 83,5 cm ; Louqsor, musée d'Art égyptien ancien, J. 837. Lors de travaux de conservation de routine menés au temple de Louqsor, on a mis au jour en 1989 une importante cachette renfermant des statues divines. La première découverte fut ce groupe statuaire représentant le pharaon Horemheb agenouillé devant le dieu Atoum dans l'attitude de l'offrande. L'attitude stricte et intransigeante du dieu primordial lui confère toute sa dignité ; il porte le *pschent* et tient le signe de vie dans les mains.

25. Le pharaon sacrifiant à Amon
Thèbes ; Deir el-Bahari ; temple de Thoutmosis III, chapelle d'Hathor ; Nouvel Empire, XVIIIe dynastie, vers 1440 av. J.-C. ; peinture ; haut. : 225 cm, larg. : 157 cm ; Le Caire, Musée égyptien, JE 38574-5.
Le pharaon Thoutmosis III fit aménager une chapelle rupestre dans le cirque de Deir el-Bahari – sur la rive occidentale de Thèbes – destinée à abriter la statue de la vache hathorique. Aujourd'hui, la chapelle et la statue sont exposées au musée du Caire. Sur la paroi du fond présentée ci-dessus, on reconnaît Thoutmosis III offrant une libation et de l'encens au dieu national et universel Amon-Rê, assis sur le trône. Les hautes plumes filigranées de sa coiffure l'associent au mouvement de l'air perceptible mais néanmoins invisible et le présente comme le plus grand dieu du Nouvel Empire.

L'apparence cosmique du dieu primordial sous la forme des trois phases Khépri, Rê et Atoum, s'épanouit dans le mythe grâce à la production de phénomènes et de vertus naturels. Avec le mythe se manifeste également la vision du monde qui se passe d'abstractions et de formules, le monde est plutôt conçu comme un environnement vivant. Selon la cosmogonie d'Héliopolis, Atoum engendre, en crachant ou en se masturbant, le dieu de l'air Shou et la déesse de l'humidité Tefnout, qui donnent à leur tour naissance au couple formé par la déesse du ciel Nout et le dieu de la terre Geb (voir p. 448, ill. 43). Avec les dieux du monde souterrain, ce panthéon forme une ennéade, un groupe de neuf dieux, qui désigne dès lors un nombre mystique pour la plénitude de la réalité divine.

La création cosmique (mais pas surnaturelle) du dieu primordial Atoum est concurrencée par la conception moins expressive mais tout aussi extraordinaire du dieu Ptah dans la ville sacrée voisine de Memphis, capitale de l'Ancien Empire. Son nom le qualifie de « façonneur » et de « créateur », autrement dit également de dieu primordial et créateur. Selon la « théologie memphite », qui connut la popularité que l'on sait pour la première fois dans la résidence du Nouvel Empire, sa « langue » donne forme à ce que son « cœur » conçoit, par conséquent également la multiplicité du monde des dieux telle qu'elle est vénérée à Héliopolis. Ptah préside à sa manière l'Ennéade, lui dont le nom signifie « le Façonneur », l'artisan divin que l'on peut comparer au dieu grec Héphaïstos. Les épithètes qui lui sont couramment attribuées qualifient Ptah de divinité Beau de visage. Ses innombrables représentations dans les arts majeurs et mineurs lui prêtent le plus souvent un aspect anthropomorphe ; il se tient immobile debout à l'intérieur d'une sorte de chapelle, portant une calotte bleue et un collier, et tenant le sceptre des deux mains. Ceci met d'ailleurs en valeur sa compétence de maître de l'ordre universel (*Maât*). Ptah est étroitement lié à la royauté et personnifie l'idée fondamentale de l'incarnation du divin.

Comme dans les principaux centres de culte de l'Égypte ancienne, Ptah se trouve à la tête d'une triade. Cette forme de hiérarchie, qui fait généralement figure de famille divine composée du père, de la mère et de l'enfant, forme la base mythique du culte réel. À Memphis, le dieu Ptah est accompagné de la déesse Sekhmet et de l'enfant divin Néfertoum. La déesse Sekhmet, dont le nom signifie « la Puissante », incarne l'énergie vitale qui se traduit d'abord par la protection puis de plus en plus souvent par l'agression. Dans le mythe, elle apparaît comme la déesse combattante capable notamment, selon le *Livre de la Vache du Ciel*, d'aller jusqu'à détruire le genre humain. Ainsi, elle symbolise la divinité qui à la fois soigne et frappe, ce qui la relie à la vision fondamentale apotropaïque (qui écarte le malheur) inhérente à tout ce qui est sacré. La forme léonine que l'on retrouve souvent dans la sculpture confirme ce double aspect également repris dans les représentations de Mout, la divinité maternelle de Thèbes.

Amon, le dieu cosmique

À la suite des trois cosmogonies (conceptions de la création du monde) les plus importantes, il faut citer celle d'Hermopolis, qui considère le mystérieux dieu primordial Amon, dont le nom signifie « le Caché », comme le responsable des origines du monde. Appartenant initialement aux dieux primordiaux du chaos préexistant, il entre dans un processus de mutation qui le conduit au sommet du panthéon égyptien. Là, il finit par représenter avec le dieu solaire Rê une « divinité en association » à laquelle on attribue la valeur de dieu cosmique. Amon incarne la force de vie élémentaire qui reste cachée, qui se crée elle-même (*kamoutef*) et dont le dessaisissement s'effectue dans le temps et l'espace. En tant que dieu à caractère pneumatique, il est omniprésent, on sent son souffle, mais on ne sait ni d'où il vient ni où il va. En tant que divinité de l'air, il est apparenté à Shou. En tant que principal dieu de Thèbes, la capitale du Nouvel Empire, il est à la tête de la triade qu'il forme aux côtés de la déesse Mout, comparable à Sekhmet, et de l'enfant divin Khonsou, celui qui parcourt le ciel (dieu lunaire) et le Faiseur de projets. En tant que dieu national et universel, Amon-Rê est le Père des dieux. La plupart des hymnes de la poésie égyptienne s'adressent à Amon ; il est le dieu qui « s'est multiplié par millions ». Dans l'iconographie liée au culte, Amon apparaît souvent assis sur un trône, doté d'un visage humain et paré d'une coiffure composée d'un mortier et de deux plumes qui fait référence à sa fonction divine. Le nom du célèbre pharaon Toutânkhamon (« image vivante d'Amon ») atteste parfaitement du lien établi entre le souverain et le dieu. Le thème du pharaon fait à l'image du dieu s'oriente plus particulièrement vers la relation unique qui existe entre Amon et le souverain.

Avec la centralisation croissante de l'État et la réunification progressive du royaume entre la Haute-Égypte (au sud) et la Basse-Égypte (au nord), la triade régionale formée sur le modèle de la famille divine type engendre l'idée d'une grande triade composée des dieux Rê, Ptah et Amon. L'une des statues cultuelles les plus parlantes de cette triade (voir p. 215, ill. 128) nous est offerte dans le saint des saints du célèbre temple rupestre d'Abou Simbel. Certes, le visiteur peut s'irriter de la présence, à la droite du dieu solaire héliopolitain Rê, du bâtisseur du temple, Ramsès II, le plus puissant pharaon de tous les temps. Il s'agit pourtant de la manifestation d'un choix conscient auquel on ajoutait foi ; c'est en raison de son titre de Fils de dieu que le souverain s'élève au niveau divin et prend exceptionnellement place « à la droite du père tout-puissant ». L'alignement des effigies de Rê, de Ptah et d'Amon présentées en compagnie du pharaon considéré comme un dieu parmi les dieux rappelle le schéma cosmogonique sur lequel reposent finalement toutes les conceptions de la création. Le dieu primordial, qui se trouve au début au niveau de la manifestation divine du chaos, quitte la face nocturne pour s'élever et éclairer la terre de son rayonnement, renouveler totalement l'espace lié à Ptah (Tatenen) et redescendre enfin, incarné en Rê, vers la souveraineté absolue de la face diurne et du cycle temporel. Seul ce parcours permet l'accomplissement du partenaire divin sur terre, autrement dit du pharaon, qui contribue avec le dieu solaire au bon déroulement cosmique.

26. Statuette du dieu Ptah
Thèbes, tombe de Toutânkhamon ; Nouvel Empire, XVIIIe dynastie, vers 1325 av. J.-C. ; bois doré, faïence, bronze, verre ; hauteur de la figurine : 7,4 cm, prof. : 26 cm, larg. : 11,6 cm ; Le Caire, Musée égyptien, JE 60739. Ptah est ici représenté comme le Maître de l'ordre universel. Il est le dieu Beau de visage qui a créé le monde par le Verbe. Il se tient sur un socle dont la forme extérieure rappelle le hiéroglyphe de la vérité, la justice et l'ordre du monde (*Maât*). Cette représentation particulièrement raffinée provient du trésor de Toutânkhamon.

CULTE DIVIN ET CULTE FUNÉRAIRE

27. La déesse Sekhmet assise
Karnak ; Nouvel Empire, XVIIIe dynastie, vers 1380 av. J.-C. ; granit ; haut. : 205 cm, prof. : 97 cm, larg. : 54 cm ; Le Caire, Musée égyptien, CG 39063.
Cette figure de la divinité féminine à tête de lion, Sekhmet, que l'inscription qualifie de « Maîtresse de la terreur », en dit plus long que les mots sur la fascination perpétuelle de la réalité perceptible du divin.

28. Statue du dieu Horus
Nouvel Empire, XIXe dynastie, vers 1250 av. J.-C. ; syénite ; haut. : 163 cm ; Munich, Staatliches Museum Ägyptischer Kunst, Gl. WAF 22.
Horus, dieu du ciel et dieu-roi, est représenté ici sous la forme d'un homme à tête de faucon. Ce type de représentation ne doit pas conduire à penser qu'il s'agit de l'apparence réelle de la divinité. La tête d'animal est plutôt censée illustrer ses traits de caractère qui ne relèvent pas de l'humain. Les retombées d'une perruque résolvent habilement la difficulté posée par le passage entre les éléments anthropomorphes et zoomorphes. Cette statue a été découverte à Rome, dans un ancien quartier du temple d'Isis et de Sérapis où elle avait été transférée au cours de l'Antiquité.

29. La déesse Hathor assise
Louqsor ; Nouvel Empire, XVIIIe dynastie, vers 1370 av. J.-C. ; diorite ; haut. : 154 cm, long. : 77 cm, larg. : 40,5 cm ; Louqsor, musée d'Art égyptien ancien, J 835.
Hathor, déesse tutélaire de la Thèbes occidentale, déesse du ciel et de l'amour, est représentée ici assise sur un trône, tenant dans sa main un signe de vie. Sur l'inscription gravée sur le trône, Aménophis III se dit aimé d'elle et se présente ainsi comme le donateur de la statue au temple de Louqsor. C'est là que ce chef-d'œuvre a été découvert en 1989 avec d'autres statues enterrées dans la cour.

Les dieux célestes et royaux

L'idée d'un « père tout-puissant », qui se manifeste aussi dans la grande triade, se rapporte à la notion de transformation du dieu primordial (autrement dit la mutation cyclique du dieu solaire) en une divinité jouissant d'une dimension propre dénommée Rê-Horakhty, « Horus de l'horizon/du pays de la lumière ». Ce concept permet de faire référence à la dimension mystique de la souveraineté céleste. Rê-Horakhty incarne le vaste rôle cosmique du plus grand des dieux qui traverse le cycle journalier et se présente non seulement dans le caractère sublime du ciel et du panthéon mais aussi dans la mystérieuse possibilité de s'adresser à l'autre. Son aspect hiéracocéphale traduit l'idée d'une distance associée au vol en altitude et à la vue perçante du faucon, d'une omniprésence et d'une intelligence de la plus haute instance qui ne se manifeste de près ou de loin pour aucune autre divinité.

Horus, dont le nom se retrouve dans celui d'Horakhty, signifiant « le Lointain », c'est-à-dire le messager et le médiateur du mystère divin, constitue l'une des divinités les plus importantes du panthéon égyptien. Horus est tellement lié avec le Très-Haut qu'il est considéré dans le monde des dieux comme le Fils du dieu solaire. Ce titre qui présente une signification à la fois religieuse et historique offre avant tout une base à toutes les doctrines théologiques développées autour du Fils de dieu. Au niveau terrestre, correspondent à sa position et à sa fonction celles du pharaon qui depuis la IIIe dynastie est Fils de Rê et continuera à se voir ainsi dénommé jusqu'à l'époque gréco-romaine. L'Horus hiéracocéphale s'incarne dans le souverain qui participe ainsi également à la présence du dieu dans la mythologie. Dans le mythe narratif, il apparaît comme le vengeur de son père au sein de la lutte qui l'oppose au dieu Seth, l'une des manifestations du Mal qui s'impose progressivement en Égypte. Vainqueur, Horus devient le protagoniste de la victoire sur la mort et les puissances du chaos.

Ainsi mis en avant comme le symbole du perpétuel combat entre la lumière et l'obscurité, Horus suscite sous les traits d'un enfant, prénommé Harpocrate en grec, un extraordinaire intérêt dans le monde religieux du Bassin méditerranéen de l'Antiquité. D'après le mythe, Horus serait par ailleurs né de la rencontre entre sa mère Isis et son père Osiris, qui mourut de la main meurtrière de Seth. Son existence serait d'abord demeurée secrète mais il aurait fini par soumettre le parricide. L'amulette à l'effigie de l'enfant divin chevauchant les dangereuses puissances animales du chaos est devenue l'un des « articles d'exportation » les plus connus et les plus appréciés. Elle était censée apporter à chacun une certitude magique d'être protégé de toute violence mettant sa vie en péril et soigner tous les maux.

Les déesses-mères et de l'amour

La déesse-mère Hathor, dont le nom, qui signifie : « la demeure d'Horus », évoque très clairement qu'elle rend possible et porte l'incarnation du dieu suprême, est également liée aux cosmogonies. En tant que Maîtresse, elle regarde dans les quatre directions cardinales et englobe tous les domaines de la vie, du simple bonheur du quotidien à l'exotisme de l'attirant et inaccessible lointain ou encore au royaume des morts. En tant que déesse lointaine, ayant quitté l'Égypte, il faut, selon le mythe, aller la chercher pour assurer la pérennité de la vie ici-bas et dans l'au-delà. Elle est la garante de l'amour créateur et de la vitalité qui se renouvelle éternellement. Son iconographie la présente avec un visage humain, coiffée de cornes de vache entourant un disque solaire, attributs de la puissance créatrice et régénératrice. Elle se manifeste également sous l'aspect d'une vache qui donne des forces vitales au souverain. Vénérée par de vastes couches de la population, elle apporte son secours en toute circonstance.

Comme Hathor, Isis est également la mère des dieux. À partir du Nouvel Empire, mais surtout au Ier millénaire avant J.-C., elle assume progressivement les attitudes et les fonctions d'Hathor, mais aussi de beaucoup d'autres divinités maternelles, de sorte qu'elle finit par devenir la « déesse des déesses » au-delà des frontières de l'Égypte. Par rapport à

---

30. **Stèle d'Horus**
Début de l'époque ptolémaïque, vers 300 av. J.-C. ; schiste ; haut. : 44 cm, prof. : 12 cm, larg. : 26 cm ; Le Caire, Musée égyptien, CG 9401.
Nu et coiffé d'une mèche tombant sur le côté, iconographie des enfants égyptiens, Horus enfant (« Harpocrate ») soumet sans effort divers animaux dangereux avec les pieds et les mains. L'enfant divin est ici à la fois le vainqueur du Mal et celui qui fait peur. Le visage du dieu Bès, placé au-dessus de sa tête, est censé renforcer l'efficacité de la stèle contre toutes formes de maladie et de malheur.

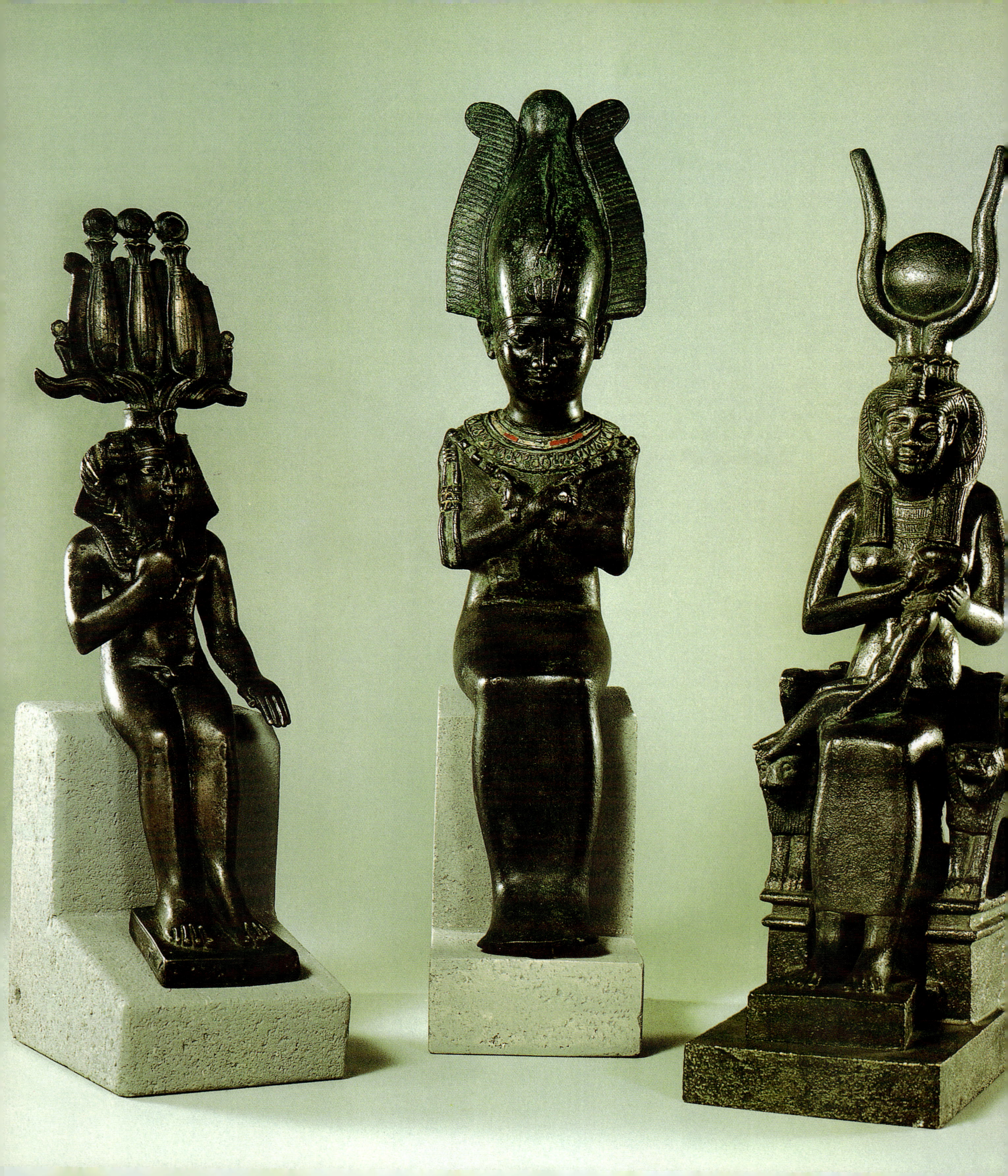

la signification de son nom, toujours discutée, Isis peut être considérée dès le départ comme l'épouse d'Osiris et la mère d'Horus. L'accouplement mythique fait tout bonnement d'elle la Conceptrice, la Vierge et l'Épouse du dieu, la Maîtresse de la magie et du ciel ; les soins qu'elle porte à l'enfant divin Horus la font apparaître comme la divinité protectrice par excellence. Le trône placé au-dessus de sa tête constitue un attribut qui ne laisse place à aucune méprise possible. Naturellement, ce signe ne correspond pas réellement à l'objet représenté mais forme le hiéroglyphe phonétique du nom de la déesse. Il n'est pas étonnant que ce soit Isis qui soit devenue la Mère divine traditionnelle non seulement en Égypte mais dans tout le Bassin méditerranéen et même jusqu'en Europe, car les effigies qui la représentent avec Horus dans le rôle de la « mère allaitant » ont peut-être servi de modèles aux premières images religieuses.

Les dieux et les hommes

Le cycle mythique développé autour d'Horus, Isis et Seth découle bien sûr de la conception d'une divinité sans laquelle les espoirs humains en une vie après la mort ou même la croyance à la résurrection d'entre les morts qui s'est développée au fil de l'histoire de la religion orientalo-occidentale ne seraient pas pensables. Il s'agit d'Osiris, dont le nom nécessite autant d'éclaircissements que celui de son épouse Isis. À l'origine, Osiris est une divinité de la végétation et de la moisson de la région du Delta. À Abydos, il devient le Premier de l'Occident, c'est-à-dire tout simplement le représentant et le garant de l'immortalité, de la résurrection et de la reconnaissance qui va de pair. Le mythe décrit justement sa résurrection, liée à la victoire de l'Horus vengeur. Si Rê partage avec lui le contrôle du cycle de la vie cosmique, il lui abandonne la garde de la nuit et du

---

31. Osiris, Isis avec l'Horus enfant et Harpocrate
Basse Époque, XXVIe dynastie, vers 600 av. J.-C. ; bronze, plaque d'or, verre ; hauteur d'Isis : 28 cm, hauteur d'Osiris : 24,5 cm, hauteur d'Harpocrate : 22,1 cm ; Wien Ägyptisch-Orientalische Sammlung, 8564, 6622, 4162.
Osiris est représenté sous la forme d'une momie dotée des symboles royaux de la souveraineté, la crosse et le flagellum. Sur la tête, il porte la couronne *atef*, ornée de plumes sur les côtés et d'un *uraeus*.
Isis est assise sur un trône flanqué de lions, l'enfant Horus sur les genoux, un motif qui servira par la suite de modèle aux représentations de la Vierge à l'enfant. La déesse porte un modius entouré d'*uraei* et surmonté de cornes de vache et d'un disque solaire.
La statuette d'Harpocrate, le jeune Horus, est nue. Elle présente pour uniques attributs le *némès*, la boucle de l'enfance et l'imposante coiffure *hemhem* (composée de plumes, de bouquets végétaux, de disques solaires et de cobras posés sur des cornes de bélier). Dans un geste enfantin, le dieu tient son index sur la bouche.

32. Osiris, Maître du royaume des morts, représenté avec les insignes de la souveraineté
Deir Dourounka (près d'Assiout) Chambre du culte d'Aménophis, mur droit ; Nouvel Empire, XIXe dynastie, vers 1280 av. J.-C. ; calcaire ; dimensions de la chambre : haut. : 260 cm, larg. : 150 cm, prof. : 230 cm, hauteur des reliefs : 110 cm en moyenne ; Berlin, SMPK, Ägyptisches Museum, 2/63-3/63, 1/64-2/64.
En tant que juge du tribunal de l'au-delà, Osiris incarne pour les justes la résurrection et la survivance. Le dieu trône dans un naos ; Isis et Nephthys se tiennent derrière lui les bras levés en signe de protection. Devant le naos, les dieux Horus et Thot lui font part du résultat de la psychostasie, la pesée de l'âme permettant de déterminer si le défunt a mené ou non une vie juste.

CULTE DIVIN ET CULTE FUNÉRAIRE

33. Statuette de la déesse Isis en deuil
Basse Époque, XXVIᵉ dynastie, vers 600 av. J.-C. ; bois stuqué et peint ; haut. : 40,5 cm, larg. : 10,4 cm, prof. : 28,3 cm ; Hildesheim, Pelizaeus-Museum, 1584.
Agenouillée sur le sol, Isis tient sa main droite devant la bouche : dans un silence décontenancé, la déesse pleure la mort de son frère et époux Osiris. Sur la tête, elle porte son symbole, le hiéroglyphe du trône qui représente son nom.

royaume des morts. C'est lui qui assume la fonction du juge qui montre la voie au défunt vers le dieu solaire, lorsque le tribunal des morts émet un jugement favorable.

En dépit de leur position de supériorité inaccessible, les dieux égyptiens connaissent la passion et l'émotion. Le mythe leur attribue parfois des traits humains, voire trop humains. Face à la mort, justement, et malgré les efforts immodérés qu'il est prêt à consentir pour accéder à l'immortalité, l'Égyptien doit affronter la peur et l'affliction, à l'instar de l'Isis représentée portant le deuil en silence. Néanmoins, le deuil et les lamentations permettent de sortir du chagrin. Isis n'est pas uniquement là pour accompagner l'homme à sa naissance mais aussi pour patronner son passage entre cette vie et la suivante. Tout au long de l'histoire religieuse de l'Égypte, les défunts se métamorphosent en effet en Osiris par une mystérieuse fusion, qui leur permet de bénéficier tout comme lui de l'énergie vitale apportée par Isis. La vie et la mort sont étroitement liées dans un système qui règne sur l'univers et dont le sens détermine les relations entre les dieux et les hommes. Cet ordre fondamental, qu'il est difficile de traduire dans notre langue, est la *Maât*, que les Égyptiens vénèrent sous la forme d'une divinité féminine ; ils lui attribuent parfois les traits de la fille du dieu solaire. Malgré cet aspect exceptionnel, la *Maât* n'occupe pas le premier plan dans l'iconographie, pas même lorsqu'elle sert d'attribut explicatif à une autre divinité. Les représentations où elle figure en petit format en compagnie du grand ibis, hypostase du dieu Thot, témoignent clairement de l'existence d'une hiérarchie au sein du panthéon que même les dieux les plus avisés doivent respecter. Thot est en effet le plus cultivé des dieux puisqu'il est le « patron » de la science et de l'art, des mathématiques et de la médecine. Messager des dieux, tel le grec Hermès, il possède l'aura de l'ésotérisme. Sur le plan de l'histoire des religions, Thot, le « trois fois grand » (trismégiste), peut être considéré comme l'ancêtre de la gnose égyptienne.

Si la notion de *Maât* ébranle déjà quelque peu la vision patriarcale de la conception égyptienne du monde, la déesse Neith permet, bien qu'elle paraisse moins représentative, d'approfondir davantage l'idée de déesse-mère. Cette déesse, dont le nom est peut-être lié à la notion du flot primordial, fut d'abord conçue comme une divinité combattante dotée d'un arc et de flèches. Elle devint cependant, du moins à la Basse Époque, la déesse primordiale créatrice qui porte en elle des qualités à la fois féminines et masculines. Ses épithètes sont le Père des pères et la Mère des mères. Sous le poids politico-religieux de la XXVIᵉ dynastie, son statut de maîtresse de Saïs, ville de Basse-Égypte, lui valut d'accroître son influence dans le monde des dieux des Grecs jusqu'à jouir d'une position équivalente à celle d'Athéna.

Les notions de déesse-mère et de déesse primordiale se glissent peu à peu dans les croyances populaires, à l'écart des cultes officiels rendus par les personnalités marquantes du pays. Dans la vie quotidienne de l'homme, les deux déesses Meresger et Thouëris représentent généralement les divinités bénéfiques. La première, dont le nom signifie « celle

34. Statuette du dieu Thot avec la déesse Maât
Basse Époque, XXVIᵉ dynastie, vers 600 av. J.-C. ; bois, bronze, plaque d'or, verre ; haut. : 19,5 cm, long. : 20 cm ; Hanovre, Kestner-Museum, 1957.83.
Thot est représenté par son animal sacré, l'ibis. Le dieu du savoir et de l'écriture, qui calcule et décrit le train du monde, est accompagné de « l'ordre universel », Maât, la déesse de la vérité et de la justice coiffée de son attribut, la plume d'autruche.

35. La déesse Neith
Thèbes, Vallée des Rois, tombe de Séthi Ier (KV 17) ; Nouvel Empire, XIXe dynastie, vers 1280 av. J.-C.
À la onzième heure du *Livre de l'Amdouat*, la déesse Neith apparaît sous divers aspects ; la manifestation représentée ici porte la couronne de la Basse-Égypte qui caractérise la divinité. À l'origine déesse tutélaire de la ville de Saïs dans le Delta, elle accède au plus haut rang sous la XXVIe dynastie lorsque Saïs devient la capitale d'Égypte et que le pays connaît une nouvelle période de prospérité politique et culturelle.

36. Stèle de Hay
Thèbes ; Nouvel Empire, XXe dynastie, vers 1150 av. J.-C. ; calcaire ; haut. : 43 cm ; Turin, Museo Egizio, Cat. 1606.
Les artisans des tombeaux royaux thébains firent l'offrande de cette petite stèle à deux déesses : Thouëris, déesse-hippopotame, patronne des femmes enceintes qui veille à la pérennité des familles, et Meresger, déesse-serpent ayant élu domicile dans les collines environnant la Vallée des Rois. Le cobra, animal en réalité mortellement dangereux, est réduit à la tête d'une mince silhouette féminine qui tient le signe de vie *ânkh* (au centre de la stèle, devant le ventre de Thouëris). Une imposante perruque délimite la tête et le corps du serpent, surmontée de cornes de vache et d'un disque solaire.

qui aime le silence », est une déesse qui domine la vie et la mort et se présente en général pourvue d'une tête de cobra qui fait référence à son association imaginaire avec la savante Maât. Meresger se conforme à la tradition des déesses qui donnent la vie, à l'instar de la déesse-serpent de la nourriture Rénenoutet ou encore d'Isis. Elle est en outre étroitement liée à Hathor et se fait accompagner par la patronne des femmes enceintes, la puissante déesse Thouëris (« la Grande »). Coiffées de la couronne hathorique, ces deux divinités se portent garantes de la vie naissante ici-bas et dans l'au-delà. Sous la forme d'un hippopotame, ou parfois dotée d'une carapace de crocodile, Thouëris assume la fonction de protectrice puissante et gravide, présente à la fois dans l'art majeur, en ronde bosse, et dans les arts mineurs, sous forme d'amulettes portées sur le corps.

La grande gentillesse de la déesse-chat Bastet ne peut échapper à l'observateur même s'il pense que c'est là le seul aspect fascinant de cette déesse. Originaire de Boubastis, ville du Delta à laquelle elle donne son nom, Bastet est, comme l'animal imprévisible qui la symbolise, une déesse volontaire à la fois apparentée à la lointaine Hathor et proche des femmes qui prient pour leur fécondité et le succès de leur accouchement.

37. Statuette de la déesse Bastet
Saqqara, Sérapeum ; Basse Époque, VIe siècle av. J.-C. ; bronze, incrustations d'or ; haut. : 14 cm ; Le Caire, Musée égyptien, CG 38991.
La déesse Bastet est représentée ici d'une manière presque burlesque, sous la forme d'une femme à tête de chat portant un panier au bras gauche. Elle peut également se manifester sous la forme d'une déesse-lionne sauvage.

CULTE DIVIN ET CULTE FUNÉRAIRE

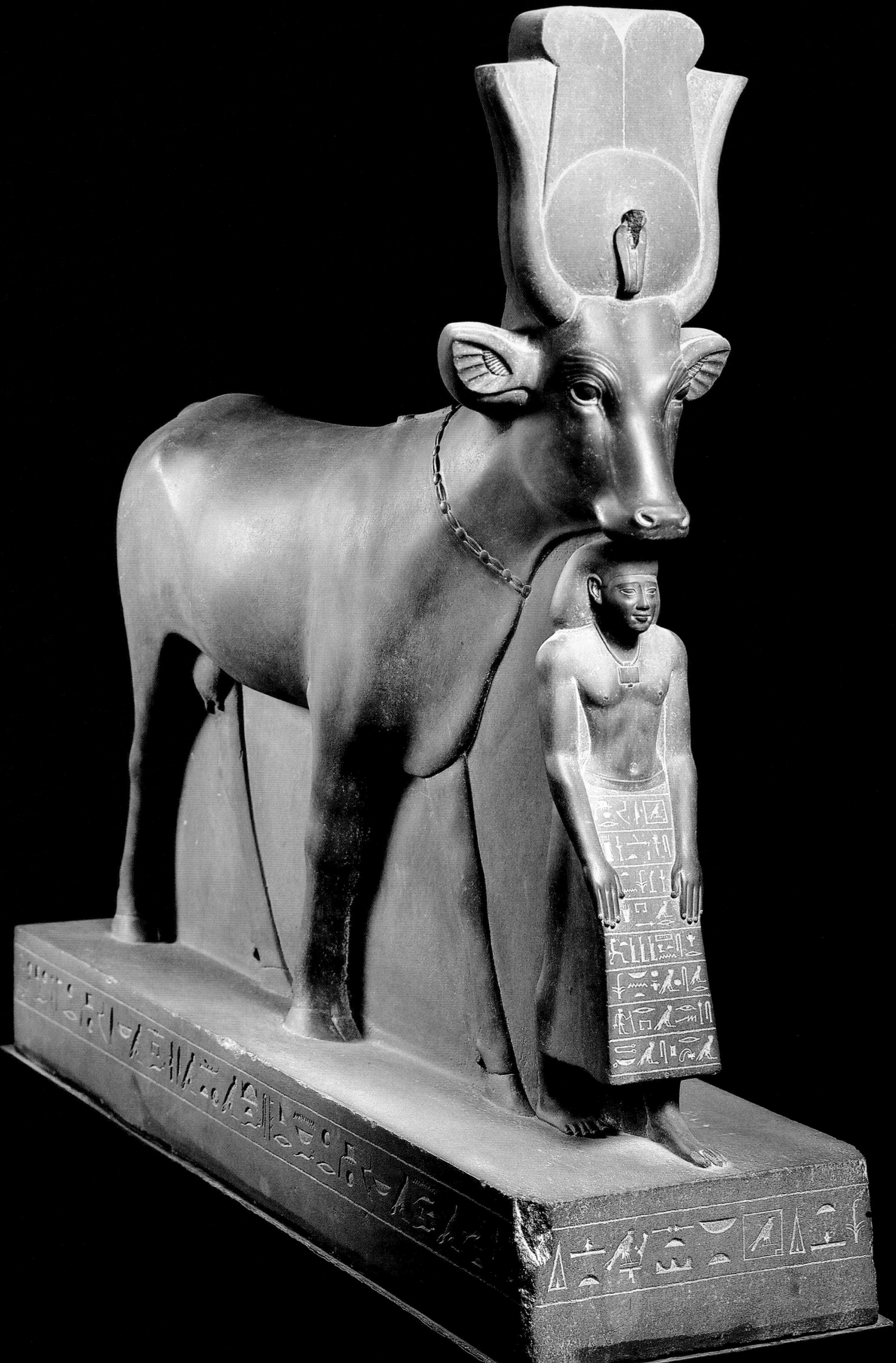

38. Groupe de statues : Hathor et Psammétique
Saqqara, tombe de Psammétique ; Basse Époque ; fin de la XXVIe dynastie ; vers 530 av. J.-C. ; grauwacke, haut. : 96 cm, Le Caire, Musée égyptien, CG 784.
La domination des dieux de l'au-delà dans les croyances de la Basse Époque se décèle à travers plusieurs figurines du tombeau de Psammétique, un haut fonctionnaire de la fin de la XXVIe dynastie. Le portrait de groupe de la déesse Hathor, représentée sous forme de vache, avec le personnage priant du souverain sous sa protection, compte notamment parmi les plus grandes œuvres de cette époque.

Dans ce domaine, la divinité la plus populaire reste Bès, nain grotesque, apprécié pour ses danses et sa musique mais aussi pour son allure de « diablotin » repoussant. La mythologie l'associe à l'exotique Hathor qu'il va chercher dans le lointain et apaise. Les représentations de Bès ornent les murs des temples et les ex-voto ainsi que les objets et les instruments de la vie quotidienne. C'est sans doute pour cette raison qu'à l'époque hellénistique, il est assimilé à Pan, l'importun des « heures du berger ».

Hors du panthéon

En cette fin de promenade dans le panthéon égyptien, nous devons aborder deux dieux qui ne sont pas apparentés mais qu'un caractère étranger particulier rapproche.

D'une part nous avons Sérapis, divinité au nom composé à partir des termes Osiris et Apis. Sa naissance artificielle à Alexandrie était censée contribuer à réunir les Grecs et les Égyptiens dans la même orientation religieuse. Osiris et le taureau Apis rappellent à l'Égyptien le renouvellement vital, tandis que l'apparence de Zeus illustre le lien à la religion grecque. Sérapis est vénéré comme le sauveteur dans la vie et dans la mort, le révélateur dans l'oracle, le garant contre la maladie et le malheur, le compagnon des marins. Il est connu dans tout le Bassin méditerranéen, sa renommée s'étend jusqu'en Orient. Son iconographie contribue à la représentation du dieu créateur dans l'art religieux primitif. Pour les Égyptiens, il demeure bien sûr le dieu étranger.

D'autre part, Aton, dont le nom signifie « le disque solaire », a atteint sous Akhénaton (Aménophis IV) la position et la fonction de dieu unique. Ce modèle monothéiste éclipsa temporairement le double principe de la religion égyptienne de l'unique parmi d'autres. Après le déclin de la religion amarnienne, le dieu tourné vers la création continua malgré tout d'offrir une alternative au dieu Amon, peu à peu spiritualisé et uniquement accessible par l'intermédiaire de la famille royale. Dès lors, l'expression « l'unique qui s'est multiplié par millions » sera appliquée de manière plus marquée au dieu universel Amon-Rê de l'époque ramesside.

39. Camée avec Sérapis et Isis
Époque tardive des Ptolémée ; 1er siècle av. J.-C. ; sardonyx de plusieurs couleurs, or (façon du XVIe siècle) ; 3,5 cm x 2,8 cm ; Vienne, Kunsthistorisches Museum, Inv. IX A 8
La pierre gravée montre les dieux Sérapis et Isis. Avec le nouveau dieu de l'État, Sérapis, les Ptolémée associent l'apparence extérieure du dieu principal des Grecs Zeus avec celle du dieu égyptien Apis-Osiris de Memphis.

40. Autel domestique illustré de la famille royale de Tell el-Amarna
Nouvel Empire, XVIIIe dynastie, vers 1340 av. J.-C. ; calcaire peint ; haut. : 44 cm, larg. : 39 cm ; Le Caire, Musée égyptien, JE 44865.
Dans les maisons des prêtres et des fonctionnaires de Tell el-Amarna, la ville du pharaon hérétique Akhénaton, étaient placés de petits autels domestiques représentant la famille royale sous les rayons vitaux du dieu solaire Aton. Akhénaton et Néfertiti jouent avec leurs filles et transmettent ainsi la puissance du soleil aux hommes qui prient devant l'autel.

CULTE DIVIN ET CULTE FUNÉRAIRE

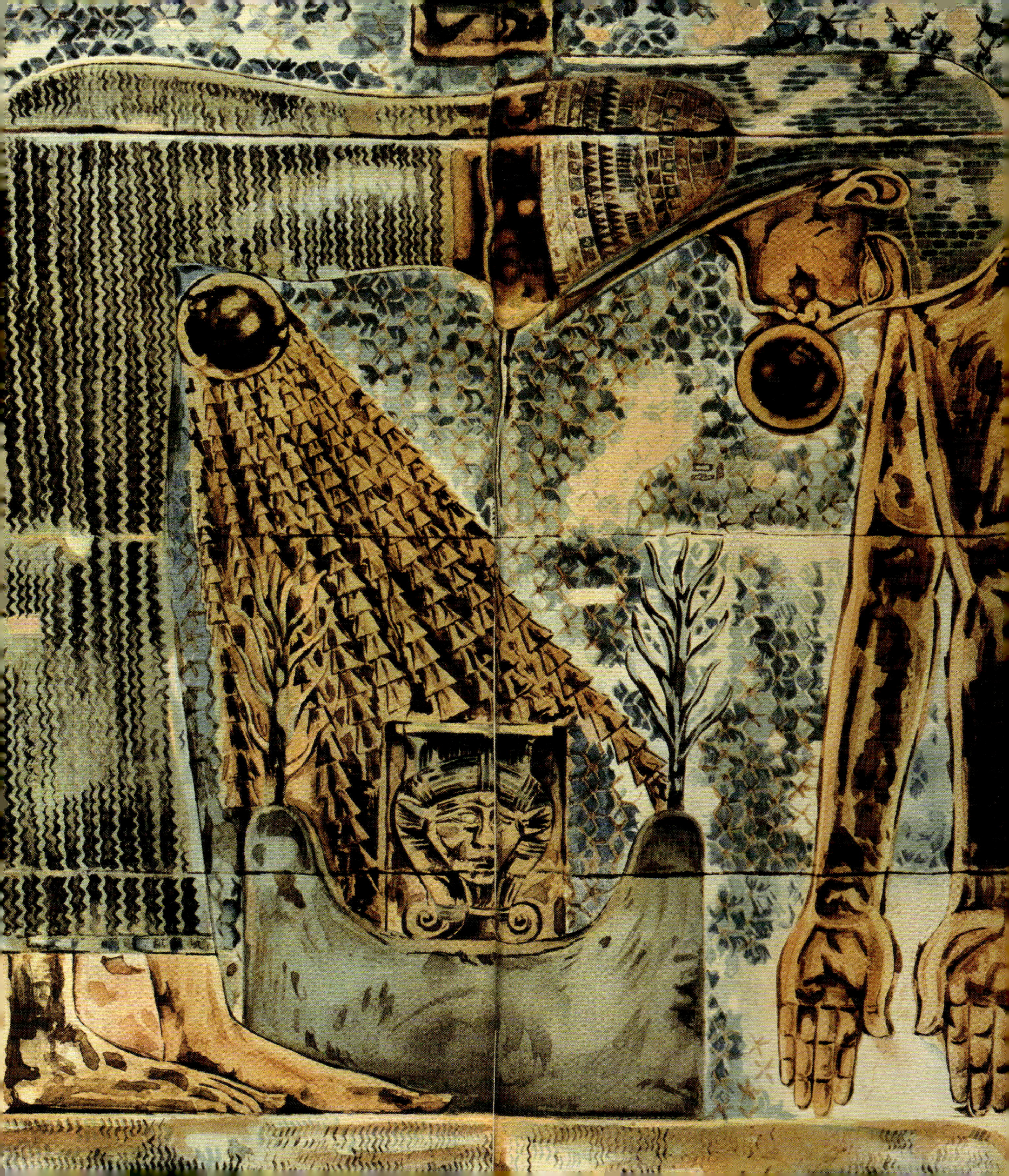

La vision du cosmos : l'univers de l'Ancienne Égypte

Günter Burkard

L'homme moderne doit sa vision du cosmos aux découvertes réalisées dans le domaine des sciences physiques et naturelles : la Terre est ronde, elle fait partie d'un système planétaire qui tourne autour du Soleil et s'intègre dans un gigantesque système galactique, la Voie lactée. À son tour, cette galaxie constitue un élément de cet univers dont nous sommes encore loin de pouvoir expliquer de manière définitive l'incroyable et presque infinie expansion.

De nombreuses questions n'ont d'ailleurs pas encore trouvé de réponse définitive : d'où vient le cosmos ? A-t-il véritablement pour origine la formidable explosion primordiale du big bang ? Combien de temps encore son expansion va-t-elle se poursuivre ? Et comment tout cela va-t-il finir ? L'univers se repliera-t-il un jour sur lui-même ? La seule certitude dont nous disposons est que le Soleil s'éteindra d'ici à quelques milliards d'années, ce qui nous paraît pour l'instant inconcevable. La Terre aura alors également cessé d'exister.

Il y a encore quelques siècles, la vision du monde reposait, à l'inverse, sur le géocentrisme : la Terre était le centre de l'univers, autour duquel tournaient le Soleil, la Lune et les étoiles. L'un des premiers à avoir osé mettre en doute cette conception, fondée pour l'essentiel sur la théologie, Galilée, fut accusé de sorcellerie par l'Église. Sa réhabilitation officielle ne date d'ailleurs que de quelques années seulement.

Remontons maintenant le temps de quelques millénaires afin d'examiner la conception de l'univers dans l'Ancienne Égypte, la manière dont on se représentait alors le cosmos. Rapidement, force est de constater que celle-ci est également empreinte de géocentrisme, plus précisément même d'« égyptocentrisme ». Avant tout, nous nous apercevons très vite que les Égyptiens se posaient à peu près les mêmes questions que nous : d'où vient l'univers, comment se maintient-il et quelle sera sa fin ? À cette époque où les sciences physiques et naturelles n'existaient pas, la spéculation théologique occupait certes une place importante, toutefois elle ne régissait pas tout. L'observation des phénomènes naturels, de la course du soleil comme du cycle des saisons ou du retour annuel de la crue du Nil, jouait également un rôle considérable.

Très vite, nous remarquons aussi que tous les Égyptiens ne partageaient pas la même vision du monde. Des cosmogonies en partie très différentes les unes des autres furent en effet élaborées dans les divers centres religieux, notamment à Hermopolis en Moyenne-Égypte ou à Memphis, l'ancienne capitale, ainsi que plus tard à Esna ou à Edfou, en Haute-Égypte. Les prêtres du temple d'Héliopolis jouèrent certainement un rôle déterminant dans la création du système théologique établi autour du dieu solaire Rê.

Malgré toutes les différences qui les séparent, on distingue certaines lignes directrices communes à tous ces concepts ; selon les Égyptiens, l'univers était divisé en trois régions différentes : le monde souterrain, la terre et le ciel. Le monde souterrain abritait le royaume des morts et des dieux de l'au-delà, notamment du dieu funéraire Osiris. Le monde terrestre appartenait aux vivants, aux hommes, ainsi qu'à l'ensemble des créatures animées. Le ciel, enfin, accueillait les divinités cosmiques, plus particulièrement le dieu solaire, la lune et les étoiles.

On ne se représentait pas encore la Terre ronde ; cette découverte fut réservée aux philosophes grecs. C'est pourtant en Égypte que le grec Ératosthène fut le premier à évaluer la circonférence de la Terre au IIIe siècle avant J.-C.

Pour les Égyptiens, la terre était encore un disque ceint par les eaux primordiales du Noun. Elles avaient pour centre l'Égypte, ce qui explique l'expression « égyptocentrisme ». Du fait que les eaux du Noun entouraient également les deux autres parties du monde, le monde souterrain et le ciel, l'univers était entièrement baigné par un incommensurable Océan primordial. Le Nil aussi devait son existence au Noun, qui le crachait notamment au moment de la crue annuelle. C'est encore ce dernier qui avait donné naissance aux terres. Si l'on en croit l'un des mythes de la création, le Noun aurait en premier lieu engendré la « butte primordiale » de et sur laquelle serait ensuite né l'ensemble des êtres vivants.

Au-dessus de la terre, on s'imaginait le ciel comme une sorte de voûte ; il s'agissait surtout d'un décor traversé chaque jour par le dieu solaire Rê, dont la barque s'enfonçait le soir à l'« horizon occidental » vers le monde souterrain. Durant la nuit, il poursuivait sa course en direction de l'est pour réapparaître le matin à l'« horizon oriental ». Pendant son voyage nocturne, le ciel accueillait le dieu lunaire et les divinités stellaires. Quatre piliers disposés aux quatre coins de la terre soutenaient cette partie de l'univers.

Examinons d'un peu plus près ces trois régions cosmiques. Le monde souterrain abritait entre autres le royaume d'Osiris, le dieu des morts. C'est là que se rendaient les défunts, là qu'ils se présentaient devant le tribunal de l'au-delà présidé par Osiris, et là que commençait, s'ils avaient été « justifiés », leur existence bienheureuse au royaume des morts. Parallèlement à cette idée d'une vie après la mort qui aurait été le reflet de la vie sur terre, on rencontrait des conceptions plus sombres. L'au-delà était considéré comme un monde rempli de dangers et de terreurs que seul l'initié était capable de surmonter.

Chaque nuit, le dieu solaire Rê surgissait dans ce monde hasardeux qu'il traversait d'ouest en est en douze heures, debout dans une barque tirée par diverses divinités et protégée par d'autres, dont Seth, le puissant et violent dieu auquel on attribuait par ailleurs le rôle d'ennemi divin. Cette protection était nécessaire, car d'innombrables êtres démoniaques menaçaient Rê, parmi lesquels son ennemi le plus terrible, le puissant serpent Apophis. Au cours de son voyage nocturne, Rê apportait brièvement la lumière, source de vie, aux êtres habitant les différentes régions du monde souterrain.

La géographie du monde souterrain donne elle aussi lieu à diverses conceptions, toutes cependant très précises. Elles sont largement documentées sous forme de cartes dans les textes et les représentations. Ces guides de l'au-delà sont tous destinés à permettre au défunt de s'orienter

41. La déesse du ciel Nout
Dendéra, temple d'Hathor, plafond de la chapelle du Nouvel An ; époque gréco-romaine, Ier siècle av. J.-C.
La déesse Nout avale le soleil couchant représenté ici devant sa bouche et engendre au matin le soleil levant dont les rayons irradient le temple d'Hathor à Dendéra. Ce dernier est symbolisé par un chapiteau décoré de la tête de la déesse Hathor.

42. Le voyage nocturne du dieu solaire dans sa barque
Papyrus mythologique d'Hérouben (détail) ; Troisième Période Intermédiaire, XXI⁰ dynastie, vers 990 av. J.-C. ; papyrus peint ; haut. : 23,5 cm ; Le Caire, Musée égyptien, sans numéro.
La barque est tirée par quatre chacals sous lesquels sont représentées quatre divinités-cobras qui lèvent les bras en signe d'adoration. Dans la barque, le dieu est assis, encadré par Horus et Thot, debout derrière lui, et Seth, devant lui, transperçant de sa lance le serpent Apophis qui entoure la barque et se dresse menaçant à l'avant. À l'arrière de la barque, une divinité à tête de lion découpe Apophis, dont le corps est transpercé de plusieurs couteaux.

dans le monde souterrain et à le protéger de ses dangers. Représentés sous les noms, entre autres, de *Livre des Deux Chemins*, *Livre des Portes*, *Livre des Cavernes* et *Livre de la Terre*, nous les avons retrouvés en particulier sur les parois des tombes royales du Nouvel Empire, mais aussi dans les manuscrits sur papyrus ou, dans le cas du *Livre des Deux Chemins*, sur le fond de sarcophages. Hormis l'*Amdouat*, autrement dit le *Livre de ce qu'il y a dans le monde souterrain*, le document le plus répandu était le *Livre des Morts*, rouleau de papyrus déposé dans la tombe aux côtés du défunt, dont il nous est parvenu d'innombrables exemplaires.

Le monde terrestre, en revanche, appartenait au vivant, son centre étant, comme nous l'avons dit, l'Égypte. Le Nil en constituait l'axe nord-sud, l'axe est-ouest étant formé par la course du soleil. Les frontières de l'Égypte étaient marquées au sud par les rapides de la Première Cataracte, au nord par la côte méditerranéenne, à l'ouest et à l'est par les montagnes désertiques derrière lesquelles se levait et se couchait le soleil. Par-delà ces limites s'étendaient aux quatre points cardinaux les régions où régnaient le désordre, les pays étrangers, les royaumes ennemis, en bref tout ce qui n'était pas égyptien. Du reste, les Égyptiens s'orientaient par rapport au sud : ils se servaient du même mot pour exprimer « à droite » et « ouest » ; il en allait de même pour « à gauche » et « est ».

La voûte céleste ressemblait à une sorte de baldaquin soutenu par les quatre piliers installés aux quatre coins du monde. Selon une autre conception, il s'agissait de la déesse du ciel Nout penchée sur la terre : ses mains et ses pieds touchaient le sol, représentation correspondant aux quatre piliers célestes et son corps formait la voûte céleste. C'est là que le dieu solaire effectuait sa course orbitale, que la lune se levait et se couchait et que les étoiles apparaissaient. Le soir, Nout avalait le soleil pour l'engendrer à nouveau le matin. De la même manière, les étoiles parcouraient le corps de la déesse du ciel durant le jour. La pluie s'expliquait par un écoulement sporadique des eaux primordiales du Noun, qui entourait également le ciel. Les différentes régions célestes font elles aussi l'objet d'une vision précise. Elles sont particulièrement bien décrites dans les *Textes des Pyramides* des rois de l'Ancien Empire.

Il reste néanmoins à savoir comment ce monde a vu le jour, comment il se maintient et comment il va finir. Les réponses à ces questions sont abordées dans le cadre de différents mythes de la création. Prenons pour exemple l'un des récits racontés à la première personne par le démiurge Atoum. Ce rouleau de papyrus, empreint de la cosmogonie d'Héliopolis, date du IVe siècle avant J.-C.

Au commencement était l'Océan primordial, le Noun, dans lequel dérivait le démiurge alors inerte, encore inactif. Cette situation originelle, ce monde chaotique et désordonné, ne résultait pas d'un acte créatif conscient, elle préexistait, tout simplement. Au terme d'un temps très long, qui ne peut être précisé, le démiurge sortit du Noun, après avoir trouvé un endroit « sur lequel me tenir » comme il dit. Il s'agissait de la butte primordiale à l'instant surgie du Noun. Ensuite, poursuit-il, « j'ai produit l'excitation avec mon poing, je me suis masturbé avec ma main et j'ai expectoré (la semence) par ma bouche : j'ai craché Shou et j'ai expectoré Tefnout ».

C'est ainsi que fut engendré le premier couple divin formé par Shou, le dieu de la vie, de l'air et de la lumière, et Tefnout, la déesse de l'humidité. Le dieu primordial lui-même était donc androgyne, il était à la fois le père et la mère des dieux. De Shou et de Tefnout naquirent de manière aussi peu précise Geb, le dieu de la terre, et Nout, la déesse du ciel. Shou souleva alors Nout au-dessus de Geb gisant et engendra ainsi le monde terrestre et la voûte céleste. L'union sexuelle entre Geb et Nout donna finalement naissance aux dieux Osiris, Isis, Seth et Nephthys. L'ennéade d'Héliopolis réunie au complet, la création put se poursuivre.

Les autres conceptions de la naissance du monde présentaient des similitudes mais également des différences radicales sur certains points. À Hermopolis, par exemple, on attribuait l'origine du monde à l'Ogdoade, un groupe de huit divinités, associées par couple. À Memphis, c'était au dieu créateur Ptah, « dans le cœur duquel », autrement dit dans la pensée duquel, était née la volonté de création qu'il avait ensuite formulée par des mots. Dans ce cas, la création s'était réalisée par le Verbe, tout comme dans la religion chrétienne.

On remarque que la création ou plutôt la naissance des hommes n'est mentionnée que de manière occasionnelle, voire accessoire et toujours très brève. Dans le récit de la création par Atoum, que nous avons évoqué plus haut, il est dit : « Tandis que je pleurais …, les hommes vinrent à l'existence tels des larmes sorties de mon œil. » Cette métaphore doit son existence à la grande importance accordée aux jeux de mots dans la pensée mythologique égyptienne. Les mots égyptiens signifiant « larmes » et « hommes » relèvent en effet d'une analogie verbale évidente.

Le cosmos n'offrait pas l'image d'un organisme statique, mais plutôt celle d'une structure liée à des événements dynamiques, ou même cycliques. Il ne s'agissait pas d'un monde créé une fois pour toutes, mais

CULTE DIVIN ET CULTE FUNÉRAIRE

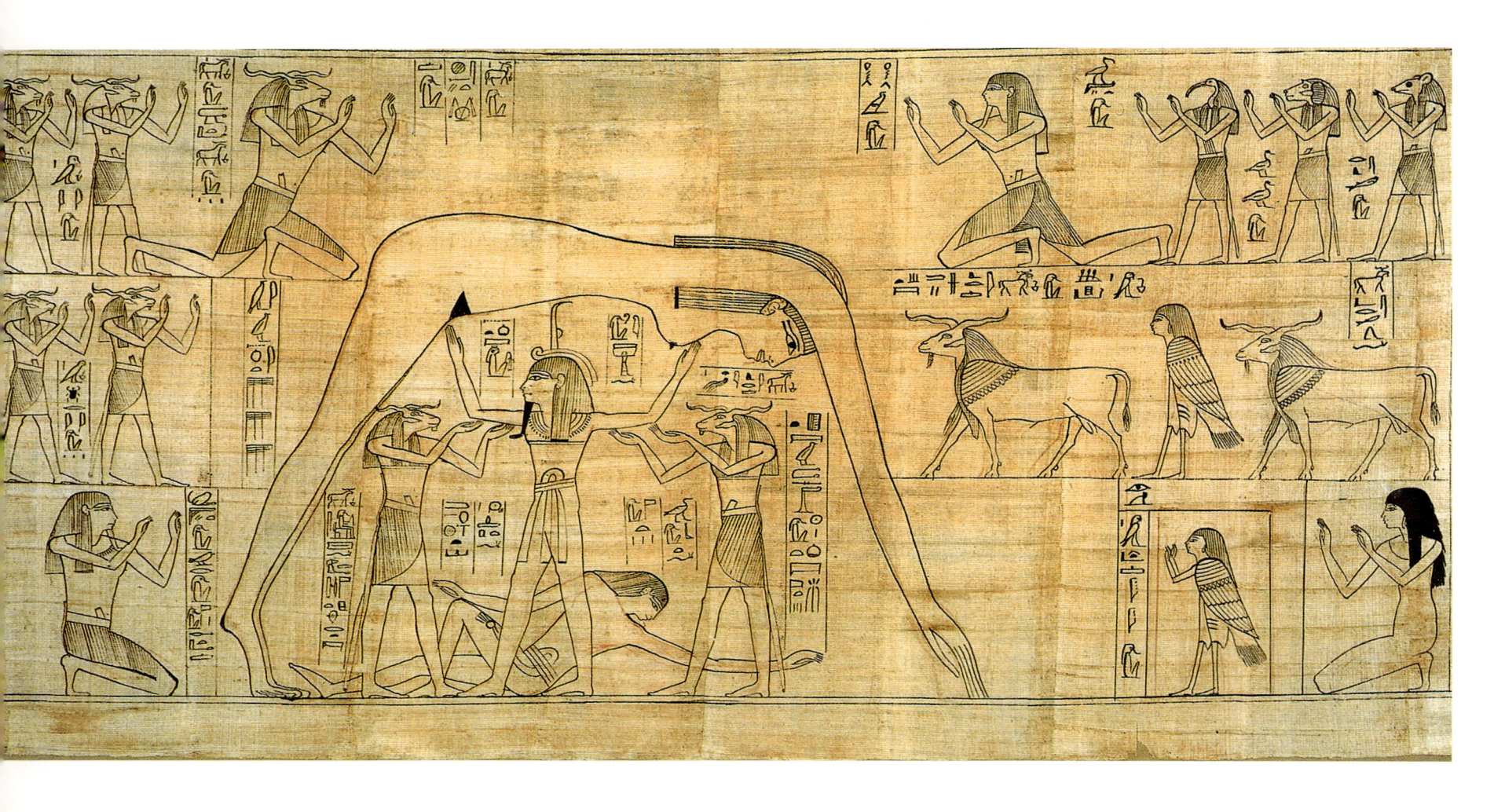

43. La naissance du ciel et de la terre
Papyrus Greenfield (Feuillet 87) : *Livre des Morts* de Nésitanebashérou (détail) ; Troisième Période Intermédiaire, XXIe dynastie, règne de Psousennès Ier, vers 1025 av. J.-C. ; papyrus manuscrit ; haut. : 47 cm ; Londres, British Museum, EA 10554.
Le dieu Shou, soutenu par deux divinités criocéphales, soulève la déesse du ciel Nout au-dessus du dieu de la terre Geb gisant, allégorie de la naissance du ciel et de la terre. Nout est représentée les mains et les pieds touchant la terre, son corps formant la voûte céleste.

44. La Vache du Ciel
Thèbes, Vallée des Rois, tombe de Séthi Ier ; Nouvel Empire, XIXe dynastie, vers 1280 av. J.-C. ; (aquarelle de Robert Hay).
À partir du Nouvel Empire, le ciel est également conçu sous la forme d'une vache. Plusieurs dieux soutiennent ici la Vache du Ciel ; au centre, Shou supporte de ses bras le corps de la vache, dont le ventre est parsemé d'étoiles illustrant le ciel nocturne. Il apparaît dans la même attitude que celle où il est représenté avec la déesse Nout.

CULTE DIVIN ET CULTE FUNÉRAIRE

45. La salle hypostyle de Ptolémée VIII Évergète II
Philae, temple d'Isis ; époque ptolémaïque, vers 150 av. J.-C. ; (planche réalisée par Lepère pour la *Description de l'Égypte*, tome I, pl. 18, 1809).
Le temple, véritable microcosme : les colonnes aux motifs végétaux s'élèvent du marais primordial, la terre ; elles portent le plafond du temple, qui n'est autre que le ciel. Au-dessus de l'entrée, le dieu solaire est représenté dans sa barque au centre de la scène, accueilli par plusieurs divinités en adoration. En haut, à droite, la déesse du ciel Nout et un ciel constellé d'étoiles se détachent sur le plafond, illustrant le ciel nocturne. Sur les murs et les colonnes se répète l'effigie du pharaon accomplissant le rituel devant diverses divinités.

d'un phénomène en perpétuelle répétition, dont la course journalière du soleil dans le ciel représentait l'expression la plus évidente. C'est pour cette raison que l'on parle d'une « première fois » de la création, suivie d'innombrables autres. Dans cette conception, l'observation des phénomènes naturels jouait certainement un rôle considérable. Le cycle de la nature se manifestait dans la course journalière du soleil, dans les phases de la lune, le cycle des saisons mais aussi dans la crue annuelle du Nil. C'est à partir de ces différents cycles que les Égyptiens élaborèrent leur concept du renouvellement régulier des événements. Ainsi, chaque souverain devait, par exemple, réorganiser le monde, vaincre le chaos et unir « les Deux Terres », autrement dit l'Égypte, lors de son accession au trône.

Ce cycle était cependant constamment menacé de destruction et par conséquent d'interruption. Il suffisait de songer à la menace qui planait toutes les nuits sur le dieu solaire lors de sa traversée du monde souterrain. Une telle interruption signifiait bien sûr la fin du monde. C'était donc à grands frais, surtout à l'occasion des rituels quotidiens des temples, que l'on s'efforçait d'affronter ce danger et de maintenir l'ordre et la bonne marche du monde. C'était d'ailleurs l'une des tâches essentielles du pharaon, véritable responsable de l'accomplissement du rituel. Les murs de tous les temples égyptiens étaient couverts de représentations de ces cérémonies mettant en scène le pharaon lui-même. Parallèlement au concept du cycle cosmique, les Égyptiens avaient conscience de l'écoulement linéaire du temps ; les hommes naissent et meurent, les générations se suivent, les souverains se succèdent. Les diverses Listes royales sur lesquelles figurent les noms des pharaons depuis les temps primordiaux, et qui couvrent donc une longue succession de générations de souverains, illustrent parfaitement cette conscience. C'est sans doute en raison de la représentation linéaire des événements du monde que l'idée d'un commencement s'accompagnait de celle d'une fin. Écoutons à nouveau ce que dit le démiurge lui-même à ce propos ; il s'agit toujours d'Atoum, mais cette fois dans un passage du *Livre des Morts* : « Mais moi, je détruirai tout ce que j'ai créé. Ce monde reviendra à l'état des eaux primordiales, à l'état du flot primordial, comme à son commencement. Je suis ce qui restera avec Osiris. » La fin du monde ne s'opère pas sous la forme d'un effondrement du cycle naturel, mais résulte d'un acte conscient inverse à celui de la création. Quoi qu'il en soit, elle ne survient, comme il est indiqué dans le même texte, qu'« après des millions d'années ».

Le meilleur moyen de se faire une idée concrète de la conception égyptienne de l'univers reste la visite d'un temple égyptien, notamment de la Basse Époque. On peut y voir, représenté dans la pierre, le monde tel que les Égyptiens le voyaient : le temple égyptien est un univers en miniature. Cette idée se vérifie dès l'approche des murs d'enceinte. Il ne s'agit pas d'alignements droits de pierre ou de brique crue, mais de murs ondulés qui, rappelant des vagues montantes et descendantes, ont été interprétés comme le symbole du flot primordial entourant l'univers. Le temple lui-même est en général construit sur une hauteur, parfois artificiellement remblayée ; dans tous les cas, le sol menant aux pièces situées à l'arrière du temple, au saint des saints, monte légèrement. Ce qui rappelle la butte primordiale émergée du Noun.

Les deux imposants pylônes par lesquels on pénètre dans le temple représentent l'horizon, les deux buttes entre lesquelles le soleil se lève et se couche. Du sol du temple, autrement dit de la surface terrestre, on descend dans les cryptes, c'est-à-dire le monde souterrain. Les colonnes papyriformes et lotiformes qui s'élèvent du sol, tels les papyrus et les lotus surgis du marais primordial, symbolisent en même temps les piliers célestes. Soutenant le plafond du temple, elles portent également le ciel. Si l'on lève la tête, on peut voir cette idée traduite à la fois dans l'architecture et dans la décoration. Sous nos yeux s'étendent les représentations des divinités célestes, notamment des dieux faucon et vautour, du ciel nocturne constellé d'étoiles ou de la déesse du ciel Nout en personne.

CULTE DIVIN ET CULTE FUNÉRAIRE

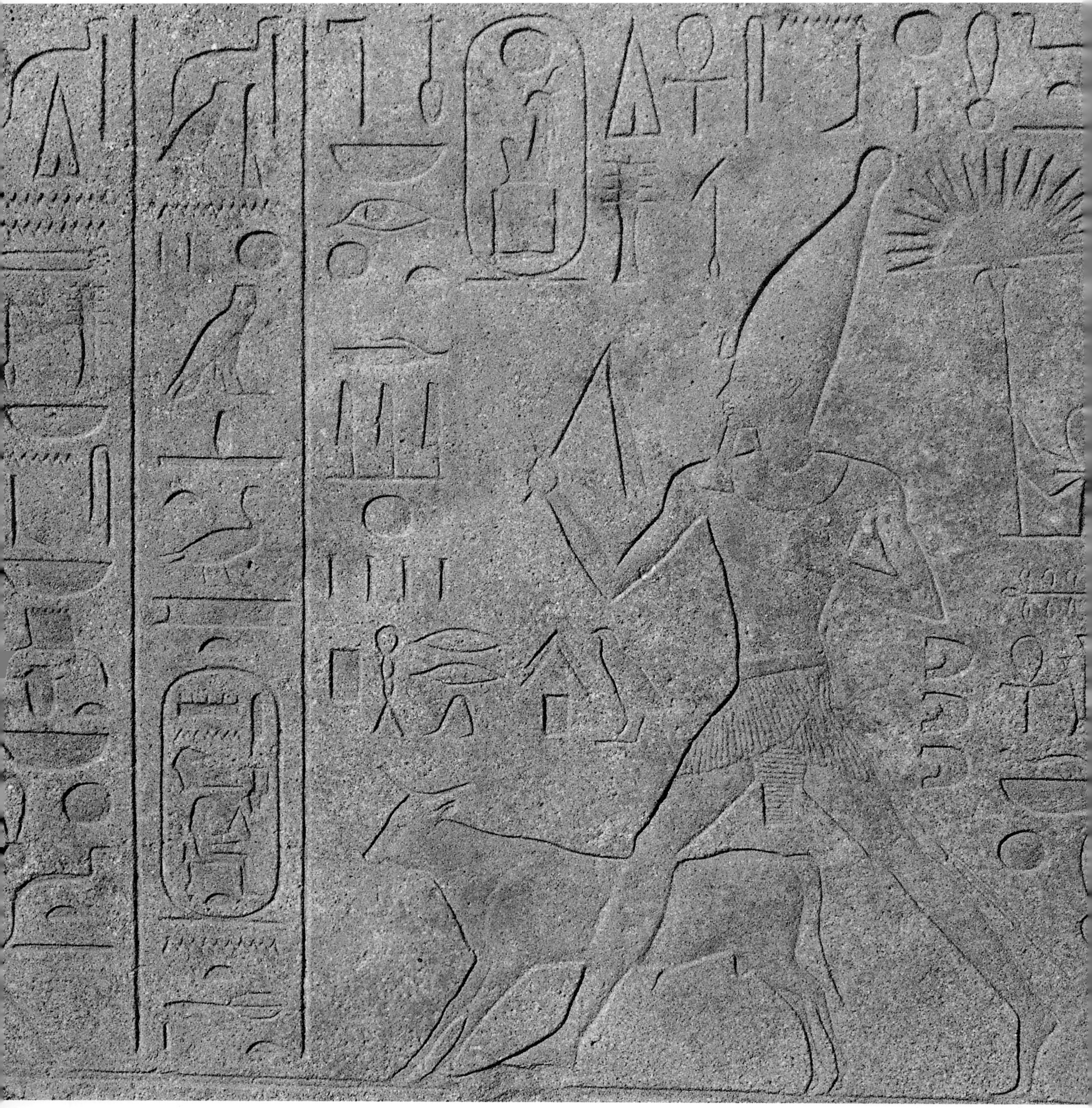

Les fêtes royales et religieuses

Joachim Willeitner

Contrairement aux us et coutumes de notre monde moderne, il ne semble pas que les fêtes privées aient joué un rôle primordial dans la vie quotidienne des Égyptiens. En ce temps-là, les anniversaires, les fêtes, les mariages, etc. ne donnaient manifestement lieu à aucune célébration particulière durant l'année, conséquence naturelle de la réalité culturelle de l'époque. De même, il n'existait pas d'acte officiel pour l'attribution du nom des nouveau-nés, correspondant à la cérémonie du baptême chrétien ou à la déclaration administrative à l'état civil. Bien que largement pratiquée, la circoncision n'avait pas non plus de rapport avec ces coutumes, puisqu'elle intervenait visiblement plus tard dans la vie de l'enfant. Les habitants du Nil ne connaissaient d'ailleurs ni les saints patrons ni le calendrier correspondant. Néanmoins, certaines personnalités marquantes, tels Imhotep, Héqaib ou Amenhotep, le fils d'Hapou, devinrent de vrais saints après leur mort ; on célébra même l'anniversaire de la naissance, de la mort et des funérailles du premier.

Le mariage ne représentait pas non plus un acte officiel. Les membres du couple se déclaraient mutuellement leur volonté de s'unir et partageaient le même logement sans que soit pour autant organisée une cérémonie en présence d'un prêtre ou d'un fonctionnaire (pourtant chaque citoyen était recensé en vue de la levée de l'impôt). La naissance d'un enfant constituait certainement un événement important au sein de la famille concernée, ne serait-ce que parce qu'une descendance nombreuse assurait les parents de bénéficier dans leur vieillesse de l'assistance dont ils auraient besoin ; pour l'accouchement, comme d'ailleurs pour les décès, on s'octroyait une journée de congé. Néanmoins, rien ne laisse véritablement penser que chacun songeait chaque année à son propre anniversaire. Seules les mentions d'absence sur les listes d'ouvriers de Deir el-Médineh (« ... manqua à cause de sa fête ») pourraient être interprétées dans le sens contraire.

En revanche, la naissance du « roi-dieu », le futur pharaon, représentait un tel événement politique que l'ensemble du processus, de la procréation de l'enfant par le dieu de l'Empire Amon à sa naissance et à son allaitement par les nourrices divines, est représenté sur les reliefs des temples. À notre connaissance, cette circonstance ne donnait cependant pas non plus lieu à des célébrations publiques. D'après de vagues indications, on peut seulement imaginer qu'on organisait des fêtes triomphales à la suite d'importantes victoires militaires (lors, par exemple, de la conquête de Mégiddo sous Thouthmosis III), ainsi que des funérailles nationales à la mort du pharaon.

---

46. La course rituelle d'Hatshepsout
Karnak, temple d'Amon-Rê, Chapelle Rouge ; Nouvel Empire, XVIIIe dynastie, vers 1460 av. J.-C. ; grès silicifié ; haut. : 60 cm environ ; Karnak, Musée de plein air, sans numéro.
La fête royale la plus importante était la fête-*sed*, organisée la trentième année de règne du souverain puis tous les trois ans. Comme peu de pharaons atteignaient ce jubilé, il s'agissait d'un événement rare. De temps à autre, on l'avançait, toujours lorsque la dernière fête-*sed* datait de trop longtemps. Dans le cadre des divers rites qui l'accompagnaient, le souverain devait notamment se livrer à une course rituelle semblable à celle que la reine Hatshepsout exécute ici, accompagnée du taureau Apis, sur ce relief provenant de la Chapelle Rouge, le sanctuaire des barques dans le temple Amon de Karnak.

47. Aménophis III et Tiy
Soleb, temple d'Aménophis III, 2e cour (détail) ; Nouvel Empire, XVIIIe dynastie, vers 1360 av. J.-C. ; grès.
À partir du Nouvel Empire, l'épouse du souverain joue un rôle de plus en plus important dans le déroulement de la fête-*sed*, comme ici la reine Tiy, épouse d'Aménophis III, que l'on reconnaît à sa coiffure à double plume. Sur ce détail de la fête largement illustrée dans le temple de Soleb, en Nubie, elle accompagne son époux qui se tient devant elle, coiffé de la couronne de la Basse-Égypte, dans les diverses cérémonies du culte. Il en va de même aux époques ultérieures, pour Osorkon II et son épouse Karomama (voir p. 277, ill. 7).

48. Linteau de porte de Sésostris III
Médamoud, monument du jubilé ; Moyen Empire, XIIe dynastie, vers 1860 av. J.-C. ; calcaire ; haut. : 157 cm ; Le Caire, Musée égyptien, JE 56497 A.

Au cours de la fête-*sed*, le pharaon se soumettait, vêtu du manteau de *heb-sed*, à divers rites de rajeunissement et de naissance. Sur la scène représentée ci-dessus, des emblèmes personnifiés de la Haute et de la Basse-Égypte offrent de manière symbolique les innombrables années de règne au souverain. Au cours des divers rites, le pharaon, ici Sésostris III, est représenté deux fois dans la même action (une fois avec la couronne de la Basse-Égypte, une fois avec celle de la Haute-Égypte), sous un baldaquin de fête caractérisé par une sorte de toit courbé. Le hiéroglyphe *sed* formé par la double chapelle portant ce toit particulier est souvent remis au pharaon par les dieux, en symbole de pérennité de son règne, comme en témoignent de nombreux reliefs de temple.

49. Les naos d'Osorkon II
Boubastis, temple de Bastet, bloc d'une porte d'entrée ; Troisième Période Intermédiaire, XXIIe dynastie, vers 850 av. J.-C. ; granit rose.

Parmi les rites de la fête-*sed*, le pharaon devait présenter l'offrande devant les naos des dieux. Ce relief, qui décrit le déroulement de la fête, fait partie d'une porte d'entrée, aujourd'hui totalement détruite, du temple de Bastet érigé à Boubastis sous Osorkon II. Comme les représentations analogues, il illustre toutes les chapelles divines renfermant leurs idoles (ici celles d'Horus, de Neith et d'une autre divinité masculine) posées les unes à côté des autres, de sorte qu'il est possible qu'elles aient été apportées des quatre coins du pays au moment de la fête. Sur la pierre très érodée, on distingue Osorkon II, représenté agenouillé devant les dieux en bas et à droite de chaque naos.

452   CULTE DIVIN ET CULTE FUNÉRAIRE

50. L'or de la récompense
Saqqara, tombe d'Horemheb ; Nouvel Empire, XVIIIe dynastie, règne de Toutânkhamon, vers 1325 av. J.-C. ; Leyde, Rijksmuseum van Oudheden, H. III. QQQ.
Une occasion était donnée de faire la fête notamment lorsque le pharaon accordait une distinction particulière aux citoyens de mérite. Sous le règne d'Akhénaton, on affectionnait particulièrement à cette occasion la cérémonie de la remise de l'or de récompense. À en croire les reliefs provenant de sa capitale, le souverain de Tell el-Amarna jetait de la fenêtre des apparitions de son palais des colliers en or massif de près de 7 kg dans la foule en liesse. Le général et futur pharaon Horemheb est ici représenté dans sa tombe de Saqqara portant autour du cou plusieurs de ces distinctions qu'il a vraisemblablement reçues des mains de Toutânkhamon.

En contrepartie, nous ne manquons pas d'informations en ce qui concerne un événement fêté par tous les souverains ayant atteint leur trentième année de règne. Manifestement, certains la célébraient par avance lorsqu'ils voyaient qu'ils ne parviendraient pas à vivre jusqu'à cette date. Il s'agissait de la *fête-sed*. Destinée avant tout à prouver que le pharaon était encore physiquement capable de diriger le pays, elle comprenait, outre une course rituelle à laquelle le souverain devait se soumettre, de multiples rites régénérateurs et rajeunissants. Ramsès II, qui vécut suffisamment longtemps pour célébrer plus d'une douzaine de *heb-sed* au rythme d'une fête tous les trois ans après la toute première, fêtait le jubilé de son règne avec le faste qui s'imposait, en invitant régulièrement des délégations étrangères. Il confiait au prince héritier, son fils Khâemouaset, le soin d'organiser le spectacle.

Déjà dans le complexe funéraire de Djéser à Saqqara, complexe monumental, le premier à avoir été édifié en pierre, se trouvent parmi les édifices qui entourent la pyramide de vastes installations uniquement réservées aux célébrations de cette fête-sed. Djéser, qui n'atteignit pas sa trentième année de règne, put au moins ainsi se livrer aux festivités dans l'au-delà. Il en va de même pour Niouserrê, qui a fixé pour l'éternité les scènes de cette fête sur les murs de son temple solaire à Abou Gourob. Néanmoins, ce sont les reliefs du temple nubien d'Aménophis III à Soleb qui nous fournissent le plus de détails sur le déroulement des rites. Ils sont complétés par les représentations figurant sur les blocs, dispersés dans les musées du monde entier, d'une porte du temple d'Osorkon II à Boubastis, au centre du Delta. Le rituel du couronnement décrit sur le Papyrus dramatique du Ramesséum devait également avoir sa place dans les cérémonies de cette fête de rajeunissement.

Des festivités publiques étaient également organisées à chaque fois que le pharaon décernait personnellement une distinction aux citoyens de mérite. À cette occasion, le souverain remettait l'or de la récompense, des colliers en or massif pouvant peser plus de sept kilos.

La plupart des fêtes se répétaient tous les ans, selon un rythme lié au calendrier des trois saisons de l'inondation (*akhet*), de la germination (*peret*) et de la moisson (*shemou*), qui couvraient chacune quatre mois. Ainsi, la première fête de portée nationale célébrait le début de l'année, qui tombait au beau milieu de l'été et était marqué par l'arrivée de la crue du Nil et la réapparition de Sirius, divinité féminine du nom de Sothis pour les anciens Égyptiens.

De dimension parfois régionale seulement, les fêtes annuelles suivantes étaient toujours associées à des divinités particulières. Dans ce domaine, nos sources les plus importantes sont constituées par les Calendriers des Fêtes gravés sur les murs des temples, qui nous révèlent les dates des manifestations correspondantes. Très souvent, à l'occasion de ces réjouissances, les prêtres sortaient en grande pompe les idoles divines de leurs naos pour les porter en procession sur des barques portatives, ce qui donnait lieu à des spectacles de musique et de danse dans les environs des temples. Certes, les statues de culte étaient placées dans des petits naos afin de les protéger des regards non autorisés de la foule massée le long du

CULTE DIVIN ET CULTE FUNÉRAIRE

51. Calendrier des Fêtes
Kôm Ombo, 2ᵉ salle hypostyle ; époque ptolémaïque, règne de Ptolémée VI Philopator, vers 170 av. J.-C. ; grès.
Les nombreuses fêtes qui se déroulaient tous les ans à la même date sont largement documentées par les Calendriers des Fêtes représentés sur les murs des temples, comme ici à Kôm Ombo, dans le temple dédié à Sobek et à Haroëris : sur la colonne située à l'extrême droite figurent les dates, les hiéroglyphes en forme de rond indiquant le mois, les petits traits verticaux le chiffre et l'arc la dizaine du jour (exemple : 2 arcs 5 traits = 25ᵉ jour) ; à gauche de la colonne, les noms des fêtes correspondantes sont inscrits en vis-à-vis. Aucune indication n'est fournie ici en ce qui concerne le déroulement de la fête ou la quantité des offrandes. Les fêtes qui dépassaient le cadre de la région pouvaient prendre une telle ampleur que même le mois durant lequel elles avaient lieu portaient leur nom. Ainsi, le 2ᵉ mois de la saison de l'inondation était populairement baptisé d'après la Fête d'Opet *Paophi* (« celui d'Opet »).

52. La sortie de la barque d'Horus
Edfou, pylône, côté cour ; époque ptolémaïque, règne de Ptolémée XII Néos Dionysos, vers 70 av. J.-C. ; grès.
Le point culminant de chaque fête religieuse était constitué par la « sortie » des dieux, installés pour l'occasion dans des barques portatives, que les prêtres menaient sur leurs épaules en de joyeuses processions. La plupart du temps, ces cortèges se rendaient au temple de la divinité du sexe opposé afin de réunir brièvement le couple divin pour lui permettre de se livrer, au plus fort de la fête dans les sanctuaires, à l'« union sacrée ». Le plus connu est le voyage annuel qu'Horus effectuait sur le Nil entre Edfou et Dendéra, où il retrouvait Hathor. La barque du dieu était transportée dans un bateau d'apparat dont la proue et la poupe étaient ornées d'une égide présentant la tête de faucon d'Horus. Pour descendre le fleuve, on se laissait porter par le courant, accélérant l'allure à l'aide de rames ; au retour, on hissait la voile afin de profiter du vent qui soufflait en permanence du nord au sud.

cortège, néanmoins le public pouvait profiter de cette occasion pour leur poser des questions et leur adresser des requêtes. Les réponses leur étaient fournies par des mouvements particuliers de la barque, manipulée par les prêtres. Grâce à ce type d'oracle divin, plusieurs prétendants au trône, dont l'accession au pouvoir leur était contestée, obtinrent ainsi définitivement le titre de pharaon par subreption.

Souvent, les barques servant à transporter les idoles étaient chargées sur de véritables bateaux et acheminées par voie fluviale. On avait recours à ce moyen lorsque l'idole devait être transportée sur la rive opposée du Nil, ce qui était le cas tous les dix jours, par exemple, pour permettre à la statue d'Amon de se rendre du temple de Louqsor, sur la rive orientale, au sanctuaire de Médinet Habou, sur la rive occidentale, ou lorsque les dieux devaient parcourir de vastes distances pour se rendre visite, notamment entre Dendéra et Edfou en ce qui concernait Hathor et Horus. À Edfou, on organisait par ailleurs pour le public des jeux cultuels sur le thème du duel entre Horus et Seth. Sur les reliefs du temple, la mise à mort de Seth par le dieu-faucon, qui vengeait ainsi le meurtre de son père Osiris, était simulée sur un hippopotame en pâte à pain.

Les plus célèbres fêtes processionnelles se déroulaient dans la région de Thèbes : la Belle Fête d'*Opet*, au milieu du deuxième mois de la crue, à partir du Nouvel Empire, et la Belle Fête de la Vallée, dès le Moyen Empire, le jour de la nouvelle lune du deuxième mois de la moisson. Lors de la première manifestation, le dieu Amon, originaire du temple de Karnak, se rendait, accompagné de son épouse Mout et de leur fils Khonsou, le dieu lunaire, au temple de Louqsor que l'on désignait alors comme son « harem » (*Opet*). La position inférieure occupée par le temple de Louqsor dans le culte se manifeste déjà par son axe qui, contrairement à ce qu'on pourrait attendre, n'est pas orienté vers le Nil mais dans une direction parallèle au fleuve, vers le temple d'Amon-Rê aménagé plus au nord, auquel il est du reste relié par une fastueuse allée bordée de sphinx. Pour effectuer le parcours d'environ trois kilomètres, les barques divines n'empruntaient toutefois pas cette voie prestigieuse mais le fleuve. Les reliefs du temple de Louqsor datant du règne de Toutânkhamon, d'Horemheb et de Ramsès II illustrent avec force détails le déroulement de la fête, à laquelle participait toute la noblesse du royaume, aux côtés du petit peuple, des danseurs et des musiciens. On peut ainsi voir de longues files de bovins gras parés pour l'offrande accompagner les barques des dieux

CULTE DIVIN ET CULTE FUNÉRAIRE

53. Le bœuf paré pour l'offrande de la Belle Fête d'Opet
Louqsor, cour de Ramsès II ; Nouvel Empire, XIXe dynastie, règne de Ramsès II, vers 1250 av. J.-C.
Durant la fête d'*Opet*, les barques divines avaient pour destination les autels richement chargés d'offrandes du sanctuaire du temple de Louqsor. Les bœufs gras et parés, amenés en procession pour être abattus en l'honneur des dieux, étaient manifestement maintenus immobiles durant leur engraissage afin d'éviter qu'ils ne perdent inutilement une partie de leur masse corporelle, à tel point que leurs sabots ne s'usaient pas, formant des excroissances de corne à l'avant de l'ongle.

54. Les musiciens et acrobates
Karnak, temple d'Amon, Chapelle Rouge ; Nouvel Empire, XVIIIe dynastie, vers 1460 av. J.-C. ; grès silicifié ; haut. : environ 60 cm ; Louqsor, musée d'Art égyptien ancien J. 151.
À leur arrivée, la barque et la statue divines étaient accueillies par des danseuses qui exécutaient des acrobaties et un joueur de harpe, comme en témoigne ce bas-relief provenant de la Chapelle Rouge d'Hatshepsout, au temple d'Amon-Rê à Karnak. On retrouve des scènes semblables sur les murs du temple de Louqsor, ainsi que sur les blocs récemment découverts dans les décombres du temple funéraire d'Hatshepsout à Deir el-Bahari.

CULTE DIVIN ET CULTE FUNÉRAIRE

55. Scène de banquet
Thèbes, Dra Abou el-Naga, tombe de Nébamon (TT 146) ; Nouvel Empire, XVIIIe dynastie, vers 1430 av. J.-C. ; haut. : 61 cm ; Londres, The British Museum, EA 37986.
Même si rien ne l'indique expressément sur les scènes de banquet des tombes thébaines, on peut supposer qu'il s'agit la plupart du temps de représentations de la fête des morts organisée dans le cadre de la Belle Fête de la Vallée. Il est frappant de noter que ces scènes de repas funéraire ornent presque exclusivement les tombeaux de la XVIIIe dynastie. On y remarque une évolution du style, les personnages s'animent et la séparation entre les hommes et les femmes, au début si stricte, devient plus floue, comme c'est déjà le cas ici, dans la tombe de Nébamon.

56. Groupe de musiciennes
Thèbes, Sheikh Abd el-Gourna, tombe de Nakht (TT 52) ; Nouvel Empire, XVIIIe dynastie, vers 1490 av. J.-C.
La Belle Fête de la Vallée, qui se déroulait chaque année en présence du pharaon, était l'occasion d'une visite des dieux ayant pour but la procréation de l'enfant divin : Amon venait ainsi de Karnak rendre visite à la déesse Hathor, dans la Vallée qui porte aujourd'hui le nom de Deir el-Bahari. Afin que les défunts puissent eux aussi profiter des riches offrandes de cette procession, les habitants de Thèbes se rendaient dans les tombes de leurs parents en compagnie de serviteurs et de musiciens, comme en témoigne ici cette scène, pour faire la fête avec leurs morts. Si ces festivités privées étaient largement reproduites sur les murs des tombeaux, on trouve très rarement l'illustration de scènes de la cérémonie officielle et de la barque divine.

jusqu'aux tables d'offrande richement dotées. D'une durée initiale de onze jours, la fête finit par s'étaler sur vingt-sept jours.

Lors de la Belle Fête de la Vallée, qui durait plusieurs jours et qui dépassa rapidement les frontières de la région de Thèbes, la barque d'Amon se rendait du temple de Karnak à Deir el-Bahari, la Vallée située sur la rive opposée du Nil, puis à tous les temples funéraires des pharaons construits sur la rive occidentale de Thèbes, où étaient accomplis d'autres rites. Selon la croyance égyptienne, lors de la procession du dieu les offrandes faites à ce dernier profitaient à tous les souverains défunts dont il visitait les temples funéraires. Le petit peuple espérait alors bénéficier un peu de ces offrandes pour ses propres morts. À la Basse Époque, notamment, on constate que les hauts fonctionnaires s'efforçaient d'installer leurs tombeaux le plus près possible de la voie empruntée par le cortège de la barque divine, cherchant également à en orienter l'entrée dans sa direction.

Néanmoins dans la vaste nécropole de Thèbes, même les parents des défunts qui avaient choisi de se faire inhumer à l'écart des manifestations officielles de la fête tiraient parti de l'événement : ils se rendaient joyeusement vêtus et parés sur les tombes pour y faire la fête avec leurs morts, conformément à leurs croyances. C'est ainsi qu'on en vint à se rendre compte que l'abus d'alcool mettait dans un état qui faisait oublier les réalités de ce monde et rapprochait soi-disant des morts. On comprend donc que chacun s'appliquait pendant cette fête à boire jusqu'à l'ivresse. C'est du reste pourquoi les peintures et les bas-reliefs des tombes thébaines ne montrent pas uniquement les aspects les plus gracieux des festivités. S'ils illustrent les moments durant lesquels les convives se font servir des plats, des boissons et des essences parfumées par des serviteurs et distraire par des musiciens, car pour les Égyptiens la fête signifiait « s'offrir une belle journée », on peut aussi parfois assister aux conséquences désagréables de leurs efforts pour atteindre le domaine des morts, de leur vivant : certains fêtards malades sont représentés en train de rendre.

La consommation immodérée d'alcool semble également avoir joué un rôle important dans d'autres occasions. Ainsi, l'une des premières fêtes

57. « Grimper pour Min »
Louqsor, cour de Ramsès II, intérieur du pylône ; Nouvel Empire, XIXᵉ dynastie, règne de Ramsès II, vers 1250 av. J.-C. ; grès.
Le rite de « grimper pour Min » représenté sur le pylône du temple de Louqsor était accompli dans le cadre de la fête donnée en l'honneur du dieu de la fertilité. Cette illustration a souvent été mal comprise des égyptologues. En effet, il ne s'agit pas de la description d'une performance sportive réalisée dans le cadre d'un acte rituel mais plutôt de la mise en place d'une sorte d'échafaudage destiné à accueillir une immense tente. Ce rituel caractérisait tellement l'ensemble de la fête qu'il la symbolise sur les très nombreuses représentations qui en sont faites sur les murs des temples. Ce rite n'est entièrement illustré qu'une seule fois, sur la Chapelle Blanche érigée sous Sésostris Iᵉʳ à Karnak.

58. Séthi Iᵉʳ lors de l'érection du pilier-djed
Abydos, temple de Séthi Iᵉʳ ; salle d'Osiris ; Nouvel Empire, XIXᵉ dynastie, vers 1285 av. J.-C. ; calcaire, polychromie.
Au cours de la seconde moitié du mois de *Khoiak*, le quatrième mois de la saison de l'inondation, avait lieu un grand événement : la Fête de Sokar, dieu traditionnel de Memphis. Le déroulement de ce culte étalé sur plusieurs jours, qui comprenait entre autre le « rite d'ouvrir la terre » et le port de colliers d'oignons, trouvait son point culminant dans le rite de « la sortie de Sokar » dans sa barque que l'on tirait sur un traîneau autour des murs de la ville. En clôture, on érigeait le pilier-*djed* (vraisemblablement fait de gerbes de céréales), comme on peut le voir sur ce relief du temple de Séthi Iᵉʳ à Abydos.

de portée nationale, célébrée peu après la fin de l'année, portait le modeste nom d'« ivresse » (*tekhi*). Elle était immédiatement précédée de la fête de Thot, lors de laquelle, comme le rapporte Plutarque, on mangeait du miel et des figues.

La plupart des festivités étaient plus ou moins directement liées au retour annuel de la végétation, que l'on pouvait comparer au cycle de la mort et du renouvellement. Ce phénomène s'observe le mieux dans les diverses fêtes des moissons, notamment celle donnée en l'honneur de Renenoutet, la déesse qui nourrit le pays, avec laquelle s'ouvrait la saison de *shemou*, ou la fête de plusieurs jours organisée en l'honneur de Min, le dieu de la fertilité, à partir du jour de la nouvelle lune du premier mois de *shemou*. À cette occasion, le pharaon libérait, entre autres, des oiseaux dans la direction des quatre points cardinaux, pour symboliser le renouvellement du cycle terrestre, et faisait l'offrande d'épis de blé récoltés avec une faucille de cérémonie destinée à cet effet. C'est dans le cadre de cette fête qu'on accomplissait le rite appelé « grimper pour Min », sur le sens duquel on s'est longtemps mépris. Il consistait, pour des acteurs parés de plumes, à grimper le long de poutres de bois inclinées et réunies en un immense échafaudage, manifestement destiné à former une tente pour le culte du dieu.

Chez les anciens Égyptiens, le calendrier des fêtes se terminait, le dernier jour du quatrième mois des moissons, par un repas nocturne particulier appelé *mesit* et par l'allumage de flambeaux dans le cadre de la Fête des Lampes. Il s'agissait de se protéger des jours épagomènes, qui portaient malheur, autrement dit les cinq derniers jours de l'année qui ne faisaient partie d'aucun mois et qu'il fallait rajouter pour obtenir une année de 365 jours.

CULTE DIVIN ET CULTE FUNÉRAIRE

24.4

La momification

Renate Germer

L'une des particularités de la civilisation égyptienne tient à la pratique de l'embaumement des défunts, une coutume qui s'inscrivait dans la volonté de conserver les dépouilles mortelles pour l'éternité. En Égypte, l'origine de la momification est liée aux conditions climatiques et géographiques locales. Aux temps prédynastiques, on enterrait les morts dans les sables du désert, enveloppés d'une peau de bête ou d'une natte. Cet environnement chaud et sec facilitait la dessiccation du corps, permettant sa conservation et formant ainsi des momies naturelles.

Lorsque, au début de l'histoire de l'Égypte, on déposa les morts dans un cercueil et les enterra dans une tombe, les conditions de conservation naturelle n'étaient plus respectées et les corps se décomposèrent. Selon leurs conceptions religieuses, la vie que les anciens Égyptiens espéraient mener dans l'au-delà nécessitait cependant la conservation de leur corps terrestre ; ils s'attelèrent donc à expérimenter de nouvelles méthodes pour empêcher sa dégradation naturelle après la mort.

Les premières tentatives dans cette voie consistent à envelopper le corps dans des bandelettes de lin bien serrées. Néanmoins, on se rendit compte qu'il n'était pas possible de stopper la putréfaction sans retirer les organes de la cage thoracique et de la cavité abdominale. Cette constatation était aisément vérifiable sur les animaux, tels les oiseaux et les poissons, capturés à des fins alimentaires, que l'on ne parvenait également à conserver que vidés. Sous l'Ancien Empire, les embaumeurs commencèrent à préparer les corps des défunts en pratiquant une ouverture dans la cavité abdominale pour en retirer les viscères. Il est également possible que l'utilisation du natron dans la momification humaine résulte de l'emploi de sel pour la déshydratation et la conservation de la viande et du poisson.

Sous l'Ancien Empire, la technique de momification, malgré l'éviscération, n'était pas encore assez évoluée pour que les tissus corporels se fussent conservés jusqu'à nous. Sous l'enveloppe de lin, on ne découvre plus aujourd'hui que des débris osseux et des traces de tissu qui tombent en poussière au moindre contact. L'enveloppement de lin, en revanche, demeure souvent en très bon état, ce qui illustre parfaitement le souci des Égyptiens de maintenir le corps après la mort dans son apparence le plus proche de la réalité possible, avec toutes ses fonctions. Souvent, les organes tels que les parties génitales, ou la poitrine chez les femmes, les oreilles, les yeux, la bouche et le nez étaient remodelés à l'aide de paquets d'étoffe, ou tout au moins, un visage était peint sur la toile. Les corps momifiés étaient enveloppés de pièces de tissu ayant la forme de vêtement ; les femmes portaient une longue robe étroite, les hommes, un pagne.

Il fallut attendre le Moyen Empire pour que l'évolution des techniques de momification franchisse l'étape suivante : l'extraction du cerveau. Cette opération fut d'abord isolée, et, d'après les découvertes archéologiques, exclusivement pratiquée dans les plus hautes couches de la société, proches de la famille royale.

À partir du Nouvel Empire, il devint courant d'extraire aussi bien le cerveau que les viscères du corps au moment de l'embaumement. Désormais, on maîtrisait d'ailleurs si bien la préservation des tissus que les dépouilles de cette époque se sont conservées plus de trois mille cinq cents ans.

À la fin de l'empire pharaonique, les Égyptiens continuèrent à embaumer les corps des défunts, avec cependant beaucoup moins de soin. Même les moines coptes adoptèrent encore ce mode d'inhumation, en dépit des injonctions de l'Église chrétienne désireuse de mettre un terme à ces pratiques païennes. C'est au demeurant pour cette raison que la pratique de l'embaumement finit par être abandonnée en Égypte au VIIe siècle après J.-C.

Les techniques

Deux sources différentes nous informent sur le processus de l'embaumement des corps et les innovations techniques survenues au cours des siècles. Outre l'étude des corps qui nous sont parvenus, nous disposons des récits de voyage écrits au Ve siècle avant J.-C. par l'historien grec Hérodote, mais aussi des indications fournies par Diodore de Sicile.

En revanche, les sources égyptiennes que nous procurent les innombrables textes et illustrations qui ornent les murs des tombes et des temples ou les rouleaux de papyrus égyptiens ne mentionnent pas l'art de l'embaumement. Seuls deux papyrus de l'époque romaine décrivent le rituel de l'embaumement, toutefois il s'agit de directives d'ordre religieux, de la manière dont les différentes parties du corps doivent être ointes, enveloppées et protégées par des amulettes et des formules magiques. La technique de conservation des corps proprement dite n'est pas traitée.

59. Masque de momie en cartonnage
Probablement de Thèbes ; Moyen Empire, XIe dynastie, vers 1990 av. J.-C. ; lin stuqué et peint ; haut. : 71 cm ; Le Caire, Musée égyptien, RT 24.4.26.1.

Les masques apparaissent en Égypte sous l'Ancien Empire. D'abord réalisés en plâtre, ils se composent sous le Moyen Empire de plusieurs couches de toile et d'une épaisse couche de stuc peinte. Ce masque présente le portrait d'un homme coiffé d'une perruque longue séparée par une raie, doté de courts favoris stylisés et d'une barbe postiche. Recouvrant également le haut du corps, le masque est orné d'un large collier qui monte inhabituellement jusqu'au cou et aux oreilles.

Par rapport aux conclusions auxquelles nous sommes arrivés grâce à l'étude des momies, Hérodote nous apparaît étonnamment bien informé. L'écrivain devait disposer d'excellentes sources ; soit il avait lui-même assisté à des embaumements en Égypte, soit on les lui avait décrits avec force détails. Les découvertes archéologiques de ces dernières années et les nouveaux examens pratiqués sur les momies nous permettent aujourd'hui de traduire son texte de manière très précise : « (après les lamentations funèbres)… on emporte le corps pour le faire embaumer. Il y a des gens spécialement chargés de ce travail et dont c'est le métier. »

Les embaumeurs travaillaient à l'écart des villages, au bord du Nil ou de l'un de ses canaux d'irrigation, car le lavement des corps nécessitait une énorme quantité d'eau. La découverte de matières végétales restées fortuitement collées sur les momies montre en outre que l'embaumement se déroulait en plein air. Le cadavre était étendu sur une table en bois ou en pierre dont les parties latérales étaient ornées d'un lion stylisé. Lors d'un embaumement royal, on utilisait certainement des tables

60. Momie d'un prêtre
Saqqara, tombe à puits située près de la chaussée montante d'Ounas ; Ancien Empire, V^e dynastie, vers 2350 av. J.-C. ; fouilles effectuées en 1986 par le Service des Antiquités égyptiennes.
La momie de cet inconnu faisait partie du groupe des momies dont les tissus ne se sont pas conservés, mais dont les formes du corps ont été savamment remodelées lors de l'enveloppement en bandelettes. En l'occurrence, le traitement du visage a fait l'objet d'un soin particulier. Son vêtement, un pagne court et une écharpe rougeâtre posée de biais sur son torse, laisse supposer qu'il était prêtre-lecteur de son vivant.

61. Momie de femme
Giza, cimetière ouest (G 2200 B) ; Ancien Empire, fin de la IVe dynastie, vers 2510 av. J.-C. ; long. : 150 cm env. ; Boston, Harvard University Museum of Fine Arts Expedition, 1933, 33.1017, aujourd'hui Museum of Fine Arts, 33.4-22a.
La momie de cette femme a été découverte dans un grand cercueil en bois de 240 cm de long, naturellement bien trop grand pour sa taille. Le corps de la défunte avait été travaillé avec le plus grand soin, les doigts et les orteils individuellement enveloppés, la poitrine reconstituée par des bandelettes, les mamelons eux-mêmes ayant été reformés. On a pu dénombrer jusqu'à trente-sept couches de bandelettes superposées, chacune présentant une largeur d'environ 10 cm. La dernière couche de l'enveloppe était constituée par un linceul couvrant entièrement le corps et coupé en un long vêtement de femme étroit. Sur deux des petits paquets de toile ayant servi au modelage du corps, il était inscrit à l'encre : *shemat nefret*, « étoffe de lin fin ».

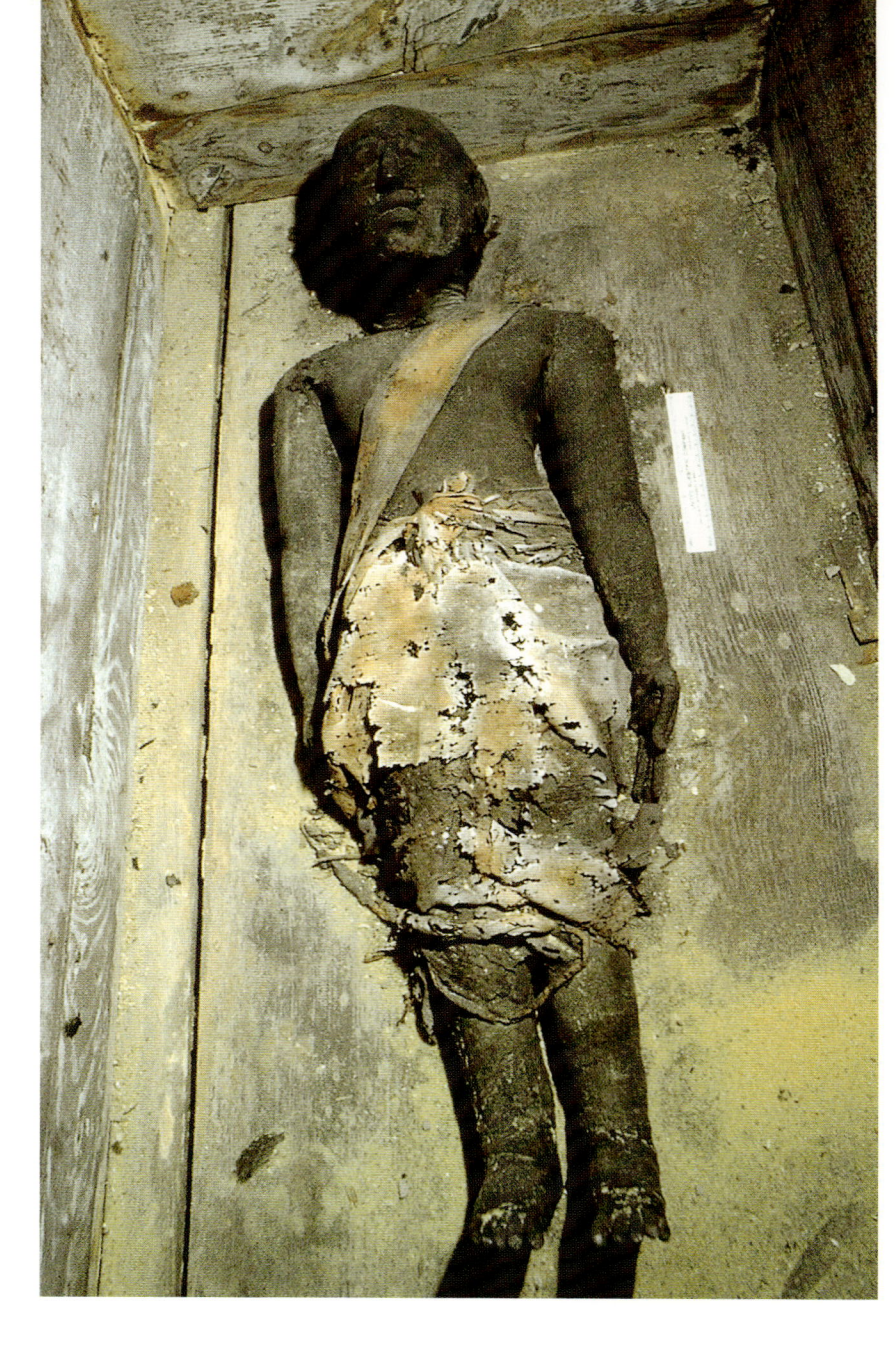

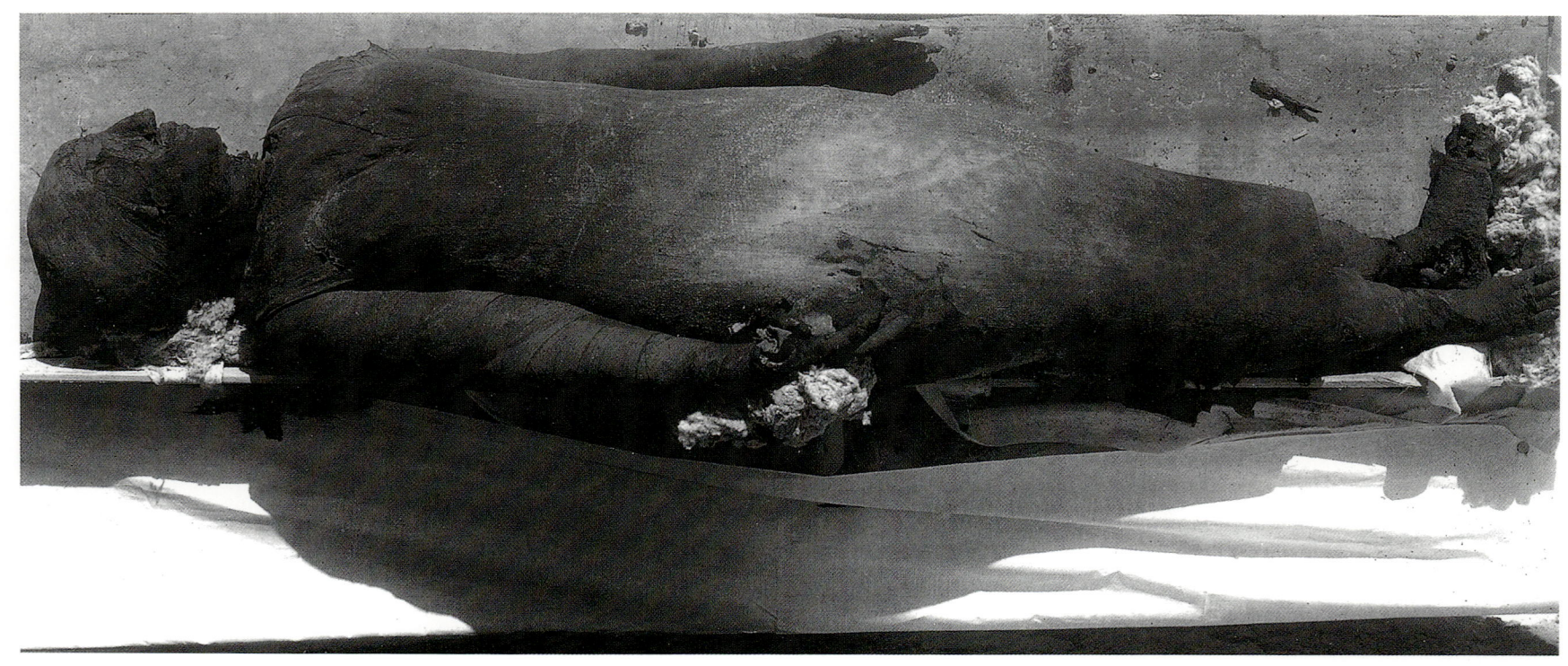

62. Table rituelle
Saqqara, complexe funéraire de Djéser ; Ancien Empire, début de la IIIe dynastie, vers 2700 av. J.-C. ; calcite-albâtre ; haut. : 38 cm, larg. : 42 cm, long. : 89 cm ; Le Caire, Musée égyptien, CG 1321.

Cette petite table rituelle a été découverte avec son pendant dans la galerie d'une tombe recouverte plus tard par le complexe funéraire de Djéser. Il est donc très probable que cette pièce date d'une époque antérieure au règne de ce pharaon. Sa forme rappelle les petites et grandes tables d'embaumement de la Basse Époque, également ornées d'effigies de lion et pourvues d'un dispositif d'écoulement. Les petites dimensions de ces deux pièces qui nous sont parvenues de l'Ancien Empire laissent penser qu'il s'agissait de tables d'embaumement destinées au traitement des viscères. Cette hypothèse pose cependant un problème, car nous ignorons s'il existait déjà en ces temps reculés un procédé d'embaumement comprenant le retrait des organes internes. Néanmoins, les lits zoomorphes étant plus tard clairement associés au rituel de l'embaumement, on peut supposer que ces objets avaient un rapport avec les rites d'inhumation. Le motif léonin évoque en outre un contexte royal.

plus luxueuses, comparables à celles en albâtre employées pour la momification des taureaux Apis. De petites tables de ce type, datant de l'Ancien Empire et sans doute destinées au traitement des viscères, ont été retrouvées à Saqqara dans le complexe funéraire de Djéser.

D'après Hérodote, les paraschistes commençaient par la tête et procédaient à l'extraction du cerveau : « D'abord, à l'aide d'un crochet de fer, ils retirent le cerveau par les narines et après l'avoir extrait, ils y injectent un liquide résineux. »

De nombreux musées égyptiens exposent aujourd'hui ce type de crochets autrefois utilisés pour l'embaumement. S'ils sont parvenus jusqu'à nous, c'est parce que, dans certains cas, tous les instruments et matériaux ayant servi à la momification avaient été déposés de manière rituelle dans une fosse devant la tombe. Du reste, contrairement à ce qu'en dit Hérodote, ces crochets n'étaient pas en fer mais en bronze et ils pouvaient atteindre 40 centimètres de long. L'extrémité de ces outils pouvait présenter des formes très différentes : aiguille, crochet ou même spirale. On peut supposer que l'embaumeur travaillait avec un jeu complet de crochets différents, car l'instrument servait non seulement à passer dans la narine, percer l'os ethmoïde du crâne et accéder ainsi jusqu'au cerveau mais aussi à retirer ce dernier. L'examen des momies montre cependant

63. Crochets en bronze
Basse Époque, vers 600 av. J.-C. ; bronze ; long. : 28 cm, 28,5 cm, 33,5 cm ; Leyde, Rijksmuseum van Oudheden, AB 140 b-d.

Les instruments en bronze se terminant par un crochet ou une spirale et présentant une longue poignée servaient lors de l'embaumement à extraire le cerveau de la boîte crânienne. L'opération s'effectuait soit, comme le décrit Hérodote, par le nez soit par l'occiput, ouverture naturelle du crâne à laquelle se rattache la colonne vertébrale. Dans certains cas, les instruments et les matériaux utilisés pour la momification étaient « enterrés » à proximité du tombeau dans une fosse, ce qui nous a permis d'en retrouver toute une série.

CULTE DIVIN ET CULTE FUNÉRAIRE

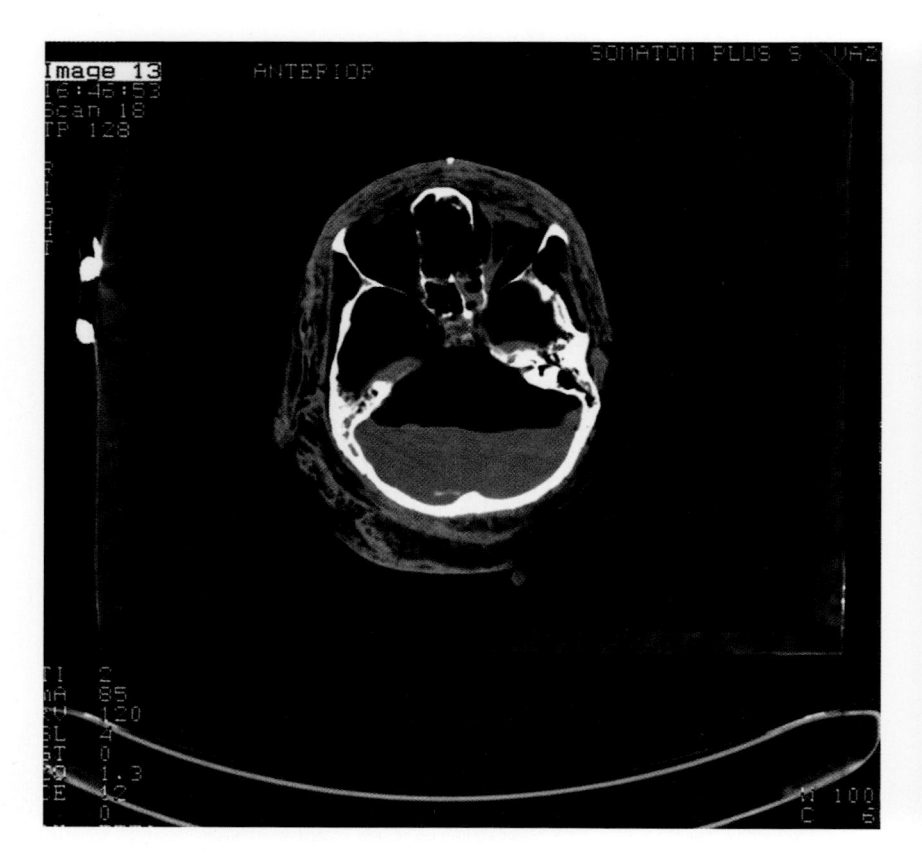

64. Scanographie - Vue d'un crâne de momie de la Basse Époque (réalisée par la faculté de médecine de Lubeck)
Sur cette coupe, on distingue clairement dans la région de l'occiput la masse d'huiles résineuses injectée dans la cavité crânienne après l'extraction du cerveau. Ce produit, à l'origine liquide, s'est déposé au fond de la boîte crânienne formant une masse compacte. Les fractures constatées dans la région de l'os ethmoïde montrent que, dans ce cas, le cerveau a été retiré par le nez. La tête est encore enveloppée dans de nombreuses couches de bandelettes.

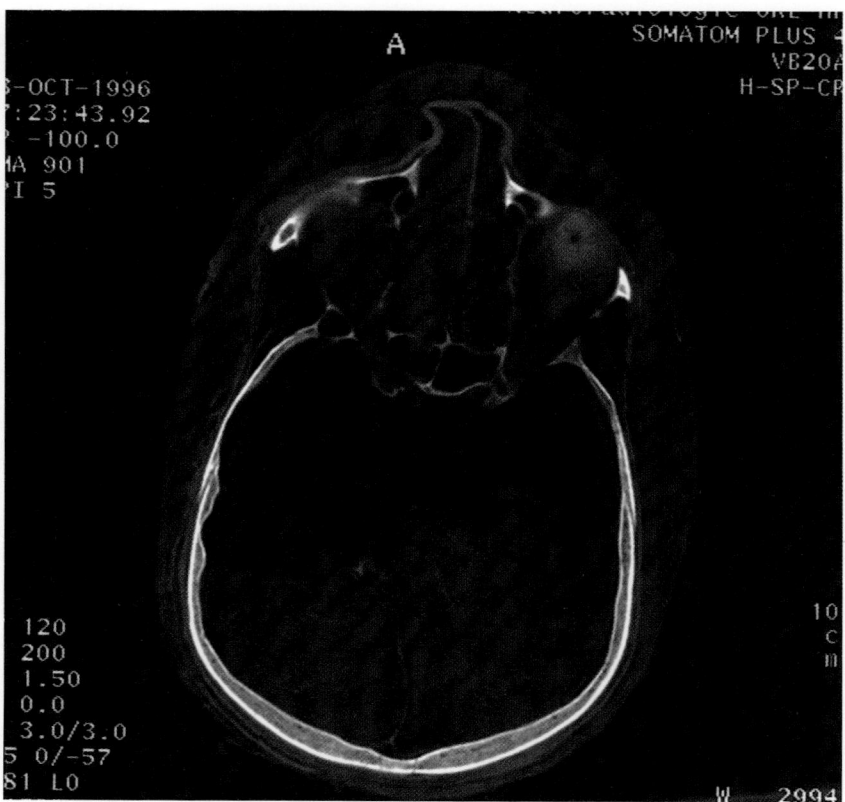

65. Scanographie - Vue d'un crâne de momie datant de 900 av. J.-C. environ (réalisée par l'hôpital universitaire Eppendorf à Hambourg)
Sur cette momie, une fois vidée, la boîte crânienne a été comblée de toile, un procédé rarement employé.

que les embaumeurs ne retiraient pas toujours le cerveau par le nez, cette opération étant également très souvent pratiquée par l'occiput.

Toujours selon Hérodote, la cavité crânienne évidée, on y versait ensuite un liquide résineux. D'après les analyses chimiques auxquelles il a été procédé ces dernières années, nous savons que cette substance se composait d'un mélange à base de résines de divers conifères, de cire d'abeille et d'huiles végétales aromatisées. Les résines de conifères devaient, de même que le bitume que l'on ajoutait parfois, être importées de Palestine, en conséquence le particulier n'y avait accès que par le biais de l'administration ou d'un temple.

Les embaumeurs faisaient chauffer chaque composant pour le rendre liquide et pouvoir le verser à l'intérieur du crâne, où il se figeait. Aujourd'hui, on distingue très bien ces matières sur les radiographies, surtout sur les scanographies, des momies. Les multiples scanographies réalisées au cours de ces dernières années sur différentes momies montrent cependant aussi très bien que la technique de la momification n'obéissait pas à des règles très précises. Dans certains cas, la cavité crânienne vidée était bourrée de lin, au lieu d'huiles.

Ensuite, les paraschistes s'occupaient du corps du défunt et ouvraient l'abdomen : « Puis avec une lame tranchante en pierre d'Éthiopie, ils incisent le corps le long du flanc et retirent tous les viscères. Ils nettoient l'abdomen et le purifient avec du vin de palmier, puis ils l'enduisent de nouveau avec des aromates broyés. » L'incision dans la paroi abdominale se pratiquait toujours à gauche au-dessus du bassin. Les embaumeurs traitaient les viscères retirés (poumons, foie, estomac et intestins) séparément, les enveloppaient dans une pièce de lin et plaçaient chaque organe dans l'un des quatre vases canopes déposés dans la tombe à côté de la momie. Ces vases particuliers sont apparus sous l'Ancien Empire. D'abord, ce ne furent que de simples jarres fermées par un couvercle plat, plus tard le couvercle prit la forme d'une tête humaine. Quatre dieux spécifiques avaient la charge de la protection magique des viscères, il s'agissait des fils d'Horus : Amset avait une forme humaine, Hâpy celle d'un babouin, Qebehsenouef celle d'un faucon et Douamoutef celle d'un chacal. Afin de mieux souligner cette fonction protectrice, les vases canopes furent dotés à partir de la XIXe dynastie d'un couvercle présentant la forme des têtes de ces divinités et à chacun des dieux fut attribuée la responsabilité de l'un des quatre organes.

Au moment de l'éviscération, les paraschistes veillaient à ne pas retirer le cœur du défunt ou, le cas échéant, à le remettre en place. Siège de la pensée et du sentiment, le cœur était pour les Égyptiens responsable de la personnalité de l'individu. Il devait donc demeurer dans le corps. D'après les conceptions religieuses de l'époque, on pouvait aussi l'échanger contre un scarabée de cœur, cœur de substitution magique qui, lors de la comparution du défunt au jugement des morts, témoigne devant le tribunal d'Osiris de la vie menée par celui-ci.

Venait ensuite l'étape la plus décisive du processus de l'embaumement, le traitement du corps au natron. Ce sel hautement hygroscopique, autrement dit capable d'absorber toute l'eau contenue dans les tissus, desséchait et conservait la dépouille. Récemment encore, on était persuadé que les Égyptiens utilisaient une solution liquide, mais les nouvelles recherches ont montré que les taricheutes entassaient du natron solide autour du corps après l'en avoir empli. Ce traitement durait trente-cinq à quarante jours ; une fois desséchés, les tissus ne se décomposaient plus.

Pour donner au corps l'aspect le plus fidèle possible à la réalité, il fallait remplir à nouveau la cage thoracique et la cavité abdominale qui avaient été vidées de leurs organes. La plupart du temps, on les bourrait de pièces de lin et de sciure de bois, plus rarement de limon du Nil ou de paquets aromatisés.

Hérodote raconte que l'incision pratiquée pour la momification dans la paroi abdominale était ensuite recousue. Cette opération demeura cependant une pratique peu courante. La plupart du temps, les paraschistes refermaient l'incision avec de la toile, une plaque de cire ou, sur les personnes de sang royal, de fines plaques d'or.

La momification et la médecine

On pourrait penser que les nombreuses manipulations du corps qu'impliquait l'embaumement auraient apporté aux médecins égyptiens une connaissance bien fondée de l'anatomie humaine. Les deux branches professionnelles des médecins et des embaumeurs travaillaient cependant de manière totalement indépendante. N'assistant pas à la momification, les médecins n'apprirent rien sur l'anatomie du corps. Les nombreux textes médicaux qui nous sont parvenus le confirment amplement. Les papyrus montrent que les médecins disposaient à l'époque d'une grande connaissance empirique sur la manière de traiter les différentes maladies. Ils avaient recours pour cela à de multiples remèdes, d'origine végétale pour la plupart. Leurs représentations de l'anatomie correspondaient néanmoins à l'idée qu'ils avaient pu se forger au vu de l'élevage du bétail et de l'abattage des bêtes. Ceci apparaît de manière particulièrement frappante dans le fait que les hiéroglyphes désignant les parties externes du corps de l'homme étaient formés sur le modèle humain tandis que ceux des organes internes s'inspiraient de parties d'animaux.

Quoi qu'il en soit, Hérodote reconnaît que les anciens Égyptiens ont atteint un très haut niveau en médecine, ce que confirme les lettres de princes étrangers datées du milieu du deuxième millénaire avant J.-C., découvertes en Égypte et en Asie Mineure. Dans ces écrits, la cour dont il est question demande qu'on lui dépêche des médecins égyptiens, car ceux-ci possèdent un grand savoir et connaissent de plus grands succès que ses propres thérapeutes.

Les textes médicaux égyptiens décrivent un grand nombre d'affections différentes recensées parmi les habitants de la vallée du Nil. Malheureusement, jusqu'ici nous ne sommes que très rarement parvenus à identifier les noms des maladies citées dans ces papyrus. Les recherches spécifiques menées en paléopathologie à l'aide de méthodes scientifiques modernes ont tout de même permis de découvrir de nouveaux éléments.

Les diagnostics modernes

Aujourd'hui, on parvient à reconnaître les maladies des momies de trois manières différentes. La première méthode consiste à examiner la modification pathologique du corps entraînée par une maladie. Le pied estropié du pharaon Siptah nous en fournit le meilleur exemple. La cause de cette malformation demeure inconnue, néanmoins il est possible qu'il s'agisse des séquelles d'une poliomyélite, à l'instar de celle qui est illustrée sur la stèle de Rama. Parmi les maladies dont on identifie bien les modifications pathologiques sur les momies, citons l'arthrose et l'artériosclérose.

Le deuxième moyen dont nous disposons pour diagnostiquer les maladies passe par l'identification de l'agent pathogène lui-même, autrement dit la cause. Il peut s'agir par exemple de parasites ou de particules de sable ou de suie inhalées ayant provoqué de graves dommages dans les tissus des poumons. Comme l'a montré l'examen des momies, cette affection était particulièrement répandue et dans toutes les couches, même les plus hautes de la société. On a ainsi identifié des vers solitaires, des ascarides, des douves du foie et des trichines. À l'époque, la bilharziose était aussi fréquente qu'aujourd'hui. Cette affection est transmise par les schistosomes, de minuscules vers aquatiques qui se développent dans les eaux

66. Jeu de canopes
Nouvel Empire, XIXe dynastie, vers 1210 av. J.-C. ; faïence, glaçure ; haut. : 30 cm, diam. : 16,2 cm ; Boston, Museum of Fine Arts, Mrs. J. D. Cameron Bradley Gift 1948, 48.1286.89.
À partir des dynasties ramessides, les couvercles des vases canopes prirent souvent la forme des têtes des quatre fils d'Horus, dieux chargés de la protection des viscères. La forme des vases est donc directement identifiée à ces divinités.
Amset (à tête humaine), Douamoutef (à tête de chacal) et Qebehsenouef (à tête de faucon) portent tous une perruque tandis qu'Hâpy (à tête de babouin) se contente de son manteau de fourrure. L'épaule du vase présenté ci-dessus est décorée d'une frise de lotus, symbole de régénération. Au milieu du récipient, on observe le défunt en adoration devant Osiris, le dieu du royaume des morts assis sur un trône.

du Nil. La contamination intervient essentiellement lors de la baignade ou d'un travail effectué en eau stagnante.

Un tout nouveau procédé nous est offert aujourd'hui pour discerner les agents pathogènes : l'identification de l'ADN, autrement dit des informations génétiques, des cellules de la momie. Cette méthode a déjà permis de diagnostiquer un cas de tuberculose sur une momie précolombienne et des examens de ce type devraient bientôt avoir lieu sur des momies de l'Ancienne Égypte.

Depuis quelques années nous disposons d'une troisième méthode, qui repose sur l'examen des anticorps encore présents dans les tissus. Si des protides étrangers pénètrent dans le corps, notamment sous forme de parasites, celui-ci forme des anticorps que des sérums spéciaux parviennent à déceler même après des milliers d'années. Cette méthode présente l'avantage de ne nécessiter que très peu de tissus de momie. Grâce au test des anticorps, il a été établi que plusieurs momies avaient souffert de bilharziose et de paludisme.

Les techniques chimiques modernes, telles la détermination du groupe sanguin et les analyses de l'ADN, permettent par ailleurs d'étudier

67. Pied estropié du pharaon Siptah
Thèbes, Vallée des Rois, cachette des momies (tombe d'Aménophis II, KV 35), origine : tombe de Siptah (KV 47) ; Nouvel Empire, XIX⁰ dynastie, vers 1185 av. J.-C. ; longueur de la momie : 163,8 cm ; Le Caire, Musée égyptien, CG 61080.
La momie de Siptah est l'unique momie royale à présenter une importante malformation physique. La difformité du pied gauche est due soit à une malformation de naissance, soit à une maladie de type poliomyélite. Pour l'instant, il n'est pas encore possible d'établir un diagnostic plus précis.

68. Stèle de Rama
Nouvel Empire, XVIII⁰ dynastie, vers 1380 av. J.-C. ; calcaire peint ; haut. : 27 cm ; larg. : 18 cm ; Copenhague, Ny Carlsberg Glyptothek ; Æ. I. N. 134.
La stèle du portier Rama est dédiée à la déesse Astarté. Rama est représenté avec son épouse et son fils présentant l'offrande. On remarque sa jambe estropiée. Manifestement, sa musculature ne s'était pas développée normalement, ce qui l'empêchait de poser son pied correctement. Il s'appuie sur un long bâton. La représentation de ce type de déformation physique reste rare dans l'art égyptien.

les liens de parenté entre les morts momifiés. Ce domaine de recherche, qui explore entre autres les liens du sang au sein des familles royales, intéresse aussi bien les historiens que les scientifiques.

Les innovations en matière de radiographie et de médecine permettent même aujourd'hui de réaliser le modèle plastique d'une momie encore enveloppée et de reconstituer son visage à partir de son squelette. Ce procédé nous donne la possibilité de reconstituer l'apparence d'un homme mort il y a des millénaires, dont la momie repose indemne dans son enveloppe de toile d'origine, au fond de son cercueil.

Néanmoins, la science a ses limites, comme en témoignent notamment les travaux menés sur les momies royales. En effet, la radiographie ne permet toujours pas de déterminer l'âge du décès d'un pharaon. La plupart du temps, les dates obtenues par ce moyen ne correspondent pas à celles des sources historiques dont nous disposons. En outre, il n'a jamais été possible de déterminer les causes de la mort d'un souverain, pas même celles du décès de Toutânkhamon. Sa disparition prématurée demeure un mystère.

L'enveloppement du corps de la momie et la préparation à son inhumation

Pour envelopper le corps momifié, les embaumeurs avaient besoin d'une grande quantité de pièces de tissu et de bandelettes. À cet effet, ils se servaient de bandes d'étoffe déchirées dans le linge de maison ou les vêtements usagés. Pour donner davantage de tenue au corps, on l'allongeait parfois sur une planche qu'on enveloppait également ou bien on insérait directement un bâton de la cage thoracique au crâne, le long de la colonne vertébrale, afin de fixer la tête au thorax.

464   CULTE DIVIN ET CULTE FUNÉRAIRE

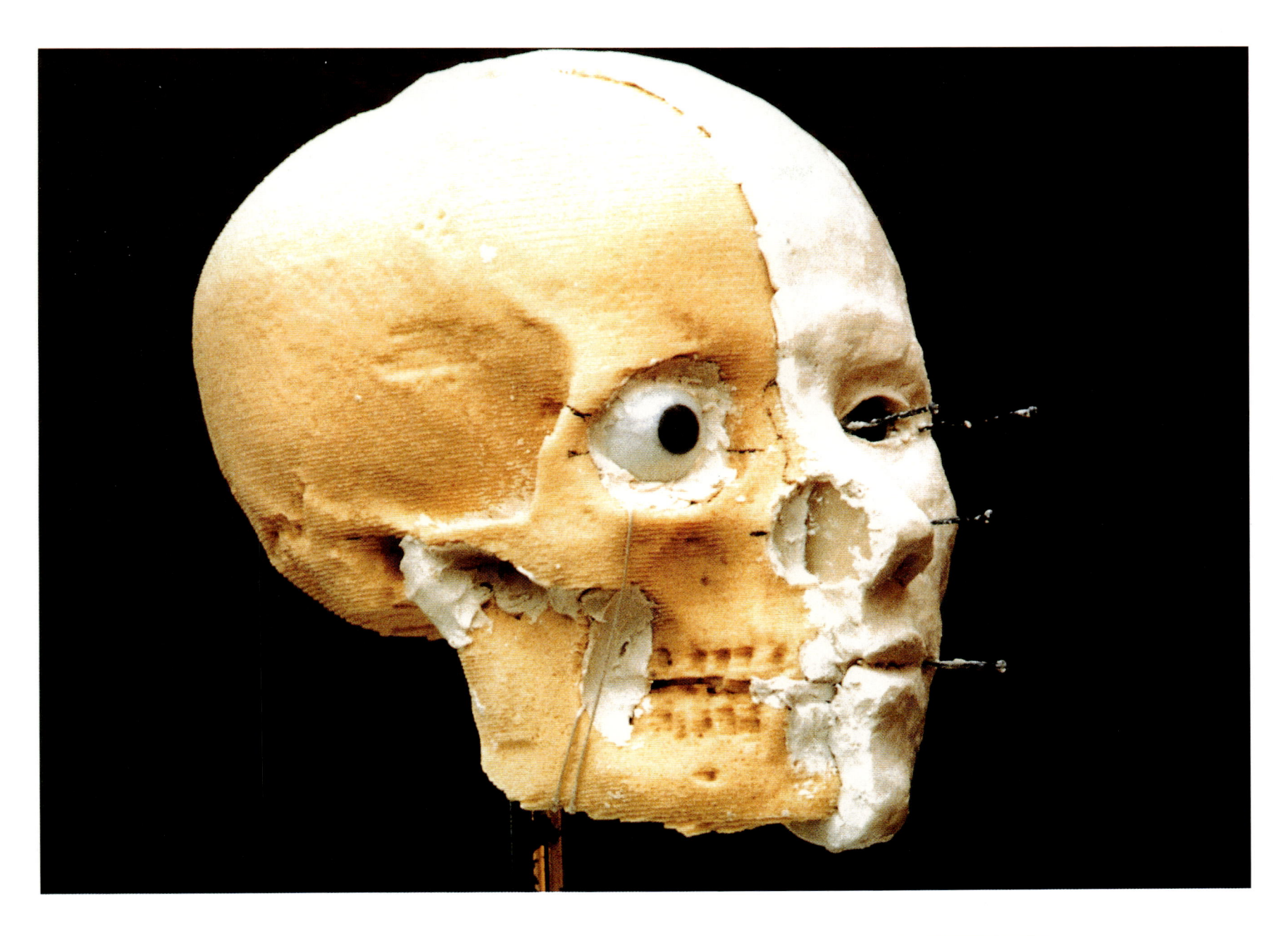

69/70. Reconstitution du visage d'une momie de femme
Akhmim ; époque ptolémaïque, vers 300 av. J.-C. ; Hanovre, LMH 7849 (ancien musée provincial).
Sur la base des données obtenues par scanographie, il a été possible de réaliser le modèle plastique du crâne d'une momie encore enveloppée. Grâce à la reconstitution du visage exécutée par le professeur R. Helmer, médecin-légiste, on peut se faire une idée de l'apparence qu'avait de son vivant cette femme décédée à l'âge de vingt à trente ans.

À la Basse Époque, plus particulièrement, les embaumeurs déposaient toutes sortes d'amulettes sur la momie déjà enveloppée, mais pas encore tout à fait achevée. Ces dernières avaient une fonction protectrice très particulière et devaient assurer la régénération du défunt à sa mort. Ces amulettes ne se voyaient cependant pas de l'extérieur car elles étaient alors recouvertes de plusieurs bandelettes. Sur le linceul, on déposait parfois en outre une résille de perles de faïence finement ouvragée.

La tête de la momie était ceinte d'un masque en cartonnage peint, seules les momies des pharaons étaient pourvues de masques en or. Le visage du masque représentait le défunt sous une forme divinisée avec une physionomie idéalisée, c'est-à-dire sans âge ni traits personnels. Cette forme de représentation évolua sous l'influence romaine à partir du premier siècle après J.-C. Les masques en plâtre apparaissent alors en Moyenne Égypte et le portrait de momie se développe dans le Fayoum.

CULTE DIVIN ET CULTE FUNÉRAIRE

71-81. Amulettes
Nouvel Empire - Basse Époque, fin de la XVIIIe-XXVIe dynastie, vers 1320-550 av. J.-C. ; faïence, stéatite et pierres précieuses ; Londres, British Museum.

Les amulettes jouèrent un rôle important dans la vie des anciens Égyptiens, à titre d'objets de protection ou de porte-bonheur. Les vivants en portaient et les défunts en étaient accompagnés dans leurs tombes. La combinaison de diverses amulettes était censée renforcer ou modifier leur fonction magique. Compte tenu de leurs puissantes vertus, on en glissait souvent entre les bandelettes des momies, afin d'assurer la régénération des défunts et de les protéger des dangers de ce monde et ceux de l'au-delà.

De haut en bas et de gauche à droite :

Œil oudjat ; XXIIe-XXVe dynasties ; faïence, glaçure polychrome ; long. : 6,7 cm ; BM EA 29222.

Amulette de cœur ; XVIIIe-XIXe dynastie ; stéatite noire avec incrustations ; haut. : 6,4 cm ; BM EA 50742.

Amulette de cœur ; fin XVIIIe dynastie ; faïence, glaçure polychrome ; haut. : 6 cm ; BM EA 29440.

Nœud-tit (« nœud d'Isis ») ; XVIIIe-XIXe dynastie ; jaspe rouge ; haut. : 6,5 cm ; BM EA 20639.

Pectoral orné d'un scarabée de cœur ; XIXe dynastie ; faïence, glaçure polychrome ; haut. : 9,7 cm ; BM EA 7865.

Pilier-djed ; XXVIe dynastie ; faïence, glaçure bleue ; haut. : 11,3 cm ; BM EA 12235.

Chevet miniature ; XXVIe dynastie ; hématite ; larg. : 3,9 cm ; BM EA 20647.

Quatre fils d'Horus ; XXVIe-XXVIIe dynastie ; faïence, glaçure bleue ; haut. : 6,6-6,8 cm ; BM EA 52244-47.

CULTE DIVIN ET CULTE FUNÉRAIRE

La momie préparée à grand frais était ensuite déposée dans un ou plusieurs cercueils emboîtés les uns dans les autres. Sous l'Ancien Empire et au début du Moyen Empire, il s'agissait de simples cercueils rectangulaires, ils prirent ensuite une forme anthropomorphe. L'inhumation du défunt avait lieu environ soixante-dix jours après son décès, néanmoins, dans certains cas, elle intervenait beaucoup plus tard ; probablement parce que la tombe ou son aménagement n'étaient pas totalement achevés.

Les momies d'animaux

L'embaumement n'était pas seulement réservé aux hommes, les Égyptiens momifiaient également les animaux. Pour ces derniers, il faut néanmoins faire une distinction entre les différentes motivations du choix de ce type d'inhumation. Lorsque l'animal familier d'un homme venait à mourir, un chien ou un chat, un singe ou une gazelle, il arrivait qu'on le momifie. On l'enterrait même parfois dans un cercueil particulier, voire avec une propre stèle funéraire. En revanche, l'inhumation du singe favori de la princesse Maatkarê de la XXIe dynastie est tout à fait inhabituelle. L'animal fut embaumé et déposé avec sa maîtresse dans son cercueil.

82/83. Momie et cercueil de Nesmoutâatnérou
Thèbes, Deir el-Bahari, tombe de Djedesiouefânkh, sous la chapelle d'Hathor ; Basse Époque, XXVe dynastie, vers 700 av. J.-C. ; Boston, Museum of Fine Arts, Gift of Egypt Exploration Fund 1895, 95.1407 a-d. Sarcophage : bois peint ; long. : 204 cm ; second cercueil anthropomorphe : bois peint ; long. : 186 cm ; premier cercueil : bois stuqué et peint ; long. : 169 cm ; longueur de la momie : 151 cm ; bandelettes : lin ; résille : faïence, glaçure polychrome.

Nesmoutâatnérou était l'épouse de Djedesiouefânkh, prêtre de Montou issu de l'une des familles les plus riches et les plus influentes de Thèbes. L'ensemble des cercueils se composait d'un sarcophage à couvercle bombé et de deux cercueils anthropomorphes s'emboîtant l'un dans l'autre. Les décorations du second restent relativement sobres. Sous un imposant collier, seuls un disque solaire ailé, une simple scène d'offrande au dieu solaire et deux colonnes centrales d'inscriptions en ornent le couvercle. À l'intérieur, la déesse de l'Occident personnifie le royaume des morts. Le premier cercueil est plus richement orné. Sur la poitrine se trouve un faucon criocéphale couronné d'un disque solaire, qui étend ses ailes en signe de protection. Aux registres inférieurs sont représentés divers divinités et emblèmes, ainsi que la momie allongée sur un lit. La momie elle-même est enveloppée dans un linceul ; deux bandelettes de couleur se croisent sur sa poitrine. Une résille de perles de faïence recouvre le corps des épaules aux chevilles. Sur la poitrine sont déposés en outre un scarabée ailé et les quatre fils d'Horus, dieux tutélaires des viscères.

CULTE DIVIN ET CULTE FUNÉRAIRE

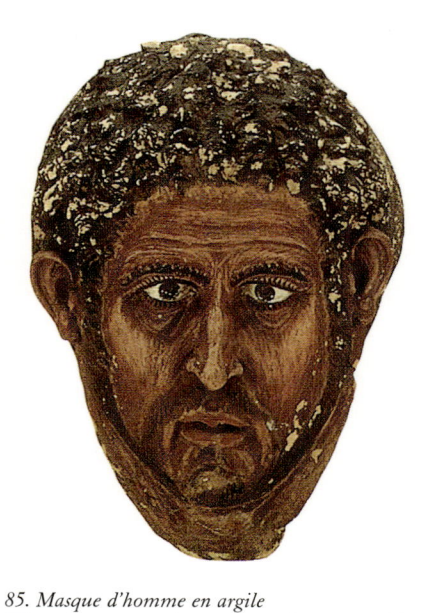

85. Masque d'homme en argile
Diospolis parva ; époque romaine, vers 100 apr. J.-C. ; argile peinte ; haut. : 25,4 cm ; Londres, British Museum, EA 30845.
Les masques de momie en plâtre sont largement représentés en Égypte depuis les temps les plus reculés. Durant l'époque romaine, les physionomies varient considérablement et une véritable tradition apparaît avec une diversité nettement plus importante qu'à l'époque ptolémaïque, présentant une palette hétérogène, sur le plan tant de l'âge que des expressions représentées. La plupart des masques étaient moulés puis peints. Le masque présenté ci-dessus présente néanmoins la particularité d'avoir été librement modelé dans l'argile. Le fort réalisme qui se dégage de ses traits est certainement très influencé par l'art du portrait romain.

84. Portrait de momie d'Artemidorus (le Jeune)
Haouara ; époque romaine, vers 100 apr. J.-C. ; bois peint (encaustique) et doré ; longueur de la momie : 167 cm ; Londres, British Museum, EA 21810.
La momie d'Artemidorus (le Jeune) a été découverte dans une tombe d'Haouara vers la fin du siècle dernier. Son examen aux rayons X a révélé qu'Artemidorus était âgé d'une vingtaine d'années et que son crâne présentait une importante fracture, vraisemblablement à l'origine de son décès. Les cavités du corps avaient été remplies par les embaumeurs d'une grande quantité d'une matière imbibée d'huiles, probablement du sable, ce qui l'alourdissait énormément. Le portrait de momie est encadré d'un linceul stuqué et doré à la feuille qui recouvre entièrement la momie. Sous le collier, on distingue trois registres sur lesquels sont illustrés l'embaumement par Anubis, la vénération du fétiche d'Abydos par Horus et Thot et la réanimation par Isis de l'Osiris momifié.

468   CULTE DIVIN ET CULTE FUNÉRAIRE

86. Masque de femme
Probablement d'Hermopolis ; époque romaine, 1re moitié du IIe siècle apr. J.-C. ; plâtre peint ; haut. : 34 cm ; Hildesheim, Pelizaeus-Museum, 573.
Ce masque en plâtre revêt les traits d'une jeune femme. Sa coiffure à la mode se compose de trois rangs de petites boucles sur le front et de longues boucles analogues pendant sur le côté. Le collier est formé d'une simple bande décorée de losanges d'où pendent des pétales de lotus. Ce type de masque était à l'origine réalisé sur une tablette en bois que l'on insérait ensuite à l'enveloppement de bandelettes sur la poitrine de la momie.

Il faut en outre savoir que, pour les Égyptiens, certains animaux incarnaient une divinité. Ainsi, par exemple, le dieu Ptah pouvait se manifester sous la forme d'un taureau, le dieu Sobek sous celle d'un crocodile ; ces animaux étaient donc vénérés de leur vivant. Lorsque l'un de ces animaux divins venait à disparaître, de fastueuses funérailles étaient organisées, le cadavre était embaumé, déposé dans un cercueil et paré de luxueux bijoux.

Durant la période gréco-romaine, la manifestation du dieu ne se limite plus à un seul animal mais s'étend à l'espèce toute entière, néanmoins on ne vénérait pas partout les mêmes. Compte tenu de leur nombre, nous ne citerons que les principaux animaux faisant l'objet d'un culte : taureaux, béliers, chiens, ibis, faucons, poissons, crocodiles, chats et même rongeurs et insectes. Les croyants avaient la possibilité de faire une offrande votive à la divinité sous la forme soit d'une statuette en bronze, soit d'une momie savamment enveloppée de l'animal correspondant. Cette coutume, très éloignée des pratiques grecques et romaines, qui jouissait d'une très grande popularité, conduisit à la création de vastes cimetières pour animaux, pour la plupart aménagés en sous-sol.

87. Linceul de momie
Probablement de Saqqara ; époque romaine, IIe siècle apr. J.-C. ; lin stuqué et peint (tempera) ; haut. : 185 cm ; larg. : 125 cm ; Moscou, musée Pouchkine, I 1a 5749.
Les linceuls peints existent en Égypte depuis le Nouvel Empire. La plupart de ceux qui nous sont parvenus datent cependant de l'époque gréco-romaine. À l'époque ptolémaïque, la forme momifiée du défunt associé à Osiris était souvent représentée au centre du linceul ; les femmes étaient d'une manière analogue associées à la déesse Hathor. Ce linceul illustre en son centre le défunt à côté d'Osiris momifié. Anubis, le dieu des nécropoles et de l'embaumement à tête de chacal, se tient à sa gauche, le bras posé sur son épaule.

88. Momie de chat
Abydos ; époque gréco-romaine ; IIe-Ier siècle av. J.-C. ; haut. : 45,7 cm ; Londres, British Museum, EA 37348.
À travers les chats, les Égyptiens vénéraient la déesse Bastet, qui apportait sa protection à la maison ainsi qu'à l'ensemble de la famille. Durant l'époque gréco-romaine, on momifia un grand nombre de chats, en les enveloppant de bandelettes souvent posées en un motif complexe ou en les déposant même dans un petit cercueil, pour les consacrer à la déesse.

CULTE DIVIN ET CULTE FUNÉRAIRE

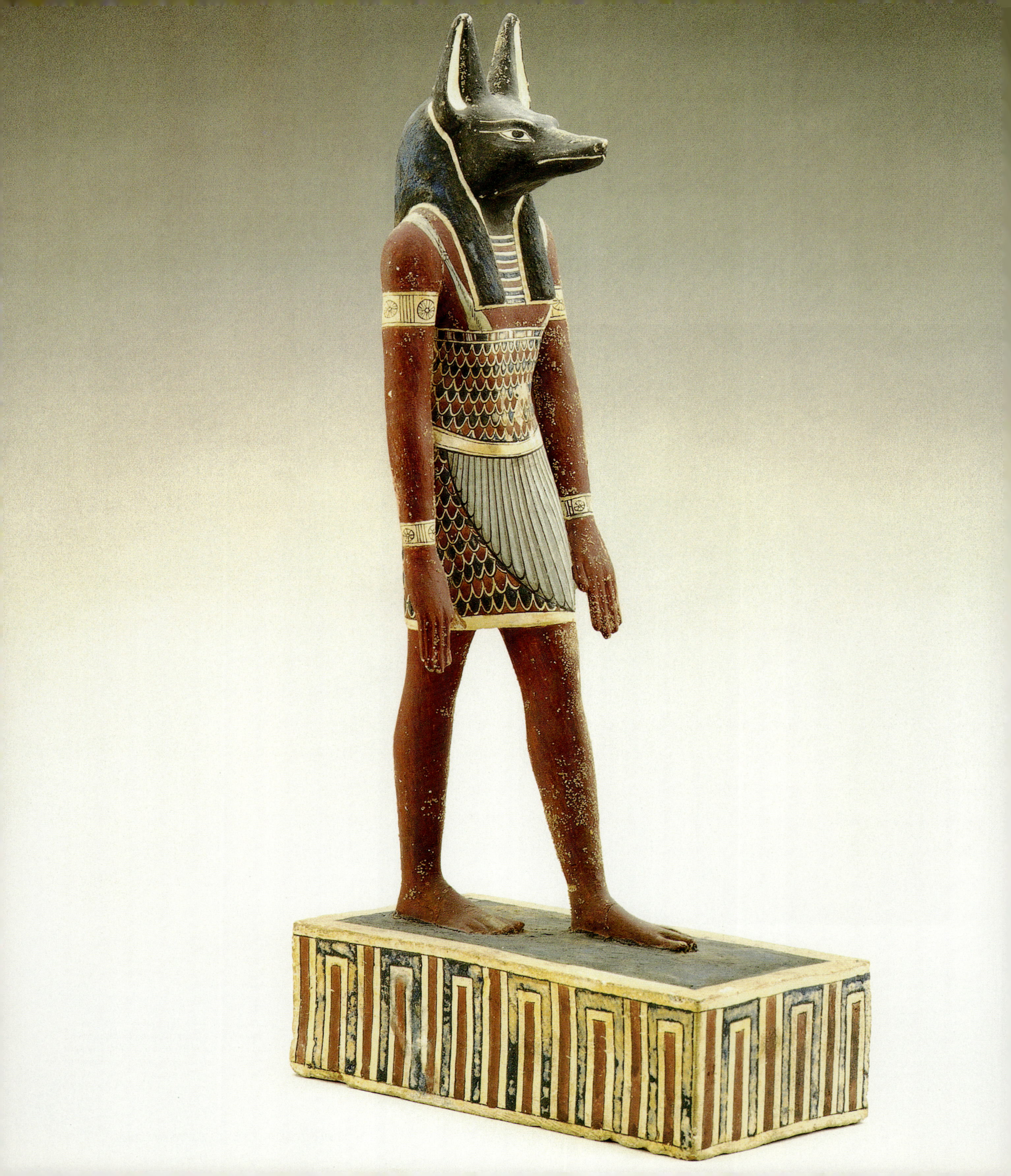

L'inhumation

Wafaa el-Saddik

« La mort fut le premier mystère ; elle mit l'homme sur la voie des autres mystères. Elle éleva sa pensée du visible à l'invisible, du passager à l'éternel, de l'humain au divin ».

Fustel de Coulanges, *La Cité antique*

Le corps et l'âme

La mort, ou plutôt la préparation à la vie dans l'au-delà, occupait une place prépondérante dans la culture de l'Égypte ancienne. Le rêve de tout Égyptien consistait à se faire momifier afin d'échapper à la déchéance de son image d'ici-bas et de s'assurer une vie après la mort. La conservation du corps constituait donc une partie essentielle des rites funéraires. Dès l'époque prédynastique, les Égyptiens avaient déjà observé que les dépouilles ensevelies dans le sable chaud se conservaient presque à la perfection, un phénomène dû au climat sec du désert égyptien. Il n'est donc pas étonnant que l'inhumation et plus particulièrement la momification, le choix de la tombe, son aménagement et le mobilier funéraire aient eu une valeur très importante aux yeux des Égyptiens, dans la mesure où ils pouvaient se le permettre. En effet, le *ka* ne pouvait revenir que dans un « corps » bien conservé. Si le corps n'était pas dans un état de conservation suffisant, le *ka* ne le reconnaissait pas, ce qui rendait une vie dans l'au-delà impossible. La peur de cette nouvelle « mort » conférait au rapport que les anciens Égyptiens entretenaient avec la mort et l'immortalité une dimension difficilement concevable pour nous et qui les entraînait, par la force des choses, à consentir d'immenses efforts.

Selon les conceptions de l'époque, l'homme se composait de six éléments. Trois d'entre eux étaient liés à la matière : le corps *khet*, le nom *ren* et l'ombre *shout*. Les trois autres (que l'on peut qualifier d'éléments spirituels pour essayer de les cerner sommairement) étaient associés aux forces immortelles de l'être : le *ka*, le *ba* et l'*akh*. Assurant à l'homme la pérennité de sa vie éternelle, le *ka* lui ressemblait comme un frère et était indestructible. On croyait qu'il s'unissait pour toujours à l'homme à sa naissance ; cette corrélation fit l'objet de nombreuses représentations. Lorsqu'il créait l'homme sur son tour de potier, le dieu Khnoum donnait

89. *Anubis*
Moyenne Égypte ; début de l'époque ptolémaïque, vers 300 av. J.-C. ; bois peint ; haut. : 72 cm, larg. : 10,2 cm, prof. : 20,7 cm ; Hildesheim, Pelizaeus-Museum, 1582.
Le dieu à tête de chacal Anubis comptait parmi les dieux funéraires les plus importants. Chargé de surveiller le processus de l'embaumement, il est souvent représenté comme un participant actif de l'opération. Un prêtre peut le remplacer et assumer cette fonction ; il porte alors le masque d'Anubis.

90. « *Momie naturelle* »
Gébélein ; Nagada II, milieu du IVe millénaire av. J.-C. ; longueur allongée : 163 cm ; Londres, British Museum, EA 32751.
Cette momie aujourd'hui surnommée « Ginger » s'est conservée de manière naturelle par dessiccation après ensevelissement dans le sable sec du désert. Ayant constaté la dessiccation des corps de l'époque prédynastique, les Égyptiens prirent l'habitude d'embaumer leurs morts.

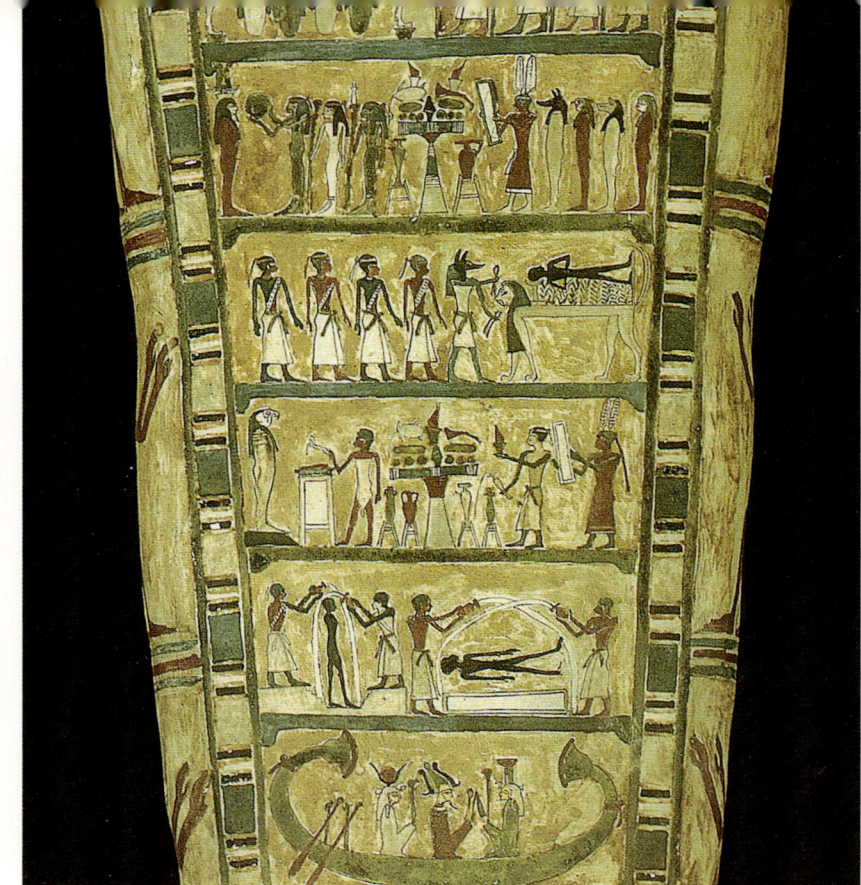

91. Bandelettes de la momie de la princesse Nésitanebashérou
Thèbes, Deir el-Bahari, cachette des momies royales ; Troisième Période Intermédiaire, XXIe dynastie, vers 1000 av. J.-C. ; lin ; long. maximale : 480 cm, larg. maximale : 30 cm ; Leyde, Rijksmuseum van Oudheden, AMM 8.
Pour envelopper les momies, on utilisait des bandelettes de différentes longueurs et largeurs. L'étoffe de celle-ci présente une structure particulièrement raffinée. Certaines sont en outre frangées.

92. Cercueil de Moutirdis
El-Hibeh, époque gréco-romaine, IIe-Ier siècle av. J.-C. ; bois peint ; long. : 170 cm ; Hildesheim, Pelizaeus-Museum, 1953.
Aux cinquième et septième registres de ce cercueil, on peut observer, ce qui est rare, le rituel de l'embaumement : le corps du défunt figuré par une silhouette noire est préparée par des prêtres qui récitent des formules magiques en la purifiant.

forme simultanément à son corps et à son *ka*. Par ailleurs, c'est le *ka* qui pourvoyait à la survie de l'homme après sa mort car il était le seul à pouvoir aller et venir entre le caveau et la chapelle dans laquelle étaient déposées les offrandes, dont il se nourrissait. Le *ka* était représenté sous la forme de bras humains levés ou d'une figure anthropomorphe couronnée de ces bras. En revanche, le *ba*, qui était étroitement associé au cœur humain, abandonnait le corps au moment du décès, raison pour laquelle il était figuré sous forme d'oiseau à tête humaine. Il pouvait prendre n'importe quelle forme et vagabonder ; néanmoins il revenait toujours à son port d'origine, la tombe. Le *ba* était l'élément inné de l'homme qui lui permettait de se déplacer dans la vie comme dans la mort. Grâce à cette propriété, le défunt pouvait retourner durant le jour dans le monde des vivants par le biais de son « âme-oiseau » ; à condition, toutefois, que le corps indemne fût prêt à l'accueillir le soir à son retour au royaume des morts. Une dépouille altérée aurait condamné le *ba* à une éternelle errance et par conséquent entraîné la disparition à tout jamais de la personnalité de l'individu concerné.

Le troisième « être spirituel » de l'homme s'appelle l'*akh*. Également immortel, on pourrait éventuellement le rapprocher de la notion d'« âme éternelle ». Comme en témoignent les *Textes des Pyramides*, l'*akh* appartient au domaine des dieux. L'iconographie égyptienne le représente par un ibis couronné. Il est presque paradoxal que le *ba*, le *ka* et l'*akh* aient été immortels pour les hommes de l'Égypte ancienne qui par ailleurs tenaient à maintenir le corps terrestre dans le meilleur état de conservation possible, croyant qu'il s'agissait là du seul moyen d'assurer la survie des trois êtres spirituels.

À l'époque prédynastique, on enterrait les morts directement dans le sol, nus ou couverts de toiles de lin, recroquevillés sur eux-mêmes. Tant que le corps n'entrait pas en contact avec la nappe phréatique, il se desséchait complètement dans le sable sans se décomposer car il était naturellement désinfecté par le sel. Les viscères se sont souvent conservés, ce qui a permis, parfois, d'identifier le dernier repas pris par le défunt. Peut-être ces sépultures déterminèrent-elles la conception selon laquelle le défunt recroquevillé en position fœtale au fond de la terre attendait sa résurrection dans le monde des immortels. Néanmoins, on ignorait à l'époque les processus physiques et chimiques de cette « momification naturelle » et il est possible que la découverte du corps quasi intact d'ancêtres trépassés depuis longtemps ait été un élément déclencheur mais non déterminant dans la mise en œuvre de la momification par des moyens artificiels. Aujourd'hui encore on ne parvient pas complètement à reconstituer l'opération exacte de la momification ni à quantifier de manière précise les matériaux employés. Certains indices se trouvent déjà dans l'étymologie des termes « momie » et « embaumement ». D'origine persane, le mot momie signifie « bitume » ou « asphalte », éléments fréquemment utilisés en médecine. En latin, le verbe embaumer désignait l'action d'oindre le corps d'huiles et de baumes aromatiques. Nous ne disposons pas de sources égyptiennes sur le processus de l'embaumement, du moins pas à l'apogée de la culture égyptienne. Seuls quelques sarcophages des IIe et Ier siècles avant J.-C. traitent de ce sujet, sans cependant en décrire complètement toutes les étapes (pour un exposé plus précis sur la question de la momification dans l'Égypte ancienne et sa description par Hérodote, voir p. 460 et suivantes).

Le rituel de l'embaumement

Deux papyrus de la fin du Ier siècle avant J.-C. décrivent le rituel de l'embaumement de plusieurs parties du corps en insistant particulièrement sur les formules qu'il convenait de réciter lors de l'opération afin de garantir

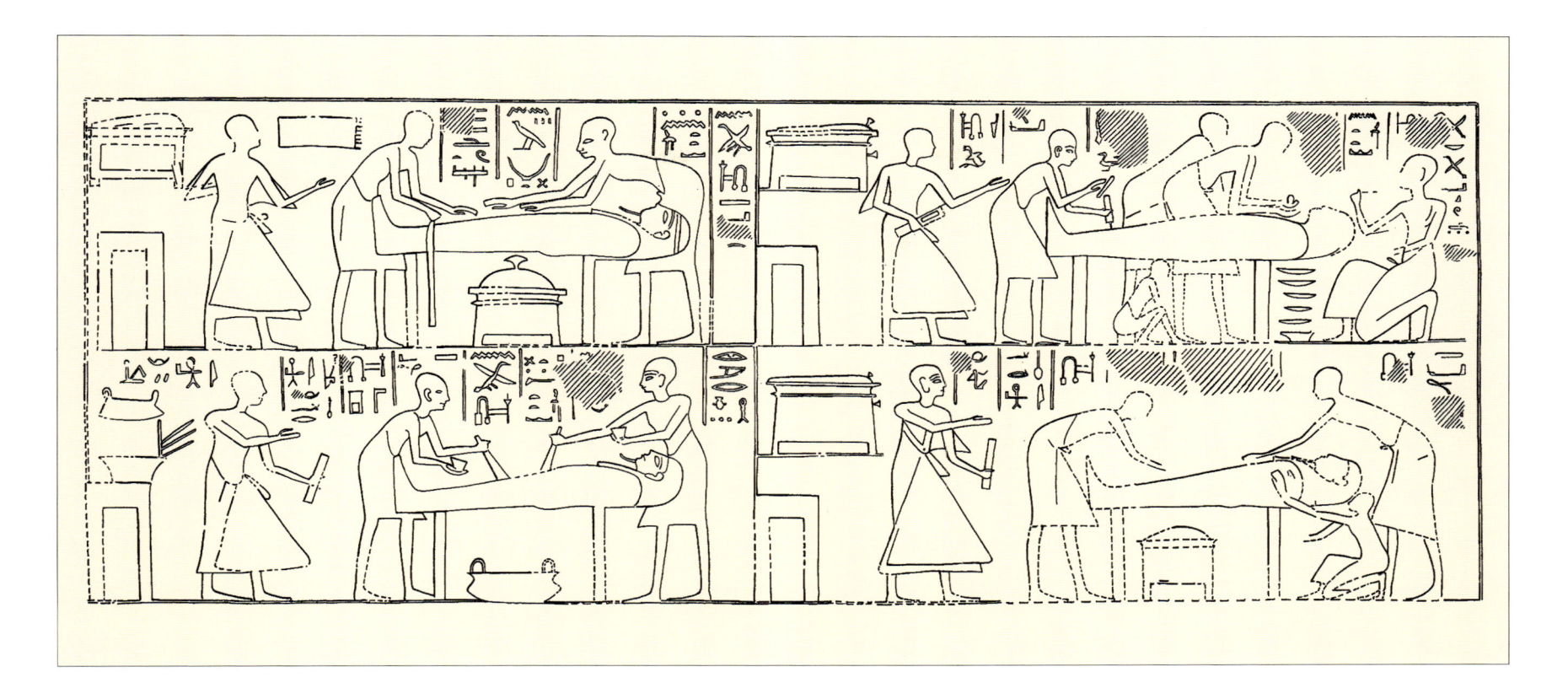

93. L'enveloppement de la momie et la fabrication du cercueil
Thèbes, tombe de Tjai (TT 23) ; Nouvel Empire, XIXᵉ dynastie, vers 1250 av. J.-C. Ces représentations du rituel de l'embaumement illustrent avec force détails l'enveloppement de la momie par des prêtres (à gauche). Les deux scènes de droite illustre la fabrication du cercueil.

la réanimation de la partie corporelle que l'on travaillait. Ces textes proviennent certainement d'un « manuel » d'embaumement, en grande partie rédigé à une époque antérieure, qui décrivait le processus dans ses moindres détails : les mouvements à effectuer pour s'approcher du corps du défunt, le choix des matériaux et leur mode d'emploi ainsi que les formules rituelles à prononcer. La pose des bandelettes devait durer quinze jours. Chaque détail faisait l'objet de recommandations particulières, il fallait préparer d'innombrables bandelettes de lin d'épaisseurs et de largeurs différentes, dont la longueur totale pouvait atteindre près de 4 800 mètres, que l'on imbibait de résine. Certaines étaient bordées de franges, telles celles des momies royales d'Aménophis III et de Thouthmosis III qui, de plus, étaient inscrites de textes hiéroglyphiques extraits des livres funéraires. Dans l'ensemble, on peut dire que les méthodes d'enveloppement ont constamment évolué du Nouvel Empire à la XXIᵉ dynastie.

Avant de commencer à envelopper le corps, on rangeait toutes les bandelettes (*out* en égyptien) selon le besoin d'utilisation, par longueur, largeur et épaisseur et on marquait le début de chaque lé. La dépouille était étendue sur un lit spécialement conçu pour permettre à l'embaumeur de travailler autour du corps sans être gêné. Normalement, on commençait par recouvrir le mort de toile grossière, les étoffes les plus fines servant à parachever le travail. On employait aussi de longues pièces de tissu qu'on nouait à la tête et aux pieds. Les étoffes étaient parfois spécialement achetées pour l'inhumation mais d'après certaines découvertes, il arrivait que l'on employât du lin provenant du foyer du défunt.

Les étoffes dans lesquelles des statues de dieu avaient été enveloppées constituaient une particularité ; considérées comme sacrées, elles étaient par conséquent très prisées. Les papyrus susmentionnés parlent d'un « maître des secrets », un prêtre portant un masque à l'effigie du dieu Anubis. Il supervisait l'embaumement et s'occupait lui-même de la tête du défunt. Après le cœur, la tête représentait l'élément corporel le plus important. Elle était considérée comme le centre de la vie, les traits du visage permettant à l'esprit du mort de reconnaître son corps, d'y revenir et ainsi de ressusciter. Ensuite, on embaumait et on enveloppait les mains de bandelettes, en commençant par la gauche, puis la droite, puis les pieds. Les quelques scènes d'embaumement qui nous sont parvenues témoignent qu'un prêtre accompagnait chaque étape par la récitation de formules magiques qu'il lisait sur un papyrus.

Après avoir embaumé la tête, on traitait le haut du corps. Le texte qui décrit cette partie de l'opération, mentionne la nature de l'huile et des étoffes employées. Considérée d'origine divine, l'huile renfermait les fluides corporels des quatre divinités créatrices.

Les formules étaient avant tout destinées à « charger » en pouvoir magique les amulettes et les talismans que l'on insérait entre les bandelettes. Les différents matériaux dans lesquels les amulettes étaient confectionnées avaient une signification particulière : l'or était associé au jour, l'argent à la nuit, la turquoise au ciel diurne et le lapis-lazuli au ciel nocturne.

L'amulette la plus importante était sans doute le scarabée de cœur, que l'on posait sur la poitrine. Au dos se trouvait une brève exhortation demandant au cœur de ne pas parler en défaveur de son détenteur lors de sa comparution au jugement des morts dans la salle d'Osiris.

L'enveloppement de bandelettes achevé, on posait sur la momie des amulettes, représentant notamment les quatre fils d'Horus, les déesses protectrices Isis, Nephthys, Neith et Selket, Anubis et le scarabée ailé. La fin de l'embaumement et de la pose des bandelettes était comparée au lever et au coucher du soleil. Pour terminer, on parait la momie d'un masque qui recouvrait la tête et les épaules. Ces masques étaient en toile stuquée, en métal, ou pour certains pharaons, en or massif et reproduisaient les traits du défunt.

Cependant les Égyptiens n'embaumaient pas seulement les hommes. Des milliers de momies d'animaux, datant des époques ptolémaïque et romaine pour la plupart, ont été découvertes et nous permettent d'apprécier l'importance de la momification animalière à l'époque pharaonique.

Du seul site de Saqqara, nous sont parvenus quatre millions d'ibis embaumés. La raison pour laquelle les Égyptiens momifiaient les

CULTE DIVIN ET CULTE FUNÉRAIRE 473

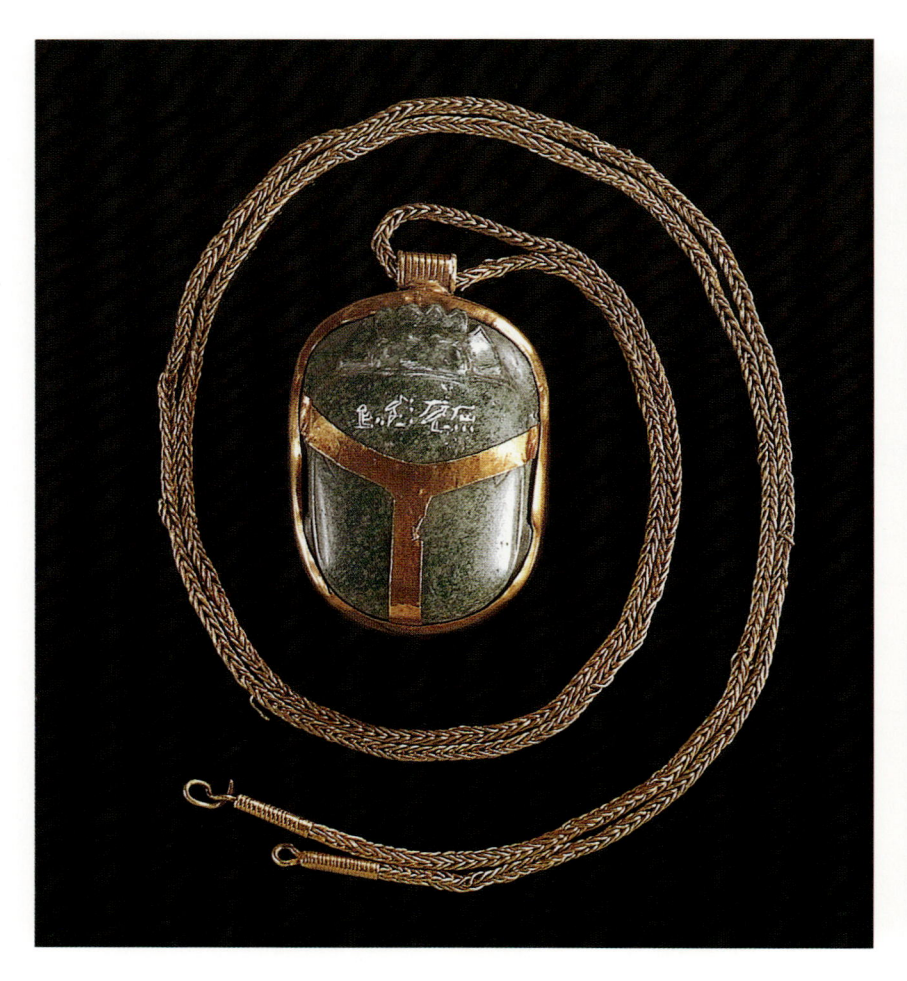

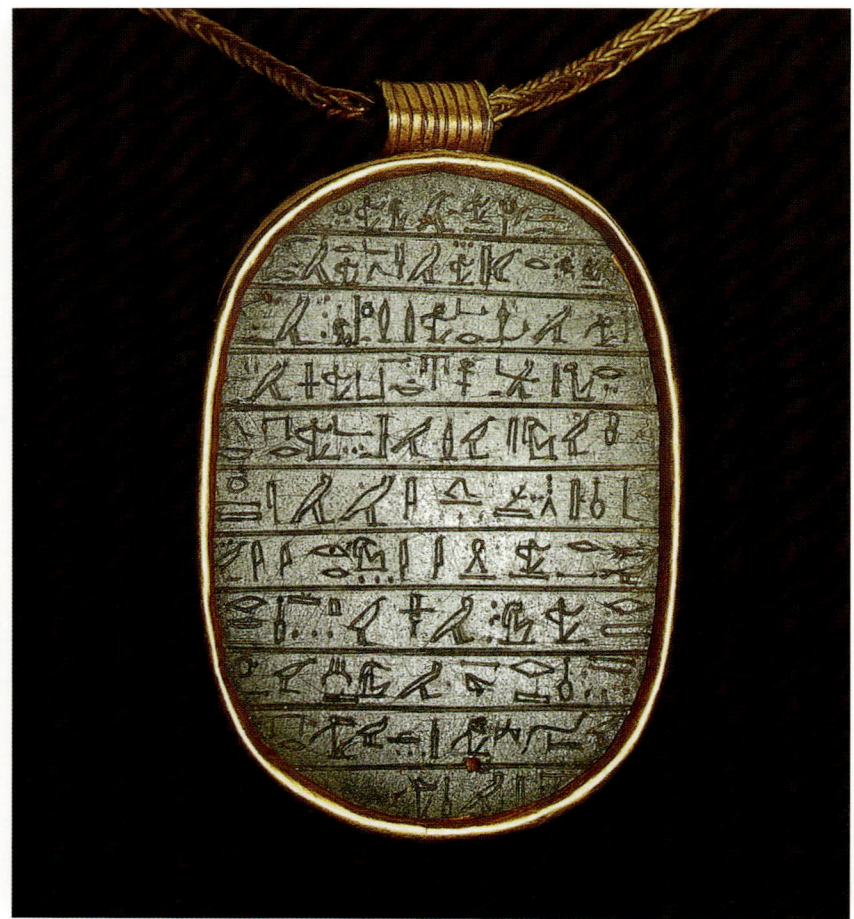

animaux relevait d'une part de la volonté de se faire accompagner dans la tombe par des animaux familiers et, d'autre part, du désir d'enterrer un animal divinisé. Il n'était pas rare que les propriétaires d'animaux réalisent eux-mêmes les cercueils et préparent les lieux d'inhumation qui leur étaient destinés. Pour citer un exemple de la vénération portée aux animaux dans l'Égypte ancienne, il suffit de se reporter à la luxueuse inhumation dans d'immenses sarcophages en pierre dont jouit le taureau Apis dans le Sérapeum de Saqqara. Le rituel de l'embaumement se déroulait de la même manière que pour un homme.

Comme celles des pharaons, les momies des taureaux Apis étaient parées de bijoux somptueux et d'amulettes. C'est certainement la raison pour laquelle les pilleurs de tombes ont détruit ces momies dont aucune n'a été préservée.

La mise en bière

La momification du cadavre était destinée à préparer le défunt pour l'éternité. Une fois protégée physiquement par l'embaumement et l'enveloppement dans les bandelettes de lin et spirituellement par les amulettes magiques, le mort devait être encore protégé par un cercueil et, le cas échéant, un sarcophage supplémentaire.

La plupart du temps, les cuves du cercueil étaient peintes. Les portes et les yeux occupaient une place prépondérante dans l'iconographie. En effet le défunt vivait dans son cercueil comme dans une maison et devait également pouvoir quitter ce logement, notamment lorsque son *ka* voulait sortir dans le monde extérieur. Les yeux *oudjat,* l'aidaient par exemple à discerner le mobilier funéraire, voir le soleil se lever ou identifier d'autres phénomènes. La « carte du monde souterrain » parfois représentée sur le cercueil lui servait à choisir le bon chemin vers l'au-delà. Les formules magiques étaient censées protéger le défunt des dangers qui s'y trouvaient et lui épargner de mourir une seconde fois.

Les cercueils anthropomorphes se développèrent au cours du Moyen Empire, lorsqu'on prit l'habitude de couvrir la tête et les épaules de la dépouille d'un masque mortuaire. On pense que ce masque servait également à compenser l'éventuelle métamorphose que pouvait subir le corps momifié au fil du temps et permettre ainsi au défunt d'être reconnu par son *ba*. En même temps, ils prirent peu à peu les traits du dieu des morts, Osiris, portrait le plus souvent attribué à la momie royale. Les cercueils furent d'abord construits en cartonnage, autrement dit en toile ou en papyrus stuqués ; par la suite, à la fin de la Deuxième Période Intermédiaire, on utilisa plus souvent les cercueils en bois. Sobres, leurs ornementations se limitaient à des bandes d'inscriptions décrivant le défunt et à la représentation de divinités. Grâce à la découverte de la tombe de

94/95. Scarabée de cœur du général Djéhouti
Saqqara ; Nouvel Empire, XVIIIe dynastie, vers 1450 av. J.-C. ; schiste avec monture et chaîne en or ; longueur du scarabée 8,3 cm, larg. : 5,3 cm, haut. : 2,7 cm, longueur de la chaîne 133 cm ; Leyde, Rijksmuseum van Oudheden, AO 1a.
Le scarabée jouait un rôle très particulier pour les défunts. Le texte inscrit dessus, extrait du *Livre des Morts* (chapitre 30B), était censé veiller à ce que le cœur du défunt, siège de la raison et de la conscience selon les conceptions des anciens Égyptiens, ne déclare rien de néfaste à son encontre lors de sa comparution devant le tribunal d'Osiris. Le scarabée de Djéhouti compte parmi les plus belles pièces du genre.

98. (À droite) Le Livre des Deux Chemins - Décor intérieur du sarcophage de Goua
El-Bersheh ; Moyen Empire, XIIe dynastie, vers 1910 av. J.-C. ; bois stuqué et peint ; longueur du sarcophage : 260 cm ; Londres, British Museum, EA 30839.
Les peintures sur la paroi interne du sarcophage illustrent deux chemins, sorte de carte du monde souterrain destinée à guider les défunts.

474 CULTE DIVIN ET CULTE FUNÉRAIRE

96. Cercueil de chat
Époque romaine, Ier siècle av. J.-C. ; bois en partie doré ; long. : 37,7 cm, larg. : 13,3 cm ; Paris, musée du Louvre, E 2562.
Les chats sacrés, qui appartenaient à Bastet, la déesse royale de la fécondité, occupaient une place très importante aussi bien à la Basse Époque qu'à l'époque gréco-romaine. Momifiés, certains animaux étaient déposés dans des cercueils en forme de chats puis inhumés dans d'immenses cimetières qui leur étaient réservés.

97. Couvercle du cercueil d'Henoutméhit
Thèbes ; Nouvel Empire, XVIIIe dynastie, vers 1250 av. J.-C. ; bois stuqué, doré et peint ; long. : 188 cm ; Londres, British Museum, EA 48001.
Les particuliers étaient parfois enterrés dans plusieurs cercueils de matériaux différents emboîtés les uns dans les autres. Les décors, les inscriptions et les amulettes protégeaient les défunts et leur garantissaient un passage sans encombre dans l'au-delà.

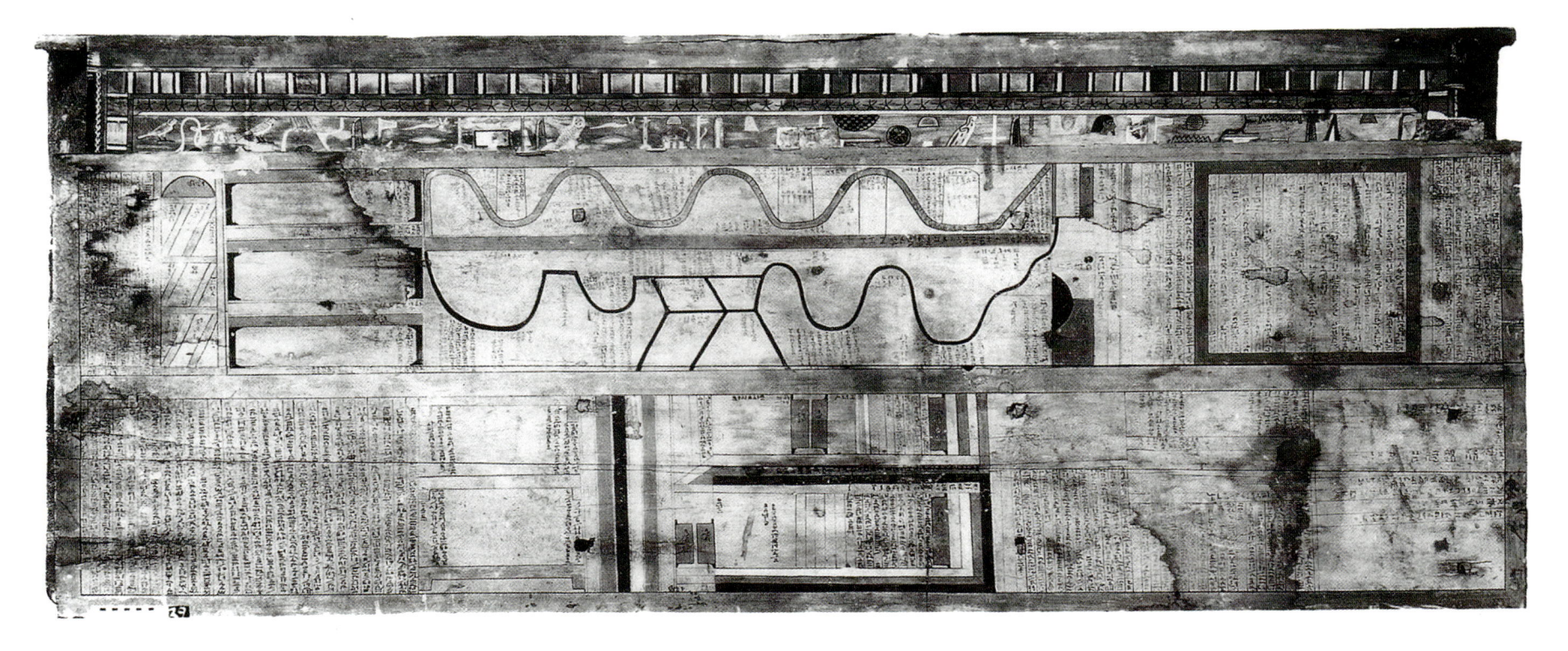

CULTE DIVIN ET CULTE FUNÉRAIRE

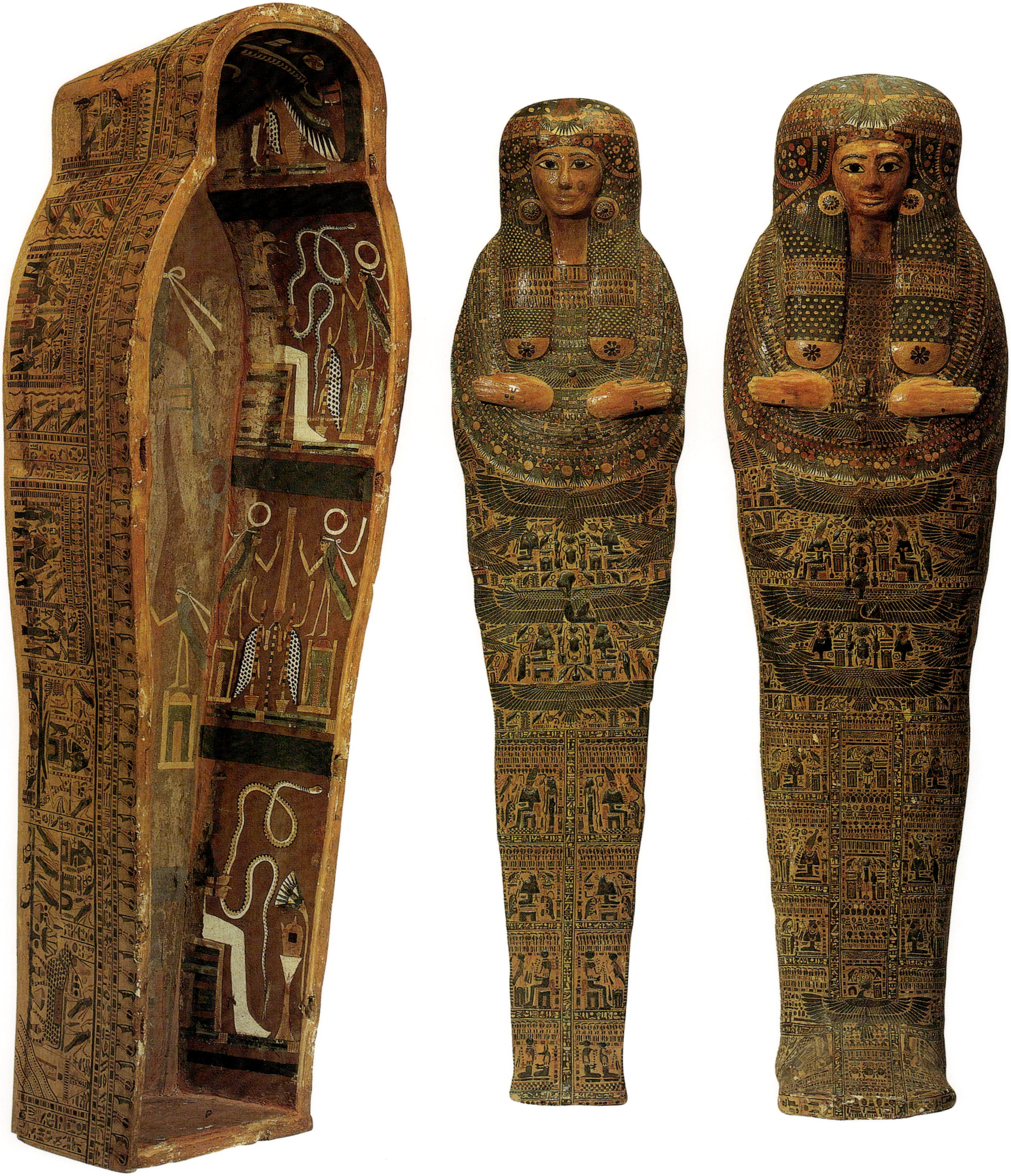

Toutânkhamon, nous savons que les souverains du Nouvel Empire étaient enterrés dans plusieurs cercueils emboîtés les uns dans les autres. Cette coutume de protéger la momie par une série de cercueils anthropomorphes connut une telle popularité de la XIXe à la XXIe dynastie que même les particuliers se firent inhumer de la sorte. À cette époque, on commença également à décorer l'intérieur et l'extérieur des cercueils de manière beaucoup plus riche. Les parois internes étaient couvertes de scènes du monde souterrain, d'images de dieux protecteurs et de représentations d'amulettes peintes. Sur les parois externes figuraient des scènes de vénération des dieux par le défunt, la traversée du monde souterrain par le dieu solaire dans sa barque, le tribunal où se tenaient Osiris et les quatre fils d'Horus, caractéristiques de la décoration funéraire. Tout en apportant leur protection, le disque solaire et le scarabée ailé évoquaient le désir de participer au cycle éternel du dieu solaire.

Outre ces cercueils de momies aux couleurs vives et aux motifs souvent surchargés, il existait des sarcophages, certainement pas moins coûteux, en pierre dure, le plus souvent en basalte ou en granit. Les parois extérieures illustraient la biographie du défunt à laquelle s'ajoutaient des textes et de superbes représentations extraits des livres funéraires.

Ces considérations sur les rites de la mise en bière de même que sur la forme et les décorations des cercueils et des sarcophages se rapportent en grande majorité aux rites d'inhumation des souverains, des hauts fonctionnaires du royaume et de la société dominante. La plupart du temps, le petit peuple égyptien devait se contenter de planches de bois, de nattes de sisal et de cuves en argile pour protéger la dépouille en vue de sa résurrection dans l'au-delà. Alors qu'il leur était souvent impossible de réunir les fonds nécessaires pour un embaumement, dans de très nombreux cas, les pauvres se sont paradoxalement mieux conservés dans le sable sec du désert que certaines momies embaumées et enterrées dans des cercueils avec le plus grand soin.

Le mobilier funéraire

Tout près du sarcophage étaient déposés les vases canopes, la plupart du temps rangés dans un coffre destiné à cet effet. Ils contenaient les viscères du défunt qui avaient dû être retirés lors de la momification et faisaient partie de l'inhumation de manière tout aussi déterminante que le cercueil qui abritait la dépouille.

Non loin de cet ensemble était réuni tout un mobilier, en partie construit spécialement pour le tombeau mais également issu des biens personnels du défunt, destiné à rendre la vie dans l'au-delà aussi agréable que possible.

Toutefois, cette vie de sérénité éternelle était troublée par les tâches que le défunt devait accomplir pour le maintien de l'agriculture, source de vie, dans l'autre monde. Il devait participer aux travaux des champs. Pour soustraire le mort à ces obligations, on avait imaginé d'installer dans la tombe le plus grand nombre de figurines de serviteurs possible, les fameux *oushebtis*, afin qu'ils se chargent des travaux les plus rudes à sa place. Un

99-102. Cercueils d'une inconnue
Thèbes, Deir el-Bahari, cachette de Bab el-Gasous ; Troisième Période Intermédiaire, XXIe dynastie ; bois stuqué et peint ; longueur du cercueil extérieur : 194 cm, du cercueil intérieur : 197 cm ; Berne, Bernisches Historisches Museum, Æ 10.
La momie et les cercueils de cette femme dont on ignore le nom proviennent de la deuxième cachette de Deir el-Bahari, Bab el-Gasous, où on a découvert un grand nombre de momies de prêtres d'Amon et de leurs parents déposés là à l'abri des voleurs. Richement décorés, les cercueils de l'inconnue sont ornés de nombreuses scènes religieuses. Le besoin si caractéristique de la XXIe dynastie de présenter ces scènes puissantes et magiques et si possible dans de multiples variantes ainsi que les efforts pour les placer près du corps du défunt apparaissent ici très distinctement. Les somptueuses parures, en particulier les perruques et les colliers, démontrent le bien-être dont a joui la défunte au cours de sa vie et le lui garantissent dans l'au-delà.

CULTE DIVIN ET CULTE FUNÉRAIRE

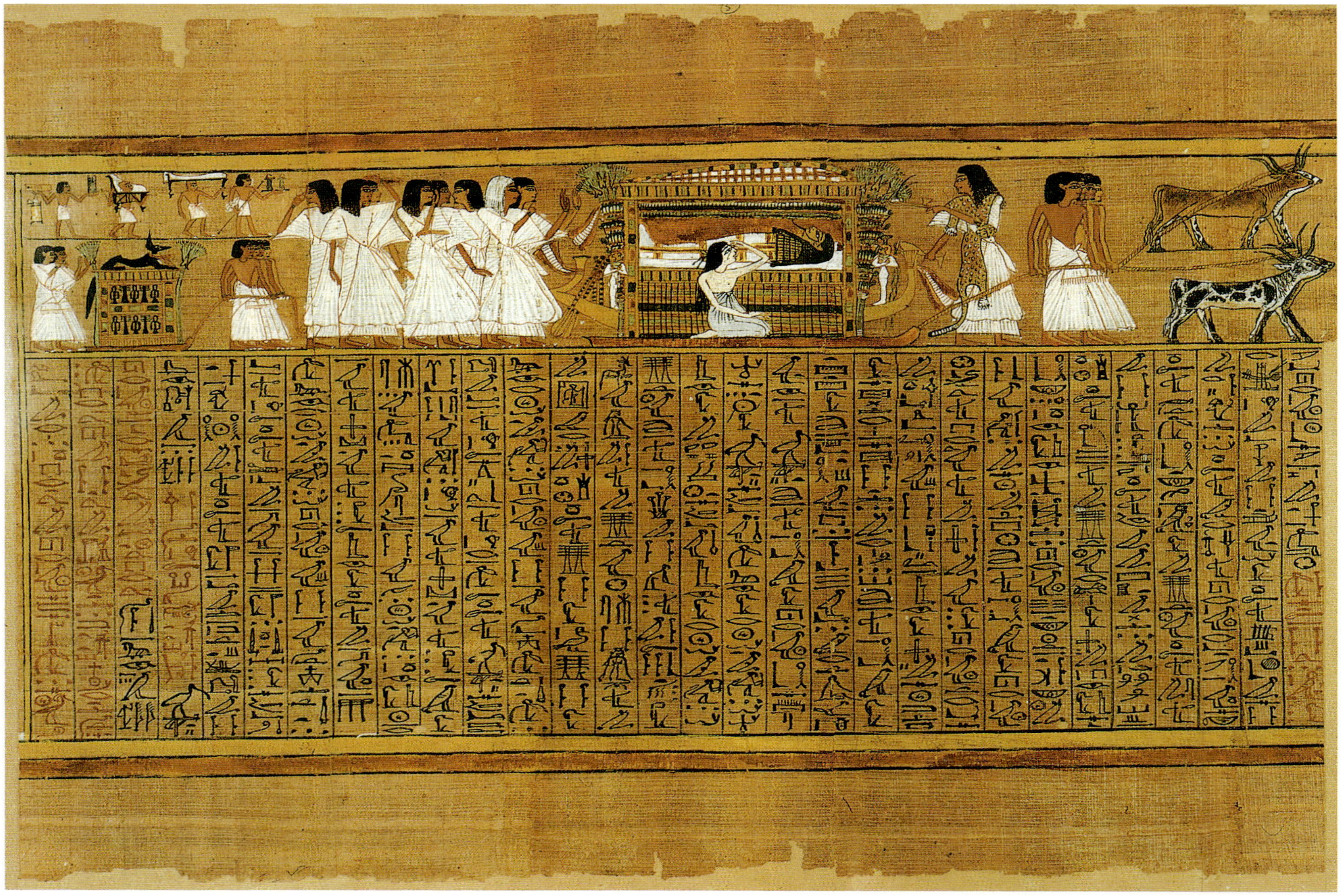

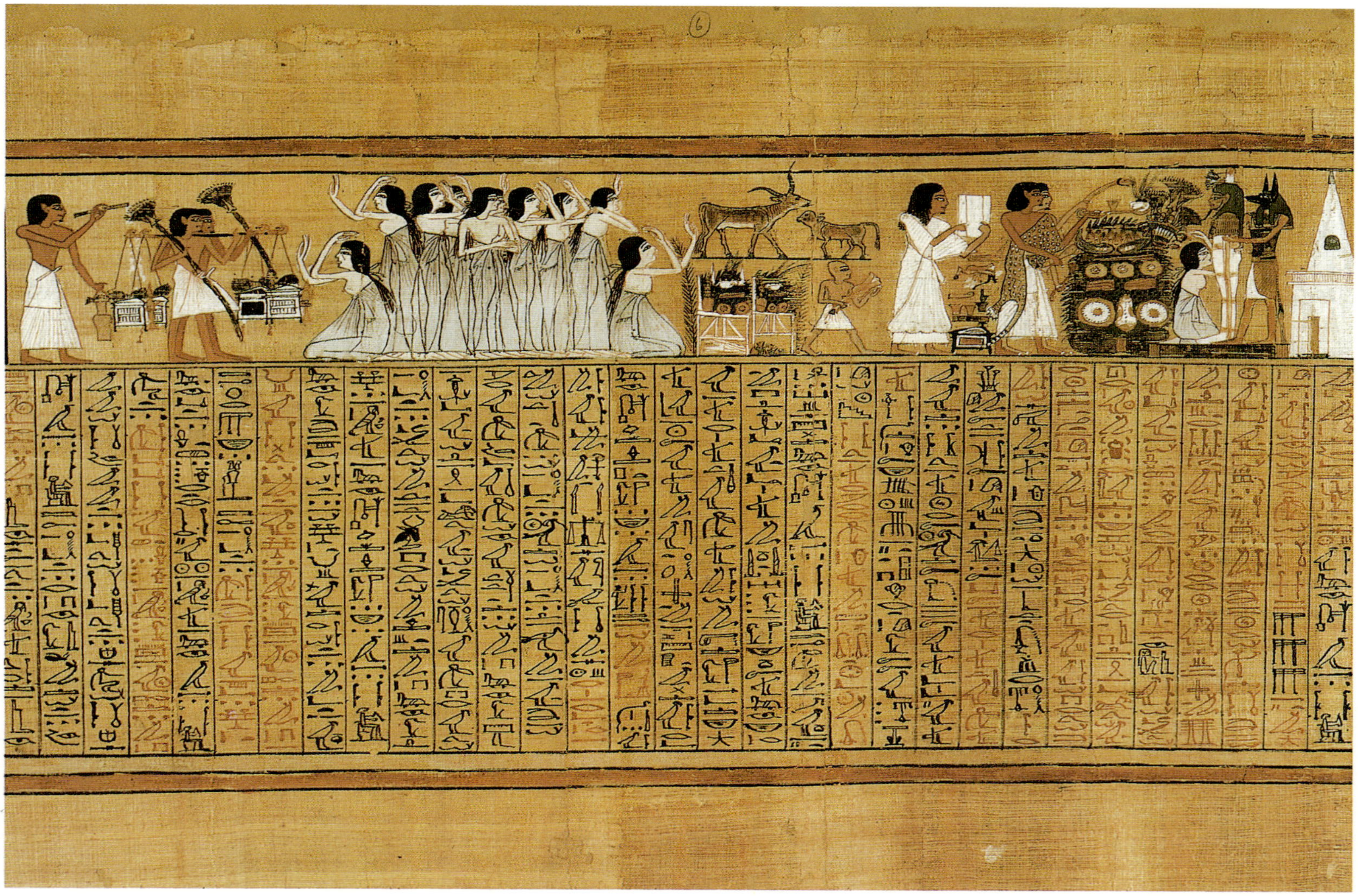

texte magique, gravé ou peint sur les statuettes, était censé leur prêter assistance. Parmi le mobilier funéraire mis au jour dans les différentes tombes, il a été découvert jusqu'à trois cent soixante-cinq *oushebtis,* autrement dit un pour chaque jour de l'année, ainsi que trente-six figurines représentant les contremaîtres, debout munis de fouet et bien vêtus, chargés de surveiller le déroulement des travaux.

Les rites : résurrection et éternité

Avant que le défunt ne fût inhumé, accompagné du cortège funèbre sous les lamentations des pleureuses, celui-ci faisait, du moins spirituellement, le pèlerinage d'Abydos.

Le pèlerinage d'Abydos avait pour destination la ville sainte du dieu des morts Osiris, un voyage rituel qui était forcément associé à la croyance en ce dieu. En réalité, le pèlerinage se limitait pour la plupart des Égyptiens à un voyage symbolique qui consistait à traverser le Nil en direction de l'occident pour se rendre dans la nécropole.

On voulait cependant profiter du caractère sacré d'Abydos et participer aux mystères auxquels on s'y livrait en l'honneur d'Osiris. La représentation du pèlerinage d'Abydos, fréquemment reprise sur les murs des tombes, montre clairement que ce rite funéraire hautement prisé par les Égyptiens ne devait jamais être négligé lors des funérailles.

Le cortège funèbre formé après l'embaumement du corps est également représenté dans les tombeaux ainsi que sur les papyrus du *Livre des Morts*. La momie était accompagnée de tout son équipement. Le défunt était porté à travers la nécropole dans son cercueil, suivi du coffre à canopes, des instruments cultuels et du mobilier funéraire. Le *tekenou,* sorte de sac à tête humaine, qui renfermait peut-être les restes humains après momification, faisait aussi partie du convoi.

La famille, les prêtres et les pleureuses suivaient le cortège jusqu'à la tombe où la momie était soumise au rituel de l'ouverture de la bouche. Accomplie par le prêtre *sem* à la place du fils aîné du défunt, cette opération était destinée à ranimer la momie ou sa statue. Les rites de purification décomposés en près de soixante-quinze étapes, l'encens brûlé et le baume dont on oint le visage et les différentes parties du corps montrent clairement à quel point on était convaincu que le défunt pouvait recouvrer ainsi ses fonctions physiques et mentales.

Pour résumer, nous pouvons dire que les rites d'inhumation étaient censés assurer au défunt les meilleures conditions possibles pour sa nouvelle vie dans l'au-delà.

Le culte funéraire des Égyptiens occupait une grande place dans la vie terrestre. En effet, la vie ne commençait réellement qu'après la mort, ce qui méritait que l'on déployât tous ses efforts pour y parvenir. Aucune autre civilisation de l'Antiquité n'accorde une telle importance à ce genre de culte. Pour les vivants, cette croyance impliquait la prise en charge de toutes sortes de dispositions et d'obligations très coûteuses. Comme nous

105. Oushebtis et coffret à oushebtis d'Henoutméhit
Thèbes ; Nouvel Empire, XIXᵉ dynastie, vers 1250 av. J.-C. ; coffret en bois stuqué et peint ; haut. : 34 cm ; Londres, British Museum, EA 41549.
Depuis la fin de la XVIIIᵉ dynastie, le nombre de figurines de serviteurs en forme de momies, utilisées dans le mobilier funéraire, les oushebtis, a été considérablement augmenté et leur utilisation sera conservée jusqu'au début de l'époque des Ptolémée. Alors que la grandeur, la qualité et les matériaux des statuettes des morts pouvaient varier fortement selon l'état des finances du souverain, l'inscription de la citation 6 du Livre des Morts (formule « Ô oushebti... ») était pratiquement incontournable. L'utilisation de coffrets en bois peintes en forme de chapelle était également typique.

l'avons déjà évoqué, tous ne pouvaient pas financer de telles funérailles, de sorte qu'on a l'impression que seuls les riches parvenaient après leur mort à une nouvelle « vie de riches ». Pour consoler les pauvres, les textes qui nous sont parvenus indiquent clairement que la vie dans l'au-delà ne dépend pas de l'aménagement de la tombe mais de la droiture d'esprit et d'action dont l'individu a fait preuve durant sa vie ici-bas.

103/104. Le papyrus d'Ani : le cortège funèbre (extrait du Livre des Morts)
Probablement de Thèbes ; Nouvel Empire, XIXᵉ dynastie, vers 1250 av. J.-C. ; papyrus peint ; haut. : 38 cm ; Londres, British Museum, EA 10470.
Le papyrus d'Ani est l'un des *Livres des Morts* les plus célèbres et les mieux conservés du Nouvel Empire. Le texte s'accompagne de nombreuses vignettes. La scène représente de manière très détaillée le cortège funèbre. Ici le traîneau sur lequel sont posés la momie et ses cercueils est tiré par des bœufs de couleurs différentes. Devant lui un prêtre brûle de l'encens et se livre à des libations. Le petit coffre à canopes, richement orné, est également tiré sur un traîneau. Le cortège est formé de prêtres et de parents, de porteurs chargés du mobilier funéraire et plusieurs pleureuses. Devant le tombeau, le dieu des morts Anubis accueille la momie sous les prières et les rites funéraires des prêtres. L'un de ces derniers tient déjà dans la main un instrument destiné au rituel de l'ouverture de la bouche, autrement dit la réanimation rituelle du défunt.

CULTE DIVIN ET CULTE FUNÉRAIRE

106. Stèle d'Hény avec ses enfants
Moyen Empire, début de la XIIe dynastie, vers 1920 av. J.-C. ; calcaire peint ; haut. : 30 cm, larg. : 35 cm ; Copenhague, Ny Carlsberg Glyptothek, Æ.I.N. 1018.

À gauche se tient le défunt Hény, fils d'Hotep, avec, dans une main, le long bâton qui caractérise les hommes de qualité et un sceptre dans l'autre. Il porte une courte perruque, une moustache et une barbe ; un collier et un pagne sont ses seuls vêtements. Devant lui se dresse son fils Réhou, dont la nudité indique le jeune âge ; il se tient au bâton de son père. À droite, on peut voir « sa fille qu'il aime de tout son cœur » et qui se prénomme « It, née de Sat-Sobek ». Entre les personnages sont représentés deux monceaux d'offrandes, un petit sur une natte au-dessus du fils, un plus important sur une sellette devant la fille. Cette disposition des personnages et des offrandes indique que le fils et la fille accomplissent le culte funéraire du père défunt.

Le culte funéraire

Ursula Verhoeven

Le plus souvent, on associe spontanément les mots « Égypte ancienne » aux pyramides, aux momies et aux somptueux trésors funéraires, éléments du culte des morts égyptien qui illustrent parfaitement la fascination qu'exerce sur nous cette culture si singulière. Les imposantes sépultures des pharaons et de leurs hauts dignitaires n'en représentent pourtant qu'une petite partie, il ne faut pas oublier qu'il existe un bien plus grand nombre de tombes plus modestes, pour lesquelles on méconnaît les pratiques funéraires.

Le culte funéraire comporte, en Égypte comme presque dans toutes les civilisations, deux phases de durée différente :
1. Les soins apportés au corps du défunt de l'instant du décès à la fin des cérémonies funéraires sont soumis à des délais réglementés (se reporter aux chapitres sur la momification, les tombes et l'inhumation). Un mobilier funéraire déterminé, dans lequel les objets réels et symboliques se complètent, se doit d'assurer la survie éternelle du défunt. Les textes funéraires ont pour but de guider le défunt dans le monde de l'au-delà mais aussi d'assurer son bien-être, de subvenir à ses besoins, de le transfigurer devant les dieux et de le protéger des puissances négatives.
2. Après l'inhumation commencent régulièrement les dépôts d'offrandes et les fêtes rituelles, dont l'accomplissement n'est pas, d'un point de vue conceptuel, limité dans le temps.
3. La troisième phase pourrait regrouper tout ce qui concerne l'attitude des vivants envers leurs morts. Ancrée dans la culture sociale, on retrouve cette attitude dans les textes des *Enseignements* et des biographies idéales. Le rapport totalement personnel qu'entretient l'Égyptien avec les défunts apparaît dans les lettres qu'il adresse aux morts ainsi que dans le culte des ancêtres voué aux anciens habitants estimés du village.

L'offrande

Dès la préhistoire, on déposait dans la tombe des aliments dans des récipients en argile, mais aussi des bijoux et des armes lors de l'inhumation du défunt. Des statuettes de femmes (symboles de sexualité, de fécondité et de régénération) ainsi que diverses amulettes devaient en outre lui assurer de mener au royaume des morts une existence proche de la vie terrestre, le plus agréablement possible. En revanche nous ignorons quelle forme pouvait prendre le culte funéraire qui s'ensuivait, s'il en existait un.

Depuis la Ire dynastie, nous disposons de sources indiquant clairement que la sépulture était considérée comme la demeure du défunt, dans laquelle il devait pouvoir continuer à vivre. Sa tombe était aménagée

107. Assiette funéraire magique
Moyen Empire, vers 2100-1900 av. J.-C. ; argile, enduit rouge ; haut. : 4 cm, long. : 27 cm, larg. : 25 cm ; Heidelberg, Sammlung des Ägyptologischen Instituts der Universität, 976.
Sur cette assiette sont modelés en haut relief divers aliments : un bœuf entravé ; deux pains ou gâteaux ronds, une cuisse de bœuf, des cornes de bœuf. Les deux sillons qui se croisent ainsi que celui creusé au bord de l'assiette servaient à recueillir l'eau versée sur l'assiette et à la laisser s'écouler par l'orifice percé à cet effet. L'eau ayant humecté les plats symbolisés, on obtenait une sorte de « potion magique » pour le mort.

en fonction de la vie qu'il avait menée sur terre, les offrandes étaient déposées dans des emplacements déterminés d'un point de vue architectonique, la plupart du temps dans la partie orientale de la tombe. Les offrandes se composaient essentiellement de denrées, la cuisse antérieure d'un bœuf représentant le prototype de l'offrande funéraire. Des aliments modelés dans l'argile ou sculptés dans la pierre que l'on rafraîchissait rituellement avec de l'eau, remplissaient sans doute la même fonction, par magie. Des modèles d'objets réunissant notamment des récipients en

108. Modèle de barque
Époque prédynastique, vers 3300 av. J.-C. ; argile enduit et peint ; long. : 55 cm ; Berlin, SMPK, Ägyptisches Museum, 13834.
Ce type d'embarcation faisait partie du mobilier funéraire à l'époque prédynastique et au début de l'époque archaïque. Il devait servir de moyen de transport au défunt dans l'au-delà. Ce modèle représente une barque en jonc dotée d'une cabine au centre et d'effigies assises à la poupe et à la proue.

109. Le repas du prêtre funéraire Néfernésout
Giza (cimetière ouest) ; Ancien Empire, début de la VIᵉ dynastie, vers 2340 av. J.-C. ; calcaire ; haut. : 45,5 cm, larg. : 47,6 cm, prof. : 14,4 cm ; Hildesheim, Pelizaeus-Museum, 414.
Ce bloc provient de la stèle fausse-porte de la tombe d'un homme qui exerçait le métier de prêtre funéraire (« serviteur du *ka* »), située à proximité de la Grande Pyramide de Giza et donc dans le voisinage du pharaon défunt. Il est assis en compagnie de son épouse Sénet devant la table d'offrande sur laquelle se trouvent de longs pains. Au-dessus, il est écrit en hiéroglyphes que sont également présentés en offrande « de l'encens, des fards à paupières verts, du khôl noir et un nécessaire de toilette » et, au-dessous, « mille pains, des vêtements et des récipients en albâtre ». La formule funéraire rédigée en lignes horizontales en haut et en bas dit qu'il recevra une offrande (*peret-shérou*) « chaque jour et chaque fête » dans le cadre du culte funéraire royal.

pierre, des figurines de serviteurs, des maisons et des barques était également mis à la disposition du défunt comme substituts des agréments de la vie terrestre.

Normalement il incombait à l'aîné des fils d'organiser les funérailles puis de déposer les offrandes régulièrement. On trouve déjà en ces temps reculés la fonction de prêtre funéraire. Ce professionnel se verra qualifié au fil du temps de « chercheur d'esprit » (du pharaon), de « serviteur du *ka* » (potentiel énergétique du défunt), de « soutien », de « prêtre de purification » et de « dispensateur d'eau » ; il était chargé d'accomplir le culte funéraire au tombeau, tandis qu'un prêtre-lecteur récitait les formules rituelles.

Sous l'Ancien Empire, les tombes s'agencent sur deux niveaux : le défunt reposait dans un caveau souterrain. Il devait, pour disposer des offrandes, atteindre la superstructure qui était accessible aux vivants. L'endroit où les offrandes étaient déposées se trouvait désormais caractérisé par une niche cultuelle qui se développa pour former la stèle fausse-porte qui céda la place, sous le Nouvel Empire, à une niche abritant la statue du défunt. Le prêtre funéraire avait pour devoir d'appeler le mort à franchir la stèle fausse-porte ou à occuper la statue afin que son *ka* se réconforte en mangeant les denrées fraîchement déposées sur la natte ou la table d'offrande. C'est pour cette raison que l'offrande au défunt fut baptisée *peret-shérou*, ce qui signifie « la sortie à l'appel ». Le repas à base de pain frais devint le prototype des scènes de repas funéraire représentant le défunt devant la table d'offrande sur les dalles, les stèles et les murs des tombeaux. À côté, on trouve souvent une pancarte détaillée pouvant mentionner jusqu'à quatre-vingt-dix offrandes, notamment des étoffes, des huiles, des vases, des ustensiles et des aliments de toute sorte, avec, en regard, leur quantité. Dans un tombeau de la IIᵉ dynastie, on a découvert un vrai repas déposé sur plusieurs assiettes en céramique et en pierre posées directement à côté du cercueil. Le menu se composait d'un pain, d'une bouillie d'orge, d'un poisson cuit, d'un ragoût de pigeon, d'une caille rôtie, de rognons, de côtelettes, d'une compote de figues, de baies, de gâteau, de fromage et de vin. Le squelette de la propriétaire des lieux révéla qu'il s'agissait d'une femme âgée d'une soixantaine d'années qui depuis des dizaines d'années ne pouvait plus mastiquer que d'un seul côté.

Les offrandes déposées régulièrement pour le « repas » du défunt effectuaient une sorte de procession. Un grand privilège pour un fonctionnaire consistait à pouvoir faire ériger sa sépulture à proximité du tombeau du pharaon, car il était ainsi assuré de bénéficier du culte funéraire royal. Le roi défunt recevait des produits issus des domaines royaux. Les tombeaux environnants, ceux des nobles et des fonctionnaires qui avaient déjà été entretenus par le pharaon de leur vivant, jouissaient également de ces offrandes. À l'extrémité de la chaîne, les denrées étaient offertes en guise de rétribution aux prêtres funéraires des particuliers ainsi qu'à leur famille.

Les textes funéraires

Grâce aux textes funéraires, on apprend que les particuliers avaient d'autres moyens de tirer parti des privilèges royaux. À partir de la Ve dynastie, des formules invoquant l'ascension du pharaon au ciel, dans la sphère divine, furent gravées sur les parois des caveaux royaux ; il s'agit des *Textes des Pyramides*. Ces derniers nous fournissent les informations les plus anciennes et les plus exhaustives sur les conceptions religieuses des Égyptiens, et témoignent de l'existence d'un monde divin déjà fortement différencié. Leur fonction trouvait ses racines dans le culte funéraire : il s'agit essentiellement de récitations que les prêtres entonnaient lors de l'inhumation ou peut-être à l'occasion de certains jours de fête. Fixées par écrit dans la pierre, elles ont été sauvegardées pour l'éternité pour le pharaon (et pour nous).

Sous le Moyen Empire, les croyances funéraires subissent une forme de démocratisation qui autorise le particulier à puiser lui aussi dans ces textes (en partie remaniés) ainsi que dans d'autres pour sa propre sépulture. Ces derniers ne seront en revanche pas placés sur les parois de la tombe, qui continueront à présenter des scènes de la vie quotidienne du défunt ainsi que des offrandes, mais plus près du défunt, sur les parois des sarcophages en bois. Aux *Textes des Sarcophages* sont, à l'instar du mobilier funéraire, ajoutées des représentations d'aliments et d'ustensiles.

Sous le Nouvel Empire, la quantité de ces formules augmenta tellement (plus de cent quatre-vingt-dix) que l'on entreprit de les inscrire sur des rouleaux de papyrus longs de près de vingt-cinq mètres. Pour gagner de la place ou peut-être dans un but réfléchi, ces derniers étaient parfois déposés dans le cercueil, sous ou sur la tête de la momie. Ce recueil de formules fut désigné au XIXe siècle par le terme légèrement trompeur de *Livre des Morts,* alors que le titre égyptien signifie : « commencement des formules pour sortir au jour, des glorifications et des transfigurations, pour entrer et pour sortir du royaume des morts, qui doivent être dites le jour des funérailles de (nom du défunt) juste de voix qui (r)entre après être sorti ».

110. Stèle fausse-porte de Nikaourê et de son épouse Ihat
Saqqara, tombeau de Nikaourê ; Ancien Empire, V^e dynastie, vers 2470 av. J.-C. ; calcaire peint ; haut. : 227 cm, larg. : 235 cm ; Le Caire, Musée égyptien, CG 1414.
Cette fausse-porte se trouvait à l'origine, aux côtés d'une seconde stèle du même genre, dans l'hypogée de Nikaourê, directeur des courriers et chef secrétaire du grand palais. Vraisemblablement, elle était surtout destinée à son épouse, prêtresse d'Hathor, Ihat, également représentée dans la niche de la fausse-porte au centre du monument. Dans la partie supérieure de la fausse-porte, le couple est représenté devant la table d'offrande ; la partie inférieure illustre la défunte accompagnée de ses enfants. En bas se tiennent des prêtres funéraires chargés du culte ainsi qu'un harpiste et une chanteuse.

CULTE DIVIN ET CULTE FUNÉRAIRE   483

111. Dalle d'offrande d'Imhotep
Début de l'époque ptolémaïque ; IIIe siècle av. J.-C. ; calcaire ; Londres, British Museum, EA 1688.

D'après les filets d'eau qui s'écoulent des amphores situées au centre de cette dalle d'offrande, on peut déduire que l'objet servait aux libations comme une simple assiette en argile. Les différents registres représentent des dieux qui promettent au défunt boissons et repas ; dans les triangles supérieurs, Isis et Nephthys, les sœurs d'Osiris, prennent soin de l'oiseau-*ba* du mort : « Que ton *ba* vive de l'eau. » De part et d'autre des amphores, au centre de la dalle, se dressent deux personnifications du Nil coiffées des plantes héraldiques des Deux-Terres. Leur corpulence symbolise la forte crue du fleuve et la fertilité des champs qui s'ensuit. Dessous, on distingue le défunt représenté à deux reprises, debout et assis devant une déesse-arbre. À gauche, la divinité surgit hors de l'arbre sous forme de femme ; à droite, seuls deux bras indiquent le caractère divin du « sycomore, Maître des offrandes », représenté au moment où, selon la formule du *Livre des Morts*, il est appelé « pour boire de l'eau dans la nécropole ».

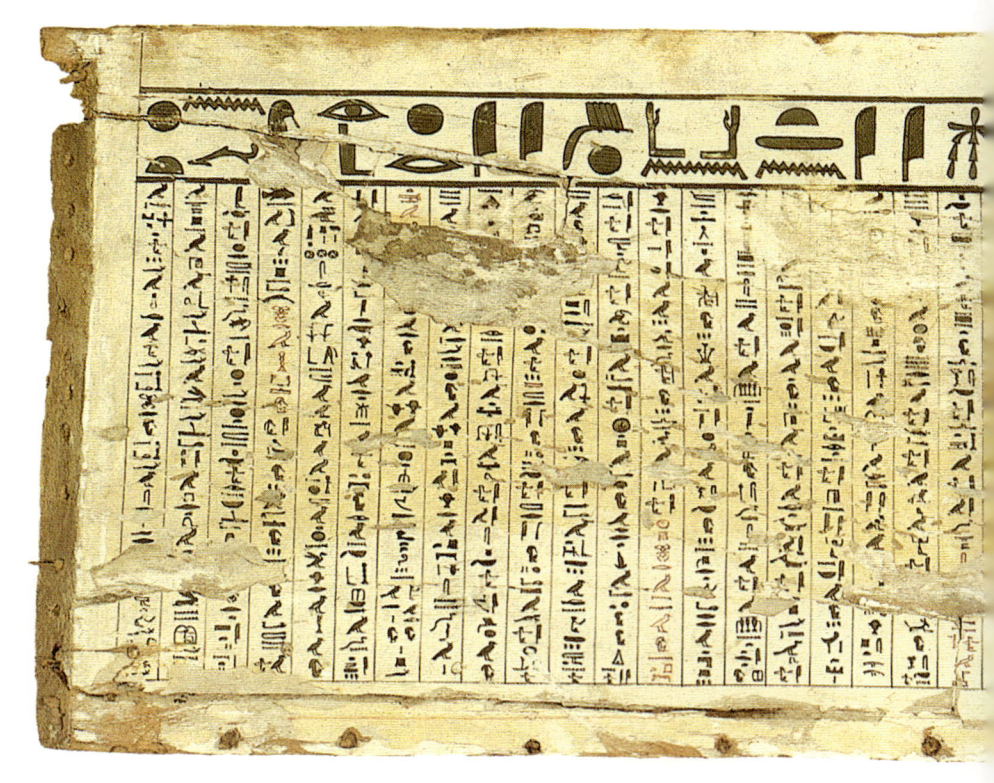

La composition des formules et l'ordre dans lequel elles doivent être récitées varieront pendant longtemps jusqu'à l'apparition, sous la XXVIe dynastie, d'un ordre canonique de cent soixante-cinq formules qui permet aujourd'hui de les numéroter. Il existe ainsi une « formule pour qu'un homme ne soit pas mordu par un serpent au royaume des morts » (chapitre 34), une « formule pour ne pas se putréfier au royaume des morts » (chapitre 45) ou encore une « formule pour vivre de la brise et avoir de l'eau au royaume des morts » (chapitre 59), souhait qui prend une signification toute particulière dans les tombeaux étouffants des régions désertiques. Dans cette formule, on invoque le « sycomore de Nout », déesse-arbre qui apporte ombre et nourriture et que l'on représente volontiers sur les stèles et les murs des tombes.

Dans le *Livre des Morts*, la comparution du défunt au jugement des morts devant le tribunal d'Osiris joue un rôle prépondérant (chapitre 125). D'un intérêt également tout particulier, le chapitre 175 (« Pour ne pas mourir à nouveau au royaume des morts ») contient le dialogue entre les dieux Atoum et Osiris qui traite de la fin du monde et présente le royaume des morts comme un lieu d'indigence. La fin du chapitre 136 A explique ce qu'un Égyptien pouvait espérer de la possession de ces formules, mais aussi pourquoi il était souvent prêt à payer un prix sans doute très élevé pour s'offrir à lui-même ou à l'un des siens un *Livre des Morts* largement agrémenté de vignettes en couleurs :

« Tout bienheureux pour qui cela est fait, il ne périra pas éternellement.

Il sera un dieu vénéré.

Rien de mauvais ne pourra l'atteindre.

113. Stèle de Niay, prêtre de Sekhmet, et de son épouse
Saqqara ; Nouvel Empire, début de la XIXe dynastie, vers 1290 av. J.-C. ; calcaire ; haut. : 56 cm, larg. : 59,5 cm ; Hanovre, Kestner-Museum, 2933.

Un prêtre chauve de Memphis est accroupi devant un sycomore en compagnie de son épouse coiffée d'une imposante perruque surmontée d'un cône de myrrhe. L'arbre qui présente une poitrine de femme et des bras et que le texte qualifie de déesse Isis promet ombre, eau et nourriture dans l'au-delà. Grâce à leur « âme » libre de tout mouvement, incarnée par l'oiseau-*ba*, le couple de défunts espère pouvoir voler jusque-là afin de profiter du paysage idyllique, de la nourriture et des boissons, à l'instar des deux oiseaux-*ba* qui portent leurs traits et que l'on aperçoit sous l'arbre, près d'un petit étang bordé de lotus.

112. Paroi intérieure orientale du sarcophage de Nakht
Assiout ; Moyen Empire, XIe-XIIe dynastie, vers 1980 av. J.-C. ; bois stuqué et peint ; long. : 191 cm ; Hildesheim, Pelizaeus-Museum ; 5999.
Réservées au seul regard du défunt, étaient inscrites sur les parois intérieures de ce sarcophage les formules des *Textes des Sarcophages* 252 à 258 et 261. Elles traitent notamment de l'union avec le pharaon, également privilégié dans l'au-delà, mais aussi avec le dieu solaire et le scribe du dieu créateur. À gauche, les illustrations représentent une stèle fausse-porte d'apparat censée permettre le contact avec le monde extérieur ; à côté, trois amphores d'eau rangées dans un support ; en dessous divers récipients remplis notamment de vin. À droite, une grande table d'offrande est recouverte de fines moitiés de pains, tandis qu'au-dessus, on peut voir une cuisse de bœuf et, en dessous, des boules et des sachets d'encens. Au centre sont représentés un petit chevet à côté d'une ceinture, de deux colliers et d'une palette de scribe ; en dessous on remarque des bracelets et des houppes ainsi qu'un assortiment de viandes sur une assiette. Outre les formules religieuses, le défunt avait donc à sa disposition, directement « à portée de la main », de nombreuses autres choses pour son existence dans l'autre monde : de la nourriture, des boissons, des parures, des objets d'usage courant et même de l'encens pour le culte.

Il sera un bienheureux parfait dans l'Occident
Il ne mourra pas à nouveau.
Il mangera et il boira en compagnie d'Osiris, chaque jour.
Il sera introduit avec les rois de Haute et de Basse-Égypte.
Il boira de l'eau du fleuve.
Il pourra exercer une activité sexuelle.
Il sortira et redescendra au jour comme Horus.
Il vivra, il sera comme un dieu.
Il sera vénéré par les vivants comme Rê. »

Certains *Livres des Morts* étaient copiés sur commande par des scribes professionnels qui personnalisaient l'ouvrage en insérant le nom et le titre de l'acheteur directement dans le texte. Les autres étaient préparés d'avance et stockés par les scribes. Dans ce cas, le nom du futur détenteur devait ensuite être intégré dans les nombreux blancs pourvus à cet effet.

Sous la XXXe dynastie, une variante connut une grande popularité dans la région de Memphis : les formules étaient inscrites sur de longues bandelettes étroites de momie dont on enveloppait directement le cadavre.

Outre le *Livre des Morts*, toujours aussi apprécié, l'époque ptolémaïque vit apparaître d'autres textes funéraires, connus sous le nom de *Livres du dieu de l'écriture Thot* (Hermès pour les Grecs), notamment les *Livres* (en fait il s'agissait de lettres) *de la respiration*. Le *Livre de parcourir l'éternité*, surtout répandu à l'époque romaine, est un hymne au mort destiné à le ramener à la vie terrestre grâce aux nombreux lieux de culte et jours de fête. Il devait vraisemblablement être récité lors de l'inhumation, ainsi que le jour de la Fête des Morts.

Les devoirs des vivants

L'important mobilier funéraire, les représentations de la vie quotidienne et des offrandes sur les murs des tombes, les textes funéraires inhumés avec le défunt, la momification de son corps, la force des amulettes, tous ces éléments ne suffisaient pas à assurer la survie et le bien-être dans l'au-delà. Le renouvellement régulier des aliments, le versement d'eau fraîche, mais aussi la présence et la voix des vivants devant le tombeau ainsi que la mémoire du nom du défunt revêtaient la plus haute importance dans l'Ancienne Égypte ; tout cela était même considéré comme nécessaire pour mener une existence égale à celle des dieux dans l'au-delà.

Selon les *Enseignements*, tout homme cultivé se devait de s'occuper de la sépulture du défunt, d'évoquer sa mémoire et d'accomplir le culte funéraire. Dans la *Sagesse d'Ani*, datée du Nouvel Empire, l'intérêt personnel n'est pas négligé : « Donne de l'eau à ton père et à ta mère qui reposent dans la vallée… Que la multitude sache que tu le fais afin que ton fils le fasse ensuite pour toi. » Dans les biographies idéales traditionnelles, outre le thème du soutien des veuves, des orphelins, des affamés et des va-nu-pieds, on aborde aussi celui du respect des morts : « Je n'ai pas oublié de nommer chacun de mes ancêtres par son nom. »

Afin d'être certain de disposer de biens matériels suffisants pour assurer les offrandes de son culte, le chef des prêtres et nomarque Djefaihapi d'Assiout (XIIe dynastie) rédigea de son vivant dix contrats liant divers prêtres (dont l'un avec lui-même, à titre de Grand Prêtre du dieu Oupouaout). Dans ces documents, il demandait que certaines offrandes soient déposées chaque jour de fête, « sous le contrôle du prêtre

CULTE DIVIN ET CULTE FUNÉRAIRE

114. Le Livre des Morts *de Iahtèsnakht : la psychostasie*

Héracléopolis magna ; Basse Époque, XXVIe dynastie, vers 600 av. J.-C. ; papyrus peint ; haut. : 23 cm, larg. : 65 cm ; Cologne, Seminar für Ägyptologie, Pap. Colon. 10207, Kolumne 58.

Cette scène, tirée du *Livre des Morts*, évolution ultérieure des *Textes des Sarcophages*, illustre le chapitre 125 qui décrit l'entrée dans la « salle de la vérité accomplie » et le jugement du défunt par Osiris. Dans cet exemplaire, un homme s'avance à gauche, alors qu'il s'agit du *Livre des Morts* d'une femme du nom de Iahtèsnakht (« la lune est sa force »). En fait, le papyrus a été préparé à l'avance. Un petit portrait et le nom de la défunte ont été ajoutés ultérieurement à cette scène importante. En outre, son nom est mentionné près de quatre cents fois dans le texte aux emplacements prévus à cet effet. Sur la balance, dont le petit babouin du dieu des fonctionnaires Thot tient le poids, le cœur (à droite) est pesé avec le symbole de la justice Maât (à gauche). Au centre de la scène, Thot, le dieu à tête d'ibis, inscrit le résultat sur une palette de scribe pour le transmettre à Osiris, assis sur un trône. En cas de résultat négatif, la Grande Dévoreuse, un mélange de plusieurs bêtes sauvages, mangeait le cœur du défunt. En haut, on distingue le défunt (à gauche) qui explique à un collège de quarante et un petits juges qu'il n'a commis aucun des péchés suivants : « Je n'ai pas volé, je n'ai tué aucun homme, je n'ai pas menti, pas écouté aux portes, pas parlé sans réfléchir, pas eu de rapports sexuels avec la femme d'un (autre) homme, pas blasphémé le roi ni aucun dieu, et ne me suis pas élevé au-dessus de mon rang. »

funéraire », en contrepartie de quoi il faisait don de fonds tirés de ses ressources personnelles au domaine du temple.

Aux époques et dans les régions où le fonctionnement de la fondation funéraire royale et par conséquent l'entretien des tombes des particuliers n'étaient pas assurés, il était fréquent de graver des textes sur les murs accessibles de la tombe, nommés « appel aux vivants ». Les passants – souvent les corps de métier érudits auxquels s'adressaient ces exhortations faisaient l'objet d'une liste détaillée – devaient verser de l'eau, déposer des offrandes ou, « s'ils n'avaient rien dans la main », au moins réciter la formule funéraire et le nom du propriétaire de la tombe. Pour renforcer cette prière, on faisait appel à l'intérêt personnel (« si vous voulez que le pharaon vous loue »), aux allusions à sa propre vie terrestre (« si vous aimez la vie et détestez la faute ») ou à des menaces pour le cas où la demande ne serait pas exaucée (elles pouvaient être terribles comme à Assiout : « celui-ci rôtira avec le criminel qui a maudit le dieu »). Sur l'une des stèles de la Basse Époque conservées à Berlin (malheureusement détruite pendant la Guerre), on peut lire les exhortations suivantes : « Les vivants qui passeront dans la nécropole et déambuleront dans cette tombe qui m'appartient, qui verront ce qu'il y a en elle et qui ne protégeront pas ses inscriptions et ne respecteront pas ses statues : leur dieu n'acceptera pas leur pain blanc, ils seront les ennemis du dieu du nome. Dites (approximativement) : "Ce qui est, est. Le soleil brille ici et l'offrande qui a été donnée est l'affaire de celui à qui elle doit être faite." (Mais) ne tournez pas le dos à ceux qui reposent dans leurs tombes ! Vous en serez punis au ciel… Pleurez (au moins) celui qui est dans l'obscurité, sans lumière ! »

115. Stèle funéraire d'Amenemhat comprenant un appel aux vivants
Moyen Empire, XIIᵉ dynastie, an XII du règne d'Amenemhat II, vers 1902 av. J.-C. ; calcaire ; haut. : 69,5 cm, larg. : 39 cm ; Hanovre, Kestner-Museum, 2927.
Le propriétaire de cette stèle porte le même nom que le pharaon régnant, Amenemhat II (1914-1879/76 av. J.-C.) dont le nom de couronnement, Nebkaourê, figure sur la première ligne de texte entouré d'un cartouche. Le défunt est assis en compagnie de son épouse sur un banc devant une table basse couverte de diverses offrandes. Dans le texte, il décrit sa vie exemplaire : « J'ai été (comme) un père pour l'orphelin, (comme) un époux pour la veuve, un abri contre le vent pour celui qui avait froid, j'ai donné du pain à celui qui avait faim, un vêtement à celui qui était nu, je suis intervenu en faveur d'un homme auprès de son supérieur sans qu'il le sache. » Ensuite, il demande : « Oh, vivants qui passez devant cette stèle ! Vous devez dire : mille pains et bières sur l'autel du dieu Khentimentiou, Maître d'Abydos, pour le vénérable préposé au petit bétail Amenemhat, juste de voix, maître de la dignité, ainsi que pour son épouse, qu'il aime de tout son cœur, Kem, juste de voix. »
Pour la dernière ligne et demie, en raison du manque de place dû à la taille des personnages, les hiéroglyphes ont été gravés dans une taille inférieure et en partie sur la surface réservée à l'illustration.

De la période qui suivit le Nouvel Empire, après les pillages et les destructions des tombeaux à la fin de l'époque ramesside, il nous est surtout parvenu à Thèbes de nombreuses stèles de bois de petit format qui représentent le défunt, plus souvent des femmes que des hommes, dans l'attitude de la prière devant un dieu. La fonction et les dimensions de ces stèles funéraires s'expliquent par le fait que la superstructure de la tombe, accessible à tous, était à cette époque constamment en danger et que le culte funéraire ne donnait plus que rarement lieu à des visites régulières. Tandis que les pharaons et les hauts dignitaires se faisaient enterrer en sécurité à l'intérieur des murs d'enceinte des temples, les défunts moins prestigieux devaient se contenter du puits des tombes antérieures. Second élément le plus important du mobilier funéraire après le sarcophage, la stèle avait pour fonction de mentionner le nom du défunt et de le placer sous la protection directe d'un dieu. Une table d'offrande somptueusement peinte devait inciter la divinité elle-même à s'employer au bien-être du défunt dans l'au-delà.

Les lettres aux défunts

Le rapport personnel qu'entretenaient les vivants avec la mort et leurs parents décédés est un domaine naturellement assez peu souvent évoqué dans les sources égyptiennes. Les rares déclarations écrites dont nous disposons nous ont néanmoins révélé d'intéressantes facettes du culte funéraire.

Dès l'Ancien Empire, on trouve des lettres rédigées par les vivants à un membre décédé de leur famille. Il s'agit en grande majorité de veuves et d'orphelins qui s'adressent à leur ancien chef de famille pour se plaindre notamment de disputes à propos de l'héritage, d'une absence de descendance, de maladies ou de mauvais rêves. L'auteur se tournait donc vers l'*akh* du mort, un concept qui, selon les recherches les plus récentes, doit être interprété comme « l'être puissant à l'origine cachée » ; on pourrait aussi dire « l'être invisible qui peut acquérir de l'influence » ou, plus concrètement, « le bienheureux parfait ».

Souvent on écrivait sur un petit plat d'argile sur lequel étaient déposées quelques douceurs. Après s'être revigoré, le défunt devait lire la lettre et offrir une contrepartie en guise de remerciement. Dans le texte, on rappelle à l'*akh* ses anciennes promesses, on expose concrètement la situation et les méfaits et on en appelle au défunt de manière parfois insistante : « Réveille ton père ! Élève-toi contre eux (les auteurs des méfaits)

116. Lettre funéraire sur un support de jarre
Première Période Intermédiaire, vers 2050 av. J.-C. ; argile, enduit rouge, inscriptions à l'encre noire ; haut. : 23 cm ; Chicago, University of Chicago, Oriental Institut Museum, 13945.
Cette lettre écrite sur huit colonnes mentionne un homme qui demande à son défunt père de tenir la parole qu'il lui a donnée de son vivant et d'intervenir en sa faveur : en sa qualité de « bienheureux », il doit tenir deux méchantes servantes à l'écart de son épouse et l'aider ainsi que sa sœur à donner naissance à un beau garçon plein de santé. En contrepartie, il lui promet : « Le grand dieu te louera et te donnera du pain pur. » Un plat devait être posé sur le support car la lettre le mentionne : « Je t'apporte ce plat que ma mère a fait. Juge pour elle ! »

CULTE DIVIN ET CULTE FUNÉRAIRE

118. Stèle de culte des ancêtres
Tell el-Amarna ; Nouvel Empire, fin de la XVIIIe dynastie, règne d'Akhénaton, vers 1340 av. J.-C. ; calcaire ; haut. : 14,8 cm, larg. : 10,7 cm, épais. : 0,25 cm ; Amsterdam, Allard Pierson Museum, 3733.
Les stèles de petit format, à l'instar de celle-ci qui a été découverte dans la grande rue en face de la maison n° 4 du village des ouvriers de Tell el-Amarna, étaient posées dans des niches de la demeure familiale et destinées au culte des ancêtres. Le défunt, dont le nom ne figure pas sur cette stèle, est assis sur une chaise luxueuse, vêtu d'un long pagne blanc, les pieds posés sur un petit repose-pied. Sur la tête, il porte une perruque surmontée d'un cône de graisse et il sent une fleur de lotus : ces deux éléments symbolisent l'ambiance festive dont on souhaite au défunt de pouvoir jouir. Devant lui se dresse une table d'offrande chargée de trois pains et d'un bouquet d'oignons, légume présent dans l'alimentation égyptienne, qui servait en outre d'antibiotique et jouait un rôle cultuel particulier le jour de la fête de Sokar.

117. Lettre funéraire à la défunte Ankhiry avec une statuette représentant ladite femme
Saqqara ; Nouvel Empire, XIXe dynastie, vers 1250 av. J.-C. ; papyrus rédigé au recto et au verso ; haut. : 35,5 cm, larg. : 19,5 cm et statuette en bois peint, haut. : 23 cm ; Leyde, Rijksmuseum van Oudheden, papyrus I 375 = AMS 64, statuette AH 115.
Le texte hiératique comprend une lettre adressée « à la bienheureuse excellente et parfaite Ankhiry » de la part de son époux. Ce dernier la rédigea trois ans après le décès de sa compagne, manifestement parce qu'elle ne lui laissait pas de répit ; à plusieurs reprises, il demande en effet : « Que t'ai-je donc fait ? » et lui reproche « Vois, tu ne laisses pas mon cœur en paix. » Au moment du décès, il n'était pas près d'elle mais au service du pharaon. Il lui décrit donc sa vie irréprochable, peut-être pour se libérer d'une faute consciente ou inconsciente. Le papyrus était attaché à la statuette qu'il avait déposée dans le tombeau de son épouse en guise de portrait.

avec tes pères, frères et amis et terrasse-les ! » Ensuite, on promet d'autres offrandes au défunt s'il utilise son pouvoir au profit de l'auteur du message. À l'époque copte, on s'adressait encore aux morts pour qu'ils intercèdent auprès de Dieu afin d'obtenir son aide : on déposait par exemple un papyrus sur la momie afin qu'elle « déclame de tout temps ce qui est écrit sur ce papyrus jusqu'à ce que Dieu l'entende et nous rende justice en hâte, amen ».

Cependant, les esprits étaient parfois eux-mêmes considérés comme les responsables des maladies ou des malheurs subis, ce qu'on attribuait à un mauvais comportement de la part des vivants. Ainsi, dans la *Sagesse d'Ani*, on peut lire : « Contente le bienheureux ; fais ce qu'il désire. Respecte son tabou pour échapper aux nombreux torts qu'il peut te faire. » De temps à autre, il était manifestement nécessaire d'informer les esprits malfaisants de leurs erreurs ou d'un éventuel malentendu : un veuf du Nouvel Empire a par exemple écrit une longue lettre à son épouse défunte pour lui reprocher ses critiques injustifiées, lui expliquant qu'il avait toujours été bon avec elle.

De même, un autre homme, quelque mille ans plus tôt, demandait à une défunte au dos d'une stèle de mettre un terme à sa maladie car il avait toujours accompli son culte dans les règles. Elle devait lui apparaître en rêve afin qu'il puisse être sûr qu'elle allait intercéder en sa faveur : « Lorsque le soleil se sera levé, je déposerai pour toi toutes sortes de bonnes choses et ferai une offrande. » On peut supposer qu'il avait passé la nuit dans la chapelle funéraire afin d'être le plus proche possible de la bienheureuse.

Le culte des ancêtres

Certaines personnalités qui jouissaient déjà de leur vivant d'une haute considération sociale étaient vénérées à titre d'ancêtres. Sur l'île d'Éléphantine, il se développa au Moyen Empire un important culte autour du fonctionnaire défunt Héqaib, estimé et vénéré au même titre qu'un saint par toutes les couches de population comme le « dieu médiateur » et le « patron dans l'au-delà ». Sous le Nouvel Empire, on sait qu'un culte des ancêtres se répandit à partir des villages d'artisans de Tell el-Amarna et de Deir el-Médineh. Dans chaque foyer, on érigeait une petite stèle au défunt auquel on prêtait une relation particulière avec le dieu solaire. C'est là que l'on déposait des offrandes et adressait des requêtes à l'ancêtre qui devait exaucer les prières depuis l'au-delà grâce à son pouvoir divin.

Une rencontre particulière avait lieu entre les vivants et les morts lors des jours de fête que l'on célébrait à la nécropole. À l'occasion de la Belle Fête de la Vallée, le dieu Amon de Karnak se rendait en procession à son temple de Louqsor, puis à la nécropole située sur la rive opposée dans les montagnes de la Thèbes occidentale. Chargées de fleurs et de victuailles, les familles en profitaient pour rendre visite à leurs parents défunts et festoyaient longuement, en musique, à l'entrée de la tombe afin que la vie pénètre l'obscurité et que les chants, les discussions et le fumet des plats parviennent jusqu'aux esprits du défunt : « Fête le jour, porte des parfums et des onguents à ton nez, des couronnes de lotus et de baies sur ta poitrine tandis que ta bien-aimée qui remplit ton cœur s'assied à tes côtés » (tombe de Néferhotep). Dans ces hymnes inscrits à l'intérieur des scènes de banquets qui ornaient les murs des tombeaux, on peut parfois lire que les fêtes funéraires étaient censées permettre aux vivants de prendre conscience de leur propre mortalité : « Fête la belle journée, ne t'en fatigue pas ! Vois, il n'est donné à personne d'en emporter la possession avec soi. Vois, aucun de ceux qui sont partis n'est revenu » (hymne d'Antef).

Malgré tant de préparatifs pour la vie après la mort, on sait que les Égyptiens avaient également peur de l'inconnu de l'au-delà, qu'ils faisaient preuve d'un certain scepticisme quant à l'efficacité du culte funéraire et appréciaient intensément la vie ici-bas. Sous la XXIIe dynastie, une veuve du nom de Nesmout fit sur la statue de son époux défunt Nakhtefmout une déclaration dont la formulation ne connaît jusqu'à ce jour aucun équivalent : « Fais que nous n'allions pas dans ce pays d'éternité afin que nos noms ne tombent pas dans l'oubli. L'instant passé sous les rayons du soleil est plus durable que l'infini que l'on peut éprouver dans le rôle du seigneur du royaume des morts. »

119. Chapelle pour le culte des ancêtres d'Ani
Thèbes, Deir el-Médineh ; Nouvel Empire, XIXe dynastie ; vers 1250 av. J.-C. ; calcaire peint ; haut. : 36 cm, larg. : 21 cm ; Hanovre, Kestner-Museum, 2936.
Là encore, le défunt est assis devant une table d'offrande sur laquelle sont déposés des pains, une figue, une courge et un poireau ; il sent une fleur de lotus. La scène est encadrée par une chapelle qui ressemble à une tombe : sur le linteau de la porte, la barque solaire est adorée par deux babouins, sur le pyramidion, qui s'élève au-dessus des tombes de Deir el-Médineh, Isis et Nephthys pleurent le hiéroglyphe de l'occident qui représente le royaume des morts et donc leur défunt frère Osiris. Les inscriptions qualifient le défunt prénommé Ani d'« *akh iker en Ra* », ce qui signifie « le bienheureux parfait du dieu solaire ». Les villageois particulièrement appréciés et méritants étaient vénérés après leur mort par les membres de leur famille mais aussi par l'ensemble de la communauté, car on leur attribuait une fonction médiatrice entre les vivants et les dieux. Dans la maison familiale, une niche cultuelle permettait d'évoquer leur mémoire et de leur déposer de petites offrandes que l'on pouvait, le cas échéant, associer à une demande d'aide.

120. Stèle de Djédamoniou(ès)ankh
Thèbes, Deir el-Bahari ; Troisième Période Intermédiaire, XXIIe dynastie, vers 900 av. J.-C. ; bois stuqué et peint ; haut. : 27,6 cm, larg. : 23 cm, prof. : 2,7 cm ; Le Caire, Musée égyptien, R.T. 25.12.24.20.
La stèle de la défunte prénommée « Amon a dit qu'elle doit vivre » se divise en deux registres. Le registre inférieur illustre, ce qui est assez rare, la nécropole des montagnes occidentales. On voit les superstructures des tombes, dont l'une est surmontée d'un pyramidion, comme c'était la coutume à Deir el-Médineh, l'autre de corniches à gorge et de coupoles. À la frontière entre les terres fertiles et le désert, une femme est accroupie sur le sol, dans une attitude de deuil : la poitrine nue, elle s'arrache les cheveux. Derrière elle, sont représentés un sycomore, deux palmiers dattiers chargés de fruits, une table d'offrande sur laquelle sont posés des pains et un bassin à eau. Ce luxueux jardin ombragé offre un séduisant contraste avec la région désertique, chaude et aride où se dressent les tombes.

CULTE DIVIN ET CULTE FUNÉRAIRE

8924
8924
OSTENSIONE DELL'URNA SACRA
SCENA DI CULTO ISIACO
ERCOLANO

Chroniqueurs, voyageurs et érudits : l'image de l'Égypte au travers des millénaires

Regine Schulz

L'Égypte et l'Antiquité

L'enthousiasme et la curiosité suscités par la civilisation de l'Égypte pharaonique ne sont pas un fait des Temps modernes. En effet, dès l'Antiquité, des auteurs grecs et latins parcoururent le pays, nous livrant de nombreux écrits sur les us et coutumes des habitants de l'Égypte ancienne, sur leur religion et leurs croyances funéraires. Ainsi des personnalités aussi célèbres qu'Hérodote, qui séjourna en Égypte vers 450-440 avant J.-C., Diodore de Sicile (vers 60-56 avant J.-C.), Strabon (vers 25-19 avant J.-C.) et, enfin, le grand Plutarque, cet esprit universel, qui s'y rendit à la fin du premier siècle de notre ère. Leurs observations personnelles de l'Égypte façonnèrent l'image que leur époque se fit de ce pays. Toute la fascination dont celui-ci faisait l'objet ne parvint pourtant pas à effacer une certaine incompréhension de ces esprits gréco-romains. Si l'univers divin de l'Égypte ancienne servit de fondement à leur propre système de croyance, et s'ils considéraient l'Égypte comme la terre de la sagesse originelle, de nombreux aspects du culte échappaient pourtant à leur entendement. Les animaux divins et les statues « animées », par exemple, étaient totalement étrangers à la pensée gréco-romaine, qui avait le plus grand mal à comprendre le fondement de ces croyances. Aussi certains récits glissent-ils vers la fable, tandis que certaines analyses se teintent de préjugés. Sous l'Empire romain, l'Égypte fit l'objet d'un véritable engouement. On transporta à Rome toutes sortes d'objets égyptiens, et même des obélisques entiers. La déesse Isis, dont le culte se répandit dans tout le Bassin méditerranéen, se trouvait au cœur de l'intérêt suscité par la religion égyptienne. On lui fit édifier un temple à Rome. Elle était considérée comme la déesse orientale universelle. Isidore de Narmouthis la décrit dans un hymne : « … les Égyptiens (t'appellent) l'Unique car tu (es) la Seule, (tu es) toutes les autres déesses que les peuples nomment par d'autres noms. » Le culte d'Isis s'est répandu par l'intermédiaire des soldats romains jusque dans les régions les plus reculées de l'Empire. Ce culte n'a pris fin qu'avec les débuts de la chrétienté, laquelle a également enrayé la passion méditerranéenne pour l'Égypte.

La lutte contre les païens : premiers chrétiens et musulmans

Mus par la volonté de faire triompher la « juste foi », les premiers chrétiens – suivis plus tard par les musulmans – luttent avec acharnement contre toutes les tendances païennes. Ils s'en prennent notamment aux monuments encore existants et aux traditions de la culture pharaonique, abattant les temples, détruisant stèles et statues. L'un des plus farouches adversaires de ces monuments païens fut Shenouté d'Atripé (348-466 après J.-C.), abbé du monastère « blanc » de Sohag, qui aurait atteint l'âge vénérable de cent dix-huit ans. Ses sermons appelaient à la destruction des images païennes et au combat contre le diable. Le savoir antique, assimilé à la sorcellerie, disparut. Peu à peu, l'écriture et les symboles ne furent plus compris, et la langue égyptienne elle-même subit des transformations. Si l'égyptien était encore parlé au début du christianisme (émaillé, il est vrai, de termes grecs et écrit en caractères grecs), l'arabe islamique supplanta presque totalement l'ancienne langue. En quelques siècles, tout un héritage millénaire se trouva ainsi privé de sens et voué à l'oubli. Considéré comme une émanation de l'obscurantisme, il était indigne d'être étudié. Il ne resta qu'une image de l'Égypte ancienne, reflétée dans les passages bibliques consacrés à Joseph et à Moïse, ou dans le Coran. Marquée par des histoires fabuleuses teintées de pratiques magiques occultes, elle laissait cependant transparaître l'ancienne vision du savoir immense et de l'incommensurable richesse des pharaons.

1. Scène du culte d'Isis
Herculanum ; Iᵉʳ siècle apr. J.-C. ; peinture murale ; haut. : 82 cm, larg. : 81 cm ; Naples, Museo Nazionale, 8924.
Cette peinture murale et son pendant témoignent du culte d'Isis à Herculanum. À l'entrée du temple, un prêtre aux mains recouvertes d'un voile présente un vase sacré à l'assemblée de fidèles. En bas, un serviteur allume un feu sur l'autel. Des sphinx, des palmiers et des ibis soulignent la connotation égyptienne de cette cérémonie.

2. Mosaïque illustrant la légende de Joseph
Venise, basilique Saint-Marc ; vers 1240.
La scène qui se trouve sur la coupole du narthex représente Joseph, à gauche, qui a fait mander ses frères pour aller chercher des gerbes de blé dans les pyramides, que l'on interprétait jadis comme les greniers à blé du pharaon.

Pyramides Omnium Superstitum Antiquitatum vetustissimæ integræ et adhuc incorruptæ à priscis Ægypti Regibus Chami posteris exstructæ.

Barbara Pyramidum sileat miracula Memphis. Martialis. l. 1.

Heliopolis
Nilus fluv.
Nilus fluv.
Memphis
Cryptæ Subterraneæ
Crypta Subterr.

4. La nécropole de Thèbes
Extrait de Richard Pococke, *Observations on Egypt,* Londres 1743.
Deux séjours de plusieurs mois en Égypte permirent à l'ecclésiastique britannique Richard Pococke (1704-1765) de remonter le Nil jusqu'à Philae. Sa vision de la Thèbes occidentale représente les tombes de particuliers de Sheikh Abd el-Gourna (à droite) avec, devant, le Ramesséum (D), à gauche, le temple de Médinet Habou (K), et au tout premier plan, les colosses de Memnon (M, N).

À la recherche de la sagesse : la vision médiévale de l'Égypte

La Bible et le Coran condamnèrent sévèrement la mégalomanie pharaonique et les traditions païennes qui y étaient associées. Cela n'empêcha pas un certain nombre d'observateurs et d'érudits de chercher à décrypter les secrets des anciens Égyptiens. Ils s'intéressèrent en premier lieu au Sphinx de Giza et aux pyramides. Les tentatives d'explication se fondent sur les récits de la Bible et du Coran, ainsi que sur l'observation des monuments. Les deux démarches ne sont d'ailleurs pas forcément contradictoires. Ainsi, on a tenté de comprendre la fonction des grandes pyramides. Vers le milieu du VIIIe siècle, Côme, évêque de Jérusalem, y voit les fameux greniers à blé de l'histoire de Joseph ; quant aux païens, ils les considèrent comme des tombes. Au IXe siècle, Denys de Tell Mahré, patriarche d'Antioche, rejette complètement la thèse des greniers à blé. Pour lui, il s'agit incontestablement des tombes des anciens rois. Il prétend même avoir pénétré à vingt-cinq mètres à l'intérieur de l'une des pyramides. Au début du XIIIe siècle, un émissaire de l'empereur Frédéric II se serait rendu au Caire et aurait visité les pyramides avec al-Idrisi (1173-1251), le grand géographe arabe. Ce dernier évoquera plus tard cette visite dans son *Livre des lumières des corps célestes supérieurs : De la découverte des secrets des pyramides*. Il indique que l'émissaire aurait découvert des inscriptions latines, qu'il aurait recopiées et traduites en arabe. Al-Idrisi et d'autres savants arabes se sont efforcés d'intégrer les monuments de l'époque pharaonique dans leur vision islamique du monde. Pour ce faire, ils ont tenu compte des données archéologiques et des événements historiques qui leur étaient connus. Les pyramides devinrent ainsi, d'une part, des lieux d'exhortation et de promesse, de l'autre, le symbole d'une puissance arrogante et séculière, qui devaient être anéanties à la fin du monde. L'une des questions essentielles que se sont posées les lettrés musulmans tel al-Maqrizi (1364-1442) portait sur l'époque de construction des pyramides. Dataient-elles d'avant ou d'après le déluge ?

Parallèlement à toutes les considérations théologiques, les savants musulmans et chrétiens n'ont cessé d'être attirés par les mystères et les immenses trésors des pharaons, protégés par les esprits. La tentative, en l'an 820, du calife al-Mamoun de forcer la pyramide de Chéops en est la preuve. Ces secrets n'éveillaient pas seulement la curiosité des chercheurs de trésors, des alchimistes et des scolastiques, mais également celle de voyageurs en quête d'explications rationnelles. Citons Wilhelm von Bodensele, qui se rendit en Égypte vers 1335, le moine dominicain Félix Fabri d'Ulm, qui y séjourna à deux reprises, vers 1480 et en 1483-1484, et enfin le baron d'Anglure, originaire de Champagne, qui visita le pays aux alentours de 1395.

3. La pyramide de Chéops
Extrait d'Athanase Kircher, *Turris Babel,* 1679.
Le jésuite Athanase Kircher (1602-1680) a probablement plus que tout autre de ses contemporains éveillé l'intérêt à l'égard de l'Égypte ancienne. Il a consacré de nombreux ouvrages à la culture et à la langue égyptiennes. Il a pourtant échoué dans sa tentative de déchiffrer les hiéroglyphes, auxquels il accordait une valeur purement symbolique. La grande pyramide de Giza – vue par Kircher – est un monument à degrés doté de portails d'entrée monumentaux et d'escaliers menant à des cryptes souterraines.

5. Le temple de Louqsor
Extrait de Frederik L. Norden, *Voyages en Égypte et en Nubie,* 1757.
Le capitaine et voyageur danois Frederik L. Norden (1708-1742) avait été envoyé en Égypte en 1738 par le roi Christian VI pour explorer le pays. Le récit qu'il en rapporta connut un tel succès qu'il fut réédité à maintes reprises dès 1751, et traduit en plusieurs langues. Le premier pylône du temple de Louqsor, ses deux obélisques et les colosses de Ramsès II sont reproduits à demi enfouis sous le sable, tels que Norden les a vus à l'époque.

SAVANTS D'HIER ET D'AUJOURD'HUI

6. Colosse renversé à Memphis
Extrait de Richard Lepsius, *Denkmaeler aus Aegypten und Aethiopien,* Berlin, 1859.
Richard Lepsius (1810-1884) fut chargé par le roi de Prusse de partir pour l'Égypte afin d'établir un inventaire exhaustif des monuments. Ce fut la dernière grande expédition du XIXe siècle en Égypte et au Soudan, qui eut lieu dans les années 1842-1845. Cette planche, extraite d'une très belle édition in-folio en douze volumes, représente une statue colossale de Ramsès II gisant dans la palmeraie qui couvre les ruines de Memphis.

7. (À droite) D'Alexandrie à Philae
Extrait de la *Description de l'Égypte,* Paris, 1825. Le frontispice provient de la 2e édition moins onéreuse et rassemble, dans une reconstitution imaginaire, des temples et des monuments. Au-dessous, le relief avec le célèbre « Cercle des animaux » de Dendéra (Louvre).

Hiéroglyphes, pyramides et momies : comment résoudre l'énigme ?

Au bas Moyen Âge et à la Renaissance, Alexandrie vit débarquer un nombre croissant de marchands et de pèlerins, attirés par les monuments pharaoniques. Ajoutons que l'intérêt que suscitait l'Égypte était attisé par une série de découvertes phénoménales. L'étude des hiéroglyphes et les pyramides suscitaient un intérêt immense. La découverte des *Hieroglyphica* d'Horapollon l'Ancien – ouvrage qui remonte probablement au IIIe siècle après J.-C. et propose une explication allégorique des différents signes hiéroglyphiques – fut à l'origine de nouvelles tentatives d'interprétation au cours des XVe et XVIe siècles. Signalons par exemple les *Hieroglyphica* de Piero Valeriano, vers 1556. Ces ouvrages présentaient les hiéroglyphes comme une révélation réservée aux initiés. Isis, Osiris et Horus y apparaissaient tels les protagonistes d'une expérience divine préchrétienne, devant aboutir à une appréhension mystique de la chrétienté.

La signification des pyramides, en revanche, faisait plutôt l'objet de débats astronomiques, comme en témoigne *Pyramidographia*, un ouvrage de 1646 signé John Greaves, professeur d'astronomie à Oxford. Il s'appuyait manifestement sur les auteurs de l'Antiquité et du monde arabe. Évoquons enfin un troisième pôle d'intérêt : les momies égyptiennes, qui n'étaient pas seulement considérées comme de simples « objets de collection », auxquelles on attribuait des vertus toutes particulières. C'est ainsi que dans son ouvrage de 1658 intitulé *Hydriotaphia or Urn Burial,* Thomas Brown donne des indications précises sur la manière d'utiliser les « mumiya » comme panacée universelle.

Particulièrement prisés, les objets égyptiens occupaient désormais une place de choix dans de nombreux cabinets de curiosités. On délégua en Égypte des voyageurs chargés d'acquérir des manuscrits, des monnaies et autres objets. Parmi eux, le dominicain Jean-Michel Vansleb, parti pour l'Égypte en 1672 sur l'ordre du ministre français Colbert, fut le premier à décrire la Moyenne-Égypte. Quant au père jésuite Claude Sicard, il réussit, au début du XVIIIe siècle, à pénétrer jusqu'à Assouan et Philae. Dans ses notes, il décrit vingt pyramides, vingt-quatre temples et plus de cinquante tombes. Par ailleurs, les récits de nombreux voyageurs comme Richard Pococke ou Frederik Ludwig Norden, au milieu du XVIIIe siècle, vinrent compléter l'image de l'Égypte et contribuèrent à démystifier le pays.

Chercheurs et chasseurs de trésors du XIXe siècle

Avec les troupes napoléoniennes, l'Égypte vit arriver, en 1798, une importante équipe de savants, chargés de dresser un inventaire exhaustif des richesses du pays. Cette mission fut effectuée en deux ans, malgré des conditions pour le moins difficiles. Les résultats furent publiés à Paris entre 1809 et 1822 sous la forme de neuf volumes de texte et onze volumes de planches de grand format, avec pour titre : *Description de l'Égypte*. Dominique Vivant-Denon (1747-1825), futur directeur général des musées, participa également à cette expédition. Il en a livré un récit complet dans son ouvrage intitulé *Le Voyage dans la Basse et la Haute-Égypte pendant les campagnes du général Bonaparte*. Complété par un atlas comportant des gravures de l'auteur, ce livre provoqua, avec la *Description de l'Égypte,* une véritable ruée vers ce pays. Dès lors, de nombreux Européens s'efforcèrent de découvrir de nouveaux monuments, de les dessiner et d'en faire la description. Nous connaissons aujourd'hui, grâce à ces croquis et à ces textes, certains des monuments, qui par la suite furent démolis et réutilisés dans les fours à chaux. Ajoutons que de véritables campagnes de pillage occasionnèrent d'irréparables dégâts. Plus les savants couvraient l'Europe d'informations, plus la demande en antiquités égyptiennes augmentait. L'Europe chercha à se constituer d'immenses collections, incitant de nombreux étrangers et autochtones à se spécialiser dans le commerce des antiquités. Ce marché florissant fut une source de revenus lucrative pour de nombreux voyageurs étrangers. Citons notamment Giovanni Anastasi (1780-1857), Bernardino Drovetti (1776-1857) et Henry Salt (1780-1827). Ils amassèrent des milliers d'objets, organisèrent leurs propres fouilles et achetèrent tout ce qui leur paraissait intéressant. Ils vendirent leurs collections à des musées européens, permettant ainsi la constitution des grandes collections de Londres, Paris, Turin, Berlin et Leyde. Pour les expéditions plus risquées et les fouilles exigeant un effort plus important, ces diplomates recrutèrent des aventuriers tels que Jean-Jacques Rifaud (1786-1852) ou Giovanni Battista Belzoni (1778-1823). Ce dernier réussit notamment à rapporter à Londres la partie supérieure d'une immense statue colossale de Ramsès II (Younger Memnon), qui se trouvait dans le temple funéraire de celui-ci, situé sur la rive occidentale de Thèbes. On assista alors à une véritable surenchère. C'était à qui rassemblerait et rapporterait au plus vite le plus grand nombre d'objets, les plus volumineux possible.

Les premiers égyptologues : la naissance d'une science

Cette époque ne fut pas seulement marquée par la manie des antiquités, mais également par un désir sincère d'en apprendre davantage sur la civilisation de l'Égypte ancienne, intérêt dû notamment à la volonté de trouver confirmation des écrits bibliques. C'est ainsi que les premiers

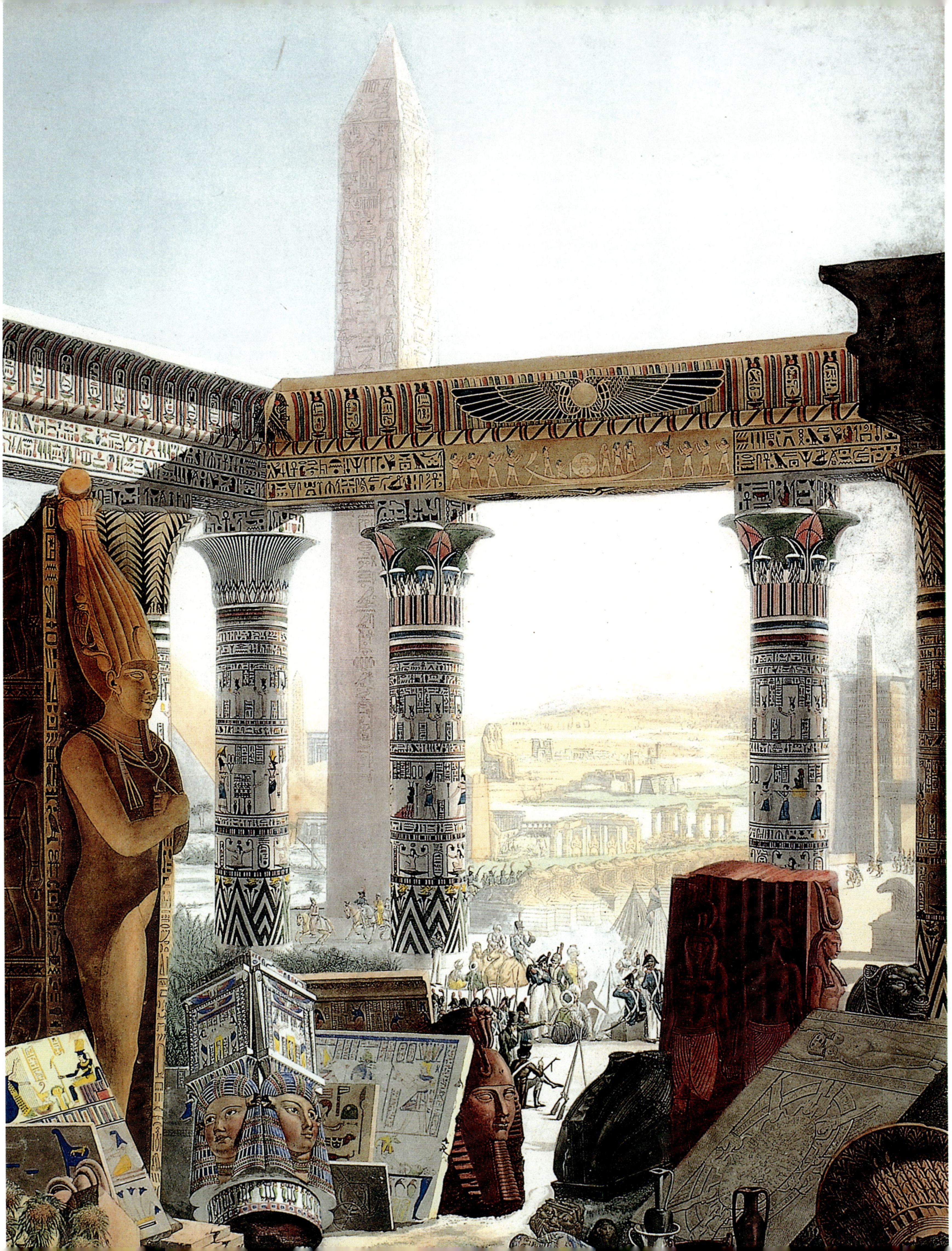

égyptologues se mirent au travail. Il faut citer en premier lieu Jean-François Champollion (1790-1832), qui après plusieurs échecs, réussit enfin à percer le secret des hiéroglyphes, grâce au décret trilingue de Ptolémée V, gravé en l'an 196 avant J.-C. sur une stèle, la fameuse pierre de Rosette. En un temps record, on eut ainsi accès à un monde oublié depuis longtemps. Ce remarquable scientifique compte également à son actif la formidable découverte d'un papyrus royal très fragmentaire, aujourd'hui exposé au musée de Turin – une découverte qu'il décrit, le 6 novembre 1824, dans une lettre adressée à son frère : « Mais le papyrus le plus important, celui dont je regretterai toujours la mutilation complète, et qui était un véritable trésor pour l'histoire, c'est un *tableau chronologique*, un vrai *Canon Royal* en écriture hiératique, contenant quatre fois plus de dynasties que n'en portait la Table d'Abydos, dans son intégrité première. J'ai recueilli au milieu de la poussière une vingtaine de fragments de ce précieux manuscrit, mais des morceaux d'un pouce ou deux au plus, et contenant toutefois les prénoms plus ou moins mutilés de 77 pharaons … et je suis convaincu qu'ils appartenaient tous aux Dynasties antérieures. »
En 1828, en compagnie d'Ippolito Rosellini (1800-1843), Champollion entreprit une expédition en Égypte, qui le conduisit jusqu'à Abou Simbel. Partout où il allait, il recopia les textes qu'il trouvait et s'efforça de les traduire. Rosellini en publia les résultats entre 1832 et 1844 sous le titre *I Monumenti dell'Egitto e della Nubia*. Avec la *Description,* ce livre devint l'un des grands ouvrages de référence de cette discipline encore toute

8. Le pronaos du temple d'Hathor à Dendéra
Extrait de David Roberts, *Egypt and Nubia,* Londres, 1846-1850.
L'artiste britannique David Roberts (1796-1864) revint d'un séjour prolongé en Égypte avec une véritable moisson de dessins et de toiles.
Il a généralement reproduit ces lieux antiques sous forme de lithographies en couleurs, qui suscitent aujourd'hui encore l'admiration générale. Roberts éprouvait une véritable prédilection pour les grands temples de la Haute-Égypte, comme en témoigne cette vue des immenses colonnes d'Hathor du sanctuaire de Dendéra.

9. Statues de la déesse Sekhmet dans le temple de Mout, à Karnak (à droite)
Extrait de C. Werner, *Nilbilder,* 1862-1864.
L'ambiance dramatique des aquarelles et des dessins de Carl Werner leur a valu d'être choisies pour illustrer les ouvrages populaires de Georg Ebers (1837-1898), et plus particulièrement son *Ägypten in Wort und Bild*. Professeur d'égyptologie à Leipzig, Ebers fut également l'auteur de plusieurs romans qui ont fortement influencé l'image que l'on se faisait alors de l'Égypte.

récente qu'était l'égyptologie. Mais il convient de citer encore une troisième œuvre, celle de Karl Richard Lepsius (1810-1884), que le roi de Prusse avait chargé de dresser un inventaire, si possible complet, des monuments égyptiens et nubiens. Son voyage en Égypte entre 1842 et 1845 se conclut par la publication en 1859 des douze volumes des *Denkmaeler aus Aegypten und Aethiopien*, qui comptent à eux seuls huit cent quatre-vingt-quatorze planches en couleurs.

Les premières grandes fouilles commencèrent parallèlement à ces travaux de documentation. En 1850, Auguste Mariette (1821-1881) se voit confier la mission d'acquérir des manuscrits coptes et part pour l'Égypte. Mais, en raison de circonstances défavorables, l'accès aux monastères lui est refusé. Il lui faut donc renoncer à cette mission. C'est alors qu'il entreprend les premières fouilles sur le site de Saqqara et finit par obtenir – après bien des difficultés et de longues discussions entre le gouvernement français et le gouvernement égyptien – l'autorisation officielle de poursuivre ses travaux. Les résultats sont sensationnels. On lui doit en effet la découverte du Serapeum de Memphis, vaste dédale de galeries souterraines renfermant les immenses sarcophages des taureaux Apis. En 1857, il reçoit une nouvelle autorisation, et poursuit ses fouilles sur d'autres sites majeurs tels Abydos, Thèbes et Éléphantine. En vertu de quoi il est nommé l'année suivante directeur du Service des antiquités égyptiennes. Il dirigea en tout dix-sept grandes campagnes de fouilles dans tout le pays, employant plus de sept mille deux cents ouvriers. Il ne se préoccupa pas seulement de faire de nouvelles découvertes, mais prit également les premières mesures de sauvegarde des sites. Il fit ainsi consolider certains monuments qui menaçaient de s'écrouler, et transporta de nombreux objets au Musée égyptien du Caire afin de les mettre à l'abri des voleurs. C'est grâce à sa politique – poursuivie par Gaston Maspéro (1846-1916), qui lui succéda à la direction du Service des antiquités – que l'Égypte a pu conserver, du moins en partie, l'héritage pharaonique.

Sir William Matthew Flinders Petrie (1853-1942), lui, se distingue par des fouilles méthodiques et systématiques. Il était certes en quête de pièces intéressantes, mais il fut également le premier à tenter de mettre au point une véritable technique de fouilles. Ses travaux ont été déterminants pour toutes les campagnes ultérieures qui ont eu lieu en Égypte. Il est l'auteur d'ouvrages répertoriant plusieurs catégories d'objets, avec des relevés précis des différents sites de fouilles. Au cours de ses quarante-deux années d'activité sur le terrain, il a fouillé près de quarante sites et publié plus d'un millier d'écrits : livres, articles ou brefs comptes rendus.

La recherche linguistique, quant à elle, a été bouleversée par Adolf Erman (1854-1937) et Hermann Grapow (1885-1967). Grâce à de nombreux collaborateurs, ils ont recueilli d'innombrables textes de l'Égypte ancienne, dont les archives existent aujourd'hui encore à Berlin. Ces textes ont servi à édifier le *Wörterbuch der Ägyptischen Sprache*. D'autres grands linguistes, comme Kurt Sethe (1869-1934), Walter Ewing Crum (1865-1944) ou Sir Alan H. Gardiner (1879-1963), commencèrent également leurs travaux à cette époque.

L'Égypte ancienne : une ressource économique

Au début du XXe siècle, on pensait ne plus rien ignorer de la culture de l'Égypte ancienne et avoir découvert les sites archéologiques les plus importants. Mais les chercheurs et le public durent bientôt se rendre à l'évidence qu'il restait encore beaucoup à découvrir, comme le révélèrent un certain nombre de découvertes spectaculaires : celle, par exemple, de la capitale du « roi hérétique » Akhénaton à Tell el-Amarna, où Ludwig Borchardt trouva le célèbre buste de Néfertiti (aujourd'hui à Berlin) en 1913-1914. Herbert Winlock découvrit quant à lui de très belles statues de la reine Hatshepsout à Deir el-Bahari entre 1927 et 1931, tandis qu'en 1922, Howard Carter mettait au jour le tombeau de Toutânkhamon dans la Vallée des Rois. En 1939, Pierre Montet découvrait à Tanis les sépultures des souverains des XXIe et XXIIe dynasties. Chaque nouvelle découverte ne faisait qu'attiser davantage la curiosité du public. Le voyage en Égypte devint accessible à un nombre plus important de touristes, désireux d'admirer l'art et la culture de l'Égypte ancienne. Cet engouement se reflète aujourd'hui dans les objets modernes reprenant des symboles de l'Égypte ancienne. Durant la seconde moitié du XXe siècle, un véritable flot de touristes s'est abattu sur l'Égypte, et les monuments ont ainsi été victimes de nouvelles dégradations. Cette fois, le problème majeur était moins le vol d'antiquités que la simple présence de millions de visiteurs, qui contribuait et contribue aujourd'hui encore à abîmer les tombes décorées. Aucune solution n'a encore été trouvée, car ce patrimoine touristique est devenu une ressource vitale pour l'État égyptien d'aujourd'hui.

Malgré les recherches entreprises au cours des dernières décennies, qui ont largement éclairé la culture de l'Égypte ancienne, ce pays demeure pour beaucoup une terre de sagesse incommensurable. En quête de vérités originelles ou à la recherche de modèles surnaturels, les gens projettent sur l'Égypte ancienne leurs rêves chimériques d'un « univers intact ». Les « pyramidologues » ou les personnes qui s'imaginent être la réincarnation d'anciens pharaons recherchent encore des secrets cachés, que les scientifiques ont pourtant percés à jour depuis longtemps, ou qui n'ont jamais existé. Bien que l'Égypte ancienne n'ait jamais été un « univers intact », cette image a bien du mal à disparaître. En cela, l'intérêt que suscite l'Égypte ne diffère guère, à maints égards, de l'« égyptomanie » des siècles précédents. La seule différence étant peut-être que ces « mystères » sont aujourd'hui accessibles à un vaste public et font l'objet d'un commerce lucratif. Toutefois, en raison de l'engouement croissant pour les thèmes ayant trait à l'Égypte ancienne, on assiste à une éclosion de travaux plus ou moins sérieux. Même à notre époque très médiatisée, le respect d'une grande culture ancienne devrait prendre le pas sur la recherche de l'effet d'annonce.

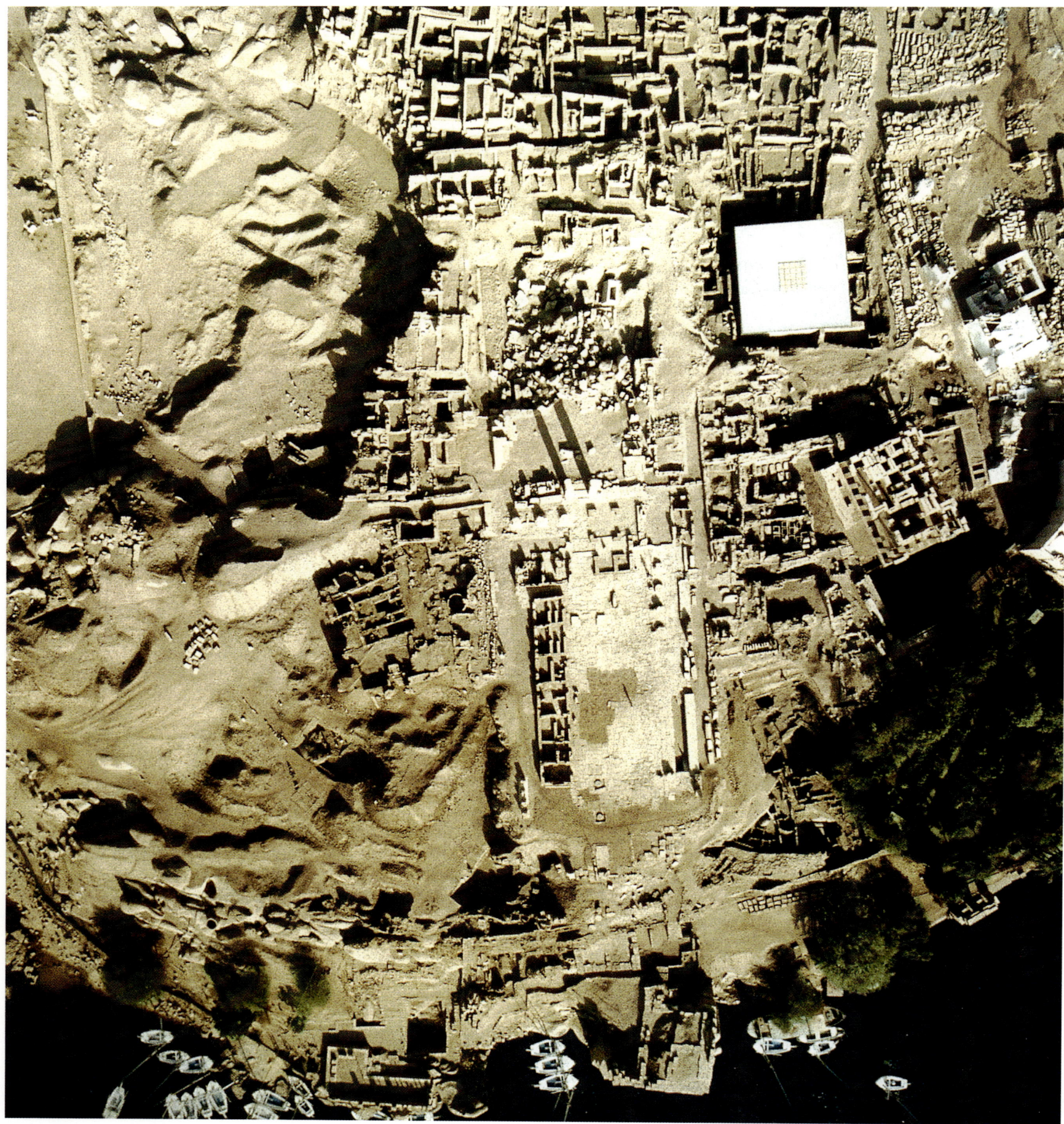

10. Éléphantine : Vue aérienne du secteur de fouilles

Cette illustration présente une vue aérienne de la partie sud-est de l'île d'Éléphantine, située sur le Nil. Approximativement au milieu du cliché, on aperçoit un grand rectangle correspondant à la cour du temple de Khnoum, datant de l'époque ptolémaïque. Le carré blanc que l'on distingue au-dessus est un toit moderne construit pour protéger le sanctuaire d'Héqaib du Moyen Empire. L'édifice rectangulaire situé en bas à droite de ce temple correspond au temple restauré de Satet, construit sous la XVIII⁰ dynastie. Au-dessus du sanctuaire d'Héqaib, sur la gauche, nous pouvons distinguer d'importantes structures d'habitat datant de la Deuxième Période Intermédiaire et du début du Nouvel Empire. La cassure abrupte du *kôm*, à gauche des maisons (que l'on reconnaît à son ombre portée) est due au bêchage intensif de la couche de détritus fertiles de l'ancien site d'habitat par la population locale au milieu du siècle dernier.

SAVANTS D'HIER ET D'AUJOURD'HUI

Missions archéologiques : les fouilles récentes

Daniel Polz

Aucun pays au monde n'a été et n'est encore l'objet de fouilles aussi intensives que l'Égypte. Il y a deux raisons essentielles à cela : d'une part, la position géopolitique unique du pays et de son artère principale, le Nil. L'Égypte étant entourée de déserts, les hommes n'ont pu cultiver les terres et s'implanter qu'à proximité du Nil. Ce fleuve est, rappelons-le, le plus long d'Afrique : mais seules les rives du dernier tronçon – qui s'étire sur près de mille kilomètres, de la Première Cataracte près d'Assouan jusqu'à son embouchure sur la mer Méditerranée – se sont prêtées à l'implantation de sites d'habitat, de villes, de métropoles, et, pour finir, à la constitution d'un royaume. Cette situation géopolitique n'a guère changé depuis l'Antiquité : la superficie habitable n'a pas beaucoup augmenté alors que le nombre d'habitants a été multiplié par trente. Par ailleurs, les villes et les villages s'étendent aujourd'hui sur de nombreux sites d'habitat de l'Égypte ancienne. En outre, les lieux qui abritaient alors des nécropoles ont souvent été réutilisés depuis l'époque islamique. Aussi les vestiges de l'Antiquité sont-ils omniprésents, aujourd'hui comme par le passé. Depuis l'expédition napoléonienne de 1798-1799, l'Égypte est devenue le point de mire de l'Europe entière et a attiré un flot croissant de voyageurs. Là où leurs pas les portaient, ceux-ci découvraient constamment des vestiges de l'Égypte ancienne, parfois très bien conservés.

La deuxième raison réside dans les conditions climatiques de l'Égypte, idéales pour la conservation des matières organiques et minérales. Les premiers voyageurs, comme Vivant Denon, poète et érudit qui participa à l'expédition napoléonienne, s'extasièrent devant l'admirable état de conservation des couleurs des reliefs ornant les temples de Haute-Égypte, des temples accessibles à tous depuis près de deux mille ans.

Ces deux conditions ont permis à l'Égypte de conserver un patrimoine incomparable de monuments et d'objets de l'époque pharaonique. Aujourd'hui encore, au terme de deux siècles de fouilles archéologiques actives – qui n'ont pas toujours été dictées, il faut bien le dire, par l'intérêt scientifique –, la carte des sites archéologiques montre encore des lacunes. Citons ainsi la Moyenne-Égypte, les oasis et le sud de la Haute-Égypte, dont certaines zones restent partiellement inexplorées.

Aujourd'hui, on dénombre chaque année une centaine de nouveaux projets de fouilles étrangers, et autant de projets de fouilles égyptiens, sinon davantage. La palette des activités archéologiques englobe la totalité de l'évolution culturelle de l'Égypte ancienne : on relève ainsi des fouilles de sites préhistoriques dans des zones désertiques comme le triangle de Gilf Kébir, des fouilles de sites prédynastiques dans le Delta, de villes et de villages dans les anciens centres de Memphis, Thèbes, Avaris, Pi-Ramsès et Tanis, ainsi que dans des régions moins accessibles de Moyenne-Égypte et des oasis, sans oublier les fouilles « classiques » à proximité des pyramides au nord du pays. De nombreux projets étrangers sont organisés ou soutenus par des instituts d'archéologie possédant un siège permanent au Caire. Citons, en particulier, l'Institut archéologique allemand du Caire (Deutsches Archäologisches Institut, Kairo, (DAI), l'Institut français d'archéologie orientale du Caire (IFAO), l'American Research Center in Egypt (ARCE), l'Egypt Exploration Society de Londres (EES), et enfin, l'Institut archéologique autrichien (Österreichisches Archäologisches Institut (ÖAI). Ces organismes sont financés ou soutenus par les différents États. Par ailleurs, un certain nombre d'universités européennes, américaines, et depuis peu, australiennes et japonaises, ont à leur actif divers projets à court et moyen terme en Égypte. De nombreux programmes de recherches sont également financés par des fondations publiques ou privées. Nous pouvons ainsi citer parmi les mécènes allemands la Deutsche Forschungsgemeinschaft (DFG), la Volkswagenstiftung ainsi que la Theodor-Wiegand-Gesellschaft (TWG).

Comme cela a été le cas dans d'autres régions de fouilles « classiques », l'archéologie égyptienne a connu d'immenses progrès technologiques. Ainsi, on a systématiquement recours à l'informatique qui permet de stocker une masse considérable de données. Ajoutons les méthodes et les techniques nouvelles de l'archéométrie, les prises de vue par satellites, le Global Positioning System, l'utilisation du laser et des infrarouges pour réaliser les mesures et les relevés topographiques. Sans compter d'innombrables méthodes de physique expérimentale, qui permettent d'identifier et de dater les matériaux.

Mais les années 1960 ont également été marquées par une évolution encore plus importante, concernant la manière même d'aborder les questions : l'archéologie égyptienne est une sous-discipline de l'égyptologie ; or, depuis sa création consécutive au déchiffrement des hiéroglyphes par J.-F. Champollion en 1822, celle-ci était considérée essentiellement comme une science philologique. Aussi les archéologues accordaient-ils un intérêt tout particulier à un certain type d'objets et de monuments : les objets décorés et/ou comportant des hiéroglyphes monopolisaient une grande part de leur attention en raison des informations bien conservées et relativement accessibles qu'ils contenaient. Cette perspective est à l'origine d'une focalisation évidente sur un certain type de monuments, à savoir les tombes et les temples.

Cela a conduit les archéologues à donner trop d'importance aux conceptions funéraires de l'Égypte ancienne, au détriment de certaines réalités concrètes comme les maisons, les villages et les villes. C'est ainsi qu'un grand nombre de monuments, de villages et de villes entières n'étaient connus que par des inscriptions, tandis que leur localisation demeurait incertaine. Cette situation a commencé à évoluer à partir des

11. Pi-Ramsès
Qantir (Pi-Ramsès) : vue du secteur de fouilles ; XIXe-XXe dynastie, vers 1290-1180 av. J.-C.
Les vestiges de l'ancienne capitale des rois ramessides des XIXe et XXe dynasties se situent dans le Delta oriental, près de la ville actuelle de Faqous. Cette photographie nous montre huit carrés de fouilles séparés par des murs-témoins. Le large mur de brique crue qui passe sous ces murs-témoins constitue le mur sud de la grande écurie royale de Pi-Ramsès qu'une équipe d'archéologues du Pelizaeus-Museum d'Hildesheim fouille depuis plusieurs années.

12. La tombe du roi Aha
Abydos, Umm el-Qaab, chambres funéraires creusées en profondeur et parées de briques crues ; époque thinite, Ire dynastie, vers 3000 av. J.-C.
Les tombes des rois de l'époque archaïque situées dans la nécropole d'Abydos comportaient généralement plusieurs chambres funéraires très simples, creusées dans le sol et revêtues de briques d'argile crue. On voit ici les trois chambres principales (comme en témoignent leurs dimensions) de la tombe du roi Aha, destinées à son inhumation et à son mobilier funéraire. Le complexe du roi Aha comporte par ailleurs plus de trente autres chambres de dimensions plus modestes, dans lesquelles furent peut-être inhumés certains membres de son entourage.

13. La superstructure d'une tombe dotée d'une chapelle
Thèbes, Dra Abou el-Naga ; Nouvel Empire, début de la XVIIIe dynastie, vers 1550 av. J.-C. ; maçonnerie de brique crue, crépie de mortier à la chaux.

Les superstructures des tombes de la nécropole de Dra Abou el-Naga découvertes récemment dans la Thèbes occidentale offrent un bon exemple de monuments privés, destinés au culte funéraire. Elles consistent en un pylône orienté vers l'est, aux fruits légèrement talutés, qui donne sur une cour ouverte, entourée de murs bas. À peu près au milieu de la cour se trouve le puits funéraire (invisible ici), qui conduisait au caveau. Au fond, se dressait une petite chapelle qui, devant son mur occidental, abritait un socle, destiné à recevoir une table d'offrande, et une stèle du propriétaire de la tombe, décorée et ornée d'une inscription.

années 1960. Nous n'en citerons que quelques exemples : un programme de recherches de l'ÖAI a permis d'identifier, grâce à d'importantes fouilles menées sur un ancien site d'habitat, l'ancienne capitale des Hyksôs (XVe dynastie) dans le Delta oriental. D'autre part, une équipe financée par la fondation allemande DFG effectue, depuis quelques années, des fouilles sur le site de Pi-Ramsès, capitale des XIXe et XXe dynasties, dont on trouve déjà probablement mention dans la Bible. Par ailleurs, le vaste secteur de l'ancienne capitale de Memphis fait l'objet de fouilles méthodiques menées par l'EES. Le DAI a mené des fouilles fort intéressantes à Éléphantine, l'ancienne ville frontière située sur une île près d'Assouan, dont on ne connaissait guère jusque-là qu'un immense monceau de décombres. Ces fouilles nous ont permis de mieux comprendre l'évolution d'une ville égyptienne sur plus de deux mille ans.

Cette nouvelle perspective, associée aux progrès des méthodes et des techniques de fouilles, a entraîné par ailleurs une évolution des objectifs de l'archéologie ; l'étude des différentes tombes des nécropoles bénéficie aujourd'hui d'une approche historique, sociologique et anthropologique. L'archéologie ne s'attache plus seulement à la description de phénomènes isolés, mais s'efforce de les mettre en corrélation avec une analyse de l'histoire de la civilisation. Une équipe du DAI étudie dans l'ancienne nécropole « sacrée » d'Abydos, site funéraire légendaire du dieu Osiris, les tombes des premiers rois d'Égypte de la Ire et de la IIe dynastie. Bien que certaines de ces tombes aient déjà fait à deux reprises l'objet de fouilles archéologiques, ces recherches ont fourni une multitude de nouvelles données, telles que les noms de rois inconnus jusqu'alors, indiqués par de courtes inscriptions figurant sur les céramiques. Cela a notamment permis d'établir l'existence d'une « dynastie 0 », et d'en tirer des conclusions fort instructives sur la chronologie de ces temps reculés. Ces nouvelles données ont également éclairé la naissance même de l'État égyptien.

Une équipe archéologique du DAI et de l'université de Californie (Los Angeles) procède actuellement à des fouilles sur le site de Dra Abou el-Naga, partie septentrionale de la nécropole de Thèbes. Il s'agit d'un vaste cimetière datant de la Deuxième Période Intermédiaire, que nous connaissons encore fort mal, et du début de la XVIIIe dynastie. Cette équipe s'attache notamment à étudier les tombes et le mode d'inhumation des classes moyennes et inférieures de la société égyptienne. L'ancienne capitale thébaine n'a presque rien révélé de leur existence, alors que ces classes formaient 85 à 90 % de la population. Les fouilles ont révélé une architecture funéraire particulière, et ont également permis de mieux comprendre les pratiques d'inhumation et les rites cultuels de ces couches de la population.

Cette approche différente s'est doublée d'un nouveau sens des responsabilités à l'égard des objets étudiés ; en effet, même si l'on a recours à des techniques ultramodernes, nul ne peut nier que l'archéologie est, par définition, destructrice. Toute activité archéologique entraîne des modifications irrémédiables de l'objet même de la découverte ; chaque enlèvement d'une couche archéologique entraîne sa destruction irrémédiable. Aussi les archéologues doivent-ils procéder à l'étude minutieuse du site qui les intéresse avant et pendant les fouilles afin de pouvoir, au moins, en reconstituer l'état originel de manière virtuelle à l'aide de dessins, de descriptions et de méthodes informatiques. La destruction ne peut se justifier qu'à ce prix. Et même lorsque cette condition minimale est remplie, l'archéologue se trouve souvent face à un dilemme moral : le processus archéologique lui-même fait que les couches récentes recouvrent, généralement intégralement, les sites plus anciens. Ces superpositions sont monnaie courante en Égypte, en raison des données géopolitiques déjà évoquées : un même site a généralement été utilisé pendant plusieurs siècles voire plusieurs millénaires. Il a été transformé, « recyclé », rebâti. Prenons pour exemple la deuxième cour du temple de Médinet Habou, un temple funéraire royal extrêmement bien conservé de la nécropole thébaine. Elle était presque intégralement recouverte par une église copte, plus récente de mille cinq cents ans. Les archéologues ont dû démonter entièrement cette église pour dégager l'architecture et la décoration de la cour du temple. Cette décision était évidemment justifiée, car il s'agissait de dégager un temple ramesside, unique en son genre. Le seul problème étant que cela a entraîné la démolition de fait de l'église copte (que l'on n'a pu reconstituer qu'en maquette), car cet édifice avait réutilisé certaines colonnes et certains murs de la construction pharaonique.

Ce nouveau sens des responsabilités archéologiques a conduit à s'intéresser de plus en plus à la préservation des monuments historiques. Bien que cette activité n'en soit encore qu'à ses premiers balbutiements, on peut déjà distinguer trois grands domaines : la conservation, la restauration et la reconstitution.

Lorsque des objets ont été mis au jour, il faut veiller à leur conservation. On dispose aujourd'hui, pour certains domaines, de diverses méthodes chimiques et physiques qui permettent de traiter les objets, ou du moins ceux dont la découverte est récente. Mais dans bien des cas, ces méthodes n'ont pas encore été expérimentées dans le temps. On ignore donc comment tel ou tel produit chimique va réagir à moyen et à long terme aux conditions climatiques extrêmes et aux modifications actuelles de l'environnement, et s'il ne risque pas de provoquer des « effets secondaires ». Ce problème touche tout particulièrement les pigments qui ornent les tombes et les temples et qui supportent mal les effets dus au tourisme de masse.

On n'a pas encore résolu non plus le problème de la conservation des monuments et des murs en brique crue, un matériau de construction extrêmement répandu dans l'Égypte ancienne. À l'heure actuelle, on a recours à deux procédés : on remblaie les murs et les monuments avec les matériaux qui les recouvraient avant leur dégagement ou on les revêt de plusieurs couches de nouvelles briques, différentes par leur couleur et leur module. Cette technique permet une protection à moyen terme ; au besoin, la couche supérieure de cette protection peut – en cas d'érosion, par exemple – être remplacée.

Au cours même des fouilles, il est souvent indispensable de consolider sur place certains objets, surtout quand ils sont de nature organique, avant de les dégager. C'est le cas notamment des couches archéologiques situées à proximité de nappes phréatiques, ou du contenu des chambres funéraires profondes des nécropoles. Les méthodes utilisées ne se distinguent pas fondamentalement de celles que l'on emploie couramment, sinon par le fait qu'elles sont appliquées sur le terrain, dans des conditions souvent difficiles. On pulvérise généralement une ou plusieurs couches de durcisseur sur les objets ou les ossements soigneusement dégagés, jusqu'à ce qu'ils soient suffisamment solides pour pouvoir être extraits de leur lieu d'origine.

14. Temple de Séthi Iᵉʳ
Thèbes, Gourna ; Nouvel Empire, XIXᵉ dynastie, règne de Séthi Iᵉʳ/Ramsès II, vers 1280 av. J.-C.
Le mur d'enceinte et les magasins situés dans la cour du temple funéraire ont fait l'objet d'importants travaux de restauration et de consolidation au cours des dernières années. Les murs modernes que l'on voit aujourd'hui reposent sur les anciens murs de brique crue, dont ils se distinguent par la forme, la couleur et l'assemblage. Le mur d'enceinte moderne a pour autre avantage de mettre définitivement le temple à l'abri de toute construction secondaire. On distingue à droite les murs des magasins du temple, qui n'ont été remontés que jusqu'à mi-hauteur.

15-18. Peintures murales de la tombe de Néfertari
Thèbes, Vallée des Reines (QV 66) ; Nouvel Empire, XIXᵉ dynastie, vers 1250 av. J.-C. ; peinture sur stuc.
La réouverture en 1995 du tombeau de Néfertari, Grande Épouse de Ramsès II, a marqué le couronnement d'une spectaculaire entreprise de restauration du Getty Conservation Institut. Il a fallu de longues années de travail pour consolider et restaurer les peintures murales du tombeau menacées de dégradation complète. En haut à gauche, on voit le visage et le buste du dieu des morts, Osiris-Khentamentiou ; on distingue clairement les fines lamelles collées pour empêcher certaines parties de stuc de se détacher. L'illustration qui figure en haut à droite reproduit l'état de la scène après restauration et au terme d'un remodelage soigneux, mais parfaitement visible.
Les photographies ci-contre représentent le visage et le buste de la propriétaire de la tombe, Néfertari. Elles révèlent l'un des fléaux qui menacent de plus en plus gravement la conservation des monuments égyptiens et de leurs décorations : les efflorescences salines du calcaire poreux s'infiltrent entre les surfaces rocheuses et la couche de stuc qui les recouvre, et, dans certains cas, traversent cette dernière. Dans le cas présent, ces efflorescences ont déjà irrémédiablement détruit de grandes parties du collier et du bras droit de cette scène. On est tout de même parvenu à restaurer le visage et la couronne de Néfertari.

SAVANTS D'HIER ET D'AUJOURD'HUI

Ces dernières années, la restauration a pris de plus en plus d'importance : en effet, les monuments dégagés et accessibles depuis longtemps commencent à présenter des signes visibles d'altération, dus en partie aux flots de visiteurs qui s'y pressent. On ignore encore l'importance exacte des conséquences de la construction du barrage d'Assouan (inauguré en 1969) sur les fluctuations du niveau de la nappe phréatique. On pense toutefois pouvoir lui imputer la salinité accrue du sol. Enfin, le microclimat s'est considérablement modifié, surtout dans le Sud de la Haute-Égypte (peut-être même dans tout le territoire compris entre Louqsor et Assouan).

L'exemple le plus connu d'un travail magnifique de restauration d'un monument en péril est celui de la tombe de Néfertari, épouse de Ramsès II, dans la Vallée des Reines. À maints égards, cette tombe est l'une des plus remarquables du Nouvel Empire. Elle est probablement unique tant par sa teneur que par la qualité de ses décors. Découverte en 1904 par l'archéologue italien Ernesto Schiaparelli, cette tombe a été restaurée par une équipe rassemblant des spécialistes du Service des Antiquités égyptiennes et du Getty Conservation Institut. Ces travaux, qui ont duré sept ans, ont coûté plusieurs millions. Le site a été rouvert au tourisme en automne 1995, moyennant une limitation du nombre de visiteurs. Ce programme de restauration est un modèle du genre, mais reste malheureusement exceptionnel. Il n'est pas envisageable de mettre en œuvre autant de moyens financiers et techniques pour restaurer la plupart des autres monuments en danger. Ne serait-ce que dans la région de l'ancienne capitale thébaine, on a répertorié quelque cinq cents tombes décorées, auxquelles viennent s'ajouter les nombreux temples de la rive occidentale, ainsi que ceux de Louqsor et de Karnak.

Depuis le début des campagnes de fouilles en Égypte, les tombes de fonctionnaires thébains dont nous venons de parler sont un des principaux objets d'études des égyptologues et des archéologues, en raison surtout des informations capitales que renferment leurs décorations et leurs inscriptions. Deux équipes du DAI et de l'université de Heidelberg, soutenues par la DFG, sont présentes sur le terrain depuis les années 1970-1980 et procèdent au relevé systématique de ces tombes et à la publication de leurs travaux. Des opérations de restauration complètes ont été menées à bien en collaboration avec le Service des Antiquités égyptiennes, parallèlement au relevé des décors et des inscriptions. De nombreuses tombes ont servi pendant des siècles d'habitations et d'étables, ce qui a contribué à la détérioration des décors funéraires : les murs sont souvent couverts d'une couche de suie, qu'il faut nettoyer centimètre par centimètre, un procédé qui exige beaucoup de travail et de temps.

La reconstitution des monuments égyptiens présente une particularité, qui tient à l'histoire de la construction en pierre dans ce pays. Au cours de l'histoire pharaonique, les Égyptiens ont fréquemment réutilisé des blocs de pierre d'anciens sites, ces derniers faisant office de véritables carrières. L'immense temple funéraire d'Aménophis III, dans la Thèbes occidentale, en offre un exemple parfait. Deux immenses statues assises, les célèbres colosses de Memnon, gardaient autrefois l'entrée du temple. Le monument a totalement disparu à l'exception de quelques vestiges de fondations. Dès la fin du Nouvel Empire, il a été « exploité » comme carrière pour la construction d'autres temples funéraires de la rive occidentale et d'un nouveau temple à Karnak. Ce « recyclage » de monuments anciens est déjà attesté à Karnak même : les pylônes, c'est-à-dire les entrées monumentales des temples, ont été construits de manière bien particulière. En effet, les faces extérieures décorées, aujourd'hui visibles, ne sont que des murs formant une enveloppe autour de blocs de remploi en partie décorés de reliefs, provenant de monuments anciens, les vides étant comblés par des gravats. Depuis quelque temps, des architectes français et égyptiens et des archéologues du Centre franco-égyptien se sont fixé pour objectif de réaliser les fouilles et le relevé du décor du temple de Karnak. Ils ont également entrepris de démonter certains pylônes bloc par bloc pour en explorer la face interne, et pour examiner les blocs de remploi, avant de procéder au réassemblage des pylônes. Ils ont ainsi recueilli des milliers de blocs de remploi, issus de monuments disparus depuis longtemps. Dans certains cas, on a pu reconstruire des édifices comme la Chapelle Blanche, une petite chapelle-reposoir de Sésostris Ier, l'un des monuments les plus anciens que l'on connaisse à Karnak.

On utilise des méthodes analogues de reconstitution sur l'île d'Éléphantine. Cet important programme du DAI, lancé il y a plus de vingt-cinq ans, a mis au jour les vestiges architecturaux de plusieurs temples superposés de la déesse Satet : les recherches ont permis de retracer presque intégralement l'occupation du temple entre l'Ancien et le Nouvel Empire. Certains des temples, dont on a retrouvé les blocs, ont été récemment reconstitués et reconstruits à proximité de leur emplacement d'origine. Les visiteurs du futur « parc archéologique » de cette île auront ainsi une occasion unique de découvrir dans toute sa réalité, et non plus seulement sur le papier, l'histoire plus que millénaire d'un temple.

Malgré, ou plutôt à cause de cette nouvelle manière d'aborder et d'appréhender les monuments de l'Égypte ancienne, un nouveau débat a vu le jour ces dernières années : certains se demandent si en raison du niveau « élevé » de nos connaissances, il est absolument nécessaire de continuer ainsi à « retourner chaque pierre » ; au vu de l'apparition progressive de méthodes archéologiques évitant toute altération des monuments, ne serait-il pas plus raisonnable de laisser aux prochaines générations d'archéologues le soin de dégager certains objets ou de fouiller certains sites ? Il est vrai que la situation de l'Égypte contemporaine, évoquée au début de notre exposé, et l'état très fragmentaire de nos

19/20. Décor de pilier de la tombe de Méri
Thèbes, Sheikh Abd el-Gourna (TT 95) ; Nouvel Empire, XVIIIe dynastie, vers 1390 av. J.-C. ; peinture sur stuc.
Ces deux illustrations montrent le détail d'un décor de pilier de la tombe du Grand Prêtre d'Amon, Méri, avant et après sa restauration par des spécialistes du Service des Antiquités égyptiennes. Le portrait, partiellement conservé, représente le Grand Prêtre Méri debout, les mains levées en geste d'adoration. Au-dessus de ce portrait, on distingue un important texte rituel rédigés sur sept colonnes. Le texte et la scène étaient absolument invisibles avant la restauration du pilier.

connaissances dans certains domaines rendent cette question quelque peu fallacieuse. Les besoins des habitants actuels du pays baigné par le Nil sont évidemment prioritaires par rapport à ceux de l'archéologie et des sciences de l'Antiquité. Or l'Égypte actuelle a de plus en plus besoin de terres habitables et cultivables ; cette situation va obligatoirement entraîner à court terme de nouvelles constructions sur d'anciens sites qui seront définitivement perdus ou du moins inaccessibles pour toutes les activités archéologiques. L'archéologie en Égypte n'est plus, de nos jours, qu'une archéologie de sauvetage.

Monuments en péril : réflexions et perspectives

Une question explosive se pose dans ce contexte : qu'adviendra-t-il des monuments déjà dégagés et ouverts de longue date au public sur les différentes sites anciens, ainsi que des objets de fouilles qui se trouvent dans les musées d'Égypte ? La pollution, l'évolution du microclimat et surtout le tourisme de masse qui a marqué ces dix dernières années ont déjà eu des conséquences néfastes pour un grand nombre de monuments. Le projet de mise en eau du barrage d'Assouan, en construction dans les années 1960, a donné la première impulsion au sauvetage de monuments en péril. Grâce à une action internationale sans précédent dans l'histoire de l'archéologie moderne, on a pu effectuer de très nombreux relevés et procéder à des fouilles d'urgence avant et même pendant l'inondation de ce secteur de cinq cents kilomètres situé entre la Première et la Troisième Cataracte du Nil. La campagne pour la sauvegarde des monuments de la Nubie, organisée et partiellement financée par l'UNESCO, a rassemblé des scientifiques, des architectes et des techniciens de presque tous les pays qui appartenaient à des instituts d'égyptologie et d'archéologie. De concert avec le Service des Antiquités égyptiennes, ils ont pu établir des cartes et procéder aux fouilles partielles de sites d'habitat, de nécropoles et de temples, aujourd'hui engloutis à jamais sous les eaux du barrage. Cette opération gigantesque, qui a duré plusieurs années, a permis de recueillir une masse impressionnante d'informations et de données sur de nombreux sites nubiens de la vallée du Nil, encore largement inconnus. Au cours de cette campagne de l'UNESCO, on a également procédé au démontage partiel ou intégral d'un grand nombre de temples, bloc par bloc, avant de les reconstruire plus en hauteur. Quelques bâtiments de petites dimensions ont d'ailleurs été offerts par l'État égyptien à plusieurs musées européens et américains (c'est ainsi que le portail de Kalabsha se trouve aujourd'hui à l'Ägyptische Museum de Berlin et le temple de Dendour au Metropolitan Museum of Art de New York). Les exemples les plus connus de grands monuments ainsi déplacés sont le temple ptolémaïque d'Isis à Philae, et les deux temples de Ramsès II d'Abou Simbel, qui figurent d'ailleurs au programme de visite de tous les voyages organisés.

La question de la conservation des monuments égyptiens, à long ou à moyen terme, se pose aujourd'hui d'une manière sans doute plus pressante que par le passé. Parmi le grand nombre de sites et de monuments en péril, nous relèverons ici le site le plus connu : la Vallée des Rois sur la rive occidentale de l'ancienne capitale thébaine. Les sépultures ornées de couleurs somptueuses des rois égyptiens du Nouvel Empire sont, en haute saison, envahies par quelque deux mille visiteurs par jour, alors que la grande majorité de ces tombes ne disposent pas d'installations de climatisation suffisantes. Cet afflux de touristes provoque notamment un phénomène extrêmement dangereux : l'élévation du taux d'humidité atmosphérique à l'intérieur des tombes. Dans certains cas, cette humidité a déjà été responsable de l'apparition de champignons qui attaquent les pigments organiques de la décoration. À cela viennent s'ajouter des catastrophes naturelles, comme les pluies torrentielles qui se sont abattues sur la région en 1994 et 1995. Avant l'élaboration et la mise au point d'un projet de conservation fiable, le seul moyen de mettre un terme à la dégradation de ces tombes uniques consisterait à les fermer immédiatement et intégralement.

De nombreuses mesures ont été proposées pour protéger et conserver les tombes qui n'ont pas toutes encore fait l'objet de publications. Mentionnons en particulier une proposition émanant de l'égyptologue bâlois Erik Hornung. Ce dernier suggère de réaliser à l'extérieur de la Vallée des Rois des répliques parfaites de certaines des tombes les mieux conservées et possédant un décor plus ou moins complet, comme celle de Séthi Ier. Cette méthode a déjà prouvé son efficacité dans la reconstitution de la partie souterraine de la tombe privée de Sennefer, ou à Lascaux II. Les critiques qui reprochent à cette méthode d'obliger les visiteurs à se contenter d'imitations devraient comprendre qu'il est de l'intérêt même des visiteurs de préserver à long terme ces monuments uniques du patrimoine culturel mondial.

Cela permettrait de conserver durablement les tombes de la Vallée des Rois, au prix certes de dépenses considérables. En revanche, de nombreux autres monuments ne pourront, semble-t-il, être préservés à long terme : la salinisation croissante du sol représente une menace grandissante pour les décors des temples à Karnak. En raison des dimensions de cet ensemble architectural, il paraît irréaliste de vouloir étayer le temple par un dispositif étanche qui le mettrait à l'abri de la nappe phréatique.

Une évolution commence à se dessiner sur un autre plan : celui de la gestion des objets contenus dans les collections et les musées situés hors

SAVANTS D'HIER ET D'AUJOURD'HUI 505

d'Égypte. La plupart des grandes collections d'objets d'art égyptiens se sont constituées grâce à l'acquisition délibérée d'« antiquités » au cours de la première moitié du siècle dernier. Bien sûr, le gouvernement égyptien et les représentants des différentes nations européennes avaient généralement conclu des accords « légaux » de partage de fouilles, autorisant les Européens à emporter une grande partie des objets dégagés. Mais aujourd'hui, la légitimité de ces acquisitions et de leur conservation en Europe est remise en cause, surtout lorsqu'il s'agit des principaux chefs-d'œuvre de l'art égyptien. Certaines instances égyptiennes réclament ainsi la restitution de pièces maîtresses comme le buste de Néfertiti, qui se trouve à Berlin, ou les fragments de la barbe du Sphinx de Giza, aujourd'hui à Londres. Il faut également replacer dans ce contexte la décision récente d'un tribunal égyptien refusant à un musée américain le prêt provisoire d'objets exposés au musée du Caire.

La plupart des responsables de musées et de collections font aujourd'hui preuve de la plus grande méfiance lors de l'achat de « nouveaux » objets. En effet, les grands musées refusent désormais d'acquérir des pièces dépourvues de documents justificatifs établissant qu'elles ont quitté le sol égyptien depuis des années et ne proviennent donc pas de fouilles illégales récentes.

21. Le temple de Karnak
Thèbes/Louqsor ; règne d'Horemheb, XVIIIe dynastie, vers 1300 av. J.-C.
Le temple de Karnak, temple le plus imposant d'Égypte, se caractérise par deux grands axes perpendiculaires, subdivisés par de grands pylônes. On distingue ici deux de ces pylônes, le neuvième et le dixième, construits initialement sous le règne d'Horemheb. Dans les deux cas, l'érection de ces entrées monumentales entraîna la démolition de constructions plus anciennes de Karnak et le remploi de leurs blocs. Un grand nombre de ces blocs de remploi portent sur leurs faces devenues invisibles depuis leur nouvelle utilisation le décor originel des constructions antérieures. On voit ici, au milieu de la photographie, le neuvième pylône recouvert d'échafaudages, pendant sa reconstruction par l'équipe du Centre franco-égyptien ; au premier plan, on a déposé les blocs de remploi dégagés lors du démontage et partiellement réassemblés. Le dixième pylône, visible à l'arrière-plan, n'a pas encore été démonté.

Au cours des dernières années, le commerce illégal d'objets d'art de l'Égypte ancienne a été rendu difficile en raison de la pression internationale exercée par le monde scientifique et une nouvelle offensive de l'administration égyptienne. Des maisons d'enchères se sont également déclarées prêtes à coopérer avec les autorités. À Londres et à New York, une procédure judiciaire ouverte contre des marchands d'art a condamné sans appel les pratiques spéculatives autout du commerce de l'art.

SAVANTS D'HIER ET D'AUJOURD'HUI

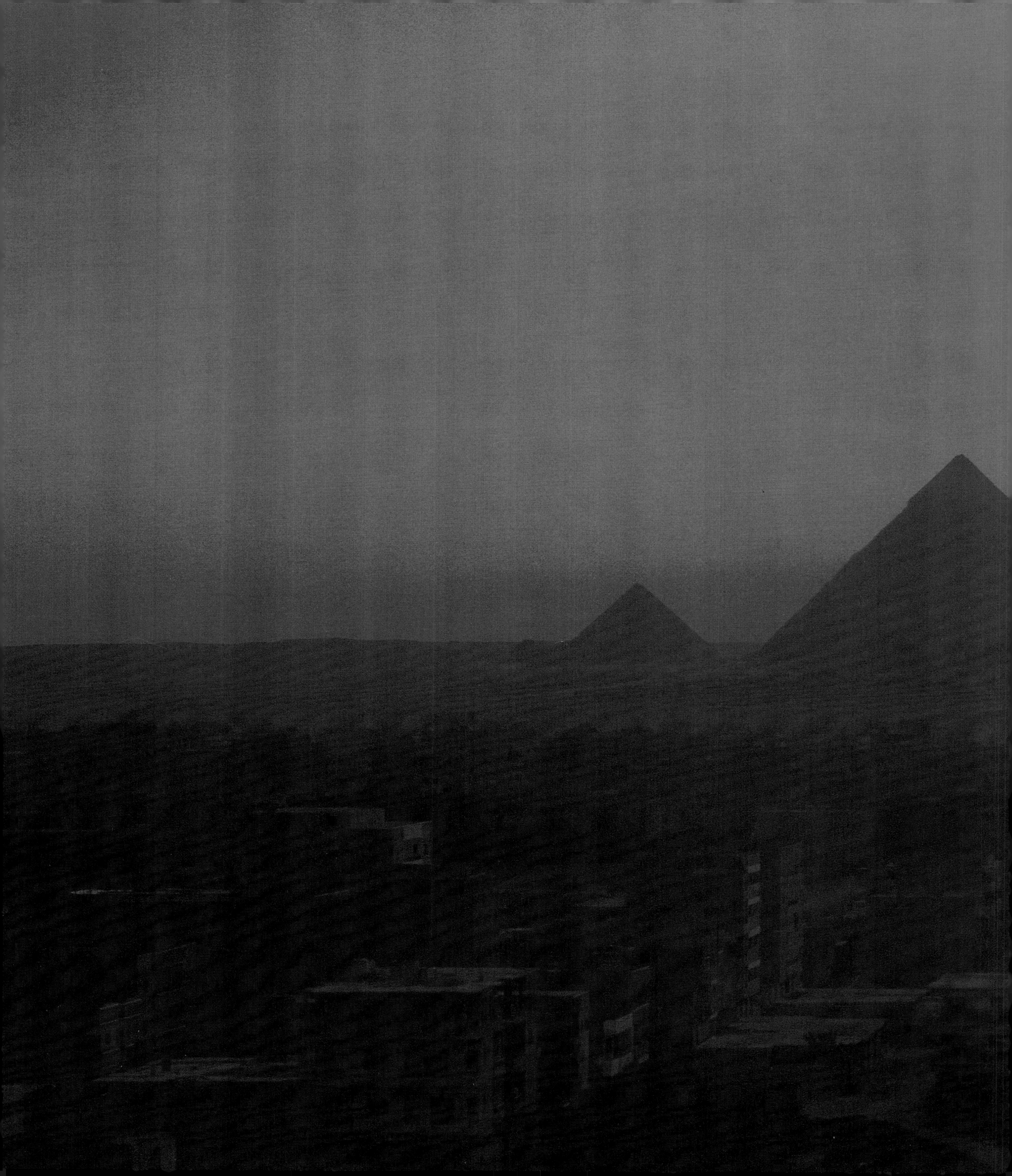

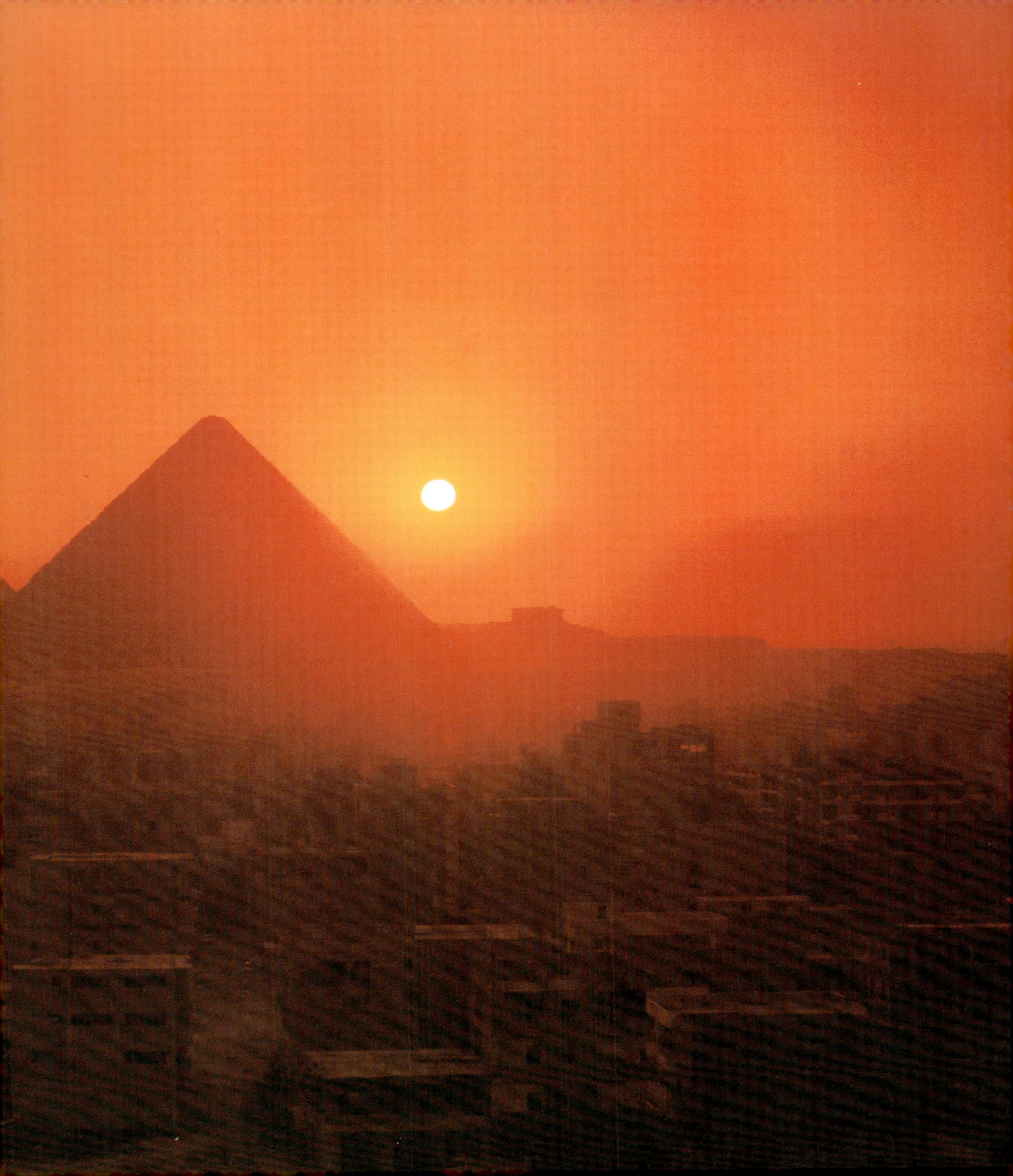

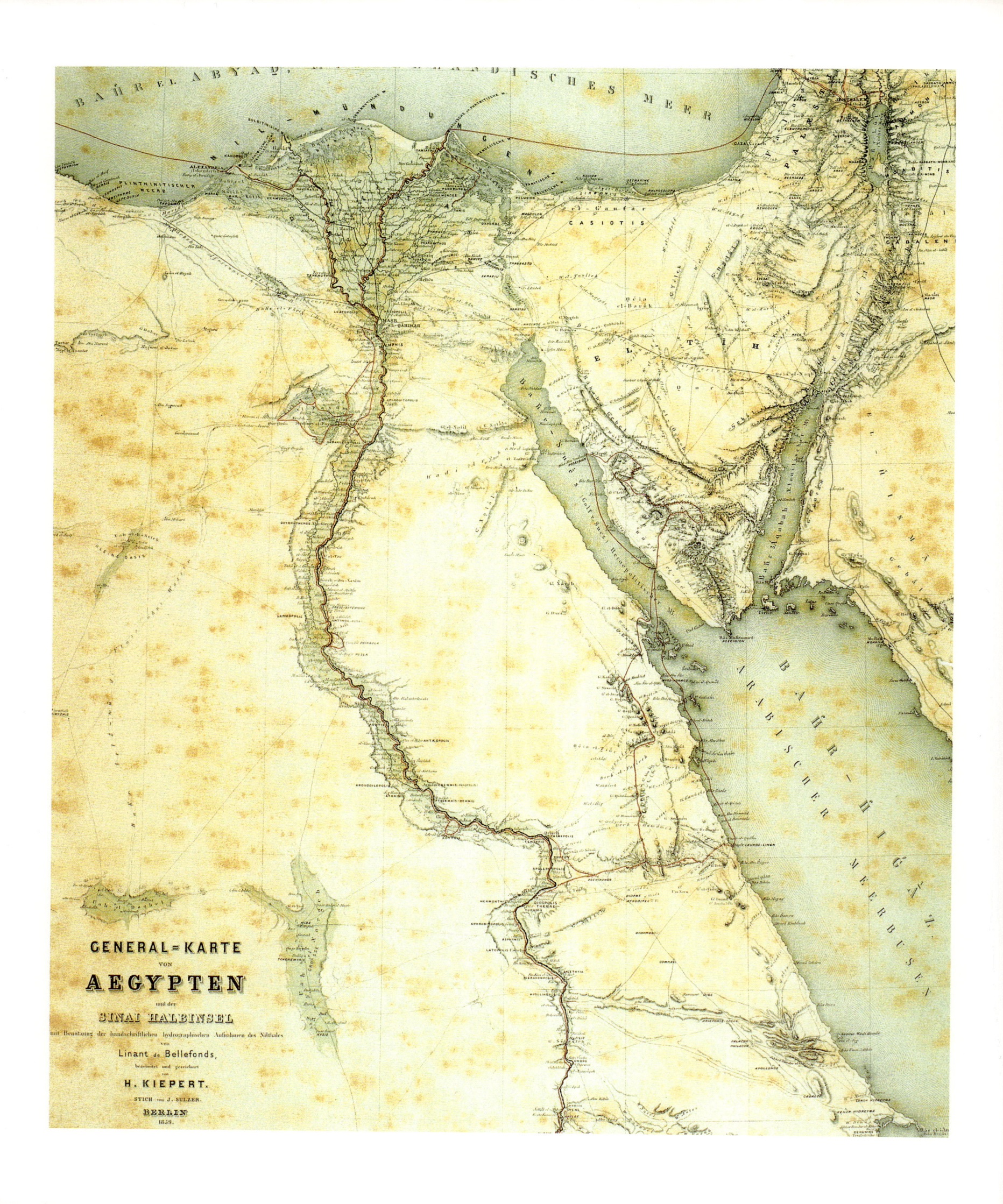

GENERAL=KARTE
VON
AEGYPTEN
und der
SINAI HALBINSEL
mit Benutzung der handschriftlichen hydrographischen Aufnahmen des Nilthales
von
Linant de Bellefonds,
bearbeitet und gezeichnet
von
H. KIEPERT.
STICH VON J. SULZER.
BERLIN
1858.

Annexes

Glossaire   512
Martina Ullmann

Les dieux de l'Égypte ancienne   522
Regine Schulz

Sites principaux de l'Égypte ancienne   524
Susanne Wohlfarth

Musées et collections   526
Edith Bernhauer

*Les souverains de l'Égypte ancienne
— Chronologie —*   528

Tableau synchronique   529
Marcel Schoch

Bibliographie   532
Martina Ullmann / Véronique Berteaux

Auteurs   533

Index   534

Crédits photographiques   537

L'Égypte (Generalkarte Ägyptens)
Extrait de : Richard Lepsius, *Denkmaeler aus Aegypten und Aethiopien*, Berlin 1859.

Glossaire

Martina Ullmann

Abaque. Tablette supérieure du chapiteau supportant *l'architrave* ; utilisé dans l'architecture égyptienne aussi bien pour les colonnes que pour les piliers ; porte souvent un *cartouche* royal.

Abydos (pèlerinage d'). Scène figurée dans les tombes privées à partir du Moyen Empire, qui représente la *momie* – ou une statue du défunt – naviguant vers Abydos. Ce « voyage » rituel s'effectuait dans le cadre des funérailles, afin que le défunt prenne part aux fêtes organisées à Abydos en l'honneur d'Osiris. Chaque année étaient célébrées la mort et la résurrection du dieu Osiris dans l'au-delà, auxquelles tout homme voulait être associé à l'heure de sa mort pour garantir sa propre survie outre-tombe. La représentation dans la tombe du pèlerinage d'Abydos attestait la participation du défunt aux fameux mystères d'Osiris et en garantissait le renouvellement de toute éternité.

Achéménides. Dynastie perse des « descendants d'Achéménès ». Le roi des Perses Cambyse conquit l'Égypte en 525 av. J.-C., où lui et ses successeurs formèrent la XXVIIe dynastie qui régna jusqu'en 402 av. J.-C. Artaxerxès III reconquit l'Égypte en 342 av. J.-C. et instaura la seconde domination perse. Le dernier roi achéménide Darius III Codoman, vaincu par Alexandre le Grand, lui céda le contrôle de l'Égypte en 332 av. J.-C.

Akh. (égypt. « bienheureux », « transfiguré »). Esprit du défunt, doté d'une force surnaturelle. Tout défunt – roi ou simple particulier – aspirait à vivre dans l'au-delà céleste sous la forme divinisée d'un *akh* (voir aussi *ba* et *ka*).

Akhet. Mot égyptien désignant la saison de l'inondation (voir *Crue du Nil* et *Calendrier*).

Anachorètes. (du grec « qui se retire ») Terme désignant les hommes qui, dans les premiers siècles de diffusion de la foi chrétienne, abandonnèrent leurs attaches sociales pour mener une vie de solitude et de dévotion dans les régions désertiques bordant la vallée du Nil. Pratiqué aussi par quelques femmes, l'anachorétisme religieux, très répandu en Égypte du IIIe aux Ve-VIe siècles apr. J.-C., est étroitement lié à la naissance du monachisme dans l'Égypte du IVe siècle.

Annales royales. Liste des principaux événements du règne d'un pharaon, classés année par année ; servait à l'origine à différencier les années du règne.

Araméen. Langue et écriture sémitiques répandues durant le Ier millénaire av. J.-C. dans tout le Proche-Orient. Considérée comme la langue officielle de l'Empire perse. On a retrouvé en Égypte de nombreux textes araméens datant principalement du VIe au IIIe siècle av. J.-C., qui constituent des documents essentiels pour l'historiographie. On citera notamment les archives de la communauté juive d'Éléphantine, rédigées dans cette langue aux VIe et Ve siècles av. J.-C.

Arbre ished. Cet arbre sacré, que l'on peut probablement identifier au perséa, se trouvait dans le temple du dieu solaire à Héliopolis. De nombreuses scènes figurées dans les temples à partir de la XVIIIe dynastie évoquent une cérémonie religieuse au cours de laquelle le nom de couronnement du roi était inscrit sur les feuilles de l'arbre ished, afin de placer le nom et le règne du roi sous la protection du dieu solaire, et de lui assurer ainsi une souveraineté éternelle.

Architrave. Poutre de bois ou de pierre posée horizontalement sur *l'abaque* des colonnes ou des piliers ; relie les colonnes entre elles, mais aussi les colonnes aux murs de l'édifice, tout en soutenant la toiture.

Archives du temple. Institutions importantes tant par leur taille que par leur personnel et leurs biens, les temples possédaient des archives où étaient déposés et rassemblés des écrits revêtant un intérêt particulier pour leur fonctionnement. Les archives des temples pouvaient donc contenir des écrits relatifs aux célébrations liturgiques et rituelles, mais aussi des documents juridiques ou économiques concernant l'administration du temple et de ses biens. Les plus connues sont celles du *temple funéraire* de Néferirkarê à Abousir, datant de la Ve dynastie, qui nous renseignent sur l'organisation du clergé et les activités quotidiennes du temple.

Atrium. Cour intérieure souvent bordée de colonnes ; élément important de l'architecture des maisons romaines.

Ba. Terme égyptien regroupant plusieurs acceptions. Souvent improprement traduit dans la littérature par le mot « âme ». Comme l'*akh* et le *ka*, le ba désigne une composante de l'être humain ou divin. Dieux et pharaons disposent d'un grand nombre de baous qui témoignent de leur puissance et de leur activité. Le ba du défunt apparaît comme la personnification de toutes ses forces vitales, et représente l'élément dynamique et mobile du mort par opposition à sa momie. C'est pourquoi il est souvent figuré dans les tombes privées du Nouvel Empire sous la forme d'un oiseau à tête humaine. Le ba du défunt habite le ciel, mais revient régulièrement sur terre, dans « sa » tombe, afin de recueillir les offrandes.

Badari. Désigne l'une des premières civilisations néolithiques attestées en Haute-Égypte (vers 4500 av. J.-C.) ; précède la civilisation de Nagada ; doit son nom au site de Badari, au sud d'Assiout, où furent exhumés au siècle dernier les premiers vestiges rattachés à la culture badarienne.

Barbe royale. Élément du costume d'apparat du pharaon. Il s'agit d'une barbe postiche attachée par un cordon ; portée par le pharaon dans la plupart de ses représentations en relief et en ronde bosse.

Barque (sanctuaire de la). Pièce importante de la plupart des grands temples égyptiens dans laquelle était abritée et vénérée la barque sacrée d'un dieu, ou parfois aussi du pharaon. À l'occasion des grandes processions, une petite statue du dieu – ou du pharaon – était placée dans un *naos*, au milieu de la barque sacrée parée des matériaux les plus précieux, et sortie hors du temple pour rendre visite à d'autres sanctuaires. Les murs de cette salle, généralement située dans l'axe principal du temple, portent souvent la représentation de la barque sacrée et de scènes cultuelles, alors que son centre est occupé par un socle de pierre ou « reposoir » destiné à recevoir la barque.

Barque solaire. La course apparente du soleil autour de la terre était interprétée, dans la religion et les mythes égyptiens, comme le voyage du *dieu solaire* : pendant les heures nocturnes, il traversait le monde souterrain avec sa suite, dans la Barque de la Nuit ; le matin suivant, il réapparaissait dans sa réalité visible, à bord de la Barque du Jour, pour parcourir le firmament en sens inverse.

Belle Fête de la Vallée. Les deux principales processions organisées chaque année à Thèbes avaient lieu lors de la Fête d'*Opet* et de la Belle Fête de la Vallée, cette dernière datant vraisemblablement du début du Moyen Empire. Le dieu Amon quittait son temple de Karnak dans sa barque sacrée, en compagnie d'autres dieux, mais aussi de statues du pharaon régnant et de souverains défunts ; naviguant sur de grandes barques fluviales, le cortège rejoignait la rive occidentale du Nil pour visiter les *temples funéraires* des rois. La population participait activement à cette fête, très importante pour le culte du pharaon : c'était l'occasion de rendre visite aux parents défunts enterrés dans la nécropole thébaine et de partager un grand festin en communion symbolique avec les morts.

Benben. Pierre dressée à Héliopolis qui présente la forme d'un pilier s'amincissant en un cône irrégulier. Vénérée depuis les temps les plus anciens dans le sanctuaire solaire d'Héliopolis comme la représentation stylisée de la *butte primordiale* et la manifestation du dieu primordial Atoum. Sa forme donnera naissance sous l'Ancien Empire à l'*obélisque*.

Boucle-shen. Anneau formé d'une corde aux extrémités nouées et légèrement débordantes. Sa signification symbolique (« durée, régénération, protection ») en fit non seulement un motif privilégié du décor des stèles, des tombes et des temples, mais aussi la base même de la forme du *cartouche*.

Boukhéum. Nécropole taurine d'Ermant, sur la rive occidentale du Nil, à quelques kilomètres au sud de Thèbes. C'est ici que furent inhumés, de la XXXe dynastie jusqu'à l'époque romaine, les taureaux sacrés de Boukhis. Comme dans le Sérapéum de Saqqara, ils étaient inhumés dans d'immenses sarcophages en pierre, situés dans des chambres funéraires souterraines le long de galeries.

Bouquet monté. Savant arrangement de fleurs et de feuillages disposés autour d'une tige de papyrus qui pouvait atteindre une hauteur considérable. Les bouquets montés étaient utilisés dans le culte des dieux et des morts comme une offrande, symbole de vie et de fertilité, qui était volontiers figurée sur les parois des tombes et des temples. Des exemplaires ont été retrouvés dans des tombes du Nouvel Empire, comme élément du mobilier funéraire accompagnant le défunt.

Butte primordiale. Joue un rôle essentiel dans la cosmogonie égyptienne : c'est la première terre qui surgit de l'océan primordial symbolisant les forces du Chaos originel. C'est sur elle que le dieu primordial accomplira la création du monde proprement dit. Symbole d'une création sans cesse renouvelée, la butte primordiale devint l'un des motifs privilégiés de l'architecture égyptienne, mais aussi des textes et représentations figurées. (Voir *Cosmogonie, Benben*)

Cachette. Ce terme désigne une série de cachettes antiques où furent mises à l'abri momies (cachette de Deir el-Bahari à Thèbes) et statues (temples de Karnak et de Louqsor). La plus célèbre d'entre elles est la cachette de la tombe DB 320 à Thèbes où l'on découvrit vers la fin du siècle dernier quelque quarante sarcophages contenant une grande partie des momies royales du Nouvel Empire. Elles furent regroupées ici durant la XXIe dynastie à la suite des pillages perpétrés dans la Vallée des Rois.

Calame. Roseau finement taillé dont on se servait pour écrire. Le calame appartient au matériel du *scribe* ; celui-ci est souvent représenté le portant derrière l'oreille ou, dans la statuaire, le tenant dans sa main droite, prêt à écrire. Le *scribe* trempait d'abord son calame dans un petit pot à eau pour délayer les encres (noire ou rouge) ou les couleurs retenues sous forme solide dans les godets des palettes qu'il appliquait, tel un pinceau, sur divers supports d'écriture – papyrus, éclat de calcaire ou tesson de poterie (voir *ostracon*).

Calendrier. C'est l'année solaire qui constitue la base du calendrier « officiel », qui était utilisé par l'administration égyptienne pour dater tout document comme par exemple les inscriptions historiques. L'année était divisée en trois saisons : *akhet* ou « inondation », *peret* ou « germination » et *shemou* ou « sécheresse », qui comptaient chacune quatre mois de 30 jours. On y ajoutait cinq jours supplémentaires, les *épagomènes*, afin que l'année compte 365 jours et ne s'écarte de l'année solaire que d'un quart de journée. Parallèlement, il existait depuis les temps les plus anciens l'« année cosmique », basée sur le cycle lunaire, qui faisait correspondre le premier jour de l'année avec la crue annuelle du Nil (voir *Crue du Nil* et *Sothis*).

Calendrier des Fêtes. Liste des cérémonies cultuelles quotidiennes, mensuelles ou annuelles célébrées dans un temple. Attestée depuis l'Ancien Empire, cette liste s'intégrait dans le répertoire iconographique décorant les parois du temple. Chaque jour étaient apportées des offrandes régulières, auxquelles venaient s'ajouter des offrandes particulières chaque mois à la nouvelle lune, et des offrandes spéciales liées aux jours fériés répartis dans l'année.

Calotte koushite. Coiffure étroitement ajustée que portaient les rois nubiens (ou « Koushites », terme qui désigne les habitants du pays de Koush, nom égyptien de la Nubie) qui dominèrent l'Égypte et la Nubie, et formèrent la XXVe dynastie. Cette coiffure est généralement ornée de deux *uraei* qui se dressent sur le front, et deux longs rubans qui descendent dans le dos.

Canon de proportions. Les mesures des différentes parties d'une œuvre d'art égyptienne, qu'il s'agisse d'un décor mural ou d'une sculpture en ronde bosse, étaient définies précisément les unes par rapport aux autres. Les bases de ce « canon » se fondaient sur les proportions du corps humain. La reconstitution moderne de ce canon de proportions repose surtout sur l'étude des lignes directrices en partie conservées sur les murs et les statues. Les données des unités de mesure mais aussi les règles de leur utilisation par les artistes égyptiens sont aujourd'hui encore controversées.

Carthame. (*Carthamus tinctorius* L.) Plante tinctoriale dont les pétales fournissent une substance jaune hydrosoluble, et une substance rouge uniquement soluble dans l'alcali. Elle servait notamment à teindre les tissus. De ses graines était extraite une huile alimentaire, alors que ses fleurs permettaient de confectionner des guirlandes destinées aux offrandes.

Cartouche. Encadrement ovale du nom de couronnement et du nom de naissance des pharaons (voir *titulature royale*). Il s'agissait à l'origine d'une corde dont les extrémités nouées sont généralement représentées par un trait horizontal, perpendiculaire à l'ovale. La forme circulaire – ou ovale – symbolisait l'éternité et plaçait le porteur du nom sous la protection magique des dieux (voir aussi *Boucle-shen*).

Cataractes. Terme d'origine grecque désignant les chutes d'eau sur le Nil dans la partie sud et nubienne de son cours. En six endroits entre Assouan et Khartoum la roche dure du désert oriental perce le grès du lit du Nil pour former des barrières rocheuses s'étirant sur plusieurs kilomètres. Depuis les temps les plus anciens, la Première Cataracte d'Assouan constituait la frontière naturelle entre l'Égypte et la Nubie.

Cénotaphe. (du grec « tombeau vide ») Désigne un monument funéraire élevé sur un site distinct du lieu d'inhumation ; ce mot est non seulement utilisé pour ces « tombes factices », mais aussi pour tout monument dédié à la commémoration d'un défunt. Les plus célèbres cénotaphes (au sens strict) sont ceux d'Abydos : au Moyen Empire, de riches particuliers venus de toute l'Égypte s'y firent construire des chapelles ornées de *stèles* pour prendre part aux fêtes célébrées ici chaque année en l'honneur d'Osiris (voir aussi *Abydos*). Au Moyen et au Nouvel Empire furent aussi construits en ce lieu des cénotaphes royaux dont le plus fameux est celui de Séthi Ier situé derrière son temple (connu aussi sous le nom d'*Osiréion* ou de *Tombeau d'Osiris*).

Chadouf. Élévateur d'eau de conception très simple attesté à partir de la XVIIIe dynastie ; il était formé d'un long balancier muni d'un récipient à l'une de ses extrémités et à l'autre d'un bloc d'argile servant de contrepoids. L'eau ainsi puisée dans des puits ou des canaux servait surtout à l'irrigation des petits jardins.

Chapelle-reposoir. Nom donné généralement à de petits édifices cultuels placés sur le chemin des grandes processions, dans lesquels on déposait provisoirement la barque contenant la statue cultuelle du dieu ou du pharaon. La région thébaine a conservé nombre d'entre eux. Ces chapelles peuvent présenter des formes architectoniques très diverses : *kiosque*, temple à *déambulatoire*, ou édifice tripartite.

Chevet. Appui-tête dont se servaient les Égyptiens en premier lieu pour se protéger, la nuit, de tout reptile ou insecte et sur lequel ils plaçaient leur tête ou plutôt leur cou sur le côté. Le chevet, en général en bois ou en pierre, est composé d'un socle plat, d'un support et du repose-tête proprement dit de forme incurvée adéquate à épouser les contours de la nuque sur lequel on posait une étoffe pliée plusieurs fois. Attestés de l'Ancien Empire à la Basse Époque, les chevets, retrouvés en très grand nombre dans le mobilier funéraire des tombes royales et privées dans lesquelles ils sont également maintes fois représentés, présentent des factures et des décorations diverses.

Chiton. Élément important du costume dans la Grèce antique : sorte de tunique avec ou sans manches, descendant à la hauteur des genoux ou des mollets, et généralement serrée par une ceinture.

Colonne campaniforme. Voir *Colonne papyriforme*.

Colonne en piquet de tente. Colonne de l'architecture égyptienne qui imite les piquets en bois utilisés pour les tentes ou les constructions légères en nattes de roseaux. Des représentations et des modèles en bois existent depuis le début de l'Ancien Empire. En revanche, seule une construction de Thoutmosis III, intégrée dans le temple d'Amon-Rê à Karnak (l'Akhménou), témoigne de sa transposition en pierre.

Colonne fasciculée. Colonne dont le fût est formé par plusieurs tiges de papyrus ou de lotus (voir *Colonne lotiforme* et *Colonne papyriforme*).

Colonne hathorique. Type de colonne dont le chapiteau montre sur deux ou quatre de ses faces le visage en haut relief de la déesse Hathor, tête de femme encadrée d'oreilles de vache. Utilisée surtout à partir du Moyen Empire dans les temples dédiés à des divinités féminines.

Colonne lotiforme. Type de colonne qui imite la forme végétale du lotus. Le fût est formé de plusieurs tiges de lotus ; le chapiteau représente leurs fleurs qui, maintenues entre elles par plusieurs liens, sont en général représentées fermées. Elles sont également attestées avec des chapiteaux ouverts, en particulier à l'époque ptolémaïque. On trouve ce type de colonnes en pierre dans l'architecture funéraire à partir de l'Ancien Empire et aux époques ultérieures surtout dans l'architecture des temples.

1. Statuette de Sésostris Ier portant la couronne blanche
Lisht ; Moyen Empire, XIIe dynastie, vers 1950 av. J.-C. ; bois de cèdre stuqué et peint ; haut. : 56 cm ; Le Caire, Musée égyptien, JE 44951.

Colonne palmiforme. Type de colonne très apprécié dans l'architecture égyptienne, dont le fût était garni d'un faisceau de feuilles de palmier. À partir de la Ve dynastie, ces végétaux seront transposés en pierre sous la forme de chapiteaux imitant des palmes légèrement évasées vers l'extérieur.

Colonne papyriforme. Type de colonne très répandu dans l'architecture égyptienne qui imite la forme végétale du papyrus. Ce type connaît plusieurs variantes. Le fût peut être la transposition sculptée d'un faisceau de papyrus à chapiteau fermé, ou d'une tige unique dont le chapiteau imite l'ombelle du papyrus, cette variante étant appelée *colonne campaniforme*. Existe en pierre depuis l'Ancien Empire.

Cône de graisse. Petit cône de graisse parfumée porté sur la tête lors des fêtes. Il s'agissait de graisse animale mêlée à des substances odoriférantes comme la myrrhe et peut-être aussi la résine. Dans les représentations de banquets ornant les tombes du Nouvel Empire, ces cônes figurent régulièrement sur la tête des convives. La graisse fondait au cours de la fête et se répandait telle une onction sur les cheveux et le torse.

Corniche à gorge. Élément architectonique traditionnel de l'Égypte ancienne ; la corniche à gorge, qui repose sur le *tore*, couronne divers monuments ou éléments architecturaux. De forme incurvée, la corniche à gorge est pourvue d'un décor de bandes verticales arrondies dans leur partie supérieure et plus souvent peintes dans différents tons – rouge-bleue-verte-jaune – qui alternent régulièrement. Il s'agit probablement de la représentation lithique d'une rangée de palmes, qui à l'origine étaient plantées au sommet des murs de brique. La corniche à gorge est attestée dès le début de l'Ancien Empire dans l'architecture des temples et se développa rapidement sur divers éléments architecturaux comme les *pylônes*, les *murs d'entrecolonnement* qui se dressent entre les piliers ou les colonnes des temples, mais aussi sur les chapelles, les *fausse-portes*, les *stèles* et les sarcophages. Elle est fréquemment ornée de la représentation d'un disque solaire ailé et ultérieurement de cartouches portant le nom du roi.

Cosmogonie. Les croyances égyptiennes concernant la formation de l'univers, le déroulement des événements cosmiques et une possible fin du monde nous sont révélées par un grand nombre de textes et de représentations. Les différents mythes égyptiens de la création du monde s'accordent pour attribuer à l'action d'un dieu primordial la formation de l'univers à partir d'un état chaotique initial (voir *Butte primordiale*). La matière originelle informe s'est muée en un monde organisé au cours d'une différenciation progressive. Afin de garantir l'équilibre du cosmos, les forces destructrices potentielles sont vaincues chaque jour grâce aux rites accomplis par le pharaon. De là résulte le caractère dynamique de cette conception du monde, basée sur la répétition cyclique des événements cosmiques.

Coudée. Unité de longueur égyptienne qui constituait la mesure de base en architecture ; elle correspondait environ à 52,5 cm et était divisée en sept palmes de quatre doigts.

Couronne blanche. Couronne royale attestée depuis l'époque archaïque. Sorte de mitre de couleur blanche au sommet arrondi qui symbolise la Haute-Égypte (voir *Pschent*).

Couronne bleue. Voir *Khépresh*.

Couronne rouge. Couronne royale représentée depuis l'époque prédynastique qui symbolise la Basse-Égypte ; de couleur rouge, en forme de mortier, elle est prolongée à l'arrière par une protubérance étroite et surmontée devant par une longue spirale enroulée vers l'intérieur. (voir *Double couronne, Pschent*).

Criocéphale. À tête de bélier.

Crue du Nil. Chaque année en Égypte, avant l'installation récente d'un barrage, le niveau du Nil montait de plusieurs mètres à la fin de l'été, en raison des pluies de mousson qui s'abattaient sur le cours supérieur du fleuve, en Éthiopie et dans le sud du Soudan. Grâce à un vaste réseau de canaux et de digues, les eaux étaient dirigées vers les champs où elles imprégnaient la terre durant plusieurs semaines et laissaient un limon riche en substances nutritives.

Culte funéraire (ou Culte des morts). Connus depuis la préhistoire, les gestes et actions accomplis pour assurer la survie du défunt dans l'au-delà présentent des aspects différents selon qu'il s'agit du pharaon – à la double nature humaine et divine – ou de simples particuliers. Le culte funéraire reposait sur l'idée de la préservation corporelle et nominale de l'individu (par la momification et la présence dans la tombe de textes biographiques) et de l'approvisionnement éternel du défunt (par le mobilier funéraire et les offrandes). En érigeant son tombeau, le particulier posait les fondements de son propre culte funéraire. Celui-ci commençait après le

GLOSSAIRE 513

rituel de l'embaumement et des funérailles, sous la forme d'offrandes quotidiennes apportées par le fils aîné du défunt, ou un prêtre affecté à son culte (voir *Fondation funéraire*). À l'occasion de certaines fêtes, les tombes recevaient des dons venant des temples (voir *Belle Fête de la Vallée*) auxquels elles étaient rattachées par le biais de la *procession d'offrandes*.

Déambulatoire. Galerie couverte soutenue par des colonnes ou des piliers bordant trois ou quatre côtés d'un temple. De tels édifices cultuels sont généralement appelés « temples à déambulatoire ». Cette forme architecturale, déclinée en de multiples variantes, fut très prisée à partir du Moyen Empire où on l'employa pour des temples aux fonctions très diverses, notamment pour les *chapelles-reposoirs* utilisées pour abriter temporairement les barques sacrées lors des grandes processions.

Deben. Nom égyptien d'une unité de poids. Sous l'Ancien Empire, un deben correspondait environ à 13,6 g. On a retrouvé, datant du Moyen Empire, un deben en or de 13,6 g, mais aussi un deben en cuivre pesant le double de ce poids. Le deben du Nouvel Empire pesait 91 g, il était subdivisé en dix unités, les *kités*.

Décret de Canope. Ensemble de décisions prises par le clergé égyptien réuni auprès du pharaon en l'an IX du règne de Ptolémée III (238 av. J.-C.) afin de statuer sur des questions relatives au culte et à l'organisation des temples. Conservé en plusieurs exemplaires, ce décret doit son nom à la ville de Canope, située non loin d'Alexandrie, où se réunit l'assemblée. Les décisions furent rédigées en trois langues – en hiéroglyphes, en *démotique* et en grec – et communiquées à la population sur de grandes stèles dressées sur le parvis des temples.

Décret d'Horemheb. Décret promulgué par le roi Horemheb vers 1300 av. J.-C. qui comprend des indications détaillées concernant la réorganisation d'une partie de l'administration et des instances judiciaires. Ce décret insiste notamment sur l'élimination des méfaits de la corruption ; il nous est parvenu sous forme d'une copie inscrite sur une stèle dressée devant le dixième *pylône* du temple d'Amon-Rê à Karnak.

Démotique. (du grec *demotika grammata* « écriture populaire »). Forme d'écriture et de langue égyptienne en usage du VIIe siècle av. J.-C. au Ve siècle apr. J.-C. Élaboré à partir du *hiératique* durant la XXVIe dynastie, le démotique présente une écriture cursive qui fut surtout utilisée dans la vie quotidienne. Ce n'est qu'aux époques ptolémaïque et romaine que des œuvres littéraires et des textes religieux seront rédigés en démotique. Le papyrus en constitue le principal support. D'un point de vue linguistique, le démotique apparaît comme une forme évoluée du *néo-égyptien*.

Dieu solaire. Astre dominant la vie des hommes, le soleil était considéré par les Égyptiens comme la manifestation de la puissance divine ; dès le début de l'Ancien Empire il fut personnifié sous les traits du dieu solaire Rê. La course quotidienne du soleil connut différentes interprétations théologiques : elle était associée au cycle de la vie, à la renaissance dans l'au-delà (c'est-à-dire à l'immortalité de chaque individu), mais aussi au maintien et à la prospérité de l'État égyptien dans sa totalité. « Fils de Rê », le pharaon était le représentant et l'incarnation terrestre du dieu solaire. Le dieu solaire était vénéré sous différents noms et différents aspects ; il donnera même lieu à des formes syncrétiques comme Amon-Rê.

Dieux de l'au-delà. Tous les dieux qui présentent un lien quelconque avec les croyances funéraires et le *culte funéraire* en Égypte. Le dieu des morts par excellence était Osiris, qui triompha de la mort et dont la résurrection devint le modèle mythique auquel chaque défunt souhaitait s'associer pour accéder lui-même à l'immortalité.

Dieux de l'Empire. Certains dieux du panthéon égyptien revêtaient, dans l'*idéologie royale*, une signification supérieure qui les distinguait des autres divinités. Il en va ainsi à partir de la Ve dynastie du *dieu solaire* Rê. Sous le Nouvel Empire, notamment durant les XIXe et XXe dynasties, les trois dieux Amon de Thèbes, Rê d'Héliopolis et Ptah de Memphis incarneront l'ensemble du panthéon égyptien.

Disque solaire. La représentation extrêmement fréquente du disque solaire dans l'art égyptien s'explique par l'importance du soleil/*dieu solaire* dans la religion et l'idéologie égyptiennes. Sur la partie supérieure des *stèles* ou des *architraves*, le disque solaire relie les mondes terrestre et divin. La combinaison du disque solaire et d'une paire d'ailes de faucon – ou de deux *uraei* – formait un motif particulièrement apprécié. Ce « disque ailé » plane souvent au-dessus des représentations du pharaon pour symboliser sa souveraineté, d'essence divine, sur la Haute et la Basse-Égypte.

Divine Adoratrice (ou Épouse du dieu). Titre de la grande prêtresse d'Amon à Thèbes ; le titre d'Épouse du dieu était aussi porté, sous le Nouvel Empire, par des reines et des princesses royales. Considérée comme l'épouse symbolique du dieu, la grande prêtresse d'Amon incarnait, dans les rites, la garantie de la renaissance éternelle du monde par l'action des forces primordiales et fécondatrices du dieu. Durant la Troisième Période Intermédiaire, la porteuse du titre était le chef spirituel du domaine d'Amon à Thèbes. Cette fonction, exercée par des vierges de la maison royale et transmise par adoption, perdit son importance à la XXVIe dynastie, pour finalement disparaître.

Djed. Voir *pilier-djed*.

Djêmé. Nom copte du site de Médinet Habou, dans la partie sud de la Thèbes occidentale ; peut-être à l'origine du nom grec Thêbai = Thèbes. Dérive de l'ancienne appellation égyptienne du site de la *butte primordiale* à Médinet Habou, site connu surtout en raison du grand temple funéraire de Ramsès III érigé à proximité.

Domaine. Désigne en égyptologie des unités essentiellement agricoles de tailles très diverses. Ces domaines étaient généralement fondés sur une initiative de l'État et administrés par des *fonctionnaires*. Ils pouvaient appartenir au *pharaon* ou à diverses institutions, être cédés à un temple, ou encore transmis à un *fonctionnaire* méritant qui en tirait des revenus, pour lesquels il devait aussi verser des impôts à l'État. Une partie des produits

2. Naos de Toutânkhamon
Thèbes ; Vallée des Rois, tombe de Toutânkhamon (KV 62) ; Nouvel Empire, XVIIIe dynastie, vers 1325 av. J.-C. ; bois doré ; haut. : 50,5 cm ; Le Caire, Musée égyptien, JE 61481.

de certains domaines était consacrée au service des offrandes dans le cadre du *culte funéraire* royal ou privé (voir *Fondation funéraire*).

Double couronne. Voir *Pschent*.

Dromos. Allée qui mène à un temple ou relie deux temples entre eux ; le dromos, en Égypte, est en général bordé de sphinx.

Dyade. (du gréco-latin « dualité ») Terme souvent utilisé pour les statues figurant deux personnages. Ce type de représentation, très apprécié dans la statuaire égyptienne en ronde bosse, conduisit à l'élaboration de différents modèles iconographiques. Le plus souvent les personnages sont debout ou assis côte à côte, dans une juxtaposition traduisant le lien qui les unit : il peut s'agir d'un lien personnel ou parental étroit, comme dans les groupes familiaux ou les représentations de couples, ou bien d'une notion théologique précise, comme dans le cas du *pharaon* figuré au côté d'un dieu.

Échanson. Traduction habituelle d'un titre égyptien donné sous la XVIIIe dynastie à des personnes du proche entourage du *pharaon* chargées de l'assister et de le servir à table. Les échansons se virent bientôt confier de nombreuses fonctions au sein de l'État qui en firent, sous les XIXe et XXe dynasties, des sortes de ministres spéciaux du *pharaon*, placés au-dessus de l'administration ordinaire et parfois dotés d'une grande importance politique.

Écriture cunéiforme. Écriture élaborée en Mésopotamie entre le IVe et le IIIe millénaire av. J.-C. ; l'empreinte du poinçon dans l'argile encore humide imprimait à ces différents caractères la forme de « coins ». Cette écriture fut utilisée du IIIe au Ier millénaire av. J.-C. dans un grand nombre de langues, dont le sumérien, le hittite, l'hourrite et l'ougaritique. La plus répandue d'entre elles était l'akkadien, employé comme langue diplomatique au IIe millénaire av. J.-C. dans tout le Proche-Orient. Les plaquettes d'argile des archives de Tell el-Amarna contenant la correspondance diplomatique entre le *pharaon* égyptien et les différents états du Proche-Orient (XIVe siècle av. J.-C.) constituent le principal ensemble de textes cunéiformes découverts à ce jour en Égypte.

Égide. Plaque décorative semi-circulaire ornant la proue et la poupe des barques dans lesquelles étaient transportées les statues des dieux et des rois lors des grandes processions. L'égide était généralement en métal et richement orné d'emblèmes divins.

Électrum. Alliage d'or et d'argent produit artificiellement, mais aussi présent à l'état naturel dans les régions désertiques bordant l'Égypte. Utilisé pour les bijoux dès le début de l'Ancien Empire, il sera abondamment employé plus tard pour les incrustations et applications décorant les murs et les portes des temples.

Ennéade. (« groupe de neuf ») Ensemble de divinités regroupées autour du dieu principal d'un lieu. Le chiffre 9 étant un multiple du pluriel indéfini exprimé par le 3, il symbolise un nombre élevé : l'Ennéade ne comprend donc pas nécessairement neuf divinités. Les ennéades les plus connues sont celles d'Héliopolis, de Memphis, d'Abydos et de Thèbes, cette dernière regroupant généralement 15 « membres » (Grande Ennéade).

Enseigne du nome. La plupart des *nomes* possédaient un hiéroglyphe qui faisait référence à la divinité spécifique vénérée dans le nome. En règle générale, ce signe (crocodile, sceptre, harpon muni d'une corde...) était placé sur un étendard et personnifiait le nome. Cette combinaison du signe et de l'étendard est désignée aujourd'hui sous le nom d'« enseigne du nome ».

Enseignements (ou Sagesses). Genre littéraire typiquement égyptien qui connut une grande popularité, comme le révèlent les nombreuses copies, et dont il subsiste au moins 16 œuvres autonomes, intégralement ou partiellement conservées. Cette littérature sapientiale tentait d'enseigner aux futurs *fonctionnaires* les règles de conduite de la société égyptienne et les principes éthiques régissant les affaires publiques. Ces œuvres constituent donc une source d'information importante sur la vision égyptienne du monde et des hommes. Leur influence s'exerça au-delà des frontières de l'Égypte : on en retrouve même des traces dans la Bible.

Épagomènes (jours). Mot grec désignant, dans le *calendrier* égyptien, les cinq derniers jours ajoutés à l'année – qui comptait douze mois de trente jours – afin d'obtenir un total de 365 jours. Considérés comme des jours fériés, les épagomènes étaient aussi les jours de naissance des dieux Osiris, Horus, Seth, Isis et Nephthys.

Étendard divin. Étendard formé d'une hampe et d'une pièce transversale portant l'image d'un dieu généralement zoomorphe, ou d'un objet faisant référence à la divinité. Considérée comme un objet sacré, l'étendard divin symbolisait la divinité qu'il représentait. Nombre d'entre eux étaient portés lors des grandes processions à l'avant du cortège comme autant d'emblèmes des dieux.

Fausse-porte. Porte factice en pierre ou en bois. Montants, linteau et niche centrale peuvent être déclinés en des formes diverses et complétés par des éléments supplémentaires qui confèrent aux fausses-portes des aspects variés. Ces stèles constituent un élément iconographique important, notamment dans les tombes privées de l'Ancien Empire, et plus rarement dans les sanctuaires royaux, les temples et les tombeaux ultérieurs. Elles marquent la limite entre le monde terrestre et le monde divin de l'au-delà. Sous l'Ancien Empire, elles constituaient le lieu cultuel le plus important de la tombe : c'est là en effet qu'étaient déposées les offrandes destinées au défunt.

Fenêtre d'apparitions. Balcon à parapet peu élevé et baldaquin, aménagé dans le palais royal, où le *pharaon* apparaissait en public, notamment pour distribuer des distinctions aux *fonctionnaires* méritants. Cette scène est souvent représentée dans les tombes de ces derniers. À Thèbes, les temples du Nouvel Empire comportent une variante plus petite de cette tribune-balcon, répondant à une fonction rituelle.

Fête de Min. Évoquée par des inscriptions depuis l'époque archaïque, et représentée sur de nombreuses parois de temples surtout sous le Nouvel Empire, la fête de Min, dieu de la fertilité et de la création, était l'une des fêtes religieuses les plus importantes du pays. Associée à des offrandes et divers actes rituels, cette fête consistait en une sortie solennelle de la statue du dieu hors de son temple. Accompagnée d'étendards divins et de statues de souverains antérieurs, l'effigie cultuelle était transportée par des prêtres dans d'autres édifices sacrés. Cette « sortie de Min » était étroitement liée aux rites remerciant le dieu pour les moissons, et l'implorant pour la régénération de la nature « meurtrie » par les récoltes. Il s'agissait parallèlement d'un rite de confirmation du pouvoir royal.

Fête de Sokar. Cette fête en l'honneur du dieu funéraire et chtonien Sokar – qui sera étroitement lié plus tard à Ptah et Osiris – est attestée depuis le début de l'Ancien Empire. La fête de Sokar est souvent représentée sur les parois des temples du Nouvel Empire, comme dans le temple de Ramsès III à Médinet Habou. On y voit notamment la procession de la barque de Sokar autour du sanctuaire. Celle-ci se reconnaît à sa haute proue ornée d'une tête d'antilope ou de taureau, et à ses longs avirons situés à la poupe.

Fête-sed. Voir *Heb-sed.*

Fils de Rê. Titre rattaché au nom de naissance du pharaon. Voir *Titulature royale.*

Fils d'Horus. Les quatre dieux protecteurs Hâpi, Amset, Douamoutef et Qebehsenouef étaient tenus pour les enfants d'Horus. Ils participaient à la renaissance rituelle d'Osiris, et à celle du défunt devenu lui-même un Osiris, et protégeaient les viscères du corps momifié. Leur effigie surmontait les *vases canopes* dans lesquels étaient placés les organes internes du défunt.

Fils royal de Koush. Voir *vice-roi de Koush.*

Flabellifère. Porteur d'éventail, composé d'une ou de plusieurs plumes d'autruche et fixé sur une hampe, qui accompagnait le roi dans ses sorties officielles. Sous le Nouvel Empire, le titre de cette fonction devient un titre honorifique que portent les hauts fonctionnaires. Les flabellifères sont souvent représentés dans l'iconographie égyptienne, en particulier à la droite du roi et dans les processions.

Flagellum. Voir *Insignes royaux.*

Fonctionnaire. Terme général désignant les personnes qui participent à l'administration de l'Égypte. Les fonctionnaires devaient savoir écrire ; ils étaient entretenus matériellement par le roi, avantage qui leur permettait souvent – mais pas toujours – d'occuper une haute position sociale. Ils étaient placés sous la responsabilité du *vizir.*

Fondation funéraire. Système mis en place pour assurer le service d'offrandes des défunts ; aux fondations royales, s'ajoutèrent ultérieurement des fondations privées, dont le rôle fixé par contrat consistait à fournir à la tombe des denrées provenant de *domaines* particuliers. On pouvait ainsi s'assurer avant de mourir de son propre *culte funéraire*. Ces fondations étaient souvent organisées sur le principe de la *procession d'offrandes.*

Graffiti. Ce terme d'origine grecque désigne des inscriptions incisées ou peintes sur des parois rocheuses, des statues, des tessons de céramique et autres supports d'écriture. Les types d'écriture (le plus souvent hiératique ou démotique), comme le contenu (notes économiques ou administratives, textes religieux etc.), témoignent d'une grande variété. Certains graffiti se rapportent plus spécifiquement à l'exécution d'un projet architectural : il s'agit alors de notes brèves, inscrites directement sur les pierres, qui concernent le transport et l'utilisation des matériaux de construction.

Grand Prêtre. Prêtre nommé à la tête du clergé d'un temple ; correspond au titre de « premier serviteur du dieu ». Les grands prêtres représentaient le *pharaon* dans les cérémonies cultuelles, tout en dirigeant le personnel, la gestion et l'économie de leurs temples qui disposaient parfois de richesses considérables et de vastes domaines agricoles.

Grande Dévoreuse. Voir Psychostasie.

Guides de l'au-delà. Expression désignant plusieurs « livres » funéraires didactiques témoignant par les mots et l'image des croyances égyptiennes concernant l'au-delà. La description systématique de tout ce que le défunt rencontrera dans sa vie posthume devait l'aider à s'associer au cycle de la vie – généralement symbolisé par la course du soleil – afin d'accéder lui-même à la vie éternelle. À l'origine, ces « guides du monde souterrain » étaient presque exclusivement réservés au *pharaon*. Ils constituent l'élément principal des décorations murales ornant les tombes royales du Nouvel Empire. Ils figureront plus tard aussi sur les cercueils et papyrus des particuliers. Au sujet des différents guides de l'au-delà, voir *Livre de l'Amdouat, Livre des Cavernes, Livre des Portes* et *Livre des Deux Chemins.*

Hatmehit. (égypt. « la première des poissons ») Nom de la déesse du nome de Mendès, en Basse-Égypte ; généralement représentée sous les traits d'une femme à la tête surmontée d'un poisson, son animal sacré.

Heb-sed. (égypt. « fête-*sed* ») Fête royale attestée depuis les temps les plus anciens, et jusqu'à l'époque gréco-romaine, par de nombreuses représentations figurées sur les parois des temples, et par des témoignages écrits. Au cours de cérémonies rituelles complexes s'étendant sur plusieurs jours, les forces physiques et magiques du pharaon se trouvaient renouvelées afin que soit garantie la pérennité de son règne. La célébration du *Heb-sed* était également transposée dans l'au-delà, dans l'espoir de prolonger la souveraineté du roi de toute éternité.

Héracléopolitains (rois). Nom des rois de la IXe et de la Xe dynastie qui résidèrent à Héracléopolis, en Moyenne-Égypte, après la fin de l'Ancien Empire ; seuls quelques-uns de ces rois aux règnes généralement très courts sont connus par leur nom.

Hermès. Monument en pierre d'origine grecque formé d'un fût à quatre pans surmonté initialement par la tête du dieu Hermès, mais aussi plus tard par l'effigie d'autres divinités. Placé dans les sanctuaires ou les tombes, sur les chemins ou les places publiques, ce type de statue, revêtu sans doute d'une fonction tutélaire, se répandit en Égypte aux époques ptolémaïque et romaine.

Herse (de pierre). Nom donné aux dalles de pierre descendues dans le couloir de la tombe pour bloquer l'accès du caveau après l'inhumation. On alignait souvent plusieurs pierres de ce type ; procédé utilisé dans les tombes royales et privées depuis la Ire dynastie.

Hiéracocéphale. À tête de faucon.

Hiératique. (du grec *grammatica hieratica*, « écriture sacrée ») Cursive qui évolua parallèlement à l'écriture monumentale hiéroglyphique. Dans l'écriture hiératique, les différents hiéroglyphes ont été progressivement schématisés jusqu'à rendre méconnaissable leur image initiale. Cette cursive s'écrivait essentiellement à l'aide d'un *calame* sur du papyrus, ou des fragments de calcaire ou de poterie (voir *ostracon*). Écriture courante des Égyptiens depuis l'époque archaïque jusqu'à la Basse Époque, elle servait à la rédaction des textes administratifs et économiques, des lettres privées, mais aussi des œuvres littéraires. Remplacée dans cette fonction par le *démotique* vers le VIIe siècle av. J.-C., l'écriture hiératique fut dès lors réservée aux textes religieux, comme l'exprime sa désignation grecque.

Hin. Nom égyptien désignant une mesure de capacité, correspondant environ à 0,48 l ; utilisée principalement pour le grain, mais aussi, au Nouvel Empire, pour l'or et la myrrhe.

Hittites. Peuple indo-européen qui, de la cité fortifiée de Hattousa (l'actuelle Bogazkale), fonda au XVIIe siècle av. J.-C. dans le nord de l'Anatolie un premier empire hittite de courte durée. Devenu au XIVe siècle av. J.-C. une grande puissance qui dominait l'Anatolie et la Syrie, l'Empire hittite étendit bientôt sa souveraineté au royaume du *Mitanni*. Les Hittites s'avérèrent ainsi au XIVe et au début du XIIIe siècle av. J.-C. les plus sérieux concurrents des Égyptiens dans la lutte pour la suprématie en Asie Mineure. Après de durs combats, les deux rivaux parvinrent à un accord de paix sous Ramsès II. L'Empire hittite s'effondra au XIIe siècle av. J.-C.

Hourrites. Peuple sans doute venu de Transcaucasie qui conquit, vers la fin du IIIe millénaire av. J.-C., les actuelles régions nord-est et sud-est de la Turquie, ainsi que le nord de la Syrie et de l'Iraq. Leur extension est attestée par la diffusion de leur langue. Parmi les royaumes fondés par les Hourrites, celui du *Mitanni* exerça une grande influence du XVIe au XIVe siècle av. J.-C.

Hyksôs. (forme grecque de l'égypt. *héqa-khasout* « souverains des pays étrangers ») Désigne les rois d'origine asiatique qui instaurèrent en Égypte une domination étrangère, inaugurée avec la XVe dynastie et qui dura près d'un siècle (vers 1648-1550 av. J.-C.). De leur capitale Avaris, à l'est du Delta, où résidaient déjà depuis longtemps des tribus syro-palestiniennes, ils dominaient le pays sous forme de plusieurs états vassaux. Après de longs combats, la XVIIe dynastie thébaine chassa les rois Hyksôs d'Égypte et fonda le Nouvel Empire.

Hypogée. Tombe rupestre creusée presque horizontalement dans les montagnes désertiques des bords du Nil. Elles étaient en général pourvues – à l'exception des tombes de la Vallée des Rois et des Reines – d'un puits vertical qui menait au caveau.

Hypostyle (salle). (gr.) Salle dont le plafond est soutenu par des colonnes ou des piliers, et qui comprend donc plusieurs nefs. Dans les temples du Nouvel Empire, les salles hypostyles comportaient souvent une nef centrale dont les colonnes étaient plus élevées que celles des bas-côtés ; l'exemple le plus célèbre est la grande salle hypostyle de Karnak avec ses 134 colonnes pour une surface au sol d'environ 5500 m^2.

Idéologie royale. Désigne l'ensemble des conceptions relatives à la royauté. Représentant des dieux sur la terre, le pharaon incarnait l'État égyptien. Il représentait le peuple égyptien auprès des dieux et était responsable du maintien de l'ordre universel (*Maât*). Cet équilibre était garanti par ses faits historiques, magnifiés par les rites et célébrés par les innombrables représentations ornant les parois des temples. Choisi par les dieux, il possédait lui-même des qualités divines, qui faisaient de lui le premier prêtre d'Égypte et lui valaient d'être, de son vivant, l'objet d'un culte spécifique.

Imhotep. Haut fonctionnaire du règne de Djéser (IIIe dynastie) ; attesté notamment comme Grand Prêtre d'Héliopolis et chef des travaux du complexe funéraire de Djéser. Il sera plus tard considéré comme l'« inventeur » de la construction en pierre et connaîtra les honneurs divins comme sage et héros de la culture. À la Basse Époque, il sera honoré, surtout dans la région de Memphis, dans des édifices cultuels particuliers dédiés au « fils de Ptah ».

Insignes royaux. Éléments du costume cérémoniel du pharaon qui lui furent donnés par les dieux lors de son couronnement comme autant de symboles de sa souveraineté. Outre plusieurs sceptres et bâtons, ces insignes comportaient aussi le *flagellum* (fouet) tenu dans la main gauche, et la crosse portée de la main droite, dont la forme crochetée dérive probablement de la houlette du berger. Ces deux objets étaient également portés par Osiris.

Isfet. (égypt. « chaos, injustice, péché, mal ») Signifie le contraire de *Maât,* notion désignant pour les Égyptiens l'ordre établi par les dieux, qui régit le monde, l'État et la vie des hommes. Quiconque perturbait cet « ordre universel divin », était coupable d'isfet ou de dérèglement du monde.

Ished. Voir *arbre ished.*

Jeu de senet. Attesté à partir de l'époque

archaïque par des représentations et des découvertes archéologiques, ce jeu, qui se pratique à deux, fut visiblement fort apprécié de tous les temps. Il acquit aussi une dimension religieuse : le mouvement des pions sur le plateau de jeu était assimilé au voyage du défunt dans l'au-delà, et le succès garantissait la renaissance après la mort.

Jugement divin. Voir *Oracle.*

Ka. Notion abstraite désignant un aspect de la personnalité des dieux et des hommes, à l'instar de l'*akh* et du *ba*. Le *ka* est le support des forces procréatrices et dispensatrices de vie ; il symbolise la force vitale ininterrompue qui se transmet de génération en génération. Apparaissant à la naissance de l'homme, le *ka* survit à sa mort. Comme le *ba,* il reçoit des offrandes et garantit la vie éternelle dans l'au-delà.

Kassites. Peuple venu d'Iran dont la présence est attestée en Babylonie à partir du XVIIIe siècle av. J.-C. Après le renversement, par les *Hittites,* de la dynastie locale régnant sur Babylone, les Kassites s'emparèrent du pouvoir en 1595 av. J.-C. et dominèrent Babylone jusqu'au milieu du XIIe siècle av. J.-C. Des contacts diplomatiques réguliers avec l'Égypte, et d'intenses échanges commerciaux, sont attestés à partir de la fin du XVe siècle av. J.-C. Aménophis III était marié entre autres avec une sœur du roi des Kassites.

Khat. (égypt.) Coiffure royale qui ressemble au némès mais dont l'étoffe est bouffante. Serré au niveau de la nuque, les extrémités du tissu s'épanouissent en longs pans sur le dos. Le khat est également orné de l'*uraeus.*

Khépresh. Terme égyptien désignant la *couronne bleue*, coiffure royale souvent représentée à partir du début du Nouvel Empire. Sorte de haut casque aux côtés saillants comme des ailes, le *khépresh* est généralement de couleur bleue et orné de petits cercles jaunes qui évoquent sans doute des applications de métal sur un fond de cuir.

Khoiak (mois de). Forme copte de l'ancien mot égyptien désignant le quatrième mois de la saison de l'inondation. Durant ce mois avaient lieu partout dans le pays les grandes fêtes osiriennes qui culminaient avec la célébration rituelle, dans les temples d'Osiris, de la résurrection du dieu.

Kiosque. Petit édifice ouvert de tous les côtés reposant sur des colonnes ou des piliers ; en Égypte, il était souvent construit en pierre et coiffé d'un toit de bois ou de toile ; les colonnes extérieures étaient reliées entre elles à mi-hauteur par des *murs d'entrecolonnement.* De tels kiosques étaient dressés à l'entrée des grands temples ou sur la voie des grandes processions, où ils offraient refuge aux images cultuelles transportées dans les barques sacrées (voir aussi *Chapelle-reposoir*).

Kité. Unité de poids correspondant à 9,1 g ; dix kités valaient un *deben* de 91 g.

Koumidou (ou Kamid). Actuelle Kamid el-Loz, au Liban ; cette principauté du Proche-Orient citée par Thoutmosis III sur la liste des régions conquises au cours de sa première campagne syrienne, fera ultérieurement partie de la zone d'influence égyptienne.

Kouros. (gr., pl. Kouroi) Statue grecque archaïque représentant un jeune homme nu.

Kyphi. Mot dérivé d'un terme égyptien signifiant « parfum à brûler ». Mot générique qui regroupe divers mélanges pouvant comporter jusqu'à seize substances différentes (résines, bois, herbes, épices, excréments d'animaux etc.). Ces mélanges étaient utilisés pour les fumigations dans les cérémonies rituelles, mais employés aussi comme remèdes contre différentes maladies (sous forme de lavement de bouche, ou de boisson mêlée à du vin).

Labyrinthe. Nom que donnèrent des voyageurs grecs et romains au temple funéraire de la pyramide d'Amenhemhat III à Haouara, en bordure du Fayoum. Entièrement détruit aujourd'hui, ce « labyrinthe » couvrait une surface immense (158 x 385 m) et comportait vraisemblablement plusieurs cours à péristyle, ainsi que des chapelles avec des *naos* abritant les statues des dieux et du pharaon.

Lagide (dynastie). Dynastie fondée par le général macédonien Ptolémée, fils de Lagos, après la mort d'Alexandre le Grand et qui régna d'environ 305 av. J.-C. à 30 av. J.-C., date à laquelle l'Égypte tomba sous la domination des Romains.

Libou. Voir *Libyens.*

Libyens. Nom dérivant de l'égyptien *Rébou/Réby* qui désignait un peuple établi directement à l'ouest du Delta. Ce nom est utilisé actuellement pour plusieurs peuplades qui vivaient dans l'ouest et le sud-ouest du Delta. Souvent figurés dans les représentations égyptiennes des « peuples étrangers », ils constituèrent un danger réel durant les XIXe et XXe dynasties, en raison de leurs perpétuelles incursions dans la vallée du Nil. À la même époque, un nombre grandissant de tribus libyennes s'installèrent dans la partie occidentale du Delta, formant des principautés locales qui parvinrent momentanément, au cours de la Troisième Période Intermédiaire, à s'emparer du pouvoir sur l'ensemble de l'Égypte. Cette domination libyenne fut inaugurée par la XXIIe dynastie.

Liste royale. Liste chronologique des noms des pharaons accompagnés de leur durée de règne ; utilisée comme base de datation dans l'administration et l'historiographie. La plus célèbre d'entre elles, bien que fragmentaire, nous est fournie par le Papyrus Royal de Turin. Ces listes constituent l'une des principales sources d'information pour la reconstitution de la chronologie égyptienne.

Livre de l'Amdouat ou de « ce qu'il y a dans le monde souterrain ». Désigne un livre funéraire – ou *guide de l'au-delà* – dont les mots et images témoignent de la conception égyptienne de l'au-delà. Il décrit essentiellement le voyage nocturne du *dieu solaire* parcourant dans sa barque le monde souterrain. Durant les douze heures de la nuit, le dieu solaire rajeunit au contact des forces primordiales de la Création qui peuplent le monde inférieur, pour revenir chaque matin sous la forme du *disque solaire* s'élevant sur l'horizon. Initialement écrit sur papyrus, ce « livre » devint au plus tard à partir du règne de Thoutmosis Ier, un thème essentiel des décorations murales ornant les tombes royales de la Vallée des Rois. Par la connaissance du Livre de l'Amdouat, le roi défunt voulait s'associer à cette course perpétuelle du soleil afin d'accéder lui-même à une vie nouvelle.

Livre de la Vache du Ciel. Expression moderne désignant une œuvre littéraire conçue probablement à l'époque amarnienne et maintes fois évoquée dans les tombes royales du Nouvel Empire. Ce récit raconte le mythe du dieu solaire vieillissant qui, après avoir projeté d'anéantir les hommes rebelles, épargna une partie de l'humanité et se détournant de sa souveraineté sur terre, se retira au ciel sur le dos de la Vache céleste. Ce texte explique, sur le mode mythique, la séparation momentanée du ciel et de la terre, de la sphère divine et du monde des hommes.

Livre des Cavernes. Expression moderne désignant un *guide de l'au-delà* rédigé au début de la XIXe dynastie qui, comme la plupart des autres livres funéraires de ce type, reflète par les mots et l'image les croyances égyptiennes concernant le monde souterrain de l'au-delà. Contrairement aux livres cosmographiques antérieurs (*Livre de l'Amdouat, Livre des Portes*), il comporte de nombreux discours du dieu solaire à l'adresse des créatures peuplant le monde souterrain, et insiste surtout sur les dieux étroitement liés au monde terrestre. La version la plus ancienne de ce livre se trouve dans le *cénotaphe* de Séthi Ier à Abydos. À la fin de la XIXe et durant la XXe dynastie, il fera partie des décorations habituelles des tombes royales.

Livre des Deux Chemins. Expression moderne désignant le plus ancien des *guides de l'au-delà* découverts à ce jour. Intégré dans les *Textes des Sarcophages* du Moyen Empire, il figurait généralement sur le fond des sarcophages. Le Livre des Deux Chemins contenait une cartographie de l'au-delà rassemblant les régions souterraines et célestes (contrairement aux *Livres du monde souterrain* proprement dits, comme *Le Livre de l'Amdouat*, le *Livre des Portes*, et le *Livre des Cavernes*) ainsi que des formules magiques destinées à guider le défunt dans l'au-delà.

Livre des Morts. Vaste recueil de formules et de vignettes relatives aux croyances funéraires égyptiennes, qui devait assurer la survie dans l'au-delà. C'est à partir du début du Nouvel Empire que des Livres des Morts furent déposés avec le défunt dans les tombes. Contrairement aux *guides de l'au-delà*, ils furent accessibles dès l'origine aux particuliers. Souvent inscrites sur de longs rouleaux de papyrus, ces formules et vignettes figurent aussi sur les parois des tombes, les sarcophages, les statues etc. Elles puisent leur inspiration dans les *Textes des Sarcophages*, mais souvent aussi dans les *Textes des Pyramides* de l'Ancien Empire.

Livre des Portes. *Guide de l'au-delà* dont on conserve la trace à travers les représentations murales ornant les tombes royales du Nouvel Empire, depuis le règne d'Horemheb. Inspiré du *Livre de l'Amdouat*, il décrit comme lui le périple nocturne du dieu solaire parcourant dans sa barque le monde souterrain. Chacune des 12 heures de la nuit, symbole des différents domaines du monde inférieur, est fermée par une porte gardée, devant laquelle le défunt doit prouver sa connaissance des choses et des êtres peuplant l'au-delà.

Livres du Monde souterrain. Voir *Guides de l'au-delà, Livre de l'Amdouat, Livre des Cavernes, Livre des Portes.*

Loculus (pl. loculi). (latin) Mot désignant, dans les rites funéraires gréco-romains, une sépulture unique ; se rapporte en Égypte à la niche servant d'emplacement au sarcophage, et plus particulièrement aux niches funéraires des nécropoles romaines d'Alexandrie.

Mammisi. Ce mot copte signifie « lieu de naissance » ; il désigne des petits temples attestés à partir de la Basse Époque dans les *temenos* de temples plus importants. Situés en règle générale perpendiculairement au temple principal, sur le chemin des processions, ils étaient souvent entourés d'un *déambulatoire.* À l'occasion de certaines fêtes, on y célébrait la naissance de l'enfant de la triade divine locale (père, mère, enfant), auquel était identifié le jeune roi. Les cérémonies cultuelles accomplies dans les mammisis relèvent donc du *mythe de la naissance royale.*

Massacre de l'ennemi (scène du). Voir *Pays étrangers.*

Mastaba. (de l'arabe « banquette ») Tombe royale ou privée dont la superstructure est formée d'un massif de forme rectangulaire construit en brique ou en pierre dont les murs présentent des fruits inclinés. La sépulture proprement dite était située dans une chambre funéraire souterraine, généralement entourée de magasins ; tombe surtout utilisée à l'époque archaïque et sous l'Ancien Empire.

Mât à oriflammes. De hauts mâts mesurant parfois plus de 30 mètres ornaient l'entrée des temples. Intégrés dans des niches creusées dans la façade des *pylônes,* ils étaient formés d'un tronc d'arbre ébranché, dont le sommet était partiellement recouvert d'*électrum* et la partie supérieure ornée de banderoles multicolores. Cette forme dérive vraisemblablement des *étendards divins* dressés dans les sanctuaires aux temps les plus anciens.

Ménat. Ce collier, formé de plusieurs rangs de perles réunis aux extrémités, était fermé par une plaque en métal qui reposait comme un contrepoids sur le dos du porteur du bijou. Le collier ménat pouvait aussi être tenu à la main et agité, afin de produire un cliquetis dû à l'entrechoquement des perles. Cette utilisation comme instrument de musique est notamment attestée dans le culte de la déesse Hathor.

Mitanni. Royaume qui s'établit au XVIe siècle av. J.-C. dans l'ouest de la Mésopotamie, entre le haut Tigre et l'Euphrate, et devint l'un des principaux royaumes des *Hourrites.* Au XVe siècle av. J.-C., le Mitanni et l'Égypte se disputèrent la domination sur la Syrie. Sous Aménophis II, un traité de paix mit fin à ces rivalités guerrières, et Thoutmosis IV comme Aménophis III épouseront des filles de rois mitanniens. À la fin du XIVe siècle, la puissance du Mitanni diminua progressivement au profit de l'Empire *hittite.*

Momie. Dérive d'un mot arabe signifiant « bitume » ; désigne aujourd'hui un corps préservé de la décomposition par un phénomène naturel de dessiccation ou des procédés artificiels. L'embaumement des morts est attesté en Égypte depuis l'époque archaïque. À une époque plus tardive, la momification durait environ 70 jours et était suivie de l'inhumation du défunt. Selon les croyances égyptiennes, la conservation du corps était une condition indispensable à la vie posthume.

Mur d'entrecolonnement. Petit mur qui relie à mi-hauteur des colonnes de façade ou de *portique* entre elles (voir *kiosque* et *pronaos*).

Mur du Prince. Dans les ouvrages littéraires du Moyen Empire, ce terme désignait la protection militaire située le long de la frontière nord-est de l'Égypte. Dans la partie orientale du Delta, jouxtant la Syrie-Palestine, des tours de guet et des fortifications avaient sans doute été élevées pour prévenir une invasion asiatique.

Naissance royale (mythe de la). Mythe de l'origine divine du pharaon, rapporté par les textes et l'image : le dieu Amon-Rê descend sur terre pour se rendre, sous la forme du pharaon, chez la reine à qui il révèle sa nature divine. De leur union naît l'héritier du trône ; après sa naissance, l'enfant est allaité par des nourrices divines et reconnu par son père Amon-Rê. Plusieurs temples du Nouvel Empire sont ornés de représentations expliquant ainsi la double nature divine et humaine du souverain égyptien.

Naophore. (du grec « porteur de naos ») Type de statue montrant généralement un homme agenouillé qui porte devant lui un *naos* abritant une statue ou un emblème divin ; attesté dans les temples à partir de la XVIIIe dynastie. Plus tard, les naophores seront aussi figurés debout ou assis.

Naos. (du grec « temple », « demeure des dieux ») Châsse ou tabernacle abritant la statue d'une divinité ; fabriqué généralement en bois ou en pierre dure, le naos était placé dans les temples ou les tombes.

Narration royale. Forme littéraire prisée à partir du début du Moyen Empire qui s'articule autour d'une décision historique importante du *pharaon* (opération militaire, reconstruction d'un temple…). Ce type d'historiographie littéraire servait à la glorification du *pharaon* dont la sagesse se mesurait au succès de ses décisions.

Natron. Mélange naturel de chlorure et de carbonate de sodium, extrait notamment au Ouadi Natroun en Basse-Égypte. Le natron était surtout utilisé pour la dessiccation du corps lors de l'embaumement, et pour la purification et la fumigation dans les cérémonies cultuelles.

Nébou-néfer. (égypt.) Voir *Talent (d'or)*.

Némès. (égypt.) Coiffure royale attestée par des représentations depuis le début de l'Ancien Empire. Elle est formée d'une pièce d'étoffe rectangulaire pliée, couvrant le crâne et dégageant les oreilles. Deux pans retombent sur les épaules et la poitrine, alors que le tissu est noué sur la nuque en une sorte de tresse.

Néo-égyptien. Forme de la langue égyptienne en vigueur de la fin de la XVIIIe dynastie à la Troisième Période Intermédiaire. Elle servait à rédiger les textes courants – économiques, commerciaux ou administratifs –, mais aussi les œuvres littéraires. On l'écrivait aussi bien en *hiératique* sur les *papyrus* et les *ostraca*, qu'en signes hiéroglyphiques sur les stèles et les parois des temples.

Nilomètre. Couloir ou puits aux parois graduées, en correspondance avec la nappe phréatique du Nil, qui permettait de mesurer la hauteur du fleuve. L'observation systématique du niveau des eaux du Nil est attestée depuis l'époque archaïque. Elle servait à contrôler la montée des eaux lors de la *crue du Nil*, à établir une juste distribution de l'eau dans les terres agricoles, et à fixer en conséquence le taux des impôts annuels.

Nimmouria. Transcription cunéiforme du nom de couronnement d'Aménophis III : « nebmaâtrê » (voir aussi *Écriture cunéiforme*).

Nomarque. (grec) 1. Haut fonctionnaire nommé par le roi à la tête d'un *nome* dont il dirigeait l'administration et la justice. Vers la fin de l'Ancien Empire, avec l'autonomie grandissante des nomarques, cette fonction devint héréditaire. Le renforcement de l'autorité centrale au début du Moyen Empire réduisit peu à peu la puissance des nomarques, jusqu'à supprimer complètement leur fonction. 2. À l'époque ptolémaïque, titre d'un fonctionnaire de l'administration civile qui dirigeait la production agricole dans un domaine donné ; ce nom sera donné plus tard à un fonctionnaire subalterne rattaché au service des finances du *nome*.

Nom de couronnement. Voir *Titulature royale*.

Nom de naissance. Voir *Titulature royale*.

Nom de Nebty (ou des Deux Maîtresses). Voir *Titulature royale*.

Nom (d'Horus) d'or. Voir *Titulature royale*.

Nome. Mot désignant en égyptologie les grandes provinces ou régions administratives qui constituèrent le territoire égyptien à partir de la IIIe dynastie. On distinguait idéalement 22 nomes pour la Haute-Égypte, et 20 pour la Basse-Égypte. Les nomes étaient dirigés par un *nomarque*. Cette division administrative se reflétait également dans le domaine religieux : à chaque nome était rattachée une divinité spécifique, le dieu – ou la déesse - tutélaire du nome. Au fil du temps cette dimension religieuse supplanta la réalité administrative, qui commença à s'appuyer sur d'autres divisions territoriales.

Nubiens. Désigne généralement les habitants de la vallée du Nil, au sud de la Première Cataracte, qui se distinguent des Égyptiens par leur race et leur langue. Pour les Égyptiens, la Nubie faisait partie des *« pays étrangers »* ; ses habitants devaient donc être vaincus politiquement et militairement car ils représentaient un danger potentiel pour le pays. Depuis les temps les plus reculés, l'Égypte entretenait des contacts avec la Nubie, tantôt pacifiques (commerce), tantôt militaires. De nombreux Nubiens s'étaient d'ailleurs établis en Égypte, notamment pour des raisons économiques. Dans l'art égyptien, ils sont généralement représentés avec une peau sombre, des cheveux crépus et des traits négroïdes.

Obélisque. Haut pilier de pierre s'amincissant vers le haut, dont l'extrémité est souvent formée par un *pyramidion* plaqué d'électrum ; née au début de l'Ancien Empire, sa forme est vraisemblablement inspirée du *benben*, représentation stylisée de la *butte primordiale*. Pouvant atteindre plus de 30 mètres de hauteur, les obélisques étaient généralement des monolithes en pierre dure (souvent du granit rose) ; dressés habituellement par paires devant les *pylônes* des temples, ils étaient considérés comme des symboles du *dieu solaire*.

Océan primordial. Voir *Butte primordiale*.

Œil d'Horus. Dans le mythe, œil du dieu-faucon Horus qui fut arraché au maître du ciel, mutilé, puis restitué et guéri. Autour des yeux d'Horus, assimilés au soleil et à la lune, se développa un ensemble complexe de mythes. Selon ces derniers, la mutilation et la restitution éternellement répétées de l'œil d'Horus reflètent la course des constellations et les phases de la lune ; l'œil d'Horus revient guéri, à l'instar du soleil et de la lune qui réapparaissent chaque jour. Cette caractéristique en fit l'un des symboles de régénération les plus prisés : objet de multiples représentations, il était volontiers porté comme amulette (œil *oudjat*).

Œil oudjat. Synonyme d'« Œil d'Horus ».

Offrandes (procession d'). Expression désignant la transmission, à d'autres bénéficiaires, des offrandes (nourriture, vêtements, onguents, fleurs etc.) apportées en premier à un dieu. Les offrandes étaient souvent déposées ensuite devant les statues du pharaon, puis devant celles de particuliers placées dans les temples, et enfin dans les tombes privées. Ce « transfert » était réglementé par contrat ; c'est enfin le prêtre chargé du service d'offrandes du dernier bénéficiaire qui recevait les offrandes en paiement.

Offrande votive. Offrande déposée dans le sanctuaire d'un dieu en accomplissement d'un vœu. Ce terme est aussi utilisé en égyptologie pour tous les types d'objets déposés en offrande dans un temple. Il s'agit généralement de statuettes de divinités, de symboles liés aux dieux ou encore de stèles.

Opet (Belle Fête d'). La Fête d'Opet, l'une des plus importantes du pays, était célébrée chaque année à Thèbes pendant une période qui pouvait atteindre 27 jours. L'apogée en était la procession de la barque sacrée d'Amon, qui était portée en grande pompe depuis Karnak jusqu'au temple de Louqsor

3. Le vizir Nespakashouti
Karnak, temple d'Amon-Rê, Cachette ; Basse Époque, XXVIe dynastie, vers 650 av. J.-C. ; haut. : 80 cm ; larg. : 47 cm ; Le Caire, Musée égyptien, JE 36662.

distant de 2,5 km, où le dieu – ou plus exactement la statue du dieu – séjournait plusieurs jours avant d'être ramenée à Karnak. Cette procession est illustrée avec force détails sur les murs du temple de Louqsor (Grande Colonnade). Les cérémonies rituelles accomplies durant la visite à Louqsor comprenaient le renouvellement annuel du mandat royal par le dieu Amon.

Or de la récompense. La coutume consistant à donner de l'or aux fonctionnaires méritants est attestée depuis l'Ancien Empire. Les tombes privées du Nouvel Empire portent souvent la représentation de ces distinctions officielles : le roi se tient à la *fenêtre d'apparitions* et tend l'or de la récompense aux fonctionnaires debout en contrebas. Il s'agit généralement de bijoux divers, tels des colliers aux perles d'or lentiformes ou des bracelets. Ces bijoux sont volontiers figurés sur les statues des bénéficiaires.

Oracle. La coutume consistant à se tourner vers les dieux pour leur demander un conseil, un renseignement ou un verdict est attestée à partir du début du Nouvel Empire. Écrites ou orales, les requêtes étaient soumises par les prêtres au dieu incarné par sa statue, qui donnait sa réponse par un mouvement particulier (par exemple au cours d'une procession), ou insufflait sa volonté au prêtre qui la communiquait au requérant. Ces oracles concernaient les questions les plus diverses : affaires administratives, décisions de justice, nominations ou soucis privés.

Osiris végétant. Corps momiforme du dieu Osiris, façonné en limon, dans lequel étaient placées des graines à lever. Leur germination symbolisait les forces fécondatrices d'Osiris qui renaît après la mort et assure le renouvellement périodique de la végétation et la résurrection des défunts.

Ostracon (pl. ostraca). (du grec « tesson de poterie ») Tesson d'argile ou éclat de calcaire plat utilisé comme support d'écriture ou de dessin. Le Nouvel Empire a ainsi livré des milliers d'ostraca – plus économiques que les *papyrus* - couverts de textes de la vie quotidienne (lettres, comptes, notes, devoirs d'écoliers…). Même les peintres les utilisaient pour leurs esquisses.

Ouadi. Mot arabe donné à une vallée étroite creusée dans le désert par des pluies violentes.

Ouaset. Dénomination égyptienne du *nome* de Thèbes ; peut aussi désigner la ville elle-même.

Ouverture de la bouche (rituel de l'). Cette cérémonie connue depuis l'Ancien Empire consistait en l'animation d'objets relevant du domaine cultuel. Transmise par les textes, et par les représentations figurant sur les papyrus et les parois des temples et des tombes jusqu'à l'époque romaine, cette cérémonie complexe comprenait plusieurs manipulations et s'accomplissait surtout sur des statues. Le rituel était destiné à leur « insuffler la vie », à les préparer à prendre part à l'acte cultuel et à recevoir les offrandes. Les momies de défunts et d'animaux sacrés étaient elles aussi « éveillées » à la vie de l'au-delà. L'épisode essentiel du rituel, souvent représenté, était « l'ouverture de la bouche » au moyen d'un instrument fourchu en forme d'herminette.

Paophi (mois de). Nom copte du deuxième

GLOSSAIRE 517

mois de la saison de l'inondation (voir *calendrier*) ; dérive de l'expression égyptienne le désignant depuis la fin du Nouvel Empire : « celui (de la fête) d'*Opet* ». En effet, à partir du début de la XVIIIe dynastie, ce mois marquera à Thèbes le début de la célébration annuelle de la Fête d'*Opet*.

Papyrus. (du grec *papyros*, mot dérivant sans doute d'une expression égyptienne signifiant « celui du *pharaon* ») Cette plante présente en abondance durant l'Antiquité dans les zones marécageuses du Delta servait à la fabrication de toutes sortes de produits (nattes, paniers, éléments d'architecture, barques, sandales etc.), mais elle était également utilisée dans le domaine cultuel (offrandes). Sa haute signification symbolique (fraîcheur, fertilité, régénération) en faisait le modèle des formes architectoniques et des objets sacrés. Pourtant, c'est surtout sous la forme d'un « papier », fabriqué avec la moelle fibreuse de sa tige, que le papyrus jouera un rôle déterminant dès la Ire dynastie.

Pastel. (*Isatis tinctoria* L.). Plante tinctoriale dont les feuilles broyées et fermentées fournissent une couleur bleue. Sa culture n'est attestée en Égypte qu'à partir de l'époque hellénistique.

Pays étrangers. Aux yeux des Égyptiens, tout pays extérieur à la vallée du Nil et au Delta était un « pays étranger », situé selon leur cosmogonie en dehors du monde organisé (= l'Égypte). Considérées comme faisant partie du chaos, ces puissances devaient être vaincues pour être intégrées à l'ordre universel divin incarné par l'Égypte. Cette conception explique pourquoi le *pharaon* est souvent figuré en train de saisir par les cheveux et de massacrer symboliquement un Asiatique, un Nubien ou un Libyen, représentants typiques des « peuples étrangers » (scène dite du « *massacre de l'ennemi* »).

Per-âa. Voir *Pharaon*.

Peret. Mot égyptien désignant la saison de la germination (voir *Calendrier*).

Perruque hathorique. Perruque féminine très populaire sous le Moyen Empire attestée aussi bien sur les bas-reliefs ou les peintures que dans la sculpture en ronde bosse. Sa forme, qui rappelle celle de la perruque portée par la déesse Hathor, est caractérisée par deux retombées dont les extrémités se lovent en spirale sur la poitrine.

Peuples de la Mer. Nom moderne donné à plusieurs peuples différents, établis probablement surtout sur la côte ouest de l'Asie Mineure et en Égée, qui avancèrent en plusieurs vagues jusqu'à l'Égypte au cours des XIIIe et XIIe siècles av. J.-C. dans l'espoir de trouver des terres à conquérir. Ils occasionnèrent de grands bouleversements politiques et ethniques, notamment en Syrie-Palestine, et plusieurs *pharaons* menèrent campagne pour les empêcher d'envahir le littoral égyptien. Les décors de différents temples thébains témoignent des batailles menées par Ramsès II, Mérenptah et Ramsès III contre les Peuples de la Mer.

Pharaon. Expression dérivée de l'égypt. *per-âa* qui signifie « grande maison ». Désignait depuis les temps les plus anciens le palais royal et ses habitants, c'est-à-dire la cour royale. Terme utilisé à partir de la XVIIIe

4. Colonnes à chapiteaux composites
Esna, pronaos du temple de Khnoum ; époque romaine, Ier-IIe siècle av. J.-C. ; grès ; hauteur des colonnes : 6,12 m.

dynastie pour la personne du roi ; fera partie plus tard des titres du souverain.

Phylé. Désignation grecque de la principale unité d'organisation du personnel égyptien. Les ouvriers (du bâtiment ou des transports), mais aussi les artisans et les prêtres des temples étaient rigoureusement répartis en classes ou phylés comprenant un nombre déterminé de personnes soumises à un système de rotation précis.

Pierre de Palerme. Grande dalle gravée, aujourd'hui conservée à l'état fragmentaire au musée de Palerme, qui contient une liste des noms et des années de règne des pharaons, depuis les premiers d'entre eux jusqu'à la Ve dynastie, ainsi que des indications concernant les dons faits aux dieux. Support des principales *annales* de l'Ancien Empire, la pierre de Palerme constitue une source documentaire essentielle pour la reconstitution de la chronologie égyptienne.

Pierre de Rosette. Stèle découverte en 1799 par un officier français, près de Rosette sur le littoral méditerranéen. Elle se trouve aujourd'hui au British Museum à Londres. Elle porte un décret trilingue gravé en hiéroglyphes, en *démotique* et en grec, qui permit à Jean-François Champollion de déchiffrer les hiéroglyphes en 1822. Ce texte énonce les décisions prises en 196 av. J.-C. par l'assemblée des prêtres égyptiens au sujet des honneurs rendus à Ptolémée V et à Cléopâtre Ire (voir également *Décret de Canope*).

Pilier-djed. Pilier entouré sur plusieurs niveaux d'éléments végétaux, qui fut vénéré comme fétiche dès les temps les plus reculés. Symbole de durée et de stabilité, il était volontiers utilisé comme amulette. La cérémonie de « l'érection du pilier *djed* » constituait un moment important des fêtes osiriennes célébrées durant le mois de *Khoiak*.

Pilier osiriaque. Statue du pharaon adossée contre un pilier ou un mur. L'aspect souvent momiforme de ces effigies, qui évoquent les représentations du dieu Osiris, leur a valu cette appellation qui prête à confusion. Attestées dès le début du Moyen Empire, ces statues se trouvent essentiellement sur les façades et dans les cours des grands sanctuaires royaux du Nouvel Empire.

Portique. Galerie couverte portée par des colonnes ou des piliers dressés sur un ou plusieurs rangs devant la façade des temples, des tombes ou des bâtiments profanes ou bordant les cours.

Pount. Appellation égyptienne d'une région située au sud-est de l'Égypte, avec laquelle celle-ci entretenait des contacts commerciaux depuis l'Ancien Empire. Les expéditions dans le Pount – dont la plus célèbre, sous le règne d'Hatshepsout, est représentée dans son *temple funéraire* à Thèbes – descendaient la Mer Rouge, puis s'enfonçaient dans les terres à la hauteur du nord de l'Éthiopie et de l'Érythrée. Les Égyptiens venaient y chercher la myrrhe, l'encens, l'ébène, l'ivoire et les peaux de félins.

Prêtre ouâb. (égypt. « le Pur ») Les prêtres ouâb étaient sans doute les plus nombreux des prêtres rattachés au temple. Attestés depuis l'Ancien Empire, ils seront plus tard organisés en *phylés* ; dans la hiérarchie du clergé, ils se situaient au-dessous des serviteurs du dieu (voir *Prophète*). Ils assuraient une grande partie du service quotidien des offrandes. À côté de leur ministère, ils occupaient généralement un poste de fonctionnaire ou exerçaient une autre fonction au service de l'État ou du temple.

Prêtre sem. Le titre de sem attesté depuis l'époque archaïque était attribué au fils aîné du roi qui représentait son père, notamment devant les dieux lors des cérémonies cultuelles. Le prêtre sem jouait un rôle important dans le rituel de l'ouverture de la bouche et lors des funérailles. Ce titre évolua pour devenir progressivement un titre purement sacerdotal. La fonction de prêtre sem revêtait une signification particulière dans les cultes de Ptah, Sokar et Osiris ; ces prêtres sont également représentés dans les temples funéraires royaux du Nouvel Empire où ils sont figurés drapés d'une peau de félin.

Procès des pilleurs de tombes. Plusieurs papyrus rédigés en écriture hiératique correspondent à des dossiers judiciaires relatifs à des pillages qui eurent lieu dans des tombes royales et privées de la nécropole thébaine vers la fin du Nouvel Empire, sous Ramsès IX et Ramsès XI. Sont notamment conservées une partie des auditions des inculpés comparus devant le tribunal, ainsi que des comptes rendus d'enquêtes (visites de tombes etc.).

Pronaos. (gr.) Salle hypostyle qui précède le sanctuaire proprement dit. Sa façade est soit ouverte, soit – dans le cas le plus fréquent - fermée à mi-hauteur par des *murs d'entrecolonnement* situés au niveau de la première rangée de colonnes. La forme architecturale du pronaos s'est développée au cours de la XVIIIe et au début de la XIXe dynastie pour devenir aux époques ptolémaïque et romaine un élément essentiel et souvent prestigieux de l'architecture des temples égyptiens.

Prophète. Transcription moderne du titre de « serviteur du dieu » correspondant depuis l'époque archaïque à l'une des fonctions les plus répandues au sein du clergé égyptien. Ce titre était souvent suivi du nom du dieu – ou du pharaon - servi par le prophète (« prophète d'Amon »), mais il pouvait aussi s'accompagner du nom du sanctuaire où officiait le prêtre. Cette fonction était exercée soit par des hommes dont c'était là l'activité principale, soit par des *fonctionnaires* qui exerçaient par ailleurs une activité professionnelle. À partir du Nouvel Empire s'instaura une hiérarchie au sommet de laquelle se trouvait le *Grand Prêtre*, « premier serviteur du dieu », suivi par le second, le troisième et le quatrième prophète.

Pschent. Double couronne composée de la *couronne blanche* de la Haute-Égypte, et de la *couronne rouge* symbolisant la Basse-Égypte. Figurée depuis le début de l'Ancien Empire. Portée par les rois ou les dieux, elle montre leur souveraineté sur les deux parties du pays.

Psychostasie. Terme grec signifiant « pesée de l'âme ». Scène célèbre figurant sur la vignette du chapitre 125 du *Livre des Morts* figurant la pesée du cœur du défunt. Après sa mort, le défunt est introduit au tribunal d'Osiris, où devant 42 dieux il répondra de ses actes. Son cœur est placé sur l'un des plateaux de la balance, sur l'autre se trouve l'effigie de Mâat, principe de l'ordre et de la justice, ou une plume, hiéroglyphe de son nom. À côté de la balance se tient un monstre hybride, mi-lion, mi-hippopotame, à tête de crocodile, appelé la « Grande Dévoreuse », qui dans le cas d'un jugement défavorable se jettera sur le défunt. En revanche, un jugement favorable lui ouvrira les portes du monde des bienheureux dans lequel il sera accueilli par Osiris. Thot, debout, inscrit avec un calame le résultat de la pesée.

Pylône. (du grec « porte d'entrée », « grande porte ») Portail monumental flanqué de deux massifs qui marquait l'entrée des temples égyptiens. L'accès central était fermé par de grandes portes à deux battants souvent garnies de ferrures. L'intérieur des massifs était pourvu d'un escalier rejoignant la terrasse, et l'extérieur généralement orné de scènes du *massacre de l'ennemi* (voir *Pays étrangers*). Devant le pylône se dressaient souvent des *mâts à oriflammes*, *des obélisques* ou des statues colossales du pharaon.

Pyramide satellite. Petite pyramide érigée, de la IIIe dynastie au début du Moyen Empire, à proximité de la tombe pyramidale du roi. Cette pyramide au contraire des petites pyramides des reines qui se situaient aussi près de la grande sépulture royale n'était pas un lieu d'inhumation mais un *cénotaphe*.

Pyramidion. Mot emprunté au grec pour désigner le sommet des pyramides ou des *obélisques*. Dans le cas des pyramides, ce sommet est toujours taillé à part, généralement en pierre, et s'orne de représentations et de textes faisant référence à la course du soleil. Dans le cas des obélisques, le pyramidion forme l'extrémité supérieure du monolithe, sa pointe, qui est souvent recouverte d'*électrum*.

Qenbet. Assemblée de *fonctionnaires* de haut rang qui supervisait les juridictions locales sous le Nouvel Empire. Il existait aussi la grande *Qenbet*, dirigée par le *vizir*, qui siégeait habituellement dans la capitale ; cour suprême, elle était chargée des procédures de recours.

Reposoir de barque. Voir *chapelle-reposoir*.

Route des oasis. Piste empruntée jusqu'à l'époque moderne par les caravanes qui partaient de Coptos en Haute-Égypte pour se

518 GLOSSAIRE

rendre au Soudan en passant par plusieurs oasis du désert occidental. Mentionnée comme voie de commerce dans les textes égyptiens depuis la fin de l'Ancien Empire.

Saff. (arabe « rangée ») Forme de tombe rupestre très prisée au début de la XIe dynastie dans la partie septentrionale de la nécropole thébaine. La façade de la tombe, située dans le prolongement d'une cour, est généralement dotée d'une – ou de deux – rangées de piliers taillés dans le roc. Derrière ces piliers s'ouvre l'accès aux chambres funéraires de la tombe proprement dite.

Sagesses. Voir *Enseignements.*

Saqieh (sakieh). Élévateur d'eau attesté en Égypte à partir de l'époque gréco-romaine, qui permettait de remonter l'eau du Nil sur plusieurs mètres de hauteur au moyen d'une roue à godets entraîné par un engrenage. Autrefois mise en mouvement par des bœufs ou des ânes, la saqieh est généralement actionnée aujourd'hui par des buffles. Elle permet une irrigation efficace des champs, même d'une superficie importante.

Satire des métiers. Expression moderne désignant l'*Enseignement* de Khéti. Dans cet ouvrage littéraire du Moyen Empire, qui sera beaucoup lu et copié plus tard dans les écoles de scribes, un père dépeint à son fils plusieurs métiers artisanaux sur un ton satirique afin d'en souligner les côtés négatifs. Seule est exaltée la formation de *scribe* susceptible de conduire à la carrière de *fonctionnaire.*

Satrape. (perse ancien « protecteur du pays ») L'Empire perse était divisé depuis Cyrus Ier en plusieurs circonscriptions administratives appelées satrapies ; elles étaient gouvernées par un satrape aux compétences civiles et militaires. À l'époque de la domination perse, l'Égypte était une satrapie de l'Empire perse (voir *Achéménides*). Après la mort d'Alexandre le Grand, le Macédonien Ptolémée devint en 323 av. J.-C. le satrape de l'Égypte, avant d'être proclamé roi en 306 av. J.-C. (voir *lagide*).

Scarabée. Pour les Égyptiens, le mode de vie du coléoptère « Scarabaeus sacer » en faisait le symbole du jeune *dieu solaire* et l'incarnation de la vie qui sans cesse renaît des profondeurs du monde souterrain. Selon leur conception, les jeunes scarabées naissaient de la terre, sortant tout formés de la boule de fumier que le scarabée adulte roulait avec ses pattes. C'est pourquoi ils s'apparentaient au soleil qui chaque matin s'élève à l'horizon. Devenu la plus prisée des amulettes, le scarabée est représenté en d'innombrables exemplaires dans les matériaux les plus divers.

Scarabée commémoratif. Désigne généralement des *scarabées* de taille inhabituelle (jusqu'à 11 cm) dont le ventre ou « plat » est gravé d'un texte en hiéroglyphes de plusieurs lignes. Ce texte peut faire référence à des événements historiques, mais aussi relever du domaine religieux. Aménophis III fit ainsi émettre plusieurs séries de scarabées commémoratifs.

Sceau-cylindre. Sceau cylindrique largement répandu au Proche-Orient et en Égypte, surtout au IIIe millénaire av. J.-C., dont les représentations et inscriptions gravées étaient déroulées et imprimées sur le cachet d'argile servant à sceller l'objet concerné.

Scène du repas funéraire. Représentation du défunt assis devant une table d'offrande. Ce motif très répandu, qui symbolisait l'approvisionnement matériel du défunt dans l'au-delà, est attesté depuis l'époque archaïque. Dans les tombes de l'Ancien Empire, il est souvent associé à la *stèle fausse-porte*.

Sceptre-héqa. (de l'égyptien héqa = « souverain » ou « sceptre de la souveraineté ») Ce sceptre en forme de crosse est l'un des principaux insignes royaux faisant partie du costume d'apparat du pharaon. Il est souvent porté dans la main droite, comme signe du pouvoir royal.

Sceptre ouas. Sceptre à l'extrémité inférieure fourchue qui se termine vers le haut par une tête d'animal stylisée. Connu depuis l'époque archaïque, il symbolise la puissance des dieux qui le transmettent au pharaon comme signe de sa souveraineté. (Voir *Insignes royaux*)

Schène. (gr.) Selon Hérodote, mesure de longueur dérivant d'une unité de mesure égyptienne ; correspond vraisemblablement à une longueur approximative de 10,5 km.

Scribe. L'apprentissage de l'écriture égyptienne était la condition fondamentale pour quiconque souhaitait occuper un poste de *fonctionnaire* ou suivre une carrière susceptible de le conduire aux plus hautes fonctions. La profession de scribe jouissait donc d'une considération toute particulière (voir *Satire des métiers*). Les simples scribes constituaient l'épine dorsale du système bureaucratique égyptien. L'écriture était enseignée, à côté de nombreuses connaissances spécifiques, dans des écoles généralement rattachées à des temples.

Séma-taoui. (égypt. « union des Deux-Terres ») L'union politique de la Haute et de la Basse-Égypte, un processus qui tenait une place très importante dans l'*idéologie royale*, se reflète dans l'iconographie égyptienne par une scène qui illustre les plantes héraldiques de la Haute et de la Basse-Égypte, le papyrus et le lotus, nouées autour du signe hiéroglyphique signifiant « unir ». Attestée dès le début de l'Ancien Empire, cette représentation connaît plusieurs variantes que l'on rencontre sur des supports des plus divers. Le séma-taoui est très souvent figuré, en relief ou en peinture, sur les côtés des trônes royaux.

Serdab. (de l'arabe « cave ») Attesté pour la première fois dans le complexe funéraire du roi Djéser, sous la IIIe dynastie, le serdab est une pièce complètement fermée dans laquelle sont conservées une ou plusieurs statues. Dans les tombes privées des hauts fonctionnaires de la fin de l'Ancien Empire, des statues du défunt et des membres de sa famille étaient ainsi rassemblées dans un – ou parfois plusieurs – serdabs aménagés dans la superstructure. Une fois les statues installées, ces pièces étaient fermées, et seules des fentes à hauteur des yeux permettaient aux personnes représentées dans ces statues de recevoir les offrandes déposées dans la tombe directement devant le serdab. Le serdab était souvent étroitement associé à la *stèle fausse-porte* (voir *culte funéraire*).

Serekh. Façade de palais stylisée surmontée d'un faucon et contenant le nom d'Horus du roi.

Shemou. Mot égyptien désignant la saison de la sécheresse (voir *calendrier*).

Shenati. (égypt.) Unité de poids qui correspondait au Nouvel Empire à 1/12e de *deben* d'argent.

Sirius. Voir *Sothis.*

Sistre. Sorte de crécelle qui jouait un grand rôle, en particulier dans le culte des déesses. Cet instrument de musique était formé d'un manche et d'un arceau en métal traversé de baguettes aux extrémités recourbées. L'agitation du sistre produisait un cliquetis qui servait à rythmer les cérémonies liturgiques.

Sothis. Dénomination grecque de l'étoile fixe Sirius, dérivée de l'égyptien *Sepedet ;* souvent personnifiée sous les traits d'une déesse. Invisible durant toute une période, Sirius réapparaît dans le nord de l'Égypte au milieu du mois de juillet, à peu près au moment de la *crue du Nil*. Associée à la montée des eaux, Sothis était aussi considérée comme la personnification de l'année, car c'est le lever sothiaque qui en marquait le début (voir *calendrier*).

Souverains des pays étrangers. Voir *Hyksôs.*

Sphinx. (gr.) Monstre hybride à corps de lion et tête humaine représenté en ronde bosse, mais aussi en relief et en peinture depuis le début de l'Ancien Empire. Dans la plupart des cas, il s'agit de la représentation du *pharaon*. Le plus fameux d'entre eux est le Grand Sphinx de Giza, datant de la IVe dynastie. Sous le Nouvel Empire, les sphinx furent souvent dressés en grand nombre de part et d'autre des voies de procession (« allée des sphinx »). À Thèbes se trouvent des sphinx du dieu Amon, à tête de bélier et corps de lion.

Statue-cube. Statue typiquement égyptienne représentant un personnage accroupi sur le sol – ou sur un coussin - les jambes ramenées contre la poitrine et les bras croisés sur les genoux. À l'exception de la tête, le corps est souvent enveloppé d'un manteau qui confère à la statue son aspect de bloc. Exclusivement utilisé par des particuliers, ce type de statue apparaît en très grand nombre du début du Moyen Empire jusqu'à l'époque romaine.

Statue du ka. Statue du *ka* du défunt, placée à l'intérieur d'une chapelle cultuelle située dans – ou à côté – de la tombe (voir *culte funéraire*). Les statues du *ka* royales étaient déjà vénérées du vivant du pharaon dans des édifices cultuels appelés « maisons du *ka* », construites dans les grands sanctuaires en différents endroits du pays.

Statues guérisseuses. Statues de dieux dont on attendait une intervention salvatrice contre toutes sortes de maladies. Accompagnées de représentations et de textes magiques, elles furent surtout confectionnées à l'époque ptolémaïque. Elles étaient placées dans les temples, et aspergées d'une eau dont l'usage interne ou externe devait apporter la guérison.

Stèle. Plaque dressée en pierre (et plus tard aussi en bois) de forme généralement rectangulaire, présentant souvent une extrémité supérieure cintrée. Les stèles servaient fréquemment de support d'images ou de textes très divers se rapportant au défunt d'une tombe (voir *stèle funéraire*), ou à des événements et décrets particuliers. Les stèles portant des communiqués publics étaient souvent de taille monumentale ; elles étaient placées devant les portes ou dans la cour intérieure des temples.

Stèle d'Israël. Stèle datant de l'an V du règne du pharaon Mérenptah (vers 1208 av. J.-C.) ; découverte dans son temple funéraire sur la rive occidentale de Thèbes, elle est aujourd'hui conservée au Musée égyptien du Caire. Cette imposante stèle de granit, de près de 3,20 m de haut, porte sur sa face antérieure un texte d'Aménophis III. Sous Mérenptah, sa face postérieure reçut un long texte poétique célébrant la victoire du pharaon sur les Libyens. À la fin sont énumérées plusieurs régions et villes de Syrie-Palestine qui auraient également été vaincues par Mérenptah ; ce texte est le seul document égyptien mentionnant le nom d'Israël.

Stèle de Térénouthis. La nécropole de Térénouthis, dans l'ouest du Delta, a livré un groupe important de *stèles funéraires* qui datent toutes de la domination romaine. Elles appartiennent aux tombes de la population grecque de Térénouthis et témoignent, dans leurs représentations, de l'assimilation de certains éléments des croyances funéraires égyptiennes.

Stèle fausse-porte. Voir *fausse-porte.*

Stèle funéraire. Attestée depuis les temps les plus anciens comme pierre commémorative et lieu marquant le dépôt des offrandes funéraires. Les stèles portent le nom et le titre du propriétaire de la tombe, et font ainsi référence au défunt et à sa sépulture. Taillées généralement dans la pierre, elles adopteront plus tard la forme d'un rectangle vertical, incurvé en cintre dans sa partie supérieure. Elles pouvaient être placées indépendamment de la tombe, ou intégrées dans son architecture. C'est surtout durant le Moyen et le Nouvel Empire qu'elles porteront régulièrement une représentation du mort et de ses proches, ainsi qu'un texte comprenant une formule funéraire et des données biographiques sur le défunt.

Stélophore. (du grec « porteur de stèle ») Statue d'un orant agenouillé qui pose ses mains levées sur une stèle en pierre dressée devant lui ; cette dernière est ornée d'un hymne au *dieu solaire* et de représentations en rapport avec lui. Type de statue attestée à partir de la XVIIIe dynastie. Les stélophores étaient sans doute généralement placés dans les niches des petites pyramides funéraires privées du Nouvel Empire.

Stratège. (gr.) À partir du début de l'époque ptolémaïque, le commandement militaire des différentes régions (ou *nomes*) d'Égypte fut confié aux stratèges. Sous le règne de Ptolémée III, les stratèges prirent également en mains l'administration civile, devenant ainsi les plus hauts fonctionnaires du nome. Par la suite, ils perdirent progressivement leur autorité militaire.

Suivants d'Horus. Désigne depuis les temps les plus anciens le cortège du pharaon – incarnation vivante d'Horus sur terre – qui parcourait le pays tous les deux ans avec son escorte pour lever les impôts et rendre la justice. Un groupe particulier d'*étendards divins*, qui accompagnaient le roi lors de certaines cérémonies (comme le *Heb-sed*), portait aussi ce nom.

Sycomore. (« Ficus sycomorus ») Attesté en Égypte depuis l'époque préhistorique, le sycomore était cultivé pour ses fruits et son bois (meubles et constructions), mais il était

GLOSSAIRE 519

aussi doté d'une signification religieuse. Il existait plusieurs cultes liés à cet arbre, dont le plus important était celui d'Hathor « Maîtresse du sycomore du Sud » célébré à Memphis.

Synode du temple. (gréco-latin) Rassemblement des prêtres d'un temple pour délibérer et statuer sur différentes questions relatives à leur institution. Durant une certaine période de l'époque ptolémaïque, les membres supérieurs du clergé se réunirent annuellement à la cour royale pour prendre des décisions concernant l'organisation générale des temples et du culte en Égypte (voir également *Décret de Canope* et *Pierre de Rosette*).

Table d'offrande. Associée au culte funéraire comme la fausse-porte, principal lieu de culte de la tombe, cette dalle de pierre servait à recevoir les offrandes destinées au défunt. Elle comportait généralement des cupules pour les aliments et les boissons, et des représentations en haut relief des offrandes classiques comme les pains de toutes sortes.

Talatate. (mot arabe « trois ») Bloc de pierre d'une largeur de trois palmes et dont le module équivaut à peu près à celui d'une brique (52x26x24 cm env.). Ces blocs de pierre en calcaire ou en grès, de moindres proportions, ne furent employés que sous le Nouvel Empire pour la construction des temples d'Akhénaton ; les plus connus sont ceux qui ont été retrouvés à Karnak et à Tell el-Amarna. Les talates provenant du complexe d'Aton érigé dans la partie occidentale du site de Karnak furent réemployés dans les constructions ultérieures du temple d'Amon-Rê, en particulier sous Horemheb lors de l'édification du IXe pylône (fin de la XVIIIe dynastie) ; au moyen de techniques de pointe, des chercheurs ont réussi à assembler sur ordinateur un grand nombre de ces blocs et à reconstituer plusieurs scènes.

Talent (d'or). Unité de poids et de monnaie de la Grèce antique. Fixé à 11 g, le poids du talent d'or fut réduit ultérieurement à 8,1 g. Il existait également des talents d'*électrum* et d'argent. Les premiers talents d'or égyptiens portant l'inscription *Nébou-néfer* (« or le meilleur ») furent frappés à la XXXe dynastie sous les règnes de Téos et Nectanébo II.

Temenos. Aire sacrée entourée d'une enceinte qui, à côté du temple principal, pouvait abriter plusieurs édifices cultuels.

Temple de millions d'années. Expression égyptienne désignant les temples, notamment du Nouvel Empire, dans lesquels le pharaon était vénéré sous la forme de statues cultuelles et étroitement associé au culte des dieux. Ces cérémonies devaient assurer la pérennité du règne et la vie éternelle du pharaon, appelé à dominer la Haute et la Basse-Égypte pendant des « millions d'années ». Les *temples funéraires* des rois du Nouvel Empire, à Thèbes, constituent une forme particulière de ce type de « temple ».

Temple funéraire. Désigne deux types de temples différents. 1. Les temples rattachés aux pyramides des rois de l'Ancien et du Moyen Empire, dans lesquels étaient célébrés les rites du renouvellement éternel des pouvoirs du pharaon (voir *Heb-sed*) et le culte funéraire royal ; 2. Les temples du Nouvel Empire situés dans la nécropole thébaine et qui se distinguent du premier groupe tant par leur architecture que par leur liturgie. Le culte royal y est ici célébré à travers le culte de la statue du pharaon, associé à celui du dieu Amon de Karnak. (voir *Temple de millions d'années*).

Temple-reposoir. Voir *chapelle-reposoir*.

Textes des Pyramides. Nom des textes religieux inscrits dans les pyramides des rois et des reines de l'Ancien Empire. La plus ancienne version se trouve dans la chambre funéraire de la pyramide du roi Ounas, à Saqqara. Les Textes des Pyramides ne constituent pas un corpus homogène, mais une compilation variable de formules, d'hymnes, de litanies et de textes magiques qui ont pour thème la survie du pharaon dans l'au-delà.

Textes des Sarcophages. Vaste corpus de textes religieux formé de nombreuses formules indépendantes qui étaient surtout inscrites, selon une sélection changeante, sur les sarcophages de la Première Période Intermédiaire et du Moyen Empire. Dérivées des *Textes des Pyramides* de l'Ancien Empire, ces formules étaient aussi accessibles aux personnes non royales ; elles servirent de base au *Livre des Morts* et aux *Guides de l'Au-delà* du Nouvel Empire. Elles devaient aider le défunt dans sa résurrection et sa vie posthume, et lui décrire les champs des bienheureux auxquels il accède dans l'au-delà (voir *Livre des Deux Chemins*).

Théophore. (gr. « porteur du dieu ») Type de statue représentant un personnage debout, assis ou agenouillé qui porte devant lui la statue d'un dieu, généralement de petit format. Attestées à partir du Nouvel Empire, ces statues jouirent d'une grande popularité à la Basse Époque ; elles étaient placées à l'intérieur des temples.

Thinite. (adj.) Relatif à l'époque thinite, c'est-à-dire aux deux premières dynasties. Les rois de la Ire dynastie seraient en effet originaires de la ville de Thinis, près d'Abydos en Haute-Égypte.

Titulature royale. Ensemble des cinq noms officiels portés par le *pharaon* ; hormis le cinquième donné à sa naissance, ces titres lui étaient attribués le jour de son intronisation. Cette titulature comportait le « nom d'Horus », le « nom de Nebty (ou des Deux Maîtresses) », le « nom (d'Horus) d'or », le nom de couronnement et le nom de naissance, les deux derniers inscrits dans des *cartouches*. Elle mettait en évidence les liens unissant les différents *pharaons* aux principales divinités d'Égypte, tout en constituant une sorte de programme politico-religieux pour le souverain régnant.

Tombeau d'Osiris. Selon le mythe osirien, les différents membres du dieu furent inhumés dans des tombeaux disséminés à travers tout le pays. En de nombreux lieux furent ainsi érigés des « tombeaux d'Osiris » dont quelques-uns sont attestés par des sources écrites ou des fouilles. Considéré également comme un Osiréion, le grand *cénotaphe* de Séthi Ier, à Abydos, présentait sans doute la forme caractéristique de ce type de sanctuaire : le sarcophage était placé dans une salle à piliers surmontée d'une *butte primordiale* plantée d'arbres.

Tore. Moulure cylindrique qui servait à l'origine à protéger les arêtes vives particulièrement fragiles des monuments des briques, le tore fut ultérieurement transposé dans la pierre. Placé à l'horizontale, le tore marque le départ de la *corniche à gorge*. On le trouve également sur les bords des *stèles* ou des *fausses-portes*.

Trésor : 1. Pièce d'un temple dans laquelle étaient conservés les objets (récipients, bijoux en métaux précieux) nécessaires au culte ; 2. Institution qui administrait les biens produits dans un domaine appartenant par exemple à un temple important. Les Trésors de l'administration royale jouaient un rôle essentiel dans l'économie et l'administration financière de l'Égypte. Ils servaient de lieux de rassemblement des impôts payés en nature – à l'exception des céréales –, de centre de contrôle des matières premières, de lieu où se décidaient la transformation et la distribution des biens.

Triglyphes. (gr.) Dans l'architecture dorique, motif ornemental inséré entre l'*architrave* reposant sur la colonne, et la base du toit.

Tumulus. (latin) Désigne le tertre – ou amas artificiel de terre – élevé au-dessus d'une sépulture ; attesté surtout à l'époque préhistorique avant que les superstructures des tombes ne connaissent une forme architectonique.

Unification du royaume. Caractérise la fusion politique des différentes régions de l'Égypte, processus historique qui se déroula vraisemblablement durant une longue période. Les régions et populations de la Haute et de la Basse-Égypte fusionnèrent à la fin du IVe millénaire av. J.-C. en une seule entité politique. L'historiographie ultérieure attribuera ce processus à un seul personnage, Ménès, premier roi d'Égypte. Cette évolution historique trouve un écho dans le rituel de l'« Union des Deux-Terres » accompli lors de l'intronisation du pharaon, rituel maintes fois évoqué dans les textes et l'iconographie.

Union des Deux-Terres. Voir *Séma-taoui*.

Uraeus (pl. uraei). (gr.) Cobra dressé au front du pharaon ou des dieux. Élément important de la parure royale attesté depuis l'Ancien Empire, l'uraeus éloignait de son souffle les dangers, tout en symbolisant la puissance royale.

Vase Hadra. Type de céramique fabriquée à Alexandrie sans doute dès la fin du IVe siècle av. J.-C., qui doit son nom au quartier moderne d'Hadra, dans l'est d'Alexandrie, où furent découverts les principaux exemplaires. Ce récipient pansu et peint, muni de deux anses d'épaulement, horizontales, et d'une anse verticale, servait d'urne cinéraire dans les sépultures de l'Égypte ptolémaïque.

Vases canopes. Récipients dans lesquels étaient placés les viscères extraits des corps lors de l'embaumement. Généralement au nombre de quatre, ils étaient souvent réalisés en calcite-albâtre ou en calcaire, sous la forme d'un haut vase au couvercle légèrement bombé. Les organes enveloppés dans des bandelettes étaient placés sous la protection des *fils d'Horus*. D'abord en forme de têtes humaines, les couvercles des quatre canopes représenteront plus tard respectivement la tête d'un homme, d'un babouin, d'un chacal et d'un faucon.

Vice-roi de Koush. Sous le Nouvel Empire, titre du plus haut *fonctionnaire* nommé par le *pharaon* pour administrer la Nubie. Du début de la XVIIIe jusqu'à la fin de la XXe dynastie, alors que l'Égypte avait étendu sa domination sur son voisin méridional depuis la Première *Cataracte* au nord près d'Assouan jusque loin vers le sud au-delà de la Quatrième Cataracte, ce haut fonctionnaire agissait comme le représentant du pharaon. Son siège principal était la ville fortifiée d'Aniba en Basse-Nubie.

Ville de pyramides. Cité conçue et financée par l'État qui s'étendait à proximité immédiate du site des pyramides royales ; la première que nous connaissons jouxte les pyramides de Meïdoum et de Dahshour construites sous le règne de Snéfrou. Les habitants de ces villes étaient les membres des *fondations funéraires* royales, c'est-à-dire des prêtres, des artisans, des *fonctionnaires* chargés d'administrer la fondation et sa production agricole, ou de veiller au déroulement du culte célébré au sein du complexe funéraire.

Vizir. (arabe) Transcription usuelle d'un titre égyptien donné au plus haut fonctionnaire du pays. Nommé par le pharaon dont il était le représentant, le vizir était à la tête de la bureaucratie égyptienne : il avait sous ses ordres tous les secteurs de l'administration, ainsi que la justice. Il dirigeait par ailleurs les travaux de construction décidés par le roi. Attesté dès le début de l'Ancien Empire, ce poste sera partagé au plus tard sous la XVIIIe dynastie en deux vizirats : le vizir de Haute-Égypte aura son siège à Thèbes, celui de Basse-Égypte à Memphis.

*Page ci-contre :
Karnak, temple d'Amon-Rê. Vue de nuit sur l'obélisque d'Hatshepsout situé au fond du complexe.*

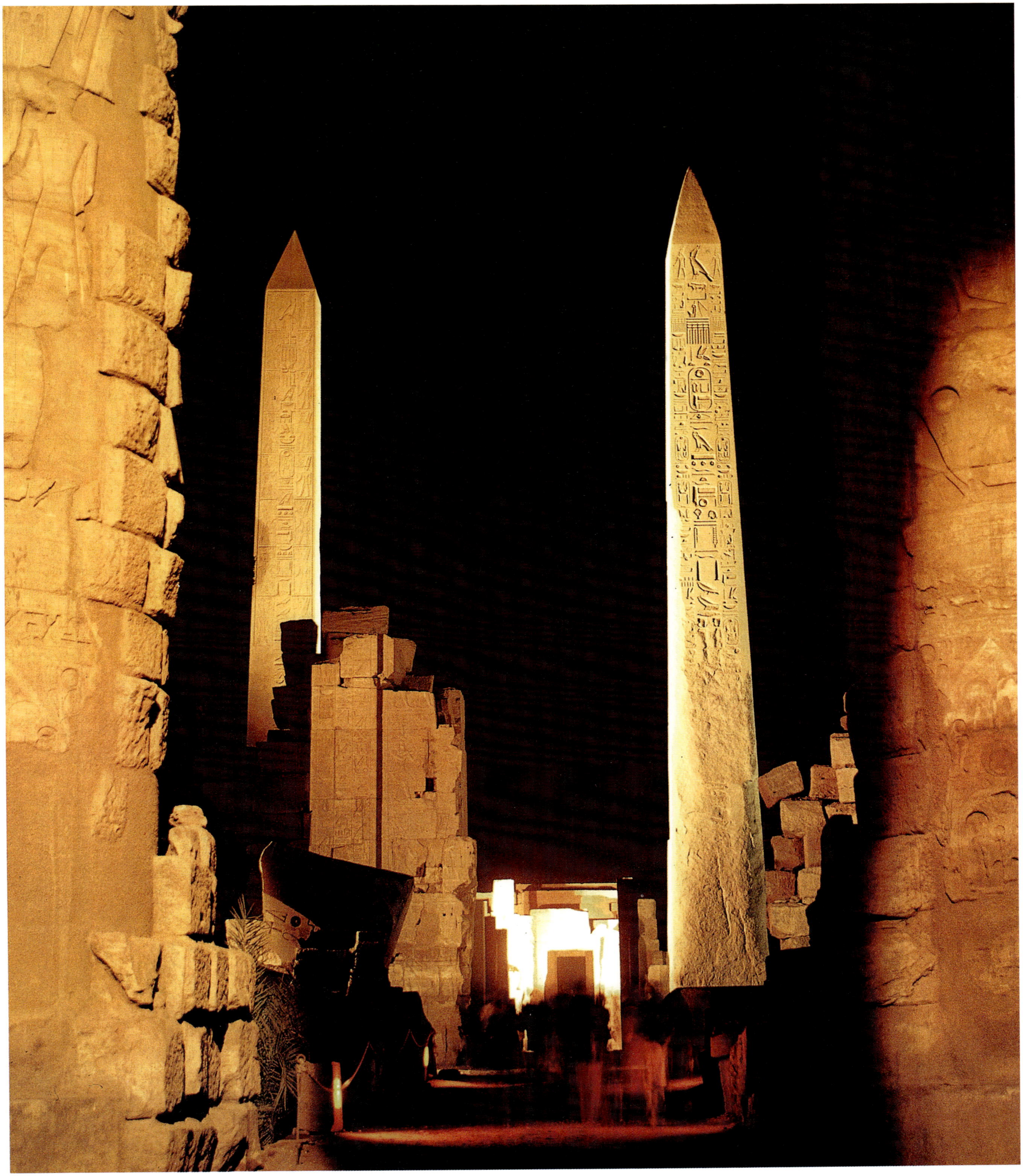

Les dieux de l'Égypte ancienne

Regine Schulz

Amon, Amon-Rê : Ce dieu anthropomorphe, coiffé d'un mortier supportant deux hautes plumes, était considéré depuis le Moyen Empire comme le dieu local de Thèbes. Son temple principal se situait à Karnak où il était vénéré avec *Mout* et *Khonsou*. Ce sont les considérations théologiques du Nouvel Empire qui en firent un dieu de l'Empire, incarnation de la notion abstraite d'une divinité aux multiples fonctions. Enrichi de l'aspect de *Min,* dieu de la fertilité, il est Amon-Min-Kamoutef, le dieu primordial et démiurge qui s'est créé lui-même ; associé au dieu *Rê,* il apparaît comme le garant du renouvellement éternel du monde ; roi des dieux, enfin, il règne sur l'univers terrestre et le monde divin. Sous la XXIe dynastie, on lui institua à Thèbes son propre « État divin ». Cette fonction de grand dieu était encore assurée à la conquête de l'Égypte par Alexandre le Grand qui consulta l'oracle d'Amon dans l'oasis de Sioua et se fit reconnaître fils du dieu Amon.

Anouket : Déesse tutélaire de l'inondation annuelle du Nil, évoquée par sa haute coiffure ombelliforme. Elle forme avec *Khnoum* et *Satet* la triade divine protectrice de la Première Cataracte ; elle est aussi la gardienne des marches du sud.

Anubis : Considéré depuis l'époque archaïque comme le dieu protecteur des nécropoles, Anubis est représenté sous la forme d'un chacal, ou d'un homme à tête de chacal. Dieu de l'embaumement, il est aussi le gardien des secrets et le juge des morts. Il forme avec sa mère la déesse-vache Hézat et le dieu-taureau Mnévis une triade divine. Dans les textes ultérieurs, il est aussi considéré comme le fils du grand dieu funéraire *Osiris.* Si son culte est attesté dans de nombreuses villes d'Égypte, il fut sans doute vénéré pour la première fois dans le 17e nome de Haute-Égypte.

Apis : Vénéré à Memphis depuis l'époque archaïque sous la forme d'un taureau, Apis apparaît à la fois comme un dieu de la fécondité et un dieu royal. C'est la présence d'une tache sur le front et d'autres marques particulières qui permettait d'identifier l'animal divin parmi les bêtes du troupeau. Momifiés après leur mort, les taureaux sacrés seront enterrés à partir du Nouvel Empire dans le Sérapéum de Saqqara. À l'époque ptolémaïque, l'association d'Apis et d'*Osiris* donnera naissance à un nouveau dieu égypto-hellénistique du nom de Sérapis.

Aton : Le dieu solaire de la théologie amarnienne d'Akhénaton est représenté sous la forme d'un disque solaire aux longs rayons terminés par des mains humaines. Aton est la forme divine la plus abstraite qu'ait produite l'Égypte pharaonique. Il est la lumière du jour qui anime les animaux et les hommes. Au sein de cette doctrine théologique, Akhénaton et la famille royale jouaient le rôle d'une famille divine, assurant le service des offrandes au dieu solaire, et garantissant ainsi son apparition quotidienne. Cette dimension divine transparaît aussi dans les représentations d'Akhénaton, qui évoquent symboliquement ses qualités de dieu créateur. La proscription ultérieure de la théologie d'Amarna concernera uniquement Akhénaton, représentant terrestre d'Aton, et non le dieu lui-même.

Atoum : Le nom du dieu primordial de la théologie héliopolitaine peut signifier à la fois « ne pas être » et « être complet ». Choisie sans doute à dessein, cette ambiguïté renvoie à la réalité de la création initiale qui se manifeste dans Atoum. Être unique né dans les eaux primordiales de la précréation, c'est lui qui engendre à partir de sa propre substance les différents éléments de la Création et la diversité des formes d'existence. Il crée l'espace (l'air et l'humidité, le ciel et la terre), met en mouvement le temps cyclique, puis le temps linéaire par la création du monde présent et de l'au-delà. Hommes et divinités sont les larmes et la sueur du démiurge. Dieu anthropomorphe coiffé du *pschent,* Atoum était aussi vénéré à Héliopolis, son principal lieu de culte, comme la forme vespérale du dieu solaire.

Bastet : Le principal sanctuaire de cette déesse royale, représentée sous l'aspect d'une lionne puis d'une chatte, se situait à Boubastis dans le Delta oriental. Elle était aussi vénérée à Memphis depuis l'Ancien Empire, où elle était associée à la déesse locale *Sekhmet.* Parfois rattachée aux déesses *Hathor* et *Mout,* elle était considérée à Héliopolis comme la fille du dieu créateur Atoum. Sa nature répond au caractère changeant de la chatte, tantôt docile et aimable, tantôt sauvage. D'innombrables petites effigies de chattes en bronze seront dédiées à la déesse protectrice, tant à la Basse Époque que sous la domination gréco-romaine.

Bès : Ce dieu tutélaire attesté depuis l'Ancien Empire apparaît sous la forme d'un nain difforme barbu affublé d'un visage grimaçant aux traits effrayants. Il est étroitement associé au dieu guerrier Aha. Avec *Hathor,* il veille sur la sexualité et les naissances. De ses forces magiques, il éloigne maladies et dangers, mais il est aussi le dieu de la joie et de la danse. Les stèles et amulettes portant son effigie sont censées apporter sa protection aux hommes.

Fils d'Horus : Amset (à tête d'homme), *Hâpy* (à tête de babouin), Douamoutef (à tête de chacal) et Qebehsenouef (à tête de faucon) sont les génies protecteurs des viscères. À partir du Nouvel Empire, ils prêtèrent leurs têtes respectives aux couvercles des vases canopes. Dieux juvéniles, ils assuraient la régénération du défunt et le protégeaient des dangers. Cette dernière qualité leur valut de défendre le dieu solaire des attaques d'Apophis, l'ennemi de l'ordre cosmique.

Geb : Dans la cosmogonie héliopolitaine, ce dieu anthropomorphe est la personnification de la terre. Créé par *Atoum,* il forme avec *Nout* (le ciel), *Shou* (l'air) et *Tefnout* (l'humidité) l'espace dans lequel le dieu solaire mettra en mouvement le temps cyclique. Premier souverain terrestre, il garantit la légitimité divine de la royauté.

Hâpy : Le dieu du Nil personnifie la fertilité de l'Égypte assurée par l'inondation régulière des terres cultivées. Il est représenté sous la forme d'un homme plantureux aux seins pendants, coiffé de la plante héraldique de papyrus. Deux figures d'Hâpy peuvent se substituer aux dieux *Horus* et *Seth* dans les représentations de l'union symbolique de la Haute et de la Basse-Égypte, tandis qu'une procession de génies nilotiques peut remplacer les personnifications des nomes pour assurer le ravitaillement du pays.

Hathor : La déesse représentée sous forme de vache ou anthropomorphe fut associée dès les temps les plus reculés au dieu céleste et royal *Horus,* lien que traduit son nom « Demeure d'Horus ». Son aspect solaire transparaît dans le disque solaire qu'enserrent ses deux cornes de vache. Rattachée à différentes mythologies, elle fut vénérée en de nombreux points d'Égypte. Ainsi était-elle non seulement déesse royale, mais aussi déesse de l'amour et divinité maternelle, protectrice des naissances et de la régénération, œil du soleil et de la lune. L'hétérogénéité de ses manifestations lui permettait d'être associée à presque toutes les autres déesses, ou de prendre des apparences diverses. À Dendéra, son principal lieu de culte, elle était associée au dieu du ciel Horus d'Edfou.

Horus : Le nom Horus (« le Lointain ») désigne un grand nombre de dieux royaux et célestes hiéracocéphales ou figurés sous l'aspect d'un faucon. Les premiers rois d'Égypte étaient déjà considérés comme des Horus divins et associés de ce fait aux événements cosmiques. Au sein de la religion osirienne, qui reconnaît en Horus le fils d'*Isis* et d'*Osiris*, la composante royale acquit une dimension mythique supplémentaire, celle du conflit entre les éléments structurés et chaotiques de la création. Successeur légitime d'Osiris, Horus représentait l'ordre universel, alors que *Seth* incarnait les forces brutales et sauvages. À l'époque gréco-romaine, Horus adopta tous les aspects mythiques et magiques de la royauté jusqu'à remplacer le souverain réel.

Isis : Cette déesse aux traits féminins, représentée coiffée du hiéroglyphe de son nom – « le siège » – ou du disque solaire tenu par deux cornes de vache, incarne la puissance royale, acquise en tant qu'épouse d'*Osiris* et transmise en tant que mère d'*Horus*. Lien entre le monde réel et l'au-delà, elle est à la fois déesse des morts et divinité maternelle. Bien qu'elle n'ait eu à l'origine aucun sanctuaire particulier, elle fut bientôt honorée dans toute l'Égypte parallèlement au développement du culte osirien. Sa qualité de déesse protectrice disposant de forces magiques lui valut une popularité grandissante à partir du Nouvel Empire. Elle joua un rôle déterminant dans l'Égypte gréco-romaine et fut vénérée dans tout l'Empire romain. Son culte sur l'île de Philae est même attesté jusqu'au VIe siècle apr. J.-C.

Khépri : Le dieu du renouvellement cyclique, de la renaissance quotidienne du soleil et de ses métamorphoses, est représenté sous l'aspect d'un scarabée. Dans la course solaire, il incarne le lever matinal du soleil, alors que *Rê* représente les heures du jour et *Atoum* le soleil au couchant.

Khnoum : Ce dieu créateur, figuré sous les traits d'un bélier ou d'un homme à tête de bélier, est étroitement lié à la création des êtres vivants dont il façonne le corps et le *ka* sur un tour de potier. Avec *Satet* et *Anouket,* il protège les sources du Nil situées d'après les conceptions égyptiennes au niveau de la Première Cataracte et assure ainsi la fertilité du pays. Vénéré en de nombreux autres lieux d'Égypte, sa personnalité connaît divers aspects. Ses principaux lieux de culte sont Éléphantine et Esna.

Khonsou : Ce dieu-enfant, qui occupe la position du fils dans la triade thébaine, présente généralement un corps momiforme ; il porte la boucle de l'enfance et sa tête est surmontée du disque lunaire reposant sur le croissant. Considéré sous sa forme primitive à la fois comme un dieu apportant le malheur et comme une divinité protectrice – ambivalence qui s'explique sans doute par l'aspect changeant de la lune –, Khonsou sera vénéré plus tard comme Maître de la durée de la vie, tout à la fois dieu guérisseur et dieu oraculaire.

Maât : Le terme de Maât, principe du monde structuré, désigne l'ordre universel, l'harmonie, les valeurs éthiques, la justice, la civilisation et la force créatrice. Maât est le contraire de tout ce qui est sauvage et désorganisé, destructeur et injuste, le contraire des forces du chaos. Le roi avait pour tâche principale de garantir la Maât, c'est-à-dire de maintenir l'ordre de l'État égyptien, mais aussi du monde. La déesse Maât est la personnification de ce principe. Considérée comme l'épouse ou la fille du dieu solaire, elle est représentée sous l'aspect d'une femme portant une plume sur la tête. Son culte, attesté semble-t-il seulement à partir du Nouvel Empire, était rattaché à celui des grands dieux honorés à Karnak et à Memphis.

Min : Le dieu de la fertilité est l'une des divinités les plus anciennes d'Égypte. Des statues monumentales du dieu furent érigées à Coptos dès le IVe millénaire av. J.-C. À l'époque pharaonique, il apparaît sous l'aspect d'un personnage ithyphallique au corps momiforme, le bras droit levé tenant le flagellum, et la tête coiffée d'un mortier surmonté de deux plumes. Il est aussi vénéré comme un dieu créateur sous le nom de Kamoutef, « le taureau de sa mère ».

Montou : Ce dieu attesté depuis l'Ancien Empire représenté avec une tête de faucon surmontée de deux plumes, du disque solaire et de deux *uraei*. Les principaux sanctuaires de Montou, initialement honoré comme un dieu royal, se situaient à Ermant, Tôd, Médamoud et Thèbes. Divinité guerrière, il combattait les ennemis des dieux et se tenait aux côtés du roi lors des conflits. Dès le Moyen Empire on lui adjoignit un culte taurin, appelé sans doute à renforcer son caractère combatif.

Mout : L'ascension de cette déesse coiffée d'une dépouille de vautour et du *pschent* est directement liée au culte d'Amon. À partir du Nouvel Empire, elle forma avec Amon et son fils Khonsou la triade thébaine. Son nom, écrit avec le signe hiéroglyphique du vautour, signifie « mère » et fait référence à son rôle. Amon et Mout furent aussi considérés à partir de la XVIIIe dynastie comme les parents du pharaon. Mout possédait à Karnak son propre sanctuaire érigé à proximité d'un lac sacré en demi-lune (l'ishérou) près duquel elle apparaissait sous la forme d'une lionne. Elle est étroitement associée à d'autres déesses aux traits de vautour ou de lionne, comme Nekhbet, Ouadjet, Sekhmet ou Bastet.

Néfertem : Vénéré sous la forme d'une fleur de lotus, Néfertem est étroitement lié au dieu solaire avec lequel il peut former une seule entité. « Fleur de lotus au nez de Rê » ou « grand lotus émergeant du Noun », Néfertem est aussi l'enfant solaire. Il est généralement représenté sous l'aspect d'un homme portant le symbole de la fleur de lotus couronnée de plumes. Il formait avec Ptah et Sekhmet une triade divine honorée à Memphis.

Neith : Déesse de la chasse et de la guerre, elle fut honorée sous l'Ancien Empire dans la région memphite comme une puissance protectrice de la royauté. Son principal sanctuaire se situait pourtant à Saïs dans le Delta, où elle connut une faveur particulière sous la XXVIe dynastie, les rois d'alors étant originaires de cette région. Elle fut même promue plus tard à Esna au rang de déesse créatrice. Coiffée de la couronne de la Basse-Égypte, Neith a pour symbole un bouclier orné de deux flèches croisées.

Nekhbet : Cette déesse est figurée sous l'aspect d'un vautour ou d'une femme coiffée d'une dépouille de vautour. Déesse tutélaire de la Haute-Égypte, elle porte volontiers la couronne blanche emblématique. D'étroits liens l'unissent à la déesse-serpent Ouadjet, son pendant de Basse-Égypte, et aux déesses Mout et Tefnout. Nekhbet est aussi la déesse qui protège et allaite l'enfant royal. Son sanctuaire principal, Elkab, est situé dans le 3e nome de Haute-Égypte.

Nephthys : Dans la fameuse Ennéade héliopolitaine, elle est la fille de Geb et de Nout, et donc la sœur des dieux Osiris, Seth et Isis. Avec Isis, elle protège, pleure et ranime les défunts. Elle est aussi l'une des quatre déesses tutélaires des vases canopes. Elle porte sur la tête le hiéroglyphe de son nom, et apparaît souvent avec des bras ailés.

Noun : Personnification des eaux primordiales d'où émergea la butte primordiale, première terre apparue lors de la création du monde, Noun n'est que très rarement représenté. Avec son pendant féminin Naunet, il forme dans l'ogdoade hermopolitaine le premier des quatre couples initiaux figurés sous forme humaine à têts de grenouille.

Nout : Parmi les représentations de la déesse du ciel Nout, la plus importante est sans doute celle d'une femme nue dont le corps se courbe au-dessus de la terre, les pieds et les mains touchant le sol. Le long de son corps s'accomplit la course des astres, et surtout du soleil, mis au monde chaque matin par la déesse qui l'avale à nouveau chaque soir. « Sa croupe est à l'Orient, sa tête à l'Occident », nous disent les textes qui évoquent aussi le soleil « apparaissant entre les cuisses de Nout ».

Osiris : Dieu momiforme coiffé de la couronne *atef* composée de tiges végétales et de plumes d'autruche, Osiris fut sans doute initialement un dieu des moissons et de la fertilité. Opposé à l'impétueux Seth, dieu des zones désertiques, il représente le pays cultivé et le monde organisé. C'est la lutte continuelle entre les deux adversaires qui préluda à la création du monde, et la mort d'Osiris qui détermina la formation de l'au-delà. Osiris fut assassiné par Seth, mais ramené à la vie dans l'au-delà par Isis et Nephthys ; son fils posthume, Horus, lui succéda dans sa lutte contre Seth. Dieu funéraire suprême et juge des morts, Osiris représente l'ordre universel et juste dans l'au-delà. Roi du monde inférieur, il porte les insignes royaux, la crosse et le flagellum. L'un de ses principaux sanctuaires se situait à Abydos, qui abritait son tombeau mythique et où étaient célébrés des « mystères » en son honneur.

Ouadjet : Considérée comme la divinité tutélaire de la Basse-Égypte, la déesse-cobra Ouadjet avait son sanctuaire à Bouto. Ouadjet et Nekhbet, la déesse-vautour d'Elkab, étaient les Deux-Maîtresses qui assuraient la protection du roi ; leur image pouvaient symboliquement s'intégrer dans les coiffures royales.

Ourethéqaou : Déesse tutélaire des couronnes, « grande de magie », apparaît généralement sous les traits d'une femme à tête de lionne. À partir du Nouvel Empire, elle est présente dans les rites du couronnement et assure sa protection au souverain. Elle donne aussi le sein à l'enfant royal.

Ptah : Ce dieu était principalement vénéré à Memphis, où il était associé à différentes divinités (Ptah-Sokar-Osiris, Ptah-Tatenen). Dans le Document de théologie memphite, il est mentionné comme le dieu créateur qui conduit l'Ennéade. Sous les Ramessides (XIXe-XXe dynastie), Ptah forme avec Amon et Rê une triade. La multiplication de ses lieux de culte secondaires atteste l'importance de Ptah ; un édifice particulier lui fut notamment érigé sur le site de Karnak. Patron des artistes et des artisans, il fut assimilé par les Grecs à Héphaistos. Les canons esthétiques le représentent comme un personnage momiforme coiffé d'une calotte et muni d'un sceptre composite.

Rê, Rê-Horakhty : Le dieu solaire hiéracocéphale apparaît dès l'Ancien Empire sous l'aspect de Rê-Horakhty, manifestation matinale du dieu. Dieu suprême du panthéon égyptien, il imprègne cultes et mythes sous des formes diverses. La course cyclique accomplie par le dieu solaire dans sa barque durant les douze heures du jour et les douze heures de la nuit est synonyme de l'éternel renouvellement de la création et des forces régénératrices. Son lieu de culte principal se situait depuis l'Ancien Empire à Héliopolis, la ville solaire, mais les souverains de la Ve dynastie élevèrent aussi à Abousir des édifices spécifiquement consacrés au culte de Rê, les « temples solaires ». Les symboles cultuels certainement les plus saisissants sont les obélisques dont les sommets plaqués d'or étaient considérés comme le siège du dieu solaire. Le sanctuaire sans doute le plus célèbre de Rê-Horakhty fut construit par Ramsès II (XIXe dynastie) à Abou Simbel. Le rapport privilégié qui unissait le pharaon et le dieu solaire depuis la IVe dynastie transparaît dans le titre de Fils de Rê porté par le roi.

Satet : Vénérée sur l'île d'Éléphantine sans doute depuis le début de l'Ancien Empire, Satet formait avec Khnoum et Anouket une triade divine. Son sanctuaire ne cessa d'être agrandi au cours des millénaires jusqu'à l'époque gréco-romaine. Déesse de la cataracte, Satet gardait la frontière méridionale du pays tout en dispensant « l'eau fraîche qui vient d'Éléphantine ». Elle est représentée avec la couronne de Haute-Égypte flanquée de deux cornes de gazelle.

Sekhmet : Cette déesse à tête de lionne fut essentiellement honorée à Memphis, où elle formait avec Ptah et leur fils Néfertem une triade. Elle était aussi étroitement associée à la déesse Mout de Thèbes. Ainsi Aménophis III fit-il apporter à lui seul à Karnak plusieurs centaines d'effigies en granit de la déesse-lionne. Dans la mythologie, Sekhmet, dont le nom signifie « la Puissante », anéantit les adversaires de Rê ou d'Osiris. Elle soutient aussi le roi dans ses combats contre les ennemis du pays dont on dit que « ses flèches volent contre les ennemis, comme celles de Sekhmet ». Outre sa dimension guerrière, la déesse est aussi la patronne des guérisseurs et des médecins, plusieurs fois désignés sous le nom de « prêtres de Sekhmet ».

Selket : Vénérée sous la forme d'un scorpion, cette divinité est pourtant le plus souvent représentée sous l'aspect d'une femme, la tête surmontée d'un scorpion. Elle joue un rôle important dans les croyances funéraires. Avec Isis, Nephthys et Neith, elle protège les viscères et le corps momifié du défunt.

Séshat : Maîtresse des plans et des écrits, responsable de l'écriture et du calcul, Séshat consignait, lors des couronnements, les années de règne et les jubilés des souverains. Depuis les temps les plus anciens, elle était en outre associée au rite de la fondation des temples, dont elle contribuait à dresser les plans.

Seth : Dieu des tempêtes et des orages, Seth est souvent désigné comme le Seigneur du désert et des pays étrangers. Il apparaît sous la forme d'un animal difficile à identifier, qui connut sans doute très tôt une stylisation dont la nature reste encore obscure. Dans le mythe osirien, Seth représente le chaos, la force impétueuse qui tua son frère Osiris et poursuivit sa lutte pour le pouvoir contre son successeur le jeune Horus. Pourtant il est aussi considéré avec Horus comme le protecteur du roi. Ensemble ils lui transmirent les couronnes du pays, nouant dans l'union symbolique des Deux-Terres les plantes héraldiques de la Haute et de la Basse-Égypte.

Shou : D'après la cosmogonie égyptienne, le dieu de l'air Shou sépara le ciel et la terre après être né avec sa sœur Tefnout de la bouche du dieu primordial Atoum. L'air est nécessaire aux divinités comme aux hommes ; c'est pourquoi les ouvertures des temples sont volontiers appelées « fenêtres de Shou ».

Sobek : Le dieu-crocodile est vénéré sous la forme purement animale, ou sous l'aspect composite d'une figure humaine à tête de crocodile. Parmi ses principaux sanctuaires, il faut citer l'ancienne Shédit (Crocodilopolis) dans le Fayoum à partir du Moyen Empire, et Kôm Ombo en Haute-Égypte pour l'époque gréco-romaine. Par analogie avec le riche milieu naturel de son animal sacré, Sobek était associé à la fertilité, qualité à laquelle s'ajoutait parfois celle de dieu primordial et créateur.

Sokar : Ce dieu figuré, soit comme un homme à tête de faucon, soit comme un faucon était initialement le dieu funéraire de la nécropole memphite. Étroitement rattaché à Osiris et à Ptah, il fut vénéré sous la forme de Ptah-Sokar-Osiris jusqu'à la Basse Époque. Divinité chthonienne, il était aussi le maître du royaume des morts. Au cœur de la fête de Sokar se déroulait la procession d'une barque cultuelle divine appelée « barque Henou ».

Tefnout : Dans la cosmogonie héliopolitaine, la déesse-lionne Tefnout forme, avec le dieu de l'air Shou, le premier couple divin né de la masturbation ou du crachat d'Atoum. Tefnout revêt dans différents mythes une dimension résolument cosmique.

Thot : Figure majeure du panthéon égyptien, Thot fut honoré dans tout le pays dès l'Ancien Empire. Son principal sanctuaire était situé en Moyenne-Égypte, à Hermopolis. Il est représenté sous l'aspect d'un homme à tête d'ibis, ou sous la forme purement animale d'un ibis ou d'un babouin. Dieu lunaire, Thot était responsable du calendrier, du calcul du temps et des mathématiques. Lors des rites de couronnement du roi, il consignait les années de règne du souverain et inscrivait son nom sur les feuilles de l'arbre sacré *ished* d'Héliopolis. Thot est l'inventeur de l'écriture et du langage, le gardien de l'ordre divin, de tous les rituels et du savoir secret. C'est sans doute pourquoi les scribes l'ont choisi pour patron. Lors de la psychostasie, c'est Thot qui, devant Osiris, inscrit le résultat de la pesée de l'âme du défunt.

Thouëris : Cette déesse est généralement figurée sous la forme d'une femelle hippopotame gravide, debout avec la poitrine tombante et des pattes de lion. Sa qualité de déesse-mère la rapproche étroitement des déesses Hathor et Isis. Elle jouissait d'une popularité particulière en tant que protectrice des parturientes et des femmes allaitantes.

Sites principaux de l'Égypte ancienne

Susanne Wohlfarth

Abou Gourob. Situé près d'Abousir, on y trouve les temples solaires de Niouserrê, le mieux conservé, et d'Ouserkaf datés de l'Ancien Empire.

Abou Roash. Au nord de Giza s'élève la pyramide et le temple funéraire de Djedefrê (Didoufri), le fils et successeur de Chéops ainsi que plusieurs nécropoles dont l'une des plus importantes date de l'époque thinite.

Abou Simbel. Site de Nubie égyptienne qui abrite deux temples rupestres de Ramsès II. Le grand temple est dédié aux dieux Amon-Rê et Rê-Horakhty et à Ramsès II déifié ; le petit temple est voué à la déesse Hathor et à Néfertari, épouse de Ramsès II. Démontés et remontés sur un site plus élevé, les deux temples ont échappé à la submersion lors de la montée des eaux du lac Nasser.

Abousir. Entre Giza et Saqqara se dressent les complexes des pyramides des rois de la Ve dynastie : Sahourê, Néferirkarê, Néferefrê et Niouserrê, ainsi que celui de la reine Khenkaous et les mastabas de la même époque, dont celui du prince Ptahshepsès.

Abydos. Situé entre Assiout et Thèbes. Occupé dès la préhistoire, le site, un des plus anciens et des plus sacrés d'Égypte, comprend des nécropoles, des temples, en particulier deux grands temples de l'époque ramesside, celui de Séthi Ier (doté d'un cénotaphe, appelé l'Osireion) et celui de Ramsès II, les vestiges d'un temple d'Osiris-Khentimentiou et des édifices de culte royaux datés de la XIIe à la XXVIe dynastie.

Alexandrie. Fondée en 332 av. J.-C. par Alexandre le Grand, on peut encore y voir les vestiges du temple de Sérapis (le Sérapéum), la nécropole grecque d'Anfoushy (IIe siècle av. J.-C.) et les catacombes romaines de Kôm el-Shougafa (Ier et IIe siècles apr. J.-C.).

Assiout. En Haute-Égypte. Tombes des nomarques de la Première Période Intermédiaire et du début du Moyen Empire.

Béni Hassan. Nécropole de Moyenne-Égypte. 39 hypogées de nomarques de la Première Période Intermédiaire et du Moyen Empire dont certaines sont remarquables par leur architecture et leur décoration exceptionnelle.

El-Bersheh. En Moyenne-Égypte. 37 hypogées, notamment de nomarques de la XIIe dynastie.

Dahshour. Au sud de Saqqara. Le roi Snéfrou y bâtit au début de la IVe dynastie, la Pyramide Rouge et la Pyramide Rhomboïdale, au sud s'élèvent les pyramides de la XIIe dynastie, de Sésostris III, d'Amenemhat II et III, ainsi que les mastabas (très dégradés) de fonctionnaires.

Dendéra. Site de Haute-Égypte, au nord de Louqsor où, en 54 av. J.-C., sous Ptolémée XII Néos Dionysos (dit Aulète) fut érigé le temple d'Hathor sur les fondations de plusieurs monuments antérieurs édifiés de l'Ancien Empire à la XXXe dynastie. Dans les murs du temple s'étend un système de cryptes ; sur la terrasse se trouvent un kiosque et deux chapelles dédiées à Osiris. Le temenos abrite aussi la chapelle du ka de Mentouhotep II (aujourd'hui au musée du Caire), un lac sacré, le mammisi de Nectanébo Ier, agrandi tardivement sous le règne d'Auguste, un mammisi romain, le temple d'Isis du temps d'Auguste, un « sanatorium » et une église copte.

Edfou. Ville au sud de Thèbes. Sites d'habitat et nécropole attestés dès l'Ancien Empire. Le temple d'Horus, en excellent état de conservation, commencé en 237 av. J.-C. sous Ptolémée III Evergète Ier fut terminé en 57 av. J.-C. Dans le sanctuaire se dresse encore un naos de Nectanébo II (XXXe dynastie) et devant le temple, un mammisi consacré à Harsomtous, l'enfant divin.

Éléphantine (île d'). Site de Haute-Égypte, en face d'Assouan, occupé dès l'époque thinite, où se trouvent un temple dédié à Khnoum du temps de Nectanébo II, un temple voué à Satet, un sanctuaire archaïque sans cesse remanié jusqu'à l'époque ptolémaïque (aujourd'hui édifice reconstruit de la XVIIIe dynastie) et un sanctuaire du Moyen Empire consacré à Héqaib, un fonctionnaire déifié de la VIe dynastie, et pourvu de nombreuses statues et stèles datant de la XIe à la XIIIe dynastie.

Elkab. Lieu de culte de la déesse Nekhbet situé en Haute-Égypte, au sud de Louqsor. Un grand mur d'enceinte en brique crue enclôt la ville, le temple principal, un mammisi, plusieurs petits temples, un lac sacré et la nécropole de l'époque archaïque. Hors du mur se trouvent des hypogées du Moyen et du Nouvel Empire (début de la XVIIIe dynastie). Plus loin, dans le désert, se trouve un petit sanctuaire de Thoutmosis IV et d'Aménophis III.

Ermant. En Haute-Égypte, au sud de Thèbes comprenant un sanctuaire datant de la XIe dynastie et reconstruit sous la XXXe dynastie et à l'époque ptolémaïque qui reste lieu de culte jusqu'à l'époque romaine, un mammisi de Cléopâtre et à partir de la XXIXe dynastie, une nécropole de Boukhis, le taureau sacré du dieu Montou, le Boukhéum.

Esna. En Haute-Égypte, au sud de Thèbes. Temple de Khnoum, érigé sous la XVIIIe dynastie ; des constructions ptolémaïque et romaine, il ne reste que le pronaos.

Gébélein. En Haute-Égypte, au sud de Louqsor. Site d'habitat préhistorique. Les vestiges d'un temple d'Hathor, aujourd'hui détruit, datent de la IIIe dynastie jusqu'à l'époque gréco-romaine. Tombes pour la plupart de la Première Période Intermédiaire.

Giza. À l'ouest du Caire, nécropole de l'Ancien Empire. Connue pour le Grand Sphinx, les trois grands complexes des pyramides des rois de la IVe dynastie Chéops, Chéphren et Mykérinos ; les mastabas de la famille royale et des hauts fonctionnaires se groupent, par rangées régulières, autour des pyramides (jusqu'à la VIe dynastie). Peu d'autres édifices construits dans les époques ultérieures.

Héliopolis. Au nord-est du Caire. Du plus éminent des hauts lieux spirituels et sacrés de l'Égypte ancienne, il ne subsiste plus, outre quelques blocs et fragments de pierre épars, qu'un obélisque de Sésostris Ier. Son père Amenemhat Ier fit élever un temple dédié à Rê-Horakhty sur les ruines d'un sanctuaire plus ancien. Du Nouvel Empire, sont connus les vestiges de plusieurs temples. Il y avait là également un sanctuaire dédié au dieu Atoum et une nécrocople du taureau Mnévis.

Héracléopolis. Capitale des IXe et X^e dynasties au sud de l'entrée du Fayoum ; tombes de fonctionnaires de cette époque. Temple du dieu local Hérikhef, datant des XIIe et XVIIIe dynasties.

Hermopolis. En Moyenne-Égypte. Centre de culte du dieu Thot (identifié à Hermès chez les Grecs) où se dressaient divers temples (celui d'Amenemhat II, le temple d'Amon de Ramsès II, le temple dédié à Thot datant de Nectanébo Ier), plusieurs statues colossales de babouins en grès silicifié érigées sous Aménophis III, une ville romaine et une basilique chrétienne.

Hiéraconpolis. Capitale préhistorique de la Haute-Égypte. L'enceinte de la ville entourait un temple archaïque dédié au faucon Horus ; le cimetière préhistorique abrite la tombe d'un chef remarquable pour ses peintures. Une « Forteresse » de brique crue (IIe dynastie) et des tombes du Moyen et du Nouvel Empire y ont été également découvertes.

Kôm Ombo. En Haute-Égypte, au nord d'Assouan. Double sanctuaire gréco-romain dédié aux divinités Sobek et Haroëris dont le pylône et le mammisi, très érodés, ont été en partie emportés par les eaux du Nil.

Illahoun/Kahoun. Aux portes du Fayoum. Complexe de la pyramide de Sésostris II (Moyen Empire, XIIe dynastie) ; mastabas ; au nord, la ville de Kahoun, fondée pour les besoins de la construction de la pyramide.

Lisht. Au nord de l'entrée du Fayoum. Nécropole de la XIIe dynastie abritant les complexes des pyramides d'Amenemhat Ier et de Sésostris Ier, au sein desquels se trouvaient également des sépultures de hauts fonctionnaires, et des tombes privées du Moyen Empire.

Médamoud. En Haute-Égypte, au nord de Louqsor. Vestiges d'un temple de l'époque gréco-romaine dédié au dieu Montou, et à son taureau sacré, Boukhis ; du temple (XIe-XIIe dynastie) élevé sur un sanctuaire double de l'Ancien Empire ou de la Première Période Intermédiaire, et remanié à la XVIIIe dynastie, il ne reste que des blocs isolés.

Meïdoum. Au sud de Saqqara. Nécropole de l'Ancien Empire (fin de la IIIe-IVe dynastie) où se dresse l'une des pyramides de Snéfrou.

Meir. En Moyenne-Égypte. Nombreux hypogées de nomarques de l'Ancien et du Moyen Empire.

Memphis. Au sud-ouest du Caire. Vers 3000 av. J.-C., première capitale de l'Égypte. Centre administratif et militaire. Temple aux statues et temple d'Hathor de Ramsès II. Il ne reste que des vestiges des palais de Mérenptah et d'Apriès et du temple principal dédié à Ptah. Les tables d'embaumement des taureaux d'Apis datent de la Basse Époque ; les habitations n'ont encore fait l'objet que de peu d'études.

Mo'alla. Site de Haute-Égypte entre Ermant et Esna où se trouvent deux tombes rupestres de la Première Période Intermédiaire (tombe d'Ankhtifi).

Philae (île de). Cette île située au sud d'Assouan abrite le plus important lieu de culte de la Basse Époque dédié à Isis et plusieurs sanctuaires voués à diverses divinités. Après l'édification du barrage d'Assouan, les monuments ont été démontés et reconstruits sur l'île voisine, Agilkia. Dernier temple en fonction de l'Ancienne Égypte, il fut fermé au culte par l'empereur Justinien entre 535 et 537 apr. J.-C.

Qantir. Dans le Delta oriental. Capitale des Ramessides où furent retrouvés plusieurs palais, les habitations de hauts dignitaires, des ateliers aux multiples fonctions, une charrerie, et des écuries ainsi que plusieurs temples dédiés à Amon-Rê-Horakhty, à Seth, à Astarté et à Ouadjet. Les matériaux de construction du site, définitivement déserté au début du premier millénaire av. J.-C., furent transportés et réemployés dans la ville de Tanis.

Qoubbet el-Haoua. Nécropole située en face d'Assouan qui comprend les hypogées de nomarques et de fonctionnaires de l'Ancien et du Moyen Empire.

Rosette. Ville située dans le Delta qui doit sa célébrité à la découverte de la pierre de Rosette en 1799. Cette pierre porte un décret trilingue inscrit en hiéroglyphes (en partie conservé), en démotique et en grec qui permit à Jean-François Champollion de déchiffrer les hiéroglyphes en 1822. Le texte fut rédigé lors du synode réuni le 27 mars 196 à Memphis en l'honneur du roi Ptolémée V Épiphane.

Saqqara. La nécropole memphite, au sud du Caire, comporte une nécropole de l'époque archaïque, le complexe funéraire du roi Djéser avec sa pyramide à degrés, les pyramides d'Ounas, d'Ouserkaf, de Téti, la pyramide inachevée de Sekhemkhet, ainsi qu'au sud, d'autres pyramides de l'Ancien Empire (V^e et VIe dynasties), les tombes de hauts fonctionnaires de l'Ancien et du Nouvel Empire, et de l'époque perse, le Sérapéum abritant les sépultures des taureaux Apis (XVIIIe dynastie à l'époque ptolémaïque) et le monastère de Jérémie, datant de la fin du IVe siècle apr. J.-C.

Soleb. Au nord de la Troisième Cataracte. Temple d'Amon édifié par Aménophis III lors de son jubilé ; nécropole du Nouvel Empire.

Tanis. Dans le Delta oriental. Capitale des rois des XXIe et XXIIe dynasties ; le temenos abrite

Le Musée égyptien du Caire (1897-1902)

divers temples dont le temple principal dédié à Amon, et les tombes royales.

Tell el-Amarna. En Moyenne Égypte. Akhénaton y érigea sa capitale de palais, sanctuaires, quartiers d'habitation et ateliers ; tombes de la famille royale dans un ouadi voisin ; et tombes de fonctionnaires.

Tell el-Daba. Situé dans le Delta oriental, on y trouve la capitale des Hyksôs (1650-1540 av. J.-C.) nommée Avaris, les vestiges d'un site archaïque, un ample site urbain occupé du Moyen Empire à la fin de la Deuxième Période Intermédiaire ; à partir de la XVIIIe dynastie, nouveau peuplement et temple dédié à Seth ; strates de construction de l'époque ramesside jusqu'à Psousennès Ier (XXIe dynastie).

Thèbes. Capitale de l'Égypte pendant la XVIIIe dynastie. Sur sa rive orientale se dressent le temple de Louqsor et les temples de Karnak ; sur la rive occidentale plus de 50 hypogées de rois de la XIe dynastie à la fin du Nouvel Empire (entre autres dans la Vallée des Rois), les tombes de reines et d'enfants royaux, plusieurs centaines de tombes privées, divers temples funéraires qui se dressent en bordure du désert et des vestiges d'habitat (Deir el-Médineh ; palais d'Aménophis III à Malqata).

Tôd. En Haute-Égypte. Vestiges d'un grand temple dédié à Montou datant des époques ptolémaïque et romaine, bâti sur les vestiges d'un temple du Moyen Empire.

Touna el-Gébel. Site de Moyenne-Égypte où furent enterrés à partir de la XXVIe dynastie, les animaux sacrés du dieu Thot dans un gigantesque complexe de galeries souterraines pourvues de chambres cultuelles. Divers temples et nécropoles du début du Nouvel Empire à l'époque gréco-romaine dont la décoration, à partir de l'époque ptolémaïque présente un style gréco-égyptien ; imposant tombeau du Grand Prêtre Pétosiris déifié (320 av. J.-C.).

SITES PRINCIPAUX DE L'ÉGYPTE ANCIENNE   525

Musées et collections

Edith Bernhauer

Allemagne

Berlin
*Staatliche Museen zu Berlin
Preußischer Kulturbesitz*
Ägyptisches Museum und
Papyrussammlung
Bodestr. 1-3
10178 Berlin et Schloßstraße 70
14059 Berlin

Bonn
Ägyptisches Museum
Ägyptol. Seminar der Universtität Bonn
Regina-Pacis-Weg 7
53113 Bonn

Francfort-sur-le-Main
Liebighaus
Schaumainkai 71
60596 Frankfurt

Hanovre
Kestner-Museum
Trammplatz 3
30159 Hannover

Heidelberg
*Sammlung des Ägyptologischen Instituts
der Universität*
Marstallhof 4
69117 Heidelberg

Hildesheim
Pelizaeus-Museum
Am Steine 1-2
31134 Hildesheim

Leipzig
Ägyptisches Museum der Universität Leipzig
Schillerstr. 6
04109 Leipzig

Munich
Staatliche Sammlung Ägyptischer Kunst
Hofgartenstraße (Residenz)
80539 München

Tübingen
*Sammlung des Ägyptologischen Instituts der
Universität*
Schloß Hohentübingen
72070 Tübingen

Würzburg
Martin von Wagner-Museum der Universität
Residenzplatz 2
Tor A
97070 Würzburg

Autriche

Vienne
Kunsthistorisches Museum
Ägyptisch-Orientalische Sammlung
Burgring 5
1010 Wien

Belgique

Anvers
Museum Vleeshuis
Vleeshouwer Str. 38
2000 Antwerpen

Bruxelles
Musées Royaux d'Art et d'Histoire
Collections égyptiennes
Parc du Cinquantenaire 10
1040 Bruxelles

Mariemont
Musée royal de Mariemont
Chaussée de Mariemont
6510 Mariemont

Brésil

Rio de Janeiro
Museo Nacional
Universidade Federal de Rio de Janeiro
Departamento de Antropologia
Setor Arqueoligia
Qinta da Bona Vista São Cristovão
20000 Rio de Janeiro

Canada

Toronto
Royal Ontario Museum
Egyptian Department
100 Queen's Park
Toronto
Ontario M5S 2C6

Croatie

Zagreb
Archaeological Museum
Trg Nikole Zrinskog 19
41000 Zagreb

Danemark

Copenhague
Ny Carlsberg Glyptothek
Egyptian Collection,
Dantes Plads 7
1556 København V

Nationalmuseet
Antikansamling
Department of Near Eastern and Classical
Antiquities
Ny Vestergade 10
1220 København K

Égypte

Alexandrie
Greco-Roman Museum
Museum Street
21521 Alexandria

Assouan
Aswan Museum
Éléphantine Island
Aswan
Nubia Museum
Aswan

Bibliotheca Alexandrina
The Archeology Museum
5005 Duke Street
Alexandria UA 222304 - 2903

Giza
Cheops'Boat Museum
The Pyramids
al-Giza

Le Caire
The Egyptian Museum
11556 Midan el-Tahir
Misr al-Kahira
Coptic Museum
Masr Ateeka
Misr al-Kahira

Louqsor
The Luxor Museum of Ancient Egyptian Art
Cornish Street
al-Uksur

Espagne

Barcelone
Museo Arqueológico de Barcelona
Instituto de Prehistória y Arqueología
Parc de Montjuic s/n.
08004 Barcelona

Madrid
Museo Arqueológico Nacional
Departamento de Antigüedades Egipcias y
del Próximo Oriente
Calle de Serrano 13
28001 Madrid

États-Unis

Baltimore
Walters Art Gallery
600 N. Charles St.
MD 21201 Maryland

Berkeley
The Robert H. Lowie Museum of Anthropology
University of California
Berkeley
California 94720

Boston
The Museum of Fine Arts
Department of Ancient Egyptian
Nubian and Near Eastern Art
465 Huntington Avenue
Boston
Massachusetts 02115

Chicago
University of Chicago
Oriental Insitute Museum
1155 East 58th Street
Chicago
Illinois 60637-1569

Cleveland
Cleveland Museum of Art
Department of Ancient Art
11150 East Boulevard at University Circle
Cleveland
Ohio 44106

Los Angeles
Los Angeles County Museum of Art
Department of Ancient and Islamic Art
5905 Wilshire Boulevard
Los Angeles
California 90036

Memphis
Art Museum
3750 Norriswood Avenue
The University of Memphis Campus
Memphis
Tennessee 38152

New York
The Metropolitan Museum of Art
Department of Egyptian Art
1000 Fifth Avenue
New York
New York 10028-1998

The Brooklyn Museum
The Department of Egyptian
Classical and Ancient Middle Eastern Art
2000 Eastern Parkway
Brooklyn
New York 11238-6052

Philadelphie
University Museum
University of Pennsylvania,
33rd and Spruce Sts.
Philadelphia
Pennsylvania 19104-6324

Pittsburgh
Carnegie Museum of Natural History
4400 Forbes Avenue
Pittsburgh,
Pennsylvania 15213

Richmond
Virginia Museum of Fine Arts
Department of Ancient Art
2800 Grove Avenue
Richmond
Virginia 23221-2466

Seattle
Seattle Art Museum
100 University Street
Seattle
Washington 98101

France

Amiens
Musée de Picardie
48, rue de la République
80000 Amiens

Avignon
Musée Calvet
65, rue Joseph-Vernet
84000 Avignon

Grenoble
Musée de Grenoble
Place Lavalette
38000 Grenoble

Lyon
Musée des Beaux-Arts
Palais St-Pierre
20, place des Terreaux
69001 Lyon

Marseille
Musée d'Archéologie Méditerranéenne
Collection Égyptienne
2, rue de la Charité
13002 Marseille

Paris
Musée National du Louvre
Département des Antiquités égyptiennes
Palais du Louvre
75058 Paris

Roanne
Musée Joseph Déchelette
22, rue Anatole-France
42300 Roanne

Strasbourg
*Collection de l'Institut d'égyptologie
de l'Université*
Palais de l'Université
67000 Strasbourg

Toulouse
Musée Georges Labit
43, rue des Martyrs de la Libération
31400 Toulouse

Grande-Bretagne

Birmingham
City Museum & Art Gallery
Department of Archaeology & Ethnography
Chamberlain Square
Birmingham
West Midlands B3 3DH

Bolton
Central Museum and Art Gallery
Le Mans Crescent
Bolton
Greater Manchester BL1 1SE

Cambridge
Fitzwilliam Museum
Department of Antiquities
Trumpington Street
Cambridge CB2 1RB

Edimbourg
The Royal Museum of Scotland
Department of History and Applied Arts
Chambers Street
Edinburgh EH1 1JF

Glasgow
The Hunterian Museum
Egyptian Department
University of Glasgow
Glasgow G12 8QQ

Liverpool
Liverpool Museum
Department of Antiquities
National Museums and Galleries on
Merseyside
William Brown Street
Liverpool L3 8EN

Londres
The British Museum
Department of Egyptian Antiquities
Great Russell Street
London WC1B 3DG
University College London
Petrie Museum of Egyptian Archaeology
Gower Street
London WC1E 6BT

Manchester
The Manchester Museum
The University of Manchester
Oxford Road
Manchester M13 9PL

Oxford
The Ashmolean Museum
Department of Antiquities
Beaumont Street
London OX1 2PH

Swansea
*Wellcome Museum of Egypt and Greco-
Roman Antiquities*
University College of Swansea
Singleton Park
Swansea
Wales SA2 8PP

Hongrie

Budapest
Szépművészeti Múzeum
Egyiptomi osztály
Dózsa György út 41
1146 Budapest XIV

Israël

Jérusalem
The Israel Museum
Department of Egyptian Art,
Hakiriya
Jerusalem

The Bible Lands Museum
25, Granot Street
Jerusalem 93704

Italie

Bologne
Museo Civico Archeologico
Via dell'Archiginnasio 2
40124 Bologna

Côme
Civico Museo Archeologico
Piazza Medaglie d'Oro 1
22100 Como

Florence
Museo Egizio
Soprintendenza Archeologica della Toscana
Via della Pergola 65
50122 Firenze

Milan
Museo Archeologico
Raccolta Egizia
Castello Sforzesco
20121 Milano

Naples
Museo Archeologico Nazionale
Via Museo 19
80135 Napoli

Pise
Musei di Ateneo
Università di Pisa
Collezioni Egittologiche
Via San Frediano
56100 Pisa

Turin
Soprintendenza per le Antichità Egizie
Museo Egizio,
Via Accademia delle Scienze 6
10123 Torino

Japon

Kyoto
Heian Museum of ancient history
3rd Archaeological Section
8-1 Takeda Naasegawa, Fushimu-Ku

Liban

Beyrouth
*Archaeological Museum of the American
University of Beirut*
Bliss, Beirut

Pays-Bas

Amsterdam
Allard Pierson Museum
Archeologisch Museum van de Universiteit
Oude Turfmarkt 129
1012 GC Amsterdam

Leyde
Rijksmuseum van Oudheden
Egyptische Afdeling
Rapenburg 28
2311 EW Leiden

Pologne

Varsovie
Muzeum Narodowe
Gallery of Ancient Art
Aleje Jerozolimskie 3
00-495 Warszawa

Portugal

Lisbonne
Museu Calouste Gulbenkian
Ab. de Berna 45 A
1093 Lisboa

République tchèque

Prague
National Museum
Section Náprstek Museum
Department of Prehistory and Antiquity of
Middle East and Africa
Betlémské nám. 1
11000 Praha 1

Russie

Moscou
Musée Pouchkine
Department of Ancient Orient
ul. Volkhonka 12
121019 Moskva

Saint Pétersbourg
Musée de l'Ermitage
Department of Orient
Dvortsovaya Nabereznaya 34
191065 St. Peterburg

Soudan

Khartoum
National Museum
El Neel Avenue
P.O.Box 178
Khartoum

Suède

Stockholm
Medelhavsmuseet
Egyptiska advdelingen
Fredsgatan 2
11152 Stockholm

Uppsala
Uppsala Universitet
Institutionen för Egyptologi
Victoriamuseet för egyptiska Fornsaker
Gustavianum
75310 Uppsala

Suisse

Bâle
*Antikenmuseum Basel und Sammlung Ludwig
Abteilung Ägyptische Kunst*
St. Albangraben 5
4010 Basel

Genève
Musée d'Art et d'Histoire
2, rue Charles-Galland
1211 Genève 3

Vatican

Cité du Vatican
Musei e Gallerie Pontificie
Museo Gregoriano Egizio
Viale Vaticano
00120 Vaticano

Les souverains de l'Égypte ancienne
– Chronologie –

Époque prédynastique

Dynastie 0   environ 150 ans

Époque thinite
(Époque archaïque)

Iʳᵉ dynastie
Aha (Ménès)	vers 3032-3000*
Atoti	3000-2999
Djer	2999-2952
Ouadji	2952-2939
Den	2939-2892
Adjib	2892-2886
Semerkhet	2886-2878
Qaâ	2878-2853

IIᵉ dynastie
Hotepsekhemoui	2853-2825
Nebrê	2825-2810
Ninetjer	2810-2767
Ouneg	2767-2760
Sekhemib	2760-2749
Néferkarê	2749-2744
Néferkasokar	2744-2736
Houdjefa	2736-2734

Opposition aux trois derniers pharaons
Khâsekhemoui (Peribsen)	2734-2707

Ancien Empire

IIIᵉ dynastie
Nebka	2707-2690
Djéser	2690-2670
Djéser Téti	2670-2663
Khâba	2663-2639
Mesôchris	
Houni	

IVᵉ dynastie
Snéfrou	2639-2604
Chéops	vers 2604-2581
Djedefrê	2581-2572
Chéphren	2572-2546
Bichéris	2546-2539
Mykérinos	2539-2511
Schepseskaf	2511-2506
Thamphthis	2506-2504

Vᵉ dynastie
Ouserkaf	2504-2496
Sahourê	2496-2483
Néferirkarê	2483-2463
Shepseskarê	2463-2456
Néferefrê	2456-2445
Niouserrê	2445-2414
Menkaouhor	2414-2405
Djedkarê-Isési	2405-2367
Ounas	2367-2347

VIᵉ dynastie
Téti	2347-2337
Ouserkarê	2337-2335
Pépi Iᵉʳ	2335-2285
Nemtiemsaf Iᵉʳ (Mérenrê)	2285-2279
Pépi II	2279-2219
Nemtiemsaf II	2219-2218
Nitocris	2218-2216

VIIᵉ dynastie
(les « 70 jours » de Manéthon ne seront pas retenus)

VIIIᵉ dynastie (17 pharaons) vers 2216-2170

Première Période Intermédiaire

IXᵉ/Xᵉ dynasties (héracléopolitaines, 18 pharaons)   vers 2170 - vers 2020

Moyen Empire

XIᵉ dynastie (thébaine, puis s'étend à toute l'Égypte)
Mentouhotep Iᵉʳ	2119-
Antef Iᵉʳ	-2103
Antef II	2103-2054
Antef III	2054-2046
Mentouhotep II	2046-1995
Mentouhotep III	1995-1983
Mentouhotep IV	1983-1976

XIIᵉ dynastie
Amenemhat Iᵉʳ	1976-1947
Sésostris Iᵉʳ	1956-1911/10
Amenemhat II	1914-1879/76
Sésostris II	1882-1872
Sésostris III	1872-1853/52
Amenemhat III	1853-1806/05
Amenemhat IV	1807/06-1798/97
Néferousobek	1798/97-1794/93

Deuxième Période Intermédiaire

XIIIᵉ dynastie (env. 50 pharaons)   1794/93-1648

XIVᵉ dynastie (du Delta)   ? -1648

XVᵉ dynastie   1648-1539
Salitis	1648-1590
Béon	
Apachnan	
Khian	
Apophis	1590-1549
Khamoudi	1549-1539

XVIᵉ dynastie (de vassaux hyksôs, parallèle à la XVᵉ dynastie)

XVIIᵉ dynastie (thébaine, env. 15 pharaons)   vers 1645-1550

Nouvel Empire

XVIIIᵉ dynastie
Ahmosis	1550-1525
Aménophis Iᵉʳ	1525-1504
Thoutmosis Iᵉʳ	1504-1492
Thoutmosis II	1492-1479
Hatshepsout	1479-1458/57
Thoutmosis III	1479-1425
Aménophis II	1428-1397
Thoutmosis IV	1397-1388
Aménophis III	1388-1351/50
Aménophis IV/Akhénaton	1351-1334
Semenkhkarê	1337-1333
Toutânkhamon	1333-1323
Ay	1323-1319
Horemheb	1319-1292

XIXᵉ dynastie
Ramsès Iᵉʳ	1292-1290
Séthi Iᵉʳ	1290-1279/78
Ramsès II	1279-1213
Mérenptah	1213-1203
Amenmes	1203-1200/1199
Séthi II	1199-1194/93
Siptah et Taousert	1194/93-1186/85

XXᵉ dynastie
Sethnakht	1186-1183/82
Ramsès III	1183/82-1152/51
Ramsès IV	1152/51-1145/44
Ramsès V	1145/44-1142/40
Ramsès VI	1142/40-1134
Ramsès VII	1134-1126
Ramsès VIII	1126-1125
Ramsès IX	1125-1107
Ramsès X	1107-1103
Ramsès XI	1103-1070/1069

Troisième Période Intermédiaire

XXIᵉ dynastie
Smendès	1070/69-1044/43
Amenemnésout	1044/43-1040/39
Psousennès Iᵉʳ	1044/43-994/93
Amenemopé	996/95-985/84
Osokhor	985/84-979/78
Siamon	979/78-960/59
Psousennès II	960/59-946/45

XXIIᵉ dynastie
Shéshonq Iᵉʳ	946/45-925/24
Osorkon Iᵉʳ	925/24- vers 890
Takélot Iᵉʳ	vers 890-877
Shéshonq II	vers 877-875
Osorkon II	vers 875-837
Shéshonq III	vers 837-798
Shéshonq IIIa	vers 798-785
Pami	vers 785-774
Shéshonq V	vers 774-736

Pontifes thébains
Harsiésis	vers 870-850
Takélot II	vers 841-816
Pédoubastis Iᵉʳ	vers 830-805
Ioupout Iᵉʳ	vers 816-800
Shéshonq IV	vers 800-790
Osorkon III	vers 790-762
Takélot III	vers 767-755
Roudamon	vers 755-735
Ini	vers 735-730

XXIIIᵉ dynastie (du Delta)
Pédoubastis II (à *Boubastis/Tanis*)	vers 756-732/30
Ioupout II (à *Léontopolis*)	vers 756-725
Osorkon IV	vers 732/730-722

XXIVᵉ dynastie (à *Saïs*)
Tefnakht	vers 740-719
Bocchoris	719-714

Basse Époque

XXVᵉ dynastie (éthiopienne)
Kashta	avant 746
Piânkhi	vers 746-715
Shabako (Shabaka)	715-700
Shébitko (Shabataka)	700-690
Taharqo (Taharqa)	690-664
Tanoutamon	664-vers 655

Leurs successeurs règnent en Nubie

XXVIᵉ dynastie (saïte)
Psammétique Iᵉʳ	664-610
Nékho Iᵉʳ	610-595
Psammétique II	595-589
Apriès	589-570
Amasis	570-526
Psammétique III	526-525

XXVIIᵉ dynastie (première domination perse)
Cambyse (*roi de Perse depuis 529*)	525-522
Darius Iᵉʳ	522/21-486/85
Xerxès Iᵉʳ	486/85-465/64
Artaxerxès Iᵉʳ	465/64-424
Xerxès II	424/23
Darius II	423-405/04
Artaxerxès II (*roi de Perse jusqu'en 359/58*)	405/04-401

XXVIIIᵉ dynastie
Amyrtée	404/401-399

XXIXᵉ dynastie
Néphéritès Iᵉʳ	399-393
Hakoris	393-380
Opposition Psamouthis	393/392
Néphéritès II	380

XXXᵉ dynastie
Nectanebès (Nectanébo Iᵉʳ)	380-362
Téos	364/362-360
Nectanébo (II)	360-342

XXXIᵉ dynastie (deuxième domination perse)
Artaxerxès III Ochos (*roi de Perse depuis 359/358*)	342-338
Arsès	338-336
Darius III	336-332
Opposition égyptienne Khababash	338/37-336/35

Époque macédonienne

Alexandre le Grand	332-323
Philippe Arrhidée	323-317
Alexandre IV	317-306

Époque ptolémaïque
(dynastie lagide)

Ptolémée Iᵉʳ Soter	306/304-283/282
(*satrape dès 323*)	
Ptolémée II Philadelphe	282-246
(*corégent dès 285/4*)	
Ptolémée III Evergète Iᵉʳ	246-222/221
Ptolémée IV Philopator	221-204
Ptolémée V Epiphane	204-180
Opposition Horounnéfer	206-200
Opposition Ankhounnéfer	200-186
Ptolémée VI Philomator	180-164
	et 163-145
(*Ptolémée VII Néos Philopator n'existe pas*)	
Ptolémée VIII Evergète II	164
	et 145-116
Opposition Harsiésis	131/130
Ptolémée IX Soter II	116-107
	et 88-81
Ptolémée X Alexandre Iᵉʳ	107-88
(Cléopâtre) Bérénice III	81-80
Ptolémée XI Alexandre II	80
Ptolémée XII Néos Dionysos	80-58
	et 55-51
(Cléopâtre) Bérénice IV	58-55
Cléopâtre VII Philopator	51-30

Époque romaine

30 av. J.-C.-313 apr. J.-C.

* Les dates de la Iʳᵉ dynastie à la Première Période Intermédiaire peuvent être avancées de 50 ans. Ce tableau chronologique se fonde sur la publication de Jürgen von Beckerath, *Chronologie des pharaonischen Ägypten*, MÄS 46, 1997.

Tableau synchronique

Marcel Schoch

La chronologie de l'Égypte ancienne est un important repère de datation des premières civilisations du monde antique. Sans les inscriptions et les documents des différentes époques de l'Égypte ancienne, qui nous renseignent sur le calcul du temps des Égyptiens, les événements astronomiques, les pharaons et la durée de leur règne respectif, nous en serions réduits à estimer les diverses chronologies du monde antique. C'est grâce à ces sources que les égyptologues ont pu établir une liste chronologique des pharaons, organisée en dynasties, remontant à environ 3100 avant J.-C.

Les archéologues, grâce à cette chronologie et en étudiant ce qu'on appelle les synchronismes, sont en mesure de dater les civilisations voisines de l'Égypte ne disposant d'aucune ou de rares sources écrites. On parle de synchronisme à chaque fois que des articles d'importation ont été retrouvés conjointement à des articles de fabrication locale dans un contexte archéologique donné. La découverte lors d'une fouille, par exemple sur l'île de Crète, d'un vase égyptien auprès d'un objet minoen, permet de dater ce dernier.

Inversement, un objet minoen d'importation découvert en Égypte peut également contribuer à la datation crétoise. Mais la science nous rappelle constamment que cette méthode n'est pas d'une fiabilité absolue. Ainsi, dans de nombreux cas, on ignore combien de temps l'objet sur lequel on se fonde, est resté en circulation avant d'être déposé dans le contexte archéologique dans lequel il a été découvert. La question se pose parfois pour les scarabées, fabriqués en pierre ou dans un autre matériau de grande longévité, qui ont fort bien pu appartenir à une même famille pendant plusieurs générations. Les déductions d'ordre chronologique que l'on applique aux articles découverts à proximité d'un tel scarabée, sont nécessairement erronées.

Malheureusement, les sources concernant la durée du règne des différents souverains du Proche-Orient des premières phases de civilisation sont incomplètes et quelques brèves périodes ne nous ont livré aucune information. Par ailleurs, il existe des périodes de troubles dynastiques, durant lesquelles on peut légitimement penser que deux rois régnaient simultanément. Bien que l'on puisse dater dans l'absolu certains événements à l'année près en se fondant sur certains grands événements astronomiques, les chercheurs discutent vivement sur la chronologie absolue du Proche-Orient en raison de tous ces points d'incertitude. C'est entre autres pour ces raisons que les savants se sont tournés vers des méthodes scientifiques, hors des sources de l'Égypte et du Proche-Orient, comme la datation par le radiocarbone (Carbone 14), ou encore la dendrochronologie, pour tenter d'établir de nouvelles chronologies ou pour préciser les chronologies existantes. Cependant, de nombreux chercheurs rejettent également ces nouvelles datations en raison des importantes sources d'erreur inhérentes à la méthode du Carbone 14.

Le tableau chronologique présenté dans les pages suivantes tient cependant compte des récentes datations obtenues par les méthodes scientifiques qui toutefois sont à considérer comme provisoires, la discussion n'étant pas encore close. Les dates concernant la durée des dynasties égyptiennes reposent sur les nouvelles conclusions de Jürgen von Beckerath récemment publiées (*Chronologie des pharaonischen Ägypten, MÄS 46*, Mayence 1997).

Émissaires crétois apportant des présents
Thèbes ; tombe de Rekhmirê (TT100) ; peinture murale de la salle transversale ; Nouvel Empire, XVIIIe dynastie, vers 1450 av. J.-C. Parmi les délégations des pays étrangers illustrées dans la tombe de Rekhmirê, vizir sous Thoutmosis III, se trouvent également des Crétois, reconnaissables à leur coiffure, leur costume et aux types de vases qu'ils portent.

Dates	Égypte	Crète	Grèce continentale	Proche-Orient
		(Les dates en *italique* se réfèrent à la datation au Carbone 14)	(Les dates en *italique* se réfèrent à la datation au Carbone 14)	
vers 7000 av. J.-C. vers 6000	Néolithique (apr. 7000)	Néolithique ancien, moyen et récent (vers *8000–3100*)		Culture d'Hassūna (vers 6000) Culture de Tell Halaf (vers 6000–5000)
vers 5000	Culture du Fayoum-A (vers 5000)			Culture de Samarra (vers 5600–5300) Culture d'Obed (vers 4700–3500)
vers 4000	Amratien (Nagada I) (vers 3700)		*Néolithique (avant 3600)*	
	Gerzéen (Nagada II) (vers 3300) Gerzéen récent (Nagada III) (vers 3200)			Ouruk (vers 3500–3200) Époque de Djemdet-Nasr (vers 3200–2900)
	Époque thinite (ou archaïque)			
vers 3000	Prédynastique (vers / avant 3150) Dynastie 0 (environ 150 ans) Ire dynastie (3032/2982–2853/2803)	Subnéolithique (3100–2800)	Phases de Sesklo I–III (vers / avant 3000)	
		Pré palatial		
vers 2800	IIe dynastie (vers 2853/2803–2707/2657)	MA I (2800–2500) *MA I–I B/II A (3100–2650)*		
vers 2700	**Ancien Empire**			
vers 2500	IIIe dynastie (vers 2707/2657–2639/2589) IVe dynastie (vers 2639/2589–2504/2454) V^e dynastie (vers 2504/2454–2347/2297) VIe dynastie (vers 2347/2297–2216/2166) VIIIe dynastie (vers 2216/2166–2170/2120)	MA II (2500–2200) *MA II A (2650–2450/2350) MA II B (2450/2350–2200/2150)* MA III (2200–2000) *MA III (2200/2150–2050/2000)*	Phases d'Arapi et de Dimini (avant 2500) HA I (2500– vers 2250) *HA I (3600–2900)* HA II (vers 2250–2000) *HA II (2900–2570/2410)*	Rois de Lagaš (vers 2520– vers 2355) Dynastie d'Akkad (vers 2350–2200/2150) IIIe Dynastie d'Our/ Époque néosumérienne (vers 2200/2150– 2100/2000)
	Première Période Intermédiaire			
vers 2000	IXe/X^e dynastie (héracléopolitaines, vers 2170/2120–2025/2020)			
	Moyen Empire	**Paléo palatial**		
vers 2000	XIe dynastie (thébaine, puis s'étend à toute l'Égypte, 2119–1976) XIIe dynastie (1976–1794/1793)	MM I (2000–1850) *MM I A (2050/2000–1925/1900) MM I B (1925/1900–1900/1875)*	HA III (2000–1850) *HA III (2570/2410–2090/2050)*	Époque Paléobabylonienne Dynastie de Larsa (2025–1763) Ire dynastie d'Isin (2017–1817) Empire hittite (vers 2000– vers 1200)
vers 1750		MM II (1850–1700) *MM II (1900/1875–1750/1720)*	HM (1850–1600) *HM (2090/2050–1600)*	
	Deuxième Période Intermédiaire	**Néo palatial (jusqu'à 1450)**		
vers 1750	XIIIe dynastie (1794/1793–1648/1645) XIVe dynastie (?–1648/1645)	MM III (1700–1550) *MM III A (-B) (1750/1720–1700/1680)*		Ire dynastie de Babylone (1894–1594) Hammourabi (1792–1750)

530 TABLEAU SYNCHRONIQUE

Dates	Égypte	Crète	Grèce continentale	Proche-Orient
	XVᵉ dynastie (Hyksôs, 1648/1645–1539/1536)	*MM III B/I A (1700/1680–1675/1650)*		
	XVIᵉ dynastie (de vassaux hyksôs, parallèle à la XVᵉ dynastie)	**Catastrophe de Santorin ? (vers 1628)**		
vers 1550	XVIIᵉ dynastie (thébaine, vers 1645–1550)			

	Nouvel Empire		**Mycènes**	
vers 1550		MR I (1550–1450)	HR I A et B (1600–1450)	
	XVIIIᵉ dynastie (1550–1292)	*MR I A (1675/1650–1600/1550)*	*HR I (1600–1510/1500)*	Période kassite (vers 1570–1157)
		MR I B (1600/1550–1490/1470)		
		MR II (1450–1400)	HR II (1450–1400)	
		MR II (1490/1470–1435/1405)	*HR II (1510/1500–1390)*	
		MR III (1400–1100)	HR III (1400– vers 1190)	Période assyrienne moyenne (1364–935)
		MR III A : 1 (1435/1405–1390/1370)	*HR III A (1390–1340/1330)*	
	XIXᵉ dynastie (1292–1186/1185)	*MR III A : 2 (1390/1370–1360/1325)*	*HR III B (1340/1330–1185/1180)*	
		MR III B (1360/1325–1200/1190)	*HR III C (1185/1180–1065)*	
	XXᵉ dynastie (1186/1185–1070/1069)	Subminoen (de *1190 / 1100*)	Submycénien (de *1190 / 1065–1015*)	
vers 1100			**Éruption d'Heklaz ? (vers 1159)**	**Éruption d'Heklaz ? (vers 1159)**

	Troisième Période Intermédiaire			
vers 1100	XXIᵉ dynastie (1070/1069–946/945)		Céramique submycénienne et protogéométrique (vers 1100– 900)	Début de la royauté en Israël (vers 1012)
	XXIIᵉ dynastie (946/945– vers 735)		Céramique géométrique (vers 900– 700)	Période assyrienne récente (911–631)
	Pontifes thébains (vers 841–730)			
	XXIIIᵉ dynastie (du Delta, vers 756–714/712)		Premiers jeux Olympiques (776)	
	XXIVᵉ dynastie (vers 740–714/712)		Céramique orientalisante et archaïque de Corinthe (vers 720–540)	
vers 650	XXVᵉ dynastie (éthiopienne ; vers/avant 746– vers 655)			

	Basse Époque			
vers 650	XXVIᵉ dynastie (à Saïs, 664–525)		Archaïsme (vers 700–490)	Rois de Perse (559–330)
	XXVIIᵉ dynastie (Première domination perse, 525–401)		Céramique attique à figure noire (vers 600–480)	
	XXVIIIᵉ dynastie (404/401–399)		Céramique attique à figure rouge (530–300)	
	XXIXᵉ dynastie (399–380)		Classicisme (490–323)	
	XXXᵉ dynastie (380–342)			
	XXXIᵉ dynastie (Deuxième domination perse, 342–332)		Alexandre le Grand (336–323)	
	Époque ptolémaïque (304–30)		Hellénisme (323–27)	Séleucides (311–65)
27 av. J.-C.	L'Égypte devient une province romaine (à partir de 30)			

MA : Minoen Ancien MM : Minoen Moyen MR : Minoen Récent HA : Helladique Ancien HM : Helladique Moyen HR : Helladique Récent

Bibliographie

Martina Ullmann

Carol Andrews, *Ancient Egyptian Jewellery*, Londres 1990

Cyril Aldred, *Le Trésor des Pharaons*, Tallandier, 1979

Dorothea Arnold, *The Royal Women of Amarna*, New York 1996

Sydney Aufrère, Jean-Claude Goyon et Jean-Claude Golvin, *L'Égypte restituée*, Errance
T. 1 *Sites et temples de la Haute-Égypte*, 1650 av. J.-C.-300 apr. J.-C., 1991
T. 2 *Sites et temples des déserts de la naissance de la civilisation pharaonique à l'époque gréco-romaine*, 1994
T. 3 *Sites, temples et pyramides de Moyenne et Basse-Égypte*, 1997

John Baines et Jaromír Málek, *Atlas de l'Égypte ancienne*, Nathan, 1985

Paul Barguet, *Le Livre des Morts des anciens Egyptiens*, Cerf, 1967

André Barucq et François Daumas, *Hymnes et prières de l'Égypte ancienne*, Cerf, 1980

Nathalie Baum, *Arbres et arbustes de l'Egypte ancienne*, Peeters, 1988

Jürgen von Beckerath, *Chronologie des pharaonischen Ägypten. Die Zeitbestimmung der ägyptischen Geschichte von der Vorzeit bis 332 v. Chr.*, MÄS 46, Mayence 1997

André Bernand, *Alexandrie des Ptolémées*, CNRS, 1995

Robert Bianchi, *Cleopatra's Egypt, Age of the Ptolemies*, The Brooklyn Museum, 1988

Morris L. Bierbrier, *Who Was Who in Egyptology*, London 1995

Marie-Ange Bonhême et Annie Forgeau, *Pharaon, les secrets du pouvoir*, Armand Colin, 1988

Betsy M. Bryan et Erik Hornung (dir.), *The Quest for Immortality*, Washington 2002

Howard Carter, *La fabuleuse découverte de la tombe de Toutankhamon*, Pygmalion, 1990

Peter A. Clayton, *Chronique des pharaons, l'histoire règne par règne des pharaons et des dynasties de l'Egypte ancienne*, Castermann, 1995

Peter A. Clayton, *L'Égypte retrouvée, artistes et voyageurs des années romantiques*, Seghers, 1984

Mark Collier et Bill Manley, *How to Read Egyptian*, Londres 1998

François Daumas, *La Civilisation de l'Égypte pharaonique*, Arthaud, 1988

Elisabeth Delange, *Catalogue des statues égyptiennes du Moyen Empire, 2060-1560 avant J.-C.* (musée du Louvre), Réunion des musées nationaux, 1987

Elisabeth Delange, *Aménophis III, le Pharaon-Soleil*, Réunion des musées nationaux, 1993

Thierry De Putter et Christina Karlshausen, *Les pierres utilisées dans la sculpture et l'architecture de l'Egypte pharaonique*, Connaissance de l'Egypte ancienne, 1992

Christiane Desroches Noblecourt, *La femme au temps des Pharaons*, Stock/Pernoud, 1988

Christiane Desroches Noblecourt, *La Grande Nubiade ou le parcours d'une égyptologue*, Stock/Pernoud, 1992

Christiane Desroches Noblecourt, *Toutankhamon, Vie et mort d'un pharaon*, Pygmalion, 1977

Michel Dewachter et Charles Coulston Gillipsie (dir.), *Monuments de l'Égypte*, l'édition impériale de 1809, Hazan, 1988

Sergio Donadoni (dir.), *L'homme égyptien*, Seuil, 1992

Anna Maria Donadoni Roveri, *Civilisation des Égyptiens, 3 tomes : La vie quotidienne/Les croyances religieuses/Les arts de la célébration*, Electa, 1987

Françoise Dunand et Christiane Zivie-Coche, *Dieux et hommes en Égypte. 3000 avant J.-C. - 395 après J.-C.* Anthropologie religieuse, Armand Colin, 1991

Arne Eggebrecht, *L'Égypte ancienne, 3 000 ans d'histoire et de civilisation au royaume des pharaons*, Bordas, 1997

Henry George Fischer, *L'écriture et l'art de l'Égypte ancienne. Quatre leçons sur la paléographie et l'épigraphie pharaoniques*, Presses universitaires de France, 1986

Rita E. Freed (dir.), *Pharaohs of the Sun*, Boston 1999

Renate Germer, *Momies, la vie après la mort dans l'ancienne Égypte*, Flammarion, 1997

Pierre Grandet, *Ramsès III, histoire d'un règne*, Pygmalion, 1993

Pierre Grandet, *Hymnes de la religion d'Aton (Hymnes du XIVe siècle avant J.-C.)*, Seuil, 1995

Pierre Grandet et Bernard Mathieu, *Cours d'Égyptien hiéroglyphique*. Vol. I et II, Khéops, 1990, 1993

Nicolas Grimal, *Histoire de l'Égypte ancienne*, Fayard, 1988

Jean-Claude Golvin et Jean-Claude Goyon, *Les bâtisseurs de Karnak*, Presses du CNRS, 1987

Zahi Hawass (dir.), *The Treasures of the Pyramids*, New York 2003

Erik Hornung, *Les Dieux de l'Égypte, le un et le multiple*, Rocher, 1990

Erik Hornung, *L'esprit du temps des pharaons*, P. Lebaud, 1996

Erik Hornung, *Einführung in die Ägyptologie : Stand, Methoden, Aufgaben*, Darmstadt 1993

Jean-Marcel Humbert, Michael Pantazzi, Christiane Ziegler, *Egyptomania, l'Égypte dans l'art occidental, 1730-1930*, Réunion des musées nationaux, 1994

Geneviève Husson et Dominique Valbelle, *L'État et les institutions en Égypte des premiers pharaons aux empereurs romains*, Armand Colin, 1992

Thomas G. H. James, *Le Peuple de pharaon, culture, société et vie quotidienne*, Rocher, 1988

Claire Lalouette, *L'Empire des Ramsès*, Fayard, 1985

Claire Lalouette, *Contes et récits de l'Égypte ancienne*, Flammarion, 1995

J.-P. Lauer, *Saqqarah - une vie*, Payot 1992

Jean Leclant (dir.), *Les pharaons*, Univers des Formes, Gallimard
Vol. I : *Le Temps des pyramides. De la Préhistoire aux Hyksos (1560 av. J.-C.)*, 1978
Vol. II : *L'Empire des Conquérants. L'Égypte au Nouvel Empire (1560-1070)*
Vol. III : *L'Égypte du crépuscule. De Tanis à Méroé 1070 av. J.-C. - IVe siècle apr. J.-C.*, 1980

L'Égypte des millénaires obscurs (Exposition. Marseille, Musée de la Vieille Charité. 1990) Musée Cantini 1990

Emmanuel Le Roy Ladurie (dir.), *Mémoires d'Égypte, Hommage de l'Europe à Champollion*, La Nuée bleue, 1990

Manfred Lurker, *Dictionnaire des dieux et des symboles des anciens Égyptiens*, Pardès, 1994

Jaromír Málek und Werner Forman, *In the Shadows of the Pyramids. Egypt During the Old Kingdom*, London 1986

Dimitri Meeks et Christine Favard-Meeks, *Les dieux égyptiens*, Hachette, 1993

Bernadette Menu, *Petite grammaire de l'égyptien hiéroglyphique*, Paris, 1989

Naissance de l'écriture cunéiformes et hiéroglyphes (exposition. Paris, 1982), Réunion des musées nationaux, 1982

J. Romer, *Histoire de la Vallée des Rois*, P. Lebaud, 1994

Stéphane Rossini et Ruth Schumann-Antelme, *Nétèr, Dieux d'Égypte*, Trimégiste, 1992

Gilles Roulin, *Le Livre de la Nuit : une composition égyptienne de l'au-delà*, OBO 147, 1-2, Fribourg, Suisse : Ed. Univ., 1996

Edna R. Russmann (dir.), *Eternal Egypt*, Londres - New York 2001

Mohamed Saleh et Hourig Sourouzian, *Musée égyptien du Caire*, P. von Zabern, 1987

Serge Sauneron, *Les prêtres de l'ancienne Égypte*, Perséa, 1988

Thomas Schneider, *Lexikon der Pharaonen. Die altägyptischen Könige von der Frühzeit bis zur Römerherrschaft*, Zürich 1994

Alberto Siliotti, *Égypte, terre des pharaons*, Gründ, 1994

Ian Shaw (dir.), *The Oxford History of Ancient Egypt*, Oxford 2000

Rainer Stadelmann, *Die ägyptischen Pyramiden. Vom Ziegelbau zum Weltwunder*, Mainz 1985

Soudan, royaumes sur le Nil (exposition, Paris, Inst. du Monde arabe, 1997), Flammarion, 1997

Dominique Valbelle, *Les neuf arcs. L'Égyptien et les Étrangers de la préhistoire à la conquête d'Alexandre*, Armand Colin, 1990.

Dominique Valbelle, « *Les ouvriers de la tombe* », *Deir el-Médineh à l'époque ramesside*, IFAO, 1985

Claude Vandersleyen, *L'Égypte et la vallée du Nil, Tome 2, De la fin de l'Ancien Empire à la fin du Nouvel Empire*, PUF, 1995

Jean Vercoutter, *À la recherche de l'Égypte oubliée*, Gallimard, 1989

Jean Vercoutter, *L'Égypte et la vallée du Nil, Tome 1, Des origines à la fin de l'Ancien Empire*, PUF, 1992

Robert Vergnieux et Michel Gondran, *Aménophis IV et les pierres du soleil, Akhénaton retrouvé*, Arthaud, 1997

Pascal Vernus, *Affaires et scandales sous les Ramsès. La crise des valeurs dans l'Égypte du Nouvel Empire*, Pygmalion, 1993

Pascal Vernus, *Chants d'amour de l'Égypte antique*, Imprimerie nationale, 1992

Pascal Vernus et Jean Yoyotte, *Dictionnaire des pharaons*, Noêsis, 1996

Pascal Vernus, *Essai sur la conscience de l'histoire de l'Égypte pharaonique*, Champion, 1995

Susan Walker et Peter Higgs (ed), *Cleopatra of Egypt*, Londres 2001

Dietrich Wildung, *L'Âge d'or de l'Égypte, le Moyen Empire*, OLF, 1984

Richard H. Wilkinson, *The Complete Temples of Ancient Egypt*, Londres 2000

Christiane Ziegler, *Les statues égyptiennes de l'Ancien Empire* (musée du Louvre), Réunion des musées nationaux, 1998

Christiane Ziegler, *Catalogue des stèles, peintures et reliefs égyptien de l'Ancien Empire et de la Première Période Intermédiaire vers 2686-2040 avant J.-C.* (musée du Louvre), Réunion des musées nationaux, 1990

Alain Zivie, *Découverte à Saqqarah. Le vizir oublié*, Seuil, 1991.

Auteurs

Prof. Dr. Hartwig Altenmüller
Université de Hambourg, Archäologisches Institut ; Professeur émérite de la section Égyptologie.
Recherches : les tombes de l'Ancien et du Nouvel Empire ; fouilles dans la Vallée des Rois.

Dr. Dorothea Arnold
New York, Metropolitan Museum of Art, Department of Egyptian Antiquities ; Conservateur en chef.
Recherches : l'art du Moyen Empire et la céramique de l'Égypte ancienne.

Dr. Edith Bernhauer
Munich, Université, Institut für Ägyptologie, chargée de cours.
Recherches : l'architecture et la sculpture de l'Égypte ancienne.

Prof. Dr. Günter Burkard
Université de Munich, Institut für Ägyptologie ; Directeur.
Recherches : la langue et la littérature de l'Égypte ancienne ; projet de recherche de la DFG sur les ostraca non-littéraires de Deir el-Médineh.

Dr. Albrecht Endruweit
Université de Göttingen, Seminar für Ägyptologie und Koptologie ; chargé de cours.
Recherches : l'architecture de l'Égypte ancienne et du Proche-Orient.

Privatdozent Dr. Rita E. Freed
Boston, Museum of Fine Arts, Department of Ancient Egyptian, Nubian and Near Eastern Art ; Conservateur. Chairperson du Comité International pour l'Égyptologie (CIPEG) in ICOM.
Recherches : l'art de l'Égypte ancienne ; fouilles à Saqqara.

Privatdozent Dr. Renate Germer
Université de Hambourg, Archäologisches Institut ; collaboratrice scientifique.
Recherches : études interdisciplinaires entre les sciences physiques et naturelles et l'Égyptologie ; la flore et les momies de l'Égypte ancienne.

Prof. Dr. Dr. Manfred Görg
Université de Munich, Institut für Biblische Exegese ; Professeur émérite.
Recherches : la théologie de l'Ancien Testament, l'histoire des religions orientales anciennes et les études des relations entre l'Égypte et Israël.

Dr. Manfred Gutgesell
Hannovre ; collaborateur scientifique indépendant, Égyptologue.
Recherches : l'économie de l'Égypte ancienne et la numismatique du monde antique.

Dr. Friederike Kampp-Seyfried
Leipzig, Ägyptisches Museum der Universität, conservatrice.
Recherches : l'archéologie de la nécropole thébaine et l'histoire du Nouvel Empire ; fouilles à Gourna (Thèbes).

Prof. Dr. Dieter Kessler
Université de Munich, Institut für Ägyptologie ; Professeur d'Égyptologie.
Recherches : la religion et le culte des animaux de l'Égypte ancienne ; fouilles à Touna el-Gébel.

Rosemarie Klemm, M.A.
Université de Munich, Institut für Ägyptologie ; chargée de cours et collaboratrice scientifique.
Recherches : l'archéologie (géologie) et l'archéométrie ; travaux sur le terrain en Égypte et au Soudan. Projet de la VW-Stiftung sur la métallurgie de l'or et du cuivre au nord du Soudan.

Prof. Dr. Dieter Kurth
Université de Hambourg, Archäologisches Institut ; Professeur d'Égyptologie.
Recherches : l'Égypte gréco-romaine ; projet de documentation du temple d'Edfou.

Prof. Dr. Ulrich Luft
Université de Budapest, Seminar für Ägyptologie ; Professeur d'Égyptologie.
Recherches : la philologie, l'histoire de la religion et la papyrologie de l'Égypte ancienne.

Dr. Eva Pardey
Université de Hambourg, Archäologisches Institut ; chargée de cours et collaboratrice scientifique.
Recherches : l'administration et le droit de l'Égypte ancienne.

Prof. Dr. Daniel Polz
Le Caire, Deutsches Archäologisches Institut ; 2ème Directeur.
Recherches : l'archéologie de la nécropole thébaine au début du Nouvel Empire ; fouilles à Dra bou el-Naga (Thèbes).

Dr. Wafaa el-Saddik
Le Caire, Conseil Suprême des Antiquités de l'Égypte ; collaboratrice.
Recherches : l'histoire de la Basse Époque ; activités pédagogiques dans les collections égyptiennes.

Prof. Dr. Helmut Satzinger
Vienne, Kunsthistorisches Museum, Ägyptisch-Orientalische Sammlung ; Directeur à la retraite.
Recherches : la grammaire égyptienne, l'épigraphie et l'art.

Prof. Dr. Thomas Schneider
Bâle, Ägyptologisches Seminar der Universität ; Assistant.
Recherches : l'histoire et la linguistique de l'Égypte ancienne ; études des relations entre l'Égypte et le Proche-Orient.

Dr. Marcel Schoch
Munich, collaborateur scientifique indépendant et restaurateur.
Recherches : l'archéométrie, les méthodes de datation scientifiques et conventionnelles et la topographie.

Prof. Dr. Regine Schulz
Université de Munich, Institut für Ägyptologie ; Professeur d'égyptologie. Baltimore, The Walters Art Museum, Director of Curatorial Division et Curator of Ancient Art, Chairperson of the International Committee for Egyptology (CIPEG) in ICOM.
Recherches : l'histoire de l'art et de la religion de l'Égypte ancienne, et la coptologie.

Dr. Matthias Seidel
Baltimore, The Walters Art Museum, Department of Ancient Art, Research Associate and Consultant.
Recherches : l'archéologie et l'histoire de l'art.

Privatdozent Dr. Stephan Seidlmayer
Université de Berlin, Ägyptologisches Seminar ; Privatdozent ; Berlin-Brandenburgische Akademie der Wissenschaften, Altägyptisches Wörterbuch, Directeur.
Recherches : l'archéologie, l'histoire de l'époque thinite et de l'Ancien Empire, la société et la culture de l'Égypte ancienne.

Prof. Dr. Abdel Ghaffar Shedid
Le Caire, Université d'Hélouan, Académie des Beaux-Arts, section Histoire de l'Art ; Professeur. Munich, Institut für Ägyptologie ; chargé de cours.
Recherches : la peinture de l'Égypte ancienne ; l'histoire de l'art.

Elisabeth Siebert, M.A.
Munich.
Recherches : l'art de la Basse époque.

Dr. d'État des lettres Hourig Sourouzian
Le Caire, Deutsches Archäologisches Institut ; Membre correspondant. Munich, Institut für Ägyptologie ; chargée de cours.
Recherches : l'histoire de l'art de l'Égypte ancienne ; l'étude des monuments arméniens.

Prof. Dr. Rainer Stadelmann
Le Caire, Deutsches Archäologisches Institut ; Directeur général à la retraite.
Recherches : l'archéologie de l'Égypte ancienne et l'architecture au temps des pyramides ; fouilles notamment à Dahshour.

Dr. Christine Strauß-Seeber
Université de Munich, Institut für Ägyptologie ; collaboratrice indépendante.
Recherches : l'histoire de l'art et de la religion de l'Égypte ancienne.

Dr. Martina Ullmann
Université de Munich, Institut für Ägyptologie ; collaborateur scientifique.
Recherches : la langue et la religion de l'Égypte ancienne.

Prof. Dr. Ursula Verhoeven
Université de Mayence, Institut für Ägyptologie ; Professeur titulaire d'Égyptologie. Recherches : l'écriture, la littérature, la langue et la religion de l'Égypte ancienne.

Gabriele Wenzel, M.A.
Munich ; collaboratrice scientifique indépendante.
Recherches : l'histoire de l'art de l'Égypte ancienne sous l'Ancien Empire.

Joachim Willeitner, M.A.
Munich, collaborateur scientifique indépendant.
Recherches : les relations de l'Égypte et des pays voisins.

Dr. Stefan Wimmer
Université de Munich, Institut für Ägyptologie ; chargé de cours. Munich, Bayerisches Staatsbibliothek, Orientabteilung, collaborateur scientifique.
Recherches : la paléographie hiératique et l'étude des relations entre l'Égypte et le Proche-Orient.

Dr. Susanne Wohlfarth
Munich ; collaboratrice indépendante.
Recherches : la peinture de l'Égypte ancienne.

Index

Abd el-Rassoul *240*
Abou Gourob *71-72, 135, 144, 146, 453*
Abou Hamed *143*
Abou Roash *33, 35, 707 77, 412*
Abou Simbel *150, 213-215, 435, 496, 505*
Abousir *42, 45, 69-72, 79*
Abousir el-Mélek *319*
Abydos *14, 23, 25-28, 30-32, 37, 42, 45, 47, 53, 76, 113, 117, 135, 199, 208-211, 253, 292, 328, 336, 343, 417, 422, 439, 457, 468, 479, 487, 496, 500-501*
Actium *294*
Aha *25, 27, 30-31, 33, 49, 500*
Ahmès-Néfertari *173, 183, 191*
Ahmosis *25,107,143-146,157, 199*
Akerblad, Johan David *344*
Akhénaton v. Aménophis IV
Akhétaton *149, 199-203, 264*
Akhmim *146, 149-150, 320-321, 450*
Aksoum *295*
Alalakh *151*
Alexandre le Grand *291-293, 297, 313, 371*
Alexandre IV *291*
Alexandrie *151, 195, 206, 291-295, 313-315, 319, 353, 411, 429, 443, 494*
Aline *318*
Amada *137*
Amanislo *212*
(el-) Amarna v. Tell el-Amarna
Amasis *273-274, 277, 282, 286-287, 313, 325*
Amaunet *161, 179, 183, 420*
Aménardis *274, 281*
Amenemhat *487*
Amenemhat (Assassif) *127*
Amenemhat (Béni Hassan) *121, 126*
Amenemhat (Vizir) v. Amenemhat Ier
Amenemhat Ier *64, 106-107, 111-112, 122*
Amenemhat II *125, 133, 139, 487*
Amenemhat III *107,114-117,125,137, 139-141*
Amenemhat IV *140*
Aménémopé (roi) *280-281*
Aménémopé (TT 41) *251*
Aménémopé (Deir el-Médineh) *249*
Amenhotep (fils de Hapou) *148, 164, 213, 451*
Aménophis *151*
Aménophis *403*
Aménophis Ier *144, 155-157, 162, 173, 183, 199, 360*
Aménophis II *75, 146, 154, 161-162, 174, 199, 218-219, 235, 243, 257-258, 324, 348, 358*
Aménophis III *136, 145-146, 149, 153-158, 162, 164-165, 175-179, 182-183, 188-191, 196, 199, 211-213, 217, 219, 226-227, 243-244, 257, 259, 325, 328, 337, 340, 352, 356, 379, 395, 396, 401, 436, 451, 453, 473, 504*
Aménophis IV/Akhénaton *146, 149-150, 153-154, 164-165, 177, 199-203, 217, 235, 239, 250, 338, 340, 345, 356, 363, 396-397, 424-426, 443, 453, 497*
Amon *105, 109, 135-136, 144-145, 149-151, 153-157, 159, 162, 165-166, 169, 173-175, 177, 180, 183, 186, 190-192, 197-199, 207-209, 211-214, 242-243, 271, 273, 277-279, 281-282, 286, 291, 293, 299, 305, 313, 324-325, 329, 339, 341, 420, 422, 424-428, 435, 443, 451, 454, 456, 488-489, 504*
Amon-Min *110*
Amon-Rê *153-154, 156-159, 166-167, 169-171, 173, 175, 177--180, 183-184, 190-191, 198, 208, 211, 213-215, 269, 284, 287, 352, 357, 424-428, 434-435, 443, 454*
Amon-Rê-Kamoutef *136, 153, 183*
Amonherkhepeshef (QV 55) *247*
Amonkha *221*

Amourrou *150*
Amset *237, 240, 462-463*
Amyrtée *275*
Anastasi, Giovanni *494*
Anfoushy *315*
Ani (Deir el-Médineh) *489*
Ani (Sagesse d') *485, 488*
Ani (Papyrus) *479*
Aniba *211*
Ankhèsenamon *150, 239, 241*
Ankhèsenpaaton v. Ankhèsenamon
Ankhhaef *103*
Ankhiry *488*
Ankhkhéperoure *149*
Ankhtifi *119, 122*
Antef (nomarque) *127*
Antef *489*
Antefoqer (TT 60) *122, 402*
Antinooupolis *295*
Antinous *295*
Antiochos Ier *294*
Antiochos III *293*
Antiochos IV *294*
Antoine *294-295*
Anubis *49, 80, 82, 111, 183, 186, 218., 221, 226-227, 229, 313-314, 317, 351, 425, 429, 468, 419, 471, 473, 479*
Aphrodite
Aphroditopolis *429*
Apis *443, 451, 461, 474, 496*
Apollinopolis (magna) *429*
Apophis (dieu) *222, 445-446*
Apophis (roi) *133, 324*
Apriès *273-274, 282, 395*
Arsinoé II *293-294*
Artemidorus *468*
Arzawa *148*
Ashdod *151, 271*
Assiout *12, 14, 105, 119, 128, 365, 485-486*
Assouan *9, 36, 119, 183, 189, 278, 293, 295, 303, 306, 318, 357, 411-415, 494, 499, 501, 504*
Assour *144, 148, 273*
Astarté *309, 464*
Atet *123*
Athéna *440*
Athènes *275*
Athribis *53*
Aton *148-149, 154, 165, 199-201, 338, 424-425, 443*
Atoum *135-136, 177, 192, 204, 214, 313, 417, 420, 425, 433-434, 447, 449, 484*
Auguste *291, 294-295, 299*
Avaris *107, 133, 143, 207, 499, 501*
Ay *150, 155, 212, 217, 226, 264-265, 269, 339*
Baalat *43*
Babaef *98*
el-Babeïn *213*
Babylone *148, 273, 291*
Badari *12-14, 331*
Bagaouat *320*
Bahariya *45, 274*
Bahr Youssouf *292, 379*
Baka *70*
Baqet *126*
Bastet *277, 429, 441, 443, 452, 469, 475*
Beit el-Ouali *213*
Belzoni, Giovanni Battista *67, 192, 195, 218, 494*
Béni Hassan *119-121, 123-126, 249*
Bénia (TT 343) *253, 258*
Bérénice II *293*
el-Bersheh *119, 123, 126, 129*

Bès *301, 405, 409, 437, 443*
Biahmou *137*
Biban el-Harim v. Vallée des Reines
Biban el-Molouk v. Vallée des Rois
Bichéris *70*
Biggeh *299, 303, 306*
Birket Habou *153, 155*
Birket Qaroun v. Moéris (Lac)
Bonaparte, Napoléon *155, 217, 343, 494, 499*
Borchardt, Ludwig *497*
Boubastis *42, 272, 277, 443, 452-453*
Bouhen *43, 45, 199, 307, 327*
Bouto *11-12, 21, 43, 47, 49*
Brown, Thomas *494*
Brugsch, Emil *240, 243*
Butana (plaine du) *295*
Byblos *43, 106-107, 149, 271, 284, 353, 368*
Cambyse *274, 287*
Caracalla *320*
Carnarvon, Lord *219, 229, 231*
Carter, Howard *219, 229, 231-233, 235, 239-240, 497*
César *294, 353*
Césarion *294*
Chabrias *275*
Champollion, Jean-François *192, 218, 343-345, 494, 496, 499*
Chéops *41, 56-59, 63-66, 70, 75-77, 79, 95-96, 100, 102, 313, 412, 419*
Chéphren *42, 59, 61, 63-64, 66-67, 70, 75, 77, 96, 100, 102, 413*
Chichak *271*
Cléopâtre Séléné *291, 295*
Cléopâtre VII Philopator *291, 294-295*
Colbert, Jean-Baptiste *494*
Côme de Jérusalem *493*
Constantinople *295*
Coptos *30, 35, 42, 45, 333, 417, 422*
Crète *145-146, 291*
Crum, Walter Ewing *496*
Cyrène *273-274*
Cyrus *274*
Dabod *293*
Dakhla *45, 271, 305, 317, 319-320*
Dakka *293*
Dahshour *56-60, 64, 75, 79, 107, 113, 1 15-117*
Daphnae *273*
Darius Ier *274, 277, 279, 286-288*
Davis, Theodore M. *219*
Decius *323*
Deir el-Bahari *105, 109-110, 143-144, 153, 183-187, 233, 240, 242-244, 282, 284, 325, 337, 434, 455-456, 477, 496*
Deir el-Ballas *144*
Deir el-Hagar *317*
Deir el-Médineh *153, 155, 221, 249, 254, 259, 262-263, 331, 354-355, 358, 360, 371-372, 374, 390-391, 406, 451, 485, 488-489*
Deir Rifeh *119*
Deir Tasa *12*
Delphes *273*
Den *31-32, 34*
Dendéra *134-135, 277, 292, 294, 297, 299-301, 305-306, 309-310, 315, 429, 445, 454, 496*
Dendour *505*
Denon, D Vivant *217, 494, 499*
Derr *213*
Diodore *313, 459, 491*
Diospolis magna v. Thèbes
Djedamoniou (ès) ânkh *489*
Djedefrê *64, 70, 75, 77*
Djedesiouefankh *467*
Djefaihâpi *485*
Djéhouti *157, 367, 474*

Djéhoutihetep *415*
Djéhoutihotep *126*
Djéhoutinéfer (TT 104) *393*
Djêmé *153*
Djer *30, 32*
Djéser *22-23, 32, 34, 37, 43, 45, 47-55, 95, 113, 191, 264, 334, 453, 461*
Djéseret *184*
Dongola *45, 95, 273*
Douamoutef *237, 462-463*
Dra Abou el-Naga *127, 244, 456, 501*
Drovetti, Bernardino *494*
Ebers, Georg *496*
Ebla v. Tell Mardikh
Edfou v. Tell Edfou
Ehnasiya el-Médineh v. Héracléopolis (magna)
Elam *273*
Éléphantine *34, 36, 42-43, 45, 53, 125, 136, 145, 199, 273-274, 327, 366, 377, 488, 496, 498, 501, 504*
Elkab *10, 145, 360-362*
Ératosthène *292, 445*
Ergamène *293*
Erman, Adolf *222, 496*
Ermant *134-135, 141, 199, 294*
Esna *295, 297, 299, 305-306, 360, 445*
Evagoras *275*
Euphrate *143-144, 352*
Ezana *295*
Ezbet Bashandi *320*
Ezbet Mahlouf *315*
Fayoum *10-12, 15, 21, 33, 43, 56-58, 107, 114, 117, 137, 139-140, 144, 146, 292, 294, 318-320, 378-379, 383, 389, 393, 412, 423, 431, 467*
Frédéric II (Empereur) *493*
Frédéric Guillaume IV *218*
Gabbari *315*
Gaius Petronius *295*
Gardiner, Sir Alan H. *496*
Gaza *105, 144-145, 151, 272*
Geb *226, 228, 256, 277, 294, 305, 323, 434, 447-448*
Gébel Barkal *212, 427*
Gébel el-Ahmar *189, 412*
Gébel el-Arak *26, 28*
Gébel el-Maouta *317, 319*
Gébel el-Silsileh *332, 412-413*
Gébel Qatrani *43, 412, 415*
Gébel Rokham *412*
Gébel Zeit *106*
Gébelein *39, 107, 119, 122, 127, 135, 417*
Gerf Hussein *213*
Gilf Kébir *499*
Giza *42, 57, 59, 61, 63-68, 72, 75-77, 79-83, 95, 97-101, 112, 123, 133, 324, 331, 389, 412, 414, 482, 493, 506*
Goua *474*
Gourna *191-192, 217, 249*
Gournet Mouraï *155*
Grapow, Hermann *496*
Greaves, John *494*
Hadrien *217, 295, 306*
Hakoris *275*
Hamath *273*
Haouara *114, 117, 318, 320, 468*
Hâpy (dieu) *114, 379, 423*
Hâpy (fils d'Horus) *237, 462-463*
Harbès *333*
Harmachis *75, 324*
Haroëris *297, 299, 304-305, 454*
Harpocrate *291, 294, 437, 439, 443*
Harsaphès *426*

534 INDEX

Harsiésis 294, 309
Hathor 29, 39, 43, 57, 77, 82, 89, 109-110, 134, 161, 183-184, 186, 204-206, 213, 215, 217, 218, 221, 245, 259, 269, 294, 297, 299, 301, 305-306, 309-310, 331, 334, 429, 434, 436-437, 439, 441, 443, 445, 454, 456, 469, 483
Hatméhit 277
Hatnoub 156, 415
Hatshepsout 143-144, 154-155, 157-160, 162, 175-176, 183-188, 199, 219, 227, 282, 299, 325, 336-337, 357, 395, 425, 45 1, 455, 496
Hay 441
Hazor 106
Héfat 119, 122, 126-127
Heh 116, 301, 420
Hehet 420
Hékou 332
Héliopolis 42, 135-136, 168, 189, 205-206, 208, 211, 227, 286, 417, 420, 424, 433-434, 445, 447, 457
Hélouan 10-11, 33
Hemiounou 64-65, 95, 103
Henoutméhit 475, 479
Henoutsen 64
Hény 480
Héqaib 136, 451, 488, 498
Héracléopolis (magna) 43, 105, 272-273, 309, 426
Hérihor 151, 329
Hermès 440, 485
Hermopolis (magna) 201, 203, 272, 308, 318, 417, 420, 424, 435, 445, 447
Hérodote 25, 64, 117, 205, 274, 280, 282, 393, 459-463, 472, 491
Hésy 123
Hetep 128, 480
Hetepdief 333, 335, 420
Hetephérès 59, 64
el-Hibeh 294
Hibis 277, 279
Hiéraconpolis 21, 23, 26-27, 33, 38-39, 106, 123, 140, 328, 417-419
Hor 107, 115
Horakhty 313, 437
Horapollon l'Ancien 494
Horemheb 150, 155, 157, 162, 164, 167, 170, 175, 177, 218-219, 221-222, 226-227, 243, 264, 267, 269, 284, 339, 358, 434, 453-454, 507
Horemousekhet 408
Horhernakht 408
Hori 221
Hornakht 281
Hornung, Erik 505
Horus 28, 91, 111, 116, 133, 145, 208, 211, 289, 305-311, 317, 323, 325, 329, 357, 417-421, 425, 428-429, 43 1, 435-440, 446, 452, 454, 468, 484, 494
Horus d'Edfou 274, 293-294, 297, 299, 301, 306-309, 311, 429, 454
Horus d'Héracléopolis 264
Horus de Hiéraconpolis 21, 28, 39, 417
Hotepsekhemoui 37
Hounéfer 351
Houni 42, 53, 56
Iahtèsnakht 486
Iam 45
Ibentina 259-260
al-Idrisi 493
Ihat 483
Ihi 299, 301
Ika 91
Illahoun 113, 116, 381, 389
Imhotep (Djéser) 47, 49, 308, 451
Imhotep 484
Inaros 275
Inéni 156, 217, 393
Ipet 153, l 75, 178-179, 454
Ipi 89
Ipouki (TT 181) 373
Ir-âa-Khonsou 341
Irinéfer (TT 290) 262

Isési 45
Isidore de Narmouthis 491
Isis 91, 129, 198, 208-209, 211, 222, 226-228, 231, 236, 240, 245, 247, 274, 278, 291, 293-295, 297, 299-300, 303, 305, 308-311, 313, 428-429, 431, 437, 439-440, 447, 468, 473, 484, 489, 491, 494
Isis-Nekhbet 428
Isis-Ouadjet 428
Isis-Sothis 305
It 408
It 480
Iti 122
Itisen 95
Itjtaoui 107, 109, 117
Iounit 134
Iounou 81
Iouya 219, 352
Joseph 491
Juball 291, 295
Juda 272-273
Justinien 295
Kahay 82, 84, 86
Kahoun v. Illahoun
Kalabsha 297, 505
Kamosis 107, 143, 157
Kamoutef 183, 435
Ka-nakht 352
Kaoua 273, 278
Kaouab 95
Kar 425
Karkémish 151, 273
Karnak 106-107, 135-136, 144, 149-151, 153-175, 178-180, 183-184, 191, 199-200, 203, 261, 269, 273, 277-278, 287-288, 291, 294, 333, 357-358, 363, 395, 426, 451, 455-456, 488, 504, 506-507
Karomama 277, 287, 451
Karoy 352
Kashta 274
Keket 420
Kekou 420
Kellis 305
Kem 487
Ken 424
Kerma 106, 143, 145
Khâ (TT 8) 403-404, 407
Khâemouaset 150, 453
Khamerernebti 42, 68, 334
Kharga 271, 277, 305, 320
Khartoum 295
Khasekhemoui 31, 37-39, 47, 53
Khemmis 91
Khénou 82
Khent 96
Khentamentiou 32, 42, 487
Khentkaous 70, 387
Khépri 239, 245, 328, 433-434
Khériouef (TT 192) 149
Khéti 105, 408
Khéti (Béni Hassan) 120
Khnoum 274, 297, 305, 323, 325, 328, 471, 498
Khnoumhotep (Saqqara) 80, 88, 91, 400-401
Khnoumhotep II 123-125, 407
Khonsou 166, 170, 173, 175, 178-179, 183, 191, 277-278, 299, 435, 454
Kiki 256
Kircher, Athanase 493
Kiya 149
Knossos 114
Kôm Abou Billou 317, 320
Kôm el-Heitan 188
Kôm el-Schougafa 313-315
Kôm Ombo 297, 299, 304, 412, 454
Koromidou 146
Koroşko 23
Kourkour 45
Koush 145, 272, 285, 293-294, 357
Legrain, Georges 174
Léontopolis 272
Lepsius, Karl Richard 167, 218-219, 268, 494, 496

Lisht 64,107, 109,111-112, 117
Loret, Victor 219
Louis XIV 494
Louqsor 14, 21, 109, 153, 162, 166, 175-182, 249, 285, 291, 300, 325, 412, 433-434, 454-455, 457, 488, 493, 504
Lysimaque 294
Maadi 11, 15
Maât 324, 328, 392, 440-441
Maâtkarê 469
el-Mala 379
Malqata 148, 153, 379, 397, 401
al-Mamoun 493
Manéthon 292
Mansala (lac de) 383
al-Maqrizi 493
Marc Aurèle 206
Mariette, Auguste 496
Martin, Geoffirey Th. 264
Maspero, Gaston 240, 243, 496
Maya 268-269, 339
Médamoud 138
Médinet el-Fayoum 114, 137, 140
Médinet Habou 151, 153, 175, 183, 196-199, 281-282, 395, 397, 454, 493, 502
Médinet Madi 137
Mégiddo 144, 272-273, 451
Méhetenousekhet 281
Méhou 82, 89
Meïdoum 53, 57-59, 64, 102, 123
Meir 119, 123, 126, 128-130, 321
Méketrê (TT280) 130-131, 389
Mémisabou 96
Memnon 188- 189, 192- 193, 195
Memphis 32-33,41,43,79,95, 106, 111, 119, 127, 141, 143-144, 146, 148-150, 153, 199,204, 205, 208, 259, 264-265, 272-275, 282-283, 291, 294, 333, 335, 341, 343, 357, 371, 379, 395, 417, 420, 423, 425, 431, 434, 445, 447, 484-285, 494, 499, 501
Mendès 275, 277, 283, 325
Ménéna (TT 69) 283, 375, 377
Ménès v. Aha
Mentouhotep II 25, 105-106, 109-110, 134-135, 139, 143, 155, 184, 186, 407
Mentouhotep III 134-135
Mentouhotep IV 107
Mérenptah 133, 149, 151, 155, 172, 190, 196-197, 204-206, 213, 218-219, 228, 243, 324, 395
Méréret 116
Mérérouka 79-80, 85, 93, 372, 379
Meresânkh 56
Meresger 441
Méri (TT 95) 504
Merib 80
Mérikarê 329
Mérimdé (Béni-Salamé) 10-12, 331
Mérit (TT 96) 256, 258
Mérit (Saqqara) 268-269, 339
Méritaton 149, 201
Méritéti 79
Mérititès 64
Merneith 31
Méroé 293, 295, 329
Mésehti 365
Mésen 309
Migdol 273
Min 18, 30, 42, 199, 305, 327, 333-334, 381, 417, 422, 457
Minkhaef 95
Mitanni 144, 146, 149, 357
Mnévis 307
Mo'alla v. Héfat
Moéris (lac) 379, 383
Mons Claudianus 295, 412-413
Mons Porphyritès 295, 412
Mont Carmel 45
Montet, Pierre 280, 497
Montou 105, 134-136, 138, 141, 154, 278, 305, 323, 422-423
Montouemhat (TT 34) 282-283, 287

Montou-her 75
Mose 207
Mostagedda 13
Mout 154, 161-162, 166, 169-170, 173, 175, 178-179, 183, 191, 277-278, 435, 454
Moutirdis 472
Moutnedjmet 267
Moutnofret 261
Mouwatalli 368
Mycène 145
Mykérinos 42, 61, 63, 68, 70, 75, 77, 95, 331, 334
Nagada 23, 26, 30, 37, 49
Naharina 143, 352
Nakht 392
Nakht 485
Nakht (TT 52) 253, 255, 257, 380, 456
Nakhtefmout 489
Nakhti 128
Napata 145, 273-274, 282, 293, 295
Naqsh-i Roustem 282
Naref 309
Narmer 27-28, 333, 335, 418-419
Naucratis 274, 313
Naunet 420
Nébamon (TT 146) 456
Nebmertouf 349
Nectanébo 275
Nectanébo Ier 275, 277-278, 286, 303
Nectanébo II 275, 277, 291, 371, 428
Nedjmet 329
Néfer (Saqqara) 82, 84, 86
Néfer (Giza) 335
Néferefre 72
Néferhotep (TT 50) 259
Néferhotep Ier 107, 488
Néferirkarê 69-70, 353
Néferkarê 325
Néfermaât 64, 123
Néfernisout 482
Néferourê 159
Néferrenpet (TT 178) 256, 374
Néferrenpet (Vizir) 220
Néfersekherou (TT 296) 254
Néfertari 172, 180, 213, 215, 244-245, 247, 503-504
Néfertem 208, 332, 434
Néfertiabet 419
Néfertiti 146, 149-150, 165, 200-201, 203, 338, 340, 424, 443, 496, 506
Néhési 107
Neith 82, 226-228, 236, 274, 282, 288, 305, 417, 427, 440-441, 452, 473
Nekhbet 111, 198, 235, 277, 306, 323, 327
Nekhen v. Hiéraconpolis
Nékho (Prince de Saïs) 273
Nékho II 273, 279
Néni 355
Nepri 381
Néphéritès Ier 275
Néphéritès II 275
Nephthys 198, 226-228, 236, 247, 313, 429, 439, 447, 473, 484, 489
Nésa 97
Nesmout 489
Nesmoutâatnérou 467
Nésoutnéfer 96
Néyé 261
Niânkhkhnoum 80, 88, 91, 400-401
Niânkhkhnoum 385
Niânkhptah 90
Nikaourê 483
Nimlot 272, 287
Ninetjer 37
Niouserrê 69, 71, 453
Nitocris 42
Nitocris (Divine Adoratrice) 281, 288
Norden, Frederik Ludwig 493-494
Noukhassé 146
Noun 226, 420, 445-447, 449
Nout 222, 226, 305, 309, 343, 445-447, 484
Octavien 294

INDEX 535

Omari *11*
Ombos *37, 417, 421*
Opet v. Ipet
Oronte *144-145, 368-369*
Osiris *42, 73, 82, 113, 130, 133, 135, 183, 208, 211, 218-219, 221, 231, 247, 251-252, 254, 262, 269, 277, 280, 288, 291, 293, 297, 299-300, 303, 305-306, 308-31 1, 313, 325, 333, 336, 351, 379, 381, 392, 417, 419, 421-423, 425-426, 428-429, 431, 437, 439-440, 443, 445, 447, 449, 454, 462-463, 468-469, 473, 477, 479, 484, 486, 489, 494, 501*
Osorkon Ier *271, 284, 287*
Osorkon II *277, 281, 287, 451-453*
Osorkon III *274, 287*
Ouadi Allaqi *45, 145, 293*
Ouadi el-Houdi *106*
Ouadi es-Séboua *213*
Ouadi Garaoui *379*
Ouadi Hamrnamat *43, 106, 286, 412*
Ouadi Maghara *40, 43*
Ouadi Mia *213*
Ouadi Natroun *106*
Ouadi Toumilat *273-274*
Ouadjet *111, 198, 235, 323, 327*
Ouadji *417*
Ouahibrê *288*
Ouaset *153*
Ouatetkhethor *80*
Oudjahorresnet *274, 286-287*
Ougarit *151*
Oukhhotep *126, 128*
Ounas *42, 72-73, 264, 284*
Oundjebaouendjed *280*
Ounout *418*
Ounshet *82*
Oupouaout *211,485*
Ouserhat (TT 56) *254, 256, 336-337*
Ouserkaf *43, 70-72*
Pabasa (TT 279) *282, 288, 382*
Pacôme *431*
Padikhonsou *319*
Pahéri *360-362*
Pami *325*
Pan *443*
Panebtaoui *299*
Panéhési *151, 243*
Panehsi (Amarna) *392*
Panopolis v. Akhmim
Pashédou (TT 3) *262*
Péluse *273-274*
Pépi *97*
Pépi Ier *45, 73, 97, 140, 146, 325*
Pépi II *42, 45, 57, 73, 109, 346*
Peribsen *37, 39*
Persépolis *279*
Pétosiris (Dakhla) *317, 319-320*
Pétosiris (Touna el-Gébel) *315-316, 318-319*
Pétoubastis *317, 319*
Petrie, Sir William Matthew Flinders *18, 116, 196, 496*
Philae *274, 278, 293-295, 297, 299-300, 303, 306, 339, 343, 493-494, 505*
Philippe II *313*
Philippe III Arrhidée *291, 297*
Pi-Ramsès *133, 150, 153, 170, 207, 357, 380, 424, 499-501*
Piânkhi *212, 243, 273-274, 281, 426*
Pinedjem *170, 242-243*
Piye v. Piânkhi
Plutarque *457, 491*
Pnoubs *273*
Pococke, Richard *217, 493-494*
Point *45, 106, 184-185, 357*
Prudhoe, Lord *212*
Psammétique Ier *273, 279-282, 288*
Psammétique II *273, 279, 293, 313*
Psammétique III *282, 287*
Psousennès Ier *114, 280-281, 323*
Ptah *145, 153, 199, 204-205, 207-208, 213-215, 325, 417, 420-421, 424-425, 427, 434-435, 437, 447, 469*

Ptah-Sokar *141, 208*
Ptah-Sokar-Osiris *190*
Ptah-Tatenen *204-205, 329, 437*
Ptahhotep *286*
Ptahhotep (Vizir) *85, 90-91*
Ptolemaïs *292*
Ptolémée *291,431*
Ptolémée Ier Soter *292-293*
Ptolémée II *291, 293-294*
Ptolémée III Evergète Ier *293*
Ptolémée IV *293, 306-307*
Ptolémée V *343, 496*
Ptolémée VIII Evergète II *294, 327*
Ptolémée XII Néos Dionysos *307*
Qaà *31*
Qadesh *144, 149-150, 168, 192-193, 214, 329, 340, 368-369*
el-Qala *300, 304*
Qantir *105, 207, 500*
Qaranis *393*
Qaret el-Mouzaouaqa *317, 319*
Qaroun (Lac) *43, 139*
Qasr Doush *305*
Qasr el-Ghoueida *279*
Qasr es-Sagha *139, 415*
Qatna *106*
Qau el-Kébir *119, 123*
Qebehsenouef *237, 462-463*
Qena *15, 23*
Qeni *406*
Qetinous *320*
Qift *412*
Qoubbet el-Haoua *119-120, 125, 318*
Rahotep *64*
Raja *256*
Rama *463-464*
Ramose (TT 55) *149, 259, 356*
Ramsès Ier *150, 164, 166, 191-192, 208, 218, 222, 265*
Ramsès II *25, 145, 148, 150-151, 155, 157, 166, 168-169, 171-175, 179-180, 182, 192-193, 195-196, 199, 203-206, 211, 213-215, 218-219, 240, 242-243, 247, 265, 325, 327, 329, 331, 337, 340, 352, 357, 365, 368-369, 374, 380, 424, 433, 435, 453-454, 493-494, 503-505*
Ramsès III *151, 153-155, 171, 178, 183, 190, 196-199, 205, 220-221, 242, 244, 247, 281-282, 358, 368, 381, 394-395, 397*
Ramsès IV *155, 168, 173, 217, 219-221, 324*
Ramsès VI *217-218, 226, 228-229, 243*
Ramsès IX *173, 242-243*
Ramsès XI *151, 243*
Ramsèsnakht *173*
Raouer *95*
Raphia *293*
Rê *56, 73, 129, 205-208, 214, 222, 228, 247, 249, 277, 300, 305-306, 309, 311, 313, 323-325, 329, 418, 421-424, 425, 433-435, 437, 440, 445, 484*
Rê-Horakhty *153, 171-172, 186, 197-198, 206, 2087 213-215, 219, 245, 252, 308, 433, 437*
Redji *95*
Reisner, George A *77*
Rekhmire (TT 100) *257, 336, 358, 363, 399, 529*
Rénénoutet *137, 379, 381, 441, 457*
Rifaud, Jean Jacques *494*
Roberts, David *175, 183, 496*
Rome *154, 294-295, 412-413, 491*
Rosellini, Ippolito *218, 494*
Sahourê *45, 69-70*
Saï *145, 273*
Saïs *12, 272-274, 277, 282, 285, 288, 417, 427, 441*
(el-) Salamouni *320*
Salomon *271*
Salt, Henry *192, 195, 218, 494*
Samout *262*
Samout (dit Kiki, TT 409) *256*
Santorin *145*

Saqqara *23, 33-35, 37-40, 42, 45, 47, 49, 53, 57, 59, 64-65, 69-70, 72-73, 79-80, 82, 84-93, 95, 97-100, 112, 117, 123, 128, 249, 264-269, 412, 414, 423, 453, 461, 474, 496*
Sarenpout Ier *120*
Sarenpout II *120, 125*
Sasobek *325, 339*
Sat-Hathor-Iounit *116*
Sat-Sobek *480*
Satet *199, 498, 504*
Sayala *23*
Sbomeker *293*
Schiaparelli, Ernesto *504*
Sébennytos *275, 277, 282, 286, 292*
Séhetepib *408*
Seila *57*
Sekhemkhet *53*
Sékhemsobek *408*
Sekhmet *162, 190, 417, 434-436, 496*
Selket *226-227, 236, 473*
Semenkhkarê *149, 235, 240*
Semna *137*
Sénay (TT 96) *261*
Senbi *129-128*
Senenmout *159, 184, 262, 336*
Sénet (TT 60) *122*
Sénet *482*
Sennedjem (TT 1) *263*
Sennéfer (TT 96) *251, 256, 258, 261, 263, 386, 505*
Sépa *97*
Sépi *129, 422*
Septime Sévère *190*
Séqénenrê *107*
Sérabit el-Khadim *43, 137, 146*
Sérapis *291, 295, 305, 429, 443*
Séshat *38, 192, 325*
Sésostris Ier *106-107, 111-112, 135-136, 139, 157, 179, 327, 421, 457, 504, 517*
Sésostris II *113, 116, 123-124, 336, 388-389, 423, 457*
Sésostris III *106-107, 113, 116-117, 119, 138-139, 336, 452*
Sésostris-Senebefni *141*
Seth *37, 91, 153, 207, 277, 308-309, 311, 417, 420-421, 428, 431, 437, 439, 445-447, 454*
Sethe, Kurt *496*
Séthi Ier *150, 155, 157, 166, 168-169, 172, 178-179, 191-192,196, 199, 204-211, 218, 222-223, 226, 242-243, 343, 457, 503, 505*
Séthi II *150, 168, 170-171*
Séthierneheh *424*
Shabaka *272, 281, 339*
Shabataka *285*
Sharouhen *143, 271, 273*
Shédit v. Médinet el-Fayoum
Sheikh Abd el-Gourna *249, 259, 456, 493*
Shenouté d'Atripé *431, 491*
Shépénoupet Ier *274, 281*
Shépénoupet II *281, 426*
Shepseskaf *70, 72*
Shéshonq Ier *133, 243, 272, 281, 287*
Shéshonq II *280-281*
Shéshonq III *281*
Shou *228, 277, 420, 434-435, 447-448*
Siamon *271*
Siamon (Sioua) *317, 319*
Sicard, Claude *494*
Sile *366*
Sioua *274, 291, 313, 317, 319*
Siptah *219, 463-464*
Smendès *242, 281*
Snéfrou *40-42, 45, 53, 56-60, 64-65, 75, 135*
Sobek *137, 140, 145, 297, 299, 304-305, 417, 421-422, 425, 427, 454, 469*
Sobekemsaf *141*
Sobekhotep *340*
Sohag *491*
Sokar *160, 183, 188, 199, 220, 313, 423, 429, 457, 488*
Soleb *145, 148, 211-213, 451, 453*
Sothis *453*

Strabon *313, 491*
Suchos v Sobek Suse *285, 288*
Taharqa *171, 278, 285*
Takélot II *281 287*
Tanetperet *433*
Tanis *114, 133, 148, 207, 271-272, 277, 280-282, 287, 497, 499*
el-Tarif *244*
Tasenetnofret *299*
Tatenen *226, 437*
Tausret *222*
Tefnout *420, 434, 447*
Tell Edfou *138, 277, 293-294, 297-300, 301-302, 304-307, 308-311, 315, 321, 323, 429, 445, 454*
Tell el-Amarna *146, 149, 178, 199-203, 236, 239, 241, 264, 338, 340, 357, 390-392, 397, 401, 425, 443, 453, 488, 496*
Tell el-Daba *207, 340, 395*
Tell el-Yahoudiyeh *205-206*
Tell Mardikh *43, 106*
Térénouthis v. Kom Abou Billou
Téti *73, 264*
Thèbes *39, 42, 105-107, 109, 117, 119, 122, 127, 130-131, 135, 138, 141, 143-145, 148-151, 153, 160, 166-167, 171, 173, 183-193, 195-199, 203-204, 208, 211, 217, 221, 240, 242-243, 249, 257-257, 262, 264, 271-273, 278, 280, 282-284, 294, 329, 336, 357-358, 360, 371-372, 389-390, 395, 397, 401, 407, 429, 434-436, 456, 467, 486, 493-494, 496, 499, 501, 504-505*
Théodose *295, 320*
Thinis *23, 32, 39*
This v. Thinis
Thot *245, 293, 305, 308-309, 315, 325, 343, 347, 349, 351, 417, 42Q, 427, 439-440, 446, 468, 485-486*
T(h)ouëris *288, 409, 440-441*
Thoutmosis *203*
Thoutmosis Ier *144-145, 153-154, 156-158, 185, 187, 217, 227, 329*
Thoutmosis II *144, 157-158, 162, 186, 219*
Thoutmosis III *144-146,154-155,158-162, 166, 173,176,183-184,186-187, 21 1, 219, 221, 226, 240, 336-337, 357-358, 365, 367, 412, 434, 451, 473*
Thoutmosis IV *75, 146, 155, 157, 219, 221, 226-227, 243, 257, 323, 357, 363*
Ti *87, 382-383, 385*
Timna *150*
Tithoès *305*
Tiy *146, 149, 213, 296, 352, 396, 451*
Tjai (TT 23) *473*
Tjanouni (TT 76) *260*
Tjéti *100*
Tjouiou *392*
Tôd *43, 106*
Toshka *413*
Touna el-Gébel *315, 318*
Toutânkhamon *150, 175-176, 178, 199, 203, 212, 218-219, 226, 229, 231-233, 235-241, 264, 265, 267, 269, 280, 327, 339, 366, 372, 435, 453-454, 464, 474, 497, 518*
Toutou v. Tithoès
Touyou *219, 352*
Trajan *206, 301*
Umm el-Qaab *113, 208, 211*
Vallée des Reines *244, 247, 267, 355, 504*
Vallée des Rois *155, 217, 219, 232, 242, 244, 249, 280, 355, 358, 371, 390-391, 441, 497, 505*
Vansleb, Jean-Michel von *494*
Ville de Ramsès v. Pi-Ramsès
Wardian *314-315*
Winlock, Herbert *497*
Young, Thomas *344*
Zaouiet el-Aryan *53, 70*
Zeus *291, 429, 443*

Crédits photographiques

Nous remercions les musées, les archives et les photographes suivants pour le prêt et l'autorisation de reproduire leurs documents.

Le Musée Égyptien, Le Caire : p.127/n° 45 ; p. 272/n° 3
Ägyptisches Institut der Universität Heidelberg : p.249/n° 195 ; p.254/n° 205 ; p.256/n° 207, n° 210 ; p.259/n° 217 ; Collection de l'institut : p.481/n°107
Nicole Alexanian, Berlin : p.38/n° 56
Fratelli Alinari, Florence : p.491/n° 2
Allard Pierson Museum, Amsterdam : p.488/n° 118
Reproduced by permission of Andromeda Oxford Ltd., Albingdon/UK © : p.41/n° 2 ; p.105/n° 2 ; p.143/n° 2 ; p.271/n° 2 ; p.292/n° 2
Antikenmuseum und Sammlung Ludwig, Bâle : p.130/n° 53
Archeophoto, Genève : p.49/n° 12 ; p.50/n° 14 ; p.209/n° 116 ; p.214/n° 127 ; p.323/n° 2, p.415/n°151
Archiv White Star : p.113/n° 15
in : Arkell, A. J., The Prehistory of the Nile Valley, Leiden 1975 : p.11/n° 6
in : Arnold, D., Die Tempel Ägyptens, Zurich 1992 : p.175/n° 54 ; p.187/n° 76
in : Arnold, D., Lexikon der Ägyptischen Baukunst, Zurich 1994 : p.80/n° 71 ; p.113/n° 16
in : Arnold, D., The Pyramid of Senwosret I. The South Cemeteric of Lisht, vol. 1, Metropolitan Museum of Art, Egyptian Expedition, vol. 22, New York 1988 : p.111/n° 13
The Ashmolean Museum, Oxford : p.27/n° 34 ; p.30/n° 40 ; p.38/n° 58 ; p.278/n° 9 ; p.418/n° 4
in : Assmann, J., Die Inschrift auf dem äußeren Sarkophagdeckel des Merenptah, MDAIK 28, 1972 : p.228/n° 149
© Spectrum/Bavaria : p.508/509
in : Baines J./Málek, J., Atlas of Ancient Egypt, Oxford 1980 : p.155/n° 12
in : Baines, J./Málek, J., Weltatlas der alten Kulturen – Ägypten, Munich 1980 : p.304/n° 26
Ch. Bayer, Coesfeld : p.378/n° 81, n° 83, n° 84
Bernisches Historisches Museum, Berne : Stefan Rebsamen : p.477/n° 99–102
Bildarchiv Foto Marburg : p.382/n° 91 ; p.383/n° 93, p.385/n° 94
in : von Bissing, F. W., Das Re-Heiligtum des Königs Ne-Woser-Re, Berlin, 1905 : p.71/n° 52
in : Borchardt, L./Ricke, H., Die Wohnhäuser in Tell el-Amarna, Berlin 1980 : p.391/n° 104 ; p.392/n° 105
bpk, Berlin : p.16/n° 17 ; p.18/n° 20, n° 21 ; p.80/n° 72 ; p.146/n° 6 ;
Jürgen Liepe : p.17/n° 19 ; p.143/n° 1 ; p.159/n° 20 ; p.286/n° 26 ; p.291/n° 1 ; p.318/n° 57 ; p.367/n° 65, n° 66 ; p.409/n° 140 ; p.417/n° 1 ; p.421/n° 8 ; p.424/n° 13, p.427/n° 17 ; p.439/n° 32 ;
Margarete Büsing : p.76/n° 63 ; p.203/n° 102, n° 104 ; p.212/n° 124 ; p.321/n° 62 ; p.323/n° 1 ; p.338/n° 25 ; p.346/n° 34 ; p.406/n° 133 ; p.409/n° 141 ; p.435/n° 26 ;
G. Murza : p.319/n° 60 ; p.320/n° 61 ; p.426/n° 16

The British Library, Londres : p.195/n° 89
© The Trustees of The British Museum, Londres : p.9/n° 2 ; p.13/n° 10 ; p.14/n° 11 ; p.29/n° 37 ; p.34/n° 50 ; p.100/n° 103 ; p.150/n° 9 ; p.186/n° 74 ; p.189/n° 79 ; p.194/n° 87 ; p.212/n° 122 ; p.228/n° 148 ; p.249/n° 196 ; p.275/n° 6 ; p.276/n° 7 ; p.325/n° 4 ; p.329/n° 8 ; p.334/n° 14 ; p.351/n° 44 ; p.381/n° 88–90 ; p.392/n° 107 ; p.393/n° 108 ; p.399/n° 119 ; p.405/n° 130 ; p.407/n° 136 ; p.423/n° 11 ; p.431/n° 22 ; p.448/n° 43 ; p.466/n° 71–81 ; p.468/n° 84, n° 85 ; p.469/n° 88 ; p.471/n° 90 ; p.475/n° 98 ; p.475/n° 97 ; p.479/n° 103–105 ; p.484/n° 111
Andreas Brodbeck, Bâle : p.218/n° 133 ; p.220/n° 137 ; p.227/n° 146
Courtesy of The Brooklyn Museum of Art, New York : Charles Edwin Wilbour Fund : p.45/n° 7 ; p.48/n° 11 ; p.76/n° 64 ; p.134/n° 56 ; p.141/n° 67 ; p.165/n° 32 ; p.271/n° 1 ; p.283/n° 22 ; p.332/n° 10 ; p.338/n° 26 ; p.431/n° 21
in : Brunton, G., Matmar, Londres 1948 : p.13/n° 9
Günter Burkard, Munich : p.354/n° 51
in : Cat. d'expo. : Ägyptisches Museum Berlin 1986, Bd. III : p.346/n° 35
in : Cat. d'expo. : L'Égypte des millénaires obscurs, Paris 1990 : p.15/n° 13 ; p.16/n° 16
in : Cat. d'expo. : Sethos – ein Pharaonengrab, Bâle 1992 : p.448/n° 44
in : Cat. d'expo. : Tanis – L'or des pharaons, Catalogue III, La nécropole royale de Tanis et ses trésors, Galeries Nationales du Grand Palais, Paris 1987 : p.281/n° 15
in : Cerny, C., A Late Ramesside Letter, Bruxelles 1939 : p.348/n° 40
in : Champollion le Jeune, Grammaire égyptienne, Paris 1836 : p.345/n° 33
in : Chassinat, E./ Daumas, F., Le temple de Dendara I. 2, Le Caire 1934 : p.301/n° 16
Maurice et Pierre Chuzeville, Musée du Louvre, Paris : p.353/n° 49 ; p.429/n° 20
© The Cleveland Museum of Art, Cleveland, Ohio : Gift of the Huntington Art and Polytechnic Trust, 1914 : p.348/n° 39
in : Daumas, F., Dendara et le temple d'Hathor, RAPH 29, Le Caire 1969 : p.301/n° 17
in : Davies, N., The Tomb of Antefoker, TTS 2, Londres 1920 : p.402/n° 122
in : Davies, N., Two Ramesside tombs, PMMA V, New York 1927 : p.378/n° 80
in : Dawson, W. R., JEA 13, 1927 : p.473/n° 93
Deutsches Archäologisches Institut, Berlin : p.288/n° 33
Deutsches Archäologisches Institut, Le Caire : p.12/n° 7,8 ; p.39/n° 60 ; p.51/n° 17 ; p.503/n° 14 ; p.504/n° 19/20 ; Dieter Johannes : p.39/n° 60
Deutsches Archäologisches Institut/von Pilgrim/DMT Jürgen Heckes : p.498/n° 10
Peter Der Manuelian, Boston : p.79/n° 68
G. Dreyer, Le Caire : p.27/n° 33 ; p.31/n° 41 ; p.32/n° 45 ; p.500/n° 12
in : Dreyer, G., Umm el-Qaab, Nachuntersuchungen im frühzeitlichen Königsfriedhof. 3./4. Vorbericht, MDAIK 46, 1990 : p.32/n° 44, n° 45
Editions Flammarion, Paris : p.155/n° 13

Josef Eiwanger, Bonn : p.9/n° 3
Albrecht Endruweit, Göttingen : p.390/n° 101 ; p.391/n° 103 ; p.395/n° 113 ; p.397/n° 117
in : Emery, W. B., The Great Tombs of the First Dynasty II, Londres 1954 : p.33/n° 47 ; p.34/n° 48
Eva Engel, Göttingen : p.390/n° 102
in : Engelbach, R., JEA 20, Londres 1934 : p.38/n° 57
Joachim Feist, Pliezhausen : p.443/n° 38, n° 39
in : Fox, p., Der Schatz des Tut-Ench-Amun, Wiesbaden 1961 : p.229/n° 152
in : Gardiner, A. H., The Library of A. Chester Beatty, Londres 1931 : p.354/n° 50
Kai-Uwe Götz, Hambourg : p.382/n° 92
Fouilles Qantir-Pi-Ramsès : P. Windszus : p.500/n° 11
© Zahi Hawass, Giza : p.67/n° 41
in : Hassan, S., Excavations at Giza, Vol IV (1932-1933) Le Caire 1943 : p.387/n° 97
Hessisches Landesmuseum, Darmstadt : p.367/n° 67
Friedrich W. Hinkel, Berlin : p.36/n° 53
©The J. Paul Getty Trust, The Getty Conservation Institute, Los Angeles : Guillermo Aldana : p.503/n° 15–18
The Griffith Institute Ashmolean Museum, Oxford : p.229/n° 153 ; p.232/n° 158, n° 160, n° 161 ; p.236/n° 167, n° 168 ; p.237/n° 170
Hirmer Fotoarchiv, Munich : p.452/n° 48
in : Holmes, D. L., Chipped Stone-Working, Hierankonpolis and the Rise of Civilization in Egypt, dans Friedmann, R., Adams, R., The Followers of Horus. Studies dedicated to Michael Allen Hofman, Londres 1992 : p.22/n° 27, n° 28
in : Hölscher, U., The Mortuary Temple of Ramses III, Part I, OIP 54, Chicago 1941 : p.394/n° 110–112 ; p.395/n° 114
in : © Cleo Huggins, Dover/New Hampshire : p.344/n° 32 ; p.347/n° 36
Image Bank, Munich : Guido Alberto Rossi : p.47/n° 8
Institut für Ägyptologie, Munich : Sh. Shalchi : p.232/n° 159 ; p.449/n° 45 ; p.494/n° 7 ; page de garde
Israel-Museum, Jérusalem : p.352/n° 46 ; p.352/n° 47
Leonhard Jehle, Ulm : p.208/n° 114
Andrea Jemolo, Rome : p.66/n° 40 ; p.74/n° 60 ; p.278/n° 12 ; p.303/n° 20, n° 23
in : Jéquier, G., Le monument funéraire de Pepi II, T. III, Le Caire 1940 : p.73/n° 58
Dieter Johannes, Istanbul : p.86/n° 81 ; p.89/n° 86
in : Junker, H., Gisa I, Bericht über die Grabungen auf dem Friedhof des Alten Reichs, Vienne 1929 : p.79/n° 69
©Justin Kerr, New York : p.238/n° 172-174
Friederike Kampp-Seyfried, Heidelberg : dessins originaux : p.250/n° 197, n° 198 ; p.251/n° 199
in : Kaplony Heckel, U., Ein neuer demotischer Brief aus Gebelên, dans Staatliche Museen zu Berlin, Mitteilungen aus der Ägyptischen Sammlung VIII (Festschr. zum 150jährigen Bestehen des Äg. Mus.), Berlin 1974 : p.354/n° 52
in : Kemp, B. J., Ancient Egypt – Anatomy of a Civilization, Londres 1991 :

p.388/n°99 reprinted by permission of Routledge Publishers, Londres
in : Kemp, B., Amarna from the Air, dans Egyptian Archaeology. The Bulletin of the Egypt Exploration Society 2, 1992 : p.392/n° 106
Kestner-Museum, Hanovre : M. Lindner : p.371/n° 72 ; p.440/n° 34 ; p.465/n° 69/70 ; p.484/n° 113 ; p.487/n° 115
O. Teßmer : p.489/n° 119
in : Klebs, L., Die Reliefs und Malereien des mittleren Reiches, Heidelberg 1922 : p.407/n° 134
in : Klemm, R./Klemm, D., Die Steine der Pharaonen, Staatliche Sammlung Ägyptischer Kunst Munich, München 1981 : p.411/n° 143
Rosemarie Klemm, Munich : p.332/n° 11 ; p.411/n° 142 ; p.412/n° 144, n° 145 ; p.413/n° 146, n° 147 ; p.414/n° 148, n° 149, n° 150 ; p.415/n° 152 ;
Kodansha Ltd, Tokyo : p.231/n° 155, n° 156 ;
© Könemann Verlagsgesellschaft mbH, Andrea Jemolo, Rome : p.52/n° 20 ; p.67/n° 44 ; p.72/n° 54 ; p.73/n° 57 ; p.76/n° 62 ; p.77/n° 67 ; p.80/n° 70 ; p.82/n° 75 ; p.84/n° 77, n° 78 ; p.85/n° 79, n° 80 ; p.86/n° 82 ; p.87/n° 83 ; p.88/n° 84, n° 89 ; p.90/n° 87 ; p.91/n° 88, n° 89 ; p.93/n° 90 ; p.98/n° 99 ; p.100/n° 102 ; p.102/n° 105 ; p.110/n° 9 ; p.112/n° 14 ; p.114/n° 17-18 ; p.134/n° 57 ; p.135/n° 58, n° 59 ; p.136/n° 60, n° 61 ; p.156/n° 16 ; p.159/n° 21 ; p.161/n° 22, n° 25 ; p.162/n° 26, n° 27 ; p.164/n° 30 ; p.169/n° 38 ; p.170/n° 43 ; p.173/n° 47, n° 48 ; p.174/n° 51 ; p.176/n° 56 ; p.177/n° 59 ; p.178/n° 60 ; p.179/n° 61 ; p.180/n° 63, n° 64, n° 65 ; p.182/n° 66 ; p.198/n° 95 ; p.206/n° 109 ; p.217/n° 131 ; p.221/n° 138 ; p.222/n° 142 ; p.224-225/n° 143 ; p.226/n° 144 ; p.227/n° 147 ; p.228/n° 150 ; p.231/n° 157 ; p.235/n° 164 ; p.237/n° 169 ; p.239/n° 178 ; p.240/n° 179 ; p.241/n° 180, n° 181 ; p.242/n° 186 ; p.256/n° 208 ; p.258/n° 213, n° 214 ; p.259/n° 215 ; p.260/n° 219 ; p.261/n° 221 ; p.262/n° 223 ; p.282/n° 18 ; p.285/n° 24, n° 25 ; p.287/n° 29 ; p.297/n° 7 ; p.298/n° 8, n° 10 ; p.300/n° 12 ; p.301/n° 14 ; p.305/n° 28, n° 29 ; p.306/n° 30, n° 31 ; p.308/n° 36 ; p.309/n° 39 ; p.310/n° 43, n° 44 ; p.327/n° 5 ; p.335/n° 16 ; p.348/n° 38 ; p.356/n° 56 ; p.358/n° 57 ; p.360/n° 58 ; p.361/n° 59 ; p.362/n° 60 ; p.368/n° 68/69 ; p.372/n° 73 ; p.377/n° 79 ; p.379/n° 85 ; p.385/n° 95 ; p.399/n° 118 ; p.400/n° 120 ; p.401/n° 121 ; p.402/n° 124 ; p.417/n° 2 ; p.421/n° 7 ; p.428/n° 19 ; p.434/n° 25 ; p.446/n° 42 ; p.513-518/n° 1-4 p.529 ; couverture/1er plat ; couverture/4e plat
in : Kozloff, A. p./Bryan, B. M., Egypts Dazzling Sun, Cleveland 1992 : p.188/n° 78
Klaus-Peter Kuhlmann, Le Caire : p.317/n° 55
Kunsthistorisches Museum, Vienne : p.96/n° 92 ; p.98/n° 98 ; p.99/n° 100 ; p.101/n° 104 ; p.141/n° 68 ; p.144/n° 3 ; p.252/n° 201 ; p.260/n° 218 ; p.279/n° 12 ; p.313/n° 45 ; p.439/n° 31 ; p.443/n° 39
in : Kuper, R., Afrika – Geschichte zwischen Weide und Wüste. Die Kölner

Forschungen zur prähistorischen Archäologie Afrikas, dans Archäologie in Deutschland, Heft 2, 1989 : p.10/n° 4
Dieter Kurth, Bispingen : p.307/n° 34 ; p.308/n° 35
in : Leclant, J., Ägypten, Band II–Das Großreich, Munich 1980 : p.155/n° 14 ; p.157/n° 18 ; p.208/n° 115
in : Legrain, G., ASAE 14, 1914 : p.164/n° 28
Jürgen Liepe, Berlin : p.9/n° 1 ; p.15/n° 14 ; p.28/n° 35, n° 36 ; p.29/n° 38, n° 39 ; p.34/n° 49 ; p.35/n° 52 ; p.40/n° 1 ; p.51/n° 18 ; p.52/n° 20 ; p.70/n° 51 ; p.72/n° 55, n° 56 ; p.77/n° 65. ; p.107/n° 5 ; p.130/n° 52 ; p.131/n° 54 ; p.148/n° 7 ; p.149/n° 8 ; p.151/n° 10 ; p.164/n° 29 ; p.174/n° 52 ; p.185/n° 70 ; p.191/n° 80 ; p.196/n° 91 ; p.201/n° 101 ; p.233/n° 162, n° 163 ; p.236/n° 166 ; p.239/n° 177 ; p.242/n° 184 ; p.259/n° 216 ; p.274/n° 5 ; p.280/n° 13 ; p.316/n° 53 ; p.335/n° 17 ; p.365/n° 61, n° 62 ; p.398/n° 115 ; p.402/n° 123 ; p.420/n° 6 ; p.422/n° 10 ; p.426/n° 16 ; p.436/n° 27 ; p.437/n° 30 ; p.441/n° 37 ; p.442/n° 38 ; p.443/n° 40 ; p.459/n° 59 ; p.461/n° 62 ; p.483/n° 110 ; p.489/n° 120
J. E. Livet, Paris : p.247/n° 192/193
Lotos-Film, Kaufbeuren : p.18/n° 23 ; p.57/n° 22 ; p.63/n° 32, n° 34 ; p.68/n° 46 ; p.69/n° 48, n° 49 ; p.82/n° 76 ; p.95/n° 91 ; p.106/n° 4 ; p.122/n° 33 ; p.145/n° 4 ; p.153/n° 11 ; p.165/n° 32 ; p.166/n° 33 ; p.169/n° 39 ; p.172/n° 46 ; p.185/n° 72 ; p.186/n° 73 ; p.188/n° 77 ; p.206/n° 111 ; p.220/n° 136 ; p.235/n° 165 ; p.245/n° 188–190 ; p.253/n° 202, n° 203 ; p.254/n° 204 ; p.255/n° 206 ; p.257/n° 211, n° 212 ; p.262/n° 225 ; p.264/n° 227 ; p.266/n° 230, n° 231 ; p.280/n° 14 ; p.288, n° 31 ; p.343/n° 31 ; p.366/n° 63 ; p.369/n° 70 ; p.373/n° 74 ; p.374/n° 75 ; p.375/n° 77 ; p.377/n° 78 ; p.408/n° 138
The Luxor Museum of Ancient Egyptian Art, Louxor : p.177/n° 58
Medizinische Universität, Lübeck : p.462/n° 64
© The Metropolitan Museum of Art, New York :
Theodore M. Davis Collection 1915 : p.26/n° 32 ;
Bequest of Theodore M. Davis, 1915, The Theodore M. Davis Collection : p.337/n° 24 ;
Gift of Mr. and Mrp.V. Everit Macy 1923, New York : p.265/n° 229 ;
Gift of Egypt Exploration Fund 1907 : p.110/n° 10 ;
Edward S. Harkness Gift – Bruce White, New York : p.201/n° 99 ;
Edward S. Harkness Gift 1917 : p.138/n° 63 ;
Museum Excavations, 1927 : p.337/n° 21 ;
Josef Pulitzer Bequest 1960 : p.37/n° 55 ;
Rogers Fund 1908 : p.111/n° 11 ;
Rogers Fund 1911 : p.130/n° 53 ;
Rogers Fund 1918 : p.45/n° 6 ;
Rogers Fund 1919 : p.333/n° 12 ;
Rogers Fund 1921–1922 : p.104/n° 1 ;
Rogers Fund 1922 (1979) : p.211/n° 119 ;
Rogers Fund 1927, Photograph by the Egyptian Expedition : p.407/n° 135 ;
Rogers Fund 1934, Photograph : Bruce White : p.428/n° 18 ;
Rogers Fund 1936 : p.336/n° 20 ;
Rogers Fund and Contribution from E. F. Harkness Gift 1922 : p.187/n° 75 ;
Rogers Fund and E. F. Harkness Gift, 1922 : p.64/n° 37 ;
Rogers Fund and Edward S. Harkness Gift 1920 : p.389/n° 100 ;
Rogers Fund and Henry Walters Gift 1916 : p.116/n° 23 ;
Rogers Fund : p.96/n° 93 (Photo : Lee Schecter) ;
Gift of Norbert Schimmel, 1985 : p.201/n° 100 ;
© Ministero Beni culturali e ambientali, Museo Egizio, Turin : p.16/n° 15 ; p.17/n° 18 ; p.19/n° 24 ; p.39/n° 61 ; p.249/n° 196 ; p.294/n° 4, n° 5 ; p.375/n° 76 ; p.403/n° 125 ; p.404/n° 127, n° 128, n° 129 ; p.405/n° 131 ; p.406/n° 132 ; p.407/n° 137 ; p.425/n° 15 ; p.441/n° 36
H. W. Müller-Fotoarchiv, Universitätsbibliothek Heidelberg : p.43/n° 4 ; p.106/n° 3 ; p.107/n° 6 ; p.272/n° 3 ; p.288/n° 32
Musées Royaux d'Art et d'Histoire, Bruxelles : p.15/n° 12 ; p.19/n° 22 ; p.242/n° 182 ; p.321/n° 63/64
© 2004 Museum of Fine Arts, Boston : Museum Expedition : p.42/n° 3, p.43/n° 5 ; p.68/n° 47 ; p.103/n° 106 ; p.331/n° 9 ;
Charles Amos Cummings Bequest : p.201/n° 98 ;
Gift of Theodore M. Davis : p.227/n° 145 ;
Harvard University, Expedition : p.335/n° 18 ;
H. L. Pierce Fund : p.340/n° 29 ;
James Fund Purchase and Contribution : p.341/n° 30 ; p.460/n° 61 ;
Gift of Mrp.J. D. Cameron Bradley 1948 : p.463/n° 66 ;
Gift of Egypt Exploration Fund 1895 : p.467/n° 82, n° 83
National Museum, Athènes : p.339/n° 22
The Nelson-Atkins Museum of Art, Kansas City : Purchase Nelson Trust p.336/n° 19
in : Nelson, H., Festival Scenes of Ramses III, Medinet Habu, OIP 51, T. 4, 1940 : p.25/n° 30
in : Newberry, P. E., Beni Hassan I, ASE 1, Londres 1893 : p.121/n° 28
Ny Carlsberg Glyptotek, Copenhague : p.205/n° 107 ; p.293/n° 3 ; p.464/n° 68 ; p.480/n° 106
in : O'Connor, D., The earliest royal boatgraves, dans Egyptian Archeology. The Bulletin of the Egypt Exploration Society, 6, 1995 : p.32/n° 46
Courtesy of the Oriental Institute of the University of Chicago : p.487/n° 116
in : Pantalacci, L./Traunecker, Cl., Le temple d'el-Qal'a I – Relevés des scènes et des textes, Le Caire 1990 : p.304/n° 27
in : Parkinson, R. B., Voices from Ancient Egypt, The British Museum, Department of Egyptian Antiquities, Londres 1991 : p.355/n° 53-55
Pelizaeus Museum, Hildesheim : p.65/n° 39 ; p.81/n° 73 ; p.82/n° 74 ; p.97/n° 94 ;
Sh. Shalchi : p.167/n° 37 ; p.175/n° 53 ; p.183/n° 67, n° 68 ; p.207/n° 112 ; p.218/n° 134 ; p.318/n° 58 ; p.379/n° 86 ; p.386/n° 96 ; p.424/n° 12, n° 14, p.440/n° 33 ; p.449/n° 45 ; p.469/n° 86 ; p.471/n° 89 ; p.472/n° 92 ; p.482/n° 109 ; p.485/n° 112 ;
p.493/n° 4, n° 5 ; p.494/n° 6, n° 7 ; p.496/n° 8, n° 9 ; p.510
J. Liepe : p.185/n° 71
in : Pendlebury, J. D. S., The City of Akhenaten, Part III, Vol 2 : Plates, EES, Londres 1951 : p.200/n° 97
in : Petrie, W. M. F., Illahun, Kahun, Gurob, London 1891 : p.388/n° 98
in : Petrie, W. M. F., The Royal Tomb of the Earliest Dynasties II, EEF 21, 1901 : p.31/n° 42 ; p.38/n° 59
Courtesy of Petrie Museum of Egyptian Archeology, Londres : University College London : p.327/n° 6
in : Piankoff, A., The Shrines of Tut-Ankh-Amon, Bollingen Series 40. 2, New York 1955 : p.229/n° 154
Daniel Polz, Heidelberg : p.501/n° 13
in : Porter-Moss, Topographical Bibliography of Ancient Egypt. Hieroglyphic Texts, Reliefs, and Paintings, T. 1 – The Theban Necropolis II. Royal Tombs and Smaller Cemeteries, Oxford 1975 : p.247/n° 194
Collection privée Suisse : p.140/n° 65
Hans Pusback, Ulm : p.157/n° 17
Ilka Pusback, Ulm : p.193/n° 84
in : Quibell, J. E./Green, F. W., Hierakonpolis II., BSAE 5, Londres 1902, Pl. 75–76 : p.20f./n° 25, n° 26
in : Reeves, N./Wilkinson, R. H., The Complete Valley of the Kings, 2e éd., Londres 1997, drawn by Philip Winton, published by Thames and Hudson Ltd., London and Econ Verlag, Düsseldorf : p.219/n° 135
in : Reeves, N., The complete Tutankharum, Londres 1990, drawn by Tracy Wellman, published by Thames and Hudson Ltd., Londres : p.229/n° 151
Rijksmuseum van Oudheden, Leyde : p.252/n° 200 ; p.260/n° 220 ; p.262/n° 224 ; p.267/n° 232, n° 233 ; p.268/n° 234, n° 235 ; p.269/n° 236, n° 237 ; p.339/n° 28 ; p.352/n° 48 ; p.418/n° 3 ; p.453/n° 50 ; p.460/n° 60 ; p.461/n° 63 ; p.472/n° 91 ; p.474/n° 94, n° 95 ; p.488/n° 117
© RMN, Paris : p.155/n° 13 ; p.171/n° 44 ; p.203/n° 103 ; Vignette ;
D. Arnaudet, G. Blot : p.133/n° 55 ; p.138/n° 62 ; Chuzeville : p.97/n° 95–97 ; p.128/n° 49 ; p.289/n° 34, n° 36 ; p.328/n° 7 ; p.349/n° 42 ; p.408/n° 139 ; p.419/n° 5 ; p.475/n° 96 ;
B. Hatala : p.99/n° 101 ;
Ch. Larrieu : p.146/n° 6 ;
H. Lewandowski : p.26/n° 31 ; p.77/n° 66 ; p.287/n° 28 ; p.349/n° 41, n° 43 ; p.433/n° 23 ;
R. G. Ojeda : p.275/n° 6 ;
Jean Schornmans : p.284/n° 23
Sammlung des Instituts für Papyrologie, Universität Heidelberg : p.354/n° 52
in : Sauneron, S./Stierlin, H., Derniers temples d'Égypte – Edfou et Philae, Paris 1975 : p.298/n° 9 ; p.303/n° 22
© Photo Scala, Florence : p.275/n° 6 (The British Museum) ; p.286/n° 27 (Musées du Vatican) ; Première de couverture (Le Caire, Le Musée Égyptien); p.353/n° 49 (The British Museum) ; p.469/n° 87 ; p.490/n° 1
Matthias Seidel, Baltimore : p.116/n° 22 ; p.139/n° 64 ; p.158/n° 19 ; p.164/n° 28 ; p.165/n° 31 ; p.238/n° 175 ; p.239/n° 176 ; p.295/n° 6 ; p.324/n° 3 ; p.441/n° 35 ; p.445/n° 41 ; p.493/n° 3 ; p.507/n° 21 ; p.521
Ingrid Seipel, Vienne : p.176/n° 55
Seminar für Ägyptologie, Cologne : p.486/n° 114 (Photo : Gisela Dettloff)
Helmut Schulz, Berlin: p.171/n° 45 ; p.256/n° 208 ; p.369/n° 71 ; p.491/n° 2
Regine Schulz, Baltimore : p.114/n° 19 ; p.161/n° 24 ; p.176/n° 57 ; p.184/n° 69
Abdel Ghaffar Shedid, Munich : p.119/n° 24 ; p.120/n° 25 ; n° 26, n° 27 ; p.121/n° 29, n° 30 ; p.122/n° 31 ; n° 32 ; p.123/n° 34 ; p.124/n° 35 ; p.125/n° 36, n° 37, n° 38, n° 39 ; p.126/n° 40, n° 41, n° 42, n° 43 ; p.127/n° 44 ; p.128/n° 46–47, n° 48 ; p.129/n° 50, n° 51 ; p.223/n° 141 ; p.256/n° 209 ; p.263/n° 226 ; p.283/n° 20, n° 21 ; p.337/n° 22 ; p.380/n° 87 ; p.393/n° 109 ; p.434/n° 24 ; p.436/n° 29
in : Smith, G. E., The Royal Mummies, Le Caire 1912 : p.464/n° 67
in : Smith, W., The Art and Architecture of Ancient Egypt, Londres 1958 : p.396/n° 116
Hourig Sourouzian, Le Caire : p.166/n°35 ; p.167/n°36 ; p.169/n° 40, n° 41 ; p.170/n° 42 ; p.171/n° 45 ; p.173/n° 49–50 ; p.180/n° 62 ; p.191/n° 81 ; p.192/n° 82, n° 83 ; p.193/n° 85, n° 86 ; p.195/n° 88 ; p.196/n° 90 ; p.197/n° 92 ; p.198/n° 93, n° 94 ; p.199/n° 96 ; p.204/n° 105 ; p.205/n° 106 ; p.206/n° 108, n° 110, p.207/n° 113 ; p.211/n° 120 ; p.213/n° 125, n° 126 ; p.525
Staatliches Museum Ägyptischer Kunst, Munich : p.261/n° 222 ; Leihgabe der Bayrischen Landesbank : p.289/n° 35 ; p.333/n° 13 ; p.347/n° 36 ; p.367/n° 64 ; p.422/n° 9 ; p.436/n° 28
in : Stadelmann, R., Die ägyptischen Pyramiden, Vom Ziegelbau zum Weltwunder, Mayence 1985 : p.109/n° 8
in : Stadelmann, R., Die Ägyptischen Pyramiden, Vom Ziegelbau zum Weltwunder, Mayence 1991 : p.37/n° 54 ; p.48/Nr, 9 ; p.59/n° 25 ; p.63/n° 33, n° 36 ; p.68/n° 45
Rainer Stadelmann, Le Caire : dessin original : p.69/n° 50
Rainer Stadelmann, Le Caire : p.48/n° 10 ; p.50/n° 15 ; p.51/n° 16, n° 19 ; p.53/n° 21 ; p.54–55/n° 20a ; p.57/n° 23 ; p.58/n° 24 ; p.59/n° 26, n° 27 ; p.60/n° 28–30 ; p.61/n° 31 ; p.63/n° 35 ; p.64/n° 38 ; p.67/n° 43 ; p.71/n° 53 ; p.73/n° 59 ; p.75/n° 61 ; p.109/n° 7 ; p.111/n° 12 ; p.113/n° 15 ; p.114/n° 19 ; p.115/n° 21
Städtische Kunsthalle, Recklinghausen, Ikonen-Museum : p.317/n° 56
in : Tausing, G., Nefertari – Eine Dokumentation der Wandgemälde ihres Grabes, Graz 1971 (Taf. 6) : p.244/n° 187
Frank Teichmann, Stuttgart : p.209/n° 117, n° 118 ; p.221/n° 139 ; p.222/n° 140 ; frontispice
Claude Traunecker, Strasbourg : p.304/n° 25
Uni-Dia-Verlag, Großhesselohe : p.25/n° 29 ; p.31/n° 43 ; p.49/n° 13 ; p.115/n° 20 ; p.334/n° 15 ; p.482/n° 108 ;
Universitätskrankenhaus-Eppendorf, Hambourg : p.462/n° 65
A. A. Van Heyden, Naarden : p.314/n° 47 ;
Victoria and Albert Museum, Londres : p.403/n° 126
The Walters Art Gallery, Baltimore : p.273/n° 4
in : Wendorf, F., Prehistory of the Nile Valley, Londres 1976 : p.11/n° 5
Joachim Willeitner, Munich : p.67/n° 42 ; p.156/n° 15 ; p.166/n° 33 ; p.211/n° 121 ; p.212/n° 123 ; p.215/n° 128–130 ; p.218/n° 132 ; p.247/n° 191 ; p.265/n° 228 ; p.277/n° 8 ; p.278/n° 10 ; p.279/n° 11 ; p.281/n° 16, n° 17 ; p.282/n° 19 ; p.286/n° 27 ; p.287/n° 30 ; p.299/n° 11 ; p.300/n° 13 ; p.301/n° 15 ; p.302/n° 18, n° 19 ; p.303/n° 21 ; p.304/n° 24 ; p.307/n° 32 ; p.308/n° 37, n° 38 ; p.309/n° 40–42 ; p.313/n° 46 ; p.314/n° 48/49 ; p.315/n° 50 ; p.316/n° 51/52 ; p.317/n° 54 ; p.318/n° 59 ; p.337/n° 23 ; p.369/n° 71 ; p.451/n° 46, n° 47 ; p.452/n° 49 ; p.454/n° 51, n° 52 ; p.455/n° 53, n° 54 ; p.456/n° 55, n° 56 ; p.457/n° 57, n° 58
Stefan Wimmer, Munich : p.352/n° 45
Erich Winter, Trèves : p.307/n° 33
M. Ziermann, Cologne : dessin original : p.34/n° 51

FRONTISPICE :
Le pharaon Horemheb devant diverses divinités
Thèbes, Vallée des Rois, tombe d'Horemheb ; Nouvel Empire,
XVIIIe dynastie, vers 1300 av. J.-C.
Cette scène illustre le souverain devant la déesse Isis (à gauche) tandis qu'à droite,
il fait une offrande au dieu à tête de chacal Anubis.

PAGE DE GARDE :
Le temple de Louqsor
Le remarquable ouvrage *Description de l'Égypte* (gravure sur cuivre ;
Paris 1809-1822) consacre une place importante aux monuments de la Thèbes antique.
Cette feuille montre le pylône de l'entrée du temple de Louqsor avec les deux obélisques
et ses deux colossales statuettes assises de Ramsès II. (Nouvel Empire, XIXe dynastie, vers 1260 av. J.-C.).
La construction de l'aire du sanctuaire postantique est particulièrement frappante.

© 2004 KÖNEMANN* au sein de Tandem Verlag GmbH, Königswinter

Idée et concept : Ludwig Könemann
Directeur artistique : Peter Feierabend
Chef de projet : Ute E. Hammer
Maquette : Erill Vinzenz Fritz, Sabine Vonderstein
Assistante de projet : Jeannette Fentroß
Révision de texte : Ulrike Fauerbach
Recherche et archives photographiques : Barbara Linz
Initialisation du concept : Michael Köhler

Titre original : *Ägypten. Die Welt der Pharaonen*
ISBN 3-8331-1037-6

Édition française :
© 2004 KÖNEMANN* au sein de Tandem Verlag GmbH,
Königswinter

Traduction de l'allemand :
Marie-Claude Auger (pp. 142-151, 322-329) ; Eric David (pp. 6, 7, 248-269, 312-321) ;
Odile Demange (pp. 270-275, 290-295, 342-355, 356-363, 364-369, 370-375) ;
Françoise Fauchet (pp. 416-431, 432-443, 444-449, 450-457, 458-469, 470-479, 480-489) ;
François Matthieu (pp. 105-108, 109-118, 119-132, 133-141) ;
Anne-Brit Piper (pp. 386-397, 398-409) ;
Catherine Reichenbach (pp. 410-415, 490-497, 498-507) ; Sophie Reynaud (pp. 152-215) ;
Nicole Taubes (pp. 41-45, 47-77, 79-93, 95-103, 216-247, 330-341, 524-525, 529) ;
Catherine Vacherat (pp. 276-289, 296-311, 376-385) ;
Aude Virey-Wallon (pp. 9-24, 25-40, 512-520, 522-523)
Révision et conseil égyptologique : Véronique Berteaux, Munich
Révision de texte : Belle Page, Boulogne
Réalisation : Libris / Imagis, Seyssinet-Pariset

*KÖNEMANN est une marque déposée de Tandem Verlag GmbH
Les droits d'usage des photographies stipulées dans les crédits photographiques de
Könemann Verlagsgesellschaft mbH, Cologne sont désormais la propriété de
Tandem Verlag GmbH, Königswinter.

Imprimé en Allemagne

ISBN 3-8331-1105-4

10 9 8 7 6 5 4 3 2 1
X IX VIII VII VI V IV III II I

Les éditions remercient tous les scientifiques et les institutions pour leur collaboration
fructueuse et tout particulièrement les professeurs Régine Schulz et Matthias Seidel
pour leur soutien constant.